国家社科基金
GUOJIA SHEKE JIJIN HOUQI ZIZHU XIANGMU
后期资助项目

祁彪佳年谱长编

A Chronicle of Qi Biaojia's Life

赵素文　著

ZHEJIANG UNIVERSITY PRESS
浙江大学出版社
·杭州·

国家社科基金后期资助项目
出版说明

后期资助项目是国家社科基金设立的一类重要项目，旨在鼓励广大社科研究者潜心治学，支持基础研究多出优秀成果。它是经过严格评审，从接近完成的科研成果中遴选立项的。为扩大后期资助项目的影响，更好地推动学术发展，促进成果转化，全国哲学社会科学工作办公室按照"统一设计、统一标识、统一版式、形成系列"的总体要求，组织出版国家社科基金后期资助项目成果。

全国哲学社会科学工作办公室

序

郑利华

　　素文教授历时数载撰就的这部《祁彪佳年谱长编》,当系已问世的祁氏年谱著述中最为完整和详尽的一部,也是全面发掘和梳理祁氏生平事迹的一项最新成果。限于历史传统的观照视角,在前人编撰的史志中,明末文士祁彪佳大多以一位政治人物或殉国者的形象出现,但事实上,祁氏生平的文学活动及其业绩更不应被忽略,无论是在文学史上还是戏曲批评史上,祁彪佳无疑是一位值得重视的文学人物。有鉴于此,这位明代文坛重要人物一直备受学界的关注,并且也已有较多的研究成果问世。当然,这并不意味着涉及祁氏的研究工作已达到饱和的状态,学术研究并无止境,更何况以祁彪佳的研究现状而言,尚存在较大的需要进一步拓展的空间,比如年谱的编制就是其中的一个重要方面。

　　祁彪佳原有旧谱《祁忠敏公年谱》,据素文教授考察,此谱现存四个不同的本子,分别为:浙江图书馆所藏东书堂稿本,年谱定稿抄本,国家图书馆所藏清初乌丝栏稿本,清人梁廷枏、龚沅补编本(参见赵素文《〈祁忠敏公年谱〉四个本子的相关关系及其撰写者辨析》,《文献》2002年第4期)。又据素文教授查阅,《祁忠敏公年谱》内容较为简略,对祁氏生平事迹的记叙并不完整,尤其是有关祁氏的文学活动及作品的编年尽付阙如。实际上限于古人年谱编制的思路及体例,很多旧谱都不同程度地存在类似的问题,多少成为年谱记叙方式上的一种缺陷,而这同时也为后人留下了重新编谱的空间。尽管当今学人也曾为祁彪佳编谱,比较旧谱已有较大拓展,但总体而言,其在文献的发掘和辨析方面尚有很大的改进和补充的空间,而在祁氏存世作品的编年方面,所做的工作还相对有限(参见本书"传论"第五节)。因此,重新为祁彪佳编写一部更为完整、详尽的年谱就显得十分必要。

　　从宽泛的意义上说,作为传统的著述类型之一,年谱以编年的方式记录人物生平事迹,诚属传记的一种。《四库全书》之史部传记类就收入了《孔子编年》《杜工部年谱》《杜工部诗年谱》等谱,其存目也列入了《孔子年谱》《孟子年谱》《东坡年谱》《范文正年谱》《尹和靖年谱》《周子年谱》《二梅公年谱》《韩柳年谱》《朱子年谱》《二程年谱》《陆象山年谱》《薛文清年谱》等谱。尽管收入和列入的年谱种类相当有限，显示入录和入列的门槛较高，但从中有一点可以看出，这就是年谱和传记之间形成了紧密的联系。不过与一般的传记相比还是有着相当的不同，顾名思义，年谱乃按照年岁的顺序依次记叙人物生平具体之行事，这种著述体式的特点和优势，主要在于相对清晰、详细而富有条理地呈现人物一生活动之轨迹，它因此也成为有效梳理人物各类事迹的一种记录方式。但毋庸讳言，当今的研究者中也存在这样的一种看法，以为年谱不过是围绕谱主生平活动对相关文献资料进行简单而机械的清理和排比，不能归为真正意义上的研究工作。这实属莫大的误解，只能说明持此意见者完全不了解年谱本身独特的学术价值，不了解编谱的工作强度和难度。事实上，年谱的编写，尤其是在文献缺乏明确时间记载的情况下，为理清谱主活动的时间线索，往往需要展开费时费力的实证工作，即通过对相关文献资料的深入稽考，探赜索隐，辨疑订误，其工作强度和难度绝不亚于一般的研究课题。一部质量上乘的年谱，不仅在于翔实而准确地梳理谱主生平的活动轨迹，而且在于完整而清晰地揭示谱主的思想情感及心路历程，立体而丰厚地展现谱主的行事线索和精神面貌，而要达到这一目标，则需要编谱者为之付出更多的努力。要说年谱编撰的难度，其特别见之于以下两类情形：一类是谱主著述文献过于匮乏，或者人物事迹的编年线索不够清晰，因而在谱主活动轨迹的清理上往往出现困难；另一类是谱主著述文献过于浩繁，人物行事的头绪过于纷杂，难免相应增加廓清谱主生平事迹的工作强度。祁彪佳应该属于后一种类型，他生平勤于著述，作品繁富，仅现存的日记及尺牍就有庞大的篇帙，编年线索繁杂，清理起来实属不易，这无疑会给编谱工作带来相当的难度。

据我所知，素文教授长期以来致力于祁彪佳的研治，在这一领域耕耘多年，孜孜矻矻，锲而不舍，精神可嘉，诚属国内专注于该领域并且取得显著成绩而为数不多的研究者之一。她早在二十年前攻读博士学位期间，就选择以祁彪佳为研究对象，经过数载的勤苦钻研，完成博士学位论文《祁彪佳研究》，之后又出版了《祁彪佳诗词编年笺校》，以及发表了多篇研究祁彪佳的学术论文，受到学界的关注。其博士学位论文分为上、下两编，上编《祁彪佳研究》已单独成书，由中国社会科学出版社出版，下编年谱部分即为本书的雏形。在编成后的十数载时间中，她于年谱初稿的基础上陆续修订增补，细心打磨，投入颇多，用力甚勤，扩展成现今规模的《祁彪佳年谱长编》。粗读此部书稿，有这样几点印象：一是对祁彪佳本人的著述以及相关的文献资料展开穷尽性的爬梳和深度发掘，从而为祁氏事迹的系统编年奠定了较为坚实的文献基础。文献的搜集和清理是年谱编撰工作的基础和关键所在，只有在充分开掘和厘清各种文献资料的情况下，才能为保证年谱的编撰质量提供有力的支撑。以我的了解，为全面调查和掌握相关的文献资料，素文教授在前期已花费大量时间和精力，遍访有关藏书单位，查阅和搜集祁彪佳的各类著述及其相关版本，并且从祁氏家人、友人别集和各种史志等文献中，广泛搜罗一系列的资料，特别是作者在进行年谱修订和补充过程中，同时点校整理《祁彪佳文集》《寓山志》以及祁氏各类尺牍等，以故对相关文献精熟于心，辨析编次更得心应手。二是对祁彪佳的生平行事特别是其著述活动包括文学创作，作了相当系统而细致的梳理和编次，尤其是在有明确文献依据和合理推考的基础上，对相关的作品尽可能给予相应的系年，因而更清晰而准确地呈现了祁氏生平的文学活动及其业绩，大大弥补了前人所编年谱在这方面存在的缺陷。三是对祁彪佳家族世系作了全面的探考。据作者自述，此谱原编有"世谱"十五余万字，然出于全书结构和体例平衡统一的考虑，现已将"世谱"抽去拟单独成书，为避免和谱主有关的家族宗亲线索的缺失，兹呈现在读者面前的这部祁氏年谱长编，其所设"传论"第一节"家族兴衰与文化传承"即补入相关家族世系的内容。尽管在技术上作了从简压缩的处理，但仍可看出作者在梳理相关线索方面之全面和精细。鉴于上述特点，我个人认为，这是一部具有重要学术价值和较高学术质量的年谱著作，相信随着它的正式出版，可以弥补前人所编年谱之不足，并能有效推进祁彪佳的研究工作走向深入。

2021 年 8 月 18 日于复旦大学光华楼

前　言

　　祁彪佳,字虎子,又字幼文、弘吉,号世培,自署远山堂主人、寓山主人、寓山居士、静者轩主人。山阴(今绍兴)梅墅里人。明代著名藏书家祁承㸁第四子。本房兄弟八人,彪佳行六。生于万历三十年壬寅(1602)十一月廿二日寅时,殉国自沉于南明弘光乙酉(清顺治二年,1645)闰六月初六日子时,享年四十四岁。

　　祁彪佳万历四十六年戊午(1618)十七岁中举人,天启二年壬戌科(1622)进士。天启四年(1624)初选授福建兴化府推官,崇祯元年(1628)十一月底丁外艰归里。崇祯四年(1631)秋北上晋京行取,崇祯五年(1632)四月得授福建道监察御史。崇祯六年(1633)三月注差为苏松巡按,崇祯七年(1634)秋冬差竣,回道考核,被拟降职一级,改降俸。崇祯八年(1635)四月,告病乞归养母。此后里居,逢崇祯十三年庚辰(1640)三月母丧守服,赋闲长达八年。至崇祯十五年(1642)冬服阕,十一月中吏部督促出山,十二月初抵京,起为河南道掌道御史,奉差巡视京畿道,主掌计典。计典完毕,崇祯十六年(1643)八月自请外放,出任南京京畿刷卷,乞休不允,便道还家。崇祯十七年(1644)甲申国变,明思宗吊死煤山,事闻南畿,祁彪佳于四月复出,实赴京畿刷卷任;五月,南明弘光王朝建立,祁彪佳升转大理寺左寺丞(正五品),公推安抚苏松;六月又转都察院右佥都御史(正四品),巡抚苏松等处;十月进右副都御史阶(正三品),荫一子入监读书,移镇京口,督练水师;十二月,因卷入顺逆党争,为阉党弹劾,谢病归里。此后山居自守至弘光乙酉(清顺治二年,1645)六月,清军攻克杭州,贝勒孛罗驻营萧山,以书币来聘祁彪佳、刘宗周等故明名臣六人,彪佳不应新朝征辟,闰六月初六日五更,坐水殉国。隆武建元,追赠光禄大夫、少傅兼太子太傅、兵部尚书,给四代诰命,谥忠敏,赐祭葬,荫一子中书科中书舍人。鲁王监国,赐祭葬,赠太子少保、兵部尚书,谥忠毅。清乾隆间追谥忠惠。

　　祁彪佳娶绍兴会稽八字桥商景兰,字媚生,又作眉生,明吏部尚书商周祚第三女,生于万历三十三年乙巳(1605)十月初八日酉时,卒于康熙十五年丙辰(1676)九月廿四日子时,累封淑人。合葬亭山。景兰有令仪,善诗文,著有《锦囊集》。祁商作配,乡里有金童玉女之目,伉俪相重,情好甚笃,不置妾媵。夫妻有子三人。长同孙,出继长兄祁麟佳为嗣,未娶而卒。次理孙,庠生,恩荫中书科中书舍人;媳张德蕙,明状元张元忭玄孙女;出二孙:长昌徵庠生,次曜徵邑廪生。三班孙,出继幺弟祁象佳为嗣;媳朱德蓉,朱燮元孙女;无出,继曜徵为嗣,抚其侄为女,长适杭州赵氏,即小山堂主人赵昱谷林之母。有女四人。长德渊,字叕英,适罗汉桥姜廷梧,字桐音,庠生,广东布政使姜一洪子;出五甥:长兆熊举人,三兆骅贡生,四兆骥庠生。次德玉,字卞容,适白洋朱尧日,字子升,庠生,总督尚书恒岳朱燮元之孙;出一甥。三德琼,字修嫣,适王縠韦,字鄂叔,进士,官至淮安太守,御史王涵所之孙;出三甥:长光祚贡生,次融祚举人,三巩祚贡生。四德蕕,适马坞沈萃祉,中书舍人沈叔子之子。祁商女子七人,多文采,擅诗。清阮元盛赞:"梅市祁忠敏一门,为才子之薮。忠敏群从则骏佳、豸佳、熊佳,公子则班孙、理孙、鸿孙,公孙曜徵;才女则商夫人以下,子妇楚缠、赵璧,女卞容、湘君:阖门内外,隔绝人事,以吟咏相尚。青衣家婢,无不能诗。越中传为美谈云。"(《两浙輶轩录》卷三《祁鸿孙》)清梁绍壬更称:"故其时有'祁门男子尽佳人,妇女皆才子'之目。"(《两般秋雨盦随笔》卷三《闺秀诗》)

总之,祁氏一门,是明末越中文化望族,文采风流,固为一时之隽;祁彪佳本人,更以风姿绝人、幼龄颖慧、少年得志、贤明通达、卓然清节而享誉史传。祁氏为官称能吏,政绩可圈可点;生平博学勤述,著作传世良多;诗文创作气格高远,文藻斐然,而其远山堂"两品"戏曲评论,更别出机杼,自成一家。其于修身、齐家、治国、平天下诸方面,都不乏令人心驰神往、津津乐道的成绩,故而历代文献多所载录,推为儒家"三不朽"之理想典范。今人对祁彪佳的相关研究,从黄裳、叶德均而下,学者也不乏其人,特别是 20 世纪 90 年代以后至今,更是成果蔚然。

本书是本人博士论文《祁彪佳研究》下编年谱部分的增补修订成果。博士期间,我自知年少识浅、学力不逮,希望勉力夯实基础。幸得导师廖可斌教授严谨训导,遂着意从专人研究入手,通过编制年谱,试图提高自己的文献检索能力与学养见识,于是初撰了 23 万余字的《祁彪佳年谱》。从浙大博士毕业至今,岁月奄忽已将十七载。原博士论文上编,早已独立厘次为《祁彪佳研究》一书,于 2011 年由中国社会科学出版社出版;而下编年谱部分,在完成之后十余年,次第有所增补,渐渐扩展至 35 万字余,自问书中搜罗材料繁多,但欠精选提炼,故名之为《祁彪佳年谱长编》。而仍恐细节考辨火候不足,故长期搁置案头,怯于示人。偶逢师友相聚提点及之,不免产生时不我待的惶恐惆怅。2014 年得浙大徐永明师兄热忱推介,由浙江大学出版社宋旭华学弟牵头申请，此书侥幸忝列国家社科基金后期资助项目。既喜复忧，仍是害怕文稿出手，水平不济，贻笑方家。又一直断续补充修订，拖宕至去年初夏，才交稿结题。书稿 60 万字，含传略、世谱、年谱三部分内容。结题后得宋学弟传达修改建议，认为祁氏世谱 15 万字，一并置入《祁彪佳年谱长编》中，难免喧宾夺主，造成体例不一，故宜抽出别成一书。愚遂将《祁彪佳年谱长编》再加删补修订，正文由"传论""年谱"两部分内容构成，遂得今日之面貌。

　　需要在此特别予以说明的是，祁氏世谱从原编中抽去后，为避免《祁彪佳年谱长编》中与谱主直接相关的祁氏宗亲事迹文献缺失，遂通过"传论"的第一节"家族兴衰与文化传承"进行了梳理补充。又，"传论"中不具体论述祁彪佳《远山堂曲品》《远山堂剧品》及其戏曲理论，是因为当前学者对此研究已经相当深入，光是博士论文与出版专著便有裴喆《祁彪佳与〈远山堂曲品〉〈剧品〉考论》（河南大学出版社，2015）、杨艳琪《祁彪佳及其〈远山堂曲品·剧品〉研究》（复旦大学博士论文，2003）、马越《祁彪佳及其戏曲理论研究》（西北师范大学博士论文，2006）、张继玲《戏曲批评"品"之双璧——祁彪佳〈远山堂曲品〉与吕天成〈曲品〉之比较》（兰州大学博士论文，2011）、许安群《祁彪佳戏曲理论研究》（广西民族大学博士论文，2012）、李瑶洁《祁彪佳戏曲品评研究》（长沙理工大学博士论文，2012），其他期刊论文更数以百计；加上本人已出版的《祁彪佳研究》（中国社会科学出版社，2011），书中也对祁氏"两品"的成书过程进行过详细的整理和判断，对"两品"的理论观念和思想特征也做了具体探讨。因此考虑到本编篇幅，针对祁氏"两品"，本书"传论"不再专章论述，只在第四节"文化活动与文学创作"中梳理了其研究现状，以求从侧面展露祁彪佳戏曲评论的理论内涵、思想倾向和学术贡献。

　　此书资料虽然繁富，但仍非全璧。文中事实考辨、体例细节，因自身学力、时间及精力所限，也必有疏漏讹误之处，惟留待日后继续完善，并乞行家赐教为幸。

赵素文

2020 年 9 月 7 日于中国计量大学

凡　例

一、本编所收材料繁多，但仍非全璧，尚可增补删订，故定名为《祁彪佳年谱长编》。

二、为明祁彪佳家族世系与文化传承，制《明清山阴祁彪佳本支世系图表》列于编前。

三、本编行文，统一使用简洁白话语体。

四、本编纪时，皆用阴历，凡关键事件需标注公历，则在阴历后加括号标出。

五、本编地名，古今同名者不另标注；古今异名者，于括号内标注今地名及属地。

六、本编编排，悉依时间为序。一众材料，一年之内，日月可考者，以日月为序；仅详于月份者，系于该月末；仅详于季节者，系于该季末；仅详于年份者，系于该年末。年、月、日俱不详，而结合谱主生平，可确定其大致年限者，为完整再现谱主事迹，系于相关年份之最初或最末年。

七、本编正文用纲目体，凡事件，以标题为纲，引资料为目。资料引用，来源书籍有文字残缺或辨认未明处，以"□"代。引文中事件有需加以考析辨证，或材料遇有讹误须注释之处，加按语予以说明。

八、为明谱主所处时代背景，编中每年篇前叙录当年重要政治时事，篇末标注当年重要政治、历史、文化名人生卒事迹。篇前篇末征引之事实，多参据沈起炜编著《中国历史大事年表》（古代卷），为行文简练计，编中不复标注出处版本，特此说明。

九、谱主事迹取舍，着重在阐述其生平大事、思想发展、文化交游、学术活动、文学创作诸方面。

十、本编原有世谱十五万余字，考虑到突出谱主事迹，保持全书体例统一，故将世谱抽去另行成书。今编中纳入之祁氏家世与亲友事迹略简，仅叙录与谱主直接关联、能影响谱主思想行为的内容，如家族文化行为、社交关系。

十一、本编所及祁氏亲友，名声较著、生平见诸工具书者，对其事迹仅做简要介绍，不多征文献；与谱主关系密切，且具有一定文化意义，而生平事迹不详者，勉力汇辑文献加以考辨，出以人物简介。

十二、本编征引文献多有汰选，谱主作品选取与事实考辨、思想心理相关者，择要摘录。集外佚文见于未结集出版之别集残卷者，尽可能全录，以存文献。

十三、引文出处，编中加括号标出。一般标注书名、卷数、篇名，版本情况不列；引用版本，可于编末"参考及征引文献"中对应稽核。遇同名文献"参考及征引文献"中多版本重出，则引文时特别标注版本。

十四、编中《山阴祁氏世系》简称《世系》，《山阴祁氏家谱》简称《家谱》，《远山堂诗集》简称《诗集》，《远山堂诗始》简称《诗始》，《远山堂文稿》简称《文稿》，今人影印结集之《祁彪佳文稿》保持全称。

十五、本编引用《祁忠敏公年谱》处，以"旧谱"代称；所引材料采自清初乌丝栏稿本，版本不另标识；用别本，则在引文后加括号标出具体版本。

十六、现存祁彪佳《祁忠敏公日记》，影印收入《祁彪佳文稿》，含《涉北程言》《栖北冗言》《役南琐记附巡吴省录》《归南快录》《林居适笔》《山居拙录》《自鉴录》《弃录》《感慕录》《小求录》《壬午日历》《癸未日历》《甲申日历》《乙酉日历》十四种。本编事实参自日记者，每年篇前注明当年日记名称，为行文简练计，各篇正文仅用"日记"统称。

十七、本编引用祁彪佳尺牍资料处，明确标注时间分册、馆藏名，以免同名混淆。现存祁氏尺牍诸版本情况，已据时间前后编次罗列于编末"参考及征引文献"中，可备稽核。

明清山阴祁彪佳本支世系图表

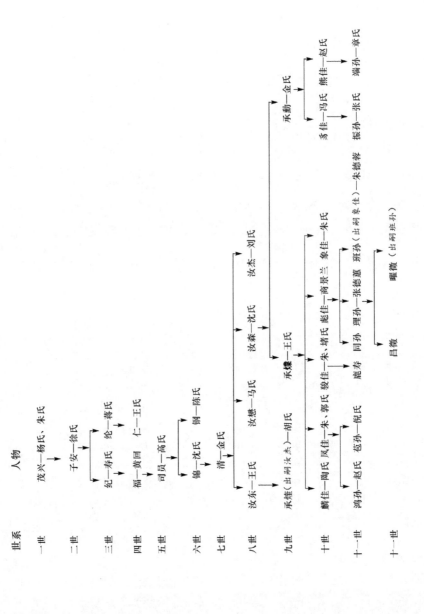

世系

一世　茂兴—杨氏、朱氏

二世　子安—徐氏

三世　纪—寿氏　绘—蒋氏

四世　福—黄回　仁—王氏

五世　司贝—简氏

六世　锄—沈氏　驹—陈氏

七世　清—金氏

八世　汝东—王氏　汝想—马氏　汝霖—沈氏　汝杰—刘氏

九世　承熿（出嗣汝杰）—胡氏　承烺—王氏　承勋—金氏

十世　麟佳—陶氏　凤佳—朱、郭氏　骏佳—朱、塔氏　彪佳—商景兰　象佳—朱氏　多佳—冯氏　熊佳—赵氏

十一世　鸿孙—赵氏　苞孙—倪氏　庵寿　同孙　理孙—张德蕙　班孙（出嗣象佳）—朱德蓉　振孙—张氏　端孙—章氏

十二世　昌徵　曜徵（出嗣班孙）

目　录

传　论

第一节　家族兴衰与文化传承

祁彪佳,字虎子,又字幼文、弘吉,号世培,自署远山堂主人、寓山主人、寓山居士、静者轩主人。族中行六十六,本房兄弟八人,行第六。山阴(今绍兴)梅墅里人。

根据清祁昌徽《山阴祁氏世系表》,祁氏肇脉于春秋时晋国大夫祁奚。祁奚(前620—前545),姬姓,祁氏,名奚,字黄羊,春秋时晋国(今山西祁县)人,因食邑于祁(今祁县),遂为祁氏。祁奚在晋,虽或因时势所限,政治上谈不上有卓越的业绩,但历事晋景公、厉公、悼公、平公四世,在位约六十年,也以忠公体国、急公好义而享誉朝野。史有"祁奚举贤"故事,述祁奚告老,晋悼公请他荐贤以代,奚先举仇人解狐,复举亲子祁午。《左传》赞之:"外举不避仇雠,内举不回亲戚,可谓至公矣。唯善故能举其类。"(《襄公三年》)汉司马迁《史记》也对他深为推许:"祁奚可谓不党矣! 外举不隐仇,内举不隐子。"(《晋世家》)祁奚晚年又曾长途驱车面谏范宣子,申救贤人叔向,事成不图回报悄然而归。从以上诸事可见,祁奚身上,已有后世山阴祁氏十分重视、绵延传家的"纯臣""净臣"的政治道德取向。

祁氏宋代世居汴梁,号为望族。宋南渡,随徙浙江,先迁至山阴福岩村。入明,其中一支移居山阴梅墅村,成为祁彪佳一脉的开端。

梅墅祁氏从明初迁徙客居山阴,到明末成为越中望族,再至王朝更迭、风流云散,共历经了十一代人,其中兴衰发展的轨迹,可概分为四个阶段。

第一阶段,从初祖祁茂兴到三世祁纪。

这祖孙三代,可谓是祁氏筚路蓝缕、积善明农,完成家族财富原始积累,为后人知礼求进创造基本物质保障的阶段。

初祖祁茂兴,号温泉;其次子祁子安,号湖西耕乐,是为祁彪佳二世祖。父子热心地方公益,据《嘉庆山阴县志·兴安桥》,茂兴和子安父子曾捐资在柯桥附近建桥以便乡人通行,桥名系父子名中各取一字,故称兴安桥。三世祖祁纪,是子安长子,号云林樵甫。从三代别号"温泉""湖西耕乐""云林樵甫"，可见三代传承而下，祁氏都是耕读守礼的人家。然而祁子安又是一个有卓识胆略的人，因"设策御倭，以侠闻"（李维桢《陕西右布政使祁公金太夫人墓志铭》）被人推许。祁氏原属匠籍，为了摆脱工匠身份，子安宁可"自折其肱，以免子孙匠役之累，至今永受其福"（《山阴祁氏家谱》）。祁子安用一种近乎壮烈的自残手段实现了家族从工到农的阶层转换。他的儿子祁纪，于是开始"以经术训家"（李维桢《陕西右布政使祁公金太夫人墓志铭》），率领家族从"农"的阶层向"士"的阶层升转发起冲击。由此可见，祁氏一族的远识谋略，又已超越了寻常农家，这才是山阴祁氏后世能够崛起的关键因素。

第二阶段，从四世祁福到六世祁锦。

这三代族人崇文重礼，学优而仕，声望渐起，初步构建起与士流社会的关系网络。

在祁纪的经术训家之下，祁纪的长子，即祁氏四世的祁福（1420—1486），字天锡，号直庵，成为梅墅祁氏进入仕途的第一人。祁福天顺二年（1458）以明经岁贡选为福建龙溪教谕，升任四川重庆教授，被称为"以科贡出为师儒，足端士范者"（萧良幹等修《万历绍兴府志》），"门下士为儒硕名臣者四十许人"（李维桢《陕西右布政使祁公金太夫人墓志铭》）。科贡出身，究竟难免沉沦下僚，祁福的妻子黄回（1416—1496），字回卿，是一位贤淑慈煦而坚毅有远识的女性。丈夫任职期间，她能"凡诸生之材者有立，贫且孤者有助，多太孺人慈煦之"（程敏政《太孺人黄氏墓志铭》），为家族积累了良好的社会关系基础。诸子渐长，她能根据儿子们的天资特长作出安排：令长子司方综理家务；而次子司员举秀才为儒生后，她直接为丈夫纳妾侍奉，自己则以"我将归佐吾子"为由决然回乡，全力培养支持次子科考。祁氏五世祁司员（1450—1507），于成化十三年（1477）考中举人，次年举进士，时年二十九岁。司员是梅墅祁氏通过科举改变命运进入仕途的第一人；祁司员举进士六年后，大他三岁的同宗叔父、祁福的堂弟、三十八岁的祁仁（1447—1492），字天元，号复斋，也考中了成化二十年（1484）进士。他们的进士出身，不仅为各自仕途升迁提供了空间，也为祁氏家族的阶层上升与稳固提供了保障。不幸的是，祁仁初授礼部祠祭司主事，调任湖广长沙府通判，在经过洞庭湖时失足落水而卒，年仅四十六岁。祁仁的过早亡故，令叔侄两人失去了更多仕途上互相扶持照应的可能。

祁司员（1450—1507），字宗规，号梅川。司员敏学有才，天性孝友，亲丧庐墓三年，长兄卒，抚养其子成人成家，深具家族责任感。同时他又是忠臣能吏,初任北直隶顺德府唐山县知县,迁广西道监察御史,再转徽州知府,弘治十二年(1499)四任补南直隶池州知府,所至有治行。祁司员一生的宦绩,可从四方面予以概述。

其一,莅政勤慎,兴废恤民。《万历绍兴府志》称:"司员为御史,按治所及,务以法惩奸贪。其在广西,条上边策十数事,切中肯綮。其治一县两大郡,不以法而以恩。为民定礼制、息嚣讼,节冗缓征,爱之如子。"《嘉靖池州府志》收袁孟愷《寓思亭记》称:"出宰唐山,蔚有声迹。征为广西道监察御史,雷动风行,祇承简命。擢守于徽而补于池,一以爱民为本,其御下也公以恕,莅政也慎以勤,省刑薄敛,旌善瘅恶,故讼日益理,政日益成,民日益底。"祁承爍也称:"后补池州府。池当凋疲之后,治郡不以法而以恩,凡为民定礼制、宽征输、止嚣讼,务以恳款,宣布条教,仍树以画一之法,使各邑乐从而行之,辄效。"(《牧津·惠爱下》卷十一)担任池州知府期间,司员于弘治十三年(1500)出面重修了贵池驿,以便驿传;十五年(1502)移造被洪水冲废的溥济桥于通远门左,名济川桥,以便通津;正德初(1506),又疏浚池州古舜井,以便民生。

其二,修祠重祭,兴贤劝俗。司员担任池州知府期间,弘治十二年(1499)捐俸劝募,重修昭明太子行祠;十三年(1500)迁修贵池儒学;十五年(1502)迁修社稷坛、风云雷雨山川坛;又修葺池州先师庙。这些宦迹,皆出于他"神能昭灵觊于民,而民阴受其庇者,宜有祠以祇奉香火,所以答神庥于无穷也。……先勤民而后致力于神,此寄民社者之责,予虽不职,敢不以民之心为心"(祁司员《重修梁昭明太子行祠记》)的政治立场。因此《嘉靖池州府志》所录袁孟愷《寓思亭记》称池人在他故世后"闻善政则思其爱民,游学校则思其养贤,过院则思其恤孤,经坛祠则思其祀神,睹仓廒、步桥道,则思其广诸蓄、便行旅"。

其三,倡修方志,善存文献。司员十分重视地方志书的修纂和编刊,弘治五年(1492),任广西御史,倡修了《弘治广西通志》。九年(1496)春四月,任徽州知府,捐俸金为倡,偕地方官员解囊,开雕程敏政《新安文献志》,次年(1497)五月刻成。十四年(1501),又出面梓刻《弘治池州府志》,此书今虽不见,但从《嘉靖池州府志》卷九"杂著篇"下所收明王崇《重修郡志叙》"天下事有关于世教者固多,而志其一也,君子固不容不举",可知他热衷地方文献的编纂和刊刻,也是出于裨益世教之意。

其四,清正廉洁,恩威有度。在立身行事上,司员又是一个清廉强干的能吏。《嘉靖池州府志》称之"恩威并著,吏民怀畏,声若不出诸口,而毅然有任重道远之意,政绩烨然"。《万历绍兴府志》称他"居官不苟取,田庐无所增拓"。祁承爜也赞他"抚邑如家,尤以礼教淑人","九载台班,一挥出守。治郡不以法而以恩,宜两地之至今有遐思也"(《牧津·惠爱下》卷十一)。

祁司员生平有《先忧集》《仕忧集》《奏议》等著述,任池州知府时登览齐山,作《登齐山》诗曰:"为爱名亭步若飞,山光水色共霏微。萧萧红叶眼前堕,育育征鸿天外归。佳句赛传惟杜牧,续貂何在有玄晖。登临更觉仙风动,两腋天香已袭衣。"(《嘉靖池州府志》卷八"杂著篇"上)文字有淡朴高爽之气。其殒身池州府知府任上,民为之罢市泣涕,专建寓思亭以寄哀思,志乡贤名宦,配食学宫。

梅墅祁氏六世出了祁镃(1466—1485,司方长子)、祁锦(1484—1558,司员三子)两位秀才,皆由司员教养而成,可惜的是祁镃早卒无子,祁锦最终在科举上也无斩获。

可以说,这一阶段祁司员树立了居家孝悌、立身廉正、宽仁强干、修文崇礼的完美政治人格形象,他是祁氏家族第一个为入仕族人树立良好政治道德规范的人,也毫无疑问成了祁氏士人今后学习的理想典范。

第三阶段,从七世祁清到十世祁彪佳等。

这是祁氏人才辈出、声望鹊起,并真正跻身于越中乃至江南世家望族的巅峰时期。

梅墅祁氏经历了第六世在科举上的沉寂,到七世又有了读书种子,即司员之孙、祁锦长子祁清(1510—1570),字子扬,号蒙泉,又称通奉公。他天性敏慧,"幼时语默动静皆如矩度"(《乾隆绍兴府志》),"生有异质,语默作止,悉中矩度。父奇之:'先人种德厚矣,祚胤将在是乎?'稍长,入塾,属对敏而工,里人都诵说之。"(李维桢《陕西右布政使祁公金太夫人墓志铭》)祁清从小天资过人,被寄予了重振家族的厚望。

祁清不负众望地在嘉靖十九年庚子(1540)三十一岁时考中举人,嘉靖二十六年丁未(1547)三十八岁考中进士,初任四川保宁府推官,二任南京礼科给事中,三任福建福州府知府,丁父忧服阕,四任补广东韶州府知府,五任贵州兵备副使,六任湖广辰沅道参政,七任山东按察使,八任陕西右布政使。卒于官,崇祀名宦乡贤。后以长子汝东考满赠阶通奉大夫,又以曾孙祁彪佳殉国追赠光禄大夫、少傅兼太子太傅、兵部尚书。

祁清生平的宦绩,在李维桢《陕西右布政使祁公金太夫人墓志铭》中详有陈述,主要表现在下面几个方面。

其一,精谳明刑。在担任四川保宁推官期间,他意识到推官不通刑名,必然导致胥吏上下作奸，因此日夜取挈审断，明辨真相。

其二，改革赋役。重庆赋役法不均，官吏贪缘侵牟，祁清采用"一把连"法，以赋募役，量入为出，以求发奸便民。

其三，谏削冗费。拜南京礼科给事中时，正值南北用兵，军兴费诎，祁清提出清三冗："旧制，各门阙库局内臣财正副两人，今动以百十，则官冗；各监局匠良工可一二数，而岁支粟溢二万，则食冗；孝陵与诸卫官军，伍缺粮存，即伍存，十九老弱，则兵冗。第就南京论耳。中外类此者，核而汰之，可足食足兵。"（李维桢《陕西右布政使祁公金太夫人墓志铭》）明吴瑞登《两朝宪章录》卷十四亦言及之"六月戊寅，南京科道祁清、徐栻各奏讨舟师之帑藏既虚，各省之搜括已竭"云云。又，明涂山《明政统宗》提到："（嘉靖三十二年，1553）六月，南京给事中祁清等疏请减冗费，从之。"

其四，仁慈恤民。其治绩如担任福州知府期间，面对倭寇，开城纳民、乘城固守、兴役治兵。"出知福州，倭且至，四境之民争门，而人或下令毋内民。公不可：闻之城以盛民，而殴民与倭乎？亟内之，活数万人身。乘城固守，倭稍引去。民中寇，室如悬罄；而治兵转饷，崇城浚隍，诸役毕兴：公为调剂万端，民得无重困。"（李维桢《陕西右布政使祁公金太夫人墓志铭》）

其五，平叛治乱。担任贵州副使时谋略过人，以智计招抚杨珂，讨平王世麒、阿利诸部；迁湖广参政，西控黔夷，南蔽武陵；又鸠工修葺沅湘圮城，令雉堞翼然可守。

其六，敬贤重才。能提拔贤能，却不自矜功绩。他在四川保宁推官任上结识汉川宋继祖兄弟，罗之幕下，亲授业如弟子，两人因此感激流涕，而他并不邀功示人。在山东，所识拔士人亦然。

其七，清廉刚正。以保宁推官打抱不平、解护受诬县令；以南京礼科给事中弹劾咸宁侯仇鸾恃宠而骄、无人臣礼；任湖广参政，麾谢郡邑醵金于门外；为陕西右布政使，积劳成疾，属吏欲以公帑千金问疾并赠予其子女婚嫁，厉声疾革。身后困窘，竟至于"夫人顾视箧中，无以为殓"。最后还是"里人王公陈枭于秦，言之诸台，皆曰：'祁公廉至此，何让孙叔敖，吾辈为其子孙谋，宁不如优孟。'相率致赙而归"。李维桢又推许他："入仕二十余年，未尝以一名纸通朝贵人。""沉静有检局，人莫窥其际，临事惟义所在，利害毁誉莫能夺。分宜当国，两京台省奔走其门，公遇之殊疏，所建白多犯所忌，以此一麾出守，同榜陶宗伯公（承学）为南台，每称公招不来、麾不去，君子哉！"（李维桢《陕西右布政使祁公金太夫人墓志铭》）

祁清对祁氏家族的贡献，不仅在于他最后官至从二品的陕西右布政使，成为节钺一方的大僚;更在于他胸有谋略、治政有方、心怀仁礼,却又铁骨铮铮。其直节过人的政治品格,是对由司员肇端的祁氏家族"忠臣能吏"政治理想的又一次强化和实践。

祁清对祁氏家族的兴起,还有一个重要的文化符号意义,那就是,他是一位学统有自的心学家。梅鼎祚《澹生堂杂稿序》称:"盖祁君(承煠)之先王父通奉公(清)与王驾部(畿)先生一时私文成(王守仁)之绪,以正学鸣东越。"(《鹿裘石室文集》卷二)作为王阳明心学的传人,王畿的"龙溪证悟之学"继承并改造了阳明心学,认为心、意、知、物四者只是一事,若能悟得根本的"心"的无善无恶,则亦可识得意、知、物皆无善无恶(《王龙溪先生全集·天泉证道纪》)。与传统儒家"不知生,焉知死"(《论语·先进》)对生死问题存而不论的回避态度相比,王畿对生死问题的热切思考探究可谓龙溪之学关注的第一要义,但他并不重视王阳明"致良知"的功夫主旨,而认为应该从先天心体上立根,任心之自然流转,就可以脱离生死。而要在心体上立根,就必须"以无念为宗"(《趋庭漫语》),让自己处于"无念"的状态中,从而实现对心之本体的直观体悟。这一说法,与禅宗六祖慧能"舍离文字义解,直澈心源""若识自性,一悟即至佛地"(《坛经》)的思想异曲同工。王畿自己亦认为儒佛无本质差别,只是"吾儒之学与禅学、俗学,只在过与不及之间"(《自讼》)。黄宗羲因此批评说他"是近于禅"(《明儒学案》卷十二)。祁清之后,不管是祁承煠还是祁彪佳兄弟,他们对生死问题的密切关注,在职任事时体现的胸怀天下、鞠躬尽瘁的典型儒家社会责任感,与随时抽身、淡泊自守的退隐行为,甚至崇禅佞佛的生活倾向,毫无疑问都与祁清传承而下的龙溪思想流脉息息相关。

祁清是把祁氏一族带进辉煌的文化望族之林的领袖。祁氏八世,祁清的四个儿子则承袭父辈恩荫,皆能入学,虽无进士,却也在仕途略有成就;而其姻亲关系,则从此走向了与名门望族之间普遍联姻、相互扶持的阶段。

祁清长子祁汝东(1527—1604),字震卿,号春埜。隆庆丁卯(1567)四十一岁中举人,初任江西广信府推官,次任赣州府同知,再任贵州思州府知府,以养亲归,亲终服阕,四任补云南鹤庆府知府,五任两淮都转运盐使致仕。汝东娶湖桑王氏,潮州知府王袍孙女,太学生王材女。有二子承辉、承煌。长子承辉,娶治中虞庆川女;次子承煌,娶按察使胡邦奇女;一女适绍兴府城水澄巷松江府经历刘彦,刑部主事刘翌之子。祁清次子祁汝懋(1536—?),字德卿,号南麓。由监生初任湖广德安府照磨,二任补江西建昌府照磨,三任湖广襄阳府襄阳县主簿。娶原任泗州判官马方泉(尧让)女。子一:承爌,娶参政楼南溪之女;女适景陵县主簿钱沐之子钱应桔。祁清三子祁汝森(1539—1572),字肃卿,号秋宇。南京国子监生,早卒。以子祁承爜贵,累赠中宪大夫、河南按察使司副使。以孙彪佳殉国追赠光禄大夫、少傅兼太子太傅、兵部尚书。汝森娶英德知县沈榠之女。子二,长祁承爜,先聘兵部员外郎王应吉女,王畿孙女,未婚早故,复另姻太学生王钟瑞号宇屏公之女,南雄府通判白溪孙女;承勳娶兴化郡教谕金钟号元阳公之女;女一,适会稽商周礼,大理少卿燕阳公商为政孙,光禄署丞商潏子。祁清四子祁汝杰(1543—1566),号玄洲,庠生,娶兵部侍郎刘栋孙女,太学生刘燗之女。

梅墅祁氏第九世中,汝东长子祁承辉(1546—1615),国子生;次子祁承煓(1572—1594),号越观,年未弱冠,已中万历十九年辛卯(1591)举人,可惜因为足疾救治不当暴卒,年仅二十三岁。汝懋子祁承爓(1563—?),号禹成,担任过府知事、省祭官等低级职位,退居不仕。汝森长子祁承爜(1563—1628),万历二十八年(1600)举顺天举人,四年后中进士。初任宁国县知县,调知长洲县事,升南京刑部主事,调兵部升员外郎中,出知吉安府事,左迁山东沂州同知,升直隶宿州知州,又升北京兵部员外郎、河南按察司佥事,寻加参议,升江西布政司右参政(从三品)兼按察司佥事、宁太兵备道。所至有政声,凡五祀名宦。汝森遗腹子祁承勳,字尔雅、尔器,又字越津、祖蒙,号梅源。以太学生选官,初任南京豹韬卫经历,升陕西布政司都事,迁四川潼川州同知(正五品)。这一代虽只出了祁承爜一个进士,但各房在仕途都有所进取,可见祁氏一族已经成为根柢深厚的仕宦之家。

祁彪佳的父亲祁承爜(1563—1628),字尔光,初号越凡,更号夷度。天性敏慧,为祖父祁清宠爱,明陈仁锡《大参祁父母夷度先生生传》称:"公性岐嶷,幼为乃王父掌上珠。或骂曰'祁之长文',每使属对立应,词必恰合。"(《无梦园遗集》卷六)十岁早孤,幼弟承勳尚在妊,早产羸弱。家门萧瑟,徭役繁多,都能自理;嗜书苦学,通宵达旦。丧母后离家北上国子监求学,"历诸艰涩煎熬刮砥"(清王铎《拟山园选集》卷六十三《右参政夷度祁公墓碑》)。祁承爜博古广览,深究义理,佛儒兼用,名声炳蔚,时人推为文章大家。陈仁锡称之"博上古、中古之遗"(《大参祁父母夷度先生墓表》),"探今生、往生之密"(《无梦园遗集》卷六)。明袁黄《游艺塾文规》对他推崇有加,赞许如:"祁承爜通篇皆佳文","祁承爜亦卓荦不群","祁承爜云竟心体于实行,斯善修德者矣。不认空虚为心体,而以实行为心体,是留心学问者"(《游艺塾文规》卷八),"祁承爜识高意朗,绝无烟火气。……此等句皆不随人口吻而超然独到者"(《游艺塾文规》卷十三)。但是他的仕途进取却并不算非常顺利,三十八岁方举顺天举人，四十二岁中进士，已经人到中年。

祁承㸁仕途颇为蹭蹬，他为人清直，“不以色授人”（清王铎《拟山园选集》卷六十三《右参政夷度祁公墓碑》），“迺不免与时扺牾”（姚希孟《响玉集》卷八《旷亭草序》），因此在党争之中独不依附，遂至丁巳（1617）京察中，为人挤诬而无人申救，导致中计典放归。他也因此不免发出“仕路由来独语途，纷纷歧路此中趋。为郎五载真成梦，作郡经年是迂人”（《澹生堂集》卷五《闻计咏怀　其十》）、“十年生计笑成愚”（《澹生堂集》卷五《宛陵道中逢雨自嘲》）的感慨。虽然如此，他后来官至从三品的江西右参政分守宁太道，所至有政声，五祀名宦，仍可见其政治道德和才能。他的宦绩可圈可点者不少，可从以下方面概述。

其一，勤政恤民，除奸革弊。任宁阳知县，他在《发宁阳》诗中自称：“双鬓两年萧索尽。”（《澹生堂集》卷五）转长洲令，明伍袁萃《畸集》称：“祁尔光志操卓然，令长洲甫半载，而除奸革弊，庶政一新，吏畏民怀矣久之。即西京循吏，当无以加焉。近因水菑，殚心拯救，旦夕靡宁，真所谓勤恤民隐者。”（《林居漫录》卷二）

其二，董理荒政，民免于灾。万历三十六年（1608）担任长洲令期间，遭遇岁荒。《同治苏州府志》称：“岁大荒，承㸁议赈议蠲，苦心调剂，民免于灾。”（卷七十一）任吉安知府，章贡水灾，据明陈仁锡《大参祁父母夷度先生传》：“俄而章贡灾水之狎，而浸者无算，至于室庐漂没，妇子蔽江下。公隐此，悬重金饵营兵，始回其将毙，再赈其余生；矫请府粟，公之德则大。然犹痛未定也，骄阳随其后，公竭诚祷祠回其虐。”（《无梦园遗集》卷六）

其三，荐贤修文，置办义田学田。《同治苏州府志》提到：“（万历）三十六年，知县祁承㸁置田五十亩。按，《康熙志》：‘岁大饥，祁承㸁发帑委诸生尤挺秀赈济，余百余金，归县，县以代旌额费，挺秀固辞，乃置田。’”（卷二十六《学田》）又据陈仁锡《重修长洲学文星阁记》（《无梦园遗集》卷四），长洲任上，他还倡修了长洲县学的文星阁。

其四，广征博识，卓有边才。祁承㸁次第担任过南京兵部职方员外郎、兵部车驾司主事、山东沂州同知、北京兵部员外郎、宁太兵备道等职务，对兵政之事十分熟悉，他又富有寻根究底、鉴古通今的习惯，因此对于军事形势、策略筹谋，颇感兴趣，编纂了大量相关的著述。万历三十九年（1611），担任南京兵部车驾司主事期间，他把自己的管理心得著为《司舫䘏言》。清王铎《右参政夷度祁公墓碑》称：“公尝主南驾部与守宿矣，中涓方凭旧焰，诸猾者牙蘖其间，无敢谁。公典贡艘，能以二等九则法钳之，额钱私稇束手不敢噬取。"(《拟山园选集》卷六十三)他对明清之间的战局很关注,并有独到的见解,因此辑宋抵御元昊史事为《宋西事案》,用以警醒时人,认为当前明朝的政治军事局势,尚不如宋代,危殆可知。明黄汝亨《宋西事案序》云:"宋西事案者何? 吾友祁尔光氏辑宋御元昊始末事而为之案也。所以案者何? 今人辄轻宋人弱,又谓今且有宋弱不振之忧,不知以今东事之坏,较宋明道、庆历间能控西夏而制其命,则宋甚盛也。"(《寓林集》卷一)天启二年(1622)任宿州知州期间,调处宿州煤徒起事,并著《符离弭变纪事》以述始末。以贤能晋升兵部职方司员外郎,备兵磁州,又辑成《牧津》,旨在指导官员为政之道。明陈仁锡《大参祁父母夷度先生传》赞:"公又稽古有获,举凡汉南北军、唐府兵暨九边财赋会计,咸有成檄,堪佐枢府用。"同卷《大参祁父母夷度先生墓表》称:"且夫《琅琊篇》宛载芳迹,《符离纪》实进精忱。……《壁观》通簿书于微,《牧津》证名画于渺。边才倚重,人不能私;河朔要冲,公岂独靳。"(《无梦园遗集》卷六)吏部因此推他为可任边道能吏。明吴应箕《启祯剥复录》:(天启五年十二月)"吏部覆丁绍轼题:……堪任边道者为丘志克、杨邦宪、祁承㸁、陈陛、韩元善、胡平表。工科给事中杨所修荐曹钦程报闻。"(卷二)他又有《河朔趋驰录》之作,天启七年(1627)初夏,唐焕为作《河朔趋驰录序》称:"自逆奴发难以来,靡不人人谈兵矣。……夷度祁公治兵于磁属,奴氛甚恶,公闻警,即预为戒备,毫不作仓卒张皇态。盖待羽檄旁午,而胸中隐然具甲兵数万矣。及练营兵,则以六条总其要;练乡兵,则以十款括其机。洋洋洒洒,言言中肯。而就中练胆一段,尤为兵家石画,诸上台皆击节叹赏不置。公精力推行,业有成效。"则可见祁承㸁的军事才能,并不止于纸上谈兵,也有较强的实践操作能力。

祁承㸁以进士入仕,固然为祁氏望族地位作出进一步稳固强化,但祁承㸁对于祁氏望族最大的贡献,却在于他的学养深厚、爱好广泛、多才多艺,对祁氏家族文化影响力的提升,无疑开辟出了更广阔的天地。

祁承㸁一生的文化交游相当广阔。作为一位颇有名望的通儒,思想上,他师事周汝登,友交陶望龄。明陈仁锡《大参祁父母夷度先生传》称:"辛丑(1601)下第,归自广陵,病几不起,夜半有灵神授以圭,诘日乃愈。公癙,更以性命理大溯本于王父之宗,则王文成为上谱,因执弟子礼庄事海门周先生,析疑讨幽。"(《无梦园遗集》卷六)承㸁有《辛丑中秋,海门先生宴集天泉桥,桥故在文成公第,即海内所传天泉证道处,夜时周师有作,命予步韵》(《澹生堂集》卷五)七律二首也述及此事。他与陶望龄交往很密切,陶望龄《无垢先生论语颂唱和引》提及:《论语》之有子韶绝句,犹禅家之有颂古也。

诸老宿依样葫芦,络索满纸。独子韶诸诗,少有继者。吾友张懋之与其友白子熙、祁尔光始从而和焉。"从思想倾向来看,与祖父祁清一样,祁承爜的心学思想,也传承于王畿的龙溪证悟之学一脉。同时在担任长洲令期间,他也与顾宪成、高攀龙为代表的"东林学派"思想家展开过讨论。东林诸人继承宋代程朱理学的传统,主张"论学,与世为体",认为"官辇毂,念头不在君父上;官封疆,念头不在百姓上;至于水间林下,三三两两,相与讲求性命,切磨德义,念头不在世道上:即有他美,君子不齿也"(《明儒学案·东林学案》),而对王门后学秉持批评态度。但顾、高与祁承爜之间的思想交流,尚还称不上平等交锋。从清顾枢《顾端文公年谱》"六月,长洲令祁夷度承爜书曰:'日蒙接引,饫闻至教,真末学津梁也。……承谕《圣学宗传》中《龙溪语录》一节,已转闻之海门师矣'"(下卷"万历三十六年戊申五十九岁"条)来看,对于理学和心学间的分歧争论,祁承爜还没能有自己的明确取舍立场,因此只能转呈其师周汝登辨析。又,明顾宪成《小心斋札记》也提到:"丁未(1607),祁夷度明府与予商无善无恶之说,曰:'此与无声无臭何如?'予曰:'毕竟是同他。'曰:'过吴门再举此话。'予曰:'向所云尚有个因缘在。往云间钱肇阳谓予曰:子于无善无恶亟揽之,何于无声无臭又信之?……予曰:无声无臭,儒宗也。无善无恶,释宗也。如无善无恶有以加于无声无臭之上也,诚宜以无善无恶为宗矣。如其同也,又何必舍无声无臭而艳他宗乎?况乎无善无恶,须借无声无臭作注脚而后分明,无声无臭却不待取证于无善无恶也,由此观之,两言亦有辨矣。'"(《顾端文公遗书》卷十四)以儒家的"无声无臭"反驳佛家的"无善无恶",从而批评王畿之学"援禅入儒"的思想导向,顾宪成的这一番论学,无疑是对王畿之学会通儒禅特征的最直接批评,亦是对祁承爜思想根本的否定。从辩难来看,承爜当场似乎并没有提出更多有力的反驳;但从他生平的行为来看,顾宪成无疑也没能够改变祁承爜的儒佛混通思想倾向。祁承爜交往密切、师友事之的思想家,除了周汝登、陶望龄之外,还有禅宗曹洞宗一脉的高僧湛然圆澄。他与湛然之间的关系十分持久密切,祁彪佳《石雨大师(明方)语录序》称祁承爜"师事云门"(《祁彪佳集》卷二),在《请石雨和尚(明方)住显圣书》中也说:"昔先大夫从令师湛和尚为方外交者三十年,受益良多。"(《祁彪佳集》卷三)承爜在《澹生堂藏书约》中也自称"癸巳(1593)读书云门僧房"。当时湛然和尚已设立显圣道场,名声大噪,可见祁承爜与释湛然当在此时或稍前就有交往了。曹洞宗以"五位说"为基础,阐释真如与现象世界的关系,认为世间万物存在着"回互"与"不回互"的关系。所谓"回互",即指万物可以互相浸润涉入,此中有彼,彼中有此,融会贯通,圆融一体。所谓“不回互”，是说万物各有位次，各守本位而不杂乱。这种“回互”“不回互”的观点，从事物联系、发展和变化的观点看问题，具有朴素辩证法的特征（石头希迁《参同契》）。曹洞宗风严密，思辨性强，因此反而更能引起祁承㸁这类饱学士人的思想共鸣和精神需求。而这无疑也直接加强了承㸁身上援禅入儒、儒佛汇通的思想倾向。而这种倾向再深入加强，到了承㸁季子祁骏佳身上，则轻重倒置，完全变成了以禅为宗、援儒释禅。另外，龙溪之学与曹洞禅学之外，承㸁与阳明心学的另一旁支——泰州学派的思想家焦竑也有交游，彼此思想也有影响。

作为一位文章家，祁承㸁与当时文人士大夫的交往也颇频繁。与汤宾尹、姚希孟、陈继儒、钟惺、蔡献臣、陈仁锡、黄汝亨、申佳胤、赵南星、王铎、唐焕等人都有来往，并且颇得推崇赞许。李维桢《祁尔光集叙》称：“余友祁尔光自六经、诸子、诸史无所不讨论，而二氏亦领略焉。自汉至明，诸家集无所不摭拾，而稗官小说亦下采焉。用以为文为诗，未尝不出古人而不袭古人余唾，未尝不越今人而不骇今人拙目……尔光备诗文众体，该诗文众妙，心所包括，总览殆未可量。”（《大泌山房集》卷十）

祁承㸁同时又是一位当行的戏曲爱好者，不仅澹生堂藏书里搜罗了大量戏曲剧本，而且与万历年间活跃于剧坛的戏曲家许自昌、张凤翼、梅鼎祚、王骥德、许自昌、单本等人都有密切交往。担任长洲县令期间，他还曾亲邀冯梦龙作《双雄记》。祁彪佳《远山堂曲品·双雄记》云：“此冯犹龙少年时笔也。……姑苏近实有其事，特邀冯君以粉墨传之。”（黄裳《远山堂曲品剧品校录》）按，冯梦龙长彪佳二十八岁，崇祯三年（1630），祁彪佳致书梦龙，犹言：“恨生平不得一奉冯先生颜色。”（南图藏《远山堂尺牍》庚午秋冬季册）可见此前两人未谋面，徐朔方先生于《晚明曲家年年谱·冯梦龙年谱》中，以此推断记为承㸁邀冯作，其说是。由此也可见，《远山堂曲品》《剧品》是祁彪佳在承㸁远山堂戏曲藏目基础上整理增补、评议修订而得成书的。

祁承㸁也是古今闻名的藏书家。全祖望《旷亭志》云：“治旷园于梅里，有澹生堂，其藏书之库也；有旷亭，则游息之所也；有东书堂，其读书之所也。夷度先生精于汲古，其所钞书，多世人所未见，校勘精核，纸墨俱洁净。”（《鲒埼亭外编》卷二十）据《澹生堂藏书约》自述，承㸁十岁丧父，先父遗书五七架，藏于卧室楼上，儿时常入楼读书。婚后，爱书更甚，至将妻子头面首饰典卖以购书。过武林，则遍访坊肆所刻，遍向委巷深衢，觅有异本，即鼠蠹余剩，无不珍重买归，亲手补缀。馆谷所得，供应家常之外，尽数购书。惨淡经营，益之先世所遗，藏书逾万卷。万历二十五年（1597）冬，不慎失火，藏书尽毁。赴考北京，市中经籍众多，然以行囊萧索，每只能向市门倚楼看书。《辛丑（1601）下第发都门咏怀》之二述志："携得图书仍骤富，肯令空敝黑貂裘。"（《澹生堂集》卷四）其好书如此。日后聚书渐众，达十万卷之多。祁承㸁的藏书思想，从版本鉴别和图书购求方面来说，《藏书训略》提出的标准是"审轻重""辨真伪""核名实""权缓急""别品类"（《澹生堂藏书约》）。从图书分类编目方面来说，他在《澹生堂藏书目·庚申整书略例》中提出了四个要点："一曰因。因者，因四部之定例也。"也就是效法四部，以经、史、子、集分类编目。"一曰益。益者，非益四部之所本无也。而似经似子之间，亦史亦玄之语，类无可入，则不得不设一目以汇收；而书有独载，又不可不列一端以备考。"祁承㸁在四部之外，新创并增添的"丛书"这个新增类目，对图书分类学意义重大。"一曰通。通者，流通于四部之内也。"提出原属独立单行之书，却后来附刊于文集、本集、丛书内的不同子目，都应分析出来，分归四部，以便检索。"一曰互。互者，互见于四部之中也。"一书中内容涉及两类或以上的，不同部目中都应著录。又为子孙留下家训："今与尔辈约：及吾之身，则月益之；及尔辈之身，则岁益之。子孙能读者，则以一人尽居之；不能读者，则以众人递守之。入架者不复出，蠹啮者必速补。子孙取读者，就堂检阅，阅竟即入架，不得入私室。亲友借观者，有副本则以应，无副本则以辞，正本不得出密园外。书目视所益多寡大较，近以五年、远以十年一编次。勿分析，勿覆瓿，勿归商贾手。"（《澹生堂藏书约》）祁承㸁的嗜书藏书，为祁氏三代藏书打下了深厚基础，也为家族营造了良好的书香气氛。从他以后，一脉相承的祁彪佳远山堂藏书及祁理孙东书堂藏书，遂名闻一时。

祁承㸁又是审美独到的造园高手。他酷爱园林，万历三十年（1602）修成密园。祁彪佳《密园》称："先子生平有园林之好。上公车时即废箸构此，然亦只密阁、夷轩、澹生堂数处耳。嗣后俸余所入，尽用置园。"（《越中园亭记》之五）又从祁承㸁《密园初集序》可知，他春试落第归，杜门卜筑密园，两月而园成。终日坐密阁，弈、酣饮、清谈、讴异文。（《澹生堂集》卷七）在造园过程中，他又不袭成迹，形成了自己的园林美学思想。他于万历四十一年（1613）七月修葺成密园中的旷园，为此特地著《行园略》《行园注》《行园记略引》，刻入园记中。其《密园前后记》引文道："余自幼不欲袭人成迹，凡事多以意为之，作室亦然。大较不用格套耳，而世辄谬以余之构园有别肠。余何能为？要以地之四整者，纵横之而使相错；地之迫促者，每玲珑之而使展舒。此亦童子时所闻于学究先生，如板题活做、长题短作之类也，余安有别肠！虽然，有小道焉。园宜水胜，而其贮水也，即一泓须似于弥漫；园宜竹多，而其种竹也，虽万竿不令其遮蔽。园之内，一丘一壑不使其辄穷；园之外，万壑千岩乃令其尽聚。若夫地不足，借足于虚空；巧不足，借足于疏拙；力不足，借足于雅淡。余前杂记言之矣。因合以今之《注》《略》，而为《密园前后记》。"《行园略》云："蚁蛭之能聚也，蜂房之能容也，彼其疏密得体，脉络有条，故能往来不窒，而屈伸自如。余园虽掌大，然而其中之迂回委折，夫固有条理焉。""要以园之拙者，固不可令一目而知；即园之佳者，亦不可使一览而识。惟一境穷而一境始见，则所谓一尺之棰取其半，万世而不竭者也。是余之园也。"（《澹生堂集》卷十一）究其修园根本思想，在于因地制宜、借景造景、虚实互掩、巧拙相成。颇能体现出中国园林美学疏密、乱整、虚实、聚散、藏漏、蔽亏、避让、断续、错综、掩映等的空间安排技巧与思想。祁承㸁的构园思想，无疑对后来祁彪佳寓园的建造，有着直接的影响与指导作用。

总而言之，祁承㸁不仅是一位文章大家、儒佛兼用的思想家、当行的戏曲爱好者，还是一位执着而又有辨识力的著名藏书家、有独到审美理想的造园家，他身上体现出了读书人多彩丰富的精神世界，也展示出了祁氏家族成为文化世家的丰厚底蕴。

梅墅祁氏传承至第十世，人才彬蔚，李维桢《陕西右布政使祁公金太夫人墓志铭》称之"龙、鹤、麟、凤、骏、豸俱诸生，斌斌不愧其名矣"（《大泌山房集》卷九十二）。祁彪佳本房，有麟佳、凤佳、骏佳、豸佳、彪佳、熊佳、象佳七男丁，多有文采。

伯兄麟佳（1580—1629），字元孺，号太室，郡庠生。著有《太室山房四剧》，即《救精忠》《庆长生》《红粉禅》《错转轮》，《远山堂剧品》列为"雅品"。其中《错转轮》现存于沈泰所编《盛明杂剧》二集，《远山堂剧品》评："水判之语雄，王生之语婉。雄则近怒，婉则近喜。至于拟狱数段，有痛骂处，有冷嘲处，令人忽怒忽喜。是以见文人之舌，不可方物乃尔。"麟佳有诗文集名《问天遗草》，今亡佚不见，但日本尊经阁藏《寓山志》中保存了一篇七言古风《天瓢》："繄昔神工自炉鞴，偃虹嶙峋赋形似。天匠斫翠走风雷，川融山结妙行止。寓山周环仅数武，婴峦稚巘卧云几。半榻苍烟昏古木，怪石如蹲隐岩髓。幽桂丛中一壑泫，仰天烛发静且泚。李筌当日遗空瓢，取水沉波重难徙。陵谷桑田几劫灰，焉知是山非出水。山徙水换负此瓢，造化由来巧如此。阿季好山入奇僻，日日操锄剔苔紫。曲盘异径穿虚明，弹压峰峦凑肤理。归云湿处吹寒碧，玉乳凝丹留迅晷。何必觅水举仙瓢，嵌阜泓泉洵奇美。人生得意难强求，丘壑能专事已矣。"眉批："幽湿蒨寒，咄咄昌谷。"诗有宏朴高古之气。祁麟佳屡试不第，郁郁病卒，彪佳为之刊刻四剧和诗稿，作

《太室山房四剧及诗稿序》称："世有文人而不遇如我伯兄氏者哉！"（《远山堂文稿》）

仲兄凤佳（1585—1643），字德公，号武夷，增庠生。凤佳为人敦厚孝悌，屡试未中，里居修身，照管祁氏澹生堂藏书，整次祁承𤊸遗著。黄宗羲《天一阁藏书记》："祁氏旷园之书，初庋家中，不甚发现。余每借观，惟德公（凤佳）知其首尾。按目录而取之，俄顷即得。"（《南雷文定》前集卷二）又好禅崇佛，买大学士吕本的别业樛木园，改建为大能仁寺。凤佳现存诗两首，《药名离合》："槐花雨润心凉地，榆叶风翻欲夜天。花满砌阶幽径滑，石桥溪畔咽寒泉。"《县名离合》："暖风吹水动荷香，山色晴空映碧湘。潭影数竿潇洒竹，溪声伴送晚风凉。"（《寓山志·游吟》）诗写幽居情状，有清隐趣致。

季兄骏佳（1594—1671），字季超，号方山，又号渥水。明清易代，出离俗世，号为净超。门人私谥"道隐先生"。朱彝尊谓其小楷绝伦，"有道之士，然颇嗜奇"（《静志居诗话》卷二十一）。祁苞孙《叔考季超府君行实》称："府君孝友性成，上事父兄，下抚群弟，人无间言。"骏佳崇祯戊辰（1628）选贡，举进士不第，时京师表面晏安，而他独窃怀隐忧，遂焚贡牒以示不复进取，入会稽山中筑室居之，习静安禅。"恒策蹇乱流往从诸僧人游，归则静坐一室，遂顿超玄悟忘、生死齐得丧矣。"（祁苞孙《叔考季超府君行实》）祁彪佳亦称之"四哥安空禅，举义有异焉。但能了性命，不复问世缘"（祁彪佳《远山堂诗集·别兄弟》）。骏佳家饶资财，施药出粟，赈饥救荒，活人无算。"生平作文，意无不达，不斤斤效法前人，一篇之中自为开阖，而自然合于章法可传，盖有理明学足之故。凡关于性理治乱者名《外集》，涉于禅家者名《内集》。恶时僧托名宗师，放恣不守戒律，则取古德明悟严洁者，编次成书以示诫，名《宗门崇行录》，又有《家乘》《随笔》记载前言往行。"（祁苞孙《叔考季超府君行实》）祁骏佳所著现存《禅悦内外合集》和《遯翁随笔》二卷，杂剧《鸳鸯锦》南北四折亡佚不见，祁彪佳评为："新歌初转，艳色欲飞。以虎易姝美，沈词隐曾采之《博笑》内，较不若此剧之豪畅。"（《远山堂剧品·艳品》）

五从兄豸佳（1594—1683），字止祥，号晋岳，又号雪瓢，祁承勳长子。天启丁卯（1627）乡荐第三名，初任和州学正，升应天府教授，又升礼部司务，转吏部司务，鲁王监国，授兵部郎中、台州屯田道、按察使司副使，明亡不仕。著有传奇《眉头眼角》《玉麈记》，《远山堂曲品》收入逸品；《旗亭》《芍药》，入能品。豸佳多才艺，清吴山嘉《复社姓氏传略》载："工诗文书画，四方来索者，辄呵冻流汗以应。家居数十年，以寿终。"张岱《祁止祥癖》称之"有书画癖，有蹴鞠癖，有鼓钹癖，有鬼戏癖，有梨园癖"（《陶庵梦忆》卷四）。又其《跋祁止祥画》赞之"点画间笔笔有行草书意"(《琅嬛文集》卷五)。清徐泌《明画录》："书法绝类董文敏，山水宗北苑、惠崇，出入于襄阳、橡林，苍秀坌溢，虽率笔草草，神韵自足。"倪元璐《祁止祥稿序》则称："止祥之文栖于奥深，跃为灵露。观其入，刺然可寸计心；观其出，泻然可斛量血。则其才无不致于其文者矣。"(《倪文贞集》卷七)祁彪佳评其剧作《玉麈》："烟姿玉骨，隐跃词中；香色声光，绵缊言外。"(《远山堂曲品·逸品》)

七从弟熊佳(1607—1673)，字非熊，又字文载，号师濂，祁承勋次子。崇祯丙子(1636)顺天举人，庚辰(1640)进士。初任福建南平知县，行取值国变；鲁王监国，授兵科给事中，寻升都察院佥都御史。卒，张岱为作祭文。熊佳与彪佳性情相若，关系亲厚，祁彪佳有《与文载弟》函称："贤弟慈祥恺悌，出自性生，自是第一好品地，定有好政声。"(《里中尺牍》春夏册)熊佳初仕，祁彪佳手书《居官要类》，细述为官要点，为其官场指点迷津。熊佳著有《陈氏鹏霄四书续经学考六卷序》(清朱彝尊《经义考》卷二百五十九四《陈氏鹏霄四书续经学考六卷》)，清张豫章《四朝诗》收录其《寓山秋夜》诗云："群动瞑已息，山窗夜逾响。将毋枫折胶，或恐虎磨痒。徐闻落叶翻，既下思复上。气尽信所之，物各反其党。秋蝉吟再三，流萤时一晃。申旦耿不寐，乐游念畴曩。嗟我怀沙人，汨徂竟安往。"(明诗卷三十四五言古诗十九)又存郭鼎京题画诗一绝："石边流水响珊珊，翠滴苍崖洒面寒。白雀馆中文与可，墨林淡扫五千竿。"(清冯金伯《国朝画识》卷四《郭鼎京》)

八弟象佳，字子音，又字翁艾，监生。其人雄武讷言，祁彪佳《别兄弟》称："小弟身雄武，饮啖气如虎。张口无所言，一吞尽酒脯。歧路分乱丝，盖鳞意见滋。泏穆如小弟，诚哉是吾师。"(祁彪佳《远山堂诗集》)又据祁彪佳七律《薄寒初换，微雨新霁，偕社中诸子放舟鉴湖，探兰荡之胜，是为萍社之四集。时舟中酒瓮倾倒，亟呼酪奴解渴。于其归也，各赋近体一章，翁艾诗不成，罚依金谷例，无酒以水沃之满腹而止》(《远山堂诗集》)，则象佳似不善诗文。尊经阁藏本《寓山志》存其《临江仙·咏柳陌》词一首："翠暗银塘玉波路，野篱春透花明。小亭斜照嫩寒生。碧阴深隙，鸟语弄云晴。凉月枝头舞飞燕，带水摇曳芳情。长天村雨晚烟平。动人佳处，一棹傍堤停。"眉批："曳曳欲新。"但根据祁彪佳日记所展示的编撰细节来看，此词疑是彪佳或张岱代笔。

行六即本编谱主祁彪佳(1602—1645)，字虎子，又字幼文、弘吉，号世培，自署远山堂主人、寓山主人、寓山居士、静者轩主人。万历四十六年戊午(1618)十七岁中举人，天启二年壬戌科(1622)进士，初任福建兴化府推官，行取选授福建道监察御史巡按苏嵩常镇等处，差竣以养母归，亲终服阕起河南道掌道御史，奉差巡视京畿道，主掌计典，又以南京京畿刷卷出安抚三吴，升大理寺左寺丞，旋升都察院右佥都御史巡抚苏嵩等处，加都察院右副都御史，谢病归。南京失守，不应新朝征辟，赴水殉国。隆武建元，追赠光禄大夫、少傅兼太子太傅、兵部尚书，给四代诰命，谥忠敏，赐祭葬，荫一子中书科中书舍人。鲁王监国，赐祭葬，赠太子少保、兵部尚书，谥忠毅。清乾隆间追谥忠惠。

祁彪佳幼年敏慧，少年得志；科举早达，仕为能吏；更是才蔚学丰，著述繁多。他留下了涵盖戏剧评论、疏稿揭帖、日记书牍、戏曲诗文、地理志著、救荒兵备等各方面著作，皆有传世，可谓蔚为大观。其戏曲创作如《全节记》《鱼儿佛》，戏曲评论如《远山堂曲品剧品》，诗文如《远山堂诗集》《远山堂诗始》《远山堂文稿》《祁彪佳集》，皆能自成窠臼。妻商景兰，字媚生，又作眉生，明吏部尚书商周祚第三女，著有《锦囊集》。

清阮元引孙度言："梅市祁忠敏一门，为才子之薮。忠敏群从则骏佳、豸佳、熊佳……阖门内外，隔绝人事，以吟咏相尚。青衣家婢，无不能诗。越中传为美谈云。"（《两浙輶轩录》卷三《祁鸿孙》）毫无疑问，梅墅祁氏，在祁彪佳这一代可谓呈现出了才华灿烂、思想开明、文化多样的巅峰面貌，也充分展露了一个文化望族的丰厚底蕴魅力。

第四阶段：从十一世鸿孙、班孙而下的祁氏后人。

明清易代，祁彪佳殉难后，祁氏族人陆续舍生取义、遭难殉身，隐退仕途，风流云散，渐归沉寂。

祁氏十一世的领袖祁鸿孙（1611—1656），字奕远，凤佳长子，廪生。国变后拥戴鲁王，破家举兵抗清。徐芳烈《浙东纪略》叙及："（1645年九月）十三日，监国归郡县……乡绅家祁鸿孙等复以兵卫士，江上诸营亦多奉表归命惟谨。"叙功授兵部职方员外郎，进阶奉直大夫，赐节盖印绶，出监江上四十八路营军事，兵溃隐匿。清顺治十三年（1656）五月往华亭哭陈子龙，病卒，年四十六。清徐肃《祁彪佳传》提及他的政治行为："彪佳尽节未二旬，东江兵起，其群从之长曰鸿孙者，尝与彪佳同学刘宗周门下，将兵江上，冀有申从父志，于是理孙、班孙罄家饷之，与黄氏世忠营勒，事败，鸿孙走死。"（《小腆纪传》卷十五）清吴山嘉《复社姓氏传略·鲁之春秋》也言及"鲁王监国，驻绍兴，鸿孙将兵江上。江上破，忧愤而卒"。鸿孙为人豪放不羁，其庶弟祁苞孙《先兄奉直大夫奕远府君墓志铭》称："自我家累世通显，然皆敦朴循谨，而君独喜豪奢，为人通放不羁，读书不守章句，广交游以延声名，周人之急。"（《山阴祁氏世系表不分卷附录不分卷》)因而家财渐散。鸿孙有遗诗文,明魏耕《过祁二金宪鸿孙旧居,其嗣曦徵因出其遗文,雒校并山见酬之什书以赠行,乃潸然有述》提到:"司马文章谁为取,浩然诗句落人间。清风瑟瑟余哀郢,绿竹丛丛满故关。忆昨扬舲游茂苑,与君并马看吴山。只今花柳增惆怅,畴昔雄豪未可攀。"(《雪翁诗集》卷九)惜今不存。清阮元载录鸿孙诗二首,其《赠愚庵和尚》:"偶寻方外胜,载酒上高楼。人怯三年病,花开九日秋。愚溪何处问,圣水至今留。幸得逢支遁,深林话更幽。"《九日童山晚眺》:"袅袅凉风生,泯泯收潦见。淅淅木叶鸣,泛泛露华泫。携手登高冈,载酒叙欢宴。黄花不重鲜,白花不重绚。为乐能几何,何以委流眄。高张生棘弦,浮云起更变。忧怀听离声,泪下忽如霰。"(《两浙輶轩录》卷三)清陈田收录其《懊侬歌》一首:"双鸳隔双罿,织缣一百镊,两月不成匹。"(《明诗纪事》辛签卷二十三)诗有慷慨悲凉之气。

彪佳长子祁同孙(1621—1636),是一个孝悌敏慧的人,庠生,早有文名,惜于崇祯九年丙子(1636)五月出天花,未娶夭折。次子理孙(1627—1687),字奕庆,本房行五,人称祁五公子。郡庠生,弘光时恩荫中书科中书舍人,私祀"孝友先生"。曾协助其父团练乡兵、擢拔人才。清祁昌徵《先考奕庆府君行略稿》:"岁甲申,忠敏公以节钺抚苏松,督沿江诸军,携先府君(理孙)于任。……公承制得自署将帅,府君则时入军中与诸将游,默识其技勇以告,而次第拔之。"明亡不仕,卷入慈溪魏耕通海案,幸免,遂闭门谢客,崇佛嗜书,东书堂藏书数万卷。阮元《两浙輶轩录》收理孙诗一首,前注:"越风先生为忠敏家嗣,与弟奕喜俱以才藻自豪,后为慈溪魏耕株累,奕喜戍边,先生幸免,遂闭门谢客。"其好友魏耕《题赠祁理孙画像引》称之:"山阴祁生三十余,已能高蹈谢尘居。"《重饮祁五藏书楼,祁时专攻禅诵,精辨梵文》则称:"莲花刻漏今宵值,梵字传经几岁通。知尔王维皈白社,论心谁是范郎中。"(《雪翁诗集》卷五)理孙诗现存附见于《祁彪佳集》四首:《折杨柳词》《垓下吊项王》《蹴鞠行》《喜金大来归自娄东》,虽然遗作寥寥,但诗中有极强的愤懑郁勃之气,与其专攻禅诵的生涯颇截然对立。理孙妻车水坊张氏德蕙,字楚缠,明状元、谕德张元忭玄孙女,都督同知张蕚女,能诗,《祁彪佳集》附编收其诗五首。生二子:昌徵、曜徵。三子祁班孙(1632—1674),字奕喜,小字季郎,本房行六,人称祁六公子。其人美姿容,早颖慧,而性颇恶劣,日堪行数百里。能诗文,有盛名,所著有《东行风俗记》《紫芝轩集》《自怡堂集》。清军下杭州,祁彪佳殉节,张名振等人起兵东江,祁氏弟侄熊佳、鸿孙与魏耕等皆参与其事,班孙、理孙与魏耕称莫逆,乃破家助饷。康熙壬寅(1662)二月,魏耕等被惨法死于杭，癸卯（1663）祁氏亦事败破家，班孙遣戍宁古塔，理孙以贿得免，转而守静佞佛，郁郁而死。清祁昌徵撰《先考奕庆府君行略稿》述其事实："先季父（班孙）以慷慨豪迈著，府君则更以长厚醇谨称。……未几而魏耕之难作。魏耕者，以能诗文游四方，为怨家所告，词连先季父，并逮府君，官遣吏卒围索。时耕已别遁，实未尝匿吾家，遍搜山泽未获。府君谓先季父曰：'魏耕不获，我与若将被拷掠且抵罪。我有子矣，弟尚无嗣，我当以身承之，弟归养母夫人可也。'先季父泣曰：'事由于弟，我则承之。兄为先公冢男，不可以死，且儿子尚幼；弟故无子，死无所累。'府君不听，曰：'死则死耳，必不忍视吾弟独置于法。'争之久不决。亲友见者，咸感叹悲泣，莫能仰视，曰：'此孔北海兄弟也。然慎弗偕死以贻太夫人忧。'俄而耕就缚，先季父就讯，拟遣戍漠北，而力为府君辩。"（《山阴祁氏世系表不分卷附录不分卷》）府君即理孙。康熙丁未（1667），以禁网尚疏，班孙从宁古塔潜归，惧人物色告发，在苏州之尧峰祝发出家，后主持毗陵（今常州）马鞍山寺，称咒林明大师。班孙自作《释明經寒山拾得轴》，题"赤脚蓬头小道，身穿纳搭破袄，嘻嘻拥彗前行，不觉烟尘尽扫"，盖自喻。清陈田《明诗纪事》称"其诗哀艳动人，惜不尽合辙"（辛签卷二十六）。祁苞孙《祁班孙传》称："班孙年九岁，五经皆能诵，十一岁作文便有章法，十四岁遭父变，尊遗命闭户读书，渐长，兼习诗歌。闻同邑朱士稚、慈溪魏耕、归安钱缵曾俱有诗名，则班孙皆与之游，且馆耕于家。由是班孙之诗日益进。其为诗也，取境虽近，托意良远，忧深思微，非静心体会未易穷其趣，虽其读书好古所致，亦以忠臣之后，亡国余生既不敢放声肆言，而幽怨所激有不期然而然者，所为风人之旨者非与！"班孙出嗣祁象佳，戍宁古塔后无子，继理孙次子曜徵为嗣，妻朱德蓉又抚其侄为女，长适杭州赵氏，即小山堂赵昱谷林之母，赵一清祖母。

此外祁氏十一世，还有凤佳次子祁苞孙（1637—1691），字奕仪，又字超宗，号娱堂，侧室所出，不善读书，国变后游幕公门，生活拮据。豸佳子祁振孙，早卒无子。熊佳子祁端孙，字慎原，国学生。诸人入清后隐居不仕。

祁彪佳殉节后，家中子女在妻子商景兰的教养下，曾经一度以文采风流、唱酬频繁闻名天下。阮元《祁鸿孙》引孙度言："梅市祁忠敏一门，为才子之薮。忠敏群从则骏佳、豸佳、熊佳；公子则班孙、理孙、鸿孙，公孙曜徵；才女则商夫人以下，子妇楚缠、赵璧，女卞容、湘君：阃门内外，隔绝人事，以吟咏相尚。青衣家婢，无不能诗。越中传为美谈云。"（《两浙輶轩录》卷三）清梁绍壬《闺秀诗》亦称："山阴祁忠敏公女德菜，字湘君，《临镜诗》云：'一奁秋水寒无影，十样春山淡有痕。'丰神绰约，齿颊生香。姊德渊、德琼并能诗。

忠敏家子弟美丰仪，故其时有'祁门男子尽佳人，妇女皆才子'之目。"(《两般秋雨盦随笔》卷三)但这已是祁氏一族最后的晚霞，虽灿烂，却很短暂，很快消失于暮天之中。

祁氏十二世，彪佳一脉，理孙生二子：昌徵、曜徵，入清皆不仕。长昌徵(1647—1714)，又名晋，邑庠生，入国学；娶姜氏，继娶钱氏。昌徵子五：经世、传世、遇世、干世、弘世(又名安期)；女一，倩真。俱钱氏出。次曜徵(1660—1687)，又名亮，邑廪生，出继班孙为嗣；娶朱氏，继娶何氏。生子一：奉世。理孙三女：长妧姐，适水澄巷刘智林，庠生，刘宗周族孙，一甥庠生，康熙壬午(1702)解元；次姿姐，适八字桥商锦，监生，商周祚曾孙，一甥；三妙姐，适萧山何倬炎，庠生，御史某孙；四瑶姐，适张溇周鋐鼎，庠生，翰林周凤翔巢轩之孙。除了刘姓外甥，第十二、十三代的祁氏成员都已淡出仕途。

综上可见，祁氏望族的发展四个阶段历程，其实是中国古代典型的家族运势兴衰历史。通过勤勉求进、积累财富，再修文习礼、通过科举改变命运，进入仕途；之后文采风流、蔚然成风，达到兴盛，却又急转直下，在政治斗争中，历经陆沉板荡之变，取义殉难，回归原初状态的一个生命循环。

第二节　生平行迹与思想人格

祁彪佳出身于诗礼簪缨、累叶清华的绍兴祁氏家族，姻亲之族如陶氏、朱氏、王氏、张氏、商氏，皆是越中名门，既出陶望龄、朱燮元、王畿、张元忭、商周祚等一时名臣、思想家，亦有张岱等风流名士。家族背景和社会基础为祁彪佳的人生提供了良好的起点，而他本人，也没有辜负家族给予的荣耀和寄予的期望。

他天资聪颖，年幼好学。乌丝栏本旧谱载："就外傅，即能熟诵古帝王名且熟，同官咸奇之。"又，浙图本旧谱云："属对如响，每出意表。或戏抱至桂树间，以'猢狲上树'使为对，且曰：'能对即下汝。'应声对曰：'飞龙在天。'"此外，张岱《快园道古录》载录了他的一则童年轶事："祁世培六岁时，太夫人喜啖鸡蛋，煮数枚作供，为小婢所窃食。问，不肯承。世培曰：'勿争。'命持一盆水来，命诸婢逐一漱之。窃食者吐出则皆蛋黄。"可见祁彪佳不仅有出众的天分，而且具有急智，早早具备了干臣能吏应有的判断能力和决疑魄力。天资出众，又有良好的学习习惯和向学愿望，前途自然坦荡明朗。

祁彪佳十七岁考中举人，天启二年(1622)二十一岁考中进士，可谓少年得志。虽然从二十一岁进入仕途到乙酉年(1645)四十四岁殉国自沉，通籍二十二年,四度进出仕途,但祁彪佳真正任职时间不过八年左右。他初任福建兴化府推官,行取选授福建道监察御史巡按苏嵩常镇等处,差竣以养母归,亲终服阕起河南道掌道御史,奉差巡视京畿道,主掌计典,又领差南京京畿刷卷出安抚三吴,升大理寺左寺丞,旋升都察院右金都御史巡抚苏松等处,加都察院右副都御史,置身抗清复明斗争第一线,在错综复杂的局面下,调护骄兵悍将。一直以来,他都以擅长刑名吏治、正直不阿著称,得到了清流的高度赞同,被名臣文震孟誉为吴地二百年来所仅见(旧谱崇祯七年甲戌条,清梁廷枏、龚沅补编本),成为明末值得清军特别礼聘的重要政治人物之一。后谢病归。南京失守,不应新朝征辟,赴水殉节。唐王隆武建元,赠光禄大夫、少傅兼太子太傅、兵部尚书,给四代诰命,谥忠敏,赐祭葬,荫一子中书科中书舍人。鲁王监国,赐祭葬,赠太子少保、兵部尚书。谥忠毅。清乾隆间追谥忠惠。

祁彪佳一生,于公,是殉节忠臣、干国能吏、直谏清官;于私,能孝敬父母、友悌兄弟、和合夫妇、善抚子女。正因为他天资甚高却大节不亏,政治才能与私人节操无可挑剔,因此得到了人们极高的评价。邵廷采《明巡抚苏松副都御史世培祁公传》:"叔戒三先生论曰:越州明末饶名臣,而实能济时救世首推公,故传亦勃勃有生气。章刻华曰:论词缠绵悱恻,真觉言有尽而意无穷。"(《思复堂文集》卷二)门下士谢晋撰《右金都御史巡抚祁公传》:"先生立朝谔谔,报国謇謇,古所称忠良臣,殆兼之矣。"人们更津津乐道于他的夫妻家庭生活,他与商景兰的婚姻,也因此被人美化成为金童玉女的天作之合。如清朱彝尊《商景兰》谓:"祁商作配,乡里有金童玉女之目。伉俪相重,未尝有妾媵也。"(《静志居诗话》卷二十三)清杜荫棠辑录《明人诗品一卷》也称:"祁幼文彪佳美风姿,夫人商亦有令仪,闺门倡随,乡党有金童玉女之称。"

一、理想人格:风姿绝人与英毅决断的和谐

祁彪佳的身上,有着看似矛盾、实则圆融无间的两面性格:在他颜如玉人、举止蕴藉的风流才子外表下,有着处事敏断、英挺刚毅的干吏思维与强硬手段。

目前可见的祁彪佳传记资料,对祁彪佳的美好姿容与敏决才干之间的巧妙结合,无不加以重彩描摹。明高宇泰称之"有风采"(《雪交亭正气录》十二卷)。清张廷玉祁彪佳本传称:"生而英特,丰姿绝人。"(《明史》卷二百七十五)清毛奇龄《明少傅兵部尚书前巡抚苏松都察院右副都御史祁公传》:

"彪佳为人，修长洁白，风度奕然，而遇事敏断。"(《西河文集》传四)清温睿临、李瑶称："彪佳举止蕴藉，见者爱其和雅；及处事断决，凛如也。"(《南疆绎史》勘本卷十四)清邵廷采《明巡抚苏松副都御史世培祁公传》："公美皙而顾，颜如玉人，每出，士女列观，而畏其英毅，莫敢犯。"(《思复堂文集》卷二)

明谢晋撰《右佥都御史巡抚祁公传》，很好地展示了祁彪佳生活与执事时截然不同的两副面目："三吴无赖，自署天罡，各肆行郡邑。……公至，访其尤四人，置诸理。乃大会绅士父老，先讲圣谕，旌善良；次举四人，遍询之，咸曰可杀；即众毙之，陈其尸三日。所至有恶与等，治如之。由此奸人屏迹。复大刨扛抬、封钉之习，豪强不得侵占。"这是他执事强硬狠厉的一面。谢晋初识祁彪佳："余以己卯岁(1639)获侍先生，见与人言姁姁恐伤，虽儿童厮养，命之必霁颜与语，一何其长厚君子也。然私计与所闻巡方时，赫赫不类。"是时祁彪佳在林居乡里、构园修书的日常生活中，展现出的则是文质彬彬、温雅端厚的人格魅力。

祁彪佳日常生活中风姿俊逸、谦逊温煦的面貌，与担任苏松巡按处理民变奴变的决断利落，当场杖杀天罡流氓的威严狠绝，巡抚苏松时与江北四镇周旋的勇毅激昂，平定京口马兵之乱的强硬稳妥，构建京口江防御体系的筹谋周密，可谓截然迥异，但却构成了他性格的立体多面性。所以谢晋才发出感叹："及见先生断大事，决大疑，定大变，言议英挺，若鸟举风发，虽古人不多让，又私窃愧余知先生浅矣。"

对于学而优而仕的儒士而言，祁彪佳这种圆融通豁、善谋精干的品质，无疑是儒家追求的理想人格。所以亦师亦友的刘宗周才对他推崇有加，以威凤、琼琚喻之，期许以跻平康、纾时艰："清时起威凤，乃在丹穴藏。……遂为虞周瑞，跻世以平康。""晦昧尘土间，有物遗琼琚。……谅为天下宝，永使时艰纾。"(《刘子全书》卷二十七《送祁世培北上二首》)

二、人格形成：家学渊源与师友交流

对祁彪佳的人格形成影响最深刻最直接的，莫过于他的父亲祁承爍。祁承爍对他的影响，是全方位的。

首先，从政治素质形成来说，祁承爍对彪佳的影响潜移默化，远远超越了耳提面命的层次。明陆应阳《广舆记》卷三提到："祁彪佳，字虎子，即承爍子也。少随父在署，熟知吴中民俗。"旧谱记录天启四年(1624)春，二十三岁的祁彪佳选授得莆田推官之职，向父亲拜请为官之道："先生奉檄拜辞，请问事上治下之道，夷度公仍示持身养心，别无一语。先生行后，或请其故，公曰：'子知吾越之教浮者乎？或乘以器，或掖之以物，则终身不能撒手自济；引之中流，委而置之，使彼不得不奋身竭力，须臾而善浮矣。吏事多端，焉能一一诲之？吾第教以持身养心，置之宦途中流，彼奋身竭力其间，不数年成能吏矣。'"毛奇龄亦记："濒行，跪其父故参政承爜请教，承爜不答。或问之，曰：'不见夫诲泅者乎？挈壶而扶瓮，人藉以肘，终其身不能泅。一旦挟诸清泠之渊，翻壶却瓮，攫其身入水，而泅成矣。今者入官，则翻壶却瓮之时也。'彪佳去，果以贤能称。"（《西河文集》传四《明少傅兵部尚书前巡抚苏松都察院右副都御史祁公传》）从中可见，祁承爜的教子，是建立在对儿子性格和特长的深刻了解和无条件信任基础上的。祁承爜也用自己遭受的仕途挫折，给儿子上了关于朝局党争立场与仕途人际关系的生动而深刻的一课。万历四十五年（1617），祁彪佳十六岁，也就是他将要考中举人、进入仕途的前一年，朝廷举行计典，考察京官。言官多属齐、楚、浙三党，专以攻东林为事。一向清正敬业的祁承爜，因为被人挤诬而无人申救，导致中计典放归。承爜摘官后，携家返里。祁承爜日记《江行历》里记载了一个很有意思的细节：四月十二日，雨不止，家人冒雨急归，燎衣邮亭，父笑谓："此岂章惇所为？"儿子对："近见李卓吾批云：'正是章惇所为。'"（《澹生堂集》卷十三）北宋中期政治家章惇，博学善文，政绩卓著，支持熙宁变法，旧党掌权后因为反对废除新法，贬谪汝州；惇后来拜相，亦严刑峻法，控制言论，贬斥旧党，流放诸臣。承爜在与儿子的这段对话中"此岂章惇所为？"把自己与章惇作比，隐藏着对章惇学识和治绩的认可，同时又在党争立场上划清自己与章惇的界限。但儿子的对话就很有意思了，托狂禅不羁、富有批判性的思想家李贽之口，发表自己对朝局党争的态度："正是章惇所为。"可见父子心知肚明，都清楚承爜的被诬，与朝中党争有关。清夏燮称当年的京察形势为："一时齐、楚、浙三党盘踞言路，相与倡和，务以攻东林，排击异己为事。……至是京察，尽斥东林，且及林居者。大僚则中以拾遗，善类为之一空。""而廷臣水火之争，莫甚于辛亥、丁巳，然辛亥之察，吏部犹能力主之，至继之主丁巳京察，则阁部合而为一，以至党局势成，互相报复。"（《明通鉴》卷七十五）从对话看来，祁承爜并不认可章惇的党争立场，可见他并不认同结党排他的行为，但他既与浙党党魁商周祚联姻，却又自许清流，跟东林党人关系密切，在诸党人看来，政治立场模糊，以致在中计典之后，无人能为申救。此日记对话中之"儿"，是随任的骏佳或彪佳。以彪佳之聪敏早熟，父亲此次贬谪，无疑让他在进入仕途之前便得一深刻教训，使他认识到官场沉浮的复杂叵测与圆通自保的必要性。

　　其次，从个人道德的完善方面，祁承㸁也为彪佳树立了良好的榜样。祁承㸁从小丧父，稳重自立；勤政恤民，好学善思；天性孝友，时时把幼弟承勲带在身边亲授课艺；淡于女色，婚姻忠诚，与妻子王氏相敬如宾；教育子女，恩威有度。这一切，都是很难得的完善品格。比如祁彪佳十七岁乡试中式，需匆促赶赴京城春试，家人虑其年幼，五十七岁的承㸁便陪同北上。祁承㸁在《己未历》里详细记载了他年末一路护子晋京、疾行赶路的情形。旅途虽艰辛匆促，祁承㸁却也不忘乘便览胜吊古以开阔儿子的视野，时时拈题训练儿子制艺（《澹生堂集》卷十三）。这些细节，都能看到他的舐犊情深。他给祁彪佳留下的印象十分深刻，彪佳壬申（1632）年日记回忆：“己未予下第，先大夫在都偶过其寺（金刚寺），先大夫与缊师问难语尤在耳，回首十四载矣。”（《栖北冗言》二月初四条）祁彪佳成年后的政治担当和家庭责任感，以及自我道德修养方面，可谓与其父异曲同工。

　　再次，文化熏陶方面，祁承㸁对彪佳的影响更是随处可见。祁承㸁一度酷爱戏曲，与戏曲家许自昌、张凤翼、梅鼎祚、王骥德、许自昌、单本等人多所交往，担任长洲县令期间，还曾亲邀冯梦龙作《双雄记》。家中次第搜罗藏曲众多，自称：“束发耽风雅，壮岁耻鱼蠹。”（《澹生堂集》卷一《奉怀座师毕东郊先生》）祁彪佳也从不讳言自己酷嗜戏曲，常自称“惟是不肖有曲癖”（《莆阳尺牍》甲子乙丑年册《与蔡文学》）、“不孝某虽有音律之癖”（南图藏《远山堂尺牍》己巳年册《与陈太乙舅》）。天启二年（1622）二十一岁考中进士候选的闲暇，更是“壬戌家居将一载，多为音律所误”（《远山堂文稿·庚午元日劝话》）。在崇祯元年（1628）至四年（1631）的丁艰守服期间，祁彪佳与戏曲家陈汝元、沈泰、王应遴、王元寿、叶宪祖、袁于令、屠用明、王元功、许自昌等广泛往来，搜求剧本，完成了对后世影响颇大的《远山堂曲品剧品》。祁承㸁嗜好读书藏书，澹生堂藏书多达十万卷。祁彪佳也嗜书，崇祯四、五年在北京候铨选及担任福建道监察御史期间，经常乘暇读书购书。还曾题联于壁自勉：“担天下难能事，读世间有用书。”（《涉北程言》十二月三十日条）祁彪佳光在日记中就提到了很多购书读书信息：十一月初七日，披阅疏抄。初四日，灯下读《象山语录》。初十日，步至前门买《历朝捷录》及传奇二种。十五日，买《会典》及李念溏、邹匪石诸公疏十数种。午后复去，市散矣。闰十一月初一日，阅《陆宣公奏议》。初三日，阅书。二十五日，灯下阅《万历疏抄》。二十六日，灯下阅《疏抄》。闰十一月初十日，董理《万历大政类编》未已。二十日，阅《万历疏抄》。十二月初六日，阅日来邸报，至晚方尽。初九日，阅《万历疏抄》完。……蒋安然为予市书不得，醉归。初十日，整《万历大政类编》未已。三十日,沈芳杨惠以《阳明集》。蒋安然为市《性理全书》,将潜心读之,乃题一联于壁曰:"担天下难能事,读世间有用书。"(《涉北程言》)祁彪佳的远山堂藏书虽然数量上不及其父的澹生堂藏书楼,但收集的戏曲剧本,却异常丰富。祁承㸁修筑密园,专门撰写《行园略》《行园注》《行园记略引》,阐述其造园美学思想在于因地制宜、借景造景、虚实互掩、巧拙相成。祁彪佳沉迷园林修筑,建造寓园,编纂《寓山志》,在《寓山注》里也提出了自己的造园思想:"大抵虚者实之,实者虚之;聚者散之,散者聚之;险者夷之,夷者险之。如良医之治病,攻补互投。如良将之治兵,奇正并用。如名手作画,不使一笔不灵。如名流作文,不使一语不韵。此开园之营构也。"与承㸁园林思想,颇为一致。祁承㸁对彪佳的文化熏陶,还体现在父子两人都非常喜欢著述上。祁承㸁除了洋洋大观的《澹生堂集》外,还撰述有《牧津》《司舫狝言》《符离弭变纪事》《河朔趋驰录序》《澹生堂藏书约》《宋西事略》等等。祁彪佳的著述更是繁多,目前可见,除了《祁彪佳集》《祁彪佳文稿》《远山堂诗集》《远山堂诗始》等诗文集外,还有各类奏疏揭帖、尺牍日记,以及《远山堂曲品剧品》《寓山志》《救荒全书》《守城全书》《辽事始末》等等,也是数量惊人。

对祁彪佳思想心理产生巨大引导作用的,还有他所崇敬的师长、创立蕺山之学的明末哲学家刘宗周。

祁彪佳跟随刘宗周学习性理之学的时间,贯穿了宗周思想的中晚两期,伴随宗周经历了其思想的确立和成熟。刘宗周哲学思想的核心是主诚意、重慎独。他认为"心之主宰曰意,故意为心本。不是以意生心故曰本,犹身里言心,心为身本也",所以"意"是"心"的本体;又提出:"一心也,而在天谓之诚,人之本也。""意根最微,诚体本天。本天者,至善者也。以其至善还之至微,乃见真止"。也就是说,幽玄微渺的人心本体(意),在契合神妙莫测的先天之道的情况下(诚),达到了"诚意"的至真至善境界。为了观照到至善的诚意本体,刘宗周注重内省,提出了"以慎独为宗"的工夫论,认为"人心藏于独觉","定静安虑,次第俱到"(黄宗羲《明儒学案》卷六十二《蕺山学案》)。这种对诚意的追求和慎独实践,在祁彪佳日记中的日常生活和自我修养细节中,几乎随处可见,其影响不可言喻。但就实际效果而言,刘宗周带给祁彪佳的影响,道德实践层面更高于哲学思辨层面。换句话说,刘宗周对自己道德哲学的实践与他本人的道德标准和行为态度,对祁彪佳待人处世的影响更为重要。

早年刘宗周的学问旨趣更接近于朱熹理学,中年渐转向心学立场。崇祯四年(1631)，五十四岁的刘宗周在乡里建筑证人书院，聚众讲学。他强调通过随时随地的静存、慎独工夫，使日趋狂放不羁的晚明士风回归于儒家名教和伦理秩序。宗周立证人社时，祁彪佳正丁外艰居家，遂从之问学。祁彪佳一生正式执礼刘宗周门下，接受耳提面命主要有两段时间。一是崇祯三年(1630)下半年到崇祯四年(1631)六月间。祁彪佳问学刘宗周门下的情形，见全祖望《子刘子祠堂配享碑》："先生(彪佳)少年豪士，自从刘子折节心性之学，先生执弟子之礼，而刘子但以朋辈待之，如蔡季通例。"(《鲒埼亭集》卷二十四)祁彪佳既不像他的兄长祁骏佳"然颇嗜奇"(朱彝尊《静志居诗话》卷二十一《祁骏佳》)，也不像祁豸佳"有癖"(张岱《陶庵梦忆》卷四《祁止祥癖》)，他既不狷介也不狂放，正派谨慎的性格和从容温和、有条不紊的行事方式，很符合刘宗周道德哲学的期待，使得刘宗周对他相当欣赏并寄予厚望。崇祯四年(1631)六月，祁彪佳父丧服满晋京候铨，宗周赠诗《送祁世培北上二首》为他饯行："清时起威凤，乃在丹穴藏。羽毛纷五采，德辉周四荒。负此仪世姿，竦身犹彷徨。天路不足儗，乃志在明王。止必择梧荫，鸣必于朝阳。遂为虞周瑞，跻世以平康。"其二："晦昧尘土间，有物遗琼琚。一朝还故吾，欣赏知焉如。什袭不足珍，清光照乘车。佩之以远行，夷险非所虞。会当勤拂拭，莫羡他家玙。谅为天下宝，永使时艰纡。"(《刘子全书》卷二十七)诗中以威凤、琼琚喻祁彪佳，以纡时艰的天下宝相期许，推崇之至，勉励谏戒有加。崇祯五年(1632)，祁彪佳选中御史，刘宗周特地从绍兴寄以信函，仍然以为人为官须正直无欺相勉励。

崇祯八年(1635)之后，是祁彪佳游学蕺山门下的另一重要时段。祁彪佳从苏松巡按任上辞归，又逢母丧，赋闲林居长达八年。期间参与证人社，更频繁深入地同刘宗周、陶奭龄及沈国模、管宗圣、王朝式等人探讨性理之学。从刘宗周本身的哲学思想发展来看，这也是一个非常重要的阶段。从崇祯七年(1634)刘宗周著《圣学宗要》《人谱》到乙酉年(1645)考订《大学参疑》、改订《人谱》，这最后的十一年时间，是蕺山思想的晚年定论期。刘宗周在学术立场上渐渐超越了宗朱宗王的狭隘眼界，直溯孔孟仁学教旨，会通宋明理学诸家思想，以崭新的眼光重新诠解《易传》《大学》《中庸》等儒家经典，独辟蹊径，创建自己的学说体系。此间刘、祁师友关系在授受交流中愈见熟络亲近。崇祯八年(1635)正月，明思宗令部议堪任内阁大学士的在籍官员，吏部尚书谢升会廷臣推举刘宗周等人，思宗诏从之，并急促刘宗周上京。祁彪佳为刘宗周饯行时，宗周询问处世之道，彪佳针对其正直近迂的性格，委婉劝谏："格君为言，要使主上敬而信之，斡旋自大，不在一二事之争执。"

（《归南快录》八月二十日条）当年十月，宗周抵京，因文华殿召对不合帝意，兼之首辅温体仁猜忌并借端阻碍，未能入阁。崇祯十五年（1642）底，宗周任都察院左都御史，因疏救进谏得罪的御史姜埰、熊开元而触帝怒，革职斥为民。当时清军攻入长城，破蓟州，京师戒严。宗周寄住城外寺院暂难南归，一时士大夫交相送别，问学者络绎不绝。祁彪佳正当起任河南道掌道御史，主掌计典。刚到京师不久，宗周便自通州寄来信函，勉励祁彪佳以谏净明职业，称："一言而当，不有益于君，必有益于国，则庶几太平之一机也。即不幸碎首玉阶，甘斧质以始饴，亦臣子分内事。"（《刘子全书》卷二十《与祁世培》）邵廷采在《明儒刘子蕺山先生传》中述及此事："时彪佳被命掌河南道，先生谓之曰：'道只在事君当官间，此外他求，妄也。君当以谏明职业，毋负所学。'"（《思复堂文集》卷一）举人祝渊以会试晋京，适逢刘宗周因姜埰、熊开元之狱被贬斥，主动上疏为刘宗周辩护，明思宗得疏不怿，停其会试，令下礼部议罪。祝渊弃功名拜列刘宗周门墙，随归山阴。崇祯十六年（1643）底，礼部重议祝渊罪名，逮下诏狱，诘问主使姓名，又下之刑部狱，刘宗周特地为此致函祁彪佳申救祝渊。

总之，受晚明的狂狷士习和诗酒声歌的社会环境影响，祁彪佳重视独立个性和自由生命，追求悠闲适意的艺术化生活，赞美陶渊明式的旷达和隐逸，家居时寄情曲剧、山水，热衷构造园林、庋藏书籍。和那个时代的许多士人一样，他的生命形式本可能走向"狷""狂"，但祁承㸁温和正统的家庭教育，加上本人温和审慎的性情，以及师友刘宗周身体力行的正面引导，在个性放纵和自我约束之间，祁彪佳最终倾向于自制的一面，形成了儒家推崇的理想人格：人品正直，性情温雅，居家孝友，奉公廉洁，个人节操和私生活几乎无可挑剔。因此在明末轻佻放达的社会氛围里，祁彪佳比多数士人显得更像传统意义上温柔敦厚的儒生。

三、祁彪佳的儒禅会通思想

从严格意义上来说，祁彪佳算不上某一特定流派的理学家或心学家，虽然他列名《蕺山学案》，多被认为是刘门弟子，但他却并不如黄宗羲所说的"皆喜辟佛"（《明儒学案》卷六十二《蕺山学案》）。他与刘宗周、黄道周、陶奭龄、管宗圣、王朝式、沈国模等众多思想倾向并不一致的思想家接触密切，互有影响。从哲学思想来看，他还深受祁氏从祁清至祁承㸁一脉传承下来的阳明后学龙溪证悟思想一脉影响。再加上祁氏一族与曹洞宗湛然圆澄及其法嗣之间的密切交往，产生了对禅学的认同。以上三方面混合，使得祁彪佳身上的儒禅会通痕迹，十分鲜明。

祁承㸁作为一位有名望的通儒，又师事周汝登，友交陶望龄，因此从思想倾向来看，与他的祖父祁清以及师友周、陶一样，都继承了王龙溪学脉。该派思想，具有很强的援佛入儒倾向。与传统儒家"不知生，焉知死"（《论语·先进》）对生死问题存而不论的回避态度相比，龙溪对生死问题的思考探究十分热切，他认为"心"是万事万物根本，若能"心"无善无恶，则亦可识得意、知、物皆无善无恶（《王龙溪先生全集·天泉证道纪》），因此只要从先天心体上立根，任心自然流转，就可以脱离生死。而要在心体上立根，就必须"以无念为宗"（《趋庭漫语》），让自己处于"无念"的状态中，从而实现对心之本体的直观体悟，这一点与禅宗六祖慧能的思想异曲同工。祁承㸁又与曹洞宗高僧湛然圆澄交往持久密切，祁彪佳称他"师事云门"（《祁彪佳集》卷二《石雨大师（明方）语录序》），"昔先大夫从令师湛和尚为方外交者三十年，受益良多"（《祁彪佳集》卷三《请石雨和尚（明方）住显圣书》）。曹洞宗风严密，思辨性强，因此很能迎合饱学士人的精神需求，它无疑也加强了承㸁身上援禅入儒、儒佛汇通的思想倾向。

祁承㸁身上流传下来的龙溪之学对生死问题的密切关注，以及在职任事时体现的胸怀天下、鞠躬尽瘁的典型儒家社会责任感，与随时抽身、淡泊自守的退隐行为，甚至崇禅重佛的生活倾向，在祁彪佳身上都得到了非常完美的印证。从祁彪佳日记可见，他的生活与当时多数士人的流行风潮一样，既爱谈性理话头，相信静坐顿悟，同时也与僧人频繁交往，说经谈禅。而这种倾向再向禅学一面倾斜深入，到了祁骏佳身上，则主次易序，变成了以禅为宗、援儒释禅。

又，如前所述，刘宗周主"诚意""慎独"的哲学思想，对祁彪佳的人格形成和处世态度功不可没。清邵廷采《明巡抚苏松副都御史世培祁公传》称："免归，受学蕺山刘先生。刘门弟子日进。"（《思复堂文集》卷二碑传）

而龙溪流脉的陶奭龄、管宗圣、王朝式、沈国模，对祁彪佳思想也产生了影响。祁彪佳日记里多处提到自己与以上诸人对性理、出处的探讨。比如崇祯八年（1635）日记载：十月初八日，"王金如（朝式）举'亲亲仁民''仁民爱物'询，只此一爱原无物，我如何施有差等？予答以'如泉发于源，遇石则激，遇涧则止，泉之体原不动，所遇有异耳'。金如以'泉与石与涧毕竟为二，则物我有分矣'，令予辈以此细参。初九日，晚与金如言'主敬'之学。"旧谱亦述之："先生积劳后，暂获息肩，专讲性学。一日，王金如举'亲亲仁民'问曰：'只此仁爱，原无物，我何以施有差等？'先生曰：'譬如源泉，遇石则激，遇涧则止,泉体无异也。'王曰:'泉体无异,而石、涧分。物我宛然,乌得谓之一体哉?'先生首肯之。"十二月初四日,赴白马山房讲会,听陶奭龄、沈国模讲性理之说,辩真知及因果公案。又与沈国模、管宗圣、史孝咸至九曲,订七日静坐之期。初六日,至九曲访管宗圣、史孝咸、王朝式,诸人约习静,不与。十二日,至九曲,晤沈国模、管宗圣、史孝咸,与王朝式论理。(《归南快录》)崇祯九年(1636)日记也有祁彪佳师事陶奭龄、沈国模、王朝式等习静究性理的记录:二月十二日,向王朝式执弟子礼以谢其规诫之德,焚香静坐谈理。三月初十日,与王朝式阅陶奭龄《小柴桑》,抄录其中数则。四月初四日,集陶奭龄与诸友,谈论立身之道及刘宗周《召对记注》,共叹致君之难。初五日,与陶奭龄究心学之旨,陶以静参相勉。初七日,阅朱熹《性理全书》,对朱氏之"天下之物无不见于吾心"有异议,质之王朝式,王为之首肯。十二日,王朝式至,有心体之辩。十月初四日,陶奭龄及诸友至,所谈论话题为各家思想各有所长、学者应自有取舍。初五日,读《中庸》,于陶奭龄之讲学尚有疑问,作札向王朝式问难。(以上据《林居适笔》)旧谱称:"四月,寓山草堂成。迎王金如、章凝如及季超先生杜关其中。尝曰:宋儒疏'赤子入井'为'触物而感',有物可触,物与我又成对待,如何谓之一体?"又曰:"心与太虚同体,万物不离太虚,岂有心物外哉?"崇祯十年(1637)彪佳也屡赴白马山房讲会,从刘宗周、陶奭龄、管宗圣、沈国模、王朝式等究性理之学。据日记,正月二十七日,至白马山房晤王朝式,时王方聚友论道,访史孝复等。二月初九日,至白马山房,会陶奭龄。十五日,至白马山房晤管宗圣、王朝式等。三月初四日,至白马山房,刘宗周、陶奭龄皆在,张芝亭(星)举"廓然太空,物来顺应"之义以谈,王朝式询心学入门用功之要诀,刘、陶为之辩难许久。三月初八日,至白马山房,与管宗圣诸友互纠过失,询管以"工夫下手之要",静坐二炷香时间而归。四月十三日,阅周汝登《周海门先生语录》,以语录中"吾心灵明为天地主宰"之义质之管宗圣。函见《林居尺牍·与管霞标先生》:"舟次同邹汝功阅绪山先生(钱德洪)《语录》,吾心灵明为天地主宰,天地无吾,则地不见其博厚矣,天不见其高矣,因而互相参证,忆海门先生之解天地位"云云。闰四月初三日,偕邹式如、郑重光至城中王守仁祠,缙绅聚此论学,至者为陶奭龄、董黄庭、徐如翰、倪元璐,主会者王业洵举"有用道学"为说,陶奭龄阐明"致知"之旨。初四日,出赴白马山讲会,询以"学问需鞭辟向里,学人每苦于浮动,如何?"陶奭龄回之曰:"入手如此,若论本体,则动静如一也。"五月初五日,与沈国模谈养身、去欲、明性之道。七月初四日,偕管宗圣、沈国模、祁骏佳至白马山房,听陶奭龄讲课。(以上据《山居拙录》)

从以上记载来看,祁彪佳最关心的心学话题,一是万物唯心的本体论,二是静坐顿悟的工夫论。不管是陶奭龄还是管宗圣、沈国模、王朝式,在对这两个问题的解答立场,都是基于阳明心学"致良知",通过修炼达到对先天心体的顿悟,从而实现万物融通、生死齐同,与刘宗周通过"慎独"治心,实现自我道德修养升华,再由心为出发点,达到齐家、治国、平天下有所不同。但两者之间的哲学分歧,又十分幽微,故而白马山讲会,不同思想流派混处一处,各自争辩取舍。这种开放态度,从日记中也可以得到佐证。如崇祯九年(1636)《林居适笔》十月初四提到,众人所谈论话题为各家思想各有所长,学者应自有取舍。

综上可见,祁彪佳的儒禅会通思想,其近儒一面,来源于三端:其一,来自刘宗周的"诚意""慎独"之学;其二,源自以祁清、祁承爜为代表的祁氏家传龙溪证悟之学;其三,源自陶奭龄、管宗圣、沈国模、王朝式等人的王畿之学余脉。

祁彪佳的儒禅会通思想中近禅的一面,则主要来自他对禅宗之曹洞、临济宗思想的接受。祁彪佳的日记里,记载有大量与禅宗大德及曹洞法嗣的交往与辩难事迹。比如崇祯九年日记载:四月初八日,问禅于石雨和尚。十一日,阅《楞严经》,究七处征心之旨。十四日,与石雨和尚阅《楞严经》,石雨为之讲解。他同时还作有《请石雨和尚(明方)住显圣书》称:"今大师具过师之智,为云门法嗣,而贱兄弟又得时时法座提耳命面,不啻父师之于子弟。不知寒门有何薄缘,得世受知识之教,其为庆幸,可胜言喻。"(《祁彪佳集》卷三)此外,日记还提到,十一月初二日,观《圭峰禅师语录》,有所会意。十五日,至寓山设斋,同诸兄弟延迓密、历然、无量、无迹、一纯、体量六禅师坐谈,与迓密步月而归。十二月初八日,于六竹庵举放生社。与会僧人有迓密、历然、无量等。(以上据《林居适笔》)崇祯十年(1637)日记也有此类记载:二月十五日,访僧石田,言用功修性事。三月十九日,僧孕白至,静坐习课,至此习静已七日。与骏佳、孕白谈参禅功夫下手得手处。二十五日,招古道上人至园作静课,静坐焚香如前。十一月初九日,抵云门寺,晤六如、荆门两僧,居寺中礼佛坐香静修。初十日,坐香,与六如辩"知行合一"意旨。十五日,至广福庵与闇然、善生两僧坐香,晚听六如和尚说法。十七日,礼千佛忏,起共三千佛,每日拜诵以五百计,与诸僧不敢稍懈。二十日,礼忏坐香如前。(以上据《山居拙录》)

祁熊佳在《行实》里说:"时先生林居,奉母太夫人,朝夕色养,暇则究心性命之学。常焚香静坐,悟万物一体。"但从他与释门的交往事迹来看,在接受儒学心体论的前提下,祁彪佳也着重采纳了佛家的修行功夫。

祁彪佳的一生,最为关注和着力辨析的主题,是人生真幻和生死取舍,也就是生死观的问题。他把自己苦心孤诣筑造完成的园林,命名为"寓园",也是有生死观寓意的。根据姚江王业洵《寓山评》:"寓山去城西之二十里,落梅墅南,波衍畴平,小山兀起,山多石,磊确覆伏,或曰以其形似芋故名芋山。然考之郡志,俱无所载。"可见寓山并非原名,它以"寓"为名,可能来自祁彪佳的主观赋予。张岱《寓山铭》揭示了祁彪佳隐藏在"寓"字中的思想内涵:"虽然山以寓名,尚有去志。……厥名曰寓,志在东武。今或久留,珍重贤主。"王业洵评之:"'久留'两字铭者,托意良远。一则见久留可不称'寓',一则见久留亦终是'寓'。身世得失之感,何独山川。嗟乎!此李秃翁之所以称'流寓客子'也。"这两段话是对祁彪佳生死观中"寓世"思想极其精到的题解,也就是说,祁彪佳认为生死如寄,飘忽短促,是客非主,俱无永恒,更勿论得失。同时,他这种"寓世"思想,还有真幻回互、万物融通这一层面的含义。他在《寓山注·宛转环》中说:"夫梦诚幻矣!然何者是真?吾山之寓,寓于觉,亦寓于梦。能解梦觉皆寓,安知梦非觉?觉非梦也?"这种梦觉皆幻、梦觉皆寓的思想,既有传统道家"庄周梦蝶"真虚难辨和生死物化的思想痕迹,也可以解释为他在用曹洞宗"回互"的朴素辩证法解释世界:万物可以互相浸润涉入,此中有彼,彼中有此,融会贯通,圆融一体。这种人生飘忽、寓世短暂的感受,在祁彪佳殉国之前的言谈中也能看出。清毛奇龄《明少傅兵部尚书前巡抚苏松都察院右副都御史祁公传》:"望南山笑曰:'山川人物,皆幻形也。今山川如故,而人生已一世矣。'"(《西河文集》传四)参照曹洞宗湛然圆澄所述的生死观:"生不足忻,何以故?生如寄故。死不足畏,何以故?死如归故。"(释明凡录,吴兴丁元公、山阴祁骏佳编《湛然圆澄语录》卷四)可以看出,祁彪佳的"寓世"思想,与湛然圆澄的"寄世"之说一脉相承,很可能就是受湛然思想影响的结果。清查继佐在《京畿道御史祁彪佳传》里也注意到了这点:"或曰:彪佳崇信佛事,故生死尤脱然云。"(《国寿录》卷二)

但是在对生死观的实践,特别是在死亡时机的主动选择方面,祁彪佳却深受到刘宗周"舍生取义"儒家思想的深刻影响。清温睿临、李瑶《南疆绎史》:"宗周告以'舍生取义'之说。观彪佳之从容殉节,可谓不负所学矣!"(勘本卷十四)祁彪佳作为苏松巡抚节钺一方,面临的是北方清军随时南下的国难,张岱《石匮书后集》卷三十六《刘宗周祁彪佳列传》记载了他对自己家人的后事安排:"院署有大池久淤,中丞至,即令潴之,人勿喻其意。一日,谓其兄骏佳曰:'此弟止水也。'莅吴半载,事皆就绪。"邵廷采也提到:"家传言吴门院署有池久淤,起工濬之,谓其兄曰:'若事不济,妻子则归于此。'"(《思复堂文集》卷二《明巡抚苏松副都御史世培祁公传》)此时在他身上体现出来的,更多是儒家的责任感与"杀身成仁"生死观。这种生死实践由出于儒家勇担天下的使命感和不做贰臣的道德观激励而至,所以查继佐《祁彪佳郭符甲传》才会评论:"当虎子致命时,只如入定法。嗟无贰之谊不坚,求死不能得。夫子朝闻夕死之语,是为死字出相;未能事人一语,是为死字下注脚。山川幻影,莫算是禅家示寂套语。"(《罪惟录》列传卷之十二)这一判断十分精准。后来民国杨钟羲《邵廷采传》也持同样的看法:"以言明道,不若以身明道,金铉、祁彪佳全受全归,白刃可蹈。"(《雪桥诗话》卷二)查继佐在传文中还记载了祁彪佳死前一个很细微的心理动作:"彪佳拙书法,时点画愈工。"这个"点画愈工"的动作,折射出祁彪佳潜意识里对自己完美品格和儒士气节的最后维护。

乙酉年(1645)闰六月初五日,祁彪佳自沉殉国,他自杀后三天,刘宗周绝食亡故。邵廷采《明儒刘子蕺山先生传》称:"丁亥,闻祁彪佳殉,举手者再,已不能言。"(《思复堂文集》卷一)全祖望《子刘子祠堂配孝碑》云:"乙酉,子刘子绝食。会名王遣六遗臣,则子刘子暨虎子并豫也。虎子死,刘子已不能语,闻而张目颔之。"(《鲒埼亭集》卷二十四)这对师生都采取了死亡这一方式作为自己对逝去的明王朝的交代。这固然与"盖浙东诸郡中,绍兴士大夫尤以文章气节自负"(陈济生《启祯遗诗》卷三《施忠介公》)的文化背景有关,害怕背负失节骂名,不得不牺牲个体换取家族免祸。但他们的自杀,对于明末遗民而言,也具有一种道德上的意义,即他们"殉道",是一种文化意义上的"道德涅槃",他们用生命为一生真诚追求的道德理学画上了一个圆满的句号。沈冰壶《祁公世培传》提到:"初称赞蕺山,自言默察生平,惟生死为未脱然。蕺山告以急严义利之辩。义利辨则死生明矣。"(《远山堂明曲品剧品校录》附录四)黄宗羲《蕺山学案》:"祁世培问:'人于生死关头不破,恐于义利,尚有未净处。'(宗周)曰:'若从生死,如何破得?只从义利辨得清,认得真,有何生死可言?义当生则生,义当死则死,眼前只见一义,不见有生死在。'"(《明儒学案》卷六十二)祁彪佳最初称赞刘宗周门下时探讨过的生死义利问题,似乎是一个谶语,预示了刘宗周对祁彪佳人生产生的终极影响,也为两人采取同样的方式结束生命提供了一个解说答案。

第三节　仕途经历与政治立场

如果用传统儒家的"三不朽"之说作为评判理想人生的标准,祁彪佳可谓当之无愧。他以良好的政治气节与私人品格,展现了他"立德"的一面。

从"立功"方面来说,他的政治才干也历来为人认可称道。查继佐称:"虎子经济似过念台,知古陈而不谏之义矣。"(《罪惟录》列传卷之十二)清温睿临、李瑶云:"祁、王以下五人者,皆经济才也。彪佳、瑞旃、凌驷,深沉有谋,辅以儒术;潜夫、何刚,倜傥奇伟,言多大略。使界之重任,未必不足以削平祸乱。而卒无成者,何也? 言之而不用、用之而不尽,而忌沮者之众也。"(《南疆绎史》勘本卷十四)

祁彪佳平生通籍二十二年,四度进出仕途,真正任职不过八年左右。但在短短的八年里,他做出了为人称道的政绩。

第一次进入仕途,是从天启四年(1624)初以新进士补福建兴化府推官到崇祯元年(1628)十一月底丁父忧归里的五年。这是他仕途真正的平稳求进的时期。福建远离政治斗争的风暴中心,他又兢兢业业,于处理人事政务颇能应付有度,对民风利弊、狱情钱谷洞若观火。朱彝尊《静志居诗话》载述了一则小插曲:"其司理莆阳也,虑闽人语近侏离,预遣人潜往置二粗婢,询其乡音。及升厅事,胥吏多操土语侮公,公佯不知。浃旬后,按籍遍召在官人至,一一声其罪,众惊以为神。"祁熊佳《行实》又提到:"从前直指权寄司李,故司李诸役,虽巨奸积蠹,无敢过而问者。先生曰:'直指以摘奸责司李,奈何为藏奸薮。'遂倡议凡访衙蠹,先求司李。识者谓先生戢下役,得自治治人之道。"可见在御人手段和纠求真相方面,年轻的祁彪佳一针见血,精明干练,已经具备了作为"能吏"的素质。

第二次进入仕途,是外艰服阕后。祁彪佳崇祯四年(1631)秋北上晋京赴铨选,崇祯五年(1632)四月得授福建道监察御史职,尽心任职,执行言官直谏辅君的职能。崇祯六年(1633)三月注差为苏松巡按。但这一任职,把祁彪佳推入了赋税案牍纷繁、人际复杂微妙、党派争斗尖锐的风口浪尖。他虽然鞠躬尽瘁,却难免捉襟见肘、心力交困。因延误朝廷钱粮征期,先后降级五次,住俸四次,罚俸一次;入境即遇宜兴民变,虽然努力想要秉公处治、不甚偏袒,却不能令前首辅周延儒等人满意;寻又被动卷入了周之夔和复社间的军储之争中;以采用复社魁首张采的《军储说》,优礼二张(张溥、张采)而被划属复社东林一党,得罪了当时的首辅温体仁;崇祯六年(1633)十一月，礼部侍郎王应熊入为东阁大学士，预机务，给事中章正宸弹劾他"狠愎自张"（清夏燮《明通鉴》卷八十三），触怒思宗，下章诏狱，削籍。十二月，祁彪佳建言救章正宸，并弹劾新辅王应熊"不先回主怒，安望异日能格君心"（《宜焚全稿》卷四《辅臣之简任方新，谏官以进言遭斥，恳乞圣明宽宥，以益弘天度，更励臣工事》），此疏二十三日至通政司不为封进，但却"朝闻皆惮之"，他后来同倪元珙提起，"以救章格非（正宸）一疏得罪新辅"（《按吴尺牍·与倪三兰》，国图藏明抄本），王应熊既为内阁辅臣，又与温体仁友善，加上崇祯四年（1631）思宗又开始重用宦官，五年（1632）七月，命太监曹化淳提督京营戎政，祁彪佳又在《备察群情疏》里议论派遣内臣监军的弊端，恐因此引起将帅失和（《忠敏公西台疏草抄》）。总之，结果是崇祯七年（1634）底祁彪佳巡按一年期满回道考核，被降俸一级。祁熊佳《行实》认为是彪佳处理宜兴民变引起周延儒不满，宦官示意政府拟降级，后皇帝亲改降级为降俸。不管怎样，前首辅周延儒也好，现首辅温体仁也好，宫中宦官也好，一场苏松巡按，祁彪佳再谨慎小心、再不甘情愿，也全将他们得罪光了。崇祯八年（1635）七月："之虁草《复社或问》，遂大书之，讦为僭端。又无名氏诡托徐怀丹檄复社十大罪，语皆不经。之虁入京师，执二书为左验，先自言争漕弃官，语侵抚臣张公国维、按臣祁公彪佳，坐以党私壅蔽。于溥、采则危言丑诋，陷不以轨。"（陆世仪《复社纪略》卷二）这令祁彪佳十分委屈，他致函张国维道："昨者周司理晤于舟次，以终养劝之，且云即请而不得，亦有颜色于地方，可以奋力终事。舍此而言病，则碍他日迁除；言水土不服，则碍近日之事体。此弟语语披膈，渠亦欣欣唯唯。而今观一禀一文，则仍是满纸机锋，几于咆哮，狂悖不可方物矣。"（《按吴尺牍·与张玉笥》，国图藏本）则可见祁彪佳的告病归乡养母，是无奈之举，也是政坛众力挤压的必然结果。

崇祯八年（1635）春，祁彪佳请归养母，从此居家近八年不问朝局，把精力倾注在卜筑寓山园亭、优游山水、辩理参禅上。在他请病五年之后，吏部一度严促上京赴补，为此他致函杭州的世交好友姚士纯，分析自己的处境，并讨教出处之道："谓看此光景，弟若不出，则例转断所不免。……例转而出，又何如赴补而出！弟之意只欲就此官结局，如昨所请革职闲住，则居身处世俱觉畅然。若加我例转，人或以为功名之路尚在，而弟则心所不甘。今何法而使就此一官结局？终老林泉，作天地间之闲人，以奉母课子，求之不得。所踯躅者此耳。若只从奉母为重，凡事皆轻，补例转不出山，即例转，虽暂出而终不出，则将踯躅之念又可一刀斩截矣。乞仁兄更赐明教，指示途津，至切至祷。"（《里中尺牍》庚辰春夏册《与姚玄叔》，南图藏本）此信推心置腹,真实反映了当时祁彪佳的想法,也可见他的仕进心已经消淡,而他心中人生空幻如寄的"寓世"苍凉感表现得相当明显。寓园修成后,表兄张岱为作《寓山铭》道:"厥名曰寓,志在东武。今或久留,珍重贤主。"友人王业洵为铭文作总评也强调"寓"字的内涵:"'久留'两字者,托意良远,一则见久留可不称'寓',一则见久留终亦是'寓'身,得失之感何独山川。嗟乎,此李秃翁之所以称'流寓客子'也。"(《寓山志》,尊经阁藏本)可见在祁彪佳心目中,人生在世,不仅暂时寄居是一种寄寓,即便一生定居某地,从更高的历史时空角度而言,也不过暂寓人间。这种心态无疑会对祁彪佳仕途生命产生负面影响,于是引起了他家人的忧虑,叔父祁承勲在《寓山述》里规劝他:"总之皆'寓'也,江湖魏阙勿作两观可也。"(《寓山志》,尊经阁藏本)但这次出处的选择题,不需他矛盾多久,就逢母丧,而留乡家居也变得理所当然了。

第三次进入仕途,是祁彪佳母丧服满后。朝廷制度规定,官员闲居五年以上不赴选者削籍,因此部中反复促任,祁彪佳无奈出山。但此间他致亲友的信函中,已充溢着厌倦仕途的避世情绪。偏偏在这种心态下,他迎面撞上了自己政治生涯的一个高潮。崇祯十五年(1642)六月,祁彪佳母服阕。九月,起补河南道掌道御史,主掌当年内外官吏的计典。此次重出,祁彪佳对仕途前程的态度已经非常平和,就他而言,一则乞病家居时间已久,母丧服满,现在再没有不出山的借口。当时明王朝已陷在内外交困之中,李自成、张献忠军屡破重镇,而北方的清军在关外取得决定性胜利,并一再进兵关内,思宗寄予厚望的蓟辽总督洪承畴被俘降清。出于臣子慷慨赴责之儒家使命感,祁彪佳慨然出山。祁熊佳《行实》载其经过:"以时方多难,束装速行。渡河抵沭阳,知京城戒严,士民商贾无一北行者,先生北向号泣曰:'君父有难,生死以之,吾计决矣。'戎服介马,携干粮,历尽艰苦。"于祁彪佳而言,此时坚持晋京,与其说是赴任,不如说已变成对社稷纯臣忠诚信念的验证。十二月初抵都中。当时京师戒严,人心惶惶,祁彪佳备述路途闻见和外省情形,客观上安定了人心。为此,思宗十六年(1643)三月在文华殿召对祁彪佳,询问他所历地方遭受兵灾现状及御剿策略,并赐赏茶饼,可谓初衷甚笃,帝眷颇浓。

但这次祁彪佳在京任职的时间还是不到一年。祁彪佳作为掌道御史主持癸未计典,却因为吴昌时事件,在《明史》上留下了一笔浓墨。崇祯十六年(1643)春举计典,祁彪佳和吏科都给事中吴麟征共事,尽心任事,虚心咨访,力求公正服人。然而他们却因为吴昌时事件,不可避免又一次卷入党争之中,甚至被推到了东林党人的对立面。

吴昌时（？—1643），字来之，嘉兴人，有干才，颇为东林效奔走，在东林党人中有声誉。但为人贪墨，通贿鬻权，傲气凌人，交通厂卫，把持朝官，为人嫉恨。思宗破格调昌时任文选郎中后，欲多淘汰言官，暗达意旨于吏部尚书郑三俊，三俊遂和吴昌时谋划。昌时迎合帝意，乘计典之际，不经与主掌计事的吴麟征、祁彪佳商定，便外放给事中四人、御史六人，破坏了台省官员外放地方，必须由御史台长、掌道牒送的旧例。朝议四起，言官们交相上书攻击吴乱制弄权。"时浙江同乡诸公集议，本省新吏昌时、麟征、彪佳皆往，咸努目视，惟向侍御北诟谇尤力，几饱以拳。"（李清《三垣笔记·崇祯》）虽然矛头所向在吴昌时，但祁彪佳既主掌计典，自然也是直接当事人，受到了很重的舆论压力。这种情势下，他和吴麟征上疏弹劾昌时挟势弄权。（张廷玉《明史·周延儒传》）在提出弹劾之前，祁彪佳很审慎地征询过旁人意见："尝询昌时于东林巨公，巨公曰：'君子也，将荐矣。'复质之蕺山，蕺山曰：'此小人也。'乃易荐章为弹章。"（沈冰壶《祁公世培传》）

吴昌时事件中，祁彪佳并没有像《行实》说的那样一开始就立场坚定分明、目光深远。《行实》称："先生曰：'二百八十年职掌自予隳矣。'遇昌时于朝，面折之，因连疏明职掌，并言昌时奸邪。时举朝方慑首辅，并慑昌时，多为先生危者，先生不顾也。是后周辅、吴昌时俱以贿败服辜，人始服先生定识。"这只是周延儒、吴昌时得罪受刑后，祁熊佳的美化之辞，并不符合祁彪佳温和的性格和行事作风。事实上，祁彪佳当时夹在东林党人和朝廷群议中，实不免有捉襟见肘的尴尬。他最终选择弹劾吴昌时，也是受他所尊重的老师刘宗周意见激发的，结果不仅"延儒颇不自安"（张廷玉《明史·周延儒传》），也间接导致了吏部尚书郑三俊罢归。祁彪佳等人对吴昌时的弹劾只是周延儒政府倾覆的一个小前奏。同年七月，周延儒出督军，以谎报军功罢归。御史蒋拱宸又弹劾吴昌时贪贿数以万计，思宗怒甚，在中左门亲自审讯吴昌时，折其胫骨，昌时无所承认，帝怒不得解。再兼蒋拱宸面讦吴昌时勾结宦官，吴昌时下狱论死，思宗因此有意杀周延儒。十二月，吴昌时弃市，周延儒赐死。

吴昌时、郑三俊和复出后的周延儒，都可称为东林砥柱。十年之前祁彪佳曾经因为偏袒复社被贬降求归，十年后却因情势所迫打击了东林党人的势力，这是他始料不及的。不想对立于东林党人，却已实际得罪于东林党人。此情形下，他意识到自己若再立朝，不免面临严酷的党争，他又抱着君子不党的心态，不想卷入党派争端太深，因此在计典结束后，便主动题请外放南京充京畿刷卷。南下后，归家里居，并没有到南京赴任。

这一次祁彪佳从崇祯十五年（1642）底十一月出山，到崇祯十六年（1643）八月中旬南归。在职时间前后不过十月。

第四次出仕，是在崇祯十七年（1644）四月至十二月之间。祁彪佳从京畿刷卷升任苏松巡抚，为官时间也不足一年，却困缚在"顺""逆"案党争中无法自全。

崇祯十七年甲申（1644）三月十九日，李自成攻破北京城，明思宗吊死煤山。由于路途遥远、信息阻隔，僻居山阴梅墅的祁彪佳对时局最新发展并无及时了解。他所作的，只是在三月底的时候"以国忧撤戏唱"（《甲申日历》三月二十九日条），四月份，他觉得以"时方危迫，出于君臣之义无所逃避，引病于此际，身虽安而心不安"（《甲申日历》四月二十一日条），在与亲友反复斟酌得失后，发舟赴南京刷卷任。崇祯十七年（1644）五月是祁彪佳政治生涯里与权力核心接触最密切的一段日子。弘光王朝建立后，彪佳升转大理寺左寺丞（正五品），公推安抚苏松；六月又转都察院右佥都御史（正四品）巡抚苏、松等处；十月进右副都御史阶，正三品，荫一子入监读书，移镇京口，督练水师。他却也因此卷入了福王拥立及监国名号之争中。以马士英、阮大铖为代表的"逆"案官员打击清流人士，祁彪佳与清流大臣的密切关系，使他也成了党派斗争中被攻击的一颗棋子。被挤压在"顺""逆"争斗中，祁彪佳不仅在政治上必须承受马、阮一派施予的压制和排斥，在军事上亦需要竭力调和与史可法麾下部队以及江北亲马阮四镇武将间的矛盾，尽量做到少无偏倚，在夹缝中求生存。为此，他殚精竭虑。

先是刚刚入境，祁彪佳便面临六月底发生的京口马兵之乱残局。当年五月，兵部尚书史可法视师扬州，部下于永绶在京口与浙军统领黄之奎的部下互殴，导致两军聚斗，乱兵烧劫百姓。祁彪佳履任后，日夜兼程定乱，巡视地方，优恤受害者，但致函史可法，请惩肇事于永绶的要求却未得应允而不了了之。

调护好与江北四镇（徐州高杰，寿州刘良佐，淮安刘泽清，庐州黄得功）特别是高杰军队的关系，让他们不侵扰三吴，无疑是祁彪佳巡抚苏松的关键难点。于永绶马兵之变导致京口禁长江渡船，江北三镇深为不便，祁彪佳把握住了这个与四镇通好的机会。六月份刚至京口，立即通书刘泽清、刘良佐、高杰、黄得功，商量开江禁事宜；约定以南北江防厅申约，各处官渡给以旗号，通往来，禁私渡。高杰因此对他甚有好感，祁彪佳遂趁热打铁，主动与高订约相会，商讨南北相安共处之策，得高许诺："杰阅人多矣，如公者，甘为公死。公在吴一日，杰一日遵公约。"（祁熊佳《行实》）但是，不管祁彪佳如何苦心竭虑,十月发生了各方军事力量争夺登州巡抚黄蜚南归兵船的事件。当时刘泽清、高杰夺船,黄蜚联合京口总兵官郑鸿逵、黄得功结盟护船,祁彪佳亲率水师护船以归史可法部,婉拒了高杰的索船要求。争船事变中,祁彪佳苦心建立的与高杰及刘泽清诸镇间脆弱的合作关系破裂了。

为了对抗江北四镇,建设抗清长江防线,祁彪佳也勉力安插嫡属军队,任用亲信武弁,扩造兵船,以加强自己的军事力量,试图让自己在武力保护的基础上能略得政治回旋余地。他"荐勤王浙江副总兵黄斌卿为镇江总兵官,原任苏州府推官倪长圩为监军道,疏凡再。又以苏松四府辽饷等银按数拨斌卿,疏奏,得旨依拟"(见董旸所撰传,附见《祁彪佳集》卷十《遗事》);又安插黄天鸿所督之精勇浙兵于艮山,以三千金托温州副总兵贺尧造船温州,借支浙中饷银一万两托陈谦造战船、火铳于福建,并函致陈谦及福建巡抚张肯堂交托其事(《张老爷书》《陈老爷书》,见《抚吴尺牍》,国图藏本)。另外,还张榜招用艺高勇猛者,优职饷,又设笥以广受建言,开馆以礼贤士,优廪以储将才,轻赋以定经治。

但祁彪佳的努力在飞扬跋扈的镇臣武将挤压下显得无力,随着朝中"顺""逆"案之争的激化,他的处境日渐困难。九月下旬,朝廷原授与他关系良好的总兵官黄斌卿为镇海将军,驻京口,却忽然更派郑鸿逵来,而调黄斌卿守九江,彪佳疏留不得。黄斌卿调走,斩断了祁彪佳的一只臂膀。至此祁彪佳旗下嫡属军队直接可用的唯有郑天鸿一军了,兵力远不足以抗衡诸镇,他苦心经营的京口防御体系也就彻底崩塌。军事力量既不足抗衡诸镇,巡抚权柄便无可保证。

南明立国,针对拥立福王还是潞王为新君,东林党人与凤阳总督马士英、逆案阮大铖等意见相左。马士英等勾结江北四镇先发制人,拥立福王后,东林文臣陷于被动。马士英把持朝政,六月初福王召阉党阮大铖入见并授为兵部侍郎,祁彪佳之友好姜曰广、吕大器、罗万象、万元吉、左光先、陈子龙等先后上书反对。这是南明立朝逆案和清流冲突的肇端,导致了东林党人张慎言、吕大器、姜曰广的先后下台,逆案张捷、邹之麟、张孙振等起用。夏天,起用前史部侍郎刘宗周,宗周未受职,自称"草莽孤臣",上疏弹劾马士英及四镇高杰、刘泽清等,举朝震动,宗周在朝不能立身。朝中党社之祸更炽,群小捏造罪名,排挤东林,万历三案之争重新被提起。彪佳虽从不自认为是东林党人,然而处在两党倾轧中,正直不阿,交好清流。他先具揭为首劾马士英而被深恨的浙江巡抚左光先申辩(《督抚疏稿》之《直述浙中巡方当日定变之功,以存公论事》),又招收无锡诸生、曾与陈贞慧等作《留都防乱揭》逐阮大铖的顾杲于礼贤馆。因此,祁彪佳与马阮一派,早成对立。

崇祯十七年(1644)底,南京"妖僧案"发,阮大铖等借此兴大狱。御史张孙振制《蝗蝻录》,诬陷东林党人,徐石麒、徐汧、陈子龙、祁彪佳等皆列在名单内。祁彪佳被劾结党贪贿、阻建年号、欲另立潞王之罪。受弹劾后,彪佳上书求自罢,十一月告病求归,十二月上旬即束装归里。祁彪佳巡抚吴中前后仅六月,此后家居山园,直至弘光元年(1645)闰六月殉国自沉。

究祁彪佳的一生,虽然为官期短,但却始终没有彻底脱离政治斗争,他虽然努力勉求君子不党,也始终没能摆脱党社纠纷的漩涡。

第四节　文化活动与文学创作

祁彪佳是一位当行的戏曲活动家和理论家,著名的藏书家、园林家和卓有成就的文章家。近四十年来,学者针对其文化活动和文学创作已展开过较为充分的探讨,据笔者不完全统计,成果已超过两百余种。这些研究,已经能够全面充分展示出祁彪佳生平的文化活动和文学成就。因此对于祁彪佳的文化活动,本文仅通过梳理现有研究成果予以侧面呈现。

以本年谱编末附录的二百余篇相关参考文献和征引论文为据,分析可见,当前祁彪佳研究的第一关注热点,仍然在于他的戏曲方面。与祁彪佳戏曲研究相关的现有成果,主要着眼在下面几个方面。

其一,祁彪佳及相关戏曲家的戏曲交游与创作。这些论文如赵素文的《明末戏曲家陈情表及其著述辑考》《祁彪佳与他的〈全节记〉传奇》《祁彪佳与明杂剧〈鱼儿佛〉的编订及刊刻》《〈鱼儿佛〉杂剧改编者寓山居士为祁彪佳考辨》《晚明戏曲家祁彪佳与袁于令的交游》《祁彪佳与晚明曲家交游事迹考述三例》,黄海兰的《祁豸佳戏曲活动研究》,谭坤的《祁彪佳与晚明曲家交游考》,张则桐的《祁彪佳致李清尺牍与张岱崇祯八年岁考失利考索》,以及彭慧慧、邢蕊杰的《山阴祁氏家族戏曲创作考论》等等。

其二,祁彪佳相关戏曲文献整理考辨。比如邓长风《〈孟子塞五种曲序〉的真伪与〈贞文记〉传奇写作、刊刻的时间》,张诗洋、李洁《南京图书馆藏祁彪佳尺牍论曲文字辑考》(上、中、下),张诗洋《国家图书馆藏祁彪佳尺牍论曲文字辑考》《祁彪佳与晚明戏曲文献搜集》《祁彪佳尺牍论曲文字补辑》,周巩平《明清两代浙东祁氏家族的戏曲家群体与曲目整理活动》等等。

其三,针对《远山堂曲品剧品》的专题研究。目前所见学位论文和专著已有多篇,如杨艳琪《祁彪佳及其〈远山堂曲品·剧品〉研究》(复旦大学,

2003)、裴喆《祁彪佳与〈远山堂曲品〉〈剧品〉考论》（河南大学出版社，2015）、张继玲《戏曲批评"品"之双璧——祁彪佳〈远山堂曲品〉与吕天成〈曲品〉之比较》（兰州大学，2011）。其他论文如：从版本和成书切入考察的论文有赵素文《现存远山堂"两品"的版本评析》、杨艳琪《〈远山堂曲品〉为何未收孟氏传奇？》、李光辉《也谈祁彪佳〈远山堂曲品〉的成书时间》、李占鹏《〈远山堂曲品剧品〉的发现、整理及研究》；通过比较研究判定祁品价值的论文有汪超《从"诗品"到"曲品"：论吕天成、祁彪佳的曲品批评》、罗旭舟《〈远山堂剧品〉考：基于〈名剧汇〉视角》、张继玲《祁彪佳〈远山堂曲品〉与吕天成〈曲品〉之比较》、谭帆《"行家之品"和"文人之品"——吕天成、祁彪佳戏曲审美思想的比较》、刘南南《祁彪佳和吕天成的曲品著作之比较》；对祁品戏曲理论进行探讨的论文有王小岩《〈远山堂曲品〉"杂调"剧目类别商榷》、王辉斌《远山堂"二品"述论——祁彪佳戏曲批评观鸟瞰》、张小芳《祁彪佳"二品"戏曲风格类型论解析》、杨艳琪《以史家之精神，品曲坛之次第——论〈远山堂曲品·剧品〉的批评理念》、洪欣《〈远山堂曲品·剧品〉略说》、俞为民《祁彪佳两"品"中的戏曲理论》、赵景深《略论祁彪佳曲品剧品》等等。

其四，综合考察祁彪佳曲学思想的研究。学位论文如马越《祁彪佳及其戏曲理论研究》（西北师范大学，2006）、许安群《祁彪佳戏曲理论研究》（广西民族大学，2012）、李瑶洁《祁彪佳戏曲品评研究》（长沙理工大学，2012）。其他期刊论文有：裴喆《祁彪佳"六品"说疏义》、张诗洋《"命题创作"与祁彪佳的曲学思想探微——兼谈"传"与戏曲创作》、赵素文《祁彪佳戏曲功能论的内涵与贡献》、李瑶洁《祁彪佳戏曲情感观浅探》、许安群《"兴观群怨"与"净化"——祁彪佳与狄德罗戏剧美学比较》、孙琪《祁彪佳曲论研究反思》、谭坤《祁彪佳戏曲境界论》、卢永和《论祁彪佳戏剧本体论的美学意义》、王汉民《祁彪佳品曲理论浅探》、刘志梅《谱之声歌　可佐传史——祁彪佳时事剧理论浅议》、王长安《雅：人品与剧品的双相提升——祁彪佳的剧作观》、马越《祁彪佳时事剧研究初探》、杨艳琪《论〈远山堂曲品·剧品〉的批评特色和理论建树》。

当前祁彪佳研究的第二个焦点，在于对祁彪佳家族的研究。主要集中在下面三个角度：一是家世考察，论文如杨绍溥《明季江阴祁氏家族述略》、曹晔《澹生堂主人祁承㸁家世考略》、许经纬《藏书世家山阴祁氏家风及其地域传承》；二是藏书研究，论文如彭慧慧、赵维国《"浙东三祁"戏曲藏书聚散考述》、马黎明《越中祁氏藏书世家考述》、艾珺《明代澹生堂主人祁承㸁"藏书铭"》、张能耿、单家琇《祁承㸁和藏书楼澹生堂》、秦佩珩《祁承㸁及其〈澹生堂藏书谱〉》；三是祁氏才女文学研究，这方面近年来成果颇多，俨然成为祁氏文学研究的热门话题，学位论文有欧阳昇《明末清初山阴祁氏家族才女群文学及交往研究》（中南民族大学，2016），其他论文有曹仪婕《商景兰词研究》、付建舟《商景兰诗歌的女性特质与女性自觉》、吴琳《明清易代与山阴名媛商景兰的诗境开拓》、董雁《女性的抒写与企望——商景兰的文学活动与女性意识》、李贵连《老大嫁作商人妇　脱却红妆入空门——女尼谷虚生平考述及其与祁氏家族女性交游探析》、杨艳琪《明代祁彪佳与文学女性》、石旻《乱离中的"玉女"——明末才女商景兰及其婚姻与家庭》。

祁彪佳研究的第三个视角，是祁彪佳的政治活动。学位论文有李迎军《明末宜兴民变研究》（南京大学，2015）、曹晓云《祁彪佳视野下的晚明吏治》（华东师范大学，2010）；期刊论文有吕杨《明末宜兴民变与地方政权应对方式探析》、刘文华《明代的地方吏民保留地方官现象——以崇祯七年苏松耆民诣阙乞留巡按祁彪佳为例》、吕杨《明朝末年宜兴民变考论》、王家范《祁彪佳：任期短促的苏松巡按》，这些论文关注焦点，多数还是集中在祁彪佳任职苏松时候的宜兴民变问题。

祁彪佳研究的第四个视角，是对祁彪佳造园及文化心理的研究。专著如曹淑娟《流变中的书写——祁彪佳与寓山园林论述》（上海人民出版社，2006）；期刊论文如赵园《废园与芜城：祁彪佳与他的寓园及其它》、秦柯《张氏叠山造园管窥——以祁彪佳寓园为例》、宋源《寓园的人文情趣及人本特色》、赵海燕《"潇湘八景"与中国古典园林——从祁彪佳的〈寓山十六景词〉分析》、乔安娜·F.汉德琳·史密斯作、陈广宏译《祁彪佳社交界中的园亭：晚明的财富与价值观念》。

祁彪佳研究的第五个视角，是他的诗文研究。专著和学位论文如王红卫《祁彪佳诗歌研究》（兰州大学，2011）、赵素文《祁彪佳诗词编年笺校》（浙江古籍出版社，2016）；期刊论文如李灿朝《祁彪佳园林小品的审美品格》、曹晔《祁彪佳遗书补遗》、白桦《祁彪佳及其〈别叔婶书〉》、谭坤《论祁彪佳小品文的美学品格》。

祁彪佳研究的第六个视角，是他的哲学思想研究。学位论文有洪宣荣《祁彪佳的儒佛会通思想研究》（杭州师范大学，2015），期刊论文如吴震《"证人社"与明季江南士绅的思想动向》等。

祁彪佳研究的第七个视角，是对祁彪佳慈善行为与思想的探究。学位论文如许晨亭《祁彪佳慈善事业研究》（湖南师范大学，2015），相关期刊论文有蔡小平《祁彪佳荒政思想探析》、赵昭《论明代的民间赈济活动》、张兆裕

《贫富相资论与明后期的救荒思想》等等。

祁彪佳研究的第八个视角,是其家居日常探讨。如蒋竹山《晚明江南祁彪佳家族的日常生活史——以医病关系为例的探讨》、李庆勇《从〈壬午日历〉看祁彪佳的家居生活》。

此外,还有针对祁彪佳相关著述进行的文献梳理和版本探讨。如赵素文《〈祁忠敏公年谱〉四个本子的相互关系及其撰写者辨析》、唱春莲《北京图书馆藏明代祁彪佳著作探究》、钱亚新《谈谈〈祁彪佳集〉的版本》等等。

最后是对祁彪佳进行综合探讨的成果。专著和学位论文如赵素文《祁彪佳研究》(中国社会科学出版社,2011)、汪礼霞《祁彪佳及其日记研究》(安徽大学,2011)、初祎《祁彪佳身份研究》(中南大学,2013);期刊论文如杨艳琪《祁彪佳研究史略》。

以上对祁彪佳研究现状的综述,已经能从侧面展示出祁彪佳文化活动的不同内容层面。本文接下来将要论述的重点是祁彪佳的文学创作。

从生平"立言"的方面来说,祁彪佳无疑硕果累累。他留下了大量著述,为后人保存了有关晚明政治、经济、社会、文化诸方面的丰富资料,具有重要的文学和史料学价值。这些作品有的已经亡佚,如戏曲作品《玉节记》(《全节记》)、《周秦行记》等,现存的著作,除了《祁彪佳文稿》影印其中部分外,仍有大量仍分散在国内外各大图书馆和文博单位,且多属库藏善本,不便检索。现分门别类梳理罗列名目如下。

剧作剧评:《鱼儿佛》《远山堂剧品》《远山堂曲品》。

诗文词曲:《远山堂诗集》、《远山堂诗始》、《寓山十六景诗余》、《祁忠惠集》、《远山堂文稿》、《祷雨文》(祁骏佳代笔)、《赠文载公居官要类》、《翁贤书思贻先生赞》、《辛巳荒纪、辛巳救荒小议》等。

疏揭公牍:《莆阳禀牍、评语、杂录》《莆阳谳牍、莆阳勘语》《宜焚小疏》《西台疏草》《巡按苏松等处揭贴》《疏稿五种》《公私杂件》《宜焚全稿》《按吴审录词语》《祁忠敏公揭贴》《按吴奏疏》《按吴檄稿牌示稿》《按吴亲审檄稿》《督抚疏稿》《安抚江南疏抄》等。

日记:《祁忠敏公日记》,含崇祯四年(辛未,1631)《涉北程言》、崇祯五年(壬申,1632)《栖北冗言》、崇祯六年(癸酉,1633)至七年(甲戌,1634)《役南琐记》、崇祯八年(乙亥,1635)《归南快录》、崇祯九年(丙子,1636)《林居适笔》、崇祯十年(丁丑,1637)《山居拙录》、崇祯十一年(戊寅,1638)《自鉴录》、崇祯十二年(己卯,1639)《弃录》、崇祯十三年(庚辰,1640)《感慕录》、崇祯十四年(辛巳,1641)《小求录》、崇祯十五年(壬午,1642)《壬午日历》、崇祯十六年(癸未,1643)《癸未日历》、崇祯十七年(甲申,1644)《甲申日历》、南明弘光元年(乙酉,1645)《乙酉日历》。

尺牍:《莆阳尺牍》《远山堂尺牍》《按吴尺牍》《都门入里尺牍》《林居尺牍》《里中入都尺牍》《里中尺牍》《里居越言》《壬午里中书稿》《抚吴尺牍》等。

地理志著:《寓山注》《寓山志》《寓山续志》《寓山题咏》《寓山十六景诗余》《越中园亭记》。

纂辑杂著:《救荒全书》《守城全书》《东事始末》《崇祯奏疏汇辑》。

以上著述中,展示祁彪佳文学创作风貌的作品主要有:戏曲《鱼儿佛》、诗文《远山堂诗集》《远山堂诗始》《寓山十六景诗余》《祁忠惠集》《远山堂文稿》《赠文载公居官要类》《翁贤书思贻先生赞》以及各类杂文杂议、奏疏按揭、日记尺牍和地理志著。

一、祁彪佳的戏曲创作

祁彪佳生平曾经一度嗜曲成癖,自称"惟是不肖有曲癖"(《莆阳尺牍》甲子乙丑年册《与蔡文学》),他还亲行按拍度曲,与袁于令、王应遴、王元寿、叶宪祖、沈泰等戏曲家探讨音律、填词、构局之法,创作出了《玉节记》传奇,并改编了《鱼儿佛》杂剧。

传奇《玉节记》,又名《全节记》,作于天启三年(1623)冬晋京谒选期间。岁末客居京城,受天启二年(1622)发生的辽东战事触动,祁彪佳写成了赞美苏武民族气节的《全节记》。祁彪佳创作这个传奇,着眼于"声忠影叛","不浃月而告竣"(《远山堂文稿·全节记序》)。此剧文辞清峻,较稍前他人所作之同题材剧本《牧羊记》,更注重辞藻之典雅、境界之畅达。祁彪佳次年春(1624)致函倪元璐为《玉节记》求序:"弟客岁岁暮雪窗无事,走笔作《玉节》一记,自顾不韵,所恃有年兄照铁手,倘亦上碧胡眼乎?千乞年兄点数语于简端,吉光片羽自足宝,不敢多求也。然曲有别调,弟非其人,今更非其时矣,万勿示人为祷。"(《莆阳尺牍》甲子乙丑年册《与倪鸿宝年兄》)《玉节记》的修订和刊刻,是在祁彪佳任职福建兴化府推官期间完成的。崇祯元年(1628)他致函建阳刻书名家余象斗的儿子余应科:"昨所言敝友之曲,不佞已为校正改拨,殊费苦心,今尽觉可观,要不下于《玉玦》《红拂》也。刻手写手万祈留神,必以精工刻法。另具二书式并附来,期于四五日内先刻数篇见教。内不佞有校未精处,烦门下再细阅之。此后不妨陆续寄至校订,必订完无一字之差后可发行也。"(《莆阳尺牍》戊辰年《与余文学》)

《鱼儿佛》的改编,则在崇祯元年(1628)祁彪佳父丧丁艰、守制里居期间。在这三年左右时间里,"苫块中人寂如死灰,不敢漫作杞人之语,惟此词场借以度日"(《远山堂尺牍》庚午册《与沈林宗》),这是祁彪佳戏曲交游和活动最活跃最集中的时期。据徐朔方《晚明曲家年谱》,此时戏曲家袁于令、叶宪祖、陈汝元、孟称舜、单本、王应遴、史槃、沈泰等人都还健在,创作活动非常活跃。从祁彪佳与袁于令等戏曲家的戏曲交流和倡和情况看,祁彪佳极可能就是因为受到其他戏曲家创作热情的激发,加之对《地狱生天》心有所感,认为"老僧说法,不作禅语,而作趣语,正是其醒世苦心",觉得湛然此剧有警世意义值得推荐,但却"词甚平,然无败笔"(《远山堂剧品·地狱生天》),不易流布,因此他才有针对性地对之加以润色改编。改编时间,当在崇祯元年(1628)底丁外艰回乡以后,即崇祯元年(1628)十二月以后,当时他二十八岁左右。他改编《地狱生天》杂剧为《鱼儿佛》后,在崇祯二年(1629)自荐给了沈泰刊编的《盛明杂剧》二集。

　　《鱼儿佛》杂剧,现存于《盛明杂剧》二集卷十九。卷首标题为《鱼儿佛》,题署:"古越湛然禅师原本、寓山居士重编","吴中袁凫公(于令)批点","西湖沈林宗(泰)参评",题目正名作"观自在解脱狮子铃,金渔翁证果鱼儿佛"。《地狱生天》南北五折,又名《听铃记》。据南图藏《远山堂尺牍》己巳年册《与沈大来》:"《听铃记》即《地狱生天》,属湛然散木师作。"此剧为《远山堂剧品》著录,作者散木湛然禅师,原著佚。《远山堂剧品》收录《地狱生天》,却不称剧名《鱼儿佛》,是因为湛然原剧名《地狱生天》,南北五折;祁彪佳改编后定名为《鱼儿佛》,共四出。祁彪佳在《曲品·凡例》中说明:"词曲已经改窜,便与作者为二。……故凡删改原本数折以上者,别自著评,各为标目。"祁彪佳致函王应遴说:"别后曾改《地狱生天》剧,不觉尽易原本。"(《远山堂尺牍》己巳年册《与王云莱》,南图藏明抄本)所以他不将《鱼儿佛》署录在湛然名下。但可能是出于自我谦逊的表达习惯,祁彪佳《远山堂剧品》收录了《地狱生天》,却没有收录自己改编的《鱼儿佛》。这一点从他在"两品"中收录诸兄弟剧作,如伯兄祁麟佳的杂剧《太室山房四剧》(即《救精忠》《庆长生》《红粉禅》《错转轮》)入雅品,季兄祁骏佳杂剧《鸳鸯锦》入艳品,五从兄祁豸佳的杂剧《眉头眼角》、传奇《玉犀记》各入逸品,却无片语提及自己的戏曲创作,也可得到旁证。

　　祁彪佳的改编颇为成功。袁于令在《鱼儿佛》第一出开场部分的页眉批点道:"莲韵潇洒,宗语俊逸,寻征之功,不减辅嗣(王弼)。湛公作雅俗迥判矣。"以戏剧成就而言,祁彪佳对现存《盛明杂剧》本《鱼儿佛》的贡献,已经超过原作者释湛然。《鱼儿佛》之所以能得到传播并存留至今,更与祁彪佳的改编及由他荐送交沈泰刊刻进《盛明杂剧》二集有关。《鱼儿佛》杂剧改编成后，还经过了袁于令、王应遴等人的进一步润色推敲。祁彪佳致函袁于令求评点："《生天》剧改成，欲借重凫公评点，不知仁兄许之否？"（《远山堂尺牍》己巳年册《与袁凫公》，南图藏本）同书又函云："拙作经宗工一番镕炼，顽铁可望成全金矣。"后又一函谢袁于令对《鱼儿佛》作出的批改："《鱼儿佛》沈氏已灾之木，幸有仁兄郢削足当金镄，或不至贻笑词坛耳。"此外，他给王应遴的信中也提到："别后曾改《地狱生天》剧，不觉尽易原本，意欲附刻二集中，然未经老伯指点，终怦怦不自慊也。稿已寄于沈兄处，便中一取阅之，赐以金镄，望之。"（《远山堂尺牍》己巳年册《与王云莱》，南图藏本）

祁彪佳其他的戏曲作品，还有崇祯四年（1631）十月与蒋倪、陈情表商讨曲律，度曲作剧，作成的散曲《渔灯儿》一套，以及《牛秀才周秦行记》（《涉北程言》十月二十六日条、闰十一月二十三日条），都已亡佚。

二、祁彪佳的诗词创作

现存祁彪佳诗，主要见收于以下诸书。

一是国家图书馆藏明远山堂抄本《远山堂诗集》十卷。清初祁氏东书堂抄本，一册。书前标注：祁理孙、班孙编辑，雪窦山人魏耕校定。原书线装，每半叶八行，行二十字，框格外印"东书堂"三字。卷后有沈钧业跋云：

> 祁忠敏公《远山堂诗集》一卷，子理孙、班孙编辑，雪窦山人魏耕较定，东书楼写本。祁氏子孙世保藏之，已三百年矣。前月往梅市访祁子明先生，蒙出以见示，并许借录。因受而读之。公诗之见于日记者，仅崇祯壬申中秋五律一首，甲申春宿曹山及游鉴湖七律二首，余皆有题无诗。今是集所录者，有日记中已载其题者，亦有日记中所未及者。意者公当时宦辙往来，所作诗不尽留稿，公子辈仅就家中所存者录之，是以少作居多。集中古今体诗共五百十二首，雪翁题其上云共集百三十六首，惟经其所点定者实有百四十六首，想其中尚有去取未定者，兹就其点定者录存。祁氏兄弟之于雪翁，盖在师友之间。祁六公子之诗尤与雪翁相似。雪翁每至越，必主祁氏。当时公子辈盖欲刻忠敏遗诗，故请雪翁定之。未几而蜡书变作，雪翁既正命武林，祁六公子亦远戍宁古塔，是集遂未及付刊。其后澹生堂藏书复散失殆尽，则此稿之得仅存者，亦劫后遗灰也。若雪翁所著之《息贤堂集》，近已由四明张氏为之印行，惟其墨迹实为世所稀见。今观是集中所书，虽旁注细字，具有渴骥

怒猊之势，益慨然想见其为人，真天壤间琼苏也。借录既竣，书此归之。凡雪翁改笔及圈点涂抹处，别以红墨书之；原本间有空缺者，因经涂抹未能辨识也。己卯四月初八日，复庵沈钧业谨跋。

此本已由国家图书馆出版社影印收入《祁彪佳文稿》(1991)中。这一版本的《诗集》，较全面搜录了祁彪佳的毕生诗作，但剔除了《诗始》原有祁氏与亲友宴集联句之排律。书中被雪窦山人魏耕大刀阔斧涂抹删改得面目全非，页面圈画涂抹痕迹覆盖，难辨原文；改诗失却了祁彪佳日常百事皆可入诗、行文自然若无雕饰、简白宛如口语的风格特色。本集收入诗篇五百一十二首。

二是浙江图书馆藏抄本《远山堂诗集》不分卷，上下二册。上册封面题"远山堂诗集上"，列：四言古、五言古、七言古、五言律，以上墨字标注；又有"魏耕所校定以朱笔补之，有原本因涂抹不能辨认者，记之以□"字样，以上用朱笔题解。首页题："远山堂诗集（墨字），共集一百三十六首（朱字）。山阴祁彪佳世培甫著　男理孙、班孙编辑（墨字）　慈溪后学魏耕校定（朱字）。"此本正文用无格栏纸抄写，卷首附己卯四月初八沈钧业跋，文同前段所引。跋文楷书工整，所用纸张版心有"远山堂抄本"字样，蓝格，每半叶十行，行二十二字。从全书内容观之，当系后人以国家图书馆藏本为底本的过录本。

三是国家图书馆藏《远山堂诗始》不分卷，明末抄本，一册，每半叶八行，行二十字，书口上方有"蔗境"二字，有眉批和点逗痕迹，封面有"读易居士""山阴道上"等钤印。祁彪佳日记所载及崇祯十二年(1639)以后诸诗，本书皆未收录，则可见此书系祁氏早年诗集原本。书中大量眉批，对祁彪佳诗作逐篇点评，准确指出了祁诗清新淡远、质朴淳雅的特征。此本没有经过魏耕的删改，就这一点来说，《诗始》更真实地保留了祁彪佳诗歌的本来面貌，是研究祁诗更重要的依据，也是我们恢复《远山堂诗集》原貌的参据。

四是清道光十五年山阴杜煦、杜春生兄弟编辑的《祁忠惠公遗集》（南京图书馆藏，中华书局1960年据以排印为《祁彪佳集》），卷九也有部分诗歌收入，其中十一首为《诗集》《诗始》所未收。此外，祁诗又有两首散见于其日记，八首收录进《寓山题咏》中。

祁彪佳词，现存有《祁忠惠公集》卷九所附《词》，惜阴堂丛书汇刻明词收《祁忠惠公词》一卷，实从《祁忠惠公集》中析出，并无增益。惟卷末有跋语曰：

山阴祁氏世集簪缨，家传风雅，弘吉尤崛起，致身匡国，事实具详《明史》本传。小词传世，乃多山林逸趣，有合于靖节先生心远地偏之旨。大凡志节之士，与功利之徒出处或同，蹊径迥别，文章所寄，性情斯在，观于忠惠之词益信。乙丑小春珍重阁书。西泠归棹读校明词，以盉山藏本传抄，覆雠之。丙子四月中卫叔邕。

此前，笔者已经对祁彪佳诗词进行了较为全面的搜罗和编年笺校，并结成《祁彪佳诗词编年笺校》一书由浙江古籍出版社于 2016 年出版。笺校诗以国家图书馆藏《远山堂诗集》为底本，校以浙江图书馆藏《远山堂诗集》本、国家图书馆藏《远山堂诗始》本，并取《祁忠惠公遗集》、祁彪佳日记及其所编《寓山题咏》诸书，以备校注补遗。笺校祁彪佳词，以《祁忠惠公集》为底本，校以惜阴堂本。另，祁彪佳所编《寓山十六景诗余》（国家图书馆藏明稿本）亦收入其《蝶恋花》词四篇，可备校补之用。

《祁彪佳诗词编年笺校》一书在《远山堂诗集》之外，对祁彪佳诗词做了以下补遗：从《祁彪佳集》卷九中补遗十一首，为《明觉宝掌寺》《遗言》《瑞花台》《五云山》《苎萝溪》《陆宣公祠》《金氏节孝承恩集》《妙峰寺》《黄夫人贞洁诗》《寓山夏日即事·县名离合》《寓山夏日即事·药名离合》；从《远山堂诗始》中补遗七首，为《春榜期近望止祥兄文载弟得隽报和季父咏》其二、《秋月移帆与郑季公汪照邻陈圣鉴联赋》二首、《元日同李子木、郑季公、陈自誉、蒋安然集吕祠即席联句，命童子击磬为节，磬三击，句不成，浮大白，刻寸烛得二十一韵》、《泡影亭仝子木、郑季公、蒋安然、陈自誉飞觞晓雪，各拈四韵，刻香成句》、《元旦后三日同李子木、颜壮其、陈自誉、蒋安然小集联句，赋得紫气访真人，是日有彩云之瑞》、《立夏前四日姚次白、陆叔度、郑季公、陈自誉、蒋安然偶集送春，即席联句》；从《祁忠敏公日记》中补遗两首，为《贺张冷石转南枢曹》（《涉北程言》）、《中秋诗》（《栖北冗言》）。

加上《远山堂诗集》原有的诗篇五百一十二首，则可知祁彪佳现存诗篇数量为五百三十二首。

祁彪佳词，从《寓山十六景诗余》中补遗两首：《蝶恋花·百雉朝霞》《蝶恋花·远阁新晴》。加上《祁忠惠公词》一卷，祁彪佳词现存共七首。

《远山堂诗集》原书体例，系按诗体顺序编次，次第为：四言古诗、五言古诗、七言古诗、五言律诗、七言律诗、五言排律、七言排律、五言绝句、六言绝句、七言绝句。《祁忠惠公词》一卷，寥寥数首并无分类。《祁彪佳诗词编年笺校》则以创作年月为次第，将当年相关诗词混合各体另行编年，并作笺校。对祁彪佳诗词具体时间的考辨，本文不复详述，请参《祁彪佳诗词编年笺校》一书。以下简单讨论祁彪佳诗风特征。

明中后期以来，文学思潮波浪迭起，公安、竟陵、前后复古派诗风此起彼伏，交替流行，影响之广，无所不及。复古派的沉稳厚重；公安派的清丽舒展和注重个性舒张、寄情山水与日常生活情趣；竟陵派的惨淡经营、峻削奇崛，各有所长。

祁彪佳很重视诗歌这一传统主流文体，创作也颇用心。他曾多次与人探讨诗歌的评判标准和创作技巧。比如日记提到，崇祯四年（1631）十月十九日，以诗向王铎求教，铎认为诗须得风雅、性情之正。评价唐代诗人中，当首推杜甫，其次李白，王维成就也可与前两人鼎峙；明代取李梦阳，贬何景明，嫌袁宏道诗歌语言缺乏锻炼，流易轻率，但五律差胜。同年十一月初五，又与王铎论诗。王认为，诗取神理具足，即所谓得性情之正者；至于诗的浓淡、平奇，在于人各出手眼，但必须不诡于正宗；并盛称祁彪佳五律，而以其七律为不足，且以"大、奥、创"为其作诗之箴言。（《涉北程言》）又，崇祯十四年（1641）五月初八，祁彪佳随陈子龙出巡，谈作诗法度，子龙认为作诗要取法魏晋、盛唐。（《小求录》）王、陈两人都是明末诗文复古派的代表人物，对他们的诗歌观念，祁彪佳持颔首承教的态度。他又很认真地阅读并学习杜甫诗歌，并在崇祯十年（1637）闰四月二十三日，完成了《杜甫全集》评注。（《山居拙录》）祁彪佳诗歌创作中被人称誉的特色"结构深密，鼎制宏丽，雍雍大雅之章"（《远山堂诗始》五古《赠林慎日礜台》眉批）、"体气高老"（《登含山》眉批），体现出他对复古诗文观的迎合。

祁彪佳对竟陵派的创作和理论也相当了解，一度非常喜爱钟惺、谭元春的诗歌。崇祯七年（1634）他曾写信给许豸，自称："弟向年北上，舟中携谭友夏诗与钟伯敬集，同读甚快，犹恨不能见遗稿。而今台台出帐中秘以示人，伯敬可以千古矣。"（《按吴尺牍》甲戌春季册《与许平远》，南图藏本）崇祯十年（1637）日记显示，五月初一，重阅谭元春诗歌五卷完毕。（《山居拙录》）崇祯十一年（1638），他又致函张弘："闻令弟选有钟、谭诗，曾刻竣未？乞以原本赐示，奉为司南，即当返璧。倘属枕中之秘，弟亦不敢别示人也。"（《里中尺牍》夏季册《与张毅儒》）竟陵文风对祁彪佳的写作实践有相当影响，主要表现在小品文创作中。祁氏小品文用词之慎臻于字斟句酌，结构追求尖新致密，与钟、谭"刻意尖新"的文学追求可谓异曲同工。祁彪佳诗歌也受到了竟陵文风的影响，《远山堂诗始》中被眉批称为"孤秀"者如五言古诗《上巳泛舟鉴湖步月鹜圣山埠》,被眉批称为"清峭"者如五律《罢官》之二,都烙刻着竟陵印痕。

但就整体来看,祁彪佳的诗风与竟陵派颇有差距。他的诗歌格调较为高旷,大体呈现出清新舒展、质朴淡远而真挚豁达的特色。《诗始》眉批多次称赏祁诗"不着意处见淡远"(《寒食》)、"清芬逸韵,自有林下风味"(《夜晚泊禹穴候晓再游诸园》)、"以浅淡语写真至情"(《赠祝贞母》),这方面更倾向于公安派清新佻达的风格。这种倾向,从他对袁宏道诗歌的一再精读和刻意揣摩中也可得旁证。祁彪佳不止一次认真地阅读过袁宏道的诗文。崇祯十年(1637)日记提到三月二十八日阅袁宏道诗歌。崇祯十四年(1641)日记又提到正月初四阅袁宏道诗。事实上,祁彪佳对时俗盲目追仿竟陵文风的现象颇为不满,他的《与汪然明》函称赞柳如是诗超卓时人:"读柳如是诗,使人神消意释。近来闺阁多染钟、谭习气,惟此真得晋魏一派,淡远处不失王、孟,定当以作手名海内。"(《里中尺牍》秋冬季册,南图藏本)

因为对复古、公安、竟陵三个文学流派创作理论和实践都有涉猎,也各有取舍,祁彪佳的诗歌风格遂游移在公安、竟陵与复古派之间,形成了自己气势高旷醇厚、感情质朴恳挚、结构精严绵密、行文清丽雅逸的整体特点。

祁彪佳日常每有登临眺望、酬唱雅集,便有感而发,勤于下笔,又喜欢借诗语禅,颇为率性随意,故诗歌题材广泛,世事讽喻、寄送酬答、行役抒怀、社集游宴、闲适写怀、状物题咏、闺曲艳歌各皆有之。

祁彪佳写的闺曲艳歌不多,计有七绝《有所思》五首、《拟古艳诗》五首,五古《明珠篇》,七古《燕燕于飞篇贺金楚畹新婚》《寓山士女春游曲》,五律《李子木兄疑有青衣之兴,作诗戏赠,予即韵解嘲》,五绝《春日醉归子木年兄以短笺讯,走笔复之》三首。这些作品多属即兴或学作,文字华丽,色彩明艳。如《燕燕于飞篇贺金楚畹新婚》,诗中也有"芙蓉帐暖晴烟袅,银屏夜合不知晓""低鬟一笑晕生香,琼钩屈曲朝云渺""燕于飞,燕于飞,双翻红雨穿绣帏"之类极尽靡艳的语句,但有意思的是结尾却急转而下:"夜看三星倾巫峡,珠帘犹带月明晖。"一下子令骚动的艳情冷凝成了时空沧桑。又比如七古《寓山士女春游曲》,开篇"莺舌初调声一剪,隔窗唤起檀痕浅""十八女儿绣带长,大堤步步印泥香""青鸾尾豹灵蛇鬓,宝璐明珰声细细""儿郎指点新妆好,错认倡楼苏小小。玉勒青骢伴堕鞭,脂粉丛中若个怜",可称得上极尽柔媚轻艳,收尾几句却是笔锋急转:"花外轻传金缕声,游人一齐回首听。念奴娇词歌一阕,空山叫落杜鹃月。谁肯秉烛良夜过,为欢不足可奈何。"带上了《古诗十九首》式人生苦短、欢乐有限的生命空幻感。其他如五律《李子木兄疑予有青衣之兴作诗戏赠,予即韵解嘲》、五绝《春日醉归子木年兄以短笺讯,走笔复之》三首,虽关艳情,作者却在诗中慌忙不迭想要展示女子"千金不肯顾,留与嫁潘郎"的忠贞与自己"问予何所似,枯木对寒鸦"的淡情。祁彪佳写得最像艳歌的是《拟古艳诗五首》,前四首生动写出了女子娇美柔媚的情态和深闺念人、辗转无绪的心情,但出人意料的第五首又是一个回转:"尽日飞花春醉余,东风寂寂锁离居。美人一赋琴台夜,闷煞当年女校书。"艳情斥尽,苍凉顿起。祁彪佳唯一写得情感缠绵、一气呵成的艳诗是《明珠篇》:"千里缄尺素,赠子双明珠。明珠非易得,市之碧眼胡。月明沧海夜,鲛人泣欲楛。似子别时泪,滴滴在罗襦。似吾别时心,滚滚在征途。双珠簪子鬓,光辉照流苏。双珠系子臂,宛转耀氍毹。结作同心带,良夜永欢娱。"此诗系他崇祯四年(1631)晋京候选怀内所作,文句不事雕饰,而自然真婉,情感表达看起来就落落大方多了。祁彪佳在闺怨艳歌中体现出来的这种矛盾态度,是非常有意思的。一方面他受到了新乐府运动对现实"美刺比兴"的讽喻意识影响,但最大的原因可能还是,他本身思想性格比较端方雅正,习惯了对自身情欲的主动约束,因此在写作需要恣放情感的艳歌时,反而陷入了一种作茧自缚、不能肆意畅达的状态。祁彪佳写闺曲艳歌,不免有拘谨局促之嫌,可以说,此类题材,非他所长。

祁彪佳的世事讽喻诗,篇章虽略少,却真实反映了明末以来的政治矛盾和社会现实。其政治讽喻诗如《辽警三十咏》。此组时事诗,依韵排序,分记万历四十七年(1619)至崇祯四年(1631)明清辽东战事。诗中既有对捐躯边将的颂扬,也有对误国官僚的讽刺,同时揭示出战场惨况、百姓苦难。这些诗歌喜征成典,文学性略逊,却具有补充正史的意义。祁氏讽喻诗中也有对天灾人祸、民生疾苦的真实反映。如《苦雪行》,作于崇祯十四年(1641)二月,正是天灾频仍战乱纷繁的时候。此诗秉承杜甫的诗史精神,有意模仿三吏、三别,字里行间始终萦绕着一股真诚的悲悯,故能凄怆真实,富于感染力。五古《前送疟》《后送疟》则可谓祁诗中最独特的社会讽刺诗,作于崇祯四年(1631)。诗歌借梦境人物,用诙谐的笔调,讽刺文人的迂腐可笑和官吏的无耻贪婪嘴脸,构思巧妙,语言幽默。诗中塑造了两种不同的疟鬼形象:童子和老吏。虽同为人们厌弃的恶物,他们年龄不同,个性特征也截然有别,作者通过虚构自己与他们的对话,把前者的天真迂腐、后者的狡诈世故传神勾画出来,鲜活生动的样子跃然纸上。如果说两童子的酸态,是对文人的善意揶揄的话,《后送疟》对刀笔老吏翻手为云、覆手为雨、巧舌如簧的狡狯面目,则进行了淋漓尽致的刻画,表达出强烈鄙弃的态度。明代妇女节烈诗,往往将女子贞节与臣节并比。祁作亦不乏"死忠死节性所成"之类陈辞,如《商节妇传》《赠戴母贞节》《赠祝贞母》《赠徐节妇》诸篇。但祁彪佳对这些女性能秉持真切同情的态度,能如实描写她们的穷窘处境和现实苦痛,因此,这些节烈诗便出乎意料地获得了社会讽喻功能。比如,七古《挽徐烈妇》,虽然并未脱离表彰贞孝节义的窠臼,但却客观真实地描述出了徐氏一家穷愁困窘、被外人欺压凌迫的现状,使人看到,徐氏与其说是殉节而死,不如说是被逼入绝境,立锥无地,才自寻短路。如此某种意义上形成了"讽百劝一"的效果,变成了对封建社会妇女守节招咎的反讽。

祁彪佳寄送酬答、行役抒怀、社集游宴、闲适写怀四类题材的诗篇,数量最多。展现出日常交游、友朋雅集、唱和酬答的情形,历次旅次往返的见闻,途中登览古迹、临境兴叹的情怀,以及辞任告归后闲居故山寓园的生活细节和见闻情思,本色地描绘了作者的日常喜好和审美趣味。这部分诗作艺术成就很高,可谓诗如其人,其外形冲和而内气清刚。如《游云门寺》:"四山郁苍翠,楼阁影参差。鸟下翻经石,龙藏洗钵池。云开初定后,烟起暮钟时。相送斜阳里,重看晋代碑。"取景幽谧,意象精到,情趣清远典雅。形与影、声与色、动与静浑然交融,颇得王维五律的风神,眉批赞之"隽气翛然楮墨之外",诚非谬赞。

从诗体的角度来看,祁彪佳最擅长、用力最深的当属五律和七绝。其他也各有可圈点处。崇祯四年(1631)祁彪佳以北上舟中所作诗出示王铎,王铎认为其五律佳而七律有所不足。舟中所作诗,就是五律《十舟诗》和七律《舟中咏怀》。《十舟诗》十八首,系祁彪佳客途无事,与友人郑茂烨、陈禘、汪时曜拈题互相唱和而成。注称"用韵言以明志,各就物而适怀",写景和抒情结合自然。比如《舟晓》之二,眉批称之"晓景如画";又如《舟晴》之二:"才看新雨过,西日已衔林。水气村端碧,雷声峰外沉。鱼鸟舒喜意,钟磬接遐心。自爱推蓬坐,悠然澄此襟。"诗歌抓取暮雨刚过这一时段的典型风貌展开描绘,远景摹形写声,近景传情达意,自然之景与悠闲之情有机融会,富于意韵景趣。比较之下,《舟中咏怀》本意说理志讯,篇中多议论,不脱佛道、玄理套头,意趣便嫌不足。比如其二:"学仙学佛总休夸,五浊途中未是家。才向青莲呼白足,更从萼绿炼丹砂。忙过此日黄花社,种就他年白发芽。不是伤情便累理,待将儿戏出繁华。"一番宣禅偈语,读来酸齿。王铎诫彪佳以作诗箴言曰"大、奥、创",针对此类篇章确属有的放矢。七律的格律限制既拘谨,结构对应亦绵密,往往诗中高手,也只能做到自然、典雅,却很难体现作家个性特征;而五律篇幅适中,形式匀整,曲调和谐,却不难掌握。祁彪佳创作个性倾向于自由随性,因此七律不可避免有局促偪仄的缺陷。相较而言,其五律创作不严拘于声律,在信手挥洒的自然中,反能成其清雅秀润的面貌,似古非古,似律非律,却能自有一种特殊的审美效果。

祁彪佳的古风则措辞平实,感情流畅恳至,气势纵横排宕。比如《诗始》中,《别兄弟》眉批:"恫幅无华,告兄弟处各有一段至情,相规相勉,太古之遗,于今再遘。"《明珠篇》眉批:"真正古乐府。不尔,无此真婉。"《丁丑元日》眉批:"随笔叙次,有一种真恳气溢于楮上。"又,《社集寄怀周又新学博》眉批:"通篇气势若渴骥奔泉,其运笔落想,更自超玄";"真切恳至,深得古人赠人以言之意。"此诗行文自然畅达,一气呵成;感情真挚朴素,娓娓委婉,若相对絮语,具有很强的感染力;措辞朴素平实。但由于作者刻意追求浅淡率直,诗歌遣词造句亦有过分随意处,诸如"所称一世雄,眼光出牛背""我如瞽扪日,弋获无一二"之句,"牛背"之说虽出《世说新语》,但毕竟趋于口语白话,无形中削弱了诗歌的厚重气势,削减了文学韵味。

祁彪佳的绝句蕴藉清婉,精雕细琢,而娓娓如坐语当面,更近竟陵诗风。如《赠何芝田之睢阳》之一:"送客江干暮雨晴,斜阳欸乃两三声。春帆不带离思去,淡月寒波客梦清。"诗中选择的意象空灵剔透,声色光影生动,情趣清淡幽远。又如《有所思》之一:"草色闲阶日影移,深深帘幕对花垂。莫教燕子得消息,飞去飞来无定期。"意境、构思、措辞都经过细致雕琢,传达的情绪也相当细腻,具有李商隐绝句的韵味。祁彪佳七绝中有较明显学小李的痕迹。除上诗外,《雨夜宿上塘馆舍》之一"滴碎空阶天未明,残灯黯黯听鸡声。独眠孤馆寒湿梦,数点烟山送客情",遣词造句和意境情绪也与李诗神似;之二"剪烛家园谈此夕,应知不向雨中看"一联,更直接借用了李商隐《夜雨寄北》中"会当共剪西窗烛,却话巴山夜雨时"的意境。相比之下,祁彪佳的五绝流于简白直露,略嫌余韵不足。比如,《月下箫声》四首,其二曰:"山水有清音,绿竹得其理。静察此中情,是悲不是喜。"其三:"呜咽多愁意,偏从客邸生。山中如听此,松叶落阶声。"构思略嫌平直轻率,遂成有理学语,却欠理趣。

从不同时期的风格而论,祁彪佳的诗歌,早年作品呈现出婉艳雅丽的特征;但崇祯二年(1629)之后,丧父带来的情感冲击,使他在人生态度上产生了巨大的变化,"二十七年之中,衣之食之,皆吾父之养儿也"(《奠先大夫文》),而自己却不能对父亲稍作奉养,甚至不能生见其最后一面,负疚感使他内心开始质疑营营汲汲追求功名利禄而无暇顾及亲情孝道的仕途人生。他在《奠先大夫文》中,一再哀叹"不能一见吾父也",想象往昔父子相处光景，"恍惚如隔世"，心底深处遂有了"从今向名利场递一纸脱离呈，佛王门奉一道檀施令"（《鱼儿佛》第一出【煞尾】）的渴望。仕途求进心淡后，他的诗格也渐趋高旷朴远，三十五岁以后的作品，更时作禅机语，带着鲜明的佛教痕迹。

祁彪佳的词，现存不多，多吟咏家中园林寓山园的作品，风格比较一致，清新明旷中带着书卷儒雅的气质。

三、祁彪佳的文

祁彪佳的文，留存数量最多，既有八股制艺、奏疏公揭等应用文书，也有园林小品、日记尺牍等小品短章。

祁彪佳少年中举，于八股制艺一道得心应手。他对时文还是看重的，自我评价颇高。从天启二年（1622）姚希孟《祁虎子稿序》来看，他曾将自己的程文结集。而天启七年（1627）他曾裒辑刊刻闽中诸生应试程文为《现在编》行世，其《拟现在编序》表达了他的文章观念："予也不敏，篇骘而句程，几以相遇于神，不以诡得诡失者听之造物。乃或有奇胜而僻，瑰极而恢，秾而貌矜，幽而神黯者。名圣名颠，说玄说妙，僻矣，而于文十未得八九；挥斥粗豪，望洋浩森，恢矣，而于文十未得六七；袭采春葩，标鲜艳锦，秾矣，而于文十未得四五；髇枯魄寒，笔秃砚焚，幽矣，而于文十未得二三。……愿诸士其勉之，故题其刻为《现在编》，而为之序。"（《远山堂文稿》）又日记载：崇祯八年（1635）十一月初九，侄鸿孙持彪佳往作应试时文来还。（《归南快录》）崇祯十三年庚辰（1640）四月初九，拣早年所作时文付儿侄观摹。（《感慕录》）可见他的八股文，可为人表率。但现存的祁彪佳制艺文字不多，仅《祁彪佳集》卷四收入《执圭》《月》《故居者有积仓行者有裹粮也然后可以爰方启行》《曰文王何可当也》《三代之得天下也以仁》，都是少年之作，从文章风格来看，破题中允、结构均衡，措辞质朴、文风清新，又朗朗上口，具有说服力。

祁彪佳留下了大量奏疏公牍。在福建推官任上，他曾梓刻所作公牍为《莆阳议略》。《莆阳议略序》云："暇日偶检诸牍，撮其要以付梓人。"（《远山堂文稿》）请了门人细校，并请周方洲作后叙。其《与周方洲》函云："偶作谳牍，皆俗吏套语，无足当清览，然欲求门下一四六后叙，以为兹编光。不肖不敢求缙绅，而求门下者，重门下文与品也，幸勿却是荷。"（《莆阳尺牍》丁卯年册）当时的人对他的这些应用文书也非常推崇。日记载九年丙子（1636）六月二十一，吴中山人金日升持友人李模书来，欲汇刻彪佳疏稿，辞却之。（《林居适笔》）有《与李灌溪》函解释缘由："但其所刻之疏，皆杨、左诸名流，弟何人,敢滥其列?况今人情不古,每于字句之间求人,如许子洽(重熙)采《实录》为《注略》,何曾得罪于名教,而亦罹缯戈,且奉有禁革野史之明旨。弟曾列较正姓名,幸而不及。有鉴于此,是以更不欲向尺幅作缘,非不慕其人且重其书也。复社诸友何以亦有风波?总之今日语言文字易为祸始,夫亦俭德避难之时乎?"(《林居尺牍》丙子秋季册)可备书坊镌刻出售,本身是对祁氏文章的直接肯定。彪佳推辞别人镌刻其疏稿,并不是真认为自己才力不逮,而是惧人吹索致有文字之狱。又据日记,崇祯十五年(1642)七月十四日,吴中司理倪伯屏来函,言已为彪佳翻刻《役田》等书。(《壬午日历》)上海图书馆藏《壬申里中书稿》有《与朱明京师》函:"门生某昔在吴中偶有典厘,已成陈牍,乃吴人思及,求倪司理翻刻偶至。敬奉台览,不尽欲禀,统乞俯原,无任感切。"则可见,当时人们对其公牍是普遍推重的。

从祁彪佳日记中展示的疏牍写作过程来看,祁彪佳对自己的疏稿可谓苦心孤诣,反复斟酌,十分用心。例如崇祯五年(1632)四月二十七日所上的《赏罚激劝疏》,据日记,先是四月二十四日,草此疏成,并与颜茂猷斟酌之,最后定稿。《赏罚激劝疏》中所弹劾到的黔功与东省陷贼事,指天启二年(1622)二月,贵州水西土目安邦彦反,称罗甸大王,与奢崇明叛军呼应;以及崇祯五年(1632)明叛将孔有德攻登州、围莱州两事。据日记,祁彪佳对于黔事进行过专门了解,先是崇祯四年(1631)闰十一月十二日,从戏曲家柳白岵口中听到其黔中遇难几死之亲身经历;又,二十一日从王应遴带来的孟弁口中,仔细询问了其亲历的安邦彦事;之后十二月十二日,柳白岵至,又详细听其说黔中当日围城事。(《栖北冗言》)对登莱之事,《涉北程言》十二月十五日、《栖北冗言》正月十一日及二月二十五日等皆有提到,足见其对此也深有了解。由此可见,祁彪佳上疏,出于关心治乱、务实切事,因此在论述的观点和论据的采用方面十分严谨客观,而其论述过程也绵密周到。

祁彪佳奏疏中,为史书反复征引褒扬的较为著名的有崇祯五年(1632)所作《赏罚激劝疏》《定一时胜略疏》《备察群情书》《合筹天下全局疏》《特纠南枢疏》和崇祯六年(1633)所作《陈民间十四大苦疏》,以及崇祯十七年(1644)《陈致治大本疏》《陈三大弊政疏》等,这些奏疏关注现实,论事客观务实,有的放矢,分析问题目光精到,观点鲜明,行文构思细致缜密,引用材料真确可信,而语言质朴流畅,形成一种浑厚雄辩的气势。这种质朴务实、沉雄浑厚的特征,也是祁彪佳文章对复古派所推崇的唐宋古文运动的回应。

最能体现祁彪佳清新优美文风的,却是他的小品散文。这在《寓山志》《越中园亭记》与日记中得到了充分展露。笔者在浙图善本库发现的《寓山题咏》,虽系祁彪佳编撰,但所收是《寓山志》成书时未收入的时人亲友吟咏寓山诗词作品,无祁彪佳诗文,故不赘述。

《寓山注》是祁彪佳所编《寓山志》的一部分,由祁彪佳评注寓山诸景的短文附以时人咏颂诸景的诗篇构成。寓山园是祁彪佳的别业,又称寓园,旧址在距今绍兴柯岩风景区里许处,依山面河而建,集中国古典园林建筑之大成,在古代造园史上有重要地位。祁彪佳崇祯八年(1635)告病乞归,崇祯十六年(1643)冬重新被起用,期间八年里居,绝大部分精神寄寓修园上。"祁寒盛暑,体栗汗浃,不以为苦。"(《祁彪佳集》卷七《寓山注》)兴趣之浓,令人赞叹。此园崇祯八年(1635)仲冬始筑,次年(1636)孟春,基本构建就绪。此后次第增补,崇祯十年(1637)年底竣工,扫地迎客。次年初,观玩寓山园的游客络绎交织。崇祯十二年(1639)六月,全家正式移居寓山园。祁彪佳对自己的修园手笔甚得意,为纪念园林落成,他给园中景观一一作注,又广邀文士名流玩赏,裒辑他们吟咏寓山的诗文刊刻成流传至今的《寓山志》。《寓山志》镌成于崇祯十年(1637),此后崇祯十一年(1638)增补了《寓山续注》的内容。《寓山注》中,有祁彪佳撰写的四十八篇清新工美的小品文。

祁彪佳的表兄兼好友张岱作《寓山注跋》:"主人作注,不事铺张,不事雕绘,意随景到,笔借目传,如数家物,如写家书,如殷殷诏语家之儿女童婢。闲中花鸟,意外烟云,真有一种人不及知,而己独知之妙。不及收藏、不能持赠者,皆从笔底一一勾出。如苏子瞻凤翔寺观王摩诘壁上画僧,残灯耿然,踽踽欲动,非其笔墨之妙,特其闻见之真也。"敏锐而准确地指出了《寓山注》系列小品的风格:从容自然、清新委婉、笔触细腻,并且真情洋溢纸外。

祁彪佳创作《寓山注》时,参阅过一些前人和时人所作优秀散文和小品。据日记所载,有《洛阳名园记》《帝京景物略》《欣赏编》及王思任游记等。因而,他在《寓山注》写作中,必然会在结构技巧、行文风格等方面借鉴并吸取他人长处。《寓山注跋》又称:"古人记山水,太上郦道元,其次柳子厚,近时则袁中郎。读注中遒劲苍老,以郦为骨;深远冶潇,以柳为肤;灵动俊快,以袁为秀目灿眉。立起三人奔走腕下,近来此事,不得不推重主人。"(《寓山志》,尊经阁藏本,亦见张岱《琅嬛文集》卷五)张岱注意到祁彪佳对郦、柳、袁长处的借鉴,也明确指出,祁文的遒劲苍老学自郦,深远冶潇学自柳,灵动俊快则学自袁。郦道元《水经注》和柳宗元散文,被后世奉为散文圭臬,影响深远自不言而喻。《寓山注》系列小品,从清丽舒展的文风特征和注重个性舒张、寄情山水与日常生活情趣这些方面来说,与袁宏道公安文风的渊源深切可见一斑。但《寓山注》从创作初衷而言,应该算一部介绍寓山景观的地理志,创作期间,祁彪佳参阅过刘侗、于奕正所著的《帝京景物略》,《寓山注》注文下附时人赞景诗歌的篇章构造,也系承袭《帝京景物略》。刘、于的文风从属于竟陵派,他们为了使描写对象具有鲜明性和准确性,在描写的次序、详略、位置上颇费斟酌,可谓惨淡经营、独运匠心;在语言上,文笔峻削奇崛,流于怪僻,遣词造句往往打破常规,改变通常句式以增强语言的表现力。祁彪佳的散文结构绵密精巧,字句尖新俊巧,无疑是竟陵文学影响的直接结果。此外,文中偶尔蹦出的诙谐佻达,则隐约有同代作家王思任的影子。

祁彪佳对各派文风与创作技巧的娴熟掌握和取长弃短,加上他从容淡定的生活态度和人生追求,最终让《寓山注》小品挣脱了竟陵派过于深幽孤峭、尖涩隘窄的缺点,不为前人囿限,从而形成了以公安派的清新流畅为主调,描写刻画中夹杂着竟陵派的冷峭,又时有诙谐之趣,清新简洁、真挚典雅的特色。这种独开生面、自成一家风格,也使祁彪佳的《寓山注》成为晚明末小品中不可多得的佳作。

除了代表作《寓山注》之外,祁彪佳《越中园亭记》中的文章,也体现出他小品创作风格和成就的另一侧面。

在痴迷于修筑寓山园的同时,祁彪佳非常热衷于游观园林以为自己筑园参考。寓山园在建的崇祯八年(1635)至十一年(1638)这四年期间,祁彪佳日记载及游览的园林就有八十余座。游园后,祁彪佳有即时作记的习惯,他的《越中园亭记》正是在此过程中撰著完成的。此后至崇祯十三年(1640),仍偶有补充。

《越中园亭记》作为地理志著的性质更显著,而文学性则逊于前者,特别是其卷一、卷六,仅能著明园亭的地址和历史故实,乏文学趣味。但其他四卷,去芜存菁,其中仍有一些独具风情的小品篇章。为了进一步凸显地理志叙述地理名物的实用功能,《越中园亭记》中文章简单明洁,力求在小篇幅中传递更多信息,构思趋向朴素,条理却更清晰分明,作者措辞也愈加谨慎严谨,力求表现精确无偏颇。遣词造句之千锤百炼,可谓苦心孤诣,笔触之简约凝练,令人叹赏。然而,《越中园亭记》中小品委蛇多姿的开篇、精致唯美的细节、雅致工丽的诗化语言,如卷二《筠芝亭》,以及对高远幽雅之诗画意境的营构、对绚烂流转之光线色彩的敏锐感觉与渲染,如卷三《蒹园》、卷六《倏游馆》,则仍与《寓山注》异曲同工,展现出祁彪佳小品的典型风格。

祁彪佳是个极其细致的人,好读书,又勤著述,于生活细节总会巨细靡遗记录下来,因此留下了篇帙浩繁的日记。现存《祁忠敏公日记》十五卷,有明抄本、清刻本和民国铅印本等,在浙图、国图、南图各有收藏。

日记每日所载,多数十百把字,大多是琐碎繁杂的日常应酬事务,但夹杂之中,也能披沙拣金,片只嘉言俊语,便足令人神清气爽。如日记《山居拙录》二月初三日:"时雪后,千山如拭,一镜涵空,舟行其间,可当快游矣。"又如二月二十二日:"初霁,山色如新沐,空翠万叠;三月十四日:入晚月色皎然,人在琉璃国中。"皆用字简约,却极擅抓住典型的场景特征,寥寥数笔白描,雨雪后的明洁空远,月夜之幽雅清透,知交之闲适萧散,便跃然笔端。造境高远澹达,祁氏小品清新工丽之风格毕见。总体看来,祁彪佳日记中此类片段虽然较少,但其信手行文,不事雕饰而自然清新,造境高而立意清,文字简洁工丽,如泠泠清泉,静泻珠玉,正是祁彪佳小品文之本色面目。

第五节　现有年谱及本编特征

祁彪佳旧有年谱,一是编纂于明末清初的《祁忠敏公年谱》,现存四个本子,分别为:浙江图书馆藏优 56/16 号稿本;优 57/16 号远山堂抄本;国家图书馆藏清初乌丝栏稿本;清代梁廷枏、龚沅删补修订而成之补编本。浙图两本中,优 56/16 号东书堂稿本系优 57/16 号抄本之过录本。此两本至今皆未付剞劂,因而声名不显。国图乌丝栏稿本与浙图两本同源,但经不同人士多次批点删改后,面目变化,与浙图两本之间差别甚大。梁、龚补编本由乌丝栏本改订而得,付梓后遂为现今最通行本。国图乌丝栏稿本以及梁、龚补编本,都已编入《北京图书馆藏珍本年谱丛刊》第 63 册中。

受梁、龚补编本所附《记》的注述误导,今人一般认为旧谱系王思任修撰,笔者在研究祁彪佳过程中,将上述四个本子进行了详尽比较,并参照以往诸家传记,发现梁氏所谓"王思任为撰年谱"的说法,很值质疑。笔者认为,《祁忠敏公年谱》并非王思任修撰,而是祁氏一个或多个门人编撰的结果,最后或经王思任亲手订定。[①]

总体而言,旧本《祁忠敏公年谱》共计 25000 余字,其四个版本,在表达措辞和事实细节取舍方面虽然略有差异,但都只着眼于对祁彪佳政绩的记叙,对祁彪佳部分生活事迹、社会交游以及儒学活动与思想作出简单述录,事实既不完整,对于文学活动的关注和文学创作的编年更付阙如。

实际上,作为一位"志于道、据于德、依于仁、游于艺"(《论语·述而》),

---

① 按,关于《祁忠敏公年谱》四个本子之间的联系与区别及其修撰情况,具见本文附录《〈祁忠敏公年谱〉四个本子的相互关系及其撰写者辨析》,本文发表于《文献》2001 年第 4 期。

可以说达到了儒家"立德""立功""立言""三不朽"(《左传·襄公二十四年》)理想人格要求的政治家、思想家、文学家,祁彪佳身上值得我们关注的内容更加丰富多面。

祁彪佳日记和尺牍展示了大量南北戏曲创作、演出的情况,包含众多关于明末文坛人物的信息,为我们保留下了大量不为人知的第一手材料,比如戏曲家陈情表的生平事迹和创作信息,比如王元寿的戏曲创作详情。在彪佳信函中,我们还可以窥见沈泰编刻《盛明杂剧》二集的大略情形等等。祁彪佳与戏曲家、文学家如冯梦龙、袁于令、单本、史槃、叶宪祖、陈汝元、王思任、张岱、倪元璐、王元寿、沈泰、曹学佺辈多友善,他的尺牍、日记及唱和文字,常有涉及以上诸人事迹之处,正可填补他们生平资料之阙。祁彪佳的剧作《全节记》《玉节记》和《鱼儿佛》,颇受时人肯定;而戏曲评点专著《远山堂曲品》《远山堂剧品》,对明代戏曲研究更是意义重大。这些的文学造诣和文化贡献,非常值得在年谱中予以凸显。同时,彪佳系晚明小品名手,作品风格简淡自然,娓娓道来,格调颇高,堪称上品;他的诗歌真诚恳挚,淡雅流畅,都具有值得肯定的成就。以上这些方面,都是旧谱中忽略,无所涉及的。

另外,祁承爜、祁彪佳、祁理孙父子三代藏书,在明清之交声闻一时。彪佳自杀后,清初,子弟以通海案破家,藏书散佚,名士吕留良与黄宗羲因争购其书而构隙反目,可谓古今藏书史一谈资。由祁彪佳遗文所涉,我们略可想见明末图书出版状况,祁氏藏书搜集、整理、抄录情形,以及藏书管理体制。对这方面的关注和梳理,无疑也是有文献意义的。

旧谱称誉彪佳,强调的是他政治功绩、理学思想与自杀殉国的忠臣烈士气节。但对今人言之,祁彪佳身上体现出来的晚明政坛、文坛生态、晚明士人的社会生活和精神面貌,以及藏书、园林美学、文学写作具体情形,都一样值得重视。

由于祁氏著作浩繁,又散佚各处,未结全集,搜阅不便,故而其生平事迹,及其著作中诸多有用资料,往往皆不得为研究者所用。因此,编纂一部比较完整全面的祁彪佳年谱无疑是有意义的。

今人已编纂的祁彪佳年谱,有杨艳琪《祁彪佳与〈远山堂曲品·剧品〉研究》(复旦大学,2003)附录《祁彪佳年谱详编》,作者自称"是在王思任年谱及各类祁彪佳传记的基础上,利用祁彪佳的日记资料、尺牍资料,其父祁尔光《澹生堂集》中的日记资料,以及《明季南略》《明季北略》《明史》中的历史资料,汇编成一部比较详细的祁彪佳年谱"(《〈祁彪佳年谱〉编写说明》)。但这个年谱仍然简略。作者已经淡化旧谱的政治色彩,汇集日常生活资料,突出文学活动和交游,但只简要梳理祁彪佳日记中载录的日常生活和文化活动的内容,进行条陈罗列,基本未利用历代史料和别集中的文献对祁氏生平事实做深入探究和判断分析,因此在文献引证和辨析方面还需再加补充改进。另外,该年谱在祁氏存世作品的整理、编年方面做所做的工作也很有限。

有感于斯,故不揣鄙陋,增删订正,编纂成《祁彪佳年谱长编》,正文共约59万字。本书全面综合《祁忠敏公年谱》、明清以来各家所述祁氏传记、祁承㸁《澹生堂集》,以及祁彪佳日记、尺牍、诗集、文稿乃至各类地志、杂著,并尽可能广泛地搜罗明清以来史书、别集中祁彪佳相关的文献资料,试图最大程度上丰富全面地呈现祁彪佳的生平面貌,探索祁彪佳的宦行治绩、性理思想、社会交游、戏曲活动、藏书思想、园林美学问题,以及他的学术贡献。本人博士毕业至今陆续编写、修订年谱的过程中,为了保证年谱对祁氏文学贡献的有较为详尽全面的梳理和呈现,前期专门对祁彪佳的著述《祁彪佳集》《祁彪佳文稿》《远山堂诗集》《远山堂诗始》《寓山注》《寓山志》《寓山题咏》《寓山十六景诗余》《寓山续志》以及部分《远山堂尺牍》《都门入里尺牍》《里中入都尺牍》《里中尺牍》和散佚在各大图书馆、文博单位的祁氏单篇遗文进行了搜集、整理与点校。已经取得的成果有《祁彪佳研究》(中国社会科学出版社,2011)、《祁彪佳诗词编年笺校》(浙江古籍出版社,2016)。又有《祁彪佳文集》待出版,含《祁彪佳集》《远山堂文稿》《远山堂诗集》以及若干辑佚遗篇。此外,《寓山志》及同系列之寓山四书文字输入、整理和版本校勘工作都已完成,《寓山志》在采用浙图本作为底本的基础上,本人又通过访学机会取得了日本尊经阁珍藏的善本《寓山志》,以为第一校本。其他各类尺牍整理成果,虽然因为还未有立项经费,暂时未能出版面世,但基础的整理点校工作已经完成。总之,有了以上尚算扎实的文献搜集和整理工作作为编撰的基础,相信《祁彪佳年谱长编》在祁彪佳生平著述情况、创作编年方面,已经尽可能把祁彪佳诗词、文集、文稿中有据可依的作品都进行分析编年,纳入准确年份,从而更精确地展示出谱主的生平行迹和文学成就。

年　谱

卷一　勤学应举

明神宗万历三十年壬寅（1602）　一岁

时事　明神宗大遣内监充税使、矿监，四出肆虐，激江西、云南、苏州等地民变。　沈鲤入阁。

十一月二十二日寅时，生于山阴梅墅。

据《世系》《家谱》。

旧谱："万历三十年壬寅十一月已卯寅时，先生生于山阴之梅墅，是为二十一日也。"然参日记，皆以十一月二十二为初度日，故以《世系》《家谱》《日记》之说为正。

清钱椒《补疑年录》卷四："祁虎子，四十四。彪佳万历三十年壬寅生。源案，见《明史》列传。顺治二年乙酉卒。"

旧谱："先生为第四子，祷而孕，生有异征，肌理如玉。夷度公得之甚喜，知非常儿。先生婶母金太恭人梦异僧跌化金盆，方掬水浴之，俄报母王太夫人将娩，觉曰：'是必男子之祥也。'及洗儿，宛如所梦。……及殉节时，乃跌逝浅水中，亦预谶云。"

《祁彪佳集》卷十附明祁熊佳撰《行实》："先生于壬寅年降生，有异征，夷度公喜甚，知非常儿。"明张岱《石匮书后集》卷三十六《刘宗周祁彪佳列传》："祁彪佳，号世培，亦山阴梅墅人。父承爍，万历甲辰进士，官至大参。母王太君，诞彪佳，梦老僧跌坐澡盆。"

清查继佐《罪惟录》列传卷十二《祁彪佳郭符甲》："彪佳在娠，母梦老僧跌化盆中，掬水浴之，肌理如雪，乃举彪佳。"

清王鸿绪等撰《明史稿》列传第一百五十《祁彪佳传》："彪佳生而英特，丰姿绝人。"清张廷玉《明史》卷二百七十五《祁彪佳传》所述同。

清邵廷采《思复堂文集》卷二《明巡抚苏松副都御史世培祁公传》："公美皙而顾，颜如玉人。每出，士女列观，而畏其英毅，莫敢犯。"

明谢晋撰《右佥都御史巡抚祁公传》："与人言姁姁恐伤，虽儿童厮养，命之必霁颜与语。"

清毛奇龄《西河文集》传四《明少傅兵部尚书前巡抚苏松都察院右副都御史祁公传》："彪佳为人，修长洁白，风度奕然，而遇事敏断。"

清陈鼎辑《东林列传》卷十一："彪佳为人修长洁白，风度烨然，而遇事敏断。"

清温睿临、李瑶《南疆绎史》勘本卷十四："彪佳举止蕴藉，见者爱其和雅；及处事断决，凛如也。"清四明西亭凌雪《南天痕》卷八袭用此说，并称彪佳"为人美丰姿"。清杜荫棠辑录《明人诗品一卷》也称："祁幼文彪佳美风姿。"

父祁承㸁四十岁，前年(1600)中顺天举人，去年(1601)春试下第；母王氏三十九岁。

综参《世系》、《家谱》、王铎《拟山园选集》卷六十三"墓碑"《江西右参政夷度祁公墓碑》、陈仁锡《无梦园遗集》卷六《大参祁父母夷度先生传》《大参祁父母夷度先生墓表》、李维桢《大泌山房集》卷九十二《陕西右布政使祁公金太夫人墓志铭》可知，祁承㸁字尔光，又字越凡，号夷度，生于嘉靖四十二年癸亥(1563)三月十一日巳时，万历二十八年(1600)顺天举人，万历三十二年(1604)杨守勤榜进士。承㸁先聘兵部员外郎王应吉女、王畿孙女，未婚早故，复另姻长贤街王氏，会稽人，太学生王钟瑞号宇屏公之女，南雄府通判白溪(王锴)孙女。又据道光《直隶南雄州志》卷三职官表"通判"："王锴，浙江会稽监生，(嘉靖)四十二年任。"王氏生于嘉靖四十三年甲子(1564)八月十九日巳时，卒于崇祯十三年庚辰(1640)四月初四日亥时，享年七十七岁，以夫贵累封恭人，以子彪佳贵晋封太淑人，后又以彪佳殉节赠封一品夫人。合葬会稽化鹿山。祁承㸁与王氏生子五：麟佳(太学生)、凤佳(贡生，赠奉直大夫兵部员外郎)、骏佳(选贡)、彪佳(登进士，副都御史巡抚苏松，乙酉殉节赠光禄大夫少傅尚书)、象佳。女一：寿姐，适峡山何继洪，号芝田，潮州通判何景宪子，兵部尚书何鳌之孙。

时家中密园修成。

据《澹生堂集》卷七《密园初集序》，祁承㸁自言春试落第归，即杜门卜筑密园，两月而园成。遂终日坐密阁，弈、酣饮、清谈、讴异文。又，同书卷一《园居即事》诗云："笑疏迂，筑密圃。室半椽，园数武。楼称梅，轩称鲁。结构纤，署名古。隙为窗，窦为户。花欲吟，石欲舞。搴芙蓉，采芳杜。叟支离，友渔父。景我给，胜我集。月媚庭，风溜石。水可听，山可即。拟浮家，同泛宅。乘长风，望碧空。须弥外，芥子中。脱尘网，超樊笼。"

《越中园亭记》之五《密园》："先子生平有园林之好,上公车时即废箸构此。然亦只密阁、夷轩、澹生堂数处耳。嗣后俸余所入,尽用置园。"

思想家李贽（1527—1602）卒。

贽字卓吾,别号温陵居士,泉州晋江人,回族。著《李温陵集》《焚书》《续焚书》《藏书》等。曾任云南姚安知府,万历八年后专事讲学著作,反对宋儒道学,以"敢倡乱道,惑世诬民"（《明神宗实录》卷三六九,万历三十年闰二月己卯条）下镇抚司狱,自刎。遗著被勒令搜禁烧毁。

文学家胡应麟（1551—1602）卒。

应麟字元瑞、明瑞,号石羊生,浙江兰溪人。著《诗薮》《少室山房笔丛》等。

万历三十一年癸卯（1603）　二岁

时事　朝中"妖书案"起,托名"郑福成"为问答,意神宗欲易太子为郑贵妃所生福王,朝中多借机构陷。

梅墅家居。出痘。

据旧谱。

夏七月,父祁承㸁以明年春试晋京,旅中著成《密园二集》。

据祁承㸁《澹生堂集》卷一《夏日重过龙井访钵池庵》："策骑方北征,湖堤偶憩息。时序属朱明……堕地游兹土,一游一酣适。弹指四十年,废兴叹陈迹。"同书卷五《癸卯发公车晓渡钱塘》："七月涛声江上急。"朱明为夏季。

祁承㸁《澹生堂集》卷九《书万元彦数》："余癸卯之上公车也,以孟冬望日抵都,更五日而就寓,得僧舍甚精洁可喜。杜门弥月,颇有蛰然之思。偶于长至日闲步庵门,问老僧:'此委巷有公车税驾可共语否?'僧指一方丈后:'有彭城万君寓此已一月。'……及放榜,果先后成名,都门好事遂哄然以为佳话,每宴集无弗语此者。"参《明清进士题名碑录》,万元彦名廷撝。

祁承㸁《澹生堂集》卷七《密园二集序》："客秋上公车,裒初刻而识之曰'余将以次集并听其妍媸',所谓次集者,尚无一语著纸上也。……时虽无一语著纸上,而胸中则已勃勃有其集矣。……时为拈管,以代长啸。及广陵而就陆,一舆颠簸如□,初甚不禁,后稍习,便从舆中默默然作数义。旅况牢骚,亦藉此自解。会都门得小庵颇精适可喜,长安故人,时以杯酒相劳苦,一切谢不往,即訾议相踵不顾也。南宫之役,幸见收于四明全师。倒篋以检其文以呈师览,偶与初集之数合。日者之盟,庶不食言以自肥矣。"则《密园二集》作于此行途中。"初刻"为《密园初集》;"全师"即鄞县全天叙,万历十四年（1586）进士。

万历三十二年甲辰(1604)　三岁

时事　"妖书案"平息,名僧达观(1543—1604)被诬死。达观即释真可,俗姓沈,号紫柏,以常出入贵家罹难,著《紫柏老人集》等。

梅墅家居。

据旧谱。

春,父祁承㸁举杨守勤榜进士,列三甲第一百一十五名,疏请表旌其母沈氏贞节。

据明陈仁锡《无梦园遗集》卷六《大参祁父母夷度先生传》及朱保炯等编《明清进士题名碑录》。祁承㸁《澹生堂集》卷十有《请旌母节疏》。

按,据《世系》《家谱》,祁承㸁母沈氏,皋埠人,原任英德知县沈梗女,生于嘉靖十九年庚子(1540)十月初九日,十六岁归汝森,三十三岁丧夫,万历二十二年甲午(1594)九月廿八日亥时以肺疾殁,享年五十五岁,以子贵累赠太恭人,后以孙彪佳殉节恤典赠一品夫人。合葬资寿山。

李维桢《大泌山房集》卷九十二《陕西右布政使祁公金太夫人墓志铭》:"(清)叔子汝森,赠长洲县令;妇沈,赠孺人,英德令梗女,即先夫人卒者也。""嫠妇沈事姑孝,夫人最所钟情。两嫠相守不去左右。妇复病肺不起,而夫人哭孙与妇后两旬而卒。"

万历三十三年乙巳(1605)　四岁

时事　十二月,神宗诏"停矿分税",罢全国矿税,然未撤回流毒虐民之矿税使。

父祁承㸁授宁国令,携其弟承勳、长子麟佳、门人郑重光等赴任。

据旧谱和明陈仁锡《无梦园遗集》卷六《大参祁父母夷度先生传》《大参祁父母夷度先生墓表》。

祁承㸁《澹生堂集》卷七《三子宁闻草序》:"比赴宁阳,携季弟与麟儿及门人郑光烈偕往。光烈故予畏弟,而季与麟亦素知苦心此道。簿书之暇,时为课艺。"季弟名承勳,麟儿即祁麟佳。尊经阁本《寓山志》中《寓山述》题为"梅源老人祖蒙祁承勳著、光烈郑重光评",《寓山注》收郑重光《太古亭》五绝,注:"郑重光,光烈,嵊县。"

幼,从母随父任。

据旧谱。

汤宾尹为父祁承㸁作《易稿序》。

据明汤宾尹《睡庵稿》文集卷三《祁进士易稿》,云:"祁夷度之治《易》也,即卦即爻唯人事之求,竟十艺观之,其旨明,其词达,性命之说不托以恩其中。若夷度者其深于《易》者,与以人事言《易》,于《易》较近;以天道言《易》,于《易》较远。……因读夷度文,遂书以志感云"。

戏曲家屠隆(1542—1605)卒。

据徐朔方《晚明曲家年谱》浙江卷《屠隆年谱》,隆字长卿,号赤水,浙江鄞县人。著传奇《昙花记》《彩毫记》等。

万历三十四年丙午(1606) 五岁

时事 云南民变,杀税监杨荣及其党二百余人。 阁臣沈一贯、沈鲤致仕。

随父母住宁阳官署。

据旧谱。

父祁承㸁与梅鼎祚、全天叙等唱和。

梅鼎祚《鹿裘石室集》有和全天叙诗《高斋命酌赠史郡伯□明》一首,署"万历丙午五月,四明全天叙书"。倡和者史起钦、祁承㸁和梅鼎祚。

冬,父祁承㸁任满入觐。

祁承㸁《澹生堂集》卷五《发宁阳》自称"双鬓两年萧索尽"。

随母归梅墅故居。

据旧谱。

万历三十五年丁未(1607) 六岁

时事 前礼部尚书于慎行、礼部侍郎李廷机、南京吏部侍郎叶向高入阁。 南直隶宁国、徽州、太平、浙江严州等府山洪大发。

梅墅家居。

据旧谱。

二月,父祁承㸁以卓异调任长洲知县。

据旧谱。

明陈仁锡《无梦园遗集》卷六《大参祁父母夷度先生传》:"丁未入觐,榜以卓异。"

夏,随母抵长洲衙斋。

据旧谱。

明陆应阳《广舆记》卷三:"祁彪佳,字虎子,即承㸁子也。少随父在署,熟知吴中民俗。"

就外傅,早慧。

旧谱:"就外傅,旬日即能记忆古帝王名,诵如贯珠,同官见者咸奇之。"

张岱《快园道古录》卷五《夙慧部》:"祁世培六岁时,太夫人喜啖鸡蛋,煮数枚作供,为小婢所窃食,问不肯承。世培曰:'勿争。'命持一盆水来,命诸婢逐一漱之,窃食者吐出则皆蛋黄。"

父祁承㸁与董其昌、许自昌、陈继儒、钟惺、蔡献臣、陈仁锡辈交游。

董其昌《容台集》卷八《中书舍人许玄祐墓志铭》:"与玄祐交者,吾邑陈徵君(继儒)、景陵钟伯敬(惺)、山阴祁夷度(承㸁)及不佞辈。咸乐其旷逸。花时柑候,命驾相期。雀舫布帆,间集梅花墅下。"

明蔡献臣《清白堂稿》卷十一《答祁夷度》:"门下济世长才,擎天巨手。绾绶长洲之苑,利器别于错节盘根;含香留钥之曹,英猷振于三山二水。……某吴门共事,过辱心期;闽海屏居,屡邀存注。"则两人曾共事吴中。按,蔡献臣,同安人。万历四十六年(1618)任浙江提学官,擢拔彪佳为府学生。

陈仁锡《无梦园遗集》卷六《大参祁父母夷度先生传》:"公来长洲,首先崇教化。贻书相询……盖缔交自此始也。"

万历三十六年戊申(1608)　七岁

时事　蒙古朵颜部攻扰蓟州,京师戒严。　南畿大水,南京、苏、松、常、镇等府被淹。

读书长洲官署,属对出人意表。

旧谱:"属对如响,每出意表。偶梓戚抱至桂树,曰:'成对则下汝。'因戏云:'猢狲上树。'先生应声曰:'飞龙在天。'是时实未读《周易》也。"

父祁承㸁与张凤翼、冯梦龙游,邀冯作《双雄记》。

祁承㸁《澹生堂集》卷七《张伯起处实堂续集序》:"顷余令茂苑,得交伯起先生。"张凤翼《处实堂后集》卷二亦有《祁令君再过致谢》诗。

《远山堂曲品·双雄记》称:"此冯犹龙少年时笔也。……姑苏近实有其事,特邀冯君以粉墨传之。"

按,冯梦龙长彪佳二十八岁,崇祯三年(1630),南图藏《远山堂尺牍》庚午秋冬季册有《与冯犹龙》函犹言:"恨生平不得一奉冯先生颜色。"可见此前未谋面。徐朔方《晚明曲家年谱》苏州卷《冯梦龙年谱》由此推断《双雄记》为祁承㸁邀作,其说是。但徐先生由此认为《远山堂曲品》《远山堂剧品》为祁氏父子合著,则愚以为此说略需修正:祁氏父子并不讳言对戏曲之偏嗜,若父子合著,祁彪佳必不会在尺牍、日记中回避。故推测,祁承㸁收藏戏曲剧本时,整理有较详尽之曲目,目下或有剧情叙录,祁彪佳著述"两品"即以此目录为基础,参用评述,偶尔袭用原文而疏忽未作改动,才出现以上情况。

父祁承㸁从顾宪成论学。

据清顾枢《顾端文公年谱》下卷"万历三十六年戊申五十九岁"条:"六月,长洲令祁夷度承㸁书曰:'日蒙接引,饫闻至教,真末学津梁也。至于己为众欲根,仁为万善本,尤示人以直捷下手工夫。承㸁虽驽钝,然一念之诚,其敢自后于门墙乎?承谕《圣学宗传》中《龙溪语录》一节,已转闻之海门师矣。'"

万历三十七年己酉(1609)　八岁

时事　大学士叶向高请令东宫讲学,不报,停讲已五年。　套部拱菟攻大胜堡,至小凌河境。

读书官署。

据旧谱。

冬,父祁承㸁再入觐候考,高攀龙应王瑞琦请,作《送祁侯入觐序》以赠。

明高攀龙《高子遗书》卷九下《送祁侯入觐序》:"己酉冬,长洲令山阴祁侯入觐,其门人王生瑞琦欲不佞为语赠行。"

随母归梅墅。

据旧谱。

万历三十八年庚戌(1610)　九岁

时事　大学士叶向高再请皇太子及福王出阁讲学,不报。　东林党领袖顾宪成致书当道,荐凤阳巡抚李三才入阁,引起朝争,齐、楚、浙三党合攻东林。

读书梅墅密园。

据旧谱。

春,父祁承㸁上计典,升南京刑部主事。

明陈仁锡《无梦园遗集》卷六《大参祁父母夷度先生传》:"庚戌再当觐期,台省宠以卓异行,高其冠盖……公即日与同咨凡同谭公共驾一叶而南,严霜苦雪,誓若一心。……寻诣部受事,事诚简也。棘庭保无夜哭乎,公立洗其冤以数十人计。"旧谱载今年承㸁升南京兵部主事,是误以稍后转任之职为考选之职。

《感慕录》(1640)十月二十日条:"德公兄出先严考选南刑,寓都门所寄书。穷愁落寞,满纸是泪,捧之欲泣。"彪佳仲兄凤佳,字德公,增庠生。

秋,父祁承㸑以迁转南京兵部主事间暇归乡,增建密园旷亭,明年元旦初成。

据旧谱和祁承㸑《澹生堂集》卷十一《密园后记》。《澹生堂集》卷六又有明年初所作七律《元旦旷亭初成》。

明陈仁锡《无梦园遗集》卷六《大参祁父母夷度先生传》:"(庚戌)嗣后忆密园,恐其芜;再忆藏书,虞其散;不惜捐余俸以润密,益购名书以旷所观。仕澹而千卷不啻浓,公真大学问人也。"

父为聘商周祚第三女景兰为妻。

据旧谱。商景兰时年六岁。又据《世系》《家谱》:"商景兰,字媚生,又作眉生,会稽八字桥人,吏部尚书商周祚第三女,生于万历三十三年乙巳(1605)十月初八日酉时,卒于康熙十五年丙辰(1676)九月廿四日子时,累封淑人,后以夫殉节恤典封□□□。合葬亭山。"

按,商周祚字明兼,号等轩,会稽人。万历二十五年(1597)举人,二十九年辛丑科(1601)张以诚榜进士。授邵武县令,累官太仆寺少卿。四十八年(1620)擢都察院右佥都御史,巡抚福建。天启五年(1625)再起兵部右侍郎,总督两广,翌年升兵部尚书。养母告归,里居十载。崇祯十年(1637),起复都察院右佥都御史,掌院事,忤圣意罢归。《康熙会稽县志》《绍兴县志资料》第一辑有传。

父祁承㸑晤交文震孟。

据祁承㸑《澹生堂集》卷十七《与文文起》。

戏曲家沈璟(1553—1610)卒。

据徐朔方《晚明曲家年谱》苏州卷《沈璟年谱》。璟字伯英,号宁庵、词隐,著传奇《义侠记》等。

文学家袁宏道(1568—1610)卒。

宏道字中郎,号石公,与兄宗道、弟中道号"公安三袁",为公安派代表作家,尚性灵,崇闲适。著《袁中郎全集》。

西洋传教士利马窦卒,龙华民继任在华耶稣会会长。

万历三十九年辛亥(1611)　十岁

时事　李三才受朝官攻击,辞职。　大计京官,失意者攻吏部尚书孙丕扬及侍郎王图。秋,王图乞去。御史徐兆魁劾东林讲学众人,首诋顾宪成。

父祁承爜履南京兵部主事任,职掌车驾司事。

据明陈仁锡《无梦园遗集》卷六《大参祁父母夷度公传》:"饮冰半载,稍擢南驾部,贡舫其司也。"祁承爜去年考选刑部主事,半载转兵部主事,故今年在南京兵部主事职,此后再膺职方员外郎。同卷《大参祁父母夷度先生墓表》:"至期乃得南中比曹,越岁又调南驾主事。"

清王铎《拟山园选集》卷六十三《右参政夷度祁公墓碑》:"公尝主南驾部与守宿矣,中涓方凭旧焰,诸猾者牙蘖其间无敢谁,公典贡艘能以二等九则法钳之,额钱私稇束手不敢噬取。"

父祁承爜著《司舫衯言》。

据祁承爜《澹生堂集》卷九《司舫衯言引》。此书系任南京兵部车驾司主事时,取阅前人诸书而成。

彪佳随任,读书公署。

据旧谱。

万历四十年壬子(1612) 十一岁

时事 时内阁仅叶向高一人。六部尚书仅赵焕一人,兼署刑、吏二部。都察院八年无长官,督、抚、知府亦多缺人。 努尔哈赤破乌拉部之兵。

读书金陵。

据旧谱。

幺弟祁象佳生于南京。

据祁承爜《澹生堂集》卷十二《数马岁记中》。据记,去年凤佳举子鸿孙。

综《世系》、《家谱》、刘宗周《刘子全书》卷二十二《少师兵部尚书督贵湖川云五省恒岳朱公墓志铭》,祁象佳,字子音、翁艾。承爜出,本房行八,生于万历四十年壬子(1612)二月廿二日,卒于顺治三年丙戌(1646)五月廿八日,享年三十五岁,葬花径。监生,妻朱燮元女,生于万历三十九年辛亥(1611)正月廿九日,卒于康熙九年庚戌(1670)闰二月廿二日,享年六十岁。无子,继彪佳子班孙为嗣。

父祁承爜与南京士人结鸡鸣社,为社集诗草作序。

祁承爜《澹生堂集》卷六《鸡鸣社草序》称:"一时名流游成均者多讲艺其间,而轩盖不能踞,盖冷淡生涯,非闹热场中所能涉猎也。……窃睨壬癸间,海内之文一变者,其必以是编为前茅矣。"按,鸡鸣山在南京城内,山上鸡鸣寺为六朝古刹。洪武十五年(1382),明太祖新建南京国子监,在鸡鸣山脚下。

明高出《镜山庵集》之《郎潜稿》卷三《寒食祁尔光招同社友汛舟得花字》、卷四《弱侯太史招同祁尔光蔡伯达史绍卿游吉祥寺遂入山三里看桂丛分得山字》皆此类社集所作。按,弱侯太史即焦竑。蔡伯达名善继,号五岳。另据《皋兰史氏家谱》,史高字绍卿,号梦斗,邢侗婿,万历三十八年(1610)进士,历任南京户部广东司主事、湖北襄阳府知府、湖北按察使司兵备佥事,官至贵州提学副使。

父祁承㸁交焦竑,借抄并刊刻其《国朝列卿传》。

祁承㸁《澹生堂集》卷七《国朝列卿传序》:"予官白门,从焦弱侯太史借观,即请俸缮录。犹未竟绪,侍御崔公惓惓询所以表章前哲、尚友名贤者,因属不佞及黄膳部贞父请于太史,亟为梓行。遂征序于太史、膳部,而且及不佞。"黄贞父名汝亨。事在承㸁官南京期间,姑系于此。

又,明董其昌《容台集》文集卷九《少参太玄沈公墓表》:"所论交……在陪京则焦弱侯、祁尔光、王永启,在东郡取士则赵翰撰、王太史、亓黄门、张黄门、韩大理、张侍御、高宪副,皆天下士。"沈太玄名朝焕(1562—1616),字伯含,仁和人,有《泊如斋集》。

姚希孟来谒祁承㸁,彪佳出揖客,为姚所异。

据明姚希孟《响玉集》卷十《祁虎子稿序》:"犹忆壬子(1612)秋,余厕贤书,谒尔光先生于南驾部署中,虎子才数龄,从诸舅出揖客。发鬌成角,肤理若于阗玉,眉目如画。余心异之,此必玉皇香案吏谪堕人间,嘱先生时勤护持,更当以五辛撒向空中,恐有鸾鹤笙歌乘风迎去。"

按,姚希孟(1579—1636)字孟长,号现闻,南直隶苏州府吴县(今江苏)人。万历四十七年(1619)进士。与文震孟为甥舅,并负盛名。

父祁承㸁再膺兵部职方员外郎,奉部委视察江南马政。闰十一月初一离南京,二十五日及里。

参明陈仁锡《无梦园遗集》卷六《大参祁父母夷度公传》、祁承㸁《澹生堂集》卷十二《数马岁记上》。

按,马政攸关戎机,明政府令民间共养马匹以备军用。据《明实录》,洪武二十八年(1395)榜示:"江南十一户,江北五户共养马一匹。"洪武六年(1373),"设太仆寺于滁州,统于兵部。……岁终考马政,以法治府州县官吏"。为加强对马政的监督,兵部派官亲临督察马价、太仆寺官复查马匹数目。祁承㸁以兵部官出督马政而趁机居乡大半年,可见明末官员于马政视察一事实际操作不甚严谨。

彪佳兄弟随父母归居梅墅，读书密园。

据旧谱。

东林首领顾宪成（1550—1612）卒。

宪成字叔时，称东林先生，又称泾阳先生，无锡人。著《顾端文公遗书》。

文学家王稚登（1535—1612）卒。

稚登字伯谷，江阴籍，迁苏州。著《王伯谷集》，辑《吴骚集》。

万历四十一年癸丑（1613）　十二岁

时事　正月，努尔哈赤灭乌喇。　二月，首辅叶向高主持会试，内阁求增阁臣不允。九月，吏部侍郎方从哲、前吏部侍郎吴道南入阁。　朋党势成，言路骄横，兵部尚书孙玮、吏部尚书赵焕、刑部尚书许弘纲被劾，先后拜疏求去。

读书密园，与诸兄埋头力学，朝夕砥砺如成人。

据旧谱。

元旦，父祁承爜马政事稀，居家读书课子。

祁承爜《澹生堂集》卷一《癸丑元日家园咏怀》："十载值履端，每恨候吏促。急起理朝簪，火城已先簇。逢人致谀词，磬折如转辘。幸兹部事稀，行役兼休沐。高眠日上春，胶牙饴饱腹。徐起会父老，阴晴卜丰熟。子弟试新文，儿童索爆竹。里党问年华，齿发较疏秃。……何似斗大居，百城拥快读。书生苦章句，作令苦钱谷。"

四月初二日，父祁承爜率彪佳兄弟整理密园藏书，四部分类，手自插架。杜门检次群籍达五阅月，得书一百三十余种，计一千八百余卷。祁承爜著《藏书约》一卷，购书、鉴书之法各一卷，集录古人读书、藏书者共二卷。

据祁承爜《澹生堂集》卷十二《数马岁记中》。

祁承爜《澹生堂藏书约》："癸丑，偶以行役之便，经岁园居。复约同志，互相裒集，广为搜罗。夏日谢客杜门，因率儿辈手自插架。编以综纬二目，总计四部，其为类者若干，其为帙者若干，其为卷者若干。以视旧蓄，似再倍而三矣。"

七月初八日，祁承爜修葺密园中之旷园成，用为子弟修学地；并著《行园略》一卷，《行园注》二卷，复作《行园记略引》刻园记中。

据祁承爜《澹生堂集》卷十二《数马岁记中》。

祁承爜《澹生堂集》卷十一《密园前后记　有引》："余自幼不欲袭人成迹，凡事多以意为之，作室亦然。大较不用格套耳，而世辄谬以余之构园有别肠。余何能为？要以地之四整者，纵横之而使相错；地之迫促者，每玲珑之而使展舒。此亦童子时所闻于学究先生，如板题活做、长题短作之类也，余安有别肠！虽然，有小道焉。园宜水胜，而其贮水也，即一泓须似于弥漫；园宜竹多，而其种竹也，虽万竿不令其遮蔽。园之内，一丘一壑，不使其辄穷；园之外，万壑千岩，乃令其尽聚。若夫地不足，借足于虚空；巧不足，借足于疏拙；力不足，借足于雅淡。余前杂记言之矣。因合以今之《注》《略》，而为《密园前后记》。"《行园略》："蚁蛭之能聚也，蜂房之能容也，彼其疏密得体，脉络有条，故能往来不窒而屈伸自如。余园虽掌大，然而其中之迂回委折，夫固有条理焉。亲友时相过，从便欲周览，余既不能一一追随，而平头奴又不解事，每致客入而不能出，或得之东而遗之西也。暇日聊述《行园略》以供客之游展。""余之园非能言园也，姑以傍家为子弟修业地耳，其不能有佳固然也。且强半皆书生时所构，多聊且竟工，其不能无拙又固然也。要以园之拙者，固不可令一目而知；即园之佳者，亦不可使一览而识。惟一境穷而一境始见，则所谓一尺之棰取其半，万世而不竭者也。是余之园也。"《密园后记》："客有执《行园略》以行园者，时举以问园丁，园丁弗能对也，复还以叩余，余不胜举矣；且举一时，而不能悉其朝暮也；即悉其朝暮，而不能概其四时也。乃复为《行园注》。"按，祁承㸁筑园思想，对彪佳后来修筑寓园，大有启发。

九月初六，父祁承㸁以视察江南马政到期，辞先墓，将往南京复任。

初九日，父祁承㸁同戏曲家王骥德等人社集表胜庵。

按，王骥德字伯良，一字伯骏，号方诸生，别署秦楼外史，浙江会稽人。著《曲律》及传奇《题红记》、杂剧《男王后》等。

二十四日，季兄骏佳娶妇，婚礼从俭。

据祁承㸁《澹生堂集》卷十二《数马岁记中》。骏佳时年二十岁。

综《世系》、《家谱》、祁苞孙《叔考季超府君行实》可知，祁骏佳字季超，号方山，又号渥水，门人私谥"道隐先生"。承㸁第三子，本房行四，生于万历廿二年甲午（1594）九月十八日巳时，卒于清康熙十年辛亥（1671）八月十八日，享年七十八岁。崇祯戊辰（1628）选贡，举贤良方正不赴。娶南门朱氏，右通政朱敬循女，即大学士文懿公朱赓孙女，生于明万历二十六年戊戌（1598）十二月初十日，卒于明天启七年丁卯（1627）十一月十八日，享年三十岁。合葬亭山朱家墺。继娶帽山堵氏，参军堵万奎女，生于明万历四十二年甲寅（1614）九月十一日辰时，卒于清康熙十九年庚申（1680）八月十七日，年六十七。子一：鹿寿早夭。女二：长宾姐朱氏出，适陶堰陶渚，太学生，二甥，次甥式玉登进士,任御史;次招姐,堵氏出,适戒珠寺刘长林,系刘汋之三子,刘宗周孙。骏佳著有《禅悦内外合集》、《邂翁随笔》二卷、杂剧《鸳鸯锦》等。

按,《家谱》载录骏佳生年万历廿二年甲午(1594),而卒年清顺治十年(1653),享年七十八岁,所记生卒年与享年不合,今参祁苞孙《叔考季超府君行实》,则骏佳卒年七十八岁无疑,则卒年当是康熙十年(1671),误录为顺治十年。

祁彪佳《远山堂剧品·艳品》评骏佳《鸳鸯锦南北四折》:"新歌初转,艳色欲飞。以虎易姝美,沈词隐曾采之《博笑》内,较不若此剧之豪畅。"

黄裳《来燕榭读书记》上册卷三称曾见骏佳《禅悦内外合集》,残存一、二两卷。绍兴图书馆今存《禅悦内外集》清刻本。又,南图藏有骏佳《邂庵随笔二卷》,清道光二十年中印吟馆刻本,二册。国图藏有骏佳手迹《大佛顶如来密因修正了义诸菩萨万行首楞严经旁训》。

据清刘汋《先君子蕺山先生年谱》卷下:"(宗周)元配章夫人累封淑人,子一即不孝孤汋,以先生官京兆尹遇先帝册立东宫恩补官生,娶光禄寺少卿一云湖广郧阳副宪周公梦尹女。女三:长祖爱适陈刚,邑庠生;次祖祥,适王毓芝,太学生;次于沚,适秦祖轼,邑庠生。皆出自夫人。孙男四:长茂林,娶御史黄公尊素子官生宗羲女;次士林,娶吏部尚书商公周祚子太学生承祖女;次长林,娶江西宁泰兵备参政祁公承爃子贡生骏佳女;次道林,娶副总戎定国将军吴公用宣子庠生元遇女,继娶太学生陈鉴女。孙女一,适锦衣卫吴公孟明子邑庠生邦定子善祯。"

十一月十九日,从兄祁豸佳完姻,年二十。

据祁承爃《澹生堂集》卷十二《数马岁记中》。

综《山阴祁氏世系》、《山阴祁氏家谱》、李维桢《陕西右布政使祁公金太夫人墓志铭》可知,祁豸佳字止祥,号晋岳,又号雪瓢。承勳长子,本房行五,生于明万历廿二年甲午(1594)十二月廿八日未时,卒于清康熙廿二年癸亥(1683)八月十五日,享年九十岁,葬柯园。豸佳娶亭后人京卫经历冯瀚号右亭女,生于明万历廿六年戊戌(1598)十月初九日酉时,卒于清康熙年间。子一:振孙,既娶而夭;后以出妾之子环孙为子,不肖革。卒无后。女五:长美孙,适八字桥谢子青;次适金世恭字大来;三纯孙,适州山吴泰□阶平;四完孙,适府城王,字玉图,王思任之子;五全孙,适府城郑字开之,《嘉庆山阴县志》卷十四有传。

二十八日,父祁承爃北上南京赴任。

以上据祁承爃《澹生堂集》卷十二《数马岁记中》。

十二月十五日,祁承㸁抵南京;十七日,束带趋部。家人未随行。

据祁承㸁《澹生堂集》卷十二《数马岁记下》。

戏曲家张凤翼(1527—1613)卒。

据徐朔方《晚明曲家年谱》苏州卷《张凤翼年谱》,凤翼字伯起,号灵墟,长洲人。著《处实堂集》、传奇《红拂记》等。按,此张凤翼,非崇祯五年(1632)担任兵部尚书之山西代州人张凤翼。

万历四十二年甲寅(1614)　十三岁

时事　福王常洵赴洛阳就国。　　大学士叶向高致仕,方从哲独相。浙江、江西、两广、福建均大水。

从诸兄读书密园,文日进。

据旧谱。

万历四十三年乙卯(1615)　十四岁

时事　梃击案发生。时人疑郑贵妃与弟国泰谋害太子。神宗不见朝臣二十五年,以此案牵涉贵妃、太子,始召见廷臣。　　李三才为反东林者憾,遭劾落职。　　努尔哈赤建八旗制度。

是岁大比,随诸兄勤学,日构文五篇。虽年幼,与众佶伉不少逊。

据旧谱。

九月上旬,父祁承㸁升转吉安知府,秋冬归里。王锡爵来函贺升迁。

据旧谱和祁承㸁《澹生堂集》卷十二《出白门历》。

明王锡爵《王文肃公文集》卷三十有《祁夷度大尹》云:"郡中新报迁三君子爵,幸甚皆承以倾盖托交,独吾台仰止最亲,瞻依最久,而攀侍为最疏,今荣上且有期矣。"

作七律《拟送陈四游赍诏南直江西》《拟送蔡五岳》。

见《诗集》。陈四游名陈一元,字泰始,侯官人。万历辛丑(1601)进士,历知四会、南海、嘉定三县,擢御史,巡按江右。《明史》有传。蔡五岳名蔡善继,字伯达,号五岳。明万历二十九年(1601)辛丑进士,知福建莆田县,万历三十六年(1608)调广东香山县知县。入为工部主事,调南京兵部郎中,万历四十三年(1615)知泉州府。《乾隆泉州府志·名宦》有传。从《拟送蔡五岳》"旧政曾分司马曹""海天片月洗波涛"两句观,蔡善继原任兵部职衔,今任泉州知府。又,据明徐𤊹《红雨楼题跋·跋蔡忠惠年谱》:"岁甲寅,友人陈侍御泰始乘骢江右,余坚投以公集上之,侍御纳之囊中去,下车即请王孙朱爵仪、秀才李克家严加雠校,并《外纪》载之梨枣。再一周而吴兴蔡侯伯达来守泉郡,以公同姓同官又同地也。于是从卢副宪求录本,张广文启睿订正镂版以传。"则陈一元以御史巡按江西在万历四十二年(1614),蔡善继为泉州知府在万历四十三年(1615)。

按,从语意看,两诗皆奉送同僚友好赴外任之作。从题中"拟送"观之,似为彪佳替父草拟赠人,或为课艺习作,其时承爜应尚居家。祁承爜前年(1613)十一月前居乡课子,十一月底北上南京赴任,今年秋冬复归里课子。彪佳早慧,年方十四岁,随诸兄勤学构文不稍逊,替父草拟或课艺学做,都有可能。姑系年于此。

九月十八日,兄麟佳、凤佳秋试落第,叔承勳亦不第归。

据祁承爜《澹生堂集》卷十二《出白门历》。

戏曲家梅鼎祚(1549—1615)卒。

据徐朔方《晚明曲家年谱》安徽卷《梅鼎祚年谱》,鼎祚字彦和,一字禹金,晚号胜乐道人。宣城人,有传奇《玉合记》《长命缕记》,著《鹿裘石室集》《青泥莲花记》。

陈洪绶(1598 或 1599—1652)赴蕺山,师事刘宗周。

据黄涌泉《陈洪绶年谱》。

万历四十四年丙辰(1616) 十五岁

时事 正月朔,努尔哈赤即汗位于赫图阿拉(今辽宁新宾),年五十八,建元天命元年,国号大金,史称后金。

春,父祁承爜履吉安知府任,二月初六出发,二十八日抵达,三月初六莅任。彪佳、骏佳随父赴任,途次游观杭州山水。

据祁承爜《澹生堂集》卷十三《江行历》:二月初六,出发。初七日,祁承爜、承勳、麟佳、凤佳、骏佳、豸佳、彪佳与郑重光、郑孔肩(奎)同游杭州圣果寺。初八日,穷杭州南山之胜,从虎跑至石屋,涉满家岭,探水乐洞,出十八涧,过理安寺,过翁家山,之龙井。十日,麟、凤、豸归家,余者往吉安。二十八日,抵吉安。三月初六,莅任。

读书衙斋,岁暮得文百二十余首,文初成。

据旧谱。

文学家汤显祖(1550—1616)卒。

据徐朔方《晚明曲家年谱》安徽卷《汤显祖年谱》,显祖字义仍,号海若、若士,江西临川人。著《玉茗堂全集》及传奇《邯郸记》等五种,名著《牡丹亭》

撰成于万历二十六年(1598)。卒年同英国莎士比亚、西班牙塞万提斯。

万历四十五年丁巳(1617) 十六岁

时事 是岁举计典,考察京官,尽斥东林。言官多属齐、楚、浙三党,专以攻东林为事。

三月二十五日,父祁承㸁为邹元标作《跋邹南皋先生语义合编后》。

据祁承㸁《澹生堂集》卷十三《江行历》。文见《澹生堂集》卷九。

清永瑢、纪昀主编《四库全书总目提要》:"《邹南皋语义合编》四卷(浙江巡抚采进本),明邹元标撰。元标字尔瞻,吉水人,万历丁丑进士,官至左都御史。谥忠介。事迹具《明史》本传。是编乃其门人所辑,以讲学者曰'会语',说经者曰'解义',故总名曰《语义合编》。"

春,父祁承㸁中计典摘官归,携家返乡,父子沿途登山临水。

据祁承㸁《澹生堂集》卷十三《江行历》,先是三月二十三日,得南察之报,知中计典,令家人束装待归。二十七日,黎明,举家出吉安城门。四月十二日,雨不止,家人冒雨急归,燎衣邮亭。承㸁笑谓:"此岂章惇所为?"儿对:"近见李卓吾批云:'正是章惇所为。'"四月十九日,父子归途登富春山,谒严子陵祠。二十一日,抵家。

祁承㸁《澹生堂集》卷五有五律《闻计咏怀》十首,其十:"仕路由来独语途,纷纷歧路此中趋。为郎五载真成梦,作郡经年是迁人。人谓圣朝无弃物,自治臣罪有余辜。家乡本住山阴道,不必君王赐鉴湖。"同卷《宛陵道中逢雨自嘲》有"十年生计笑成愚"之语。卷九又有《旷亭小草引》云:"余守吉之匪岁,以为郎不职解绶东还。"

明陈仁锡《无梦园遗集》卷六《大参祁父母夷度先生传》:"会同舍郎淫于墨,惧中考功法,挤诬自固,此而廉秽殊则。比周某者将不利于公矣,公闻久,既不以飞书亟自雪,想当道定有山巨源在。已而计报至,呶呶者大遂其私。时公一手完讯牒,一手持计示家人,随命旦日趣装别,而绝不恚所诬何故。时南皋先生慰语甚温。公剪炬作序作疏,设讲席谢诸缙绅,中坦外夷,笑哑哑不置,诸缙绅岂能以宦情语强之解。乃者归辕在道,士与民共泣而攀之,竟至塞路。

清王铎《拟山园选集》卷六十三《右参政夷度祁公墓碑》:"公不以色授人,先是守吉时同舍郎衔公,于是倅丁沂州,历于宿矣。或绌或迁,即遇阴蛊而犹能不阿如故,盖未尝自绌云。"

姚希孟《响玉集》卷八《旷亭草序》:"祁尔光先生令茂苑,复刺吉州,所至得循良称,迺不免与时抵牾。"

明黄汝亨《寓林集》卷二十八《与郑应尼》:"如吾仁丈与祁夷度之有说,贤士大夫莫不口口称屈。"又《与祁夷度》:"吾兄如此品望,如此猷为,丁巳之诎如宝玉琢而弥光,良金炼而弥耀,吉州无问贤愚,俱尸祝之。丈夫行事有一惬心即是,何必九列哉!"

按,综上,承爜之诎的直接原因,当出多端。据《旷亭小草引》:"余守吉之匝岁,以为郎不职解绶东还。"则落职直接原因是被同舍郎周某纠劾担任兵部职方郎中时视察马政失职,同时可能与他担任南京兵部车驾司主事时守法处事,"中涓不得擅其事",导致中官的不满有关。再结合当年的京察情形,清夏燮《明通鉴》卷七十五:"(三月)始命考察京官。吏部尚书郑继之与署都察院尚书李鋕司其事,鋕亦浙党所推毂者也。考功郎赵士谔、给事中徐绍吉、御史韩浚佐之,所去悉出绍吉意,继之、鋕受成而已。""一时齐、楚、浙三党盘踞言路,相与倡和,务以攻东林,排击异己为事。初,叶向高秉政,党论方兴,言路交通铨部,指清流为东林,逐之殆尽,向高不能救。比方从哲秉政,言路已无正人。至是京察,尽斥东林,且及林居者,大僚则中以拾遗。善类为之一空。""而廷臣水火之争,莫甚于辛亥、丁巳,然辛亥之察,吏部犹能力主之,至继之主丁巳京察,则阁部合而为一,以至党局势成,互相报复。"则祁承爜的贬谪,未必不与党争相关。对话中之"儿",为骏佳或彪佳,以彪佳之聪敏,父亲此次贬谪,无疑使他在进入仕途之前得到了一次深刻教训,令他认识到官场沉浮的复杂叵测与圆熟自保之必要。

明陈仁锡《无梦园遗集》卷六《大参祁父母夷度先生传》:"舟历富春浒,景客星则就拜,遇代之忧者必解颐以释之。抵山阴,密园不荒,恒圃将构,几欲与田畯课晴量雨,克其蓑穟。则将所藏书周揽,博极酣极,得下酒物一段,便欣然浮白,稍痁,仍双跏理无生业。有问字者至,不谋庋而谋口谋心。"

此后家居受学,父祁承爜亲授课业。

据旧谱。

万历四十六年戊午(1618)　十七岁

时事　后金汗努尔哈赤以"七大恨"告天,兴兵反明。　明以杨镐为兵部左侍郎兼佥都御史,经略辽东。　因缺辽饷加田赋。

春,读书密园。赴童子试,为周家椿赏识,郡试案居第一,补博士弟子员。

综旧谱:"春赴童子试,郡试冠多士。署郡篆为节推周公家椿,得先生卷,击节殊其。然以为缙绅子婿,欲避嫌,又恐抑才,迟回不能决。遂摘颖数十人面试至再三,而先生文愈奇赡,终无出先生右者。周公于是慨然曰:'何可避嫌而抑才士!'卒拔居首焉。督学试第四,例以童子观场。""名补博士弟子。"按,参《乾隆绍兴府志》卷二十六,周家椿,同安人,万历三十八年(1610)进士,授宁波府推官,兼鄞县令。天启二年(1622)任绍兴推官,有政声,升吏部主事。

祁承爜《澹生堂集》卷十三有《戊午历》述及细节:正月初五日,五鼓,彪佳参加童子试。十四日,郡中录考案,彪佳兄弟俱在前列。十七日,提学官至绍兴。按,今年提学官为蔡献臣,同安人。十八日,凤佳、豸佳就学政观风试。十九日,麟佳、骏佳就观风试。二十日,彪佳郡试案居第一,补博士弟子员。二十三日,彪佳就观风试。于灯下录呈试卷,承爜阅之开颜。二月十八日,学政发郡庠卷,麟佳不第。三月初三日,彪佳为蔡献臣擢拔入府学,获秋试资格。初五日,彪佳参加覆试。初十日,蔡献臣令新进府庠学生谒孔庙。二十三日,凤佳观风试中举。四月初三日,麟佳再就学政观风试。四月初七日,彪佳送公学。十七日,彪佳以入学告祖庙,宗族会饮。六月十九日,彪佳病暑,二十六日康复,麟佳赴郡试遗才。七月十七日,麟佳录为郡遗才。二十日,麟佳、豸佳过杭就试。二十七日,凤佳、骏佳、彪佳赴省试。八月初六,麟佳、豸佳录遗才,一门五兄弟俱获秋试资格。

三月二十八日,父祁承爜向邹元标求其祖祁清墓表。

据祁承爜《澹生堂集》卷十三《戊午历》。

七月初四日,父祁承爜得许自昌寄《松枢十九山》;二十九日,得申佳胤寄《申文定公祠堂记》,并附申时行遗集一部。

据祁承爜《澹生堂集》卷十三《戊午历》。

《松枢十九山九种五十二卷附录一卷》,明钱希言撰,现存明万历刻本。祁承爜《澹生堂集》卷十五有《奠故元辅申瑶翁文》,前首辅申时行卒于万历四十二年,此文当作在左近。又卷六有《读申公遗集有感 并序》四首,序云:"迩以家居杜门,长君太仆公寄示遗集。抚今追昔,情见乎词,为赋短章,聊托于扣策之歌云尔。"亦作在左近。

秋,一门五兄弟俱参加秋试,唯彪佳得售。

参试情形祁承爜《澹生堂集》卷十三《戊午历》所述颇详:八月二十日,典试官至。按,当年典试官为林欲楫,晋江人,万历进士,官至南京礼部左侍郎,以翰林编修任浙江乡试主考官;张延登,邹平人,万历进士,官至南京左都御史,以吏科给事中任浙江乡试副主考。陈济生《天启崇祯两朝遗诗小传·张忠定》:"戊午,典试浙江。……若吴公麟征、祁公彪佳、夏公允彝、刘公理顺,先后并出公门。"二十二日,典试者入棘闱。二十四日,初场。彪佳完卷最先,至寓始三鼓,骏佳、豸佳次之,麟佳、凤佳至家时东方已渐明。二十七日,试二场,凤佳先出。九月初一日,试三场,凤佳先出。初五日,兄弟五人试完,渡江回绍兴。初六,抵家。十四日,彪佳、凤佳同郑重光至西陵听开榜。十五日,捷报至家。五人入试,惟彪佳中举;承煠手书训示需谦冲朴素、勉图宏远,毋有少年得志态。彪佳次日得札。薄暮,鹿鸣宴席送至祁家。晚,彪佳致书于父。十七日,家中宴告祖庙,彪佳暂留杭州,凤佳渡江探视。二十一日,彪佳托骏佳从武林带归手禀致父,有远大志。二十四日,郡中送旗"虎子先登",谒谢有司。三十日,居杭宗族举公席款待。十月初一日,承煠携彪佳谒文昌帝于集庆寺。初四日,得宗党治馔迎贺。初六,承煠携彪佳入城谒谢郡县官员。初七日,谒谢彪佳房师钱坚白,次日钱坚白设席款待祁氏父子。十六日,彪佳加冠。十八日,彪佳受同门礼托,乞承煠作文赠钱坚白。二十四日,祁承煠作《彪儿登科告祖文》,文见《澹生堂集》卷十五。二十五日,家中以彪佳中举告祖会亲友。二十六日,彪佳以中举谒祖茔。

旧谱:"先生兄弟五人就省试,日方暮而完卷出,夷度公方讶其不尽长,阅文有天机莫遏势,知先生必获隽,及榜,中六十八名。"

明陈仁锡《无梦园遗集》卷六《大参祁父母夷度先生传》:"戊午秋,携诸子公应浙试,季公方蜚誉贤籍,有惊才,海内士相诩以玉尺,公澹而茹之,无矜容。"

张岱《石匮书后集》卷三十六《刘宗周祁彪佳列传》:"彪佳生而颖异,年十七,中浙江戊午省试。时未冠,拟束发簪花;彪佳不肯,乃冠而赴宴,识者叹为远大之器。"

十月二十八日,造谒房师钱应华。

据祁承煠《澹生堂集》卷十三《戊午历》。

按,钱应华,字坚白,清江人,万历进士,曾任上虞令,万历四十四年(1616)任余姚县令。

黄汝亨致函承煠贺彪佳中举,并赠以《校士录》。

明黄汝亨《寓林集》卷二十八《与祁夷度》:"次郎君捷报至,吉州诸公书至共为称快。……《校士录》刻完帙解部,以一册呈法眼览政,即转送郎君弟。……令郎不别启矣。"

十一月初九日,父祁承煠刻归田诗为《旷亭草》。

据祁承煠《澹生堂集》卷十三《戊午历》。

祁承煠《澹生堂集》卷九《旷亭小草引》："余守吉之匝岁，以为郎不职解绶东还。初入郊园，荆榛满径。督奴芟草，率子挥锄，自暑徂冬，经年历岁，乃知'园日涉以成趣'，有味斯言！身与世而两忘。幸窥其境，行歌自乐，索解人政不易能触景，谁知会心处真不在远。每听俗耳针砭，尽是诗肠鼓吹，时拈有韵之言，聊作归田之谱……取归田以后游咏、登眺及农家杂兴，合之得若干卷，名曰《旷亭小草》。今真小草矣！"集前有姚希孟、杨嗣昌《旷亭草序》。杨文署："己未六月武陵杨嗣昌撰。"姚文署："门人长洲姚希孟为之序。"又，姚希孟《响玉集》题作《旷亭小草序》。则刻成求序在半年之后。

十四日，治席酬谢塾师金汝玉。十八日，以登第谒告外祖母。十九日，谒告外祖父。

据祁承煠《澹生堂集》卷十三《戊午历》。

张岱《快园道古录》："祁世培塾师曰'大先生'，云南归，携一竹汗络，初坏几节，即寻本地细竹补之。后经四十余年，所补殆遍，而云南竹无一存者矣。故凡事失其本来者，辄呼之曰'大先生汗络'。"或即此人。

岁末，急赴京试春闱，以年少文弱，恐未耐风尘，遂由父祁承煠、幕僚郑重光陪同晋京。

旧谱："夷度公以先生年甚少，不欲使就会试，因一时名公力挽夷度公出山，冬遂携先生北上。"

据祁承煠《澹生堂集》卷十三《戊午历》，十一月二十六日，彪佳将赴春试，家人虑其年幼，力劝承煠陪同北上，承煠遂有出山意。二十九日，承煠携彪佳谒融光关圣祠以耀装行。十二月十一日，父子谒祖辞行，郑重光同行。十二日，启程北上晋京。凤佳、骏佳、豸佳同舟送至西陵。十四日，凤佳、骏佳、豸佳别归。十八日，至吴江。十九日，过姑苏。二十一日，祁承煠摘《江右程录》二策示彪佳。二十六日，试期迫，父子兼程行。二十九日，宿仪真公署，父子与郑重光三人对酌。

父祁承煠偕戏曲家单本游苕溪。

据祁承煠《澹生堂集》卷六《单子老而耽于传奇，手著行世者已数种，偕予同游苕溪，舟中戏赠》。《澹生堂集》有万历四十七年（1619）六月杨嗣昌序，则此诗必作在此前，姑系于此。单本字槎仙，会稽人，戏曲家，所撰传奇《蕉帕记》今存。

戏曲家吕天成（1580—1618）卒。

据徐朔方《晚明曲家年谱》浙江卷《王骥德吕天成年谱》，天成字勤之，号郁蓝生，绍兴人。作传奇十种，杂剧八种，除《盛明杂剧》所收《齐东绝倒》外都已失传。另著《绣榻野史》。

清缪荃孙《云自在龛随笔》卷六："方诸生王骥德，字明朗，会稽人；郁蓝生吕天成，余姚人。均天、崇间人。天成有《越园纪略》，祁忠惠采入《越中园林记》。"

万历四十七年己未（1619） 十八岁

时事 杨镐率师攻后金，大败。后金灭叶赫部及海西女真之扈伦四部。明用熊廷弼经略辽东。 再加天下田赋。

正月，父子以春闱期迫赶路。二十七日抵京。此行舟处十五日，陆行二十八日。卜城外紫金寺为寓。

据祁承爜《澹生堂集》卷十四《己未历》，先是元日，彪佳父子以春闱期迫赶路。初三日，至滁州，周汝登招饮。初四日，至关山。十七日，宿东阿县。念舆人疲劳，策骑独行，失道他往，久之抵馆舍。二十三日，宿郑州，登文昌台。二十四日，至新城，旅馆尘埃积尺许，不敢就枕，共坐达旦。二十七日，过芦沟桥，初次纵观皇都，卜城外紫金寺为寓。

日记《涉北程言》（1631）十一月初六日载："薄暮偕陈圣鉴、郑季公散步，至城西之文昌祠，为己未年先子旧寓也。今昔存亡，几于欲绝；问向年道士，亦无有矣。"则又曾寓文昌祠。陈圣鉴名褅，郑季公名茂烨，事迹见崇祯四年。

旅次作《过关山谒关圣》五、七律各一首，《滁阳道中》五律一首。

见《诗集》。《过关山谒关圣》五律："渺尔书生过，虔诚荐帝馨。"七律："春王大义统春秋。"以"书生"自称，知为未仕时作，"春王"时序正月，时间符合祁承爜《己未历》记载："元日，以春闱期迫赶路。初三日，至滁州。初四日，至关山。"祁承爜《澹生堂集》卷五也有《过关山谒关圣》诗，则彪佳《过关山谒关圣》二首，当系与父同行时作。据《太平寰宇记》："清流关山，在县西二十二里。"今属安徽。《光绪滁州志》卷一录管同《清流关记》："滁州之关山，上下十五里，由南至巅凡八里，由北至巅凡七里。其巅高峻偪侧，旁皆削壁峭立，下临深涧。置兵守之，一夫当关之势也。……其巅石上有蹄痕深尺许，询之土人，皆曰关侯马迹。其上有关庙，庙藏刀重八十斤，相传以为侯所用云。"关山地处滁州，《滁阳道中》五律所咏"秋尽"时序，也与《过关山谒关圣》一致，在《诗集》中又紧次《过关山谒关圣》五律其后，则该诗当亦同时作。

作五律《初春》。

见《诗集》。诗称"谁道春犹未"，《诗集》中序次《滁阳道中》后，当作于初春候考或等待揭榜时。

会试下第。

旧谱:"时先生任天如赤子,举于乡不知喜,下第亦不知闷。"。

《栖北冗言》(1635)二月初四:"己未予下第,先大夫在都偶过其寺(金刚寺),先大夫与缊师问难语尤在耳,回首十四载矣。"

父祁承㸁补山东沂州同知,彪佳随至沂州,遍历琅琊名胜。

据旧谱。

明陈仁锡《无梦园遗集》卷六《大参祁父母夷度先生传》:"公与季公并策蹇抵京师,乘便投牒,补沂倅。"

《役南琐记》(1636)四月初九:"晚抵雄县,雄令任鸾徵来迎。任为琅琊人,先子迁谪琅琊,时予以公车下第,相随之任,因得晤此君,于今十有五年,夙谊蔼然。"

明黄汝亨《寓林集》卷四《闻祁尔光左迁沂州》:"许大函牛鼎,烹鲜佐小州。古来称吏隐,当世厄名流。东鲁弦歌始,西江畏垒留。匡时应屈指,珍重拭吴钩。"

旅次作五律《雨夜子规》《春日莺声》《送春》。

见《诗集》。《雨夜子规》:"为怜失路人,故作伤春语""空山绕梦魂,野店栖羁旅";《春日莺声》:"听之临竹岸""解语梦偏长,怀人啼欲断";《送春》:"瘦红落成阵,啼鴂催春尽""野色剪绿芜,松涛吼娇韵""送春春复近"。可知是旅次诗,颇怀失意。细究祁彪佳生平春季行旅,除今年春试下第随父赴任山东沂州同知外,唯天启四年(1624)二月南下莆田赴兴化府推官任,然属于春风得意时。则此三诗景趣更切合于今春赴沂途次,父子皆有仕途失意态。

父祁承㸁补沂州同知而未积极任事,归乡课子近二年。彪佳随父归里,仍闭户读书于密园。

据旧谱与明陈仁锡《无梦园遗集》卷六《大参祁父母夷度先生传》。

浙图藏东书堂稿本旧谱:"时朝政宽,迁客第一至其地,即俟升于家。"(优57/16),在其定稿即浙图藏东书堂稿本(优56/16)中此句被删削。又,明陈仁锡《无梦园遗集》卷六《大参祁父母夷度先生传》称:"枕戈自课将二载。"则祁承㸁从吉安知府罷计典谪归后,家居年余,补沂州同知后实际任事时间很少,又居家课子近两年。

万历四十八年(泰昌元年)庚申(1620)　十九岁

时事　七月,神宗薨(1563—1620)。　八月,皇太子朱常洛即位,是为光宗。　九月朔,光宗薨(1588—1620),在位仅一月。时人疑郑贵妃下毒,是为"红丸案"。　廷臣恐李选侍操纵朝政，迫令迁宫，是为"移宫案"。　皇长子朱由校即位，是为熹宗，以万历四十八年八月前为万历，八月后为泰昌，明年改元天启。　熹宗赐太监魏进忠世荫，封乳母客氏为奉圣夫人。魏旋升任司礼监秉笔太监，改名忠贤。　熊廷弼整顿辽东防务，为廷臣劾罢，袁应泰代之。　孙如游入阁。首辅方从哲罢。

读书密园。

据旧谱。

二月，妻商景兰来归，年十六。

据旧谱。景兰善诗，有《锦囊集》。

清朱彝尊《静志居诗话》卷二十三《商景兰》："商景兰字媚生，会稽人，吏部尚书周祚女，祁公彪佳之配。祁、商作配，乡里有金童玉女之目。伉俪相重，未尝有妾媵也。"清王初桐《奁史》卷一"夫妇门"亦同此说。

清杜荫棠《明人诗品一卷》："祁幼文彪佳美风姿，夫人商亦有令仪，闺门倡随，乡党有金童玉女之称。"

清周铭《林下词选》卷八《明词》："商景兰字媚生，会稽人，中丞祁彪佳夫人。有集行世，其诗余声情尔雅，不涉浓艳，自是大方。"

七月，随父兄整次藏书并编目录。祁承㸁作《庚申整书小记》《庚申整书例略四则》。

祁承㸁《庚申整书小记》："方余之藏书也，既与儿辈约：'及吾之身，则月益之；及尔辈之身，则岁益之。书目每五年一为编辑。'今其期矣。僻居海滨，不获时从长者游，闻见寡渺。月益之约，虽食言自肥乎！而间有所遇，多方力构，月计不足，岁计有余。今则无者增，缺者补，蠹者理，亦既哀然集矣。里居多暇，兼以暑月谢客，袒裸趿屣，手自插架，挥汗如雨，乐此不为疲也。儿辈乘间请曰：'大人笃嗜，亦已有年，昼夜之所拮据，远迩之所搜访，殆无宁刻。儿辈即不敢引彦国摇扇视事之劳，愿大人思仲容生平几两之屐。况今疆场羽书狎至，庙堂言武之时也，大人虽不怀用世之心，亦无宁忧国之念，奈何敝敝然耗精于鼠啮，而不鼓念于闻鸡乎？'余笑曰：'此是吾家墨兵。余日来正于此中部署整搠，第汝辈不解兵机耳。试与汝言之。手标秘帙，亲兵同渡江之八千；床积奇编，爱士如成师之一旅：此吾之用寡法也。缥缃触目，绝胜十部鼓吹；铅椠由心，不减百城南面：此吾之用众法也。架插七层，籍分四部；若卒旅漫野而什伍井然，如剑戟摩霄而旌旗不乱：此吾之部勒法也。目以类分，类由部统；暗中索摸，惟信手以探囊，造次取观，若执镜而照物：此吾之应卒法也。联寡以成众，积少以为多；抽一卷而万卷可窥，举一隅而三隅在目：此吾联络驾驭之法也。借录不出于园门，取观不归于私室；散帙勤收，如绝流之不遗涓滴，蠹余必理，同牧马之去其败群：此吾坚壁清野之法也。以我精骑三千，胜君羸卒十万；尽翻椟臼，欲捶黄鹤之楼，独识筌蹄，直上赤虹之座：此吾用寡以御众之法也。转觅转奇，日烦日异；以我所余，易人所有；虽不无得陇望蜀之讥，然每收拔赵竖刘之帜：此又吾借资于人而因粮于敌之法也。奇书未获，虽千里以必求，异本方来，即片札之必珍；近而渔唱，远及鸡林；往往聚海外之编摩，几不减域中之著作：此又吾驱市人战而令女子阵也。慨嘐遗书之难遇，残阙必收，念物力之不充，鼠蠹并采；或补缀而成鹑结之衣，或借录而成延津之剑：此又吾之收散合奔而转弱为强者也。所患者得之未能读，读之未能臆，如道济之量沙，士终不能宿饱；亦如饼师作饼，终日未尝入口，与旁观者同为枵腹耳。借箸空谭，固兵家之深病，亦吾辈之深宜警惕者也。至于忧国，人孰无胸。先辈有云，士大夫当有忧国之心，不当有忧国之语。谅哉，斯言先得我心矣！'儿辈矍然起曰：'审如大人言，则经济之无间于升沉显晦也明矣。昔人之度谢公，谓安石既与人同其乐，自不得不与人同其忧。古来观人之微，辄从啸咏步履之间便识匡时用世之念，儿辈愧古人远矣！今而后惟当广营墨庄，以安集吾家之墨兵，时抽精骑，益简胜师，终不敢令人呼马服君子也。'余笑而颔之，因属笔为记。庚申之七月望后一日旷翁手识。"

《例略》述藏书分类法："一曰因。因者，因四部之定例也。部有类，类有目，若丝之引绪，罟网之就纲，井然有条，杂而不紊。……一曰益。益者，非益四部之所本无也，而似经似子之间、亦史亦玄之语，类无可入，则不得不设一目以汇收。……一曰通。通者，流通于四部之内也。……一曰互。互者，互见于四部之中也。"

作七言古诗《贺彭让木考绩》。

见《诗集》。《祁忠惠公集》卷九题作《黄琢鸣琴为会稽彭邑侯作》。自称"樗材幸复厕门墙"，则与彭有师生之谊；"酬知敢拟循良赋，故向神君赓颂长"，可知为诵其考满升迁之作。

祁承㸁《澹生堂集》卷四有诗《驯雉歌赠彭让木父母奏最》，卷八有《贺会稽彭让木父母考满奏最序》："侯故为莆阳鼎族，名臣硕辅世载国史，家学冠冕宇宙且羔雁之业悬于国门者，宿儒小生无不奉之为功令，惟恐不得出大贤之门墙是惧……即如某季儿尚在童子，而首蒙□拔，其怜才一念，不遗纤枝于邓林也概可知矣。"亦以彪佳列彭氏门墙。盖因万历四十六年（1618）彪佳举童生，彭以知县主考之故。查《乾隆绍兴府志》，会稽令彭汝楠，福建人。

前任张伯鲸万历四十四年(1616)任,下任为黄鸣俊。又查曹溶《明人小传》、清夏燮《明通鉴》及《莆田县志》卷十九,彭汝楠字伯栋,号让木,莆田人,明神宗万历四十四年丙辰进士,初任会稽县令,升礼科给事中,万历四十八年(1620)疏论"红丸"案,天启五年(1625)五月,以劾魏忠贤削籍。则彭任会稽令必在万历四十五年(1617)以后。据序,彭之考满在辽东战事孔棘时,必是万历末天启初,可推得彭汝楠三年任期满考绩之时,在万历四十八年(1620)前后。故系诗于今年。

作七律《赋秦望朝霞赠李泰寰》。

见《诗集》。

祁承㸁《澹生堂集》卷八有《贺郡司理李泰寰公祖序》:"公为琅琊华胄,以名进士初理宛上。"则李为山东沂州人,以进士授绍兴府推官。查《乾隆沂州府志》:"李应期,号泰寰,沂州人,万历丙辰(1616)进士。司理浙江之宁波、绍兴,民以不冤。擢御史,除皇马之害。巡监三晋,祷于汉寿亭侯祠而赤牛患除。巡按陕西,流寇猖獗,督臣议抚,应期主剿,以忧劳卒,祀乡贤。"李应期司理越中,当在万历四十五年(1617)。又,同卷《公贺郡司理李泰寰公祖寿诞序》:"顷某归自琅琊,当司理李公下车之始。……今公之惠临吾越者□将及期……兹仲秋之上浣为公悬弧之辰,儿辈辱在门墙,受知尤渥,宜当先父老以致岗陵之祝。"已知祁承㸁任沂州同知在万历四十六年(1618),补沂州同知后,归越里居两年候升迁,在万历四十八年(1620)前后。李泰寰任绍兴司理三年期满,则也在是年。彪佳此诗,亦为贺李泰寰寿而作,当作于今年八月上旬。又,《涉北程言》(1631)九月二十二日条:"王襟海年伯来晤,知李太寰病且亟。"十一月二十八日:"朱友国儁自越至沂访李泰寰公祖也。因出李诸郎君书,而朱友道李理吾越善政尤悉,戢兵一节,尤得古人镇定之妙。"则李应期卒于崇祯四年(1631)。又,《甲申日历》(1644)十一月十六日提到其后人:"越中旧司理李泰寰公令郎以避难来见。"

父祁承㸁请黄汝亨书序寿赵南星七十。

明黄汝亨《寓林集》卷五《寿邹南皋先生七十序》:"万历四十八年八月,先皇帝……咨群臣旁求旧德,于是南皋先生起家……于是前吉安守祁君承㸁谓汝亨宜为先生贺。汝亨曰:'……不宜为先生贺。虽然,先生以悬车之年安车甫迎,是天将锡先生以难老,而尽登斯世于仁寿也。请为先生寿。'……祁君曰善,请书以为先生寿。"

是年,戏曲家臧懋循(1550—1620)卒。

据徐朔方《晚明曲家年谱》浙江卷《臧懋循年谱》,懋循字晋叔,浙江长兴人。万历四十四年(1616)刊成《元曲选》。编印选本《古诗所》《唐诗所》，著诗文集《负苞堂稿》。

明熹宗天启元年辛酉(1621)　二十岁

时事　辅臣孙如游致仕。　邹元标入朝，任吏部左侍郎，改左都御史。请召用高攀龙、赵南星等。　何宗彦、朱国祚等先后入阁。叶向高还朝再任首辅。　三月，清兵陷沈阳、辽阳。辽东经略袁应泰自杀，辽东城寨多降。后金迁都辽阳。　四月，王化贞巡抚广宁。　魏忠贤始秉权。　六月，复用熊廷弼经略辽东，驻山海关，与王化贞不合。　九月，四川永宁宣抚使奢崇明反，建国号梁。十月，围成都。布政使朱燮元坚守待援。

父祁承㸁辑成《宋西事案》，黄汝亨序之。

据明陈仁锡《无梦园遗集》卷六《大参祁父母夷度先生传》："倅纡岂烦国华，公乘暇究宋明道西夏制驭诸策，枕戈自课将二载。"倅，即承㸁所任沂州同知。

明黄汝亨《寓林集》卷一《宋西事案序》："宋西事案者何？吾友祁尔光氏辑宋御元昊始末事而为之案也。……今即尔光所案事四十五则而展览诸奏疏，相提而论。"

按，现存《宋西事案》二卷，题明海滨询士辑，辑录自宋至明中叶史籍之宋夏关系史料，着重述宋仁宗明道至庆历间宋夏史事，以借古史议朝政得失。天启元年(1621)成书，现有木刻本藏于南京图书馆。

父祁承㸁移宿州知州，守土有方。

据旧谱。

陈仁锡《无梦园遗集》卷六《大参祁父母夷度先生传》："稍迁宿州守。宿当南北冲缩毂之省九，所辖驿凡四，其间里之尪人、驿之残骑阻皇华借冒者充斥，公乃宵旰裁定。时修甲、缮兵、拳勇、习骑射，必倍饩。即丁河决，不忍以宿民应彭城，争勿往。白莲告警，知公几先之哲，厝于磐石。"同卷《大参祁父母夷度先生墓表》："至如补沂州倅及迁宿州守，当纤中恪秉巨内，虔皇华不阻，邮政聿新，乃宿不受蹂躏，国不能横征，公其保障哉！"

三月十一日，举长子同孙。

据《世系》《家谱》，祁同孙生于天启元年(1621)三月十一日巳时。

八月，如宿州省父。

据旧谱。

冬，入都赴会试。

据旧谱。

茅元仪《武备志》成书。

茅元仪（1594—1640），字止生，号石民，又署东海波臣、梦阁主人、半石址山公，归安（今浙江吴兴）人，茅坤孙。《武备志》为综合性兵书，含兵诀评、战略考、阵练制、军资乘、占度载五部分。

天启二年壬戌（1622） 二十一岁

时事 正月，后金渡辽河，陷西平堡，广宁降。巡抚王化贞与熊廷弼退入关。京师戒严。二月，孙承宗为兵部尚书兼东阁大学士，预机务。逮王化贞，削熊廷弼职，回籍听勘。八月，孙承宗督师经略蓟辽。从袁崇焕请，筑宁远等城，崇焕守之。

是年三月，大学士刘一燝罢。熹宗从魏忠贤言举内操，演习火器。四月，礼部尚书孙慎行追论红丸事。七月，礼部尚书孙慎行以争违制封郡王事不得，病辞。兵部尚书张鹤鸣罢。八月，顾秉谦附魏忠贤得礼部尚书。十月，邹元标罢。元标在京建首善书院，与高攀龙等讲学，为反对者劾。十一月，赵南星代元标为左都御史。

是年二月，贵州水西土目安邦彦反，称罗甸大王，与奢崇明叛军呼应。五月，山东白莲教魁徐鸿儒起义，称中兴福烈帝，年号大成（乘）兴胜。朱燮元率石砫土司秦良玉收复重庆。十月，徐鸿儒兵败被擒，十一月被杀。

后金造宫室于太子河边，名东京。努尔哈赤诚八旗固山王（旗主），示八固山共治国政之国体。

今是年六月，荷兰占澎湖。十月，犯中左所（厦门）被击退。德意志人、天主教耶稣会传教士汤若望来华。

正月，在京候试。

据《祁彪佳集》卷十所附祁熊佳《行实》。

春试中式。以文震孟榜三甲第二百四十名同进士出身。习易。

据《祁彪佳集》卷十所附祁熊佳《行实》和《明清进士题名碑录》。

《寓山注》："予虽家世受《易》，不能解《易》理，然于盈虚消息之道，则若有微窥者。"

按，参《明史·选举志》，今年会试，大学士何宗彦、朱国祚为主考，开二辅臣主考先河。状元文震孟（1574—1636），字文起，号湘南，别号湛持，南直隶长洲（今江苏苏州）人。年五十始成进士，廷对大魁天下。卒年六十三。与姚希孟为舅甥，并负盛名。

姚希孟为作《祁虎子稿序》。

序见姚希孟《响玉集》卷十,称:"每岁春榜下,必有一二英妙为时所艳称,其以汗血之足腾骧千里,是必驹齿未脱,龙文早现,秉天授之奇,超者宿而上之,造物者私其材非私其过也。今年长安中无问识不识争物色祁虎子,匹马道上,观者如堵墙;而余私自慰,则以知虎子最真又最早,无俟慈恩塔下观探春年少郎始知有祁虎子也。犹忆壬子(1612)秋,余厕贤书,谒尔光先生于南驾部署中,虎子才数龄,从诸昆出揖客,发鬌成角,肤理若于阗玉,眉目如画,余心异之。……后先生历官中外,不相闻者数年,而虎子已登乡榜,又四年成进士。……虎子读父书澹生堂中,千缃万卷,生而哺之、食之、提之、命之者无非此物此志,借庭除之所饫闻,以疏瀹其灵倪而映发其夙惠。虎子之有是文,性也,亦习也;虎子之有是遇,数也,亦理也。尔光先生所力竞于造物而难于转石,虎子谈笑奏功而易于反掌,人也,亦天也。夫凌空之气、绚日之彩薄层霄而彻寒潭之神理,此犹以文章窥虎子耳。其为人也,世方以潘黄门、卫洗马诩之,虎子且翛然于芬郁之外,而屹然有以自范,规言矩行,动合先民,岂独其天资近道哉! 可以窥远诣矣。吾尝寄讯尔光先生而以张弓为天道喻,虎子其归而质之。"

父祁承爜以知己交王铎。

清王铎《拟山园选集》卷六十三《右参政夷度祁公墓碑》:"壬戌(1622)予见公长安,以诗文大事许予。寥寥宇宙,知者几人! 公予知己也。"王铎今年亦举进士。

春,父祁承爜调处宿州煤徒起事,著《符离弭变纪事》。

祁承爜《澹生堂集》卷十二有《符离弭变纪事》作于今年五月二十二日。称山东、河南大饥,煤山徒众乱,"端倪于正月之终旬,消弭于三月之朔日"。

明陈仁锡《无梦园遗集》卷六《大参祁父母夷度先生传》:"壬戌(1622)季公举进士。无何煤徒事起,不以告者之口伤饿人,饿人直泣感相散。兵符焰余也何庸三读《符离纪》,神先为往。"

八月,作五言排律《皇极殿遣辅臣行边　馆试》《孙内阁行边志喜》。

见《诗集》。《孙内阁行边志喜》收在《诗始》中题下注为"观政试题"。

据清夏燮《明通鉴》,今年二月,孙承宗为兵部尚书兼东阁大学士。八月,出督师,经略山海关及蓟辽、天津、登莱军务,复进守宁远。则此两诗作于八月。从"馆试""观政试题"观,系举进士后,为候馆选庶吉士和吏部铨选练笔。

作五律《大中丞少墟冯公龙源钟公同日荣任志贺》。

见《诗集》。"少墟冯公"为冯从吾,字仲好,号少墟,长安人,万历十七年(1589)进士。"龙源钟公"为钟羽正,字叔濂,号龙渊,益都人,万历八年(1580)进士。据清夏燮《明通鉴》,冯从吾天启二年(1622)擢左佥都御史,甫二月,升副都御史;钟羽正同年擢左佥都御史。故知诗作于今年。又据《诗始》本诗题注"观政试题"亦知,亦为候铨期间习作。

七绝《拟古艳诗五首》《春暮闻百舌》《雨中芍药》当作于此时。

见《诗集》。《拟古艳诗五首》"合欢未解先愁尽,频问重来在几时""尽日飞花春醉余,东风寂寂锁离居",借思妇之吻述离别之情,愁而不苦,符合彪佳与妻商景兰金童玉女伉俪相重、新婚小别念内之情境。而《春暮闻百舌》中"春风毛女含兰笑""晓花不禁寒思睡,为祝东风片蕊霏",《雨中芍药》中"剪破春寒开艳态,雨余应只待东风"之句,诗风皆清新柔丽,春风得意之态颇著,合于今春得中进士、留京候选之喜悦情态。又,彪佳生平行役,多因赴任、述职、候铨,习于随携眷属,夫妇罕有长期离居。而以上诸诗轻柔婉丽,与崇祯四年(1631)后有日记明确记载的诗歌之高旷朴远在情调、风格上又迥异。故当作于早期,姑系于此。

就吏部节推,以铨选期远,给假归省回山阴。

据旧谱。

冬,父祁承㸁晋北京兵部职方员外郎,乘机归省,教彪佳以持身养性之学。

据旧谱。

明陈仁锡《无梦园遗集》卷六《大参祁父母夷度先生传》:"(壬戌)时当道闻公誉贤,所部并著能声,乃晋职方郎,与诸公共以经国为盟。……尔乃需边才孔棘,诏令诸台省举所知,或按《牧津》以荐,或执《符离纪》以荐。"

明房可壮《房海客侍御疏》有《巡按直隶监察御史臣房谨题为盐篋需人甚急、重地防患宜周、恳乞圣明允末议就近擢久缺之道臣,及时整顿久虚之灶勇,以图早弭祸乱,早安商民事》:"查有原任知府降知州、今新升兵部职方司员外郎祁承㸁其人者,具远驭长驾之资,运电掣雷轰之用,素闻其守吉安茂著实政,近见其守沂州委是真才。"则祁承㸁宿州知州后迁转兵部职方司员外郎。

旧谱:"先生以学未优为歉,定省之余,仍闭斋读书。夷度公但教以持身养心之学,无一语及吏事。客有疑者而问者,公笑而不答。是冬公赴北枢任。"

家居一年,醉心音律。

《文稿》有《庚午元日劝话》,自称"壬戌家居将一载,多为音律所误"。

卷二 司理兴化

天启三年癸亥(1623) 二十二岁

时事 礼部尚书顾秉谦及侍郎朱国桢、朱延禧、魏广微入阁。顾、魏皆阉党。 魏忠贤提督东厂。 八月,福建巡抚南居益疏请渡海攻据澎湖荷兰人。

梅墅家居侍母。

旧谱:"先生幼为太夫人钟爱,成进士后犹依依膝下如孺赤。太夫人在家,先生朝夕承欢。"

曹洞宗湛然圆澄开堂说法,为弟子石雨明方、三宜明盂行剃度礼,彪佳预会。

据《祁彪佳集》卷二《石雨大师语录序》。序文当作于此前后。"石雨明方",据《五灯会元续略》卷二、《续灯正统》卷三九载,俗姓陈,字石雨,浙江嘉兴人。二十岁出家修行佛法,万历四十三年(1615)往嘉兴石佛寺参谒湛然圆澄,苦修七年得其印证;其后,出住浙江绍兴天华寺、云门显圣寺、福建福州雪峰寺、灵峰寺、浙江嘉兴广福寺、杭州佛日寺等十余刹,广阐曹洞宗风。有《石雨禅师法檀》二十卷行世。"三宜明盂",据道忞撰《塔铭》及《续灯正统》卷三九载,俗姓丁,字愚庵,号三宜,钱塘人。二十三岁出家,参谒圆澄禅师有省,于天启三年(1623),受圆澄心法;崇祯八年(1635),住龙门寺;十六年(1643),继席显圣寺;明亡后,转侧于戎马戟矢之间,多所拯济。

冬,晋京谒选。

据旧谱及《祁彪佳集》卷十所附明祁熊佳撰《行实》。

南图藏《远山堂尺牍》己巳年册(1629)《与赵景毅》:"弟癸亥之冬与磊斋、谓斋两吴年兄联骑上长安谒选,两吴兄以俸期故速于之任,弟故迟之。"吴磊斋名麟征,吴谓斋名麟瑞。

作七绝《黄夫人贞节诗 会稽陈邑侯母》。

见《祁彪佳集》卷九,《诗集》《诗始》不收。从"鷇雏顿入层霄路,化作祥鸾鹭越州"观,陈初第新任。参《乾隆绍兴府志·职官志》,万历以后会稽陈姓县令惟陈国器,福建人。前几任为:张伯鲸万历四十四年任;之后彭汝楠,万历四十四年进士；再黄鸣俊字启甸，号跨千，莆田人，万历四十七年(1619)进士；黄后继为陈国器。查《明清进士题名碑录索引》，国器天启二年(1622)壬戌科进士，镇海卫人，则其任职在天启三年(1623)左右。本诗写作，当在今年祁、陈同期节推授职之前后。

明张岱《快园道古录》："山阴令马公如蛟，和州人，试童子以一鼓、二鼓，三鼓收卷，三案复试。会稽令陈公国器，福建人，招童生以大圈书名。越人对之曰：'马山阴，三通花鼓，和州叫化；陈会稽，一团煎饼，福建倾销。'"

岁暮，客京城。作传奇《玉节记》，即《全节记》，传苏武事迹。

《莆阳尺牍》甲子乙丑年册(1624—1625)《与倪鸿宝年兄》："弟客岁岁暮雪窗无事，走笔作《玉节》一记。自顾不韵，所恃有年兄点铁手，倘亦上碧胡眼乎？千乞年兄点数语于简端，吉光片羽，正自足宝，不敢多求也。然曲有别调，弟非其人，今更非其时矣，万勿示人为祷。初七日将南辕，先期走领，面别不悉。"同书下函《留别赵龙封》："弟即远投闽海。"则《玉节记》创作于今冬候选于京城之际。倪元璐(1593—1644)，字玉汝，号鸿宝、园客，绍兴上虞人。祁彪佳同年进士，能诗文，工书画。赵龙封其人不详，疑为绍兴山阴人赵善征，字应侯，"应侯"与"龙封"词义互表。观其内容，上两函必作于彪佳选得兴化府推官，欲南归而未赴任之际。函所谓"客岁"有"去岁"与"客居岁月"两义，但去岁彪佳就吏部节推，以铨选期远，给假归省山阴，其《文稿·庚午元日劝话》称："壬戌家居将一载，多为音律所误"，今年冬方重新北上谒选，故去岁岁末彪佳未客居京城。则传奇作于今年岁暮，也与自劝的今年"一载多为音律"所误之说吻合。

南图藏《远山堂尺牍》庚午年册(1631)有《与叶六桐》："《玉节》是庚、辛初拈管时所作，于去、上、阴、阳一毫不解，东涂西抹，竟不成章，只堪覆瓿耳。"但庚申(1620)、辛酉(1621)时彪佳尚未考取进士，方勤力习经待春试，似不能分心谱戏。

倪元璐《倪文贞集》卷七《祁世培司李玉节传奇序》："韵人管风弦月，庄士矩伦矱理，两氏遇于涂，必捽顶交唾而去。今使两手者左执檀口，右操铁肝，兼写并献，所不能矣。夫文章之柔媚比于巧令者，莫甚元之曲子，而以为由其道之可以教忠，世培则有取尔也。世培心恫于时，起苏、卫槁壤，为当场之弄，其艳苏意微，其丑卫恨切。岳氏之祠，泥范武穆，金铸桧、卨，人之欲不朽桧、卨，甚于存武穆也。宫商铸之，不愈于金乎！故是记，则祁氏之刑书也。名音曰'律'，名法亦曰'律'，故世培之能于司刑，于此可知也。然世培之于古为词者，则有异归焉。宋广平刚肠而哦梅花则媚，归于姿；世培妍面而敷劲旨协于铜琶铁绰，归于骨。王右丞奏《郁轮袍》领解登第，归于艺；世培既登第而声忠影叛，发其思存，归于道。柳耆卿调桂子荷香，致金亮跃马于皋；世培拈一秃节子卿，近晶汉日，远遏塞云，归于功。且夫谱事为词，使可歌舞，其中有灵也。已以世培之藻氏享华，侠氏享义，而用物以配之，逢花则艳，着酒则豪，当经则法，任史则鲠。是固英怪，非其才莫能为之也。"据序可确认，《玉节记》作在彪佳科举得隽之后，因辽东战事紧急，受触动而作。则上面致叶宪祖函所谓"庚、辛初拈管时所作"必不真，当因叶氏位尊年长，关系较疏，而候铨作剧非关正业，故自讳；又或庚、辛两年间，受东北边事触动，有意作剧褒扬苏武气节，剧本实际完成在今年。

南图藏《远山堂尺牍》己巳册（1629）《与陶蔷轩》："《全节》是六七年前之作。即小剧，亦是无聊中之呓语，于音律一毫未解。人方敝帚弃之，弟亦自厌其庸芜，而仁兄独加赏鉴，真弟生平之知己矣。"同年《与郑寿子》："《全节》是六七年前作，已为敝帚矣，仁兄尚欲享以千金乎？今在苦块中不敢拈弄此道，容印出，他日奉博一叹也。"反推则《全节记》创作时间也在今年左右。郑寿子名寿昌，尊经阁藏《寓山志·注》收其五绝《让鸥池》，注："郑寿昌，寿子，仁和。"陶蔷轩名崇文，会稽人。

《文稿》有彪佳自作《全节记序》："苏子卿十九年匈奴，从容全节，较逢、比尤难。至于嚼雪得生，牴羊得乳，人也而天矣。汉武时人物，滑稽如东方生，文章如司马长卿，展土擒王如卫、霍辈，非不济济一时，而求之忠义如子卿者几人？寥寥千古，止有一十五载阴山之洪皓差堪映带耳。子卿奇迹，《史》《汉》业有全传矣。文人学士，无不扼腕而想见其人，然妇竖不识也。于是谱之声歌，借优孟衣冠以开子卿之生面。旧本《牧羊记》色亦近古，多有采入谱者，而填词不文，阐境未畅，识者惜之。吾友远山主人于乐府一道，夙有天巧，尽翻旧窠，谱为新声，不浃月而告竣。……夫当胡氛作炽时，有一子卿者仗节骂贼，贼气自夺，岂不贤于十万师？何必呼韩接踵，单于稽颡，乃在幕南无王庭之日？余且读且叹，因染翰及之。余以主人为作手，主人亦以余为知音。爰述简端，而授之梓。"《玉节记》《全节记》皆演苏武事迹，作时大略相近，故可确定系同剧异名。

考授得福建兴化府推官，岁末南下赴任，先归里中。

据旧谱。

今年秋冬，北上南下旅次，即景抒怀，作有组诗：五律《望扬子江》《晚行仪真道中》《晚行六合道中》《旴昭道中》《雨泊润州》《滕县道中　时值妖乱后》《兖东道中》《晚行须句道中》《郓州道中喜遇吴澹生》《宿任丘僧舍》《瀛州道中遇雪》《阜城道中怀陆幼舆》《兖东道中逢初度》《次新嘉驿,旧题诗句犹在壁间,复赋一律》,七绝《过桃山岳庙》,以及七律《阜城道中喜遇陆幼舆》《望前一日瀛州道中遇雪,是日为万寿圣诞,时家严以枢曹在朝》《孟冬再月望后一日皇子诞生颁诏,仲冬朔日上亲祀南坛,追述合赋,时行次高唐》。

　　见《诗集》。亦收入《诗始》。《盱眙道中》在《诗始》中题作《盱眙道中次新嘉驿旧韵》。《望前一日瀛州道中遇雪,是日为万寿圣诞,时家严以枢曹在朝》在《诗始》中题作《望前一日瀛州道中遇雪,是日为万寿圣诞,时家严以枢曹在朝班》。

　　本组旅次诗,据其情境,作在秋冬交接时。祁彪佳生平南北旅况可罗列如下:万历四十六年(1618)底赴京春试,次年春(1619)随父任至山东沂州。天启元年(1621)冬赴京再试,天启二年(1622)中举后,以授职期远,冬归越。天启三年(1623)秋冬赴京候铨,得选兴化府推官,岁末归越。天启四年(1624)二月南下莆田赴推官任。崇祯元年(1628)十一月因父丧从闽中归越。崇祯四年(1631)外服阕,夏秋间北上再候职。崇祯五年(1632)四月授福建道御史,崇祯六年(1633)春夏南下吴中急赴苏松巡按任。七年(1634)秋覆命回京。八年(1635)四月请病离京归越,五月十一抵杭州。最后一次晋京,是崇祯十五年(1642),十一月中匆促出山,十二月初抵京,主掌计典,十六年(1643)八月自请外放南归。以上行旅在晚秋者,惟天启三年(1623)秋冬赴京候铨,崇祯七年(1634)秋回道覆命回京,十六年(1643)八月自请外放南归。后两次行途,公务在身,颇为匆促,有日记,并未载及以上诗作。《滕县道中》自注"时值妖乱后",据清夏燮《明通鉴》,天启二年(1622)山东白莲教起事,徐鸿儒陷邹、滕二县,即所谓"妖乱",可见诗作于此后不久。又时属晚秋。结合祁彪佳行旅情况以甄别之,则可知是天启三年(1623)秋冬之交作。另,《郑州道中喜遇吴澹生》中"为问明朝道,云山复几层"句,似有考授结果未知之惑,应是晋京候考作。据《瑞州府志》,吴江,字澹生,号耳园,高安人。《阜城道中怀陆幼舆》称"长安同问道,不信此时逢",以两人曾同赴天启二年(1622)会试。幼舆此番或系提前晋京候考。据《明词综》卷五,陆锡明,字幼舆,号玉井,平湖人,天启五年(1625)进士。又据《明通鉴》,明熹宗生于万历三十三年(1605)十一月十四日。故《望前一日瀛州道中遇雪,是日为万寿圣诞,时家严以枢曹在朝》与《瀛州道中遇雪》皆作于十一月十四日旅经瀛州时。又据《明通鉴》,天启三年(1623)十月二十日,皇次子朱慈炯降生;闰十月十六日,以皇子生,诏赦天下。故可知《孟冬再月望后一日皇子诞生颁诏,仲冬朔日上亲祀南坛,追述合赋,时行次高唐》作于十一月,又系追述,根据行程途次,此诗在瀛州诗后。据《家谱》,祁彪佳生于十一月二十二日寅时,其日记亦皆称十一月二十二日为初度日,《兖东道中逢初度》诗云"驱驰未敢辞",系祁彪佳铨选得实授福建兴化府推官后,岁末南归途中的初度日作。《次新嘉驿旧题诗句犹在壁间复赋一律》由诗中"使客"观之,已经铨选得职,必今年实授福建兴化府推官后,岁末南归途中作。此诗所称"旧题诗句",即前《盱眙道中》一诗,《诗始》题作"盱眙道中次新嘉驿旧韵",则是祁彪佳今年秋冬之间北上赴选途中所题。由上推知,本组诗作于天启三年(1623)秋冬之交,祁彪佳北上晋京候吏部铨选以及授职后南归之途次。

与戏曲家许自昌通函论戏曲。

《莆阳尺牍》甲子乙丑册有《与许玄祐》:"昨者道经金阊,只以倦游欲返,遂失良会,仅留片札,以代晤言,至今神情脉脉,飞越淞江,徒有临风把酒,仰挹高谊而已。复承翰章郑重,筐筐陆离,捧诵再三,感与愧并。拘局如不肖者,未获一奉颜色,少展寸忱,而台丈不我遐弃,千秋襟期,即古人犹难之矣。叶史转悉台意,昆山新令君与不肖同籍同乡,其人古朴喜交游,自当式庐之敬,无俟不肖之赘及,决不至交臂而失贤豪也。佳制《梅花墅传奇》,宇内传诵已久,不肖究心此道,兴颇不浅,便中幸乞捡视,使贫儿骤饱珠玉,当不啻什袭藏之矣。一缕之私,非敢言报。统惟台照,临楮神往。"稍后另函道:"屡辱台翰,云天之谊,心佩已久矣。捧读佳作,如倾米家舡,宝色连斗;而毫端风雨,又如蓬莱蜃市随云气合离,变幻之妙,莫可言测。《四梦》之后,大作其空谷之音乎!弟每谓传奇一道,立局为上,科诨次之,炼词又次之。要令观场者真若置身古人境界,可歌可泣,愤之欲死,怜之欲涕,乃始称吴道子写生手。其他字栉句批,排音整调,品斯下矣。台丈以为何如?明秋渡金阊,当以一帆直抵佳园,为平原卜夜之欢,馨所未馨,直是第一快心事。不然,山阴道上,主人盈盈鉴曲、色色溪花,颇堪作供,台丈其有意乎?短函附谢不尽。"

按,许自昌,字玄祐,号霖寰,又号去缘,别署梅花主人,别业名梅花墅,江苏长洲人,戏曲家,藏书家。叶史,即戏曲家叶宪祖,号槲园外史,故称叶史。据邓长风《许自昌和郑若庸的生卒年》一文考辨,许自昌许生于万历六年(1578),卒于天启三年癸亥(1623),则祁彪佳与许自昌通函,必在今年之前。于函观之,当系彪佳选官后南归,经吴中时曾通问,故置于此。则可见《莆阳尺牍》甲子乙丑册中,亦有入莆之前尺牍收入。

南图所藏《莆阳尺牍》甲子乙丑册稍下有一《与许兄》函,系许自昌卒后,彪佳致函其长子许元溥吊唁。当亦作在今年。

文学家袁中道(1570—1623)卒。

中道字小修,与兄宗道、宏道称"三袁",为公安派代表,著《珂雪斋集》。

戏曲家王骥德(1542？—1623)卒。

据徐朔方《晚明曲家年谱》浙江卷《王骥德吕天成年谱》,骥德字伯良,号方诸生,浙江会稽人。著《曲律》及传奇《题红记》、杂剧《男王后》等。

天启四年甲子(1624) 二十三岁

时事 四月,内阁中书汪文言被劾,廷杖除名。六月,左都御史杨涟、御史黄尊素、李应昇、吏科都给事中魏大中疏劾魏忠贤罪。国子祭酒蔡毅中请究魏罪,被传旨切责。工部郎中万燝疏论魏忠贤罪,被廷杖殴踏死。七月,大学士叶向高罢。十月,吏部尚书赵南星、左都御史高攀龙罢。十一月,吏部侍郎陈于廷、副都御史杨涟、佥都御史左光斗削籍。首辅韩爌以谏阻逐东林诸人罢。孙承宗请入觐,受阻。阉党王绍徽为佥都御史,以东林一百零八人比《水浒》人物,编《点将录》。十二月,复逮汪文言下镇抚司狱。魏忠贤借以罗织东林。首辅朱国桢被阉党连劾罢去。

是年正月,福建巡抚南居益收复澎湖。太仓人张溥、张采于常熟组织应社。

是年祁彪佳有公牍《莆阳禀牍》,国家图书馆藏;尺牍见《莆阳尺牍》甲子乙丑册,南京图书馆藏。

春,父承爍再迁河南兵备佥事,出任兵备道,备兵磁州。赴任前以奉差归里,彪佳拜请为官之道,仍示以持身养心。

据旧谱。

明陈仁锡《无梦园遗集》卷六《大参祁父母夷度先生传》:"迨公备兵于磁,乃与二千卒先誓后发,先六款十条,后继饩不遗力。想公一日筹磁,自苏文忠、李兖州种清涧良法汇以展错,故为郭开府之长城。而亢毛帅、减厨传、省仪从、裁冗役冗马,兼昭所镇之乾者,永谕于珉石。比河朔天降旱,再降蝗,再以霪发城版过半,民即巧逋,非焰则鱼,公为例外之赈,活者若忘亨毒而著为颂。至后朝歌一狱,有莲孽四十二人,几几膏首于钺矣,公坐嘉石谳诸状,则痛而生之。期年士民跣步吁上台,借公久治河北。"同书《大参祁父母夷度先生墓表》:"至如晋秩于职方副郎,圭壁人伦,丝纶国望……又迁河南臬金,备兵于磁镇。见公先檄于声,先誓于发军。投戈而乃作气,虏退舍而乃寒心。黜毛帅疏,则饷有余储;减厨传仪,则驿遗禁石。公何难旱苦子遗,蝗不毒境;浸忧莫挽,版以撼城。从焚溺而生者,公之留遗也。"

旧谱:"先生奉檄拜辞,请问事上治下之道,夷度公仍示持身养心,别无一语。先生行后,或请其故,公曰:'子知吾越之教浮者乎?或乘以器,或掖之以物,则终身不能撒手自济;引之中流,委而置之,使彼不得不奋身竭力,须臾而善浮矣。吏事多端,焉能一一诲之,吾第教以持身养心,置之宦途中流,彼奋身竭力期间,不数年成能吏矣。'"。

毛奇龄《西河文集》传四《明少傅兵部尚书前巡抚苏松都察院右副都御史祁公传》:"濒行,跽其父故参政承㸁请教,承㸁不答。或问之,曰:'不见夫诲泅者乎,挚壶而扶瓮,人藉以肘,终其身不能泅;一旦挟诸清泠之渊,翻壶却瓮,攫其身入水,而泅成矣。今者入官,则翻壶却瓮之时也。'彪佳去,果以贤能称。"清陈鼎辑《东林列传》卷十一同上说。

今年之前父承㸁辑成《牧津》。

《牧津》现存天启四年刻本,成书必在之前,姑系于此。

陈仁锡《无梦园遗集》卷六《大参祁父母夷度先生墓表》:"且夫《琅琊篇》宛载芳迹,《符离纪》实进精忱。至如晋秩于职方副郎,圭璧人伦,丝纶国望……《壁观》通簿书于微,《牧津》证名画于渺。……又迁河南臬金,备兵于磁镇。"

据清永瑢、纪昀等编纂《四库总目提要》:"《牧津》四十四卷(浙江巡抚采进本),祁承㸁撰。……其书采辑历代循吏事实,分类编次。首列《缉概》一卷,分为五目:一《考名》,二《稽制》,三《述意》,四《论世》,五《辨类》。以下凡四十四卷,分《经济》《消弭》《匡定》《节义》《当机》《惠爱》《化导》《勤节》《集事》《政才》《政术》《真诚》《清德》《砥躬》《风力》《守正》《严肃》《敦厚》《忠信》《明决》《得情》《察奸》《矜慎》《平恕》《执持》《识见》《崇体》《任人》《治赋》《救荒》《诘盗》《儒治》三十二类,每类前各有小序。征采既广,不无烦碎丛杂之病。"

作七绝《赠仲兄修翎北上》三首。

见《诗集》。《诗始》题作《赠仲兄修翎北行》。"仲兄修翎"即祁凤佳,字德公,增庠生。从诗意观,为作者家居送仲兄北上求进之作。彪佳崇祯四年(1631)以后居家诗,日记皆有载录,而此未见。又据旧谱及《别兄弟》诗,崇祯四年(1631)夏祁彪佳服阙晋京时,诸兄相送,皆在家中。则仲兄凤佳远游,应在崇祯元年(1628)冬父丧之前。明代乡试,江南各省取士竞争激烈远胜北方,或凤佳此次北上,是欲趁其父任职京师之际,游学京师并冒籍入秋试,以增加中举机会。明代南人冒籍参加顺天乡试屡见不鲜,如祁彪佳崇祯九年(1636)日记《林居适笔》十月二十三日载:"夜二鼓得报,从弟熊佳中顺天举人。"如此,则本诗当作于天启四年(1624)或天启七年(1627)春。又祁彪佳天启四年(1624)春二月赴任福建兴化府推官,崇祯元年(1628)末方以父丧归越,则可推知此诗必作于天启四年(1624)初春彪佳离越赴任之前。彪佳父丧以后,入仕心渐淡,而此诗对于仕途功名颇见热衷,亦符合其青年初放外任、踌躇满志的情状。

二月初四日,携眷赴任。舟过延津,在金沙遇异风,雨雹骤至,座舟倾覆,家人僚友僮仆皆无恙,而舟子溺死五人。

张岱《石匮书后集》卷三十六《刘宗周祁彪佳列传》:"天启壬戌成进士,授福建兴化府推官。上任,至延津,舟覆。彪佳从牖中出,坐覆舟底。幕客、仆从飘摇险浪中,彪佳从容掖之上。俟后舟至,皆得生。"

《文稿》有《覆舟纪事》文,作于丙寅年(1626)夏日,详述遇险始末:"甲子仲春,予之官莆阳。道出延津,于初四日辰刻登舟,同舟者陈长白、田德如、王南皋及家僮四人。是时风日晴霁,波流迅涌,怪石突兀,舟行可逐奔马,予甚快之。然舟亦欹摇不常。予就榻少息焉,长白与德如争棋子,声丁丁入耳,不能假寐。起而觉稍饥,索食,舟人指前途曰:'至茶洋驿止数武,可饭矣。'盖顷刻而舟已历四十里,其地名金沙。因忆夜来梦境颇恶,向长白言之。语未竟而黑云插天,日为昼晦,方用惊讶,而舟为风所震撼者三,卒及于溺。予从窗中攀援而出,至覆舟之底;四顾茫然,雨雹骤至,惊魂欲绝,复趋避于舟之傍;见王南皋浮水舟际,仅露其首,予因掖之上。家仆多飘摇险浪中,独长白、德如在覆舟下不得出。时王南皋及仆之善泅者同予俱登舟傍,舟偏重,遂复反而阁于石,长白、德如乃恃以无患,予辈之在舟傍者又堕而之水矣。予持南皋肩,跨浮橹以及于石,石去水不寸许,犹在中流也。既而南皋及家僮相继俱坐石上,拾破笠以蔽雨。尚未识长白、德如之出水,许酬舟子以金往援之,而舟子恐,卒不往;长白、德如徐徐从舟傍出,予见之喜,大呼邻舟。金沙之铺役驾舟至,予令先渡长白、德如,次渡予辈之坐石者。及岸,铺役以小兜来迎。时长白头额伤,流血,予令舆人载之,而予与铺役步行。予足无履,石甚巉峭,步不能前。铺役背负予至其家,出邻家败絮破裳以易予衣之沾湿者;衙役一二人继至,掖予至内子舟。予作手书寄夏星槎,示金沙之居民,使经理败舟;予复顺流下,夜泊于茶洋。是日,予与长白等及家僮俱获无恙,惟一仆伤指,而舟子之溺者且五人焉。长年狎浪弄波而反不若予辈之仓皇得以全也,岂非天哉!丙寅(1626)夏月,与德如谈其时险厄之状,若觉若梦,多不复记忆矣。篝灯聊述次之如此。"文后附《祭舟子文》二篇,其一作于今秋设奠超度舟子时,其二作在此后以公务再经延津时。

三月初十日，到任。

到任时间据《莆阳禀牍》之《候驿传道沈禀帖》。

按，据清陈寿祺《福建通志》卷九十八《明职官·兴化府》，"驿传道沈"当即沈萃祯，天启间以按察副使分巡兴泉道。

旅次有七律《宁德道中　县境崔林有桃花洲》《罗源道中》之作。

见《诗集》。宁德、罗源皆闽地名，两诗所咏，皆桃花点点、新潮涨雨、布谷催农事的新春情境，符合祁彪佳二月赴任闽中情形，故当是赴任兴化府推官途次见闻。姑系于此。

在职廉敏洞达，称循吏。

旧谱："先生自幼杜门读书，凡切人情物态以至农贾琐细事初未闻见，熙熙如赤子；一旦受节推剧职，且莆为缙绅渊薮。或多笑之，且窃议夷度公不善教子，胡不使就教职姑藏拙，奈何未历世务，遽理刑名。及先生履任未匝月，神明仁爱之声顿腾八闽。如先生异姿故不可测，众方识夷度公之善知子、善教子也。"又称："时僚属士缙皆以先生固贵介，且弱冠掇第，必才气凌物，不悉民隐；而豪猾舞文辈，又以先生少不经事，可隐而欺也。及见，温然如玉，相对如坐春风，而民间利病、吏弊奸匿，以及狱情隐覆、钱谷纷纠，无不洞若观火，为老吏所不能过；生平未经见闻事，到即引刃立剖：一时无不惊异叹服焉。"

《祁彪佳集》卷十附明祁熊佳撰《行实》："先生自幼奉夷度公持身养心之学，杜门读书。及履任，僚属皆以先生为贵介，且弱冠掇第，不悉民隐，而豪滑舞文，可隐而欺也。及视事数月，民风利弊、狱情钱谷，无不洞若观火，迎刃立解，一时惊异叹服。"

清王鸿绪《明史稿》列传第一百五十《祁彪佳传》："吏民易其年少，彪佳剖决精明，庶务毕举，始畏服。巡按御史率依推官为耳目，其胥吏奸恶无问者；彪佳倡议凡访犯先从推官左右始：人服其公。居数年，政绩大著，以归。"

清温睿临、李瑶撰《南疆绎史》勘本卷十四列传第八《祁彪佳》："胥吏易其年少。及视事，剖决精敏，民间情伪无不洞知，始惊服。故事，巡按御史率依推官为耳目，其胥吏奸恶无问者；彪佳倡议凡访犯先从推官左右始：中外服其公。居数年，政绩大著。"

清张廷玉《明史》卷二百七十五《祁彪佳传》："始至，吏民易其年少。及治事，剖决精明，皆大畏服。"

清邵廷采《思复堂文集》卷二《明巡抚苏松副都御史世培祁公传》："除兴化府推官，定乱卒有能名。"

清穆彰阿《嘉庆大清一统志》卷四百二十七《兴化府·名宦》称之："天启末任兴化推官,遇事明敏,谳决多得情实。"同书卷二百九十五《绍兴府·人物》亦云："天启进士,授兴化推官,政绩大著。"

清四明西亭凌雪撰《南天痕》卷八列传九："授兴化府推官,未弱冠也。为人美丰姿,胥吏易之;及视事,民间情伪无不尽知,始相惊叹。"

朱彝尊《静志居诗话》："其司理莆阳也,虑闽人语近侏离,预遣人潜往置二粗婢,询其乡音。及升厅事,胥吏多操土语侮公,公佯不知。浃旬后,按籍遍召在官人至,一一声其罪,众惊以为神。"朱彝尊《明诗综》卷七十六所载同。

张岱《石匮书后集》卷三十六《刘宗周祁彪佳列传》："赴任后,寮属胥吏,皆以彪佳为贵介子,且少不更事,心甚易之;及理牍,凡民间利弊以及钱谷刑名,无不洞悉若老吏,郡属称为'神明'。"

夏,奉檄查覆郡邑,处事宽俭。

旧谱："往以是役为直指耳目,凡驱从、器饰以迨供应类无不与直指等;更以先生出阀阅,又新硎初试,诸邑遑遑恐不及。先生乃尽撤其驱从之烦者,尽屏其器饰之华者,日夕所需,无异儒生,一切迎送苛礼,俱为严谢。司理气焰,至先生为之一洗焉。夜送客,擎灯者失手误中先生冠,冠将堕,先生徐整冠送客如初,不少动声色。客去,灯役抟颡请罪,先生曰:'汝误耳。'竟宥之,又谆谆谕以自后须谨慎。闽中喧传谓'魏公器量见于弱冠时',可异也。"

五月,署兴化府印务。

署印时间据《莆阳禀牍》之《兴化府推官祁为申明撮借钱粮以便议补议销事》,今年七月呈。

又,同书《漳南道胡禀帖》："迩者潘知府移疾拂衣,蒙两院委署本府印务,以卑职之庸才驽质,宁堪胜此重任!揆之于分万当辞。伏思兴虽小郡,而目下数千待饷之军兵,以数千待试之儒童,倘不以庸驽之身勉为承当,则悠悠泛泛废弛益多,职罪滋大,卑职悚栗。"则因兴化知府告病,暂代其职责。按,天启间分巡漳南道胡某、兴化知府潘某,清陈寿祺《福建通志》失载其人。

是月,作七古《寄云间夏彝仲》。明年有函慰夏允彝进士下第。

见《诗集》。

又,《莆阳尺牍》甲子乙丑册有《与夏彝仲》函,慰其下第。

按,夏允彝(1596—1645),字彝仲,号瑗公,松江华亭(今属上海松江)人,崇祯十年(1637)进士,授长乐知县。明亡,与子完淳皆殉国。《明史》有传。著《夏文忠公集》五卷、《幸存录》。夏允彝万历四十六年(1618)弱冠中举人，此后久困公车，崇祯十年(1637)四十余岁方中进士。本诗"于今再问长安道，十九人中君最少""春风玉勒马蹄骄""芦笋尖烹五月天"观之，当为慰夏允彝万历四十七年(1619)首次春试落第后，为再试壮行。若是天启二年(1622)春试，则彪佳同在京城赴考，何需千里相思，故推知是天启五年(1625)，时允彝年未三十，于举人中尚称年少。则此诗应是天启四年(1624)夏作，姑系于此。又据崇祯五年(1632)日记《栖北冗言》，七月十三日应夏允彝邀赴其母寿筵。则其时夏氏已携家居京。

七月，与寇葵衷游武夷山，作七律《寄怀寇葵衷》、七绝《七月既望奉陪寇葵衷游九鲤湖因拟小游仙曲六首》《醉卧武夷舟中口占二绝》《未至武夷五里阻雨舟中口占》。

见《诗集》。

七律《寄怀寇葵衷》为贺寇葵衷三年考满之作，从其二"笔摇鳌柱年逢甲，郡跨蛟湖水向丁"可知，年逢甲，为甲子年；水向丁，为汀州。则寇是年从汀州司理考满。故彪佳与他同游时间，更在稍前。姑系于此。查《乾隆汀州府志》卷二十《名宦》："寇从化，灵宝人，进士，天启间授汀州司理。持大体，有廉介声。尝建龙江书院以课士，文风丕振。"当即此汀州刑官寇葵衷。祁彪佳初任莆田司理，多向从化讨教理事之道。《莆阳尺牍》甲子乙丑年册有《回汀州刑馆寇葵衷》多函，讨教刑名处置之法。

《诗集》中又有七绝《七月既望奉陪寇葵衷游九鲤湖因拟小游仙曲六首》《醉卧武夷舟中口占二绝》《未至武夷五里阻雨舟中口占》，与前诗风物时序一致，当作于同期。

八月，以兴化府推官为乡试同考官，取士得颜茂猷、郭符甲等。

旧谱："秋，入闱分考。先生掇第甚易，然深念宿儒困场屋，较阅者漫加批抹，乃矢心凝神，精详复核，不敢轻意去取，得士遂为一时之冠。漳郡颜君茂猷，淹贯五经，旁通二氏，是科场牍五经俱拈，得文二十三首；监试者几以例格之，阅其文佳，因录本经七艺入。先生阅之曰：'是邃理穷经之儒也。'荐之登隽。书榜时，核墨卷方知其详。颜君拈五经，乃以一经获售；先生阅一经，知其五经通贯，海内以为美谈。后颜君以学行受烈皇帝征，又以会场拈五经特赐进士，授仪部郎。又郭君符甲，先生阅其闱艺，曰：'是必劲骨清掺之品也。'亦登隽。为孝廉二十年，贫如寒士，岁授经得修脯仅足养母，应门惟一老妪，无童仆，士林目为海忠介一流，人故称为介庵先生。癸未(1643)亦成进士。"

　　清来集之《倘湖樵书》卷七《五经应试》："天启丁卯(1627)乡闱，闽人颜光衷茂献兼举五经，成文二十三首。外得之，以其文堪入彀，惜尔违式，命止录《易经义》以进吾乡祁世培彪佳。取中。追墨卷入对，始知其兼五经也。甲戌(1634)会试，亦兼五经，大座主不敢自专，题疏上请命，特中进士：故会录列其名于会元之前。"按，此书称"丁卯乡闱"，记时有误，应作"甲子"。清法式善《槐厅载笔》卷十一所载略同。

　　清李逊之《三朝野纪》卷五《崇祯朝》："福建颜茂献，会试全作五经题，外帘以为异。知贡举林釬为之题请，奉旨：'念其该博，准录送。'内帘主考不知上之属意也，置副榜首。出场后亦具疏请之，上命试录申列在第一名之前，准与廷试拔置第二甲第二名，皆异数也。颜中天启甲子乡试，亦全作五经。监临乔承诏以其越格令止录本经，进内为主考顾锡畴、房祁彪佳所取。其人故博学笃行，为士林推重，登第后授礼部主事，不久即故，或传其为仙去云。"

　　谈迁《枣林杂俎·五经登第》："崇祯甲戌会试，龙溪颜茂献五经题并作，分考官陈仁锡出闱特奏，上许其廷对，第进士，程录另列其名于诸贡士前。茂献乡举在天启甲子，亦全经；推官山阴祁彪佳异之，言于主司获荐；巡按御史为特奏，一时传异。后人效之。"

　　周之夔《弃草文集》卷二《寿世培司理祁老公祖序》："往岁甲子闽闱得五经颜子，实出司理祁公房。其冠则余姻林子志熹，与其六七人皆奇士。祁公得人之盛，一时名动京师。"

　　《莆阳尺牍》甲子乙丑年册《致何芝田》："弟于闱中得佳士五经俱全，今其文具在，谅仁兄相之骊黄外也。"据《世系》《家谱》，祁承㸁一女名寿姐，适山阴峡山何继洪，号芝田。

　　按，一般士子考秀才、举人、进士，除四书外，任选一经，若有通五经、愿兼考五经者，特许之。所谓"五经颜子"，即属此类。据《漳州府志》卷七，颜光衷，字茂献，衷白，又字壮其，龙溪人。崇祯甲戌(1634)以五经中进士，奉旨列正榜首，授精膳司主事。有《天皇河图》二卷。

　　张岱《石匮书后集》卷三十六《刘宗周祁彪佳列传》："甲子分闱，得五经颜茂献及郭符甲等，称知人，能得士。"张岱《蜀鹃舌血录》、查继佐《罪惟录》列传卷之十二《祁彪佳郭符甲》亦言及。

　　张岱《石匮书后集》卷三十二："郭符甲，闽人，天启甲子乡荐出祁忠敏门下，为孝廉。二十年岁资修脯仅足养母，无童仆，唯一老妪应门。士林目为海忠介一流人，称为介庵先生。乙酉(1645)起义于闽中，兵败死之。时方酷暑，七日后百尸俱败，独一尸砍脖下未殊而颜色不改，视之，则符甲也。为收葬之。"按,据清夏燮《明通鉴》,顺治三年(1646)八月二十八日,清兵攻克福州,兵科给事中郭符甲战败,身被数创死。

清朱彝尊《静志居诗话》卷二十一《郭符甲》:"字辅伯,晋江人,崇祯癸未(1643)进士。战没,葬海岛中。顾汉石悬首钱塘,六月无蝇;郭辅伯战死海澨,五百人尸糜烂,而四体不腐。忠义之足以感天地万物也。题《寓园松径》云:'长风何处起,清响落层湍。忽听晴空雨,翻飞午院寒。苍鳞移汉殿,铁干老秦官。即此开三径,徘徊尽日看。'祁幼文云:'春容大雅。'"

清李清馥《闽中理学渊源考》卷七十四《郭介庵先生符甲》:"郭符甲字辅伯,号介庵,晋江人。诞母家谢氏山庄灵鹫山下,山挺,众峰特立,公生而严正不阿,有岳峙伟概。自幼至壮,虽接谈宴集,竟日夜端坐,兀然未尝箕倚。少聪颖,过目成诵,凡天文、地理、星数、医卜、律剑、琴棋、画篆、书刻、骑射之艺,皆谙习。精通五经子史,垂髫即淹贯,八岁成举子业,研精于《易》,著有《墨诀》《易诀》《大小题笔要八法》行于世。天启癸亥(1623),年十九为学使周日台公拔儒士第一;甲子(1624)年二十登贤书,莆郡司李祁世培公分校所得士。乙丑(1625)下第,归读书恭定公祠以自励;戊辰(1628)下第后教读给日用,且供菽水,历漳潮、平和、饶平及齐鲁、丰沛诸郡邑,足迹不肯一踏公门,惟与生徒讲论,或娱诗酒、穷山水、搜胜探奇。其在平和也,有僧求公序文作衣钵计,遇盗欲杀之,搜见其文,大奇之曰:'此郭大人笔也。清操君子,汝获与游耶!'释之。僧袖文来谢,曰:'活我者此也。'因乞题简末云。斋地在大蓬山顶,公深夜读书,虎常来窗外伏听,每有咆哮超跃声彻于内,公著《虎听草》纪之。其在饶平也,邑人黄姓者求公书匾及门对悬挂;后其家失火尽烬,惟匾、对岿然仅存,人皆异之。饶令邱金声,公同里同年友也,居是邑三年不通一刺、谋一面。邱甚怪之,一日徒步造访。公闭斋门不纳,只隔扉问答。邱曰:'郭年兄何见拒之深也?'公曰:'尔治尔政,吾读吾书,公私互无干涉,决于尔治内终不亲觐也。'其狷介如此。其在丰、沛也,以地近圣贤,风多淳古,公意欲挈家卜居于此,乃积馆俸买阚家园地百六十亩,并构茅屋一所;嗣而值沧桑之变,所志乃不果。公二十年青袍,六上春官,崇祯癸未(1643)年三十九,宫春坊周巢轩公同校礼闱,得公卷大加器赏,曰:'此正气文字,必真人品也。'亟荐之。以誉朱鱼鲁待校改,乃定不置前矛,殿试二甲。假归里。甲申(1644)贼闯犯都门,闻三月十九之变,恨不与难。公为孝廉时,赠资德大夫辱庵公与赠太夫人谢母布衣疏食,怡然曰:'不可以吾两人易儿纯操。'公之卓行亦二尊人之遗也。"

十一月,代署莆田县印。亦因县官缺员代行职权。

据《莆阳禀牍》之《军门朱禀帖》:"卑职署印,自四年十一月起,至五年正月止。"

按,军门朱即朱一冯(1572—1646),字非二,一字明京,别号澹叟,江苏泰兴人,天启间以都察院左副都御史巡抚福建。

论交蔡定光,向蔡献臣借抄《册府元龟》,并委藏书家郭良翰校正。

《莆阳尺牍》甲子乙丑年册有《与蔡文学》函:"《册府元龟》,家君屡求而不得。闻老师有原本,乞世兄数行家书付敝役,致老师以为信,得取来录出为感。"同书稍前有函《与蔡文学》称:"读诸诗逼真袁石公矣,令人一读一叫绝。不肖向亦摩袁,然笔性不近,辄复弃去,所呈拙作,大抵皆唾余耳。惟是不肖有曲僻,此道颇解。闲居时构得一本,录呈尊览。然实不韵,幸勿多示人也。此中有能曲及藏曲家,乞示之。阅完乞掷还。不一。"又同书有《候蔡虚台》:"兹更有恳者,家严生平好书,宦游以来,省俸减餐,俱作书赀,犹日汲汲苦不足也。今笥中所藏,在眼前诸刻,亦多备者。惟是《册府元龟》一书原无刻本,购之无此厚赀,藏书中缺此一种,家严常以为念。今门生服官莆阳,家严以闽国文献地也,命求原本誊写一册,以备藏书之未备。求者久之,始闻老师笥中有藏者,欣喜无量,与世兄言,已允专致老师。今专役走恳,敢求老师用一箱封固发下,不过二月即可璧上,断不敢令蠹鱼侵蚀以负老师雅怀。前与郭朗山议,恐门生处犹不能必其无损失,郭朗老欲先抄一册,门生即以其抄者转抄,万无一失耳。承师命书四种,容另日购之奉览。"同书《与郭朗山》:"《册府元龟》乃蔡虚台之太翁宦敝乡臬司时所录者,不肖阅其首数篇,讹字甚多,且题头多错,若即付管城,以讹传讹,竟同画饼。恳台台先加以校正,令善书者速为誊写,不肖即乞抄本付诸役。一以防水火之患,一以免鱼豕之讹,即稍迟一月无妨也。留神是祷。"

按,蔡献臣,字体国,号虚台,别号直心居士。明万历三十七年(1589)进士,授刑部主事;天启三年(1623)夏抵南京,任南光禄寺少卿。蔡献臣万历四十六年(1618)为浙江提学官,童子试擢拔彪佳入府学,获秋试资格,故彪佳师事之。如《莆阳尺牍》丙寅年册《与蔡虚台老师》,即以"老师"呼之。蔡文学即蔡献臣之子定光,字静卿,号岂夫,后改名甘光,字稼卿。同安(今福建厦门)人。天启元年(1621)岁贡生,著《恢斋集》。郭良翰,字道宪,号朗山,别署尊生庵等,福建莆田人,生于嘉靖三十九年(1560)。万历中以父荫(南京兵部尚书郭应聘)授都察院照磨,升太仆寺丞,督赞江南,任贵州黎平知府。辞归,"力学绩文,以著述为事",筑"万卷书堂",为闽中著名藏书家。

清乾隆《莆田县志》有传。其自题《道德经荟解》时间为天启六年(1626)。从以上诸函观之,祁彪佳当在赴任兴化府推官后,借父命广泛搜求闽中文献,先就近致函蔡定光论交,以所作戏曲《全节记》相示,并求闽中曲家剧作并《册府元龟》,得定光先允诺,再致函蔡献臣索发书,同时委托闽中藏书家郭良翰校正其书,并觅书手誊抄。

镌刻莆士考试程文为《得士录》二集,为之作《拟观风叙稿》。

文见《文稿》。《祁彪佳文稿·杂录》亦收入,题名《拟观风录叙稿》。为哀辑闽士试卷所作序。

《莆阳尺牍》甲子乙丑册《与张华东师》:"偶试莆士,镌其尤者附呈老师郢裁。"张华东名延登。同书《与颜壮其》:"昨得佳卷,士争相传诵,求者甚夥,真纸贵洛阳矣。二百部外,更发一二十部,不必装订,以广莆士之见闻,不佞且藉光多矣。尊驾于何日启行?临风可胜注切。"颜壮其即茂猷。《莆阳尺牍》丁卯年册又有致颜茂猷函涉及此集事:"前刻《得士录》二集,求得大序,偶为记室所失,希再录以示。"则可知曾向颜茂猷求集序。

邹元标(1550 或 1551—1624)卒。

元标字尔瞻,号南皋,江西吉水人。东林首领之一,与赵南星、顾宪成号"三君"。著《愿学集》。

文学家钟惺(1574—1624)卒。

惺字伯敬,竟陵人。著《隐秀轩集》,竟陵派代表人物。

藏书家赵琦美(1563—1625)卒。

琦美字玄(元)度,号清常道人,南直隶常熟人。编《古今杂剧》,著《脉望馆书目》等。

天启五年乙丑(1625)　二十四岁

时事　魏忠贤兴狱构陷东林党人。正月复崔呈秀官。　翻"三案"以诋东林,起"六君子"狱。先是北镇抚司许显纯严刑毙汪文言,伪造供词称杨涟等受熊廷弼赇。致杨涟、左光斗、魏大中、袁化中、周朝瑞受酷刑死,顾大章自杀于刑部狱。四月,大学士刘一燝削籍。　九月,毁邹元标讲学之首善书院。　十二月,魏忠贤、崔呈秀等榜东林党人姓名于天下,东林受拷掠死者多。

是年三月,后金迁都沈阳,为盛京。

今年祁彪佳有公牍《莆阳禀牍》,藏国家图书馆;尺牍见《莆阳尺牍》甲子乙丑册,藏南京图书馆。

二月,彪佳以疾辞所署莆田县印。

《莆阳禀牍》中有作于今夏之《军门南禀帖》,言去年十一月受署莆田县印,二月初将莆田县印付予潘知府,后以潘有疾不能理事,转由周同知署印。按,军门南即南居益,时以右副都御史巡抚福建。潘知府其人不详,清陈寿祺《福建通志》卷九十八《明职官·兴化府》、清谢道承《福建通志》卷二十三《明职官·兴化府》失载其名。又据清谢道承《福建通志》卷二十三《明职官·兴化府》,崇祯间有同知周梦可,或即此周同知。

《莆阳禀牍》中另有《分守道恽禀帖》:"莆篆一节,原非遗大投艰,而卑职辞之至坚,且苦以重渎台聪,此卑职所局促惶惧、梦寐不安者也。但卑职必不可署之情,已具悉于前禀。而贱恙下血未痊"云云。当因过劳而至痔疮下血。按,"分守道恽",清陈寿祺《福建通志》卷九十六《明职官七》载:承宣布政使司左参政恽厥初,武进人。其前任茅瑞征,万历辛丑(1601)进士;后任朱大典,万历丙辰(1616)进士。则此"分守道恽"即恽厥初(1572—1652),字衷白,一字伯生,号知希居士,武进人,万历三十二年(1604)年进士;而府志所载"万历甲戌(1574)进士"时间有误,当做万历甲辰(1604)。

《莆阳尺牍》甲子乙丑册《与郭朗山》:"不肖一扇勿余,大抵积劳积感,至今支离床褥,未有起色。辱台召,未克趋赴,可谓缘悭矣。南曲传奇已刻、未刻者,台台笥中所蓄必多,乞以目录见示为祷。诸俟晤悉。"郭朗山即藏书家郭良翰。

春,督试兴化府童生。

《莆阳尺牍》甲子乙丑册有《候蒋若椰年兄》:"弟客秋试府遗才,今春试莆儒童。"蒋德璟(1593—1646),字中葆,号八公,又号若椰。泉州人,祁彪佳同年进士。尊经阁藏《寓山志·注》存其五绝《丰庄》,注:"蒋德燥,八公,晋江。"

夏,辞兴化府童生考务。

《莆阳禀牍》有《布政司黄按察司胡禀帖》:"所以本府印务,虽经两辞,而犹然摄视者,已十阅月。乃于其中料理试事者一月,勾稽奔走者四月,是皆卑职之职守应尔也。今诸役未竣,回府尚无定期,而适奉学道有考试之檄……伏乞老大人,俯赐鉴原,准职辞免,别委贤能,以重试典,以固地方。"按,据清陈寿祺《福建通志》卷九十六《明职官七》,"布政司黄"即黄景章,鄞县人,万历丁未(1607)进士,天启间任福建布政使司参政。"按察司胡"为胡尔慥,德清人,万历三十二年(1604)进士,天启间为漳南道副使。

秋,长兄麟佳送母至闽就养于彪佳署。彪佳为其游闽诗作《书诗草后》。

据旧谱以及《莆阳禀牍》之《军门南禀帖》。禀帖上呈福建巡抚南居益。

又《莆阳尺牍》甲子乙丑册有《候黄跨千父母》："兹大家兄某送家慈至邸舍，策蹇归里，敢一望颜色，乞老父母进而教之。大家兄力志伊吾，数载不售，苦心可念也。"则送母至闽署者，为长兄麟佳。按，黄鸣俊（1590—1646），字启甸，号跨千，莆田人，万历四十七年（1619）进士，曾任诸暨知县、会稽知县。

彪佳为麟佳所作《书诗草后》，收入《远山堂文稿》，《祁彪佳文稿·杂录》题名《书诗叶后》。文称："伯兄氏入闽，探奚囊得古近体各数章，皆驴背上口占。溪花林鸟，收拾诗肠。七闽山水穷寓内之变，伯兄诸诗又穷山水之变。比入署，复煮茗苦吟；吟罢，偕弟抚掌相和；既而镌纪以归，字句中尚带寒署风味。弟置诗草斋头，亦犹夜半鸡窗抵足谈文时语也。"则麟佳游闽，多有诗作，彪佳为之刊印成卷。

《莆阳尺牍》甲子乙丑年册有《与平和令萧极涵》："小刻附博郢裁。家兄入闽，得诗数首，以灾之木，并用附览，知大方为一捧腹也。"所刻即麟佳入闽诗。按，据清陈寿祺《福建通志》卷百之四《明职官·漳州府》，萧之桢，蓟州贡生，天启间任平和知县。

作五言古诗《鲁彦陈秋日偕韵士游九漈，自碧濑、莒溪而上，探麦斜之胜，游人罕有至者，是为鲤湖别开一境界矣。度何岭，过龙华、宁国两古寺，眺凤顶之峰，憩三会之刹，而仙门、石壶、水帘诸洞出米伏莽，蔡公诸岩皆搜奇及焉。每游辄有咏，胜地得名而不朽。于其归也，谩赋二十九韵问之》，并作文《陈鲁彦南北山游草序》。

见《诗集》，《诗始》题作《鲁彦陈词伯秋日偕韵士游九漈，自碧濑、莒溪而上，探麦斜之胜，游人罕有至者，自是为鲤湖别辟一境地矣。度何岭，过龙华、宁国两古寺，眺凤顶之峰，憩三会之刹，而仙门、石壶、水帘诸洞出米伏蟒，蔡公诸岩皆搜奇及焉。每游辄有咏，胜地得名言以不朽。于其归也，谩赋三十二韵问之》。诗曰："我昔志五岳，今为尘世隔。偶读初游篇，形解且意释。挥手谢簿书，愿言息劳役"。序见《文稿》，注："鲁彦游在乙丑之秋，诗成属予，及脱稿，小巫几欲覆瓿矣。不再岁，予踉跄归，与鲁彦含泪作别，都无一言。不觉寒暑三易，偶是稿简之败箧中，亟觅尺鲤以代寒温。鲁彦试阅焉，不知有泪痕几许也。"序作于今年，注在崇祯三年（1630）添作。

《莆阳尺牍》丁卯年册有《与陈体玄》："台台饱挹山光，胜地增一佳，而诗囊亦当满颗颗明珠矣。"又，南图藏《远山堂尺牍》庚午年册有《与陈体玄》："忽于敝箧中简得旧稿一纸，盖在署中为台台序胜游者。"即上《陈鲁彦南北山游草序》，当以此序寄馈故人。陈鲁彦名钟峦，字或号体玄，莆田人。

作七律《题金氏节孝承恩集》。

收入《祁彪佳集》卷九,《诗集》《诗始》皆不存。

从诗中"恩纶已庆传丹陛,何数山城竟勒诗"可知,为在闽期间贺金兰举进士作。《金氏节孝承恩集》为一组记载金氏家族节孝事迹的石碑,绍兴市档案局赵立撰《〈金氏节孝承恩集〉古碑发现抢救始末记略》,称碑记此集为金兰举进士后乞皇恩所立诸碑。又参《明人室名别称字号索引》:"金兰,字谷生,号楚畹,山阴人。"查《明清进士题名碑录索引》,金兰为天启五年进士。故诗亦当成于今年。

天启六年丙寅(1626) 二十五岁

时事 魏忠贤再陷东林党人。正月编《三朝要典》,六月成书。 二月,遣缇骑南下逮原应天巡抚周起元、左都御史高攀龙、吏部员外郎周顺昌、谕德缪昌期、御史李应昇、周宗建、黄尊素等。 三月,苏州士民逐缇骑,杀旗尉,拒捕周顺昌;巡抚毛一鹭飞章告变。颜佩韦、杨念如、周文元、马杰、沈扬五义士舍身投案。葬虎丘旁,称"五人之墓"。 周顺昌、黄尊素自行投案。 高攀龙投水自杀(1562—1626)。 此后,缪昌期(1562—1626)、周顺昌、周宗建、黄尊素(1584—1626)、李应昇、周起元受酷刑死。 浙江巡抚潘汝桢请立魏忠贤生祠,各地效尤。 阉党互轧,顾秉谦、冯铨罢。吏部侍郎施凤来、张瑞图、詹事李国㯭入阁。

是年正月,后金兵攻宁远,袁崇焕退之。 八月,努尔哈赤死。 九月,皇太极立,是为清太宗。

今年祁彪佳有公牍《莆阳禀牍》,藏国家图书馆;尺牍见《莆阳尺牍》丙寅年册,藏南京图书馆。

受命摄仙游县篆,以力不逮辞,未准。

《莆阳禀牍》之《布政朱禀帖》:"卑职某自省归莆,即闻本府有委署仙篆之议,详文已达台下矣。……且其不便之处,今亦未敢深言;而独是代庖叠责之一身,似亦非政体之平。二载屡承以三篆"云云。然辞而未获准。"三篆",指兴化府篆、莆田县篆及仙游县篆,皆以该任缺官,暂兼理事。按,据清陈寿祺《福建通志》卷九十六《明职官七》,此"布政朱"当即布政使司右参政朱大典(1581—1646),字延之,号未孩,金华人,万历四十四年(1616)进士,天启五年(1625),为福建按察副使,升福建布政司右参政。

旧谱:"偶署郡邑篆,赎锾仅充积谷,间有不足,补以俸资者。"

夏秋间，莆中干旱，祷雨有应，作五律《前喜雨诗》《后喜雨诗》各四首。

见《诗集》。据诗题知作于今秋。诗自注："莆禾凡两布。丙寅岁夏、秋两遭旱，余不敏，代视府篆，愉戚与民共之，偕士氓祈祷惟谨，幸所祷辄应。初不越两旬，近郊滂沱；继未逾十日，山麓海陬颇称沾足。莆是岁几称大有。聊草俚言纪之，兼以志喜。"

《林居适笔》："(1636)六月二十五日，午后作喜雨五古，因阅莆友向所和予《喜雨》五律若干首。"莆友向所和，当即此组诗。

受命勾稽并摄篆仙游县，以老母在寓暂请延期。

据《莆阳禀牍》之《建南道贺禀帖》："卑职有禀者，按台行部，刑官奉委勾稽，例也。卑职自揣谫陋，无足以奉宪承令，倘按台不以为甚，不肖则东西南北惟所命之。但卑职有老母在邸，含依依鸟乌之私，稍有一日人子之乐，拟于秋末送归，在署止数月之期矣。倘于此时勾稽他郡，地遥身隔，似难为情。卑职近有仙篆之委，亦冒昧悬辞按台者，虽以才短不能理钱谷，而此段至情，亦不能已已。至秋后，则惟束身以听驱使耳。"按，据清陈寿祺《福建通志》卷九十六《明职官七》，"建南道贺"或即贺万祚，嘉兴人，万历甲辰(1604)进士，天启间任福建按察副使。

夏日，追述前年赴任途经延津覆舟遇险始末，补作《覆舟纪事》文。

文见《文稿》，称："丙寅夏月，与德如谈其时险厄之状，若觉若梦，多不复记忆矣。篝灯聊述次之如此。"

八月十二日，作五律《陈鲁彦民部结社西岩，名流云集，诗成汇囊帙以示，愧余俗吏不能载酒相和，神已栩栩往矣，爰赋二律寄怀，时中秋前三日》、七律《陈体玄招集西岩》。

见《诗集》。

《莆阳尺牍》丙寅年册有《与陈体玄》言公事繁忙，不能参与西岩佳会。《莆阳尺牍》丁卯年册有《与陈体玄》："台台饱挹山光……而诗囊亦当满颗颗明珠矣。"皆提到出游事。陈鲁彦名钟峦，去年游九漈，彪佳作诗问之。

秋末，姊夫何芝田至闽接祁母归浙。彪佳为其入闽诗作《书诗草后》。

据《莆阳尺牍》丙寅年册《与何芝田》。

旧谱："先生诸兄弟俱在家，王太夫人念之。秋，送太夫人归。"

《文稿》有《书诗草后》："秋初，芝田入莆，予喜极把臂。未及询诸梓戚状，而芝田亟亟发箧取所作行草以示。大都自越而闽，每遇必有咏，每咏必畅其遇。岩滩之清峭渊洌也，武夷之明秀蜿逦也，剑津之怒腾犇壮也，与夫海色江云若灭若没、雄奇而浩渺也，予不能写而芝田之诗写之，予不能写芝田之诗,亦惟诸山水自写于境寓已耳。芝田归矣,吾家道上千岩万壑固自在也,以啸以咏,与鉴曲湖光相掩映可乎?"此文亦存《祁彪佳文稿·杂录》。据《世系》《家谱》,何继洪,号芝田,山阴峡山人,娶承㸁女寿姐。

五律《宿崇安彭本之文学山房因题以赠》当作于此时。

见《诗集》。

诗称"吏俗",知在推官任上,又称"雏菊犹惊露,寒花似带春"。"寒花"即菊花,多开在深秋。

《莆阳尺牍》丙寅册有《与彭本之》:"日者一枝借栖,深荷垂注,言念高谊,日不去心。不佞于十一日始抵莆,而簿书冗集,又复困人矣。不佞于传奇一道,颇有嗜疢之僻,每恨耳目未广。白门固藏书薮也,欲将未获诸本,祈门下购之。敝箧中所蓄者,列单奉览,不必再购也。不既临风。"所言即今年宿彭氏山房事。或因秋末,姊夫何芝田接祁母归浙,送之归浙,经崇安,曾借寓彭氏山房。由函观之,丙寅年彭氏将往南京,彪佳乃托以购戏曲。之后戊辰年(1628)《与彭本之》有"门下大雅宏博"语,因彪佳今年任乡试同考官,故以闽中士人为其门下。彭本之,崇安人,生员,事迹不详。

父祁承㸁晋江西参政分守宁太道,以疾暂归休养。

据陈仁锡《大参祁父母夷度先生传》。承㸁天启四年迁河南兵备金事备兵磁州,至今已满三年,正常升转江西参政。

明吴应箕《启祯剥复录》卷二:"(天启五年十二月)吏部覆丁绍轼题:……堪任边道者为丘志克、杨邦宪、祁承㸁、陈陛、韩元善、胡平表。工科给事中杨所修荐,曹钦程报闻。"

《莆阳禀牍》有《分守福宁道朱禀帖》:"谨禀:卑职屡接家报,家父抱恙出都,痊而复剧者,再不能即赴宁泰之任。"福宁道为朱一冯,天启六年下半年升都察院右金都御史,巡抚福建。则此时承㸁已经遭疾暂休。

冬,三年考满,循例原职任事。

据《祁彪佳集》卷十所附明祁熊佳撰《行实》。

推官署中缺视事之堂,乃修刑馆堂,作《新建刑馆堂并题名记》。

文见《文稿》。文云"值岁在寅,卜时曰吉",故知建于今年。

恳陈钟峦助力刻制活板千字韵牌。

《莆阳尺牍》丙寅年册《与陈体玄》:"弟欲作千字活板,乞台台以所刻千字,烦一名手书之见示。字即如佳刻弟辈浸溪诸咏者可矣!望即见示,以便发厥剞氏。昨见唐生家一活板字颇佳,不知台台识此写字之人否?此韵事也,知台台不以为琐渎。"稍前又一函致陈:"韵牌字敢烦台台一校之,内字有难入于诗句者,求台台易置数字,如何? 又甚恐易于重出也。牙牌及工资已付刻手,倘已得佳字,乞台台呼而与之刊刻,更求小史一之。"此后又一函:"小春之候几近暑,贱体委顿,未侍麈教,不啻如调饥矣。活字已先刻成千匣,亦令张匠置之矣,无烦清念。容以小诗刷印者供台台一捧腹也。末欲数语跋大作,以附于不朽,但不敢草率污梨枣,敢请以异日为期。……附闻外韵中有平仄共字者,虽属两韵,似可并而为一,再烦记室一命刊之为祷。"同年又函云:"韵牌字乞一昭台台笥中者,前小价所抄恐有误也。"此后《莆阳尺牍》丁卯年册也有函言此事:"牌谱校正之,合古参今耳,梓以广传,亦大韵事,台台亦有意乎,临楮不既。"函当系今年作,错入丁卯年者。

又,同年有《与柯文学讳士藻》:"昨惠诗签,诚雅集韵事也。细检平仄一千二十字,兼韵脚八十字,共一千一百字,无有遗漏否? 枯肠偶索,殊少佳句,奈何! 不既。"所欲刻千字韵牌,当以此诗签为参据。

读吕天成《曲品》,受启发欲作《远山堂曲品》。遂致函吕师著,索其父所作所藏戏曲。

《莆阳尺牍》丙寅册有函《与吕》:"尘冗之余,偶读尊公老亲翁《曲品》,鉴赏之精,可足千古。因忆尊公老亲翁所制诸调,皆黄钟大吕之音,字字可垂不朽。而自《神剑记》之外,余皆未及一见,窃以为恨。凡已刻者,俱乞老姊夫简惠,未刻者并掷一抄,不啻拜百朋之锡矣。再有,《品》中所载诸曲,皆生平未尝经目,而必为邺架之所有,兹录其目以奉清览,不知可得借阅否? 若沈词隐诸本为尊公老亲翁所手校者,半在敝斋,已令书坊刊刻,原本随当附璧。外不腆一芹,仰祈鉴存。"此"吕"为吕天成子吕师著,余姚人,毛奇龄《西河集》有《敕授江宁北捕通判吕师著墓表》。师著妻祝氏为彪佳表姊。

得何兰池惠以传奇,函谢之。

《莆阳尺牍》丙寅年册有《何兰池》函:"匆匆一晤,主人礼缺焉未展。正望沈太翁至,攀台台未一夕佳话,不意台体偶有采薪之忧,弟适在冗极,不获躬候,罪歉罪歉。道尊前敬致台意,勿敢忘也。承惠传奇,弟所求而未得者,今贫儿骤富矣,并此附谢,不既注切。"从函观之,何兰池时亦在闽任职,故用彪佳向上官致意。查《明人室名别称字号索引》,有何舜龄号兰汜,或即此人。祁氏日记尺牍,颇多别字,此"池"或是"汜"之误会。何舜龄(1566—1632),字廷永,号兰汜,浙江台州临海人。明万历三十七年(1609)举人,登副榜进士,署萧山教谕。天启二年(1622)升福建泉州同知,职司海防。持檄招安郑芝龙。崇祯元年(1628)转山东盐运司同知,加运使。有《兰汜杂稿》。

托柯尔珍代书作贺诗。

《莆阳尺牍》丙寅册有《与柯尔珍》道："昨以海道尊来，未意阻良晤，怅也如何！所恳大作，乃贺福州捕馆王老先生者。此公曾署各邑，又曾解粮，今督造戈船，皆其劳绩也。乞七言律二首，一太翁致贺，一弟致贺者，每诗后一行即书衔名。小轴并奉，乞椽笔一挥，惟稍速之是祷。"柯名士藻，字尔珍，闽之诸生。彪佳今年刻千字韵牌，曾得柯氏赠诗签。又，"海道尊"，当即何舜龄，为海防同知。"福州捕馆"，为福州粮捕通判或总捕水利同知，《同治福建通志》载天启年间任福州府同知王姓两人："王凝命，有宦迹。""王□，赵州人，天启壬戌进士。"天启之后福州府通判无王姓者。而天启壬戌进士此时不可能已经官至同知或通判，则此"王老先生"，或即王凝命。

托郭良翰为长女祁德渊觅相士卜算。

《莆阳尺牍》丙寅年册有《与郭朗山》："适有一女，命此中有善星术者，乞尊使令之推算以示。琐事烦渎，临楮□□。"祁彪佳长女德渊生年未详，其余诸女皆幼于理孙，理孙明年正月生，则此女当即德渊。藏书家郭良翰，号朗山。

季兄祁骏佳列贡选，未中。

《莆阳尺牍》丙寅年册《与唐遁庵》："兹家兄骏佳又荷鼎植，得列贡选，此高厚生成超出寻常万倍，而某举家之铭刻，又有非可言喻。"下有《与张丹霞》函："家兄贡录、贡卷奉台览。"骏佳实际崇祯元年（1628）选贡，则此次列名而未得选。按，唐遁庵当即唐世济，万历二十六年（1598）进士，天启元年（1621），任佥都御史，巡抚南赣；历任南京刑部右侍郎、兵部左侍郎，为魏忠贤矫旨罢官；崇祯元年，复原职，以参劾参军高出放归。张丹霞当即张延登，天启五年（1625）以副都御史巡抚湖广，六年以继母丧归，七年复为两浙巡抚。

幼弟祁象佳结姻朱燮元女。

《莆阳尺牍》丙寅年册有《与朱恒岳》："舍弟象佳，幸以蓬荜之子结褵名门，但恐未谙世务，颙祈明训玉成。"

明刘宗周《刘蕺山集》卷十三《恒岳朱公墓志铭》："女一，适太学生祁象佳。"此文亦见《刘子全书》卷二十二。

按，《世谱》称象佳（1612—1646）妻都督后府都事朱兆宣女，朱燮元孙女，生于万历三十九年（1611）辛亥正月廿九日，卒于康熙九年庚戌（1670）闰二月廿二日，享年六十岁。所载有误。祁彪佳子班孙娶朱兆宣女朱德蓉，第二女适朱兆宣子尧日，则祁象佳与朱兆宣同辈，所娶是朱燮元女。朱燮元天启四年（1624）以兵部尚书兼督云南、贵州、广西军务；今年六月，丁外艰离职。

曹洞宗湛然大师圆寂。

据《祁彪佳集》卷四《东山尔密渡禅师塔铭》。塔铭系为湛然弟子释明渡而作。据铭，云门山显圣寺湛然禅师圆澄，系曹洞宗英特之士，道法盛极一时，于传法授受其为慎重，密验精勘，终席仅得徒众七人。湛然圆澄著有《湛然澄语录》，现存《佛藏》。

《乾隆绍兴府志》卷五十七《仙释》有湛然小传称："圆澄字湛然，东关人，俗姓夏。诣天荒妙峰，薙发为僧，云栖莲池（袾宏）以古佛期之。掩关者六年，适大觉慈舟（方念）谒南海还寓，止风涂，相问契洽，遂付嘱焉，时万历辛卯（1591）也。历诸劳瘁，向不晓文字，一旦豁然，直接曹洞之宗。开辟显圣道场，讲经说法，俱有妙理。祭酒陶望龄□敬礼之。法传明怀、明雪、明方、明渡、明盂。"释湛然与祁承㸁交谊颇深，《祁彪佳集》卷二《石雨大师（明方）语录序》称祁承㸁"师事云门"；又按，祁承㸁生于嘉靖四十一年（1562），卒年后湛然两载，在崇祯元年（1628）十一月。取释湛然圆寂之年逆推，则两人订交约在万历二十四年（1596），其时承㸁三十五岁左右。从他师从湛然来看，湛然年纪较大。祁承㸁《澹生堂藏书约》自称"癸巳（1593）读书云门僧房"。时湛然和尚已设立显圣道场，名声大噪。则祁承㸁与释湛然早在此时或稍前就有交往。《祁彪佳集》卷三又有作于崇祯九年（1636）的《请石雨和尚（明方）住显圣书》："昔先大夫从令师湛和尚为方外交者三十年，受益良多。"云门即湛然和尚。祁彪佳兄弟和湛然法嗣交往亦契密。《请石雨和尚（明方）住显圣书》下文云："今大师具过师之智，为云门法嗣，而贱兄弟又得时时法座提耳命面，不啻父师之于子弟。不知寒门有何薄缘，得世受知识之教，其为庆幸，可胜言喻"云云。《祁彪佳集》卷四《会稽云门麦浪禅师（明怀）塔铭》也提到："今彪兄弟知有西方圣人之道，而季兄（祁骏佳）得承宗门事，皆师（明怀）导引之力。"麦浪禅师为湛然大弟子，法名明怀，坐化后，祁氏兄弟施地为之筑塔。

清李慈铭《白华绛柎阁诗集》卷壬有《初冬携舟至平水溪口，由望仙桥入宝严寺，夜宿澄公房二首》，其二注："此寺自陶文简与湛然结方外之交，其后祁忠惠、祁止祥、王季重、家太若先生常往来寺中。"民国徐世昌《晚晴簃诗汇》卷一百七十三亦收入该诗。则湛然亦曾居宝严寺。

天启七年丁卯（1627）　二十六岁

时事　后金攻朝鲜，朝鲜议和。　　五月，皇太极攻宁远、锦州。六月，被袁崇焕击退，称"宁锦大捷"。　八月，明熹宗驾崩(1605－1627)。弟信王朱由检嗣位，是为思宗。　十一月，思宗列魏忠贤罪，置凤阳，魏自缢死(1568—1627)。魏门五虎之首崔呈秀自杀。　罢镇守中官。　免天启被捕诸臣"赃"，释放被捕家属。　罢阁臣黄立极。　十二月，南京吏部侍郎钱龙锡、礼部侍郎李标、礼部尚书来宗道、吏部侍郎杨景辰、吏部侍郎周道登、少詹事刘鸿训入阁。　杀客氏。捕许显纯、田尔耕下狱。毁魏忠贤生祠。

是年三月，陕西澄城饥民王二因岁饥政苛率众起义，明末农民大起义始于此。

今年祁彪佳有公牍《莆阳禀牍》，国家图书馆藏；尺牍见《莆阳尺牍》丁卯年册，南京图书馆藏。

兴化推官任上。正月，次子理孙出生。郭良翰赠药。

《莆阳禀牍》有《平盐道林禀帖》作于今年正月，云："卑职之室人适于此月临盆，迩又多病，欲为之求医问药，署中并无一族半亲，未免稍有顾虑，若今日分娩，明日即可外出，否则斗胆敢以此月望前为期，至望后则不敢再迟，亦不能再顾也矣。"按，据清陈寿祺《福建通志》卷九十六《明职官七》，"平盐道林"当即林绍明，会稽人，万历甲辰(1604)进士，天启间任福建按察副使。

《莆阳尺牍》丁卯年册《与郭朗山》："昨幸生一儿，皆台台云天之庇，且拜佳药，不啻生我，感铭何如。"郭朗山即藏书家郭良翰。

三月，三载奏绩，如例留原任。

旧谱："在莆多美政，如慎刑狱、恤民隐、卫民生、得军心、戢下役数者尤著。""先生洞悉民隐，曲体民情，虽理刑名，实如慈父，士民无不尸祝焉。"

处决海盗甚慎。

据旧谱。

《祁彪佳集》卷十所附明祁熊佳撰《行实》："时海寇窥视，抚军授以符曰：'获寇斩以徇。'先生以抚绥为主。首捐俸筑土堡，练乡兵，所擒获胁从及为盗不久者，皆薄责释之。惟数人为久盗，犹不忍即决，令狱卒善慰谕之，陈酒食使陈海上情形，盗咸醉饱，不觉吐实，方以真盗决。"

明谢晋撰《右佥都御史巡抚祁公传》："时海寇流劫，抚军檄公捕治，得即斩以狗。公所获协从辄责释之，惟积盗数人，令狱胥善饮食之，盗感甚，乃复设酒食庑下，令醉饱，使各陈海上情形，盗亦不自意其吐实也。"

《莆阳禀牍》有《新军门朱禀帖》禀形势："贼中有旧总张国宁狡而贪，可以利诱分芝龙之势。……闻之同绅云，贼舟三分之一在漳，一在同，一在安海间。今在海岸报水抢掠者，非尽芝龙之意，亦非尽芝龙之党，多系他贼乘机假名,一擒斩便自披靡。"同书另一《新军门朱禀帖》:"迩来海氛孔棘,警报狎至,十九日之焚舟已见告矣,今二十四日之失事又见告矣。前粤东柘林焚一寨,碣石杀一总四哨,已经题参。今之挫衄,不在粤东下。老大人执百简以绳将吏,霜凛风行,固自有赫赫宪法也。但今贼势猖獗,即抟空出奇之手,必不能舍船、饷、兵三事,别有防御之法,而今已皆荡然无余。老大人似宜大发布司西库及漳府军饷,尽贮泉州,募船招兵,声言必剿。"禀帖上呈福建巡抚朱一冯。

《莆阳禀牍》又有《分守福宁道朱禀帖》:"郑芝龙倘能剿之,功当在擒红夷之上。盖红夷于我不过求互市,于郑则有垓下之深怒者,患在彼而不在我。若钟六不除,即将来之郑寇,而郑恐为杨禄矣。"按,据清夏燮《明通鉴》,时郑成功父郑芝龙横行海上。天启三年(1623)正月,荷兰据澎湖、台湾,继而被逐出澎湖,而据台湾如故。四年(1624),葡萄牙侵台湾。今年七月二十三日,海盗寇广东。又据《明清史料戊编》第一本《彭湖平夷功次残稿》,天启四年五月,朱一冯仍担任分守福宁道参政之职。而天启六年(1626),朱一冯授都察院右佥都御史,巡抚福建。则此函作在天启六年之前。

简讼恤民。

旧谱:"莆中多讼,先生阅旧牒,以刁讼者居半,严法禁之,讼遂稍简。又莆中粮额不均,至发奸弊;更有产属豪右,粮存贫户,贫民日受敲扑,而豪右置之不闻。先生力陈其弊,必令粮随产出,贫户如获更生。往征收只督现役,而花户、宦户绝不相关,莆民畏现役为阱;先生力主现役与花户同比,宦户与民户俱严。现役既苏,完课遂速。闽中豪右与奸民相缘借名助饷开行,实私税也,小民一菜一果无免者。官不获一,奸豪获百。先生力请上司尽报罢。"

善卫民生。

旧谱:"莆滨海亟水利,泮城陡门其要也,而久废,先生首捐俸筑之。郡城军少,练乡兵增城守;余村落亦以保甲法练乡兵御盗。鼓舞中寓抚恤,民不扰。涵江镇百货俱集滨海要区,他镇悉有土堡,涵江独无,先生复倡议筑之,民居以宁。先生查核建郡,时值米缺价涌民饥,先生即严闭籴之禁,搜积屯;又严强籴之法,卫屯户:米遂流通,价渐平,贫富皆利焉。"

《祁彪佳集》卷十所附明祁熊佳撰《行实》:"时米缺价涌,饥民遑遑。先生即严闭籴之禁,搜积囤,又严强籴之法,卫囤户。米价既平,贫富咸利焉。"

《文稿》有《修阔口闸疏》一文,称莆阳郡城东阔口实疏郡城之脉,岁久湮塞,诸生方天宗等慨然欲濬之,于是相与谋鸠工。即是此间所作。

能得军心。兴化兵变，奔赴平息。

据旧谱。

又董旸撰传称："兴化以防海故集兵，军糈稍稽，群哗。藩使者、门守令诸人慑息不敢出；公挺身往谕，皆敛手。谕以五日给如数，继复谕以：'缺糈，尔辈私情固当恤；犯上，朝廷公法不可废。'令自推为首者缚送藩使者治，遂帖然。"

《莆阳禀牍》另有《新军门朱禀帖》禀告朱一冯："卑职初一日始还莆，而二十九日已有该营鼓噪之事。典郡向因乏粮，故于寨营每事姑息。卑职每言中路不至如泉、漳之破坏，地方究恐以痿痹失之。饷缺四月，累岁皆然，时方散粮，各兵已鼓腹，夫变不生于缺粮明矣。虽该总之详称挪移先后两起，夫挪移固毕竟因无粮，然不哗于府而哗于寨，其意或别有在也。处之法似不可不严，严其首而宽其余。"

张岱《石匮书后集》卷三十六《刘宗周祁彪佳列传》："时兴化防寇，集兵缺饷，哗藩司门。郡邑懊缩不敢出，彪佳挺身往谕，刻期给饷，一时敛辑。复令自推为首者，缚送藩司治之。事遂定。"

清陈济生《天启崇祯两朝遗诗小传·祁忠敏公》："郡兵以饷稽哗于藩司，公挺身往谕，刻期给饷，皆敛手不敢动。复令自推为首者，缚送藩司治之，众皆帖服。"又，清徐开任《明名臣言行录》卷九十四《巡抚祁忠敏公彪佳》同其说。

明谢晋撰《右金都御史巡抚祁公传》："郡中防寇集兵，军糈稍稽，群哗藩使者门，郡邑慑息不敢出。公挺身往谕，皆敛手诚无哗。公谕以五日给如数，至期往给之。众感戢。公复谕以：'缺糈，尔辈私情固当恤；犯上，朝廷公法不可废。'众抟颡请死，公令自推为首，缚送藩使者治。众遂帖然。"

慎戢下役。

据旧谱。

《祁彪佳集》卷十所附明祁熊佳撰《行实》："从前直指权寄司李，故司李诸役，虽巨奸积蠹，无敢过而问者。先生曰：'直指以摘奸责司李，奈何为藏奸薮。'遂倡议，凡访衙蠹，先求司李。识者谓先生戢下役，得自治治人之道。"

春，构《武举录序》。

据《莆阳禀牍》之《按院赵禀帖》："卑职伏蒙宪谕，即构《武举录序》。自愧固陋不文，无足当老大人任使，谨呈二篇，以候裁夺。正在脱稿缄封，而宪谕再颁，卑职闻命恐惧，吮毫和墨，勉竭其愚，成一题一策，并上呈台览。"此两文一题一策今皆不见。按，据清陈寿祺《福建通志》卷九十六《明职官七》，"按院赵"为赵任昌，掖县（今山东莱州）人，万历丙辰（1616）进士，天启间任福建巡按。

作七绝《有所思》四首。

见《诗集》。《诗始》题后有"丁卯稿"字样，则可知作时在今春。其二"忽忆闺中深寂寞，几多春色上窗纱"，其三"而今小别如天际，梦里长吟彼美诗"，当为王事孔棘、奔波怀内之作。

夏，以疾辞所兼署之仙游县印及武试事务。

据《莆阳禀牍》之《分守道恽禀帖》："待罪簿书已几四载……卑职自省趋回，下血之症益甚，正需调理。武闱之役，且有嫌怨之难理，并祈老大人别委贤能，敢此重乞台慈。"分守道恽即恽厥初。

同书《按院赵禀帖》云："入春来，贱恙患脾患血，纠缠不已。"按院赵即赵任昌。

又，《莆阳尺牍》丁卯年册有《与方医生应隽》："贱恙便血是湿热，似与脾胃相关，所以迩来脾胃通塞"云云。其疾当为痔疮。

秋初，作《芝城道中寄内》

见《诗集》。《诗始》题后有"丁卯作"，可知作时。彪佳天启四年（1624）二月入闽，五年（1625）秋长兄麟佳送母入闽暂住，六年（1626）秋末姊夫何芝田来迎母归越，七年（1627）举次子理孙。则妻商景兰天启五、六年必在闽。从其一"初别卿时暑未收，西风一叶又清秋"来看，妻子若随母先归越则时序不对。此或妻在闽寓，而彪佳以任事巡行至芝城（建瓯）时作，故有其二"方才涉水又登山，涉水登山行路难。但愿新秋余一枕，卷书杯酒暂安闲"之祈愿。

为郑姚如、朱肇韩、郭乾初作制义序。斥诡谲文风，崇尚冲穆玄澹、自然致奇。

三文皆收入《文稿》，《祁彪佳文稿·杂录》亦见收。此三人皆今年闽中乡试新中式举人。

郭序："乾初少具夙颖，及长而骞云。人或疑为翩翩裘马中人，而不知其淡嗜苦工，受几许寒窗虀瓮之味，盖穷一生之全力而后乃捷致于数年。是乾初于才极利而反钝用之，于遇极丰而反啬取之也。故于古今宇宙常变经权之事无不熟谙精尝，若身处其间而迎机导窾以出者。……区区制义，不过乾初之一斑，而所梓试草若干，又不过制义之一斑也。"

郑序："姚如自童子至汇试诸牍皆属予目，心赏之不啻再三。……盖姚如寄趣于冲和,栖神于简静,韵度才情一归大雅,视功名富贵不以加其毫毛;此其味澹而质充,所谓尤妙之精含于内者。若必索字句而后知其为文,盖浅之乎视姚如文矣。姚如行即上南宫,待诏金马。彼钟鼎事业,惟不自有者有之。予知姚如之自晹,固远也。"

朱序:"莆士人方在逐奇竞巧,而肇韩之文冲穆玄澹如故,不少徇也。卯闻主者黜浮铲诡以正文体,向之效颦皆未见收,肇韩之冲穆玄澹如故而竟获隽。是则他人逐于变,而肇韩持其常;于径寸之鹄,研精殚神,极之微与小以尽其变,握其大与著以归于常。他人惟不能常而窥奇,故失之;肇韩融其常而奇自致,故得之。……不佞之初得肇韩也,在直指观风代阅之役。嗣是每试辄前。及晤言,而风度端凝,神情开美,文如其人。……肇韩自童子试即首冠,操鉴者咸以搜得之为快。"

函问曹学佺。

《莆阳尺牍》丁卯年册《与曹能始》:"某谫劣无似,伏处蓬茅时,即仰望台台风采如在天际,乃待罪名邦,惟不得一奉颜色为怅然。兹者以役入三山,咫尺台光,而参谒匆匆,未克晋叩,每抱室迩人遐之叹。伏闻台台读礼玄庐,薄采一芹以伸生刍之献,伏祈崇鉴,临楮可胜瞻注。"

明曹学佺《石仓诗稿》卷三十一有《寄祁幼文司理》:"使君为政暇,草泽问遗贤。古有巢由隐,今无扬子玄。立谈霏玉屑,吟咏属天然。郑国缁衣好,风人首此篇。"所述即此事。

按,曹学佺(1574—1646),字能始,一字尊生,号雁泽,又号石仓居士、西峰居士。福建侯官人,万历二十三年(1595)进士。

刊刻闽士程文为《现在编》行世。

《文稿》有《拟现在编序》,亦收入《祁彪佳文稿·杂录》,题名《拟序稿》。文云:"予也不敏,篇骘而句程几以相遇于神,不以诡得诡失者听之造物。乃或有奇胜而僻,瑰极而恢,秾而貌矜,幽而神黯者。名圣名颠,说玄说妙,僻矣;而于文十未得八九;挥斥粗豪,望洋浩淼,恢矣,而于文十未得六七;袭采春葩,标鲜艳锦,秾矣,而于文十未得四五;髯枯魄寒,笔秃砚焚,幽矣,而于文十未得二三。……愿诸士其勉之。故题其刻为《现在编》,而为之序。"

梓刻公牍为《莆阳议略》《莆阳谳牍》。

《莆阳议略》今不见,国家图书馆藏《莆阳禀牍、评语、杂录不分卷》,明末抄本7册;《莆阳谳牍、莆阳勘语不分卷》,明末抄本14册,当即此两书。

《文稿》有《莆阳议略序》云:"暇日偶检诸牍,撮其要以付梓人。"

同书《莆阳谳牍序》:"奉檄勾稽,历福、泉、漳,皆剧郡,报谳,籍多者二百余,少者亦百余。从综核驱驰之隙,肆力推敲,或法合矣而情未得,或情得矣而法未合,或得情合法矣,一段可矜可疑即在情法之内。夜分手自削牒,几忘炎沍。上之当事,以俟采择。所平反若干条,谳牍亦具在也。其他罪当狱成者不与焉。"

《莆阳尺牍》丁卯年册《与黄若木》:"小刻成,覆览之亦有未调,甚悔草率。乞门下为不佞细校之,未调处改以见示为感。欲求周方叔一四六后序,即以此本达之,何如?"同书《与周方洲》:"偶作谳牍,皆俗吏套语,无足当清览,然欲求门下一四六后叙,以为兹编光。不肖不敢求缙绅,而求门下者,重门下文与品也,幸勿却是荷。"尊经阁藏《寓山志·注》收黄光《松径》五律一首,注:"黄光,若木,莆田。"周方洲似为彪佳莆中所取士。

清盘峤野人《居官寡过录》卷六收祁虎子《宪剿势估谳语》:"刘宦告赎山田,该县断归原主,令备产价以偿,又许减半以抵历年赋役,可谓无求不得矣。乃租收三年而价不给主,将欲田价两获,而以堂堂县令为尔聚敛之臣耶?贪吝若此,居乡之素行可知。改断不准取赎,情法两宜,仍杖其仆以示儆。"可见处事明决,为时人首肯。此谳语亦见于《祁彪佳集》卷三。

是秋,四从兄祁豸佳领乡荐第三。

据旧谱。

综《世系》、《家谱》、李维桢《陕西右布政使祁公金太夫人墓志铭》,祁豸佳天启丁卯(1627)乡荐第三名,初任和州学正,升应天府教授,又升礼部司务,转吏部司务,鲁王监国,授兵部郎中、台州屯田道。按察使司副使。著有传奇《眉头眼角》《玉麈记》,《远山堂曲品》收入逸品;《旗亭》《芍药》,入能品。

张岱《张子诗秕》卷三有《寿祁止祥八十》。又其《陶庵梦忆》卷四《祁止祥癖》称:"有书画癖,有蹴鞠癖,有鼓钹癖,有鬼戏癖,有梨园癖。"《琅嬛文集》卷五《跋祁止祥画》称:"点画间笔笔有行草书意。"

赵南星(1556—1627)死戍所。时已有诏赦还。

南星字梦白,号侪鹤,高邑人,谥忠毅。著《赵忠毅公集》。

崇祯元年戊辰(1628)　二十七岁

时事　御史杨维垣坚持三案,并诋东林与崔、魏。编修倪元璐上书驳斥"东林为邪党"说。阁臣施凤来、张瑞图罢。　赠恤天启年间被害诸臣。毁《三朝要典》。　杀阉党许显纯。　削冯铨、魏广微籍,阉党官员均罢去。袁崇焕为兵部尚书、总督蓟辽。　朱燮元总督云贵、川广军务。　阁臣李国楨罢。　来宗道、杨景辰罢。曾为《三朝要典》副总裁。　大学士刘鸿训罢。　会推阁臣，钱谦益等名列其上。温体仁疏讦钱谦益。帝怒，疑谦益植党营私，罢其官。　韩爌还朝，为首辅，疏救刘鸿训，劝帝勿疑臣下植党，皆不听。　海盗郑芝龙降。

陕西旱饥，王嘉胤、王大梁（大梁王）、王左挂、高迎祥（闯王）等纷起。固原兵欠饷哗变。

后金败蒙古察哈尔部，遂避山海关要隘，绕道攻内地。

杭、嘉、湖、绍三府风雨，海溢，漂没数万人。

今年祁彪佳有公牍《莆阳禀牍》，藏国家图书馆；尺牍见《莆阳尺牍》戊辰册，藏南京图书馆。

在兴化推官任上。春，作五律《赠景毅赵公奏最》。

见《诗集》。《诗始》题作《赠赵景毅年兄奏最》，则赵景毅天启二年（1622）进士。诗称："汉宫奏最知三锡，闽峤风清拟建牙。"《莆阳尺牍》戊辰册有《与赵景毅》："春序融合，念台台佳政告成，民物休畅，喜可知也。"互证可推知作期。

刘宗周《刘子全书》卷五有《与赵景毅按台》，可知赵曾任巡按御史。《涉北程言》（1631）载八月十六日于寓中晤赵景毅。九月二十六日，赵景毅邀陈伯武、朱二玄、禹海若酌。二十九日，朱二玄促去小酌，同席者刘振贤、禹海若、赵景毅、陈伯武。从日记观，祁彪佳酬酢之赵景毅等，皆当时备铨选为科道官者。《明史》卷三百十三《云南土司》："崇祯五年（1632），御史赵洪范按部，（普）名声不出迎。已，出戈甲旗帜列数里。洪范大怒，谋之巡抚王伉，请讨，得旨。"据《东林党籍考》，赵洪范，南直嘉定人。天启二年（1622）进士。两年后出任湖北麻城知县，有惠政。崇祯元年（1628），擢升为监察御史，先后巡按陕西道、云南道，因讨伐云南土司普名声遭劾，罢官归田。入清后不仕，卒于康熙年间。祁彪佳崇祯十七年甲申（1644）巡抚吴中，曾具题《汇举苏州府罪废官员》，荐赵洪范、叶绍袁、沈正宗等。综诸材料推测，此与祁彪佳相交之赵景毅即赵洪范，事迹见于光绪《麻城县志》卷十三《循良》。赵洪范，字符锡，号芝亭，万历四十三年（1615）举人，天启二年（1622）进士。景毅当为其字。

作七律《春日徐日观招集石室，席散后偕观智泉，及归途而月上矣，赋近体二章》。

见《诗集》。《诗始》题作《春日徐日观广文招集石室，席散后偕观智泉，及归途而月上矣，赋近体二章》。

从诗句中"客情""庚楼"观，为公余酬酢之作。智泉在莆田城北，故此诗系彪佳任兴化府推官期间作。作年不详，以今年冬祁彪佳离闽归越，故至迟今年作。姑系于此。

徐日观，从《诗始》题"徐日观广文"可知，其时任教谕。《甲申日历》载：(1644)二月初二日，作文祭奠徐日观；《在里尺牍》有函《徐相公》致徐日观之子："尊公半生知契，莆阳共事同心，共济至雅，真有协恭之谊。还越以来，扁舟相往，臭味更亲。不意倏尔仙逝，可胜感悼。正拟素车远叩，痛哭几筵，以申絮酒之悃；而向以寇警震邻，日来经旬卧病，不能如愿。祗陈数语，侑以生刍为奠。词虽不文，聊展情愫。惟希此致尊灵之前是荷。"函后附祭文，注："岁次甲申二月朔越日，通家旧寅弟恭奠于福建兴化府别驾日观徐老亲台大人之灵。"则徐亦越人，曾官莆田教谕、兴化府通判。按，据清陈寿祺《福建通志》卷九十八《明职官·兴化府》，徐希明，上虞举人。或即此人。

五律《立春》二首、《墙东公馆》、《饮北源茶》、《端阳》，七律《集沙阳小有洞陶剡曲赠诗赋谢》、《宿白石公馆》，作于仕闽之公余。

见《诗集》。《墙东公馆》居公馆而"聊一过"，公事出行之作。篷芦修竹，山花溪鱼，皆合闽中风物，系兴化府推官任上作。《饮北源茶》诗中意趣与前诗极近。"伴君凄寂夜，竹榻与书灯"之句，亦符合游宦闽中之情状。《立春》其二"莫向江天望，应多乡思人"句观之，为游宦居次之春日所作。有茶烟修竹，诗中风物与《墙东公馆》《饮北源茶》近似。祁彪佳少年诗偏于柔婉雅丽，中年诗则高旷朴远，带有较浓佛教意味。此诗清新婉雅间略带有岁月消蚀、去国怀乡的怅惘，应是任福建兴化府推官期间作品。《端阳》从"客心""安能无一事"观之，为游宦之作。诗风婉丽，"听名泉"亦合前诗《春日徐日观招集石室，席散后偕观智泉，及归途而月上矣，赋近体二章》所言观智泉情状，故也当是前期福建兴化府推官任上作。《集沙阳小有洞陶剡曲赠诗赋谢》云："右县开衙枕碧流，且将公事了林丘。"以古城规制，中轴对称，左城隍庙，右县衙署故也。诗题地名"沙阳小有洞"，在今福建沙县。可见为彪佳兴化府推官任上作。"陶剡曲"即陶奭龄，字君奭，又字公望，号石梁，会稽人，与兄陶望龄并称"二陶"。万历三十一年(1603)举人，授建德教谕。以上诸诗从诗意观，是闽中所作，以今年冬祁彪佳离闽归越，故至迟今年作，姑系于此。

夏间，至京行取。

据《祁彪佳集》卷二《与人书》。

《莆阳尺牍》乙丑册有《候外父商等翁》："计俸六月初十始满四年四月，前乙丑一资即少半月，余者俱格于例。今闻戊辰行取有云在春夏间者，所少止数月，倘有大力提携，或可一预其列。小婿某自揣，岂敢有一毫清华之想，但欲借此出门,聊脱薄书之苦耳。"从函中"今闻戊辰行取有云在春夏间者"观,可知此函必作于乙丑之后戊辰之前,误入乙丑册。商周祚天启六年(1626年)升兵部尚书,以母年老请归养十载,时方里居。

七月,公事处决,多涉及郑芝龙降明,部属李魁奇、钟斌复叛,附刘香为盗,骚扰沿海。

参清夏燮《明通鉴》。细节情形,《莆阳禀牍》有呈朱一冯之《军门朱禀帖》和呈恽厥初之《守道恽禀帖》等禀帖涉及。

本月,季兄骏佳举贤良方正,因父丧不赴选。

综参《世系》、《家谱》、祁苞孙《叔考季超府君行实》。

黄裳《来燕榭读书记》上册卷三《浙江选贡齿录》,称曾得山阴祁氏旷园遗书《浙江选贡齿录》(崇祯戊辰恩贡齿录)一册,崇祯刻本,前有"崇祯元年,岁次戊辰,七月上浣之吉,赐进士第浙江布政使司右参政兼按察司佥事、奉敕提督学政、前奉政大夫、兵部武选清吏司郎中、建安江士英书于树人堂"序,次为浙江选中八十七名名录:"第六名祁骏佳,绍兴府学生,易。""祁骏佳,字季超,号渥水。甲辰年九月十八日生。绍兴府学生。山阴县,匠籍,习《易经》。兄麟佳,廪生;凤佳,恩贡。弟豸佳,丁卯经魁;彪佳,壬戌进士,见任福建兴化府推官;熊佳,庠生;象佳。聘吴氏,娶朱氏。子方孙,侄鸿孙,庠生;同孙,兴孙。中第六名,住梅市。"顶格著录:"曾祖清,丁未进士,陕西布政,崇祀名宦乡贤;祖汝森,累赠中宪大夫,河南按察司副使;父承煠,甲辰进士,见任兵巡宁太江西按察司按察使;母王氏,累封淑人;叔父承勳,选贡,见任陕西布政司都事。具庆下。"此所注骏佳生于甲辰(1604),如此则骏佳年少于彪佳,显然有误,或因骏佳选贡时虚瞒年龄。其选贡时间为崇祯元年(1628),但此次骏佳实未赴选,当因今年十一月即丁外艰故。

托彭本之、朱公蕃等人广求戏曲剧本,校阅品评,以作《远山堂曲品》《远山堂剧品》。并请两人转托建阳余氏书坊刻《全节记》。

《莆阳尺牍》戊辰年册有《与彭本之》三函,其一云:"不佞每以于役,幸亲君子之光。门下大雅宏博,超然尘外,与世无竞,不佞深所企服。睹尊翁之令德,偶申一语;愤强暴之诬罔,适效片言。曾何足为门下重,而烦齿及之也。贵县令君,乃不佞所夙昔深契者。前尚有两邑侯,拟议之未定,如即莅崇,深为门下得贤父母喜也。不佞当即咨托之,不特寻常垂盼。即令郎试事,亦可以力任矣。承惠过腆,愧浮于感,远意稠切。谨登美人壶、太乙杯、牙杖、银簪、衣扣、犀杯、杂剧、建莲八种,以志不朽。相晤之期,计在仲冬。诸容面谢,不既欲言。"则彭本之以其子试事执礼恳托,其中有杂剧。其二:

"不佞生而好音,故于调律颇觑其微。适敝乡一友人新构一曲,读之甚爽,不佞因再为点定,稍加更改,序而行之。建阳书坊亦有刻传奇以行者,烦门下觅相识之书坊,命其一刻。竣事日寄来,较正无讹,即听其贸易取利。不佞惟欲得二十部致之友人,亦甚便也。但须极精工、无差错乃妙耳。今先与门下商之,行当并刻式寄上,烦一使者尚致,必期于二十日内竣工,颙望回音,并祈示一书坊姓名,以便督刻,不一。"所欲刻之曲,实即彪佳自作《玉节记》(又名《全节记》)。其三:"别来许时,梦寐清光,时在武夷山头也。令郎想益精进,此番必再就童子试,欣羡欣羡。适有小役,赍邮符回乡,前寄尊宅书三横,乞付小役顺便带回,感感。不佞有嗜奇之僻,欲得新旧传奇而尽品评之,署中甚少,前见仁兄案头诸曲,不佞择而携归,有留遗者,烦仁兄尽简付回役,不佞为之较阅品评,竣即仍归邺架也。晤期或在秋末,临楮不尽欲言。"彪佳天启六年(1626)曾过宿彭氏山房,作五律《宿崇安彭本之文学山房因题以赠》,本函所谓"别来时时梦寐,清光时在武夷山头也"即缘此。三函皆可见彪佳在闽中广搜剧曲以及觅书房欲刊刻己作《玉节记》情形。

同书又有《与朱公番》四函,其一:"访款恐未真,须印之以台台,耳目所及者,乃便于研审耳。邺架上有钟伯敬所著《诗归》,乞借一观,外《咨访册》及余生家所刻《书目》并祈赐览,临楮不一。"《咨访册》,据姜埰《敬亭集》卷八《沈兵科传》:"例考选,吏部发印册于本乡科道采月旦,名曰'咨访册',以圈之多寡为差等,部按册参其条奏错置之。本乡科道以是为权衡在手,恣其猎取。"余生为余象斗之子余应科。其二:"顷拜佳刻及府刻诸书,领台教宏矣。谢谢。启稿稍研之亦可用。刻书之俞生如此在,乞介绍一晤之。偶箧中携有沈词隐诸曲,多未刻之本,敢供鉴赏,不一。"此"俞生"当为"余生"之误,即余应科。祁彪佳欲托余氏刻沈璟诸未刻之戏曲。其三:"日来幸无他冗,惟畏热之甚。架上有新旧传奇,俱示之,以为清凉一帖,何如?新邸报并望见示,小刻呈博一笑。"其四:"编年十六本,乞台台命县粮户房书役一写之。乞一查其名,定以十日为期,恳恳。传奇五本奉还,其未经目四种,当藏为帐中鸿宝矣。顺昌县观风巷顷又送二封,共四封,烦世兄裁定。俟不肖回樵日来领教也。不既瞻注。"则彪佳曾托朱氏索余家所刻书目,欲请其刊刻己作《全节记》和所藏诸沈璟未刻传奇。

得朱公蕃引介结识余应科后,祁彪佳两次致函余应科商讨借书刻书。函见《莆阳尺牍》戊辰年册《与余文学》,其一:"昨所言敝友之曲,不佞已为较正改拨,殊费苦心,今尽觉可观,要不下于《玉玦》《红拂》也。刻手写手万祈留神,必于精工刻法,另具二书式并附来,期于四五日内先刻数篇见教。内不佞有较未精处,并烦门下再细阅之,此后不妨陆续寄至,较订必订完无一字之差,后可发行也。佳作容阅毕,奉来《唐诗归》,并璧不一。"其二:"五印封附之门下,刻完者即于邮传递之,以便较正。《地理书》领教,稍暇当为捉笔,或烦作者先构一序以示不佞。三曲已曾阅过,先奉璧,略为润色之。不佞尚有十日之别,回樵或可图一晤,不既。"樵川,即今福建邵武,处武夷山南麓。另,国图藏《远山堂尺牍》有《与余文学应科》:"昨小记灾之梨枣,费仁兄重惠,为歉何?"

综上,并经朱公蕃介绍而结识余象斗之子余应科,并请其为己主持刊刻戏剧。所刻"敝友之曲",实即《玉节记》(或称《全节记》)。彪佳自作《全节记序》,序亦称"吾友远山主人"作。彪佳颇得意于己作,认为"今要不下于《玉玦》《红拂》也"。正因所刻为自己得意剧作,故于字体、板式皆有要求,且自任校对,必求无一字差。"彭本之"、"朱公蕃",上图藏有朱公蕃、彭本之清木活字本《作邑彭氏族谱不分卷》,当即此两人,作邑即崇安别称。朱公蕃似亦是当地吏员。

托柯尔珍觅人刻晶章四枚,复托之广所闽中戏曲。

《莆阳尺牍》戊辰年册有同年又有《与柯尔珍》两函,其一:"昨得握领尘教,尽涤尘襟,谢谢。黄于文刻手甚佳,晶章加深,亦是一法。顷其郎君来致,已领之矣。大作洋洋洒洒,可垂不朽,但不肖不敢当耳。稍暇望同陈体老于舟中为韵牌之会。昨恳觅藏曲家,幸留神不一。""陈体老"即陈钟岊,天启六年曾助力彪佳刻制活板千字韵牌。其二:"昨所示二手,为翁台见赏,必系大匠。希各以四章界之一刻,每章各二字,约十六字,或名或字或号,不必拘,每字四分。今并价奉来,烦即致之。莆中有藏传奇之家否?乞访之以教。尊足如全愈,当来订期,同一看延寿桥工也。临楮不一。"柯名士藻,字尔珍,闽之生员。

中秋,为余象斗《堪舆全书》作《地理统一全书序》。

见《祁彪佳集》卷二,《文稿》收入。文称:"余勾稽樵川,即知有闽知名之士两余生。亟进而见之,翩翩玉树,尘屑霏纷,固已知发祥之有自矣。语次寻绎,出其尊人仰止翁所著《堪舆全书》,欲余言以弁之。……时戊辰中秋夕。山阴祁彪佳书于莆署之嘉树轩。"

又,南图藏《莆阳尺牍》戊辰年有《与余文学应科》:"《地理书》领教,稍暇当为捉笔,或烦作者先构一序以示不佞。三曲已曾阅过,先奉璧,略为润色之。不佞尚有十日之别,回樵或可图一晤。不既。"樵即樵川,福建邵武别称。

按，《地理统一全书》，明余象斗著，系堪舆书。余象斗，字文台，号三台山人，又名余世腾、余君召、余文台、余象乌等，建阳人。

七言古诗《赋太姥赠秦俨海年兄》、七律《寿江母杨太夫人》亦当作于仕闽期间，姑系于此。

见《诗集》。据《明人室名别称字号索引》，秦堈，字器新，号俨海、静远堂主人，无锡人。又据《明清进士题名碑录索引》，秦为天启二年(1622)祁彪佳同年进士。彪佳崇祯四年(1631)日记《涉北程言》八月二十八日条载于京城晤秦俨海，九月十一日秦来晤。太姥山地处闽中福鼎境内，故推断当作于祁彪佳任职闽中时。以今年冬祁彪佳离闽归越，故至迟今年作。又，《寿江母杨太夫人》其二注"代作"，云："合称文敏太史孙。"知杨太夫人为杨荣后人，建安人。从"天留华岳从申降，地钟坤维自丑开"知其生于辛丑年(1541)，此诗亦当系祁彪佳任职闽中时贺其寿辰所作。两诗姑系于此。

秋，父祁承㸁以病归里。十一月初一酉时病卒于里，年六十六。

据旧谱和陈仁锡《无梦园遗集》卷六《大参祁父母夷度先生传》《大参祁父母夷度先生墓表》。彪佳日记每年十一月初一条，都提到是日为父讳日。承㸁所至有政声，凡五祀名宦，以子彪佳贵赠阶中大夫，又以彪佳殉国恤典追赠光禄大夫、少傅兼太子太傅、兵部尚书。

旧谱："是冬十一月初一日，夷度公卒于家。时先生梦公养病别室，腰臀作楚，躬为抚摩。夷度公临终适有是症。其孝感如此。"

明龚立本《烟艇永怀》卷一："祁大参讳承㸁，字夷度。令长洲时因武林郑孔肩知余，余执业请益，公即冗必从容款曲。每于群众中相誉。家季正本试于郡，公推乌爱扳之高等。壬子余就京兆大比，公为南驾部郎，握手欢甚。乙卯余叨荐书，公开尊称庆，又饯之江浒。戊午偕计公听调都门，次君虎子隽于乡，旧契新知，时时叙对。及余宰福安，虎子方司李兴化。世谊殷殷，每询起居，不觉神往。客岁陈汝让巡按上江，余移书云宁太兵使本故人也，晤间为道感怀。汝让报札至，乃知公已易箦。经济未究，其在后贤乎？"按，郑孔肩，名奎。《钦定续文献通考》卷一百四十五"经籍考"载："郑奎《易臆》三卷，奎字孔肩，钱塘人。"

十一月二十二日，莆田署中闻父丧，丁艰疾归。

旧谱："廿二日讣至，先生痛绝如昏醉者一昼夜，不饮不食不语亦不能哭；次日始苏，呼天号恸，即日奔讣；至柩前，恸绝而苏者再，以不及亲汤药为恨。朝夕恸哭，旁观无不流涕。闻讣日即先生诞辰，后遂终身不受庆。"

《莆阳禀牍》有《军门熊禀帖》："际此哀痛之时，尤易知感，伏荷老大人俯赐哀矜,赐以厚奠,没者当效环草于九原,存者当图犬马于异日。"按,军门熊为福建巡抚熊文灿(1575—1640),永宁卫(今四川省泸州市叙永县)人,万历三十五年(1607)进士。崇祯元年擢右佥都御史,巡抚福建。

七绝《雨夜宿上塘馆舍》或为奔丧归途所作。

见《诗集》。诗境凄寒,不似祁彪佳中年归居后作品之淡然,其二称"怨风愁雨岁将残,断岸横堤行路难",又有"剪烛家园"之望,似为崇祯元年(1628)岁暮奔丧急归途中作。姑系于此。

作《奠先大夫文》《鸣哀小引》。

两文皆见于《祁彪佳文稿·杂录》。奠文又收入《远山堂文稿》,文云:"儿自拜辞于都中,以道任早一月,不一见吾父也。去岁行取,又以道任迟一月,不能一见吾父也。……二十七年之中,衣之食之,皆吾父之养儿也。"

卷三 外艰里居

崇祯二年己巳(1629) 二十八岁

时事 阁臣周道登罢。 定逆案,客、魏以外,分六等定罪,罪重者第一等崔呈秀等六人立斩;第二等十九人俱斩,秋后处决。最轻者革职。 杨鹤、刘宗周谏思宗勿"求治太急",不能用。 张溥组复社,开尹山大会,此为复社第一次盛会。 总督云贵、川广军务朱燮元平奢崇明、安邦彦叛乱。各地裁驿站冗卒以节粮饷,山陕被裁者多反。 袁崇焕杀毛文龙。 后金大举攻明,十一月初一日,京师戒严。 思宗中反间计,十二月初一日,下袁崇焕锦衣卫狱。二十二日,大学士钱龙锡被劾指使袁崇焕杀毛文龙,与后金议和,引疾去。 二十七日,周延儒、何如宠、钱象坤入阁。 是年,杀杨镐。

祁彪佳今年有《远山堂尺牍》,分年册者为南京图书馆藏本,篇中标注"南图藏"。不分年册者皆国家图书馆藏本,篇中标注"国图藏"。

居山阴,守父丧,读书养母。

《行实》:"居父丧哀毁,庐墓化山中,时归养太夫人。"

春,为父卜地造圹于会稽化鹿山。

据旧谱:"先造圹以验燥湿,寒冬验之,气甚温,遂定为葬地。"

作七绝《春日口占》四首。

见《诗集》。其二"每于客里忆山阴,才到山阴伤我心"、其四"青青梅子正酸牙,妆点清明三两家",可知作在在守服之首春。

作七律《奉送邑令陈公入觐》。

见《诗集》。《诗始》亦收入,题作《奉送陈父母入觐》。

此诗约崇祯二年(1629)春作。参《乾隆绍兴府志·职官志》,万历以后任职山阴或会稽之县令陈氏者,惟会稽令陈国器,福建人。国器天启二年壬戌科(1622)进士,镇海卫人。其任职,当在天启三年(1623)左右。三年考满入觐,为天启五年(1625)左右。此诗言奉送,则必为彪佳居乡之时,在崇祯元年(1628)十二月之后。参《府志》,陈之下任会稽令为湖广人孙麟;再任为南直隶丹阳人张夬,崇祯五年(1632)诸暨令,八年(1635)转会稽令,九年(1636)升南仪曹。从此三任县令迁转间隔时间观之,国器首考原职留任属于必然。则国器应系首考满后原官留任,再考满迁转部曹。则祁彪佳送之当在崇祯元年(1628)末或二年(1629)初之间。又参本诗底本朱笔改“江南棠荫”为“西山春阴”,则应在祁彪佳奔丧归乡后之崇祯二年春。所赴为崇祯己巳京察。

余应科来函吊奠,并以其子岁试相求,乃为之请托。

国图藏《远山堂尺牍》有《与余文学应科》:“樵川把臂,如兰之雅,窃以为风尘簿书中第一快事。曾几何时,而不孝遽罹荼苦以归。欲再望清范,岂可得耶? 言至于此,宁不魂消。然每念仁兄玉麈玄谈,至今在人心目。且武夷道间,叮咛言别,越数舍而仁兄不以为劳,此段云谊,尤铭入肺腑,不敢一刻忘者也。不孝归而凄怆益甚。茕茕苦块,无以为生,忽荷宠奠,远颁存殁,均志感于不朽。不知效踵顶于何日也。昨小记灾之梨枣,费仁兄重惠为歉。何又辱鼎贶之及耶。拜登四事,一芹附将,统祈崇炤。顷开朱松老复札,共切缁衣之好。已首肯相便行之,今不意学道尊闻言遄归,稍迟岁试。然令郎君玄圃珠玉触目,自然见贵。顺风之呼,当道必有同心也。阮澹老曾相晤否? 晤间乞一致佩服之愫。诸不尽言,临楮神往。”可知当日彪佳奔父丧去职归浙,余应科曾远送于武夷道间,今余应科以其子岁试事相求,彪佳愿为之周旋筹谋。余应科,福建建阳书商余象斗之子,事迹见前崇祯元年戊辰(1628)条下。

函慰颜茂猷会试不第。

据南图藏《远山堂尺牍》已巳年册《与颜壮其》函。颜光衷,字茂猷,又字壮其。事迹具见于前天启四年(1624)条。

吴允淳因闽任遭谗去职,欲托彪佳告白于人,婉慰之。

《远山堂尺牍》已巳年册有《与吴二如》:“闽海宦游,如吾两人之彻肝胆以相照,宁有几哉! 乃以台台之宏切卓绩,竟为谗口所夺;弟亦以五年淹滞,抱痛而归。若天之偏以遇艰吾两人也。然而湖山笑傲，一觞一咏，不能夺台台，而不孝则又艰之也。是以息影苦块，心期一晤而若千里为遥，言之可胜于悒。台台去闽之后，人情微有不同，倘公道获明，则台台之功自是不泯，否则，虽抱白于知者，而不知者之悠悠自若。昨承台命之后，弟再四踌蹰，知微言之无益，非敢自外于知己也。前闻有录叙之疏，至今未见，便中乞示之。台台园居之暇，倘教歌儿度以佳曲，是大快事，恨弟不能预此，惟作词曲蠹，僻集明人之词几百种，聊以遣岑寂之日，安得于湖上与台台作竟日夜之韵谈乎。不腆聊将，仰乞垂炤。"从函可知，吴二如曾与彪佳同仕闽中，辞官后归居园林。函中所谓"叙叙之疏"，指吏部所呈地方官员考察公疏。又据崇祯三年(1630)夏彪佳所作《夏日与吴二如、彭天锡、浦长卿诸友集飧胜楼次彭天锡韵》二首以及南图藏庚寅册《与吴二如》函，吴二如曾邀彪佳等游西湖上。则吴二如必杭州人。彪佳崇祯十年(1637)日记《山居拙录》又载：七月二十三日，抵塘栖，游芝园。得主人吴二如所作园中十六景绝句，和之未果。则吴氏园在仁和之塘栖。今考《乾隆福建通志》卷二十七，明末福建福宁府有寿宁知县吴永淳，字弘文，杭州仁和人。此人迁居塘栖后，曾购葺吴园。综上可证，吴二如即吴允淳，其在塘栖所构园林，名"芝园"。南图藏《里中尺牍》戊寅(1638)夏季册又有《与吴二如》："承谕掌记之友，有敝乡陈君名起元号抑涵者，四六尺牍为越城之冠，近兼习刑名，曾在先严门下供诸君游宦之役屡矣，但新岁未曾面晤，不知肯至毗陵否。"则知吴二如允淳此后曾任职江苏常州。

夏，致函陶崇文论交，并述及己所作剧。

南图藏《远山堂尺牍》己巳年册《与陶嵩轩》："自家伯兄之获交于文坛，弟某即发未燥而向往已夙矣。迩闻玉趾临敝寓，亟图走晤，以展请事之怀，而息影苦块，畏望城市之尘，且溽暑作苦，未免见月而喘。不获从家兄后一亲玄度襟期，弟之固陋，可概见矣。《全节》是六七年前之作，即小剧亦是无聊中之呓语，于音律一毫未解，人方敝帚弃之，弟亦自厌其庸芜，而仁兄独加赏鉴，真弟生平之知己矣。然宗工在前，必不吝郢削，则尤佩同调之雅也。愁困之人，言及歌声，益增伤感，昨小剧亦偶有所感而作耳。乞仁兄为弟秘之，勿增弟罪。此则恃家兄夙蒙之爱，而敢布悃也。诸容握手，吐此缕缕。"函云"自家伯兄之获交于文坛"，以祁麟佳妻陶氏，故先与陶崇文有交。函中不仅提到彪佳所作《全节记》，另所谓"小剧"，或为今年改编之《鱼儿佛》，亦或为未知名别剧。如南图藏《远山堂尺牍》今年《与袁岂公》提到："弟昨见五家兄赠老龙之作，因篝灯效颦，止少一觉睡，曲已成矣。欲其速，欲其谐俗，不暇问土拙、问音律叶否也。"可见彪佳与友朋唱酬之间,另有所作,剧名不详。

按,陶崇文,字乳周,号啬轩,会稽人。据裴喆《明代戏曲家啬轩道人考》,崇文撰有杂剧《宫枭记》,为张岱舅父。关于陶崇文作品《宫枭》,彪佳尺牍多处言及,如南图藏《远山堂尺牍》己巳年册《与袁兔公》:"《宫兔(枭)》容于大家兄架上搜之,并戏目俟对完,统归记室。"("宫兔(枭)",《鸣野山房书目》"子之十乐府家二传奇"著录为"宫枭"。)同年《与袁兔公》:"《宫枭》前一本忆有点坏处,今以新本上阅。"然《宫枭》今未见祁氏"两品"著录。又,《会稽陶氏族谱》卷一五有传:"啬轩公讳崇文,字乳周。明季政衰,客、魏乱国,遂绝意功名,自放山水间,日与亲朋登陟啸歌,旷然绵远,山阴祁元孺先生叹曰:'啬轩子蕴奇绝古,不欲问世而遁迹山林,令人想见安石风流。'然公目击时事,不能忘情,因作《宫枭记》,虽院本戏剧,其蕴义生风,疾邪刺世,志节可概见矣。"祁元孺即麟佳。

函邀史槃来顾,并索其所作《苏台奇遘》杂剧及冯梦龙所刻书。

史槃字叔考,号荷汀,会稽人。年九十以外。徐渭门生,擅书画,工词曲,能登场演出。作传奇十六部,今存三部;杂剧三种,均佚。《远山堂曲品》著录其传奇十二种,《远山堂剧品》著录其杂剧三种。

南图藏《远山堂尺牍》己巳年册有《与史荷汀》三函,徐朔方《史槃行实系年》据以判定,史槃卒年必晚于 1629 年。(《晚明曲家年谱》第二卷,浙江古籍出版社,1993,第 235 页)

其一求借史槃《苏台奇遘》剧,称:"不孝神交翁丈于词坛者有年矣。顾向以奔走四方,今则伏处苦块,不能晤对芝宇。盈盈一水,惟挹室迩人遐之叹耳。闻翁丈有和孟子若《花前一笑》之剧,不知可先惠示否?此后当竭诚以请,祈我翁丈大启琅函,尽披鸿秘,度我以金针也。率尔裁渎。"按,此函中所称"和孟子若《花前一笑》之剧",即史槃所作《苏台奇遘》,用孟称舜剧题材,演"唐伯虎点秋香"事,《远山堂剧品·雅品》著录。据徐朔方《孟称舜行实系年》,《花前一笑》之作不迟于天启六年(1626)之前。

其二:"日来不晤芝宇,悬企无极。读唐伯虎剧,词致词律,无不入妙,真堪压倒元、白矣。翁丈前许顾我,大家兄亦欲谈心,明晨望玉趾之临矣。得意尊作,携二三本来,何如?"按,唐伯虎剧即前所言《苏台奇遘》。彪佳得阅史槃该剧,以为极妙,复约之登门晤谈。大家兄祁麟佳(1580—1629),字符儒,别署太室山人,天启元年(1621)贡生,今年九月初三日卒。则函必作于九月前。

其三：“昨得佳作，如获拱璧。已令人录出，当什袭藏之，捧持如千佛名经也。小园岑寂，不知可邀翁丈作数日之谈否？如许之，容专迎也。冯犹龙所刻五种，如在案头，乞掷览。当即返璧，不一。”则彪佳崇推史槃诸作，令人抄录以存，又向之借阅冯梦龙所刻五种传奇。按，冯梦龙（1574—1646），字犹龙、耳犹、子犹，号龙子犹、茂苑外史、顾曲散人、姑苏词奴、平平阁主人等。长洲人，所作有《双雄记》《万事足》传奇，编刊有《墨憨斋定本传奇》。《远山堂曲品》著录《双雄》。南图藏《远山堂尺牍》己巳年（1629）有《与袁凫公》函称：“昨云冯犹龙初刊五种，忆是《玉麟》《双串》《合妙》《存孤》。”据张诗洋、李洁《南京图书馆藏祁彪佳尺牍论曲文字辑考（中）》考辨，另一种当为任二北《曲谐》卷三“齿雪余香”提到的：“又墨憨斋订本传奇中，有史槃《双丸记》一种。”彪佳诸致史槃函，所借阅皆史槃作品，故此函忽求借冯刻五种，或因其中含史槃作品故。《玉麟》为叶宪祖作，《双串》《合妙》为史槃作，《存孤》即冯梦龙改订的《酒家佣》。结合南图藏《远山堂尺牍》庚午秋冬季册《与冯犹龙》所言“恨生平不得一奉冯先生颜色”，可知明年（1630）秋冬，祁彪佳仍未结识冯梦龙，这也是他向史槃转求冯刻的原因。

陈汝元欲共刻明剧选集，彪佳愿任校雠之役，而拒绝承担刊刻赀费。

陈汝元字起侯，号太乙，又署燃藜仙客，会稽人。斋名函三馆。《远山堂剧品》著录其杂剧《红莲记》，今存；《远山堂曲品》著录其传奇三种：《紫环》《金莲》《太霞》，今存《金莲记》。

南图藏《远山堂尺牍》己巳年册有《与陈太乙舅》二函，其一云：“某息影苦块，暇日颇多，校雠之役，必不敢辞，冀以共成胜事，但不能任费耳。先刻北曲之四折全者，则周藩诸剧，想必在所当首举矣。闻孙鉴老多元剧藏本，甥意叶桐柏或能得之，欲求王云翁转致。倘得其剧本在臧刻之外者梓之，洛阳纸贵，必胜于明剧。盖知音者奉臧刻如拱璧，不能不想望其余耳。近又得《苏台奇遘》《杀试官》《夫子禅》《眉头眼角》数剧，当录出奉上。原发下□（按，原信空格）本先返璧。《杀狗记》内有圈者，是从《九宫谱》内对出，余讹甚多，竟不可读，倘得郁蓝生校正之本刻之，必大行，不识老舅有意图之否？家兄《玉灯》，近已再加删润，较原稿胜数倍，似可兼案头场上之胜矣。俟其改完，容呈请大教，余俟再布。”其二：“不孝某虽有音律之癖，然第管窥一二耳。昨蒙老舅赐以江海巨观，感铭无已。若刊刻，则不孝萧然之箧，万无其赀。向日云翁戏言共刻者，在某不过欲任数种校雠之役，以助老舅知音之佳兴耳。即云翁亦决不能任梨枣之费也。惟是有数剧最佳，为某所未见者，意刻出尚迟，先录之为帐中之秘，万万不敢示人。乞老舅少宽五六日之期,即当全璧。惟俯原至祷。兹先以十本奉上,再以甥所储者五本先呈台览。甥已托友人搜沈宁庵之家藏,再求袁父母录藏晋叔未刻之元剧,庶几以土壤益华泰,必不敢有负台命也。"从函可知,两人互相交流藏曲,陈氏刻剧,彪佳愿任校雠,但不欲出资协助。按,王云翁,名应遴,号云来,彪佳书牍中常作"云莱"或"云崃"。曾以大理寺评事忤魏阉,罢官家居。沈林宗,名泰。孙鉴老即孙如游(1549—1625),字景文,号鉴湖。余姚孙家多曲藏,以孙鑛、孙如法为最。《苏台奇遘》《夫子禅》《眉头眼角》都是杂剧,作者依次为史槃、叶汝荟、祁彪佳。《杀试官》著者不详。另,《玉灯》剧,《远山堂曲品》《远山堂剧品》未见录,故未知为彪佳哪位兄长所作。

又,国图藏《远山堂尺牍》亦有《与陈太乙》二函,其一称:"某日伏苫块,未能望见颜色。周饥之怀,切于痡瘵。昨过武林,晤王百朋及王云翁,具道老舅欲征刻明人南北剧,此不特词坛之鼓吹,亦足为不朽鸿秘也。某浅陋无似,妄意管窥蠡测,向在莆署,漫次第诸剧,欲加品题,而所见尚未及百。倘老舅不弃管蒯,乞先示一藏剧之目。或某之所见者,亦有一二种可备清览。颙俟德音,余惟晤悉。"其二:"明人杂剧,甥向惟管窥。今得大观矣,但又不胜望洋之叹耳。先以十本奉璧记室,余乞少展其期,当较其一二,以备裁酌也。如叶美度、许靖州诸剧,必已付梓。倘邺架有副本,乞以见惠,何如?甥处尚有数剧,如凌濛初所作甚妙,容日上台览。诸不一。"承上诸函,可知彪佳撰述《远山堂曲品》《远山堂剧品》始于莆田任上;陈汝元欲征刻明人南北剧,彪佳索观陈氏藏剧和剧目,并求借叶美度(叶宪祖)、许靖州(许濑)的剧作,又向陈汝元推荐凌濛初杂剧,并愿提供所藏曲剧供其参用。王伯朋即王元寿,王云翁即王应遴,叶美度即叶宪祖,许靖州即许濑。

此外,《远山堂尺牍》已巳年册有《与王云莱》函也提到此事:"昨太乙舅刻剧之兴甚浓,侄当力任校雠之役以鼓其兴也。"另一致王函道:"昨沈兄觅剧,已将十种应付之。然多皆家兄辈所作者,太乙舅之秘本并不示之,太乙老舅前,乞勿道为感。"另有《与沈林宗》函也提到此事:"表母舅陈太乙向欲独刻诸剧,云仁兄曾向被(按,当作"彼")搜取,秘而不发。夫亦何足秘也!但不孝所寄诸种,乞仁兄勿道传自何处,庶使弟不重违其秘之之意耳。"陈汝元此次刻剧未成,当因筹资无着之故。

与沈泰互通藏曲有无。时沈泰方编刊《盛明杂剧》二集,彪佳乃以改编湛然圆澄大师《地狱生天》而成的《鱼儿佛》杂剧委托袁于令评点,并恳沈泰刻入《盛明杂剧》二集。

沈泰,字林宗,又字大来,别署福次居主人,杭州仁和县人,明末诸生,编刊有《盛明杂剧》一集、二集。尊经阁藏《寓山志·注》收录沈泰《冷云石》五绝。又，傅惜华《明代杂剧全目》卷二"释湛然"条下收《鱼儿佛》和《地狱生天》两杂剧。《鱼儿佛》收入《盛明杂剧》二集卷十九，卷首标题:《鱼儿佛》，题署:"古越湛然禅师原本、寓山居士重编"，"吴中袁凫公（于令）批点，西湖沈林宗（泰）参评"，题名作《观自在解脱狮子铃，金渔翁证果鱼儿佛》。《远山堂曲品》《远山堂剧品》不录《鱼儿佛》，而在湛然禅师名下著录为《地狱生天》南北五折、《妒妇传》。以戏曲内容观，《鱼儿佛》结局渔翁金婴于地狱中直升天界，与《地狱生天》同主题。又据南图藏《远山堂尺牍》己巳年册和国图藏《远山堂尺牍》诸致沈泰、王应遴、王元寿、张尊等人函，可知释湛然的《地狱生天》又名《听铃记》，祁彪佳编订后改名《鱼儿佛》。祁氏《远山堂曲品·凡例》称:"词曲已经改窜，便与作者为二。……故凡删改原本数折以上者，别自著评，各为标目。"因剧已经大改，实属祁氏信创，故彪佳不将《鱼儿佛》署录在湛然名下。又可能出于自谦，《远山堂剧品》收录《地狱生天》为湛然作品，却未著录《鱼儿佛》为祁彪佳作品。这与彪佳在"两品"中著录诸亲友兄弟剧作，却不提及已作《全节记》（即《玉节记》）同理。

　　南图藏《远山堂尺牍》己巳册有《与沈大来》五函，其一云:"自词隐而后，赖江南一二作手，撑此词坛世界，然而知音绝响，此道亦垂尽。不意今日见之仁兄也。弟于音律毫无所知，而强作解事，未免见诮于大方，何幸仁兄收之同调内耶! 古诗有诗僧，画有画僧，独于填词一道，自元及我明绝无能之者。湛然和尚偶作《地狱生天》一剧、《妒妇生天》一记，然词气卑下，不堪列于诸名家之后。弟偶欲为删改以存大师之名，而无可着笔处，遂尽易其旧本，别为新声。然湛大师不说禅语，第以趣境见禅机;弟辈门外汉，反不能脱离禅家科白，故遂逊大师多矣。然倘有数语可观，乞仁兄大加斧政，或刻入《二集》中，何如? 倘《二集》已足三十种，或以别一剧俟之三刻，而此剧仍插入，何如? 惟尊裁之。袁凫公相别时，已相约为弟批评，兹小束乞仁兄并小剧致之，祈其践此约也。若此兄已还金阊，则不必烦往返，第得仁兄一字之品题，便为腐草生光矣。《二集》何日告竣? 弟拭目望之。至于《三集》，更得出人头地数剧，使人惊诧愈出愈奇，则洛阳之纸益贵。若周宪王、凌濛初诸剧，真堪压卷。近来作家，非不有新艳可观，而词格、词律、词致无一不合，则毕竟无出周藩右者。议论久而自定，宗工在前，知决不以此易彼也。兹先以其中最佳者□（按，原信空格）种奉上清览，俟刻《三集》时，当与仁兄彻底较量，择其善者从之。倘邺架有不足，弟力任以充其数。仁兄执中耳，使弟拜下风而从事，可乎? 昨垂示十二剧，先以十一种璧上。《四友》亦是全记，且庸腐无足取也。尚有《五行错乱》、《锦郎》传奇、《钱神》三剧乞以赐教。《听铃记》倘非《金渔翁》,《玻璃》倘非《张知州》,则亦为弟所未见者,得示之为望。全记并乞惠一目。”并称陈汝元欲独刻诸剧,请沈泰勿向他提及己所寄予诸剧。此函问及《二集》刊刻情况,托请沈泰将《鱼儿佛》刻入《二集》,是彪佳直接参与《盛明杂剧》选目、纂集、评阅、校刻之佐证。函中所涉诸曲剧,《妒妇生天》湛然禅师所作,《四友》无名氏所作,《钱神》无名氏所作,《远山堂曲品》皆著录;《五行错乱》和《锦郎》传奇,祁氏两品未见著录。又,《锦郎》传奇,或即明陈铎所作《纳锦郎》传奇。陈铎字大声,号秋碧,下邳(今江苏邳县)人,正德中世袭指挥,寓金陵。工诗画,通音律,著有杂剧《花月伎双偷纳锦郎》和同名传奇。《听铃记》,即湛然原作《地狱生天》,彪佳改订为《鱼儿佛》,题:“观自在解脱狮子铃金渔翁正果鱼儿佛。”《盛明杂剧》二集卷十九收录。《玻璃》,即王素完《玻璃镜》,《远山堂剧品》著录云“偶为张刺史记此一事耳”,则别称“张知州”。

其二云:“不孝耳交仁兄于词坛者久矣,愧未能挹紫芝眉宇,不免室迩人遐之叹耳。每晤王云翁,辄道仁兄如玉如金之品,管风弦月之怀,拟相约湖头过访,逡巡未能,而王伯彭传尊意至。明剧之刻,品题甚当,采择极精,真足表章词学,与臧晋叔之元剧争衡不朽也。阅所示剧目,邺架之搜罗已甚富矣,弟安能以涓滴益江河哉。但不敢不共成快事,当以未刻者六种,命小价上记室。如许时泉之《太和》、沈词隐之《博笑》、叶桐柏之《四艳》、车柅斋之《四梦》,彼已汇成全记,似不宜仍作散剧。倘剧剞未成,于数种或中止之何如? 今日作者如林,何难觅得秘本也。《捧砚记》即戴金蟾之《青莲》内摘出数折耳。汪昌朝所作,《青梅记》《太平乐事》之外,尚有五六种,皆有刻本矣。《樱桃园》属会稽王淡(按,应作“澹”)号淡(按,应作“澹”)翁作;《听铃记》即《地狱生天》,属湛然散木师作;《再生缘》属吴仁仲作;《要风情》《缠夜帐》《海滨乐》属吕天成勤之作。周藩之剧迫真元韵,为盛明词人之领袖,其剧有三十余种,惜不能全见也。凌十九诸剧俱绝佳,不可不一征之。北剧名剧,南剧名传奇,沈词隐《九宫谱》中所载传奇,得其一脔,皆古质可喜,倘构得其中数种,尤足以冠诸剧上也。有数剧为弟所未见者,列目别幅,倘许借一观,当专价来领。知音之前,不禁饶舌,统惟垂焰。”由函可知,彪佳前托王应遴致意而未晤面,后经王元寿引介结识沈泰。函中所指,王云翁名应遴,号云来。王伯彭名元寿。臧晋叔名懋循,《元曲选》编刊者。许时泉即许潮,其《太和》未见祁品著录;沈词隐即沈璟,《博笑》为祁氏著录;叶桐柏即叶宪祖,《四艳》祁品未著录;车柅斋为车任远,《四梦》即《高唐梦》《蕉鹿梦》《邯郸梦》《南柯梦》四种,祁品未收。戴金蟾疑即戴应鳌,金华人,然《远山堂曲品》著录其《钿盒》,但《捧砚记》或《青莲》祁品皆未载录。汪廷讷,字昌朝,号无如,别署坐隐先生,著有《环翠堂乐府》。杂剧九种,现存八种;传奇十三部,存七部。其《青梅记》祁品未著录,《太平乐事》为《远山堂剧品》著录。王澹,字澹翁,号雪渔,会稽人。师事徐渭,著传奇五种,佚。仅存杂剧《樱桃园》一种,《远山堂剧品》著录。湛然散木师即曹洞宗湛然大师(1561—1626),法名圆澄,号散木,著有《地狱生天》杂剧,载录入《远山堂剧品》。吴书荫据剧本内证及黄汝亨《寓林集》等材料,考辨今存本《再生缘》作者为吴大山,字仁仲。此剧《远山堂剧品》著录。吕天成字勤之,号郁蓝生,绍兴人。作传奇十种,杂剧八种。《海滨乐》即《齐东绝倒》,与《耍风情》《缠夜帐》皆载录于《远山堂剧品》。周藩即朱有燉,袭封周王,藩地开封,谥宪,世称周宪王。凌十九即凌濛初。沈璟《增定查补南九宫十三调曲谱》别题《南曲全谱》,从传奇和散曲中选录南曲。又按,此信提及之许潮、叶宪祖、王澹、湛然、车任远诸作品皆收入《盛明杂剧》二集。盖彪佳虽阅沈泰《二集》目录,认为《太和》《四艳》为"全记体","不宜作散剧观",但当时这些作品都已刻成,故不删削。而沈词隐之《博笑记》当是听从彪佳建议未刊。吕天成《海滨乐》收入《盛明杂剧》初集,《耍风情》《缠夜帐》却未见于《二集》。另外,彪佳对朱有燉、凌濛初作品极其赞赏,《远山堂剧品》载录周藩诚斋杂剧二十九种,凌濛初杂剧七种,受其影响,沈泰于《盛明杂剧》二集收入了周宪王《风月牡丹仙》《香囊怨》两种,凌濛初《虬髯翁》一种。

其三云:"昨有八行附之盛使,想已上记室矣。奉来八剧,知不足供大方之采择,倘有所需,不妨再命及也。周藩之剧佳者甚多,不知七种之外,仁兄所未见者几何,或示以一目何如?作者如陈荩卿、吕郁蓝诸剧多不能尽得之,则弟之寡昧可概见矣。弟欲借观者昨已具之别幅,倘荷慨允,望付于小价,不敢浮沉也。再恳邺架中全记之目录以见示,使弟得作江海之大观,幸甚。诸容嗣布。"从函可知彪佳以八种杂剧供沈泰《盛明杂剧》采编,并再次崇推周宪王朱有燉作品,又索观陈所闻、吕天成诸剧及沈泰所藏传奇目录。陈荩卿,名所闻,号萝月道人,上元(今南京)人。著杂剧四种、传奇四种,今佚。

其四云:"昨得一瞻芝宇,遂慊几年寤寐之怀,乃以匆遽东渡,不及再图握手,又不禁怅然于云树矣。《二集》烦先示以一目,幸甚。此集已纸贵洛阳,三续、四续,似不宜中止。名词如林,仁兄勿虑其不继也。《青雀舫》刻成,幸以惠教;《杀狗》一记,真大方手笔,今人即极意雕琢决不能及。倘仁兄与王心翁有意梓之，乞便中掷原本，弟照古本加白，不数日即可付劂剞矣。《冥勘陈玄礼》剧录完，乞并《鱼儿佛》副本附之王云莱舍亲。昨闻令甥藏曲已及四百余本，不知可惠教曲目否？望仁兄留神。昨弟所录远山曲、剧之目，此外尚各藏有十数种未入于内。闻此中友人有作《十快记》及魏监之《红符》《祥虹》二记，书房又刻魏监一记，乃顾九畴之乃翁所作者。此数种倘得仁兄觅之，借弟一录，不啻百朋之锡矣。诸不一。"《青雀舫》，徐阳辉所作，《远山堂曲品》著录。顾九畴之乃翁：顾锡畴，字九畴，号瑞屏，昆山人。父顾天叙（1565—1645），字礼初，号笋洲，所作戏曲，未见明清曲目著录，亦无传本。《杀狗记》，彪佳曾向吕师著借阅吕天成手校本未得，后"得之舍侄婿"，评价极高，称"亦足为四大家梓绣之一助也"（南图藏《远山堂尺牍》己巳册《与袁凫公》其八）。彪佳在本函中询沈泰与王心翁有意梓之否，态度积极，愿"弟照古本加白"以促成其刊行。后似未成。及至崇祯三年（1630），彪佳仍致函沈泰提此事："又得《杀狗》精本较之，渐就绪，不知王如老有意梓之否？乞询之。"（见国图藏《远山堂尺牍》）又，从此函可见当时流传多种演魏忠贤故事时事剧。国图所藏《与袁凫公》称："新本如周君建之《十快》《魏珰》传奇、范香令之《花门绽》《杨雄斑管》、顾九畴乃翁之《天公醉》，俱亟欲一观者。"则本函提到之顾天叙所作为《天公醉》，演魏监故事。

其五云："昨于武林将归，时曾有八行，不知已达之典签否？小札中所望《二集》剧目，及令亲藏曲之目与《青雀舫》传奇，统祈惠示，望之不啻饥渴也。弟在武林时不知袁凫公已至敝乡否，日来始获与将小剧商确，略改一一，再与一较正讹字，请其批点，专价奉上，惟简存是祷。徐野君有新作否？有则祈赐教。《南华幻》剧奉璧，《四友》下卷尚迟数日。附来有新构之剧及前目中一二种未示者，倘得掷来消弟愁中日月，足征知己之爱也。诸不一。"徐野君，名士俊（1602—1681），原名翙，字野君，号西湖散人，武林人，与沈泰善，著《春波影》《洛冰丝》二剧，收入沈泰《盛明杂剧》。徐翙亦评阅了《盛明杂剧》初集、二集中《洛水悲》《风月牡丹仙》《香囊怨》《昭君出塞》《袁氏义犬》《桃花人面》等剧。《南华幻》载录于《远山堂曲品》载录无名氏《南华》一种，然为传奇，当非此处所言《南华幻》"剧"。

另外，国图藏《远山堂尺牍》也有《与沈林宗》三函，其一："我辈交谊重在知己，而知己又莫重于知音，所以弟每过武林，不欲见达官贵人，而必欲一晤仁兄，诚以知己知音莫过我仁兄耳。昨薄暮始抵楼外楼，即怅然而返。晓起接云翰，不啻如握晤于西子湖畔也。《花门赚》略染指一脔，便觉两腋生风。向闻范香令之才妙天下，今亲炙之矣，快何如之！下卷如有便邮，幸取来掷示,望望。二记领讫,容录出完璧。闻新有魏监《樊犀》一记,贵乡又新刻有叶桐柏之《义烈》及《海棠》二记,与《海棠》同刻尚有一记,偶忘其名。又《红纱》《碧纱》二剧,俱当奉资求仁兄一购之。蠹鱼痴僻,幸有仁兄同好可解耳。三家兄凤企高华,未及侍于左右,兹拜尊刻,益佩吟坛之大教矣,敢先为致谢。外买《词坛双艳》,工赀一星已付蓬,并乞便中附之。余情缕缕,诸俟晤悉。"函请沈泰代为购买杭州书坊新刻传奇、杂剧。范香令,名文若,松江人。三家兄名骏佳。范文若,字香令,别署吴侬旬鸭,松江人,著传奇十六种,今存三种。《花门赚》为范文若作品,即《花筵赚》,《远山堂曲品》著录。魏监《樊犀记》今不见著录。叶宪祖《义烈》《海棠》,现存《远山堂曲品》残本未著录。《红纱》《碧纱》皆来集之作品,《远山堂剧品》著录。《词坛双艳》有明天启五年(1625)梁台卿刻本,现存国家图书馆。

其二:"昨小价归,得捧云笺,知雅情种种,何感如之。佳刻明剧,计此际可告成矣,乞以目示之。小剧倘若就绪,望陆续以草本掷来,当为仁兄较正。《青雀舫记》此际必可得寓目,乞并令亲之曲目惠教,望望。近又得佳剧数种,足入《三集》,弟惟储之以待所需耳。弟偶作《剧品》约二百种,恨见闻不广,其副本在袁免公处。《香囊怨》得仁兄补其缺者,佳词必当驾周藩而上之,又何必觅原本。为承命及,故附览。余不一。"作此信时,《鱼儿佛》杂剧刊刻或将告成,彪佳自请任校正之事;"偶作《剧品》约二百种",并将副本交与袁于令。后来至崇祯四年(1631):"是以于明人之剧与曲,有闻必欲一见,剧已见二百四十余种,曲已见五百四十余种。"(南图所藏《与屠用明》)则今、明两年,《远山堂剧品》内容在陆续增补。《香囊怨》系朱有燉作品,《远山堂剧品·妙品》著录,《盛明杂剧》二集卷二收录,沈泰评称:"(宪王)所作杂剧二十余种……予搜得十种,中多阙误,不敢尽付梓人。兹特其一耳。"此函彪佳言"仁兄补其缺者,佳词必当驾周藩而上之",可知沈泰曾修改增订过此剧。张诗洋《国家图书馆藏祁彪佳尺牍论曲文字辑考》认为,崇祯刊本《盛明杂剧》中《香囊怨》与宣德刊本《香囊怨》差别不甚大。在收入《盛明杂剧》二集的《牡丹仙》篇首,沈泰评:"宪王为词坛龙象,予已刻《香囊怨》矣,集将成,友人游梁归,复收得数种,不啻百朋","游梁归"指游仕者告归,此友人当即指祁彪佳。本函言承命附览,当即提供了《香囊怨》新本予沈泰。但此信中已提及《三集》事,则《盛明杂剧》二集当已完工,祁氏新本《香囊怨》未为所用。

其三:"昨得手教,如觌清光。二剧中有可味,殊慰饥渴。至于《青雀舫》大作,命意清新,构词俊逸,词致之妙,不可言喻,弟之请事于文坛屡矣,乃亦不知仁兄此道之精工一至于此！嗣钦襟百拜，愿执鞭从事，不知仁兄许之否？小剧中有数语不妥，今具改稿一纸，乞仁兄削入之。倘《二集》尚无成绪，则小剧乞仁兄命剜剞氏另刻之，工贳当如数奉来。期于望前差役领板，惟尊裁之。倘《二集》将悬国门，则可省另一番灾木矣。弟亟欲得《二集》目录，盖闲中欲订《三集》之概耳。久望掷示，乞一启琅函也。日晡徐野客（按，当作"君"）否？不孝愿交之，思仁兄曾一致之乎？昨仁兄所教《花门赚》《杨雄斑管》及《天公醉》诸曲，不知何时可购得之否？望掷下一观，解我痴癖。传崔魏者尚有《广爱书》《鸣冤》二记，皆已刻者，乞仁兄为弟购之，望望。秋风荐爽，何日一晤，临风曷任瞻溯。"所称"小剧"，即彪佳改编之《鱼儿佛》，彪佳自觉"数语不妥"，欲作更改。《青雀舫》作者徐阳辉，今无传本。《光绪鄞县志》："（阳辉）所著乐府数种，唯《青雀舫》独传。尝爱屠隆'名妓翻经、老僧酿酒、将军擅翰墨、文士驰戎马'之语，遂演为全本。"《远山堂曲品》著录，称之"玄辉、林宗遂借之为钳钟棒喝矣"，此函又称"大作命意清新"，则是沈泰与徐阳辉合作完成。徐士野、《花筵赚》见前注。《杨雄斑管》《天公醉》祁氏两品未著录。《广爱书》三吴居士作，《鸣冤》盛于斯作，两者《远山堂曲品》皆著录，皆属魏监时事剧。

综上众函，足见《盛明杂剧》编选过程中，除了推荐自己改编的《鱼儿佛》入选《盛明杂剧》二集外，祁彪佳对《盛明杂剧》从选目到评阅、校刻，参与甚多。沈泰也听取了祁彪佳的大量意见。当时沈泰尚计划编选《三集》，而彪佳亦热忱提供底本、提出建议，惜以种种原因，最终未编成。

袁凫公评点《鱼儿佛》事宜，南图藏《远山堂尺牍》己巳册《与袁凫公》多次涉及。其一函云："弟于音律实毫无所知，而强作解事。昨得仁兄金锤之度，已窥其崖略，而求教之心正未有已。《生天》剧改成，欲借重凫公评点，不知仁兄许之否？"又函云："弟因自有词曲以来，从无老僧作此者，有之自湛然始，而词实卑下，故漫为捉笔，欲存其名目耳。不觉尽易原本。然假禅机都是呓语，正不若老僧词中之绝不谈禅为妙也。借重仁兄以斧削当棒喝可乎？此剧致之沈大来兄转上记室，幸有宿约，知仁兄之不唾弃也。至三、四两折作兴愈懒，上去入声俱不暇细较，乞大笔裁定，无使贻叹词坛。"又上所见《与沈林宗》其一："袁凫公相别时，已相约为弟批评，兹小柬乞仁兄并小剧致之，祈其践此约也。若此兄已还金阊，则不必烦往返，第得仁兄一字之品题，便为腐草生光矣"，则与袁于令相约为《鱼儿佛》作评点。彪佳恐袁已返还金阊，亦请沈泰评阅，故二集卷十九所收《鱼儿佛》题"吴中袁凫公批点西湖沈林宗参评"。后另一函《与袁凫公》："拙作经宗工一番镕炼，顽铁可望成全金矣。"则袁于令已为《鱼儿佛》作了润色。此后，南图藏《远山堂尺牍》崇祯三年《与沈林宗》有"小剧中袁臬公批于首，有'转觉此僧多番俚语'之句，似有碍板中，乞仁兄刊去之为感。"从今所见崇祯本《盛明杂剧》观之，沈泰已将此句删去。

祁彪佳更屡以《鱼儿佛》求人指点。《远山堂尺牍》已巳册中除了以上致沈泰、袁于令诸函外，又如《与王云莱》："别后曾改《地狱生天》剧，不觉尽易原本，意欲附刻于《二集》中，然未求老伯指点，终怦怦不自慊也。稿已寄于沈兄处，便中一取阅之，赐以金锒，望之。"同年又有致王元寿的《与王伯彭》函："《鱼儿佛》之疵谬，乞我翁指教，方见同调之雅。"

另外，国图藏《远山堂尺牍》有《与张介子》也涉及此剧："兹奉《鱼儿佛》一剧，或于北词中少有，推敲可当棒喝。"

同王应遴交流藏曲，并出所作《鱼儿佛》《全节记》求教。值王应遴为人诬告，为之周旋解祸。

戏曲家王应遴，字董父，号云莱，别署云莱居士。浙江山阴人。《远山堂曲品》收其传奇一种《清凉扇》，入能品，今佚；《远山堂剧品》收其杂剧一种《逍遥游》（又名《衍庄新调》），入雅品，今存。尊经阁藏《寓山志·注》存其五绝《幽圃》，注："王应遴，云莱，山阴。"

南图藏《远山堂尺牍》已巳年册有《与王云莱》四函，其一："老伯致一柬于沈林宗，索其借去之曲，并其所藏明剧之目录何如。"则此时尚未结识沈泰。函中又提到请王氏托叶宪祖求孙如游家藏元剧曲，与陈汝元刻剧事。沈泰，字林宗，又字大来。其二提到以剧十种应沈泰，并嘱以勿向陈汝元提起，并云："乞老伯作一书于叶六桐，切求其转借元人秘剧，必在臧晋叔所刻百剧之外者。若止是臧刻所有，不敢求也。并乞老伯索此公自己所作记剧之已、未刻者，及其所藏全本杂剧之目录，悬悬。侄亦有书致之，然不敢及此，老伯书中亦勿及出之某之意何如。"请转致叶宪祖，求其所藏臧氏《元曲选》所录之外诸剧。并求借叶宪祖所作戏曲及其所藏杂剧目录。其三："哀冗中偷得片暇。细玩大作构局，极照应关合之妙，而炼词工雅，下语恰当，非胸有成竹，腕下具千钧力者，不能道只字。不孝如矮人观场，何能再参末议，但尊命不敢重违，故于无可斟酌中斟酌数处，然实不妨于全瑜也，幸恕狂瞽是祷。老伯若有所藏之曲，乞示一目，使侄得见所（按，疑漏'未'字）见，至幸至幸，颙望颙望。"其四："……昨见状稿，还须略带盗情并说出原问衙门，方便于批捕。厅耳状后，必涉彼人诬告之事，更便于结案。如状未投，乞以小侄言酌之。迩来晤沈大来兄否？侄即八行中遂定神交矣。幸一致鄙意。别后曾改《地狱生天》剧,不觉尽易原本,意欲附刻于《二集》中,然未求老伯指点,终怦怦不自慊也。稿已寄于沈兄处,便中一取阅之,赐以金鎞,望之。《典会》一书,倘肆中有之,乞老伯代侄置一部。迩得有新曲否?武林友人有《十快记》及魏监之《祥虹》《红符》,乞老伯觅一副本,或借抄可也。诸容面悉。叶六桐回札及诗稿附上,外有《冥勘陈玄礼》一剧,小侄暂留录出,并归记室也。"祁彪佳托名寓山居士改释湛然《地狱生天》杂剧为《鱼儿佛》,并荐刻入沈泰《盛明杂剧》二集。《十快记》与《祥虹》《红符》祁氏远山堂两品未见载录,《冥勘陈玄礼》为叶宪祖作品,《远山堂剧品·雅品》著录,作《鸳鸯寺冥勘陈玄礼》。

国图藏《远山堂尺牍》也有致王云来五函,其一:"昨获睹光霁,兼领大教。倘老叔容侄日坐春风中,稍暇便当再扣,庶几闻所未闻,豁此蓬心也。《啸余谱》集曲律之大成,此书不可不藏,惜觅之坊间甚少,谨以常携之箧中者一部奉台览。侄向来欲作《南曲品》,而曲之荒俚者过半,故雌黄颇多,恐以知我不胜罪我,所以仅半帙而止耳。拙作《全节记》,或一二语可供案头书,然去当行本色之道尚远。向不敢献丑,承垂询,容另日印出,呈上记室。"函中提到《远山堂曲品》纂述情状及所作《全节记》。彪佳闽中已托余应科刻成《全节记》书板,故只需"另日印出"。《啸余谱》,明程明善辑,收录声韵著作十一种,今存万历原刻本和清康熙壬寅(1662)张汉重校本。其二:"小侄今晨已作札知会张九山老舅矣,俟有回音。倘令某僭笔,则当遵老叔之稿,以伸缙绅公愤。某拟于后日入城,或先见史父母一达此,后投之也,何如?不知老叔是日亦在城否,图共晤陈太乙老舅,何如?迩欲将所见之剧先次第之,深愧见者之寡。如命将箧中所有剧目奉上,则侄之浅陋已可见矣。在此目外者,万恳太乙老舅暂借一观,至于《□□(按,原文空格)记》,容另日竭诚恳发其邺藏也。小刻承指点,遂使顽铁生光,何老叔之精于音律一至于此!敬拜大教,感不能言。奉谕不敢匿丑,谨以二册上记室。"函中言及王氏诉讼事,称已托之张岱九叔张焜芳,字九山,崇祯元年(1628)进士,时以南京户科给事中(正七品)任稽察之职。又为此向山阴令史大玉名史缵进言。此函又邀王应遴共晤陈汝元,欲将家藏戏曲目录呈陈氏,以借阅目录外未见作品。"小刻承指点",当指前南图函中提到请王氏指点的改编湛然《地狱生天》剧而成的《鱼儿佛》。所赠二册,当为《鱼儿佛》《全节记》。其三:"日日拟晋谒,领老伯之大教。因小刻未印完,欲躬持上请政,故此迟迟,罪歉何似。明晨欲一望颜色,并欲相约老伯一晤史父母。此事老伯亦须速其结之,迟则恐小人之见无所不至。此关缙绅大体,况辱至爱,如小侄而有不谊切同仇者乎。"

因《鱼儿佛》系付出沈泰刻印，故此"小刻未印完"，必是《全节记》。其四："姚先生传台谕，虽在极窘中，谊不敢辞。但不孝明岁亦欲处进京之费，需坐二年，乞老伯主之。《天籁编》论词极精当，可以抉沈词隐未抉之髓，补沈词隐未补之偏，诚大有功于词学也，但内有南北牌名间杂处。而词中之不用韵如【梁州序】之首句，【锦堂月】之次句，原不用韵。【南贴锋唇】之首二句，原自为一韵。古人不以用韵为难，想于不用韵处有妙用耳。古人于【画眉序】【白练序】尚且藏短韵于句中，则知用韵非其所难，不用韵有他故矣。摅愚见如此，不敢不献于知音之前也。又如入声之派入三声，止为北曲耳。若南曲，止可作平，而无去上矣。张兄有曲才，吾辈怂恿之，亦是风雅之事。有大树坡义虎，可作一剧，以先试笔何如。原本奉来。《实录》阅完乞掷下。前少先兄有《瞿仙韵》一本，并求借阅。"所言"谊不敢辞"，似为民间借贷、互助会筹款事。"姚先生"当为姚应嘉，字镜初，祁氏日记多作"兢初"，山阴人，万历癸丑（1613）进士。此次似由王应遴作为会首发起筹钱，而彪佳因来年服阕晋京赴铨补，亦拟入会筹钱。函所及《天籁编》未见著录，彪佳评"抉沈词隐未抉之髓，补沈词隐未补之偏"，但"内有南北牌名间杂处"，盖为沈氏《南词韵选》之后之南曲集，原书未见诸书目著录，或佚。《瞿仙韵》，疑为朱权（号臞仙）所编《琼林雅韵》。"大树坡义虎"，本事出《太平广记》卷四二八《勤自励》，冯梦龙改编为《醒世恒言》卷五"大树坡义虎送亲"。此言怂恿张兄作剧，当系同里曲家张大湛，《远山堂剧品》著录其杂剧三种，今佚，其中有《报恩虎》，当即为此作。其第五函所述，则以曲二十本借与王应遴，求其点评。

王应遴遭讼始末，另据南图藏《远山堂尺牍》己巳年册《与史大玉父母》可知，王氏家奴胡大金携资出逃，被人窝赃击杀，其亲诬告归罪王氏，彪佳为之解狱。前诸函提到的"史父母"，即史大玉，名缵，山阴令，《绍兴府志》未注明其任期，下任崇祯八年（1635）来代。

与戏曲家袁于令神交久，袁于令游越，会于祁氏曲水园，为二人初会。作五古《赠袁凫公》、七绝《赠袁凫公》。倩袁于令题写曲水园、朝来阁匾额与"敢曰悬车开绿野，且将挂笏对青山"对联。频繁通函作戏曲倡和、讨论，并出《鱼儿佛》《全节记》求教。因袁于令试事不利，劝其晋京谒请干进；又为之向亲友请托。

《赠袁凫公》二诗见《诗集》。

袁于令（1592—1672），原名晋，字于令、令昭，又字韫玉，号凫公，晚号箨庵，别署白宾、幔亭仙史、吉衣道人等，江苏吴县人。事迹见徐朔方《袁于令年谱》。撰有杂剧两种；传奇七种，今存三种。《远山堂曲品》著录其传奇《西楼》一种,《远山堂剧品》著录其杂剧《双莺传》一种。

南图藏《远山堂尺牍》己巳册今存《与袁凫公》十四函,第七函提到得袁于令以诗相赠,以诗复之,又一一请教对南北曲的种种疑问。函云:"仁兄赠我扇头珠玑也。弟不揣,亦赓和数语,皆打油腔口,知不足以呈大方,然盖恃知己,非削其谬则匿其丑耳。弟欲求仁兄就南曲谱中人所常歌之数十调,如北曲之分别务头,于要紧字眼,说破应阴阳之故,以为枕中之秘,何如?容晤悉。"《远山堂诗集》中五言古诗《赠袁凫公》详载初会情形:"君家笠泽滨,我家梅福墅。一水俨相望,暮云几延伫。古人重神交,何必在晤语。每读君文章,辄以琅函贮。姓字有天香,翩翩落毫楮。然而癙寐久,会面岂终阻?畴昔之中夜,忽梦述离绪。晓闻剥啄声,君舟泊林渚。相视而一笑,与君非暂处。盖缘肺腑通,无俟面目许。吾侪无意气,安所问俦侣?蜉蝣之衣裳,何往不楚楚?君赠我瑶篇,字字朝霞举。我则何所言,短歌对新醑。"所述为二人初次会面情状,诗当即为此函所称"赓和数语"。又有七绝《赠袁凫公》四首附在五古《赠袁凫公》之下。其三:"世间何物得如君,陆海潘江未足云。读尽牙签三万卷,始知天上有鸿文。"对袁于令推崇备至。其四:"从来索处叹分离,何处天涯寄我思。迟我枫江桥上月,与君携手较新词。"则是别后寄思之作。又,第六函请袁于令挥毫题字以制匾额,云:"昨得珠玑之惠,遂令樗朽生光,然晤时又不能称谢,想亦知己前不能作套语乎。韵叶领入,居停之书,已付小价去矣;觅刊字之札,俟得大笔后,同匾附之,必得良工也。曲水园匾在离敝寓数步之门,朝来阁匾在楼上。匾尚未制,乞仁兄量其广狭,挥成后制匾乃便。再有'敢曰悬车开绿野,且将挂笏对青山'一联,乃先严所属对者,倘并得大笔,尤感。《曲律》二本奉览。如仁兄有暇日,研墨濡笔,作数北剧,使弟先得之,夸彼秘曲者,以鸿宝在握,何如?望之。□《宫凫》容于大家兄架上搜之,并戏目俟对完,统归记室。外具数物,皆聊可作清斋之供者,乞仁兄鉴存,倘麾其一二,便罪我矣,恳恳。"此当系袁于令来游祁氏曲水园之后才有所请。据祁彪佳《越中园亭记二·曲水园》,曲水园为彪佳父所构,中有朝来阁。《宫凫》,陶崇文作,《鸣野山房书目》"子之十乐府家二传奇"著录为"宫枭",未见祁氏二品著录。

袁于令来游祁氏曲水园事宜,同书第八函也有提到:"昨片刻晤谈,终不能罄数时怀想之殷。所以敢言暂别者,以仁兄或得少留曲水小园,或得再邀垂顾,庶几再晤可图耳。非谓临行一握手,便足吐此缕缕也。小剧万祈斧削掷示,其中不叶处,倘得仁兄即删改之,尤足征知己同调之雅。望之。吕棘津较正《杀狗》,似足为定本,昨得之舍侄婿,附奉仁兄录置案头,亦足为四大家梓绣之一助也。敝乡一老童，漫欲握管，弟初意必不脱老腐之气，阅之，不意其尖新乃尔。虽于曲律一毫不解，他日或可引之门墙内也。蔬果四色，聊供行厨，乞仁兄叱存是祷。"请袁氏"斧削"的"小剧"，当即杂剧《鱼儿佛》；又以吕天成校改本《杀狗记》呈袁；函中欲介绍之老童生，据庚午册《与袁凫公》第一函提到，当即蒋倪，字安然。另，国图藏《远山堂尺牍》存《与袁凫公》五函，第二函再邀袁于令面晤，并求其《杀狗记》藏本，当作于今年。函云："苫块中人，如死冷灰，望城市之尘，辄畏如虎。欲再望清光，而逡巡已数日矣，悬企何如。昨荒村鸡黍，知仁兄不我罪也，则敢再邀文驾，作信宿之谈，祈仁兄许之。笥中有《杀狗记》否？此佳曲也，惟掷示小价。久滞城中，故前小札，未奉德音，诸容晤悉。"必作于南图第八函之前。今据南图藏今年众函可知，彪佳曾求吕天成校正本《杀狗记》于吕师著未得（参国图藏《远山堂尺牍》之《与吕讳师著》二函），后从侄婿处得见（参南图藏《远山堂尺牍》之《与袁凫公》其八）。此后崇祯三年（1630）岁暮无事，校《杀狗》精本，请沈泰问"不知王如老有意梓之否？乞询之"（国图藏《与沈林宗》），则彪佳于《杀狗》一记颇有刊刻之愿。

今年起，与袁于令书信往来频繁，多借剧评曲，询音问律。南图藏《远山堂尺牍》己巳册《与袁凫公》第二函作于崇祯二年（1629）暑日，时刚获交沈泰。彪佳已初晤过袁于令，因袁尚逗留杭州西湖上，拟再邀约至山阴相见。又以自己改编的《鱼儿佛》请袁于令批评指点。函云："昨仁兄言欲过武林，弟意必再得一晤，及捧翰，怅然久之，何仁兄之忍于离别乎！然尊价云尊驾在月内或尚有山阴之行，则离索之感，转为企望矣。弟虽获交于仁兄于今日，而凤昔之瞻恋，真所谓通之于痦寐矣。江南渭北，虽能隔我辈形骸，不能隔我辈神情，即或未得把臂而鸿羽寸笺，则时时望之知己也。王伯彭未知从白门归否？所作剧本，弟已璧之其宅上，晤时乞一及之。迩来始得通行于沈大来兄，知必同调中人也。弟因自有词曲以来，从无老僧作此者，有之，自湛然始，而词实卑下，故漫为捉笔，欲存其名耳。不觉尽易原本，然假禅机都是呓语，正不若老僧词中之绝不谈禅为妙也。借重仁兄以斧削当棒喝可乎。此剧已致之沈大来兄，转上记室，幸有宿约，知仁兄之不唾弃也。至三四两折，作兴愈懒，上去入声俱不暇细较，乞大笔裁定，无使贻笑词坛，尤征至爱。陈茂卿是金陵人，所作记、剧俱佳，不知仁兄之可得之否？《屈三闾》佳作，原无副本，惜乎止在梦想之中。《双侠》既曾付劂剞，传者必广，万乞觅一部以惠。再有传魏监所谓《祥虹》《红符》者，及武林友人之《十快记》，倘得原本与弟，一录出即当返上，不致浮沉也。《玉符》之刻，倘在踌躇，则移名易姓之后，不可不使弟抄一部为帐中之秘。道上千岩万壑，景色依然，仁兄如不即返金阊，何不于小寓避暑，且可省湖上几许应酬也。余惟崇焰，不尽缕缕。"按，《屈三闾》即袁于令的《汨罗记》。《远山堂曲品》评徐应乾《汨罗》提及："闻友人袁凫公有《汨罗记》，极状屈子之忠愤，记成乃为秦灰，不可得见，惟散其事于《神女》《双栖记》中。"《双侠》，彭南溟作，《远山堂曲品》著录。"武林友人之《十快记》"，国图藏《与袁于令》提到"新本如周君建之《十快》"，当即此。按，周君建，名之标，号梯月主人。据瞿冕良编《中国古籍版刻辞典》，周君建辑刻有《女中七才子兰咳集》五卷，《新刻出像点板增订乐府珊珊集》四卷，《吴歈萃雅》四卷，元罗本辑《镌李卓吾批点残唐五代史演义传》八卷，胡贞波《周君建鉴定古牌谱》二卷。然诸书前均署"长洲周之标君建甫题"，非武林人，盖为彪佳讹误。又，周君建增订本《珊珊集》中选入《千古十快记》（版心题"十快记"），所选《渡江·一枝花》演项羽故事，其《凡例》指出："新即戏曲，如《西楼记》，如《千古十快》，如《鹔鸘裘》，俱新出传奇，他刻中所未载。"

　　第三函提到袁于令试事不利，劝其晋京谒请干进；又请袁于令评点《鱼儿佛》，并求借冯梦龙"香月居曲五种"和《淇园六访》《玉符》诸戏曲。函云："离多会少，聚难散易，自古叹之。如弟之神交于仁兄，盖几许年矣，得一见而喜可知也。乃以息影苦块，不获时时过从，以承色笑。今日倏尔言别，怅快何如。虽然，我辈交谊，不在遐迩间论疏密，玄度襟期，时时在寤寐中，况西子湖头，寒山寺畔，他日聚首，又可屈指乎。小试不妨小屈，仁兄独不见汉高九里一战耶？遇大敌而勇，方足征词锋之利，芙蓉镜上，弟拭目以俟之矣。长安道中，迷目炎尘，而雅意怜才之当道，亦自不少。得仁兄一字，悬之国门，定无不捧持若千佛名经者。所以燕都之游，弟敢劝驾也。昨所乞诸曲，倘有便间，幸以掷教，得佳者一二种，便令贫儿骤富，即百朋之锡，不过是矣。香月居曲五种，觅之书肆不得，并望惠我。重曲另列一单，倘有所需，即可供清玩也。弟于音律实毫无所知，而强作解事。昨得仁兄金镞之度，已窥其崖略，而求教之心，正未有已。《生天》剧改成，欲借重凫公评点，不知仁兄许之否？《荆》《刘》四种，决不可不早刻。弟倘得吕郁蓝较本，当觅便羽寄来，以鼓厥剞之兴。弟虽枯肠秃笔，或勉效数言，使姓名附以不朽，是所愿也。《玉符》刻成，万万启早示。近有《淇园六访》一剧，便间亦祈惠之。别绪缕缕，未能一吐。云树之思，想知己同之也。"此函也提到请袁氏批点自己改编《地狱生天》而得的杂剧《鱼儿佛》。按，香月居曲五种，冯梦龙号香月居主人。由下一函"昨云冯犹龙初刊五种，忆是《玉麟》《双串》《合妙》《存孤》，乞仁兄留神"，可知香月居曲五种有《玉麟》《双串》《合妙》《存孤》，另一种未详。《淇园六坊》，无名氏作，《远山堂剧品》著录作《琪园六坊》。另外，同书第九函也提到长安谒求事，当也作在同时。函云："拙作经宗工一番镕炼，顽铁可望成金矣。昨附来《青鞭》剧，亦有数语可观否？无奈其毫不识音律也。仁兄倘容弟漫作一曹丘生，贱姓名亦将附高贤以不朽。入燕之初，六馆诸公似有一番相与，弟当择一一相知者托之。他非当道，纵其刮目，无益游客。舍亲中亦有重才者，第近日长安如弈棋，当道者恐迁代不常，统容临期与仁兄酌之。何日可图一晤乎？望亟望亟。"则似袁氏有游学国子监之意，托祁氏向人请托。拙作当即《鱼儿佛》；《青鞭》，无名氏作，未见二品著录。

第四函从"昨日云冯犹龙初刊五种"来看，作于第三函后不久。函中提到与袁于令的戏曲应倡唱酬，彪佳欲以一传请袁于令作传奇；又提到自己与众人倡和而作的"田龙之曲"（或亦即后第五函中所谓"再为田班生演北调一折"）。函云："《风筝》《跃剑》二记上览，聊以见敝乡词人风气耳。《跃剑》半出单槎先手，终是庸笔。《风筝》之才致，似可取，仁兄以为何如？此君尚有《宫花》一记，俱得书坊刻之为妙。外一传亦可作戏否，苦无闺门情趣，即构之亦必不行。倘得仁兄删烦就简，打换局面，现出神情，分定出数，必有一番化工也。昨云冯犹龙初刊五种，忆是《玉麟》《双串》《合妙》《存孤》，乞仁兄留神。及凌初成诸剧，他日并为我觅之。日望作田龙之曲，此债必须了却，作一笑也。《玉符》倘已改就，可惠然容录一本否？弟必三缄以藏，所虑剞劂未即告成，又同《屈三闾》之不得出现人间耳。"按，《风筝》《跃剑》皆戏曲家单本作品，《远山堂曲品》著录。单本（1562？—1636？），字槎仙，会稽人。至少作有《蕉帕》《露绶》《风筝》《跃剑》《宫花》五本传奇。《远山堂曲品·跃剑》一条，彪佳题作者"潘□□"，而此信中云"半出单槎先手"，盖认为此传奇为潘、单二人共成。

第十函与袁氏互通戏曲藏本，并论及陈与郊作品。函称："数日不晤，觉鄙吝复生矣。秘藏之本，得其一二，便可废他本数百十种，何惜重赏构之耶。闻白下崇制堂刻曲已数百矣，但想来皆时本已刻者耳。顷接伯彭札，云《东郭》是会稽学究所作，会稽那得有此学究也。顷得藏晋叔所改《四梦》《荆钗》，此公极自负，想来必佳，不知仁兄已览过否？《露绶》奉上，《宫衮》前一本忆有点坏处，今以新本上阅。野人一芹，聊充行庖，惟笑存是祷。"按，白下崇制堂当为南京书坊。《东郭》当即陈与郊《中山狼》，《远山堂剧品》著录。陈与郊（1544—1611），字广野，号禺阳、玉阳仙史，亦署高漫卿、任诞轩，海宁人。彪佳对其《中山狼》评价颇高，以为"说得透快"，"当为醒世一编，勿复作词曲观也"。《露绶》为单本作品，《远山堂曲品》著录。另外，第五函请袁于令对《全节记》的音律作出指点修正，因欲改订《宝碗》《李丹》中曲律之不妥处，又特向袁于令请教。函称："日以舍侄完姻，遂阻良晤。冗中得片暇，再为田班生演北调一折，于音韵阴阳，其实不曾照管，粗率其多，弟先自递降书，仁兄亦须服而舍之矣。又《做官》南曲，是四家兄所作，但恐玉田四尹，纱帽压杀，无此大福分耳。臧改《四梦》，于曲律或有小补，以言乎才情，恐不及汤多矣。《荆钗》云是古本，仁兄试阅之果否。四大家中以此本为定本何如？《全节记》中《图麟》一折，北《梁州第七》折后用《合笙》《担子令》，从《彩楼》对出者；《越恁好》，从《李丹》对出者。今对北曲《担子令》，即北《小桃红》；《越恁好》似北《麻郎儿》。王伯彭《宝碗》，用《乔合笙》《调笑令》《秃厮儿》《金蕉叶》《小桃红》《圣药王》《麻郎儿》数调，《李丹》用《合笙》《调笑令》《圣药王》《鲍子令》《秃厮儿》《越恁好》数调，弟欲改原本之不妥，于此二式，何去何从，仁兄为我酌之。"舍侄，即凤佳长子祁鸿孙。据《世系》《家谱》，鸿孙字奕远，廪生，生于明万历三十九年（1611）八月廿二日，清顺治十三年（1656）五月往哭陈子龙，病卒于吴门，年四十六；国变后拥戴鲁王，破家举兵抗清，叙功授兵部职方员外郎，进阶奉直大夫，赐节盖印绶，出监江上四十八路营军事，兵溃隐匿。完姻时年十九岁，娶华舍赵氏。按，祁骏佳所作《做官》传奇，今未见二品著录。第十函对臧改《四梦》还是猜测"想来必佳"，则未曾看到臧改剧，而第五函则明显已阅过臧改《四梦》，认为才情远不如汤显祖原作。故第五函必作于第十函之后。

第十一函当作在九月后，提到祁氏兄弟与袁于令、冯梦龙戏曲倡和情状，函云："弟昨见五家兄赠老龙之作，因篝灯效颦，止少却一觉睡，曲已成矣。欲其速，欲其谐俗，不暇问工拙、问音律叶否也。还有四家兄作《家人庆贺》第三折，其二折俟仁兄补之。老龙气杀，吾辈可得一捧腹矣。呵呵，不一。"冯梦龙今年九月曾游越，彪佳为长兄麟佳经营丧事，未得面晤。祁麟佳喜好戏曲，著有《太室山房四剧》，且与袁于令有交，若尚在世，当有戏曲唱酬，故此函或作在九月麟佳身故之后。五家兄为祁豸佳（1594—1683），祁彪佳堂兄。字止祥，号晋岳，又号雪瓢。《远山堂曲品》著录其《玉麈》，《远山堂剧品》则收录有杂剧《眉头眼角》。四家兄即祁骏佳（1594—1653），字季超。《远山堂剧品》著录其杂剧《鸳鸯锦》。

综以上诸文献可推，袁于令当于夏秋之际来越，与祁彪佳初晤，客居数月，与浙中戏曲家频繁戏曲交流倡和，之后在杭州逗留西湖上，或经苕溪归金阊。

函求王元寿及其弟元功所作曲剧，交相换阅所藏沈璟作品。以《鱼儿佛》求教，又以己作《庞居士传》，请王元寿作成传奇《灵宝符》。

戏曲家王元寿,字伯彭,又字伯朋,别署西湖居士、西湖主人、湖隐居士,钱塘人。尊经阁藏《寓山志·注》存其五绝《抱瓮小憩》一首,注:"王元寿,伯彭,钱塘。"据裴喆《明代戏曲家王元寿考》,元寿万历四十三年(1615)以岁贡任蓝山知县,万历四十七年(1619)或四十八年(1620)因事左迁去职。晚年闲居西湖,卒于崇祯十三年(1640)。作有传奇二十三种,今存三种;又有诗、文传世。裴文指出:"王元寿无诗文集传世,保存王元寿诗文最多的是同治《蓝山县志》,收录的王元寿文计有卷首的王元寿《原序》一篇与卷一三的《塔山寺记》《议设营兵防御地方文》《告文昌神文》三篇;诗见卷一五,计有《童峰》《西岫晴云》《巍山远障》《东江夕晖》《舜水环带》《富阳平畴》《古城烟树》《皇英故祠》《峭塔凌云》九首。此外《寓山注》中尚有王元寿诗《抱瓮小憩》一首。计王元寿今存作品,除传奇三部外,尚有文四篇,诗十首。"今对王元寿现存作品再作补遗如下:国图藏《寓山十六景诗余》收王元寿《蝶恋花》词共十六首,分别为《远阁新晴》《通台夕照》《清泉沁月》《峭石冷云》《小径松涛》《虚堂竹雨》《平畴麦浪》《曲沼荷花》《柯寺钟声》《鉴湖帆影》《长堤杨柳》《古岸芙蓉》《远浦菱歌》《孤村渔火》《三山雾雪》《百雉朝霞》;浙图藏《寓山题咏》收其五绝三首,即《呼虹幌》《让鸥池》《虎角庵》;国图藏《寓山续志》收其五律一首,即《读易居》;尊经阁本《寓山志》中,除《寓山注》收入一首《抱瓮小憩》五绝为前裴文提到外,还有《题咏》中存七律《寓山题咏》二首。如此,则王元寿现存作品,实计有传奇三部、文四篇、诗十六首、词十六首。从中也可见,《寓山志》结集之际,即崇祯十年(1637)至十二年(1639)之间,祁彪佳和王元寿两人仍保持密切交游。

祁彪佳与王元寿的交往,始于崇祯二年(1629)。南图藏《远山堂尺牍》己巳年册有《与王伯彭》四函,其一:"日读大作,以蒸霞涌雾之才,唾玉生香之韵,而守词隐之功令更严,真足独步词坛矣。每一回环,如对芝宇,愁苦之中,借以遣日。然必求翁兄大启琅函,尽披鸿宝,凡属尊作,俱以赐教。弟每得一帙,即录出,秘之帐中,捧持如千佛名经,万不致有浮沉之虑也。万惟宗工斧削,然欲抛砖引玉,故不敢藏丑也。倘得度以金针,幸甚。《紫绶》一本先璧上,余二本尚在抄录未完,容附之袁凫公处也。前有沈宁庵数曲,知已阅讫,希掷旋。昨一缕不荷鉴存,益增愧赧。兹将不腆,惟勿再麾弃,临楮可胜瞻注。"《紫绶》为王元寿作品,《远山堂曲品》著录。由函可知,彪佳阅过《紫绶》等三种戏曲作品,并转与袁于令观;亦可知祁、王二人,各以所藏沈璟诸曲交相换阅。

其二:"湖上之谈,顿慰饥渴,匆匆别去,如瞻恋何。台台足羔获痊,希于秋初放山阴之棹，望之望之。《紫绮裘》完否？并《击筑骝》《将无同》《中流柱》，千乞惠教。《击筑》二记，如未取来，乞作一字与陈兄，即付之小价；他日小价有事至海盐，可转达也。《鱼儿佛》之疵谬，乞我翁指教，方见同调之雅。《艳雪楼》千乞转索之示我，望亟望亟。弟偶于莆署烛下阅元剧，遂作庞居士之传，然必台台镕化无迹，乃成佳传奇。我翁自有化工手也。容他日简出奉来。前有二曲在弟处，昨又携归三曲，共五曲，容余完一并完上。余不一。”按，《紫绮裘》《击筑骝》《将无同》《中流柱》，皆王元寿作品，《远山堂曲品》著录。《艳雪楼》，未见祁氏两品著录。但今年稍后《与袁凫公》函言：“昨日从王伯彭得见武林友人《艳雪楼》一记，才尽佳，但未深于音律，不足呈宗工也。”则可知作者为武林（杭州）人，彪佳原已从王元寿处得见此剧，盖因音律不佳未入选，或以《曲品》残稿佚失，今遂未见。“陈兄”，即陈梁，字则梁，号散木子，浙江海盐人。《光绪海盐县志》卷十九称：“喜扬雄司马家言，诗文非大奇辄不肯下笔，书法得颜米笔意。所交皆当世名士，以诗酒相娱乐。所著有《易疑》《诗疑》《个亭集》《苋园集》《浣笔池藏稿》《仑者菑勿个集》，散轶不传。”余怀在《板桥杂记》中称：“人奇文奇，举体皆奇。”

其三：“久望台旌之至止，而久不至，岂台翁足疾尚未全愈耶？是月二十外弟将有云栖之行，为先大夫礼忏以资冥礼，是时或先可于湖上图一晤也。《灵宝符》婉而畅，精切而工，彼两剧直当作此记注脚耳。乃台翁以浃月成之，又何神速至此也。敬谢明教之及，并《将无同》一本俱璧上，《紫绮裘》《玉扼臂》千乞见示，至祷。”由函可知元寿晚年病足。《灵宝符》《玉扼臂》皆王元寿作品，《远山堂曲品》著录。又承上而知，王元寿《灵宝符》的创作，源自彪佳于莆署烛下阅元人《看钱奴》《来生债》二剧，作庞居士之传，今遂令王元寿据以谱成传奇，元寿不到一月便作成《灵宝符》。彪佳提供素材令其他曲家谱为戏曲的情况，又如国图藏《远山堂尺牍·与王云莱》：“张兄有曲才，吾辈怂恿之，亦是风雅之事。有大树坡义虎，可作一剧，以先试笔何如。”是以“大树坡义虎”故事促张大谌敷演为杂剧《报恩虎》。

其四：“小伻奉手教，知尊驾有白门之行，计此际可言旋矣。钟山秀色，又不知有几许入诗囊也。弟以息影苫块，未能再图一晤，歉如之何。尊作已录出为帐中秘矣，原本奉璧，尚一种，容续奉也。弟欲补作《曲品》，集词场诸公之始名及所作名目，乞台翁以所作诸记之目，逐一示之。未刻除领教《紫绶》《石榴花》《领春风》《题燕》《宝碗》《莫须有》之外，俱乞简以惠我，幸甚望甚。令弟无功兄宛丽明秀之作，久已诵服，亦乞示所作之目，并代梅花墅主人所作者示之。未刻除《玛瑙》《看剑》之外，亦望启琅函之秘也。前台翁所留《结发》《分柑》二本，如尚未付梓人，或以原本见掷，弟别录副本以与书肆何如？望望。闻武林友人有作《十快记》及魏监之《红符》《祥虹》二记者，乞台翁为弟觅一底稿，望之不啻饥渴也。余楮不一。"按，《紫绶》《石榴花》《领春风》《题燕》《宝碗》《莫须有》《玛瑙》《看剑》，皆王元寿作品，《远山堂曲品》著录；《结发》《分柑》为沈璟作品，《远山堂曲品·雅品逸文》著录。彪佳此信中称欲补作《远山堂曲品》，则见此时《曲品》初稿已完成，而处于广泛搜集剧曲、查漏补缺的阶段。信中所涉六种外，《远山堂曲品》还收录了王元寿《北亭》《玉马坠》等十七种传奇。信中并求王元寿弟王元功（字无功）作品及目录，其代梅花墅主人许自昌所作者，即《百花亭》传奇，王元功改为《百花》，《远山堂曲品·能品》著录，评云："此无功改《百花》本也。"

国图藏《远山堂尺牍》亦有《与王伯彭》四函，其一："昨得瞻芝宇，少慰饥渴，而匆遽东渡，未能再领大教，是为耿耿耳。台台握麈词林，声歌之道，是宗匠余技，而已绝妙一世矣。弟夙有韵语之癖，俟哀衷少间，容时请事于名公。不知台翁于坛坫中，亦容厕一席否。沈词隐未刻六曲，苦未能界勒较正，今缄奉台览。倘有坊间欲刻者，亦可垂之不朽，为词隐功臣也。邺架所藏诸本，敢乞示一目，或使弟得借阅数种，见所未见，是即台翁之教我矣。至于大作，不敢遽请，倘得先垂示，一一俾手录为笥中之珍，当不啻获拱璧而未敢必也。顷见沈友林宗所梓三十剧，足为此道鼓吹。弟处亦蓄有十余种，倘沈兄以所有见示，而弟之蓄者乃其所无，正不妨录奉以成大观也，祈台翁一转达之。声歌非苦块中事，弟以知音在前，不奈饶舌耳。"彪佳丁外艰三年，以家忧不能肆意声歌、观场演出，但广搜曲剧抄刻本，既愉案头，又备撰述远山堂两品。此函中求阅王元寿家藏曲目及王氏作品，请王元寿向沈泰转达己意，愿提供杂剧底本供其选刻。又奉元寿以家藏沈璟传奇六种，借以索观王藏之己未见沈氏作品。彪佳对沈氏作品的搜罗，直至崇祯六年（1633）巡按苏松时仍在持续。沈自晋《重定南词新谱凡例续记》："祁公前来巡按时，托子犹（冯梦龙）遍索先词隐传奇及余拙刻，并吾家诸弟侄辈诸词殆尽。"此时彪佳曲癖已淡，不再补订远山堂两品，故搜书多出于藏书家之习惯和偏好。

其二："昨《庞居士传》经化工铸镕，定有绝妙情景。周生之贫苦，不写之至极，不足以见造物弄人之巧。若卖子认子，元剧已尽委婉矣，北曲有可用者，亦不妨用之。或已成半本，先以见示何如。"所言《灵宝符》传奇，因彪佳用《庞居士传》请元寿作传奇而得。

其三："捧云笺，知台翁肯同朱年伯顾我，跃然而起，恨不能并月为日，早得望颜色、领麈教也。但不孝当以一抔之土，奔走山中，恐乡村失款，必得先期示之，使得拥彗以迎。或即订在中秋之日，望玉趾之临，何如？今此奉候之小价，即往海盐者，乞台翁再叮咛之，必于陈兄处得此二记，方慰我饥渴也。曲六本附上，所未返者，止《一轴画》一记耳，希查明为祷。《紫绮裘》《将无同》《玉扼臂》三本，颙望惠惠（按，衍一"惠"字）教，乞即付之小价。外一传，正昨所谈及者，必化工手镕合，方成善本。内须北曲多乃雄壮。大略《庞居士》之曲，须尽用壮，结末不宜太多转折。大抵转折多，则于本等事情反不畅，所以《拜月》《荆钗》前半放开，后半只是紧紧收拾，再不更一波翻地也。台台以为然否？左顾之日，即望有新声解我愁郁也，诸不一。"

其四："昨小价旋，云尊翰已在朱年伯处，而未得即展，殊为怅然。从陈则梁兄处，得《击筑》，豪侠之概，千古如见；得《中流注（柱）》，声忠喝逆，如老吏断狱，且得一线穿珠之妙。从来传崔、魏者，觉散漫无体裁也。敬谢大教，已备录之，珍藏于笥中矣。并《一轴画》一记俱奉上。凡台翁所垂教，俱一一返璧，无复遗本矣，乞简查是祷。秋风荐爽，小径黄花，能对客开笑。不知台翁何日可以命驾，乞示之，必期作半月之游，万勿爽约也。尚有《将无同》《玉扼臂》《紫绮裘》三记，万祈一并惠教，无久悬我梦寐，可胜处祝。陈兄复札附之记室。诸不一。"此两函皆邀请元寿订定日期来顾祁宅，除提到借还元寿作品事外，还对其创作《灵宝符》的立局、用曲提出建议。文中所及，《一轴画》《紫绮裘》《将无同》《玉扼臂》《击筑》《中流柱》皆王元寿作品，《远山堂曲品》著录，其中《一轴画》题作《一轮画》。"朱年伯"，即朱国盛，字敬韬，号云来，松江人，万历庚戌科（1610）进士，历官太常寺卿、工部尚书，善画，嗜戏曲，蓄家班。张岱《陶庵梦忆》卷二有《朱云崃女戏》，称其"鼓吹歌舞，借戏为之，其实不专为戏也"，然老年好色，诸姬憎之。"陈兄"即陈梁，字则梁。

除以上《与王伯彭》函明确提到王元寿《灵宝符》传奇的创作由来，《远山堂曲品·能品·灵宝符》也载及肇因："予向阅元人《看钱奴》《来生债》二剧，喟然异之曰：'是可以砭钱虏矣！'乃撺为传，寄示伯彭，不一月而新声遂而绕梁。北词之雄，南词之婉，兼极其致。"按，《来生债》杂剧，全名《庞居士误放来生债》，元刘君锡作，此剧有《元曲选》乙集本和《元曲大观》本。全剧四折一楔子。写富人庞蕴为人宽厚，常放债而不索还。偶闻家中驴马牛开言，皆因前生欠债，今生化作牲畜偿还。庞蕴无意中放来生债，震惊不已，当下遣散奴仆，释放牲畜，沉金银财宝于海，而编售笊篱养家。最后一家四口重归仙班。《看钱奴》杂剧，全名《看钱奴买冤家债主》，元郑廷玉作，今存《元曲选》本，其第二折【塞鸿秋】有"你依着范尧夫肯付舟中麦，他不学庞居士放取来生债"之句,第四折【鬼三台】有"说着那庞居士做了些亏心事,恨不的把穷民来掯死"之句,皆提到庞居士。又据《全唐诗·诗人小传·庞蕴》:"庞蕴,字道玄,衡州衡阳县人。贞元初,谒石头迁有省。迁问曰:'子以缁耶?素耶?'蕴曰:'愿从所慕。'遂不剃染,世号庞居士。诗七首。有《庞居士语录》。"

转托叶宪祖求借孙如游家藏曲剧。

南图藏《远山堂尺牍》己巳年册有《与叶六桐》述与叶氏十载暌违、未能面晤之憾,及读其作品的倾慕之意:"然每于青翰饫领珠辉玉屑,不啻挹春风于座上,而玄度之思转不能已已。"同书《与王云莱》:"某每恨元剧不得多见,孙鉴老家既有藏蓄,则叶桐柏必能得之。然在臧刻百种之外者乃妙,欲求老伯台札,不孝专一价往觅之,不知可否?"国图藏《远山堂尺牍》有《与叶六桐》:"孙鉴老所藏秘本,万乞台台搜得之以惠示,及大作《宝铃》、吕棘津之《神女》,与邺架所藏之曲目,俱望一并赐教。"然南图藏《远山堂尺牍》庚午春夏册又有《与叶六桐》:"向所恳孙鉴老家所藏元剧,乞留神惠教,倘容借录,不出数旬便当完璧,幸有以命之。"则所求似未得也。孙鉴老即孙如游(1549—1625),字景文,号鉴湖。

致函吕师著,再索吕天成作品及秘藏戏曲。

南图藏《远山堂尺牍》己巳年册有《与吕讳师著》三函,一云:"尊公老亲翁著作甚富,海内但得片纸便为至宝,独不孝寡昧,第窥见一斑。诸传奇中惟得《神剑》《三星》《戒珠》,诸剧中惟得《胜山会》《耍风情》《缠夜帐》《海滨乐》数种耳。其他记、剧,乞老姊丈大启琅函,尽以惠教。如未刻者,乞借原本一录,完即缄奉,不敢浮沉也。尊公老亲翁所收藏之曲,并恳垂示一目,使不孝得作江海之大观。内有手较之《杀狗记》尤为珍重,乞先慨掷。幸甚!望甚!《曲律》二本,及沈词隐诸本,索之大家兄处,俱璧上邺架。惟《结发》《分柑》二本,王伯彭谋付之劂剞,容稍迟奉返也。"另一函:"迩于忧患拂郁之中,得读尊公老亲翁佳作,差可度愁中之日月,皆备录,藏之敝笥以为鸿秘矣。荷老姊丈慨然垂示,感佩雅宜,真足不朽也。原本封固谨璧。尚有《双修》《李丹》《鸾鎞》三记,容少迟录完,上之邺架。更有数本,皆《曲品》所有者,欲借一阅,望之不啻饥渴,今具列其目,专价走恳,颙祈惠教。昨见尊公老亲翁《曲品》中评《春芜记》云'宋玉事,予曾作《神女》《双栖》二记',是则别有《神女记》,非《蓝桥》也。此佳本恐致遗失,烦老姊丈留神觅之。"此时祁彪佳在补续《远山堂曲品》,故留心于剧本异同。另函云:"尊翁老宗翁诸大作,弟诵慕已久,恐烦清思,故未敢遽请。荷老姊丈慨然惠教,可胜感铭!弟欲借大刻之板,沈词隐《合衫》之板,遣印匠备纸张至宅上,求每记印四五册,祈老姊丈许之,幸甚。未刻之《李丹》乞简示,便弟得见所未见,且可以明他人窃取此记之故。《易水歌》《渭塘梦》《琴心雅调》,今俱传为叶六桐之作,岂尊公别有所构耶?见叶六桐札,云曾构《玳瑁梳》一剧,已失原本,或老姊丈家藏有之,及他明剧弟不及见者甚多,倘得俱掷下,俾录出置之笥中,则不啻百朋之锡矣。其全记有数十种欲借阅,患多则有遗失之虞,今止借《杀狗》《娇红》《龙泉》《大节》四古记及所藏诸明人杂剧,颙望德音。"诸函系向吕师著索阅吕天成《曲品》所载而彪佳未见之曲目。所及吕天成作品,《神剑》《三星》《戒珠》《李丹》《神女》《双栖》《蓝桥》著录入《远山堂曲品》,《胜山会》、《耍风情》、《缠夜帐》、《海滨乐》(又名《齐东绝倒》)见录于《远山堂剧品》。又,《杀狗记》指吕天成校订之本,吕曾校订《荆钗记》《拜月记》《杀狗记》等二十八种南戏与传奇,今不传。叶宪祖所作,《双修》见《远山堂曲品》著录,《鸾鎞》祁氏两品未著录,吕天成《曲品》著录。《易水歌》《渭塘梦》《琴心雅调》《玳瑁梳》皆见于《远山堂剧品》。沈璟作品《合衫》,《远山堂曲品》著录。吕师著为吕天成子。

致函赵善征,索其戏曲。

南图藏《远山堂尺牍》已巳册有《与赵应侯》:"首春一别,不获再瞻芝宇,悬企何如。弟向日所作小曲,偶以灾木,不敢不呈之宗工者,盖因闻仁兄有佳剧,欲抛砖引玉耳。万祈勿秘之琅函,至恳至祷。昨阅陈兄大作,尖爽之语,每出人意表,真妙才也。此兄若在,弟愿与之言交,乞仁兄为我介绍之。尚有下半卷,并祈惠示,余不一。"示赵之曲当为《全节记》,由函可知,赵亦有剧作。赵应侯,名善征,山阴人。尊经阁藏《寓山志·题咏》收其七律二首,注:"赵善征,应侯,山阴。"同年彪佳又有《与吴磊斋》函为赵荐馆。函中请荐交之陈兄,即戏曲家陈情表,原名褅,字自誉,又字圣鉴。所作传奇《弹指清平》、杂剧《钝秀才》,祁氏两品均有收录,另有杂剧《桐江老》佚。则祁、陈论交,出自赵善征引介。据日记所载,崇祯四年(1631)之后祁、陈交往一直频繁密切。彪佳崇祯五年(1632)三月十四日记提到评阅陈氏新剧;至崇祯十一年(1638)八月初九日,往陶堰吊陈,则陈褅去世时间在左近。陈情表与祁彪佳交往之情状,具见下文。

以许自昌诸子唁丧,复函致谢,并索观许自昌藏曲。

国图藏《远山堂尺牍》有《与许玄祐诸郎》函云:"昔先严以令吴,获于尊甫先生乳水投,而臭味今以为世无两也"云云。以许氏来函唁父丧而致谢。许自昌有六子:长子元溥(1596—1645),字孟宏,号鸿公,喜购书,自号千卷生,崇祯三年(1630)举人;次子元恭,字仲谦,承父刻书事业,经营有成;三子元任，一名元礼，字叔尹，科举不第，以编书、种菊为乐；四子元方、五子元毅、六子元超，皆府庠生。

同书稍后又有《与许玄祐乃郎》："凤企紫芝眉宇，未获把臂为恨。昔先严与尊公言交金阊，一时襟期，可足千古。不意尊公修文玉楼，而先严亦不能一日留也。望胥江而涉越水，触处成悲叹矣。然以金昆玉季，寄矫无前，可以跨八龙五马，尊公之食福于后者无涯。岂若不孝弟，落落外吏，以五载如山之罪，虽忏悔于苫块之中，亦终瓠落而无所容也。乃前辱远颁盛奠，情文交至，真可起白骨而肉之，藐孤其何以为报？亦惟有载戢于寸心，永矢世世耳。襄事未竣，久稽裁谢，即此荒巫芜牍，无以将忱。所恃知己，原之迹外也。有附渎者：尊公著作，文贵洛阳之纸，即梅花墅所刻诸传奇，亦皆妙绝一世。闻邺架中所藏传奇甚多，无论已刻未刻，俱乞仁兄惠示其目。倘有所未见者，容他日借录数种，则不啻剖荆璧而锡隋珠矣。"由上可见，彪佳复函时日有所稽迟。又据日记，祁彪佳与许自昌长子许元溥交深多通函。而南图所藏《莆阳尺牍》甲子乙丑册稍下有一《与许兄》函，作于天启三年（1623）左近，系许自昌卒后，彪佳致函其长子许元溥吊唁。则此"许玄祐乃郎"，当亦即元溥。许自昌六子，可谓一脉斯文，人才济济，故函中称"金昆玉季，寄矫无前，可以跨八龙五马"。

托门下陆际明广觅南京书肆及亲友家藏曲剧。

《远山堂尺牍》己巳年册《与陆际明》："昨承垂顾，具徇注存之雅，村中荒裘，抱歉殊甚，何日再得图握晤手。林兄曾致意否？又有书一本，希并返之。外家报一封，烦附致家叔处。抚台所托之仪，专价来领。外具戏剧二目，皆不孝箧中所已藏者。不孝颇有蠹鱼之癖，南都为戏剧渊薮，乞门下遍觅之书肆及诸友家，凡在此目之外者，俱为不孝所未见，不论已刻未刻，俱乞乘便附掷，自当一一具价于记室也。千万留神。"按，据《乾隆杭州府志》："陆际明，仁和人。事父至孝，母殁，手写《金刚经》《广辑感应篇》二卷，华亭董其昌、陈继儒序而传之，海内称陆孝子书。仿范文正为义学，以教族子，冠娶必以告。瘗其不克葬者五棺。解越州教授。宋琬撰墓志。"因吴中出版业发达，南京为藏书薮，彪佳先前《莆阳尺牍》丙寅册《与彭本之》也曾以"白门固藏书薮也"委托彭本之广购曲剧书刻。

致函仁和郑伯子（铉）、寿子（寿昌）昆弟，问其父郑奎墓地安置事，索其家藏传奇，并提及刻书与作剧事。

《远山堂尺牍》己巳年册有《与郑伯子》："湖上一别，淹忽至今，苫块之苦味，吾辈同之。弟则更有不可语人者，奈何！倘得臧晋叔所改《荆钗》及重订

《四梦》，或借以度愁中之日月，不知仁兄已为弟觅得否？望之。老伯于书无所不备，倘藏有传奇，幸示一目，余俟再布，不一。"同书又有《与郑寿子》："愁中日月，他人觉长，弟转觉其促。盖先灵在几筵，不能奉颜色如生时，他日人恐不能奉几筵如今日也，故惟恐日月之去我耳。毛颖生未得奉云笺，老伯吉地在，犹子亦自关心，特询之。叶瑛石舍亲之式有一二处，但虑未必能得之耳。仁兄须早定，此是吾辈一件极大事也。毛颖生来，弟以冗中失迓，弟不善作书，所用笔皆分毫易数十枝者。家兄亦久疏笔砚，即舍亲欲售此者，亦少恐荐之而不售，则费其时。即或售之而价薄，则亏其本，故敢斗胆璧之矣。《全节》是六七年前作，已为敝帚矣，仁兄尚欲享以千金乎？今在苦块中，不敢拈弄此道，容印出，他日奉博一笑也。不一。"另外，国图藏《远山堂尺牍》亦有《与郑寿子》函云："春间晤别，倏易寒暑，言念起居，悬企何似。先大夫窀穸稍定，惟是每忆仁兄之教。为老伯佳城计者，朝夕在心。……昨所惠教，藏顾渚改削'四梦'内《邯郸》少下卷，不知何法可以补之，使成全璧。诸俟晤悉。"按，南图两函皆称及"老伯"，为郑伯子、寿子之父郑奎，字孔肩，仁和人，与彪佳父仍为通家密友。又《与郑寿子》两函皆提到"吉地""佳城"，则可见郑奎已于左近身故，故彪佳函称"苦块之苦味，吾辈同之"。藏顾渚即藏懋循。又，南图藏《都门入里尺牍》乙亥春夏季册有《与郑玄子》："大兄欲一序老侄小学，少迟之脱稿求政，皆取示，序稿已领入，并祈转致为祷。"此函称郑玄子为"大兄"，则此郑玄子当即上函所称郑伯子。尊经阁藏《寓山志·注》收其五绝《茶坞》，注："郑铉，玄子，仁和。"郑寿子，名寿昌。

九月初三日，长兄麟佳卒，以长子同孙继祀之。

综参祁彪佳日记、《世系》、《家谱》，祁麟佳字元孺，号太室。承燧出，本房行一。郡庠生。生于万历八年庚辰（1580）十一月初七日丑时，卒于崇祯二年己巳（1629）九月初三日，享年五十岁。娶陶家堰陶氏，本姓谢氏，建宁府通判陶嵩龄继女，大方伯陶晴宇孙女，生于明万历七年己卯（1579）十一月十九日，卒于明泰昌元年庚申（1620）十一月十六日，享年四十二岁；继娶府城妙家桥胡氏，胡继顺女，生于万历三十二年甲辰（1604）闰九月廿四日，卒于清康熙廿六年丁卯（1687）八月十二日亥时，享年八十四岁。合葬上方山。无子，继彪佳长子同孙为子，未娶卒，又继凤佳长子鸿孙之次子暐徵为孙。女二：长二姐适南门朱曾稷，庠生，大学士文朱公敬循孙；次三姐适清水闸陈以智，庠生，都谏陈尔翼子。

国图藏《远山堂尺牍》有《与袁凫公》函云："作别数月……别后郁郁无可与言，方深离索之感，竟不意长先兄于重九之前奄忽谢世。风木之恨正殷，鹡鸰之悲继之,情趣之恶,几于日在刀山剑树上作生活矣。……菊月冯犹龙兄入越城,弟且以一晤为快,而正值先兄危笃之际,弟为经理其后事,遂致咫尺成阻,嗣是辗转苦趣,回视向日知己把臂,别一世界矣。"

又,南图藏《远山堂尺牍》己巳年册《与陶》:"店房、草荡固先兄受惠于上宅者。店房已与大舍侄女作奁资。草荡每岁赔粮,业已不资。先兄易篑时,有治命为家嫂日食之费矣。小儿虽以继祀,一切家政家嫂主之,即不孝亦不得之于家嫂也。"此函因同孙过继麟佳,向陶氏舅家交代原配陶氏嫁妆处置事宜,函中"家嫂"则指麟佳继室胡氏。

作《创宝城寺疏》。

见《文稿》,亦收入《祁彪佳文稿·杂录》,题为《宝城寺疏》。

文称:"故夏令十月除道,十一月成梁……而此实先大夫所首其谋、营其规也,故鸡骨之余,不敢以经始为艰辞。"可知彪佳父在世时寺已鸠工经营,去冬年底彪佳方从闽中归,故完工时间当在今年秋冬。

崇祯三年庚午(1630) 二十九岁

时事 正月,后金兵由通州东行,破香河、永平、迁安、滦州;攻昌黎,县令左应选击退之。兵部侍郎刘之纶率新募兵万人攻遵化,败死。 二月,皇太极率主力撤,阿敏等留守关内永平、迁安、遵化、滦州四城。 五月,明督师孙承宗收复四城,阿敏逃去。 六月,皇太极幽禁阿敏,夺所辖镶蓝旗予济尔哈朗。

是年正月,袁崇焕座主、大学士韩爌被劾引疾去。 三月,大学士李标罢。成基命为首辅。 四月,左谕德文震孟劾为阉党翻案之吏部尚书王永光,被责"任情牵诋",归。 六月,礼部尚书温体仁、吴宗达入阁。 八月,以"谋叛罪"杀袁崇焕(1584—1630)。 九月,成基命以救袁崇焕被劾致仕。逮钱龙锡。 是年,张溥因乡试便,于南京开复社金陵大会。张溥、吴伟业皆此科举人。

陕西起义军声势日大。张献忠、李自成等陆续起事。

祁彪佳今年有《远山堂尺牍》,分年册者为南京图书馆藏本,篇中标注藏"南图藏";不分年册者皆国家图书馆藏本,书名前标"国图藏"以备区分。

元日,作《庚午元日劝语》。

见《文稿》。《祁彪佳文稿·杂录》亦收入,题《元日劝语》。文称:"先君子蓄书数万卷,使子弟得纵观,是有可学之地矣。迩寂守苦次,不问户外事,又性不喜饮,座无杂宾,是有可学之时矣。……今余自为每日阅五经数篇,国史半帙,余则临古帖四五行,或习楚骚唐律,随意为多寡。"

与叶宪祖切磋交流戏曲。初春,会叶宪祖于密园,作七律《和叶六桐小饮密园之作》二首。

诗见《诗集》。

叶宪祖(1566—1641),字美度,号桐柏,别号六桐,又号槲园外史、槲园居士,亦称紫金道人,浙江余姚人,万历四十七年(1619)进士。事迹具见徐朔方《叶宪祖年谱》。密园为祁承㸁所构园林,在今绍兴梅墅祁氏祖宅。

南图藏《远山堂尺牍》己巳册有《与叶六桐》:"某鉴曲竖儒,谫陋无足比数。惟是向慕之私,不敢后人。向承于越城望见颜色,如披云雾而睹青天。迄今十载,犹在寤寐。一行作吏,鱼鹿簿书,久疏起居,时怀歉仄。迩者息影苦块,翘企台台于云霄咫尺之间,亟欲叩枢,以展积忱,而一水为阻,逡巡未能也。然每于青翰饫领珠辉玉屑,不啻挹春风于座上,而玄度之思转不能已已。薄将一芹,仰惟台鉴。"函作于去年,言久仰而未面晤之思。上诗其一"相思正是去年人""居有寒梅亦不贫"句,其二"花下初逢即故人"之句,正与函中吻合,可知诗亦作于此时。则此会之前,叶、祁两人有书牍往来,然十余年未面晤。

南图藏《远山堂尺牍》庚午年册有年初所作《与叶六桐》三函,其一提到此次会面:"日荷左顾,具仰垂爱之深,但日暮促去,不能剪烛再谈,不觉对扁舟而怅然耳。正在寂寞中,忽瑶篇飞堕、珠玑盈把,贫儿骤富矣。某生也鲁,从未解作诗词,乃宗工先锡以霏玉,敢自后乎?篝灯促成,鄙俚殊甚,乞台翁削政之,不然投之渚可也,盖恐贻笑词坛耳。《玎珰梳》《会香衫》已命管城君抄录,数日后即上邺架矣。《驾座》《寒衣》二剧,昨承命,即简之箪中,已为友人沈林宗借去,俟索归,当并录呈上。春事方新,台台正可盘桓于山阴道上。某俗冗粗了,更当追随杖履,作数日良晤。台驾之返,少迟之何如?孙鉴老所藏秘本,万乞台台搜得之以惠示。及大作《宝铃》,吕棘津之《神女》,与邺架所藏之曲目,俱望一并赐教。"《会香衫》《驾座》《寒衣》皆叶宪祖作,《远山堂剧品》著录;《宝铃》,叶宪祖作,未见两品单独著录,但《远山堂曲品》评初阳子《合义》言及:"桐柏先生记之为《宝铃》,正是此事。"吕棘津即吕天成。

其二谈及朝廷战事,但关注的主要还是戏曲互通,并提到了《玉节记》的创作。函称:"昨得抚台手书,知马师世龙有邀击一捷,而传闻屡挫虏骑,都城于元朔解严太平,消息传之近真,此宗社无疆之福,足以上慰台怀也。《会衫》剧奉上。弟恐帝虎之讹尚多耳,新作容少迟数日上璧也。《玉节》是庚、辛初拈管时所作,于去上阴阳一毫不解,东涂西抹,竟不成章,止堪覆瓿耳。

承台命再三，不敢藏丑，但乞台台一笑置之，勿以示人，则真爱我无穷也。得《宝铃》，如获拱璧，祈宽期录出。种种欲请台教，容俟异日。"马世龙，字苍渊，或苍元，明朝将领，大学士、兵部尚书孙承宗部下。崇祯二年（1629），后金大军入犯京畿，京城戒严，马世龙与孙承宗再度被起用，获赐尚方剑，总理诸路勤王大军，出守关外。《会衫》即为上函提到的《会香衫》剧，《玉节》为彪佳所作传奇。

其三作于夏季，提到了这次会面的时间是初春，贺叶氏升迁，并求鑛、孙如游家藏元杂剧："初春奉违台范，忽已易裘而葛。时一展诵佳章，觉灵襟玄度，恍惚如挹，而转恨衣带之为阻也。……别后定有新作，何以慰我悬思。向所恳孙月老、孙鉴老家藏元剧，乞留神惠教。倘容借录，不出数旬便当完璧，幸有以命之。"孙月老即孙鑛（1543—1613），字文融，号月峰，姚江人。孙鉴老即孙如游（1549—1625），字景文，号鉴湖，与孙鑛同为明末姚江孙氏族人。

作《陈石云制义跋》。

见《文稿》。文称："往予从先君子守安成时，发未燥额，然强作解事，如小儿之辨獐鹿也。尝窃窥石云陈先生试牍，若望紫焉于云中，杳不可即。……庚午春，乃得晤先生于密园。十余年心知，一旦觌面，恍焉千古，恍焉目前。独恨先君子不见此日，因相与泣不自胜。泣已，先生出所为制义以示。天球大贝，至宝难名，悬之国门，自当有以十斛珠偿一字者。予不能文，何能评文？但聊述相知之素如此，使世间知有怀旧如陈先生者。"可知作于今年春天。据文，彪佳结识陈石云在承爆担任吉安太守之时，陈当为江西文士。

继续与王元寿保持通问，交流戏曲，托之介绍屠用明借曲。并倩王元寿为文天祥作传奇。

《远山堂尺牍》庚午年册有《与王伯彭》二函，其一："条风乍转，物候一新，我翁南面百城，酒后耳热，亟取绕梁之音，击唾壶为节，亦一快事。不孝春间先墓告竣，便欲小筑湖头，与翁台作十日过从，愿留一片明月，照我两人胸臆也。《空函》竟否？乞并《紫绮裘》惠然教之，至恳至恳。偶阅史至文信公，叹其一生忠节，未有以词场传者，不知翁台肯命笔否？盖翁台诸作，绮语过多，似宜传此激烈之概，与《紫绶》《中流柱》配而为三也。昨岁专价具辛盘之献，不知曾达左右否？乞鉴之。"从物候观，函作于今春。《空函》《紫绮裘》《紫绶》《中流柱》，皆王元寿作，《远山堂曲品》著录。彪佳认为王氏剧作，绮语过多，故建议为文天祥传其激烈之概。

其二："读尊作《鸾书错》,穿插如九曲珠,而霞明雾涌之词,灿烂满纸。每闻江淹才尽之语,辄为才人扼腕。乃翁兄自有神援五色青镂管耶,何多奇乃尔! 并《鸳簪》二本,容录毕奉返;《情缘》已刻竣,乞觅一部惠我。想此际翁兄一肚皮曲魔,又无安顿处矣。元剧中尚有可为南曲,皆有苦境,妙在人情之内者,弟实妒翁兄捷足,先我着鞭,故不轻以相告耳。所云屠姓者,非檇李屠用明兄乎? 其家藏传奇最富,倘可致八行,乞即付之小侯。"由函可知,《鸾书错》为今年(1630)新见传奇,后不久彪佳补入《曲品》中,故评语见于稿本天头。从中可观《曲品》成书之锱铢累积情状。函评王元寿词"穿插如九曲珠,而霞明雾涌之词,灿烂满纸",可与《曲品》评王作诸评"词之清新""工词丽响""词坛作手"互参。所知诸曲剧,《鸾书错》,王元寿作;《鸳簪》,王国柱作。《远山堂曲品》皆著录。《情缘》,无名氏作,刻本失传,《南词新谱》录其曲文一支,祁氏两品未著录。又,"所言屠姓者"即屠用明,字用明,以字行。生员,曾预编《崇祯嘉兴县志》,署"屠用明(用明)",卷十七存其词二首。汲古阁刊《众妙集》有毛晋跋云:"余向觅之未得。丙子(1636)秋杪,寒山赵灵均忽缄此书与冯定远见寄,云是嘉兴屠用明托余刻者。予狂喜弥日……用明与余未识面,乃不惜荆州之借,真艺林同志,亦公心也。"《珊瑚纲》卷四汪珂玉记云:"崇祯癸未(1643)夏,社友屠用明为盐官胡赤城刊《唐诗统签》。"可知屠为藏书家,藏曲甚多。祁彪佳明年与之通函,提到远山堂两品撰述完成情况;又日记《役南琐记》(1633)六月初二日也载述及:"抵嘉禾……屠用明来晤。"

为王应遴婿向山阴令史缵请托解讼。

南图藏《远山堂尺牍》庚午春夏册有《与史大玉父母》,据函可知,王应遴典屋予人住,其婿与房客构隙起争,受县令史缵严谴。彪佳去年也曾致函史缵,为王应遴受人诬告辩白解祸。

修筑西湖别墅偶居。

南图藏《远山堂尺牍》庚午年册有《与李紫函公祖》:"迩于湖上聊构数椽为儿辈课读、贱兄弟入试之地。"

同年又有《与汪然明》:"顷承示料帐,已极精确。但贫儿制作,终以工费不副为虑。乃与二匠先减其规制,以弟意约筹之,如所具之单之数。至于木料与工价、木价,皆彼匠口报者,数甚有浮,今乞仁兄先减其料,次减其价,又次减其工,约在一百六十金之内。则弟可藉尊裁,而小庄庶有告成之日矣。候大教,乞即惠示为感。"汪然明,名汝谦,号松溪道人,安徽歙县人。此外,彪佳又有《与姚 讳士纯》函,商议偶居修筑费用事宜。

与冯梦龙通函互赠书刻,并索其《太霞新奏》。

南图藏《远山堂尺牍》庚午春夏季册《与冯犹龙》:"不孝弟之谬劣,如桓宣武学刘司空,无所不可恨,尤恨生平不得一奉冯先生颜色,乃至咫尺清光而睽违如故也。何弟缘悭一至此哉!然仁兄千秋大业,弟不能窥一斑,而以其余及之。于歌词声香光色,贮之琳琅函中者,则弟捧持既久,向往独深。盖窃比草木,臭味同之,此仁兄之所不以为弃物而声气属焉者也。天地间知己难,知音之知己犹难。岂以弟之向往于仁兄也,而天故独靳以一晤对乎?每念人生南北之语,令人壮心欲死,时时与白宾兄快谭,辄想象我仁兄眉宇,恍若于清风明月之下见之,意者人想极则天缘必合。长安道上,仁兄在红杏影中,马蹄蹀躞之日,或即不孝得奉教言之日乎?岁月匪遥,跂予望之。承大刻,谢明教之辱,《太霞新奏》敢乞一部。外,家刻与坊刻数种,奉供清览。"去年冯梦龙来游越,彪佳为长兄营丧未得一见,从此函观,两人至此也未谋面。冯梦龙今年举贡生。《太霞新奏》刊于天启七年(1627)。

春,为袁于令之子童生试事多方请托,向王章、吴旭如等人求举荐函。秋,袁于令再至山阴,游吼山,彪佳未得追随;引荐袁于令结识越中戏曲家叶宪祖、蒋倪,并请袁于令于七夕节主盟"远社"社事活动;以《剧品》求袁于令作序。并求袁氏改原撰祁麟佳《太室山房四剧》序以为盖棺之论,而袁于令为另撰跋语。

今年为袁于令之子童生试事,祁彪佳多方请托,向王章、吴旭如等人求举荐函。国图藏《远山堂尺牍》之《与袁凫公》第四函:"昨小价归,得奉云笺,如觐眉宇,而离怀亦即此转增矣。此际不识仁兄或返金阊,或之苕溪,抑或留武林。每念起居,不胜悬恋。弟向日所谓咫尺睽逢,他日必致恨于盈盈一水,今果何如哉?王父母谢客之令虽严,还是微言不足动听耳。不知曾一晤否?《玉符记》因仁兄不欲示人,故向未敢借录。然缺此一种奇书,每劳寤寐,夫孰有辱相知如弟者,而不仰体尊意,乞仁兄借弟一录,必当以琅函缄护,决不轻泄一字。万惟惠教。至恳至恳,真真切切。《北词韵选》久已抄出,因尊教云云,故不敢附之鱼雁,仁兄倘见有佳传奇,乞多命记室录之,弟当一一备笔赀及优人传写之例银,觅便羽奉来。昨小札中所谆嘱,欲得者古本也。新本如周君建之《十快》、魏珰传奇、范香令之《花门绽》《杨雄斑管》、顾九畴乃翁之《天公醉》,俱亟欲一观者,万惟仁兄留神。弟徒蓄之,其实不解。然具此痴癖,不自知其何来,非同心如仁兄,不可语此也。何日德音,慰我面索;言念晤期,惟有百结。"此为袁于令子事向王父母请托。王父母当为王章,诸暨令,崇祯二年任,《乾隆绍兴府志》有传。又按,顾九畴乃翁之《天公醉》，未见于今存之戏曲目录。崇祯二年（1629）彪佳请沈泰借阅"书房又刻魏监一记，乃顾九畴之乃翁所作者"，则顾天叙所作为《天公醉》，演魏监故事。今年《与沈林宗（其二）》云"昨仁兄所教《花门绽》《杨雄斑管》及《天公醉》诸曲，不知何时可构得之否。望掷下一观，解我痴癖"，可知《杨雄斑管》为传奇。此又云"范香令之《花门绽》《杨雄斑管》"，可知《杨雄斑管》为范文若所作，而未见诸曲目著录，《远山堂曲品》亦未见品评，此可补范氏所作传奇一种。同书致袁第五函："今虽暂别乎，而黯然魂销。则仁兄与弟用之。王父母札附览，何足为知己重也。乞仍付小价投之，弟已有小束付莆之归役，向吴旭如乞其致钱龙门之书，为令郎考试地矣。俟其来，当专役至金闻也。《剧品》阅完，乞斧削掷下。仁兄倘返贵乡，则如旧本之《龙泉》、沈宁庵之《十孝》，张灵墟之《平播》，顾道行之《风教编》，郑虚舟之《大节》，卜大荒之《乞庵》，汪昌朝之《忠孝完节》，张屏山及近斋外翰之《红拂》，陈荩卿之四记四剧，以至凡在《九宫谱》中者，不论抄本、刻本，凡为弟之所无者，俱乞仁兄留心觅便惠教，望之不啻饥渴也。适作书回莆中诸公，两腕几脱，冗甚，不能吐此缕缕，奈何。"则可知向王章请托得其回应函，又托人为袁于令子试事周旋。《龙泉》，沈寿卿作，未见二品著录。《十孝》，沈璟作，《远山堂曲品·逸文》著录。《平播》，张凤露作，未见二品著录。《风教编》，顾道行作；《大节》，郑若庸作；《忠孝完节》，汪昌朝作；《乞庵》，卜世臣作。以上四剧《祁氏读书楼目录》著录，然未见二品著录。《红拂》，张太和、近斋外翰有同名传奇，《远山堂曲品·能品》著录张太和《红拂》："《红拂》已经三演：在近斋外翰者，鄙俚而不典……今屏山不袭二家之格，能兼诸剧之长。然吕郁蓝谓其'通篇不脱俗气'，当亦不能为屏山讳。"《远山堂曲品·凡例》称："如顾道行之《风教编》，郑虚舟之《大节》，皆以未见，故不敢雷同曰《品》。"可知《大节》与《风教绷》未得见。彪佳将《剧品》送与袁于令修改并撰序，故此称"乞斧削掷下"。此时《剧品》已经初撰成，仍求借陈荩卿四剧等，可知仍有增补之意。另外，同书第三函提到袁于令已归乡数月，彪佳为袁于令子试事，得到吴旭如札后差专役奉至袁氏面前，则可知作在国图第五函略后。函中又提到去年九月，冯梦龙至绍兴，彪佳因长兄麟佳猝然亡故，忙于治丧，未暇面见。有请将己改过之《全节记》和《鱼儿佛》寄呈袁于令，请其为《远山堂剧品》作序。函称："作别数月，想仁兄盛德大业，当与日俱升。而玄旷之怀，又必时时有。不孝弟也，别后郁郁，无可与言。方深离索之感，竟不意长先兄于重九之前，奄乎谢世。风木之恨正殷，鹡鸰之悲继之。情趣之恶，几于日在刀山剑树上作生活矣。仁兄而亦忆曲水盘桓之日乎，知不能不掩卷而起，为之招湘楚之魂也。不孝弟向为令郎君试事，恐考试在迩，驰急足乞吴旭如之札，月前已得之，屡令小价询之环翠楼，皆未知仁兄动定，恐此书浮沉。而传闻学使者且至姑苏矣，故专役奉来，聊以助一臂，此实无足为令郎重也。菊月冯犹龙兄入越城，弟且以一晤为快，而正值先兄危笃之际，弟为经理其后事，遂致咫尺成阻。嗣是展转苦趣，回视向日知己把臂，别一世界矣。仁兄新作必多，弟不敢轻启琅函，惟是梦想《玉符》已极，万惟惠示。昨所恳搜觅诸传奇，如周君建诸君所作者，不知有可以慰弟之饥渴否？外改本《全节》及小剧寄呈清览，仁兄爱我，万勿以示友人。《北词韵选》三本，盛价赍来时，几付河伯，今幸无恙，并璧上。拙作《剧品》，祈大序简端，并原本掷下。想困中不能悉所欲言，统惟神炤。"彪佳今年七月已得阅《玉符》，而此尚在"梦想"，故可知第三函作在崇祯二年(1629)九月之后，崇祯三年(1630)七月之前。童生试事在每年春夏之交，则上面为袁氏子请托之三函，宜作在今春。《玉符》为袁于令作品，彪佳尺牍，屡次言及，然今存《远山堂曲品》残稿未见著录。周之标，字君建，号梯月主人，长洲人，精音律。又，承上可知，彪佳曾请袁于令为《远山堂剧品》作序，惜今不见其序，或因未得。南图藏《远山堂尺牍》崇祯三年(1630)《与沈大来》："昨《剧品》偶尔率笔，品评多失，幸勿以示友人。但宗工在前，亟愿就郢削，更乞一大序以为不朽。"则亦向沈泰求过《剧品》序，惜两序今皆未见，或因未得。

南图藏《远山堂尺牍》庚午册有《与袁凫公》三函，其一作于夏季，向袁于令求改写昔日所作祁麟佳《太室山房四剧》序，并向其介绍蒋安然。函称："小价自金阊归，获捧云笺，如侍骚坛而聆咳唾也。至念及先长兄凤昔之交，谆谆雅意，不啻如春风风人，夏雨雨人，不孝弟感何可言。目下于先长兄笥中简得四剧，洒泪授梓，欲词场之知有其人也。仁兄向日大序，不知可易数字，以为遗稿之序否？盖生交不如死交，知仁兄或不靳一染翰也。兹蒋安然兄为敝乡大雅士，词曲足凌二伯，小篆且追先秦，雅慕仁兄，以不得一见为恨。今赴朱茂如舍亲西席，便道金阊，猛欲就正有道，弟敢为之介绍。向承仁兄所诺诸曲，古曲如《黄孝子》《十孝》等记，新曲如周君建所作，望之沉于饥渴，不能不向知己再索也。若香月居初刻五种，已不烦见惠矣。诸曲有未便借出者，乞仁兄管城君为弟录之，以工赀奉来，何如？诸俟晤悉，无任临风。先严行实，奉上请览。"按，尊经阁本《寓山志》有《寓山涉》，文后注："安然蒋倪评。"《寓山注》收其《浮影台》诗，注："蒋倪，安然，山阴。"则蒋安然名倪，山阴人。朱兆柏，字茂如，号承庵，山阴人，天启五年(1625)进士。《黄孝子》即《黄孝子寻亲记》，元代南戏，无名氏撰，《南词叙录·宋元旧篇》录作

《王孝子寻母》,《寒山堂曲谱》录作《黄孝子千里寻母记》。《十孝》,《远山堂曲品·雅品逸字》沈璟名下著录同题之剧,评云:"沈□□阐发古孝子事,每事三折,令人□□猛然惊醒。先生不特有功于行孝也已。"而此言"古曲",或即沈璟所本。袁于令与祁麟佳交好,曾为麟佳之作撰序。此彪佳欲刊刻亡兄《太室山房四剧》,特询问袁是否可略加改动以作遗稿之序。蒋安然有曲才,且雅慕袁于令,彪佳特为其介绍。蒋氏与彪佳多有交,具见本谱下文。彪佳曾于崇祯二年(1629)向袁于令借阅"香月居初刻五种",即冯梦龙所刻《玉麟》《双串》《合妙》《存孤》(未知另一种为何),此时已得见。此又向袁于令借阅《黄孝子》、《十孝》(古本)及周君建所作新曲。又,同书第二函:"远山堂中,忽尔一别,忽尔一晤,其真耶? 梦耶? 人生几得此佳梦,愿仁兄重图之。弟明晨当入城,但恐仁兄有吼山之游,不相值耳。聊具腐乳、淡菜、吐铁、松罗茶各一小瓶,及豆酒一尊,奉供仁兄与诸丈小饭,亦犹之弟在座中也。大先兄四剧荷俞惠跋语,生死交情于此具见。剧之底本,更求批削,勿谓地下无知,徒作虚诶也。大笔评点,万祈速之,厥剞氏待之久矣。"则得到了袁于令额外另撰之《太室山房四剧》跋语。惜袁氏之序、跋今均未传。

　　另外,《远山堂尺牍》己巳册《与袁凫公》第十二函亦提到袁于令吼山快游,则亦必是庚午年所作错入己巳年册者。函中提到煮粥赈饥,及上书绍兴推官刘光斗请戒杀生事,并欲以《远山堂剧品》求序。函云:"汤若士自号茧翁,干而不出,弟近况颇似之。然弟不能讨不出之趣,昏昏度日。若以为营俗事,则于贱性不类;若以为作韵事也,则于愁场不慊。每至中夜,自思日间所作何事,有可举以对人者乎? 真可笑更可叹也。溽暑苦人,安得聆霏霏玉屑,立我冰壶中耶? □(按,原信空格)迩人遐,不禁天际真人之思矣。无聊之极,遂欲如今人之佞佛作福者,迩躬督奴辈煮粥饱饥人之腹,而又为亿千万昆虫向刘公祖乞命,仁兄阅小札则自知之。倘晤时,或怂恿作此功德何如? 言及音律,不觉猎心复萌。昨日从王伯彭得见武林友人《艳雪楼》一记,才尽佳,但未深于音律,不足呈宗工也。向年曾草有《明剧品》,今略次第之,当录上,求仁兄并以数语。但所品止一百九十余种,殊愧浅陋耳。再有请教者,南曲之入声,亦必配入三声否? 有云南曲之入俱可作平,然乎? 否耶?《雍熙乐府》,弟构得一部,是十三卷,分作六本者,不知是正是续,乞示之。前与王伯彭再订《合笙》一调,云从仁兄《彩楼》全谱中对出,今俗本与优人所歌,皆非全调也。不识何以教我? 闻仁兄有吼山快游,俟游竣,乃望复音,不一。"按,刘公祖,即刘光斗(1591—1652),字晖吉,号初韦,天启五年(1625)进士,南直隶武进人,天启六年(1626)任绍兴推官。《彩楼》,袁于令作,《远山堂曲品·杂调》评《三元》言及此。另外，国图藏《远山堂尺牍》所存《与袁于令》之第一函也提到了欲面谒绍兴推官刘光斗未果事："昨快瞻芝宇，遂惬生平苦。叹晤不足，奈何弟拟入城一谒刘公祖，兼得再领麈教。既而思之，新在苫块不祥之服，尚未敢唐突公祖，惟时时切瞻依之怀耳。倘得晤间一□（按，原信空格）之感甚。《玉符》向家仲索之，云明晨躬奉璧然。既成帙之后，乞万勿吝赐教，使得为枕中之秘。容少暇，扁舟图握手，以吐不悉。"从此函可知已得《玉符》抄录完成，即将归还袁于令。此函晚于南图诸提到《玉符》之函，亦当在崇祯三年。家仲即祁凤佳，祁氏藏书楼，日常由他掌管。又，南图藏《远山堂尺牍》己巳册《与袁凫公》第十四函言袁于令吼山之游未能追随，则亦是庚午年错入己巳册者。函中提到《鱼儿佛》经袁于令修订已经由沈泰刊行，云："吼山之游乐乎？弟不能追随，想仁兄不无遍插茱萸之叹矣。二家兄入城养病，正资玄言为《七发》，乃反不能密迩清光，弟甚讶之。《鱼儿佛》，沈氏已灾之木，幸有仁兄郢削，足当金镄，或不至贻笑词坛耳。闻《玉符》已经梓绣，弟得与天下人共宝之，大是快事，但不知何日刻竣耳。原板《雍熙乐府》，不知仁兄携在笥中否？倘有之，乞并《北词韵选》内险韵如桓欢等曲数本，并以惠教，幸甚。弟后日有暇，欲于佳曲内每记选四折，俾人染指一脔，即知全味。刻成，则今之集杂曲者一切可废。不知金阊有肯任其役否？昨尊教言入声止可作平，则谱中多有作上去者，尽非耶？且谱中以入作入者，百不一二见，岂南曲亦无入声耶？种种茅塞，伏祈指示。松萝茶二罐附奉，惟存之，余不一。"按，前第十二函提到购得《雍熙乐府》一部十三卷，此又欲借阅袁于令藏"原板《雍熙乐府》"。彪佳欲从《北词韵选》《雍熙乐府》诸佳曲内"每记选四折"，务使人人得"染指一脔，即知全味"，并称此集一成，"则今之集杂曲者一切可废"。然此举必未成行。二家兄即祁凤佳，字德公。

庚午册第三函："自古来知己难，知音尤难，幸仁兄来自金阊，叶桐柏又尚留郡城，不可失此良晤。拟于初二日即曲水园，祈仁兄与叶桐老一叙，万惟俞之。先兄之剧，如有批削竣者，乞掷下，以便登梓。蔷薇露一罐奉来，仁兄得此，便当想及粉脸微匀、玉纤初浴之际，安得不令人魂消欲死。一笑。"叶宪祖此时被任命为南京刑部主事，未赴任，彪佳相约曲水园中与袁于令、叶宪祖一叙。黄宗羲《改葬墓志铭》云"令昭则栅园弟子也"，徐朔方《叶宪祖年谱》质疑叶、袁师生关系，称"此铭于其岳翁每多过情之誉，未可轻信。若桐柏与凫公有师生之谊，何待旁人促其良晤也"。此函言"祈仁兄与叶桐老一叙"，可知叶、袁两人此时尚无师生交谊。而袁于令持晚辈礼请教，或有之。又，南图藏《远山堂尺牍》己巳册《与袁凫公》之第一函："初二日祈顾我于小园，请与仁兄约，蔬果之外，必不多设一器，致戕物命，惟是杯酒谈心，或裸裎以就木荫之东西。摇耳如此，而仁兄尚忍使弟致叹于盈盈一水乎！"必与此函作于同时，系错入己巳年册者。

另外，己巳册第十三函中提到《玉符》的声律问题，则此时必已得到并阅过此剧。而国图藏《远山堂尺牍》之《与袁于令》五函中的第三函作在崇祯二年（1629）九月麟佳亡故之后，与袁于令别后已数月，函称"惟是梦想《玉符》已极，万惟惠示"，当时尚未见到《玉符》。则可推之，第十三函必作于崇祯三年，因而邀请袁于令主盟的"远社"，时间必是崇祯三年七夕节。又与所论皆戏曲，或当为曲社。函云："数日累欲入城，而累为河鱼之疾所阻，良晤不常，奈何。远社必仗仁兄主盟，五家兄期在牛女之夕，惟许之。南曲之入声，得麈教乃黯然。《中原音韵》入声之配三声者，为北曲设也。倘南曲词穷于韵，欲作于韵脚下一二入字，亦可从中原韵内照平上去押之否？ 即曲之中，意有偶到而不得上去正音，亦可以中原韵内入声所叶之上去间用一二字否？ 至于入声之可作平，凡入俱可作平乎？ 抑止中原韵所作之平作之乎？ 至于佳作《西楼》之《画眉序》，《玉符》之《高阳台》，纯用入声，则下韵字亦必分照谱中韵脚之平上去否？ 种种乞再示之。昔陆象山与朱晦庵互相辩难，而后道学大明，词学亦然。弟下根人，必仁兄时时以金锟拨转盲眼也。《冥勘陈玄礼》一剧，毕竟何所指，仁兄试一揣之。花露四尊，仁兄读快意书时，浮此一大白，或亦如弟之促膝坐谈乎。弟明日下午或图一望眉宇也。"按，函言《玉符》之《高阳台》入声字，则已阅过《玉符记》。彪佳从王云来处借得《冥勘陈玄礼》一剧，亦曾借与沈泰过录。此询问袁于令剧中是否另有政治寓意。《远山堂剧品·雅品》著录作《鸳鸯寺冥勘陈玄礼》。《西楼》，袁于令作，《远山堂曲品》著录。《玉符》，袁于令作，祁氏两品未载录，而清焦循《剧说》卷四引卓珂月《残唐再创小引》云："今冬遵凫公、子塞于西湖，则凫公复示我《玉符》南剧，子塞复示我《残唐再创》北剧，要皆感愤时事而立言者。凫公之作，直陈崔、魏事，而子塞则假借黄巢、田令孜一案，刺讥当事。"

综上而知，今年暑秋，约莫七月之前，袁于令再次至越，有吼山之游，彪佳未从，而以蔬果馈赠；后得暇，特地邀袁于令与叶宪祖结识于祁氏曲水园中；又请袁氏主盟七夕日"远社"曲会。

夏，函贺叶宪祖起补南京刑部主事。

南图藏《远山堂尺牍》庚午春夏册《与叶六桐》："初春奉违台范，忽已易裘而葛。……恭闻乔迁新命，悬知庙堂综核录用老成，自此卜圣主之惜人才，而浙人亦遂有起色矣，可胜手额！ 凤驾何时，可容与鉴湖之滨再望颜色否?"据黄宗羲《外舅广西按察使六叶桐公改葬墓志铭》,今年叶宪祖补南京刑部主事。

函复杨嗣昌,以杨来函请索祁承爜著作及祁氏藏书目故。

南图藏《远山堂尺牍》庚午春夏册有《与杨修翎》:"伏承清问,先子著述自《西事案》《宋贤杂佩》而外,已成者为《两浙著作考》《牧津》,皆未刻也;将成而未成者为《世苑》。……至敝箧所藏之书,分为四部,史部一焉,先子自谓国朝掌故不敢居作者之林,亦可称收藏之富,故某先以史部之目录呈台览,余目容再奉记室。"

又,今年秋冬册有《与杨修翎》函,向杨嗣昌求《澹生堂集》序,但现存杨序作于万历己未(1619),当时承爜初刻诗集时向杨嗣昌求得,则此次彪佳再求文,杨未以应。

长兄麟佳旧蓄戏班留予姊夫何继洪,优人谢丑背主逃走,托亲友彭天锡、张联芳等周旋其事。

南图藏《远山堂尺牍》庚午春夏册《与彭天锡》:"家姊夫有命弟代渎者:彼优人内有谢丑,在越中虽称善技,于三吴直车载斗量耳。缺此一人,则通班且将星散矣,故与之班值及借贷共二十余金。月初,谢优以病告暂归,今风闻欲背却旧主,而芳如兄所蓄诸优中有与之为缘者。事未必确,家姊夫不得不为先事之防,乞仁兄于晤茅兄时一询其故。"参郑志良《晚明著名串客彭天锡考》(《文学遗产》网络版),彭应瑞(1589—1645),字天锡,江苏溧阳人。张岱《陶庵梦忆》卷六《彭天锡串戏》称其:"串戏妙天下,多扮净丑。"

南图藏庚午册又有《与张二酉姨夫》:"甥某有不得已之渎,言之实甚惭愧者,乞老姨夫垂听留神焉。家先兄向有声音之僻,年来制有梨园戏具,乃方在合班,而先兄已溘先朝露矣。遗言以此奉老母,聊代斑舞。是时某以越中风俗恶薄,每蓄优人,必有口舌,故力中止之,宁以此服饰转售,或藏之笥中耳。而竟以百金之班银,恐散而不可收拾,遂托何姊夫经纪其事。班中有谢丑者,向在刘宅陆生班,十年不逃。夏间忽以父病告暂归,自刻其期且复至,何姊夫复贷以数金并班利,以二十金计矣。讵此奴竟逃而之苕上。及何姊夫家人访得之,复倚豪有力,且詈且殴,家人几不能归。此辈朝秦暮楚,狼子野心,乃其常态。亦未有毫无事端,忽蓄叛念;既窃重赀而去,而临去犹复称贷以益之;且至于詈主殴仆,若此奴顽恶之甚者也。一优既去,众优皆意何姊夫无可奈何,以负赀而逃为得计,是无一优便无众优矣。老母虑班银之仍付流水,以是恨之最深,命某恃恳于老姨夫,乞严拘其父兄,立以严限,期于必得。即此优已受他姓之赀,在何姊夫不难代偿。惟在盗奴之出,以为负心者戒，庶众优不敢效尤。则不特某有以复老母，而且得终先兄所以奉老母之心。举家皆感刻高情，更无极矣。乃声歌岂苫块中事，而甥之远札相干，竟为一优人之故，不知者以为逾礼实甚，是以一字一惶愧，不禁汗之浃于背也。家人骨肉之中，自有一段不能已处，惟老姨夫高明见亮。"按，此因谢丑事向张联芳求助。祁麟佳生前蓄家班，去年亡故后，交于姐夫何芝田管理。谢丑原属刘宅陆生班，后以合班归于祁氏，麟佳卒，戏班易主，谢优趁机骗二十金逃窜，背主转投靠豪强世家，祁家无法召回，故请张联芳出面调和。张二西姨夫即张联芳（1576—1644），字尔葆、葆生，号二酉，山阴人，张汝霖第二子，张岱二叔，张萼父，彪佳姨父。万历四十六年（1618）顺天副贡生，历官太平、苏州通判，孟津知县，扬州同知，管清江船厂。崇祯中为淮抚，崇祯十七年（1644）卒于任上。

同书另有《与费年兄》函也提到："昨以琐事奉渎老年兄，实切惶悚。盖此服饰为先兄所遗，而弟以声歌非苫块所宜绝不预闻，托家姊夫何贡生经理其事。谢丑之逃也，弟以寡嫂之命致恳年兄。乃小价临行，恐此优之未即在潭府，故家姊夫又以一函托张舍亲拘其人于原籍。且所拘年来累逃之优四五人，不止一谢丑也。小价既得其人于年兄，而又蒙措发班银，则弟与家姊夫已极感高谊矣。不意小价蠢不解事，仍复顺途而之姑苏。恐张舍亲拘他优而并及谢丑，则弟虑年兄之未必原其故，而获罪深矣！弟虽至劣，于年谊素不敢自处于薄，岂敢以一优而取罪于知己。此后随当致之舍亲，概停追觅。俾此优常侑清觞，而此段委曲，不得不先白之年兄，以祈慈炤于迹表。且弟之绝无利于梨园也，即询谢丑便知之。徐年兄之便，灯下草勒附布。"

此后，南图藏《远山堂尺牍》辛未春夏册有明年致张萼之《与张介子》函，亦言及其事："向以优人之逃烦渎老姨夫，不意前者未获后者继之，要亦此辈之常态耳。弟以蓄优为越急俗，且非草土之人所宜，言而复恐再渎之取罪也，故昨何姊夫申恳，而弟不敢致一字，百不尽言，统乞仁兄婉致为祷。"从此函观之，则谢丑逃后，又有优人逃走。

与沈泰频通书牍，密切交流戏曲信息与刻本。今年沈泰参与学政主持的童生院试，彪佳为之作函向提学御史郭必昌索青目。沈泰今年或获秋试资格，而未中举人。

南图藏《远山堂尺牍》今年有致沈泰七函。其一为庚午册《与沈林宗》："昨接手教，慰甚。拜领大刻，不啻珠玑之锡矣。《凌云》已另购一部，容日上璧。不孝未见诸曲，原欲如尊命陆续借录，既而思之，令亲高年病嗽，吾辈亦不便频频往借，所以谨附一目，乞仁兄一并赐示，容陆续奉还可也。王云莱常诮弟为借书尾生，愿令亲勿作浮沉之虑。海虞毛氏既有精刻，乞仁兄代发书贾，易其全部，以惠小价。未得至杭，祈即命一介之使，弟自助其缠费也。小剧中讹字尚未荷仁兄较正，恐此后发印既广，以讹传讹，再奉已较者一本，祈速留神是祷。其他承俞命诸曲，望之真如饥渴也。……《剧品》及《莫须有》《二淫记》三种如录完，乞掷旋，此外不妨从容命之记室。"按，彪佳前曾借阅沈泰所藏杂剧目录，又知沈氏亲戚藏曲丰富，去年所作南图藏《与沈林宗（其五）》有求："令亲藏曲之目与《青雀舫》传奇。"本函称"令亲高年病嗽"，不便频扰，故开列欲借曲目单，望一次借出。又，《鱼儿佛》选入《盛明杂剧》二集，彪佳自觉"小剧中有数语不妥，今具改稿一纸，乞仁兄削入之"（国家图书馆所藏《远山堂尺牍·与沈林宗》），求沈泰在刊刻前予以更改。函末并请沈泰归还《剧品》，则可知《剧品》成书后曾交沈泰过录。函中诸曲，《凌云》，韩上桂作，《远山堂曲品》著录，评称"天游子力返于古"，则作者号天游子。海虞毛氏即毛晋（1599—1659），字子晋，别号汲古主人，常熟人，曾校刻《六十种曲》。《莫须有》系王元寿作，今佚；《二淫记》，吕天成作、两者《远山堂曲品》皆著录。

　　其二为庚午册《与沈林宗》："阳律乍回，君子道长。仁兄盛德大业，与日俱升，但不孝依栖苫次，未敢称贺耳。别后相思，盖不可言，安得再剪西窗之烛，作片刻良晤乎！两遣小价，以八行奉记室，俱值仁兄静养宝斋，故不获领尊翰。昨所恳借者、买者诸曲，在仁兄必能留心。凌濛初诸著述，尤以亟得之为快。岁暮无事，又得《杀狗》精本较之，渐就绪，不知王如老有意梓之否？乞询之。《画扇》原本奉供清览，不复烦工贾矣。《二淫记》原板不意竟作秦灰，原本已录出，乞以见还。作《东郭》之孙兄讳钟龄者，有多本在柴式毂处，乞仁兄多方购之，但得誊出副本，即可立时返璧矣。此兄之才，妙绝一世，恐渐至湮没，知音不可不留心也。王昭平令尊三种可得之否？偶得《双钗》，仅半本，似亦可观，然安得其半，以成全璧乎？日来将为大先兄梓行四剧，令词坛中亦知有此人。但即《错转轮》一剧，宫商之未调，与体式之未当处颇多，倘尚未刻，祈且停工；如已刊完，幸先刷一部，以示袁符公。《玉符》及敝乡谢瘠云《蝴蝶梦》，倘邺架未备，即奉来。昨《剧品》偶尔率笔，品评多失，幸勿以示友人。但宗工在前，亟愿就郢削，更乞一大序以为不朽，万祈惠然，可胜瞻仁。贵乡管城君书远山堂纸一篇，应工贾几许，祈酌示。庶他日有新构，即可烦典签也。"按，函中提到向王如老荐刻《杀狗》，以及为长兄祁麟佳所作《太室山房四剧》（《救精忠》《红粉禅》《庆长生》《错转轮》）事。以《盛明杂剧》二集收入的《错转轮》体式有不当，欲祈暂停工，刻出则请印刷以予袁于令修订。上函提到以《剧品》交沈氏过录，此又请沈泰修正作序。又据国图所藏《远山堂尺牍·与袁兕公》，亦曾请袁于令为《剧品》写序。惜二序均不传，或并未得。《画扇》，吕天成作，祁氏两品未著录，但《远山堂曲品》评汪廷讷《二阁》言及《画扇》："郁蓝生传此为《画扇》，翩翩逸韵，是少年场中得意之语"云云。《东郭》，孙钟龄作，《远山堂曲品》著录。孙钟龄，字仁儒，号峨嵋子，又号白雪道人、白雪主人，今存传奇《东郭记》《醉乡记》。据同书下文《与张宗子》函："此公（范文若）之才，可与孙元孺为敌，乃二君俱先后修玉楼文"，孙钟龄卒年应与范文若（1587—1634）相近。柴式穀，据《乾隆杭州府志》卷九十一，柴世基字式穀，天启辛酉（1621）入北雍，中式，谒选得合肥教谕，后移平湖。王道焜，字昭平，钱塘人，天启元年（1621）举人，崇祯时为南平知县。清军陷杭州，投缳死。《明史》卷二百七十六有传。其父王国柱，号澹生老人，《远山堂曲品》录其传奇三部：《鸳簪》《海棠诗》《碧珠》。《碧珠记》今存。《双钗》为无名氏作，《远山堂曲品》著录。《玉符》为袁于令作品，祁氏两品未见著录。清焦循《剧说》卷四引卓珂月《残唐再创小引》云："今冬遘兕公、子塞于西湖，则兕公复示我《玉符》南剧，子塞复示我《残唐再创》北剧，要皆感愤时事而立言者。兕公之作，直陈崔、魏事"云云。《蝴蝶梦》，谢弘仪作，《远山堂曲品》著录，称"痟云功成而不居……文章之府，将军且横槊入矣"。谢弘仪（1577—1649）又名谢国，字简之，号痟云、岵云，会稽人。万历三十八年（1610）武科状元。

　　其三为庚午春夏册《与沈大来》："不孝苫块余生，复抱鹡鸰之痛，人生至此者，尚复有肝肠乎！万苦之中，庶得佳刻，聊以自遣。承示二记、二剧，《杏花》能守词隐功令；《获名姬》乃鲁舍亲所作，不失文人本色；《太平仙郎》即《洞天玄记》，相传杨升庵所作，弟未甚心赏之，盖王凤洲《词藻》原云升庵颇不为当家所许耳。大刻《二集》告成，敢求一部，又求印小剧百部，工赀谨奉上，乞万万勿却是祷。小剧中袁兕公批于首，有'转觉此僧多番俚语'之句，似有碍板中，乞仁兄刊去之为感。令亲处恐以未同见讨，不敢通一姓名，小刻一部，不知可奉博一笑否。诸藏曲兹尚未敢骤请见教，内惟张屏山《红拂》，汤海若极欣赏，云《红拂》已经三演，屏山能兼杂剧之长，不袭二家之格。及马湘兰《三生记》，皆弟夙所痟寐者，乞仁兄转致，得一惠示，不啻拱璧之获也。望亟望亟。《二集》中《泰和记》二十四折，是许时泉潮所作，非杨升庵也。《王涣之》一剧附璧。《太平仙》容较完，同前二记专役奉来。"按，函中求《盛明杂剧》二集一部，并奉工赀请印刷《鱼儿佛》百部；又以袁于令有"转觉此僧多番俚语"批语，因此剧改后已湛然原作，故以批语不当求删去。今存崇祯刊《盛明杂剧》二集卷十九《鱼儿佛》，已无此语。所言作家曲剧，《杏花》为胡遵华作，《远山堂曲品》著录；词隐即沈璟，论曲重"合律依腔"的当行本色。《洞天玄记》，杨慎作，载录于《远山堂剧品·雅品》；杨慎（1488—1559），字用修，初号月溪、升庵，又号逸史氏、博南山人、洞天真逸、滇南戍史、金马碧鸡老兵等，四川新都人，大学士杨廷和之子；据张诗洋、李洁《南京图书馆藏祁彪佳尺牍论曲文字辑考（下）》考辨，此剧故事同陈自得《太平仙记》，文字亦相因袭，盖此本实据陈本略加改而成。王凤洲即王世贞。袁凫公即袁于令。鲁舍亲，其人不详。《远山堂剧品·逸品》录作《喝采获名姬》，评云："此剧于啸咏处，豪爽绝人。恒居士自评……其真文人吞吐古今之笔乎？"所评与函中"不失文人本色"吻合。则作者恒居士，即此函所称"鲁舍亲"，为鲁姓浙人，与彪佳有亲，称之"恒居士"，盖为尊长讳名。《红拂》，张凤翼作。戏曲家张凤翼（1527—1613），字伯起，号灵虚，别署灵墟先生、冷然居士，南直隶苏州府长洲人。《远山堂曲品·能品》著录在张太和名下，评云："今屏山不袭二家之格，能兼诸剧之长"云云。则凤翼又字或号"太和""屏山"。汤海若即汤显祖，论戏曲主至情、重辞采。《三生记》，马湘兰作，《远山堂曲品》未著录，但评《茶舫》言及此剧："《三生记》所傅苏小卿，是冯魁负双生者。"吕天成评《三生记》谓："马姬未必能填词，乃所私代笔者。"彪佳在《曲品叙》中亦特地提到《三生记》："才人名妓，词坛之所艳称。作者每窃其名以覆短。如卢次梗（按，当作梗）之《想当然》，韦长宾之《箜篌》，马湘兰之《三生》，梁玉儿之《合元》，考其真姓名而不可得。未能阙疑，姑以从俗。"可见对《三生记》作者存疑，因未经眼，姑从俗。故《曲品》亦未列此传奇。马湘兰（1548—1604），名守真，小字玄儿，又字月娇，湘兰为其号。南直隶应天（今江苏南京）人，秦淮八艳之一，工诗画。戏曲多异名同曲，信末所称《王涣之》剧，即演王涣之酒楼旗亭画壁之《获名姬》。《泰和记》，许潮作，祁氏两品未著录；《盛明杂剧》二集收有《泰和记》二十四折中选出的《武陵春》《兰亭会》《写风情》《午日吟》《南楼月》《赤壁游》《龙山宴》《同甲会》八折。

其四为庚午册《与沈林宗》："昨有数行，附之袁凫公兄，并《玉符》一记，转上令亲，知已达记室矣。文宗忽易，试事一新，然计其时日，料理台、宁诸府，尚恐靡及贵府，断无复试之事。听鹿伊迹，仁兄养图南之翼，一徙天池，其为故人光宠，曷有既耶？日为长先兄梓四剧，后附古近体遗稿十数张，约百二十张之数，中未有绘像，若以之发兑，应价几许，颙望酌示。不知可就仁兄处发兑一二夹否？弟非以此博利，但欲为先兄稍广其传耳。令亲之曲如已借，便乞付之小价，外附书价，另具一单，定本希并付之。又买印剧纸二篓,似印《盛明杂剧》初校者足矣。乞命尊价指示之。"按,彪佳请沈泰刊行先兄祁麟佳四杂剧和古近体诗遗稿,询问定价,并请沈泰发售,非为博利,为广流传;又托沈泰借其亲之曲,购印剧纸张。对于《玉符记》,彪佳曾多方求借:"《玉符》刻成,万万启早示。"(《远山堂尺牍》己巳册年《与袁兔公》)从此函可知,该剧今天得观。但此剧未见于《远山堂曲品》著录,或因今所见为残本;更或是为亲者讳名,南图藏《远山堂尺牍》己巳册有去年《与袁于令》称:"《玉符》之刻,倘在踌躇,则移名易姓之后,不可不使弟抄一部为帐中之秘。"或因袁于令不愿此传奇示人,故隐去其姓名。沈泰生平事迹今所知甚少,由本函观之,则今年沈泰参与学政主持的院试(亦称道试),此为童生试的最高阶段考试,试八股文与试帖诗等,录取者为生员(秀才)。沈泰已过正试,向彪佳询问复试讯息。结合南图藏《远山堂尺牍》庚午春夏册《与郭太薇公祖》所言为沈泰考试请托事宜。则今年浙江学政为郭必昌。郭必昌,字懋丰,号太薇、半庵,晋江(今属福建泉州)人,明朝天启五年(1625)进士。据清施维翰修《康熙浙江通志》卷二十二《职官》,郭必昌曾任浙江巡按御史。

其五为庚午册《与沈大来》:"暌违清范,又已数旬,梦寐之间,不胜耿耿。试事重烦清神,不敢循俗例言谢,而感激实在方寸矣。闻儒童之试已竣,乞以付之小傒,而仁兄即于其内径取为居间之偿可也。昨王伯彭云有一屠姓者藏范香令传奇数种,欲以一字索之,其即用明耶?弟已向伯彭乞一字介绍,倘得仁兄数行,或其不吝家藏耳。小傒于季冬即有檇李之行,尊札乞今先付之。金陵《花筵赚》封面,述范香令他曲之名十六种,令人心热,安能尽得之为帐中秘乎?孙仁孺杂剧,其令弟许之而未与,亦是俗子,亦是悭汉。倘所费不多,乞仁兄征得之,当与《醉乡》之价同奉来。若以居奇多索,或且中止何如?闻花市有刻明人百剧者,封面已出,沈君良史为政,不知果倾二酉之藏乎?抑辽东豕也?闻其以孙君六快分作六剧,则此便出我辈见闻上矣。乞仁兄访其处,弟欲以《太室四剧》畀之也。"按,王伯彭即戏曲家王元寿。范香令传奇:范文若(1587—1634),原名景文,字更生,号香令,又号吴侬荀鸭,松江人,撰有传奇十六种。《花筵赚》为范文若所作,《远山堂曲品》著录。彪佳此前诸信中称"花门赚",当系未见曲本讹传,今见实本,信中便改称"花筵赚"。孙仁孺即孙钟龄,《醉乡》即其作品;沈良史,字曼长,云间人,善行书。晚明宛陵汪氏辑印《诗余画谱》有其所书。"孙君六快分作六剧",当指孙钟龄作有《六快记》,盖合六快事以成一剧,而选者分作六剧。又,此信函言及明代刊刻戏曲事。金陵所刻《花筵赚》封面,注范文若所作传奇十六种名称。《南词新谱》著录"范香令所著博山堂传奇若干",其中《花筵赚《生死夫妻》《鸳鸯棒》曲名下注"范香令作";《勘皮靴》《金明池》《花眉旦》《雌雄旦》《欢喜冤家》五种曲目下,则注"范香令未刻稿",未知是否在十六种之中。《远山堂曲品》稿本"逸品"收《花门赚》,又于题右书"筵"字,可见《曲品》词条,在本函之前写成,后来有所改动。而《玉镜台》条中,仍作"花门赚",当是疏漏未改。又称闻武林花市有刻明人百剧,已出封面,书法家沈良史所书,并请沈泰搜集此明人百剧、辨别其价值,拟以新刊《太室四剧》作为交换。而去年陈汝元亦有汇集明人杂剧之念,国图藏《远山堂尺牍》有《与陈太乙》:"老舅欲征刻明人南北剧,此不特词坛之鼓吹,亦足为不朽鸿秘也。"彪佳愿意提供陈汝元未见之剧本,并任校雠之工。又建议其编刻臧晋叔《元曲选》中未收元杂剧。彪佳自己也曾有集曲念头,言欲从《北词韵选》《雍熙乐府》诸佳曲内"每记选四折",务使人人得"染指一脔,即知全味",可使当时流行之集杂曲者皆可废。然此编集计划未付诸行动。

　　其六为秋冬册《与沈大来》:"仁兄蕴万玉于胸中,走千珠于笔下,庚、辛之间,一鸣惊人者,非他人,必我仁兄也。目下境界,不妨稍郁,岂正于此中有大得力、大受用处耳。万年兄前如命附一械,仁兄许弟作曹丘生,弟实窃光倍万,但此一言,则实无足为轻重。晨起得尊翰,不啻晤紫芝于西子湖头也。诸本大费清思,感谢感谢。但盛价不戒于水,多为雨师所侵,而定本一套及杂剧十本、沈曲六种,尤沾湿无余,可惜也。然宇宙间至宝,多被鬼神所妒,不为秦灰,便遭水厄。一笑一笑。此际阴雨连旬,行候间简拾,固自不易,幸仁兄无督责之。令亲八记,录已过半,容并完日附来。其他单中所借,乞仁兄再以十本惠示,庶彼往此来,不致管城生袖手也。昨所许《请剑》诸本,未知得之否?《两纱》《义烈》已备有矣;《双璧》《麟游》及二剧完上。"按,前第四、五函提到沈泰院试及为之向郭必昌请托事,今又称"庚(午)辛(未)之间,一鸣惊人者,非他人,必我仁兄也。"则当是沈泰于今年经府试得到乡试资格,拟将参加今年秋试。现存沈泰资料极少,未见其获功名记载,则沈泰今年乡试未获隽。《请剑》,穆成章作;《义烈》,汪廷讷作;《双璧》,无名氏作;《麟游》,金三秉作。以上诸曲《远山堂曲品》皆著录。《两纱》即来集之《红纱》《碧纱》二剧,有明末灯语斋刻本,《远山堂剧品》均著录。毛奇龄作《来元成墓碑铭》云:"君讳集之,字符成。……自为志云:予所著有某书及杂剧之《两纱》《秋风三叠》而已。案,《两纱》《三叠》,史志皆不载。顾予知君事,君以崇祯己巳(1629)赴童试,具斥之,黏其文于门;庚午(1630)再试,再斥之。然而府试拔第一,时年二十七,始附学。于是作《两纱》剧,一《红纱》,谓以纱幛目,眯五色也;一《碧纱》,则纱蒙其旧所为诗,贵与贱易观也。夫通塞之难凭如此。"(《西河合集》文集卷三)彪佳称"《两纱》《义烈》已备有矣",则《两纱》完稿在崇祯三年(1630)秋冬前。

其七为庚午册《与沈林宗》:"昨接仁兄云翰,如饥渴之得饮食也。诸本弟已整过如新,不烦仁兄念及。定本沾湿甚多,恐不堪再换,已与之舍弟矣。惟乞仁兄另买一部,弟即当如数以价奉来。《二集》初印者亦乞留一部。所恳惠示种种未见传奇,再附一单,统惟留心,月初即有小价赍价来领诸本矣。孟子塞《眼儿媚》如在卓兄处,乞借之一录。《双星》《戏谑》二种,并前八本,容日奉来。孙元孺所作,弟已得《乌有生睡乡记》《温太真玉镜台记》,草本录之,渐有成绪,俟录完寄览,以骄彼悭吝者,一笑。贵友诸曲,弟录之颇费事,俟尽数借完之后,乞仁兄以弟意将新本未见者以两易一,或此外再一一完璧以践信。然探之亦必俟诸本尽借之日,不然,恐其悭心一起,便不可得矣。如此所为,亦一韵事,知己定为莞然。诸不一。"按,此函承上函,以沈泰仆人送来曲本时未防雨水,致"定本一套及杂剧十本、沈曲六种"沾湿无余。其中多本彪佳经整过如新,但"定本"沾湿过甚,只能请沈泰再购一部。"定本"当系向沈泰亲戚所借之曲。又从此函观之,《盛明杂剧》二集今年已经初印成书。《眼儿媚》,孟称舜作,《远山堂剧品》著录,孟称舜所编《新镌古今名剧柳枝集》第二十四种收录,署"明孟称舜著,陈洪绶评点,朱曾莱订正"。卓兄即卓人月(1606—1636),字珂月,号蕊渊,仁和(今杭州)人,与孟称舜、袁于令交厚。《双星》,穆成章作,《远山堂曲品》著录。《戏谑》,无名氏作,《远山堂剧品·能品》载录作《善戏谑》。《乌有生睡乡记》,孙钟龄作,《远山堂曲品·逸品》载录作《睡乡》。

致函慰董玄失意,评阅其《柳苏苏》《文长问天》等剧作。

董玄,字天孙,会稽人,曾任南明礼部主事。尊经阁藏《寓山志》存其文《寓山涉》、五律《寓山题咏》等,注:"董玄,天孙,会稽。"《远山堂剧品》著录其杂剧《文长问天》一折。

南图藏《远山堂尺牍》庚午册有《与董天孙》两函,其一:"试事匆迫,此际人人自以为得大将,固不肯俯问前津,惟覆案一出,则急而求我,此其时乎?幸仁兄留心,多多益善也。诵《柳苏苏》半剧,趣绝痴绝。不痴则情不深,无情之人,安得入趣。临川之后,吾于仁兄见之。稍可推敲,第在字句间耳。容卒业以奉。礼岂为我辈设?何分惠之过侈耶?块然蜗粘,殊觉骤富,谢何如之。日在山中,拥被苦吟,得乐府四章,恨不同我天孙呼白叫快耳。"此函称阅《柳苏苏》半剧,彪佳同时指出,本剧字句尚可推敲,则董氏此剧当时或尚未完工。彪佳以为"趣绝痴绝",可步汤临川显祖后尘,则此剧重文采情致。但祁氏两品未著录此剧,则或因未完工。

其二:"仁兄以玉皇香案吏暂谪人间,自应微受尘苦。况古来骚人韵士,惊人之句、轶世之词,何尝不从拂郁中来。自是而知仁兄舒啸咏吟,更有匪夷所思者。即《文长》一剧,而雄奇突兀,已令人目眩魂摇矣。但前此四剧,尚以词律相商,再经一番锤炉,更当证无碍维摩。乞以新改者一并见教,不孝将录为笥中之珍,仁兄亦可授梓作不朽之传也。望亟望亟。韵书、曲谱,更有一友相索,乞即付之小价为祷。顷从武林归,方接手教,裁复迟迟,幸亮。"按,从此函观,董玄今年失意拂郁,或与第一函所言试事有关。《文长》,董玄作,《远山堂剧品·能品》作《文长问天》,评:"牢骚怒骂,不减《渔阳三弄》。此是天孙一腔魂礴,借文长舒写耳,吾当以斗酒浇之。"则董玄以文长自喻。词中称"但前此四剧",可知董玄又有杂剧四种,然今皆未见著录入《远山堂剧品》。祁氏尺牍中又有《与刘讱韦(光斗)》等推崇董玄,日记中亦见与董玄过从极密。但祁氏两品只收录董玄作品一种,盖因同上函所言《柳苏苏》,此四剧也有词律不谐的不足,需"再经一番锤炉",或原拟改订后再录之,而因诸剧再未修改,或《远山堂剧品》定稿后不复修订,故诸作终未被载录。

刊刻祁承㸁《澹生堂集》。

南图藏《远山堂尺牍》庚午年册《与张卿子》:"昔先严嗜书之癖与仁兄属臭味,所遗诸稿不忍埋灭于败纸蠹简中,兹欲以校刻事沥诚以托之仁兄者。……遗文尚多,恐赀赀不继,今先刻诗六卷,得如尊刻之唐人小说,可谓精工矣。大略式以九行二十字为率,但乞稍速之,恐一至场后,刻工趋利于彼,而此之告成稍难。欲得二十人或十五人于空间庵院处之,一切诸费一惟裁示,容即奉来,兹先以五金为起工之用。昨偶得林宗兄一约数,乞仁兄酌奢俭于中,何如?"今年春夏季册又一《与张卿子》:"先集仰藉订定,使先子精神有寄而面目若生。"另一函云:"今日坊刻之滥,鲁鱼亥豕令人几同磨洗无字碑,乃先集荷仁兄之精较,告成既速而镌刻复工。"秋冬册又函道:"家集出边补字想当告竣,谨具工赀,列单于别幅,惟仁兄简入如荷。"张卿子,名遂辰,钱塘人。由诸函可见,祁承㸁《澹生堂诗集》之刊刻、校定由他一手承办。此后,《远山堂尺牍》辛未春夏季有《与陈体玄》:"近为先子刻诗集、整外集工初竣,容刷印奉来"。则《澹生堂集》辛未春夏间竣工。陈名钟峦,莆田人,彪佳司理莆中所结交者。

多方搜求范文若、孙钟龄戏曲。

范文若(1587—1634),原名景文,字更生,号香令,又号吴侬荀鸭,松江人。撰有传奇十六种,今存三种。《远山堂曲品》著录其传奇一种:《花筵赚》。孙钟龄,字元孺,一作仁孺,号白雪楼主人。所作传奇今存《东郭记》,万历四十六年(1618)九月刻;《醉乡记》,崇祯三年(1630)仲夏刻。合称"白雪楼二种曲",《远山堂曲品》著录。

祁彪佳曾与张岱交流范、孙传奇藏本。南图藏《远山堂尺牍》庚午春夏册有《与张宗子》两函,其一道:"昨获瞻紫芝眉宇,惟时时想象襟期于清朗之下耳。范香令《花门赚》底本附上,乞命小史录之。此公之才可与孙元孺为敌,乃二君俱先后修玉楼文,吾不知造物何以妒才若此!孙兄尚有藏稿,使其贮之古锦囊中,曷若演之氍毹场上。闻其令弟秘惜甚,未识仁兄何法可以致之?"张宗子即张岱。

与沈泰也多次讨论及此事。南图藏《远山堂尺牍》庚午年册有《与沈林宗》多函,其一道:"作《东郭》之孙兄讳钟龄者有多本在柴式穀处,乞仁兄多方购之,但得誊出副本,即可立时返璧矣。此兄之才妙绝一世,恐渐至湮没,知音不可不留心也。"又一云:"孙元孺所作弟已得《乌有生睡乡记》《温太真玉镜台记》草本,录之渐有成绪,俟录完寄览以骄彼悭吝者,一笑。"另,庚午秋冬册《与沈大来》:"孙仁孺杂剧,其令弟许之而未与,亦是俗子,亦是悭汉。倘所费不多,乞仁兄征得之,当与《醉乡》之价同奉来,若以居奇多索,或且中止,何如?"国图藏《远山堂尺牍》又有《与沈林宗》:"《花门赚》略染指一脔,便觉两腋生风,向闻范香令之才妙天下,今亲炙之矣,快何如之!下卷如有便邮,幸来掷示,望望。"

又屡次函托张尊求孙钟龄所作戏曲。南图藏《远山堂尺牍》庚午春夏册有《与张介子》函云:"《醉乡乌有记》,闻王姓人秘惜异常,今已将底本授一友录书,几于磨洗无字碑矣,亦可为孙兄功臣也。容日先以上本附呈清览,试以骄彼秘惜者,何如?其他所作,必以尽得之为慊,兹具一单,乞仁兄转致孙兄,尽简其所藏,不啻百朋之锡也。一仪附致孙兄,倘其嫌薄,不妨明示加赠。《雍熙乐府》乞并借一览。孙曲试与议价,每曲、剧若干,亦一韵事也,一笑。至采石时,池州余翘号聿云,才士也,不可不访其所作。《赐环记》烦觅一本,非近日传魏珰之《赐环》。诸俟山中回日再悉。"国图藏《远山堂尺牍》也有《与张介子》二函,其一:"久暌芝眉,握晤甚慰。季月初,或可作连宵之谈乎。孙兄曲千祈留神,必尽得之为快。弟于音律原是门外汉,而强作解事,不免见笑词坛。兹奉《鱼儿佛》一剧,或于北词中少有,推敲可当棒喝。若《全节》,是七八年前所作,真以覆瓿可也。即不然,亦祈知己秘之,万勿以示诸友,嘱嘱。"其二:"不揣获附名阀,讵意遽有云散花萎之叹,直是寒门福薄耳。然葛萝之谊，固在夙昔。仁兄薄云高情，感在五中不朽也。适有小冗，不及走慰。惟慈原之。孙兄处乞致意，行时当令小价随往。倘尽得其藏本，或梓行一二种，亦艺圃快事也。恐烦清思，不敢复翰，容即晤悉。"两函皆托张荨求孙钟龄所作戏曲，并以《鱼儿佛》《全节记》呈示张荨。张荨，字介子，又字燕客，山阴人。张岱族兄，张联芳子，亦祁彪佳表兄兼连襟。

夏，寓杭州，作七律《夏日与吴二如、彭天锡、浦长卿诸友集餐胜楼次彭天锡韵》二首。友朋聚集，以国难家忧，未敢用戏用妓、摒弃视听娱乐。

见《诗集》。其一称"人方竞醉苏堤月，我独闲寻处士梅。更得石交勘岁晚，年来郁郁为君开"；其二注"时有边警"，诗云："如何烽火传来急，北望中原泪眼开。"崇祯元年（1628）末父丧归里，至此时方年余也；又正月，后金兵由通州东行，破多地，兵部侍郎刘之纶败死。正符合其二所注。故可确定，诗作于今年。

南图藏《远山堂尺牍》庚午册《与沈林宗（其一）》云："虏氛虽炽，然以中国全盛之势，圣天子在上，万万无忧，但补偏救弊，此后稍费手耳。苫块中人寂如死灰，不敢漫作杞人之语，惟此词场，借以度日，知知己不我嗤也。"虽称时事"万万无忧"，但同年另有《与吴二如》函称："此际国难家忧，止以斗酒浇我辈块垒则可耳，宁敢有欢场可觅哉，乞勿用戏用妓。"则彪佳因国难家忧，其戏曲之好，仅在词场案头，未敢有视听娱乐。吴二如名允淳，仁和人。

彭天锡，《远山堂尺牍》同年有《与彭天锡》函："风雨凄然，伤我旅客，急欲返棹，恐不能再接眉宇，惟是三径中有黄菊可餐，丹枫可醉，望仁兄作平原十日期耳。坐月之作，妙绝古今，枯肠索和不得，惟将此纸出入怀袖，字褪纸灭而后已。家姊夫有命弟代渎者：彼优人内有谢丑……乞仁兄于晤茅兄时一询其故。"函所言"坐月之作"，当即此集所作。参郑志良《晚明著名串客彭天锡考》（《文学遗产》网络版），彭应瑞（1589—1645），字天锡，江苏溧阳人。张岱《陶庵梦忆》卷六有《彭天锡串戏》称："三春多在杭州，曾五至绍兴，至张家串戏五六十场。串戏妙天下，多扮净丑。"

浦长卿，即浦庚，字长卿。明张复有"为长卿作山水扇面"（《海外珍藏王铎墨迹鉴赏》著录，陕西人民美术出版社，2000，第 76 页），扇面钤张复印，题识："张复为长卿词丈。"本幅有浦庚题："叔度词兄于苓石有独好，以庚与苓石同地，转托遍觅。鹿鹿风尘，失信可愧。谨以旧藏扇应之如何？甲戌（1634）中秋，小弟浦庚。"钤印："长卿。"又有王铎题："画理微妙谓之通灵，有神行焉，迹象不问也。予于此道三十年，所见前人不少，求如灵石者寡矣，亦菖蒲花也。近如叔度，足以嗣徽，古法古骨，神气盎溢，岂易言欤？孟津王铎题。"一钤印漫漶，鉴藏印："思胜清玩。"则可知写此扇赠同乡浦庚（即"长卿词丈"）作，浦长卿转赠"叔度词兄"，从王铎所题知"叔度"亦深通画理。当即陆启浤，字叔度，平湖人，其人博极经史，倜傥负奇。《明遗民诗》卷十四存其诗。张复，字元春，号苓石，一作灵石，江苏太仓人，画师。

仲秋，作七律《新天子改元三纪之仲秋，为梅源丘先生八旬初度。先生有子以文章气谊予知之最渥，走翰数千里邀予一言称两尊人觞，予不敢以不文辞，敬赋七言于左》

见《诗集》，《诗始》亦收入。据题可知今秋作。"梅源丘先生"，事迹不详。日记载及，彪佳"以文章气谊""知之最渥"而相隔千里外之丘姓者，惟丘民仰，字长白，陕西渭南人。万历举于乡，以教谕迁东安知县；崇祯初擢御史，号敢言；累进右佥都御史，巡抚辽东；清兵围松山，与洪承畴誓死固守，外援不至，十五年（1642）春城破，承畴降，民仰不屈死，谥忠节。《明史》有传。梅源或即其父。

致函沈泰，转求孟称舜《眼儿媚》。

南图藏《远山堂尺牍》庚午年册有《与沈林宗》："孟子塞《眼儿媚》如在卓兄处，乞借之一录，《双星》《戏谑》二种并前八本容日奉来……贵友诸曲，弟录之颇费事。俟尽借完之后，乞仁兄以弟意将新本未见者以两易一，或此外再一一完璧以践信。然探之亦必俟诸本尽借之日，不然恐其悭心一起，便不可得矣。如此所为亦一韵事，知己定为莞然。诸不一。"沈林宗名泰。孟称舜，字子塞，又作子若或子适，号小蓬莱卧云子、花屿仙史，会稽人。著名戏曲家。

次子理孙结姻张德蕙。时理孙四岁，德蕙方初生。

据国图藏《远山堂尺牍》之《与张二西姨夫》。张二西为张岱二叔，名联芳，字尔葆、葆生，号二西。德蕙为彪佳连襟张萼之女，张联芳孙女。据《世系》《家谱》，祁理孙生于明天启七年丁卯（1627）正月十八日亥时，卒于康熙廿六年丁卯（1687）五月廿五日丑时，享年六十一岁。张德蕙生于明崇祯三年（1630）四月廿二日申时，卒于清康熙三十二年癸酉（1693）十一月廿一日巳时，享年六十四岁。

阅张岱新作杂剧《乔坐衙》，崇推之。

南图藏《远山堂尺牍》庚午秋冬季册有《与张宗子》："昨从西陵桥归，漏下三商，窗雨飒飒，亟起篝灯快读大作，一字一叫绝。仁兄为金粟后身，故出句皆青莲蕊，落纸有旃檀香，岂门外汉所敢浪加钳锤，乃问道于盲耶！仁兄为溪为谷之怀，弟且心铭不朽矣。杂剧志铭，容卒业以璧。近来词曲一道，似盛实衰，习之者众而解者寥寥，遍索词场，几欲破琴碎笛。真子期乃在眉睫间，实甫、汉卿可以不死。弟固朦者，何敢当宗工一盼，愈感愈愧矣。"

为长兄祁麟佳刊刻《太室山房四剧》和诗集《问天遗草》，为之作《太室山房四剧及诗稿序》；并向袁于令、陶崇文求评点与序。

现存《盛明杂剧》二集刊入祁麟佳《错转轮》，署："古越太室山人编，醉鹤居士评。"醉鹤即陶崇文。《问天遗草》今佚。

南图藏《远山堂尺牍》庚午年册有《与沈林宗》函商量刊刻的细节，其一："日来将为大先兄梓行四剧，令词坛中亦知有此人，但即《错转轮》一剧，宫商之未调与体式之未当处颇多，倘尚未刻，祈且停工，如已刊完，幸先刷一部以示。"因去年先已荐请沈泰将四剧中的《错转轮》编入《盛明杂剧·二集》故，又一函："日为长先兄梓四剧，后附古近体遗稿十数张，约百二十二张之数，中末有绘像，若以之发充，应价几许？颙望酌示。不知可就仁兄处发充一二夹否？弟非以博利，但欲为先兄稿广其传耳。"

《文稿》存《太室山房四剧及诗稿序》，叹麟佳之怀才不遇，即为此而作。序云："伯兄著述甚富，兹先简其四剧，暨古近体若干首，洒泪授梓。夫世既不能知伯兄矣，予尚欲使伯兄受世知哉？即子期不乏，能知之于其诗，知之于其词也。而世方赏之，予固悲之；世方歌之，予固哭之；世方于琳琅函中、氍毹场上欢笑而燕乐之，予固唏嘘而凭吊之矣。"又，向袁于令求序函见南图藏今年《远山堂尺牍》，《与袁凫公》第一函云："目下于先长兄箧中简得四剧，洒泪授梓，欲词场之知有其人也。仁兄向日大序，不知可易数字以为遗稿之序否？盖生交不如死交，知仁兄或不靳一染翰也。"秋冬季册致袁第二函："大先兄四剧荷俞惠跋语，生死交情于此具见。剧之底本，更求批削，勿谓地下无知，徒作虚谀也。大笔评点，万祈速之，厥剞氏待之久矣。"则四剧得袁于令评点和序。向陶求序函见秋冬季册《与陶蔷轩》："长先兄生平留心音韵，著有四剧，弟先为之授梓，附古近体数十首，题之为《问天遗草》，厥剞氏将告成，已借重仁兄批点矣。而屈指先兄知己，于仁兄外无第二人，更求玄宴，不特以一言生竹素之光，而生死交情实见于此。地下有灵，亦必同此恳恻也。弟即日入山营葬，约返舍有半月余之期，至其时当再请大教，惟慨俞为祷。"陶崇文，尊经阁藏《寓山志·注》收其五律《茶坞》，注："陶崇文，蔷轩，会稽。"又托张岱代求陶序，函见今年册《与张宗子》："先兄四剧，专请郢政。又一册乞附致蔷轩令母舅，先兄凤附于其声气之末，故不孝昨乞数语以见生死交，乃令母舅未见慨掷，岂小札浮沉乎？"另外《与张燕客》云："先兄四剧，虽不足当《七发》，而弟一片校雠之苦心，在楮墨之外，知己或能鉴之乎？倘仁兄以为足当欣赏,容再奉数部,以广其传。昨亦曾奉览于大令兄,恐痴奴不解事,未知得达记室否?乞仁兄一询之,便中以示。"大令兄即张岱。燕客名尊,张岱堂弟,亦彪佳连襟。同书此后有《与陶蕡轩》:"向渎大作述先兄生死之交",则已求得陶崇文序。

十月,葬父化鹿山,墓前构楼为享室。半庐墓读书,半归养母。

据旧谱。

致函陈仁锡,恳为先父作墓表、传记。

据南图藏《远山堂尺牍》庚午秋冬册《与陈明卿》。陈所作墓表和传记,今存《无梦园遗集》卷六。陈仁锡,字明卿。

冬,作《会稽云门麦浪怀禅师塔铭》。

铭见《祁彪佳集》卷四。据铭,麦浪怀,名明怀,字修湛,别号麦浪,山阴黄氏子,云门僧湛然圆澄弟子,生万历丙戌(1586)二月三日,庚午(1630)十一月二十一夜化去,时在天衣寺,所著《语录》二卷。卒后七日,祁氏施寓山之阳为起塔。

除夕,作七律《庚午除夕》。

见《诗集》。自称:"闲看世事如争弈,料理生涯是著书。"

崇祯四年辛未(1631) 三十岁

时事 三月,吏部尚书王永光罢,温体仁荐同乡都御史洪闵学代之。六月,阁臣钱象坤为周延儒排挤致仕。 八月,阁臣何如宠致仕。 九月,思宗派宦官监边镇兵,派宦官总理户、工二部钱粮。 闰十一月,登州游击孔有德率部援辽,中途叛返。

是年正月,后金始造红衣大炮。编汉兵为"乌真哈超"。 七月,仿明制设六部。 八月,皇太极兵围大凌河城。九月,明军兵败。十月,大凌河守将祖大寿降后金。十一月,明以大凌河之败夺大学士孙承宗官。后金毁大凌河城。 闰十一月,皇太极命贵族子弟读书。 十二月,皇太极纳汉官礼部参政李伯龙议,改明年元旦朝贺礼,定君臣分,废大贝勒与国君并坐旧制,八固山共治之制废。

正月,农民军首领神一元战死,弟一魁继。 三月,农民军神一魁、点灯子、过天星部降杨鹤。 四月,不沾泥败降洪承畴。部下李自成投高迎祥。 王嘉胤被部下杀。王自用(紫金梁)代为首领,联合马守应(老回回)、高迎祥(闯王)、罗汝才(曹操)等三十六营,二十余万人。 点灯子再起,渡河入晋。 九月,神一魁再起。 明以招抚失败,逮总督杨鹤。洪承畴总督三边军务,攻杀点灯子。 十二月,神一魁败死宁塞。

今年祁彪佳有日记《涉北程言》(辛未秋冬),尺牍见《远山堂尺牍》。分年册者为南京图书馆藏本,篇中标注"南图藏";不分年册者皆国家图书馆藏本,书名前标"国图藏"以备区分。

元旦,作七律《辛未元旦》。

见《诗集》。

二月,服阕。

旧谱:"二月,服阕,例应趋朝,先生恋恋太夫人,亲友促之不应,促之者再,始卜期五月。"

按,祁承㸁卒于崇祯元年十一月,按明制,守服二十七个月,则今年二月服满。

保持与沈泰通函,求曲剧新本,托以向屠用明转致信札。

《远山堂尺牍》辛未春夏季册有《与沈大来》云:"不肖方待黜幽,未敢放武林之棹,相晤之期,或在桃花初放时乎? 小札致屠兄者,曾达之否? 其西湖之约,不知在何日也。昨附返二记,几为管庄小傒所浮沉,闻今上之记室矣。近有新本,乞惠教。晴窗无事,藉此以驱睡魔耳。《潮缘》《钱塘梦》诸本,想仁兄所易得之者,并《情缘》《花门》两刻本,俱饥渴思之,何以慰我。闻武林优人有《洒雪堂》《江天暮雪》,皆佳曲也,乃优人辄以奇货视之,为可恨耳。"屠兄即屠用明。《潮缘》,"两品"未著录。《钱塘梦》,元白朴有《苏小小月夜钱塘梦》;明万历戊戌(1598)秣陵继志斋陈邦泰刊本《重校西厢记》五卷附录一卷,含《钱塘梦》,撰者阙名。据张诗洋、李洁考辨,《洒雪堂》,今存梅孝已作、冯梦龙改本《洒雪堂》传奇,但《今乐考证》称"改楚黄梅孝已本",非所云"武林优人";又,吕天成《曲品》评《指腹》,言"又有《洒雪记》,乃孙清源作",则孙清源《洒雪记》与《指腹》所敷演系一事,梅孝已作、冯梦龙改本之《洒雪堂》亦同,均演魏鹏与贾娉娉婚姻事。此所称《洒雪堂》未详为孰。《江天暮雪》,宋元南戏有《崔君瑞江天暮雪》,存佚曲。明传奇有《江雪舟记》,张大复《寒山堂曲谱》载录。

函邀戏曲家徐应乾来顾,并求其所作五记。

《远山堂尺牍》辛未春夏季有《与徐孔坪》:"数载瘝瘵,把臂一旦,丰神奕奕,辉映四座,恨相见之晚。乃以母舅执丧,促促越城之棹,不能扫径下榻,罄领大教,即今思之,汗且浃背矣。春日迟迟,百卉具腓,万祈再赐一顾,为剪烛之谈。颙候颙候。尊作典雅无前,词坛不朽,向日染指一脔,亟图大嚼。所俞五记,无论草本,乞尽启琅函,何异夜光之浮赤水哉。万惟勿吝赐教,幸其感甚。"徐孔坪,名应乾,《远山堂曲品·能品》载其传奇六种:《德政篇》《两诗》《筹虏》《㲋㹟》《三迁》《汨罗》。《汨罗》评:"孔坪为此,历历叙致,已是畅所欲言。"则徐孔坪即应乾。又据《万历雷州府志·名宦志》《康熙遂昌县志》,徐应乾,字以清,浙江遂昌人;学识渊博,行止端方;由恩贡授宁波训导、清远教谕、雷州府学教授;编《万历雷州志草》,编摩就绪,其劳足嘉;未及一载,竟循例劣转,公论惜之;所著有《士林正鹄》等。彪佳评《德政篇》"至广宁迁乌,则徐君自道也",则戏曲家徐应乾也曾官广东;又评《两诗》"(徐君)以强项为当事所扼,乃直记其事",其为当事所扼的经历也同遂昌徐应乾。故此戏曲家徐应乾,当即遂昌人徐应乾,字以清。

丁艰期间,从刘宗周、陶奭龄、沈国模、管霞标诸人学,获交王朝式,讲体用之学,兼留心施济事。

《祁彪佳集》卷十《遗事》引清董昜撰传:"辛未,同王毓蓍、秦弘祐等请蕺山刘子出主学会。"查继佐《罪惟录》列传卷之十二《祁彪佳郭符甲》:"外艰,讲学庐居,主于有体及用。"

清毛奇龄《西河集》卷七十六《明左都御史蕺山刘先生传》:"崇祯辛卯由京兆请告,立证人社,同郡祁彪佳受学。是时弟子日众。"又,清刘汋《先君子蕺山先生年谱》卷上:"崇祯四年辛未,先生五十四岁。同郡祁世培彪佳始问学于先生座中,言及生死之说,世培请曰:'人于生死关头打不破,恐于义利关有未净处?'先生曰:'若从生死破生死,如何破得? 只从义利辨得清、认得真,有何生死可言? 义当生自生,义当死自死。眼前止见一义,不见有生死在。'"据谱,先是崇祯二年(1629)年六月,时思宗方祈雨,顺天府尹刘宗周进《祈天永命》疏,激帝怒,谢病归,筑证人书院,聚众讲学。按,崇祯无辛卯,据年谱可见宗周立证人社在崇祯四年辛未,毛传所称"崇祯辛卯",系辛未之误。

清全祖望《鲒埼亭集》卷二十四《子刘子祠堂配享碑》:"虎子少年豪士也,自从子刘子折节心性之学……以上八先生皆执弟子之礼,而子刘子则但以朋辈待之者,如蔡季通例。故有疑祁虎子、章格庵非受业者,讹也。"

《祁彪佳集》卷十《遗事》引清沈冰壶《祁公世培传》:"初称赞蕺山,自言默察生平,惟生死为未脱然。蕺山告以急严义利之辩,义利辨则死生明矣。"

清黄宗羲《明儒学案》卷六十二《蕺山学案》之"会语"载:"祁世培问:'人于生死关头不破,恐于义利,尚有未净处。'(宗周)曰:'若从生死,如何破得? 只从义利辨得清、认得真,有何生死可言? 义当生则生,义当死则死。眼前只见一义,不见有生死在。'"

清黄宗羲《孟子师说》卷七《莫非命也章》:"生死原是一途,凡人贪生畏死,所以岐而二之。昔祁世培问先师曰:'人于生死关头不破,恐于义理,尚有未净处。'先师曰:'若从生死破生死,如何破得? 只从义理辨得清、认得真,有何生死可言? 义当生自生,义当死自死。眼前止见一义,不见有生死在。'后来先师与世培之死,允蹈斯言也。尽其道,道即义也。尽其道而死者,正命也;则知非其道而生者之非正命矣,岩墙桎梏,无论死生,皆非正命。"

清陈锦《勤余文牍》续编卷一《越郡蕺山证人讲社祔祀弟子记》:"独先生远宗伊洛,近接朱王,其学以慎独为宗,而终以静存为要。一时门墙之盛、教育之宏,见知、闻知多忠节不朽之士如祁世培(彪佳)、章格庵(正宸)、王玄趾(毓蓍)、潘子翔(集)诸君子,姓字事迹载《刘门学案》,散见证人会录者,班班可考。……谨述证人讲社祔祀姓字,刊布一通,勒为成书,遍示同学:吴麟征、金铉、祁彪佳、彭期生、章正宸、叶廷秀、何宏仁、董标、陈尧年、章明德、朱昌祚、王业洵、祝渊、王毓蓍、潘集、傅日炯、恽日初、叶启昆、刘应期、张应鳌、董场、戴易、华夏、王家勤、张应晔、赵甸、张成义、徐芳声、沈昀、陈确、周之璇、陈洪绶、黄宗羲、黄宗炎、黄宗会、万斯选、刘汋。登斯堂者,但思此为何地,地始何人,名山片席之留,实道脉千年之寄,流连向慕如见先民,当必有感发兴起而不能自己者。"

清黄宗羲《南雷文定·五集》卷四附黄百家《先遗献文孝公梨洲府君行略》:"因约吴越士四十余人联袂而称弟子于蕺山,自是蕺山门人益进。然丁改革之际,其高第者如金伯玉(铉)、吴磊斋(麟征)、祁世培(彪佳)、章羽侯(正宸)、叶润山(廷秀)、彭期生(观我)、王玄趾(毓蓍)、祝开美(渊)诸先生既身殉国难。"

清李慈铭《越缦堂文集》卷六《书沈清玉先生冰壶集残本后五首》:"陈乾初确云:蕺山门下多气节之士,而契其微旨者寥寥。如祁彪佳世培、吴麟征磊斋、刘理顺湛陆、祝渊开美、王毓蓍玄趾,皆仗气死难,炳炳国史,而于学术无所阐扬。章公正宸、何公弘仁、叶公廷秀则韬光灭响,以肥遁终身,故语言风旨不见于天下。其斐然有文者,莫如黄宗羲太冲、恽日升仲初、董场元休,又不免声华征逐之累,持身亦时见瑕颣,甚且操戈反躬。"

管宗圣,字允中,号霞标,余姚人。承阳明心学之绪,偕沈求如国模,史拙修孝咸、退修孝复共宣王阳明之学于越中,卒于崇祯十四年(1641)。清彭绍升《二林居集》卷十九述一《儒行述》:"(管)霞标名宗圣,余姚人。为人孝友忠亮、强气自克,一言一动必准于礼,乡人多化之。少保孙镶始与霞标为文字交,既从霞标闻圣学,语霞标曰:'向嗜读左国秦汉百家书,先生为我洗尽矣。'祁忠敏荐于朝,诏征不起,崇祯十四年(1641)卒,年六十四。"

沈国模,据清李元度《国朝先正事略》卷二十八《沈求如先生事略》:"国模字求如,余姚诸生。少以明道为己任,尝从蕺山刘子会讲证人社。归辟姚江书院,与史子虚、管霞标辈申明良知之说。其所学或以为近禅,而言行敦洁,较然不欺其志,故推醇儒。"清阮元《儒林传稿》卷二《沈国模》所载略同。史子虚即史孝咸,管霞标即管宗圣。清彭绍升《二林居集》卷十九述一《儒行述》:"沈求如,名国模,浙江余姚诸生也。早岁弃举业,以明道为己任,尝入嵊见周海门,论学有省。既与蕺山刘子会讲证人社,归而辟姚江书院,与管霞标、史子虚、史复讲明良知之学。崇祯末屏居石浪。明亡,闻刘子不食死,哭之恸。已而令门人重修书院,讲学益勤。我朝顺治十三年(1656)卒于石浪,年八十二。"又,清钱林《文献征存录》卷四《沈国模》:"沈国模字求如,为诸生,尝入刘宗周证人社,会归,辟姚江书院,与管宗圣、史孝咸讲致良知之学,顺治十三年卒,年八十三。孝咸字子虚,继国模主讲,修洁之士皆归之,顺治十六年(1659)卒。"清阮元《揅经室集》续二集卷二《沈国模》条下所载略同。《思复堂文集》卷一《姚江书院记》:"祁忠敏尝荐之(沈国模)于朝,特征不起,号曰征君,崇祀乡贤"。民国赵尔巽《清史稿》列传二百六十七:"沈国模字求如,余姚人,明诸生。余姚自王守仁讲致良知之学,弟子遍天下,同邑传其学者推徐爱、钱德洪、胡瀚、闻人诠,再传而得国模。少以明道为己任,尝预刘宗周证人讲会;归而辟姚江书院,与同里管宗圣、史孝咸辈讲明良知之说。其所学或以为近禅,而言行敦洁,较然不欺其志,故推纯儒。……明亡,闻宗周死节,为位,哭之痛。已而讲学益勤。顺治十三年(1656)卒,年八十有二。"

章正宸,清黄宗羲《南雷文定》卷九《移史馆吏部左侍郎章格庵先生行状》:"先生讳正宸,字羽侯,别号格庵。会稽人也。……已而思之彰阳明之学者,不在讲席遍天下之门人,而在孤高绝俗之门人,如两峰、念庵之徒是也。吾夫子之门人,当金石变声,金铉、吴麟征、祁彪佳、叶廷秀、王毓蓍死为列星,而先生力固首阳,又参错于其间。"

丁艰两年余,多从僧释游,仕途求进心渐消淡。

《文稿》有《往北寄言引》:"为时几何? 则清和之月已杪。老母慰勉再三,予亦行迈在念。乃肩舆入山,向先子墓上一哭;哭已,苦吟;吟已,听无迹师说《楞严》法。梵声与溪响应和,因思电幻中生计,彼萧萧策骑,沙雪征途,赢得黄粱一滚否也,一片热心遂与林风俱寂。"

《诗集》有五古《别兄弟》："三月鉴湖春，柳条拂行尘。兄弟相劝慰，促促脂车轮。予也多懒态，欲去迟回再。迟速非人为，升沉有命在。"又一五古《初夏偕郑季公、僧无迹及兄季超、弟文载同宿化鹿山房限韵》："纵酒如陶令，世累固得轻。然而生病死，时至亦自行。安得无生法，开我眼目明。"可见此时祁彪佳思想已深受禅家影响，也是起求进心消淡之肇因。

暮春至初夏间，携友游遍越中，尽兰亭、禹穴、炉峰诸胜，倡和得诗八十余首，自为之序。

据旧谱："仲春，登炉峰，探石室，有五言律诗二首。"

《文稿》有《往北寄言引》："迨时逾重五，燕邸多折简促予。已卜日戒途矣，忽忆昔人志五岳，予乃不能于篱落下访一二家珍，将无令向平笑人？驰约友人陈圣鉴、赵可孙同莆中客郑季公载酒登舟，过兰亭，探禹穴，宿九里上炉峰。时怒眦叫绝，时浮白夷犹，凡三日而归，囊已满，简之得诗八十二首。"

《文稿》又有《游兰亭禹穴纪》称："予生长鉴湖之滨，兰亭在卧榻侧，乃尚未寓目。不无遗诮于昔贤乎？于是约郑季公、姚兆汝操舟游焉。郑、姚两君时在西湖，迟之至。始发棹，盖端午后二日也。淡日笼雾，景色若新秋，望道上一带山似有似无，唯柯峰青翠逼人耳。兆汝以趋邵师命先往屃石湖矣，因再迟兰亭一日过访之。未至十里，雾稍开，诸山相对如故人远来，都无寒暄一语。迨舟过梅里山，徐文长之墓在焉。……诸友小憩古松庵，各以诗吊之。……至屃石湖，则兆汝已箕踞松下矣。诸友欲偕之，竟不往。遂与别去，缘赵坂经峡山。忽篷窗间飒飒作声，起视，则岭云半昏。阻雨于阮溪，因宿焉。舟次小酌，诸友中有因雨减游兴者，亟以酒浇之，各征吾越韵事成七绝，浮一大白而后寝。陈圣鉴征稽山郑樵风遇仙人，每出入山谷间，辄有风随舟送之；可孙征勾践夫人采葛事，季公征苎萝浣纱，可孙又以别意和之；予征元微之守越州，悦营妓刘采春，元迁去，白香山戏以'因循归未得，不是恋鲈鱼'七绝。……迨旦起，雨稍霁，买竹船溯洄徐入。……历数桥，抵古兰亭。效曲水流觞，相忘为千载后人，各得诗一章。去一里许至新兰亭……闻修竹里磬声，乃识为天章寺。披荆登焉……促诗成，大书于壁，快读之而去。出阮溪……过峡山，少顷有似偃盖者，即俗所呼亭山也。自亭山折而度越城，历稽山门，则镜波、天镜诸园争妍献媚，邀我辈游屐，令人应接不暇。时以迫，欲游九里，乃以一诗谢之。抵马家步，去山尚三里，炊烟遥起，灯火一村。表胜庵僧寂深者遣道人来迎，予辈扶杖从之。行长松间，谡谡声吹作雨，稀微一径，道人指点踽踽而前。少焉，有梵声出林表，四山骙然和之，神骨俱冷。入庵而寂深已笑揖于门矣。……坐雨小轩，寂深盛述五台之胜……斋罢将就寝，季公渴甚，索携来酒一瓮，命童子盗取之一饮而尽。故有'佛亦怜人恕酒容'之句，盖自解嘲也。晓起雾接，一领群峰无一肯出见者。诸友共祷佛前，愿以慈悲心坚我勇往力。顷之雏僧报雨止，遂从冷香亭上数武，坐石屋。屋空洞可容百许人，一金向结茅其下，有虎争之不得乃去。旁一石势如从万马奔来，倾攲千仞崖上一线悬之而不堕，张肃之先生以'碧堕'名焉。自此路入鼎岩，道益险……可孙股摇摇不能前，季公亦肃然而恐，坐张公岭以待。予与圣鉴贾勇先登，忽绝壁当面，樵路俱断。余易从者草鞁，扳援及巅，盖即乌尖也。乘高呼二友，二友答之，响振林木。回望禹陵诸峰蹲踞其下，登览之目，至此始为一开。距炉峰仅咫尺，卒力疲不能至……回至张公岭，复偕季公、可孙憩女几峰上，道人授以杯茗，啜之爽豁一襟。蹨他径过半月岩，岩半嵌山腹，如新月乍吐，故以名。……才入庵，则香积午炊已熟，诸友饱餐伊蒲，散步鸥虎石上。日几晡，乃与大众作别。独寂深送至水湄。……道间听溪声潺湲独甚，询之，始知为王元章梅花屋故趾。归舟简点诗囊已满，盖四友三日而得诗八十六首。……至密园时二鼓，余兴未尽，复对酒作歌以纪其事。"此文述五月游踪甚详，将诸诗创作情况展露无遗，可作诸越中纪游诗歌编年之有力依据。《诗集》中诗歌，因而可判定为此游所作者：四古《游古兰亭效修禊体》，五古《初夏偕郑季公、僧无迹及兄季超、弟文载同宿化鹿山房限韵》《初夏访道士庄，舟临竹岸，榜人便折野笋，为守者所触，怒詈不已，诸友笑以酒释之，渠怒竟息，且多为导引，披榛拂棘，直至季真亭下，酹酒爇香，各赋五七长言，尽吊古之怀而罢，归舟再赋以纪其胜云》、《兰亭怀古》，七古《夏日宿化鹿山，比归而雨后溪涨，乘竹船下平水，两山映带，一水奔流，形胜足拟辋川，人工且可补共鼓之憾，即景长吟以纪其事》、《过道士庄吊贺季真先生》、《游兰亭炉峰归对酒作歌》，五律《喜陈圣鉴入社各赋五言限社字》（《诗始》题作《喜陈圣鉴入社各赋五言共限社字》）、《初夏社中诸子限莺字》、《雨宿阮溪》、《端午约赵山人于八日游兰亭》（《诗始》题作《端午约赵可孙于八日游兰亭》）、《将游兰亭迟郑季公姚兆汝》、《邀姚兆汝于屃石湖同游兰亭》、《雨坐表胜庵听寂深述五台之景》、《兰亭道中》、《雨中约郑季公游云门寺不果》、《旷亭步月和韵》，七律《薄寒初换，微雨新霁，偕社中诸子放舟鉴湖，探兰荡之胜，是为萍社之四集。时舟中酒瓮倾倒，亟呼酪奴解渴。于其归也，各赋近体一章。翁艾诗不成，罚依金谷例，无酒以水沃之满腹而止》（《诗始》题作《薄寒初换，微雨乍霁，偕社中诸子放舟鉴湖，探兰荡之胜，是为萍社之四集。时舟中酒瓮倾倒，亟呼酪奴解渴。于其归也，各赋近体一章。翁艾诗不成，罚依金谷例，无酒以水沃之满腹而止》）、《暮春舟中大集即景分韵》(《诗始》题作《暮春舟中大集即景分韵为赋七言律》)、《宿表胜庵》《谒禹陵》,五绝《董山人过访密园拈韵各赋》三首(《诗始》题作《董天孙过访密园拈韵各赋》)、《吊徐文长先生墓》四首以及《石屋》、《鸥虎轩》、《王元章梅花屋》,六绝《雨中望天镜诸园不得游戏以六言谢之》二首,七绝《阮溪舟中征于越韵事拟营妓刘采春赠元微之一绝》。

按,对以上诸诗的具体系年考析,可参拙著《祁彪佳诗词编年笺校》。诸诗交游亲友姓名事迹如下。

董山人即董玄,事迹见前。翁艾,彪佳幺弟祁象佳,字翁艾,又字子音,监生。陈圣鉴,陈禘,字圣鉴,又字自誉,又署名陈情表,山阴人,明末戏曲家。《远山堂曲品》《远山堂剧品》收其杂剧《钝秀才》、传奇《弹指清平》,皆入逸品。彪佳论《钝秀才》:"圣鉴不得志于时,借钝秀才舒自己胸臆。"论《弹指清平》:"圣鉴不得志于时,此记多寄其感慨。"关于陈情表之姓名事迹,参拙文《明末戏曲家陈情表考辨》。郑季公,尊经阁藏《寓山志·注》收其《溪山草阁》五律,注:"郑茂烨,季公,莆田。"又据崇祯十年(1637)五月初六日记:"季公崇祯庚午至壬申(1630—1632)馆于予家三年,至是已青其衿矣,远来相看。"崇祯六年(1633)九月的《按吴尺牍》有《与郑季公》函贺其举秀才:"得尊教,知已采芹黉宫。"则郑茂烨曾为祁氏门客多年,崇祯六年前后举秀才。僧无迹,系珠庵僧,与祁彪佳交密。崇祯十二年(1639)日记:"十月十三日,至系珠庵访僧无迹。""兄季超",据《世系》与旧谱,祁骏佳,字季超,号渥水,行第四。生于明万历廿二年甲午(1594)九月十八日巳时,卒于清康熙十年辛亥(1671)八月十八日。崇祯戊辰(1628)选贡。年七十八终,门人私谥"道隐先生"。朱彝尊《静志居诗话》赞之"小楷绝伦""颇好奇"。"弟文载",据《世系》,从弟祁熊佳,叔承勋次子,字文载,行第七。生于万历三十五年(1607)十二月十八日寅时,卒于康熙癸丑年(1673)年八月十五日。崇祯丙子(1636)顺天举人。庚辰(1640)进士,福建南平知县。张岱《琅嬛文集》卷六有《祭祁文载文》。赵山人即赵可孙,浙图藏《林居尺牍》崇祯九年(1636)丙子秋季册有《与赵可孙》:"昨荷仁兄同周又翁光顾小山,已令山灵生色,况又当翁台品题之下,拳石将于泰华争高矣。又翁惠以寓山一图,诗与字与画真称三绝,弟得之喜跃欲狂。不意悬之山中,竟以匠役纷纭,为人窃去,悬赏购索卒不得。……欲求转致于又翁,先为弟请不能珍藏之罪,倘荷俯原而肯再作一图,则当持绢素斋沐以恳,弟有小价善于装褙,俾甲奉为笥中之宝。"另,清邢昉《石臼集》前集卷三有七言古诗《秦淮二月歌赠赵可孙》称"卿家迢迢山阴曲",同卷《同越卓凡先生、周又新、李卓如、赵可孙、杨爱生、贞生饮集谢公墩,分韵得陷字》,卷四五言律诗有《入舟中别山阴赵可孙》《偕周入新、李卓如、赵可孙、杨爱生、贞生华严寺看桂花》。则赵可孙为山阴人,文士,与会稽县学教谕周祚新(字又新)交善。"姚兆汝",明刘城《峄桐文集》卷八有《姚孝子传题后》:"余读《姚孝子兆汝传》悲焉。兆汝既渡江就医白门矣,闻贼信顾返,曰:'以亲在故也。'若是则兆汝之死必矣,死犹其母不解生,敢以既渡江为之辞乎?吾闻和之陷,男女死者殆二十万;其趋归就父母死,则姚兆汝而已。余故称之孝子云,兆汝之弟既涕泣道其兄事。"又参清钱谦益《牧斋初学集》卷七十八《姚孝子仲宣哀辞并序》:"慈溪姚氏子元台字子云,元吕字仲宣,皆矫尾厉角,有声诸生间。天启中连袂游太学,文学秀才咸执贽请交,与之谭,多口噤而退。诸公争欲令出我门下,少年或窃其名以惊坐人曰:'两姚生吾辈行也。'两姚生性至孝,出者庀修脯,居者躬温清,更番以养其父母。母冯病疽,仲宣祷于城隍神,愿损己龄以畀母。旦而告其姊:'神许我矣。'母霍然良已,而仲宣遂病,病数月而卒。仲宣之病也,子云亦谒神请代。没四年矣,携其画像,件系其事行以走四方,四方之人皆谥之曰'孝',无异辞。"则姚兆汝名元吕,字仲宣,慈溪人。

所游兰荡、天镜诸园,清平步青《霞外攟屑》卷四《夫栘山馆戢闻·寒兰荡》有辩:"从高祖火莲居士《余庵碑记》首云:自兰亭,溪壑之水建瓴而下,由东北入城,潴于小隐山之侧,俗称潭荡。有渔梁曰何山桥。山小于拳,横截水口,盖求点之故里也。潭荡之地与水俱东,至是指余庵右旋而住田畛,细流入池,如偃月左旋,与潭荡会。按,《祁忠惠公集·越中园亭记》之三《艺圃》云:在偏门外,昔为某氏园,徐文长先生所嘲'截出鉴湖水,推开秦望山'者。其后陈明吾长君刱堂轩,山水已为此园有矣。门与径酷肖天镜,俗以寒兰荡呼之,主人不受也。按,《天镜园》条云:出南门里许为兰荡,水天一碧,游人乘小艇过之,得天镜园,园之胜以水而不尽于水也。据忠惠,似今之水天一色即明天镜园故址,其地名兰荡,故呼艺圃为寒兰荡以别之,后废为庵。乾隆中为居士所得,署曰'余盒'。或曰潭之切音为寒兰,寒兰者,潭也,惜无他证。《刘子全书》卷十《题谢墅陆侍御草堂》七律之二自注:兰荡有张氏别业甚都,又有赛兰荡。据刘注,则兰荡为天镜园张氏别业。故呼陈氏园为赛兰荡,'寒''赛'形近而讹,非潭之切音也。"

作《辛未春日悔语》。

见《文稿》,文以读书为急务,称:"一岁之中,其时不为不久,其构接交乘不为不多,乃予欲举一事之有益于身心可作自家勾当者,无有也;一事之有利于民物可作下世因果者,亦无有也。""正患其不能真读书耳。"

多年来广搜剧曲，以整理补撰《远山堂剧品》《远山堂曲品》。此两品，今年夏秋之前基本完成现存之成书面貌。

两品现存明末祁氏远山堂抄本、清初祁氏起元社抄本，藏国家图书馆。又，《文稿》收有《曲品序》《曲品凡例》，皆为此而作。

祁彪佳远山堂"两品"之作，早在司理莆田就已经开始。闽中时，彪佳以吕天成《曲品》著录的二百余部传奇为参照，多方搜集曲剧，从天启七年（1627）《与郑覲于》函可知，当时吕品所著录而祁氏未见者，尚有六十二部。

从《远山堂剧品》的撰述进程来看，南图藏《远山堂尺牍》已巳年册《与陈太乙》："向在莆署，漫次第诸剧，欲加品题耳。所见尚未及百，倘老舅不弃管蒯，乞先示一藏剧之目，或某之所见者亦有一二种可备清览。颙俟德音，余惟晤悉。"同年《与袁凫公》："向年曾草有《明剧品》，今略次第之，当录上求仁兄弁以数语，但所品止一百九十余种，殊愧浅陋耳。"国图藏《远山堂尺牍》有《与袁凫公》："拙作《剧品》祈大序简端，并原本掷下。"另一函："《剧品》阅完乞斧削掷下"。又《与沈大来》："弟偶作《剧品》约二百种，恨见闻不广，其副本在袁凫公处。"可见崇祯二年（1629）经过多方搜求戏曲，《远山堂剧品》所载内容已由未及百增至一百九十余种，再增至约二百种，基本完结后，彪佳曾请沈泰、袁于令等人审阅求序。

从《远山堂曲品》的增补进程来看，国图藏《远山堂尺牍》有《与王云莱》："侄向来欲作《南曲品》，而曲之荒俚者过半，故雌黄颇多。恐以知我不胜罪我，所以仅仅半帙而止耳。"同书《与王伯彭》："弟欲补作《曲品》，集词场诸公之姓名及所作名目，乞台翁以所作诸记之目逐一示之。"则崇祯二年（1629）祁氏曲品所录仅及其半，尚未完备。

从本谱崇祯二、三年诸戏曲交游情况可见，从崇祯二年（1629）起，彪佳一直在不断修改补订"两品"。除与沈泰、王应遴、陈汝元、王元寿、袁于令、吕师著、叶宪祖等人频繁交流藏曲外，国图藏《远山堂尺牍》也有大量致亲友的信函，涉及藏曲交流。如致母族王氏表兄弟的《与王得之》："仁兄蕴养精深，此正搏风而上之日。……而舅父祈慈原之小剧，乃昔年旧稿，止可供喷饭耳。另一本乞致之四哥，因昨亦曾询及也。"《与王升之》："昨所欲见之二剧，乞留心。弟即不敢言知音，亦非盲买人，遇木难火斋，致与瓦砾等也。诸不一。"函中所言，"昔年旧稿""小剧"，当指《全节记》；所欲见二剧，可见彪佳在多方搜罗曲剧藏本。又如南图藏《远山堂尺牍》庚午秋冬册有《与张卿子》："词曲一种，略约如沈宁庵之《谈词》六则、沈伯时之《乐府指迷》，又词隐之《后语》与《梨园法炙》、王伯良之《曲律》二卷、吕棘津之《曲品》二卷、元人之《录鬼簿》一卷、近日之《词人姓名录》一卷，及凌十九《三籁》之凡例、王伯良《西厢》之品评、王元美之《曲藻》，至何元朗之《四友斋丛说》，则未见者；《词坛偶笔》，则未竟者。此在不孝耳目所及不过百分之一，已得十数卷矣。倘得仁兄搜订，便当成一家言，容于稍暇再请清教也。"函中所涉，都是论曲之书，可见在完善"两品"过程中，广搜文献，多方参酌。

　　《远山堂曲品》《远山堂剧品》总体完成，应该是在崇祯四年（1631）的春夏之间。南图藏《远山堂尺牍》辛未春夏册有《与屠用明》："仁兄蕴万玉于胸中，走千珠于笔下，东南之宝，具于是矣。向从令昭兄晤间，瞻企文坛，惟不得旦暮执鞭为恨。不孝虽有蠹鱼之癖，然于群籍望洋也。自谓惟于乐府一道，稍窥崖略，其奈笔研荒凉，才思庸拙何。词至今日而极盛，然至今日亦极衰。自东嘉决中州之藩，求一不失韵吕矣，安知诸韵中如鱼模之君蓬，江阳之邦王，齐微之杯回，尚有别也。韵不失而稍知平仄，便翘然以词家自命，又安知平韵之有阴阳，仄韵之用于南词不可以入声作去上也。执此以衡词，几无词矣。目前惟令昭兄于词致、词律兼擅其长，而菁郁雄爽，则大荒卜先生且胜之。先生与仁兄时相过从乎？可为我道意假之声气，使得问字玄亭否。弟曾漫然于明人之剧与曲俱加品题，乃称许不胜于弹射，知我罪我，亦听之已耳。是以于明人之剧与曲，有闻必欲一见。剧已见二百四十余种，曲已见五百四十余种，而旧之没于断简残编、新之出于文人学士在闻外者，且指不胜屈。即如《南九宫谱》所载传奇，若《风流合十三》《李勉》《唐伯亨》数百十种，皆不能搜之几案间，况其他乎？闻仁兄所藏甚富，乞大启琅函开我鄙陋，不敢即请邺架所藏，惟望先示以一目，容他日造谒于座间，得快睹一二，幸矣。至于元人杂剧，自藏刻而外，倘得俱以惠教，则不啻百朋之锡也。尊驾何时至西子湖头，惟日望之教督先施，仰见高雅。"由函可知，祁彪佳因袁于令得知屠用明，通函作戏曲交流。函中提到"两品"的撰述完成情况："剧已见二百四十余种，曲已见五百四十余种。"《剧品》今存二百四十二种，与函言相合；而《曲品》残稿前已佚"妙""雅"两篇，从"逸品"始，存四百六十六种，则可知现佚曲目内容有七十余种。又按，东嘉即高则诚，名明，一字晦叔，号菜根道子，东嘉（今浙江温州）人。有南戏《琵琶记》，今存；《单衣记》，佚。大荒卜先生即卜世臣，字大荒，号大荒逋客，浙江秀水（今嘉兴）人。著传奇四种，存《冬青记》残本。《风流合十三》，《南曲全谱》中存《风流合十三》之《白练序》、《唐伯亨》之《丑奴儿近》等曲子，沈璟均眉批云："用韵甚杂，然词甚古。"《李勉》即《李勉负心》，南宋周密《武林旧事》所录宋官本杂剧段数中有《李勉负心》，今佚；《寒山堂曲谱》录戏文《风流李勉三负心》，存残曲六支。《唐伯亨》即《唐伯亨因祸致福》，存《永乐大典》卷一三九八七戏文第二十三种。《南词叙录》"宋元旧篇"中著录，作"唐伯亨八不知音"。沈璟《南曲全谱》"唐伯亨"条曲下注："古曲，非《犀合记》。"

《曲品叙》自称："予所见新旧诸本，盖倍是而且过之。"则可见这些年中集曲力度之大。比照现存"两品"所收戏曲数目，也可以确定"两品"至崇祯四年（1631）春夏祁彪佳作《与屠用明》函前，已成今日之完整面貌。

清黄宗羲《明文海》卷一百六十一收王湻元《与杨抑所论词学》："词虽小道，绰有体裁。……近若张子龙、子犹、王伯良、沈伯英、祁虎子辈颇称当行，今得抑所诸君从而后矣。"称祁彪佳论曲为当行。

作《望北寄言引》。

《望北寄言》今不见，引文收入《文稿》，称："予北行且止者三矣。春初，甫离苦块，亲友辄劝出山。……予行矣，予行矣。"故知作于晋京候铨之前。又据《涉北程言》九月十五日记，赵心华阅《望北寄言》中诗。则此或是组诗之总题。

仲夏，序张岱《古今义烈传》。

《义烈传序》在《文稿》《祁彪佳文稿》《祁彪佳集》中皆未见，存于张岱《古今义烈传八卷》卷首，《张岱诗文集》附录收入。文称："余友宗子目穷学海，才注文河，十年收载，得烈士数百余人，手自删削，自成一家言。其点染之妙，凡当要害。在余子宜一二百言，宗子能数十字辄尽情状，及穷事际，反若有千百言在笔下。论赞杂出，一字之评，笔怀秋严，舌蓄霜断，出没其意中，忖度其言外，秦铜相照，纤悉不能躲闪。至如索隐钩深，推心置腹，一出一入，无不忭直骨于枯坟，啇诣魂于泉下。其所鉴别片言武断，尤足令千古输心。宗子齿发未及壮，其所得如此，则不知子长、子云当宗子年齿时，文章果何如也？余里居三年，与宗子析疑赏奇，数山间晨夕，得以窥其武库独富。"下署："辛未仲夏山阴友弟祁彪佳书于西湖偶居。"偶居是祁氏西湖上别墅，彪佳当以避暑居此。

梳理作序始末可知，先是去年张岱持此书向祁彪佳求序。南图藏《远山堂尺牍》庚午秋冬季册《与张宗子》："昨者捧读尊著，令人惊服下拜。盖铨次古今人而不能现自己之神情，便不能开往哲之面目。今仁兄一语妙其衮钺，只字抉其肺肠，不特使奇人侠人地下之碧血时现光气于人间，而仁兄薄云气谊、砥波骨力于此具见。诗云'惟其有之以似之'，弟且即往哲之生面窥仁兄之全神矣。尤所叹服者，在我明数传，史册不及载其隐，庙堂不及扬其微，而仁兄特出片言为之吐气，世道不可无此传为药石，是尊著不第有助于词坛已也。若弟何人，斯听曲武溪，自觉一官之拙，且也笔研荒凉、肠枯悬拙，安能弄柔翰于班马之前！教督下及，直当愧死。然此刻一出，藏之名山，传之都邑，自是宇宙间不朽文字。伧父姓名，窃欲附以为荣。当俟劂剞告竣，漫缀小跋于简末，不敢避佛头着粪之讥也。原稿附返，惟炤入为望。"

此后，北图藏《里中入都尺牍》有函《与张宗子》："向日弟有吴中之役，仁兄尝惠我《义烈》一书，觉于生来血性少有触动，以故小小兴革皆以热肠行之，见信于吴中者以此，见忌于吴中者亦以此。然总之得力于仁兄之一书甚大。"可见彪佳巡按苏松期间行止，颇受张岱《古今义烈传》一书影响。

六月，始发晋京，作五古《别兄弟》。刘宗周有诗送别。

见《诗集》。诗云："六月夏将徂，勉强登征途。执手三回顾，欲说又踟蹰。问予以何说，乃此不忍别。一母生五人，伯仲雁行列。同母同肝肠，世世愿相将。勖勉惟道义，鉴赏亦文章。大哥命如纸，征作修文史。青缃无后人，一哭寒林死。哭罢向二哥，此去将若何？二哥见事远，又复涉世多。发言难更仆，首举是寡欲。防口如防川，保身如保玉。再则调人情，弗任意以行。长安多耳食，毁誉每同声。吾父负才气，便为人所忌。居官节兢绿，与人忘同异。四哥安空禅，举义有异焉。但能了性命，不复问世缘。人天路分晓，如月当秋皎。倘使个事明，一官非所少。在昔富郑公，半偈印真宗。仕宦而精进，入道如箭锋。小弟身雄武，饮啖气如虎。张口无所言，一吞尽酒脯。歧路分乱丝，盖繇意见滋。泂穆如小弟，诚哉是吾师。仆夫催解鞁，再三惟珍重。万千不尽言，留作池塘梦。"

又，《刘子全书》卷二十七《居越诗三十二首》有《送祁世培北上二首》，其一："清时起威凤，乃在丹穴藏。羽毛纷五采，德辉周四荒。负此仪世姿，竦身犹彷徨。天路不足儗，乃志在明王。止必择梧荫，鸣必于朝阳。遂为虞周瑞，跻世以平康。"其二："晦昧尘土间，有物遗琼瑶。一朝还故吾，欣赏知焉如。什袭不足珍，清光照乘车。佩之以远行，夷险非所虞。会当勤拂拭，莫羡他家珌。谅为天下宝，永使时艰纡。"此诗亦见《刘蕺山集》卷十七。另，清张豫章《四朝诗》明诗卷三十二收入其第一首。宗周对彪佳才器，甚为推举。

初秋，偕友郑茂烨（季公）、陈褅（自誉）、汪时曜（照邻）同行北上，舟途阅《通鉴》《古今名臣奏议》。遇古迹则留觞题咏，多所倡和。

旧谱："舟中读《通鉴》《古今名臣奏议》，遇古迹多题咏寄怀。"

尊经阁藏《寓山志·注》存汪时曜五绝《小斜川》，注："汪时曜，照邻，华亭。"

为友郑茂烨戏作五言古诗《前送疟》《后送疟》和《驱疟文》。

两诗见《诗集》。《前送疟》自注："季公梦疟鬼，乃是二童子，云：'旦日且且去，但索酒食，且乞一诗。'"《后送疟》讽："谚云官虽清，不能逃滑吏。"前注："季公又梦一老吏，须发皓然，亦向前告去，且索诗酒。"

《驱疟文》见《文稿》，称："际此溽炎，南离为帝，尔则昼舞如鹘，宵啼若鸰，百计攻瑕，万端作祟。"又云："吾友号称季公，酒吞百斗，文为世宗。尔何仇亦何怨，越千里而相从。"则可见季公发疟，在离山阴随祁彪佳晋京候铨时。

另，今年八月二十六日记载"季公病复作"；十月初一日称："季公病未已而旋发。"当即病疟。

作七言古诗《登济宁太白楼，再游杜工部古南池》《雨泊润园，主人方饮，予亦就饮，别乃识为朱仲省文学》《行路行》。

《登济宁太白楼，再游杜工部古南池》："蝉声过雨杨柳斜，雁影入池芰荷乱""无月不秋谁禁看"；《行路行》："尘征七八月。"都可见作于夏秋之交，祁彪佳生平行旅，时序与情境与之相合者，惟崇祯四年（1631）辛未北上晋京候选时，故可确定作时。又据彪佳崇祯十六年癸未（1643）《癸未日历》："九月初七日，抵东昌，过郡城，见亭台临水，邀人共游，入径则为辛未年所游朱仲省园也，花木楼榭尚无恙，时已隔十三年矣。"反推可知《雨泊润园》诗作于此途。诗中"泊舟忽在红蓼滩""绿槐滴沥作秋声"也符合夏秋之交物候。

途次作有五言律诗：《初秋新月》二首、《重上虎丘得游字》一首、《淮上》六首、《黄河》十首、《十舟诗》十八首、《季公怀童子潘小妃，遂梦赠以笺，诗字皆艳，比醒，止忆"树老接村烟"一语，诸友韵其事各用五律纪之》《蓼花分得六鱼》各一首。

《重上虎丘得游字》称"还思十年事"，因天启二年（1622）中进士至此十年矣。

《淮上》其六有"学佛惟安懒""有客怀慷慨"句，以祁彪佳父丧后已心境大变，渐入于佛，为家人所促无奈晋京赴选，心中亦颇勉强。而此次北行，同行之友郑茂烨（季公）、陈祎（自誉、圣鉴）、汪时曜（照邻）等人，于前途生计各有谋求。

由《黄河》"旅梦依残夜，乡心切早秋"可知，诗作于早秋行旅时候，即此行途中。

《十舟诗》有引："《十舟诗》者，客途无事，与友人郑季公、陈自誉、汪照邻拈题为十，互相评骘以资笑乐也。夫朝昏一气，烟波百叠，而客子自闲；云物殊形，村岸数回，而榜人遥指：舟自有舟之晓、舟之晚也。千里同明，低头有乡国之想；一帆挂湿，披衣兴节候之思：舟自有舟之月、舟之雨也。雨余而草秀，须眉自喜朝暾；秋至而声凄，形影皆依静树：舟之晴、舟之凉皆佳候也。倚篷长啸，笑这谪仙斗酒乃止百篇；对酒飞觞，羡白老糟丘遂将千日：舟之吟、舟之饮皆胜情也。逢人询路，风水亦大危疑，行李半肩，与豪客愿分鹤琴，何用一舟之有戒心；畏别生愁，家园只如声影，孤清一枕，到烟水共侣鹭鸥，自爱征途之作清梦：然则舟梦、舟戒不亦可咏可歌乎？是景也，虽多寂况，静者自通；别有遐心，高人独领。用韵言以明志，各就物而适怀。诗倘后乎兰亭，罚自依于金谷。"然现存《诗集》所收为"舟晓""舟晚""舟月""舟雨""舟晴""舟吟""舟饮""舟戒""舟梦"各二首，组诗缺失"舟凉"二首。又据今年日记："十月十九日，王觉斯来，予出舟中诗求金针之度。""十一月初二日，张冷石年兄凡一日而三顾予，索《十舟诗》，乃录一通与之。"王觉斯即王铎，张冷石即张昂之，皆彪佳同年进士。

"童子潘小妃"，据张岱《陶庵梦忆·张氏声伎》，潘为张氏家庭戏班"苏小小班"伎人。

旅次作有七言律诗：《七夕雨》、《坐烟雨楼》、《渡扬子江》、《吊露肋祠》、《漂母祠》、《寓海惠寺次壁间韵》、《雨后晚泊》二首、《舟中咏怀》十首以及《陈圣鉴累日长吟百篇未已，诸友有止之者，有勉之者，予两解焉》、《慰陈圣鉴病圣鉴喜阅楞严如说》、《喜圣鉴病起》。

《七夕雨》有"别话无多自举舣"句，可见为送别之作。《坐烟雨楼 一名疑楼，又一名渔乐国》以"夜余无水不宜秋"观，时在秋季。《雨后晚泊》二首，其一有"更余一种初秋意"，其二有"万树静浮秋水岸"，也可知为初秋旅次，亦即此行。

《舟中咏怀》十首有小序："拙近静，癖近清，严狂梅隐轻取天下之名，巧于拙者也；米之石，王之竹，滑于癖者也。吾亦不必问古人之真拙伪拙、真癖伪癖，但取其静而清者，古人自足，自足古人也。今之人未得静之理而窃拙之效，则入于腐；未得清之趣而冒癖之名，则化而诞。形骸且非我有，况于性灵。乃进而求其饰于巧，不习则以为真拙也；貌其滑，不肖则以为真癖也。予之所以或免世讥也。虽然，予不欲入俗而未能免俗，予不能用世而何敢玩世。予之所以或免世讥，而不能不自讥也。《咏怀》十首志讥也。"其八有"悔愧于今三十年，乌纱白石总无缘"之句，则作于今年可明。其五："一入征途与志违，新凉又已上罗衣。书传北郭难为别，梦到西湖亦作归。畏死便思寻觉性，无才只合解忘机。何须今古论兴废，十载前头事事非。"以诗人天启二年(1622)考取进士,至今十年也。诗中表现出极深的佛禅出世思想,可见守外服两年,与释子交友密切,祁彪佳思想深受佛家影响,名利之心也已淡去。

《喜圣鉴病起》诗有注曰:"圣鉴不能饮,故众戏及之。"圣鉴为陈褅字,又字自詧,亦即戏曲家陈情表。

同行四人,舟中联赋五言排律《秋月移帆与郑季公、汪照邻、陈圣鉴联赋》二首。

参《十舟诗引》:"客途无事,与友人郑季公、陈自詧、汪照邻拈题为十,互相评骘以资笑乐也。……用韵言以明志,各就物而适怀。诗倘后乎兰亭,罚自依于金谷。"则可以确定此诗作时。汪照邻,名时曜。

所作七言绝句有《古城三义庙》八首。

从其三"白帝年年恨早秋"、其八"江左书生来吊古,苹花聊采庙前供"观,时在早秋,故作于此番途次。随行之友陈圣鉴、郑季公皆江南人,生员身份,符合"江左书生"之誉。

七月二十八日抵京。

据日记七月二十九日:"为予入都之次日。时行李未至,床灶不备,予族之在都者携馔饷予。"八月初一日:"两日来人事不集,得熟寐,解征途劳。"

寓所未定,屡移寓,先居松筠庵,年末定居吕公祠。

具体情形见日记:八月初二日,暂同圣鉴、照邻宿于董持阿(标)寓。十一日,宿于橘公兄寓。十三日,寓中叙旧惟宋九青,予寓即宋旧寓也。九青:"言向予为主,不一瞬予又为客矣,真遽庐也。"按,宋玫,字文玉,别字或号九青,莱阳人。《明史》卷二百六十七有传。二十八、二十九日,宿族侄寓。九月二十八日,晨起移寓于松筠庵,有精舍数楹,可以避客。十月十八日,复与圣鉴、姚甥入城择寓。二十日,与安然、圣鉴联骑卜寓,未得而返。十一月初一日,与蒋、陈再入城卜寓。初二日,宋又希来晤,知其旧寓可居,陈圣鉴卜之吉,遂定。按,宋贤,字又希,明严州(今建德三都)人。天启二年(1622)进士。十二月二十三日,欲至东偏卜寓。二十五日,欲移寓。简书籍两箧,寄向贾道乾所。按,贾多男,字和仲,号道乾,自号四从先生,河北邢台人。天启五年(1625)进士。二十六日,晨起束装仅二车,予与圣鉴、安然联骑至吕公堂,枯柳数株,寒河一带,杨园之曲槛朱楼,掩映其侧,车尘马足间,恍别一天地也,乃定寓焉。

"吕公祠",刘侗、于奕正《帝京景物略》:"崇文门东城角,洼然一水,泡子河也。……中吕公堂……北去贡院里许,春秋试者士,祷于吕公,公告以梦,梦隐显不一,而委细毕应。"

　　八月初三日，初谒思宗。此后至十月，居京候吏部铨选考试。营谒不绝，广晤在京亲朋、缙绅、同年。

　　候考事宜，具见日记。

　　旧谱："八月抵长安，投牒循资俸，题入考选。"

　　据日记，今年八月至十二月之间，先后谒晤者有二百六十余人，分别为：蔡韫先（奕琛）、曹大来（履泰）、柴式毂、柴戬毂、柴莲生、陈伯武、陈平人（士奇）、陈二槐、陈令威、陈石泓（以闻）、陈襄范（尔翼）、陈渭潢、陈具茨（乾阳）、陈墨林、陈国鼎、陈贯中、陈毓华、陈止宜（肇英）、陈中湛（于廷）、陈膺箓、陈彤垣、程我旋（国祥）、戴鼎梅、党于姜（崇雅）、邓岂华、董持阿（标）、范晏海、方书田（岳贡）、冯留仙（元飏）、冯邺仙（元飙）、冯桢卿（可宾）、冯弓间（起纶）、傅熙宇（永淳）、傅右君（朝佑）、高白浦（岱）、高亦若、葛无奇（征奇）、葛屺瞻（寅亮）、顾绳我、郭天门（都贤）、郭太薇（必昌）、过成山（庭训）长子、何内章、何光烨、贺中冷（秉钺）、胡芝山、胡舆华、胡练海（㦬）、胡圣游（麒生）、胡凝汉、胡永清、胡厚庵（尔慥）、黄石斋（道周）、黄王屋、黄改庵（起有）、黄双南（金贵，改名希宪）、黄若木（光）、黄履曾、黄元夫、黄季候（纲）、季太常、贾道乾（多男）、姜箴胜（逢元）、姜谓明（思睿）、姜仁超、蒋安然（倪）、金楚畹（兰）、金稠原（世俊）、橘公兄、康庄衢（新民）、寇葵衷（从化）、李赤存、李大生（之椿）、李芳洲、李瞻韦、李金峨（康先）、李明衡、李确庵、李洧盘（一鹏）、李阳俶、李用晦（元昭）、李梅公（元鼎）、李云鬟、李葵孺（待问）、李九潦（灿箕）、李根深、李子木（植）、李泰寰（应期）、李映碧（清）、李余我、廖钟奎、刘闇然、刘切韦（光斗）、刘石林、刘平林、刘振贤、刘梧阳、刘德严、林鹤胎、林栩庵（栋隆）、林自名（铭鼎）、林肩圣、林益谦、林心存、林得山（弘衍）、林福爱、凌茗柯（义渠）、柳白屿、陆芝房（澄源）、陆凤台（完学）、陆偲、陆玄兆、马讷斋（如蛟）、马劻思、马还初、孟颖阳、孟肖形、苗稷初（胙土）年伯之长兄、闵非台（洪学）、闵昭余（梦得）、倪鸿宝（元璐）、倪三兰（元珙）、钮尊春、潘葵初、潘允升、潘朗仕、潘与偕、彭让木（汝楠）、彭浣存、祁光国（逢吉）、钱瑞星、钱元宰、钱梅谷、钱昭自、钱阳明、钱长吉、乔中圣（可聘）、秦俨海（堈）、屈鹏洲、阮旭青（震亨）、申于藩、沈芳杨（自彰）、水向若（佳胤）、宋又希（贤）、宋今础、宋九青（玫）、商八兄（绲思）、施四明（邦曜）、孙睡足（征兰）、唐大愚、谭梁生（贞默）、陶紫阆、陶不退、屠愚仙、汪月掌、汪生洲、王觉斯（铎）、王东里（志道）、王念生、王玄钥、王漩观、王云来（应遴）、王昆华（锡衮）、王尊五（家彦）、王襟海、王本初、王式如、文台仙（震孟）、魏倩石、卫带黄（景瑗）、温员峤（体仁）、吴淡生（俭育）、吴朗公（执御）、吴青门（甡）、吴昆池、吴慎旃、吴延祖、吴祖洲、吴南罗、吴玄素、吴达行、夏国山(尚絅)、萧宁斋、谢山持、谢象三(三宾)、解拙存(学龙)、徐善伯、徐玄扈(光启)、许岚汇、许佩宛、许荆岩(誉卿)、许仲嘉(士柔)、许惺庵(士刚)、薛大年、严琢庵(尔珪)、严式玉、姚大南、姚石岭、姚孟常(希孟)、姚次白(星吴)、姚通所(永济)、姚虞工、叶伯贞、叶慕同(成章)、诗人余某、余二机、禹海若(好善)、颜同兰、颜壮其(茂猷)、杨忠吾、尹宇新、僧尹笃、俞世灏、曾璚云、曾稺孝、曾霖寰、张晦中、张日葵、张二酉(联芳)、张三峨(炳芳)、张舒日、张泠石(昂之)、张少华、张华东(延登)、张大谔、张笃匪、赵开吾、赵景毅(洪范)、赵心华、赵旬龙、章酉生、章岵梅(自炳)、章仲山(光岳)、章觐明、章羽侯(正宸)、郑羹先、郑大白、郑淡石、郑弘勋、郑九华、郑觐于(瑄)、钟昭明、周巢轩(凤翔)、周冲白、周飞石、周有凤、周文英、周挹斋(延儒)、周玄应、朱北泰、朱二玄、朱广源、朱宁方、朱西崑、朱君颙、朱茂如(兆柏)、朱国儁、朱樵风、朱明京(一冯)、朱锦之、朱光熙。

按,以上人物繁多,非重要私交事实,暂不一一考索其姓名事实。

八月十六日,早出晤黄道周等人。

据日记:“早出,晤文台仙、许佩宛、黄石斋、葛无奇。黄石斋以候命杜门阅八月矣,萧然一榻,真有古名士风。”

按,文台仙即文士昂,湖南攸县人。佩宛,出自《诗经·葛屦》:“好人提提,宛然左辟,佩其象揥。”言姿态宛柔,当为许士柔之字。黄道周号石斋,福建漳州人。三人皆彪佳同年进士。葛征奇,字无奇,一字轮以,号介龛,浙江海宁人,崇祯元年(1628)进士。

八月二十日,吏选司为彪佳补题候选之疏奉谕旨。

先是八月十四日,归寓接吴俭育、谭梁生书,知选君为之补题之意。十八日,见清吏司铨选题取疏。二十日题取疏奉谕旨。

按,吴振缨,字长组,号俭育,归安人,彪佳同年进士。谭贞默,字梁生,又字福征,号埽,又号埽庵,别署髯道人,嘉兴人,崇祯元年(1628)进士。尊经阁藏《寓山志》存其五绝《小峦稚》,注:“谭贞默,梁生,嘉兴。”

二十一日,与解学龙谈地方流寇治理对策,所见略同。

据日记:“予在寓,解拙存出晤。解为年家兄弟,谈其乡流寇之不宜抚,与予之策闽事有相合者。”

按,解拙存名学龙,号石帆,其兄解学夔为彪佳同年进士,故称之“年家兄弟”。

九月初十日，是日武试。门人郑弘勋来，知武场事有旨再试，枢部以举四百斤石、张百二十斤弓、舞八十斤刀者为合式。

据日记。

按，据清谭吉璁《历代武举考》，今年武举首开殿试。先是武科会试，举人能使重一百斤大刀者唯王来聘、徐彦琦两人，而徐未得录取。武试发榜，舆论大哗。思宗拘押主考官和监试御史，撤免兵部郎官二十二人，另委中允方逢年、倪元璐再试，录取翁英等一百二十人。方、倪以"时方需才，奏请殿试传胪，悉如文例"。思宗亲执殿试，钦定一甲三人，王来聘居首，即授副总兵。明代武榜有状元自此始。

十四日，词人季太常来访，为木天诸公群所赞赏者。

据日记。按，戏曲家季太常，事迹未详。

十九日，复李日华来函。谢其镌祁承㸁题咏于石，托以刻《牧津》。

据日记：李书来，云于苏门见先子题咏，堕泪羊碑，命镌于石，予因谢之，并刻先子所辑《牧津》为托。

九月二十九日，致疏黄王屋，询以房师王洽公私祭奠事。

据日记："适王葱岳师纪纲至，传师母命，言师无以为殡。夫师身为大臣，为法受过，至后事不备，家无中人产，真清德哉！予随手书以公私奠之数谙黄王屋。"

按，王洽，字涵仲、和仲，号葱岳，临邑人，万历三十二年(1604)进士。天启初，迁太常少卿；三年冬，以右佥都御史巡抚浙江。崇祯元年(1628)擢兵部尚书。崇祯二年(1629)十月二十七日，清兵攻陷大安口，京城告急，王洽急征全国十路兵马驰援京师。十一月初十，督师袁崇焕、巡抚解传经、总兵祖大寿等十路兵马先后赶到，未能阻挡住清兵进攻。思宗震怒。兵部侍郎周延儒、检讨项煜陷王洽入狱。崇祯三年(1630)四月，病卒狱中。王洽当曾以太常寺职充天启二年试官，故为房师，黄王屋当系彪佳同年进士。

九月至十月间，患脾疾。所携童仆多病，冯仆猝死。

据日记，先是九月初二日，是夜体中小不快。初三日，头岑岑。十一日，复延医至，已以脾疾服药数日矣。十月初一日，所携仆四五人、童子三人，自家抵都，无人不病，亦无人不危病，又季公病未已而旋发，延医殆无虚日。是早送医者金素庵去，乃与圣鉴礼佛，为诸人忏悔。十七日，仆之冯姓者危病之中卒以狂死，正《易》之《旅》所谓"丧其童仆"也，嗟悼久之。

日课阅疏策，勤拟时事疏二十篇，以备铨选考试。

日记十月初五日称："予自八月二十后，奉俞旨预考选，自是杜门之日十八九，今月余旬矣，曾不能读书几何，虽拟考选之疏数通，要皆拾人牙后，昔贤谓日行之事必与所食等，予之索长安米亦可愧夫！"

据日记，始自九月初九日，阅子丑诸策，择其可观者置之案头。十月初六日，铨部考试，已有呵冻方成文者。在寓翻阅疏稿，日以为课。初十日、十五日、二十六日，皆避人坐寓中阅疏稿。十六日，循例入部投试卷。所拟备考疏稿为：八月十九日，拟《策奴疏》，此疏十月十三日少改。二十日，拟《疏通钱法疏》。二十二日，拟《插事疏》。二十三日，拟《财用疏》未竟，次日竟之。二十六日，竟《马政疏》。三十日，拟《缉逃兵疏》始竟。九月初四日，拟《奴插交讧疏》。初五日，拟《兵政疏》。初八日，拟《弭盗疏》。十六日，拟《漕河疏》，不数行即就枕，次日上午竟。二十日，拟《用人疏》，此疏后二十七日手誊；暇则手书《祖训》一编。二十二日，稍理日所拟疏，计十篇。二十三日，拟《盐法疏》。二十四日，拟《臣道疏》。二十五日，拟《和衷疏》。二十七日，拟《漕运疏》。十月初五日，拟《援凌疏》。二十日，拟《滇事疏》及半，次日竟之。二十一日，拟《流贼疏》，因阅《典汇》至刘六、刘七之变。二十二日，拟《屯田疏》，并改前拟兵政疏。二十三日，拟《修省疏》。二十四日，手辑所拟考选疏，计二十篇。

考期未定，屡与候考诸人往吏部促考。

据日记，先是九月初五日，知谘访已发单，惟静候公评。初六日，得章仲山推毂。初七日，左都御史陈于廷入都，十三日，履总宪任，考选御史。趋谒之。促考期事，日记亦屡及：九月十八日、二十一日、二十三日，十月初七日、初八日，知考期已题定于望后四日。十七日，阅铨部示，知考选奉旨慜慎有加。十月十三日，闻考选请悬省疏已票拟。十四日，知得旨科员尚多候补，不准悬缺以待。十八日，入部循过堂例，知宋掌科以武闱事奉严旨，考选因请改期。二十五日，是日覆请考期，再得俞旨。

按，章仲山，据明昌维祺《四译馆增订馆则》卷六《本堂题名》："章光岳，仲山，江西临川县人，万历癸丑(1613)进士，崇祯二年(1629)任升太常寺卿。明贡修龄《斗酒堂集》卷十有诗《赠章仲山铨部兼呈刘文叔年兄》《章仲山文选上元招同易白楼侍御席上漫吟时易尚候命》，则章仲山曾任吏部文选司职。

十月初，作七律《赠许惺庵》四首。

见《诗集》。《诗始》亦收入，其三题下注："惺庵丈夫子八人，婿为大老。"其二："弃繻年少出秦关，六十年来鬓发班。"其四称："长摩老眼笺秋水，掷去残编饱蠹鱼。十侍金门和氏泪，三探石室茂先书。"

据日记，先是九月十三日，许惺庵出谈，酌之酒而去。二十七日，午间与圣鉴访许惺庵，许之东家即为予邻。十月初四日，许惺庵至，偕之坐僧舍，阅其案头《艺文类聚》。初七日，许惺庵至，云考得州倅矣。晚间遂以杯酒与言别。初八日，与圣鉴送许惺庵于其东家。此后崇祯八年（1635）四月二十日，风逆，辰刻抵莲儿窝驿。舟中草二札，一致曾瓶斋，一致王圣木，为景州倅许惺庵地。惺庵知彪佳过此，自景州驰至安陵巡司，晤于舟次，宛然四五载握手时也。偕同小酌于生家。

按，许惺庵，名士刚，字伯纯，常熟人。从载述可见许困顿科场久之不售，今年以举人候选，得景州同知，此诗系作以赠别。

初九日，戏曲家王骥德之长子过访，询骥德遗书，得知词曲之外诗文尚富。

据日记。

参徐朔方《王骥德吕天成年谱》，穆宗隆庆二年（1568），王骥德有一子十岁许留寓北京，或即此人，则时年已将七十。

十四日，思得南京台省闲职，于前门卜卦，得"白马渡江虽日暮，虎头城里看巍峨"之句。

据日记："欲为迎养老母计，思得南台省，乃与圣鉴入城索卜筮者不值，遂之前门卜之关圣。"

二十八日，入部过堂毕考选，次日知部拟为谏官，不喜反惧。

据日记，先是二十七日，午后入城寓族侄所候考。二十八日，考选以"靖共臣道"为题，稿就日尚早，誊写不半日西，促之竣，稿中之不及入者十之三四。然当事以为是疏可居前茅。二十九日，知部拟于台班，一谘之中获居次。彪佳思昔人言天下事惟宰相能行之，惟谏官能言之，然不得其言与得言而不言，皆负此官者也，故不以喜而以惧。

十一月十四日，欲拈韵作词不果。书贺同年张昂之出任南都。

此期间与张昂之的交游，据日记梳理可得：十一月初二日，张冷石年兄凡一日而三顾，索《十舟诗》，乃录一通与之。十四日，张冷石以转南枢曹冒雪来别，与之小酌，抵暮乃别。晨起即以八行致冷石，谓"白门佳丽，清时清署，闲梦如仙，为君甚喜"。书至，冷石早出，犹未及见。

范景文《范文忠公文集》卷七《衍园小记》："往时南国承平久，士大夫擢官入白门者，目为仙吏。簿书有暇，辄命觞咏寄傲，或薙荒畦、扩隙壤，遥睇云岚烟岫，以资挂笏。从壁上观蚁斗，自谓过之，不似车尘骡渤之为乐也。以是六曹皆有园，以供游憩。"故以"闲梦如仙"相贺。

十七日，有旨查考选诸臣之钱粮参罚未开复者，下户部查覆，知实授无期。多次投刺户部，催促覆疏。讹传开复期远，谋乞假归家，寻知不可为，转欲接妻儿北上。而二十七日，开复之疏下。

梳理日记，知先是十一月初三日，张三峨（炳芳）言考选疏初一日已发票。恐寓居城外谢恩后时，借宿城中。侦者云是日选疏始发票。初八日，知考选疏卷尚在御前。十七日始得旨未开复者查覆。此后以自己无参罚，反复往促司农覆疏。日记十一月二十一日，闰十一月二十六日、二十八日、二十九，十二月初三日、初四日、初五日、初七日、十一日、二十八日，诸条皆及此。闰十一月初三日，知计部覆参罚之疏初七日且上，但未卜俞旨。十二日，道中闻讹传司农之疏复行抚按，遂有给假之谋。十三日，晨起知司农疏奉旨仍部覆也，知不可乞假。作家报，遣奴归取妻子北上。十二月二十一日，知司农疏已再发改票矣。二十七日，开复之疏下。十二月初六日，谢象三至，言俟司农覆疏，当有疏一促考选之命。

按，谢三宾，字象三，号寒翁，浙江鄞县（今宁波）人。天启五年（1625）进士。

二十八日，友朱国儁自越至沂州，复抵都，曾至沂州访李泰寰，出李氏诸郎君书示。

据日记："朱道李理吾越善政尤悉，戢兵一节，尤得古人镇定之妙。"

按，李应期，号泰寰，沂州人，万历丙辰（1616）进士。曾任浙江宁波、绍兴推官，后任三晋巡盐、陕西巡按。卒于崇祯四年（1631）前后。

二十九日，友人有明珠之赠，以八行绝之。五古《明珠篇》之作，或因此触动而发，赠内之作。

据日记。诗见《诗集》《诗始》。此诗真婉自然，文句不事雕饰，必是中年所作。或因友人赠珠而起兴，作以赠内。祁氏夫妇情笃，崇祯五年（1632）《栖北冗言》二月十一日载："闻妻单车疾骑抵近郊，惊喜过望，乃以班役迎之至。则长途之辛苦、旅邸之寂寞，交相慰藉。"

闰十一月初，感风寒卧床。

据日记，先是闰十一月初七日，患头晕，少憩。十五日，就寝，忽腹中作楚呕吐，几委顿矣。十六日，头岑岑痛，强起啜粥一瓯即卧。竟日不能食。十七日，病小愈，起坐。橘公兄来诊脉治药。十八日，竟日卧床褥。十九日，虽起，犹不能冠。二十六日，晚骤感热而足甚寒，子后稍愈。

闰十一月初八日，莆中诸生黄履曾、黄元夫来晤，出其所为制义以示。

据日记。

重视辽东明军与后金之战局现状,与陈襓辑《辽事始末》一书筹边,并重新补叙原作于天启二年(1622)左右的咏辽事诸诗,按韵目整次为《辽警三十咏》,吟咏评述明与后金战事。

日记载述及辽事今摘录梳理如下。八月十六日,知虏信颇急。虏以一支困祖帅于大凌河,以一支攻锦州,其困大凌河也,携妇女辎重,掘壕树篱,为久守计。按,祖帅即祖大寿。十八日,又晤章仲山(光岳)银台,知辽抚以特疏请苏兵援祖帅,辽无胜形,亦无败局也。十九日,胡芝山谈当日奴贼薄城事,最详且核。是日闻祖帅已破围出,奴氛稍息。二十日,王昆华(锡衮)谈晋酉事,云晋酉决宜剿,亦易剿也。二十二日,晚,徐善伯移席于小庵,与朱二玄同席,劝酬至三鼓罢,时徐已闻荆关之命矣,以荆事询朱二玄,谈之娓娓。二十四日,闻虏信尚急。二十五日,借刘切韦邸报阅竟日。二十九日,得边报,知祖帅大寿等击奴贼退数舍,客怀以舒。九月初三日,午后,复赴沈芳杨年伯召,沈于九边扼塞洞然胸中,而谈玄、谈禅无不得奥旨,一夕话真胜读十年书矣。十五日,胡永清来晤。当虏骑纵横时,胡守丰润孤城,四援俱绝,虏围三日不破,功不可朽,且云有神异,城赖以全。初六日,章仲山言关兵已集二万,以必援祖帅为主。祖帅之在大凌,粟尚可支至九月之半,但马乏草耳。十月初二日,闻大凌之衄,张六竹殉焉,悚然废箸。初三日,颜壮其出其所草边筹以示。十一日,阅邸报,知黑帅已归,枢部令其密陈奴贼情形。十二日,章丈有思至,述关外事如指诸掌。十一月初九日,康庄衢、王东里、李云鬟俱来晤。王东里言向在垣时,得刘振华者知陈法,今用之辽抚,而大凌劫营、祖帅逸出者,其人功居多。十二日,知奴越锦州抵前屯,去宁远第五十里耳,祖帅之出围意且不可测,甚为关门危之。闰十一月二十一日,王云来同孟弁至,孟为甥辈行,从戎黔中,因询其安酉事。十二月初八日,曾璩云见顾,始知东省兵变事。十五日,胡芝山至,知插酉破奴五寨,擒束不的诸酉为可喜,但流贼破陕州,登兵掠东省,忧方大耳。

按,以上交涉人等,事迹可考者如下。王昆华,即王锡衮,字龙藻,号昆华,又号仲山、念昔、素斋,云南府安宁州禄丰县人。明陈仁锡《无梦园遗集》卷三《管元心稿序》称:“今年辛未,与同门王昆华相天下士礼闱。昆华滇中名宿,上疏言兵事称旨。”徐善伯,明高出《镜山庵集》卷二十五《拘幽稿》卷四《读大理徐公疏劾相嵩事有述,即呈公孙水部善伯　公讳学诗,以刑部郎中上疏得罪归田,晚起南京通政司参议赠大理寺少卿》,则徐善伯是徐学诗孙。明阮大铖《咏怀堂诗集》诗外集乙部有《抵高邮徐水部准明以治水出即放舟至淮上》,则徐善伯名准明。刘切韦,即刘光斗(1591—1652),字晖吉,号切韦。天启五年(1625)进士,南直隶武进人,天启六年(1626)任绍兴推官。胡永清,字惟直,徽州绩溪人,以拔贡历仕湖广、山东布政司检校。或即前所言的"胡芝山"。"沈芳杨年伯",沈自彰,字芳杨,大兴人。万历进士,知凤翔府。曾于万历四十五年(1617)编刊《张子全书》并重修张载祠。张六竹,即明太仆寺卿、监军道张春。今年大凌河之战,春援兵救大凌守将祖大寿。九月二十七日,战败被执,不屈殉难。颜壮其,即颜茂猷,事迹详参天启四年。康庄衢,即康新民,号庄衢,江西安福人,万历三十五年(1607)进士。崇祯二年(1629)十二月任户部右侍郎督理钱法;今年十二月转户部左侍郎,后官至南京刑部尚书,大理寺卿,浙江布政司左布政使。王东里,即王志道,福建漳浦人。万历四十一年(1613)进士。崇祯间,累官副都御史,以劾中官王坤削籍归。王云莱,即戏曲家王应遴,字董父,号云来,别署云来居士("来"又作"莱"),山阴人。时方奉旨修《志历》《会典》诸书,后迁礼部员外郎。

《辽事始末》编订情况可如下:十一月十九日,与圣鉴订采集《辽事始末》,自万历起以迄于今,至辽之舆地、奴之种类,别为一卷,俾筹边者有获焉。是日彪佳立其事为纲,圣鉴即手录诸疏,尽一卷。二十日,阅疏抄之暇,即理辽事诸奏记,手龟笔冻,不撤也。二十五日,晚与诸友拥炉手书《辽事始末》。二十七日,兀坐录《辽事始末》。三十日,追手书《辽事》数行。闰十一月初四日,就几章《辽事始末》。初七日,午后草《辽事》。初八日,于《从信录》录《辽事始末》,自泰昌元年八月至天启七年八月止,是日始竟。二十日,方阅《万历疏抄》,盖自移寓于此逾月而终八卷,其余日消于手录《辽事》者多耳。初八日,于《从信录》录《辽事始末》,自泰昌元年八月至天启七年八月止,是日始竟。

《辽警三十咏》见《诗集》,《诗始》亦收入。依韵目分述万历四十七年(1619)至崇祯四年(1631)明清辽东战事。然从诗中所咏事实观之,主要集中在万历四十七(1619)年、天启元年(1621)、天启二年(1622)之辽东战事。此后,便是天启六年(1626)正月于明军意义重大的宁远之捷亦无涉及。天启二年(1622)后,惟第一首《张帅死难 一东》所记为崇祯四年(1631)七月事。又,祁承爜《澹生堂集》卷五有《辽警二十咏》,自序:"自奴酋之难发也,无人不言辽,无日不事辽,然□之奴急与急、奴缓与缓者,辽之事毕矣。……则言之无益干辽也审矣。与其言也,宁默然乎?默于言,焚于衷矣。漫咏辽警以附杞忧之意,敢曰诗史云乎哉!"诗其七又称:"两载军兴为破胡。"其八:"风霾连朝特誓师。"事见于万历四十七年(1619)二月,杨镐以兵部左侍郎经略辽东，誓师辽阳时。其十六："牧马已闻摧铁岭，射雕今复逼辽阳。"铁岭之陷在四十七年（1619）七月，后金军攻辽阳在天启元年（1621）三月。则祁承爜的《辽事二十咏》必作于天启元年（1621）三月前后。祁彪佳作《辽警三十咏》，所咏多为天启二年（1622）年前事，则似与父同，皆系赴春试居京时，受辽事影响甚有感，或有部分作品已完成于此间。而此后离京家居以及赴闽任职，不复密切关注北事。今年晋京候考，熟闻辽事近况，受战局触动，又因考授稽迟，遂有意集辽事纂《东事始末》自课。因此推测：今年在京候铨期间，受辽东战事触动，编撰《东事始末》一书时，彪佳重新补叙了原作于天启二年（1622）左右的咏辽事诸诗，并按平水韵目整次为《辽警三十咏》。

为辽事所触，作七古《佩剑行》《对酒作欢乐歌》、七律《吊陈岷麓年祖》。

《佩剑行》："咄咄谈兵出奇策，会须姓字留标题。"《对酒作欢乐歌》："长安豪杰千金客……渔阳万骑动鼙鼓……君不见春风铜雀锁高台，横槊临江酒一杯。须臾战场埋折戟，野猿啼到江月哀。"气势雄健苍凉，似为今年岁末居候铨选时，感慨辽东战事所作。系于此。

《吊陈岷麓年祖》："碧血已乘箕尾化，肤功应勒鼎钟存。""百年浩气维臣节，十载孤臣报主恩。""烽火三韩残破后，峨眉炼石补乾坤。"虽作年不详，其事迹与万历朝鲜之役有关。参朱国祯《涌幢小品》卷十三《请旗牌》："陈岷麓为德清令，甚有声。盖亦快士也。后为御史，监辽东军，救朝鲜，发愤请旗牌督战。此提督事，如何可行？部执不与，快快遂卒于军。赠光禄少卿，荫其子。"文末注："陈名效，四川人。"今查《明清进士题名碑录》，陈效为万历八年庚辰科（1580）三甲同进士。又，万历朝鲜之役，发生在朝鲜与日本之间，明军参与援朝。主要有两次战争，朝鲜称第一次为"壬辰倭乱"，发生在万历二十年（1592）；第二次称"丁酉再乱"，发生在万历二十五年（1597）。从"十载孤臣报主恩"观，陈效应是万历二十年（1592）监军辽东，救朝鲜，卒于军中。祁彪佳生于万历三十年（1602），后陈之卒十年，故此诗必非陈氏谢世当年吊丧之作。或因崇祯四年（1631）冬祁彪佳居京，为辽东战事触动，而补作此诗。故姑系于此。

十二月初二日，以考选谕命稽迟，请乩仙酒道人问询。

据日记，是日邀陈贯中请乩仙酒道人，能援笔作诗，诗飘飘多非世俗语。叩以考选谕命，则有金瓯、梅花等字；再叩则云"春风一布，即已沛然"。他诗甚多，大有与暗中所祝合者。又，初三日，陈贯中来，酒道人降于坛，诸友各有所祝，答之如向，末作一七律，即书以赠彪佳。

初五日，手书功过格八条。

初七日，赵心华早至，投以诗稿。

十三日，束案头书于高阁，日惟临古帖数行了残冬。

以上据日记。

二十三日，为颜茂猷作《迪吉录序》。日常往来论学甚密。

序见《祁彪佳集》卷二"序"。颜茂猷，名光衷，字茂猷，又字壮其，莆田人。以字行。

据日记，先是二十日，饭后草《迪吉录序》数行。今成之。文称颜之著述本意，旨在克己修身，"要使去众恶以集一善，自尔并凶悔吝而化一吉"。

日记屡载祁彪佳与颜壮其探讨心、理之说：九月初三日，十月初二日，十一月十六日、二十一日、二十二日，闰十一月二十二日，十二月初一日、十一日、十三日、十四日、十七日、十八日、十九日，二十日、二十三日、二十五日。其中闰十一月二十二日提到，颜茂猷以《九边图说》及所著《太平蒭议》来示。

彪佳认为颜氏思想，虽入手玄门，而儒、释大道已具。日记俱有展示：九月初三日，颜壮其至，与之言动静合一之理，如人事逐逐，固动者也，苟存静意，便有不与俱动者在。十一月十六日，邀颜壮其讲玄修一点在其中之道。晚坐复询之"日用应酬，了无把柄，奈何"，壮其以"与人为善"四字作主，正昔儒所谓不必逐事、不必遗事也。闰十一月十六日，与之言足民之术，颜所谈皆经济，但以得治人为难耳。十二月初一日，颜壮其来，与之晤贾道乾（多男）年兄。道乾叩颜以六龙之义及艮背之说。道乾又言所谓心者乃思则得之者，是不然，心亦一官耳，安得称天君？十一日，商再定功过一格，因与访贾道乾讲性命合一之理，及践形克己说，似坐下有得。十二日，颜壮其询尹笃师以大事因缘，师讲讫，壮其指地下曰："譬如此砖，有佛性否？"师曰："有。""砖毁时有佛性否？"师曰："无。"颜言："然则四大在有佛性，四大散便无佛性乎？"师曰："然。"贾道乾以其空、色作二解，未为点首。十三日，午后颜壮其至，讲守心十二法，先之以守乾、守坤，终之以守雌黑，虽入手玄门，而儒、释大道已具。十七日，晚叩壮其颜等论明王、陈异同之学，及壮其少遇吕祖事。

二十五日，屡与贾道乾谈心性之学。

据日记，贾至，与言悔遇之意，贾甚称许。又与言每事及吾前，心中即不旷阔，必此事去乃已，此是不得治心之法之故，贾云："此亦从体认中来。但认得真心，妄想自去，想去，事不能累心矣。"又，之前闰十一月二十七日也载及："道乾言三教合一之理，不外一部《中庸》，即数语使人开悟。"贾道乾，名多男，事迹见前。

三十日，与沈芳杨论心理之学。

据日记，是日沈惠以《阳明集》，且勖以致知之功，云："朱晦翁之主敬、程氏之体认天理、薛文轩之复性、周濂溪之太极、陆象山之天之与我皆此一物，即尧舜禹汤心性、孔孟求仁收放心，皆此物也。"答："收放心固是操则存，然于必有事焉，未知是一是二，请芳杨为予解之。"沈芳杨即沈自彰。

与友人郑茂烨、陈褅、蒋倪过往密切，多有戏曲倡和，并作心理之学探讨。十一月二十六日，三人各构《渔灯儿》一曲。闰十一月初五日，彪佳构《字字锦》曲一套，记与陈、蒋之游。二十三日，彪佳谱成戏曲《牛秀才周秦行记》。闰十一月十八日蒋倪谱北曲《胡笳十八拍》。十九日，陈褅作《桐江老》一传。

以上彪佳所作戏曲，今皆不见。《牛秀才周秦行记》当系据唐宋传奇《周秦行记》演绎。《周秦行记》内容：牛僧孺落第，夜行失道，宿太后庙，遇汉文帝母薄太后及汉高祖戚夫人、王昭君、杨贵妃、潘淑妃、绿珠之鬼魂，并与王昭君有一宿之欢。此记传系牛氏政敌李德裕门下士作以嫁祸牛僧孺，诋毁其僭逆犯上。彪佳作此剧，或与天启时魏、客宫廷内闱事有关。又，蒋作《胡笳十八拍》和陈作《桐江老》，《远山堂曲品》《远山堂剧品》皆未收录。

现综合梳理祁彪佳日记所载与郑茂烨、陈褅、蒋倪过从事迹如下。

郑茂烨相关：九月初八，季公自八月二十五日染沉疴，十日未愈，为之寻医。又言及季公九月十六日外出，二十二日晚方归。十月初一日，病未已而旋发。十一月初八日，以一字与陈平人，为季公觅馆。

陈褅相关：八月二十六，九月初八日、二十日、二十五日、二十七日、二十九日，十月初八日、初九日、二十六日、二十七日，十一月初一日、初三日、初六日、初七日、初八日、初十日，十二月十七日、十九日、二十日、二十六日、三十日等。其中八月二十六提到陈褅去游昌平未归。九月初一日，至报国寺，寺玮丽冠都城，有松十数株，为虬为龙，如亭如盖，其屈而盘者，圣鉴戏往坐其上。十一月初六载及薄暮偕陈圣鉴、郑季公散步，至城西之文昌祠。十二月十九日，晚与圣鉴共谈不思善不思恶之旨。彪佳意有无善无恶之体在即思之，正是为善去恶工夫，不然恐空谈体段，未免触事茫然，己身自有不出位之思在。辨难至二鼓，始就寝。二十日，灯下，圣鉴言寂宁之心与应世稍别，对以虚灵活泼之心即分别理义之心，但分别理义一段工夫，自不可少，不得错认虚活，反失种子。

蒋倪相关：九月二十五日，十月初七日、十三日、十九日、二十五日、二十七日，十一月初一日、初五日、初十日、十三日、十四日、二十二日、二十五日、二十六日、二十七日、二十八日，闰十一月初五日、初六日、十九日、二十二日、二十五日，十二月十四日、二十六日、三十日等。其中提到："十月二十五日，蒋安然偕王培之来，王善推算，其推予命有佳运三十年，当大贵。予笑曰：'仕路趣味如嚼腊，留此未尽光阴及吾壮也，以为友朋山水之乐，则可耳。'出二儿命示之，极称次子佳，盖以五行俱全也。""十一月十三日，夏国山（尚纲）馈霞酒一大瓮，予置蒋安然床头，笑曰：'得此可无渴矣。'""二十二日，予与圣鉴、安然偕之游阜城门外。……遂与诸兄联骑至郊外。时残雪未消，洁光夺目，琳宫绀碧，参差掩映。出门即从北道去高梁桥，风凛冽吹肤不可支，乃乞火于道观，寒色少辟。步行至大觉寺，登高台，观宝塔五，已至万寿寺，叩巨钟，礼接引。佛寺宏敞，属神庙所构，但伊蒲阒寂，焚修仅十余僧耳。至欲索胡饼一枚不可得，乃出，饮茶于道傍僧寮，返骑于灵通观始得斋，斋罢即归，日暮矣。""闰十一月二十二日，蒋安然以玄修从学于壮其，予因得聆玄修绪论。"

所载与陈、蒋二曲家戏曲切磋相关内容如下：十月十九日，蒋安然至，观《啸余谱》《太霞新奏》，安然歌一曲而罢。十一月十三日，蒋安然又至。以向所作词界之阅，蒋击节不已。十四日，方危坐阅《犀轴记》，有感于沈公青霞（沈炼）事。二十二日，予与圣鉴、安然偕之游阜城门外。"二十六日，晚炉坐有感，因与圣鉴、安然言古人有以爱妻换马者，予昨得王觉斯诗不忍释手，倘挟艳姬便当易此。安然以题极佳不可无词，乃刻烛共构《渔灯儿》一套，漏下三商已可歌矣，安然次成之，圣鉴又次成之。""闰十一月初五日，予邀圣鉴、安然、季公入宋氏园，园无野趣，但柏木萧翳耳。再数步至鹫峰寺礼栴檀像。归来风甚厉，沽酒御寒，觉余兴未已，乃忆予初度之日郊游颇畅，作《字字锦》一套记其事，韵险而调复涩，成半即就榻。""初六日，灯下始理前曲，不一鼓足成之。""十八日，怂恿圣鉴、安然两兄作北剧，以资谐笑，盖两兄以能词啧有声也。偶阅《蔡文姬传》，因以《胡笳十八拍》令安然谱之。""十九日，圣鉴思作剧，苦无佳题，乃就陈伯武借《艳异编》阅一过，皆儿女子态，圣鉴以其非英雄本色也，乃别为《桐江老》一传。""二十日，拥炉谱《牛秀才周秦行记》一事，未成。""二十三日，《周秦行记》谱始成。"

按，文中所及人名可考者：王培之，名禧，秣陵（今南京）人。清王铎《拟山园选集》卷二十一《命略》："秣陵王培之，名禧，为予谈命二十有五季，无毫发有忒。"即此人。夏国山，据日记，此人崇祯四年（1631）与祁彪佳过往颇密，当时在京候铨选；又崇祯八年（1635）四月二十一日，晚抵德水仓，使者夏国山相晤于舟次。明戴澳《杜曲集》卷八《癸酉南还记》："丁丑（1637）次安德，仓部夏国山冲雨款吾舟。"则夏国山崇祯八年至十年在德州仓使（德州户部司庾使者）任上。查清金祖彭《康熙德州志》卷七《秩官》可见，明崇祯间管仓部使夏姓者唯夏尚绸，宜兴人，进士。又据《明清进士题名碑录》，夏尚绸崇祯元年（1628）进士。三国末帝东吴孙皓封禅离墨山，并改其名国山，撰文刻碑，即"国山碑"，今存为国家重点文物保护单位。又，宜兴有国山县，西晋永嘉四年（310）分阳羡县置，治今江苏省宜兴市西南五十里国山西、章溪东岸。则夏尚绸以宜兴人，号为"国山"亦属合理。故此夏国山，必即夏尚绸。故张溥《七录斋近集》之"诗稿"卷二有《贺夏国山改谏垣》，两人皆出吴中，且为同年进士，互有交游，属于必然。

王应遴携戏曲家柳白屿来游。其友姜仁超言徐迎庆善词曲，愿为彪佳购其藏曲。

据日记："十月初五日，洎晚则王云莱偕柳白屿来访，柳词客也。""十八日，便道访王云莱，与之登观星台，观测验诸器。""闰十一月十二日，王云莱同柳白屿过访，予出张少华所惠刁酒酌之。柳自述少年被诬事，及黔中遇难几死者再，谈之娓娓，令人忽为寒栗，忽为解颐。""闰十一月十七日，坐顷，王云莱同姜仁超来访，姜言其乡有徐君迎庆，徐相国之孙，善词曲，其所蓄甚富，当为予购之。""十二月十二日，柳白屿至，与之饭，听其说黔中当日围城事。"此后提到十三日，王云来至，力劝其归。二十五日，柳白屿至，出《乘槎》剧示，读未竟。

按，"徐君迎庆"，又名庆卿，字于室。松江华亭（今属上海市）人，大学士徐阶曾孙。著有《北词广正谱》《南曲九宫正始》（全名《汇纂元谱南曲九宫正始》）。柳白屿，绍兴戏曲家，生平不详，其《乘槎》剧今未见。张少华，其人不详。明顾起元《客座赘语》卷九《酒》："大名之刁酒、焦酒……多色味冠绝者。"则此人或河北大名人。

与王铎多往来论诗甚密。

据日记，先是八月十二日，往谢王铎之致奠先父祁承㸁，获接同邑诗人余某。九月二十七日，致书于王觉四讫。十月十九日，王来，出《十舟诗》与《舟中咏怀》向之求教，因抵掌谈诗，必所得风雅性情之正，其于唐也先杜后李，以王摩诘（维）鼎峙其间，明取李崆峒（梦阳）而大贬徐（祯卿）、钟（惺），即袁石公（宏道）亦嫌其句易尽，惟五律差胜耳，谈至暮鸦尽归，乃策马去。十一月初五日，王觉斯来访留酌，王盛称彪佳五律，云七律尚有薄处，因以大、奥、创三字为予箴。其言诗大概取神理具足，即昨所言得性情之正者，至于淡浓平奇，在人各出手眼，要以不诡于正宗耳。薄暮有邀饮至再，乃别。十五日,至庙市,逢于书肆。二十四,王觉斯以五律二十首相质。二十八日,灯下评王觉斯二十律,不知漏尽二鼓矣。二十九日,王觉斯至,畀以刻稿百许本,与之酌,王力勉予读书为千秋计,因自述其读书之乐。午夜一灯一管,万虑俱寂,真不减南面百城也,谈至三鼓乃去。闰十一月初十日,王觉斯至,邀之坐书室。复出送客,乃与觉斯小酌。

按,王觉斯,名铎,日记书为"觉四",或系同音笔误。

岁末赀乏,向人告贷,又散钱赠贫。

据日记,至闰十一月二十三日,索匣中资斧已罄,先日以手书促钱长吉别贷,午间钱以复命至,别去日已西。二十六日,本初兄使其侄以所贷至。十二月初十日,偕安然、圣鉴步自长安街,遇丐者辄舍数钱。十二日,梓里人屠姓者,以不能归告贷,适从友人贷得些须,遂转以五金与之。二十三日,欲至东偏卜寓,且慰贫族,竟以雪阻,乃稍分橐金以赠之为卒岁之需。二十八日,归跞长安街,见丐者群聚以数十计,停舆散钱。

居京期间,与家人殷勤通邮。

日记八月初六、二十九日,九月初十日,十一月初九日、十五日、二十三日、二十九日,闰十一月初一日、初三日、初四日、初七日、十一日、十三日、十六日、十七日、二十六日,十二月十八日,皆言及作家报与得家书情状。

暇时读书购书,着手编纂《万历大政类编》。十二月三十日,题联于壁曰:"担天下难能事,读世间有用书。"

《万历大政类编》,今藏国家图书馆。

日记相关载录如:十一月初七日,披阅疏抄,余半卷。初四日,灯下读《象山语录》几一卷,至"心正,则静亦正动亦正",知其所谓"先立乎大者"在是。初十日,步至前门买《历朝捷录》及传奇二种。十五日,买《会典》及李念溏、邹匡石诸公疏十数种。午后复去,市散矣。闰十一月初一日,别后坐对一灯,阅《陆宣公奏议》尽半卷。初三日,阅书。二十日,阅《万历疏抄》。二十五日,灯下阅《万历疏抄》尽一卷。二十六日,灯下阅《疏抄》尽一卷。十二月初六日,阅日来邸报,至晚方尽。初九日,阅《万历疏抄》完。蒋安然为予市书不得,醉归。初十日,整《万历大政类编》未已。三十日,沈芳杨惠以《阳明集》。蒋倪为市《性理全书》,将潜心读之,乃题一联于壁曰:"担天下难能事,读世间有用书。"

按,李念溏,"溏"当作"塘"。明赵用光《苍雪轩全集》卷五有《嘲李念塘给事》称:"闻说工垣李给事,登山曾过二仙桥。"则李曾任工科给事中。又,明张惟贤《明光宗实录》卷四提到"工科给事中李若珪陈亲政五事",则此李念塘当即李若珪。李若珪（1569—1637），字昭华，号载心，明顺德府南和县人。万历甲辰科（1604）进士。著《谏草》《起冻草》《抚巡奏议》等。邹匪石，即邹维琏，字德辉，一字德耀，号匪石，江西新昌人，生年不详，卒于崇祯八年（1635）。所撰《兵曹条议》，乾隆四十六年（1781）禁毁。陆宣公，唐代名臣陆贽，谥号"宣"。

是年与诸缙绅士人通信函者有胡厚庵（应台）、李仲彭（成文）、姜光扬（一洪）、金稠原（世俊）、张华东（延登）、彭让木（汝楠）、郑觐于（瑄）、李葵孺（待问）、钱昭自（士晋）、黄季候（纲）、倪三兰（元珙）、黄王屋、吴俭育（振缨）、朱明京（一冯）、严琢庵（尔圭）、柴式谷（世基）、姚玄叔（士纯）、沈芳杨（自彰）、陈毓华、陆凤台（完学）、张二酉（联芳）、贾道乾（多男）等人。

日记十月初二、初七、初八日、十一日、十三日、十八日、十四日，十一月初二日，闰十一月十四日、十五日、二十一日、二十四日、二十七日，闰十二月初一日、初四日，十二月十九日、二十一日、二十二日、二十四日、二十六日、二十七日皆有提到。陈毓华，其人不详，清刘汋《先君子蕺山先生年谱》卷下："顺治二年乙酉（1645），先生六十八岁。春二月，《中兴金鉴》成。初先生赴召，留都皇皇，中兴无象，至寝食交废。是时张应鳌从行，请定历代中兴录为新君龟鉴，先生跃起曰：'是予志也。'即命应鳌具草汉唐宋，皆应鳌与陈毓华所辑，先生再加增定。"则张、陈皆为刘宗周门人。

除夕，与李模交游守岁。作《涉北程言引》。

文见日记卷首，《文稿》亦收入。《引》称："曰'程言'者，言动之得失，人程我也；梦觉之欺慊，我程我也。程之而后知予之不能闲、不能静也。予之为是记，志愧也，志悔也。辛未除夕，远山堂主人彪佳书于吕祠。"

据日记："十二月初八日，李子木年兄至，因同蒋安然共礼栴檀佛于鹫峰寺。访僧尹笃，其言静合一之功，似于儒教亦有悟入者。出观诸僧晚课，聆钟磬声，心形俱寂。""十三日，便访李子木，子木留饭，以其平日用力处相质，觉有乳水相投意。""二十八日，乃至前门，与李子木观肆中书，归寓晚矣。""二十九日，予有岁时之感，几不胜悲。午后乃静坐于吕祖座之旁，李子木亦至，相与披阅道书。复同步至泌园，杨中翰所构也。园可以坐月，可以观水，赋诗弄杯于此，无一不宜，子木欲向主人乞为寓，予谓正不若暂一游憩，转觉趣味悠长耳。归而子木移具酌至三鼓，尽欢罢。""三十日，午后坐于子木之寓之小轩，即邀其来为守岁之酌，欢笑竟夕，别去。予将赋《除夕》一诗，未竟而夜已阑，一岁之事毕矣。"按，李子木，名模，号灌溪，长洲人。彪佳同年进士。

卷四　御史按吴

崇祯五年壬申(1632)　三十一岁

时事　明叛将孔有德攻登州,围莱州。兵部侍郎刘宇烈督理山东军务,败于沙河。明杀巡抚孙元化,论成刘宇烈,罢兵部尚书熊明遇。　巡抚朱大典统重兵讨逆,太监高起潜监军。八月,解莱州围。　九月,张凤翼为兵部尚书。　冬,围登州,杀叛将李九成。

是春,右中允黄道周疏指大学士周延儒、温体仁借除弊为名,行报复之实,思宗怒,斥为民。　五月,吏部尚书郑以伟、徐光启入阁。　七月,太监曹化淳提督京营戎政。

海盗刘香攻掠闽、广、浙沿海。　陕西不沾泥降而复叛,神一魁余部转战陕甘,皆为曹文诏军攻杀。　王自用、张献忠于山西攻城略地,太原震动。

皇太极攻察哈尔部。林丹汗弃归化城远走。后金兵至宣府、大同边外。明守臣献牛羊食物金币。

今年祁彪佳有日记《栖北冗言》,疏稿见《西台疏草》(部分收入《祁彪佳集》)。

正月初一日,与郑茂烨、陈褅、蒋倪、李模谒关公庙,分韵赋七律《辛未都门除夕分得六鱼》及《壬申元旦分得五微》二诗。又至李模寓快饮,刻烛鸣磬联诗《元旦同李子木、郑季公、陈自誉、蒋安然集吕祠,即席联句,命童子击磬为节,磬三击句不成浮大白,刻寸烛得二十韵》。

据日记。又,初二日称:“诠次昨夜联句,安然以醉墨挥之。”

除夕、元旦两诗见《诗集》。除夕诗云:“两度长安此岁除,十年消息竟何如。遥知兄弟多闻道,传说儿曹亦解书。”元旦诗称:“读书未必为名使,念母于今望子归。”联诗见于《诗始》。虽题为“得二十韵”,诗实二十一韵,日记亦称“刻烛成二十一韵而别”。吕祠即吕公堂,上年末迁居之寓所。

初二日,至李模寓观雪,联诗《泡影亭同李子木、郑季公、蒋安然、陈自誉飞觞晤雪,各拈四韵,刻香成句》。

见《诗始》。

据日记:“雪转大,顷刻盈数寸。……李子木邀予辈至寓观雪,因再联晤雪飞觞之诗。燃香击钵,且限人各十韵,韵穷许别借,以卮酒偿之,以为觞政。”

初四日,与道士姚心无谈道,邀友联诗《元旦后三日同李子木、颜壮其、陈自訾、蒋安然小集联句,赋得紫气访真人,是日有彩云之瑞》。

见《诗始》。

据日记,有羽客姚心无寓于祠左,彪佳与圣鉴叩之,谈道于吕祠,心无以炼气为大丹之原。

初七日,作五律《人日夜话得霞字》《李子木年兄疑予有青衣之兴,作诗戏赠,予即韵解嘲》和五绝《春日醉归,子木年兄以短笺讯之,走笔复之》三首。

见《诗集》。

据日记:"归与子木谈,即邀具作《人日》诗,竟。子木疑予有买青衣之兴,戏以五律赠之,予复和,示蓄婢非予意也。""人日",《太平御览》卷九七六引南朝梁宗懔《荆楚岁时记》:"正月七日为人日。"

诸人以纳妾疑彪佳者,据日记,先是去年十一月十一日已提及,入冬以来竟夜无寐,友劝以妓进,以"予非渔色者,且恐赋'从此萧郎是路人'句子耳"绝之。二月初三日,蒋倪复疑以欲纳妾,戏以《拟续蔡邕青衣赋》。

二月初二日,束装,迁居于北寓。策马北行,见湜园山色湖波,拟赋五律不果。

据日记。

"湜园",据明刘侗、于奕正《帝京景物略》:"立净业寺门,目存水南。……西望之,漫园、湜园、王园也,望西山,宜朝。"清陈梦雷、蒋廷锡《钦定古今图书集成·经济汇编·考工典》第一百十八卷《园林部汇考二·燕都游览志园》:"湜园,太守苗君稷别业,西面望湖。"明代积水潭名园。

初九日,送陈禘就张氏西席。

据日记。

初十日,憩净业寺,作五古《寓净业庵即事》、七律《寓净业庵赠无无上人》。

据日记,二月初十日,游米园举酌,复走水关,憩净业寺。

二诗见《诗集》。日记未记作时,但从"寒深客枕钟声远""寒深梦不飞"观,时为深冬。诗中佛教意味颇浓,非早年作品,可排除万历间晋京考试及天启间初次候选时所作之可能性。而之后彪佳深冬居京,一是崇祯七年(1634)苏松巡按期满回京考核,因任上公务繁杂,又卷入党争之中难以自全,心力交瘁,屡被罚俸降级,考评不佳,故年底上疏急于告病求归。崇祯十五年(1642)底匆促赴京掌计典,世乱事繁,次年八月即出京。此两次年末在京城,虽皆可能游净业庵,然似乎难有诗中闲逸情致。相较之下,此次居京出游所作可能性更大,故系于此。

十一日，妻儿抵京。

据日记。

旧谱："二月，迎商夫人至都。"

本月与戏曲家王应遴、柳白屿有文学交流。

据日记，二月十二日，王应遴示以《离魂》剧。二十四日，柳白屿来出示二剧。三月二十一日，摘录王应遴所抄《明神宗实录》中有关张居正数事。

三月初十日，作七律《春日叔度过访，小集邸中拈得春字》二首。

见《诗集》。《诗始》题作《春日叔度词兄过访，仝赵呦仲、郑季公、陈自誉、蒋安然小集邸中限韵拈得春字》。

据日记，先是三月初九日，陆叔度至，予以骑迎，自誉亦再至，拈韵赋诗，予得春字。初十日，见叔度近体二章，所拈迟字韵也。灯下草诗得二章，润色未就而寝。十一日，灯下书昨日诗以示安然、季公。按，陆启浤，字叔度，平湖人，《明遗民诗》卷十四存其诗。尊经阁本《寓山志·游吟》收《祁幼文以寓山见示集唐寄赠》二首，注："赵镜，呦仲，山阴。"则赵呦仲名镜，山阴人。

十四日，作《立夏前四日，姚次白、陆叔度、郑季公、陈自誉、蒋安然偶集送春，即席联句》。

见《诗集》。据日记，三月十四日，同姚次白、陆叔度、蒋安然、郑季公至寓，索酒为欢，联送春之句。适陈自誉亦至，续成之。

按，姚次白，明张弘道《明三元考》卷十四《万历三十四年丙午科(1606)解元》："浙江姚星吴，余杭人，字次白，号大默，治易，年二十五。父懋继苑马寺监正。"李格《民国杭州府志》卷一百三十四："姚星吴字太默，余杭人，万历三十四年乡举第一，手辑《舆地图》《九边形胜考志》。"

四月初一日，作七律《五日观走马十韵》《五日初晴即事五韵》《五日小集园亭五韵》《长安邸舍五日偶步忆伯氏》。

见《诗集》。据日记，先是三月二十九日，邀诸友游西郊，联骑抵高梁桥，步入广通寺，俯高阁，瞰野外。游一园亭，其高台轩敞可坐。举酌。复骑叩白石庄不得入，谒万寿寺，再酌于寺，因分韵，得"五"歌。四月初一日，晚得昨西郊诗"五"歌十韵。按，此"五"歌，当即以"五日"为题诸诗。则所作应即七律《五日观走马》《五日初晴即事》《五日小集园亭》《长安邸舍五日偶步忆伯氏》。"伯氏"，即祁彪佳长兄祁麟佳，字符孺，郡庠生，卒于崇祯二年(1629)九月。此诗忆伯氏，亦怅其失意而终。

初二日，到武清伯李国瑞园，赴冯元飏所举戊午同年会。

按，彪佳万历戊午举人。据日记，原拟三月二十一日举行戊午同年会，以朝廷斋祷中辍,延至今日。

清陈梦雷、蒋廷锡《钦定古今图书集成·经济汇编·考工典》第一百十八卷《园林部汇考二·燕都游览志园》:"武清侯别业,曰清华园,广十里。园中牡丹多异种,以绿蝴蝶为最,开时足称花海。西北水中起高楼,五楹楼上复起一台,俯瞰玉泉诸山,御书'青天白日'四字于中,东西书'光华''乾坤'相对,字各长二尺余。"

初三日,与赵呦仲(镜)、陈自誉(祎)、蒋安然(倪)、郑季公(茂烨)赴姚次白(星吴)招,陆叔度(启浤)、陈彤垣后至,分题得谢玄晖(朓)"含景望芳菲",彪佳分韵得十一尤,分体得七律。陆叔度以"含"字叶七律十二韵。诗成举酌。

据日记。陆叔度今年与彪佳多有文学往来:先是三月十四日,与之共评陈祎新作《桐江老》剧;三十日,自陆处得《五言律祖》一帙。按,《五言律祖前集四卷后集六卷》,明杨慎辑,现存明刻本。

初七日,得旨入御史台任监察御史。此后十二月十八日,奉旨实授福建道监察御史。

据日记,先是二月二十六日,吏部文选司议定待选官员职务。三月初八日,缙绅以彪佳初入御史台来贺。初九日,以考授上朝谢恩,谒政府及吏部。十五日,赴履任公宴。二十四日,得刘宗周和祁骏佳函,以正直无欺勉励。四月初七日,实授旨下。十二月十八日,奉旨实授福建道监察御史。

旧谱:"四月,得旨履西台任,循例侍内外班,奉命巡视皇城。"

《祁彪佳集》卷十《遗事》引清董旸撰传:"考选御史福建道,客有贺者。公曰:'古云,天下事惟宰相能行,谏官得言当言,不言或言不当,皆负其官。余方以惧,何贺也。'"按,彪佳在去年日记十月二十九日称:"昔人言天下事惟宰相能行之,惟谏官能言之,然不得其言与得言而不言,皆负此官者也,故予不以喜而以惧。"清董旸撰传之说,殆出于此。

二十七日,上《赏罚激劝疏》,此疏五月初三日奉旨。

据日记,先是四月二十四日,草疏成,并与颜茂猷斟酌之。疏见《西台疏草》,亦收入《祁彪佳集》卷一。下附旨:"科道官原以摘奸剔弊为本,况奉启差,岂得委身事外?若通同朦徇,责有攸归。川功及东省失事,州县着速查奏夺。"

《祁彪佳集》卷十所附明祁熊佳撰《行实》:"考选御史,巡视皇城。先生欲破积玩,力为澄肃,即上《赏罚激劝》一疏,又请召对遍及九卿台省,以广咨询。"

旧谱:"先是黔中功以一级未明,三年未赏;东省孔贼破六县,不问。先生受事,即上《赏罚激劝疏》。奉旨'黔功速叙',并置失事诸邑于法。"

查继佐《罪惟录》列传卷之十二《祁彪佳郭符甲》:"崇祯壬申,擢御史,多所建明。先是黔中功以一级未明,三年不赏,东省六县陷贼而不报,遂有《赏罚激劝》一疏。"

清王鸿绪等撰《明史稿》列传第一百五十《祁彪佳传》:"崇祯四年,起擢御史,疏陈赏罚之要,言:'黔功因一级疑,稽三年之叙。且恩及督抚总帅、帷幄大臣,而陷敌冲锋之将士不预,何以励行间。山东之变,六城连陷,未尝议及一官,欺蒙之习不可不破。'帝亟命议行。"张廷玉《明史》卷二百七十五《祁彪佳传》同之。但此"崇祯四年"之说不确。

按,《赏罚激劝疏》所提到的黔功与东省陷贼事,指天启二年(1622)二月,贵州水西土目安邦彦反,称罗甸大王,与奢崇明叛军呼应;以及崇祯五年(1632)明叛将孔有德攻登州、围莱州两事。据日记,祁彪佳对于黔事进行过专门了解,先是崇祯四年(1631)闰十一月十二日,从戏曲家柳白屿口中闻其黔中遇难几死之经历。又二十一日从王应遴带来之孟弁口中,细询其亲历安邦彦事。之后十二月十二日,柳白屿至,又详细听其说黔中围城事。对登莱之事,去年日记十二月十五日,今年日记正月十一日、二月二十五日皆有提到,足见是深有了解。故可知,祁彪佳上疏,能关心治乱、务实切事。

五月初十日,往晤前一日出狱之谏官吴执御、吴彦芳,相约举酌深谈。

据日记。又,本月十六日,再与吴执御谈为谏官之道。

按,吴执御,字朗公,浙江黄岩人,彪佳同年进士。吴彦芳,字延祖,安徽歙县人。天启五年(1625)进士。参《明史·吴执御传》,今年吴执御劾周延儒,荐刘宗周、黄道周、文震孟诸人,御史吴彦芳亦持此论,思宗以两人朋比,削其籍,下法司狱。言官申救,卒坐赎徒三年。

十二日,闻御史华凤超欲告归,往访之。

据日记。

按,华允诚,字汝立,号凤超,南直隶常州府无锡人,彪佳同年进士。参清夏燮《明通鉴》,本月华允诚疏论闵洪学、温体仁同乡朋比徇私,闵罢去,而允诚亦被夺俸半年。

二十四,移居铁匠胡同。

据日记。

六月初九日,上《定一时胜略疏》,言传抄、召对二事,请恢复传抄边报。此疏十二日奉旨。

据日记，六月初二日，焚香草疏，入未时而成。与赵呦仲镜商酌之，所言抄传、召对二事。初三日，稍改昨疏。初五日，与吴达行、刘石林、姜颛愚（思睿）、金楚畹（兰）斟酌疏稿。晤刘梧杨，言大凌河起战事，即载之疏稿。初七日，晤水向若（佳胤）、倪鸿宝（元璐）、李玉完（懋芳），商以疏稿。公事归，呼吏写疏。初九日，早，拜疏，上递阁揭。十二日，始知昨疏已奉旨，帝意可谓转圜。

按，疏见《祁彪佳集》卷一。后附旨："言官留心兵计，自可据悃陈谋。岂必尽藉邸报！况前谕兵科详审本章，原非概秘示疑。今后除密切事情外，可照常发钞，以信前旨。至召对，朕自酌行，毋庸陈请也。"按，据《明史·庄烈帝本纪》，崇祯四年辛未（1631）春正月，谕禁传抄边报。彪佳故有此请。

旧谱："六月，上疏请召对遍及九卿台省以广咨询，又请边报不宜禁秘，以骇人心。"

清王鸿绪《明史稿》列传第一百五十《祁彪佳传》："时东西用兵，军情奏报悉禁抄传，彪佳极言不可。"

查继佐《罪惟录》列传卷之十二《祁彪佳郭符甲》："时疆圉多故，覆军促国，先后见告。上欲讳之，至于禁抄传而奖密揭。彪佳复上书曰：'当此四郊多垒，人切同仇。自抄传禁而瞆同射覆，隔若面墙，欲借箸而苦时情之未悉，欲请缨而惮遥揣之未真，即枢管堂司，果足以了天下之事乎？适来盗贼纵横，人喜语乱。自抄传禁，而讹言四起，纷呶百端。贼未来误以为来，兵未败误以为败。流徙缘之载道，草泽亦且生心。鹤唳风声，徒张贼势；狐疑狼顾，自隳军容。甚且封疆任重，欺弊易生。自抄传禁，而专阃之驰奏俱不得扬言于在廷；言路之纠弹遂不敢凭臆于局外。败形胜著，总属渺茫；我策贼情，随其妆点。倘有鄙臣猾帅，或掩败以为功，或饰小以为大，谁与逆折其萌芽，直发其隐覆乎？'因及召对一事，以为宜复古更日直宿记言记动之官，并令科道等官因事纠正，有若古之中书议事、谏官随之之体。不果行。"

初九日，与姜颛愚、谢象三拈韵牌，各得五言律一首。

据日记。此诗《诗集》未收。

按，姜思睿，字颛愚，一字谓明，浙江慈溪人，彪佳同年进士。谢三宾，字象三，号寒翁，浙江省鄞县（今宁波）人，天启五年（1625）进士。

十二日，同李大生道上谈诗，方知李留心此道已十五年，因摘其佳句诵之。

据日记。

按，李之椿，字大生，又作澹生，号祖徕，江苏如皋人，天启二年（1622）进士。工诗,有《徂徕集》《指树园集》《霞起楼诗集》等。

十三日,与冯元飙、姜思睿探访熊开元,熊出示西人所制汲水具恒升,机巧绝伦。

据日记。

按,据《南国学术》(2017 年第 3 期)刊发之邹振环研究论文《中西水文化互动中的"变"与"常"——以〈泰西水法〉在明清江南地区的传播为例》,明末西学东渐,意大利耶稣会士熊三拔与大学士徐光启合作编译《泰西水法》,介绍西方龙尾车、玉衡车、恒升车诸机械,江南士绅推重其治水之实用功能,尝试按书中龙尾车和恒升车图式进行仿制。熊开元赴京考选,授吏科给事中,参观南堂,见恒升车,认为"盖吸水具也,技巧绝伦"。

十八日,至石驸马街观钮萼春之旧居,欲将卜居。

二十四日,同赵镜、郑茂烨于虎城观四豹四虎,文采蔚然,《易》称虎变豹变,有以也。

二十七日,出西市决囚二名。

二十八日,思宗以奏祭御殿,详观其仪仗,最迟出。

以上据日记。

七月初九日,审办盗米案。

又据日记,十月初一日,王尊五(家彦)来,商回奏盗米疏。则结案在十月。

十一日,草《红灰回奏疏》及示稿。

据日记。

十二日,请为周汝登作公揭求谥典。观王王屋(鏊)《半舫斋居诗》十八首。

据日记,八月十九日,又作公疏为周汝登请谥。

清程嗣章《明儒讲学考·周汝登》:"周汝登字继元,号海门,嵊人。万历五年进士,仕至尚宝卿。师汝芳,供其像,节日必事之终身。起元学不讳禅,而汝登更欲合释道而会通之,辑《圣学宗传》,尽采先儒语录类禅者以入。"

明张岱《石匮书》卷二百五:"周汝登,剡人,万历丁丑进士,初授南京工部屯田主事督税芜关,以课不及额,谪两淮运判,寻转南京兵部主事,丁酉升广东佥事,己亥升云南布政司左参政。以母老道远上疏乞休,得旨致仕。辛丑,建海门书院。癸卯,与陶石篑讲学于会稽。己酉,讲学于武林。庚戌,起湖广参政。壬子,升南京尚宝司卿。甲寅,署应天府事,建阳明书院于南都。丁巳,升滁州行太仆寺卿。天启辛酉,升南京光禄寺卿。甲子,升通政。魏珰用事,即请骸骨,得旨以户部右侍郎致任。汝登自释之后强半林居,日以讲学为事,四方请政者户履常满。汝登蔬食菜羹款接不倦,学者称为'海门先生'。……所著有《王氏宗旨》四卷、《四书宗旨》六卷、《海门先生杂言》若干卷藏于家。崇祯己巳卒,年八十三岁。"则周汝登卒于崇祯二年(1629)。

十三日,有放炮鸣冤者,偕王家彦因作疏稿并封进之。

据日记。王家彦,字开美,号尊五,福建莆田人,彪佳同年进士。

十七日,恳董其昌为先父承煤作小传。

据日记。董传今不见,或当时未应。

十八日,承接监理银库事宜之差。

据日记。

二十四日,以上疏为宣云巡抚沈棨辩护故罚俸。

据日记,先是七月十四日,欲作疏为宣云巡抚沈棨辩护。十六日,胡芝山、姜思睿阅彪佳救沈棨之疏稿,盛赞之,遂决意上疏。十七日,上此疏,今日得旨,被罚俸。

《祁彪佳集》卷十所附明祁熊佳撰《行实》:"又抗疏犯颜救宣抚沈公棨于狱。"

旧谱:"七月,疏饰宣云边备,并言宣抚不当,故督沈公讳棨者,素清掺能任事,抚宣云,苦心却房,以全宣民,为法受逮,宣民感入骨,拥马首者数万,几不能行,赴关诉者复千人。时上怒不测,复有借以构朝绅祸者,同官危先生,先生毅然。疏进,奉旨仅夺俸。自是沈公获得出狱,借端以息。"

按,据《明史·熊明遇传》,本月,宣府巡抚沈棨因私自与后金议和,以通房辱国下狱,兵部尚书熊明遇亦因为沈申辩而被解任。

八月十五日,作中秋诗两首,其一为七律《八月十五夜志感》,另一为五律。

据日记:"予与吴俭育、冯邺仙、阮旭青拈诗,予成两首。'避世隐深梦,栖乌几匝惊。寒光翻曙色,疏响度江声。荡碧当林见,侵云晚树生。临轩思寂寂,长饮送圆明。'其一也。夜分与二三君踏月长安归。"七律今见《诗集》。五律仅日记存录。吴俭育名振缨。冯元飙,字尔弢,号邺仙,浙江慈溪人。阮震亨,字旭清,慈溪人,天启五年(1625)进士。

十七日,入贺皇三子诞生。

据日记。

清张廷玉《明史》卷一百二十:"定王慈炯,庄烈帝第三子。崇祯十四年(1641)九月封为定王。十七年(1644),京师陷,不知所终。"

二十日，出所作《别兄弟》诗示冯元飙、姜思睿，两人亦各举其诗以观。

据日记。

九月初七日，谒皇陵，作五律《恭谒裕陵仝吴长组赋》二首。

见《诗集》。

据日记，是日谒定陵、长陵、裕陵，入香殿观祭品讫，归憩于监房，和吴俭育口占诗二首。

按，"裕陵"，明英宗朱祁镇及皇后钱氏、周氏之陵墓，位于明十三陵天寿山西峰石门山南麓。吴振缨，字长组，浙江归安人，彪佳同年进士，有《颠石斋诗集》。

二十日，出供用库外厂，同李玄对偕内珰收香蜡诸料，盖改商买为官买之始，故慎之。

据日记。李玄对，即刑科右给事中李世祺。

明毕自严《度支奏议》卷四有《会估香蜡价值疏》言及："广西清吏司案呈卷查崇祯五年四月三十日该本部题为《香料官买已奉新纶，谨再详酌事宜以便遵守事》。疏称供用库钱粮已经臣部题明监督，与内监协同买办奉有俞旨，然该库九月二十日该监督会同科道齐赴外厂，会同该库将收到香料逐一选验，好者从公查验收讫，不堪者驳令各商领回，后于本月二十二日，本部会同科道毕集东朝房内，将价值会议已定，呈乞具题案呈到部。该臣等会同巡视太仓银库刑科右给事中李世祺、福建道试监察御史祁彪佳会看得官买会估之议，臣等屡疏言之详矣。"

十月初一日，新历法颁布。此即《崇祯新历》。

据日记。

按，据《明史·徐光启传》，崇祯元年（1628）以日食失验，徐光启奉旨修订历法，用西洋人龙华民、邓玉函、罗雅谷等推算历法。四年（1631），历成。

初九日，上《备察群情疏》，十二日，该疏奉宽改之旨。

疏见《西台疏草》。据日记，先是九月二十八日，入公署，以批发之暇草一疏；将成，班役报召对出；归，复于署中竣事。十月初二日，出疏与冯留仙（元飙）观，与之斟酌疏稿；晚归，令郑季公（茂烨）誊之。初三日，出疏予倪鸿宝（元璐）观之，颜壮其（茂猷）来观疏草。初四日，与李玉完（懋芳）斟酌疏草，下午与贾道乾（多男）酌疏稿。初七日，冯元飙再索疏稿观之，反复酌稿。初八日，呼书役写本，薄暮即竣。初九日，上御门，侍外班，仍入侍内班，事毕，乃于会极门具疏。初十日，以所具疏与宁方兄观。十二日，席间知己疏邀宽改之旨。十三日，入朝遇曹方城（履泰），始知奉旨之语。归以疏稿发抄。十四日，早入朝谢恩，房海客（可壮）来索疏稿。

按，日记虽没有注明所草所上为何疏，但从彪佳与众人反复斟酌情形可知，必重要疏稿，当非日记十月初一日提到之"回奏盗米疏"等寻常公务回奏。又从十二日"邀宽改之旨"以及十四日"早入朝谢恩"来看，符合《祁彪佳集》所收入的《备察群情疏》后所附旨意："臣子谊在靖共，若比徇欺蒙，岂容不重惩一二。今各官不思改图，仍然玩泄规卸，科道即应指实参纠。至漕运事宜，及特遣内臣，屡旨甚明，何得任意渎陈。姑不究。"而据《祁彪佳集》卷一《备察群情书》所注，此疏作于"崇祯五年十月"，因此，《备察群情疏》当即上面日记所涉及的奏疏。

旧谱："十月，抗疏言：'迩来六卿之长，诘责时闻，引罪日见，周章急遽，救过不遑，窃恐至揣合免罪，或卸责洁身，至于诸臣逮斥频仍，几满犴狴。或畏事避难，高名激去；或苟且支吾，掩罪匿瑕。'又痛言京营掺练忽遣七内臣参分阃政，诸弁自好者不屑俯首，不肖者遂多借窦。言皆触讳，而上亦不之罪也。"

《祁彪佳集》卷十所附明祁熊佳撰《行实》："又疏：'迩来六卿之长，诘责时闻，引罪日见。恐渐至揣合免罪，卸责洁身。'又痛言京营操练，忽遣七臣参阃政，遂事借窦趋承，恐营政更玩，蒙蔽愈甚。言皆触讳。"

清毛奇龄《西河文集》传四《明少傅兵部尚书前巡抚苏松都察院右副都御史祁公传》："崇祯四年（1631）考选，擢御史。时京营操兵，遣七太监主兵政，彪佳激切谏。"清陈鼎《东林列传》卷十一所述同。清邵廷采《思复堂文集·碑传·明巡抚苏松副都御史世培祁公传》："崇祯四年（1631）入为御史，谏内侍知京营操。"诸称崇祯四年，时间有误。

清温睿临、李瑶撰《南疆绎史》勘本卷十四列传第八《祁彪佳》："崇祯初，起擢御史。时治尚综核，彪佳言：'如此则人臣救过不遑，揣摹迎合，渐至规避，天下事益不可为矣！'"清四明西亭凌雪《南天痕》卷八列传九同其说。

清王鸿绪《明史稿》列传第一百五十《祁彪佳传》："逾年，言：'九列之长，诘责时闻；宪臣陈于廷四朝遗老，遽被重谴；恐诸臣怵严威，竞为迎合揣摩以保名位：臣所虑于大臣者此也。方伯或至一二考，台员或至十余载未得迁除，而监司守令多贬秩停俸；臣子精神才具不能稍有余地展布发舒，急功赴名之心不胜其掩罪匿瑕之念：臣所虑于小臣者此也。抚按之事多令中官监视会同，开水火之端，其患显；启交结之渐，其患深：臣所虑于内臣者此也。'忤旨谯责。"

清张廷玉《明史》卷二百七十五《祁彪佳传》："又言：'九列之长，诘责时闻。四朝遗老或蒙重谴,诸臣怵严威,竞迎合以保名位。臣所虑于大臣者此也。方伯或一二考,台员或十余载,竟不得迁除,监司守令多贬秩停俸,臣子精神才具无余地,展布曷由。急功赴名之心不胜其掩罪匿瑕,臣所虑于小臣者此也。国家闻鼙鼓思将帅,苟得其人,推毂筑坛,礼亦宜之。若必依序循资,冒滥之窦虽可清,奖拔之术或未尽。臣所虑于武臣者此也。抚按则使中官监视会同,隙开水火,其患显;潜通交结,其患深。臣所虑此于内臣者此也。'怵旨谯责。"清黄叔璥《南台旧闻》卷十所述同之。

清查继佐《罪惟录》帝纪卷之十七《毅宗烈皇帝》:"御史祁彪佳特疏:'今六卿之长时蒙切责,势必脱卸以洁身,究亦揣合以保位。内臣分参阃令,至于荐及督抚,大非法纪。'报闻。"

清朱彝尊《静志居诗话》:"追入为台谏,即进封事,略云:'凡文武、内外、大小诸臣,必然使之安其位,而后各尽其心。迩来六卿九列之长,诘责时闻,引罪日见。因而周章急遽,救过不遑,窃恐当事诸臣悚于严旨,冀以迎合揣摩善保名位。臣所虑于大臣者此也。人材中下参半,藉上感发其忠义,鼓舞以功名。今司道有司或钦案之累由人,或钱谷之输未足,降级住俸,什居二三,必至苟且支吾,急功赴名之心不胜其掩罪匿瑕之念,臣所虑于群臣者此也。陛下闻鼙鼓而思将帅之臣,倘得真英雄,即推毂设坛,夫岂为过? 一或奖拔之术未尽,则冒滥之窦将萌。臣所虑于武臣者此也。陛下深惩惰窳,特遣内臣,抚按之事多令监视,正恐同罪同功,反使互蒙互蔽。开水火之端,其患显;启交结之渐,其患深。臣所虑于内臣者此也。'其言切中思陵时弊,故其后亡国卒由此数端云。"又清朱彝尊《明诗综》卷七十六、清杜荫棠辑录《明人诗品》一卷所载略同。

清陈济生《天启崇祯两朝遗诗小传·祁忠敏公》:"崇祯四年(1631)考选福建道御史,五年冬上疏言:'凡文武、内外、大小诸臣,皆使之各安其位,后有以各尽其心。越俎而问庖即旷官而怠事。迩来六卿九列之长,诘责时闻,引罪日见,因而有急遽周章、救过不遑之象。窃恐当事诸臣,怵于严旨,冀以迎合揣摩善保名位,则未得振励之效,反滋悠忽之图。臣所虑于大臣者此也。人材有限,中下半参,非藉感发其忠义,则鼓舞以功名。今司道有司或钦案之累由人,或钱谷之输未足,降级住俸,十居二三。臣子精神才具,必稍有余地,而后可以展布。若复迫于功令,必至苟且支吾,急功赴名之心不胜其掩罪匿瑕之念。臣所虑于群臣者此也。皇上闻鼙鼓而思将帅之臣,倘得真英雄,即推毂设坛,夫岂为过? 但肮脏负俗,决不肯俯仰司马之门。若必依序循资,则虽冒滥之窦可清,似亦奖拔之术未尽。臣所虑于武臣者此也。

皇上深惩惰窳,特遣内臣,然必搜剔出于不意,奸弊乃可无遗。若抚按之事多令监视会同,则恐同罪同功,反使互蒙互蔽。开水火之端,其患显;启交结之渐,其患深。臣所虑于内臣者此也。'时以为谠论。"清徐开任《明名臣言行录》卷九十四《巡抚祁忠敏公彪佳》、清汪有典《明忠义别传》卷二十二《祁忠敏公传》、清汪有典《史外》卷二十二《祁忠敏公传》所载同。

清陈鼎《东林列传》卷十六《陈于廷传》:"又先是以草场灾下御史潘倬狱,以武闱下余文□、马如蛟狱,于廷各疏救之。于是上责于廷庇台员,而辅臣周延儒素不悦于廷,又从中挤之,遂再削籍归。御史祁彪佳、礼部郎周镳、推官汤开远俱疏争不报。……归二年而卒。"

十九日,朝觐时冯元飙以寒晕跌倒,面纠其失仪,归则函慰之。

据日记。

十一月十一日,冬至,思宗御殿,先入中极殿行礼毕,出侍殿班,古之所称柱下。朝毕,百官候于丹墀,帝更便服,出看各王府贡马,云锦成群,皆上驷。此典久不举,班行得预观,皆为踊跃。出东阙门,观朝鲜诸国贡人。

据日记。

十二日,因官买诸商为奸民侵其价,草《会题疏》成。

据日记,十三日,袁环中来,知疏已下部。

按,袁枢,字伯应,号环中。归德府睢州(今河南睢县)人,以父兵部尚书袁可立荫官户部郎中。擅书画。

十七日,值周镳与汤开远辞朝,邀两人谈颇畅。

据日记,周、汤两人以侃侃名疏重一时。又十九日,早出郊饯周镳。三人以疏共争陈于廷削籍事为同道。

清陈鼎《东林列传》卷十六《陈于廷传》:"(于廷)遂再削籍归。御史祁彪佳、礼部郎周镳、推官汤开远俱疏争,不报。"

按,周镳,字仲驭,金坛人,崇祯元年(1628)进士。汤开远,字伯开,江西临川人,戏曲家汤显祖第三子。

二十日,趋晤张溥,赆其行。

据日记。

按,张溥,字乾度,一字天如,号西铭,南直隶苏州府太仓州人。张溥于崇祯四年(1631)举进士,是时南归,明年春于苏州虎丘开复社大会,与会数千人。

二十二日,初度日,亦即闻父讳之日,感今思昔,悲恸不已。避客,偕颜茂猷、赵镜、郑茂烨、曾益参至鹫峰寺,出俸钱买雀放生,诸友因作放生之咏,

彪佳诗不成。便道过石镫庵归。

据日记。曾益字谦甫，会稽人。

二十日，上《合筹天下全局疏》。

据日记，先是十一月初十日，焚香草疏，陈三大要、四大势，未及半。十一日，饭后复草昨未完疏，得十之六七。十三日，于公署草疏，薄暮而竣。十五日，不出，暇则润色疏稿。待郑季公（茂烨）誊疏稿毕，乘月与赵呦仲（镜）持示冯元飙，小酌而归。十六日，晤刘须弥（士祯）、乔圣任（可聘）、胡芝山，商以疏稿。十七日，吴俭育（振缨）亦来，索疏稿观之。二十日，早拜疏，即入朝上疏。

《祁彪佳集》卷十所附明祁熊佳撰《行实》："又上《合筹天下全局疏》，言三大要、四大势，皆百年至计。"

旧谱："十一月，上《合筹天下全局疏》。"

清王鸿绪《明史稿》列传第一百五十《祁彪佳传》："寻上《合筹天下全局疏》，以策关宁、制登海为二大要。分析中州秦晋之流贼、江右楚粤之山贼、浙闽东粤之海贼、滇黔楚蜀之土贼为四大势，极陈控制驾驭之宜，而归其要于戢行伍以节饷、实卫所以销兵。帝褒纳之。"清张廷玉《明史》卷二百七十五本传、清陈鹤《明纪》卷五十三和清胡林翼《读史兵略续编》卷十所述略同。

清穆彰阿《嘉庆大清一统志》卷二百九十五《绍兴府·人物》："崇祯中擢御史，疏陈赏罚之安，帝亟命议行。后上《合筹天下全局疏》，有二大要、四大势，极陈控制驾驭之宜。复陈民间十四大苦，帝善之而不能用。"

二十一日，审办国库失银鞘案，审理相关人员。

据日记，先是初三日，以外库失银，与太监张彝宪上疏。初六，失银鞘奏疏得旨。初七日，以内库失银，与张彝宪等研审巡风诸差役，无所得。

按，张彝宪司礼太监，崇祯四年（1631）九月，令钩校户、工二部出入，署名"户工总理"。

十二月初一日，举第三子班孙。

据日记："四鼓，内子即临盆，予值侍班，欲郭太薇（必昌）代之，持书去，阍者不纳，请之吴俭育（振缨），吴亦同班也。予出，与吴俭育并马行，西长安门已启矣，事竣出朝。抵寓，乃知在朝时即得一子。送医者钱君颖去。"又据日记，十六日，早起习仪，销假。同乡诸君子惠以一杯为小儿贺。

旧谱："是月，第三子生。时先生方侍班，命名曰'班孙'。"

十一日，上《特纠南枢疏》，劾南京兵部尚书傅振商年老昏聩。

见《祁彪佳集》卷一"奏疏"，题注："崇祯五年十一月。"

据日记,先是初七日,于灯下草疏竟,乃就寝。初八日,誊昨所草疏。以疏稿与倪鸿宝(元璐)、林慎日(铭几)、吴磊斋(麟征)、阮旭青(震亨)相商。初十日,李洧盘(一鹏)索观疏稿。下午令书役誊疏,晚缄疏。十一日,早拜疏,以杜门令班役上之。

旧谱:"十二月,疏言留都国家根本,锁钥攸关,因纠枢臣傅振商,解任去。"

清王鸿绪《明史稿列传》第一百五十《祁彪佳传》:"南京兵部尚书傅振商衰迈,劾罢之。"

十九日,赴稽山会馆同乡公会。

二十六日,午后袁继咸来晤,剧谈谏术曲尽,意气肝胆颇合。

据日记。袁继咸,字季通,号临侯,江西宜春人。天启五年(1625)进士,授行人,历任御史、礼部员外郎、山西提学佥事、湘广参议等职。明亡殉国,清乾隆间追谥"忠毅"。此时当在御史任。

二十七日,赴春饼宴。

据日记。

清姚培谦、张卿云辑《类腋·天部·正月》引孙国敉《燕都游览志》:"立春日,于午门赐百官春饼。"

二十八日,张延登履任,彪佳入台最早。

据日记。参清夏燮《明通鉴》,今年九月左都御史陈于廷罢。十二月,张延登代陈于廷为左都御史。

二十九日,晚与郑茂烨、赵镜二人小饮,分韵,未成诗即就寝。

据日记。

日常颇有郊游观景。

据日记,先是正月初六,游房园、滏园。初十日,登观象台。十二日,游滏园、尤园、傅园、天仙庵等处。二十三日,至得胜湖,观苗稷初(君稷)湜园和米有石(万钟)园林。二十四日,乞借居米万钟庄园。二月初十日,游米园举酌,复走水关,憩净业寺。二十二日,与妻共游漫园。二十三日,游西郊,过万粉侯白石庄、郑戚畹园,饮于观音庵。二十九日,访李模,从海岱门至药王庙,步金鱼池。五月二十八日,出巡至鸳鸯亭,览五雷殿、太玄亭,观龙舟,复览寿皇殿。六月二十四日,于虎城观虎豹。七月二十六日,游西苑、虎城、五龙亭,憩于金海之小亭,经乾明门、鸳鸯亭、西华门归。九月初九日,游西山卧云寺、碧云寺、香山寺、弘光寺、香山观来青轩,登玉泉之巅,过涅槃石,抵达海甸,下游周戚畹(奎)园。

　　清陈梦雷、蒋廷锡《钦定古今图书集成・经济汇编・考工典》第一百十八卷《园林部汇考二・燕都游览志园》："湛园即米仲诏先生宅之左,先生自叙曰:'岁丁酉(1597),居长安之苑西,为园曰湛,有石丈斋、石林仙籁馆、茶寮昼画船、绣佛居、竹渚敲云亭,曲水绕亭,可以流觞,即以灌竹,竹外转而松关,又转而花径,则饮光楼在望,众香国盖其下也。别径十数级,可以达台,是为猗台,俯瞰蔬圃。'""漫园在德胜门积水潭之东,米仲诏先生构,有阁三层。先生尝为湛园、勺园,及此而三。""湜园,太守苗君稷别业,西面望湖。"又"周戚畹园",崇祯周后父周奎,爵嘉定伯。据史玄《旧京遗事》:"嘉定伯嗜财,住海岱门新房。"

公余赴席观剧颇多。

　　据日记,四月十六日,侍朝班归,赴席,观韦南康剧。按,韦皋(746—805),字城武,京兆万年(陕西西安)人。唐代中期名臣,封南康郡王,世称"韦南康"。故此剧当敷演韦皋事。五月十一日,赴周嘉定招,观《双红》剧。即嘉定伯周奎。十二日,与冯元飙同观《宫花》剧。十八日,赴凌义渠席,观《拜月》剧。二十日,至酒馆,观半班杂剧。六月二十一日,赴田弘遇席,观《紫钗》剧。二十七日,赴席观《琵琶记》。二十九日,邀友观《玉盒》剧。七月初二日,观《回交》剧。初三日,赴席观《彩笺记》之半及《一文钱》全剧。初五日,观《西楼记》未竟。十三日,夏允彝邀赴其母寿筵,观《异梦记》。十五日,观李开先《宝剑记》。十六日,观《蕉帕记》。十九日,观弄瓦等杂戏,技艺绝神,令人解颐。二十日,观《□花记》。八月初三日,观《教子》剧,演剧优人甚佳。初十日,于田弘遇舍观《双珠》传奇。十三日,观戏数折。十五日,同乡公会,观《教子》传奇。二十五日,观《拜月记》。二十七日,观《异梦记》数折。九月二十二日,赴席,观《明珠记》。二十六日,观散剧。二十八日,公务之暇,观童伶作《春芜记》。十月初九日,同门聚会,观《双珠记》。又赴席,与越中诸亲友观《香囊记》。十二日,观《百花记》。十三日,出观《连环记》。十四日,观《檀扇记》。十五日,观《红拂记》。二十日,观《五福记》。二十二日,赴席,观《彩楼记》。二十四日,观《八义记》。二十五日,观《石榴花记》。二十八日,观《拜月记》。十一月十四日,观《牡丹亭记》。十六日,观《牡丹亭记》。十八日,观《合纱记》。二十日,观《玉合记》。二十七日,观《百花记》。十二月初二日,观童伶演《桃符记》。十六日,出观《绣襦记》。二十三日,观杂戏。按,所谓杂戏,当指非昆腔系统之折子戏。二十四日,观杂戏。二十五日,观杂戏及《马陵道》剧。

日常颇阅书购书。

据日记,正月初八日,购《洪武正韵》《雍熙乐府》。十九日,书肆阅类书,见南宋宫殿技流之盛,以为南宋"偏安一隅而君臣晏乐如此,安得不及于败"。二十一日,颜茂猷携其所欲进献之书来,畅观之。三月二十四日,赠新刻《祁氏家谱》及《云溪会语》予颜茂猷。四月初三日,李模携《两朝丛信录》过访。初四日,得柯士藻函示《社言》,阅之竟夕。初五日,摘阅《万历疏抄》。十四日,得陆启浤惠以《人物考》《吾学编》。六月初五日,托人拣《礼经》。初八日,与御史台中诸人谈,座中观古书,市《南唐史》一帙。七月二十五日,市张宾王(榜)《群言液》一部。十一月初五日,得《明诗选》《五代诗钞》。

作七言古诗《余向理莆时,未入疆即知陈光岳名,以为宿士也。及晤光岳,则翩翩美少年。阅九稔始为为其两尊人之六帙。予惟桓冲过刘骥之而始知其父元礼,交文举乃拜其母,予之知两尊人盖以光岳知之也。虽然,予何足以知光岳哉!光岳知予耳。知己一日,雅可千秋。既忝金石之交,曷已岗陵之祝》。

见《诗集》。彪佳入闽在天启四年(1624)二月,此诗作于后九年,则为今年所作。陈光岳,其人不详。

年末作《栖北冗言引》。

见《文稿》,日记《栖北冗言》卷首亦存。称:"予是记,记壬申一岁事,维三春伏豹,未登鹓鹭之班,而寄迹长安,竟成弧系。迨孟夏而后,漫厕西台,便觉惟日不给,盖一刻而忧喜之环生、一日而荣辱之迭现,百相尝、百相摇、百相变也,不可谓不冗矣,而所以为之尝、为之摇、为之变者,岂系于冗也哉!我固无所以君其劲,而尚言恶动,是止沸而扬其汤也,予窃于是有深愧矣。幼文氏彪佳漫书。壬申岁。"

崇祯六年癸酉(1633)　三十二岁

时事　五月,孔有德、耿仲明降后金。六月,导后金陷旅顺。　后金编汉军为一旗(固山),降将马光远统率。

六月,首辅周延儒为温体仁倾轧罢去,温体仁为首辅。　九月,原南京礼部侍郎钱士升入阁。　十一月,原礼部侍郎王应熊、何吾驺入阁。　张溥于四年中进士,是春南归,于苏州虎丘开复社大会,与会数千人。

年初,农民军一部入畿南顺德、真定间,为大名副使卢象昇败,退武安。五月,王自用战死。　六月,农民军围汤阴。　七月,曹文诏连破农民军,调镇大通。豫北农民军活跃。　十一月,高迎祥、李自成、张献忠、罗汝才等避明军锋芒,渡黄河破渑池。　十二月,农民军破河南、湖北多地。

今年祁彪佳有日记《役南琐记》,所记始于年初,止于六月初四。据小引:"入吴后何以不书?非第以簿书之冗卒卒无问也。盖闻之上者有章疏行之,下者有檄示,谳狱有牍,试士有文,其得失可考而知备尔,故不复书。"章疏收于《宜焚全稿》《祁忠敏公揭帖》,尺牍见《按吴尺牍》,檄稿有《按吴亲审檄稿》《按吴檄稿牌示稿》。正文引用尺牍,《按吴尺牍》南京图书馆藏者标明"南图藏",国家图书馆藏不特标明。

正月初七日,上《陈民间十四大苦疏》。此疏本月十一日得温旨。

疏见《祁彪佳集》卷一"奏疏",题注:"崇祯六年正月。"

据日记,先是去年十二月初九日,草民生十四大苦疏。初十日,自草民生疏稿。十一日,仍草民生疏。十二日,得竟日缮疏,乃克竟之。十三日,吴磊斋(麟征)至书斋观民生疏稿。二十八日,午后静阅民隐疏,再为删改乃定。

旧谱:"正月,实授御史。时上以修省斋宿文华殿。先生疏谓:'乘春布令,莫如先亟除民害,以收民心。'因条上民间大苦,如里甲虚粮、行户搜赃、钦提评讼、窝访私税私铸、解运马户盐丁难民,凡十四事;又力陈带征、预征之害。上览之恻然深叹,亟命厘革补救。"

《祁彪佳集》卷十所附明祁熊佳撰《行实》:"时上以修省宿文华殿,因条上民间大苦十四条,及带征、预征之害,较郑侠《流民图》更为详尽。上览之恻然,亟命厘革,惜当事者泄泄如故也。"

查继佐《罪惟录》列传卷之十二《祁彪佳郭符甲》:"癸酉,会上修省文华殿,条民隐十四条,及带征、预征之害,上览之恻然。"

清王鸿绪《明史稿》列传第一百五十《祁彪佳传》:"复陈民间十四大苦:曰里甲、曰虚粮、曰行户、曰搜赃、曰钦提、曰隔提、曰评讼、曰窝访、曰私税、曰私铸、曰解运、曰马户、曰盐丁、曰难民。帝善其言,下之所司,亦不能尽用也。"张廷玉《明史》卷二百七十五本传、清陈鹤《明纪》卷五十三和清胡林翼《读史兵略续编》卷十所述略同。

清嵇璜《续文献通考》卷十六"职役考":"庄烈帝崇祯六年正月,御史祁彪佳疏陈里甲之困。……至是彪佳疏陈里甲之苦,言自一条鞭之法行,差徭咸入正赋,安得里甲用之也。乃僻邑遐陬公然金派岁节之馈送,过客之供应,新官之铺设,军民之起解,事无难易,概令支当。至于解银一差尤称重。用发领之际,吏缘为奸;兑收之时,赔折无算。更有发空批,令垫纳在先,要补于后者。河南按臣李日宣行官收官解,中州便之,何不可行之于天下也?帝嘉纳之。"

当日,与倪元璐皆有先人录为吉州名宦,吉州士绅赠以《吉州名宦录》,两人公请答谢。

据日记。

二十六日,上公疏劾宦官王坤失体。

据日记,正月二十三日,以为太监王坤疏侵政府事有关国体。二十四日,阅王坤劾及政府诸疏。二十五日,草吏部尚书李日宣所促作之劾王疏稿。

按,据清夏燮《明通鉴》,该月修撰陈于泰疏陈时弊,宣府监视中官王坤力抵之,侵及首辅周延儒。左副都御史王志道弹劾王坤,语尤切。帝责令回奏;奏上,益怒。及面对,诘责者久之。志道遂于是月壬申(初十)削籍归。

本月下旬,以御史台试御史考授合格,正式实授御史。

据日记。先是去年十二月十八日,知实授已奉俞旨。今年正月初十日,彪佳入御史台考授。十七日,实授御史之疏得旨下部。十九日,入朝谢恩。二十日,闻堂上议实授期,遂入御史台。二十八日,以实授御史入朝谢恩。则可知此前在御史台做事,为试御史。经过考授合格,本月下旬方实授御史。

年初公余交游,多观戏。

日记所载观戏记录有:正月初八日,观《红拂记》。初九日,观《花筵赚记》之半。十一日,观《西楼记》。十二日,入灯市,观《灌园记》,复赴郑觐于(瑄)招,吴麟征等观《唾红记》。十六日,观《弄珠楼记》。十七日,于冯元飙舍观傀儡戏。十八日,邀吴振缨共观《花筵赚记》。十九日,观《葛衣记》。二十一日,观《彩楼记》。二十二日,观《西楼记》。十四日,观《红拂记》。二十六日,观《梦磊记》。二十七日,观《石榴花记》。二月初三日,观《鹈钗记》。初六,观童伶演《狮吼记》。初八日,观《百顺记》。十二日,观《雄辩记》。十五日,观《香囊记》。十六日,观《红梅记》。张聘夫以报阮度曲,一歌绕梁,坐客倾倒。五月二十日,赴岳父商周祚舍,观《望澜记》。二十一日,至外祖家,观《李丹记》。

二月初九日,疏救左都御史王志道,不果。志道以弹劾宦官王坤受思宗谴。

据日记,先是初六,思宗为王坤事召对诸臣。今日疏救不过,乃于十四日,送王志道出都,心荣之。

十二日,恳何吾驺作父祁承㸁墓志铭。

据日记,先是去年十月二十九日日记载:"值何象岗,以先府君之题墓为恳。"则当时已有意向而何未应。何作墓志今未见。

何吾驺(1581—1651),字龙友,号象冈,初字瑞虎,晚号闲足道人。香山(今广东中山)人,明万历四十七年(1619)进士。时任礼部侍郎,今年十一月入阁。

二十六日,上疏陈四事,并纠刑部郎中张景韶。

据日记,先是二月二十二日疏成。二十三日,午后凌茗柯(义渠)来,与疏稿阅之。二十四日,与倪元璐、顾尊生、阮旭青(震亨)、张国维酌疏稿。二十五日,与倪元璐酌疏稿。午后令吏员写疏,归封本。二十六日,五鼓入朝陛辞毕,即上疏。三月初一日,是晚知疏已得旨,所参者令指实具奏,即于灯下草数稿。初二日,陈金铉(赞化)早来,以彪佳参刑曹,将会疏纠之。吴麟征来观疏,约与吴振缨同酌之。归作条议竟,傍晚令人誊疏讫。初三日,出疏与戴斐君谈。初五日,灯下校正疏草。初六日,知回奏疏已奉旨,所参刑曹罢职候讯。按,所参刑曹,为刑部郎中张景韶,因罢职候讯。顾尊生,据萧近高《九生续三草》卷四《永丰邑侯尊生顾公去思碑记》,顾生于姑苏,曾任永丰令、文江令。或即顾宗孟,字岩叟,南直隶长洲(今江苏苏州)人,万历四十七年(1619)进士。陈金铉,名赞化,字金铉,山东聊城人(1587—1637),天启二年(1622)进士,时任给事中。

据旧谱:"二月,疏言四事:一监司迁转宜重,二有司参罚已穷,三举德行、正文体,四核谥典、励人心。又陈清萃毂之法四条,因纠刑曹张景韶贪纵。皆奉俞旨。"

清汪楫《崇祯长编》:"崇祯六年三月,疏陈四事:一藩司升转宜疏,一通赋之带征宜缓,一严谥典以表真儒,一行积分以收佳士。帝佳纳之。""是月己亥,又纠刑部郎中张景韶受金枉法。帝削景韶籍,令所司案验。"

是日,微雨,出昌平,步于巩华城之北。饭后大风,游田康宇庄,日西方登舆,抵寓晚矣,舆中欲作五言律不果。

据日记。

三月初八日,阅王应熊文集。

据日记。王应熊(1589—1647),字非熊,号春石,重庆府人,万历四十一年(1613)进士。官至礼部尚书兼东阁大学士、兵部尚书兼文渊阁大学士,卒赠太保、建极殿大学士,谥号"文恪"。博雅能文,尤工诗,著《春石集》。

十三日,得孙履恒所注《武经七书》。

据日记。《衰谷子商隙武经七书十卷武略杂言一卷》,明孙履恒撰,现存明崇祯间刻本。

本月中下旬，实授为苏松巡按。

据日记，先是正月十四日，李日宣欲荐彪佳为陕西巡按，以资序不逮辞。二月二十四日，李日华告以甘肃用旧，将乞此差，以宽限二月为依老亲，地绝塞，非所愿。二十九日，吴俭育知松苏差缺，以手书示。三月初六，注差为苏松巡按事定。十三日，以疏题苏松差，候命不出。十四日，候命不出。十六日晚，知命已下。十七日，江南诸绅来晤，几于应接不暇。十八日，谢恩毕，晤大学士徐光启、周延儒。十九日，晤大学士吴甡。此三人皆苏松人士。二十二日，入朝领印。二十三日，入朝领批。二十六日，以实授得封典。十七日，江南士绅来参谒。二十三日，入朝领批。

倪元璐《倪文贞集》卷三收《福建道监察御史祁彪佳并妻父封授制诰》。《祁彪佳制诰》："敕曰：御史督刺天下，道兼论察，天下因之以无蔽奸遁诛，其天子得之则亦可以穆然无为而守其旒纩。夫君道主静而尚宽，以为御史能其官则能使其君，如此故重御史也。尔具官某，茂才通明，正骨强立，始以韶齿试于祥刑，而审克致精，偏颇矫听，是使老吏失气、梧邱绝呼。夫学问之能必征于折狱，正直之气必出于平情，是用擢尔兰台，资其药论。维尔洞垣取识，没羽章忠，朕尝覆子昌言，识其风旨，大都欲以道维法，以礼济威，以谨微为宫府之防，以规大为中边之计。官邪著鼎，流民著图，才治文章，学治功利，凡兹桒迪，悉本精诚，斯悟前贤非为俊物。兹授尔阶仍文林郎，锡之敕命。尔既被命，持斧三吴大江之间，国之腰膂，时则水旱寇贼、奸宄豪强旁午奔会，朕甚忧之，冀子摇山无替朕命，张纲范滂则亦犹人，尔其念哉！"又，郑元勋《媚幽阁文娱二集》卷七亦收入倪元璐《福建道监察御史祁彪佳敕命》，评曰："先生按吴丰裁最著，此言左券矣。"

四月初六，携眷离京，方出都门，以兄骏佳自山阴来，护送之入都。

据日记。

参《世系》《家谱》，骏佳先已于崇祯元年（1628）七月举贤良方正，因父丧不赴选。今当以拔贡赴礼部迎考而来。又参祁苞孙《叔考季超府君行实》，骏佳此次考进士不第。

《山阴祁氏世系表不分卷附录不分卷》有祁苞孙《叔考季超府君行实》："府君孝友性成，上事父兄，下抚群弟，人无间言。弱冠补博士弟子员，拔贡入礼部，举进士不第，时崇祯之癸酉（1633）也。京师晏安，而府君之心窃忧隐忧，语诸在位者皆以为不然，府君则取贡牒焚之，示不复进取，向大明门叩头洒泪归家。入会稽山中筑室，携家人居之。万竹围屋，清泉达阶，临大溪，溪西即秦望山麓，云门诸寺在焉。府君恒策蹇乱流往从诸僧人游，归则静坐一室,遂顿超玄悟忘、生死齐得丧矣。时季父世培府君以御史家居,为府君爱弟,劝不复出,不从。迫官留都,遭甲申之变,议策立忤奸人意,出抚三吴治兵图兴复,奸人复纵飞语思中伤,始谢病归,从府君。而留都旋覆。季父死志决,语府君,府君流涕抚背曰:'吾向劝汝不出,正虑今也。日今国亡矣,吾可效儿女态牵留汝不死以惰臣节哉!往矣,勉之。黄泉如见父母,道儿哀慕也。'闻者不能仰视,而府君兄弟二人慷慨诀别,各不回顾。府君饶资财,岁饥出粟赈活人及散入诸招提充伊蒲供无算。山中盗贼起,白昼杀人夺贷,时(茝)孙从诸兄入山号泣跪请曰:'群盗皆假兴复名图资财,感大人忠信,故焚略不加,但久居此,奈何?'府君始允请,挈身归家,以山中所居及所有皆舍与僧人。归则闭户不出,惟有以性命之学请教者请数四。察其意诚,亦必接见,委曲开导。未几,以病终,时年七十八岁。门人弟子私谥曰'道隐先生'。府君生平作文,意无不达,不斤斤效法前人,一篇之中自为开阖,而自然合于章法可传,盖有理明学足之故。凡关于性理治乱者名《外集》,涉于禅家者名《内集》。恶时僧托名宗师,放恣不守戒律,则取古德明悟严洁者,编次成书以示诫,名《宗门崇行录》,又有《家乘》《随笔》记载前言往行。呜呼!(茝)孙卑孤,(茝)孙事叔父府君日久,美德嘉言,晨夕见闻。殁后哀痛,思撰述行实,求世之大人君子作志传以垂不朽,而荒陋不能。亦恃从兄奕庆才高,应俟其为之。乃从兄谦让,去府君殁十有七年之久未脱稿,而后从兄又殁。今(茝)孙年亦五十岁外,于世岂能久长?若复因循不为,遽填沟壑,则府君竟无见知之人。懿范不传,是谁咎与!复不辞鄙拙,编述成篇,虽率略失次,文不成理,若夫知几守一,动静咸宜,备载篇中,不敢遗缺,亦足为士林取法、垂示将来矣。"

四月初八,启行南下;五月十七日,抵山阴家中,二十八日发舟赴任;六月初四日,入苏松境内。途中董理按差檄牍,辑巡方诸疏成帙,拟成《入吴四约》《巡方总约》《按吴十四申》《按吴九询》及诸禁示稿,告示乡里。

旧谱:"四月初旬,辞阙而南。先生念太夫人,以按差非岁余不得代,因间道归省。五月,拜太夫人膝下,依依孺慕,溢于颜色。时宜兴方有豪奴乱民变,奉旨屡促受事。旬日即别太夫人行,跽告曰:'母勿为念,至吴定变后,即请告养归矣。'"

《祁彪佳集》卷十所附明祁熊佳撰《行实》:"时宜兴方有豪奴乱民之变,奉旨屡促受事莅任。"

据日记,行程如下:四月初九日,抵新城,新城令沈羽石出迎,以诗稿、制义示。复抵雄县,县令任鸾征来迎。十二日,抵阜城,值陈洪范撤师,谈于道次。按，参清夏燮《明通鉴》，去年秋七月，山东请益兵以征孔有德，命总兵陈洪范统之。十三日，至德州。闻有旨催促赴任。十四日，董理按差檄牍。十八日，借骏马，快行至康庄驿。十九日，抵济宁，游古南池，换船而行。二十一日，抵南阳，舟中辑巡方诸疏成帙。二十二日，遣仆至扬州候取家属。二十三日，辑诸处文告成帙。抵万家驿。二十七日，至宿迁县。作《入吴四约》稿成。二十八日，夜泊，邻舟有警，令仆侦看。草成《申明总约》诸款。二十九日，阅邸报，得见禹好善参巡抚庄祖晦之疏，中有令巡按从公审理之句，故有令彪佳速赴任之旨。五月初四日，连日草《按吴十四申》竣，为申明《巡方总约》。初六，抵六合县，观米万钟所书对联。初七日，至乌江镇，吊项王庙不果。初八日，涉江，舟次采石矶。十二日，舟行，草《按吴九询》及诸禁示稿。十三日，抵西湖上偶居，妻子于初十日已先至。十七日，辰刻抵山阴家中。二十五日，以脾疾延医治病。因赴任期促，发起马牌。二十七日，母疾，欲延行期，母慰免之。二十八日，发行，舟夜行，抵西陵宿。二十九日，早渡江，直抵北关登舟。未至崇德界泊。三十日，午后抵崇德，发舟。六月初一日，晚未至嘉兴十里宿。舟中草《按吴九询》及以一示白闾里间，俾知敦睦意。初二日，抵嘉禾。初三日，未至平望，泊舟王江泾。草《九询》将成。时体未健犹服药。

《祁彪佳集》卷十所附明祁熊佳撰《行实》："入境，首以十革、十四申、九询檄下郡邑。革者，举漏规弊政而革去之也；申者，举良法善政久失堕者申明而亟行之也；询者，国计何法以抒拙，民生何法以苏悴，奸恶何法而靖，盗贼何法而息，令各郡邑出己意一一条对，不特地方厘革昭然，且知有司之敏拙贤否也。"旧谱所述略同。

毛奇龄《西河文集》传四《明少傅兵部尚书前巡抚苏松都察院右副都御史祁公传》："久之，巡按苏松，预以十革、十四申、九询檄下属。革者，革其弊也；申者，申其所当行；询者，询其何者可行，何者在所革也。乃据属所答核之定黜陟。"清陈鼎辑《东林列传》卷十一同。

清温睿临、李瑶撰《南疆绎史》勘本卷十四列传第八《祁彪佳》下引《摭遗补传》云："忠敏之按吴也，威令大彰。檄苏、松所属，有十革、十四申见询之目。革者革其弊，申者申其所当行，询者询其何者可行、何者在所革？即核属所报之是否定黜陟。"

六月初四日，作《役南琐记引》。

文见《役南琐记》卷首，亦收入《文稿》。称："琐记者，记癸酉年事，讫于季夏之初。予自季春受巡吴之命，孟夏出都，及入吴而止，故曰'役南'也。

入吴后何以不书？非第以簿书之冗，卒卒无间也。盖闻之上者有章疏，行之下者有檄示，谳狱有牍，试士有文。其得其失可考而知备尔，故不复书。然季春以前何以并是记？有说焉。予于正初实授御史衔时，即有拟予秦中及宣大者，予以差叙辞不敢当。而简书旦暮耳，拊心自拟，他日登车揽辔，其曷以副澄清之志乎？营营念虑间，固不必昧皇华、咨原隰而后谓之役也。独愧予入吴之后，埋轮避骢，远逊古人。况于其前应酬驱驰之琐琐耳，又何足云。癸酉六月朔后三日，巡使者彪佳书。"

入境，力行清廉，节供应、革行铺。

据旧谱："节供应。三吴俗奢，器饰侈丽，尤卑意悦属官耳目。巡方署中陈设，金玉锦绣，率烂然如入宝肆，先生素闻痛恶之。未到，先令州县具器物册，斥去册中所列者十九，点简朴者一二仅存之。又令供应止进一肉一蔬一果，余陈例所有尽数撤去。于是直指署中，无殊苜蓿斋，岁省物力、物命不可计。革行铺。先生节省供应，因革免行铺支值，历巡所至，必不许设程席。漏规有官价借办，最为铺行苦。先生檄各郡县，于每月初令保约长公定诸物价注簿，官必照价发银，然后取物。又每县各分印单数纸给行首，正佐官以空票取物者，止给官价，吏胥以借办名支铺物者，皆实填单中。猝然吊查，方警一二，而各邑遵行恐后，然先生实身先之也。"

清陈济生《天启崇祯两朝遗诗小传·祁忠敏公》："寻巡按苏嵩诸府，所至省驺从，延问父老尽得其利病，豪右兼并细民皆得控陈，一时权贵为之侧目。"清徐开任《明名臣言行录》卷九十四《巡抚祁忠敏公彪佳》同其说。

秋，托冯梦龙代集吴中民间所刻书。

据南图藏《按吴尺牍》今年秋季册《与冯学博犹龙》："夙耳芳名，幸瞻风采，昨承佳刻，顿欲蓬新。三吴为载籍渊薮，凡为古今名贤所纂辑著述者，不论坊刻家藏，俱烦门下裒集其目，仍开列某书、某人所刻、出于何地，庶藉手以披获数种，聊解蠹鱼之癖。拜教多矣，诸不一。南都近日新刻有足观者，望并示数种之目。"

又，沈自晋《重定南词新谱·凡例续记》："祁公前来巡按时，托子犹遍索先词隐传奇及余拙刻，并吾家弟侄辈诸词殆尽。向以知音，特善子犹。是日（甲申冬杪）送及平川。"

按，冯梦龙，字犹龙，一字子犹，别署墨憨斋主人，时为丹徒教谕。《丹徒县志》卷二十一云"天启中任（教谕），升寿宁知县"。然据《苏州府志》卷三十九所记，冯为崇祯三年充贡生，任教谕当在此后，故县志所记有讹；又据彪佳日记，明年六月冯梦龙升令。

八月二十八日，具题《严剔漕弊，申饬法纪，以重国储》疏，请折嘉定漕粮为银；《酌百年之大利等事》，禀苏、松、常、镇四府土地钱粮事；《上供匮用至极，外解滋玩不堪，移会严催，以济急需、以重明旨事》。

见《宜焚全稿》卷一，三疏皆九月二十五日奉旨。

九月初三日，具题《钦奉圣谕事》，言禀地方钱粮；《遵奉明旨厘革宿弊事》，言地方印信调换事；《纠勘不职有司以肃吏治事》，纠劾昆山令全在兹。

见《宜焚全稿》卷二，三疏皆十月初一奉旨。

是月，函贺友郑茂烨中秀才。

今年有《按吴尺牍·与郑季公》："得尊教，知已采芹黉宫。"

十月初七日，具题《循例议留应觐正官以安重地事》，以苏、松之地民贫盗起，请留各州县正官免入觐以安局势。

见《宜焚全稿》卷二，疏十一月初五奉旨。又，据诸疏题头可知，时彪佳以地方拖欠镇江海防银两、巡按查报稽迟被住俸。

初九日，科学家、大学士徐光启（1562—1633）卒。光启字子先，号玄扈，上海人。有《农政全书》，崇祯十二年印行。

据沈起炜《中国历史大事年表·古代卷》。

宜兴民变，焚劫乡绅陈一教家庐墓，彪佳处治，首罪豪奴，次擒乱首，定变。十月二十六日具题《敬陈宜邑民变始末微臣处置事》，二十八日具题《豪奴蔽主启衅，顽民结党抢烧，已经擒获首恶，解散协从》。决事备得钱士升、蔡献臣、马世奇诸士绅赞许。

两疏分见《宜焚全稿》卷三和卷二，皆十二月初二奉旨。

明谢晋撰《右金都御史巡抚祁公传》："癸酉，巡按三吴。吴中宦仆凌铄小民成风，而义兴尤甚。乡绅陈一教，其子一鼎甲一词林，势张甚；仆周文灿强食，怨里中有年。有陈轼者侠里中，愤其豪横，丽牲誓神，纠众发难，焚陈室，发其先冢。奸民乘势抢掠，几成大变。公至，即巡其地，首罪豪奴，次擒乱首。众愤平而国法彰，变由是定。"

《祁彪佳集》卷十所附明祁熊佳撰《行实》："先时，三吴宦仆凌小民，宜兴为甚。乡绅陈一教，二子皆居翰林，势赫奕；豪仆肆毒，激地方变。焚陈氏室庐，发其祖墓。奸黠者乘机旁掠，恃罪拒捕，几成大乱。朝议咸推先生有应变才，先生即先巡历。首正豪奴罪以平众愤，次擒首乱以伸国宪，变遂定。"陈氏二翰林即陈于鼎、陈于泰。

旧谱："定宜变。三吴多豪仆凌小民，宜绅陈一教一子及第、一子翰苑，势赫奕，豪奴周文灿肆毒积怨。宜兴民陈轼刑牲盟神，合众力抗之，号曰'禁头'，遂相激发难，焚陈氏屋庐、别业殆尽，发其祖墓，因而旁掠，几大乱，庙堂颇为虑。先生亟先巡历，首正豪奴罪平众愤，次擒乱首伸国宪，奏斩豪奴、乱民各数人，余成配如法，变遂弭。因尽追豪奴所占子女、田产归之民，而奏夺陈氏父子官，又治诸怨家之为乱者，解胁从、抚良弱，民心大定。"

明张岱《石匮书后集》卷三十六《刘宗周祁彪佳列传》："戊辰，考选福建道御史。癸酉，巡按三吴。宜兴陈氏仆激变乡民，毁庐发冢；彪佳即巡其地，首罪豪奴、次擒乱首，奏斩陈氏仆及乱首数人，余成配如法；尽追还占夺子女田产，解胁从、抚良弱，众皆贴服。"

清毛奇龄《西河文集》传四《明少傅兵部尚书前巡抚苏松都察院右副都御史祁公传》："而宜兴乡官陈一教奴客播虐，怨家刑牲，焚其庐，劫肆其尸。彪佳先捕诸奴客正法，平众心，且尽追还所占掠男女田产，而奏夺陈氏父子官，然后治诸怨家为乱者。"清陈鼎《东林列传》卷十一所述略同。

清邵廷采《思复堂文集·碑传·明巡抚苏松副都御史世培祁公传》："宜兴陈氏家奴播虐，怨家刑牲焚庐发冢，公捕奴正法，尽追所占男女田房，奏夺陈氏父子官，遂治怨家之乱者。吴中称为神君。"

清四明西亭凌雪《南天痕》卷八列传九："出按苏松，宜兴邑绅陈以泰暴于其乡，民聚焚其室庐，发其祖墓，汹汹不散；彪佳单骑抚定之，惩其倡首者。"此"陈以泰"当为"陈于泰"之误。

清赵翼《廿二史札记》卷三十四《明乡官虐民之害》："前明一代风气，不特地方有司私派横征，民不堪命；而缙绅居乡者亦多倚势恃强，视细民为弱肉，上下相护，民无所控诉也。……至如宜兴周延儒方为相，陈于泰方为翰林，二家子弟暴邑中，宜兴民至发延儒祖墓，又焚于泰、于鼎庐。"

按，据祁氏疏稿及相关揭帖，民焚陈氏发生在今年正月，时彪佳未赴任。此事地方先已平定之，然事至三月又发。思宗令有司缉拿豪奴周文灿、民首陈轼，查陈氏及豪奴非法事并严惩之，陈于泰则令回籍听抚按查明。时礼部主事骆天闲疏参陈氏父子五罪，温体仁等人则疏留陈于泰。彪佳于此事，秉保护官绅、居中调停的原则，斩、戍生事豪奴以平民愤，同时亦严惩闹事平民。宜兴民发延儒祖墓，则发生在明年五月。

明马世奇《澹宁居文集》卷九有《上祁世培按台》有函称"伏读九询十四申"，并言及地方催科积蠹及荆溪民变事。"南天有幸借福星，莅之命下之日，士大夫欢声雷动，自长安不胫而走吴会。顷闻前驱入境，民间'乐只'歌又自吴会不胫而走长安矣。伏读九询十四申，了然如朝暮于吴民之几席而数其毫发。舞文者见之几于鬼逢禹鼎，而蠹者则不啻奉明师慈父之训勉，感而欲泪。无论某辈生长四郡，此中尚多未悉，即令台台先数月以若此也。闻之先达云：'天下事微行至亦何能详且核之，但得有实心，不患无明眼。'今于台台益信。……荆溪民变得台台以纶巾羽扇定之，'平情执法、戢乱安良'，此八字逾十部役事矣。豪奴势极而撄众怒，悍民势极而罹国典。台台予之以平，所谓处置得宜，人心自服。某辈在三千里外，亦将贴枕而卧，岂止东南半壁之有长城哉。特恐事定之后复有借乱民以持屠民之短者，台台得无豫防其渐乎！"又，卷十《与杨涟漪邑侯》函亦言及此事，并称已为杨向彪佳致意："夫治豪奴非惟为百姓，亦以安豪奴；创衙役非惟为地方，亦以安衙役；乡绅之请托非惟为三尺，亦以安乡绅；严罢棍之刀诬非惟为善良，亦以安罢棍。贫民天之弱症所钟，宜扶之使旺；富民国之元气所系，宜护之使长。此皆有见于荆溪近事，而不觉为知己娓娓吐之者，然实皆台台意中语耳。祁公祖处已再三为悉，台台治行高等，知其眼中有镜，当一见恨相知晚。凡锡邑行止所宜，与无良之为蠹于乡闾者，台台不妨尽言之时哉！勿可失也。"

明钱士升《赐余堂集》卷七有尺牍《答祁虎子》："台台学术得自家传，经济由于凤储，每从大疏窥见一班。言言忧瘝，救时之石画也。心仪神往非一日矣。生在南中时闻绣斧下车，风采震动，即有表章正学之举。贾生有言移风易俗，使天下回心而向道，类非俗吏之所能为也。俗吏所务在于筐箧，期会而不知大体，台台此举关系世道人心，非浅浅矣。承教大揭，回环捧诵，具见戡乱伟略。生春间曾赉书敝同年徐兵使，大指谓愤民与乱民不同，不治豪奴无以平愤怒，不治乱民无以肃纪纲，而台台先得我心所同然矣。昔张崛嵲之平浙变也，先乱民而后乱兵；今台台之定宜变也，先豪奴而后立禁：古今豪杰作手，只在先后着尔。至末谓乱民自有罪，不因豪奴而掩乱民之罪；豪奴终当禁，不因乱民而宽豪奴之禁。圣人复起，不易斯言。敬服！敬服！"则钱氏对彪佳平乱之举表示认同。按，张佳胤（1526—1588），字肖甫、肖夫，初号泸山，号崛嵲山人，重庆府铜梁县人。明世宗嘉靖二十九年（1550）进士，官至兵部尚书、太子太保。卒赠少保，天启初谥襄宪。工诗文，著《崛嵲集》。

明蔡献臣《清白堂稿》卷十《答祁世培侍御　甲戌》："客岁赵令君传到翰觊，缺焉未报兹沈云老。下车而吴中之命复辱之，老公祖按部之际，而注意山中人若此，岂世俗中可有哉！吴为尊翁遗爱之邦，今老公祖复持节而莅之，是父是子，吴依何幸。侧闻按吴之政，开诚布公，尽脱旧套；吴人欢颂，以为从前无两计得代，非遥圣明，且虚畿辅文衡以待矣。当今武备废弛，文体浮冗，南北尽然，圣主加意厘剔。窃谓武当以实胜，文当以理胜，门下不日肩此二担，起衰救敝之妙用，其必筹之熟矣。阳羡之事，视前昆山又甚。然惩豪奴易，驯刁民难。三吴之风易动难安，往往如此，要在御之以法，而斟酌其权宜耳。承示诸疏，具服经济。彼此各天，后晤未期。辄因中丞使便草勒附谢，薄备非足报琼，惟熠存，甚幸。"

借势严惩地方结党流氓，治天罡党，革豪占，定乱立威。友沈国模戒以慎勿喜怒过当。

旧谱："惩罡恶。三吴无籍自标名'天罡'，随数罪党，流毒遍地，曰造访、打囤、打抢、奸淫，恶名不可悉记。官或治之，即赃累无辜。久之汇约复出，则加声势喝吓。官数治，气愈张。横趋过市，人畏之如豺虎。先生履任，即擒罡魁四人，翌日大会国人，取四人遍询之，咸曰'可杀'，立杖杀，暴其尸三日。国人大惊，罡党股栗。巡历所至，恶如四人者擒至，不问赃罪，立杖杀陈尸如前，复穷其根株不少纵，百年大患至是遂戢。""革豪占。三吴民间有旧有扛抬、钉封之害也。以击□不戢，或猝抬富民至家，囚逼献产，谓之'扛抬'；或封平民屋庐，或封产，谓之'封钉'。先生严示禁止，凡逼献封钉者，悉追还民，复尽法穷治，豪贵顿戢。"

明陆应阳《广舆记》卷三："及巡按苏松，除奸剔弊凛若神明。忽一日遍召吴中士大夫及里间父老至玄妙观，乃系囚四人于庭，宣示罪案，询之士大夫，曰'可杀'，询之父老，曰'可杀'。遂杖杀之，远近咸称快。"

《祁彪佳集》卷十所附明祁熊佳撰《行实》："又访吴中罡恶累治不悛者，大会缙绅父老，遍询之，咸曰'可杀'者四人；杖杀之，陈其尸。三吴恶棍，一时敛戢。"

明谢晋撰《右佥都御史巡抚祁公传》："三吴无赖，自署天罡，各肆行郡邑。小民重足侧目，恣其刀俎。官治以法，则摊赃无辜。人愈益畏之，益盘固不可治。公至，访其尤四人，置诸理。乃大会绅士父老，先讲圣谕，旌善良；次举四人，遍询之，咸曰'可杀'，即众毙之，陈其尸三日。所至有恶与等，治如之，由此奸人屏迹。复大刨扛抬、封钉之习，豪强不得侵占。'扛抬'者何？谓素封可欺，猝抬至家锁禁，勒其献产。'封钉'者何？平民室庐封之，田钉之也。"

《祁彪佳集》卷十《遗事》引清董旸撰传："吴俗患'扛抬'，素封可啖，猝抬至家锁禁，勒其赎产。又患'封钉'，平民室庐封之，田钉之。公为大刨，豪猾一时屏敛。"

清邵廷采《思复堂文集·碑传·明巡抚苏松副都御史世培祁公传》："巡按苏松，就问老父条利病，捶杀少年拳勇无赖，管内慑伏。"

清陈济生《天启崇祯两朝遗诗小传·祁忠敏公》："吴中无赖自署天罡

党,凌轹小民;官治以法,则摊赃无辜,人愈益畏之。公至,捕其尤者四人立
磔于市,由是群奸股栗。"清徐开任《明名臣言行录》卷九十四《巡抚祁忠敏
公彪佳》所述同。

明张岱《石匮书后集》卷三十六《刘宗周祁彪佳列传》:"巡按苏州,访天
罡名不得实;大参公长洲旧役谒署中,各闭一室,令书巨憝,众口一词者七八
人。彪佳至玄妙观,檄绅衿耆老令百姓纵观;先讲圣谕、次恤节孝;缚诸天罡
于阶下,有一人肯保或言其生平一善事者,即释之;其尤者四人,众论皆确,
立毙之杖下。由是群奸股栗,境内肃然。"

清毛奇龄《西河文集》传四《明少傅兵部尚书前巡抚苏松都察院右副都
御史祁公传》:"会苏州无厉名打行,廉其稔恶可杀者四人械于衢,集乡三老
询之曰:'可杀否?'乡三老曰:'可!'即又询诸观者曰:'是可杀否?'观者曰:
'可。'于是抡大棰(棰末量五寸,积一寸半),每棰十,易操棰一,棰至死,验
之,陈其尸。"清陈鼎辑《东林列传》卷十一同其说。

清温睿临、李瑶撰《南疆绎史》勘本卷十四列传第八《祁彪佳》:"吴中奸
民结党,立'天主'名号,横行乡里,有司不能制。彪佳廉得其魁四人,召绅士
父老会鞫城隍庙,咸曰:'可杀。'即时杖死之,民大称快表礼。"又,本书下引
《摭遗补传》云:"郡中无厉者名'打行',以有事为荣,迺械其首恶四,集乡三
老询之曰:'可杀否?'曰'可。'即又询诸观者,观者亦曰'杀之可。'于是抡大
棰(棰厚一寸,宽半尺),每十棰,易一人操之,棰至死,而陈尸于涂。"

清四明西亭凌雪《南天痕》卷八列传九:"奸民结党,立天主名号,横行吴
中,郡县有司不能制。彪佳廉得其魁,掩捕之,召绅士父老会鞫城隍庙,咸
曰:'可杀。'即时杖杀之。民忭首称快。"

清梁同书《频罗庵遗集》卷十四《直语补证》:"黄梨洲《思旧录》云:'祁彪
佳为苏松巡按,悉取打行、火囤之流杖杀之,列郡肃然。'"

清王鸿绪《明史稿》列传第一百五十《祁彪佳传》:"出按苏松诸府,革弊
政、兴良法,廉积猾四人杖杀之。"《明史》卷二百七十五本传同。清黄叔璥
《南台旧闻》卷十二亦述及之。

清冯桂芬《同治苏州府志》卷一百四十七《杂记四》:"崇祯六年巡抚御史
祁彪佳。十一月朔,特行赏善罚恶之典。前三日遍约郡之士大夫集玄妙观,
又谕阖郡父老毕至。乃举善人某某,花红给赏。因四恶人曰王万洲、郦来
源、俞泰、邱鸿,将杖杀之。先以询士大夫,士大夫皆曰'可';又询诸父老,诸
父老亦皆曰'可'。遂杖杀之。远近称快。盖王、郦以大猾造访为业,俞则冒
宦作威,邱则弑母者也。自是吴中奸宄屏息。"清赵宏恩《乾隆江南通志》卷

一百九十五《杂类志》述此事略同。

清穆彰阿《嘉庆大清一统志》卷七十二《绍兴府·名宦》:"祁彪佳,山阴人,崇祯中巡按苏松诸郡,首以弊政当革者十,良法当复者十,遍询属吏而行之,风采大著。吴中积猾最多,访其尤甚者四人,大会缙绅父老,立杖杀之,远近震慑。后擢巡抚。"

彪佳以严刑戡乱立威,友沈国模戒其苛严。清邵廷采《思复堂文集》卷一《姚江书院传·沈求如》:"始山阴祁忠敏公彪佳与先生善。忠敏巡按三吴,一日杖巨憝数人,会先生至,欣然以告。先生字呼曰:'世培,亦闻曾子云:如得其情,则哀矜勿喜乎?'后忠敏尝谓人:'吾每临谳,必念求如,恐仓促喜怒过当,惭此友也。'"民国赵尔巽《清史稿》列传二百六十七所述略同。

清李元度《国朝先正事略》卷二十八《沈求如先生事略》:"初山阴祁忠敏公彪佳与先生善,忠敏以御史出按江东,一日杖杀巨憝数人,会先生至,欣然以告,先生字祁曰:'世培亦曾闻曾子云:哀矜弗喜乎?'忠敏后尝语人:'吾每虑囚,必念求如,恐仓卒喜怒过当也。'"清徐鼒《小腆纪传》补遗卷六十八列传以及清阮元《揅经室集》续二集卷二述沈国模、清彭绍升《二林居集》卷十九述一《儒行述》所述略同。

二十八日,具题《道臣患病不能供职,乞敕部议允放回籍调理》疏,为苏松道兵备右布政使沈荦桢告病;《查核续完欠数,并严考成,勒限催解,以济军需事》所言科税粮饷;《循例举劾有司官员事》,查劾原任吴县知县陈志广赃迹。

见《宜焚全稿》卷二、卷三,三疏皆十一月二十九日奉旨。

秋,捐银一百两,檄重修东林书院,旌邹期桢。

清邹钟泉《道南渊源录》卷十载重修东林书院事,祁承㸁、彪佳父子先后捐银佐饩:"佐饩……长洲县尊祁夷度二十四两,右款因无碑记故特详之。崇祯戊辰(1628)改元修复书院之旨下,东林主讲吴觐华即捐银二百两首建丽泽堂。六年(1633)秋,巡按祁公彪佳檄修复,捐银一百两。"同书卷五《邹经畬先生传》:"邹期桢字公宁……东林废址建丽泽堂,期桢实左右之。……先是郡邑守令竞推择为乡饮宾,巡按御史祁彪佳按部式其庐,旌曰'贤良方正'。"

清朱彝尊《经义考》卷九十二《书·邹氏期桢尚书撰一(未见)》:"严绳孙曰:'字公宁,无锡人。崇祯中御史祁彪佳举贤良方正不就,学者称经畬先生。'"

清张夏《雒闽源流录》卷十二:"邹期桢,字公宁,南直无锡人。性至孝,九岁时患痘剧甚,作痒恐惊父母寝,力制之。比长,辄苦读,年三十始称郡诸生，屡举不售。祁忠敏公彪佳始以侍御巡按吴中，式其庐，举'贤良方正'，亦不出。"

重修苏州府学、名宦祠和二泉书院等。

清赵宏恩《乾隆江南通志》卷八十七《学校志·苏州府》："苏州府儒学在府治南……崇祯六年，飓风作，庙署、祠宇、桥木、墙垣一时倾毁，巡按祁彪佳、巡抚张国维、推官倪长圩累年增修。"

清冯桂芬《同治苏州府志》卷二十五《学校一》："六年，风益烈，乔木、周垣尽仆，巡按御史祁彪佳修庙库、名宦祠。"

清陆世仪《桴亭先生诗文集》诗集卷六《西山张文宗修二泉书院成述事一百韵》中述书院修建始末："昔我先文庄，年老艰子嗣。身殁尚未几，讲堂生棘楚。讵曰无所司，纷纭互为市。否极泰复来，遭我祁御史（御史讳彪佳）。以邵复还邵，独畀先君子（讳澄）。祁始王继之（王讳一鹗），前后两直指。苦心妙斡旋，赖我陈太府（太府讳琯）。又有诸贤达（西曹曹公钤，及驾部钱公振光、考功徐公石麒、孙孝廉讳敷华、比部薛公寀、郭侍御讳维经），众力共支撑，乃得留此土。我意祠张公，俟功稍有绪。兼祀昔有功，祁陈两公祖。"

十一月十五日，具题《遵旨题明开复事》，请复常熟知县杨鼎熙所降职级；《县城失事，遵例先行参奏，以惩疏玩事》，言丹阳县城失盗，知县王范、县丞住俸带罪。

见《宜焚全稿》卷三，皆十二月十一日奉旨。

二十一日，具题《循例纠劾不职有司以备考察事》，劾镇江通判刘永祚、常州通判余翼明、华亭丁忧知县罗明祖、吴江知县余朝相四人。

见《宜焚全稿》卷三，十二月二十日奉旨。

二十六日，具题《钦奉圣谕事》，言金山卫指挥马绍游侵匿军饷事；《详拟罪名事》《为处决重囚事》，皆禀所决地方重犯；《循例举劾武职官员事》，报武弁韩伟等以科索情弊、冒支军粮被惩事；《漕粮之征输应早，军民之交充宜平，敬陈漕运弊端，仰乞圣明申饬，以足国储，以宽民力事》，于三吴漕粮征解颇有所为，定征解之法以清赋弊。

见《宜焚全稿》卷三、卷四，皆十二月二十一日奉旨。

旧谱："恤里役。里役剧苦，三吴尤甚。先生悉心访求，多方经画。如催比，则令完额者竟归勿候，欠则均比排年，摘比顽户，不致独累现役。又带征、现征毋一时并比，彼此不违，至于顶区、分区、坐图、押扇，种种滥役、滥索，尽立革之。如差解，白粮与布解最苦，水脚收纳费居半，胥役费倍之。先生尽革衙门押差，凡当给发，必先旧例数月，或令扣本户应纳正赋，勿派支荒区，批回则大宽其期，勿频催饱胥役。如编审，他省十岁一役，三吴役烦，十岁而二，盖以宦户所免多，而诡寄滋其弊。夷度公令长洲时，首倡宦户限田法。先生继志，严令有司力持之。缙绅求免役者必峻拒，诡寄不行，田遂有余。更禁派役之外，勿再立空役以防营脱。如轻粮，每为有力贿营积胥，故豪户获轻差，而重者累小户，立破家。先生严令各邑，必视田多寡为差役重轻，时吊户册合以粮差，以此验有司公私，定臧否。""清冗役，禁滥差。三吴胥役，吸民膏血，蝇屯蚊聚，尤甚户、粮二科，科聚人二百许。先生严令郡邑确酌繁简，至繁者留二十名，恋役五年至十年者，皆不得留。或曾经犯革久役隐伪，令科中互相系，事发连坐。皂快亦酌数去留，尽革帮役。如华亭粮丞快役至百二十名，先生严革其十八；约合属革过胥役一千二百余名，皂役倍之。差役横索，莫过访事干证、被害，咸假访犯名擒索；小民不知，后知之，费已不资。先生令止拘首犯，其余皆揭榜于门；明示某被害、某干证，某日投审；差役不及，不费一文。又立碑郡邑，肯词状必差原告，重则里长、差役不许下乡，幕佐不许拘摄，捕盗必会同团保，搜赃必面同失主。三吴差役，先生在任皆屏息敛戢。""定解法，清会计。钱谷解京边者急，放本邑者缓。有司不明，任胥役每放多解少；吏以为利，自则受参。先生定为四则：曰至急、曰次急、曰稍缓、曰可缓，等杀其数。每征收若干，照限分拨，设簿一存院、一存道，循环对勘，缓急失宜，即提吏胥重惩。又会计之数，奸胥不预定，令民不周知，可上下其手。先生得部文即先刊易知单，分布民间，然后开征，皆晓然知应输之数，奸吏侵冒不能行。"

《祁彪佳集》卷十《遗事》引清董旸撰传："三吴赋税、差解役重。公立易知由单清赋弊，定解法为四则：曰至急、次急、稍缓、可缓等，杀其数。每征，辄照限分拨设籍，院司循环对勘，奸胥无能上下其手。"

明谢晋撰《右佥都御史巡抚祁公传》："定解法为四则：曰至急、次急、稍缓、可缓，等杀其数，每征辄照限分拨，设籍院司，循环对勘，奸胥无能上下其手。捐赎锾，为长洲增置役田；清吴县隐租以备荒，无锡役米以惠解；借华亭义米，置上海役田，时粟适贵，率二石得田亩，三年子粒，足偿其数，华亭米不耗散，而上海无田有田；平漕兑，岁省四郡耗赠金钱十余万，至今吏怵民怀之。"

查继佐《罪惟录》列传卷之十二《祁彪佳郭符甲》："代巡苏松等处，凡疏滞激，活七百七十余人；注销伍百余词；革过胥役一千二百余名，皂役数倍之；以俸益长洲役田一千八百亩，凡节孝共三百七十六人。"

清赵宏恩《乾隆江南通志》卷一百十二"职官志"："祁彪佳字幼文，山阴人。崇祯时巡按南畿，一日杖毙大猾七人，所部称快。立易知由单以清赋弊，捐俸置役田以苏徭困，人称真御史。后巡抚应天，威望尤著，一时分镇大帅，多敬惮之。"清何绍基《光绪重修安徽通志》卷一百三十七所述同之。

十二月初五日，作疏《辅臣之简任方新，谏官以进言遭斥，恳乞圣明宽宥，以益弘天度，更励臣工事》申救章正宸，并劾新辅王应熊。

疏见《宜焚全稿》卷四。据注，此疏本月二十三日至，通政司不为封进。

按，据清夏燮《明通鉴》，今年十一月，礼部侍郎王应熊入为东阁大学士，预机务，给事中章正宸劾之"狠愎自张"，请另选忠良。帝怒，下正宸诏狱，削其籍。

旧谱："先生在吴，闻给谏章公正宸疏纠新参王公应熊，下司寇狱。王不伸救，直入政府。先生即疏救章公，并责王公不为伸救：'今日不能回主怒，焉望后日格君心？'疏至银台，以章公既蒙轻宥，疏遂封回，然王公已知而忌之矣。"

《祁彪佳集》卷十《遗事》引清林日宣所撰传："癸酉，命按三吴。闻章给谏正宸以纠参新相王应熊下诏狱，王不为救，直入政府。公疏救章，并论王'不先回主怒，安望异日能格君心'。疏至，章已释出，未上。朝闻皆惮之。"

祁彪佳《按吴尺牍》有《与倪三兰》函提到此事，函云："弟昨以救章格非一疏得罪新参。"三兰名元珙，时任南直隶提学御史。

清狱简讼。亲审断，疏滞狱，禁嚣讼，省赃赎，禁摊赃。

彪佳查狱问讼，力求公断，从日记中也可见一斑。据崇祯七年日记《巡吴省录》残篇："六月十六日，审理案件，令诸囚自为辩雪，必使之语塞心折。"

旧谱："亲审断。代巡体崇，讼狱皆檄下属，初状多委司理。先生亲诸初状，情重行者，差一役猝提被犯，令原告自携干证，刻期到，到则即日示审语刻决。有词经十余年、审驳十余处而不决者，咸数证决之，更情所不敢治者穷治之，法所不敢释者竟释之；豪滑如立层冰，善良如亲慈父。神明之诵，为数百年所未见云。""疏滞狱。犴狴久滥，或数金赎锾，或租债微息，或正犯逸而波及亲属，或案虽结而保领乏人，无死法置死地。先生密遣人猝吊监铺簿至，然后令一一详报，情轻者立保释，并责治经承督过有司；情重久不决者立断决，计苏释淹滞凡七百余人。又念新囚易瘦死，为另处囚粮；老囚称牢头者时换他邑，使不能肆恶云。""禁嚣讼。代巡职理冤，先生谓平反成狱后，曷若慎初？如人命必令初告保辜，验生伤存案后，查辜限初案，真伪立辨。且检验不及幕佐，伤痕必符凶器；如大盗止据初供、续供，指使、仇攀概不行，但赃真即成狱，不许穷索蔓延。三吴诬讼，大抵以诬命、诬盗为端，先生特立二状式，令自认反坐罪，注书状名，一涉伪则究比尽法。刁民伎俩无所施，而嚣讼息过半矣。清积案。三吴官多虚席，事极冗。上司批词，或至七八年未结；胥役幸此为奸，民间一词在官，耕贾俱废。先生悉翻积案，令承问者明开未完之故；除重辟外，数日注销五百余词，获脱株累者数千人；又明示听民和息，免其纸锾，民大便之。""省赃赎。旧例，抚按批允赃赎，朝下夕取；有司借正供以应没，酷比追补；奸胥为奸，究不及半。积数十年，或缺正供盈万。先生立定法，必俟有司报实收数，方酌量取解京边。自是正供无缺，罪人得从容，而产尽者亦得蠲免。先生又严谕郡邑，审其人果无罪可科者即申释，有罪而贫者不议赎，一事两告者科其一，赃非犯禁者给原主；又革抄状之费则揭示副状，革铺堂之费则随到即审，革抄案之费则面示审语，革保家之费则轻罪纸价，概不取保：讼者无不感诵。""禁摊赃。吏侵官帑无忌，盖恃败则诬摊赃；有司惟赃是求，余弗恤。以故无辜破产，而侵蚀者自如。或赃未完过数复出，因以为利。先生立法，止数比正身及亲子，不得扳一人；有司亦不得旁准一词，则方准勘产。奸吏知赃必己出，不毙弗已，侵渔知忌。"

清查继佐《罪惟录》列传卷十二《祁彪佳郭符甲》："代巡苏、松等处，凡疏滞狱，活七百七十余人，注销五百余词；革过胥役一千二百余名，皂役数倍之。"

清裘君弘《妙贯堂余谭》卷一谭史类《词讼随到随结》："自铺堂挂审以至行杖，何处无鼠狐作祟？自抄状、买差以至发落，何时非阿堵公行？此先辈祁幼文极陈词讼苦累之疏内语也，可谓切中事情。然则欲为良有司，亦惟端本澄源，使民无讼。否亦片言立剖，随到随结，不使吏胥辈得因缘为奸可耳。"

崇祯七年甲戌(1634) 三十三岁

时事 正月，明将尚可喜降后金。 明设河南、山、陕、川、湖五省总督，以陈奇瑜任。 农民军渡汉水，逼谷城，破房县。二月，入瞿塘，破夔州。受石砫土司秦良玉及川将张令阻，分兵走湖广、陕南。 五月，受明军围攻，汉南农民军向陕南商洛地区突围。 六月，高迎祥、李自成被围车厢峡。李诈降，出峡，杀安抚官再起。 十一月，逮问陈奇瑜，以洪承畴代。 农民军东移河南。

七月，后金收抚察哈尔余部，攻明宣府、大同。京师戒严。闰八月，撤兵。 以沈阳为"天眷盛京"，赫图阿拉为"天眷兴京"。 索伦部首领巴尔达齐归附后金。 是年，察哈尔林丹汗(1592—1534)亡于青海。

今年祁彪佳有日记《巡吴省录》，存六月十一日至十八日。所作尺牍，前半年收入《按吴尺牍》；后半年收入《里中入都尺牍》，藏南京图书馆者标注"南图藏"，国家图书馆藏本不注藏处。

正月初三日，具题《官旗勒耗稽运，横辱职官，仰乞圣明严行饬究，以彰国法，以肃漕政事》疏，言泗州卫指挥张景文等殴打粮官张希稷及太仓知州刘士斗事；《遵奉明旨厘革宿弊事》，言换缴江阴县印信事；《遵敕查核完欠以候圣裁事》《遵旨查参漕折违限各官，乞赐分别严惩，以儆怠玩，以完宿逋事》，皆言钱粮缴运事，并请复无锡令杨云鹤、署印同知蔡如葵所降职级；《循例举劾有司官员以肃吏治事》，劾常州府海防同知王佐偏信，其属衙蠹害民事。

见《宜焚全稿》卷四，诸疏俱正月三十日奉旨。

十八日，具题《报册投科日久，解官杳不见至，乞敕该抚按严查，以警怠玩，以重国计事》，惩武进县丞王世杰、无锡主簿李确然等。

见《宜焚全稿》卷五，二月十五日奉旨。

同日具题《风雨奇变，重地受灾，谨先据实报闻，仰候圣鉴》，所报崇祯六年六月，苏、松、常、镇诸府遇暴风雨，被灾严重，继有旱灾虫伤，民力困乏，疏请救赈，并请蠲、缓、折被灾诸处钱粮。

见《宜焚全稿》卷五，二月二十三日奉旨。

旧谱："亲恤赈。三吴是岁遭异风雨，俭收民饥。先生尽发仓粟，多方设处，躬督有司赈救，活饥民四万五千余口。又常郡产米而价忽涌，人故遑遑。先生谕民间，田自三顷上者各出米发粜，然不抑价，粜多价以自平。"

同日具题《吏胥互盗，上下欺蒙，急为追求，以佐军需事》，报长洲县官吏侵盗钱粮事。

见《宜焚全稿》卷五，二月二十五日奉旨。

是月具题《盗伙夜劫鞘银，随经擒获赔补，谨据实参奏，以惩疏玩事》，报福建盐课银两押解至丹阳被劫事。

见《宜焚全稿》卷六，未注奉旨时日。

二月二十九日，具题《遵旨不时纠劾，以肃吏治，以安民生事》，劾昆山令过周谋钱粮不清，属下官吏朋奸作横；《查参拖欠，申饬考成，恳祈圣明敕下部寺，尽法严行，以无匮上供事》及《遵例查参逋赋，以儆积玩，以裕国计事》。

见《宜焚全稿》卷六，诸疏三月十五日奉旨。

同日具题《为重地之有司悬缺甚多，恳乞敕下该部，作速就近调补，以裨吏治事》与《恭解赎锾公费，以仰佐军需事》。

见《宜焚全稿》卷六，诸疏三月十六日奉旨。

同日具题《江南苦役有五，民生凋敝堪怜，敬陈厘剔事宜，仰祈圣裁申饬，以安重地，以固人心事》，言江南漕兑、布解、白粮、柜头、经催五苦。

据《宜焚全稿》卷六，三月二十四日奉旨。

旧谱："平漕兑。漕粮竭江南民力久矣，至今则漏规日甚，至旗军之刁索，粮长之困苦，更种种不可悉指。先生特疏严革诸漏规。适按松江，即首令华亭开兑，先生亲监水次，定常例，令郡县遵行。计华邑所革省耗赠、诛求，不下万余，合四郡且十余万。又令县单卫承止定一号仓兑一号船，勿书粮长姓名，勿令旗军与粮长面，遂无从刁索。又有零兑零派之弊，为粮长苦，先生关会漕台，必一户之米尽兑一艘，一卫之艘尽派一县，有余不足方议通移。百年大害，至先生为之一洗。"

《祁彪佳集》卷十《遗事》引清董旸撰传："巡按苏松，疏言江南大首名之害。首名者，岁计户口、田多者，金点一名，任一区催比。辰巳（1628—1629）之旱，长州知县叶承先于首名外设立大首名。首名催比不完，坐大首名补之。卖妻鬻子，敲骨取髓，逃亡累其亲族。有一名更改数十名者，有一名破数十家者。公劾之。"

明钱士升《赐余堂集》卷七尺牍《答祁虎子》："幸识龙光，饫斟玉屑，民瘝吏弊，洞晰秋毫。方今功令日严，谈及抚字，便为不识时宜，安得仁人之言而称之？细读漕兑大揭，一腔恻怛，淋漓满楮。而末言征兑之法，则熊坛老令长兴时所行者，至今便之；粮长收粮入仓，一如收银之法，尤为无弊。第恐一人而董一区之粮，人情惮于独劳，难于虑始耳。凡立法择其利多而害少者为之，如此法有全利、无少害，倘得允行，台丈所以造吴者不减周文襄之平赋矣。近闻吴民将有叩阍借寇之议，此绣斧从来未有胜事。但中朝乏人，吾乡尤为落落。颙望还朝左提右挈，私心尤切切尔。"按，"熊坛老"，即熊明遇（1579—1649），字良孺，号坛石，江西南昌进贤人。明万历二十九年（1601）进士，授长兴知县。"周文襄"，即周忱（1381—1453），字恂如，号双崖，江西吉水县人。永乐二年（1404）进士，宣德五年（1430），授工部右侍郎，巡抚江南，总督税粮事宜。稽理欠赋，修改税法，屡请减免江南重赋。景泰四年（1453）卒，谥号"文襄"，著《双崖集》。

是月曾被住俸，并降职一级留用。

据《宜焚全稿》卷六《江南苦役有五，民生凋敝堪怜，敬陈厘剔事宜，仰祈圣裁申饬，以安重地，以固人心事》题头。

三月初五日，具题《恭报漕、辽二粮尽数兑完开帮，并参误运刁横各官，仰候圣裁事》，所劾指挥钟光岳、王之猷等；《近城失事，盗毁勘合，谨据实题

参,仰候处分事》,报南京国子监祭酒胡尚英升詹事府詹事赴任,舟泊云阳驿遇盗,丹阳署印照磨张世寀得罪;《严催未完事》,禀钱粮事;《遵例考核给繇官员事》,禀武进令程九万任满考核事。

见《宜焚全稿》卷六、卷七,诸疏本月二十七日奉旨。

初七日,《截参期限已过,省直册报未全,谨据实先纠,以严考成事》,请开复武进令程九万及嘉定令来方炜所降俸级。

见《宜焚全稿》卷七,四月二十日奉旨。

二十六日,具题《奏为微臣巡历将周,忽患危疾,恳乞天恩俯允回籍调理事》,以脾胃剧痛之疾乞归乡休养。

见《宜焚全稿》卷七,自称:"禀质素弱,自司理闽中,胃口受冷物以致痛楚不堪,然向犹间一举发也。去年奉命按吴,患痢疾未瘥,即扶病入境,昼夜拮据,罔敢即安。迨镇江巡历以迄常州,或是饮食不时,或是劳思过度,臣亦不知其故,惟觉胃口之痛十倍于前,而脾亦大损,按之腹次若有物之坚而成质者。每痛辄逆拥而上,如万针之刺,延及两胁,至入暮为更甚。一发则叫号彻夜,更深之候,绝而复苏,独对一灯,泫然伤惨痛。念臣父、臣兄皆以脾胃之疾不起,而臣复患此,当是宿孽相缠,命数有限耳。然臣前此稍可扶持,犹强起栉沐、扪痛视事,无奈未及于午,即昏然欲睡,身如在云雾之中,阅字不能数行,对人辄忽忽若失,此又脾倦之剧症也。自冬及春,尝四饥不可忍,实乃为中气虚陷之故。不得已而稍食盂粥,则痛复大作矣。臣曾多方疗治延医,如何爌、钱昌允辈,攻补杂投,皆未有效。而近之困惫床褥,有万难即起之势者。盖近则时逆拥而痛,时虚陷而痛。念此肝火为升降,昼夜无为已时。而且初止膈,食不下咽者,今则少饮粥汤即尽行呕吐。初止泄泻者,今则下血如注。火上炎于头面,每辄晕眩欲仆而四肢冷蹶,两足酸肿。此又脾弱脾虚之剧症也。在人一身次,脾胃为本。其病也,为膈食,为翻胃,为脾泄,有其一皆无生理,而臣兼之,此岂比风寒暑湿之可以药饵调治,旦夕奏效者。"疏四月二十日奉旨道:"祁彪佳巡方未竣,何遽以病请,堂上官查明具奏。"五月初三都察院疏奉圣旨:"巡方御史果能吏畏民怀,方为称职,祁彪佳巡历将竣,着依限回京考核。"

马世奇赋七律《祁虎子侍御按江南三首》相赠。

见《澹宁居诗集》。其一有"四月霜飞驿路繁"句,知为此时作。

春,刻先父所辑《牧津》一书。

旧谱:"祁氏累世守令,皆获循誉,有传家治谱,至夷度公乃汇为成书,凡古人牧民善政,分类汇集,为类凡三十二,为卷凡四十四,名曰《牧津》。先生至吴，即谕有司曰：'制锦掺刀，古有明训，未有不学古而能为真循良者。'因颁《牧津》，令有司各录一部，诸有司共谋剞劂行于世。"

南图藏《按吴尺牍》甲戌春季册《与汪然明》："日来为先子刻《牧津》一书，梨枣方兴，他日当持至湖头就正有道也。"汪然明，名汝谦。同书又有《与许平远》："弟昨入云间，携有《弇洲先生史料》，附之以一缕，聊作清供，伏乞俯鉴。尚有《续文献通考》八套，乃云间王君圻所著，倘邺架需此，即当奉来。弟向年北上，舟中携谭友夏诗与钟伯敬集，同读甚快，犹恨不能见遗稿，而今台台出帐中秘以示人，伯敬可以千古矣。但其前集剞劂不佳，恐伯敬地下不能无望于知之者如台台也。日来为先子料理《牧津》一书未竟，容以呈政，临楮不尽神驰。"许平远，名豸，福建人，崇祯辛未（1631）进士。

四月初十日，具题《地震事》，以今年三月十二日苏州府地震，请勘灾宽恤；《钦奉圣谕事》，禀钱粮事；《剧地需人甚亟，循例请乞赐留州守，以安地方事》，乞留太仓知州刘士斗、松江推官徐日曦；《府佐患病告归查无假讫，恳乞圣恩俯容回籍调理事》，禀苏州同知王尚贤病危求归。

见《宜焚全稿》卷七，皆五月初九奉旨。

清邓显鹤《沅湘耆旧集》卷二十二《王同知尚贤一首》注："尚贤字思履，邵阳人。万历甲午（1594）举人，授将乐知县，再补苍梧，擢苏州同知。思履居官清介有卓绩，在苏时抚定武进乱民，禽治丹阳剧盗，置官田以苏漕累，尤其著者。以议论不合于司理，一夕挂帆去。山阴祁忠敏公彪佳时为巡按，特疏以表其归。"

二十七日，具题《江南水患不常，乞复专官及时修治，以奠民生，以裨国计事》，言苏、松、常、镇四府水利事宜；《仰体皇仁，敷陈民隐，伏乞特赐宽恤事》，请蠲崇祯三年逋粮；《奉差部臣中途病故事》，言工部都水司主事张必大病故；《岁终遵例类报地方盗息民安事》，呈报上年地方盗贼状况。

见《宜焚全稿》卷七，诸疏五月十八日奉旨。

据旧谱："弭盗贼。三吴滨江海，群盗出没。旧制官兵获盗，即终盗之身伴之随审，故有累无劳，敢御不敢获。先生立法令，获盗即交有司，盗真即量给获赃以赏其劳，将士皆奋，一岁之内获大盗八百余人。又为明信地、信赏罚、禁扳诬、穷窝主，群盗皆逸。"

关于苏松常镇四府水利，清赵宏恩《乾隆江南通志》卷六十四《河渠志》言及之："七年，巡抚祁彪佳督濬华亭、蒲汇、官绍等塘，上青、蒲汇、莘村等塘，长万余丈。"又，清傅泽洪《行水金鉴》卷一百五十四《运河水·松江府》所述略同。

五月十二日，具题《金花积逋相仍，查参经征有司，并请责成抚按严考成，以速完解事》。

见《宜焚全稿》卷九，六月初二奉旨。

同日具题《奸民忽逞焚掘，凶犯旋经获究，谨据实报闻，仰候圣明处分事》，所言吴民焚周延儒庄房事。

见《宜焚全稿》卷八。此疏六月初六日奉旨。疏中称，崇祯七年四月初七日，五里外千塘头地方烧毁周宦庄房三进约十五间，又有半夜发周氏祖墓，未遂被驱散。其肇端则为乱民袁文正、陈三麻子等鼓动五十七人所为，已经缉拿严究，乱首正法流放，胁从姑予宽宥，良民速作安戢。又称此事系罡党地痞为去年严缉民变乱首怀恨在心，适旧辅周延儒归里，借机发难，非周氏豪奴逞凶。

据旧谱："先是，宜变后豪仆敛迹，罪辅周延儒得宠归，纵下虐小民如故，于是冤民相聚，夜发其祖茔。事觉，延儒恨入髓，欲穷治之。先生薄治乱首，而穷追致乱之由，延儒大憾之。"

张廷玉《明史》卷二百七十五本传："宜兴民发首辅周延儒祖墓，又焚翰林陈于鼎、于泰庐，亦发其祖墓。彪佳捕治如法，而于延儒无所徇，延儒憾之。回道考核，降俸，寻以侍养归。"清黄叔璥《南台旧闻》卷十二所述略同。又，同书《周延儒传》亦载及此事："其子弟家人暴邑中，邑中民焚其庐，发其先垄。"按，此称"宜兴民发首辅周延儒祖墓，又焚翰林陈于鼎、于泰庐"，时间次序有误，焚陈之变在去年四月发生，发周祖墓之乱则在今年四月发生。

明张国维《抚吴疏草》有《报溧阳焚抢疏》，称二十七日夜四更时分暴民烧毁陈伯庸店房三间，二十八日午后又将陈乡官新旧住宅并房量尽行烧毁，且鼓噪寻觅其祖冢。巡抚："随一面星委应天府江防治中邹得鲁前往溧阳县设法弭乱缉抚，并行一面大书榜示发县禁戢、擒渠散党、安辑无辜、宣谕朝廷恩威、以靖地方外。""该臣看得溧、宜二邑错壤，素称俗悍民刁，人情最易蠢动，上年效尤构衅，屡奉宸纶严饬，即应畏法革心，岂臣未入境已闻宜兴于四月初七、十五等日焚掘再见，臣不胜根本之虑，故甫渡江即遍行晓谕，示以锄恶安良、敉宁众志。幸苏松按臣祁彪佳威惠交孚，仓卒定变；常镇道臣徐世荫缉擒迅发，解辑有方。以故倡首元凶随起随缚，正候授臣会疏具题。不意溧阳复有此举动，踵上年效尤之故智也。"则陈氏之变后次年，再发针对周氏的民变。

清温睿临、李瑶撰《南疆绎史》勘本卷十四列传第八《祁彪佳》："出按苏松、宜兴，翰林陈于鼎、陈于泰暴于其乡，民乃聚焚其庐、发其墓并及首辅周延儒祖墓，汹汹不散。彪佳单骑往，捕治如法，而于延儒无所徇，延儒憾之。"文下引《撝遗补传》云："宜兴乡官陈，为旧辅周延儒僚婿，纵奴客肆虐，占掠乡间妇女、田产；怨家刑牲邀众焚劫之。遂先捕诸奴客至法，追还所占掠，而奏夺陈氏父子官，然后治怨家之为乱者。"

　　按，祁彪佳疏稿所记周氏受害，与它传所称周氏纵凶奴引民变而掘周氏祖墓的说法迥然有异，可见周延儒获罪被刑后，史料对其载录，或有偏倚。周延儒家遭焚掘，很可能就是因其身为陈一教姻娅，又位处首辅，在陈氏民变中难免牵连招恨，加上民间民愤未平，触之即发，这才导致了一人倡首，群起攻之的局面。彪佳深知其中因果，为安抚民情，只能严惩渠首，而对胁从作淡化处理，不加严惩，才导致周延儒怀恨。

　　同日具题《阋墙酿祸，株杀九命事》，富商黄自富谋害亲弟，致死十命；《计期已迫，外册未至，臣等心绪如焚，义不容默，谨据实查奏，以儆惰误事》，奏明所当上品骘地方官吏之疏稽迟缘由。

　　见《宜焚全稿》卷八、卷九，诸疏六月初六奉旨。

　　六月初六日，具题《讲官病故事》，禀报左春坊左谕德、兼翰林院侍讲、经筵日讲官陈仁锡身故。仁锡今年三月被起用为南京国子祭酒，未赴任，于今年四月二十六日卒。

　　据《宜焚全稿》卷九。此疏未注奉旨时间。

　　彪佳《按吴尺牍》有《与苏松道闵二咸》函，言及为陈仁锡请恤典事宜。

　　明徐石麒《可经堂集》卷三《题为先朝之盛典宜光，孤臣之实绩难掩，乞赐咨部类题补给诰命，仍恳照鉴始末，特请易名，以垂不朽事》："验封司案呈奉本部送准总督粮储、提督军务、巡抚苏松等处地方都察院右佥都御史祁彪佳咨前事送司案呈到部：看得原任国子监祭酒、今赠詹事府詹事陈仁锡荫子一事。……今察得陈仁锡自天启六年八月充日讲官，七年正月革职，崇祯四年七月题充经筵日讲，五年四月册封周藩，九月告病回籍……况本官才高绣虎，价重花砖。视阉竖以如仇，何惜带鞶三褫；近椒房而善远，不愧素丝五紽。如此高风，允宜优恤。即遵先帝明旨，准其长男陈济生送监读书，似未足明风厉也；或念两朝讲读稍加尊崇，则特恩应候圣裁，非臣部所敢擅拟矣。谨遵旨再察例具题，伏候命下施行。"可见此后弘光元年祁彪佳等人再为陈仁锡再求优恤、补给诰命。

　　同日具题《裁冗费以一政体事》，呈报当年粮长、勘合缘由；《遵旨详查镇江海防银两，谨将支销完欠缘由先行具奏，并祈严饬应安按臣勒限督解，以备缓急事》，彪佳以查报稽迟住俸，此时督催将完，请求开复；《地方异常冰雹，二麦损伤，谨据实报奏，并恳圣恩宽恤事》，今年四月冰雹伤稼，地方困顿，乞请缓征逋粮；《查参拖欠，申饬考成，恳祈圣明敕下部寺尽法严行，以无匮上供》，请开复原任长洲知县、现转河南归德府推官孙谦原所降俸禄；《钱粮久顿以误国需事》，镇江府箭匠李文贵解箭不至，解官侵吞造箭费用，予以惩处；《纠劾不肖教职官员，以肃法守事》，劾太仓学正林中芳等人。

据《宜焚全稿》卷九，诸疏皆未注奉旨时间。

明张国维《抚吴疏草》有《雹灾旱灾疏》，称地方异常冰雹，二麦损伤，据实奏报。国维时担任苏松巡抚。疏称："该臣谨会同巡按苏松等处监察御史祁彪佳看得三吴赋税倍于往昔，灾沴困于连年，民之愁困匪伊朝夕矣。"恳请圣恩宽恤。疏崇祯七年六月一日具题，七月三日奉圣旨："该部知道。"

初八日，具题《邮符颁发已久，奏缴册报逾期，谨勒行催，以速邮政事》。

见《宜焚全稿》卷九，未注奉旨时日。

十三日，冯梦龙以升令进谒。

据日记。

同日，蔡懋德以其理学著述、徐于室以所编《南北词谱》赠。

据日记。

蔡懋德（1586—1644），字维立，一字公虞，号云怡，南直隶苏州府昆山（今属江苏）人。万历四十七年进士。历官杭州推官、祠祭员外郎、江西提学副使，迁右佥都御史，巡抚山西，李自成破太原，自缢而绝，谥"忠襄"。

另，南图藏《按吴尺牍》有《与徐宇庆》函道："乃承惠以瑶篇，盥漱而诵，恍然清光之晤对矣。自松陵沈宁老修倡谱律，此道始稍明于世，然于北词仅有《韵选》一书，他尚缺如也。今台台□律既精，推类更广，岂特词坛之领袖，且为曲学之功臣矣，定当即授厥剞，公之海内。元人杂剧是一代奇书，乃即《录鬼簿》所载者已十不见其一二，况此外乎？然人知元之工于北，而更不知元之工于南也。至于南词传奇，则百不见其一二矣。今佳刻引证其□，意邺架必有多藏者乎！我明诸名公于诗文之余，偶一著此，亦足凌跨胜国。如台台所构撰，□非子夜中敢上一乘者乎？但不知佳作几许，恨不能窥全豹耳。国朝小剧求其体格词章于元上下者，敝笥所藏尚未及百，尚当求台台示以江河之大也。诸容专役奉候以悉，缕缕。"

按，据叶长海《中国戏曲学史稿》："徐于室名迎庆，字溢我，于室当是其号。"周维培《曲谱研究》："徐于室名迎庆，又名庆卿，以字行，又字溢我。"俞为民等《历代曲话汇编·清代卷》："徐庆卿，一作迎庆，字溢我，号于室，一作子室。"松江华亭（今属上海市）人，大学士徐阶曾孙。著有《北词广正谱》，又《南曲九宫正始》全名《汇纂元谱南曲九宫正始》，卷首署"云间徐于室辑，茂苑钮少雅订"。据钮少雅《自序》，庆卿天启五年（1625）得元天历简《十三调谱》与《九宫谱》及明初曲选《乐府群珠》，欲据此重订南曲谱，后邀钮氏共编《南曲九宫正始》，崇祯九年（1636）谱未成而徐氏卒，由钮氏续成。然从日记与信函观之，则今年徐迎庆已有刻本赠人，似乎其初稿此时皆已成。存疑。此函题称"徐宇庆"，系将其名与字混淆而致。

十八日，巡城，点阅水陆兵，面责福山骄兵。

据日记。

据旧谱："戢嚣兵。台兵嚣悍，以罢党窜入伙队，相比为奸。挟营将之短，任意去留。福山营兵金得贵等人盘踞，数数告官，营将畏事之。先生历营，立擒得贵于寓中，擒恶如得贵者六人，悉按军法，一军慑服，诸营凛然。"

七月，降职三级留用。

据本月十六日《奸解久侵布料，有司杳不催解，谨再题查参，以惩积玩，以完内供事》，见《宜焚全稿》卷十一。又，卷十一所收本年八月初九具题《遵旨题明开复事》言："伏乞卑职署事之日有限，完职之数颇浮，仰善与完及分数之例，请开复原俸级。"则降职亦因积欠钱粮。

十六日，具题《报再解赎锾公费，并搜括节省银两，仰佐军需事》；《钦奉圣谕事》，言解送辽饷事宜；《缎匹粗陋异常，进赐赏赉奚堪，伏乞严饬工部驳回织换，重加参处，以儆积玩事》，机户吴毓祥、解户陈思聪被惩；《河银派征，浙直地方额解淮、兖、镇三库，完欠向无参考，免编通未与闻，乞敕工部立法责成，以便清源节流事》；《按月奏报事》，请复丹阳令王范所降职级；《遵旨题明开复事》，请复原任无锡、今调吴县令杨云鹤所降俸职；《参究外解短少银两以肃法纪事》及《奸解久侵布料，有司杳不催解，谨再题查参，以惩积玩，以完内供事》。

见《宜焚全稿》卷九、卷十、卷十一，上疏皆未知奉旨时日。

二十八日，偕巡抚张国维、应天巡按李右谠纠劾安庆府望江县知县刘太清、苏州府水利署昆山县印同知吴祐失职。

据明张国维《抚吴疏草·入境纠劾疏》："题为纠劾不职有司以饬吏治事。……谨会同巡按应天等处监察御史李右谠、巡按苏松等处监察御史祁彪佳，据实为皇上陈之。"疏纠劾安庆府望江县恩贡知县刘太清，照不谨例冠带闲住。苏州府水利署昆山县印举人同知吴祐，所当照不及例改调简僻。疏崇祯七年七月廿八日具题，八月廿六日奉旨。

八月初一，会同巡抚张国维上疏，以海防之功荐官十八人，议裁革徐士英等。

明张国维《抚吴疏草》有《七年甄别疏》："题为两汛告竣，循例举劾防御官员以饬海防事。……该臣谨会同巡按苏松等处监察御史祁彪佳看得封疆防御之难，惟江海最为寥阔。凡都会之地或滨江或阻海，各称险要，而吴中四郡则承大江之委流，鲸浪之凭陵难靖……相应照例举刺计开荐官一十八员……上请将许自强加衔留任，桂本枝等循资议用，徐士英等分别裁革，庶将领知所劝惩，而汛防可恃无恐矣。"崇祯七年八月初一日具题，八月廿六奉旨。

初九日，具题《库贮胖衣匮，省直拖欠甚多，恳乞圣明严敕工部作督严督催解来京，以济军需，以应钦赏事》。

见《宜焚全稿》卷十一，此疏闰八月十三日奉旨。

同日具题《清查省直钱粮，仰乞圣览，以杜积欠之源，以惩舞文之习事》；《绢匹匮乏至极，省直拖逋愈多，恳乞天恩敕下户部，亟行专官督造如式绢匹以裨上用》；《防海需人，乞敕就近调补，并速推剧郡正官，以安重地事》，请调补松江督粮同知张瓒为苏州府海防同知。

见《宜焚全稿》卷十一，闰八月十四日奉旨。

明张国维《抚吴疏草》有《请免存留疏》称："谨会同巡按应天等处监察御史李右谠、巡按苏松等处监察御史祁彪佳，看得崇祯三年册立青宫恩诏，蠲免存留新粮二分……按臣祁彪佳班行时仰遵德意，俯恤民岩，恐有蠲之名而无蠲之实，故披沥入告，奉有'违诏厉民，还着通行查明'之旨，仰见圣德如天，痌瘝在念。"崇祯七年六月初八日具题，七月初七日奉圣旨。

张国维《抚吴疏草》有《回奏绢匹疏》："题为绢匹匮乏至极，省直拖逋愈多，恳乞天恩敕下户部，亟行专管督造如式绢匹以裨上用事。……该臣谨会同巡按苏松等处监察御史祁彪佳，看得黄白绢之不能取足原额也，已历三十余年矣。"崇祯七年七月初七日具题，八月初七日奉圣旨："户部查议具奏。"可与彪佳疏互证。

同日具题《遵旨具题开复事》，题请开复自己所降俸级。

见《宜焚全稿》卷十一，闰八月十五日奉旨。

二十九日，会同明张国维回奏海禁情状。

明张国维《抚吴疏草》有《回奏海禁疏》："该臣谨会同巡按苏松等处监察御史祁彪佳，看得吴中四郡号称股肱，介在江海间，既重且险，而鼍窟蛟宫又往往逼处，所以立营置堡，布若星棋。……承平既久，武衰备弛，问军兵则半冒半孱，问船械则全朽全钝，非惟人情之积玩相沿，抑亦钱粮之点金无术……臣与按臣蒿目于岁祲、海警之狎至，预图根本，着实举行，亦稍借以纾圣明之南顾耳。"崇祯七年八月廿九日具题，九月初四日奉旨。

闰八月初七日，具题《遵旨纠参不职署印官员，仰候圣裁处分事》，劾常州署印苏万邦娄肆；《敬陈绸缪先宜急，一得备鉴采，以稍慰宵旰于万一事》，议地方严守御以安民事。

见《宜焚全稿》卷十二，诸疏九月初六奉旨。

明张国维《抚吴疏草》有《参苏幕疏》："该臣谨会同巡按苏松等处监察御史祁彪佳合词具题，伏乞敕下吏部覆议，如果臣等所言不谬，将署印简较苏万邦革职提问，无锡县印官员缺速为铨除，勒限受事施行。"崇祯七年闰八月初八日具题，九月初九日奉旨。可与上疏互参。

同日具题《查催岁坐缎匹，以重考成，以裨国计事》；《支放丝纷库贮数少，恳乞裁酌，以无误要需事》；《按月奏报事》；《遵旨查参积欠钱粮，以严考成，以崇奉先大典事》，请开复吴县令杨云鹤、武进令程九万、常熟令杨鼎熙所降职俸。

见《宜焚全稿》卷十三，皆九月初六奉旨。

同日具题《巡历已周，出境在迩，回首地方，尚有五事可言，敢竭愚衷，仰候圣裁事》。

见《宜焚全稿》卷十三，九月初六奉旨。

是月，彪佳降职五级留用。

据本月初九具题诸疏稿抬头，见《宜焚全稿》卷十二。

明年初《都门入里尺牍·上唐存臆（世济）堂翁》里详细提到巡按期间职俸降罚情况。函云："职降级五，住俸四，罚俸一，皆以奏报稍迟为部科所题覆者，随罚随完，先后俱经可复，并无纤毫置碍戢谬。"

初九日，具题《额铜需用甚急，征解积玩当惩，恳乞圣明严敕该部，力催逋欠，以无误军国事》；《遵例保留给繇府佐官员事》，请复常州府同知蔡如葵等职俸；《府臣不服水土，比例代请酌调，仰祈圣裁事》，代常州知府王观光请调；《按月奏报事》，由此可知，彪佳今年三月之前即因未及时奏报未完钱粮，而以初次违限住俸；《缎匹滥恶不堪，有司积玩如旧，乞圣明亟行申饬，以儆将来，以裨实用事》，惩松江违例机户沈山等人。

见《宜焚全稿》卷十二，诸疏九月初六奉旨。

十九日，具题《严考成，广积谷，以预储蓄，以裨荒政事》，以完欠情况奖掖徐世荫、王秉鉴等，罚陈志广等；《刑官援例乞养，谨合词代题以广圣明锡类之仁事》，为苏州府推官周之夔乞归养母事题请；《遵旨查参逋欠金花，以傲违玩,以急上供事》,请开复苏州推官周之夔、常熟知县杨鼎熙所降职级;《截参期限已过,省直册报未全,谨据实先纠,以严考成事》,请开复镇江知府王秉鉴所降职级;《盗劫官船,烧毁勘合,据实题参疏玩署官,仰候圣明处分事》,请部议开复上年因盗劫官船事而得罪之丹阳令王范、照磨张世寀职俸。

见《宜焚全稿》卷十三、十四,诸疏皆九月十七日奉旨。

九月初二日,具题《恭报三次搜解赎镪,仰佐军需事》。

见《宜焚全稿》卷十六,九月三十日奉旨。

同日具题《藉田大礼告成,恭体皇上重农恤民德意,乞布蠲租之诏,以收四海人心,以固万年本计事》;《巡历已周,出境在迩,回首地方,尚有五事可言,敢竭愚衷,仰候圣裁事》,呈报钱粮事宜;《奸解经年延玩,官布中道侵沉,谨据实参追,以完上供,以杜乾没事》,以江南拮据,请宽贷;《署官怠缓催科,摘出纠参,以信功令事》,以官吏多缺员,且拮据粮务,请宽征比;《新中式生品行不端,教官殉庇,屡查不举,谨据实奏闻,仰乞敕处,以振士风,以肃官守事》,查革何宇昕冒籍改名杨懋官中举之事;《遵旨具题开复事》,请开复常熟知县杨鼎熙所降俸职共一十三级。

见《宜焚全稿》卷十四,诸疏十月初四奉旨。

明张国维《抚吴疏草》有《东属请蠲疏》:"题为耤田大礼告成,恭体皇上重农恤民德意,乞布蠲租之诏以收四海人心、以固万年本计事……今谨会同巡按苏松等处监察御史祁彪佳看得海内民力之罢,惟江南为甚,江南征缮之困,惟旧逋为尤甚。缘钱粮繁重,小民完及九分以上者,铢积寸累,其逋辄盈千百。合一县一府而算之,不可胜计矣。又积府县之远年近年而算之,更不可胜计矣。故其钱粮欠数溢于他省,百姓之殚竭输将实倍于他省。"乃为请求蠲租。疏崇祯七年九月十一日具题,十月十六日奉旨。可与彪佳藉田疏互参。

又,明张国维《抚吴疏草》有《回奏沙田疏》称:"该臣谨会同巡按苏松等处监察御史祁彪佳,看得三吴近海滨江,夙称泽国,潮汐之所淤积者,成为沙阜,因其沙之肥硗而为田、为荡、为涂、为滩,所从来矣然。其间沧桑递变、坍涨靡常,在民不能为恒有之产,在官不能为经常之赋。故升粮亦不入会计。"系巡抚事成,出境前禀告地方沙田归属、百姓占地争端、绥靖管理策略和田粮数额等问题。疏崇祯七年九月十一日具题,十月十六日奉旨。与彪佳巡历疏也可互参。

同日具题《遵旨题明开复事》,请开复常州府推官吴兆塈所降俸禄;《金花积逋相仍,查参经征有司,并请责成抚按,以严考成,以速完解事》,列历年金花银逋欠状况,乞蠲贷;《解官擅离银鞘,衙役疏虞被劫,恭报情形,并纠印捕官员,以肃地方事》,上报官银被劫事宜;《遵例查参逋赋,以儆积玩,以裕国计事》,请开复常镇道臣徐世荫、常州知府王观光、武进令程九万、吴县令杨云鹤原降职级;《钱粮完额逾期,两部查参叠至,恳批核题开复事》,请复嘉定令来方炜职级。

见《宜焚全稿》卷十五,诸疏十月初四奉旨。

明张国维《抚吴疏草》有《来令行取疏》:"该臣谨会同巡按苏松等处监察御史祁彪佳,看得俸满之有司例应留部,而恭奉明纶以各项钱粮令臣等确核奏夺。……今查嘉定县知县来方炜任内新旧两饷俱已完解及额。"崇祯七年八月初六日具题,九月初十日奉旨。可与上疏互参。

同日具题《遵奉明谕,条议应行事宜,以祈圣裁事》,举荐浒墅钞关户部主事许豸;《循例荐举方面官员事》,荐苏松兵备道右布政使周汝弼、苏松常镇督粮右参政王象晋、常镇兵备道副使徐世荫;《循例举劾有司官员》,列举地方官员调动及奖惩情状;《循例举劾武职官员事》,荐许自强、张超、桂本枝、郑维城、项鼎镛、朱士胤、汪秉目、闵洪得、张其威、程应璠、蒋其仁、褚士麒、包文达、杨大相、陶拱极、尹尚元、吴宗进、魏仁济等十七人,劾赵世勋、王隆世等二人。

见《宜焚全稿》卷十六,诸疏十月初四奉旨。

明张国维《抚吴疏草》有《徐道久任疏》:"谨会同巡按苏松等处监察御史祁彪佳合词上请,伏乞敕下吏部再加查核,如果臣等所言不谬,将道臣徐世荫查例加衔,仍管常镇道事。"崇祯七年九月初八日具题,十月初六日奉圣旨。

清计六奇《明季北略》卷之十三《陈于王自刎》:"陈于王字丹衷,世为武进人。先世以明初从征有功授苏州卫千户,得世袭。于王幼业儒,身长七尺,万历壬子(1612)、乙卯(1615)一再登武科,授守备。……杀贼无数,生擒盗首一爵,余溃散。当道交章荐之,威名曰盛。崇祯初,巡抚费文衡补游击,继费者为张国维及巡按祁彪佳,皆奇其才。"则彪佳巡按期间,循例荐举以上武职官员外,亦颇推重陈于王。

同日具题《请差巡按官员事》,任满按例报命,历陈在任处理事宜;《敬陈役田役米事宜》,报置上海役田之情状。

见《宜焚全稿》卷十七,皆十月初四奉旨。

旧谱:"置役田。三吴赋税他省数倍,差解之役更倍。先是,松江义士顾正心与子懿德以布衣捐十余万买田收子粒,助合郡解役,名曰'役田'。他郡有相观而起者,县常万亩,而长洲仅千亩。先生遂通计赎锾及省存之数,除例应助饷外,悉捐置田,得银四千四百余两,置田一千八百余亩。于是观感者未艾也。又于吴县役田,清隐租千四百石,以半贮仓,推陈易新,岁增之以备荒;半易银贮库,备缓急。又无锡役米岁万余石,以他费侵蚀,先生力清他费,岁省米千石惠解户。又上海役田少,郡守方公岳贡省存华亭义米万余石;先生以贤守去则鼠雀壮,遂借华亭米为置上海役田。时粟贵,二石得田一亩,三年可偿华亭原数,华米不虑耗散而上海无田有田。先生留心惠爱不可悉记,其大率如此。"

明张国维《抚吴疏草》有《顾善有移恩疏》,以松江府署丞顾正心捐赀置田,会同巡按苏松等处监察御史祁彪佳合词题请旌褒其孙顾善有。疏云:"该臣看得顾正心、懿德捐金十万置买义田,贴华、青两邑之役,此其义甚高,其泽甚溥。臣抚吴之初采风问俗,更得其济荒助葬、义学赡族种种懿行脍炙人口。查前抚臣两经入告,两奉俞旨在案,部覆预授光禄寺署丞,田完照李尽忠例参酌优叙……止因正心身先朝露、懿德甘耽丘园,以致恩典尚缺。有冢孙顾善有能清理义田,益光祖泽,士民食德之公心,道府援引之成例,咸以种德于祖,食报于孙,荫叙之及,情理无不允符。……舆情咸谓顾氏父子为德于乡人,久稽题覆,激劝未广。倘徼旷荡之特恩,风此海邦,使人知善,人之蒙庥也如此,圣明之加意穷民而鼓舞好义也如此!竞劝则助多,助多则役赡,役赡则逋完。其于国计民风,且胥赖之矣。为此谨会同巡按苏松等处监察御史祁彪佳合词具题,伏乞敕部覆议,上请施行。"疏崇祯七年九月十一日具题,十月四日奉圣旨。此疏可与旧谱互参。

《祁彪佳集》卷十所附明祁熊佳撰《行实》云:"上海役田甚少,借华亭所存义米置上海役田。适署粟贵,二石得田一亩,三年子粒可偿华亭原数。"又,南图藏《按吴尺牍》甲戌春册专门有役田案尺牍一册,商讨此事。

清陈济生《天启崇祯两朝遗诗小传·祁忠敏公》:"他若定征解法、捐赎锾,为长洲广置役田,清吴县隐租以备荒,无锡役米以惠解,借华亭义米置上海役田。时粟贵,率二石得一亩,计三年子粒即偿华亭之数。平漕兑,岁省四郡耗羡十余万金,吴人至今德之。"清徐开任《明名臣言行录》卷九十四《巡抚祁忠敏公彪佳》所述同。

按,查继佐《罪惟录》列传卷之十二《祁彪佳郭符甲》:"以俸益长洲役田一千八百亩。"此说以赎锾及省存费为私俸,涉迹溢美。但以父祁承爜入祀长洲名宦祠,故彪佳益长洲役田以为祭资,用心颇切。南图藏《都门入里尺牍》乙亥春夏册有彪佳致下任巡按王一鹗函《与王云翼》,托其清查所置长洲及吴县义田,田为贴役备荒之用,惧奸胥侵蠹。秋冬册又有《与涂印海》函以吴门地方役田事求,嘱托王一鹗增置役田,并已置之田时加查核,勿令奸胥侵吞。函云:"原刻役田书册附上,并乞另将此项再刻一板,每递每里各给一册,庶几不去其籍,稍为可久乎?"

清冯桂芬《同治苏州府志》卷二十六《学校二》:"名宦祠在文庙东。明嘉靖四年知县杨叔器建,今仍其地。祀:……祁承爜、沈萃祯、周起元、祁彪佳、陈洪谧、倪元珙、凌义渠、许豸、李实"等人。另,同书卷二十五《学校一》:"(名宦祠)案,嘉定现已割隶太仓,此应移祀未及厘正者:……长洲县知县祁承爜、苏州府知府沈萃祯、都察院右佥都御史巡抚应天等府周起元、都察院右佥都御史巡抚应天等府前监察御史巡按苏松等府祁彪佳"等人。

同日具题《循例荐举佐领官员事》荐华亭主簿唐永祚等;《直陈六曹之政,敬献一得之愚,恳乞圣明俯赐俞允亟议举行,以少裨治安万一事》,奏报各重犯案情处置;《表扬节孝以励风化事》,表旌地方节孝;《微臣巡方事竣,敬举真忠节、真孝廉,仰祈圣明鉴裁赐谥赠官,以劝臣忠,以维士习,以彰圣化事》,表彰朱陛宣、陆粲、叶茂才、张基、归子慕、夏宝忠等人。

见《宜焚全稿》卷十八,诸疏十月初四奉旨。

旧谱:"敦风化。巡方职扬节孝,然必由文学保举,郡邑勘结,必有所饱而后上达。里巷艰窘,嫠妇小民淹没无闻者比比,贿营者节孝未必真,风化由是不振。先生深痛之,因通行所属,凡难窘而节孝者第一,不必由文学、郡邑,止令邻里以实径呈直指案前,核真即捐费奖赏,表表者即题请旌之,计奖赏题请孝义、节烈共三百七十六人,十九为村妇、乡民。煌煌盛举,为二百年来所未见云。"按,旧谱清狱、杖恶、革征解、办役田、旌节孝诸事皆系于上年,此据彪佳《宜焚全稿》改系今年。

清顾炎武《日知录》日知录卷十三《名教》:"以余所见,崇祯中尝用巡按御史祁彪佳言,赠举人归子慕、朱陛宣为翰林院待诏。"

清温睿临、李瑶撰《南疆绎史》勘本卷十四列传第八《祁彪佳传》:"表礼清修之士归子慕、朱陛宣、张基等,奉羊酒鼓吹骑从过门谒见,而疏其学行于朝,请授为翰林待诏。士林传颂,为一时盛事。"清四明西亭凌雪《南天痕》卷八列传九所载同。

清潘柽章《松陵文献》卷八《人物志八·张德载》:"张德载,名(基)犯宣宗御讳,以字行……卒年五十九,学者私谥曰'靖孝先生'。崇祯十年,御史祁彪佳表其德行,与归子慕、朱陛宣俱赠翰林待诏,立祠学宫。德载、陛宣皆吴江人。时以为盛事。"

清梁清远《雕丘杂录》卷七《闲影杂识》："唐有赐孤魂及第之诏，盖悯恤科举不售士子也。历代无行之者，惟明崇祯时苏松巡按祁彪佳奏准赠举人张靖孝先生与归、朱两先生皆翰林院待诏，盖三先生皆笃行有道之士，赠之以风励后学云。张名基，归名子慕，朱名陛宣。"

清黄宗羲《明文海》卷六十五奏疏十九收陈子壮《请赠官三孝廉疏》（内张眘，原系张基，以避讳改）："看得苏松巡按御史祁彪佳所举孝廉、已故举人张基、归子慕、朱陛宣三人，殁有久近，其行事亦有互异，而大都孝以为经，文以为纬，读书明理，守身事亲，皆有志于古人而无同于流俗，乡里共高其谊，绅衿咸以为贤者，宜按臣之听采而胪举以请也。"可与彪佳疏相对应。

清赵宏恩《乾隆江南通志》卷一百五十七《人物志》："朱陛宣字德升，吴县人，举万历壬子（1612）乡试。会试寓京师，忽心动，驰归，母寻卒。以父老，遂绝意进取。少与周顺昌同学。顺昌被逮时，陛宣衰绖往送之，周旋甚至。父终以哀毁卒。巡按祁彪佳举真孝廉，请赠谥，敕赠翰林院待诏。姚希孟私谥曰'孝介'。"

清陈鼎《东林列传》卷三："陛宣字德升，万历壬子（1612）举人。少无师，以父焘为师，无一刻离膝下。四上公车，试毕不待发榜亟驰归。乙丑（1625）之后途中心动，抵家，母病遽卒，陛宣摧痛不已。至丁卯（1627）秋父病几殆，陛宣竟谢北上。逾年父殁，毁瘠不支。当顺昌被逮时，亲故多避匿；陛宣念少同学，又同乡举，晨夕省视，依依不去左右。迨开读之变，逆党使人侦视往来状，人或为之危，陛宣怡然自若，仅而获免。殁后门人私谥'孝介'。姚希孟曰：'天生孝介以配忠介。'作谥议。崇祯甲戌（1634），御史祁彪佳特疏表章，赠翰林院待诏，祀金乡书院。"清冯桂芬《同治苏州府志》卷八十一所述略同。

清徐元文《含经堂集》卷二十九《周孝廉墓表》："明崇祯甲戌，巡按御史山阴祁公疏举真孝廉，请赠谥以风海内。于是吴中朱德升先生特赠翰林院待诏，而姚文毅孟长私谥之曰'孝介先生'。……自孝介没后十年，吾吴中又得吾同年友筠心周君。……其为人含章内敛，同辈中鲜知之者。然至性淳厚，庸行修谨。……以故人归其义，不幸竟赍志殁，然未有能为之阐发幽光、邀恩赠恤者，盖祁公之举邈不可得矣。"

清陈济生《天启崇祯两朝遗诗小传·归待诏（子慕）》云："崇祯间，巡按御史祁公彪佳上其状，得旨有孝友清修、安贫好学之褒，特赠翰林院待诏。"又，同书《张待诏附朱待诏传》："崇祯十年，巡按御史祁公彪佳以张基、归子慕、朱陛宣德行可师，请于朝，并赠翰林院待诏。"

清朱鹤龄《愚庵小集》卷十五《赠翰林院待诏孝介朱公（陛宣）传》云："崇

祯丁丑（1637）按君祁公以公与同邑张公、昆山归公三人行义同表于朝，诏俱赠翰林院待诏。"

清钱谦益《列朝诗集》丁集卷十三下《归待诏子慕》："子慕字季思，震川先生之季子。万历辛卯（1591）举于乡，一再试不第，不赴公车，屏居江村。……先帝崇祯初有诏搜访遗逸、广厉风节，御史祁彪佳以故孝廉子慕应诏，诏追赠翰林院待诏。季思清真静好，五言诗淡雅似其为人。"

清黄虞稷《千顷堂书目》卷二十五："归子慕《陶庵集四卷》，字季思，昆山人归有光子，崇祯初诏访遗逸，御史祁彪佳荐之，诏赠翰林院检讨。"

民国赵经达《归玄恭先生年谱》："（崇祯七年七月）巡按御史祁彪佳具题奉旨，特赠先生从祖季思公翰林院待诏。展墓诗注云：'有孝友廉静、安贫力学之褒。'《昆新合志》：'归子慕字季思，有光子，万历辛卯领乡荐，再试不第，筑室三江口，曰陶庵，读书不辍，卒年四十四。'常熟令耿橘题其墓曰'清远先生'。"

清冯桂芬《同治苏州府志》卷三十六《坛庙祠宇一》："张靖孝先生祠在朱家园，祀明举人赠翰林待诏张基。崇祯六年巡按祁彪佳奏建。"同书卷九十四："归子慕字季思，有光季子。少有俊才，好读书，与时辈结社以诗文自喜，不屑为经生言。时一为之，辄超绝一时。万历辛卯举于乡试，礼部不利。先是无锡高攀龙以行人言事谪家居，与其徒讲性命之学。乙未春，子慕从京邸识嘉善吴志远，还过锡山，因志远识攀龙，一见如故，自是始留心理学。既三试不第，又两丧妇，得羸疾，遂不赴公车。筑室昆之西村，曰陶庵。缚茅为屋，插槿为墙；舍后树梅，庭艺菊花；室中自琴书外，一炉一药囊一瓶粟而已。时高、吴皆屏居江村，三人递相过从，对坐不语，终日凝然，见者不知其所事也。平日不诣府县，不受馈遗，不与衣冠之会，即宗党争讼，子弟应试一切置之不问，然养寡姊、抚弟妇之孀居者，咸尽力。病久不止，遂卒，年四十四。崇祯初有诏搜访遗逸、广励风节，御史祁彪佳以子慕应诏，追赠翰林院待诏。"卷一百五："张基字德载，名犯宣宗讳，以字行。铨之子，性至孝。嘉靖十九年举于乡，例得坊金，一日散宗党略尽。父铨卒南安，德载千里奔丧，哭踊几绝。服满当试，念大母陈年高不赴。大母卒，寻以避倭奉母入郡，既再试不第，遂屏冠服为野人。装题其室曰'爱日'，朝夕不离母左右。德载于经术晚益究，心主敬之学，多所自得……预刻死期，端坐而卒，年五十九。学者私谥曰'靖孝先生'。崇祯十年御史祁彪佳表其德行，赠翰林待诏。"卷一百十二："侯周臣字昆璧，嘉定人，徙长洲。笃学好修，读《素问》《灵枢》等篇，谓《内经》一书与易相表里，天人性命之理尽在是。因弃帖括，专精医术，吴中士大夫延请无虚日，全活者无算。所得悉以施药济贫。崇祯癸酉巡按御史祁彪佳奖其德行。卒年七十九。"

按，陈济生、朱鹤龄和冯桂芬或以彪佳举归子慕、张基等人事在崇祯十年丁丑，误。以彪佳崇祯八年已归里林居，十年或为归、朱、张诸人褒奖实得之时。

马世奇《澹宁居文集》卷九有《上祁世培按台》："三吴在今日，几如奉漏瓮、沃焦釜。幸藉圣主惠以福星，老祖台绣斧以临之者一年于兹，而所为保善锄奸、兴利剔蠹、动山岳而静金汤者，不啻数百年矣。弟奇本无短长，猥附声气，当此脂车将邈，卧辙无缘，念舆情既如赤子去慈亲之抱，感知已愈觉高山崇仰止之怀。而台台不遗菲葑，远垂琼玖，扪肌镂骨，何能为报。惟共里父老子弟勒石歌功，濡毫咏德而已。所悬南少司空叶闲翁（茂才）先生易名事，天如当已悉之。先生品望与端文、忠宪鼎峙一时，固不待言。甲子秋，姚现老（希孟）入都，先生临岐执手，扼腕时事曰：'公行矣，好语诸公，思其大者，请信邸出阁讲学，今日根本事也。'无何珰祸大烈。赖神圣中兴，宗社晏如。而先生片言，实其嚆矢。此段幽忠，非台台谁为拈出！至锡邑崇正书院，旧祀七贤，嗣奉台檄，又祀高忠宪矣。不知当时具呈者，何以举忠宪而遗端文及闲翁先生？其于端文则殊失先河后海之义，于闲翁则几同臭味之草木，而使之差池，度亦非忠宪之所安也。今诸生仰体，台台缁衣雅好业，具呈求署篆缪公祖转申此事，月旦久定，舆情饥渴俟之，倘得即赐檄行，无论通邑衿绅手额。即台台曲终之奏，洋洋金声玉振间矣。"则祁彪佳氏推奖叶茂才，当与其所请有关。此函作于吴中巡按事毕时。按，叶茂才（1558—1629），字参之，号闲适，无锡人，与顾宪成、高攀龙等并称"东林八君子"。

清吴山嘉《复社姓氏传略》卷三南直常州府有云："夏宝忠，字孝琛，父树芳。以诸生教授里中，所造就皆名硕。按部至者必折节式庐。侍御祁彪佳、刘兴秀、给谏吴永顺并荐于朝，请如聘陈献章、吴与弼故事。宝忠授文华殿中书。性好施，周恤贫族，岁时不废。"又，尊经阁藏《寓山志·注》存其五绝《丰庄》，注："夏宝忠，孝琛，江阴。"

清张夏《雒闽源流录》卷十九："储潒，字刚甫，南直宜兴人。少为诸生有声，受学于钱启新先生，遂弃举子业，专心理学，人以为迂。……崇祯初巡按御史祁彪佳闻其名请见，必欲得所著书。将荐于朝，刚甫以疾辞，乃表其门曰：'理学真儒。'所著《易疑》诸书。"

明张采《知畏堂诗文存》文存卷七《学博芝田刘公墓志铭》："公讳文，字在中，号芝田，世郢人。……祁御史巡方，严保荐，考公上等，显诸朝行，拟大用，而公竟死。"

　　黄宗羲《南雷文约》卷二《顾麟士墓志铭》云："巡按祁彪佳、兵备宋继登、凌义渠咸以宾礼待先生。"顾梦麟（1585—1653），字麟士，号中庵，时称织帘先生，顾炎武族兄，南直隶苏州府太仓州人。与杨彝善并称"杨顾"。崇祯六年（1633）乡试副榜，贡入国子监。入清，隐居太仓，教授汲古阁毛氏，并为顾炎武征天下书籍。

　　清陈和志《乾隆震泽县志》卷十六人物四《黄宗羲撰墓志》："吴有涯，字茂申，十一都人。九岁作《贪夫论》，人咸异之。天启七年（1627）领乡荐，崇祯中屡上春官不第，与同郡张溥、杨廷枢辈以古学相劘，为复社眉目，四方人士翕然宗仰。遇邑中有大利弊，必慷慨白当事，多所补救。巡抚张国维、巡按祁彪佳并器重之。谒选得金坛教谕，迁平阳知县。"

　　清黄虞稷《千顷堂书目》卷一："郑期祯，《尚书揆一》，无锡人，崇祯中御史祁彪佳举方正，不就。"

　　明马世奇《澹宁居文集》卷七《先父广西平乐府儒学教授敕封翰林院编修文林郎涵虚府君行状》："自娄东还，林居近二十年，先后六举乡饮宾，止一再赴之，余辄匿影谢去。即郡邑多年谱凤好，自公事外无私谒。其持斧至者，世培祁公、云翼王公，推如兰之雅，式庐致敬，终未能一睹其面。"

　　明顾大韶《炳烛斋稿》有《处士浦君墓志铭》："君讳敬，字寅夫，见龙其别号。……生养死葬既毕，慨然曰：'吾将以身为百姓用矣！'乃筹划邑中赋税之弃缩与徭役之利病，茧丝米盐，百里内事如指诸掌。……会巡按御史山阴祁公将至，君闻其少年英敏，有恤民之心，扼揽叹曰：'吾事济矣！'日夜自论其所为书数千言，磨砺以须，将献之节下。未果，而君偶得疾，无何，竟不起矣。于是邑之老奸宿猾为公私蠹者皆酾酒相贺，曰：'莫予毒也！'已而有心世务者闻之，咸为出涕曰：'天乎何不慭遗浦君，使少延数月之命，以观祁公德化之成也。'"

　　清黄中坚《蓄斋集》卷十三补编《书明光禄卿沈公奏议前卷后》："公讳廷扬，号五梅，故吾郡崇明诸生也。为人沉毅慷慨，以忠孝自许。其读书务为有用之学。轻财好客，能得人死力。居乡时屡为地方兴利除弊。巡方王道直、祁彪佳诸公皆奖其好义焉。"

　　清黄宗羲《南雷文定后集》卷三《赠编修弁玉吴君墓志铭》："县令龚立本豪杰自置，祁忠敏之按吴，每事多咨之。立本知君有当世才具，深相降挹，谓：'余子春华，吴君秋实耳。'"

　　清冯桂芬《同治苏州府志》卷八十一："顾达科，节妇陆氏子，幼孤。重哀母节，孝养备至，即母溺器亦必亲涤。母卒，哀毁成疾。崇祯六年，巡按御史祁彪佳以节妇旌其庐。"又,同书卷一百十九列女七:"诸生王用俊妻张氏,明兵部尚书凤翼女。用俊为时亨胞弟,九龄入泮,能文工书法。氏奁赠甚厚,不以骄于姒娌。夫亡一子才四龄,氏抚遗孤、事舅姑,与姆张氏困苦艰难共全节孝。崇祯间氏姊子祁彪佳按吴,欲破格请旌,氏曰:'妇人从一而终,常也,何旌为?且年例未符,旌间遽及,非礼;姆氏未旌,独膺嘉奖,非义;因夫不禄,得成己名,非仁;里中有龚烈妇者从容就义,君胡不以上闻?'彪佳感其言乃止,而烈妇得旌。氏殁,雍正十一年始旌。"又卷一百二十七列女十五:"何述皋妻秦淑,景阳孙女,通文翰。合卺之夕,夫妇各赋诗二十五韵。家有古镜,夫妇尝指以为誓约同生死。崇祯壬午(1642),述皋疫卒,淑破前镜为二,半纳夫棺,半自佩。促婢觅毒,婢不之应;索刀锥,又不得;乃绝粒数日而死。作绝命词曰:'生死情无异,吾心恋九泉。三生偕老愿,今日镜重圆。'巡按祁彪佳旌曰:'闺中义烈。'"按,此女表旌,似不在祁彪佳巡按任上,或是巡抚任期。

清邹漪《启祯野乘一集》卷十五《浦烈女传》:"烈女浦氏,无锡人。父名庆祥,字陈毓华。……毓华讣至,惊痛欲绝,父母知其志,侦伺不离左右……至晚伺稍懈,女竟投后河死。……巡按御史祁彪佳疏其事,奉诏建坊旌表。"

明张采《知畏堂诗文存》卷八《先兄敏生公状略》:"公讳士鲁,字敏生,先考赠君第二子,为采仲兄。……兄死杨氏嫂方二十三岁,茹荼守,娶一妇,嫁一女,四十而卒。祁御史巡方,旌门曰'贞心匪石'。"

同日具题《循例举荐地方人才,以备擢用事》,举荐王在晋、申用懋、华允诚、董象恒、恽厥初、吴炳、张采等人,且为周延儒、瞿式耜、周镳等人推毂。

见《宜焚全稿》卷十六,十月初四奉旨。

于举荐地方士绅能吏事,彪佳权衡各方利弊,颇费苦心。《按吴尺牍》有今年致岳父商周祚之函言此其详细:"小婿已得代者,俟其出京之迟速以为谢事之迟速,大约不出闰秋可再决乞身之计矣。然目前之事正多难处。如地方人才,不知何以独此中欲之者众,竞起而难餍。乃尔荆溪再逞,另是一番光景,原不可与去年豪奴同日而语,是以平平说去。乃有憾旧辅者,正欲借此相倾,将来必以有意掩护归咎,不知事只如此。故为张皇。借题攻击,小婿不为也。而旧辅欲饰其挑激之衅,反将乱民描写太重,则地方官平日之料理谓何?小婿罪案即此更坚矣。况目前覆疏之旨,二陈又已重处,能当此伤心之怨乎?旧辅于人材中似无不列荐之体,而适有里中之变,则称述更难。小婿意欲循套数语,另作一行于前。不然,如刘须弥(士祯)公祖之于钱麟翁(象坤),末带一段,言予告未几,未敢列荐,未识可否?盖旧辅当举朝侧目之后，近来江右之参温员老（体仁）者，又有疑推毂旧辅之说，更不可不慎耳。至于钱牧斋（谦益），才识果有过人，而机力亦不易测，凡其所以称许小婿者，无所不至。而今毗陵（钱龙锡）含沙之藉，吴门清议或可挽其万一，此公尚在读礼中，乃欲荐之意甚亟，现于言语若不遂其意，则其见怪又不可当。思有如吴鹿友（甡）之在秦中，竟用提荐法，先提数人于前，又未识可否？此公之忌者不在温员老，更不必言旧辅归里之后，与钱牧老被斥之后，皆小婿之一荐为倪端，是以其难措手耳。又如瞿稼轩（式耜）、许荆岩（誉卿）、周仲驭（镳）皆负时名，然已削籍，未可列于缙绅之中，则似宜于后总写一段以推毂，而此疏之触忌当事，必奉严旨已可预料，然不如此又不足以塞公论也。万惟岳父详筹赐教，不啻饥渴之望、点童之恳。"

同日，具题《刑官援例乞养，谨合词代题，以广圣明锡类之仁事》。以苏州推官周之夔与复社构隙求去，借口母老乞归养事。两者之生罅隙，彪佳亦苦心从中周旋。

见《宜焚全稿》卷十三，此疏九月十七日奉旨。

张国维《抚吴疏草》有《周理终养疏》可互证："该臣谨会同巡按苏松等处监察御史祁彪佳，看得苏州府推官周之夔长才洁守，谳决持平，两摄府符，百务具举，累膺荐而再举卓，正效力宣猷之年也，乃以将母之思为终养之请，臣等虽勉以大义，而乞归弥切"云云。崇祯七年闰八月十四日具题，九月十五日奉旨。

此事始末，梳理陆世仪《复社纪略》卷二可知因果：崇祯六年三月，张溥于苏州虎丘召开复社第三次大会。首辅温体仁子弟有欲求入社，不许。温体仁介弟温育仁遂使宜兴吴炳作《绿牡丹》传奇讽复社诸人。张溥、张采会见学臣黎元宽，黎下令书肆毁《绿牡丹》刊本，究作传主名，执温育仁家人入狱。温张构隙，温体仁由此首开攻讦复社之端，并由此深虑"溥虽在籍，遥执朝政"，令心腹伺机中伤之。秋，太仓州大风伤稼，知州刘士斗与张溥、张采共谋救荒之策。张采建《军储说》，议以军储代漕兑，张溥为撰跋语。周之夔攻之"悖违祖制，紊乱朝规"，刘士斗以此连降四级，改署昆山县事。二张使生员群起攻周，周之夔不得已乞归。七年十二月，黎元宽用二张之议，革周之夔职。《复社纪略》卷二述军储之争与周、张恩怨甚详："苏理刑周之夔，字章甫，号五溪，福建莆田人。素有名场屋，与吴越声气通，崇祯辛未科（1631）天如同榜进士。官吴郡司理，与社局诸人雅相善也。时东粤刘瞻甫讳士斗，亦同籍，知太仓州事，下车后虚已敬信，受先每事谘之，壬申年（1632）天如告假在家，亦与瞻父密相左右焉，由是瞻父政声籍甚。旧例，邑吏入乡闸帘考

成，当正荐十之四，故有司争营分房，以郡临邑，县官恒逊理官。癸酉（1633）
南闱，之夔已谋定易三房，且晚需聘矣；两张为州官地，临期骤易士斗得内
帘，之夔得外。之夔谢病不赴，而心恨三人特甚。是岁三吴大风杀稼，斗米
千钱，太仓漕无输。士斗念切民瘼，与两张谋救荒之策，采广谘博访，得府胥
宋文杰言……采大喜，乃著《军储说》。"又载治衙门蠹事："至是路振飞按部
莅娄，（张）采、（张）溥言陈（鹏）、过（鲲）二奴于四府理刑黄瑞旃、徐日羲、雷
起剑（雨津）、徐世荫，达之两道，檄拘陈、过二奴，下之崇明县狱，知县颜魁登
授意狱吏暗毙之，振飞复命。继为巡方者，上虞祁彪佳，浙局巨擘商等轩周
祚婿也。输差时亦密有指，授按部时适两张治衙蠹，有奸胥董寅卿者，□任
南赣抚军陆文献之仆也，为库吏时侵盗钱粮、加派病民，两张致意祁公立毙
寅卿于杖下，江南之害顿除。夫体仁所注意者三事，复社一无所狥，且皆严
绳之，两巡方不惟不能有所加，顾反重之，彪佳与之定交，由此浙人之谋为之
沮止。"按，陈鹏、过鲲为羞辱张溥父之两仆，溥亦以公报私怨。另，彪佳籍贯
"上虞"误，当为山阴。

又明蒋平阶《东林始末》载张溥语云："癸酉之秋，敝州风潮甚，太、镇两
卫官军申本地对支，州民即继请，刘父母遂于祁按台公询问救荒事宜，附进
此议（即《军储说》）。"

杜登春《社事始末》："时辛未同年周之夔者心窃非之（张溥），又以《国表
二集》选渠文一首，评无褒称，遂奋身作难，以复社为欲倾覆宗社，以天如为
名号比天。"《都门入里尺牍》今年夏秋册有《与张天如》："大刻之颁，百朋是
锡，诵读之际，深佩注存，临楮无任驰企。"当即此集。又，周之夔之《弃草诗
集七卷文集八卷弃草二集二卷》有崇祯乙亥（1635）季夏望日所作《弃草文
序》："忆去秋以母老乞归，辞别直指世培祁公，公下询曰：'近来所著古文几
何？'对曰：'三载手治爱书，未暇及。'祁公曰：'子之爱书起伏顿挫即古文也，
可以示人矣。'予谦让未遑。"由彪佳此言观，则杜登春所言文章之怒，当非无
据。又，明周之夔《弃草二集》卷一《上陈升陕侍御书 丁丑正月》："近来学
术之诐淫邪遁、士风之嚣諛诟厉丛于江南，复社二张擅作盟主，自拟桓文挟
持官府，遥执朝权，甚且缙绅之悖逆子弟为内应倒攻其父兄，又广招长目飞
耳、亡命不逞之徒，诇阴事而以烧舍吓之。夔亲见陆足吾、朱云来二公首被
其毒。南指祁世培公祖惕息调剂，亲语夔，虑祸至之无日，令道尊周二咸多
方弹压，仅免为宜兴之续。盖至堂上锦屏颂文发端，有'今天下大尽在娄东，
而娄东大尽在二张'之句。前太守史念冲诸公咸相顾咋舌，此何语乎！寻盟
结社，七省咸集，千艘联环，酹酒于五人墓前，郡县有司亦俯首听执牛耳，此

何象乎！当时贤绅高士早怀私忧，或戒子弟止足，或祈社刻除名……夔不幸以争执漕规首婴其锋，号孚有厉，仅乞余生。今犹怀矰缴之虑也。……至于抚台令夔作手揭自陈去位，非因争漕，与二张无涉，又托台台封筒以达，然后代题开出山之路，此明欲夔立供状而借江院为证，佐将李弁身首异处，而夔亦营进蒙诛矣。娄东狡计若此，惜抚台大人长者亦不察而狥之也。"按，陆文献，字足吾，一字征甫，号宇怀，太仓人，万历四十一年（1613）进士。据清佚名《研堂见闻杂录》，陆氏富于才，秽于行，崇祯末家遭奴变，居第为灰烬。朱国盛，字敬韬，号云来，松江人，万历庚戌科（1610）进士，历官太常寺卿、工部尚书，善画。

两张与周之夔之争，彪佳多函言及。南图藏《按吴尺牍》娄案册有《与杨昆岑禹海若》云："而娄东有谤及周司理者，究其故，止一二奸人乃衙役也，反借以并倾州守者，今娄东之士民鸣鼓而攻，某亦行究之矣。周司理虽以此愤激求去，而愚意则万无一奸人片言去一司理之事，此亦体法所关也。且司理于漕兑原有专责。……今某已力安司理，娄东之士绅又共慰之，其心事原物不白，今气亦且平矣，虽司理有决去之意，愚意断不可以此事去也。"又，《按吴尺牍·与张玉笥》："昨者周司理晤于舟次，以终养勖之，且云即请而不得，亦有颜色于地方，可以奋力终事。舍此而言病，则碍他日迁除。言水土不服，则碍近日之事体。此弟语语披膈，渠亦欣欣唯唯。而今观一禀一文，则仍是满纸机锋，几于咆哮，狂悖不可方物矣。万无不听其去之理，而据此之文，又无可以去之法。乃适又接江台一扎，所秘示于弟者，求之已深。此君祸且不测，而尚哓哓援人以曰已，多见其不自量也。"另一《与张玉笥》："周司理之狂悖固可憎，而其进退惟谷之状，究亦有可怜"。又，南图藏《里中人都尺牍》今年秋冬册亦有数函《与张玉笥》及此，其一云："周司理都下主议已不允，司理之去，欲老年台以一牌留之候命，部已旦暮覆矣。"下书《与张天如》，言已将周之攻渠事托张国维解决。

同日，再疏请病求归，具题《微臣再披万苦病状，恳乞天恩允放在籍调理事》。

见《宜焚全稿》卷十八。十月初四奉旨："巡方既竣，着回道考核，不得病请。"

先是，彪佳曾于本年三月二十六日具奏乞病，不许。此次期满将代，再请归，又不得。以吴中事发多端，理之者常为人憾，为应付年终回道考核计，彪佳遂函致卢兆龙、文震孟、吴麟征、张延登诸人，恳托周旋，并说明自己一意求归之志。其中情形，以下诸尺牍可见。

《按吴尺牍》有《与卢本潜》："乃某以庸劣之才，□愚之见，而当此议论最难调、人情最难惬之地，受命之时宜变即已决裂，弟疾驱入境，以为不先处豪奴则民情不平，不后处乱民则民心不定。此后先缓急之间，而始祸之家怨入心髓。其乡之讳言奴，而仇视民者，亦遂多不满于某矣。此种任劳任怨之苦衷，已略具于前此小疏。乃旧辅于今夏之事，其起衅原小，而奸民之构祸为大。是某平心而处，重治奸民，乃若欲尽抹起衅之由，以为地方向有未尽之乱民，致得乘而为难，是使弟年来竭力消弭转成罪案。且两陈绅奉旨严处，其怨仇必更深。为巡方者拼一身以安地方，今地方聊得安矣，而倘以私怨私憾反覆苛求，则向后为巡方者必顾瞻情面而后可，其又如地方之反侧何哉？且弟昨冬因新辅入阁，言官入狱，以为国体所关，冒陈一疏，以救援言官，责成新辅，虽疏入而狱解，为银台所格，然揭已投于阁部，此处触忌已多，窃恐合局下石为力更易。即如吴民不知法体，妄言保留，此固弟德威不能感慑之故，然以此至繁至苦、刻刻有意外之虞、时时有棘手之事之三吴，岂弟丧心病狂，而有一毫邀求之意乎？此固不得弟辨，然微闻忌口纷纭，借作话柄，则人情大可知矣。又弟某于此中访多亲提，事多躬谳，以故于凡献占吞估与夫寓访窝盗者惩处太过，此辈皆力能线索，言之寒心。嗟哉，世路险巇从来如此！弟昨者乞身养母，不蒙当事所信。今勉竣巡务，方将力图止。恐计典方严，或有乘机排陷，则功名固不足计，惟是以得罪当路与得罪地方者，倘并受黜，则觉有不能自甘者耳。所幸老年台主张清议，衡鉴人伦，使弟踵顶有托，此真造命回元之会也，伏乞老年台细询舆情。"卢兆龙，字本潜，香山（今中山市）人，天启二年（1622）进士。以清江令，升吏科给事中。

《按吴尺牍·上张华东师》云："门生过蒙老师台鞭策之恩，采合舆情，必欲勉强竣事，代者可在闰秋前后。门生乞身养母之初心，必欲求老师台始终玉成之，先此布恳，临禀可胜注恋之至。"张华东，名延登，时任左都御史，本年八月免职。

《按吴尺牍·与吴磊斋》云："弟派代有期，勉完残局。翼以再申前请，要以必得为主。俟其时，更求老年翁一出垂云之手，拔之泥犁中也。罪戾所致，地方所故，如义兴迩来之事，虽源本尚自可忧，诚有如年台所料者，而第处目前，则随起随灭，召衅原自不深，光景亦只如此，弟不敢借题张皇，另生枝节。恐有修憾旧辅，尚以为有意调停，则大非在地方者就事论事之苦心，倘有言及，乞年台为弟白之。弟以义兴前案大见怒于始猖之家，闻毗陵意见所同者，亦多不快。又此处豪奴悍仆大奸巨猾惩治者，是不一姓，侧目眈眈，而去年未入之疏又已得罪揆席，进退维谷，实处危地。弟之踵顶不向老年台，而谁扼哉！如地方人材一荐，每为巡方功罪之案，旧（按，此阙"辅"字）还里已一载,于大体固应列荐,又恐舆论不符,不知当如何位置,特乞老年台密切指示。至祷至恳。有怀万千,诸容嗣布。"按,磊斋为吴麟征之号。旧辅即周延儒,毗陵为钱龙锡。未入之疏,即救章正宸劾王应熊之疏。

地方民变屡起,多处士绅遭焚劫。任事维艰。

据《按吴尺牍·上等轩外父》。函云:"近来焚劫已及浙中,吴俭育(振缨)被其毒矣,几及于温员老(体仁),而首事之人皆疑为巨恶,此又与小婿大有干涉者,其中情节不可以一语悉总之。小婿处此经年,千难万难,事事有掣肘之苦,真有身所未经,目所未见者,而以短才值之,真不知向后何似矣。肃此奉复,并望台旨。"另,《按吴尺牍·与张玉笥》:"传闻乌程吴孝廉家被焚抢,乃吴俭老之侄也,与吴江接界。"吴俭老即吴振缨。

因戏曲《小青传》引起士绅朱云来(国盛)和陈子龙等人矛盾,彪佳居中调解。

据陈子龙自撰《年谱》崇祯八年乙亥条:"同郡某贵人素嫉予,适有无名子作传奇以刺之者,疑予与舒章使之,怒益甚。予同门生朱翰林君服,与贵人求复故业文园,予立议黜之,恨愈刺骨。遂行金钱嗾南台某上奏,大意以官吏诸生皆有所统,独孝廉久不入太学,横恣无专辖,宜下巡按御史举核示惩劝。制曰:'可。'其意欲黜予与彝仲也。时使者江右王公,端人也;行部察予两人行修饬,举方正,报闻。某贵人闻之,咄咄咤叹失气也。"此事发端于今年,而解结于明年,以故子龙自撰《年谱》系于明年。按,所言"某贵人"即朱国盛,字敬韬,号云来,彪佳书牍中常作"云莱"或"云崃"。松江人,万历庚戌科(1610)进士,历官太常寺卿、工部尚书,善画。朱翰林君服,名绩,崇祯癸未(1643)进士。江右王公,名肇对,字铭新,东乡人,天启乙丑(1625)进士,崇祯初拜御史,卒于巡按江南任。

《按吴尺牍》里有信函致方岳贡提及此争:"云间近来器器易动,每以口舌之间构成大衅,年兄一以定力镇静之,地方受无事之福多矣。从戏曲起而前事已不足论,从赎产开则年兄所谓一言而决,便可省几许风波也。朱揭语甚枝蔓,急令寝之为妙。"具体情况,参彪佳明年《里中入都尺牍·与夏孔林》可知:"有以亮之《小青传》中所云某生者,属敝友冯云将,被人浪传方为深讳。而云间传小青为《双真记》者,内议及朱云莱,遂起大讼。佺调之始解,是以于此不敢更着一语矣。"冯云将,清陶元藻《全浙诗话》卷三十七《小青》:"小青,冯云将妾。云将乃冯梦祯之子,秀水人,小青未详何方人氏。"另,南图藏《里中入都尺牍》今年秋冬季也有《与王百朋》言及此:"朱云老无端受诽谤,弟已为禁其书,惩治作者、演者,虽后来余波未已,要亦如浪花沧影,弟曾曲为调停，而终不如方太守之消弭镇定也。台翁敦笃故交，弟谊何敢后，清教之及，佩服叩谖，诸俟买舟过江面悉，缕缕。"又，一《致等轩外父》函："朱云老之肇端起于一戏，小婿已为禁其书，惩治其演者，稍全缙绅之体。事已久结矣，不意孝廉公车下第，复发难端，理颇不直。而朱则出揭毁别孝廉，挈恐以奏讦，则曲又朱。其中一孝廉为敝同年矣，小婿亦再四语之相安无事，而且谕方守力为弹压，云老似无须多虑为也。虽然，亦有不得不过顾者，迩来一二名下士主盟文坛，旁操清议，希光附影者群然趋之，若出示给照，似适以挑其斗耳。小婿在事之日，第见笔舌之横逞，究觉止归笔舌。娄东近日其已事也，断不至成宜昆之祸。为今日云老计，惟有静以待之。云老所以托诸友小婿者备至，小婿以事属不必然之防，向未有以应之，兹承岳父转致陈襄老之意，即当效一语于当事，亦总不出默为消弭之意，似不必出示与给照也。"朱云老即朱国盛。孝廉名朱绩。陈襄老，即陈尔翼，别号襄范，浙江绍兴府山阴县人，万历四十四年（1616）进士，官至吏科都给事中。《都门入里尺牍》明年夏秋册有《与朱云莱》："即曩者浮言忽起，亦犹轻云之点日，原不足渣滓太虚，矧台台一切应之以旷度坦衷，则微尘纤翳自消沉无地，所谓不睹不闻无穷也。"系回复致意之作。

同日具题《循例举劾教职官员事》，荐十五人，劾三人。

见《宜焚全稿》卷十六，十月初五奉旨。

初十日，继任王一鹗来代，乃离任，先归山阴省亲。

据《行实》及《按吴尺牍·与司理周五溪（之夔）》。函云："王云老入境确订于九月之十日，不佞拜疏之期已迫。"又，《按吴尺牍·与倪三兰》："乃今出疆伊迩……顷得王云翼父母入境之信，□于初十、十七，然大概十七之日居多，弟将于旬内抵里，相去不过六七日，或者于功令无碍乎？仰惟台示，临楮可胜瞻注之至。"王云老即王云翼，名一鹗，接替彪佳任苏松巡按。

据旧谱："先生以民变既定，其他兴利除害稍稍无负朝廷，遂请病以慰太夫人。然呕心竭力，且真病。疏两上不允，不得已，方力疾完报命。得代，乘间归省太夫人。"

沈自然赋五古《送祁侍御巡历还朝暂归山阴兼述鄙怀三十韵》一首送行。

诗见沈自然《闲情集》。诗称："投迹云霄近，论交宇宙观。一言鸣得意，片晷惜余欢。"

又，《吴江沈氏家传·君服公传》："山阴祁公彪佳，官吴中，雅知其才，每造请宴饮，商榷不倦。"

沈自然曾至祁氏寓园,赋《题祁侍御山庄四首》。据《闲情集》卷五注,祁彪佳赞其《寓言五十韵》"以赋手写作排调,宽然自裕,点染之工,高于元、白矣"。

清潘柽章《松陵文献》卷十人物志十《沈自然》:"沈自然,字君服。玫子。沈氏世有文采,而自然独工歌诗。有至性,孤峭绝俗。家贫,虽蔬食不给,闭门讽咏不辍。于人少所许可,凡世所称贤豪长者一言不合,辄谩骂去。以故名不出于吴。而山阴祁公彪佳雅知其才,每造请宴饮,商榷不倦。自然竟以苦吟眉发尽落。居母丧,神伤骨立,数月而卒,族人私谥为孝介先生。妻严氏素贤,以痛自然故数月亦卒。乡国闻者无不伤之。"

此间,属侯峒曾、岐曾、杨彝、顾梦麟、钱谦益等人评选苏、松、常、镇士人文章为《酌雅》两集,发公价付毛晋处刊刻。

《按吴尺牍·与侯豫瞻(峒曾)》:"十数年癙寐之怀昨始快,握手犹愧俗吏面目不堪相对耳。承教济济多士,倘得其名公之海内,仁兄所谓快举诚不虚也,然必得法眼裁定,庶几可以行四海而质千秋。今不佞出疆行矣,苏松两府俱檄令汇送蓼学转致仁兄,去取一惟冰鉴,约计二百五十篇,苏松可居其四,常镇止居一耳。先后工价已并付剞劂,即稍广其额,不妨陆续给与。但此匠已令其专赴杨子常、顾麟士处取候文字,是仁兄选定转发虞山(钱谦益)较便也。令侄、令郎昨已谕知署官,必能拔识。诸俟再布不一。"

又,《按吴尺牍·与杨子常(彝)》道:"昨有数行计达记室,得读大作典雅宏畅,拜教实多,但愚意于毗陵、京口处,似稍有分别,再为浑融数语何如?其他出史入经一字不可移易矣,订定即付之梓人,更不必垂教也,诸不一。"下又有《与杨子常》函:"观风一役,不佞目眯五色,全藉法眼以为此典之光,惟文是视,勿凭原案之高下。其评点一听尊裁,宁过于刻而毋滥,尺长寸短者烦删改之,可可否否务期得当,是不佞之所望于宗工也。次等之中,原多佳士,堪录之文亦祈拔选一二。顾麟士兄不及别函,即此相托。事竣每二处便令该学申缴一次,庶刻陆续发刻。诸不一。"

另有合致杨彝、顾梦麟两人之信函:"评选之举,重费清神,遂使暗昧如不佞,得附于知人之末,仁兄所惠教多矣。但出境在迩,未能观成,一切工价已付厥剞。此后选文,当令其向门下索取。征文姓氏,雍瞻(岐曾)兄推而广之,约一百余人,是以发价足二百五十篇之额,以常镇者烦两兄,苏松则属之雍瞻矣。大概苏松居其四,常镇居其一。然苏松选竟,亦相约仍送仁兄参订之,即行发刻。果有高文纸贵,不妨稍广其额,俟续与彼匠也。至于封面、目录,草具一式,并祈裁定。更恳一、二集俱求大序,敢烦两兄分任之。生花之笔,字句皆香,径付杀青,使早竣厥事,更不必使不佞覆阅也。但不佞胸无一字,冒此鸿章,窃为愧耳。令侄、令婿已谕知署官。冗极走笔,并此附复不尽。"

另,南图藏《里中入都尺牍》今年秋冬季册有《与杨子常顾麟士》:"《一集》久已竣事,烦督劂剞氏速送板毛子晋兄一面刷印发行,公之海内,仍以二百部见惠,分送同志,祈一致之。《二集》或苦于征文未到,则并祈致之侯雍瞻(岐曾)兄,以现到者选付杀青,他则姑留有余不尽之意,何如?值文盈而值缩,不妨令章彩计文就不佞取值也。《二集》序文统藉大笔,完则径登简首,更不烦赐教,临楮可胜瞻注。"同书有《与王升之》:"观风小刻附呈览政,《二集》尚在雍瞻兄选次,续当付来,不尽注切。"毛晋(1599—1659),原名凤苞,字子久,后改字子晋,号潜在,别号汲古主人。常熟人,以藏书、刻书名著天下。

又,明年《都门入里尺牍》春夏册有《与杨子常顾麟士》:"向以《酌雅》二集仰烦鉴衡,实足津度文海,车指艺林。顷刻得侯豫老一函,知苏松诸篇已为雍瞻兄点定,则常镇之属两仁兄者,必早经竣是可知。今询之坊间,似尚未刻就,敢乞仁兄立促劂剞氏速竣此局,而简首更求大篇为玄晏。庶名文流播,不肖亦附之以不朽,其为感佩,宁在寻常!临楮不胜驰注之至。"侯豫老字豫瞻,名峒曾。

另据日记《归南快录》,明年(乙亥)九月初一日,杨彝偕其子携张溥、侯峒曾诸人函来顾,赠彪佳以已竣文选。同时,乙亥年《都门入里尺牍》夏秋册有《与顾麟士》函道:"至于《酌雅》两选,仰借丹铅,俾名文流布,巡方吏窃光实渥矣。《二集》板即付之吴门书贾,不肖且致毛子晋兄,俾《一集》合之以行,敢烦留神为望。一芹引意,伏祈鉴存,外小刻待罪之状也,并乞览而教之,不一。"同书《与侯雍瞻》:"不肖一周爱俗吏,而观风之选得借丹铅以附不朽,又何多幸乎!弟静观时事,实自揣测其不能,所以乞身求归一而再……《酌雅二集》板即发书肆流布,不肖且致意毛子晋兄,俾其发《一集》板合行,并附闻不一。"《与毛子晋》:"观风小刻,重烦垂神,锡惠再三,戢佩勿谖。兹敝乡亲友相索颇多,未有以应,而预选诸兄亦有未见一斑者,今《二集》告竣之时,倘得合以流布,不肖且附之不朽,敢祈仁兄以此板发之吴门书贾天籁堂,俾其同二集发行,鸿文广之海内,是又仁兄之辱念无己也。《十三经注疏》大刻已就否?在昨日赐教之外者,尚容专请以开固陋。不腆将仰祈照原。"另,《与杨子常》:"另单具来子晋兄处,取出原板与《二集》合行,俾鸿文广布海内,惟仁兄留神焉。寄语书贾,《一集》需五十册,《二集》需七十册,合一百二十册,然必书肆中发行有余赀方可,不然,多寡惟命,不可强人以取不能也。临楮可任驰注。"则此时已经选刻完成。此后,浙图藏《林居尺牍》丙子夏秋册有《与侯豫瞻》言及此："雍兄《酌雅》一选，江南为之纸贵。"

杨廷枢来函为其先人请祀。

《按吴尺牍·与杨维斗》："若笺笺一芹，愧古人式庐之敬，何足烦挂颖，而重之以华翰。即顷得令祖崇祀之呈领，悉容次第批行。仰止固有夙怀耳，临风可任瞻溯。"按，杨廷枢（1595—1647），字维斗，号复庵，南直隶苏州府长洲人。崇祯三年（1630）乡试第一。弘光元年（1645）南京失守，走避山中。四方起兵者甚众，有执之欲推其为首，不就，被杀。

秋冬，回道覆命。途中会王时敏、夏允彝、毛文学等。

据《行实》及《里中入都尺牍》。

《里中入都尺牍·与王烟客》："两世通家之谊，一载请事之雅，其藉垂云巨庇，而切依含深情者……公郎皆玉笋班□，盈廷琪树，见者自能知宝，宁第家珍，行为国器。长、次二君已曾面订当事，必不相负，恐绵力有限，推毂之惬正当时时申之……昨于松陵特烦左顾，青雀舫中获玲珑玉佩。"又，《里中入都尺牍·与夏彝仲》："令亲试事，已于松陵署中及出疆舟次与方禹修一再言之。"尺牍下有一函《与方禹修》，言及夏彝仲所托童生张定为故宦之子。两者都为功名请托。方岳贡，字四长，号禹修，湖广谷城人，天启二年（1622）进士。授户部主事，进郎中，崇祯元年任松江知府。

另，《里中入都尺牍》有《与毛文学　吴江人》："王伯良诸作得乔梓表章，遂使藏之名山，亦可传之大都，其为敝乡生色多矣。附此谢教，不尽临风。"按，据冯梦龙《曲律序》，松陵毛以燧、以煃兄弟与王骥德友善，王卒后之二年（1625），毛氏刊《曲律》于吴中。以燧今年约六十余。兄以煃天启三年（1623）曾任南京工部营缮清吏司署员外郎事司务。此毛文学当为毛以燧或其子侄。

明刘遵宪《来鹤楼集》卷二有《和中丞祁公九日途次自酌即韵》："客思逢秋剧，征途采菊难。马疲愁舍远，风劲觉衣宽。摇落山容澹，苍茫涧气寒。相从惟绿绮，醉向孤窗弹。"当亦为此行作。据题称此书为天启刻本，然天启间彪佳未是御史，此书刊刻时间必有误。

袁于令以科场事相求，函复之。

南图藏《里中入都尺牍》甲戌秋冬季有《与袁凫公》："久睽眉宇，瘝瘵为劳。仁兄高不见之节，而不佞仰企更殷矣。初意乞身得遂，便可为清事之地，不意匆遽戒途，咫尺清光，失此良晤，欠仄何似耶！令亲张老公祖向曾以仁兄为言，兹复再奉大教，敢不仰承！但文宗处苦无便邮可以遽达，容相机图之，诸惟崇炤不尽。"

回道考核，被拟降职一级，后改降俸。

旧谱："先生自司理时，已老吏所不及；更读礼数年，奉教有道，博览经传，究心体用之学，识益高、才益老。按吴一载，三吴公论谓二百年来固不乏贤直指，大抵严与和不能兼、恤民与除奸不能兼、澄肃与惠爱不能兼，而祁公实兼有之。……冬，回道考核。居上考，而中旨屡驳。中官示意政府，云为延儒事也。先是，宜变后豪仆敛迹，罪辅周延儒得宠归，纵下虐小民如故，于是冤民相聚，夜发其祖茔。事觉，延儒恨入髓，欲穷治之。先生薄治乱首，而穷追致乱之由，延儒大憾之。时延儒虽归，宠方盛，政府不得已拟带降一级。上亲易降俸，上未尝不知先生，特延儒有以中之耳。先生恬然就职。三吴贤者文公震孟等谓先生巡吴为国朝二百年所仅见。不加异数，因豪奴致变，反累巡方，是非颠倒，若是朝廷乱矣！拟公疏合争，先生力止之。"

《祁彪佳集》卷十所附明祁熊佳撰《行实》："先是宜兴之变，陈一教与罪辅周延儒，姻娅也。先生定变，不稍徇情面，故周辅憾之。先生考核时，居上考。中官示意，政府不得已拟带降一级，盖为周辅事也。上亲易降俸。"

明年日记《归南快录》引言道："及考核时，以荆溪民变，时宰方督予过，因发改票拟降级，而上改为降俸。"

《都门入里尺牍》有《与王云翼（一鹗）》："弟自为踉跄入都，两月始考核，乃圣明改票者再，以宜变而薄从降俸，圣意或在旧辅之事乎，不知其事原非重大，旋即消弥。"另，《与罗天乐》："至若宜兴之民变，拮据罔懈，劳怨不辞……然弟以此取怨豪家，功反成罪薮。"

毛奇龄《西河文集》传四《明少傅兵部尚书前巡抚苏松都察院右副都御史祁公传》："时彪佳回道，居上考，而旧辅延儒与陈氏僚婿，怨彪佳执法，阴嗾中官驳彪佳，下其等降级，上亲索笔，改罚俸。当是时，人憾彪佳冤，而犹幸上之知彪佳云。"

清王鸿绪《明史稿》列传第一百五十《祁彪佳传》："宜兴民焚翰林陈于鼎、于泰庐，发其祖墓，并首辅周延儒祖墓，彪佳捕治如法，而于延儒无所徇。延儒憾之，暨回道考核，讽主考镌秩一级；帝察其无罪，令降俸而已。"

清邵廷采《思复堂文集》列传第一百五十碑传《明巡抚苏松副都御史世培祁公传》："竟用奏陈氏忤周延儒下考。烈皇帝知公，改罚俸。"

清温睿临、李瑶撰《南疆绎史》勘本卷十四列传第八《祁彪佳传》："既而回道考核，延儒修怨，讽主考者镌秩一级；帝察其无罪，之令降俸。"

清陈鼎《东林列传》卷十一："时彪佳回道，居上考。而旧辅周延儒与陈氏僚婿怨彪佳执法，阴嗾中官驳彪佳，下其等降级；上亲索笔改罚俸。当是时，人憾彪佳冤而犹幸上之知也。"

　　清汪有典《明忠义别传》卷二十二《祁忠敏公传》："巡按苏松，任满居上考，与旧辅周延儒忤，家居八载。"清汪有典《史外》卷二十二《祁忠敏公传》所述同。

　　按，关于祁彪佳被降俸的原因，《归南快录》小引所言"时宰方督予过"，旧谱及熊佳《行实》皆以为彪佳处理宜兴民变引起周延儒不满，中官示意政府拟降级，后崇祯皇帝亲自改降级为降俸。这个说法含糊不清且值得商榷。祁彪佳回道时，周延儒已被温体仁排挤罢归，现任首辅为其政敌温体仁，周延儒未必能通过中官左右温体仁的决策。而据上年十月二十六日具题之《敬陈宜邑民变始末微臣处置事》可知，陈于泰曾为温举保，而祁处之以法，已逆温氏；另，彪佳友张溥、张采，谪温党周之夔，而回护复社，此必为温体仁所憾；又兼卷入周延儒、温体仁之争，且以疏劾温党辅臣王应熊。另，南图藏《都门入里尺牍》乙亥春夏季册有函《上等轩外父》称："小婿受事以来，上不取怒于圣明，下不见弃于公论，所以致此者，思惟昔曹中贵（化淳）出理京营，而复请七人以出，时寂无人言者，小婿以疏争之，见忌或在于是？盖观其疏入而文书房出查参罚，缘由已自可见。宜事原未有明旨之督责，圣意岂独忆及此乎？"崇祯四年皇帝又开始重用宦官，五年七月，命太监曹化淳提督京营戎政。祁彪佳曾在《备察群情疏》里议论皇帝派遣内臣监军的弊端，提到"近日京营操练，复遣七人"，恐因此引起将帅失和。分析诸方面因素可见，祁彪佳降俸求归并非偶然，而是他立朝以来在政治争端中所处地位和处事态度所致。他被拟降级固然难免，所谓"宜变"事被责，仅是一端。

卷五　退居林下（上）

崇祯八年乙亥（1635）　三十四岁

　　时事　高迎祥、张献忠军东进。正月十五日，破凤阳，焚皇陵及龙兴寺。明以皇陵失事，逮总督漕运尚书杨一鹏下狱。　六月，李自成大败明军，西安震动。　八月，卢象昇总理直隶、河南、山东、湖广、四川、山西、陕西军务。

　　是年五月，阁臣吴宗达以衰老罢。　七月，少詹事文震孟、刑部侍郎张至发入阁。　九月，阁臣王应熊以袒护杨一鹏被劾罢。　十一月，文震孟、何吾驺为温体仁排挤罢。　庶吉士郑鄤与文震孟善，面责温体仁，诬磔死。

是年,海盗刘香为郑芝龙破,自焚死。

后金多尔衮出兵收察哈尔余众。　究莽古尔泰"谋逆",收正蓝旗归天子直辖,皇太极遂为三旗之主。

今年祁彪佳有日记《归南快录》,所记始于四月初九;尺牍《都门入里尺牍》,藏于南京图书馆者标注藏处与年、月、册,藏于国家图书馆者无年、月、册,亦不标藏处。

春初回道考核,在京,得文震孟惠赠花灯。

南图藏《都门入里尺牍》乙亥春夏季册之《与文湛持》:"抱恙杜门,日惟读《易》一篇,作故人相对,然终觉寂寞难遣,因是无所得手耳。承惠华灯,使蓬荜生色,谢非可以言罄,诸容假后面悉。"

以皇陵失事,函慰吴振缨,谏以处事之道。

据清夏燮《明通鉴》。正月十四日,农民军陷凤阳,焚皇陵及龙兴寺。事闻,总督漕运都御史杨一鹏弃市,巡按御史吴振缨遣戍。

《都门入里尺牍》有《与吴俭育》:"年台自当据实上闻,何必预作此张皇之状。……嗣后年台亦须度独出手眼,勿以身与之共功罪。"又,明年《里中入都尺牍》另有《与吴俭育》函,以《圆觉经》寄吴,慰其被戍。

以所刻《按吴疏稿》呈王铎,并向张岱求序。

南图藏《都门入里尺牍》乙亥春夏季册《与王觉斯》:"小刻乃巡吴罪状,向荷老年伯披露肝胆,勉竣厥事,是以附呈清览,以见共济之谊耳。诸再布不一。"

又,同书夏秋册《与张宗子》云:"小刻皆吴中罪状,兹以上尘览政,倘可赐玄晏一言,俾詹詹者附名文以不朽,是所愿也,而不敢必耳。"

许重熙（子洽）以其《嘉靖以来注略》（又名《五陵注略》）求彪佳校订、赞序，婉拒之。

南图藏《都门入里尺牍》乙亥春夏季册有《与许子洽》两函，一云："读尊裁《注略》，一出一入，字挟风霜，真足为千秋信史。不肖暗劣，无能助高深，惟据管窥者以请教，不敢当校订之役，卷首乞勿及贱名，诸容晤悉。"又一函："老年丈以千古具眼，修不朽大业，获领麈教，殊慰渴思。未刻一卷容阅过另璧，恐游、夏不能赞一词也。"婉拒当亦为惧文字祸端。

又，浙图藏《林居尺牍》丙子秋季册有《与李灌溪》："况今人情不古，每于字句之间求人，如许子洽采实录为《注略》，何曾得罪于名教，而亦罹缯戈，且奉有禁革野史之明旨。弟曾列较正姓名，幸而不及。"

按，据《康熙常熟县志》卷二十《许重熙传》，许重熙，字子洽，晚号东村八十一老农，江苏常熟人。生年不详，系钱谦益同辈，约生于万历十年（1582）前后。许氏对明史一些人事作大胆怀疑与批评，如言刘伯温非渡江勋旧，袭封出乡之推戴。嘉靖十年（1531）六月，朝廷从唐龙议，以刘基配享太庙，子孙嗣袭伯爵，许重熙有异议，称："开国文臣，最先幕府。从渡江者，李善长……渡江后，有陶安……又六载，下浙东，乃得宋濂、刘基、叶琛、章溢。大封时，善长位上公，比萧何。而子房、孔明之称，先广洋、后基。考基为石抹宜孙幕官，宜孙死，乃归附。"（《宪章外史续编》卷二）又对附着刘基身上之种种传说进行驳斥，因此"朝论韪之"（《明季甲乙汇略》）。其对刘基的否定，直接触怒刘氏后裔诚意伯刘孔昭，刘氏欲陷许氏，祭酒倪元璐出面"争之"（《乾隆苏州府志》卷六三《许重熙传》）。恰值首辅温体仁怕倪元璐入阁，"必欲逐之而后快"，苦于"言路、部僚，莫有应者"（文秉《烈皇小识》卷四）。刘、倪交恶，为温体仁创造了条件。温以京营戎政之职为饵，唆使刘孔昭弹劾倪元璐。刘借倪氏锢妻一事，弹劾倪元璐，附带告许重熙书生妄言国事，"居下讪上，实录未成，而《五朝注略》先刊行世"（清黄虞稷《千顷堂书目》卷四），又将参校《五朝注略》之七十五个人全称作东林党。温体仁暗中拟旨，欲深究。思宗仅下旨"倪元璐冠带闲住去，许重熙革去衣巾，书板追毁"（文秉《烈皇小识》卷四）。

王应遴以修志索借藏书。

《都门入里尺牍》乙亥春夏季册《与王云莱》："修志大典既奉明旨，主者自当留心。……小刻止疏稿、政略，而所携甚少，容先以《观风录》呈览政。佥向荷爱教，请益之心无已，而重劳清思则又何敢，乃辱念及，感不尽，诸容晤悉。"

按，王应遴（？—1645），字薑父，号云来，别署云来居士，彪佳书牍则常写作"莱"或"崃"。山阴人。戏曲家。万历戊午年（1618）以副榜恩贡，授中书，同修《两朝实录》《玉牒》，晋大理寺评事。熹宗即位，奉旨开馆纂辑《真西山大学衍义》，首献"祖防近习"一款，触上怒，廷杖一百。叶向高、韩爌力救乃免死，削籍。崇祯初，阁臣徐光启荐起原职，同修《志历》《会典》，迁礼部员外郎。甲申（1644）三月明亡，于京邸自杀。函中所云《观风录》，当系去年巡按吴中时托杨彝等人选编的《酌雅》一、二集。

四月初八日，奉旨放归。初九日，早发离京。十三日，陆启浤函寄《别序》为饯。五月十四日，抵杭州，宿偶居。

据旧谱："先生日夕念太夫人，时已七帙有二，恐请病再不允，求台长代题，始获以病归。""五月，抵武林养病。亟迎太夫人至湖上，奉游湖山梵刹，并饭僧以慊太夫人。病稍愈，抵家。杜门谢俗事，与诸兄编集梓夷度公文集，共二十余卷，剞劂行于世。"

据日记可知放归情状：先是正月初旬，以疾请假。二月初十日，再请假，自是惟二十八日以回道趋朝谢恩，余皆不复出门。三月初八日，再具揭请归。十八日，御史台为代题请归疏。二十三日，请归事得旨下部。四月初五日，请归疏得铨部覆本。

南归行程如次：四月初九日，离京。十五日，入天津城。十八日，抵沧州，游朗吟楼，观四壁题诗，游王梅和园林。二十五日，抵靳庄，于靳八公登仙处观壁间吕洞宾题字，不辨；至泰安。二十六日，登泰山，作七律《登岱》四首。二十七日，谒岱庙，观秦松、汉柏、唐槐及古今碑记，策马渡汶河，晚宿姚山茅店。二十九日，观响水泉、舜井，往雷泽湖谒关帝庙。五月初一日，至洗砚池谒王羲之像。此行旅途作组诗《罢官》十五咏。初九日，晚至丹阳，请丹阳令拨差役牵舟行；脾疾延医。五月十四日，抵杭州。

归途所作，有七律《登岱》四首、五律《罢官》十五咏。

见《诗集》。

据四月二十六日记："然一登一陟岱，已为我有眼界顿辟、胸次大舒恨，又终不胜快矣。舆中得七言律四章。"旧谱："四月，辞朝。登岱，为太夫人祈寿，有诗四章。"五月初一日记称："夫朝朝暮暮，晓屿烟林，皆可助吾吟咏，愧未脱风尘之色。舆中仅作《罢官》十五咏而已。"此后十一日，抵杭州。致数行书于季父，录《登岱》《罢官》诸咏就正。按，《罢官》其一云"病身兼懒癖，恰与杜门宜"，其二云"吾父遭时忌，当年亦罢官"，其七云"阁中余日月，世外任风波"。从中可想见，彪佳求归，身之多疾、性之好闲固非纯属借口，然其直接缘起却在遭时嫉忌。

五月二十六日，为郑寿子作成《孝经小学旁训序》。

据日记。

文见《文稿》，《祁彪佳集》卷二亦收。郑寿子名寿昌，仁和人。

南图藏《都门入里尺牍》乙亥春夏季册有《与郑玄子》："大兄欲一序老侄小学，少迟之脱稿求政，皆取示，序稿已领入，并祈转致为祷。"郑玄子，尊经阁藏《寓山志·注》收其五绝《茶坞》，注："郑铉，玄子，仁和"。

六月十四日，整理吴中疏稿、案牍。

据日记。

十九日，与从兄豸佳邀王元寿、张遂辰、顾卦等聚湖舫，泊南屏山下，拈韵赋诗，作五律《湖中小集泊舟南屏山下》。

据日记。诗见《诗集》。

张遂辰《张卿子先生遗集》之《湖上编》卷二有《同王伯朋、顾山臣、祁幼文夜泛》："日没水郭凉，苍苍方及西。数子淡忘归，相寻亦云偶。放舟烟中行，空陂一无有。凫雁寂不惊，香涧菱与藕。坐深月吐西，乍醒垆头酒。何来吹笛声，苇渚秋生久。回看舣中亭，渔火飐堤柳。忽而疏雨过，澄潭下星斗。"当为此次聚会作。顾山臣，尊经阁藏《寓山志·注》收其《茶坞》五绝，注："顾卦，山臣，钱塘。"另，张遂辰同书《蓬宅编》卷二又有《岁暮感述答宋又希祁幼文》诗："年来论述总樵余，风雪城深却自如。迹返闻钟高衲社，老惭厚禄故人书。寸心虽炯真无用，一食随方不愿余。谁访沈冥空肆在，坐消卦气识剩余。"不知作时。宋又希，名贤。

又，南图藏《远山堂尺牍》辛未春夏季有《与张卿子》："岁杪风雪之夕得词四章，今春得诗四首，拥被寒吟，不知李杜之规范、王白之韵律为何似也！仁兄亦有以教之乎？《学海》八套，卷帙浩繁，恐多费，万不敢领；惟陈明卿批点《资治通鉴》或《纲目》，书坊不可得，乞搜之于友人家，即当贡赀记室。"张遂辰（1589—1668），字卿子，号相期。工诗文，董其昌、陈继儒称许为"奇才"。原籍江西，其祖迁居浙江钱塘定居。《仁和县志》称："少羸弱，医不获治，乃自检方书，上自歧、鹊，下至近代刘、张、朱、李诸大家，皆务穷其旨。"遂成名医，尤精于伤寒，辑《张卿子伤寒论》。

二十八日，归途遇谢三宾以被劾相求，为之致函恳托。

据日记，先是本月二十一日，祁彪佳以谢来函相求，曾致函李懋芳为谢三宾请托。

《都门入里尺牍》有《与谢象三》："知老年台遭意外仇诬遂奉严旨……闻

诬者仍属抚按,则李玉完自有维持之法。……因欲与林栩庵年伯商妥,方敢奉复年翁,是以稍迟者。"又,其下有《与李玉完》函为谢求解云:"此事之所由起,在弟某固不能详知,然以监司参巡方,体统法纪所系非小。"

按,李懋芳,字国华,号玉完,上虞人,明万历四十一年(1613)进士。林栩庵,名栋隆,鄞人,明万历四十七年(1619)进士。

二十九日,抵山阴家中。

据日记。

黄宗羲因黄尊素祠堂选址与人起争,为之调停。

黄宗羲《南雷文定》后集卷一《重建先忠端公祠堂记》:"我乡阉党最多,而以逆案归者势尤桀骜,与其同党蹴私人出而争地。"黄祠原择地于宁波之西石山。

南图藏《里中入都尺牍》今年秋冬册有《致等轩外父》:"承台谕在姚江建祠事,小婿初不知其颠末,为刘念老所邀乃预一贱名其末,越中之预柬者不独小婿也。后见公札语过愤切,又致刘念老稍改为和缓,而面对黄白安之乃郎,则婉劝之,大概另祠之议成而黄可相安无事矣。及于舍下晤两冯兄,其愤切信甚,且为难罗公祖,小婿又婉劝之天下事只须平心以处,即果为黄而愤切,如此反非所以为黄也。况事关通邑,惟有委曲调停已耳。"刘念老即刘宗周,号念台。商周祚,号等轩。

《都门入里尺牍》明年春夏季册又有《致等轩外父》:"去冬自吴中归,适冯邺仙昆仲有事于黄祠,致书抚台公祖,小婿原曾预名其末,及晤喻醒老,则语次间小婿固力赞易祠者,盖黄患无祠,不患易祠,岂黄白老非其地则不享乎? 是时且以两台设处公费、官为捐造之说进,喻醒老极是小婿之说,且言若晤姚绅,并当为公一白此意耳。向日黄太冲兄偕留仙昆仲在寒舍,小婿亦委曲劝之,必劝不宜以一祠左通邑之议,致尊公不获安于俎豆,黄兄亦唯唯。今不但喻公祖能言之,即黄兄亦可问也。至于按台郭公祖虽为子闱所取士,原非敝门生,小婿乞身养疴,矢不预户外之事,此又不必深辩矣。万祈岳父特遣一使达小婿某之鄙悃,使勿见疑取罪于有道诸绅"云云。冯邺仙名元飙,黄白老即黄尊素,黄太冲即宗羲,留仙即冯元飏。喻醒老即喻思恂(1571—1646),字醒拙,荣昌人,明万历四十四年(1616)进士。

清李元度《国朝先正事略》卷二十七《黄梨洲先生事略　弟宗炎宗会》:"黄梨洲先生宗羲,字太冲,浙江余姚人。……蕺山弟子如祁忠敏公彪佳、章给事正宸,皆以名德重,而四友御侮之助必首先生。"

七月初四日，董玄来访，示以其所作剧与文。

据日记。

《都门入里尺牍》乙亥春夏册有《与董天孙》："昨辱左顾，获于霏屑，迄今余香犹拂拂座间也。大作敲金戛玉，按工度商，诚足津度文海，车指艺林。不肖固陋无文，何足当兹玄晏之役，敢方鼎命，伏乞原之。至制义数首，容卒业以复。仁兄抱玉而刖，识者扼腕；生花吐焰，此其时也。邑试之后乞示以尊名，容竭区区图之。诸不一，尊稿二本附上。"董玄，字天孙，会稽人，事迹见前注。

初六日，作五律《纳凉》二首。

见《诗集》。

初八日，扫紫芝轩以为书室。

初九日，午后凉风忽起，微雨乍来，暑气退却，作《纳凉》五言二律。

见《诗集》。

初十日，拣阅以往抄录成册之《澹生堂文集》，尺牍最多，有十五册。

同日，坚辞族中公请宴席。

以上据日记。

南图藏《都门入里尺牍》乙亥春夏册有《与族长》："闻族中尊长有设席演戏相邀小弟之意，盛情心铭已多，而事则有万万不敢当者。盖弟无德于吾宗，而漫叨杯酌，心实不安，此不可一也；引痛而归，与升迁者不同，决无可以享大烹之理，此不可二也；弟戒特杀，且素恶优人，而乃违心赴召，如坐针毡矣，此不可三也；民穷财尽之时，即吾宗之丰裕者亦不多，而为此无益之费，可乎？此不可四也。此四者弟实实见其不可，倘尊长必欲相强，则惟有入山引避而已。弟不能遍告尊长，总托于两兄（按，注为三十九、六十长兄）力主中止，拜德无极，若不荷允从，临彼时必不敢趋赴，宁为不近人情之事，彼时勿以为弟罪也。"

二十一日，汇订亲友来往信札，令人抄写尺牍成帙。

据日记。

春夏间，致函华亭令张调鼎举荐华亭教谕杨文骢。

南图藏《都门入里尺牍》乙亥春夏册《与张太羹》："杨龙友为不佞通家兄弟，其乃翁与先人有至交，才华品格真足冠绝一时。门下缁衣之好，定有先得我心者，晤时幸为致意。"

按，张调鼎，字太羹，福建瓯宁人，崇祯四年（1631）进士，时任华亭知县，后迁礼部主事。杨文骢（1596—1646），字龙友，贵州人，流寓金陵（今南京）。

万历四十七年(1619)举人,六赴会试不中,崇祯七年(1634)选华亭县教谕。

为长子同孙聘妻。

《都门入里尺牍》今年夏秋册有《与郑玄子》:"目下又为小儿遣聘,病而兼冗,益不能堪。"同孙时年十五。

夏秋间,开工重刊先父祁承㸁《澹生堂集》,明年秋大致完工。

日记提到,十月初十日,校父祁承㸁所制序文及尺牍数篇付刊。

又,南图藏《都门入里尺牍》今年夏秋册有《与张兹亭》:"先集刊刻将成,欲请老伯一言光重简册,尚容躬谒,以申虔祷。不腆芹献,仲乞鉴涵,可任瞻注之至。"另,浙图藏《林居尺牍》丙子夏秋册有《与侯豫瞻(峒曾)》:"迩方为先子刻文集竣工,即当驰寄。雍兄(岐曾)此际必在白门,乞为叱致。"同书《与宁方兄》:"迩方为先府君刻文集,已刻至十八卷,约一月便可竣工。既承诸名公之采择,完日便当驰寄。今先以旧日外集附来,乞致之安荩卿。""张兹亭",或即"张芝亭"笔误,名张星,永城人。崇祯甲戌(1634)进士,官光禄寺署丞。侯豫瞻,名峒曾。雍兄即雍瞻,名岐曾,嘉定人。安荩卿,名国贤,嵊县人。同书《与郑寿子》函也提到:"读兄试卷火候已到,自是九转之丹,窃为世谊志喜。老伯《名宦录》可备一代之悼史。弟近为先子刻文集,工完十八九,亦欲刊,以此稍稍表章于地下耳。"可见《澹生堂集》开工刊刻于今年夏秋。郑寿子,名寿昌,仁和人。

又据日记,明年二月至七月间,陆续校阅祁承㸁的文集、尺牍、吏牍。十月十五,令刻工更正《澹生堂集》,则明年秋大致完工。

彪佳为重刊《澹生堂集》所作的准备,从去年巡按吴中已经开始。《澹生堂集》卷首有崇祯六年范允临作《澹生堂全集序》,参南图藏《按吴尺牍》明年所作《与范长白》函:"昨承名文佳翰,使先子藉以不朽。……小园为先人一生精神所寄,惜不能邀名公展齿,倘得俯赐一扁,实为斗室之光,容当竭诚以请。"可知在吴期间,已求得范序。按,范允临(1558—1641),字长倩,号长白,南直隶苏州府吴县人,万历二十三年进士(1595),工书法,与董其昌相伯仲。尊经阁藏《寓山志·注》存其五绝《小斜川》。

又,曾晤陈继儒,恳作《澹生堂集序》。南图藏《按吴尺牍》甲戌春季有《与陈眉公》函道:"某生平瘰寐先生,想象德辉于天际,兹待罪贵里,窃欲一望颜色,且有所请也。拟于谳上海事毕,肃展仰止。先生评之尊刺何敢当,敬附返。"又一函:"昔人谓一夕话胜读十年书,犹浅之乎言也。不肖昨会晤先生,觉千古上下有何学问经济,具在先生片刻吐露间……先集求先生一言垂之不朽,当命华亭张令从容候领,小疏詹詹数言,民瘼未悉,专望砭针乃敢入告。咫尺清范不尽神驰。"此后，国图藏《里中入都尺牍·与陈眉公》："某至迂疏无当，承乏名邦，迷缪百状，所谓臣之罪臣犹知之，独荷见许于有道，时时奖饬及焉。举世有一人知我陨越，亦有余适。且也先子生平以著述为性命，卒坎坷以终其身。今得先生数言，遂足附以不朽，人之为感孰有逾于父母受衮褒而且在生死之际者乎。载读鸿章，字字镂之肺腑，鄙所以报先生之高谊未能也。……家刻呈清览，不尽瞻切。"则已得序也。按，陈继儒（1558—1639），字仲醇，号眉公、麋公，松江府华亭人。著《陈眉公全集》，辑《宝颜堂密笈》。

另从南图藏《按吴尺牍》癸酉夏季册《与文湛持》可知，崇祯六年夏，已以《澹生堂集》托文震孟删选。同年还求得文震孟允作祁承㸁《行状》，南图藏《按吴尺牍》癸酉冬季册《与文湛持》："所恳先人《行状》荷蒙慨允，衔接实深，正欲奉《行实》呈览，而箧中偶无觅处，当于家间刷印转寄都门，老台台或于清幄之暇从容吮毫，弟即明春恭领原非迟也。"此《行状》文震孟实际着手写作当在崇祯七年，因为南图藏《按吴尺牍》甲戌春夏季册有《与文湛持》函求先人行状云："谨以墨帖已镌就者奉清阅，今砺石以待鸿文。"国图藏《按吴尺牍·与文文起》："役回，得台章，使先人不朽于地下。某环回展诵，真有一字一感，不知涕泪之何从也。已勒之金石，子孙世世宝焉。敬此布谢，尚期于晤对之日躬肃百顿也。"则可见已得文撰《行状》。文震孟，号湛持，事迹见前。

又，托文震孟向王铎求神道碑。南图藏《按吴尺牍》甲戌春夏季册有《与文文起》函，托文震孟向王铎转求祁承㸁《神道碑》；同书又有《与王觉斯》："昨以先子碑文屡荷垂神……既得鸿文，更必乞名笔，使以双绝垂后世，先子亦得附以不朽。敬以大稿及董思老、范长老所书三帖，并茧纸上呈记室，以乞老年台命毫挥洒，使小役归，汇刻之金石，以生荒陇光。"王铎（1592—1652），字觉斯，一字觉之，号十樵、嵩樵，又号痴庵、痴仙道人，别署烟潭渔叟，河南孟津人。书法与董其昌齐名，有"南董北王"之称。董思老即董思白，名其昌。范长老即范长倩，号长白，名允临。

另外还请黄道周、张溥等人作文。南图藏《按吴尺牍》甲戌春夏季册有《与黄石斋》，函恳黄道周作祁承㸁《墓志铭》，函中提到，已得文震孟、陈仁锡、王铎等人所作之大小传、行状、墓表、神道碑等。另外，同书还有《与张天如》函，求为先人作文。张天如，名溥。

总之，为了重刊《澹生堂集》，祁彪佳广邀名流，求得了相关传序。为了刊刻各名家所作志传，又特地致函华亭县令张调鼎，请代觅精良刻工。南图藏《按吴尺牍》甲戌春夏季册《与华亭张太羹》："适乞得诸名公为先人志传，以其为名笔也,欲镌之于石,而卷帙太繁,轻舟之郁林不堪多压,亦易以枣木者,但□失字画原体可耳。且刻石恐工价过多,今木刻似稍俟耳。烦门下觅精工刻贴之手即为兴工,今先将董思老帖奉来,其余当续发也。"张太羹,名调鼎,时为华亭县令。

八月初一日,作纪梦诗《甲戌夏之二日,予杜门琴川,乞身未得,寤寐辗转,漏尽方就枕。梦四女郎联袂歌于市,予坐小楼上,呼之至。各乞一诗,信笔成四绝,一友人旁为予书,面目非熟视也。止忆第三绝有"团扇罗衫队队行,朱楼帘下共呼卿"之句,女郎一笑而散。予忽置身一老僧侧,合掌作礼叩之云:"行到水穷处,进也不能,退也不能。"老僧命予拜,予频下拜,乃答曰:"寒峦秋叶散。"予似言下有悟,飒然而醒。再岁秋孟里居,忽忆及此,为诗以纪之》。

见《诗集》五古。甲戌季夏之二日,即去年(1634)六月二日,时祁彪佳任苏松巡按御史。

据日记:"八月初一日,午后大风骤雨,纪梦诗成,纪予去夏杜门琴川时梦与老僧谈禅事也。"按,诗题称"秋孟里居",然而孟秋原为七月,八月已仲秋,或因是初一,仍目之为孟秋。

初三日,作《彼家解》。陈禘作《三教战守和论》以和之。

《彼家解》见《文稿》,称骏佳和马元常谈论玄修大道,因著《彼家说》以辟别家谬说。

据日记,先是六月二十六日,马元常来。初三日,兄季超以彪佳与马元常谈道,恐溺于男女之欲,著《彼家说》以辟之,信笔作《彼家解》以复。陈自誉两是其说,作《三教战守和论》。八月十二日,送马元常归武林。

十六日,作七律《中秋兄弟坐月醒庵迟,季父不至》二首。

见《诗集》。

据日记,先是八月十五日,夜月甚皎,与兄弟啖果饵,共谈于茅庵。得叔父祁承勳赠《告归》诗二首。十六日,晚作昨《坐月迟,季父不至诗》二律。即此诗。

二十日,送刘宗周北上晋京,周询以处世之道,谏以"格君为言,要使主上敬而信之。斡旋自大,不在一二事之争执"。

据日记,先是七月二十四日,闻时有召刘宗周出仕之命,遂与王朝式谈出处之节。

查继佐《罪惟录》列传卷之十二《祁彪佳郭符甲》:"乙亥,谢病归。适都御史刘宗周赴召,问致君之道。彪佳曰:'他人主敬且信,干理自大,不在一二事力争。'宗周趋之。"又同卷《刘宗周》："论曰：念台之学，其济于用不知何如；然其立言则恳恳切事机。历宦四十五年，一鸣辄斥，席不暖。京邸顾语，语触帝隐。于大人格心之义，或更有别鲜。祁虎子曰：'使人主敬且信，于理自大。'以进念台者更深。帝曰：'宗周不宜如小臣归过朝廷为名高。'然则異出之帝之俯就教，或更有殊合也。"

按，彪佳谏以此言，亦是针对宗周之正直近迂而提。据《明史·刘宗周传》，今年正月，上令部议在籍堪任阁员者，吏部尚书谢升会廷臣举礼部左侍郎林釬、礼部尚书孙慎行及刘宗周，诏从之，并命长吏疾驰促上道。十月，宗周抵京，文华殿召对不合帝意，兼之温体仁相忌，借端以沮，未能入阁。

旧谱："时刘念台先生赴召，先生送之。刘询用世之学，先生首以'格君'为言，然要使主上敬且信，斡旋自大，不在一二事之力争也。先生话意极深，而刘先生亦首肯之。"

同日，和祁承勳作《满江红·中秋》词。

此词仅存其题，内容亡佚。

据日记，八月十五日，午后和叔父所赠告归二词。二十日，为中秋《满江红》词，以和其季父所作。则十五日词未作成，今成之。又本月二十三日，午后录所作诗余，或即此词。

二十六日，郡中童子试发案，往谒有司，为亲友张萼、陈禘、姚士纯等请托。

《都门入里尺牍·与谢海观》："至本学之附生张萼，为某之表弟，且结儿女之姻，亦请列为高等，以作尺寸阶梯。"

《都门入里尺牍·与张撤藩》："敝友陈禘，治某向携之都门，以才情受知于贵同年李灌溪（植），昨晤别松陵，曾有一函，□代为邮致。统惟台照，可任瞻驰。"

南图藏《都门入里尺牍》乙亥春夏季册有《与姚玄叔》："昨晤黄公祖，言及尊公清德，仁兄高品，共相推服，因再四酌之，恐府额有限，两者未能兼收，是以黄公祖再有从一之命耳，乞仁兄裁示，以便早覆彼"云。姚玄叔，尊经阁藏《寓山志·注》存其五律《八求楼》，注："姚士纯，玄叔，钱塘。"

九月初五日，作五言排律《赠林慎日醴台》。叔祁承勳赠以《柯园小集》诗。

彪佳诗见《诗集》。据日记：作五言排律十六韵赠林慎日公祖，灯下诗成。

按，林铭几（1579—1649），字祖册，号慎日。莆田人，崇祯元年（1628）进士,授中书舍人,擢御史。九年(1636),官江西巡按,迁山东按察司副使。明亡入清,辞官隐居,藏书达数万卷。著《南窗遗稿》等。

同日,新构画舫皆园成。

据日记。

初六日,作五言古诗《林嶷台慎日博学好古,周爱之暇,询及予家藏书。乃录先人所辑四大部目八卷、〈余苑〉一卷、〈征信辑〉一卷奉答,谩赋小言志感》。

诗见《诗集》。据日记:"午后作五古一篇,先是嶷台林慎日询予家藏书之目,予录与之。因思先子生平苦心,愧未能勉读。作诗志感,及三鼓告成。"

另,《都门入里尺牍》中有复《与林慎日》函,言借书事。

初七日,石雨和尚赠以诗稿,出《纪梦诗》《罢官十五咏》相质,再共拈韵牌于醒庵,得诗六首。

据日记。此所作六诗今似亡佚。石雨明方事迹见前天启三年(1623)。

十五日,至云门寺与石雨坐谈,阅其《天花语录》。

据日记。本集卷二有《石雨大师语录序》,当作于此前后。

据《绍兴府志·山川一》,云门山在府城南三十里,秦望山南,晋王献之居此,见五色云,诏建云门寺,后析为六,曰:广孝、显圣、雍熙、普济、明觉、云门。彪佳今年有《与刘平林郎》函,索购《云门志略》之刻板以归于寺。

十六日,省父墓,读焚所得诰词。

据日记。

按,此诰词当即倪元璐《倪文贞集》卷三所录《福建道监察御史祁彪佳》制诰:"父制曰:夫水虽传器,不易其味。诗云:'洞酌彼行,潦挹彼注,兹可以餴饎。'此言泽自远而能流,体有分而必合也。父子之道,则亦宜然。尔原任江西布政使司兼按察司金事宁太兵备道祁承㸁,乃具官某之父,才峰道岸,学圃书仓,篆令岩城,遂昭义问。留枢小滞,大犹宏张。观于艅艎三载之功,动关丰镐万年之计。一庵章贡,再见龚黄。理学相摩,才名愈盛。而强直多忤,淹疏屡摧。符离又歌,汤沐为壮。既而入守戎曹,姚元之之条贯;出陈时臬,谢夷吾之功能。积劳方迁,引疴奄阒。而国侨五殳,农春并停;岘首桐乡,碑俎相望。生歌死墓,形沈名飞。若彼趋庭章于执法,教忠禅直又何奇乎! 兹用赠尔阶大中大夫。惟乃祖乃父,世笃忠贞;以及尔子,延世长矣。尚无冥昧,益佑启尔后人。"

十八日，作五律《广福山居为闇然上人静修处》及《游云门寺》二首。

诗见《诗集》。

据日记，先是十六日午间抵化鹿山省墓，晚作《宿云门寺》诗未就。十八日，乘竹船再步行里许，入五云山六如大师新构禅室，至广孝寺，登一小岭，为广福山居，闇然上人焚修处。再游白乳泉，至石桥边，与诸僧别，仍从竹船而上，暮色杳霭中入山庄。作《游云门寺》《广福山居》三律方就枕。又据《绍兴府志·祠祀五》，广福庵属会稽县，位郡城东十五里，万历中僧大化所建。

十九日，作七言古诗《自梅墅发舟，泛若耶溪，望卧龙山，历禹穴，宿显圣寺，漫成棹歌》和七律《宿显圣寺上石雨和尚》二首。

诗见《诗集》。

据日记，先是十五日，与家中德公（凤佳）、季超（骏佳）、止祥（豸佳）三兄，非熊（熊佳）、翁艾（象佳）二弟，及郑九华、金大来登舟泛鉴湖，时雨后忽霁，诸山倍有苍翠之色。午后步入显圣寺，与石雨师坐话，观其《天花语录》，晚听其说法。十七日，作《泛若耶溪宿显圣寺》古风未就。十九日，石雨师遣侍者来讯，且惠以馒饼，令下一转语，答以转语未能，但饱餐之，觉实地受用耳。古风七律适成，并寄之。古风即《自梅墅发舟，泛若耶溪，望卧龙山，历禹穴，宿显圣寺，漫成棹歌》，七律为《宿显圣寺上石雨和尚》。此后十月初三日，风作不出，得石雨诗三首。则石雨后有和诗以应。石雨诗不详，尊经阁藏《寓山志·注》存其《太古亭》五绝，注："僧石雨，宝寿寺。"

二十二日，拟《浚泉诗》未得。

据日记。

秋，开始经营寓山。先是六月初，有卜筑寓山意。九月初六日，拟结庐寓山。二十一日，谋画卜筑规制。十一月初六日，拆所购将壶草堂，移为寓山读书处。初七日，与沈泰共定寓山亭榭之址。三十日，恳王思任、余煌、金兰书写"寓山草堂""太古亭""咏归斋""寓山园"匾。十二月初三日，寓山长廊修成。此间为备卜筑参考，陆续游观越中众园林。

据日记。

旧谱："十月，筑别墅于寓山。为终隐计。即山下圩水为池，立放生社。"

明谢晋撰《右佥都御史巡抚祁公传》："乙亥，请告归。家居筑亭圃，御板舆，日奉太夫人为欢。"

《越中园亭记》之五《寓园》："予于乙亥乞归，定省之暇，时以小艇过寓山。披薜剔苔，遂得奇石，欣然构数椽始，其后渐广之，亭台轩阁，具体而微，大约以朴素为主。游者或取其旷远，或取其幽夷，主人都不复知佳处。惟是构造来,典衣销带,不以为苦;祁寒暑雨,不以为劳。一段痴癖,差不辱山灵耳。别有《寓山志》,颇载其详。"

清嵇曾筠《雍正浙江通志》卷四十四:"寓园,《山阴县志》:'去府城西南二十里有寓山,崇祯初御史祁彪佳依山作园,后彪佳自沉于池而卒。园有八景,曰芙蓉渡,曰孤峰玉女台,曰回波屿,曰梅坡,曰试莺馆,曰即花舍,曰归云寄,曰远山堂。'"

寓山卜筑,彪佳多所筹画,并多游观参照越中园亭。始末细节,可据日记:六月初六日,抵寓山,有卜筑意。九月初六日,再登寓山,拟结庐于兹。初九日,弟象佳邀诸兄弟子侄游羊山,山传为杨素筑越城所开凿。自羊山至下方寺,观朱氏庄。十八日,入绍兴府城,泊于越王祠,登蕺山,游淇园。十九日,偕妻游宝城寺。二十一日,登寓山巅,谋画卜筑规制。二十二日,步溪涧。十月二十三日,谒陶堰之土地庙曰严助庙。二十四日,偕妻游张氏众香园。十一月初六日,拆上月十七日所购将壶草堂,移为寓山读书处。初七日,沈泰来访,留饭,共定寓山亭榭之址。尊经阁藏《寓山志·注》收录沈泰《冷云石》五绝,当作于此后。初八日,偕妻游刘氏园亭。初十日,游永园。二十一日,游柳西别业。二十二日,游天镜园、表胜庵、水锯山房。山房为陈汝元所筑,现已荒落。二十三日,游冯氏庄、宜园、范氏远偏楼。至禹陵叩宛委山房。入东郭门登王思任通明亭,望炉峰。至母叔王生白之庄,庄已荒落。游陈鹤之别业曲池,其耆园已为人蹴居,遂不得入。二十四日,游快园、阶园、梯仙谷、登瓶船楼,又游天庄及竹素、乐志两园,舟中作所游各园记。三十日,以函附尺幅恳王思任、余煌、金兰书写寓山园之"寓山草堂""太古亭""咏归斋""寓山园"题匾。对联取杜甫"高枕乃吾庐"诗意,自为"扫石听长松"句,恳董玄作下联,玄以"鸟破凉烟下,钟出白云来"句属对。十二月初三日,寓山长廊修成。十二月十一日,至西施山观商周祚新构园亭。

按,求题匾书牍,见《都门入里尺牍》。其中《与金楚畹》:"昨见宝斋位置工雅,弟无能效颦,惟亭之古朴,颇与山野相宜,迨乃仿之于小山,颜曰'太古',敢乞年翁大笔以先之。又小斋名'咏归',不敢总乞身之初念也。并祈年翁转致刘信侯兄,得一挥洒为望。"金兰,字谷生,号楚畹,山阴人,天启五年(1625)进士。又,同书《与王遂东》:"弟病中无聊,迨方构草堂于寓山,以啸代歌,藉此自适。然朴陋不比足数,必得大笔以颜其堂,庶几生丘壑之色,敬以尺幅仰渎,伏祈慨然挥掷,可任处祷。"系向王思任求草堂书字。王思任(1575—1646),字季重,号遂东,晚年号谑庵,浙江山阴人。万历二十三年(1595)进士。擅诗文,文笔诙谐,诗情烂漫,有《王季重十种》传世。

十月初二日，闻朝廷拔贡揭榜。

据日记。

又，毛奇龄《西河文集》之墓志铭卷二《来集之墓志铭》："崇祯八年，礼臣请设特科，举天下士，每学取廪食高等者，设两场，试分经义、论策，朱其书，与乡试埒。"此为拔贡之始。

二十五日，郡守杜其初为人弹劾，托豸佳转请与彪佳商量求归事宜。

据日记，先是十月十三日，豸佳来言，杜其初疑有人弹劾自己，欲与彪佳商求归计。二十日，弥陀寺会杜其初，杜以求归事相商。今日，杜复遣人求助也。

按，据《乾隆绍兴府志》职官二，杜其初，山东人，崇祯八年绍兴知府。

二十六日，致函张调鼎，为夏允彝之亲友索青目。

《都门入里尺牍》有《与张太羹》："夏彝仲年兄之令兄，与不佞年谊甚笃，昨岁以童子一人转托门下。"即此。"夏彝仲年兄之令兄"，或即夏之旭。另，同年《与夏彝仲》："得读尊教，盛佩注存，雅贶过隆，出自知己，不敢不拜。小刻吴中罪状，祈年兄覆之瓿可也。"彪佳乃以所刻《吴中疏稿》相报。

本月与王朝式多作性理、出处之辨。

据日记，先是七月二十四日，闻时有召刘宗周出仕之命，遂与王朝式谈出处之节，王自述其硁硁入山之志。晚复与王剪烛谈于书室，王规劝以勿为人情牵缠。十月初八日，王金如举"亲亲仁民""仁民爱物"，询："只此一爱原无物，我如何施有差等？"答以"如泉发于源，遇石则激，遇涧则止。泉之体原不动，所遇有异耳"。金如以"泉与石与涧毕竟为二，则物我有分矣"，令彪佳众人以此细参。初九日，晚与金如言"主敬"之学。十二日，与王朝式共谈养身之方，赠之《祁氏家乘》及所刻《按吴疏稿》《牧津》。按，王朝式，字金如，山阴人。

旧谱："先生积劳后，暂获息肩，专讲性学。一日，王金如举'亲亲仁民'，问曰：'只此仁爱，原无物，我何以施有差等？'先生曰：'譬如源泉，遇石则激，遇涧则止，泉体无异也。'王曰：'泉体无异，而石、涧分，物我宛然，乌得谓之一体哉？'先生首肯之。"

十一月初三日，札呈李清为张岱考场事申屈。

据日记，先是十一月初一日，张萼来言张岱岁考失意。

函见《都门入里尺牍·与李映碧公祖》："今有府学增生张岱，当其试卷初落笔时，士共以前茅相推许，盖亦因其凤望在人故耳。及文宗公祖考列五等，人颇驳之，治弟始取其文而披阅焉，则不可不谓一日之短也。然据凤昔之怀抱,即治弟与之寒窗伊晤时,已见其淹贯经史、博极群书、旁及诗歌古文,真可衙官屈宋。则今数载已来,其所造之更有进焉可知矣。乃高自标置,不肯俯就时趋,治弟每规之而不听。今日遭蹶病,正坐此在。此生固义命自要,惟是窜迹深山,闭门诵读,绝不敢求一郡邑有司为之先容;治弟以数年笔砚之友,不忍见其才华肝胆消落至此。且盐车一困,便使乡党榆梛,故交掉臂,有才有骨之士,宁能堪此。是以日来形销骨立,若不能自有其生……乞乘大案未到之时,特垂鼎力置之平等。"下又函《与李映碧》:"张生一介士,何至重烦注若此。"则李已经为之改移。

按,据清施维翰修《康熙浙江通志》,李清,字映碧,句容人,崇祯四年辛未(1631)进士。崇祯中任宁波推官,转刑部主事,以久旱请宽刑忤旨,贬浙江按察司照磨。

初九日,侄鸿孙持彪佳往作应试时文来还,黯然思及长兄麟佳。

据日记。

按,参《世系》、《家谱》与祁苞孙《先兄奉直大夫奕远府君墓志铭》,祁鸿孙(1611—1656),字奕远,凤佳长子,廪生。国变后拥戴鲁王,破家举兵抗清,叙功授兵部职方员外郎,进阶奉直大夫,赐节盖印绶,出监江上四十八路营军事,兵溃隐匿。清顺治十三年(1656)五月往哭陈子龙,病卒吴门,年四十六。

十二日,郑光烈自剡溪至,携以申佳胤所寄《五贤祠碑记》,中颂及祁承爜。

据日记。郑光烈名重光,嵊县人,为祁氏父子幕僚。

二十七日,致函应霞城为冯梦龙索青目。

据日记。应时巡按闽中。

《都门入里尺牍·与应霞城》:"至于百司济济,在贤科者自有可见之长。故于同籍同乡之中,或有清真之司李,或有敏妙之邑令,弟皆不敢漫然以推毂。惟寿宁令冯梦龙,作诸生时为先人所识拔,作学博时又与弟有共事之谊,恐被资格所拘,难以一时露颖,并祈台台垂盼及焉。仰体怜才之盛心,遂不觉冒昧至此。"按,应喜臣,更名廷吉,字棐臣,霞城当系其号。崇祯戊辰(1628)进士,慈溪人,著《青磷屑》。

《都门入里尺牍·与冯犹龙》:"昔先子幸叨一日之雅……而不肖获以共事之缘,得瞻丰采,且聆矩诲,三生之多幸也。因以乔迁之早,为遂推毂素心。"即为此作。

秋冬之间，疟疾、心疾屡发，多延医治病。

据日记，先是九月二十日疟发，二十四日，病疟甚沉，延医王培元。此次疟发，辗转至下月初二方愈。十月初九日，王朝式来诊脉。十二日，以所遭心疾愈甚，恳王朝式诊脉，共谈养身之方。十一月初二日，疟复发，延医张景岳。按，张景岳，名介宾，别号通一子，山阴人，著有《类经》，黄宗羲《南雷文定》卷十有《张景岳传》。

今年秋冬居家，检阅藏书，编次部目。

据日记，七月初二日，整理书籍，得焦竑《经籍志》，欲仿此书体制，分诸藏书作四部，部下列条目。初五日，将藏书编目入四部，所得史部及集部最多。初九日，在家理藏书。二十三日，整理先父所遗藏书。二十四日，得祁承勳所著《大年编》。八月初五日，整吴中搜罗所得书稿。十二日，拣箧中杂书，将诗稿、疏稿各汇为一帙。十五日，阅《国朝名臣言行录》。据日记，《国朝名臣言行录》为邹祯元所辑，邹以理学著于梁溪，彪佳按吴时奖聘之，邹以此书相赠。彪佳评点之，删其文十之五六。二十二日，阅王舜鼎《心病慈航引》有悟。按，王舜鼎，字仔肩，号墨池，会稽人，明神宗万历二十六年（1598）进士。九月初二日，阅张岱《泰山志》。九月初七日，理书籍，叹卷帙浩繁，愧不能如陈仁锡、王铎昼夜勤读。石雨和尚赠以《天花语录》及诗稿。初八日，出卜藏书之所，因所藏书不及父所藏之半，故编目安排上，由原来之分四部、下列诸目，改为归并条目，以就简约。十三日，至此与郑重光共同理成元、明两代文集，四部编次就绪。取已之章奏、诗稿及散书汇为帙。十五日，阅石雨和尚《天花语录》。二十日，阅骏佳所授《祁氏宗乘》。二十五日，病中阅《隋史遗文》《皇明小说》自娱。二十七日，阅小说《皇明盛事》及《觚不觚录》。十月初九日，示《皇明宝善录》予王朝式，欲续父志编《明贤杂佩》一书。十月十一日，仆自武林携归寄存姚士纯家之书箧，与郑重光连夜检点。十一月初四日，整向所蓄词曲汇帙。

十二月初，赴白马山房讲会，随陶奭龄、管宗圣、沈国模、史孝咸、王朝式等论性理。

据日记，先是初四日赴白马山房讲会，听陶奭龄、沈国模讲性理之说，辩真知及因果公案。又与沈国模、管霞标、史孝咸至九曲，订七日静坐之期。初六日，至九曲访管宗圣、史孝咸、王朝式，诸人约习静，不与。十二日，至九曲，晤沈国模、管宗圣、史孝咸。与王朝式论理。

按，据《绍兴府志·山川一》，蕺山在府城内，隶属山阴，少木多产蕺，晋王羲之曾宅之，又曰王家山，山有右军祠、戒珠寺，亦名戒珠山。白马山在府城内,属会稽县,距蕺山东南一里许。管宗圣,字允中,号霞标,余姚人。沈国模,字求如,余姚人。史孝咸,字子虚,号拙修,余姚人。王朝式,字金如,山阴人。

初十日,余煌为作《疏稿序》,并赠以寓山一联。

《都门入里尺牍·与余武贞》:"数年罪案,兹汇刻以呈台览。倘蒙采及葑菲,赐之大序,庶光重简册,弟某藉以少解旷□之罪戾。"彪佳求序按吴时疏稿也。

十八日,张岱有外侮,与彪佳走助之。

据日记。

二十三,作《卜筑寓山》五律二首未成。

见《诗集》。据日记,今日作《卜筑寓山》近体未成。又明年四月二十八日记则言"予向咏《卜筑寓山》诗,有'偶借松为径'之句,若先之谶也。"则此两诗或稍后完成。

三十日,赋七律《乙亥除夕》,作《归南快录引》。

见《诗集》。据日记:"闻儿童爆竹声,不觉予老大之将至矣。灯下作除夕诗。"文见日记《归南快录》卷首,亦收入《文稿》,文末署"乙亥除夕彪佳书"。

年末散钱赡族,二十五日,得山阴令谢鼎新所作《赡族册序》。

据日记,十二月十四日,冬至,祀先于宗祠,与族中尊长商作《赡族册》,将族中应赈人家书于册,以待年末赈赠。十六日,函请山阴县令谢鼎新作序。二十三日,散钱赡族中贫者。二十四日,驾舟散钱米济近村贫者,同行者相慰曰"何自苦",应曰:"彼饿无食,寒无衣,其苦不百予乎。"钱米散尽始归。二十五日,得县令谢鼎新所作《赡族册序》。据《乾隆绍兴府志》,山阴县令谢鼎新,字海观,崇祯八年(1635)任。

旧谱:"十一月,亲至族党,访饥寒不能衣食、病不能药、死不能殓且葬者,一一捐俸赈之。即著为定例,悉捐俸余,置赡族、赡邻产约百亩。有不时之给,有岁终之助,邻族自此无大窘迫。范文正之后,亦仅见先生云。岁暮,先生躬给散,值风雪,衣尽湿,或曰:'公何自苦乃尔?'先生曰:'彼饥寒者,其苦当百倍。今使饥得食,寒得衣,吾方快然,乌知风雪苦哉!'"

《文稿》有《置买义田约》:"某仰遵先志,既以五十金充祠田外,复积俸二百金以为赡族之用。请命于尊长,咸以为可。于是条为十二,约以服制辨亲疏,以家计分厚薄。婚有助,丧有助,岁杪则均有助。且以其余岁岁而积之,不十年可置赡田若干亩。"

今年有函托张调鼎促请陈继儒为外祖父王禹屏作传。

见《都门入里尺牍》之《与张太羹》。

据《世系》《世谱》，祁承爜妻长贤街王氏，会稽人，太学生王钟瑞号禹屏公之女，南雄府通判白溪（王锴）孙女。则外祖父王禹屏名钟瑞。

今年公私酬酢多赏乐观戏。

据日记，四月十五日，入天津城，祷神设戏，赴酌观《白梅记》，内有《东坡梦》剧。五月十七日，在杭州，晚赴席，与沈虎臣（德符）、汪然明（汝谦）、王百彭（元寿）等共观《双串记》。二十一日，赴席观《梅花记》。二十二日，邀友举酌，观《空函记》。二十三日，赴席观《秋箫记》。二十四日，赴王业浩席，观《霄光记》。二十五日，邀友观《南柯记》。二十八日，同王元寿观《黄孝子记》，优伶搬演生动，令人出涕。六月初八日，赴酌于玉莲亭，观女伶演南戏《江天暮雪》数出。十六日，观《题塔记》。二十五日，访友，听歌姬丝竹之音。八月初八日，袁于令自吴中过访，所携张涩之善鼓琴，弹《梅花》《客窗》诸曲，音节韶亮，非寻常所闻。据日记，此后初九日，邀酌袁于令。三十日，觅得新寓，邀袁于令、陈国光等举酌闲谈。按，崇祯十六年五月初五日记称，袁于令过访，相别八年，复得交游。则今年之后无复来往。尊经阁藏《寓山志·注》存袁晋《柳陌》五绝一首，注："袁晋，令昭，吴县。"可能系此行之后应邀之作。十一日，秋分日，观豸佳灯下作鬼戏，所演眉目生动，颇以为奇。十四日，邀客观《百顺记》。十九日，母诞日，亲友来贺，举素酌，演《鹊桥记》。二十日，观《龙珠记》。二十九日，母于家中观戏。三十日，家中演《千祥记》。九月初一日，祀神，观《绣龙记》。初二日，赴席观《麒麟记》。十月初六日，观家优演戏。十一月初二日，观剧《牧羊记》。二十六日，观《画中人》剧。十二月十一日，与陶奭龄等共观《望云记》。十二日，观《双红记》。十三日，令所呼优人演《水浒记》。十九日，观《千金记》。

崇祯九年丙子（1636）　三十五岁

时事　正月，卢象昇重创高迎祥、张献忠部。　七月，高迎祥为陕西巡抚孙传庭败俘死。李自成代为闯王。

北方形势危急。四月，皇太极即皇帝位，国号大清，改元崇德，追上努尔哈赤庙号为太祖。五月，清阿济格攻明。　六月，清兵由喜峰口入长城。七月，京师戒严。卢象昇奉调入援。　八月，清兵出长城去。　九月，以卢象昇为宣大总督。卢象昇北上，襄、汉农民军复炽。　清太宗拒达海改用汉人衣冠之议。　十二月，清发兵攻朝鲜。

是年正月，前礼部侍郎林钎入阁。　四月，阁臣钱士升忤旨罢。　六月,林釬卒。　吏部侍郎孔贞运、礼部尚书贺逢圣、黄士俊入阁。　十月,工部侍郎刘宗周疏陈时艰,被责"归过朝廷"。再上疏陈时艰,削籍为民。　杨嗣昌任兵部尚书。

今年祁彪佳有日记《林居适笔》;尺牍部分收入国家图书馆藏《里中入都尺牍》,另有见于国家图书馆藏《林居尺牍》,浙江图书馆也藏有今年夏秋、秋、秋冬之《林居尺牍》共四册。

正月初一日,作七律《丙子元旦》。

见《诗集》。

据日记,五鼓起谒家庙,谒神宇拈香。归,作元旦七律。

十二日,文昌社集会。归,作七律《寓山草堂成》其一。

见《诗集》。

据日记:"十二日,举文昌社集会。予跨蹇驴先归,作寓山卜筑七律。"所作七律,虽未详其篇名,然《诗集》中有七律《寓山草堂成》二首,其一所言寓山卜筑情形及风景,未咏及寓山草堂,当即今日所作。另外一首,作时则据二月二十八日记可知:"晚作《寓山草堂成》一首。"

年初,与戏曲家单本多所来往。

据日记,先是正月十五日,单槎仙以灯谜来相谑。二月二十三日,单槎仙来晤。单本,字槎仙,会稽人。

二十三日,毛晋携钱谦益、王象晋函过访,游柯园,与豸佳共至寓山,酌于澹生堂,移舟桐山之阳,谱韵牌为乐。

据日记。

二十四日,见《名宦祠记》,知父承爍入宁阳名宦祠。《祭宿州名宦暨先大夫文》作于左近。

据日记,先是今年正月十二日,得凤阳府睢阳州役所寄祁承爍《名宦看语》,凤阳经兵火,文卷尽失,而看语为州役抄得,阅之不胜感慨。二十四日,见《名宦祠记》,知父入宁阳名宦祠,且祠已经新修。

另,《都门入里尺牍》有《祭宿州名宦暨先大夫文》,当为此事作,则作于近时。

二十七日,与赵善征、陈禘、祁凤佳等拈牌作七律《喜晴》一首。

诗亡佚。

据日记,先是十二月二十六日赵应侯至,二十七日与赵应侯、陈自誉及德公兄放舟寓山,拈牌作《喜晴》七律。赵应侯,名善征。

二十八日,作七律《赵应侯咏玉瓶插牡丹、墨笔、滇茶、粉团、蝴蝶诸花,

予更增杜鹃一种》。

见《诗集》。

据日记，先是二十六日赵应侯至，昨日放舟寓山，今日，赵应侯欲去，以风雨止之。应侯有瓶花之咏，和之一律。午后别应侯。

浙图藏《林居尺牍》今年秋季册《与赵应侯》："前晤李映碧公祖，云仁兄府试之卷，县拟原不在前列，第以荐牍收之。及出案后，欲刻佳艺一二，乃再简一等之卷，始知首题有两义，已见古雅一斑，因看至第三篇，洵称名笔矣，而第四义则尤为巧妙绝伦，通场莫与为并，即携与其门生余飏阅之，共相赞赏。李公祖转恨县阅之草草，止看首篇，点多破句，遂不能早知仁兄。"按，李清，字映碧。崇祯四年辛未（1631）进士。据清施维翰修《康熙浙江通志》，李清，句容人，崇祯中任宁波推官，转刑部主事，以旱请宽刑忤旨，贬浙江按察司照磨，崇祯十年（1637）内召入京。由函可知，赵善征身份为宁波童生。又，《里中尺牍》春季册有《与杨子常》函，托杨彝为赵善征觅馆。同书又有《与郑寿子玄子》，亦以赵善征觅馆事相托。另，今年秋季册有《与杨子常》函，言赵得其荐馆。杨常熟人，则赵善征曾坐馆吴中。

三十日，作五古《寒食》二首。

见《诗集》。

据日记，今日步自田畔，遂至柯桥，登藏经阁。归舟中咏《寒食》五古二首。

二月十五日，入绍兴府城，于城隍庙与诸士绅共谒各县令，言丈地换徭之弊。

据日记，先是正月十八日，致函喻醒拙力止其丈量田土之举。二月十一日，闻地方将有丈量田地事，作公函阻之。按，喻思恂字醒拙，时任浙江巡抚。

二十八日，晚作七律《寓山草堂成》其二。

见《诗集》。

据日记："晚作《寓山草堂成》七律一首。"

《寓山注·寓山草堂》："寓山之高，极于铁芝峰。草堂平分之而在其右，似与峰相拱揖者。堂方广仅二十赤，望之不当一小亭，而入户豁然，翼若垂云之宇。"

三月初四日，作五古《上巳泛舟鉴湖步月鹭圣山埠》。

见《诗集》，亦收入《诗始》，题作《上巳陪王云岫、王云瀛、王子开及德公兄、奕远侄泛舟鉴湖步月鹭圣山埠》。

据日记，是日携董玄、陈褅及同孙、理孙两儿放舟南塘，登稽山书院，出城至六和庄、净业山房及水印庵，薄晚舟至小隐山下，秉烛游钱麟武所构怡园。舟中作上巳五言古一首。即此诗。

《里中人都尺牍》有《与王云岫》："小诗口占于上巳之日，书之扇头呈博一粲，附以扇坠，使出入怀袖中，如与弟晤对耳。又一扇乞附令弟老叔公，诸不一。"所送即此诗。据《寓山志》下卷末附录《遗言》之按语注，王云岫名应进，官浔州通判，家有彤园。王云瀛为其弟。王子开，明汤宾尹《睡庵稿》文集卷十七《梁孺人墓志铭》："侍御王子开之配曰梁孺人者，以万历三十六年七月十九日卒于京邸。……侍御讳国桢，与予同乙未进士。"王国桢或即此王子开。德公兄即凤佳，奕远侄为凤佳长子鸿孙。

初五日，作七律《重游兰亭》及七古《清明后三日夜泊小隐山下》、五律《游小隐山钱相别业》。

诸诗见《诗集》，并收入《诗始》。《游小隐山钱相别业》，《诗始》题作《游小隐山钱师相别业》。

据日记，三月初四日，携董玄、陈禘及同孙、理孙两儿放舟南塘，登稽山书院，出城至六和庄、净业山房及水印庵，薄晚舟至小隐山下，秉烛游钱麟武所构怡园。初五日，晓起再游怡园，自山足至巅。石甚奇峭，披之得古人题咏字。放舟于斑竹庵啜茗，邀何芝田共游兰亭。归舟作《重游兰亭》七律，又作《夜泊小隐山》七言及游怡园五律。

按，"小隐山"，俗称九里山，又名侯山，位于绍兴城西南。"钱相别业"，据《越中园亭记》卷三《怡园》："为钱师相麟武公别业，在小隐山下。"钱相即钱象坤，号麟武，会稽人。据清夏燮《明通鉴》，崇祯二年（1629）十二月，钱象坤与周延儒、何如宠同时入阁，四年（1631）六月，被周延儒排挤致仕。

初六日，得七古《清明后五日陡亹观龙舟》及五言排律《登陡亹月湾山》。

诸诗见《诗集》，并收入《诗始》。

据日记，初五日，游怡园、兰亭。归，泊舟龙华寺，携妻至陡亹。初六日，早泊陡亹，出谒张神，与友散步市廛间，龙舟渐集，士女喧阗，兰风粉雨，极游观之盛。午余龙舟散归，登陡亹山，北接海，南揖秦望诸峰，极目甚畅。归舟从蛤蟆山下，巨石磊磊，米老袖中恐未易得此。晚放舟樊江中，得《观龙舟》七古一首，《陡亹山》五排一首。

按，"陡亹"，今浙江绍兴斗门古镇。汉代建鉴湖时于玉蟾（城隍山）与金鸡两山间，置玉山陡亹。"陡亹月湾山"，绍兴陡亹山，又称月环山，即金鸡山。

初七日，作五古《虾蟆山》。

见《诗集》，亦收入《诗始》。

据日记，初六日，泊舟陡亹，出谒张神，观龙舟，登陡亹山，过蛤蟆山下。初七日，从樊江移舟至曹山，游青棘、畅鹤二园及石篑山房，从护生庵放舟出水宕，登吼山、旱宕，游陶氏别业，更策杖登山颠，坐卧一大石上，作《虾蟆山》五古一首。放归舟至陶堰，游镜漪、让木、后乐三园，夜登偁山，宿仙姑庙。

按，"虾蟆山"，《乾隆绍兴府志》："下马山亦名蟾山，俗名虾蟆山。"引《一统志》："在山阴县北二十五里。相传秦始皇东巡息驾于此，故名。山有山如蟾，亦名蟾山，俗名虾蟆山。"

初八日，作五律《游贺家池》二首，五排《游曹山陶氏别业》，以及七古《清明后六日登偁山及晓观日乃下》之半，明日成之。

诸诗见《诗集》，亦收入《诗始》。

据日记，是日五鼓起观日出。乘舟遍观道墟村市，至贺家池，游范氏庄，饭于钱氏筋涛阁，赋五律二首，粘之壁乃去。归舟中作《游曹山陶氏别业》五排十三韵、《登偁山》七古之半。初九日，晚足成偁山七古。

"贺家池"，《万历绍兴府志》："贺家池，在府城东二十二里。周四十七里，南通鉴湖，北抵海塘，旁有支港四达。一名贺家湖。"《乾隆绍兴府志》："（《万历志》）犬亭山北岸有小山曰曹家山，旧为工人伐石玲珑若户牖，岁久萝木蔓之，积水成潭，移舟其中，一时天境也。"又引《会稽县旧志》："在犬亭山之西，有护生庵，庵后为放生池，总名水宕。陶氏有书室三，中有楼，松竹回绕，名曰石匮山房，陶望龄读书处。""偁山"，据明章仕淳编《会稽偁山章氏家乘》，章氏南宋迁会稽县偁山道墟里。则偁山在会稽县。今查《乾隆绍兴府志》，山川中有"称山"，"偁"古同"称"，或即"称山"；《万历绍兴府志》："称山，在府城东北六十里，丰山西北，北环大海。旧经：'越王称碳铸剑于此。俗呼称心山。'"

十八日，致函戏曲家王元寿，自言阅《百宝箱记》半而弃之，嗜曲之习已淡。

据日记。

函见国图藏《里中入都尺牍》："示以《百宝箱记》，读为半辄置之床头，盖不知何以故，此好一淡，视此便无深味。然弟于他书原不解，非有嗜于彼而独淡于此耳。"

二十三日，得祁承𤊻所作七古《寓山卜筑》。

据日记。尊经阁藏《寓山志·题咏》有七古《寓山题咏》，注："祁承𤊻，祖蒙，山阴。"即此诗。

二十九日，路振飞以使者来询吴中利弊，以函详告，并赠家刻。

据日记。

函见《里中入都尺牍》之《与路皓月》，详言吴中情弊，又云："小刻久成，敝帚伏荷采及，乃敢上之记室。"

四月初二日，致函谢江西提学御史叶成章，以祁承㸁列为吉安、宁国两地名宦皆得其力。

据日记。

函见《按吴尺牍·与叶慕同》，言及祁承㸁列入宿州名宦祠，又云："闻宁阳亦有士民之举，则某已力辞，盖此番殊荣，某恐先子切过情之耻。昨辞之台台而不得，况宁阳同在贵属，更无一事两行之理例。今某止之而似可以止矣，敢布腹心以闻。"当即此函，误入《按吴尺牍》。按，叶成章，字国文，号慕同，同安人。万历四十七年（1619）进士，授长洲县令；升御史，巡视江右，后官升至大理寺卿。

同日，为钱懋士所选制义集作《苍壁序》。

据日记。文见《文稿》，序称："予于吴文《酌雅》两集，杨子常、顾麟士、侯雍瞻实司其衡，吴门为之纸贵。懋士持予之说以为兹选，将见为之鹄，遍于宇内，宁第争霸吴门，虽天下可矣。"《酌雅》两集刊刻事宜，具见崇祯七年。

五月初二日，病疟延医。此次疟发五日而愈。

初十日，为嵊县尉、闽人郭邦镇作文寿嵊县令刘永祚。

以上据日记。寿文今佚。

二十三日，作五古《除竹》。

见《诗集》，又收入《诗始》。

据日记，午后督园丁除竹，作《除竹》五言古。

二十九日，长子同孙出痘夭亡，年十六。亡前尚问父饭否。殓之。

据日记，先是二十二日，同孙出天花甚厉，留医者周敬兰宿。二十三日，同孙病危，满室惶惶。晚，医者陶藤生至。二十四日，医者聚商治疗之方不定。二十五日，同孙病少苏。医者李明初从事西学，与骏佳辩难。二十六日，医者以同孙不可救药，相顾无措而别去。另请医者朱清宇至。二十七日，延医聚诊，适谢爱㪷自都门至，以其善治痘，亦请之，众人斟酌下药。谢爱㪷，尊经阁藏《寓山志·注》存谢谦五绝《约室》，注："谢谦，爱㪷，姚江。"二十八日，同孙病剧无治，医者辞去。王朝式至榻前警策数语，彪佳哭告以言，同孙尚能领略。是日同孙夭折。三十日，偕骏佳葬同孙于麟佳厝择地。亲友来访者以过于旷达责，对以"儿女之情每苦有余，父母之情每苦不足，此时即矫作旷达也不为过"。六月初一日，欲遵礼葬同孙于祖墓。初二日，家人设祭，骏佳作文以"无生"慰彪佳丧子。初三日，作《哭子文》，文今佚。初四日，延僧作佛事，午后出殡。初五日，厝棺于麟佳夫妇旁。今年十一月初七日，将同孙与麟佳夫妇葬于上方山中。

旧谱："五月，先生长子同孙殇于痘，无过哀。或议先生矫，先生曰：'人情于父母每患不足，妻子每苦有余，即矫，亦未为失也。'然先生实非矫也。"

六月十八日，叔承勋来，言人冒祁氏诈骗于柯桥市集，以函明之于县令。

据日记。

浙图藏《林居尺牍》夏秋季册有《与谢海观父母》言此事。又，秋季册《与许二尹》亦提到王廿八假祁氏之名行骗柯市，示众五日，今请释放。据《乾隆绍兴府志》，山阴令谢鼎新，字海观，崇祯八年任。

二十一日，吴中山人金日升持李模书来，欲汇刻彪佳疏稿，辞却之。

据日记。

《林居尺牍》丙子秋季册《与李灌溪》："但其所刻之疏，皆杨、左诸名流，弟何人，敢滥其列？况今人情不古，每于字句之间求人，如许子洽采《实录》为《注略》，何曾得罪于名教，而亦罹缧绁，且奉有禁革野史之明旨。弟曾列较正姓名，幸而不及。有鉴于此，是以更不欲向尺幅作缘，非不慕其人且重其书也。复社诸友何以亦有风波？总之今日语言文字易为祸始，夫亦俭德避难之时乎？陡闻文湛老、姚现老道山之信，令人惊绝。天运如此，世道何赖，□□之忧，曷能已已，临池不禁惘然。"今年姚希孟、文震孟相继病卒。彪佳之辞人刻其疏稿，惧人吹索致有文字之狱。

二十四日，妻八月身孕，因伤子殇而早产举女。

据日记。

按，彪佳四女生年皆不详。长女德渊生于天启六年（1626）以前。又据日记，明年十月初九日，朱氏来议次女德玉字卜容婚事；弘光元年（1645）三月初三日，以弘光选妃，朱氏急促完姻。祁彪佳第三子班孙生于崇祯五年十二月初一，德玉若生在班孙之后，则年未十二岁，不在选妃之列，无须慌乱。故德玉当生在崇祯四年（1631）六月彪佳晋京以前，时年近及笄。可见今年所举女必非德渊、德玉。又第三女德琼崇祯十年（1637）九月十九日初与王氏议婚，而崇祯十四年十一月初四日，方正式下聘。第四女德菭，字湘君，适马坞沈萃祉，浙图藏《林居尺牍》崇祯十年（1637）春夏册有《与商等轩外父》函，提到马坞新制科沈某来求聘其女。则祁德琼、祁德菭都非此新生儿，可能此女早夭。

二十六日,作五古《喜雨为谢山阴张会稽两令作》成。

见《诗集》。亦收入《诗始》,题作《喜雨为谢山阴张会稽两父母作》。

据日记,二十五日,午后作《喜雨》五古。二十六日,午后雨,《喜雨》诗成。

按,据《乾隆绍兴府志》,山阴县令谢鼎新,字海观,崇祯八年(1635)任。但日记载崇祯十年(1637)六月初三日,下任山阴县令汪元兆来代,则谢已去任。则《府志》所记其下任崇祯十三年(1640)来代有误。会稽县令张夬,字撤藩,丹阳人,崇祯五年(1632)诸暨令,八年(1635)转会稽令,又据彪佳崇祯九年(1636)七月二十七日所作《送邑令张撤藩升任南仪曹》诗,则九年张夬升南京礼部郎中。

同日,以祁氏家班陆生班优人外出邻乡演剧,叛逃易主,致函孙东曙长子孙孟诸,恳请发还优人或判定众优偿还班价。

据日记:"何芝田偕翁艾弟至。……为芝田作书致孙东曙长公。"

又,浙江图书馆《林居尺牍》有《与孙东曙令郎》:"不肖向理莆署,荷尊先公老先生提挈之谊,可足千古。嗣以牛马风尘,兹且伏处里下,暨闻哲人之萎,不及躬至生刍,深为歉仄。有启者:先兄制有戏饰,遗命奉之老母聊为暮景之欢。蓄优有年,迩来演剧贵乡,闻群优遂欲归之潭府。此辈不克全其终于旧,恐亦不能善其始于新。倘得台兄俯谕,此辈发还小价,此寒家之愿也。如潭府必需于是,则或借重台命,暂遣至敝邑,俾之抵偿班价,而旋使其服役于左右亦可。倘又未便暂离,敢以原贷之数目奉览,乞台兄严限群优如数见掷,庶使告母处,不致人与财兼失,以少宽弟辈之督责,则佩德宏矣。"同书又有《与孙孟诸公祖》:"陆生班优人,实先兄之所遗,老母以暂属于家姊夫何贡生者。昨闻取罪徐吏,因而干老公祖之宪法。"当皆与日记所述相关,则何芝田所掌管之祁麟佳原蓄戏班又有优人逃走。孙东曙即孙光启,字子贻,嘉兴人。明万历十一年(1583)进士,官至广东按察使、福建布政司左参政。曾与祁彪佳同仕莆中。从函知孙光启今年已亡故。

夏,王朝式倡议,祁氏兄弟主持,设药局施药治病。作《施药纪事》《施药缘起》《施药条款》。

诸文收入《祁彪佳集》卷二《杂著》。《文稿》亦存《施药纪事》,《施药缘起》题名《施药募疏》。

旧谱:"六月,疫大作,先生昆仲首捐金,设医药局于郡城光相寺,期半,疗治计万余人。"

施药具体事实据日记:六月初九日,与王朝式议施药事,草《募药条款》

九条。初十日，与王朝式复酌施药事并更定《施药条款小引》数语。十四日，骏佳延越中名医龚太守、张景岳、凌敬泉、吴竺庠、徐星羲、王培元、傅会宇、王澄阳、唐九有、童五莱十人小酌，订设立药局之约，约以每日轮二人至药局，每人以六日为期。午后王朝式率友来定药局之约而去。二十日，致函士绅乞募药局费用。按，诸募药资函见浙图藏《林居尺牍》丙子秋季册。药局施药告一个段落后，八月十三日，曾延药局太医八人来饮，陪之者张萼、王朝式、骏佳。二十日，作《施药纪事》讫。

《张岱诗文集·张子诗秕》卷三《丙子岁大疫，祁世培施药救济，记之》："昨岁残冬天不闭，霹雳一声走群厉。夏来疫气填村市，亦效市人欺贫子。灯昏室暗飞蠛蠓，阖家僵卧呼天公。日无薪水夜无簧，梦想不到求药台。宰官道念切恫瘝，百草荟来聚若山。药王乱掣天医簿，岐伯不至雷公怒。上池取水供洗涤，肘后一方陈琳檄。刀圭用处厉鬼怖，二竖敢向膏肓住？医者闻名药闻气，残喘皆能起床第。须臾全活几千人，仁人见之皆效颦。因思世界尽如此，死兵死赋均死耳。辽东一破如溃痈，强蟊流毒势更凶。民间敲剥成疮痍，神气太泄元气疲。敢借宰官医国手，天下精神尽抖擞。"

七月初七日，作七律《七夕泛舟》。

见《诗集》，亦收入《诗始》。

据日记，是日亲友放舟独山湖，小饭，分韵得八庚，赋七言律，再纳凉于柯园乃归。所作诗即此。

二十五，张岱以无资格参加省试来札求告，致书李清为作恳托。

函见浙图藏《林居尺牍》秋季册《与李映碧公祖》。

二十七日，作五言排律《送邑令张撤藩升任南仪曹》。

见《诗集》，《诗始》题作《送张撤藩父母升任南仪曹》。

据日记，二十六日晚得张撤藩父母书言别。二十七日，至山，作五言排律十余韵饯张父母，即此诗。

张撤藩，据《乾隆绍兴府志》，会稽令张夬字撤藩，丹阳人。祁彪佳日记和书牍中或称之"辙藩""徹藩"。"南仪曹"，南京吏部郎官。

八月十一日，作《秋夜同陈自誉坐月寓园远阁》。

据日记，今日午后与陈自誉坐远阁，各赋五古。该诗见《诗集》，《诗始》作《秋夜仝自誉坐月寓园远阁》，《祁忠惠公集》卷九、尊经阁藏《寓山志·游吟》作《秋夜同陈自誉坐月远阁》。陈诗题名《秋夜坐月于寓园之远阁》，收录在浙图藏明稿本《寓山题咏不分卷》下册，尊经阁藏《寓山志·游吟》不收。

按，陈自誉，即戏曲家陈情表，名祯，字自誉，又字圣鉴。彪佳诗有"西北有烽火，一轮照逃流"之句，据清夏燮《明通鉴》，今年五月李自成败追兵于安定，七月称闯王。

二十七日，作五古《丙子夏予卜筑寓山，何芝田投诗见赠，时芝田亦开果园，率尔奉答》。

见《诗集》，《诗始》亦存之，《祁忠惠公集》卷九和尊经阁藏《寓山志·游吟》皆作《卜筑寓山闻何芝田开果园奉寄》。

据日记，先是何芝田以寓园诗见投，时芝田亦开果园，走笔作五言古和之。

按，"何芝田果园"，《越中园亭记》卷三《果园》："予姊适何芝田，崇信佛道，于峡山前构此以为静修地。北倚山，南亦面山，东与西若环若拱。白石清泉，坐而取之有余也。"据《世系》《家谱》，祁承爜有一女，名寿姐，适峡山何继洪，号芝田，潮州通判何景宪子。尊经阁藏《寓山志》存其五律《寓山题咏》，注："何继洪，芝田，山阴。"

二十八日，作《重建融光桥碑记》。

见《文稿》。《文稿》又有《修融光寺疏》一文，或当作于此略前。

按，据《绍兴府志·祠祀五》，绍兴城西三十里有融光寺，旧传柯亭即其地。融光桥当在寺之附近。

秋榜揭晓，从弟熊佳秋试中举人。

旧谱："秋八月，弟熊佳领顺天乡荐。"

综《世系》《家谱》可知，祁熊佳，字非熊，又字文载，号师濂。承勋次子，本房行七。生于万历三十五年丁未（1607）十二月十八日寅时，卒于康熙癸丑年（1673）八月十五日，享年六十七岁，葬桑溇。崇祯九年丙子（1636）顺天举人，十三年庚辰（1640）进士。初任福建南平知县，行取值国变。鲁王监国，授兵科给事中，寻升都察院金都御史。娶赵氏，赵一正女，生于明万历三十六年戊申（1608）九月初一日午时，卒年不详。子一：端孙。女二：长忠姐适府城王裳，字公达，系广东总兵王扬德孙，生三甥，长庠生；次芷姐，适白洋朱用调，字子彝，系总督尚书恒岳朱燮元孙，生五甥，长次三五皆庠生。著有《小隐堂文稿一卷》，现存清抄本一册。

清嵇曾筠《雍正浙江通志》卷一百四十一载："崇祯九年丙子科，祁熊佳山阴人庚辰进士。"又同书卷一百三十三："崇祯十三年庚辰科魏藻德榜，祁熊佳，山阴人，南平知县。"

据日记，熊佳先以明经拔贡入京。其拔贡始末，参崇祯八年（1635）日记可知，先是十一月初九日，得巡按郭必昌函言欲举熊佳明经，问及熊佳著述。十五日，致书示熊佳之谦让意。十七日，郭必昌檄查熊佳之学术行谊，山阴令谢鼎新来函询于彪佳，复函致谦让意。又据今年日记，三月初四日，送熊佳以明经拔贡入都。五月初十得报，熊佳明经拔贡，廷试居第五。熊佳遂借特贡入京之机参加顺天乡试，家中十月二十三夜二鼓得报熊佳中顺天举人，设宴演戏、祭祖竖旗。

按，致郭函见《都门入里尺牍》之《与郭太薇》。同书又有《与谢海观》函："郭（太薇）公祖贻书于治生，索其五经著作，日前已录呈之。"皆为两人举荐熊佳为明经事作。熊佳与彪佳之固示谦让意，虽部分为表面文章，亦以其时不甚重此科，而乡、会两试方为正途。故熊佳明年特贡入京，便借机参加顺天乡试，中顺天举人，于崇祯十三年（1640）成进士。郭必昌，号太薇。《林居尺牍》丙子秋冬册有《与文载弟》："昨月廿三子夜，得贤弟高捷之报……得报之日即与叔父言家中百宜从俭，盖以贤弟之素行，知他日必不作关说爱钱之官，有何余资可偿诸费，是百宜从俭，所以成就卓然之品格也。……门生郭介庵，名符甲，晋江人，极能耐贫立品，特令其来谒，贤弟可与一谈，此益友也。"

九月初一日，作五律《丙子秋日同止祥家仲集又新斋头，观名姬画，因忆龙友杨丈》二首，忆及杨文骢。

诗见《诗集》，《诗始》题作《丙子秋日同赵可孙、金乳生、止祥家仲集又新周先生斋头，观名姬画，因忆龙友杨丈》。

据日记，先是昨日访周又新小酌。九月初一日，五鼓发舟泊梅山，作昨日小集诗。初四日，得周祚新所赠咏初一集会诗八首。

浙图藏《林居尺牍》秋季册有《与周又新》："尘冗之中得亲道韵，遂令饱吸烟霞，良为此生一快。归舟而神情栩栩，若在左右。漫成五律二章，羞涩不敢呈郢削。而山中朵云，忽载珠玑十斛，快读一过，声振林木，佳篇哉！自《咏史》《感遇》诸什而下，罕有古雅若此者，诗坛牛耳非台翁其谁。"此后又一函："昨夜小作陋恶殊甚，博宗工喷饭耳。不一。"所言即上二诗。

按，"止祥家仲"，彪佳从兄夅佳，叔承勛长子，字止祥，行第五。天启丁卯（1627）举人，吏部司务。《嘉庆山阴县志》卷十四有传。周又新，据《乾隆绍兴府志》卷二十九《职官五》，名祚新，会稽县学教谕，贵阳人。尊经阁藏《寓山志·游吟·风雨夕集寓山》署"周祚新，又新，德清"，则周或时官德清，或已迁居德清。崇祯十二年（1639）日记："八月十五日，得周又新书扇头诗，有'梦魂无夜不山阴'之句。"则时其已离任。"龙友杨丈"，杨文骢（1596—

1646),字龙友,贵州人,流寓金陵。万历四十七年(1619)举人,六赴会试不中,崇祯七年(1634)选华亭县教谕,后迁青田、江宁、永嘉等知县。博学好古,善画山水,著《洵美堂集》。南图藏《都门入里尺牍》乙亥春夏册有《与张太羹》:"杨龙友为不佞通家兄弟,其乃翁与先人有至交,才华品格真足冠绝一时,门下缊衣之好,定有先得我心者,晤时幸为致意。"浙图藏《林居尺牍》丙子秋季册有《与贾道乾》函,荐杨文骢文武经济。稍后有《与杨龙友》函言自己为之推荐事,则系出于杨文骢托请也。又同书稍后有《与杨龙友》,提到杨岁试不合式,为学政督责事。贾道乾,名多男。

初三日,作五古《赠祝贞母》。

见《诗集》,《诗始》亦存之。

据日记:"作《祝节母》诗完。"按,祝贞母,其人不详。

初十日,拈韵牌集字成诗。

此诗亡佚,未详题名。

据日记,是日邀止祥(豸佳)、何芝田(继洪)之寓山,张宗子、介子、平子昆仲亦至,待周又新(祚新)、赵可孙及午至,举酌,坐间周、赵各出新诗,披阅甚快,烛下共拈韵牌集字成诗,二鼓乃别。张宗子名岱,介子名尊,平子名峰,《寓山志·注》收其五律《豳圃》,注:"张峰,平子,山阴。"赵可孙,参崇祯四年注。

十一日,邀陈洪绶来举酌,演《拜月记》,游寓山。

据日记。此时两人关系尚疏。尊经阁藏《寓山志·注》收陈洪绶《小斜川》五律,注:"陈洪绶,章侯,诸暨。"或即陈游寓山后作。

二十三日,作五律《秋日偕完璞上人坐话寓山静者轩分花字》。

见《诗集》,《诗始》亦存。

据日记,是日与郑重光至寓山,僧完璞在庵,与弈棋不分胜负,分韵作《静者轩》五律。

二十五日,董标以台州兵变被诬,致函巡按郭必昌为之求解。

据日记,先是八月初十日,得董标函,得知台兵鼓噪。

据《林居尺牍》秋冬季册《与郭太薇公祖》,七月,由于官员掊剋钱粮,台州备倭军中激起哗变,把总董标被诬挑激兵变,彪佳函请明冤狱。同季另有《与李映碧》等函为董求解。又从同季《与董持阿》函看,彪佳未能助董解狱。另一《与董持阿》函提到,董得旨仅以议处。明年春季《林居尺牍》有函致浙江巡抚黄鸣俊,以其为董标昭雪罪诬致谢,并求解缓董狱,重新起用。

清全祖望《鲒埼亭集》卷二十四《子刘子祠堂配享碑》:"关右董先生标,

冯恭定公弟子也，晚官兵马司使。始从子刘子受业，读其问答，醇如也。甲申前卒。"冯恭定，即明代关学大儒冯从吾。

同日，得汪汝谦函，获阅《诗传阐》。

据日记。

去年《都门入里尺牍》有《与汪然明》："裱褙法书者，且暮可得过舍否，□来无定期，乞仁兄一字，弟觅便将寄促之，何如？佳刻若印就，祈见惠为祷。"所索"佳刻"或即为《诗传阐》。

十月初七日，为山阴令谢鼎新作《仁声录序》。

据日记。文今不见。

本月多次面晤余姚令朱芾煌，书函来往密切。后朱任满晋京谒选，作有《北觐渡淮，接祁世培御史、郑切庵兵宪诸公报书，知地方恳留意切，当事不怿，必欲改调，感赋》七律。

祁彪佳与朱芾煌往来，始于崇祯八年（1635）十二月，至崇祯十年朱离任后仍有传书。本月交际特别频繁，当因朱三年任期将满，欲借彪佳之力以求干进故。

据日记，先是去年十二月二十七日，舟中得林希庵及余姚朱父母名芾煌者书。今年八月三十日，入城，余姚朱玉籀父母邀晤，至长春观报谢之。九月初二日，得朱玉籀、路广心两父母书，即复之。十三日，得林自名（铭鼎）公祖及朱玉籀父母书，朱书即于舟次复之。二十六日，得张太羹（调鼎）、朱玉籀及柯孝廉凤伟书。三十日，作札与朱玉籀。十月二十三日，移舟待朱玉籀父母，不至。二十四日，出晤朱父母，即垂顾于家，同止祥兄迎之。……舟中作书致林自名（铭鼎）、郑玄子（铉）及朱玉籀父母。二十六日，归舟中作书复朱玉籀父母书。归，更得朱父母及张太羹书。二十七日，又得朱父母书，订武林之约。二十八日，早渡江，晤朱玉籀父母。……饭后出晤郑切庵。二十九日，再出晤朱父母。此后明年七月十五日，得朱玉籀父母书。朱玉籀，即朱芾煌。

明朱芾煌《文嘻堂诗集》卷中有《北觐渡淮，接祁世培御史、郑切庵兵宪诸公报书，知地方恳留意切，当事不怿，必欲改调，感赋》："强项奚堪卧辙留，尺书犹接远鸿投。桐乡有意祠朱邑，客舍无容荐马周。勾越烟尘伤旅思，钟离霜雪照征裘。可嗟宦海闽波险，不似长淮水直流。"

据《乾隆绍兴府志》卷二十七《职官志》，余姚知县朱芾煜，无为州（今安徽无为县）人，崇祯七年任。则其知县任满在崇祯九年（1636）前后。《四库全书总目提要》："芾煌，字子衷，又字玉瑠，自号'濡须江渔'，无为州人。崇祯甲戌进士,官至兵部武选司郎中。"又,林徽初,字调复,号希庵,泉州人,崇祯元年(1628)进士,官至浙江布政司参议兼按察司金事。郑切庵,即郑瑄,字汉举,福建侯官人,崇祯四年(1631)进士,时任宁绍副使。林铭鼎,字玉铉,号自名,莆田人。万历三十八年(1610)进士。时任浙江右布政使。

此间,御史台多次促补任,辞不赴。

据日记,十月十四日,许豸来函劝出山,回函报谢,语倦游意。

浙图藏《林居尺牍》秋冬册有彪佳致意御史台上官及同僚之《与薛宾廷(国观)》《与唐存臆(世济)》《与冯邺仙(元飙)》《与许平远公祖(豸)》函,皆托病辞补。

浙图藏《林居尺牍》秋冬册《与许平远公祖》:"念今年发白齿落,渐非往时,斑舞无欢,菽修不乐,功名一念,于兹已淡然无余味矣。所愧者奴贼交讧,当主忧臣辱之际,于此而枕流漱石,则虽饭藜食藿,亦觉受用太奢。祖台所云理有未安者,真忠臣爱君之格言也。然窃自揣量,即腼尔班行,而出不能乘一障当一面,入不能建一议设一策,虽有靡盐之怀,安免肉食之鄙,倘若事不可知,则亦身难自保耳。今幸以宗社之灵,奴虏宵遁……自此或得边圉无警,正可偷窥视息于林泉。虽荷老祖台词义凛然,臣子受国厚恩,正当重自悚惕,究亦无如此彻骨之疏懒何矣!某闻知其可为而不为者,庸人也。今天下尚可为,而度德量力,不敢以妄谬偾事,则亦安其为庸人已耳。"下又一函道:"昨荷老祖台温言劝勉,将以起泉石之膏肓。顷闻铨部亦有促补之檄,而治弟必不敢以无聊小草作绝裾之举。虽目击时事,固有可痛哭流涕者,然言之无益,徒以贾祸,正不如闲闲十亩,聊终其身。"许豸,字玉史、平远,侯官人,崇祯辛未(1631)进士,历户部郎,榷浒墅关,筑塘卫水,民德之。后擢宁绍道,转浙江按察金事,以参议改督本省学政。著有《春及堂诗》及《仓储汇核肤筹》诸集。尊经阁藏《寓山志·题咏》存其五古《寓山题咏》。

秋季册有《与李灌溪》:"家仲修持颇进,但一味枯禅,已谢绝举子业。弟有兄可师,乃日见堕落……正是根器驽钝耳。夫知弟之深莫如年翁,然此时而遽言绝意出山,年兄亦未必肯见信。但所谓母在必不敢以身许人者,则亦当为知己所俯亮矣。且弟之病言之,气虚而火炽,胃口之作痛,心血之怔忡有增无减,去秋及春发疟者三,今夏更加委顿。倘重担在身,未有不立致颠蹶者。年翁还朝晤堂翁、河南道及同台诸君,乞实告以苦情苦状。弟有求宽限一呈一禀,倘年翁行有的期,欲专役以烦之记室。如凤驾伊迩,则当觅便附来,求年翁特为转达。嗣是而倘有一檄见促,则惟有直恳修致以全微尚而已。"李灌溪,名模,字子木,浙图藏《林居尺牍》今年秋冬册又有《与李灌溪》

函，请李模转向河南道掌道御史宋又希（贤）进自己辞补之意。

十一月初七日，葬长兄麟佳夫妇及长子同孙柩于上方山中。

据日记。

旧谱："十一月，葬长兄元孺先生于上方山，亲董工役而襄事焉。"据《绍兴府志·山川一》，上方山在绍兴府城西北四十里，有上方寺。

十三日，送从兄豸佳晋京赴春试。

二十日，周汝登举葬，供祀土之役。顺道访嵊县教谕梅鸿中，梅为戏曲家梅鼎祚孙，赠以鼎祚所辑《文纪》。

以上据日记。

《里中入都尺牍》有函《与刘宛谷》："敝乡先达周海门先生承洙泗之宗传，为文成之嫡派，位崇卿贰，典徭祭葬，此剡中二百七十年未有之盛事也。适荷老父母崇儒重道之政，际此奇遭，仰藉荣施，宁有涯涘。但其孤孙式微，尚未有卜葬之地，今合邑衿绅共为相度，拟城北隙地聊堪营筑，乃其地属于寺，而实无碍于寺者也，伏乞鼎赐主持，给帖价佃以备谕葬。"刘名永祚，嵊县令。函当作于此前不久。又，今年《林居尺牍》秋冬季册有《与周先之》函，商讨营葬事宜。周有开，字先之，周汝登孙，尊经阁本《寓山志》收陈起元《寓山问》，文末附其评。

按，梅鼎祚所辑有《皇霸文纪》十三卷、《西汉文纪》二十四卷、《三国文纪》二十四卷、《西晋文纪》二十卷、《东晋文纪》二十四卷、《宋文纪》十八卷、《梁文纪》十四卷、《后魏文纪》三十卷、《陈文纪》八卷、《隋文纪》八卷、《南齐文纪》十卷、《北齐文纪》三卷、《后周文纪》八卷、《释文纪》四十五卷。

是月，刘宗周削籍归里。

据《明史·刘宗周传》和清夏燮《明通鉴》，先是以内阁缺人，思宗令推在籍者，吏部遂以顺天府尹刘宗周、礼部侍郎林釬上之。正月丁卯（二十一日），林釬以原官兼东阁大学士，宗周则以召对不称帝意，授工部左侍郎。二月，宗周上《痛陈时艰疏》。六月，许瑚疏论宗周"才谞不足而道学有余，主治未获经纶之益，甄士殊多砥砺之功"。宗周三疏乞归，七月出都门，九月又上疏直陈时事，被削籍。

《林居尺牍》丙子秋冬册有《与陶石梁》："大概今日之忧，不在外夷内寇。人臣于此际不能潜移默夺，不得已口舌争之，又不得已而至于激切言之，如刘先生之三疏，夫岂人臣之所愿哉？天下事可为痛哭流涕正在此也。"陶石梁，名奭龄。

十二月初三日，董玄过访，拈韵作五律《雨坐寓园喜友人过访踵韵》。

见《诗集》，《诗始》和浙图藏《寓山题咏》下册亦存之，题作《雨坐寓园喜董天孙过访踵韵》。据日记，是日董天孙（玄）过访，拈韵作五言一律，留宿。

初十日，乡贤祠正式落成举祀，入祠乡贤后辈各以其先人神位迎入祠。府厅执事官员至举祭毕，众推彪佳为首事，举酌明伦堂，礼成而散。因作《修改府学乡贤祠募疏》《越郡先贤祀典揭》。

《越郡先贤祀典揭》收入《祁彪佳集》卷三。《修改府学乡贤祠募疏》收入国图藏《文稿》。

旧谱："十月，先生捐俸修乡贤祠，先贤子孙显者咸助其成，适四斋已经裁其一，即请为祠而加饰焉。约期传诸子姓，新神位，正衣冠，至祠，俎豆间□□数千人，故老谓数百年未见此盛举也。"

据日记，先是去年八月二十六日，出府庠见乡贤祠鞠为茂草，欲重建之，往谒刘、秦、翁三教谕商量其事。今年正月十九日，教谕秦弘忠定本乡将入祠乡贤姓名。二月初三日，与府庠教谕商议修改乡贤祠之庠舍。五月初一日，上言李清请建府庠贤祠。六月二十七日，为乡贤祠作公扎。九月二十一日，估定乡贤祠地址。二十二日，作函经划乡贤祠修筑事。二十四日，估算乡贤祠费用。十月十一日，乡贤祠动工。十四日，与郑重光校订入祀之乡贤现存神位救志书，补其遗失。十二月初二日，至乡贤祠，与教谕秦弘忠会计工役费用，并发入祠通知单及祭享像注。初四日，函致当道，以修祠资请捐助。初六日，以乡贤祠告成公送府中执事各官请帖。初八日，至乡贤祠，作揭考正先贤祀典，拟府邑应合祀者七十余人，尚有未举者数人，致之当事。按，以上诸函见浙图藏《林居尺牍》秋冬季册。秦弘忠，尊经阁藏《寓山志·注》存其《樱桃林》五绝，注："秦弘忠，恕先，平湖。"

二十三日，公奠刘宗周夫人。

据日记。

因曹学佺选刻《诗纪》《明文》选入祁承㸁文，托安国贤向之致意，并赠以新刻《澹生堂集》。

浙图藏《林居尺牍》春夏季册有《与宁方兄》："迩方为先府君刻文集，已刻至十八卷，约一月便可竣工，既承诸名公之采择，完日便当驰寄，今先以旧日外集附来，乞致之安茞卿。"又，同书秋季册有《与安茞卿》，提到曹学佺选《诗纪》《明文》事："兹闻更选明文，得附姓名便足千秋不朽。先严生平苦心著述，恐亦无当品题，倘邀台下之灵，得赘一文于简末，则子孙百世之感也。澹生堂小集劂剞将竣，容即驰上请政。"同书稍下又一《与宁方兄》函："先父文集已完，来人不能多带，所奉一部乞转致安苎卿，或得附于选刻之末。老哥若要送人，便当附来。"

又，国图藏《林居尺牍》亦有《与安苎卿》："至于先子诗文，恐不足比肩作者。而重荷表章，垂之不朽。曹能老以古今双眼，品藻古今，删定之际，衮钺系焉，先子何幸乃附于劂剞之末，起死人而肉白骨，佩戴当以世世。若不佞散樗朽栎，又安敢厕足词坛乎？拜命之辱，祗增惶悚。"

又据日记，明年三月十三日，安国贤来函言曹学佺选明贤诸诗，内附刻祁承㸁集事，彪佳复函致谢。

尊经阁藏《寓山志•注》存安国贤五绝《天瓢》，注："安国贤，苎卿，闽县。"

顾开雍以其子仕进事有求，为之致函倪元珙请托。

据《林居尺牍》丙子秋冬季《与倪三兰公郎》。尊经阁藏《寓山志•注》五绝《静者轩》注："顾开雍，伟男，华亭。"又，同书有《与顾文学舒》言已经荐之于提学御史，则其子名顾舒。倪三兰名元珙，时任南直隶提学御史。

戏曲家吴炳来访。前此彪佳曾以盐商子弟汪枟秉托附吴氏门下。

据《林居尺牍》丙子秋冬季《与吴石渠》。

又，同书稍前有《与吴石渠》："前岁闻荣推武林，幸照临有日。不谓圣意难测，事忽中更，弟某无能为地方藉寇，徒切扼腕。……有附渎者，盐商子弟上舍汪枟秉有美质，雅负俊才，与弟言交有日，托为先容，伏乞收之门墙，以备一枝桃李。"

按，吴炳（1595—1648），字可先，号石渠，晚年又自称"粲花主人"，江苏宜兴人。万历四十七年（1619）进士，崇祯间任江西提学副使。擅作剧，其《绿牡丹》《画中人》《西园记》《情邮记》《疗妒羹》五剧合称《粲花五种》（又名《石渠五种曲》《粲花斋五种曲》）。

求许豸作《澹生堂集序》。

据《林居尺牍》丙子秋冬季《与许平远公祖》："家严生平苦心著述，聚书十余万卷。今兹先集虽未足登作者之坛，然而亦欲成一家之言。若得锡以大序，则真足垂于不朽。"许平远，名豸。

函邀吴振缨来游。

《林居尺牍》秋冬季有《与吴俭育》函，提到客岁吴以凤阳皇陵被焚奉严旨，今得放归故里，遂函邀来游。

今年卜筑寓山，陆续修建寓山松径、友石榭、远阁、烂柯山房、浴花台、听止桥等景，并次第倩人题字书匾。王璗题"静者轩"，张岱"远阁"，周祚新对

联、寓山图、文石及“袖海”，陶奭龄“浴花台”，钱象坤“读易居”，以及董其昌、王象晋、陈继儒题匾，杨文骢题对联、书画。

寓山构建情况，据日记，先是三月二十八日，寓园中开松径，选定远阁位置。五月十三日，定寓园中友石榭址。二十三日，督园丁除竹。六月十五日，远阁上梁。七月初五日，张岱指点寓园修筑布局。十九日，邀豸佳垒建假山。二十三日，定烂柯山房之址。二十四日，王应进来指点垒建假山之法；此后九月十六日，王应进又来论园亭布局。八月初六日，建烂柯山房。十二月十七日，建浴花台。十二月二十五日，听止桥修成。

邀人题匾情况，据日记：二月十七日，镌周祚新题石佳翰及联句于寓山石上。八月初五日，作书索周祚新书写对联及寓山画。据日记，先是七月十五日，会稽教谕周祚新与赵可孙来，邀之酌，坐月于寓山，周赠以所作《寓山图》及诗，又集唐诗句子成对联。此后十一月初五日，周祚新赠以文石一枚及“袖海”二字。《里中入都尺牍》有《与周又新》函：“村居荒陋，深愧主人疏简，况值风雨之夜，重烦屐齿，不益其欠疚乎？乃翁台游兴愈佳，玄霏喷薄，与烟光相上下。小山获邀登临，已令拳石生色；更辱品题之，玩咏之以诗章，复表之以联匾：琳琅盈抱，使贫儿骤富。主人何幸，得此于翁台耶，拂手称谢，其镌佩已在肺腑矣。”浙图藏《林居尺牍》秋季册《与周又新》：“如拳头片石，邀名公之玉趾，已便令林泉生色，况又辱品题之、图绘之乎！……年翁高怀雅谊不朽，小山亦附之以不朽矣。……昨所言佳句出天成，唐人为年翁作注脚矣。”同书《与赵可孙》：“昨荷仁兄同周又翁光顾小山，已令山灵生色，况又当翁台品题之下，拳石将于泰华争高矣。又翁惠以寓山一图，诗与字与画真称三绝，弟得之喜跃欲狂。不意悬之山中，竟以匠役纷纭，为人窃去，悬赏购索卒不得。……欲求转致于又翁，先为弟请不能珍藏之罪，倘荷俯原而肯再作一图，则当持绢素斋沐以恳，弟有小价善于装褙，俾用奉为笥中之宝。”皆为求周氏书画作。尊经阁藏《寓山志·游吟》存周祚新《风雨夕集寓山》《题寓山图》《又题寓山图　有引》，注：“周祚新，又新，德清。”《又题寓山图　有引》称：“丙子春仲，招余过游，余因作图奉赠。时不过太古亭数椽而已。及仲秋再过，而绛楼紫室，曲廊回榭，重重叠叠，几与云霄相接，觉向图单薄少余味矣。果为山灵呵斥，遣物掣去。先生复命再作，余曰：‘颊上三毛，恐名山不屑。’先生曰：‘三折肱而进道未可知也。’因一笑复为之图，并记以诗。”即为此作。

五月二十四日，得王予安（亹）所书“静者轩”匾字。按，王予安，尊经阁藏《寓山志》存其《寓山题咏》五古二首，注：“王亹，予安，会稽。”

六月初六日，得董其昌所书匾额题字，王象晋函惠以仪匾。浙图藏《林居尺牍》丙子夏秋册有《与林圣桢》："不佞近于小山下筑半亩，中有奇石，因构曲树其旁，欲名之为友石榭。……求门下为我别易一字，求得董思老或陈眉公书一扁见赠，扁二三尺足矣。"即为托人转索董其昌"友石榭"匾字所作。林圣桢，名瑞楠，莆田人，彪佳司理莆中时所取举人。董其昌，字思白。陈继儒，号眉公。

此间，又托张岱向陈洪绶求远阁题匾。浙图藏《林居尺牍》丙子夏秋册有《与张宗子》："小阁初成，欲题以'远'之一字，无乃涉套否？乞仁兄为我更定，求得章侯兄翰墨，庶使山灵藉之生色也。"又，今年秋季册有《与张宗子》："小阁初成，欲题之以'远'，于取景似矣，而取义未新，或有名为'清古阁'者，以义新而取景又未肖，顾思今之世，安有博奥如仁兄者，而不为弟裁定一佳名乎？伫望赐示，即求章侯翰墨为祷。"为求"远阁"命名题字而作。

八月十三日，得杨文骢对联、书画及陈继儒所书匾额。明日至寓山悬匾额。据日记，先是此前七月十一日，函恳杨文骢书匾，并转请陈继儒题匾。《林居尺牍》今年秋季册有《与杨龙友》："小山数椽，荷仁兄锡以名题，绘以妙染，斯亦一拳开辟之会也。弟何能报乎？……眉老佳翰，不藉仁兄何以致此。"为致谢之作。

向陶奭龄索"浴花台"题字。据《林居尺牍》丙子秋冬册《与陶石梁》。

十二月二十一日，得钱象坤题"读易居"匾字。据日记，先是本月十四日，函求书匾。函见《林居尺牍》丙子秋冬册《与钱德舆》。钱德舆为象坤后人。

今年多出游赏观越中山水。

据日记，二月初一日，与张岱、张萼、张峄兄弟游快园、蒹葭园、质园、陆氏园。初二日，至张萼家，登万玉山房，入张五泄家，登巘华阁，出登卧龙山，入阳和书院，憩筠芝亭，登霞外楼、怪山，入东武山房，游千峰阁，从柯亭归。据张岱《陶庵梦忆》，张五泄，名不详，岱从叔，南华老人张汝懋之子。十五日，游樛木园，市花数种。三月初一日，清明，随冯元飙等游七星岩，观鱼清水宕。初三日，随凤佳邀友泛舟于寿胜埠，谒寿台寺，小船至刑塘，泊舟新桥，登寓山。初四日，携董玄、陈禘及二子出游，登稽山书院，出绍兴城至六和庄、净业山房及水印庵，薄晚至小隐山下，秉烛游观钱象坤家怡园。初五日，游怡园，登山，得古人题咏；至斑竹庵啜茗，邀何芝田共游兰亭。入城泊于龙华寺，携妻至陡亹。初六日，泊舟陡亹，出谒张神，观龙舟，登陡亹山（一名越环山），过蛤蟆山。初七日，至曹山，游青棘、畅鹤二园及石箦山房，登吼

山旱宕游陶氏别业,策杖登山。放舟归至陶堰游镜漪、让木、后乐三园,夜登
偶山。初八日,观日出。至贺家池,游范氏庄,饭于觞畅阁。十一日,游骏佳
所买范氏庄,舟过铸浦,游梅圃。十六日,与熊佳至白洋,步海塘,游碧园。
二十五日,偕族众至桐山及梅里尖山拜祖,登海山小憩王应遴之庄。据《绍
兴府志·山川三》,山阴梅里尖在府城西南十八里,以梅福里得名,东有梅仙
坞。三十日,至柯桥登藏经阁。四月初一日,于霞头探沈氏意园及不慕轩,
园主人出谈。初三日,放舟南塘,独登镜圃之高阁,从镜圃西北去半里游淡
园,泊舟城偏门。初四日,至九曲,游文漪园,步在卧龙山脚之王氏园。二十
一日,与郑重光放舟宝城寺,至恒圃。二十三日,放舟鉴湖,步桃花坞,又北
折至沪后游雨园。九月初九日,凤佳治馔邀友举登高之会,登西施山,薄暮
至商周祚咏雏堂。十三日,欲探阳明洞,以荆棘杂多未竟。据《绍兴府志·
山川一》,阳明洞天在府城东南十五里之宛委山下。二十四日,入城游自远
轩、墨池、秋水园,归舟作诸园记。十一月十六日,发舟夜行,往游剡溪。十
七日,经天萧寺访三宜禅师,沿江而上游嵩峰庵、指石台、东山、洗履池、蔷薇
洞、绀殿琳宫,宫为僧迩密所重创。从寺后谒三太傅祠、祠旁谢安石墓等处。
十八日,抵三界,小憩城隍庙,过清风岭,游王节妇祠,读其诗;暮过仙岩,自
黄沙寺夜航十余里泊舟。十九日,至艇湖观刘永祚所建塔,其下有子猷桥,
俗传为王子猷访戴回棹处;过数里至罗皇台,为周汝登所筑。午后至嵊县
城。二十一日,过樗浦,散步于东山之址,暮抵嵩坝。十一月二十二日,晓抵
陶堰,游秋水园。十二月二十七日,至南山,闲步姜逢元龙筎庄,已改为集锦
山房;次至南华馆,再至镜波馆、天镜园。

今年师事陶奭龄、沈国模、王朝式等习静究性理。

据日记,二月十一日,与骏佳、王朝式诸人习静深谈,王婉规彪佳之行
事。十二日,向王朝式执弟子礼以谢其规诫之德。焚香静坐,与王朝式谈
理。三月初十日,与王朝式阅陶奭龄《小柴桑》,抄录其中数则。四月初四
日,集陶奭龄与诸友,谈论立身之道及刘宗周召对记注,共叹致君之难。初
五日,与陶奭龄究心学之旨,陶以静参相勉。初七日,阅朱熹《性理全书》,对
朱氏之“天下之物无不见于吾心”有异议,质之王朝式,王为之首肯。初十
日,与王朝式、章美、郑重光及骏佳焚香静坐于寓山。十二日,王朝式至,有
心体之辩。十七日,撤静课。十月初四日,陶奭龄及诸友至,所谈论话题为
各家思想各有所长,学者应自有取舍。初五日,读《中庸》,于陶奭龄之讲学
尚有疑问,作札向王朝式问难。

旧谱:“二月,与王金如言,金如语直,先生曰:‘语中膏肓,令人汗下。’自

此称为'先生'。四月，寓山草堂成。迎王金如、章凝如及季超先生杜关其中。尝曰：'宋儒疏"赤子入井"为"触物而感"，有物可触，物与我又成对待，如何谓之一体？'又曰：'心与太虚同体，万物不离太虚，岂有心物外哉？'"

今年与僧释过从问禅颇多，作《请石雨和尚住显圣书》。

据日记，先是四月初八日，问禅于石雨。十一日，阅《楞严经》，究七处征心之旨。十四日，与石雨和尚阅《楞严经》，石雨为之讲解。

《祁彪佳集》收入今年作《请石雨和尚住显圣书》，称："今大师具过师之智，为云门法嗣，而贱兄弟又得时时法座提耳命面，不啻父师之于子弟。不知寒门有何薄缘，得世受知识之教！其为庆幸，可胜言喻。"石雨和尚即释明方，曹洞宗湛然圆澄大弟子。

三月初九日，访诗僧可一，得其所赠《鬻琴》诸作。按，僧可一，尊经阁藏《寓山志·注》存其五律《远阁》，同书《题咏》存其七律《寓山题咏》，皆注："僧可一，头陀庵。"

九月二十三日，与僧完璞博弈分韵。僧完璞，尊经阁藏《寓山志·注》存其五绝《小斜川》，注："僧完璞，表胜庵。"

十一月初二日，观《圭峰禅师语录》，有所会意。十五日，至寓山设斋，同诸兄弟延迄密、历然、无量、无迹、一纯、体量六禅师坐谈，与迄密步月而归。

十二月初八日，于六竹庵举放生社。与会者祁氏兄弟及王应进、王子闇、王子昌、刘北生（世鲲）、潘鸣歧、茅心镜、金大来、僧迄密、历然、无量等。据日记，彪佳诸人每月初八定期举行放生会。

日常多阅书、集书、理书。

据日记，正月二十三日，毛晋赠所刻汲古阁《甲乙集》《孝经注疏》数种。二月二十二日，所市书得《太乙》《六壬》诸珍贵抄本。三月十九日，阅张芝亭所示《杂语》，以为言多见道，为之点定评题并函复之。张芝亭，据《四库全书总目提要·颜子绎》："明张星撰。星，永城人。崇祯甲戌（1634）进士，官光禄寺署丞。……此所谓阳儒阴释，讲学之极弊也。于理当入释家，以所载皆颜子言行，姑附之儒家类，而纠正其谬焉。"二十六日，至天乐扫墓散步，读《徐义士碑》，载徐义士搏虎救弟，人义之，为立碑事。二十八日，得性泉居士《天乐鸣空》数章。五月十一日，整《澹生堂杂汇》诸书，阅《春秋》。六月十二日，阅《逊国遗事》《读书镜》。八月初九日，捡吴中书稿付抄录。十八日，整新收书目，得书三十余种，阅《高皇帝御制文集》。九月二十五日，得汪汝谦函寄《诗传阐》。二十八日，读《子贡诗传》，见朱熹注之谬处。十二月初十日，阅《刘止庵语录》。据《乾隆绍兴府志·人物十》，刘永基，字止庵。二十九日,拣向来所刻书板如《牧津》《西事案》之类庋置架上。三十日,简批阅过书籍汇置笥中,阅袁宏道《瓶史》及《山林经济籍》。

今年日常颇多观戏。

据日记,正月初七日,观童伶演神仙戏。初十日,邀客观《投梭记》。十一日,观《幽闺记》。二十八日,观《水浒记》。二十九日,至岳家观《九锡记》。二月十八日,贺凤佳妻寿,观《鸳鸯棒记》。十九日,观《翠屏山记》。三月初二日,出观社戏。十二日,赴席观《西楼记》。十六日,举酌观《花筵赚记》。四月初三日,赴钱象坤席,观《五桂记》,钱出家伶侑觞饮。五月初七日,里中举戏,观者如狂。十三日,午后祭关公演戏。九月十一日,观《拜月记》。十月初三日,至舅家,观南戏《白兔记》。二十三日,夜二鼓得报熊佳中顺天举人。家中设宴演戏、祭祖竖旗。十一月二十二日,看歌姬演数剧。二十八日,家中演戏奉母。十二月初七日,家中演戏谢神。

是年,书画家董其昌(1555—1637)卒。

其昌字玄宰,号思白、香光居士,华亭(今上海松江)人。善书画,有《容台集》等。

崇祯十年丁丑(1637) 三十六岁

时事 正月,张献忠攻安庆、桐城,至滁州。南都势紧。 二月,左良玉部至潜山、六安,挫农民军,江北形势稍缓。 三月,兵部尚书杨嗣昌议以"十面网"围攻农民军,请增兵十二万,加"剿饷"。 闰四月,熊文灿为兵部尚书,总理南畿、河南、山、陕、川、湖军务。 五月,李自成受挫,谋入蜀。是夏,两畿、山西、江西大旱,浙江大饥,山东、河南蝗,民大饥。 七月,史可法巡抚安庆。 八月,李自成部为孙传庭、洪承畴军阻,退还汉中。 张献忠为左良玉败于南阳,受伤走。 十月,李自成部离陕入川,围成都二十余日。十一月,成都围解。 十二月,熊文灿遣人招抚张献忠、刘国能。

是年六月,温体仁罢,张至发为首辅。 八月,原吏部侍郎刘宇亮、礼部侍郎傅冠、佥都御史薛国观入阁。 十一月,太监曹化淳提督京营。

朝鲜兵败,向清称臣。清分汉军为两旗。

今年祁彪佳有日记《山居拙录》,尺牍《林居尺牍》。浙江图书馆藏特别注出"浙图藏",国家图书馆藏不另标注。

正月初一日,出门触舟几倾覆。

旧谱:"正旦命舟,一舟横触,舟几覆。或率其人令谢,先生曰:'吾虚舟也!'笑遣之。"

今日作成五律《丙子除夕》四首、七古《丁丑元日》。

诸诗见《诗集》，亦收入《诗始》。

据去年日记，昨晚灯下作除夕五律未完。又据今年日记，今作除夕五律四首成，再作元旦七古一首。

初七日，作《王式弓先生传》。

据日记，初七日，作王式弓舅死难忠烈传。先是去年十月初三日记载："时式弓舅有遗孤，抟九舅继之为嗣，举酌延族，予预焉。"

传文见《文稿》。称舅氏字式弓，号匪莪，外祖王禹屏翁名钟瑞之第五子。输粟得闽中藩幕，量移中都留守幕，令署灵璧篆，再署篆蒙城。岁乙亥（1635）正月，农民军突入中都凤阳境，守责不屈，被刃而卒。"抟九"，尊经阁藏《寓山志·十六景词》有王鲲《蝶恋花·曲沼荷香》一首，注："王鲲，抟九，会稽。"

又，清盘峤野人《居官寡过录》卷六收绍兴太守纪光甫（名耀，清苑人）《继嗣篡宗抄斩等事谳语》："审得王寅恭之祖王求如兄弟七人，其最幼者为王鲲，故绝无嗣，叙应寅恭之父之典入继，所称昭穆相当者也。乃王鲲于去年物故，而之典反先鲲两月而亡，未及告庙，成服承祧者未有其人。王求者，王鲲兄王式弓之子也。式弓官留守经历，殉难凤阳，求煢孤无以自立，王鲲蝶负以为己子，娶妻生孙二十三年矣，遂得缵经从事，俨然称嗣子焉。寅恭以父系应继子应承重出而争之，未为不可。乃王之宗族暨鲲妻周氏谓孙不可以祢祖，坚拒不纳，以致屡告院道。盖周氏与王求母子承欢二十年如一日，不欲使外人间之耳。但查律例有云：'继子不得于所后之亲，听其告官别立，或择立贤能及所亲爱者。'寅恭承重之说，固为近理，其如周氏之不愿何？即寅恭为周氏嫡孙，稍有违忤，驱而远之，尚且一惟母命；况犹未定入继之议乎？兹据族众处明议，以地二十亩付寅恭为葬父养母之费；而求奉王鲲烝尝如故。两情允服，似应俯从。"可知王式弓在凤阳留守经历任上殉难，子王求过继给幼弟王鲲。

初十日，作七律《喜周公鼎过访偕游寓山限邻字》。

见《诗集》。《诗始》题作《喜周公鼎年兄过访偕游寓山限邻字》，《祁彪佳集》卷九和尊经阁藏《寓山志·游吟》皆作《周公鼎年兄自粤西归过访偕游寓山限邻字》。

据日记，是日微雨，周六符年兄过访，六符自粤州刺史归，道其地荒瘠状。偕游寓山，限韵作七律，即书扇头去。

周公鼎，字六符，彪佳同年进士。查《明清进士题名碑录索引》，天启二年（1622）周姓进士唯第三甲有周瑞豹一人，江西吉安人，或即此人。然《光绪吉安府志》载周瑞豹以进士知宁乡县，擢兵科给事中，令楚时以催科数不足镌级，赴补光禄监事，值周延儒复相，为其乡试举主，杜门不事干谒。后迁尚宝丞，未赴。未提及瑞豹为粤州刺史，存疑。

十八日，至寓山，延张禹门等举酌。张禹门演法，能于画屏出二美女，携手同行，倏出倏入，观者可见毫发。次日张禹门演法不就。

据日记。张禹门生平事迹不详。

二十一日，作成五古《赠关人孟公祖两尊人》。

见《诗集》，亦存于《诗始》。

据日记，二十日，欲作赠关人孟尊人，诗未就。二十一日，至峡山何姊家，舟中作关公祖诗就，即此诗。又据去年十月二十五日记，往贺关人孟公祖就新任。

《林居尺牍》有函《与关人孟公祖》："向承台委，谂知德门世泽。且以服老公祖屺岵之思，锡类者大。但愧治某谫陋无文，不能蠡颂万一，用是笔砚荒沮，久稽报命。兹其小言，只足覆瓿耳，仰惟崇照为尽。"为诗成后覆命之作。

按，关永杰，字人孟，巩昌（今属甘肃）人，世官百户，好读书。崇祯四年（1631）进士，授开封推官，丁艰归；起官绍兴推官，迁兵部主事。《明史》卷二九三有传。

二十八日，家奴李六不法，严惩之。人或言其处分太过，自言如此可禁亲族之影冒，故不嫌枉矫。

据日记。

旧谱："童仆非驯谨不蓄，皆斤斤守法。偶一仆与人小有言，人朕愬，先生即面责逐之，仆罪实微。先生曰：'矫枉不妨过直，且示吾家法有犯必行也。'自后，诸仆益谨畏，无敢以一语加人者。"

是月，周之夔再起端，攻讦复社张溥、张采，议及抚按张国维、祁彪佳狥饰偏袒。

日记多处提此事：六月二十七日，阅邸报，见周之夔疏攻讦复社诸人，并劾及彪佳纵容士绅结党之过。七月十二日，见周之夔疏揭内容。八月初四日，周之夔来，述己劾张溥、张采诸人之始末，赠以所作诗文。

周之夔疏揭见清陆世仪《复社纪略》卷四："惟是臣职兑护漕，受翰林院庶吉士张溥、江西临川告病知县张采毒害，天下共知，抚按不敢言。即近奉圣明严究复社，天下共快，而溥、采正复社首恶，宁代受谴、莫肯实对者，同党相护也。……（溥、采）自刻军储说，勒臣奉行，臣思祖制军储与兵粮皆分派协济，不使聚于一处、管于一人，防奸雄藉手耳。溥、采身居海滨阻险，一旦欲聚军储，意欲何为？况州漕卸县，谁甘邻壑？未经题请，谁敢乱制？利害所关，臣安得不争！及刘士斗署昆山，减辽米脚价，激泗州军变；漕臣乌安善录臣前揭疏劾，荷皇上宽仁，但降处州官，未诛求豪绅也。溥、采可以已矣，乃怼讪朝廷，以臣泄忿，粘布谤粘，大肆诟逐。臣见凶焰，屡文乞休。臣母蔡氏在家闻祸惊惧，臣师庶子许士柔、南司农郑三俊皆教臣急去避祸。今知府陈洪谧时在南部，亦手书促行。抚按不肯实题，勒改告养。……臣隐忍而去。不意行后有运官李应实义激条陈漕政，中伤臣去。奉旨查议，及吏部覆臣争执军储、奉公维法、肩劳任怨、亲兄尚在、养例不合，得旨照旧供职。臣畏溥、采情，求抚按，不允题，奉旨复任。溥采又假手下石，臣虑祸思亲，忧煎成病；嘱医徐继芳药害，臣不得已告病。致仕到家一日，仅及诀母，终天抱恨。……况当日抚臣张国维有'为门下拂衣计，必有一通融题目，始便措处'之语；前按臣祁彪佳有'不佞欲以州官与门下去就分为两截，不必黏带一团'之语，原书具在，则臣去任情由，今日岂容狥饰。"

又据日记，十二月十二日，得张国维所覆驳周之夔反噬张溥、张采之疏。疏见明张国维《抚吴疏草》之《回奏周理疏》，以周之夔攻讦复社二张紊乱漕储、把持官府，为二张辩解："夫之夔之去任，谓緣争漕也；其所以争漕，谓緣知州刘士斗误漕也。臣请先言漕储之无误，以破其借端，可乎？苏郡兑漕之外，复输仓粮以养本地之军，名曰'军储'。漕兑苦于横军勒索，耗赠日增；而军储则在地方公平交纳，绝无耗赠，小民利之。崇祯四年太仓州值风潮伤稼，知州刘士斗请将他邑军储轻粮归之州额，以本州漕运扣还各邑，此在州言州，出于救荒之迫念。前抚臣庄祖诲有'漕储二项，岂得更易互兑'之批，前按臣祁彪佳有'漕运届期，作速料理，毋使州民借口观望'之批，事遂不行。未闻有把持其间者。是年六县之军储不改，太仓之完漕独先，实緣前抚按立寝其议，非关之夔争执也。至士斗署昆山，为运弁张景文逞凶殴辱事，在崇祯五年二月间，与太仓军储之议原系两时两事，迥不相涉。且其时昆民相率完兑，亦与太仓无异。漕储之无误既已较然矣。无所误而何必有争，无可争而何以求去？则因有私揭一事为公论所摈，乃借题以相陷也。之夔与士斗同年同事，然怀有夙隙，暗将士斗恤灾详文指为献媚乡绅，具揭于总漕及巡漕臣，而抚按不知，迨总漕及漕臣因昆山运军狂逞并纠士斗引军储一节，拈出之夔私揭，于是都中訾议之夔者藉藉。臣时叨有抚吴之命，实稔闻之。周之夔见士民纷然吁留士斗，自知无所容于众论，去志从此决矣。其详文有曰：'总漕、巡漕采职言入告，致刘知州为法受过，职独何心安位！'苟容似此数语，真心未泯，深惭私揭之非，可谓去位之铁案。所云误漕、争漕皆蛇足也。初次具详，即以终养为词；及展转求去，势不可留。臣惜其才，冀以善全其终，就累详所请归养，代为具题，谁为强勒之乎！迨蒙恩复任，臣等交相慰藉，人情绝无龃龉，之夔可以相安矣。忽尔成病，一卧数月，舆疾竟归，此国人所共见闻，非有他端，臣又不得不为具题矣。……至于疏中撦拾语语，张大其情，似乎张溥、张采实有紊乱把持之事，宜动圣明诘查臣等。为朝廷执法如果坏漕于纪，敢后鹰鹯之击？但年来漕兑如故，军储如故，旗军与百姓相守如故，其相倚生端者，独有之夔与欠漕之奸弁李应实耳。然之夔即百端借讦，张溥、张采无词组相干，又国人所共见闻也。"此疏崇祯十年十月十六日具题，十一月二十七日奉旨。清陆世仪《复社纪略》卷四所述："十月，应天巡抚张国维具疏回奏《为直陈漕储无误之实，理官去任之谳明，公道以祈圣鉴事》。"即指此疏。

《抚吴疏草》又有《回奏钱瞿二宦疏》，以常熟县民张汉儒奏陈钱谦益、瞿式耜婪横，为江南大害，思宗下旨责抚按拏解，国维上疏自解："臣卯中乡试时系钱谦益主考，于臣为座师也。臣自奉抚吴之命……而钱谦益亦以道义相成，足迹不入郡城，通国可问。然臣犹恐有事涉有司臣所不及知者，每于道府县谒见必加叩问，皆无一人訾议。凡受小民诉告，亦必勤勤察访，曾未有一言及之。及巡方之臣如祁彪佳、王一鹗、路振飞，臣所同事者阅三人矣，每向臣言钱绅谦益一札不通，似咸谅其素履。臣所咨询实实如此。至瞿式耜于臣从无所干，于地方亦向未闻有争讦也。……不意张汉儒所奏钱谦益、瞿式耜之婪横殊骇听闻，据单款累累不止数年之事，乃查臣未任以前俱无牵及之。案从前抚按非尽门生故旧，亦无白简相抨弹者。抚按所凭非谳道府之开报，即系百姓之控理，两者寂然无有，虽欲强博风力，能乎？"疏崇祯十年四月初十日具题，闰四月十三日奉圣旨："钱谦益等婪横事情前旨甚明，何云俱无闻见。又以座师引嫌，显属狗庇，其单款有名各犯，即着该按据实究拟，速奏该部知道。"

张采《知畏堂集》卷一有《具陈复社本末疏》："惟复社一案，责张溥及臣回奏。惜溥已死，臣谨斋沐陈之：我朝制科取士，因重时文，凡选乡会文曰'程墨'，选进士文曰'房书'，选举人文曰'行卷'，其诸生征文汇选曰'社稿'，从来已久。若复社之起，臣已为县令，不预书生事；张溥时犹未及第，故选社文，以臣向同砚席，代臣作序。及溥成进士，而臣已病废矣。岂意臣里中奸人，私隙中伤，有复社一款，下苏松提学。前学臣倪元珙曾经具覆，奉旨再察。既学臣亓玮以丁忧去，张凤翮以外转去，悬案未结，事会致然，罪不在溥与臣也。及夏五月初八日溥病方死，惟臣仅生，谓复社是臣事，则出处年月不符；谓复社非臣事，则溥实臣至交，生同砥砺，死避罗弋，负义图全，臣不出此。窃惟文者昭代之所重，社者古义所不废。推广溥志，不过欲楷模文本，羽翼经传耳，未尝有一毫出位跃冶之思也。至于《或问》及《罪檄》，此忌溥者罗织虚无，假名巧诋，不惟臣生者不闻，亦溥死者不知。若使徐怀丹果有其人，臣愿剖心与质；倘其人乌有，则事必诬构。独念溥日夜解经论史，矢心报称，曾未一日服官，怀忠入地。即今严纶之下，并不得泣血自明，良足哀悼。臣虽与世隔越，孤立杜门，而兢兢勉学，颇知省察。不欲一字欺皇上，谨据实回奏。臣无任战兢待罪之至！崇祯某年月日。"

祁彪佳为此多方作函自明。国图藏《林居尺牍》有《与刘映薇》："不肖邀有至幸，获与台台共事，而不能合士民之思慕，感天听之转圜，则不肖深所愧对台台，而在台台则可以自慰。乃不意又有周五溪之哓哓也。周之所以中伤台台及晏郡丞于当事，此其故盖别有所在，第借漕事以为名。及护漕之名不可借，乃又借乡绅以为名。此其肺腑，路人知之。乃以告讦之申文驾言为勒改，独不思慈闱之恋出自真情，谁得而勒而改之乎？亦可异矣。阅此疏未必尽出其手，吴门有大力者主焉，冀以翻案为进身之地。今□□□，局面似已稍更，倾险之言，未必得行于平明之世。即其伏阙之时，闻公论喧腾，彼是以跄踉出都矣。阅张玉笥欲和盘托持，而有识者则言，当首以保存善类为主，不必作不仁之甚疾，不知张玉老究竟何似？总之，清议素定，哓哓者自坏其心术耳。不肖入山已深，不欲与较一语，台台亦可不必与之辨析，一听公是非于天下可也。独是两张绅遭此横噬，初甚危之，今大略机括渐转，可无意外之虞矣。彼疏之外，尚有揭与《复社或问》，又尽刻私书，想台台已见之私书之刻，即不肖辈不足顾，独不少为许石门地乎？人情至此，真险于山川也，然在明眼观之，止供一喷饭耳。"刘映薇，名士斗，彪佳巡按吴中时刘为太仓知州。周五溪即周之夔，闽人。晏郡丞名日曙。张玉笥名国维。两张绅即张溥、张采。

同书另有《与张玉笥》："苏之旧司理周君暗揭州官，遂犯通国之怒。乃因两张绅旧曾有军储之说，执此以护漕为名，欲借题而去，此其肺肝，路人知之。不思漕未尝坏，又何须护！自借题不得，狼狈乞归养亲之呈出，其恳切面求，孰得而强之者。及至今日，乘复社之吹求，钱、瞿之被祸，乃思借此起官，倡为抚按勒改告病之说，其且以极意保护之手书，反为话柄，入告圣明，亦可异矣。今奉有查奏去任缘由之明旨，弟伏处山林可不出一语，想公论亦自昭然。老年台之大疏且晚且发,不知直揭肝胆,明述其蓄疑泄忿之情状,以白两张绅之无罪乎,抑稍为含容以曲全彼此乎,在高明自有妙裁。倘大疏已成,乞于便中踔示,是所企望者也。"

同书又有《与冯留仙》:"老年翁吴中之政卓然不朽,身退而望益隆,况保全士类,为国家培养元气,功又不止于吴中矣。近来都门鬼蜮之辈伎俩渐露,两公之冤诬更明,老年台主持昭雪,真可与日月争光,敬服无已。台谳五十八款全牍倘在案头,乞假垂示,盖其中有关弟所迅过者,欲一知其颠末耳。周章甫大不为公论所容,跄踉出都,观黄石老之疏可见。陆文升复有一疏,为艮台驳回,倪三老亦以此得处,可不愧同志矣。"冯留仙即冯元飚,周章甫即周之夔,黄石老即黄石斋,名道周。倪三老即倪三兰,名元珙。

此事始末,本谱崇祯七年(1634)已有涉及。综参陆世仪《复社纪略》卷二、《明史》卷二八八《张溥传》、陈子龙自撰《年谱》及清夏燮《明通鉴》,先是崇祯七年十二月,黎元宽用二张之议,革周之夔职。八年七月,周之夔于准旨致仕时作《复社或问》,攻讦复社及二张。九年五月,太仓人陆文声以求入复社不得,上书曰:"风俗之弊,皆原于士子。溥、采为主盟,倡复社,乱天下。"首辅温体仁下所司议之。崇祯十年二月,周之夔揣当国温体仁之意,由闽入京,呈《复社首恶,紊乱漕规,逐官杀弁,朋党蔑旨疏》,攻讦张溥把持计典,自己罢职实其所为,且云"二张且反"。语及陈子龙、黄道周、夏允彝诸人。思宗"疑之,下其事抚按",令"速严查具奏",温体仁借机"将兴大狱"。提学副使倪元珙、兵备参议冯元飚、太仓知州周仲连三人皆以为复社无可罪,俱遭贬斥,严旨穷究不已。常熟人张汉儒,窥体仁衔东林甚,乃与定密谋,抗章讦"钱谦益、瞿式耜居乡不法",温体仁从中主持之,逮二人下诏狱严讯。张国维及巡按路振飞交章白其冤,黄道周上疏论及此事,皆不听。直至六月温体仁罢去,事方稍解。

杨彝《复社事实》:"十年正月,苏州民陆文声疏陈:'风俗之弊皆原于士子,庶吉士张溥、知临川县事张采,倡立复社,以乱天下。'思陵下提学御史倪元珙察核。倪公言诸生诵法孔子,引其徒谈经讲学,互相切劘,文必先正,品必贤良,实非树党。文声以私憾妄讦,宜罪。阁臣以公蒙饰,降光禄寺录事。苏州推官周之夔者,与溥同年进士,初亦入社,至是希阁臣意,墨绖诣阙,附讦奏溥等树党挟持。案久未结,谗言罔极,至有草檄以伸复社十大罪者。大约谓派则娄东、吴下、云间,学则天如、维斗、卧子,上摇国柄,下乱群情,行殊八俊三君,迹近八关五鬼。外乎党者,虽房、杜不足言事业。异吾盟者,虽屈、宋不足言文章。或呼学究智囊,或号行舟太保,传檄则星驰电发,宴会则酒池肉林。至十五年，御史金毓峒、给事中姜埰各上疏白其事，始奉旨，朝廷不以言语文字罪人，复社一案准注销。"

吴伟业《复社纪事》："之夔草《复社或问》，遂大书之，讦为僭端。又无名氏诡托徐怀丹檄复社十大罪，语皆不经。之夔入京师，执二书为左验，先自言争漕弃官，语侵抚臣张公国维、按臣祁公彪佳，坐以党私壅蔽，于溥、采则危言丑诋，陷以不轨。"

复社之招攻讦，肇因在清陆世仪《复社纪略》卷二所述："社事固以文章气谊为重，尤以奖进后辈为务。其于先达所崇奉为宗主者，皆宇内名宿。两直则文震孟、姚希孟、顾锡畴、钱谦益、郑三俊、瞿式耜、陈必谦、郑鄤、侯恂曾、陈仁锡、金声、卢象升、吴甡等，两浙则刘宗周、钱士升、徐石麒、倪元璐、祁彪佳、冯元飚等，河南则侯恂、侯恪、乔允升、吕维祺等，江西则姜曰广、李邦华、易应昌、熊明遇、章允儒、胡良机、李日宣等，湖广则梅之焕、刘弘化、沈维炳、程注等，山东则范景文、李璷、张凤翔、高弘图、宋玫、毛九华等，陕西则李遇知、惠世扬、王继谟等，福建则黄道周、黄文焕、黄景昉、蒋德璟、刘麟长等，广东则陈子壮、黄公辅等。诸人职任在外则代之谋方面，在内则为之谋爰立，皆阴为之地而不使之知，事后彼人自觉，乃心感之，不假结纳而要盟自固，门墙之所以日广，营垒之所以日固，呼应之所以日灵，皆由乎此。"

二月初九日，与刘宗周等议请当事官员革除地方间架税。

据日记。

旧谱："闻郡城税间架厉民，请当事力止。"

十七日，作七绝《春榜期近，望止祥兄、文载弟得隽报，和季父咏》五首。

此诗《诗集》仅存四首，而《诗始》中共五首，其二为《诗集》所无，当系后者抄录遗漏。

据日记："叔父以止祥兄文载弟入春闱有二绝，予作五绝和之。"即此五诗。

三月初七日，拈韵牌得七律《兰亭》一首，又作五古《夜泊禹穴候晓再游诸园》。

见《诗集》。

据日记，今日偕僧可一、董天孙，至禹穴，谒南镇神，从桃溪归，叩斐园、芝圃门不得入。访谢丹水、朱集庵、黄庭山庄主人皆不值，就宿舟中，拈韵牌得七律一首，以《夜泊禹穴》为题各赋五言古一首。

按，日记所载今日所作七律题名不详，然考《诗集》中七律，唯《兰亭》篇时序与意境相近，当即今日所作。禹穴，《万历绍兴府志》："会稽禹陵，在会稽

山西北五里。"引《越绝书》:"禹始也,忧民救水到大越,上茅山,大会计。及其
王也,巡守大越,因病亡死,葬会稽。"引司马迁《自序》:"上会稽,探禹穴。"

十二日,清明节,作七绝《寓山清明杂兴》五首。

见《诗集》,亦见于《诗始》、尊经阁藏《寓山志·游吟》,《祁彪佳集》卷九
题作《寓山清明杂兴五首》。清陈田《明诗纪事》辛签卷三收《祁彪佳二首》,
题名《寓中清明杂兴二首》。

据日记,是日清明节,大风雨,及午而霁,坐香之次作七言绝句五首。所
作即此组诗。

十四日,得徐汧致问函。复之,赠以家刻。

据日记。

复函见国图藏《林居尺牍》有《与徐勿斋》:"外附家刻二种,亦先子苦心
之一斑。台台读礼之暇,伏乞赐之郢削。"徐汧(1597—1645),字九一,号勿
斋,长洲人。崇祯元年(1628)进士,改庶吉士。授简讨,累迁右春坊右庶子。
庚辰(1640),分考礼闱。辛巳(1641),奉差南归;寻丁忧。福王立,起詹事府
少詹事、翰林院侍读学士,陈时政七事,被安远侯柳祚昌弹劾,辞归。乙酉闰
六月,自沉殉国。

**二十六日,得叔承勋观牡丹题咏,和以五绝《同古道上人柯园看牡丹和
季父咏》绝句三首。**

见《诗集》。《诗始》亦收入,题作《同古道师柯园看牡丹和季父咏》。

据日记,三月二十五日,招古道上人到寓园作静课,便道柯园同看牡丹。
二十六日,季父有看牡丹之咏,和绝句三首。

按,柯园,祁豸佳园林。《越中园亭记》卷五《柯园》:"吾乡水国也。梅市
之西,诸水毕汇。予兄止祥孝廉俭于构室,丰于取景。虚堂小阁,皆若隐现
于云涛雪浪中。游人以画舫过之,足夺明圣一席矣。"

**二十八日,早登远阁,作五律《春日晓起,登远阁,望山色新霁,烟云吞
吐,峰峦层叠,都隐见雪浪中。北眺蜃海横波邈然,极目之所至,抚景快叫,
率尔成诗》和《远阁晓望》二首。**

见《诗集》。其中《远阁晓望》补录于五言排律后,《诗始》未收,《祁彪佳
集》并收为《春日晓起,登远阁,望山色初霁,烟云吞吐,峰峦层叠,都隐见雪
浪中,北眺蜃海横波邈然,极目之所至,抚景快叫,率尔成诗》其二。

据日记:"是早登远阁,见山色新霁后,烟云吞吐,奇岩万状,不觉狂叫,
率尔而成五韵。"又,三十日:"微雨,书远阁眺望诗。柯觐仲属和。"现存仅此
诗与《远阁晓望》二首。《春日晓起》诗亦收入尊经阁藏《寓山志·游吟》。

另，《游吟》又收有陈国光《远阁晓望》五律一首，当是同时倡和作。

按，远阁，《寓山注·远阁》："阁以远名，非第因目力之所极也。盖吾阁可以尽越中诸山水，而合诸山水不足以尽吾阁。则吾之阁始尊而踞于园之上。"《越中园亭记》另载陶奭曲远阁，非此诗所咏。

二十九日，莆中诸生柯辑玉过访，因作七律《春日山居喜柯觐仲过访》。

见《诗集》。《祁彪佳集》卷九和尊经阁藏《寓山志·游吟》作《春日山居喜莆中柯觐仲过访》。

据日记，二十九日，莆诸生柯辑玉过访，柯兄原名赓，纪堂年伯之长公，才士也。探次为彪佳写对联，且和牡丹诸什。共享蔬斋，晚留宿志归斋。三十日，微雨，书《远阁眺望》诗，柯觐仲属和。四月初一日，别柯觐仲，出山。故此诗必作于近日。诗称："握手林间话所思，十年前事不堪追。"从诗意观，祁彪佳司理闽中时，曾与柯论交。尊经阁藏《寓山志·注》存柯辑玉《四负堂》五律，注："柯辑玉，觐仲，莆田。"或即此时作，据日记注，则柯原名赓。

以长洲役田被侵吞，托张国维惩治。

浙图藏《林居尺牍》今春册有《与张玉笥》："兹恳者：当吴门士民追念先严令吴微绩，俾预于五贤祠之列，弟因捐俸为置祭田，盖非但深子孙风木之感，亦所以合士民芾棠之思也。不意为奸书刁棍合谋侵匿，价已领完，田属乌有；控之该县，而此辈舞文犹故也。……恳为追究……建祠立碑置田始末，为申玄渚说洞悉。"张国维（1595—1646），字玉笥，浙江东阳人。申用懋（1560—1638），字敬中，号玄渚，长洲人，申时行长子。万历十一年（1583）进士。除刑部主事，累官兵部职方郎中，擢太仆少卿；熹宗时以右佥都御史巡抚顺天，忤魏忠贤，罢归；崇祯初历兵部侍郎、兵部尚书。

与谢三宾论构园之道，荐所用石匠予谢氏。

浙图藏《林居尺牍》今春册《与谢象三》："先人著有《密园记》，附在外集中以呈台览……然年来自菟裘之营，稍窥构园一道：大抵虚者实之，实者虚之，散者聚之，聚者散之；如医家之攻补并投，如兵家之奇正互用。此在运其妙于一心，要非匠石能得力者。惟近日所用俞匠稍能领略主人之意，然亦不可谓巧手也。"

同书又有《与谢象三》："大抵购室犹之用兵，变化之妙存乎一心，惟此匠能稍解主人之意，故可用耳。"

因刘宗周索阅祁氏藏书，抄录以示。

浙图藏《林居尺牍》丁丑春册《与刘念台先生》："承询及《刘屏山先生集》，家兄忆藏书中果有之。但先人训约，凡所藏之书子孙不得携出户外，十余年来守之惟谨,计为高明所鉴亮。倘先生必欲取观,容面请所欲阅者抄录以上耳。"同书另一函:"承台命取阅《刘屏山先生集》,查集中无箴语,其语录或散见于杂文耳,恐摘录未必合尊指,敬以全部奉记室。虽有先训在,而就正有道,固不妨通融之也。"刘子翚(1101—1147),字彦冲,一作彦仲,号屏山,又号病翁,学者称屏山先生。建州崇安(今属福建)人,宋代理学家。

恳张岱致意陈洪绶,代许豸索画。

浙图藏《林居尺牍》今年春夏有《与陈章侯》:"向日佳画《乐天图》已为(许豸)索去,渠昨以册叶二幅求妙染,因以所携董、王两先者作式俱送张宗子兄处,并托为致恳,乞即挥毫,可胜驰注。"

《林居尺牍》有《与张宗子》:"两三日内有小役至许公祖处,章侯兄大笔,不知可即得否,倘未便挥毫,闻有捉刀人,乞仁兄转求,何如?润笔之资望命示奉来,庶得速就耳,诸不尽欲吐。"

四月初十日,长女德渊受姜光阳家聘。

据日记。

按,彪佳四女,德渊居长,适姜桐音。日记称次女,或因德渊次于同孙,而于众子女中居第二。

十四日,作七律《初夏枫社诸友集寓园》三首。

见《诗集》,《祁彪佳集》卷九题作《立夏日谢简之诸公社集寓园三首》,亦收入尊经阁藏《寓山志·游吟》。

据日记,十三日,至寓山候枫社诸友。午间谢癯云等至,举酌四负堂,散憩山上,复酌舟中。兴游柯园、密园,酣饮至月上始去。主客之怀甚畅。十四日,作《社集寓园》七律三首。

按,《寓山游吟》另存《立夏日社集寓园》同题诗有谢弘仪(简之,会稽)、张弢(亦寓,会稽)、詹吉(无咎,建德)、张弘(毅儒,会稽)、张弧(子威,会稽)、董玄、王毓蓍、王登三(皡长,山阴,题注:"以事未赴。")、倪晋(康侯,上虞,题注:"以病未赴。")、谢毂(式臣,会稽,题注:"以病未赴。")之《立夏日社集寓园》诗,以及陈起元七律《初夏日饮寓山草堂》,当都作于本次枫社集会。谢弘仪,又名谢国,字简之,号岵云,又作癯云。浙图藏《林居尺牍》今年春季册有《与谢岵云》函,谢其寓山诗,并报示己诗。尊经阁藏《寓山志·注》另收其《水明廊》五绝,《题咏》存其七律《寓山题咏》二首,皆注:"谢弘仪,简之,会稽。"当系同期作。

十五日,午后作五古《柯亭怀古》。

见《诗集》,《诗始》收入。

据日记，十五日，雨，坐书室，午后作《柯亭怀古》五古二十余韵。

按，柯亭，据《越中园亭记》卷一《柯亭》："有桥有寺，俱以柯名。去府城西三十里。蔡邕曾宿此，取屋椽为笛。一名高迁亭。"《世说新语·轻诋》："蔡伯喈睹睐笛椽。"刘孝标注引晋伏滔《长笛赋叙》曰："余同僚桓子野有故长笛，传之耆老云：'蔡邕伯喈之所制也。'初，邕避难江南，宿于柯亭之馆，以竹为椽，邕仰眄之，曰：'良竹也。'取以为笛，音声独绝。历代传之至于今。"

二十四日，以父入乡贤祠，送请柬予府中当事官员，并知会亲友。

据日记。

五月初六日，枫社集会，社友分园中名胜为题各作五律。《丰庄》《寓山草堂》《宛转环》诸诗当皆此次社集所作。

前两诗见《诗集》，亦收入《诗始》。《宛转环》收入《诗集》，《诗始》未收。由《寓山草堂》中"开襟度众声"诗句观，正是社集人众之景。据日记，先是四月初七日，丰庄曲廊告成。闰四月初六日，延社中诸友至，分园中诸名胜为题，人各拈其一作五言律。又据七月初五日记，作《笛亭》五律，又改《远阁》及《草堂》二首。《远阁》即前面三月二十八日所作，《草堂》当即此诗。彪佳所作寓山名胜诗，从诗集存诗观，《丰庄》未详作时，当亦此次社集所为。

初七日，灯下作成七律《闰夏社集寓园送倪康侯赴征车北上》。

见《诗集》，《诗始》和浙图藏《寓山题咏》卷下亦存此诗。

据日记，闰四月初六日，枫社社集，拈送倪康侯、周又新两题。初七日，成送倪康侯七律。从诗意观，此当系祁、倪初会。据《寓山志·游吟》署名，倪晋，字康侯，上虞人。周又新名祚新。

十三日，作五言排律《赋得信棹觅溪村》。

见《诗集》。

据日记，十三日，偕柳白屿、董玄放舟城南，过何山，即何颖居士隐居处也。游吕氏庄，庄已荒废。至亭山观刘冲倩之鉴园。及暮归舟，拈谭元春"信棹觅溪村"句，各作五言排律十余句。据黄宗羲《明儒学案·甘泉学案·太学刘冲倩先生塙》，刘塙，字静主，号冲倩，会稽人。

十九日，作成五古《社集怀周又新学博》。

见《诗集》，《诗始》作《社集寄怀周又新先生》。

据日记，先是闰四月初六日，延社中诸友至，饭后散步园中，分园中诸名胜为题，人各拈其一作五言律。再拈送倪康侯、周又新两题。十九日，命人汇录社诗，作怀周又新五言古一首。则四月初六作此诗未竟，今成之。

二十一日,作五律《醋漱廊》。

见《诗集》,《诗始》《祁彪佳集》亦收入。

据日记,今日作《醋漱廊》五言律诗。

按,醋漱廊,《寓山注》:"环园多曲廊,下独以水明著水胜故,上独以醋漱著石胜故也。循廊而下,达笛亭。仄嶂云崩,奇峰霞举。至于寸峦尺石,靡不魂确溪岈,有凫没鸾翔之势。尽取以供砺齿物,予之于漱也太醋矣。然予性不能饮一焦叶,而偏于是焉醋之,使洗耳辈嫌其多事,似犹胜竹林嵇、阮流也。"

二十三日,作五律《通霞台》。

见《诗集》,亦收入《诗始》。

据日记,今日"代季超兄作《通霞台》诗,评社诗竟"。

按,通霞台,《寓山注·通霞台》:"寓山之右为柯山。……柯山之胜,以此甲于越中。今尽以供此台之眺听。则台之为景,有不必更为叙志者矣。"

同日,偕刘宗周订定越中乡贤名单位次,作《乡贤议》两篇。

《文稿》收《乡贤议》两篇,即为此作。

据日记,先是三月十八日,有函恳刘宗周裁定乡贤姓名。四月十一日,宗周函示以其裁定之乡贤姓名。今日彪佳乃订定刘所考次之名单。

《林居尺牍》有《与刘念台》函言此:"顷从陆景邺令亲处得乡贤赞,录撰于王公缜之手,当日之位次必有所据,而与府志又多参差,不识何故,然似亦可备改订。敢呈台览,统候鉴裁,不尽颛注。"又一函云:"乡贤祀典所宜考正者,伏望先生留神裁定。兴废举坠,阖郡仰表章之功矣。今以分祀、合祀诸贤录出奉上,本传似已载于《府志》,谨□记室。若须各邑之志,更当简奉也。"陆景邺,名梦龙。

另,浙图藏《林居尺牍》丁丑春册有《与刘念台先生》:"昨承先生垂示乡贤铨次,考订精确,仰见表章盛心。但存疑之内有现在崇祀者,恐有其举之未可轻废,正欲再简邑志,详考其事实,以请台教,是以即布复于台前耳。"同书又《与刘念台先生》:"乡贤位次,某再加翻阅,深服先生订正之苦心。今就此分列款项,使当事一目了解。其所载合祀、分祀之位,皆仰遵先生所改,俱不敢意为增减也。惟是前次台教所列各名之存疑者,内止因郡志无考耳,今备查邑志,其言行原是详载,即宜收入应祀之内。"至明年正月,彪佳断续仍在订正乡贤位次。

二十五日,午后邀越卓凡、周祚新之子、赵可孙、赵孟迁、张弘、张弧、僧懒先举酌于远阁,秉烛联诗《远阁坐雨》。

据日记。《远阁坐雨》联诗不存。

越卓凡,尊经阁藏《寓山志·注》收其五绝《水明廊》《读易居》《踏香堤》
《冷云石》《友石榭》《酣漱廊》《铁芝峰》《四负堂》,注:"越其杰,卓凡,贵阳。"
又,同书存僧懒先五律《丰庄》,注:"僧懒先,报恩寺。"《寓山志·游吟》收僧
懒先《再集寓山》:"雨余山意好,毕景剪诗新。"或即此时作。同书又存张弘
七律《夜游寓园》,当即今日作;另有《登远阁望月》,或作于左近。

五月初五日,作《夏日警语》。

文见《文稿》,自称丁丑端午节,沈国模有劝诫,故作此自警。

据日记:"与沈先生谈于书室,所以劝勉予者甚至。予亦自说病根,大约
因立志不坚,不能核出嗜欲。先生因言性量无边,但人自局于小耳,予深愧
之。午举蒲觞后,再谈于蕉境厅,说无明发生三粗六细之弊。予问无明生于
本觉,觉生何所? 先生以为此疑极妙,是可参也。"

初七日,莆中郑茂烨远来探访,携之游寓山园。

据日记,先是郑自庚午(1630)至壬申(1632)坐馆彪佳处,今已成秀才。

**初十日,南京兵部尚书范景文欲修《南枢志》,来函言欲为祁承㸁立传。
谢之,报以父之著述及《南枢曹船政》诸书。**

据日记。范景文(1587—1644),字梦章,号思仁,别号质公,河间府吴
桥(今河北)人。万历四十一年(1613)进士,官至工部尚书兼东阁大学士。

十五日,有感于上门求请之不近人情者,大书"谢客"为座右铭。

据日记。

十六日,妻难产近危,延医钱绎思。此番产一女。

据日记,先是初四日,妻临盆,不能参与白马山房讲会。

《林居尺牍》今年春季册有《与商等轩外父》提到,妻见生女,不快,晕厥,
幸平复。

二十六日,作《奠柴式榖文》。

见《文稿》。赞其兄事孝、待弟友、处友信,与弟柴莲生可拟二陆、两苏。

据日记,今晚归草文奠柴式榖。

柴式榖,据《乾隆杭州府志》卷九十一,柴世基字式榖,天启辛酉(1621)
入北雍,中式,谒选得合肥教谕,后移平湖。

春夏间,偕同王朝式主持嵊县赈饥救灾事宜。

旧谱:"剡邑饥,王金如有赈议,先生赞成之,并荐之当道。赈事成,其详
载《赈剡纪事》中。"

《祁彪佳集》卷十所附明祁熊佳撰《行实》:"于是虽家食,凡施济事,知无
不为。一赈剡饥,再赈全越饥。"

明刘宗周《刘蕺山集》卷十六杂著《赈嵊缘起》详叙嵊县赈灾始末："季春有白马山房之会，偶及邻嵊灾，其民菜色，有不忍言者。盖自去秋不登迄于今，死亡流散之状，日异而月不同，势岌岌尽矣。一时诸君子相顾叹息，若身罹痛而莫为之所。予因商之祁世培侍御，请上官暂捐帑金召商转籴，庶几米集而价平，官不费而民沾微息，亦小康之道乎！"此文亦见于《刘子全书》卷二十一。清刘汋《先君子蕺山先生年谱》卷上："崇祯十年丁丑，先生六十岁。春三月遣诸生如嵊邑赈饥……会祁世培请之当事，巡按某发赎锾百金，先生复命朝式等募之嵊邑，得银三千三十两有奇，籴谷凡赈饥民四万二千一百三十口有奇，迄于有秋一邑获全。"另，清邵廷采《思复堂文集》卷一《姚江书院传》也提到，崇祯十年王朝式等赈嵊饥，全济四万二千二十口。

具体赈灾细节据日记：闰四月初一日，王朝式来告以赈饥告成事宜。初二日，留王朝式商请当道宽征比之策。初四日，为王所作宽征公呈更定数语。偕倪元璐往晤郡守王期升，力言嵊县饥荒状，恳请宽征，王诺之。归与王朝式议赈嵊，向缙绅募资，率先捐十金。归舟作函，以宽地方征比之旨言于嵊令。初七日，与嵊县令刘永祚议举赈法。五月初二日，王朝式自嵊县来商赈饥事宜。初三日，函致林铭鼎言赈嵊之举。十一日，以赈济嵊县事致函余煌。二十九日，王朝式谈嵊县救荒之事。

按，彪佳赈饥与王朝式来往信函见《林居尺牍》，其一《与王金如》："承大教，深服无穷无极之盛心。但蠲赈之说，揆之今日之事势，有忧忧乎其难者。盖厚藏之家越中指不多屈，且多情封膜闭，鲜济人利物之心；即有之，而寸镮斗粟或可应念□捐，欲数十金、十余金者尚未可多得，况以百计乎？若零星凑募，又须多费时日，恐不能为当厄之施。……今剡溪米价虽不甚涌，然而骤置千石于一邑之中，则价更可半，而民心可藉以定。若二麦丰收，得一以足，不然即数番往回，亦事之可行者。倘以徒手之人，无钱易米，终为饿莩，则不若照时取值，以其本还主者，以其利为蠲赈，虽所济不多，而赈粜兼行，则亦未必一方之利也。第又有说者，倘千石之价，米未能应之如响，则或先以四五百石，十日之中便可往返，分画各乡，以次而及，是亦以速效为溥济之道也。总之，平粜之说不特可以劝好施之人，即课子计母之辈，亦可勉之而首肯。若蠲赈之说，恐有中格者。"从中可知彪佳赈灾之见。同书下又一函致王朝式，具言赈灾作煮粥之计，并致以祁氏兄弟所捐金。

六月初六日，作五律《题云林密阁》四首。明日更定此诗。

见《诗集》。

据日记，初六日，连日溽暑，午间雷雨大作，稍有凉意。作《云林密阁》五言律四首。初七日,舟次更定五言律。所更定即此诗。

按,云林密阁,据今年五月十四日记:"枫社诸友已集于不二斋,宗子新构云林秘阁,诸友多晤谈于此。"则此张岱所构室。《越中园亭记》卷二《不二斋》:"张文恭于居第旁有楼三楹,为讲学地。其家曾孙宗子更新之,建云林秘阁于后。宗子嗜古,擅诗文;多蓄奇书文玩之具,皆极精好,洵惟懒瓒清秘足以拟之。"

浙图藏《林居尺牍》今春夏册《与张毅儒》:"昨月社集后即病,近日始勉竣五律四首。二竖为祟,心窍不灵,非但腕中有鬼也。古风、排律两题不免逋欠,已如例奉罚资于主者供厥剞用。"所言即此事。尊经阁藏《寓山志·注》收其五绝《让鸥池》,注:"张弘,毅儒,会稽。"张岱《琅嬛文集》有《与毅儒八弟》函,则张弘为岱族弟。

十六日,草《八坝议草》,请罢八坝私税,明日竟。

据日记,先是去年五月初一日,曾晤李清谏八坝私税之当革。十二日,商贾来谢彪佳起草请革八坝私税公函。今年六月二十六日,为都门缙绅草革八坝私税公书。七月十一日,所进革私税公函得当道应允,八坝商人群来言谢。十二日,得当道复《八坝议草》函。八月二十四日,与郡守王期升详细斟酌坝税事。九月初四日,八坝商人以坝税易船钞来酌议。系因八坝之地征收商税甚重,带来诸多不便,商人群起求改,而拟以付船钞通行的方式收税。

旧谱:"八坝私税,为商民害,屡革屡复,先生不惜劳怨,卒至永革。商民有谢者,先生拒不见。"

国图藏《林居尺牍》有多函于八坝私税相关,其中致倪元璐的《与倪鸿宝》:"捧读大札,恳切详至,当事定为动色,造福梓乡不小。祗尊台命,末段替拟一段,乞赐改削,烦记室誊正,并烦一使者同诸商往投。盖小役不解事,不能兼顾两公函耳,附渎不一。"又一《与倪鸿宝》:"复八坝公函,想商人已达台览。"同书又有《与朱茂如》《与金楚畹》等函皆言及此事。浙图藏《林居尺牍》今年春夏册也有《与钱德舆》函言此,并求借钱氏所藏《掇英录》。朱兆柏,字茂如,号承庵,山阴人,天启五年(1625)进士。金楚畹名金兰。

十九日,第三女德琼受聘王氏。

据日记。

浙图藏《林居尺牍》今年春夏册有《与商等轩外父》函,提到马坞新制科沈某来求聘其女,函云:"另有陈者,小婿第三女向日王百十母舅求之数次,第因甥舅之分所拘,未之敢允。昨岳父赐教,谓非属亲支无甚妨碍,而越中亦有其例，则此名门旧属，自宜承允。况亦属老母所留意者。"

同书又有致意媒妁王雅夷（宠）之函，提到现今婚嫁之礼日趋奢靡，请反奢从简。又据日记，崇祯十四年十一月初四日，聘第三女于王氏，取其聘资为北上赴任之资。则此时德琼尚幼，未正式下聘。

按，彪佳第三女德琼，字修嫣，适王兆修之子王鄂叔。又据《刘子全书》卷首所附《蕺山弟子籍》，王兆修字尔吉，会稽人。又，清陆心源《穰梨馆过眼录》卷二十八《祁忠惠公行书轴》："绫本高三尺零三分，广一尺一寸四分。王宠字履仁，后字履吉，别号雅宜山人，本不以画名，偶然兴到，点笔深得大痴、云林墨外之趣。高人胸中无所不为，不必以一技名也。书为：淑和年道兄正　白文　祁彪佳（印）朱文（印）"

二十日，陈起元来函，示以赋寓山景之五律四首。交付梓刻。

据日记。

《林居尺牍》有《张宗子》函，问《寓山注》评定否，陈起元诗四首乞命录入注中，并请转请陈章侯画册叶。陈起元，字长公，号抑涵，会稽人。尊经阁藏《寓山志·注》收其五律《太古亭》《瓶隐》《芙蓉渡》《回波屿》《梅坡》五首，《游吟》收七古《和寓山士女春游曲》、七律《步踏香堤》《初夏日饮寓山草堂》。陈章侯即书画家陈洪绶，号老莲。

二十二日，得张岱所作木犹龙诗，和以七古《从张宗子斋头见木犹龙，周又新先生所题也，合社友赋之；宗子亦有作，用大苏木假山诗韵；予读之而喜，踵其和作歌》，并作《复为之铭》。

见《诗集》。铭所署名为"寓山居士"。

据日记，先是得张宗子所作《木犹龙》诗，用苏长公（轼）《木假山》韵。午后属和成章，再为之作铭。

张岱有《陶庵梦忆》卷一有《木犹龙》："木龙出辽海，为风涛漱击，形如巨浪跳蹴，偏体多著波纹……先君子以犀觥十七售之，进鲁献王，误书木龙犯讳，峻辞之，遂留长史署中。先君子弃世，余载归，传为世宝。丁丑诗社，恳名公人赐之名，并赋小言咏之。周墨农字以'木犹龙'，倪鸿宝字以'木寓龙'，祁世培字以'海槎'，王士美字以'槎浪'，张毅儒字以'陆槎'，诗遂盈帙。"又注："纯生氏曰：木犹龙诸诗歌具载枫社全诗，当时推宗老毅儒为冠。"

张宗子，张岱（1597—1684），又名维城，字宗子、石公，号陶庵、天孙，别号蝶庵居士，晚号六休居士，山阴人。著《琅嬛文集》《陶庵梦忆》《西湖梦寻》《三不朽图赞》《夜航船》《石匮书》等。"木犹龙"，张氏所藏奇木。"大苏木假山诗韵"，宋眉山苏氏父子，苏洵称"老苏"，苏轼称"大苏"，苏辙称"小苏"；据

《眉山县志》，苏洵偶得木假山三峰置家中，撰《木假山记》，因十分珍爱此木山，宋仁宗嘉祐四年（1059）父子三人离川赴京（河南开封）做官时，将木山运至京城置于住宅南园。梅尧臣见木山奇特，赋《木假山诗》以赞，苏轼步其韵作《木假山诗》并序。周墨农名祚新；倪鸿宝名元璐；张毅儒名弘；王业洵字士美，余姚人。

又，清潘衍桐《两浙輶轩续录》卷二十一有周师濂《木龙歌　并序》，序称："木龙本号木犹龙，据张岱《陶庵梦忆》，木龙出辽海，常开平王辇至第后第毁，而木龙不毁，陶庵之父汝霖为广西参议，以犀觥十七只鬻于市，进鲁献王，误书木龙，犯讳辞之，遂留长史署中。陶庵因载归山阴。时开诗社，周墨农、倪鸿宝、祁世培、王士美、张毅儒俱纪以诗。陶庵勒名于龙脑曰：'犹龙。张子尺木书铭，何以似之，秋涛夏云。'今谢公桥河相传有木龙，逢有科甲时即见，殆此物也。予值泊鸥社，属诸君子共赋其事。"诗云："谢公桥接北海桥，中有木犹龙一条。若为吾乡兆科第，龙先趵浪东西跳。不则入地杳不见，亦同屈蠖知藏韬。居民未识来何所，各执己见徒哓哓。或云宅建吕相国，因此入水如灵鳌。或云宅建新建伯，因此入水如神蛟。人言断断不足信，听我一语破浮嚣。常开平王开京邸，此木辇自东海辽。厥后里第毁于火，倏然入地火不焦。张参议公鬻于市，易以犀觥价值高。进鲁献王王不纳，陶庵载归推挽劳。山阴是时开诗社，品题一一名为标。或号梅槎号槎浪，或书尺木书云涛。此事《梦忆》载其说，考古足信无混淆。至今迁徙得其所，风雨变化灵昭昭。我今大开泊鸥社，更属社客争诗豪。云垂海立白日动，如有万马奔秋潮。木龙闻歌夜起舞，天吴海若俱来朝。"序以张汝霖为张岱父，有误，张岱父为汝霖长子张耀芳。周师濂字又溪，会稽人，嘉庆辛酉拔贡，著《竹生吟馆诗草》十六卷。

同日，豸佳、熊佳自京落第归，抵家。五律《喜止祥兄、文载弟燕京即至和季父韵》为此稍前所作。

见《诗集》。

据日记，六月二十二日早，止祥兄、文载弟自公车抵家。今春豸佳以春试晋京，熊佳去年秋考中顺天举人，今年春试兄弟皆落第。五律当作于稍前。诗有"乘闲宜聚首，入夏可欹冠"之句，故知作于夏初。

七月初一日，病假到期，函复王象晋，以养母辞不赴补。

据日记。

《林居尺牍》有《与王康宇年伯》："若之侄某凤病未瘥，母年已七十有四，且自揣谫陋劣，用世无能，是以绝意小草。"同书又有《与薛宾廷堂翁》《与袁石鳞堂翁》《与唐存臆堂翁》等函，亦皆为辞补事。王象晋号康宇，薛国观号宾廷，唐世济号存忆。袁石鳞，据清曾国荃《光绪湖南通志》卷一百七十一人物志十二："袁鲸字石鳞，龙阳人，万历己未（1619）进士。知丹阳县，以卓异入为御史，首劾吏部尚书王绍徽、都御史乔应甲，风采懔然。崇祯初超擢翰林掌院学士……终都察院左都御史。《旧志》。"

初五日，偕柳人曾、象佳等人至寓山，分赋寓山诸景，作五律《笛亭》。

见《诗集》，《诗始》和《祁彪佳集》亦收入。

据日记，七月初五日，与友、弟至寓山，分赋寓山诸景，作《笛亭》五律，又改《远阁》及《草堂》二首。《远阁》即前三月二十八日所作。《草堂》闰四月初七所作，当即诗集《寓山草堂》五律。

《寓山注·笛亭》："昔蔡中郎宿于柯亭之馆，仰视第三椽竹，云可作笛。吹之，果有异声。柯亭去此十里。为山为桥，尚仍其名。当予卜筑时，适有巧工能截竹为亭子，因以识中郎遗迹。不知一枝碧琅玕，亦能作金石声否？又恐独孤生吹至入破时，忽然裂坏，不但碎自兴公妓手也。"

初八日，作五律《四负堂》。

见《诗集》。

据日记，二月二十日，于寓园构"四负堂"，以志己过。因稍前友人王朝式函责彪佳沉湎于土木，负君、负亲、负己，且愧己不能谏止而负友也。七月初八日，晚炊舟中，作《四负堂》五律。

《寓山注·四负堂》："丰庄内有堂三楹，临流异峙，主人为蚕谷之地，而间矣酌犀兕以觞客者也。时金如王先生，予所师事者，因予卜筑之癖，责之以书曰：'顷见尊园，盖有四负，君处其三，弟居其一。'"此"四负"，谓彪佳沉湎园林而负君，立身行事负亲，不自珍惜、与俗上下负己；而王朝式自谓劝解无方负友。故彪佳自愧"先生以予为三负，予诚负哉！而闻言未改，则所谓负友者仍在予，不在先生。名其堂四负，志予之益其过也"。

十五日，与族中尊长议《族规》，定旌善罚恶之条款。

据日记。《族规》收入《文稿》。

十八日，闻左都御史唐世济罢官归，发舟杭州往访，沿途揽胜。二十二日面谒之。

据日记，二十日，登舟至乌镇。二十一日，抵塘栖闲步，行七十里，泊于新墅。二十二日，早发新墅，午过练墅，及未抵乌镇。谒唐存臆先生。归舟已薄暮，即宿于镇之河浒。二十三日，方起盥洗，舟已抵含山。先是仅从舟次望之，至是乃与二友登临。二十四日，回杭州，避雨关帝庙，晚抵偶居。

按，据清夏燮《明通鉴》，崇祯九年十一月，唐世济以边才荐霍维华，温体仁从中主之，思宗以维华逆案中人，大怒，下世济狱，论遣戍，维华遂忧愤死。以商周祚为左都御史。又据《明史·七卿年表》，商周祚十年四月任，十一年五月迁吏部尚书。唐世济（1570—1649），字美承，号存忆（臆），乌程乌镇人，万历二十六年（1598）进士，官至左都御史。

二十一日，拈韵作五律《西湖雨泛》和《小集放生池得舒字》。

见《诗集》《诗始》。

据日记，舟中拈韵，与同行友各作《西湖雨泛》及次日游放生池二诗。

放生池，杭州西湖，自宋以来，便为放生池。明张岱《西湖梦寻·放生池》："今之放生池，在湖心亭之南。外有重堤，朱栏屈曲，桥跨如虹，草树蓊翳，尤更岑寂。古云三潭印月，即其地也。"

二十二日，作五古《新墅道中》。

见《诗集》《诗始》。

据日记，二十二日，早发新墅，午过练墅，及未抵乌镇；归舟已薄暮，即宿于镇之河浒，作《新墅道中》五古一首。

二十三日，登含山。作四古《望含山》三首，七古《登含山》一首，七律《乌镇回舟得帆字》一首。

见《诗集》。

据日记，舟抵含山，与二友登临，因作《望含山》四言三首、《登含山》七古一首、《乌镇回舟》七律一首。回杭，抵塘栖，游芝园。得主人吴二如所作园中十六景绝句，和之未果。含山，据清施维翰《康熙浙江通志》，在湖州府归安县东南一百八里。乌镇，在今浙江省嘉兴桐乡市北端，明属湖州境。吴二如即吴允淳。

七月底八月初，在杭参与雁社第一次集会。众人畅游杭城诸胜，多拈题倡和。七月二十六日，作七律《丁丑秋日社集湖舫得三字》；二十八日，为灵隐方丈悯庵作《募造静室疏》，作五言排律《题玲珑庵》及五律《冷泉亭》赠密如、光中两僧；二十九日，作成五古《秋晚堤畔移舟得九字》。

诸诗见《诗集》《诗始》，《募造静室疏》今未见。另，《祁彪佳集》卷九有七律《陆宣公祠》，《诗集》未收，未详作时，或与此行相关。

据日记，先是二月十一日记曾载，遣仆至武林修葺西湖偶居，当即为居游准备。七月二十四日，回杭州，避雨于关帝庙。晚抵偶居。二十五日，举雁社第一集，同社王伯朋（元寿）、顾琢公（卟）、吴弘文（允淳）、张卿子（遂辰）、柳集玄（人曾）、蒋安然（倪）等。从芙蓉园登舟，泊舟十锦塘，汤淡友乃至。移舟陆宣公祠,登孤山之南快雪堂,时值微雨,共游湖心,以《秋日社集湖舫》为题共拈三字,因各探三字典故以佐酒。二十六日,与雁社诸友王元寿、顾圳、汤淡友、张遂辰泊舟南屏山下,少顷登白苏阁,共评昨日湖舫七律,彪佳即席促成之。拈题作《秋晚堤畔移舟得九字》诗未成。归寓举酌,约众友作寓山之游。赵孟迁(陛)携所作社诗至,遂偕赵及蒋倪、柳人曾同游卧龙山,朱兆柏适至,与登城隍庙坐谈。二十七日,偕柳人曾等至灵隐,坐冷泉,登飞来峰及半而止。归欲作诗,不得佳句。二十八日,为灵隐方丈悯庵作《募造静室疏》。至韬光寺,出至冷泉亭,与僧作别,道中值微雨,游龙井,更于钵池庵访一泓上人,及午至玲珑庵,雨甚,乃就宿。作《题玲珑庵》五排十五韵、《冷泉亭》五律一首,以赠密如、光中两僧。二十九日,自九溪十八涧至理安寺,饭于虎跑,至天龙寺,再自龙华寺登御教场,观月芽亭,自胜果寺去至万松岭归。作成五古《秋晚堤畔移舟得九字》。此后崇祯十三年(1640)日记载:"九月十三日,游飞来洞,至下天竺,登上天竺。至龙井,游玲珑庵,三年前所书《雨宿玲珑庵》排律尚存壁上。"即此行所作。王伯朋,即戏曲家王元寿,尊经阁藏《寓山志·注》存其五绝《抱瓮小憩》一首,注:"王元寿,伯彭,钱塘。"《寓山志·题咏》存其七律《寓山题咏》二首,《寓山十六景诗余》存其《蝶恋花》词十六首,浙图藏《寓山题咏》存其五绝三首。可见《寓山志》集结之际,崇祯十年至十二年之间,祁、王仍保持频繁交游。

冷泉亭,张岱《西湖梦寻·冷泉亭》:"冷泉亭在灵隐寺山门之左。丹垣绿树,翳映阴森。亭对峭壁,一泓冷然,凄清入耳。"玲珑庵,在杭州龙井山上。

八月初三日,至灵隐赴邓紫澜酌,于岳坟登舟,即席口占七律《秋仲紫澜邓公招集湖舫偕游灵隐赋谢》二首。

见《诗集》,《诗始》题作《丁丑秋仲邓紫澜公祖招集湖舫偕游灵隐赋谢》。

据日记,先是去年(1636)"十月二十八日,早渡江……投邓紫澜公祖刺"。今年五月十九"邓直指启行"。则去年邓来任浙江巡按御史,今年期满。今日"邓公祖招饮,予先至湖舫,待于定香桥,应霞城亦至。遂与赴邓公祖小酌于灵隐,复至岳坟登舟再举酌,席间所言皆地方公事,语不及私。予即席口占二七律赠之"。据清施维翰修《康熙浙江通志》,崇祯间巡按浙江御史邓姓者唯邓钺,金坛人,或即此人。

灵隐,灵隐寺位于杭州西湖灵隐山麓,处西湖西部飞来峰旁,又名云林禅寺。山门前有冷泉亭、壑雷亭、翠微亭诸景。唐白居易有《冷泉亭记》述其景。

秋，作五律《越阁坐雨》。

见《诗集》《诗始》。

据日记，崇祯十五年（1642）十月十二日抵寓，顾琢公来，和诗。夜小酌于越阁。日记所载和诗或此。但此诗收入《诗始》。参祁彪佳日记，可考崇祯十二年（1639）以后祁彪佳所作诸诗有据可查者，《诗始》皆不收录，则《诗始》所集祁彪佳崇祯十二年前作品。此诗也当作于崇祯十二年之前。从诗中"秋声近""暑气清"观之，为初秋之作。更似崇祯十年丁丑（1637）七月游寓湖上所作，姑系于此。顾琢公即顾圤，字山臣。

越阁，祁彪佳西湖别墅偶居里的室名。据崇祯八年日记，彪佳从苏松巡按任请辞，奉旨放归。五月十四日，抵杭州，宿偶居。山色湖光依然如昨，故人乍对，不觉披襟玄畅。十五日，呼匠石修葺偶居，与友坐于越阁。

初四日，汪汝谦来，出示梁夷素所作《寿陈继儒图》。

据日记。

清汤漱玉《玉台画史》卷三"名媛下"引姜绍书《无声诗史》："梁夷素，武林女子，工诗画。陈眉公比之为天女花、云孙锦，非人间所易得。"引《杭州府志》："梁孟昭，字夷素，钱塘人，茅九仍室。能诗，工画花鸟。"尊经阁藏《寓山志·注》收其五律《水明廊》一首。

本月，商周祚升任左都御史，为之草拟疏文。

据日记，先是四月二十七日，贺商周祚得任都御史。本月初六日，灯下阅孙立亭《宪务》诸疏。即明孙丕扬等撰《都察院会题宪务疏》，今存明万历刻本。初七日，阅《申饬台规》。初十日，代商周祚草《申明宪职疏》竟。十二日，为商周祚作《肃清辇毂疏》及《画一台规疏》竟。十三日，更定商周祚所作逊辞都御史职第三疏。

浙图藏《林居尺牍》丁丑春季册有《与商外父》："敢将所携台规数种呈上台前，其中多系巡方之务，亦有关于纪纲者，乞岳父承暇披览。恐向后束装就道，未免匆冗耳。《兰台法鉴录》并奉览。"同书稍下又有函提到商周祚疏稿贴黄格式不合。

十四日，作五律《茶坞》一首。

见《诗集》《诗始》。据日记，抵家，作《茶坞》一律。

《寓山注·茶坞》："入筼巢，稍折而西南，得隙地，皆磽确也。土肤不盈尺，以是故极宜种茶。向有数本，与僧无公采制之，寒香特异。今尽去他卉，惟蓄木奴千头。他日吸沁月泉，闲啜于长松下，趣亦不恶。《越书》所谓龙山瑞草、日铸雪芽，未识孰为胜负耳。"僧无公，即僧无迹，系珠庵僧人。

今年越中士绅频繁举办枫社集会,其中四月、八月皆聚祁彪佳寓园,作寓山诗相赠者甚多。

据日记,先是四月十三日,同汪时曜至寓山,午间谢弘仪、詹无咎、赵孟迁(陞)、孟称舜、张弘、张弢、张弧、李天赐、王业洵、王贻模、王毓芳、王毓葑至,举枫社集会,举酌四负堂,散憩山上,复酌舟中。归,复与众游柯园、密园,酣饮至月上而散,主客之怀甚畅。十四日,作《社集寓园》七律三首。二十四日,归舟得枫社友游寓山诗与王业洵《寓山评》。二十六日,僧可一过访,出示所作五律《远阁》,张弘强索彪佳所作枫社初会诗数首。闰四月初六日,延社中诸友至,共十六人,社外不期而至者为江之湘、僧懒先,皆能诗善画,以扇头见赠。饭后散步园中,分园中诸名胜为题,人各拈其一作五言律。

僧懒先,尊经阁藏《寓山志·注》存其五律《丰庄》一首,注:“僧懒先,报恩寺。”当即此次社集作。同书收张弧《水明廊》五绝一首,注:“张弧,子威,会稽。”国图藏《林居尺牍》有今年作《与张毅儒》:“社集之刻,关千秋大业,宁严毋宽。如小作陋劣,应从首摈。倘仁长兄以嗜痂见收,则《酣漱廊》一首有改作者在,录呈郢削。他如谢岵老之《虎角庵》、王尔瞻之《笛亭》、越卓凡之《踏香堤》俱未经入选,赵孟迁之《幽圃》、张宗子之《听止桥》、董天孙之《草堂》、懒先之《丰庄》,俱有改窜。要以文章公器,不妨各出手眼,或诸兄所不见罪也。恐于社集异同,敢此附闻。不一。”函皆为恳张弘评选社诗以结集为《寓山志》而作。《寓山志·注》所收《幽圃》有赵姓作者两人,赵镜字呦仲,山阴人,前文多次涉及。另一即赵陞,同书《游吟》收其《初夏过寓园》,注:“赵陞,闽生,会稽。”“孟迁”与“陞”词义互表,当即其另一个字。又,明王思任《谑庵文饭小品》卷一《胜会之难》曾言及此人:“犹忆崇祯癸未年(1643)八月望夜,予与儿师吴竟宇、翁文澜、门人赵孟迁、儿槐起辈邀月于家门之外。”则赵陞为王思任门人。《注》又存李天赐五律《冷云石》,注:“李天赐,受之,上虞。”江楚望存五律《友石榭》,注:“江之湘,楚望,太仓。”张弢存五绝《松径》,注:“张弢,亦寓,会稽。”王毓芳存五律《志归斋》、五古《寓山题咏》,注:“王毓芳,伯含,会稽。”王贻模存五律《笛亭》,注:“王贻模,尔瞻,余姚。”王毓葑存七律《寓山题咏》,注:“王毓葑,季采,会稽。”

又,据日记,五月初六日,枫社集会,分园中名胜为题,社友各作五律。十四日,枫社诸友集不二斋,宗子新构云林秘阁,诸友多晤谈于此。二十四日,至张岱新构云林密阁,赴枫社集会。

国图藏《林居尺牍》有《与王士美》:“再读大作记与诗与文,咳唾随风,都不作人间语,惟有叹服不置,无能复赞一词。但小山之志,欲各具其体。如妙记，正须命名为《寓山评》，于仁兄构思似有吻合者。以经言之，则游园一段是化工补天手；如以评，似不妨稍为镕削，独存位置品题，争奇扼要，是以代笔稍删。昨托毅儒兄先告擅专之罪，俟劂剞竣，更当呈请清裁，公之海内也。五律绝属分赋者，已附刻小注中，惟别咏另自为帙。伏乞仁兄鉴裁精选，一予一夺，望直秉春秋之笔，宁严毋宽，总期共证雅道。杀青立待，祈即挥毫，可任颟注。前社题缘懒病，恐不免逋欠，幸转致令侄长兄少宽之为祷。"王士美，尊经阁藏《寓山志·注》收其五律《读易居》，注："王业洵，士美，姚江。"

又据日记，六月十一日，得张弧、张弘和张岱所作咏寓山诗。致函张岱，辞王贻模所邀集会。八月十三日，致函张弘、孟称舜等，邀为枫社中秋之会。十五日，中秋枫社社集。与枫社友邹式如、蒋倪、张岱、柳人曾、赵陛、王业洵、董玄、李天赐、张弘、王毓芳、祁豸佳举社集，谢弘仪不至。以华灯代月，各拈三题赋诗。

国图藏《林居尺牍》有《与谢简之》言此："中秋盼月得雨，正藉台台鼓吹风雅，消此寂寂，乃望而不至，骚首踯躅。兹得佳咏妙甚，此会不虚矣。寓山小志将成，极借大作以为光，先此附谢。若小言为就，意欲作逋客，未识吟坛许否。长公诗并祈见教。"谢简之，名弘仪。

十八日，江西宁阳耆民致以祁承㸁祠记及挽诗。

据日记。

二十八日，以徐伯调贯通五经，为文宏博，延为儿子馆师。

据日记。又，崇祯十七年（1644）日记提到，正月二十一日，聘徐伯调为儿子馆师。则徐此后当一直馆于祁家。

徐伯调，清阮元《两浙輶轩录》卷一："徐缄字伯调，山阴人。著《岁星堂集》。毛奇龄《传略》曰：'伯调初擅举子文，为"云门五子"之一。既以诗古文争长海内，祁彪佳爱重其才，使二子从游。宣城施少参闾章尤心折于君，自为都官郎历任监司，所至必迎君。尝自著《读书说计》。……伯调家山阴之木汀，又家梅市，未能委曲随世低昂，故人多娟之。好炼形冲举，餐气啜液，尝作游仙诗以自喻焉。'"又，明张岱《石匮书后集》卷三十二《徐缄》："字伯调，浙江山阴人，布衣，有《岁星堂集》。先生少负盛名，祁忠敏公延之训子，所著经史传注不下数百万言。"

朱鹤龄《愚庵小集》卷四存五律《徐伯调过访》："树晚带余霞，朋来雀语哗。乍亲湖海气，深丑锻炉家。京洛煌煌客，燕吴泛泛槎。故山归去好，莫负寓园花。"注："徐出祁公世培门下，寓园，祁之居也。"

清陶元藻《全浙诗话》卷五十二《张德惠　朱德蓉》载："尝见山阴徐緘诗云：'箕子国中许小妹，锦官城内王夫人。风流旷代不相接，笔阵一门惊有神。'今观诸祁才藻，以方许似犹过之。"又，清阮元《两浙輶轩录》卷七收张梯诗《徐伯调至东书堂雨中同怀大可》："出门徐穉同尘榻，怪尔毛公滞酒杯。树影苍茫山不见，江声萧瑟雨偏来。藤花香散空书阁，绣石阴深下啸台。明月几时悬许寺，知君此际重徘徊。"又同书卷二载："姜廷梧字桐音，余姚人。……萧山毛甡避人，廷梧日与张杉往来拯援。徐緘为盗质其子，拔妇头上钗赎之。鼎革后阖户而居，娶祁忠敏彪佳女名毁英，贤而有文，与廷梧倡和。"则徐伯调在彪佳故后与其子婿皆仍过往甚密，与毛奇龄、张梯诸人有交。

九月初四日，以三江所旗军攀运辛苦，作疏请求减免其劳役。

据日记。

旧谱："浙卫运军弁苦累俱尽，惟三江祖制以备倭免运稍安，诸弁因违制攀之。先生谓数年后三江亦尽矣，无益运事，徒失备御，因力言于当事，当求良法苏运，不当违制扳三江与俱尽。札十余通，事获止。先生入仕十余载，未尝以私干当事，戚友求一字不可得；至地方利害，则奋身任之，不少避嫌怨如此也。"

国图藏《林居尺牍》丁丑年有《与王金如》函，言及改订王朝式《三江免运疏》疏稿格式。函当亦作于此前后。

二十三日，作七律《秋日登怪山》、五律《云门古道》《宿化鹿山房》诗三首。

见《诗集》《诗始》。

据日记，先是二十一日，偕柳集玄、蒋安然由平水门抵云门道旁，共登钓台，至骏佳所构新庄。二十三日，相约游秦望山。早起与骏佳及二友仍由云门道沿溪行三四里，饮将军泉。自此舍舆步行，易草鞵进山，抵山半，见诸山伏踞如培塿，鼓勇登山巅，则山阴一带峰岫俱在目中，江海若衣带，然视越城掌大耳。恍然身则霄汉，快叫欲绝。共酌杯酒，盘桓良久乃归。归作《登怪山》及《云门古道》《化鹿山房》诗三首。

柳集玄，名人曾。尊经阁藏《寓山志·注》收其五绝《呼虹幌》，《题咏》收其七古《寓山题咏》，皆注："柳人曾，集玄，会稽。"

怪山，《乾隆绍兴府志》"龟山"引《一统志》："在卧龙山南，一名飞来山，又名怪山。"引《旧志》："一名宝林山，上有应天塔，今呼塔山。"引《嘉泰志》："在府东南二里二百七十二步，隶山阴。"

云门，云门山。《万历绍兴府志》："云门山在府城南三十里，秦望南。"

同日，吕天成之子吕师著来函索《太室山房四剧》，并恳彪佳向方岳贡请托。婉拒之。

《林居尺牍》有《与吕君师著》："昨承远顾，以家冗迫于返棹，尚未奉谒为歉。辱葑菲之采，在拙记久成，敝帚何敢溷尊览。先兄四剧，容刷出呈典记，且求大序为光重也。别谕极拟祇遵，但方禹修清执之品，不可私干，是以不肖旋吴之后，向不通闻问者数易岁矣。周爱共事之体，固不敢拘拘以靳绵舌，惟是言之无益，则宁三缄耳。此非老姊丈素垂雅谊，不敢斗胆方命。万惟崇照，可任注仄。"又，同书稍下又有一《与吕君师著》，亦言拒绝之意。则吕师著为举业欲祈彪佳向方岳贡请托。方岳贡号禹修。

清张永铨《闲存堂集》文集卷三《吕慕庵七十序》："又闻先生少时负高才，为举子业，以古大家为法，不屑时趋，倪鸿宝、祁虎子诸先生器重之。邑有大利弊，当事及缙绅必咨询焉。亲串故旧之贫窭者周恤备至。屡困场闱，因绝意进取。"序称康熙辛酉年（1681）吕慕庵七十岁，则出生于万历三十九年（1611），出身姚江吕氏世家，系吕本五世孙，吕天成为吕本曾孙，故此吕慕庵即吕天成子侄辈，或即吕师著。

十月初八日，作七古《丁丑季秋念有三日，同柳集玄、季超兄夜坐西渡草堂，时集玄自黔归。剧谈天文，相与仰观星斗错落如在襟袖，于是有眺览之兴。次早霁爽，由云门扳陟十余里，遂登绝顶，徘徊狂呼，称平生快游。后十四日，雪中坐寓山之远阁，忽忆昔事，谩尔有作》。

见《诗集》《诗始》。据日记，十月初七日，坐寓山之远阁，作登秦望山七古。初八日，下雪，于书室中作古风完。即此诗。

五律《五云山》、五古《明觉宝掌寺》似亦作于此前后。

见《祁彪佳集》卷九，《诗集》《诗始》未收。

五云山，据《乾隆绍兴府志》，云门山在府城南三十里，秦望山南，晋王献之居此，见五色云，诏建云门寺，后析为六，曰广孝、显圣、雍熙、普济、明觉、云门。另杭州西湖畔有五云山。此诗禅意甚深，意趣与前诗略似，作年不详，姑系于此。

宝掌寺，据《乾隆绍兴府志》："宝掌山，在诸暨县东南四十五里。一名千岁岩，宝掌禅师所居也。禅师唐贞观中开岩于此，真身在半岩，去地四十九尺。山岩中石室可容百余人，洞口石板数片如削，相传里人沐浴之所。禅师种贝多木一株在岩上，至今尚苍翠秀郁，时有频伽鸟巢其上。"从此诗"转径入西渡"句观，宝掌寺在西渡草堂附近。此诗禅意甚深，意趣与前诗略似，或丁丑季秋登山之作,姑系于此。

初十日,佐僧本原举掩骼善事,作《掩骼募疏》及告示。

疏见《文稿》。

据日记,先是本月初五日,与僧本原商议掩骼。十七日,掩骼僧本原至,为书募疏,并赠以赀用。

旧谱:"又念野多暴骨,僧本原素以掩骼行三吴,招来,为造舟置器,资其衣食,所掩埋不可胜计。"

十七日,作七律《赋得疏雨滴梧桐》。

见《诗集》。

据日记,是日作《疏雨滴梧桐》七律一首。

十八日,作《中秋雨集寓园限韵》五律一首。

见《诗集》。《诗始》《祁彪佳集》亦存。

据日记,先是八月十三日,函邀诸友为枫社中秋之会。十五日,举社集,无月以华灯代,更余始散,各拈三题。今日,作成《中秋雨集寓园》五律一首。

尊经阁藏《寓山志·游吟》,收入谢弘仪、王业洵、张岱、王登三、张弘、董玄的《中秋雨社集寓园限韵》,皆是社集同期所作。

十九日,王毓芳欲辑《四编》,广搜诸书,来观祁氏书。遂约之校书。

据日记。

二十三日,次女德玉议婚于朱氏。

据日记,先是去年十二月十八日曾提到朱氏以结缔儿女婚姻来晤。今年十月初九日,何继洪、象佳为朱氏来议亲。二十三日,晤朱兆宣联亲谊。

按,祁氏与朱结姻者,第二女适朱兆宣子尧日,班孙娶兆宣女朱德蓉。又据崇祯十五年(1642)日记,九月二十八,为理孙聘张萼女。则班孙聘妻,不当在此前。故推定此所议必次女德玉婚事。又据崇祯十二年(1639)四月十七日记,以结姻往朱兆宣寓拜门,则次女正式结姻在后年。

二十九日,拈韵赋诗《冬日同吴秋圃远阁待雪得开字》。

见《诗集》《诗始》,本集卷九题作《远阁待雪刻烛赋诗得开字》。其二注"次吴秋圃韵"。

据日记,与吴秋圃至寓山,拈韵牌成诗。小酌于静者轩,再酌于远阁,时雪意甚浓,遂作《远阁待雪》七言律,成二首。三十日再与吴麟瑞出寓山,易画舫"皆园",泛鉴湖。

吴秋圃,尊经阁藏《寓山志·游吟》收其《远阁待雪刻烛赋诗得开字》七律二首,注:"吴麟瑞,秋圃,海盐。"其二注:"次幼文韵。"即其和诗。麟瑞为吴麟征兄，嘉兴人，万历四十七年己未科（1619）进士。

明吴麟征《吴忠节公遗集》卷三有函《寄禀伯兄秋圃》，谈与彪佳反复商酌麟瑞出处事，云："自祁世培来，知大兄无出山之意。此时业已题留，日向铨部乞一南卿以了监司之局。……弟又商之世培，欲出一疏预为后日辞免之地。世培又以为不可。及详问彼中人，云向来此地极为安静，自移镇荆州便觉多事，今已添设一抚便当坐镇长沙，有防御而非用兵也。大兄不妨暂出，可为则为之，不可为，引退未晚也。"此函又谈及祝渊入狱事，当作在崇祯十六年（1643）左右。

三十日，泛于鉴湖，拈韵牌作七律。

诗未详，或已亡佚。

据日记，出寓山，与吴秋圃饭罢同归，易皆园（船名），共泛于鉴湖，舟中拈韵牌作七律。游彤园，再游柳西别业及道士庄而返。

十一月初三日，致函倪元璐，求为马如蛟作传。

据日记。

参《明史·马如蛟传》，马如蛟，字腾仲，和州人。天启二年（1622）进士。授浙江山阴知县，有清操。崇祯九年春，高迎祥、李自成军攻和州，如蛟以父忧居家，倾赀募士守城，遂战死。兄盐运司判官如虬，诸生如虹及家属十四人皆死。

倪元璐《倪文贞文集》卷十有《封文林郎福建道监察御史马公鼎臣暨配封孺人刘氏墓志铭》，作于崇祯十二年（1639），称："腾仲俄遭大故，举襄葬事，方使使属铭而寇祸作，腾仲伯仲俱以身殉。……腾仲昆季以崇祯乙亥十月合葬公及孺人于其州殷塘北山之原，越四年戊寅始追而志之。"铭即为马如蛟作，或因彪佳所求而得。"

张岱《快园道古录》："山阴令马公如蛟，和州人，试童子以一鼓、二鼓、三鼓收卷，三案复试。会稽令陈公国器，福建人，招童生以大圈书名。越人对之曰：'马山阴，三通花鼓，和州叫化；陈会稽，一团煎饼，福建倾销。'"

十二月初三日，得汪汝谦函附陈继儒函，陈极赞彪佳相时而静，合出处之道。

初八日，为弟象佳分灶。

十六日，山阴县令汪元兆辞任，偕众缙绅至杭州挽留。

以上据日记。

今年卜筑寓山，让鸥池、沁月泉、读易居、水明廊、幽圃、四负堂、浮景台、丰庄、寓园北堤、铁芝峰、瓶隐各景观次第构造完成。王朝式书责其癖耽泉石，于君、亲、朋友、兄弟有负，遂以"四负"名堂。

　　据日记,正月二十日,让鸥池开成。二十五日,寓园佳境初成。二十七日,访王思任,谈于其天几草堂,索“浮景台”匾字。二十九日,寓园中得沁月泉。二月初六日,志归斋外始构水明曲廊。十四日,寓园中读易居、水明廊告成。植桃李于黝圃。二十日,构“四负堂”,以志己过。因稍前王朝式有函言责彪佳沉湎于土木,负君、负亲、负己,且愧己不能谏止而负友。二十六日,至寓山竖屋以居奴仆。二十九日,以寓园中游人杂沓,颇悔筑园。四月初一日,入曲水寓,以小舟至卧龙山,独步上城隍庙及筜芝亭,望万玉山房,宿舟中。初五日,四负堂落成。初七日,丰庄曲廊告成。十二日,筑寓园北堤。五月二十七日,督工匠修筑静者轩。先是去年五月二十四,得王予安(叠)所书“静者轩”匾字。去年十一月三十日,初定轩址。六月初一日,督石工葺太古亭。十三日,搜剔山石,穴铁芝峰址以植海棠。七月十一日,凿池于友石榭竣事。十一月二十六,寓园凿石室将成。此室于九月十五日开工。十二月十二日,寓园中垒假山竣工。此工肇于去年十二月初五。三十日,溪山草阁竣工,令仆扫地待游客。

　　旧谱:“二月,增筑寓山。王金如投书相规,谓:‘癖耽泉石,于君、亲、朋友、兄弟之间皆有负焉。’先生即颜其室为‘四负堂’,曰:‘以志吾过。’然先生《林居适笔》中有云:‘楼阁参差,游人骈接,客游焉,予亦游焉。予不过众客中之一客耳!’则先生同寓意者也。先生虽寓情泉石,适心宗乘,而民间利病,知必言,言必尽。”

　　查继佐《罪惟录》列传卷之十二《祁彪佳郭符甲》:“筑别墅于寓山,颜其堂曰‘四负’以自励。”

　　《寓山注·四负堂》记因果甚详:“时金如王先生,予所师事者,因予卜筑之癖,责之以书曰:‘顷见尊园,盖有四负,君处其三,弟处其一。君受国深恩,当图称报,即退休林下,亦宜讲道论业,日思所以匡扶社稷、润泽生民;乃今两年于兹,不务乎此,而徒经营土木,刻镂花石,逞一己之小惠,忘天下之大计,人尽如此,国复何赖!是谓负君。尊大人久依有道,旁通宗乘,购书万卷,贻厥孙谋,光昭前烈,实在嗣人;今君年近不惑,位居台谏,立身行道,岂异时事,而此志未见卓然,但能踵事增华,此岂善述之孝?是谓负亲。君天姿敏达,赋性忠厚,允称济世之通才,堪为入道之利器,又复天假之缘,师友之乐,不出户庭,乘此一往事心,自当立跻圣域;而乃不自珍惜,与俗上下,兴兹一役,流闻四方,仅赢儿女子之诧说,不顾有道者之攒眉,混明珠于瓦砾,弃良苗为稊稗。是谓负己。君堕此三负,而弟过蒙道爱,许之直言,乃不能于未发之前,绝其端芽,徒翼于已事之后,救以口舌,恨正己之功尚疏,愧悟物之诚未至。是谓负友。'……开园以来，皆振予过者，膏肓针砭，实惟斯言。然予既获闻斯言矣，不能如王仲宝立毁长梁，是益其过也，先生以予为三负，予诚负哉。而闻言未改，则所谓负友者仍在予，不在先生，名其堂'四负'，志予之益其过也。"

《林居尺牍》有《与王金如》函为此致谢："昨承面教，便已惕然，及反覆诵手谕，益令人怅怅惘惘，无以自容。某知过矣！知罪矣！盖求归之因，原以贪闲耽懒，欲于定省之暇，一寻乐于山水。发志既差，不觉有触辄发，遂尔结此蘖果。……迩来两三日觉惕然，无以自容之念，无间食息，忽忽提起，压捺不□。窃以为是策励之机也，但不知两三日后又复何如。伏乞先生常施热棒，毋以此一端狂惑遽弃于道味之外，则何可胜感荷。祈祷之至！"

次第裒辑、校正、抄录亲友寓山题咏，十二月，初刻《寓山志》完成。

诸诗文搜集情况，综参日记与尺牍所载，可编次罗列如下。

四月十四日，枫社社集，谢简之弘仪有作。浙图藏《林居尺牍》今年春季册有《与谢岵云》函，谢其寓山诗，并报示己诗。

二十四日，归舟得枫社诸友游寓山之诗与王业洵《寓山评》。《林居尺牍》有《与王士美》："再读大作记与诗与文，咳唾随风，都不作人间语，惟有叹服不置，无能复赞一词。但小山之志，欲各具其体。如妙记，正须命名为《寓山评》，于仁兄构思似有吻合者。以经言之，则游园一段是化工补天手；如以评，似不妨稍为镕削，独存位置品题，争奇扼要，是以代笔稍删。昨托毅儒兄先告擅专之罪，俟阙剞劂，更当呈请清裁，公之海内也。五律、绝属分赋者，已附刻小注中，惟别咏另自为帙。伏乞仁兄鉴裁精选，一予一夺，望直秉春秋之笔，宁严毋宽，总期共证雅道。杀青立待，祈即挥毫，可任颠注。前社题缘懒病，恐不免逋欠，幸转致令侄长兄少宽之为祷。"王业洵，字士美。

二十六日，僧可一过访，出所作五律《远阁》，张弘强索彪佳所作枫社初会诗数首。尊经阁藏《寓山志·注》收入僧可一此诗，注："僧可一，头陀庵。"

同日，得王思任《游寓山记》。据日记，先是今年二月十一日，函邀王思任来游寓园。十七日，延王思任等聚饮于寓园远阁，王思任许为作园记，遂以园略示之。四月初六日，彪佳再索园记。今得之。邀游函见《林居尺牍》之《与王遂东》："小山构葺稍竣，不得名公品题，终亦为寒烟衰草，再敢拟望后二日，邀台驾惠临，祇遵大约，先告简亵之罪。所堪供客者，惟欲放桃蕊、未残梅花也。万望俯俞，可胜延伫。"王思任《游寓山记》收于尊经阁藏《寓山志》。又，《林居尺牍》有《与王遂东》函："山中鸡黍慢客太甚，乃翁台雅怀逸兴，□出古一字品题，当使石丈下几百拜也，作记之约，山灵实闻斯言，敢以园略奉来,幸即命笔,不但增小山身价已也,主人藉光实多,但欢为报耳。外先子所辑《牧津》一部,伏塵台览。"又,浙图藏《林居尺牍》丁丑春季册亦有《与王遂东》:"昨所求园记,倘得命如椽之笔,胜于醉饱多多,附悬不一。"皆为求记作,遂东为王思任号。

闰四月十八日,薄午僧懒先、张弘、赵陛过访,诸人出所作社集诗,懒先示以所携画卷。

五月二十日,得王业洶《寓山后评》,董玄《寓山涉》。据日记,因王先前所作《寓山评》品题诸胜,有一二处新增园景未及评到,乃引录遗之例,恳之补充。

六月十一日,得张弧、张弘和张岱所作咏寓山诗。蒋倪为录寓山分胜诸诗。二十日,陈起元来函,示以赋寓山景之五律四首。

七月初一日,得张岱所作寓山诗。

《寓山志》裒辑过程,据日记、尺牍,也可梳理罗列如下。

五月初五日,至寓山,集壁间所粘诸社集诗为《寓山注》。

六月二十日,点定寓山诸记付梓。二十三日,函致张遂辰索送出评点之书稿。国图藏《林居尺牍》现存《与张卿子》:"小志藉鸿裁,乞以春秋之笔。一予一夺,已入选者不妨去,未入者不妨收,文章公器,要以惬公好已耳。另有寓山诸咏一本,并烦铨次,完即掷之敝寓为望。"为托张遂辰为《寓山志》选诗而作。

七月初一日,得张岱点定《寓山注》。初十日,校《寓山注》。十二日,校《寓山注》完。浙图藏《林居尺牍》今春季册《与张宗子》,函云:"诸友诗亦望精选,宁过于刻而毋滥。中选者并祈加评语数字。凡小园诸景尚缺吟咏者,倘得名笔一二首压卷,所祷祝而不敢奢望者也。杀青立待,乞即挥毫,可任驰注。"国图藏《林居尺牍》有《张宗子》,问《寓山注》评定否,陈起元诗四首乞命录入注中,并请转请陈章侯画册叶。同书另一《与张宗子》:"小注一经品题,遂生简帙之色,仁兄真还丹点铁之手。更拜读名章,见迥句新声,络绎奔会妙处,自堪千古,宁但颉颃辋川耶?但有请者,诸友诗多不入选,恐不免以见遗为罪,欲借大作数首冒彼姓名。盖以仁兄八斗才,可了数十人咳唾,所及犹足藻绘断沟,既为小集增重,复为诸友借光亮,亦宗工借允者也。"都是为此作。另,张岱《琅嬛文集·书牍三》有《与祁世培》函云:"造园亭之难,难于结构,更难于命名。盖名俗则不佳,文又不妙。名园诸景,自辋川之外,无与并美。即萧伯玉(士玮)春浮之十四景,亦未见超异。而王季重先生之绝句,又只平平。故知胜地名咏,不能聚于一去也。西湖湖心亭四字匾、隔句对联,填楣盈梁,张钟山(玮)欲借咸阳一炬了此业障。果有解人,真不能消受此俗子一字也。寓山诸胜，其所得名者，至四十九处，无一字入俗，到此地步大难，而主人自具摩诘之才。弟非裴迪，乃令和之，鄙俚浅薄，近且不能学王谑庵，而安敢上比裴秀才哉？丑妇免不得见公姑，腼为呈面，公姑具眼，是妍是丑，其必有以区别之也。草次不尽。"当即复函。张岱还为《寓山注》作跋，其一云："寓山作记、作解、作述、作涉、作赞、作铭者多矣，然皆人而不我，客而不主，出而不入，予而不受，忙而不闲。主人作注，不事铺张，不事雕绘，意随景到，笔借目传，如数家物，如写家书，如殷殷诏语家之儿女童婢。闲中花鸟、意外烟云，真一种人不及知而己独知之妙，不及收藏，不能持赠者，皆从笔底一一勾出。如苏子瞻凤翔寺观王摩诘壁上画僧，残灯耿然，踽踽欲动。非其笔墨之妙，特其见闻之真也。区区门外汉，何足遂与深语。"其二云："古人记山水，太上郦道元，其次柳子厚，近时则袁中郎。读注中遒劲苍老，以郦为骨；深远冶淡，以柳为肤；灵动俊快，以袁为修目灿眉。立起三人，奔走腕下。近来此事，不得不推重主人。"文见尊经阁藏《寓山志》之《寓山注跋》，亦收于张岱《琅嬛文集》卷五。

八月十六日，校《寓山注》，改陶崇文《茶坞》诗，令匠人抄写《寓山注》以付刻。二十一日，校对《寓山注》。十月二十三日，托张岱订阅《寓山注》中诗。十一月初四日，评寓山游吟诗竣。十二月十九日，《寓山志》镌刻竣工。二十日，校正《寓山志》，时《寓山志》初刻成。

常偕友出游越中山水园林寺观，陆续作《越中园亭记》片段。

据日记，正月十三日，至陶堰，观土地神，其前祭品盛极，观竞赛。至曹山登鹤畅园，游少薇山，晚抵城，自白云庵至府城隍庙，至龙山观灯，归宿舟中。十四日，至止水庵，观张萼新建精舍及溪山清越堂，至南门观朱箭里梅园，登千峰阁。二十一日，游峡山何氏果园及远园，联舟至离渚。按，陶堰土地神即汉会稽太守严助，据张岱《陶庵梦忆》卷四《严助庙》，庙中每岁上元设供，供品之奉，帝王宗庙社稷坛壝所不能比隆者；每岁之元月十三日，以大船二十艘载童崀扮故事，各显其能，以多为胜；十五夜倩梨园演"全伯喈""全荆钗"，盛极一时。彪佳十三日所观，即此盛况。

二月十三日，访王应进于彤山，游柳西别业。二十九日，游尹家墩，墩在柯山之址，有好松。

三月初七日，约僧可一、董玄至禹穴，谒南镇神，从桃溪归，叩斐园、芝圃门不得入。初八日，游芝圃，于大禹寺访三空禅师，偕之至阜庄登高阁，游朱氏园。二十二日，出石泾、溇庄，其地池沼由祁承爣所构。

四月二十三日，早至孟家峰访谢岵云。即谢弘仪，亦即戏曲家谢国，著有《蝴蝶梦》二卷。抵曹山赴陶宗臣邀，陶奭龄、倪元璐亦至，同游吼山、水宕，登书带草堂观灯，于秋霞轩举酌观戏。

闰四月十四日，登稽山书院，游阶园。放舟九里桥，游祝氏落如园。入山憩于水锯山房，叩天瓦山房不得入，探表胜庵，小僧导之游石屋，欲上小石屋望炉峰未果，下庵啜茗，完璞上人至，导游天瓦山房，参拜塔院。归见高阁耸出松杪，往探之，知为菉园。二十四日，至张岱新构云林密阁，赴枫社集会。二十五日，移舟南堰门，至镜波馆。午游琶山，探玉带泉，返至石泉庵，由状元桥观张元忭之钟秀地。二十八日，游南华山馆，欲至琶山探玉带泉不果。作《越中园亭记》数段。晚校正所作《越中园亭记》。据日记，本月以来已陆续作记若干。

六月十七日，草《越中园亭记》，所记会稽陶氏之园居多。明日校阅之。

七月初八日，发舟至南塘，游柯山清水宕观鱼。至湖塘七尺庙，传于其地得防风氏骨长七尺，故建此庙。自西跨湖桥至胡氏庄，见并头莲。游古城，阻雨蔡家堰，晚炊舟中。

九月二十日，偕柳人曾、蒋倪游怪山、息柯亭，至善法寺，从山阴邑学小巷中归。二十一日，偕柳、蒋由平水门抵云门道旁，共登钓台，至骏佳所构新庄。二十二日，游云门寺，参六如、荆门两僧。至广孝寺、广福山居，僧宏悯、闿然来见。渡石桥，由小径游普济寺，寺僧赠以山药。过慈云寺，至骏佳庄，晚聆柳人曾谈所历患难及梦中诸境，观星象。二十四日，偕蒋、柳入城游王雨皋栖霞阁，别后另观倪元璐新构府第，游曲池、俞氏漪园。

十月三十日，泛于鉴湖，拈韵牌作七律，游彤园、柳西别业及道士庄而返。

屡赴白马山房讲会，从刘宗周、陶奭龄、管宗圣、沈国模、王朝式等究性理之学。

具体过从据日记与尺牍梳理如下。

正月二十七日，至白马山房晤王朝式，时王方聚友论道，得晤秦弘佑等。偕王往访陈纪常、史孝复。

陈纪常，明刘宗周《刘蕺山集》卷八有《答陈纪常》，可知两人同辈，切磋道学。《远山堂诗集》有《清明后游纪事杨柳词》其九末注："访陈纪常于修竹庐不值。"《越中园亭记》卷五城西《修竹庐》："上灶埠沿溪入二里许，十亩青琅玕掩映茅屋数间，桃梅杂卉参差其中，主人陈纪常移家学道，潇然尘表。"清陈确《乾初先生遗集》卷八《秋游记》："乙酉访陈纪常于白马"。则陈纪常为绍兴上灶埠人，家有修竹庐，年龄略长于陈确，与刘宗周为同辈讲道白马山房的思想家。

二月初九日，至白马山房，会陶奭龄及诸友举酌。十五日，至白马山房晤管宗圣、王朝式等。

三月初四日，至白马山房，刘宗周、陶奭龄皆在，张芝亭（星）举"廓然太空，物来顺应"之义以谈，王朝式询心学入门用功之要诀，刘、陶为之辩难许久。初八日，至白马山房，与管宗圣等诸友互纠过失，询管以"工夫下手之要"，静坐二炷香时间而归。

四月十三日，阅周汝登《周海门先生语录》，以语录中"吾心灵明为天地主宰"之义质之管宗圣。质义函见《林居尺牍·与管霞标先生》："舟次同邹汝功阅绪山先生（钱德洪）语录，吾心灵明为天地主宰，天地无吾则地不见其博厚矣，天不见其高矣，因而互相参证，忆海门先生之解天地位"云云。邹汝功名式如。钱德洪（1496—1574），名宽，字洪甫，因避先世讳，以字行，号绪山。嘉靖十一年（1532年）进士，余姚人，王学思想家。

闰四月初三日，偕邹式如、郑重光至城中王守仁祠，缙绅聚此论学，至者为陶奭龄、董黄庭、徐如翰、倪元璐，主会者王业洵举"有用道学"为说，陶奭龄阐明"致知"之旨。初四日，出赴白马山讲会，询以："学问需鞭辟向里，学人每苦于浮动，如何？"陶奭龄回之曰："入手如此，若论本体，则动静如一也"。

五月初四日，骏佳与邹式如入白马山听讲学，以妻临盆不能预。初五日，与沈国模谈养身、去欲、明性之道。

七月初四日，偕管宗圣、沈国模、骏佳至白马山房，听陶奭龄讲课。

按，据《越中亭园记·白马山房》，白马山在蕺山东北，刘宗周、陶奭龄讲学于此，聚生徒百人。

清邵廷采《思复堂文集·碑传·明巡抚苏松副都御史世培祁公传》："免归，受学蕺山刘先生。刘门弟子日进。"

清李元度《国朝先正事略》卷二十八《沈求如先生事略》称："（邵廷采）念师友渊源俱及身而斩，也乃思托著述以自见。以为阳明扶世翼教，作《王子传》；蕺山功主慎独，忠清坚苦，作《刘子传》；王学盛行，务使合于矩准，作《王门弟子传》；金铉、祁彪佳、黄宗羲、张兆鳌等奉教守师说，作《刘门弟子传》。"清阮元《儒林传稿》卷《邵廷采传》以及民国赵尔巽《清史稿》列传二百六十七《邵廷采传》皆所述略同。又，清钱林《文献征存录》卷四《邵廷采》："邵廷采，字允斯，又字念鲁，余姚人。……孝感熊赐履著书以辟王学为己任，廷采曰：'在行之如何耳，是不足辨。'以阳明扶翼世教，著《王子传》；蕺山忠清节义、功主慎独，著《刘子传》；又著《王门弟子传》《刘门弟子传》，王弟子以遵邕先师说者为正，刘弟子则金铉、祁彪佳、张兆鳌、黄宗羲诸贤也。"另，清邵晋涵

《南江诗文钞》文钞卷十《邵廷采传》："乃思托著述以自见。以为韩、范没而儒效疏,金、许没而儒术泯。阳明先生起,直揭良知,孟子之尽心也;拯溺戡暴,伊尹之自任也;异议蜂起、群言淆乱,而扶世翼教之心,揆前圣而一贯。作《阳明王子传》。万历以后异学互为宗旨,蕺山先生功主慎独克已,屏禅宗而复良知,求其真;是忠清节义之风体备于身、诚存于意;颠沛弗违,竟信其志:作《蕺山刘子传》。王学盛行,余姚得其醇,江西得其正,王艮、王畿挟高明之识驾师说而上,引一再传;而罗汝芳、杨起元好为吊诡,陶望龄、周汝登归心禅乘;九达之逵,悬以圭臬,务使合于矩准:作《王门弟子传》。以言明道,不若以身明道,金铉、祁彪佳等奉刘子之教,全受全归,白刃可蹈;若张兆鳌之隐志潜身,黄宗羲之纂言提要,胥能守师说以终老:作《刘门弟子传》。"民国杨钟羲《雪桥诗话》卷二《邵廷采传》同其说。

与僧释过从殷勤,时参禅静坐习课。

据日记,二月十五日,访僧石田,言用功修性事。三月十九日,僧孕白至,静坐习课,至此习静已七日。与骏佳、孕白谈参禅功夫下手得手处。二十五日,招古道上人至园作静课,静坐焚香如前。十一月初九日,抵云门寺,晤六如、荆门两僧,居寺中礼佛坐香静修。初十日,坐香,与六如辩"知行合一"意旨。十二日,闇然上人过访,灯下与荆门坐谈。十五日,至广福庵与闇然、善生两僧坐香,晚听六如和尚说法。十六日,坐香,与荆门、香城诸僧谈。十七日,礼千佛忏,起共三千佛,每日拜诵以五百计,与诸僧不敢稍懈。二十日,礼忏坐香如前。参禅僧有昏厥者,赠以衣物。二十二,忏毕坐香,与六如和尚话别。二十三日,于云门寺坐禅静修毕,归家,顺至显圣寺晤骏佳和僧迩密。

《祁彪佳集》卷十所附明祁熊佳撰《行实》:"时先生林居,奉母太夫人,朝夕色养,暇则究心性命之学。常焚香静坐,悟万物一体。"

日常读书以经济、性理为主。

据日记、尺牍梳理读书情况如下:

正月十一日,阅《洛阳名园记》。

二月初五日,阅王畿《龙溪语录》。初八日,评阅《杜甫全集》竟。始阅杜集于崇祯八年(1635)七月,至今年二月初八阅完,历时一年零八月。日记又提到,参照钟惺、谭元春之杜诗评,综合自己的品评意见,为杜诗评注。二十三日,阅王守仁《传习录》,得见李湘洲所选集子之遗漏者。二十七日,阅《黄药禅师语录》。

三月十三日,阅周汝登《周海门先生语录》。

四月十七日，阅《嘉靖注略》。二十八日，阅袁宏道诗歌。

五月初一日，阅谭元春诗歌五卷毕。初二日，阅李清《公馀随笔》和《楞严经》。初九日，《楞严经》阅毕。据日记，先是去年四月开始陆续阅读《楞严经》；今年二月十五日，阅第三卷；十八日，与僧无迹阅《楞严经》，证"清净本然，忽生大地山河"之义；闰四月初二日，阅第六卷；十九日，阅第八卷竟；五月初九日，阅毕。以病目不能多阅书，检点两年来所阅书，共十二种计一百五十余卷。自觉掩卷茫然，徒读无益，遂自作警语，订定课程，欲阅《礼记集注》《圣学宗传》《牧津》《世庙见闻录》，非经济、理学书必不经目。十七日，阅月泉吟社社诗。三十日，阅尽《牧津》中匡定、消弭四卷，摘录有裨救荒、御盗者。

六月初四日，冯元飚自吴中罢官归，示以《虞山谳牍》。

曾向钱德舆求借所藏《掇英录》。见浙图藏《林居尺牍》今年春夏册《与钱德舆》。

七月初十日，阅《陶靖节全集》。十三日，阅陆九渊《陆象山语录》。十四日，阅《程明道语录》。十六日，陈起元自宜春归，出《滕王阁集》以示。

十月初六日，阅《世庙见闻录》。

十一月初七日，得林希庵函赠古书四种。林徽初号希庵。

十二月初八日，阅《圣学宗传》有所得。阅《世说新语》。十三日，得《诸经约注》。

今年间或观戏，家中演剧甚多。

据日记，正月十一日，家中晚演戏奉母觞。二月二十日，归密园观剧。二十三日，家中演戏。二十四日，凤佳设宴，观《鹣钗记》。四月二十日，于寓山奉母观戏，观《荷花荡记》。二十一日，邀倪元璐、倪元珙来酌，观《鹣钗记》。二十三日，观《双红记》。五月十三日，演戏供奉关神。二十四日，张岱弹琴，优人以鼓吹佐之，观《红线记》。六月二十日，演戏奉土地神。八月十六日，午间演戏祝母寿。二十二日，演戏为母寿。二十六日，赴林铭鼎席于阶园，观《玉麟记》。二十九日，与徐缄、骏佳谈于醒庵，举酌演《浣纱记》。九月初九日，于密园观《惊鸿记》。十八日，于寓园观灯，观《千金记》。十月二十三日，出赴徐如翰席，同席有倪元璐等，观《四元记》传奇。十一月初二日，至寓山，观《双飞神记》。初三日，观《绿袍记》。

文学家谭元春（1586—1637）卒。

元春字友夏，竟陵（今湖北天门）人，与钟惺同为竟陵派创始人。有《谭友夏合集》。

卷六　退居林下（下）

崇祯十一年戊寅（1638）　三十七岁

时事 正月，闯塌天刘国能降熊文灿，张献忠求降。四月降，而拒裁部。　同时，李自成受挫于洪承畴军，入陕。四月，走汉中。十月，走汉南。　八月，罗汝才、马进忠、惠登相、王光恩为孙传庭败，南走襄阳。九月，罗、马再败于左良玉军。

政局日益混乱。三月，阁臣贺逢圣罢。　四月，首辅张至发罢。孔贞运为首辅。　六月，孔贞运引归。刘宇亮为首辅。　杨嗣昌、程国祥、方逢年、蔡国用、范复粹入阁。　七月，杨嗣昌夺情入阁，起逆案陈新甲代卢象昇为宣大、陕西总督。少詹事黄道周劾之，谪外。　复社诸生黄宗羲、顾杲、杨廷枢、沈士柱等出《留都防乱揭》，攻逆案阮大铖、马士英。主稿吴应箕、陈贞慧。　八月，阁臣傅冠罢。　十二月，阁臣方逢年忤旨罢。

北方势紧。九月，清军入长城。京师戒严。　十月，卢象昇督援军至京。杨嗣昌、高起潜主和。　十一月，清兵南下。高阳失守，前大学士孙承宗殉难（1564－1639）。　刘宇亮出督师。　十二月，卢象昇苦战阵亡于巨鹿贾庄。　清陷真定、广平、顺德、大名。

今年祁彪佳有日记《自鉴录》，尺牍名《里中尺牍》，南京图书馆藏。

正月初一日，为地方辽饷均输累民，上书请命。

据日记，先是去年十月十四日，曾得刘宗周函言流饷、均输事，并于当月二十一日致函章正宸商量。

据清夏燮《明通鉴》，崇祯九年十月，起杨嗣昌为兵部尚书，十年三月，嗣昌至京师，议增兵十二万，增饷二百八十万，今年筹饷有四策，曰："因粮""溢地""事例""驿递"。议上，帝下诏，有"暂累吾民一年，除此腹心大患"语，改"因粮"为"均输"。是为剿饷之始。

初七日，以土木频兴，定省有缺，作悔过疏。

十一日，复许豸函，以董其昌、倪瓒书画赠。

以上据日记。

《里中尺牍》今年春季册《与许平远公祖》："向得倪迂一画，鉴赏家以为真迹，并董玄宰晚年得意笔，敬再呈邮架，伏乞俯存。至先严二扇，属徐文长所书，敝乡书法颇重此公，并奉为宝斋清玩。"书画家董其昌，字玄宰，号思白，华亭人。徐文长即徐渭。又同书《与张宗子》："初五日许平远公祖过小山，弟面颂仁兄才学，渠先于《寓山志》中神往矣。令三叔三峨翁之书彼犹未见，俟其武林旋时正可晤于舟次也。但此君酷好名人书画，扇面及章侯画佛像，须觅一二致之耳。十六景恳求珠玉，诸容奉叩新禧，以悉缕缕。"则为张岱举业请托。三峨翁，张岱三叔张炳芳，字尔含，号三峨，会稽人。

十二日，主文昌社举祭事，邀社友小酌。

十六日，陈国光来画《寓山图》，蒋倪指点，令补画入意中欲构之景。

以上据日记。此后正月十七日，陈继续作《寓山图》。二月十四日，续画。三月初一日，刻工刻《寓山图》竣工。

《寓山图》见尊经阁藏《寓山志》之首，跋："崇祯戊寅春日写并跋于密园之爨舟，长耀山樵陈国光。"《寓山志·注》收陈五绝《孤峰玉女台》，注："陈国光，尚宾，会稽。"则陈国光字尚宾，号长耀山樵。另，同书《词》收其《解语花·咏寓园春》，《十六景词》收其《蝶恋花·平畴麦浪》亦当作于此间。

十七日，得陈祢所作《寓山十六景诗》。

据日记。

十八日，为恒鉴上人作《赈狱募疏》。

疏见《文稿》。据日记，昨天恒鉴上人以赈狱事来商，今乃为之作文。

旧谱称，先是去年"先生因暑染疾病，病中念狱禁之苦，致书当事，尽清宿禁"。今年"有言狱囚因饥且病者，捐资，命僧恒鉴日煮糜，遍给郡邑轻重狱，凡六所，病者以药疗之"。

十九日，令二子理孙、班孙拜邹式如、韩纯甫为师。

据日记。

二十一日，作五律《二十夜观灯》一首，欲作《山行见竹里梅花》未就。

观灯诗见《诗集》《诗始》，梅花诗未见。

据日记，先是二十日，从南塘游韩山，访镜翠园不得，舟至水偏门登岸。六街盛悬花灯，从塔山至鹅行，又自横街折而北至六珠巷，繇四牌楼、紫金街归。步行约五六里，即放舟夜行。二十一日，作《二十夜观灯》五律一首，再欲作《山行见竹里梅花》，诗未就。

二十四日，为本原和尚作《掩骼慈航引》。

文未见。今年《里中尺牍》有《与王金如》："掩骼之僧，去年弟发十金，即掩埋至五百余具，业有成效，乃一月而费尽。今欲造船为圆满功德，苦于无资，乞先生命社中经事者录前所生殖之数，并乞促程尔葆兄发与，以充造船之费，万勿更稽，恳望"云云。

同日，致函杨彝为友人赵善征索馆。

据日记。

又，《里中尺牍》今年春季册有《与杨子常》函，托为赵善征觅西席之位，云："小志奉览，诗篇曾借尊名，将毋为宗工累乎？别乞题咏，并望于云间名流征取一二，不胜注祷。"同书又有《与郑寿子玄子》，亦以为赵善征觅西席事相托。另，今年秋季册有《与杨子常》，提到赵得其荐馆。

函慰顾梦麟落第。

见《里中尺牍》春季册《与顾君梦麟》，函云："得读佳卷，真万选青钱，有目共赏，持此应世连捷何难！捧之喜而不寐。"

二月初二，萧山令顾荣见顾。此后为之荐预王朝式讲会。

据日记，二月初二日，风雨大作。萧山顾拭余父母见顾。此外，辛巳岁日记《小求录》亦载及此人："四月初八日，旧萧山顾拭余父母偕郑玄子垂吊。"据《乾隆绍兴府志》卷二十七《职官志三·县官》，顾荣，无锡人，崇祯十年任。即此顾拭余。

又，前所引《里中尺牍·与王金如》提到："初四日之会仍聚否？萧山顾父母为泾阳先生之令侄孙，笃志向道，昨晤语甚欲一预此会也。诸容再布，不一。"所言即顾荣。

初三日，以承燡原定园亭名求乡佳书匾。

据日记。

十三日，简刘甲传，有"昼所为，夜必书之，名曰《自鉴》"，因以之名日记。

据日记。

《宋史·刘甲传》称："刘甲字师文，淳熙二年(1175)进士……昼所为，夜必书之，为文平淡，有奏议十卷。理宗诏谥清惠。"彪佳所见，当即此传。

十九日，游炉峰，和天风和尚偈语吟五律，作《如梦令·望扁舟》词，与蒋倪作《锦缕道》一曲。又即景拈题作诗得五律《清明前四日偕友人泛舟九里，登炉峰晚，泊南池，闲步，即景所见各赋一题，限韵禁体，刻烛成诗，赋得嫩柳莺声》。

据日记。

《如梦令·望扁舟》词、《锦缠道》曲今皆未见；诗见《诗集》，注："清明前四日，偕友人泛舟九里，登炉峰，晚泊南池，闲步即景所见，各赋一题，限韵禁体，刻烛成诗。"《诗始》亦存，题作《清明前四日携同友人陈尚宾、蒋安然、董天孙泛舟九里，登炉峰，晚泊南池，闲步，即景所见各赋一题，限韵禁体，刻烛成诗嫩柳莺声》。陈尚宾名国光，蒋安然名倪，董天孙名玄。

二十二日，吴云甫之子入赘豸佳家，往迎之，举酌。

据日记。

二十三日，清明扫墓。致函胡恒，请以寓园新建诸胜补写入其作《寓山记》中。

据日记。

《里中尺牍》今年春季册有《与胡公占》函云："（《寓山志》）已刻者先呈削政，内少全记一篇，留以待名手。老年翁笔下化工，一语妙天下，万乞为我作记，俾垂不朽，此主人所顿首以求者也。向日遂老作游记，王士美作评，董天孙作涉，自作注，皆构造未竣，以故未得其全，今于记、涉、评、注之外别有览图，自可得之，乞老年翁并入记中以收全局。一经品题，皆成名胜，主人怀感又当何如！伏楮敬恳。外具《牧津》一部上邺架，《樊宗师集》藏书中无之，并复。"则原邀王思任、王业浔、董玄所作的《寓山游记》《寓山评》《寓山涉》，在园景增添后，都进行了文字增补修订。

尊经阁藏《寓山志·注》存胡恒五律《袖海》和五古《寓山题咏》三首，皆注："胡恒，公占，景陵。"

二十八日，与徐如翰、钱德舆等人公晤王期升，言开卧龙山损伤龙脉事，请禁止开采卧龙山。

旧谱："郡城龙脉凿石煅灰，请当事严禁。"

据日记，先是去年二月初九谒钱象坤，曾商议地方开山，伤及府中龙脉，当速禁之事。四月初二日，晤郡守王期升进言此事。二十七日，王思任来函询禁止开凿府中卧龙山事，函复之。五月十一日，致函余煌言此。今年正月十九日，阅邸报见王业浩、姜逢元同日被严旨放归，疑是府中龙脉被开采之故，致函王思任言禁止开采事。二十三日，为此致函金兰。二十八日，与骏佳等至应家山观府龙被土人开凿处，怀兵焚之忧。今日遂同众人上公请。

王业浩，据尊经阁藏《寓山志·注》所收五律《袖海》注："王业浩，峨云，余姚。"

以上相关诸函见《林居尺牍》。去年册有《与王季重》："昨得游名园、捧佳翰、饱珍馔，享福太侈，佩德不浅。承台谕，见老亲翁留心桑梓，所裨益者大，即当致意于钱麟老，共图得当地。敬此附复，并谢不尽。"王季重即思任。同年《与钱麟武》："向承老伯台谕，石灰山破凿风水，今吾越缙绅连遭惨祸，明教如左券矣。侄某偶言之王遂东，即布闻于太公祖禁止，有同心焉，伏乞老伯台台特赐主持，造福梓乡，匪渺小也。肃此上溁，伏乞台照，侄某可任注悚之至。"钱麟武即象坤。今年春季册有《与金楚畹》："府龙禁凿，荷老年翁主持,遂得王太公祖留心若此,其地方之大幸也。"则可知事已得解。

按,据《绍兴府志·山川一》,卧龙山在绍兴府城内,其东为绍兴府署所在,其南则为山阴县署,旧名种山,传为越大夫文种葬地,又曰重山。以山多亭阁,号称仙居山。此山横亘绍兴府城,被视为府龙,因出产石灰,当地居民多私下开采,因此士绅申议禁止。

是日,见张萼所教家班歌童。

据日记。

张岱《陶庵梦忆》卷四《张氏声伎》亦称,张氏兄弟自蓄有戏班。

三月初二日,拣出巡按吴中时所作文移,将所存条陈呈文尽数焚烧。

初八日,董标来,为作函复陈禘。

以上据日记。

初九日,贺汪濬源父母新奉复任之旨,致函杨文骢索寓山诗。

据日记。汪濬源,即山阴令汪元兆。

《里中尺牍》今年春季册有《与杨龙友》:"小山数椽,仅如小儿涂鸦耳,谬叨令亲周又老所鉴赏,得拜妙染佳咏,光重已多。拙志初成,敬呈郢削,倘更邀品题一言,不啻琳琅盈握,感佩何如! 伏恳以恳,不尽驰企。"即致杨文骢索诗之函。同书还有《与张玉笥》《与林自名》等函,亦向张国维、林铭鼎乞寓山题咏。

十一日,托蒋倪改己作《赠商景华》五言排律。同陈国光阅书籍并托之出售重出之书。

据日记。诗未见。商景华未详何人,当为商景兰族人。

十二日,整家中诸疏移、政略之印板。

据日记。

十七日,作成七古《寓山士女春游曲》。

见《诗集》,亦收入《诗始》《祁彪佳集》卷九。

据日记,先是十六日,作《寓山士女春游曲》。十七日,作《春游曲》竟。

尊经阁藏《寓山志·游吟》亦收此诗,并附胡恒、张弘、陈起元、张岱、蒋倪、张弢、王业洵、董玄、陈国光诸《和寓山士女春游曲》七古,可见都作于同时,为倡和之作。同书另有陆澄源(注:芝房,平湖)、张弧《又和寓山士女春游曲》,当作于稍后。

十八日,与胡恒有乐府、歌行异同之辨,胡以为应从风雅辨之。

据日记。

二十三日，**游浮峰寺，次王阳明壁间韵作七律《立夏前一日偕友人游浮峰寺次阳明先生壁间韵》，蒋倪书之壁上。舟中作《浮峰游记》文。**

据日记。是日与友登螺山探石，再从牛头山游浮峰寺，次阳明先生壁间韵。又至前梅村游涉园，泊舟于九眼桥宿。所作即此七律。

诗见《诗集》。《诗始》亦收入，题作《立夏前一日偕郑九华、陈长曜、蒋安然游浮峰寺次阳明先生壁间韵》。郑九华其人不详，陈长曜即国光，蒋安然即倪。

今日所记《浮峰游记》收入《文稿》。文云："越之西有西小江，钱塘之支流也。于立夏前二日偕郑九华、陈长耀、蒋安然返自临浦，顺流下夜行四十里，晓起一舟已泊山下。先是予卜筑寓山，欲向让鸥池累石作回波屿，闻螺山有奇石，神往久之。……行数十步平平无奇意，为怅然。及登巅，见削壁层折，上得洞壑如蜂房，大者可坐十余人，小亦足以容膝。……舟行二三里至故江庙……信步从之几半岭，过此便为道士墺。……叹羡未已，忽有绀宇出蔓棘丛草内，因忆王阳明先生有浮峰题壁诗，将毋是耶？入僧舍，诗句如新，拱肃读再过，陈长耀临摹数字，各次韵一律。与主僧出寺门观碣上记，乃识梅隐君、陆太傅皆栖息于此。宁减东林、白社！惜琳宫倾圮，大费收拾耳。寺之南千嶂屏列，东西汇两湖，水势浩淼，诸山与波上下。……听磬声隐隐天际，知有狮子庵在峰顶。……穿其旁得石门……小憩已，相将觅旧迳归。……时画舫适至，遂归捉笔为记。记未成半，舟已过前梅。"

又，南图藏《里中尺牍》今年夏季册有《与王金如》提及此行："前月二十外向天乐拜扫，因游越峤，登大尖，过石螺山，入浮峰寺，次阳明先生壁间韵，颇开大眼界。"

王守仁（1472—1529），字伯安，绍兴府余姚县人。曾筑室于会稽山阳明洞，自号阳明子，学者称阳明先生。

二十四日，作七古《登越王峥》。

见《诗集》。

据日记，今日乘肩舆登越王峥，慈舟上人出伊蒲共饱之，为作游峥古风，蒋倪书之壁。

二十六日，访王思任，举酌。汪汝谦来游，举酌，与之谈归隐之志。致函夏允彝，探讨体察民情、治理百姓之方法，夏初任长乐知县。

据日记。

尊经阁藏《寓山志·游吟》收汪汝谦《过寓山访幼文先生》，注："汪汝谦，然明，歙县。"当即此行作。

三十日，汪汝谦来谈王修微女侠状。

据日记。

王微（1600—1647），字修微，小字王冠，称草衣道人，明末扬州人，江南名妓。七岁丧父，流落青楼，先嫁茅元仪，又归许誉卿。

尊经阁藏《寓山志·十六景词》存许誉卿《蝶恋花·曲沼荷香》一首，注："许誉卿，霞城，华亭。"

出资为王朝式母营葬。

《里中尺牍》春季册有《与王金如》函，称拟具三十金，先奉二十金。

春，朱燮元卒于官，年七十三。吊莫之，为乞恤典、祀土。

日记载及朱燮元祭葬事宜：三月初六日，晚作祭文奠朱海礵。此祭吊的朱海礵即朱燮元。初十日，风雨。与德公兄、翁艾弟、蒋安然驾小舟，至白洋吊朱海礵。表舅朱茂如、仲含、季方出陪，饭后别归。按，朱茂如名朱兆柏，朱燮元族侄。仲含名朱兆宜，季方名朱兆宣，朱燮元子。六月二十九日，以小舟同德公、季超两兄走吃朱恒岳饭于安康寺。八月初三日，托从兄豸佳作《奠朱恒岳文》。初四日，吊朱燮元。九月二十四日，为朱燮元乞恤典。十二月二十五日，为朱燮元祀后土。又明年日记《弃录》载及，九月初七日，复随府中当事及士绅倪元璐等公祭朱墓。按，祁彪佳《奠朱恒岳文》今不见，从八月托豸佳作文看，此文或未写成。

又据《明史·朱燮元传》，朱燮元（1566—1638），原名懋赏，字懋和，号恒岳，一号石芝，山阴人。累加至兵部尚书兼督贵州、云南、广西诸军务，赐尚方剑，再进少师、左柱国。崇祯十一年（1638）病逝，年七十三。初谥"襄毅"，后改谥"忠定"。能谋善断，擅作文章。著有《督蜀疏草》《朱襄毅疏草》及《朱少师奏疏》等。

四月初一日，致函章正宸言吴中白粮情形。

初二日，拣吴中赃赎文呈投水中。

以上据日记。

初八日，枫社社集，未预。密园中祀土建藏书楼，该楼今年十月三十日完工。

先是去年日记载：九月十三日，整修密园之旷亭。二十二日，密园中开工筑书室。又据今年日记，二月二十七日，移密园书室于旷亭。三月初一日，与郑九华、兄凤佳驾小舟至离渚阅旧屋，将造楼为先人藏书所。定旷亭前空地建藏书楼置放澹生堂藏书，出观旧屋，拟拆建以为藏书楼，今日正式动土。十月初六日，移先人书籍于新构书楼。三十日，密园中藏书楼完工，犒赏工匠。则祁氏澹生堂藏书，先是置放于旷亭，后兄弟新修藏书楼庋藏，楼址仍在旷亭左近。

初九日，数日病疟，至今方稍愈。致函汪汝谦。

据日记。

浙图藏《林居尺牍》今年夏季册有《与汪然明》二函，其一："日来苦疟鬼为祟，作文驱之，今小已，但不能放西陵之棹，与仁兄握手于两堤绿荫浓处。"另一函以得其寓山题咏致谢。当也作于此近。尊经阁藏《寓山志·注》收入汪五律《呼虹幌》一首，注："汪汝谦，然明，新安。"

十四日，闻提学御史欲拂衣去任，函留之。

十六日，以范允临、张瑞图书法赠王应进。

以上据日记。

二十五日，得陈起元《寓山问》。年初以来，断续翻阅《楞严经》未竟，中途搁置。

据日记，此后六月十四日，评次陈起元《寓山问》。

五月初二日，作《林居适笔引》。

据日记。

文见《林居适笔》卷首，亦收入《文稿》。

初四日，呈辞御史台促补。

据日记，先是四月二十二日，作禀呈御史台上司辞补。此后今年十一月初七日，彪佳闻顾瑞屏（锡畴）举荐自己有才可任边事，亦以不愿易山水之志回应。

《里中尺牍》夏季册又有《与章格非》函辞补："弟原无用世才，而学识更是暗浅，其于天下事有济乎？况今老母已七十五岁，人子承欢膝下，万无出山之理。"章格非即章正宸（？—1646），字羽侯，号格庵，晚号偶东饿大，浙江会稽人。

初六日，侄鸿孙集友举淳文社于寓山。

《里中尺牍》今年秋季册有《与杨子常》："舍侄鸿孙，志业颇勤，能读先世遗书，稍有声诸生间，而其向往贤豪尤切凤念。近联敝乡英俊结为淳文社，艺稿成帙，祈得有道玄晏一言，以为增重，庶几伯乐之顾，长加蓟门。舍侄及社中诸友合词托某代恳翁台，乞以奖成后进之盛念，不靳珠玑，弁之简首，则沐浴教泽更无涯也。统希垂神，临楮驰切。"为淳文社文集求序。鸿孙为凤佳长子。

同日，山阴令汪兆元来函劝其出山，复函婉绝之。

又据日记，初八日，汪元兆复以劝出山之函至，长函复之，言不出山意。

初八日，与陈国光辑集家藏印章成谱。

据日记，先是五月初五与陈国光集所藏印章成谱，今讫。

十二日，僧香城携六如和尚函来求作《云门建寺序》。

据日记。此文未见。

二十四日，作《蝶恋花·百雉朝霞》。

此词《祁彪佳集》《祁忠敏公词》皆未收，收入国图藏《寓山十六景诗余》、尊经阁藏《寓山志·十六景词》。

据日记，是日至寓山，续《百雉朝霞》词完。

二十五日，作《蝶恋花·三山霁雪》。

此词见于《祁彪佳集》卷九，亦收入国图藏《寓山十六景诗余》、尊经阁藏《寓山志·十六景词》。据日记，是日早起远阁望晓色，午饭罢出寓山，作《三山霁雪》词。

三山，《乾隆绍兴府志》："《嘉泰志》：'在县西九里，与卧龙冈势相连。'《嘉靖山阴县志》：'在鉴湖中，陆游游息之所。'"

二十六日，作《蝶恋花·通台夕照》。

据日记。此词见于《祁彪佳集》卷九，亦收入国图藏《寓山十六景诗余》、日本尊经阁本《寓山志·十六景词》。

通台夕照，《寓山注·通霞台》："寓山之右为柯山……柯山之胜，以此甲于越中。今尽以供此台之眺听。则台之为景，有不必更为叙志者矣。"

《蝶恋花·远阁新晴》亦当作于左近。

此词《祁彪佳集》《祁忠敏公词》和尊经阁藏《寓山志》皆未收入，见国图藏《寓山十六景诗余》。

此词日记虽未载及，然作时必当与以上诸词相近，姑系于此。以上四词所咏，皆寓园景观名称。

六月十四日，与凤佳简先兄麟佳遗产簿籍，复函陶中岳继子。

据日记。按，麟佳妻陶氏，故与陶氏有遗产牵连。

十六日，李盛世孝廉过访，李设教长水，盛称县令李石云贤良，其侄李石君赠以《溪香初集》诗稿。

据日记。《寓山志·游吟》收《集胜五律八之一》《集胜七律四之一》，注："李如琦，石君，山阴。"同书《十六景词》亦存其《蝶恋花·峭石冷云》。

二十七日，为三江所草公启，陈支河设栅、禁止夜行等规定给运输带来的不便。

据日记，先是六月十八日，三江友二十余人来诉苦，并出示刘宗周所作关于此事的疏稿、公揭。十九日，作函致林铭鼎言此事，并函复刘宗周。

刘宗周《刘子全书》卷二十有本月所作《答祁世培侍御之一》："令岳秉铨，国家治乱安危，端在今日，处斯也，关系良非浅"云云。欲通过彪佳达治乱见解于商周祚。

七月初一日，托人恳黄景昉书联匾。

据日记。

初三日，遘小疾，凤佳命题，作离合体七绝《寓山夏日即事·药名离合》及《县名离合》二首。看戏。

诗见《祁彪佳集》卷九和尊经阁藏《寓山志·游吟》，《诗集》《诗始》未收入。

据日记："体中小不快，德公兄（凤佳）以夏日即事命题，取药名、县名作离合体，予口占二绝。"即《寓山夏日即事·药名离合》《县名离合》。

《寓山志·游吟》所收《寓山夏日即事·药名离合》《寓山夏日即事·县名离合》两题，除彪佳所作外，还有祁凤佳、陈国光、董玄、郑重光诸人七绝。则可知系众人酬唱之作。

按，"离合体"，又称"增损体""拆字体"。通过文字增、损、离、合变化，使谜面谜底相合。宋叶梦得《石林诗话》卷中："古诗有离合体，近人多不解。"彪佳以上《药名离合》拆细辛、山药、乳香药名成诗；《县名离合》诗拆分宛平、山阴、静海诸地名以成诗。

二十四日，改定游击欧阳瑞曹为许豸祝寿文及改建公署之碑记。

二十九日，至蜀阜寺，观壁上王冕所画梅。致函冯元飙。

以上据日记。

《林居尺牍》有《与冯邺仙》："于邸报伏读二三大疏，必持满而发，发必中的，至《刑狱》一疏，大关国体，扶植正气，在此举矣。"

据《明史·冯元飙传》，元飙崇祯八年春还朝，以凤阳皇陵失事，上疏言政本，劾温体仁，迁礼科给事中，复迁刑科左给事中，数言部囚多轻罪，请帝宽宥，并采纳之。函即言此事。

时朱国盛携家优游西湖上，作函致意。

《里中尺牍》夏季册有《与朱云莱》："家兄自潭府言旋，道名园之佳胜，歌舞之妙丽，不啻琼台绛楼，真以卫公之平泉，兼有谢公之声伎，飘渺云天之际,令人可望而不可即也。兹闻鹢舫夷犹西子湖头,柳浓莲碧,政足仰供游履。"稍后又一函约秋日会晤西湖上。

又,同书《与张宗子》:"朱云老舞翠歌红,点缀西子,独吾乡好事寥寥,将毋令湖山笑人。马生歌声绕梁,足称空谷之音,正当共护惜之。读老杜花卿一咏,顷已谕彼,唯唯顾留,想亦有知音之感,自不忍去耳。率复不尽。"另一函《与张宗子》云:"朱云莱女乐,弟可强起当走晤,听仁兄指述称快耳。"

八月初一日,得三宜和尚《落花诗》三十首,明晚为作诗跋。

初四日,与张岱、陈洪绶等观海潮。

以上据日记。

张岱《陶庵梦忆》卷三有《白洋潮》记此次观潮,称:"庚辰八月,吊朱恒岳少师至白洋,陈章侯、祁世培同席。海塘上呼看潮,余遄往,章侯、世培踵至。立塘上,见潮头一线从海宁而来。奔塘上稍近,则隐隐露白如驱千百群小鹅,擘翼惊飞。渐近喷沫,冰花蹴起,如百万雪狮蔽江而下,怒雷鞭之,万首镞镞,无敢后先。再近,则飓风逼之,势欲拍岸而上。看者辟易,走避塘下。潮到塘,尽力一礴,水击射,溅起数丈,着面皆湿,旋卷而右,龟山一挡,轰怒非常。炮碎龙湫,半空雪舞,看之惊坐,半日颜始定。先辈言浙江潮头,自龛、赭两山漱激而起,白洋在两山外,潮头更大,何耶?"按,此"庚辰八月"当"戊寅八月"之误记。

初八日,为黄玄白作寿序。

此文未见。

初九日,出陶堰吊友人陈祷。陈负才不遇而卒。

以上据日记。

十一日,函复叶宪祖、黄宗羲,婉拒其科场请托。

据日记,先是五月十七日,得叶宪祖来函。八月初六日,叶宪祖、黄宗羲来函,以明秋之科场事有求,并以所刻书赠。今复函婉拒之。

函见《里中尺牍》之《与叶六桐书》:"夏间仙舫入越,急欲图一晤言,以慰阔衷。乃乡居荒僻,不及面承馨欬,稍展地主之谊,至今歉仄,不能已已。何时再溯稽山镜水之间,使某得候迎长者之盖于小园。倘徼惠词坛,略霏玉屑,遂使山林生色乎。令坦忠臣哲祠,夙所钦仰,而其盛友三君,又皆玉帛玄纁之品,宁忍自外缁衣之好。惟是林居之人,每见功令日严,人情日险,所以深有戒心,便欲缄口。无能效推毂于名流,甚为愧歉。已悉复令婿之小缄,伏望台台均赐原炤,尚图嵩布,诸惟炤原,临楮驰切。"

十七日,午后与陈国光补寓园诸景于《鉴湖志》内。

据日记。

二十五日，作《马讷斋父母赞》。

此文未见。

据日记，先是崇祯十年（1637）十一月初三日，曾致函倪元璐为之马如蛟求传。马讷斋，名如蛟。

《林居尺牍》今年冬季册有《与马讷斋嗣子》："尊公以忠烈殉难，海内无论识与不识，莫不感叹称扬。乃此同籍子民，不获一申奠哭之恫，瘝瘵咄嗟，食息踟蹰矣。作小赞不足彰盛美之万一，惟藉此少舒飏颂之怀耳。前附一诗中多讹舛，乞即付之瓿为祷。诸不尽言，统惟崇炤。"

与商周祚商议其求归之策。

据日记，先是五月十四日，彪佳闻有再推吏部尚书之旨。二十二日，得报商周祚任吏部尚书。八月初一日，作书劝商求归。

参清夏燮《明通鉴》，今年五月吏部尚书田维嘉以考选不公为词臣杨士聪所纠，落职。左都御史商周祚改为吏部尚书。商今年五月代田维嘉任，十一月削职。

刘宗周《刘蕺山集》卷七也有《答祁世培侍御名彪佳》谈及："令岳秉铨，国家治乱安危端在今日。处斯地者，关系良非浅鲜。贤者在事，自当有一番光明磊落作用。第时局难调，物情未悉，不免动成棘手，尚须门下密为指南，将世道实嘉赖之。万一偶有跌足，则至戚如门下，岂宜置之膜外，不关痛痒乎！昔王墨池（舜鼎）负一时清标，及佐铨衡，举动颇失物望，高忠宪公尝向仆指名而斥之，当时仆颇以忠宪为过，然由而追思前日之事，则墨池委有未当处矣。居进退人才之地者，其未易称任往往如此。辱谕及，敢附闻。幸门下留意。"

九月初五日，闻王朝式有不赴征辟、罢科举之志。作《水龙吟·寓山闲话》。

词见《祁彪佳集》卷九、尊经阁藏《寓山志·十六景词》。据日记，是日作《寓山闲话》词，调寄《水龙吟》。

初七日，偕众绅筹赀买田以为证人讲会费用，观郑壮图所草募捐文。

据日记。

尊经阁本《寓山志·注》收郑壮图五绝《回波屿》，注："郑壮图，雷天，武岗。"

初十日，得张岱所注李贺诗，作函荐于教谕周祚新。

初八日，脾疾作楚。十日、十一日，齿疼。

十七日，郑铉来函，惠祁母以寿章及蓝田叔画。

以上据日记。按，蓝田叔，名蓝瑛，字田叔，钱塘人。

二十日，以筑园木材被南关使者扣押，函乞放还。得玉峰顾、张二友函，函所言为魏子昭索乞赀用运送石经事，为之致函毛晋。

据日记。

函见《林居尺牍》今年秋季册《与毛子晋》："每忆前岁辱顾小园，至今犹佩千里命驾之谊。……缥缃大业不啻二酉藏，近来新刻想更盈邺侯之架矣。《徐骑省集》及《十三经注疏》曾刻就否？前所奉先人手集《澹生堂余苑目》便中乞以掷还。兹有欲以人天善果奉求仁兄者，舍亲沈素先孝廉极为玉峰诸老所持重，兹持顾长公、张次公二札，称其表兄魏子韶愿力甚坚，以十年勤苦镌《楞严》石经，今欲送至涿鹿之石经峪，此智者大师道场，神龙所穿之洞天也。经已竣，而长途之费尚未有所办，闻仁兄曾发弘愿允为资送，沈舍亲乃以顾、张两兄之意合嘱不佞，为魏兄转恳仁兄。"按，徐铉，字鼎臣，宋初诗人，四库全书存《徐公文集（骑省集、徐骑省文集、徐常侍集）三十卷》。据毛晋自撰《重镌十三经十七史缘起》，《十三经注疏》刊刻耗时十三年，崇祯十三年完工。

二十二日，作《江城梅花引·咏孤峰玉女台》。

见《祁彪佳集》卷九、尊经阁藏《寓山志·词》。据日记，今晚作《咏孤峰玉女台》词。

按，峰玉女台，在祁氏寓园之内。《寓山注·孤峰玉女台》称："鹭渡而东，一峰峙青，万衣簇碧，俨若明妆。此台便是幔亭。"

张懿才求品题其刻，婉诿之。

《里中尺牍》今年秋季册有《与张展伯》："若弟之谫陋，仁兄所知。佳刻帐中鸿秘，何堪佛头着粪，万不敢当玄晏之役，伏求垂亮。"张懿才，尊经阁藏《寓山志》存其五律《小斜川》，注："张懿才，展伯，山阴。"

九月，洗诸生金家奕于冤狱。

旧谱："（崇祯十一年戊寅）季秋，洗金生家奕冤。家奕，未尝通姓名者也。"稿本有圈而删，原作："家奕为邑诸生，无事□重辟，是岁已在斩决数，先生闻其冤，即言之当事，后获伸释。"

十月初二日，作《蝶恋花·烂柯山房》

此词存题名而内容亡佚。据日记，今日作《寓山十六景词》之《烂柯山房》，则寄调《蝶恋花》。

《永遇乐·咏柳陌》当作于左近。

《祁彪佳集》卷九、尊经阁藏《寓山志·词》收入。

按，此词未明作时，但祁氏寓山园林修筑基本完工在崇祯十年（1637）左右，《寓山志》在崇祯十二年（1639）前结集，此词作时，当也在此间。姑系于此。又尊经阁藏《寓山志·词》收入祁象佳《临江仙·咏柳陌》一首，注："祁象佳，子音，山阴。"也当作在左近。

十一日，为林铭鼎任满升迁饯行。

据日记。则今年林铭鼎浙江右布政使任满。

十二日，吴江举人潘尔彪与其弟秀才潘尔燮携彪佳同年金肇元函来晤，潘尔燮为彪佳门下张调鼎门下。次日，偕潘氏兄弟游，至系珠庵访僧无迹，潘尔彪作《游密园》诗。

据日记。

十八日，章美以父受题赠翰林待诏来谢。

据日记。章美，尊经阁藏《寓山志·注》存其五绝《丰庄》，注："章美，拙生，吴县。"

二十三日，出访南京兵部赞画胡文柱，得其赠诗扇及《梅月吟》诗。

按，辽宁省图书馆今存唐韩愈撰、明顾锡畴评《顾瑞屏太史评阅韩昌黎先生全集四十卷》，为明崇祯六年（1633）胡文柱刻本；又，明末有明勋法师，原名胡文柱，在天启年间为中书舍人，或当即此人。

十一月二十三日，举一女。妻濒危，延医者钱新绎、张景岳俱至。

按，彪佳四女，除略可知长女生于在莆田任推官时，余皆未明生年。然据日记，崇祯十年（1637）四月初十日，长女德渊受姜光阳家聘。十年十月二十三日，次女德玉联姻于朱兆宣子，又据十二年四月十七日记，则以结姻往朱兆宣寓拜门，则次女正式结姻在后年。第三女德琼十年九月十九日初与王氏议婚，而十四年十一月初四日，方正式下聘。又第四女德蕹，字湘君，适马坞沈萃祉，浙图藏《林居尺牍》崇祯十年（1637）春夏册有《与商等轩外父》函，提到马坞新制科沈某来求聘其女。四女皆是去年同时议婚，则年龄相差不会太大，必非新生儿。日记有载录生年的三女：崇祯九年六月二十四日，妻以殇子悲伤，八月早产，生一女；十年五月十六日，妻难产近危，产一女；十一年十一月二十三日，又举一女。又据今年十二月初二日记："何家娣来，与言新生一女出继之事。"则祁氏夫妇后生之三女，或出继，或夭折。

二十五日，以经年修筑，囊中乏赀，托叔承勋问贷于族侄道瞻。

据日记，此前四月二十一日，也曾托郑重光自柯桥捎带卜筑资。

据《世谱》，彪佳祖父汝森长兄汝东，有长子名祁承辉，其次子应龙（字修麟）生独子祁贞明，字道瞻，广西招抚监军，国变后更名祯朝，号广舆。

十二月初三日，遇余煌，与之邀钱德舆同谒钱象坤，言保留两邑父母事。

据日记。又今年五月初三日记曾载："是日得余武贞都门来书,道召对事,极多感愤。"

按,据《天启崇祯间遗诗小传·余煌传》,余煌时以左谕德右庶子充经筵讲官,与户部尚书程国祥为京城房租事起争,乞假归。旋丁外艰。

《林居尺牍》有《与余武贞》:"台驾的于何日荣发,弟当伏候祖道,以申缱绻。兹具坊刻《纲目广义》《宪章录》《多识篇》、家刻《牧津》《先集》《西事案》共六种奉供邮架,伏乞叱存。《牧津》一书,先子留心采辑,其中有资治理处,足为台台启沃之助。诸不一。"当作于余煌晋京前。

初五日,施邦曜入都,便道过访,赠以《王阳明文集》。

据日记。

按,施邦曜(1585—1644),字尔韬,号四明,余姚人。万历四十一年(1613)进士。历任顺天武学教授、国子监博士、工部营缮主事、工部员外郎、迁屯田郎中、漳州知府、福建副使、左参政、四川按察使、福建左布政使,历南京光禄寺正卿、北京光禄寺正卿,改通政使。复起为南京通政使。崇祯十六年(1643)十二月,任左副都御史。北京陷,殉国。赠太子少保、左都御史,谥"忠介",清朝赐谥"忠愍"。

初六日,取阅城守诸书,欲辑作《御寇书》。

又据日记,本月三十日,观郭青螺《城书》及王应遴《备书》,盖为辑《御寇书》作参考。

旧谱:"季冬,闻流寇肆陷郡邑,先生因博采城守诸记古今有效者,辑为《御寇》一书,此月肇始。"

按,郭子章(1543—1618),字相奎,号熙圃,又号青螺,江西泰和人。隆庆五年(1571)进士。万历二十六年(1598)任右副都御史巡抚贵州、兼制蜀楚军事,平播州杨应龙叛乱。著《平播始末》《豫章书》《城书解》等。又,《备书》二十卷,明王应遴撰,现存明天启间刻本。

今年多预蕺山讲会,师事刘宗周。

据日记,六月初一日,赴蕺山讲会,访刘宗周。与会者王朝式、张应鳌、吴佩兹、吴调元、程尔葆、程自昭、陆鸿之、邢吉先、朱莱臣及郑壮图等。十一月初三日,于阳明书院听刘宗周讲学。

年末散银米赡贫。

据日记,二十一日,于祠堂散赡族银。二十八日,出各村散米赡贫,至定巷,为前些年所未济之地。

卜筑寓山,建室、垒石、凿池、种植花木。

据日记，正月二十三日，督石工筑坝。二十六日，寓山种柳沿堤。二十七日，于堤上种桃、园中种橘、山间种茶。二十九日，至寓山，植桃、柳于大堤。更定回波廊地址。二月初一日，寓山植芙蓉。初三日，植芙蓉于堤、植木香于山。初八日，种枫、柿于幽圃。十三日，至柯山访石为回波屿。十四日，移让鸥池南花木为回波屿。十五日，移池南花木。二十四日，督奴仆植花木。三月初二日，督奴仆植菱草于让鸥池。初六日，至寓山。妻督诸婢采茶，彪佳督奴仆植草花松径中。十五日，至柯山选石。四月初九日，与陈长耀垒回波屿。二十六日，与郑九华至山，督石工筑长堤。始作妙赏亭及瓶隐曲廊。二十七日，与陈长耀至寓山，更广回波之址。二十八日，石工午后方至。二十九日，通水于屿中，驾石为梁，甚增胜概。五月初一日，与陈长耀向柯山选石，至清水宕归。初四日，园中书楼、山中小亭俱竖柱。初七日，货花石至，出柯桥买木。初九日，牛头山运花石至，午后垒之屿上。十二日，曲廊肇工。十三日，至寓山，见陈长耀，垒石将竣，驾石为门，宛转可达，为之色喜。十九日，与长耀出寓山垒屿，已竣第一层。二十日，与陈长耀、郑九华至寓山垒石。二十一日，及晚，垒石工已及半。二十二日，陈长耀为彪佳删密园花石，移之寓山。二十五日，改筑瑟瞵石山成。二十七日，督庄仆车池水为浚筑之役。二十九日，与董、陈二友谈回波屿，又增垒石数片。六月初五日，陈长耀垒屿旁一小岛，是日竣事，巉峭可观。二十七日，至寓山，令奴仆扫除草阁一带。七月初四日，瓶隐已告成，督奴扫除。初六日，督奴仆扫除竟乃归。十九日，午后架木为台。八月二十八日，为诸匠估书楼工费。九月初一日，为估石工及泥水之值。初五日，与郑九华至寓山，植葡萄于幽圃。九月二十六日，同郑九华驾舟至阮社，宿于舟中。二十七日，始拆卸茅氏屋，以备移作寓园藏书楼八求楼。二十九日，与陈长耀至阮社。十月初四日，与陈长耀至阮社，时大厅已拆完。初五日，督匠运砖瓦于宗祠内。与陈长耀定记籍木植之式。初六日，卯刻起圆木兴工。初七日，至阮社，与郑九华估石料。初十日，至寓山，开圃于幽圃之南，移桑于其地。十四日，陈长耀至寓山，料理凿池。十六日，与陈长耀移花木于幽圃，移桑于南园。十七日，查简石料，于宗祠点验砖料，会计寓山世产。二十日，凿南池及半，建杉买至。十一月初四日，营梅坡将成，小憩前凿一小池，更移植花木。初七日，小憩前编竹为篱，下种黄花。十三日，午后出寓山，放水于两池。十四日，午后出寓山，植梅于坡，甚有景色。十五日，再市梅于近村，又从旷亭得茶树，出寓山植之。二十七日，与陈长耀出寓山，植梅于梅坡。十二月初一日，午后出寓山，植杏于幽圃。初二日，会计石工及砖瓦等科，殊觉烦冗。二十六日，令仆移床寓园,以备新年移母居于寓园。二十九日,出至寓山,扫除亭榭,梅坡上径路已成。午后会计帐籍。陈长耀名国光。

今年《寓山志》衷辑刊刻情况,据日记梳理如次。

正月初九日,得张学曾赠书、画扇。阅张懿才、孙任安所作寓山诗。

《里中尺牍》春季册有《与张尔唯》:"得捧扇头诗翰,如获百朋,并拜《景物略》,以志雅谊。小山数椽,欲求大咏,容俟柳舒桃放时专聆明教也,敢预订之,统惟崇炤。专刺过谦,敬璧。"张尔唯,尊经阁藏《寓山志·注》收其五绝《沁月泉》,注:"张学曾,尔唯,会稽。"

十六日,陈国光来画《寓山图》,蒋倪指点,彪佳令补画入自己意中欲构之景。此后十七日,陈续作《寓山图》。二月十四日,续画。三月初一日,刻工刻《寓山图》竣工。得陈祢所作寓山十六景诗。

按,《寓山图》收于浙图藏《寓山志》之首,图跋注:"崇祯戊寅春日写并跋于密园之壑舟,长耀山樵陈国光。"尊经阁本《寓山志》同。

二月初三日,抄书匠金顺高挟刻匠以刻《寓山志》来。

初五日,函索倪元璐《寓山赋》,索刘迅侯、张学曾对联。

函见《里中尺牍》春季册。《与倪鸿宝》:"小园荷慨许作赋,山灵实闻斯言,因鼹剙未竣,遂迟珠玉之赐,求者缓呈望年翁应之函耳,尚容抠领躬谢。"同书又函:"小园尚有一二构造在意中,诎于费用不能举,另幅附览,乞入佳赋内,可作梦游,亦未必不为他日兆也。翁艾弟扇头乞大笔,幸即挥赐。"作于稍后。《与张尔唯》:"小阁初成,乞得大笔增山灵之重。首句尚不得意,选诗中更有精切可配幽响句者,并乞妙裁,更祷。"张学曾,字尔唯。

十七日,张弘来函盛称《寓山志》,函复之。

国图藏《林居尺牍》有去年《与张毅儒》:"山中诸咏一经品题,使妍媸各安其位,而寸玑尺璧,尽归鉴赏,尤见怜才苦心。小志已就,乞仁兄以订定二三卷社诗掷下,摹仿评语,乃可登梓,或草本或写就者,似不能待刻竣之日也。恐妨静修,不烦回音。"下又函云:"社集之刻,关千秋大业,宁严毋宽。如小作陋劣,应从首摒。倘仁长兄以嗜痂见收,则《酣漱廊》一首有改作者在,录呈郢削。他如谢岵老(弘仪)之《虎角庵》、王尔瞻(贻模)之《笛亭》、越卓凡(其杰)之《踏香堤》俱未经入选,赵孟迁(陞)之《幽圃》、张宗子(岱)之《听止桥》、董天孙(玄)之《草堂》、懒先之《丰庄》,俱有改窜。要以文章公器,不妨各出手眼,或诸兄所不见罪也,恐于社集异同,敢此附闻不一。"皆为此前恳张弘评选社诗及志而作。

又,浙图藏《林居尺牍》今年夏季册有《与张毅儒》:"小作集于后二日奉司会处。想仁兄掩口已久，兹不赘具。士美（业洵）兄记事极妙，得未曾有，亟宜弁首，顷已面璧之矣。"又函："孟子塞（称舜）兄以一记来，今附弁于社诗之首，三诗亦望录入集中。弟不能诗，安能评诗。昨者勉强捉笔，如矮人观场，随众赞赏，必祈仁兄严加笔削之，使共探元音，庶不孤风雅之盟耳。"此外另有《与张毅儒》函谢其批评《寓山注》。

二十三日，致函胡恒，请以新建诸胜补写入其所作《寓山记》中。

函见《里中尺牍》今年春季册《与胡公占》："（《寓山志》）已刻者先呈削政，内少全记一篇，留以待名手。老年翁笔下化工，一语妙天下，万乞为我作记，俾垂不朽，此主人所顿首以求者也。向日遂老（王思任）作游记，王士美（业洵）作评，董天孙（玄）作涉，自作注，皆构造未竣，以故未得其全，今于记、涉、评、注之外别有览图，自可得之，乞老年翁并入记中以收全局。一经品题，皆成名胜，主人怀感又当何如！伏楮敬恳。外具《牧津》一部上邮架，《樊宗师集》藏书中无之，并复。"

三月初一日，得陈祗所作寓山十六景诗。

初九日，致函杨文骢索寓山诗。

《里中尺牍》今年春季册《与杨龙友》："小山数椽，仅如小儿涂鸦耳，谬叨令亲周又老（祚新）所鉴赏，得拜妙染佳咏，光重已多。拙志初成，敬呈郢削，倘更邀品题一言，不啻琳琅盈握，感佩何如！伏恳以恳，不尽驰企。"同书还有《与张玉笥（国维）》《与林自名（铭鼎）》等函亦乞寓山题咏。

二十八日，观胡恒所作《寓山士女春游曲》。

四月初三日，阅陈国光所作《寓山士女春游曲》。

初八日，枫社社集，未预。得张弘、王业洵所作春游曲。

《里中尺牍》夏季册有《与张毅儒》函："谢简之（弘仪）先生修举废堕，是社中盛事，弟以事不得预，真俗子徒败人意矣"云云。则此次主事者谢弘仪。同书又有函："惟得捧尊作游春曲，颇觉霍然。喜人谓读橄愈头风，良有以也。高咏言简而意尽，又有不尽之妙，所以冠于诸作，称绝唱也。社题乞示之，弟久逋非法，当于病后勉图之耳。"又函："社题极难，正须仁兄以清新俊逸写之，病之不免却步矣。……闻令弟选有钟、谭诗，曾刻竣未？乞以原本赐示，奉为司南，即当返璧。倘属枕中之秘，弟亦不敢别示人也。附恳不一。"下另函道："辱招携作山水间游，胜友雅怀，上下千古。鄙劣何幸，乃于修禊会中分半席耶！小诗献丑，正欲引玉耳，颙望大雅之章。公占先生已订约初四日，届期快得把晤，小舟亦供用也。佐觞之具领入，附复不一。"

初十日，许豸来函，示以咏寓山五言古诗。

十一日,得张岱《寓山士女春游曲》。

《里中尺牍》夏季册有《与张宗子》:"得披春游曲,不觉霍然。"

二十五日,得陈起元《寓山问》。又据日记,四月初九为陈自誉删改《寓山问》。六月十四日,评次陈起元《寓山问》。

按,据日记可知,《寓山问》曾得陈起元、陈祷两人之作,今陈祷文不存。

五月十四日,得朱国章作寓山叙、赋、诗数种。

按,尊经阁藏《寓山志·注》收朱国章五绝《袖海》,《游吟》收七律《坐溪山草阁 集句》,注:"朱国章,仲朗,山阴。"

十五日,吴国钥过访,以所续十三景托之向吴中士绅求诗。恳张岱评选寓山诗注。

《里中尺牍》夏季册有《与吴莱公》:"《续注》数行因迫于脱稿,俚率可嗤,安敢以此博宗工珠玉,兹再加点定,乞仁兄命典签多录,博求名咏,并乞邮一幅于君服兄,旧稿速为我覆瓿,夏初颙望赐教,临楮驰注。"当作于左近,莱公为吴国钥字或号。君服,即沈自然,吴江人。

十九日,得吴中朱家琰函,有寓山十六景诗及所画十六景图。得郑壮图赠以文稿。阅赵镜《闽游社言》。

《里中尺牍》冬季册有《与赵呦仲》:"小志将成,容印出奉台览以求题咏。"当作于《寓山志》刻成之稍前。尊经阁本《寓山志·注》收赵五律《幽圃》一首,同书《游吟》收其集句诗《祁幼文以寓山见示集唐寄赠》二首,注:"赵镜,呦仲,山阴。"同书收郑壮图五绝《回波屿》,注:"郑壮图,雷天,武岗。"

二十日,得沈君服寄以松陵名僧、闺秀所作寓山杂咏。

《里中尺牍》夏季册有《与沈君服》:"正托莱公兄以《注略》并刻《志》求名篇,倘更得于《续注》中复有惠教,实无涯之感佩矣。"松陵,吴淞江古称,代指吴江县。

又,尊经阁藏《寓山志·注》存僧体然《妙赏亭》五绝,注:"僧体然,澄心寺。"澄心寺在马鞍山。叶小纨五绝《孤峰玉女台》,注:"叶小纨,蕙稠,吴江。"沈宪英五绝《远山堂》,注:"沈宪英,兰友,吴江。"当皆是此时寄来。

二十二日,作书向张种燕求诗。

二十三日,致函陈起元、张弧求诗。

二十五日,得董玄《瓶隐》《孤峰玉女台》诗及陈国光五绝四首。

二十七日,向胡恒、张弧、王登三、徐如翰求诗。

《里中尺牍》今年夏季册《与胡青莲》云:"前是荷年翁许为小园作记,山灵实闻斯言,主人延颈以望久矣,乞即命笔以解馋渴。志中惟董天孙之《涉》

与弟某之《注》似已详尽，然而有未尽，则因构造在刻志之后，又一二亭榭以意为之，尚在梦想间，今乞年翁俱入尊记，以成大观。别幅呈览，仰惟赐焰。偶作《春游曲》俚语以资喷饭。莆中一先辈著《楚辞》并上邺架，诸俟晤悉。向见《檀雪集》中诸体毕备，乞年翁于《志》外别作一体何如？似不必俱拘拘园记也。"所求《寓山记》也。胡青莲，名恒，字公占。又，同书《与徐檀燕》："小山欲求题咏，用为林壑之光，而翘望词坛，逡巡未敢。然向荷宠临，极加赞赏，或不靳珠玉之惠乎？兹有构造，又在刻志之外，谨录呈《续注》数则，敬恳老伯于其中择赋数题，或五律或五绝，将使培塿藉名作以不朽，拜赐宁啻百朋乎？劂剞立待，望即命笔，可任注祷。"徐檀燕，尊经阁藏《寓山志·注》收其五律《孤峰玉女台》，注："徐如翰，檀燕，上虞。"王登三，字皞长，山阴人。

六月初四日，阅王思任游记。

初五日，得王应进寓山诸景集字诗。

初八日，改竟先前次第所作《寓山续注》。据日记，此前五月十三日，以新增寓山园景补作《寓山续注》数段。十六日，亦曾补作《续注》。本月初七日，改订《寓山续注》，今竟。

初九日，改董玄《寓山涉》完。先是五月二十八日曾改此文。

初十日，得孟称舜所作寓山诗。批评李灿箕所作《寓山梦》。

浙图藏《林居尺牍》今年春季册有《与王士美（业洵）》："昨会得佳咏，遂堪压卷。小言呈郢削。孟子塞兄记事诗章俱久逋，乞仁兄以一字促之为望。"则未得诗前促作之函也。同书有《与孟子塞》："伏读大作，神韵得之髯苏，觉河东永州诸记，尤为少逊。若夫潘江陆海，当拜下风也。三诗清新，矫然脱俗之杰构也。诸友咏已，僭笔送张毅儒，闻已转谢痦老处矣，当续此为冠冕耳。弟向于词曲一道，偶有管窥。曾以入声下韵作去上为非是，因取极拗之体极险之韵漫成一阕，凡词中用去上处，无一字不欲合律，未免拘束太严，词之工拙不暇论也。不拈此道，已几十载，非但手生荆棘已也。昨读妙曲，不禁有见猎之喜，因与仁兄论去上而偶及之，其实词章陋甚，不堪鉴赏。幸即覆瓿，叨爱多矣。《鱼儿佛》一剧，亦是未梦见此道时所为，自审殊觉多疵，当不免宗工齿冷，惟于先兄太室四剧稍有一得处，容刷印奉来，诸候再吐。"得诗文后致谢所作，并论及戏曲作法，以及自己与长兄剧作。谢痦老，即痦云，名国，又名弘仪，绍兴戏曲家。孟称舜所作，尊经阁藏《寓山志·注》存五绝《瓶隐》《妙赏亭》《即花舍》。又，《里中尺牍》今年夏季册之《与孟子塞》云："山中复有小构，适与董天孙披襟读大篇，谓是前日一拳初开时所作者也。今布置渐广，而叙述尚遗，倘得化工之笔，更开生面，或浑融言之，止发寓意,则此志便成全书矣。不意天孙遽闻之左右,而且代乞题咏;荷即慨然,是何山灵之多幸也!恐妨静修,逡巡未敢,倘得于纳凉之暇,偶一挥笔,真不啻百朋之惠矣。小《志》并《续注》稿呈览政。"《志》,即《寓山志》也。

李九滦,名灿箕,仙游人。尊经阁本《寓山志·注》存其五绝《丰庄》,《词》存其《念奴娇》,《题咏》存其七律《寓山题咏》四首,皆注:"李灿箕,九滦,仙游。"《里中尺牍》今年春季册《与李九滦》:"因念小山率构,有类涂鸦,惟借以获稻摘蔬,奉老母匕箸。今得名公品德,玉贯林泉,锦张岩壑,兰亭重于逸少,金谷表于安仁,山灵何幸,主人何幸!虽下米颠之拜,吸青莲之觞,不足以酬高文雅韵也。已成帙者再呈台览,嗣容借光集中,更上记室,家刻数种,并祈宗工政之。"因初得其《寓山梦》致谢。又浙图藏《林居尺牍》今年春季册有《与李九滦》言向得其诗,今又得文,并请以袖海、瓶隐、妙赏亭等再补入其所作《寓山梦》中。另据日记,五月二十五日,有函谢李函赠重订《寓山梦》。

十一日,观顾元庆所画寓山十六景,赞赏之。

尊经阁藏《寓山志·十六景词》卷首注:"华亭元庆顾善有评选,吴县介平殷时衡参阅。"同书存其词《通台夕照》,注:"顾善有,元庆,华亭。"

又,据明张国维《抚吴疏草·顾善有移恩疏》,崇祯七年(1634)祁彪佳巡按苏松时,曾因顾氏父祖捐赀置役田,请旌褒顾善有。

十二日,书匠金顺高来抄写《寓山志》。

十三日,得张弘、王登三、朱国章所作寓山五言绝句。

十六日,读张遂辰寓山五言近体诗、曾益所作十三景五律。

《里中尺牍》今年夏季册有《与张卿子》乞诗,函云:"去秋雁社之集,以为霜叶花燃时可续此兴,讵意多病多冗,辽隔迄今。每咏'孤雁独南翔'之句,不禁魂消矣。山中泉石向借高吟以为光,兹番复有小构,再欲乞注,岂可无仁兄大作压卷,必求五律数首,使培嵝争高嵊巇,剚刿立待,望即命笔。《注略》览讫,乞移送郑梦丝兄代求佳咏,一并早惠掷于敝寓小仆,感佩何以!"两人诗作,皆有收入尊经阁藏《寓山志》。尊经阁藏《寓山志·注》收入张遂辰五绝《读易居》一首,注:"张遂辰,卿子,钱塘。"曾益五律《水明廊》一首,注:"曾益,谦甫,会稽。"又,同书收入曾氏《金菊对芙蓉·集胜四之一》词,咏寓山风物,当也作在近期。

十七日,令抄书匠金顺高至寓山抄诸友之题咏、游吟。

十九日,函托胡恒评选寓山题咏。

《里中尺牍》夏季册有《与胡公占》云:"寓山题咏、游咏又得若干首,乞台翁选择其可刻者加以品评,妍媸好丑定无遁形,足为小志之光矣。《续注》得妙什,遂附以不朽,目下正有事于梨枣,幸即命笔,可胜驰企。"

二十日,得陈起元咏寓园七律四首。

求诗函见《里中尺牍》夏季册《与陈抑涵》。同书又有函云:"小刻初成,刷印甚少,先奉一册供清览。"另,同书有《与吴二如》:"承谕掌记之友,有敝乡陈君名起元号抑涵者,四六尺牍为越城之冠,近兼习刑名,曾在先严门下供诸君游宦之役屡矣,但新岁未曾面晤,不知肯至毗陵否?"则曾为起元介绍游幕之所。

二十一日,偕许樵游寓山园,许赠以所作诗。

尊经阁藏《寓山志·注》存其五绝《妙赏亭》,注:"许樵,岩长,莆田。"

三十日,胡恒点定《寓山续注》。点评寓山十六景词竣工。

按,彪佳以所得亲友寓山词,辑为两种:《寓山十六景词》,全部寄调《蝶恋花》,现见于国图藏《寓山十六景诗余》,所吟咏寓山内景八,外景八,分别为《远阁新晴》《通台夕照》《清泉沁月》《峭石冷云》《小径松涛》《虚堂竹雨》《平畴麦浪》《曲沼荷香》《柯寺钟声》《镜湖帆影》《长堤杨柳》《古岸芙蓉》《隔浦菱歌》《孤村渔火》《三山霁雪》《百雉朝霞》,尊经阁藏《寓山志·十六景词》收入了其中部分佳作;《寓山词》,词牌不限,尊经阁藏《寓山志·词》选辑了其中佳作。

十六景词搜辑情况,据日记,先是去年九月二十一日,蒋倪、柳人曾拟寓山十六景,各赋《蝶恋花》词一首。尊经阁藏《寓山志·十六景词》收柳人曾同词牌《远阁新晴》《清泉沁月》《峭石冷云》三首;收蒋倪同词牌《峭石冷云》《虚堂竹雨》二首,十月二十五日,函谢孟称舜作寓山词。尊经阁藏《寓山志·十六景词》收其同词牌《远阁新晴》《清泉沁月》《峭石冷云》《虚堂竹雨》《镜湖帆影》《长堤杨柳》《古岸芙蓉》《隔浦菱歌》八首。十一月初三日,函乞陈祢寓山词。尊经阁藏《寓山志·十六景词》收其同词牌词《清泉沁月》《小径松涛》二首,国图藏《寓山十六景诗余》则收其完整十六景词。初五日,阅所得寓山十六景词三十余阕。今年二月初六日,得方岳贡函及南京诸名公所作寓山词。尊经阁藏《寓山志·十六景词》收顾善有《通台夕照》注:"顾善有,元庆,华亭。"经有九《小径松涛》注:"经有九,行一,江都。"董孝初《小径松涛》注:"董孝初,仁常,华亭。"方一元《虚堂竹雨》《曲沼荷香》《长堤杨柳》注:"方一元,心寰,全椒。"范凤翼《平畴麦浪》注:"范凤翼,太蒙,通州。"李待问《平畴麦浪》注。"李待问,存我,华亭。"许誉卿《曲沼荷香》注:"许誉卿,霞城,华亭。"贺麟征《曲沼荷香》注:"贺麟征,天若,丹阳。"秦凤翔《曲沼荷香》:"秦凤翔,上元。"周亮工《柯寺钟声》:"周亮工,元亮,祥符。"万时华《长堤杨柳》注:"万时华,茂先,南昌。"顾开雍《古岸芙蓉》注:"顾开雍,伟男,华亭。"
周裕度《隔浦菱歌》注:"周裕度,公远,华亭。"沈易《隔浦菱歌》注:"沈易,交
甫,上元。"刘城《孤村渔火》注:"刘城,伯宗,贵池。"张宝臣《三山霁雪》注:
"张宝臣,子懋,华亭。"陈弘绪《三山霁雪》注:"陈弘绪,士业,新建。"朱榖《百
雉朝霞》注:"朱榖,公贻,华亭。"单恂《百雉朝霞》注:"单恂,质生,华亭。"屠
惟英《孤村渔火》注:"屠惟英,昌龄,鄞县。"当皆近日所得。三月初十日,得
周懋宗所作《寓山十六景》词。尊经阁藏《寓山志·十六景词》存其《远阁新
晴》《通台夕照》《清泉沁月》《小径松涛》《虚堂竹雨》《平畴麦浪》《曲沼荷香》
《柯寺钟声》《长堤杨柳》《古岸芙蓉》《隔浦菱歌》《孤村渔火》,注:"周懋宗,因
仲,山阴。"五月十四日,于许豸处得吴中友殷时衡所作十六景小词甚佳。
《寓山志·十六景词》存其《远阁新晴》《清泉沁月》《小径松涛》《虚堂竹雨》
《平畴麦浪》《柯寺钟声》《长堤杨柳》《古岸芙蓉》《孤村渔火》《百雉朝霞》,注:
"殷时衡,介平,吴县。"二十七日,与董玄校王扬德等人所作诸词。尊经阁藏
《寓山志·十六景词》存王扬德《冷云峭石》《镜湖帆影》《长堤杨柳》,注:"王
扬德,宛委,会稽。"六月初二日,与董玄点定《寓山词》。十四日,为叔父承勋
修改寓山词。尊经阁藏《寓山志·词》存其《沁园春》,注:"祁承勋,祖蒙,山
阴。"同书《十六景词》存《平畴麦浪》《柯寺钟声》当即此时作。二十二日,呼
幼子班孙录抄寓山词。二十八日,评选十六景词余,周懋宗、殷时衡所作入
选最多。七月十二日,评云间诸人词,为董玄改《鉴湖帆影》词一阕。尊经阁
藏《寓山志·十六景词》收董玄《清泉沁月》《小径松涛》,《寓山志·词》收董
玄《玉楼春·咏沁月泉》《鹊桥仙·咏冷云石》《风流子》,当皆作于此前后。

去年(1637)《林居尺牍》有《与孟子塞》函道:"闻仁兄同令兄左顾小园,
竟不使弟知之,遂失倒屣。虽剡溪之棹以不见戴为高,然良晤无期,能不怅
怅哉。前是奕远舍侄云闻之王之仙兄,言令郎已招取,弟信为实。是以十三
日晤府公祖,第为邵康侯乃郎置一语,而不及令郎,盖以不必及也。数日前
询令兄,始知其讹,绵力莫效,深为愧歉。然邵兄文止篇半,首篇颇不惬意,
太公祖尚云已在副取,则留心可知,令郎必不置孙山外也。若其不然,则他
日当先推毂于邑尊,以为府间前列地。寸丹自矢,勿□瘝痱矣。《寓山志》容
俟小注刻完日呈览政。大作鼓吹词坛,以汤若士(显祖)、屠赤水(隆)作玄晏
先生,尚恐不尽赞美,弟之固陋,何堪佛头着粪。迩来即社集诸诗,亦且遁
负,则不能勉强操觚可知。谨此固辞,万非套饰,祈垂亮之。小园近为诸友
拟十六景,向见仁兄小词极佳,敬奉题式,伏乞高吟,多寡迟速,则不敢拘也。
昨托柳集玄(人曾)兄一致鄙悰,而大教适至,敬附复不一。"为求词之作。彪

佳所指孟之"大作"当为其所评点之《古今名剧合选》，称舜索彪佳作序，因言此。尊经阁藏《寓山志·词》今存孟《贺新郎》词，注："孟称舜，子塞，会稽。"《寓山志·十六景词》又存其《远阁新晴》《清泉沁月》《峭石冷云》《虚堂竹雨》《镜湖帆影》《长堤杨柳》《古岸芙蓉》《隔浦菱歌》，当皆为此作。

又，《里中尺牍》今年春季册《与张介子》求寓山词："中州之使既发，得暇乞为弟作为小词否？望之。"又，冬季册有《与张展伯》函，言已得其寓山词，并转祈写古文序跋，另求何芝田诗章序言。张展伯，尊经阁藏《寓山志·词》收其《满庭芳·咏踏香堤》，注："张懿才，展伯，山阴。"当即此作。

另外，张岱《琅嬛文集·词》有《远阁新晴》《通台夕照》《三山霁雪》《百雉朝霞》诸诗，当即为此作，但《寓山十六景诗余》中未收。

七月十五日，阅《寓山注》。

二十一日，评点《寓山注》内诗。据日记，自十九日始，取《津逮秘书》中诗评、诗品评点《寓山注》。

二十七日，得李灿箕寓山诗。

尊经阁藏《寓山志·词》收其《念奴娇》，注："李灿箕，九漈，仙游。"当作于左近。

八月初七日，金顺高来抄《寓山志》。

十七日，午后与陈国光补寓园诸景于《鉴湖志》内。

二十三日，得冯梦龙、林辰诗稿。又得徐波寓山分胜诗，明日点定之。据日记，此后九月初五日，托董玄转谢林辰作诗。

函见今年秋季册《与董天孙》："山中作别，旋得士美（业洵）兄评诗，不啻百朋之锡矣。兹又捧林木翁诸作，使人惊喜过望。孚若鲜花之发露，思同静竹之参云，志中五律多矣，求清远萧散号称神逸者若林翁之诗，不能屈第二指。小山得之，泉石俱生宝光矣。贱刺乞转致谢，尚容面颂。《续志》刻已过半，两佳咏惜未能早付劂剞，今当刊去他人数首，以借光重。"尊经阁藏《寓山志·注》存徐波五绝《瓶隐》《梅坡》《试莺馆》《归云寄》《即花舍》，注："徐波，元叹，长洲。"又，同书存林辰五律《妙赏亭》《梅坡》《归云寄》《即花舍》《宛转环》，注："林辰，木道，会稽。"据《乾隆绍兴府志·人物十三》，林稊，改名辰，字木道，会稽人，崇祯庚午（1630）顺天举人，才识弘博，崇尚志节，受业于倪元璐之门，屡上春官而不第，日惟诗酒自娱。

九月初一日，得王业洵所作《寓山后评》及诗。

《里中尺牍》今年秋季册有《与王士美》："山中荷仁兄扁舟见访……诸咏得自奉求之外，惊喜过望。惜已刻成其半，近有续至者，原欲再为一集，正须借名篇压卷耳,敬附谢不尽。"据日记,此函作于本月初四。又,今年冬季册有《与王士美》云:"乞题咏荷即慨然,是何山灵之多幸也。小志并《续注》稿呈览政。"作于稍后。

又,尊经阁藏《寓山志·词》中收黄居中(字明立,晋江人)《蝶恋花·寓山话旧》,有小引,称与承燧同白门社,为通家好,"从同里李司马得姚江王士美评寓山园",知彪佳构寓园,意托深交,以笔当卧游。则可见未亲临,系因王业洵《寓山评》而知寓园者。

十一日,与抄工金顺高订《寓山注》。

十六日,李贞见访,不值。沈君服、夏君如自吴门过谒,留之饭罢,同游寓山,得吴中诸名士所作寓山绝句,又得王思任书,为韩君介绍。

尊经阁藏《寓山志·游吟》收夏金式《秋日远阁听采菱格》,当即此行所作。另,《寓山志·注》收沈自然《听止桥》五绝注:"沈自然,君服,吴江。"夏金式五绝《丰庄》注:"夏金式,君如,长洲。"沈自炳五绝《芙蓉渡》注:"沈自炳,君晦,吴江。"汪明际五绝《志归斋》注:"汪明际,无际,嘉定。"李模五绝《志归斋》注:"李模,灌溪,长洲。"胡沆五绝《笛亭》注:"胡沆,幼真,宜兴。"王有孚五绝《约室》注:"王有孚,尹玉,上海。"林云凤五律《寓山草堂》注:"林云凤,若抚,长洲。"陆启浤五绝《通霞台》注:"陆启浤,叔度,平湖。"顾开雍五绝《静者轩》注:"顾开雍,伟男,华亭。"沈华鬘五绝《即花舍》注:"沈华鬘,兰余,吴江。"朱隗《远山堂》注:"朱隗,云子,长洲。"沈宪英《远山堂》注:"沈宪英,兰友,吴江。"当皆此时所得。

十八日,校《寓山志》。

十月初一日,任玉衡(正则)来游寓山,赠诗数首。

初十日,校《寓山志》。

十八日,章美赠所作寓山十六景古诗。按,章美字拙生,吴县人。

十一月初一日,得刘广所作寓山十六景诗。按,刘广,字元博,长洲人。

二十二日,安国贤寄来闽中士人所作寓山诗赋甚多。

尊经阁藏《寓山志·注》存安国贤五绝《天瓢》,注:"安国贤,苊卿,闽县。"

十二月十八日,金顺高抄录《寓山赋》。

今年多出游越中山水园林,作《越中园亭记》。

《越中园亭记》见《祁彪佳集》卷八。

据日记,正月三十,游艺圃及天镜园,作所游园记。二月初二日,作《越中园亭记》。十五日,成《越中园亭记》之《考古》部分。十六日,作《越中园亭记》始竟。十九日，偕完朴、天风两僧及陈国光、董玄游炉峰。至谢墅，游胡氏漉月亭、陶氏招鹤山房，抵南池，闲步。二十日，邀友同游奉圣寺、天衣寺，谒张元忭祖墓，过张氏亦在山房。二十二日，入化鹿山，晤骏佳于其西渡山庄。三月十八日，偕胡恒至禹穴，礼南镇神，游皁庄。二十日，偕陈国光、蒋倪、郑重光出游天乐，之沪后，游雨园、陈氏素景园。二十三日，登螺山探石，自牛头山游浮峰寺，至前梅村游涉园。二十四日，登越王峥，游灵峰寺。补作所游园记。九月十二日，携陈国光、金顺高、董玄出访王业洵，至城隍庙，是日神诞日。暮放舟出西郭，至都泄、五云，抵白塔。十三日，至康家湖，游罗天乐所构新园及其长子之园亭。出泾口，游周观图之柳溆。至白塔下，游陶橒曲之玄对山房，至樊江，沽酒于橘城居士家，观其圃，甚慕之。至树港，乘月扣门，游孟芥舟之麓泽小筑。十四日，放舟归。十一月二十二日，游宜园及倪元璐所建园亭"不系舟"，至渔来馆观梅。十二月十五日，偕陈国光、金顺高舟入城，自北海桥至新司后看古玩、水澄巷看梅，复至镇东市玉蝶水仙。自卧龙山登筠芝亭，复至弦园看梅。

今年聚书读书校书情况如次。

据日记，正月初七日，阅《妙法莲华经》。初九日，得张弧赠《帝京景物略》。十四日，得董玄示以《广骚》《谱贺》二种诗词，阅《帝京景物略》。二十二日，整理丁丑年来函，汇钉成书。二十四日，阅《瀑园志》《十洲志》诸书，阅竟《黄药禅师语录》。二十八日，阅《王文成语录》及《文选》。

三月二十九日，陈仁锡长子陈济生来顾，赠以乃父所点定《通鉴纲目》。

四月二十五日，年初以来，断续翻阅《楞严经》未竟，中途搁置。

五月初一日，偕王朝式、袁则学（师孔）、郑壮图登藏书楼，阅李文饶（德裕）之《平泉》诸记及诗，叹古人之醉心园亭亦是痴癖。初五日，阅许豸所著《海署肤筹》。初十日，检藏书，得《文选》二种。偶阅王思任《悔疟抄》。十三日，阅杜甫五言律诗。十五日，阅云间人所作《陈烈妇歌》。十六日，阅《琅环录》。十七日，阅《冷斋夜话》《剧谈录》。十九日，得郑壮图赠以文稿。阅赵镜《闽游社言》。二十一日，阅王阳明语录及《训汇规则》。二十三日，阅《史唾》及杨慎《词品》。正月以来，陆续翻阅《文选》。二十四日，阅《瀑园志》《十洲志》。观《欣赏编》，仿之作文。二十九日，阅《唐明皇时事》。三十日，阅《绍兴府志》。

六月初四日，阅王思任游记。

七月初十日，阅苏轼《苏文忠奏疏》及《别集》。十五日，阅《六朝时事》。十六日，得人赠以《溪香初集诗稿》。十九日，阅《津逮秘书》。二十五日，阅刘宗周《圣学宗传》。二十七日,得李灿箕赠以《鹤湖书院志》。

八月初五日,得陈木叔、雷雨津惠以所刻诗文集。明日阅之。

九月初八日,自六月以来,陆续阅《通鉴纪事本末》。初十日,得张岱所注李贺诗,作函荐于教谕周祚新。

十一月十九日,于社庙观元杨维祯所作《湖门庙记》。

十二月初五日,施邦曜赠以《王阳明文集》。初六日,取阅城守诸书。三十日,观郭青螺(子章)《城书》及王应遴《备书》。

按,袁则学,尊经阁藏《寓山志·注》存其五绝《天瓢》,注:"袁师孔,则学,嵊县。"陈木叔,据《天启崇祯朝遗诗小传·陈涵辉传》,涵辉字木叔,号寒山,临海人,崇祯七年(1634)进士。《里中尺牍》秋季册有《与陈木叔》:"日辱芳讯,得拜琳琅大集,秘之帐中。"冬季册又有函:"读大作《白鹭川》《灵水园》诸记,妙绝古今。敢恃夙雅,冒昧恳请,倘荷只字之赐,便是九天珠玉,会当七宝庄严。至题咏中得七律数首,更为意外喜幸,而所求已奢,不敢作此无厌也。外先人所刻《牧津》,固是老年翁治谱绪余,然亦有菲可采乎?乞赐览削,幸甚。"又,明陈函辉《小寒山子集》收永嘉何白字无咎所作之《率社评跋》,称:"木叔移寓园中修郡志。"雷雨津,据清彭遵泗《蜀碧》卷四:"雷雨津,字起剑,井研人。崇祯甲戌(1634)进士,官兵部。尝过楚题洞庭庙云:'我是人龙君亦龙,吾今胡为乎泥中?凭君借得青骢雨,手揽风云满太空。'甲申(1644)从张公玉笥(国维)监军,死。其子廷,后知吴江县。"

载录观剧演戏情况如次。

正月初十日,举觞奉母,观演《万寿记》。二十二日,至王应进寓公酌,观小优演《金雀记》。二十六日,偕蒋倪及侄道瞻观《黄孝子记》。二十七日,观《连环记》。二十九日,吴云甫举酌,就彪佳家演戏,观《彩楼记》。

二月初十日,邀友游山举酌,观《石榴花记》。十一日,晚村中演社戏。十二日,偕陈国光、蒋倪饮于海棠花下,看戏数出。十四日,晚邀友看戏数出。二十二日,吴云甫之子入赘爻佳家,往迎之,举酌,观《香囊记》。二十三日,邀吴云甫饮酒观《红线记》。

五月十一日,于宗祠演戏奉关公。七月初七日,演戏奉母,观《望湖亭记》。初八日,于寓山园观戏《绣襦记》。十四日,邀张岱、张尊、张峰来寓山饮,游爻佳彤园,后复至寓山园燃灯赏月,听张尊所携优人鼓吹演戏。十五日,偕张氏兄弟、爻佳乘花舫载鼓吹至西泽看戏。十九日,母诞辰,家中演戏,与陈国光、蒋倪出堰下,观女优演戏。二十日,观《孝悌记》数出。

九月二十四日,演戏奉母,观《寻亲记》。

十月二十六日，至王思任寓，与倪元璐、余煌等共观《浣纱记》。二十八日，赴席观《艮牌记》。

十一月十一日，演《摩尼珠》戏奉关神。十六日，母外出看戏。

十二月十五日，赴倪元璐席，与王思任、余煌等观《霞笺记》。十七日，族人来借堂宇演戏，观《鞭琴记》。二十一日，演戏谢神，观《白梅记》。

崇祯十二年己卯（1639） 三十八岁

时事 正月，洪承畴为蓟辽总督。正月起，清前后破明畿辅州县四十三，山东州县十八，掳掠人口四十六万余人。冬，复攻锦州、宁远。是年清编汉军为四旗。

二月至四月间，农民军受挫。 五月，张献忠、罗汝才再起，破房县。七月，左良玉奉熊文灿命追张献忠，至房县罗猴山，中伏大败。思宗逮熊文灿（1593—1640）下狱，次年处死。

二月，刘宇亮罢，薛国观为首辅。四月，阁臣程国祥罢。 五月，礼部侍郎姚明恭、张四知、兵部侍郎魏照乘入阁，皆庸劣。 孙传庭以耳聋乞休，杨嗣昌劾其托病，思宗怒下传庭狱。 傅宗龙以杨嗣昌荐，任兵部尚书。 六月，各地练兵，加征练饷。 九月，杨嗣昌出襄阳督师。 十二月，兵部尚书傅宗龙下狱.

今年祁彪佳有日记《弃录》，小引曰："碌碌土木，迄无已时。自去年之冬至此岁之夏，凡十阅月，皆以建室拮据，不遑朝夕。……独自此岁之秋以迄于冬，卜筑寓山，尽罄床头之费。"尺牍为《里中尺牍》，南京图书馆藏。

正月初四日，作《山居拙录引》《自鉴录引》。

两文分见日记卷首。

《山居拙录引》："巧之不知拙也，夫人道之矣。然必还其醇、返其朴，七日凿而沌浑不死，斯拙之效著焉，不为便僻者藏身之径也。予非借拙以文巧者也。不善宦而遁之丘园，拙计也；不能诗，诸友强之诗，拙言也；性喜山水，构园忘寒暑，拙癖也：是则予真拙人也。客有问予者曰：'子固拙矣，无能如婴儿、如木鸡，肫肫闷闷，以全其天乎？'予因而发深省，转觉嗜欲之日增，天机之日减也，则终有异于古之言拙者矣，虽学焉而不可也。兹录之乃'拙'名者，亦仅形似焉耳。寓山主人幼文氏题。丁丑岁。"

《自鉴录引》："宋刘公甲尝对人言：'吾生平无他长，惟足履实地，昼之所为，夜必书之，名曰《自鉴录》。'予窃慕焉，因忆司马温公亦有言：'凡所为事，无不可告人者。'可以告人，方可以下笔，犹之足履实地也。然刘公自信若此,尚恐得失相参,用功于鉴,况我辈乎？语云：'以铜为鉴,可以正衣冠；以古为鉴,可以辨得失。'借鉴于古,曷若取鉴于身之为得乎？予亦试于一岁之中自鉴焉：卜筑不已,良友之规箴不能从,而徒欲致忏悔于持诵,一失也；初有志于心性之学,覆阅《楞严》及半而止,渐觉浮动如纵马奔猿不可收缚,又一失也；缔构新居,以有用精神埋没于竹头木屑,盖自孟秋从事于鸠工而笔墨益以荒落,又一失也；心神耗竭,遇事每苦遗亡,年来于米盐琐杂喜身为料理,虽厌苦之而不能已,于怀抱嗜欲深而天机浅,又一失也。履错至此,既明知之,复明蹈之,予真废人也哉！此夫子所以贵自讼而未尝复行,乃颜氏之大勇也。予亦存此录,以志予之过,以见夫虽不能改,犹不昧此知耳。己卯新春四日,幼文书于皆园。"

十二日,预凤佳所举文昌社集会。

十九日,得赵可孙函示其诗草。

二十六日,妻商景兰祖母刘太夫人卒。

据日记,明日入城唁丧。二月二十日,作《公奠商太母文》。又据日记,七月二十九日至商寓,送商太夫人殡,祀土毕,迎钱象坤题主。

按,文集与文稿皆未见此公奠文。又,刘宗周《刘子全书》卷二十三有《公祭商母刘太夫人文》,大约作于此时。

二十八日,致函当事,请留任嵊县令刘永祚。

年初,清兵自畿辅而西,抵山西界。复折而南,下临清,渡会通河。下山东诸州县,入济南。至此,京城岌岌。刘宗周愤怼时事,欲作公书促浙江巡抚入援京都,乃招彪佳往观其门人鲍长孺、王毓芳所拟《勤王议檄》。彪佳建言,谓入援无益,且闻张献忠军将临江南,宜先防乡中之乱。归,询此意于王业浩,亦持是说。

据日记并参清夏燮《明通鉴》。日记又载,三月初二日,王朝式欲出访海内豪杰以纾国忧,为之历数所知若干人。皆肇因于此。

二月初五日,密园里船枋将完工,作《上梁文》,两天后上梁。

据日记,先是欲筑船枋于对河,土人有嫌其水顺出者,乃改卜他处,比邻皆喜。船枋正月初七日酉刻动土举夯。初八日,与陈长耀（国光）归,定船枋之址。此后初九开工。今日完工。

十五日,商周祚来函赠画,上有杨文骢题咏。

据日记。

尊经阁藏《寓山志·游吟》存杨文骢七绝《题寓山图》二首,注："杨文骢,龙友,贵阳。"或即此图此诗。

二十五日，拣巡按吴中时武进县支收、赃赎数目公移，予常州知府陈琯、武进知县马嘉植，以助杜绝吏侵。

据日记，此后二十七日，长洲胥吏叶之蓁来谒，言彪佳巡按时所募办长洲役田多被胥吏侵吞，深喟不已。

按，吴中为祁承㸁任职旧地，也是彪佳巡按之地。且彪佳以按吴降俸求归，不无委屈。故以己巡按吴中之公文主动示人，或有向众表明治行，以示问心无愧，为自己之降俸求归辩护之意。当时常州知府为陈琯，乌程人，祁彪佳同年进士；武进知县马嘉植，平湖人。

三月初六日，幺弟象佳与邵公拊诸同志结社寓山。

尊经阁藏《寓山志·词》收入邵虁《醉春风·咏烂柯山房》，注："邵虁，公拊，会稽。"当即此时作。

二十一日，为幼子班孙延师沈尔秉。

二十四日，偕从弟熊佳迎山阴令汪元兆、会稽令林逢春来酌，言施药、掩骼、赈狱诸事。

二十八日，至杭州奉迎岳父周祚罢归返里。询都中事，闻春间有人劾己。

以上据日记。又日记载，今年四月初七日，以吊慰商周祚罢官者众，滞留商寓接待。

据清夏燮《明通鉴》，去年五月商周祚任吏部尚书，以廷推忤旨，落职，十一月削职。

二十九日，往吴允淳舍访柳如是，获晤，并托汪汝谦向之求诗。

据日记，时柳如是优游吴越间，寓杭。

《里中尺牍》今年秋冬季有《与汪然明》函，转托汪汝谦向柳如是求诗，函云："仁长兄探奇胜、对奇人、读奇书，令人妒然。近于小构之暇，又欲向山中作八求楼、归云寄，于此储图史集，胜友持螯摘蔬，便可终焉已矣。但房警方亟，恐林壑中亦难得一片安隐地，奈何？闻晋江有蔡君名鼎号无能，胸中韬略能料天下事，倘仁长兄访得，幸使弟一晤。读柳如是诗，使人神消意释，近来闺阁多染钟谭习气，惟此真得晋魏一派，淡远处不失王孟，定当以作手名海内。惜以竹头木屑之役，不能放棹西陵，然倘天假之缘，会或有待也。《寓山志》一部转奉，中亦有闺秀诗，须如是一诗压卷。外具扇头，并乞妙翰，望仁长兄婉转求之。敝友陈长耀兄来，备道仁兄高谊，感溢五中，重之以愧矣。"陈长耀，名国光。吴允淳，字弘文，徽州籍，从杭迁塘栖，购葺吴园。柳如是，民国徐世昌《晚晴簃诗汇》卷一百八十四《柳是》："初名隐斐，字如是，小字影怜,常熟钱谦益侧室。诗话:'如是事迹详见顾苓《河东君小传》、沈虬《河东君记》、徐芳《柳夫人小传》,余如《钱氏家变录》《安雅堂集》《严武伯诗序》《扫轨闲谈》《三冈识略》《觚剩》诸书语多从同,王义士《虞山柳枝词》似伤忠厚,高安朱芷汀孝廉龄有诗云:'家变独能持大义,虞山身后有家姬。'洵是史笔。先后名作如林,皆费辞矣。"卷中收柳如是《题祁幼文寓山草堂》一首:"悬圃凉风物外姿,石楼丹栋总相宜。家通洛浦招云接,人倚湘君放鹤迟。花满晓临珠盖拂,莺啼春入玉衣吹。伊余亦有怀园引,笛里青霞渺桂旗。"当即是柳如是应此邀所作。

春夏间,阅孟称舜戏曲作品,付札盛称赏之。

《里中尺牍》己卯春夏季册《与孟子塞》:"契阔如许,时形梦寐。弟近来为俗冗困迫,山水朋友,都无寄托,自觉形秽;缅惟仁兄高斋静课,如天际真人,可望不可即矣。披对妙辞,即实甫再生、义仍复出,不足匹此种笔舌。弟谓无论说性说情,但到极至,便是第一义谛闻。家兄向劝以净业勾销艳语,不知此正是庭前柏子、岩下花香、逗露消息,痴人乃作词场观耳。读未终篇,惟有合掌礼拜,安能复赘一言也哉。家兄近病颇剧,今幸愈矣。承念附谢,不尽驰仄。"以孟曲为"说性说情"极致,"第一义谛闻",是能洞彻世俗认知颠倒的真谛,这是对孟称舜的高度崇推。从"惟有合掌礼拜,安能复赘一言也哉"来看,似乎孟氏曾有意请彪佳评述其戏曲。

按,徐朔方《孟称舜行实系年》考订认为"妙辞"为刊刻于今年的《娇红记》,又指出《孟子塞五种曲序》系伪作,非祁氏撰。邓长风在《〈孟子塞五种曲序〉的真伪与〈贞文记〉传奇写作、刊刻的时间》则指出,此文便是国内已亡佚石渠阁本《贞文记》卷首之祁彪佳序。赵按,《孟子塞五种曲序》见道光二十二年增刊的《祁忠惠公集补编》附九卷后,盛赞孟曲:"按拍填词,和声协律,尽美尽善,无容或议。可兴、可观、可群、可怨,《诗》三百篇,莫能逾之。则以先生之曲为古之诗与乐可;而且以先生之五曲作《五经》读,亦无不可也。"可以对孟氏的崇推高度,类似于上函所谓"第一义谛闻"。只不过前函所言,针对季兄祁骏佳"劝以净业勾销艳语",骏佳佞佛,故以佛家最高真谛反驳之。而此序作者执儒士身份,故用儒家最高经典为参照。序末注:"《娇红》《二胥》久行于世,《二乔》《赤伏符》俱后出,而斯记(《贞文》)则携至金陵,同志诸子为之锓而传焉。"与石渠阁本《贞文记》孟称舜之"题词"所称"时癸未(1643)孟夏望日,稽山孟称舜书于雨花僧舍""而传奇剞劂之赀,则募自吾乡及金陵者居多"也完全相合,则此序必非徐先生所认为的系书商牟利伪托。《孟子塞五种曲序》的撰述,或因崇祯癸未孟称舜在南京刊刻《贞文记》

时，恰逢祁彪佳以京畿道御史外转为南京京畿刷卷，南归时应孟称舜所请而作。

今春，作七言古诗《赠谢九如二守》。

见《诗集》《诗始》。

按，据《乾隆绍兴府志》：谢云虬，字九如，广东南海人，万历四十七年（1619）己未进士，崇祯九年（1636）绍兴府参议。则其考满在十二年（1639）左右。从"庖借梦刀歌衮甫"观，当系贺谢升迁之作。故此诗当作在今年春，姑系于此。

四月初一日，倪元珙卒，往哭吊。

十七日，归舟中作《乡兵议》，次日成之。

以上据日记，此后二十六日，曾以《议》致刘宗周。按，此文见于国图藏《里中越言》之《壬午岁救荒芜草》下册。

同日，嫁次女，以结姻往朱兆宣寓拜门。

据日记。

五月初四日，病假逾期，不欲赴补，以归田四载，病限久逾，身病母老，不能出任为由，草疏自请处分。

据日记，先是四月十八日，邀姜思睿游寓园，谈处身之道，决意归隐。十九日，偕姜思睿出访倪元璐、王思任，请倪看相，询出处机宜。五月初六日，致函章正宸、冯元飙，申白不出山意，乞代为周旋。十一日，托张国维代上自请处分疏。十五日，作请惩疏付通政司。以乞休不仕故，致函巡按乔可聘以防其荐。七月初七日，管宗圣屡言彪佳颇具才智，应出为世用，作函逊谢之。九月初四日，知前所上告病请惩疏得温旨，深感帝恩，心生愧意。九月十二日，冯元飙函告彪佳再请归田疏未被诘责。十一月二十四日，致函章正宸，申述不出山意。以上诸函见《里中尺牍》己卯春夏册。

旧谱："先生归侍五载，查《会典》：'病告，三年不痊，与闲住。'先生引例请黜。上特命：'病痊赴补，不限以期。'上诸所用法最峻，于先生可谓异数云。"

毛奇龄《西河文集》传四《明少傅兵部尚书前巡抚苏松都察院右副都御史祁公传》："乃以病假过八年自劾，请照过五年闲住限例，而诏起掌察，召对，赐茶饼。"清温睿临、李瑶撰《南疆绎史》勘本卷十四列传第八《祁彪佳》下引之《摭遗补传》以及清陈鼎辑《东林列传》卷十一所陈述皆同。

按，明制，官吏病假过三年，限闲住。其时彪佳病假将满，虽深厌官场倾轧，然毕竟时方壮龄，于出处进退、用舍行藏之际，仍颇费踌躇，故有倪元璐为之看命相、与姜思睿谈处身之道等措处。

初九日，钱谦益来函索阅祁氏藏书，抄录十种应其求。

据日记，先是正月二十六日，钱谦益来函借书，以父命不外借为由婉拒。二月十八日，嘱兄凤佳拣书，备抄录以赠钱氏。

《里中尺牍》己卯春夏季有《与钱牧斋》，以书不外借婉辞："先严著有《藏书训约》，刻文集中，敬呈台览，鼎命所索诸书，容某细为简较抄录奉上，请以夏初为期，当有以仰报台委也。"同书稍下另一函："向日恭承台命，只以恪守先训，不能奉书邮架。旋即备简笥中，乃知《余苑》所载者，先严仅存其名，而实半未收藏，惟《澹生堂书目》六卷，方系现在者耳。广询无从，深辜鼎委。抄具十种，久已成帙，缘某入夏患疟，支离床褥，遂稽凤期。其他秘本，裁之《余苑》者，倘别有采择，专俟再命。不腆之将，谨申芹悰。家刻五种并呈清览，伏望台慈鉴涵，不尽瞻驰之至。"即为此事。

初十日，赋成四言古诗《岳麓四章送李澹庵》。

见《诗集》，《诗始》录在"六言绝句"后。诗贺李之父母。据日记，先是昨日得李澹庵父母书，今日赋诗以送。又据日记，去年七月十七日，曾赋四言诗寿李元常之父母，《诗集》中未见，或即此诗，当时未成。李澹庵，其人不详。从诗中"父母"之称，知为县令。崇祯间浙中知县李氏与彪佳有交者，有李灿箕，号九漈，仙游人，崇祯五年（1632）为瑞安令。浙图藏《林居尺牍》有《与李九漈》多函。又，李拯，晋江人，曾为上虞知县。另，尊经阁藏《寓山志·题咏》存李甍《寓山题咏》七绝四首，注："李甍，源常，贵池。"或即此人。

十六日，汇订戊寅年亲友来函成《戊寅书稿》。

又据日记，十二月十二日复阅此书稿。

二十日，作五言古诗《赠医士凌敬泉》二首。

见《诗集》，《诗始》未收。据日记："为管霞标（宗圣）作二诗赠凌敬泉。凌上善也，故诗深颂之。"

按，凌敬泉，越中医士，据日记，知为祁彪佳丙子药局中所延十名医之一。

二十七日，作五绝《远阁晚霁》五首。

见《诗集》，《诗始》未收。《寓山题咏》下册收录，各诗序次有所不同。

据日记："出寓山，听三宜师说不住布施之义。小憩起，坐袖海下，作《远阁晚霁》五绝五首。求三宜和之。"尊经阁本《寓山志·词》收释三宜《踏莎行》《御街行》，注："释三宜，龙门寺。"则《寓山志》成书之崇祯十二年前后，三宜居龙门寺。

六月初五日，致函许豸、汪元兆，请禁用螺蚌粪田，以全物命。

又据日记，初九日，得汪元兆禁螺肥田公告。

旧谱："疏戚钱长吉以山鹜之先生，闻其客死，举券还之。越中多以螺粪田，先生以伤物命，召灾殄，请当道善谕而严禁之。先生一日喟然叹曰：'吾辈留心圣学，空言高论，曷若行之以实！'因尽捐一岁租入济民间缓急。"

初八日，函贺唐世济寿。

函见今年春夏册《与唐存臆》。时唐方落职里居。

十五日，以《寓山志》寄莆中林佳育、许兆进、周折、陈武卿诸人。

尊经阁藏《寓山志·注》存陈世缵五律《八求楼》，注："陈世缵，武卿，莆田。"

二十六日，陈天若至密园读祁氏藏书，往太室山房晤之。

二十八日，移居寓山园。

以上据日记。

旧谱："六月，新居成，奉太夫人居焉。"

七月，多致力于寓山中泥水营构估工值，结算工役费用。

二十一日，开工兴建八求楼。

据日记，去年九月二十六日，同郑九华驾舟至阮社，宿于舟中。二十七日，始拆卸茅氏屋，以备移作寓园藏书楼八求楼。十月十五日，陆续移书新楼。则此时八求楼已完工。

八月初七日，作《河洋坝募疏》。林宏衍来游，示以《搴芳》诸诗草。

此疏未见。又据日记，本月十二日，得林赠律诗。是月并得其咏寓山诗十余首。十一月二十一日，得林函，见其《乞泉》《买砚》《睡鹦鹉》诗。

《里中尺牍》今年秋冬册有《与林六长》函，提到早秋得其题咏。按，林宏衍字六长，闽人，彪佳司理闽中所知者。

明黎遂球《莲须阁集》卷十八有《林六长越州草序》："顷岁庚辰（1640）……既林六长先生来，发其游笈，得所为《越州草》而快颂之，又适悔予之不果游也。顾游亦有数存焉。先高士之时，因王伯良而得徐文长，予家藏文长所为书甚多，有今越州人未必见者；而六长之游则有刘念台、祁虎子诸巨公。子舆氏所谓：'以其所为主也。'吴门诸旧好又数贻书于予，称六长不置。六长来粤居濠上，逆旅主人，所以布帏一木案，焚香读书其间，往来者豕饮狼籍不少为动，殆静穆人耳。自闻国变以来，日必过予，相与痛哭。……六长诗久为钱牧斋宗伯及予昔友曾尧臣已有定论，是可必传。"曾尧臣，尊经阁藏《寓山志·注》存其《虎角庵》五绝，注："曾文饶，尧臣，吉州。"

十四日，作七古《中秋前二日仝友人游彤园，主人出酒快饮，赋此》，恳刘

迅侯题陈国光画以赠王云岫（应进）。

　　见《诗集》，《诗始》未收。据日记，先是十三日，王云岫过访于寓山，小酌后别。复访王云岫，应邀于彤山快饮。十四日，作彤山快饮七古一诗，托刘迅侯写陈长耀画以赠王云岫。

　　《越中园亭记》卷五《彤园》："王云岫别驾所居。尽鉴湖之胜，左有彤山。搜剔之，石质玲珑，不灭太湖、灵璧。主人蓄梅种桃，有志于构造者三十年矣。一旦取而园之，虬枝老干，攒居于石罅间。穴山趾为沼，削壁亭亭立水中。入门度小桥，委折而登清鉴阁，心目豁然。自阁西行，曲廊小轩，各极幽夷之致。北望寓园，骞裳可至。柯园亦近在咫尺。予与止祥兄时操小艇过之，觉鲁望、袭美不能擅胜于古昔矣。"王云岫，据南图藏《寓山注》下卷末附录《遗言》按语，王云岫名应进，官浔州通判，家有彤园。刘迅侯，据明王思任《谑庵文饭小品》卷五《名园咏序书刻》："吾友刘迅侯，解人也。袖中有沧海，笔下无尘气。所居一丈之室，卷石兴云，老鼎泣魅，宿帖奇书，病琴瘦鹤，种种韵绝。兴则一棹挂壶，无人径往，辟疆濠濮靡不熟，风花雪月靡不过，有奖无讥，逢慨助慷，每于名胜会心处辄为之偿数语，或镂楮肖形，或食肋留味，或击节于腰膂之冲，或赏神于牝黄之外，于是乎名园不但为主人有，而尽为迅侯有其有，迅侯夫亦息壤间之大盗也与哉！"则刘迅侯为明末绍兴画家。

　　二十三日，坐烂柯山房，作《商景华行状》。

　　文今未见。据日记，先是崇祯十一年（1638）三月初十日，曾托蒋倪修改商景华所作五言诗。尊经阁藏《寓山志·游吟》存商光祖《游寓山园》五古，注："商光祖，晖吉，会稽。"或即此人。

　　九月十五日，往祭沈尔吉。

　　据日记，此后十月十二日，往后梅送葬。

　　十六日，具文祭奠姜思睿。

　　据日记，此后本月二十日，以吊友姜思睿丧，离家作四明之行。二十五日，往拜灵。

　　按，姜思睿，字颛愚，又字谓明，慈溪人，天启二年（1622）进士，《明史》有传。今年告病归里，寻卒。

　　二十一日，顺道至化鹿山省父墓，欲作《望云门》诗不果，仅成"十里松杉路，一声钟磬音"两句。

　　按，此诗《诗集》未见。

二十二日，外叔商周初卒。闻讣，走哭之。

据日记，先是九月十八日，曾探视商周初疾。

按，商周初，字恒仲，号谌轩，会稽人，商周祚之弟。生于万历四年（1576），崇祯元年（1628）进士，崇祯十二年（1639）卒，与彪佳善。初知商城县，后擢兵部给事中，改放琼州兵备道。任中厘奸剔蠹，教民礼乐。后转任常州太守，未已，病卒。年六十四。倪元璐《倪文贞集》卷十有其墓志铭，《绍兴县志资料》第一辑有载。

二十三日至二十六日，出游宁波诸胜。

据日记，二十三日，抵曹娥堰，谒孝女祠，读碑碣、诗文。阅诸名山记，中有方孝孺、王稚登、王思任、曹学佺等名家作，而王思任短章最令人解颐。二十四日，游慈溪永明寺。二十六日，返归山阴。

二十八日，作《寓山招隐》词成。

据日记。此词今亡佚未见。

十月初九日，豸佳与王应进为地界起争端，调停之。

二十二日，侄鸿孙于寓山园中举淳文社集会。

以上据日记。又昨日载，鸿孙邀淳文社赵楚木、王玄子等十余人来寓山。

按，去年五月初六日，鸿孙亦曾招友于寓山社集，彪佳亦曾为其社集文向杨彝求序跋。尊经阁藏《寓山志·注》收入杨彝《读易居》五律一首。

十二日至二十日，出游杭州附近各园林。

据日记，先是十一日游江元祚横山草堂。十三日，抵西溪，赏永兴寺绿萼梅，至福清寺访诗僧可一不值。十四日，出瓶窑，泊于安溪镇。次日早起，入真寂禅院，谒僧永觉。十六日，观月望江亭，作记。按，此文未见。十八日，游秦氏嫩园。至松木场，参谒永明禅师塔。十九日，访李小侯开先，见其疏稿。游明化寺。按，此李开先非戏曲家李开先。二十日，归山阴。

《里中尺牍》今年秋冬册有《与姚玄叔》约西溪看梅，并称："《纪事本末》少数甚多，乞仁兄备为补正，必不可少一篇，乃称全书。仍乞即付敝寓小价，岁内尚欲装订也，诸不一。"当即此时作。

十一月十二日，作成五古《予初开寓山，复闻横山草堂之胜，神往久之。己卯冬月，始获登览，与主人邦玉各述开山缘起，诗以记之》。

见《诗集》，《诗始》未收。

据日记，先是十一日游江元祚横山草堂，晚作此诗未成；今日足成此诗，令陈长耀书扇以赠江元祚昆仲。十三日，阅江元祚所作横山诸记及诸吟咏，别。

按，"横山"，《万历绍兴府志》："在府城东三十四里，跳山北。俗所称有小横山、大横山。"邦玉，据清陈济生《天启崇祯两朝遗诗小传·江浩传》，江浩字道闇，钱塘人，仲兄元祚，字邦玉，善诗，所著有《横山堂集》《澹园诗》。

二十八日，举酌为豸佳、熊佳北上赴明年春试饯行。

十二月初二日，修葺寓园竣工，为设筵席演戏共贺。

二十四日，得章正宸函，观其楚中之文。

以上据日记。

今年张献忠降而复叛于谷城，声势大张。彪佳与绍兴缙绅惧军势，群起戒备，以求自保。

据清夏燮《明通鉴》。又据日记，七月十一日，为山阴令汪元兆作函致王业浩、陈襄范、钱象坤等，筹策以防御张献忠、李自成军下江南。二十四，出至府馆，晤张焜芳、陈襄范、钱德舆、王期升、林铭鼎，酌商守御之计。拟定训练乡兵。十二月二十日，函邀余煌商议训练乡兵事。二十四日，同余煌往谒参议郑鸿逵（瑄），酌议训练乡兵事，并议地方利病。二十五日，郑瑄来函询训练乡兵事宜。三十日，汪元兆来函商榷训练乡兵事，且示以朝廷关涉此事之部文及议稿。

二十九日，作《苏里甲书》成。

据日记，因地方差役繁重，先曾于二十五日进言县令汪元兆。

山阴家居，见同族贫窘之状，思赈赡之举。此后次第为族人设义学、义冢，作《赡村缘起》。

旧谱："元旦，见族人窘者，叹曰：'一叶之黄落，皆元气之不充；一夫之饥寒，亦吾心之未逮。况同党乎！'乃再增赡资。先生以族人贫不能延师，多废学，为立义学于宗祠。"

据日记，今日诣族中贺岁，见族人贫窘之状，因叹己辈居宴园亭，种种溢分，亟亟更思赈赡之举。又，先是七月十九日，至梅里尖看山，欲购置族中义冢。此后十二月二十一日，年底赡贫，散资赈济村中贫者，作《赡村缘起》数条。三十日，再订《赡村规则》。按，浙图古籍部存祁彪佳《赡族簿附赡存不分卷》《赡族约不分卷》，明稿本，当即与此相关。

今年多从僧释听经说法，作水陆道场，念经忏悔。

据日记，先是五月二十五日，听三宜（明孟）、无迹二僧讲《金刚经》。六月初一日，诵《法华经》，延三宜、无迹作佛事。十七日，欲请天童寺住持密云和尚为佛会讲经师，知其远行，挽之不及。七月十九日，只骏佳以挽留天童密云大师从山中归。十月初八日，听三宜禅师讲《法华经》首句。十一月初三日，偕弟象佳、侄鸿孙、陈国光、谢天章（晋）诸人催舟赴杭州。初四日，至云栖寺。初五日，草《水陆道场疏稿》，述忏罪意，彗扫莲池大师塔。初六日，自是日起在云栖寺，作水陆道场，念经忏悔，四日方竟。初十日，许愿以祈妻寿，所许为妻四十岁时设水陆道场一坛。十二月十四日，偕妻设祭于寓园八求楼，延僧作法事，礼千佛宝忏。十九日，所延礼忏僧一如、体元、荆门、充符俱有题咏寓山之作。二十日，法事毕。

按，《水陆道场疏稿》今未见。以商夫人多次难产近危，其后遂至身羸体虚，故为之祈寿。又，《里中尺牍》今年秋冬册有《与陶石梁》函："四家兄近留三江，待三宜师讲席，未得奉复，统惟台炤不尽。"彪佳林居期间，与释家子多所交际从此可见。祁氏兄弟俱佞佛，而骏佳尤甚。

继续裒辑《寓山志》诗文。

据日记，二月十六日，得吴昌伯《寓山图》。又日记载，三月三十日，观图。五月初一日，得陈函辉《寓山赋》及十六景。十二日，得章美《寓山志序》。二十一日，得董玄评《寓山赋》。二十七日，阅谢晋、陈国光所作诗。七月十五日，豸佳来，赠以陈洪绶画、陈函辉赋。八月初五日，得莆田柯尔珍等寄来寓山题咏。十月初三日，得黄成象寄以《寓山图》及诗。据日记，先是六月十五日，以《寓山志》寄莆中林佳育、许兆进、周折、陈武卿诸人。七月二十三日，曾复黄成象函，求其作寓山题咏。十一月二十四，得周折所作寓山诗。

《里中尺牍》今年春夏册《与吴昌伯》函言及得图："伏承妙绘，把玩再三，恍见云霞映带，泉石回环，置我于丘壑之中，仁兄之为惠大矣。"又，《里中尺牍》今年秋冬册有《与陈木叔》函，以得陈函辉文致谢。

演戏观剧记录如次。

据日记，正月十二日，村中演戏，祁母往观。二十三日，赴潘鸣歧所举岁会，与王应进同观《孝悌记》。二十四日，演《双忠记》祀神。二十五日，家中演戏设馔，观《摩尼珠记》。二十六日，家中观《鸾钗记》。二十八日，致函当事，请留任嵊县令刘永祚。与倪元璐同赴王应进席，观《红叶记》。二月十九日，观音诞辰，演戏奉祀。二十九日，偕妻入城，至驿站前观社戏。三月初二日，寓园建楼工匠请人演戏祭神。二十五日，家中观女优演戏。五月十三日，演戏祀奉关神。三十日，柯村中演目莲戏竟夜。七月初二日，以移居演戏奉神，演《金印记》。初三日，家中办筵设戏奉老母。八月初十日，酌客观戏。十五日，舟次丁巷庙观戏一出。十九日，设戏贺母寿。九月十七日，奉母观南戏《荆钗记》。十月十一日，亲友汇聚，观《绣襦记》。十四日，赴钱德舆席，与王思任、倪元璐观钱氏家乐合演《浣纱记》中《采莲》一出。十八日，王雅夷（宠）、王兆宣来，举酌观《双红记》。十九日，邀友共酌，观《钗钏记》。二十日，设宴，尽优人所长演杂戏。十二月初二日，修葺寓园竣工，设筵演戏，尽欢而散。

集书阅书记录如次。

据日记，正月二十六日，阅《孔子集语》。五月初九日，函索毛晋"汲古阁"新刻书籍。十七日，得《皇明经世文编》与毛晋"汲古阁"所刻秘书七种。七月初十日，阅《汉史纪事本末》。二十八日，阅《武备志》和明人小说。二十二日，有武官杨某赠以《步星歌》及天文书两种。八月初六日，阅《通鉴始末》。初十日，阅李贽《藏书》。九月初一日，秋试榜出，得《浙试录》。初五日，彭汝楠寄以《崖圃志略》。二十六日，阅天台、雁宕诸山之记。十月初二日，校阅《皇明经济文编》。十六日，舟次阅《十六国春秋》。十一月十四日，谒僧永觉，见其《语录》。复从经房觅《知儒编》，以待参览。阅《十六国春秋》。二十五日，见《福建试录》。十二月二十五日，得《楚试录》。

向毛晋索书之函见《里中尺牍》己卯春夏季册《与毛子晋》："钱牧老索书之命，便羽布候。小刻五种，附呈郢政。仁兄近来新刻必多，可见教一二否？前是所奉《澹生堂余苑》家无副本，幸即掷下。先严所载，半未收藏，盖亦仅存其名目耳。荷牧翁见取，而未有以应也，晤间乞一及之。统惟崇焰，不尽驰仄。"

是年文学家、书画家陈继儒卒（1558—1639）。

继儒字仲醇，号眉公，华亭人。有《陈眉公全集》，辑有《宝颜堂密笈》。

崇祯十三年庚辰（1640） 三十九岁

时事 二月，左良玉破张献忠军。 四月，杨嗣昌驻夷陵。十一月中进重庆。农民军势挫。 七月，张献忠、罗汝才会师兴山，合兵入蜀。 八月，过天星惠登相降明。 冬，李自成重入河南，移陕南商雒山中。十一月，五百骑出五关。河南旱饥，农民军以"迎闯王，不纳粮"号召，饥民多从。

朝局更窘。正月，宣大总督陈新甲为兵部尚书。 三月，罢各镇内臣。 四月，江西巡抚解学龙以推奖谪官黄道周，与道周均削籍下狱。言二人无罪或无大罪者均得罪。 礼部尚书谢陞、侍郎陈演入阁。 五月，阁臣姚明恭罢。 六月，阁臣蔡国用卒。 首辅薛国观罢。十二月，下狱。 严军机抄传之禁。 增关税。 是年，南北直隶、山东、河南、陕西、山西大饥。

三月起，清轮流攻明辽东地。 平定索伦叛部，进至齐洛台。

今年祁彪佳有日记《感慕录》。尺牍为《里中尺牍》，南京图书馆藏。

正月初四日，姚士纯之兄姚虞公翻刻《寓山记》，并搜诸品题诗附刻，函谢之。

见《里中尺牍》今年春夏册之《与姚虞公》，又云："《牧津》一书，先子数年采辑，弟刻之吴中，伏奉览政。"同书又有《与姚玄叔》："拜令兄云翰，极感隆情，且示以翻刻寓山小记，是何昆玉垂爱至此。……又《牧津》一部附寄，其一部以奉仁兄览政。楚文、楚录寄令郎。小价此来尚欲买纸数篓，而不知其中事作，乞仁兄指示之。《纪事》皆系少数，非残破也，荷留神得成全书矣。"

十二日，文昌社寓园集会，拈题作《梅花诗》。

诗未见。

十五日，邀族中后辈能文者几十人来试时文，评阅之。理孙亦预此考。

二十三日，致函郑瑄，颂其所辑《昨非庵日纂》，并以禁关税、禁通番二事言之。函明日成。

以上据日记。郑瑄《昨非庵日纂三集》卷首收有祁彪佳叙，当即此所谓"颂"。此文《文集》《文稿》未收。

二十四日，送族中子弟就学拜师。

据日记。

二十六日，御史台与吏部促赴补，作禀致左都御史傅永淳，以母老辞补。此期间为辞补，多方商酌周旋。

辞补事宜，据日记，先是正月初四日，因御史台促北上候补，作函与姚士纯商出处之道。初十日，来方炜过访，为推算命运，酌裁是否出山待补。十五日，与兄骏佳商议待补事。二十八日，致函陈具茨，述居家养母不愿出山意。三十日，作书予姚士纯言志在养母，坚不出山。闰正月二十九日，学政许豸过访，辞之不见，传语力以出山为劝。又得参议郑瑄函转达吏部促赴补意旨，函辞之，言不出山之意。按，陈乾阳，字潜夫，号具茨。武康人，彪佳同年进士，授广信推官，迁河南道御史，巡按南畿，改大理寺丞，寻擢右佥都御史。

日记所载诸函见《里中尺牍》春夏册。《与姚玄叔》叙此番出处心理甚细："早间李洧磐一寸楮从报房传来，言堂翁促弟早进，已坐题奉旨甚严。且洧老逢人说弟至情，而不亮者多以为今春断当一出再作商量也。弟因感叹之甚，处今日世界，田间者自不敢望有恬退之名，而必加畏避之罪矣。若弟之有园亭有田宅者，尤人所忌。国家多事，悠游里居，弟固甘认其罪矣。然谓弟望八之母不老可乎？谓老母宜绝裾不宜奉养可乎？今仕途人立朝则负君父者比比，及有人欲退居奉母，而犹不免风波。毕竟大家混帐，出不成出，处不成处,顾身家不复顾君父,顾功名不复顾天亲,不亦可感可叹之甚乎?谓看此光景,弟若不出,则例转断所不免。然乞仁兄再为筹之,以弟今年之运限,若出而有不受艰难处险阻者乎?明知运限之不妙,而违命出山,是自绝于天也。若如仁兄所言,一面起行,中途代题,固是善者,然业已在途,万一明旨不允,不得不入春明矣。正在此艰险之运限,必有不可知之祸,从来吉凶悔吝多生乎动,即明知不免,亦宁静待之耳。若挨至冬间,俟新运略交,而时迫京计矣,不相亮者,又以为炤管京计来,反与人口实。设其时安排已定,风波仍复不免,不更自悔无地乎?弟虽至愚,然一官实能觑破,非畏例转,畏出山也。老母当七十右七之年,即菽水之养,不能如古之为寿者,而朝夕定省,自觉于心稍安。万一加之例转,则有不得不受之势。例转而出,又何如赴补而出!弟之意只欲就此官结局,如昨所请革职闲住,则居身处世俱觉畅然。若加我例转,人或以为功名之路尚在,而弟则心所不甘。今何法而使就此一官结局,终老林泉,作天地间之闲人,以奉母课子?求之不得,所踯躅者此耳。若只从奉母为重,凡事皆轻,补例转不出山,即例转,虽暂出而终不出,则将踯躅之念又可一刀斩截矣。乞仁兄更赐明教,指示途津,至切至祷。"

又有函《与侯豫瞻》:"弟乞身奉母五载,于兹王事多艰,原非臣子敢惬息之日。乃望八帙慈相倚为命,断不能以鸡肋一官,使倚闾抱痛,绝裾伤心。然此将母微念不能见信于人,菽水之奉将成罪端。独不知毛生奉檄,人不责其急名;李密陈情,君犹鉴其诚恫。独至于今而世界迫窄乃至于此,真使人进退维谷,出处无据矣!虽然,小人有母,我心匪石,爱日情长,出山念绝。此惟台台之凤契,维炤之于肝胆之中耳。"侯峒曾字豫瞻,时当正任浙江参政。

二十八日,午后放生。

今年日记载录放生事甚多:二月初十日提到,先是从前月二十八日起买螺蚬之类放生,售者得善价麕至,每日所放以百许石计。前夜即有盗去者,薄责之,与郑九华放生于宝城寺。又,四月二十一日,闻寓山放生池有盗鱼者。

旧谱:"乘春令全物命,放水族日以百斛计。"

正月,函贺蒋倪游蜀,并赠以《寓山志》。

《里中尺牍》今年春夏册有《与蒋安然》:"蜀道之难自古所叹,然每读杜工部入蜀诸咏,益见雄古浩瀚,岂非山川映发,自有足以广文人之胸眼者?想仁兄锦囊中佳篇盈溢。……山志较昨稍备,附奉玄览。诸不尽,临风耿注。"

闰正月初，为子侄延师。

据日记，先是初一日，馆先生邹式如至，令理孙拜师。初四日，令班孙、貌侄师从郑重光。

初六日，以一砚转托陶隐士镌刻。

初八日，欲作五古《春日泛让鸥池》未成。现存有五律《让鸥池》，当作于左近。

五律见《诗集》，《诗始》亦存。

据日记，是日出寓山种松回波屿，拈《春日泛让鸥池》题欲作五言古。先是崇祯十年丁丑（1637）《山居拙录》载：正月二十日，让鸥池开成。虽日记载之五古《春日泛让鸥池》今不见，此诗从诗意观之，与日记近。姑系于此。

初八日，昆山朱集璜持顾锡畴函来访，临别，赠之所刻书。

据日记。

初九日，拈题作七律《闰春九日隐谷上人过访寓园》未就，明日成之。

见《诗集》，《诗始》未收。

据日记，初九日，僧隐谷过访，出新作示之，陪至寓山修剪海棠。拈题作七律未就。初十日，舟次作七律一首。此必《闰春九日隐谷上人过访寓园》之作成时间。

今年日记多载与隐谷交游状：七月三十日，隐谷过访，共观南京曾波臣画。九月初八日，隐谷过访。十二日，共登北高峰，望钱塘江、西子湖仅一杯耳。隐谷狂叫称快，盘桓久之，乃从别径下。再至冷泉亭观瀑，共宿于咽石楼。十七日，隐谷来，出示所作《登北高峰》《冷泉亭夜坐》二诗。

按，隐谷上人，杭州寺僧。南京曾波臣，即曾鲸，字波臣，明隆庆二年（1568）生，莆田人，寓居金陵，自幼酷爱书画，为明末肖像画大家。

十一日，江元祚来访，举酌寓山新居，拈韵牌成七绝。

此诗未见。据日记，先是正月初七日，作书候江邦玉，为探梅之约。此后本月二十二日，得江元祚赠端砚、诗扇及手书之山居绝句一百五十首。十月二十九日，江文波携其乃翁邦玉札及所作画、所辑《横山草堂集》过访。

《里中尺牍》春夏册有《与江邦玉》："小园告成，不可无名流踪迹，山阴之棹，惟月望之。道闇、令叔子凡先生伏乞致意，倘得把臂入林，更称快事。外具晶章四方、古墨一块、董字一幅、蓍草一束，奉为百斋之供。物微意诚，仰乞垂鉴。所恳联扁并望留神。"

又，《里中尺牍》辛巳秋冬册有《与汪邦玉》："从公郎处得妙染尊刻，又可作旬月卧对矣。"当即为此作，错收入明年尺牍中。

按，道闿，据清陈济生《天启崇祯两朝遗诗小传·江浩传》，江浩字道闿，钱塘人。尊经阁藏《寓山志·注》存其五绝《即花舍》，注："江浩，道闿，仁和。"仲兄元祚，字邦玉，善诗，所著有《横山堂集》《澹园诗》。

十五日，作闰元宵五律一首。崇安裴仲儒赠诗四首及所刻诗集。

此诗未见。据日记，昨日灯会盛极，入城观灯。

又，张岱《陶庵梦忆》卷八有《闰元宵》，称今年闰正月，与越中父老张五夜灯，极一时之盛。

十九日，闻郡参议郑瑄严禁地方演戏，喜之。

据日记。今年禁戏，日记所载观戏记录，唯闰正月之前数次：正月十一日，老母同商家姑出观戏。十六日，设春酒奉老母，午后演戏。十九日，优人晚至，演《彩楼记》，四鼓乃散。二十日，诸兄弟设戏奉老母，共观《幽闺记》。二十九日，灯下阅戏数出。闰正月初四日，观《千祥记》。

按，戏曲历来为卫道士视为蛊惑人心、不利风教，不予提倡。即如祁彪佳辈之好戏嗜曲者，亦在《救荒全书小序·治本章》云："优伶之辈，蛊惑心志。平居尚宜屏绝，况当凶年？聚百千之游手，是冗食也；而搬演之时，又有冗费；甚者民情易动，或且因此扰攘。此其为害地方夫岂细故，可无所以禁绝之？"然民间少有娱乐，年节之际，迎神奉佛，戏曲仍为民间及士绅生活所需。故民间演戏，从来禁而不绝，久之，官吏亦视若不见。惟地方荒欠时日，禁令转严。《祁彪佳集》卷三收今年所作《致郑守宪书》："又如各村社庙，俱有社赀，向以备演戏之用。今宪禁申严，此项存贮，多者数十金，少者亦数金，亦可充本村之赈。此则于无可搜括之中，聊为不得已之计者也。"亦见此意。

二十三日，屠苑风来函赠咏寓山七律四首。

据日记。

《寓山志》未收屠氏七律，惟《寓山志·十六景词》收入屠惟英（昌龄，鄞县）一首《孤村渔火》，或与此人相关。

许豸以参议改督本省学政，间道来谒，远嫌不接见。

旧谱："正月，许公平远校士临越，慕德，间道先修谒，先生远嫌不接见。屡请，终谢却之。"许豸，字平远。闰正月二十九日记载及此事。

闰正月中，母卧疾，日侍汤药。多方延医张景岳、王培元等。

旧谱："闰正月，太夫人小病眩，先生日侍左右，亲汤药，旬日起。"

据日记，先是闰正月十五日，老母体中稍不安，作书邀兄季超出山。十六日，老母卧疾，延医王培元至，何家姊归问疾。十八日，托郑九华入城市参。侍药。十九日，延医张景岳至，老母体稍痊。二十日，数日来予亲视药石。二十一日，侍药。二十二日，延医张景岳至。二十三日，自身心气虚耗之病复发。二十四日，侍药。二十五日，延医张景岳至。二十七日，侍药之暇，二十八日，老母渐有起色，少坐起，彪佳时时与婶母及何家姊在膝前闲谈为娱乐。二十九日，张景岳延至，用药即去。

二月初六日，以刘宗周之请作公书推毂浙江提学副使刘鳞长。

据日记，先是初五日，王士美（业洵）同陶巨标过访，出刘念台（宗周）先生书，议为文宗刘乾所发公函。初六日，为刘乾所草公书。

按，刘鳞长字孟龙，号乾所，晋江人，万历己未（1619）进士，官至南京户部郎中。为浙江提学副使时编《浙学宗传无卷数》，《四库全书总目提要》有述。

初九日，张溥过越来访，举酌四负堂，同登咸畅阁，题"偕隐处"匾额。

十一日，以《远山堂曲品》《远山堂剧品》付抄书匠陈绳之誊写。另汇疏稿、诗草各为一编。

以上据日记。

按，《远山堂曲品》《远山堂剧品》始作于彪佳司理莆田时，主要撰次于丁父忧家居期间，此后陆续观戏，次第增添篇章。由此记载可知，此前"两品"已经定稿。

十二日，见恒鉴上人《赈狱纪事》。

据日记，先是崇祯十一年一月十七日，恒鉴上人以赈狱事来商。十八日，为之作《赈狱疏》。

十七日，作《清明纪游杨柳词》七绝九首。

见《诗集》，《诗始》未收。

据日记，先是十五日，至王家山，憩于外山庵。饭罢游证谛山，泛舟石湖，乃自青山、李家湾、花径归。十六日，清明。乘驴至鹫峰寺观右军题匾及晋人手植梅，至葑里探梅园；探马坞，小憩于沈氏宅后；再谒徐神庙，观庙前柿，一树凡三枝，一向项里，一向马坞，一向州山，所向之枝，有结实者即得科名，从来不爽。夕阳在山，乃策蹇归。十七日，小憩紫芝轩，作两日记游杨柳词九首。即此组诗。

二十三日，作《越中名园记》六段，七绝《清明后游纪事杨柳词》十二首。

见《诗集》，《诗始》未收。据日记，凡游三日，得七绝十二首，园记六段。

二十四日，与董玄整理《远山堂杂汇》。

三十日，得曹学佺书"咸畅阁"匾，致函姜逢元求"八求楼"额。

以上据日记。

三月初一日，得喜报，从弟熊佳中进士。

据日记，明日往贺叔父。四月二十五日，始见熊佳会场墨卷首义。六月十九日作家报与豸佳、熊佳。七月十四日，得熊佳函，见《庚辰齿录》。十一月初十日，得熊佳选授南平知县喜报。十二月二十七日，以熊佳中进士树旗。

旧谱："是年仲春，弟熊佳成进士。冬，授南平令。"

清嵇曾筠《雍正浙江通志》卷一百四十一载："崇祯九年丙子科（1636），祁熊佳，山阴人，庚辰进士。"又同书卷一百三十三："崇祯十三年庚辰科魏藻德榜，祁熊佳，山阴人，南平知县。"

初四夜，母王太淑人卒。八月十六日辰刻下葬。此间托僧至闽市木，欲建庵于化山供奉先灵。途中舟木被风漂失，且损数僧。

旧谱："三月四日，太夫人卒于正寝。太夫人病起，裕悦倍旧日，是日与先生昆仲言家事井井，日旰接待姻戚，薄暮偶晕眩，然犹言笑，顷之，怡然而逝。先生以太夫人奄忽见背，哀痛几不有生，仅存余息。逾日，始少进淡粥。数日后，始食盐菜。顷刻不离苫茨。……八月，合葬太夫人于化山。大雨，泥潦中扶棺行哭，旁观无不流涕。"

据日记："二十四日，为先慈三七之期。呜呼！先慈体素强健，自闰正望后，病已渐瘳，饮食无异平日，且笑语欢豫觉倍常。四之日，与彪言家事井井，及日旰，犹迎周赓宇夫人。迨薄暮偶晕，亟趋扶侍，犹然言笑，不两时以痰喘奄忽见背矣。呜呼痛哉！六载田间，虽图菽水之奉，而自维于定省温清终有缺，然律以古之事亲者，不孝之罪岂可胜诛！一旦弃儿逝世，百身莫赎，能不摧裂肝肠？哀迷之中，多不复记忆。惟忆初六夜亲含殓，初八日服成，初十为首七，延僧诵《法华经》；十七为次七，延僧诵《地藏经》，是日即俗所称转杀之期。欲追仪容，杳然也。诸母舅及殓凡两至，经理丧费者自何芝田、郑九华而下及诸侄，咸各治乃事。初七日先迎本村之垂吊，十一至十五凡五日，迎诸亲友之垂吊。十二日，道台郑鸿逵（瑄）公祖以慰唁先至。十六日，毕玉台（九臣）公祖至。十八日，汪濬源（元兆）、周阊昭（灿）两父母至。十九日，予兄弟同入城谢诸公祖、父母。本日诸舅延僧再诵《法华经》，为先慈资冥福。予因道公祖再欲垂吊，入城辞之。凡此二十一日之中，吊客骈集，不可枚举。惟远方至者九人，为沈云升父母、曹方城年翁、郑寿子（寿昌）、镇子、姚玄叔（士纯）桥梓、许子洽（重熙）、柯文学日晃、徐文学州杰，玄叔留之三日乃行。以书见慰者为张芝亭（星）、潘与偕、来安令黄若水，其不知予丁艰而以书至者为朱壶岩、唐存臆（世济）、陈年丈乾蕴、林文学端明。予于望后含哀作守制呈且具禀于傅、陈两台翁，又致言朱壶岩、朱季方（兆宣）、李洧盘。先是，从堂兄以从事罹法追赃，予许为措完，不能以丧费辞，乃托朱季方曲处之。自值先慈之变，仅存余息，惟食淡粥，卧起草土中，初七日始食盐菜，十二日始食饭，十九日始食糖果，至今犹茹素也。以谢辞当道入城者二次，至密园凡一次，至从侄后园凡一次，舟中放生一次，无故不敢离苦次，偶或在东楼下观《文公家礼》及太祖《大诰》《宋元通略》。"日记所载远近缙绅亲友赐吊奠以及祁氏谢吊细节极多，不一一罗列。

　　葬丧经办事宜，日记也详有记载：四月初四日，留张有度选出殡之日。托僧至闽市木为建庵之用。初五日，阅《家礼》，有取于吕氏之吊说。与张有度商殡日。初六日，微雨。四鼓起斋天，即启梁王忏会，礼拜者半皆耆宿，一如师为忏主。初七日，雨。礼忏至第八卷。三宜师谈于东楼下。连日放生，皆洞如师为之说法。彪佳礼佛之暇诵《楞严经》至第八卷。初八日，为五七之期。刘宗周作奠章，证人社诸友赴吊，忏完请洞如师放焰口，彪佳于灯下诵完《楞严经》。按，刘宗周奠章未见于《刘子全书》及四库本《刘蕺山集》。十五日，六七之期，延僧诵《报恩经》十二部。二十二日，七七之期。兄骏佳作奠文，以往生净土为言；延僧捧诵《法华经》，放生凡两次。二十六日，何家姊别，先母婢仆亦有别去者，伤感殊甚。五月初六日，钱溪云、张西度至，共商卜葬之日。七月十五日，延僧拜水忏；及暮放焰口，为先人资冥福。又作书与王孙兰，求免建木之税，以兴造度亲庵。二十八日，开母生圹，见有温暖气，乃定襄事日期，料理出殡事务。二十九日，偕凤佳、熊佳谒刘宗周，恳请之为亡母题主。三十日，与骏佳捐资在化鹿山建度亲庵供奉先人亡灵，骏佳托僧购木建度亲庵，漂失一船。八月初二日，入城请王业浩为母题主。初四日，延孙开素为母绘遗像。初七日，请朱宁方祀土，为亡母制灵主，骏佳为父母作《墓志》。初九日，勉理出殡诸务，凡水陆食用之费，俱与兄弟预计之。初十日，病卧，强起理题主诸务。十一日，邀王业浩题主。十二日，作诸祭文。连日来吊者众，出殡诸事粗具。十三日，王家诸舅及诸表兄至，族中俱来吊。及晚以迫于葬期，拜哭达旦。十四日，卯时启棺，平明登舟，近族送至中途。诸舟会食于潢东桥。十五日，冒雨半步行于水潦中，扶侍枢车，至化山，权顿于庄楼下，环枢而宿。十六日，辰刻下葬。先是在圹中打除干洁，旋即封棺，筑以三物土，颇为坚固。先母以入土为安，人子恨不能相从地下，悲苦之情不可笔述。祀土毕，内眷俱出，抵舟。虽多病，犹强支完葬事。十七日，督工筑土，晚哭之，与三宜师共谈墓下，彪佳举此心固不宜惑为色身之内,然何以心力耗竭,则血气动摇如怔忡等症?三宜师为援引诸书以解之。盖自初间理瘥务,每鸡鸣后即不能寐,心脉受病已久,故发斯问耳。十八日,举虞祭。午后哭别两尊人墓,夜抵家。十九日,先母生诞之祭,即奉主入前楼,以待大祥归祠,遵古礼也。二十五日,至化鹿山晤三宜师,时以买木闽海被风漂失,且损数僧,深为忧戚,再三慰之。省先墓,石工将竣,惟华表、望石方兴工,同至山半督视之。九月十九日,是晚季超兄从山中归,知墓工已竣,稍为心慰。十月初二日,竖华表于墓前,再行谒墓之礼毕。

《里中尺牍》今年春夏季有函《与陶书仓》:"四家兄与弟拟仿武林普度亲庵之式,建庵于化山,凡欲追荐其亲者送牌庵中,得六时闻法,四季享斋。今鸠工伊始,缺少木料,有僧力任买木,亦欲向台台处会银一二百金,不知可否?此僧到贵治,弟更当以数行请台裁。兹先布闻,不尽。"

又,秋冬册有《与王士美》:"家兄与弟拟仿武林普度亲庵之式,建一于先严之荒垄,俾越中善信可以共申追荐。三宜师初八日三江撤讲,欲望于初九日迎之以至法席,弟舟方在修饬,敢借令兄老先生仙舟,届期引自三江,次朝送至平水,即可奉璧矣。"

月望之后,作《守制呈》,以守服具禀呈告御史台长。

据日记。

四月初九日,见曾祖祁清《遗录》。拣早年所作时文付儿侄观摹,拣先世《乡会试录》收置书箧。

二十七日,简先父《征信辑》及《四部余苑目》付抄写。

以上据日记。

春夏之间,雨涝成灾,米价高涌,越中饥荒,与缙绅余煌、刘宗周、倪元璐、姜逢元、王朝式等共事赈灾。并作《越郡赈略》《救荒全书小序》《救荒杂议》,并辑《救荒全书》,

《救荒全书》现存国家图书馆所藏明稿本、绍兴市博物馆藏明抄本两部。《救荒全书小序》《救荒杂议》收入《祁彪佳集》卷五。

《诗集》有七古《苦雪行》:"庚辰夏月苦霖雨,平地水涨三尺许。"即是今年灾情写照。

旧谱:"春夏间,霖雨麦坏,米价涌,越地遂饥。先生于哀毁中不胜一体之痛,遂条议《救荒策》十五条。当事及越中缙绅合力恳先生出董其事,时居丧已逾百日,不得已出。与余武贞先生行和籴法,再明令诸文学领官票分籴郡城,又劝四乡富室平粜本土,更设粥厂及给米法,遍城乡间。先生屈礼下士,感物以诚,闻先生风,多乐施,所全活不可计,其详载《庚辰救荒诸议》中。

先生以饥荒遍海内，救者不尽心，或有心无术，因再辑《古今救荒书》。"

明谢晋撰《右佥都御史巡抚祁公传》："遇地方利害所当言，卒言之，累数十百纸不止。庚辰，越荐饥，公条上郡邑，分区任文学，禀贷贫民。公亲履之，委巷穷山，无不遍者。"

《祁彪佳集》卷十所附明祁熊佳撰《行实》："一赈剡饥，再赈全越饥。先生力为担荷，虚礼下士，感物以诚。富家大室，闻风乐施，所全活不可计。所行和籴法、分籴法、设粥厂法、给米法，无不尽善。……又念饥荒遍海内，救之者或有心无术，反扰民，因辑《古今救荒全书》。"

毛奇龄《西河文集》传四《明少傅兵部尚书前巡抚苏松都察院右副都御史祁公传》："彪佳为人修长洁白，风度奕然，而遇事明断。时乞病家居，犹立赈灾法。赈东南饥，宁、绍、台三府十九县，皆仿行之。"清温睿临、李瑶撰《南疆绎史》勘本卷十四列传第八《祁彪佳》下引《摭遗补传》以及清陈鼎辑《东林列传》卷十一之陈述略同。

陈子龙自撰《年谱》卷上："郡中是时廷尉郑公（瑄）为守道，及郡守王公（孙兰），皆一时循良……荐绅则刘念台、倪鸿宝、祁世培、余武贞诸先生，咸以救民为心；孝廉诸生亦多贤者，相助为理。而世培尤与予晨夕同事，官米粥厂遂遍于穷乡深谷矣。"据《陈忠裕公全集》附陈子龙自撰《年谱》，子龙崇祯十年进士，任绍兴推官，崇祯十三年浙西大旱，越中大饥，子龙专司赈事。

清嵇曾筠《雍正浙江通志》卷一百五十三："孙兰，毛奇龄《循吏传》：'字畹仲，无锡人。崇祯进士。知绍兴府，会岁饥，兰定赈救法，预为分区，使乡官分主之籍记，饥民之受赈者合万九千六百零口。立厂二百七十六所，设散米、给钱、粥厂、移粥、药局、病坊、官粜、民粜、官积、民积诸事共二十六则。浙东三府十九县皆行其法，所全活以千万计。御史祁彪佳著为《救荒全书》一十八卷……升广东按察司副使。'"按，此书以王孙兰为孙兰，漏其姓氏，误。

清方都秦《梅溪文集》卷三《王雪肝先生传》："明副宪王公孙兰者，无锡人也。字畹仲，号雪肝。先世自洞庭迁锡之新安，屡以文学武功世其家……少从邹经畲（期祯）先生游，先生东林宿望也。故公之秉道立朝，所交尽当世名贤，与文文起（震孟）、倪鸿宝（元璐）、祁世培（彪佳）、刘念台（宗周）、马素修（世奇）诸先生订金石之盟。"

具体救灾赈饥事宜据日记：先是三月二十八日，以昨余煌来函虑以绍兴天旱米贵，复函述救饥法。二十九日，余姚邹式如来谈饥荒状。四月十四日，沈尔秉携僧灵岳来募斋僧费，言米价腾涌状。十七日，致函王朝式商谈金兰所议救荒粜米法。二十五日，邹式如来酌议余姚赈灾事。五月初一日，与刘宗周共酌赈灾事宜。初二日,为大善寺僧作《斋僧募疏》。此文今不见。初七日,与余煌酌定赈灾及积米平粜策,函致郑瑄宣和粜之策三则十款。初八日,与姜逢元、余煌、刘宗周、倪元璐等聚王阳明祠堂酌裁救荒济贫事宜。初十日,草《粥厂事宜》十五条。十一日,诸绅聚城隍庙商讨救荒散米事。十八日,刘宗周召诸与赈缙绅聚会蕺山,筹备赈灾之道。十九日,至开元寺,与诸缙绅酌办赈赏。令侄鸿孙草一单,令诸人签署所捐银两。刘宗周主张设粥济饥,彪佳则以为设粥、散米皆可行之。适郡守王孙兰至,与详禀平粜、给米、散赈诸法。复偕刘宗周等议定设粥厂,告于县令汪元兆。二十一日,巡按王慕吉(范)、山阴令汪元兆、会稽令林逢春欲改设粥为散米,从之。归舟草《给米事宜》。二十二日,为汪元兆草《给米牌示》。二十三日,以《给米事宜》上山阴、会稽二令。沈尔秉甚赏彪佳《救荒末议》。得侄鸿孙札,闻城中饥民八千余口,每口上贫可赈一斗二升,次贫赈米一斗。二十五日,邀富家出资粜米,各领一日之赈。二十六日,散米,查报饥民一百七户,计二百五十人。二十七日,汪元兆下乡劝赈,彪佳告以各家认米日期及饥民户口情况,以为各乡示范。书《监粜事宜》数则。二十日,巡按王慕吉遣人祭奠彪佳母并赠书刻。回函,言吴中遏粜事,恳开其禁。三十日,得刘宗周函告救赈事。六月十二日,得沈奕皋函,言行保甲、建义仓之事。二十三日,赈灾劳累,致肝脾旧疾发。十月十七日,校正《越郡赈略》,托谢晋监督改刻。二十三日,王孙兰、毕九臣来议积储事。二十五日,观议社仓诸书。二十七日,录宋龙江、冯慕冈之《社仓议》呈王孙兰。二十九日,王孙兰以刘宗周促建社仓来函商议。十一月初二日,录己作《赡村》《赡族》二约及蔡懋德《社仓书》,函寄王孙兰,并与商讨储米之法。初六日,王孙兰函示储米条约,为之斟酌,函复之。十三日,致函陈子龙言台宁通粜事。十四日,校正《越郡赈册》。十一月十六日得刘宗周函,以彪佳通粜说为是。

按,彪佳救荒之旨,具见本集卷五《救荒全书小序》、卷六《救荒杂议》,其大要在和粜、劝粜。即以缙绅为首,集地方资财,出外郡粜米,广本地粮积,以遏粮价升腾。官府出文告劝民出粜积囤之粮,或即强粜之。

救荒相关信函,《里中尺牍》今年春夏册有《与余武贞》:“先严所辑《牧津》内有救荒一种,忆曾上之邮架,或可取观。然古人亦无奇策,只是宽其文法,设诚致行,便可全活几十万人矣。”

另,《刘子全书》卷二十有今年十月作《答雪肝》多言救荒仓储事,函云:“承发余、祁两公书见示,于目前救荒急着,亦已简点无遗,似可仰承德意于万一矣。”

清茹敦和《竹香斋古文》卷下《明乡饮宾王成吾公传》："公姓王氏，讳志学，字成吾。世居石家池之旁。幼丧母多病，及长能自力，以勤干起其家。……崇祯之十四年，越中雨黄雪至四十五日，岁大饥。知府王孙兰请赈于上官不得，而是时祁御史彪佳方家居，与推官陈子龙定议，倡诸缙绅及富室画坊里而赈。是役也，私赈而洽，远胜官赈之不洽者。然轩亭以南力于赈者，首观巷金公子枢；轩亭以北则推公。金公子所发粟万余石，公亦数千石。赈垂竣，公又曰：'古之言荒政者，有以工代赈之法。吾所居敞坏，何不及此时修之，则两利之术也。'于是大兴作，治其居。执锹畚来者，虽老稚必倍与之，诸缙绅益相与慕效之，以手食者皆大济。知府王孙兰乃曰：'《周礼》六行，曰孝、曰友、曰睦姻、任恤，非王君其谁兼之哉！'"

清平步青《霞外攟屑》卷四《夫椒山馆戢闻·观巷金氏》："越中前观巷金氏为前明巨戴……京兆（金兰）子三，枢字伯星，机字仲星，权字季星，……伯星于崇祯壬午大灾与祁忠惠同办赈城中，乃伯星主之，活人无数，今越人无知者。"

"巡按王慕吉"，据清吴伟业《梅村家藏稿》卷四十五文集二十三墓志铭《监察御史王君慕吉墓志铭》："余同年内江王君慕吉，由进士起家为令，知镇江之丹阳……逾三年……而君独政成，上考，则为之大喜。又四年，君以御史按浙，余在京邸别君。……既君之子担四司李吾苏，未及任而君讣比。司李报最云间，以君志铭为属，盖去君殁日已七年矣。君讳范，字君鉴，一字心矩，慕吉其自号也。先世楚麻城孝感乡人。"又，清王晫《今世说》："王慕吉丧父，负土成坟，居庐不出，服阕食，贫自守。有非意加之者，处之岁然，不以一言较臧否。王名范，字君鉴，一字心矩，四川成都人。肆力经史，工诗、古文、词。辛未（1631）成进士，筮丹阳县令，治漕有功，擢御史。会遭母艰，时已大乱，遂移家入吴。丹阳之人闻其至，争愿割田宅授之，谢弗受。东阡西陌与父老过存见者，初不知为旧令也。子担四名于蕃，官司李。"清周寿昌《思益堂集》日札卷六《崇祯宫词》："王慕吉范，四川内江人，崇祯朝知县，行取御史，有《崇祯宫词》二首，足备掌故。"

五月初五日，偕兄骏佳、沈国模等辩儒佛异同，埋龟于醒庵旁，骏佳作《埋龟文》，在座诸人作偈。

六月初九日，恳金兰镌刻犀晶章四枚。

十七日，以贺轴及杯、扇送郑重光。闻潘夔鼎过寓山，委陈长耀（国光）出陪之。

据日记。

尊经阁藏《寓山志·游吟》收陈国光《同蒋安然潘夔鼎过寓园》,当即此时作;又同书收陈《寓山独酌》,当亦作于近时。

二十日,得蓝田叔诗画。

《里居尺牍》春夏册有《与蓝田叔》函,谢其吊丧并赠诗画。

按,蓝瑛,字田叔,号蝶叟,晚号石头陀、山公、万篆阿主者、西湖研民,又号东郭老农,钱塘人。工书善画,擅山水、花鸟、梅竹,尤以山水著名。

二十一日,邀谢天章(晋)观摩所藏碑帖字画,以董其昌、王铎、张瑞图字画付人裱糊。

二十三日,骏佳延塑工严水子仿陈洪绶所画诸佛像塑像。

二十四日,陈国光为绘《溪山草阁图》。

二十七日,在杭州,偕友游,友方无隅作《西湖舟居诗》十首。

以上据日记。此次二十五日至杭州,七月初一归山阴。

七月初二日,闻从兄豸佳得和州教谕职,赠以《劝学偈》。

据日记,此后十一月初六日,饯送豸佳妻及金大来赴和州。

初六日,为雪航上人作《造舟缘起跋》。

据日记,先是六月二十二日,雪航示《心体诗》一章,且以造舟来求募序。七月初五日,雪航造访,出示倪元璐《栴檀像募疏》,复以《造舟缘起》乞题跋。今乃为作。此文未见。

《里居尺牍》今年春夏册有《与雪航上人》:“山中荷题咏,遂成生公一段佳话矣。张舍亲非的戚,不通书问,且其人未尝留心佛法,又何可强作解事!非吝此片言也。储米为家人鼠雀耗,新禾未登,无可奉养。大师拟八月过武林,舟成时通一信于小庄,可作烟水佳话。外《楞严宗通》价□不得,乞寄之庄仆,此恳。”稍后另一《与雪航上人》函,则谢其所题咏寓山诗。

初八日,作亡母《行实》将竣,次日脱稿。

初十日,托陈国光绘订《草木花谱》。《评草木花谱序》为此书而作。

据日记,先是三月初一日,作函向金乳生、刘迅侯乞花,并订花谱之约。又据明年日记,五月初六日,与陈国光、方无隅校正《花谱》。则明年五月初,此画谱已经完工。

又,《文稿》收有《评草木花谱序》,作时不详,为此书而作,故作在近时。

订约函见《祁彪佳集》卷三《与人书》之四:“海棠乞分少许。有订者,弟欲作草花本。托陈长耀每月一二至宝斋,图画现开之花,每幅后即书其开发之候、种植之谊,亦丹青中一大快事也。……仁兄许之否?诸候晤悉。彪佳再顿首。”

金乳生，张岱《陶庵梦忆》有《金乳生草花》一文，称金汝生喜莳草花；祁彪佳《越中园亭记》之二《亦园》："亦园在龙门桥。主人金乳生，植草花数百本，多殊方异种，虽老圃不能辨识。四时烂熳如绣。所居仅斗室，看花人已履满户外矣。"

十八日，以郑瑄申令严禁溺女、锢婢，地方有起骚乱者，作函与之商榷。

十九日，张瑞图为题"即花居"匾。

二十三日，作疏文辞拒亲友科场请托。

八月初五日，听邓左之谈律历诸书。

邓左之，《钦定古今图书集成·理学汇编·文学典》第一百十七卷有载："据《江西通志》，履中，字左之。新建人。壬午（1642）举于乡，癸未（1643）下第，病卒旅殡于白沟驿，年四十三。"所著有《通考续编》《仰止堂集》。

十七日，与三宜和尚明盂谈论心性养生之道。

二十二日，试族中应童子试者，择其清通者荐于府试。

以上据日记。

二十五日，舟中闻有杀猪者，市以放生。

据日记，以所携银价值，随手不爽毫厘，乃知一物生命有数存焉。

旧谱："八月，完葬事，入城谢吊。夜泊舟，梦中有祈救者，醒闻近肆将杀豕，亟止之，赎以放生，检篚中金，与所计价不爽分毫。"

二十七日，在杭会陈钟峦，陈自莆中远来，遇病，深为关情。

九月初一日，偕顾卦访曹二白，观其所蓄花草、所作画卷。僧履素以昭庆寺新图来观。

初二日，作公书致郡丞毕九臣，又以一字与侄鸿孙，俱以柴云倩托之。当为柴辞去特征入仕之事。

柴云倩名世尧。柴祁相交颇密，日记屡有载录，如：崇祯六年（1633）五月十五日，饭于柴云倩家。二十三日，令蒋安然书柴云倩诸人札。崇祯八年（1635）五月十七日，仅晤柴云倩。二十五日，邀柴云倩等观《南柯记》。六月二十一日，午后赴柴云倩酌。二十八日，别柴云倩归，即以肩舆东渡。二十八日，闭户作书复柴云倩札。崇祯十年（1637）六月初七日，得云倩书。二十六日，柴云倩过访。出访柴云倩，归值陈渭潢过晤。崇祯十一年（1638）三月二十一日，于白露塘作书致柴云倩。崇祯十二年（1639）三月二十八日，柴云倩年兄烛下来晤。崇祯十三年（1640）八月十九日，得柴云倩书。二十日，入城。舟中作书复柴云倩。二十九日，少霁。柴云倩来晤。午后即赴云倩五簋之约。九月初二日，作书毕玉台公书，又以一字与奕远侄，俱托之柴云倩。

十一日,是日得柴云倩书,即复之。十八日,至九曲寓邀柴云倩桥梓。二十日,邀云倩,先晚辞,拟入城款之。方发舟,已报云倩同公郎及友人朱沐上且至矣,同德公迎之。游密园,举酌宅中,后以皆园,游寓山再酌至暮,朱沐上之武林,云倩别去。二十二日,又致书柴云倩。二十五日,出山得柴云倩书,复之,二十七日,柴云倩以果饵相惠,作字复谢。十月十七日,作书复柴云倩。十一月初三日,柴云倩亦以寿爵见惠,且告籴于吾乡。十五日,作书复柴云倩,言告籴之难。崇祯十五年(1642)八月十九日,得柴云倩书。二十二日,作书候柴云倩。十月十三日,柴云倩邀游灵隐。崇祯十七年(1644)正月二十四日,得柴云倩书。四月初一日,饭于柴云倩家。弘光元年乙酉(1645)四月初三日,作柴云倩书。

清李渔《尺牍初征》卷七收有柴世尧云倩《致祁世培侍御》函称:"弟垂翼归里,仆马皆瘏,隔岸越山,宛如三岛可望而不可即。调饥之恝,何可喻言。年兄啸傲鉴湖兰渚之间,花开命酒,月皎携琴,为乐已侈。矧年伯母纯嘏天锡,骧然安钟鼎之奉乎?弱水、昆仑去此非远。惟是圣明侧席,钧轴需贤,邺仙(冯元飙)、楚畹(金兰)两兄托弟致言,望渊源之出甚切,不日将沛直指之纶、破曲肱之梦矣。弟才匪世资,久耽懒慢。朱澹修先生旬宣秦中,绝不相闻,谬加推举,恩命忽及,惊愧无所措。毋论才非民社,万难仰承;且先子尚在浅土,家慈年来善病:茕然一子,安忍绝裾!按台巡毕,年兄定得把晤,幸为道弟至情,使遂留养,则母子依依,胥戴鸿造不浅。乌私迫切,千万□神。"系柴世尧托彪佳进言当事,以辞朱澹修特征入仕之推举。同书又有柴之《寄钱坚白座师》:"祁世培将母郊居,陈渭潢、羊羽源灰心仕路,金君启潦□青毡,且使者遄行未能留俟,倍有耿耿。"则柴、祁、陈、羊皆万历四十六年余姚知县钱应华房所取举人。按,朱本吴,号澹修。钱塘人,万历四十四年(1616)进士。《寓山注》存柴世尧五绝《八求楼》,注:"柴世尧,云倩,仁和。"据清嵇曾筠《雍正浙江通志》卷一百四十《选举十八·明举人》可知,世尧万历四十六年(1618)祁彪佳同科举人,崇祯年间曾举特征不赴,隐居田园,人称"征君"。清柴绍炳《柴省轩文钞》有《家云倩征君祭文》。清嵇曾筠《雍正浙江通志》卷一百八十三《人物七·孝友》:"柴世尧,旧《浙江通志》:'字云倩,仁和人,四龄丧母,事后母孝。父绍勋宦游,独家居奉祖。弱冠中乡举,及会试,得父手书言病,心动流涕,弃试奔归,而父已卒。扶榇归里。服阕,后母在堂,曰:"吾宁以三公易一日耶?"方伯朱本吴疏荐,诏下特征,力请终养不赴。迨后母卒。所生仅三女,尽出家财赠之。著《蝶园集》行世。'"

初三日，阅邸报见袁恺参内阁及各部诸疏。

按，清夏燮《明通鉴》：八月，杨嗣昌有所陈奏，薛国观拟旨触帝怒，下五府、九卿、科、道议奏，颇从轻议。独给事中袁恺会议不署名，且疏论吏部尚书傅永淳徇私庇薛国观，而微诋薛国观"貌肆妒嫉"。帝遂夺薛国观职，放归。

初六日，至武康吊陈具茨，而其棺柩未归。

按，陈乾阳，字潜夫，号具茨，武康人。彪佳同年进士，授广信推官，迁河南道御史，巡按南畿，改大理寺丞，寻擢右金都御史。

初九日，邻居有浪子鬻妻为娼，代赎之。

旧谱："至武林，寓邻有鬻妻为娼偿逋者，先生为措原值赎还母家。"

十三日，游飞来洞，至下天竺，登上天竺；至龙井，游玲珑庵，见三年前所作《雨宿》排律尚在壁间。友顾卜作《登北高峰诗》成，途中和之。

据日记。《登北高峰》和诗亡佚。

十五日，拈"惊"字作五律一首，当即《秋日逸舫看花得英字》。

见《诗集》，《诗始》未收。

据日记，是日至断桥，邀顾卜，诣孙公嘉所居举五筐，买菊数本，拈"惊"字作一五律。"惊""英"同韵部，此诗情境皆合日记所言，故当即所作。

十七日，夜航归山阴。

据日记。

二十七日，偕程少冈于寓山浚池蓄水。

据日记，先是二十三日，程少冈为校准自鸣钟，听程氏谈论木牛、木鸢等机械知识，诙谐新奇，坐中为之绝倒。二十四日，邀程少冈酌拟寓山储水之法。

十月初四日，郡守郑瑄升转，为之饯行。

十二日，陈子龙过访畅谈，为之致函刘宗周代为致意。

按，子龙时任绍兴推官。

十九日，脾胃旧疾复作。后日延医张景岳。

以上据日记。

本月，兄弟分析亡母遗产，以拨入之田，增充祭产及赡族。

旧谱："太夫人所遗产应授半顷，以之增祭产、赡邻族，不以自私。"

日记多有言及：二十日，兄弟析产，骏佳出父承燝考选南京刑部时于都中所作书信，多落寞之感。二十七日，以拨入之田，增充祭产及赡族，又舍与弥陀寺为斋僧之用，不敢尽自私也。

按，南图藏道光刻本《祁忠惠公集》十卷补编一卷附三种三卷，卷首附有彪佳、骏佳舍田于弥陀寺之《舍书》，时间为崇祯十三年十月。当即此时所为。

十一月初六日，以《寓山志补余》向江元祚求诗。

据日记，今年以补记寓山新增园景，作《寓山志补余》，并以新得亲友寓山题咏补充入《寓山志》：先是七月十三日，汇寓山分胜诸诗。二十四日，见张溥寓山诗，诗原为四十首，亡其稿，仅存七首。八月初七日，作《寓山志补余》数条。二十，得邓左之(履中)赠《寓山记》。十一月初三日，得莆田彭让木(汝楠)《寓山赋》、陈季琳画及莆中友人倡和诗。初五日，阅前所得诸诗。由今日记可见，时《寓山志补余》已完成。

初七日，因地方盗贼横行，致函郡丞毕九臣，议行保甲法弭盗。此后十六日，创保甲、弭盗之策。系参用夏允彝救荒治策《保甲言册》而成。

据日记，先是五月十六日，夏允彝来函，叙述治理地方策，如征粮法、同善会等，赞为美政。本月初六日，陈子龙再访，谈地方荒盗事。初九日，阅夏允彝《保甲言册》。按，据《明史·夏允彝传》，允彝崇祯十年(1637)进士，时授长乐知县。又，《里中尺牍》今年春夏册有《与夏彝仲》，函贺其登科，并报母丧。《里中尺牍》明年秋冬册又有函，与夏允彝论救荒事宜，谓："弟数年前曾立《赡族》《赡村》诸条约，似与老年翁所见有暗符者，不胜以沾沾自夸。至保甲诸款，正在求当事踵行，以后便中乞老年翁以此三书各惠十册。"为今年作而错入明年者。十五日，与亲邻酌行保甲法。得陈君益函言御盗法。十六日，毕九臣托以创保甲、弭盗之策，遂参集保约诸书，为草一稿。二十五日，以夏允彝《保甲言册》诸书应钱钦之索。

旧谱："时盗贼公行，先生力言当行保甲法，衣冠者多耻任，先生与族兄副戎宁方公躬为正、副长以倡率之。"

《祁彪佳集》卷三有《致毕郡丞书》之一，所言皆地方盗贼情状，并谏以饬戢之道。

二十一日，麦浪禅师圆寂十年，其门徒礼忏追荐，预其斋。

据日记。

二十五日，作五言古诗《赠徐节妇》。

据日记，是日为贞节徐太君作五言古诗。

徐节妇，据《乾隆绍兴府志·列女》："潘秉彝妻徐氏，夫亡年十九，断发毁容，奉姑甚孝。家贫岁凶，机杼取活。邻火将焚枢，徐身蔽之，火随灭。年一百三岁。旌。"当即此人。

二十八，得侯岐曾赠诗扇。

十二月初一日，评张岱《补弥陀志》毕，函复之。

以上据日记。

明年《里中尺牍》秋冬册有《与张宗子》："向得《补弥陀寺委》以序而不成。时即拟评数语，冀附不朽意；辄以遭闵，搁笔至今。然时时同之卧起，用作胜游。顷携入寓山，遂率尔塞责。虽数语乎，已见陋劣，幸急覆之瓿。向从邓左之（履中）案头，读大刻寓山诗余绝佳，皆迥出秦柳一派，何以不惠解于弟，并入刻？令人报憾！乞赐二册，苏此病骨，曷胜颙望。"则张岱以此书求序，而彪佳拖延至明春方成其序。张岱所作寓山词未示彪佳，故未刻入《寓山十六景诗余》中，彪佳亦以此为憾。

初七日，王朝式病卒，出银三十两为敛殡抚孤之用。

据日记，先是闰一月十七日，得王金如书，馈之参药。二月初六日，作书问候王金如安，馈赠药金。六月十二日，闻王病危。

旧谱："王金如病于四明，馈之医药不绝。""王金如卒于四明，设位哭之，捐数十金为谋葬事。"

按，据《思复堂文集》卷一《姚江书院传》，王朝式，字金如，嵊人，山阴诸生，为人"常有忧世界之态"，学于沈国模、刘宗周。又与禹氏苏公（名元璞）、奠维郑公（名锡玄）营立姚江义学。崇祯十年（1637）赈嵊饥，全济四万二千二十口。崇祯十三年，年三十八而卒。《刘子全书》卷二十三有《祭王金如文》。

十八日，彭天锡过访，留酌，复作函为之推毂。

据日记，本月初九日，彭曾经来访。

十九日，轮值祭祀父祖，乃草《先严值祭约》。

据日记，先是初九草轮祭条款，今日作约，明日复与诸兄弟斟酌此约。

二十四日，作《广孝寺募疏》。

据日记，先是十一月二十六日，僧具德来乞疏。

二十五日，作七言古诗《挽徐烈妇》诗。

据日记。诗见《诗集》，《诗始》未收。

南图藏《里中尺牍》秋冬册《与何芝田》："徐节妇冰霜之操，与日月争光。小言詹詹，何足轻重。然伏荷谆命，不敢不附片言于后也。容日请政，不尽。"诗当即为应何芝田之命而作。

徐烈妇，据《乾隆绍兴府志·列女》："叶文杰妻徐氏，抚孤守节。亲属贪其产，逼改醮。徐乘夜加礼服，越窗而出，投河死。崇祯间督学使檄县致祭。"

二十六日,作成七律《立春前一日入化鹿山拈池字》。

见《诗集》,《诗始》未收。

据日记,前晚与方无隅拈题作此诗,今成。

二十七日,作《立春后一日于彤园看梅主人出留小饮》。

见《诗集》,《诗始》未收。

据日记,是日偕方无隅、弟象佳访王云岫(应进),于彤园看梅。归,小饮于梅坡。与无隅各赋七言律一首。所作即此诗。

二十八日,钱象坤卒,入城吊唁。

据《明史·钱象坤传》,钱象坤(1569—1640),字弘载,号麟武,会稽人。明万历二十九年(1601)进士,改庶吉士,授检讨,进谕德,转庶子。泰昌改元,官少詹事直讲,迁礼部右侍郎兼太子宾客。天启六年(1626),廷推南京礼部尚书,因不附魏忠贤,被指为缪昌期党,落职闲住。崇祯元年(1628),召拜礼部尚书,协理詹事府。二年入阁,累加少保,进武英殿。四年(1631)引疾去。家居十年,无病而卒。赠太保,谥"文贞",荫一子中书舍人。

三十日,熊佳归里,除夕夜与承勋、熊佳守岁,闲聊都门旧事。

据日记。

今年集书阅书如次。

据日记,正月初九日,阅《说郛》。十七日,阅《圣学宗传》和《知儒编》数则归。二十一日,阅《圣学宗传》及《十六国春秋》。二十三日,颂郑瑄所辑《昨非庵日纂》。二十九日,阅《十六国春秋》。三十日,得郑端简公(晓)所为《吾学编》及《古今言》诸书。闰正月初三日,舟中阅郑晓《今言》。初五日,阅《十六国春秋》。十八日,整书,分小说家为四种:曰说汇,曰说丛,曰杂笔,曰演义;分记传为三种:曰裒辑,曰别录,曰杂传。十九日,整书。二十日,整书将完,以其暇阅《北魏史》。二十四日,阅《北魏史》,整《四部汇》。二十五日,整《四部汇》讫,灯下阅《北齐史》。二十七日,灯下校正《通鉴始末》。二十九日,是日阅北魏、北齐、北周《帝纪》始竣。每日午睡时阅《正史约》。见《同时尚论录》辑东林文字。二月初一日,得路振飞之陛书,示以副榜卷。初二日,暇阅外家所借邸报,自正月朔起至今。初六日,日来覆阅《通鉴纪事》中北魏事。十四日,整阅过《通鉴纪事》目。十八日,暇阅《纪事本末》。廿一日,闻有徐文长(渭)手书诗稿,亟访之,因买《皇明通纪增定》一部。三月二十八日,阅《宋元通略》《胡元通略》。四月初一日,金楚畹(兰)惠以试卷及《文成全集》。初三日,阅《文公家礼》。初十日,点定王阳明《传习录》。十二日,登楼阅《皇明通纪》。十三日,阅《传习录》。十五日,阅邸报,午后阅《传习录》

至第四卷。十六日，阅《皇明通纪》，偶点定《传习录》。十七日，以《牧津》报王修仲，阅《武编》数篇。十八日，吴江文学王克谐赠以诗刻及《寓山诸咏》。与陈长耀、郑九华登楼共阅法书，董玄宰字帖四种，以供临摹。四月二十一日，邀陈长耀共阅法书。二十三日，与郑九华登楼简阅法帖。五月三十日，得邓左之（履中）书，示以新作古文。六月初一日，观《知儒编》。二十二日，数日来旧疾复发，不能观书。七月初四日，至外父家，送以《通鉴纪事本末》，十四日，得熊佳书，见庚辰齿录。二十二日，阅《熹庙通纪》完。看画屏、临古帖。二十四日，观《文体明辨》《明文喬》。八月初六日，阅《世庙通纪》。二十八日，得见《武林刘烈女小传》。九月初一日，观昭庆寺新图。初三日，偕郑寿子所藏邸报观之，见袁掌科（恺）参阁部（薛国观）诸疏。初五日，阅《世庙见闻录》。十月十二日，吊张芝庭，读其《山居自述》。十五日，得彭汝楠示以《崖圃略》。十七日，以《岸圃略》致张毅孺。二十七日，以宋龙江、冯慕冈（应京）《社仓议》录呈王太公祖（孙兰）。二十九日，得江邦玉《横山草堂集》。十一日初二日，录蔡云怡（懋德）《社仓书》及已作《赡村》《赡族》二约。初七日，观《武编》。十三日，观《觉浪禅师语录》。十九日，阅《世庙见闻录》。二十九日，阅沈桐冈《御贼练兵议》。按，沈桐冈，据清朱鹤龄《愚庵小集》卷十四杂著二《书张烈妇事》："邑绅沈桐冈正宗。"则沈名正宗，系吴江人，万历三十五年（1607）进士。

辑录《守城全书》。

因时局混乱，去年初起，彪佳即欲阅录守御、武备等书，辑录成书以备实用。《守城全书》之辑录情形，日记具载如下：崇祯十二年（1639）正月初四日，阅《武备志论略》。二月初九日，阅《城守》诸书。二十五日，阅《保越录》《伪吴杂录》《靖康传信录》《钓溪立谈》诸书。三月初一、四月十三日，阅《城守书》，抄录所需章节。五月初一日，灯下评阅《琅环史唾》。十六日，整检《武备志》。十九日，阅《廷臣公荐御侮真才单目录》。二十八日，阅茅元仪《武备志》，采辑其中关涉守城者。六月初三日，裁定《守城全书》。初七日，整理《御寇全书》。十四日，阅《武备志》。十七日、二十三日，阅《纲目》。八月初九日，阅张溥《史论铨次》《守城书》。二十四日，点校《城守古案》。九月二十九日，校定所辑《守城全书》。十月二十一日、二十二日，点定《城守古案》。二十七日，阅《守备书》，点定《城守古案》。二十九日，点定所已衰辑之部分《守城全书》。十二月二十五日，整理辑成之部分《守城全书》。今年（1640）正月二十六日，令陈绳之誉抄前所辑《守城全书》。闰正月初二日，点定之。四月十七日、十一月初七日，阅《通纪·武编》。十一月二十九日，阅沈桐冈《御贼练兵议》。十二月初五日,校《全书》,竣其中《纪效新书》及《登坛必究》二种。初六、十一日,校正《守城全书》,竟约束、申令二章。十二月三十日,午后辑《城守书》,完第四卷。

又,清谈迁《枣林杂俎》智集"逸典"提到《保越录》:"张士信《保越录》,盖守绍兴拒官兵全城事,出越人笔,词多指斥云红寇。山阴祁彪佳有其书,常熟钱谦益录之,改帝号非复旧本。"

又,《里中尺牍》今年春夏季有《与王金如》涉及辑书事:"不孝已作数字付灵岳上人附候,相约二十内抵姚,不意上人至今不能离越……当日原欲辑《守城》《救荒全书》,今《守城》止辑其半,而《救荒》尚无头绪,亦年来荒落之征也。"

崇祯十四年辛巳(1641)　四十岁

时事　张献忠东进。二月,破襄阳,杀襄王翊铭,尽得杨嗣昌军资。三月,杨嗣昌(1588—1641)自杀。　四、五月间,张献忠、罗汝才进河南。七月,罗投李自成。　河南李自成军剧盛。正月,破洛阳,杀福王常洵,世子由崧脱。二月,攻开封七日夜,不克。举人牛金星、术士宋献策来投。九月,李、罗汝宁大破傅宗龙、杨文岳两总督,杀傅宗龙。十一月,破南阳、邓州,杀唐王聿镆及总兵猛如虎。十二月,再攻开封不克。　清军攻锦州。三月,破锦州外城。明将祖大寿退守内城。　四月,围锦州,洪承畴来援。　七月,朝命催战,洪承畴进至松山。　八月,明兵松山大败。总兵王朴、吴三桂遁,清兵围洪承畴残部于松山。

是年五月,首辅范复粹罢。　六月,给事中左懋第疏言民间疾苦。　八月,赐死前首辅薛国观。　九月,周延儒、贺逢圣入阁。延儒再为首辅。免民间积欠赋税,召还言事迁谪之臣。

今年祁彪佳有日记《小求录》。尺牍有《里中尺牍》,南京图书馆藏。又,国家图书馆藏《里中越言》有《辛巳救荒》诸尺牍,并《辛巳岁救荒芜草》上下册,收录救荒所作各条款、建言文章。又有《辛巳荒纪一卷辛巳救荒小议一卷》,明祁氏远山堂抄本,浙江图书馆藏。

居母忧。正月初四日,作七言古风《元旦后三日雪霁舟中》。

见《诗集》,《诗始》未收。

据日记,携子扫墓,舟中见四山雪色,尤为眩目惊心。作雪霁舟行七言古。即此诗。

十二日，至杭州，赴文昌社约。吊唁许豸。

据日记，先是本月初七日，作文祭奠许豸，叙生死交谊，情甚惨怛。祭奠许豸之文今未见。十月初七日，得许豸长子赠以诗作、字画。

《里中尺牍》去年秋冬册有《与许平远公郎》致意许豸子，吊慰其父丧，则许豸卒在去年底。

十四日，大雪不止，作七古《苦雪行》，复作五古《西湖雪霁》二首。

二诗皆见《诗集》，《诗始》未收。诗有"庚辰夏月苦霪雨，平地水涨三尺许。满望春来锄麦苗，又复连朝被雪阻"句。

据日记："雪霁，以小艇看湖上诸山，以风劲即归，至芙蓉园散步，旋登舆渡江，方及岸，大风骤至，及舟又降雪矣。米价日高，当此积雪，人情必至汹汹，与无隔相对愁叹，作《苦雪行》，又作《西湖雪霁》五古二首。"时彪佳在杭，有别墅偶居在西湖边，明日归山阴。

二月初十日，作《祭钱麟武相国文》。

文见《祁彪佳集》卷四，谓"维崇祯十四年二月乙卯，祁彪佳恭奠于武英殿大学士麟翁钱老先生之灵"。据日记，先是去年十二月二十八日，钱象坤卒，入城吊唁。

二十五日，巡盐御史冯中心来函为其祖求序文，并赠《测史剩语》。

据日记，今年六月初一日，以张弘代作之序文复冯。按，冯垣登字中星，新昌人。明崇祯十三年（1640）进士，以特恩诏封浙江道监察御史。《宜丰县冯氏族谱》有《忠节薇圃翁传》，薇圃即垣登号。其祖冯士元曾为河南教授，著有《测史剩语》。又，据《四库总目》卷九十史部四十六《史评类》：《测史剩语》六卷，明冯士元撰。士元字廷对，新昌人。

年初以来，救灾济荒，安戢地方。

张岱《石匮书后集》卷三十六《刘宗周祁彪佳列传》："庚辰、辛巳，越中洊饥，彪佳与刘宗周分区赈米，设厂赈粥；病者药之，死者埋之；深山穷谷，无不亲历。有《道济录》行世。"

旧谱："庚辰告歉，秋获复薄。先生计今年越必更饥，遂作《救荒议》，今载全集中。议方成，雪十日不止，市绝爨烟，人情大汹。郡城内外及外邑数百里间，不呼而起，群肆抢夺。郡邑长以众盛难犯，仓皇杜门。先生闻之亟入城，夜半叩当事，曰：'今日为饥民，明日乱民矣！今日抢米粟，明日财物矣！今日乌合，明日必有奸民号召以狂骋矣！今易散也。'即令诸当事各领兵快分出巡行，遇抢者擒治如法，勿惧。方擒数人，余果奔。再促夜发兵出城，山乡间望见旌旗咸溃去。先生曰：'此医家所谓急则治标也。不速培本，病复发则难疗矣！'于是诸当事缙绅惟先生策是行,诸生亦惟先生之任。先生亦力任不敢辞,不复避嫌怨、惜精力。自春徂秋,日则延接宾客,夜则削牍致当事。当事分区出巡,先生必陪之。心所念、口所言、身所行,无非为救荒计。致当事诸札,守道郑公三十通、太守王公三十三通、二守毕公二十六通、别驾李公七通、司理陈公三十四通、县宰汪公二十六通、周公十三通,以通籴告之台、宁诸当事十五通,以禁贩告之会城诸当事八通,缙绅则刘念台先生十七通、倪鸿宝先生十一通、余武贞先生二十九通,诸生共一百二十五通,皆救荒善策,尽出先生手笔。荒政无奇,行之在人,先生推诚任人,诸文学因而竭诚襄事,故此举救荒为越中从古未见云,今略记之。

一、分区。郡城分五区,两邑乡山各五区,每区推德行一生主之,辅以数生。区中绅耆共相连络,一呼咸应,如臂之使指。

一、发仓。预备仓贮谷,郡城民变初息,令即出以赈老弱,一时如获更生。

一、官籴。借官银告籴外郡,减价惠民,或米发行户,抽利分赈设粥。

一、民籴。劝乡绅及民间积米者,每石减价三钱,通行平籴。商人附批告籴者,亦抽利分赈。

一、转籴。以所借官银及民籴私本,皆回环转籴,饥民常得食减价米。

一、给米。春间核实各区饥民,计口分给。

一、粥厂。入夏罢给米,设粥厂。两邑共二百三十余所,稍饥者无不得食,厂多,人不搀挤,老弱无奔走苦。先生又时陪当事巡历,事益周至。其法刻《救荒集》中。

一、药局。民饥疫起,设医药局,如丙子更加周详。立局于大善寺,自六月起至八月止,全活者不可计,有《纪事》刻集中。

一、病坊。流移栖寄无地,一病辄毙。议城中立一坊于卧龙山后,先生与昆仲立一坊于梅市,汤药调剂,全活无数。

一、保婴。庚辰岁饥,善士钱君收遗婴数十,养之家,备极抚恤,皆得全活。是岁,因请善士广其事,设局于陈氏宗祠,收活者数百。

一、散钱。粥厂未设,市多良民乞食,先生于柯市行散钱法,三日一散,约散万钱。他镇有效之者。

一、市粥。陆生曾熙谓自好者多忍饿,不屑登饥册、入粥厂,因立市粥法,收值三之一,使自好者以市名得日饱。

一、行粥。僧月堂日募米煮粥二十桶,日易其处,就食者令端坐庑下,念佛号,次第分给。每日佛声浩浩,无搀越者。

一、掩埋。病坊不救及路道饿殍，为僧造船置器，沿村收埋。又特置义冢，为收埋地。

一、官粜。秋收，每亩纳谷二升，即准作条银，俟谷贵时平粜。

一、民积。命户田五十亩以上，每亩自积米一斗，明春发粜，不抑其价。

一、牛种。天乐数都荒尤甚，耕种无资。先生为另处四百金贷之，以保甲法收放，遂致有秋，本亦无缺。

一、广麦。田可种麦者，秋收后，令里催督多种。

一、禁糯。越地窄，多种糯作酒，食米愈乏，以是禁之。

一、停征。有田者皆竭力捐赈，势不能再办催科，恳有司概为停止。

一、清狱。请当事尽阅监铺，多从保释，必不可出者，命一僧日募粥赈之。

一、省讼。请本道严示，不许一役下乡勾摄，即期值大造，亦迟至秋成。

一、赡士。郡中王公轸念儒士贫寒者，三次赡之。

一、崇救。倪鸿宝先生立崇救法，恐泛救未必尽活，得米七斗，即可崇救一人，名曰'一命浮图'。

一、禁戏。逐优人出境，既省冗食，又省浮费。

一、旌赏。凡助银米及司募、司赈，分三等九则，颁旌赏以激劝之。"

据清毛奇龄《西河集》卷七十七《明广东按察司副使分巡广南韶道殉节前绍兴府知府王公传》："公名孙兰，字畹仲，无锡人。中崇祯四年（1631）二甲进士。故事：二甲授户工二部主事。时太监张彝宪奉新命总理二部。其尊视尚书，诸司郎以下皆叩头行属礼，孙兰羞之，请改授他部。遂以刑部主事出决江北狱，进员外郎，考选擢四川成都知府。……至十三年（1640）补绍兴。会绍兴饥，御史祁彪佳乡居，孙兰与彪佳定赈救法，预为分区，使乡官分主之，籍记饥民之受赈者合万九千六百零口，立厂二百七十六所，设散米、给钱、粥厂、移粥、药局、病坊、官粜、民粜、官积、民积诸事共二十六则。浙东三府十九县皆行其法，所全活以千万计。彪佳遂著为《救荒全书》合一十八卷，可岁行之。……寻升广东按察司副使……献贼寇宜彬，逼乐昌、乳源……连州守将杨守谦据州城叛降……飞檄请督府援兵，不应。孙兰乃叹曰：'连州、曲江吾属也，吾属失守，守将叛，而兵备监军泄泄然既不能守，复不能救将，俟此为迎降计乎？'遂北面称拜，自经死。……福王自立，御史祁彪佳、礼部管绍宁题请恤录，予祭荫。"

日记具载救灾之策：一为请专官，明赈事。

据日记，正月十五日，灾荒民乱，绍兴城中有民被掠，遂连夜至城中，缙绅汇聚城隍庙,共议济灾事宜。建言通商告籴为根本之计,平粜输米,亦需并举。目前要着,一则严示谕开典铺、米铺;一则严示谕禁强借、强籴;一则令任事诸绅分坊查明上贫、次贫,次第赈济,以安民心。持论甚坚。四月十五日,致函郑瑄,请留绍兴推官陈子龙专任赈饥事。五月初五日,随陈子龙至南区巡行,作《会南区巡行事宜》。

二为平米价。

据日记,正月十五日,建言通商告籴为根本之计,平粜输米,亦需并举。目前要着,一则严示谕开典铺、米铺;一则严示谕禁强借、强籴。二月十六日,以"通外籴""劝囷户"两事致函当事官。八月十八日,以米价日腾踊,与僧无迹协商广种麦之计,率先种麦三十余亩以为倡率。

三为禁越贩。作《越中私贩宜禁》十条及《禁法》十五条。

据日记,二月二十二日,阅张岱《杞人筹越》,大概言禁越贩、议社仓,甚以为是。四月二十九日,致函王孙兰,言祈雨及禁越贩事。九月十九日,作《越中私贩宜禁》十条及《禁法》十五条。二十日,得余煌函,所言大抵为禁越贩事。二十二日,汇集缙绅四五十人于城隍庙,论禁贩事,刘宗周以函代晤。二十三日,得刘宗周、余煌函,刘氏函所商救荒之策,大略以先阻外贩为先。此近倪元璐亦有函至,乞速禁外贩。二十九日,请共禁经江口来越贩米者。十月初四日,致函王孙兰言禁越贩宜严于赏罚。按,越中士绅一致提出禁越贩,是为阻止粮食外流,存积不足,导致本地粮价腾升。

又按,刘宗周函见《刘蕺山集》卷八书三《与祁世培》,建言各地分工守土,出余力以补不足,推行禁外贩、行积储之策,严禁粮食外流,以备明年青黄不接救急。函称:"诸君子谋荒政毫无济于事,今不阻外贩而言积储,不言积储而他日又言赈济,皆必不可几者也。遏籴有禁,夫人而知之,且身遭台宁之毒矣,其忍以身行之省下?但此事须通盘计算。……而必谓持数月之禁便当得罪上官,不敢一出此也,亦殊非仁人君子为民请命之初心矣。今当事者但知媚上官不知有地方,吾侪又但知媚公祖父母不知有桑梓,嗟乎!吾死无日矣。明年一郡生灵命脉,仍系之吾兄一人,不可不亟为徙薪之计。"此函亦见于《刘子全书》卷二十《与祁世培二》。

又,倪元璐《倪文贞集》卷十九有《与同年祁世培彪佳》函云:"米尽而大饥又至,宜诸老之皇皇也。弟适病疡,不能遣步。昨陈天若兄到榻前,面商其条款,精详多可采行,惟年翁广咨独断行之。适见余武老公函甚妙,诚得道台早回,以通官籴、禁私贩为两尽之谋。所禁之地,海口为急,江干次之;所以禁之法,以有济无害为主。事固不容迟耳。"

四为放牛种。作《贷给牛种纪事》《催收牛种子粒牌移》。

据日记，五月初八日，随陈子龙出巡，赈天乐乡，拟贷牛种以助农耕。六月初三日，作《贷给牛种纪事》脱稿。此文本月初十校订之。十月初八日，代山阴令汪元兆作《催收牛种子粒牌移》，致函陆雍之论催收牛种事。

陆雍之，明孙永祚《雪屋二集》卷四有《访陆雍之山居》："五云溪上路，人识谢敷家。门对千峰近，篱因一涧斜。童归收橡栗，客至带烟霞。怪道中堂绢，云峦助笔花。（雍之善书画）"则陆雍之绍兴人，善书画。又据清施闰章《学余堂集·诗集》卷二十五五言律《赠雍头陀，陆雍之自称雍头陀》："远公才一至，令我庖厨清。对酒惟挥麈，画龙愁点睛。澄湖白鸟浴，碧树阴霞生。日暮倚高阁，狂歌遗世情。"同书卷二十六五言律《寄山阴陆雍之》："到处头堪白，伤心不在贫。还应健书画，莫便恼松筠。云隐稽山暮，花明镜水春。醉歌从带索，天地一闲人。"则明亡后，陆雍之自称头陀，隐逸贫居。

五为设粥厂，散钱米。作《延粥书》《设粥事宜》。

据日记，三月初三日，陈子龙奉巡抚专檄，将设粥厂赈民。彪佳思散米之举定，此时散粥易扰乱原举，请设粥之举延至五、六月青黄不接时再行，遂作函达此意于郑瑄。按，函收入《祁彪佳集》卷三之《致郑守宪书》。初八日，士绅聚柯桥融光寺，商谈赈灾事宜，拟开设一二粥厂以济流民。十五日，筹策救济流移之法，拟定散钱法。彪佳领起，于文昌祠中散钱。协助推官陈子龙下乡举乡约，集各保长、甲长及士绅，请人讲尊长、孝顺之道，筹策救济流移之法，拟定散钱法。按，据日记，先是本月初七日，陈子龙欲下乡举行乡约，彪佳乃捡乡约诸书，更定坐次及约赞仪注，复与朱宁方议选约正、约副，托凤佳删补讲章及歌诗。三月十八日，考察天乐穷乡，以酌裁济荒举措。作《柯市募粥疏》，言停粥散钱之意。二十三日，聚乡绅，议设粥厂事。二十五日，草《设粥事宜》十数条，明日增订之。二十七日，偕张岱、张尊等同至城中王守仁祠，与诸缙绅、官员商定设粥赈灾事宜。拟定下月上旬备办设粥厂之相关事宜，五月初齐行散粥。三十日，出散钱。四月初一日，致函陈子龙言四事：其一，专委信以杜谗口；其二，早处钱米；其三，预备簿示；其四，令各县一体行粥。以所草《议定本坊示稿》与众观评，集诸议以待施行。至社庙给米，举讲乡约。初九日，邀僧无量同出柯桥市中散钱。友人有阻设粥事者，为陈子龙罚米，求彪佳说项，辞却之。初十日，草《设粥事宜》十四条。五月初九日，见倪元璐罢平籴之议，及所论设粥便利之处八种，作函与之辩。初十日，诸缙绅最终商定设粥赈济。五月十三日，友人来诉粥厂七月初旬将停，时民仍艰食，有拟以麦代米，留所余米至七月初旬后以济民者。六月二十六日,作《延粥书》致王孙兰,言有四难、三可延之机。七月初一日,托人录《延粥书》,示以掌事诸人,备待颁示村中。二十九日,村中粥厂告竣,风佳设酒馔,邀出钱米诸人,行告成礼。

六为严保甲,建团练。

据日记,二月初二日,设立地方团练以备防护。十六日,以缙绅家中多被抢掠,与王孙兰、毕九成、汪元兆、周铨反复计议,以为治理之计,先需从重治乱,擒治作乱村民,恩威并行;另需加强保甲,以各坊控制分赈,分散饥民人群,避免人众生乱。三月初七日,致函毕九臣议论除盗、惩恶事。五月二十三日,随陈子龙出巡。以金华、诸暨民风强悍,易生动乱,共商练兵防御及严行保甲、申明节制之法。按,先是三月十六日,彪佳曾敦促子龙出巡各村,视察地方灾情民情。二十八日,与毕九臣出巡,谈守城诸策。八月十五日,族中有连日结党抢米者,族长以宗法惩之,彪佳亦往加训救。

《祁彪佳集》卷二有《团练乡勇事宜》,当即为此作。

七为灭蝗蝻。

据日记,四月二十七日,函致郑瑄,请委专官以捕扑蝗蝻。五月十七日,近村襄蝗,故举家食素。致函郑瑄,言蝗虫生发,需予襄捕。六月二十九日,见飞蝗满布,忧甚。阅诸救荒书有关捕蝗者,为节录刊布,复亲试焉,然往往不验。三十日,出钱购蝗,以促村民灭蝗。七月初一日,蝗势大戢。初四日,欲刊发所辑古人之捕蝗诸法,删汰其已试而无效诸条。

八为宽征比。

据日记,六月初一日,致函汪元兆请宽征比。

《祁彪佳集》卷三有《致汪邑侯书》云:"若新粮而五分之外,又复起花,则必合县里役奔走办粮矣。今粥厂开设,虽任事不尽里役,而里役亦其中,若奔走办粮,必不能分身执事,而且各啬矣。……不知可少宽新征,在七月初十粥厂已撤之后否? 计为时止于四十日,或可曲赐俞允,使三万六千之饥民得终饱台惠。而暂宽许时,似于催科亦无大碍乎?"

九为请行掩骼清囚。

据日记,三月十二日,酌行掩骼及设立病坊事宜。十六日,时狱中疾病流行,乃致函陈子龙,请速清释囚犯,并促子龙巡行各村。五月十二日,恒鉴上人来言掩骼事。

十为设药局。作《药局事宜》《药局分任事宜》《药局纪事》。

据日记,五月初六日,陆雍之来商药局事宜。十一日,得郑瑄札,言欲设药局。乃邀俞中孚、钱钦之、陆雍之商订其事。十二日,函复郑瑄,谢其所捐药局之资，且言杭州米已贵至四两三钱，绍兴米价亦减而复增，皆奸商所致，请申严禁。邀缙绅商定药局事，拟所请太医。汪元兆承郑瑄令，遣人送药赀，彪佳函复之，并为台州米商请裁减利米，附陈余煌禁越贩议。十三日，商议设药局事宜，并拟访太医。十四日，草《药局事宜》毕。十五日，草《药局分任事宜》。五月十七日，致函郑瑄，告以药局事宜及太医姓名。访沈国模、史孝复，至天王寺与秦弘祐、陆雍之、钱钦之、陈纪常、唐净泓、张奠夫（应鳌）、徐玄度等酌拟设粥厂及药局事。十九日，代郑瑄拜请诸太医参设药局。二十二日，药局开局。二十三日，郑瑄所颁告示中多溢美彪佳语，为免赈灾诸人不满计，彪佳力请更改之。八月初四日，药局停局，结算资用。初五日，仍于寺院中散舍痢疾丸药。十三日，以《药局纪事》呈郑瑄阅。

三月初一日，杨嗣昌服毒死。

杨嗣昌与承燨同年有交，曾为《澹生堂集》作序。又据日记，今年正月十二日、十五日，彪佳阅杨嗣昌奏议，叹服其干练。

春夏间，函谢叶宪祖，赠以《寓山志》，再为寓园乞题咏。

《里中尺牍》辛巳春夏册有《与叶六桐》函云："自吴门召对之后，弟某跧伏里中，重荷存注，镂铭于心，勿谖朝夕。僻居荒村，台驾莅越城，辄失趋候，心迷迹遐，岂胜耿耿。向者家母舅讼事，蒙云天之庇，曲赐昭雪，即先慈地下，亦深戴铭，某之佩戴，岂笔舌可喻哉！仰维台台究参天上，直证菩提，宰官说法，于今见之，彪佳愚昧迂疏，望洋徒叹。承台谕，令台之指南也。乃延伫之夕，未蒙垂顾，高踪远引，有非尘俗所能追随者耶！彪佳向筑小山，意将终老。乃罹先慈之大故，百忧交集，一息仅存，数椽亦遂荒废。小志奉台览，倘蒙赐以高吟，则主人之深幸也。附复并请，不尽驰注之至。"

尊经阁藏《寓山志·注》存叶宪祖五绝《酣漱廊》，注："叶宪祖，六桐，余姚。"当即所求之得。

为李模向倪元璐乞画。

《里中尺牍》今年春夏册有《与倪鸿宝》函提到李模以忤逆宦官罢职，留意名公书画，寄缄求倪元璐写"淡山远水"或"枯木竹石"数笔妙染，并云："昨已代乞得王遂老（思任）一幅，并附览，使者将发，暇日幸即为之，至祷。"

四月初二日，得赵呦仲集唐《寓山诗》。

据日记。

尊经阁藏《寓山志·游吟》存《祁幼文以〈寓山志〉见示，集唐寄赠》五律二首，注："赵镜，赵呦仲，山阴。"

初九日,天乐乡有鬻妻未得其所欲自沉者,与友出赀为赎归。

十二日,函致范景文、冯元飙、吴伟业等,为朱兆宣、张陛索青目。

以上据日记。

《里中尺牍》今年春夏册有《与吴骏公》:"敝亲家朱尝簿为表舅朱恒翁(燮元)公郎,颇以温文恭谨著称,乡党尤雅知。向慕名贤,其觊台台如山斗也。初入仕途,恐堕家声,谨致其瞻依,仰求提挈。又,表弟张陛即朱舍亲之内弟,入南中输粟成均,并求与进门墙,于积分时赐之埏植。"为两人求提携。同册有《与冯邺仙》亦为此事。

十三日,于系珠庵作晚课修心,欲作《寓山宿月》诗未成。

诗今不见。

十七日,陈子龙函示复社诸人先前讨朱国盛檄。

又据日记,明日值陈子龙祖母生日庆贺,以母服在身回避。

按,陈朱之争,详情具见崇祯七年条下。

二十日,闻张溥病卒,为之悒怏。

张溥(1602—1642)字天如,太仓人,复社领袖、文学家。卒年四十。据《明史·张溥传》,其卒,"千里内外皆会哭",私谥之曰"仁学先生"。所著有《七录斋集》,辑有《汉魏六朝百三名家集》、五种纪事本末、《宋史论》《元史论》《历代史论》等。

二十四日,田贵妃父弘遇奉诏至南海普陀山进香,过绍兴,出晤。田弘遇以奏稿出示,所禀中途受阻、未能及时回京事。

二十六日,与方无隅访朱庄夫,观其所蓄古画如《阿房宫图》《批山图》、倪瓒《家园图》、赵千里《长江六月图》、董其昌《溪山行旅图》。

以上据日记。

又,《文稿》有《评家园记胜序》,或与此有关。

致函熊佳,谈为官之要,作《居官要类》。

时以熊佳新仕任福建南平知县。《居官要类》残卷现收藏于浙图藏善本古籍库,文中细述为官之要。

《里中尺牍》春夏册《与文载弟》:"贤弟慈祥恺悌,出自性生,自是第一好品地,定有好政声。但吾辈精神有限,心力有限,若于小处、细处太营心,则远处、大处反有不及照管者矣。今贤弟宜留心于远大,如民生之利病,内外之关防,钱粮之总纲,皆所当留心;其他小事、细事,凡人可代者,不必我件件求全。向见贤弟在家时,一书一帖无不自写,精神心力安得不耗?暑乘之此途间之,病所由来也。其有远大又不在事上,而在时时清心寡欲、扩充无欲害人之心，此所谓表正则影直也。为民上者，一念之间俱有关系，即小喜小怒偶然有偏，人必有受其害者。"

五月初八日，与陈子龙船中谈作诗法度，子龙以为需取法晋魏、盛唐，于江塘寺共观王阳明题壁语。

又据日记，初九日，观陈子龙新作诗文及应社诸人倡和诗文集《幽兰草》。二十三日，随陈子龙出巡。舟中子龙谈古今之治乱、吏治之得失、经史之异同、诗文之美恶，皆源委有自，贯串百家。

《云间三子新诗合稿》卷七有陈子龙《同祁世培侍御泛镜湖》："越溪千折绕山流，黛色横分晓荡舟。五月阴晴天漠漠，一川风露草悠悠。鸣榔空翠烟中市，卷幔轻红水上楼。十二云鬟飞不定，独留月镜照人愁。"当即此行作。清张豫章《四朝诗·明诗》卷八十九、清嵇曾筠《雍正浙江通志》卷二百七十六亦皆收录此诗。

另，陈子龙《陈忠裕公全集》卷二收入《初夏同倪司成、吴金吾、毕少府同游祁侍御寓山园亭》一诗、《寓山赋》一文。《寓山志·词》存有陈《阮郎归·咏试莺馆》，注："陈子龙，卧子，华亭。"《寓山十六景诗余》收入陈子龙《阮郎归·虚台竹雨》一首，此二词《陈忠裕公全集》卷二十"诗余"未收入，当皆近两年两人交游间作。

十四日，赵善征来函，崇赞次子理孙时文。

六月初七日，见倪元璐挽留宁绍道台郑瑄公揭。

十一日，王素中来阅彪佳所藏词曲，借数种去。

以上据日记。

二十四日，作祭章、奠章凡四。午后自湖塘发，至王鉴山，作五古《初秋入王鉴山归自湖塘》。

诗见《诗集》，《诗始》未收。据日记，午后发湖塘，至王鉴山，作五言古一首，即此诗。一鼓方抵家。

七月二十六日，婉拒欲买己所藏御赐诗扇之人。

据日记。

八月初八日，为上虞令周铨所辑《救荒书》作《荒政序》。

据日记，初七作文，今日成。又，十二日，校正《救荒书》书毕，同《序》付周铨。

初九日，为僧妙隐作《金仙庵募疏》。僧无量与头陀石圣来访并有赠诗，与石圣商酌寓山园布景。

据日记。募疏今不存。

十三日,晚与凤佳看月,夜坐方无隅小楼上,作《郑节寿母纪事书后》。

据日记。此文未见。方无隅为祁氏门客。

十四日,为商周祚改定周铨父寿诗。延孙开素为自己及亡父母写小像。

据日记。

十五日,作五律《中秋小集寓山送郑季公归闽》二首,一今晚成,另一明早始成。

见《诗集》,《诗始》未收。

据日记,十五日与兄凤佳、弟象佳、门客郑茂烨等会饮寓园四负堂,作五言律二首,题以《中秋小集寓山送郑季公归闽》,成一首,次早足成另一首。十六日,捡书帖以赠闽中诸友,再饯郑茂烨。

南图藏《里中尺牍》今年春夏册有《与郑季公》:"《紫药稿》如见故人,所恨苦块之余不复有诗肠耳。"作于稍前。郑季公,尊经阁藏《寓山志·题咏》存其七律《寓山题咏》,注:"郑茂烨,季公,莆田。"或即此行作。

十八日,致函来方炜,赠之咏其先人之诗。

诗未见。据日记,先是初八日,萧山来方炜以珍果赠,请为其先人题咏。

二十日,杨文骢来访,游寓园、密园及柯园。

据日记,先是十九日,得张葊函,告知杨文骢将至。明日,阅杨文骢所作戏剧。

二十二日,为姚士纯作小赞。

据日记。赞文今不见。

二十四日,与方无隅步青玉岭,口占一律。

此诗今不见。

九月初三日,董玄以所作赈荒颂诗来示。诸佳胤函赠题"香茅""绛雪"匾额文。

初九日,居显圣寺,听三宜和尚明盂说法。

以上据日记。

十六日,金声和僧密云至密园,与晤。十九日,送金声归新安。

据日记,先是去年秋冬间,金声以拜谒密云和尚至浙,过越来访彪佳。

《里中尺牍》去年秋冬册《与吴期生》:"闻台台方自武林归,果否? 又传有荣命,乞垂示的音,容图趋贺。密云大师已去天童,昨暂住弥陀寺,今午弟将设斋山中,台台似亦须会之座间。且有金子骏先生名声者在,以参大师至也。颙望大驾,不尽驰注。"

按，金声（1598—1645）字正希，号赤壁，休宁人。崇祯元年（1628）进士，有《金正希集》。

二十一日，请密云大师住持云门寺。

据日记，今日唐静泓、郭尔璋及僧荆门、镜可来，共请之。

清释道忞《布水台集》卷十六行状有《明天童密云悟和尚行状》："故师住天童十又一年，拂衣者三，皆为缁素强留而止。至辛巳（1641）季秋幡然出门，万众挽之不可，将比云鹤遨游海天矣。为祁大中丞彪佳与兄骏佳要止别业，故栈绝往来，省师酬应，然四方问道者日户屦，晨满如市，莫能禁也。七十七岁明州宋海宪特遣使迎师还山，且托中丞劝驾，不得已过甬水，以天童属累宋公，径取道入天台，仍住通玄寺。"

明释隐元《黄檗山寺志》卷三《密云悟禅师》："师讳圆悟，字觉初，密云其别号也。……辛未（1631）元日受阿育王请，四月司理黄公请住天童，然天童江南第一宝坊，自义兴开山，宋宏智中兴，至此祖风陵夷极矣。……师忌盈满，乃出山曳杖渡江，过绍兴骥超、祁侍御，留别业四阅月。问道如市，应酬益繁。壬午（1642）春遂至天台通玄，四方学者日益盛。七月，天台百里之内居民咸见通玄峰四山变白，夜有流光如火焰耀岩谷。初三日示微疾，初五日手书复骥超居士，初六日嗣法问疾至……初七日晨兴巡阅工作院务如故，日午归方丈，语侍僧倦甚，乃登寝榻卧，少顷起坐跏趺，未竟，奄然示寂。"按，骥超当作季超，即祁骏佳；祁侍御即彪佳。

十月初三日，偕兄凤佳整次父承爜遗著，取阅有关荒政者。观议经世格要之书。

初四日，预证人社七日静修参理之会，听刘宗周、沈国模讲体认良知之说。

以上据日记。

十一日，为夏国山（尚绹）作《铙歌咏序》。

此序未见。据日记，先是初十日，夏国山来函，示所作剿贼诸咏及凯歌。

按，夏国山，名尚绹，宜兴人，崇祯元年（1628）进士，具体考辨见前崇祯四年注。

二十一日，阅邸报，知去年赈灾行举得部覆叙奖。

二十三日，束装作暨阳之游，至三十日归家。

以上据日记。

二十四日，作七言绝句《浣江》《浣纱石》《苎萝山》。

诸诗收入《诗集》，《诗始》未收。

据日记,二十四日午后抵暨阳县治。游苎萝山,坐浣纱石上,作绝句三首。当即诗集所存七言绝句《浣江》《浣纱石》《苎萝山》。

浣江,《乾隆绍兴府志》引《嘉泰志》:"浣江在(诸暨)县东南一里,俗传西子浣纱之所,一名浣浦,又名浣渚。"

浣纱石,《乾隆绍兴府志》引《万历志》:"(浣江)在(诸暨)县南五十步,又曰浣溪,北过县分为东西下江,中有浣纱石。"

苎萝山,《乾隆绍兴府志》引《嘉泰会稽志》:"在县南三十里,有西子庙,一在诸暨。"此为诸暨县境内之山。

五律《苎萝溪》亦当作在左近。

《诗集》《诗始》皆未收,存于《祁忠惠公集》卷九。从题材内容观之,或亦近时作。姑系于此。

二十五日,作七律《入青口望七十二峰》。

见《诗集》,《诗始》未收。

据日记,是日入青口,游七十二峰,渡刘龙子葬母十八窟,涉其险,始信徐文长堕马、堕驴之句乃实录。晚抵五泄寺,僧出袁宏道、陶望龄《五泄诗》相示。宿寺中楼上,作《入青口望七十二峰》七言律一首。

青口,在今浙江诸暨五泄镇。游览五泄,宜从青口进入。"七十二峰",《万历绍兴府志》引明宋濂《五泄山水志》:"五泄山在婺、杭、越三州境上,北距富春,南据句无,东接浦阳,其山水最号奇峭。……过香炉峰,峰峭拔,上有石,类香炉,故名香炉。北有峰,圆而童,名钵盂峰;或曰'肖东瓯雁荡',又名雁荡峰。由雁荡而南,时有白云覆于谷口者,名白云峰。屹然人立者,名玉女峰。崭崭势欲柱天者,名天柱峰。其他诸峰,星联肺附,登名图籍者,盖七十有二焉。"

二十六日,作五古《五泄纪胜》。

见《诗集》,《诗始》未收。

据日记:"抵第五泄,境界奇绝,不可名状,不禁足之欲往也。攀援而上,抵第四泄,较前更开一境矣。游兴益鼓。山径转觉崎岖,予辈以手代足,几于颠踬者数四,竟获登第三泄。景像俱在所作五言古体中。晚拥被作古体一章。"诗即此《五泄纪胜》。据日记,此行还登至第二泄、第一泄,观刘龙子拜母处,于刘龙坪小憩茅庵,从铁岭下,复观第五泄,徘徊不堪舍去。下山,又游西龙潭。

"五泄",《乾隆绍兴府志》引《名胜志》:"在诸暨西南界。"引《嘉泰会稽志》:"在县西五十里。自山五级泄水以至溪,山川最为秀绝。"

二十七日，作七古《暨阳七十二峰歌》。

见《诗集》，《诗始》未收。

据日记："乃登肩舆，上响铁岭，至紫阆村，盖已在诸峰之巅矣。及长春岭，稍下，行二十里，抵洞岩寺。紫阆属富阳，越此而过洞岩，则仍是暨邑也。饭罢寺僧导予游洞岩，一名玉京洞。景状载游记中。啜茗而出，观水帘洞，仅石隙一泓耳。归寺作《七十二峰歌》，至更余而就。"即此诗。

暨阳，诸暨。七十二峰属五泄山。《乾隆绍兴府志》引《名胜志》："（五泄山）在诸暨西南界。"

二十九日，舟中作五律《玉京洞》三首和七律《入暨阳县治谢钱圣霖明府》。

见《诗集》，《诗始》未收。

据日记，先是二十七日，游玉京洞。二十八日，枕上作《玉京洞记》未完。《玉京洞记》文今已不见。二十九日，严霜遍野，舟行寒甚，拥被作《玉京洞》五律三首、《入暨阳县治谢钱圣霖明府》七律一首。

玉京洞，《万历绍兴府志》："诸暨玉京洞，在洞岩山。今人但谓之洞岩。其洞十数重，深数十里。必秉火以入，入必以物记其处。洞门相似者多，不则迷出路矣。"钱圣霖，据《乾隆绍兴府志》卷二十七《职官四》，钱世贵，青浦人，崇祯十四年（1641）任诸暨县令；同书卷四十三《名宦下》："钱世贵，字圣霑。青浦人，崇祯庚辰（1640）进士。莅暨二载，值大祲，设法赈济，民赖以生。厘正民间权量，至今画一。"钱圣霖事迹，今年日记又提到：十月二十二日，束装为暨阳之行，风大未果。次日早发舟。二十四日午后抵暨阳县治，邑令钱圣霖过访。十一月初四日，以游诸暨诸诗、记出示王应进。十五日，以书扇赠钱世贵。又《癸未日历》九月二十六日载："山阴钱圣霑父母及参戎范君正斗过访。"查《乾隆绍兴府志》，钱世贵崇祯十六年（1643）任山阴县令，则"圣霑""圣霖"皆为其字。

十一月初二日，闻刘宗周拜吏部侍郎，往谒未晤。

据日记。

又参清夏燮《明通鉴》，今年九月，缺吏部侍郎，廷推不称旨，思宗以刘宗周清正敢言，有诏拜之。

初三日，为潘宗魏窗稿作序。

据日记，九月初二日，潘宗魏来乞其窗稿序文，今作之。

初六日，得诸同志吊先母奠章。

据日记，初九日托陈国光抄录之。

十三日,以书剑程仪馈壮士赵君恒至陈子龙处效力。

十七日,往杭州小住,二十九日归家。

以上据日记。

二十三日,出访横山草堂主人江元祚。次日,与江元祚至拥书楼,观秦心卿画、柳如是诗,托江元祚代为录之。

据日记。

按,秦舜友,字心卿,号冰玉,万历时宣城人,徙钱塘。摹右军(王羲之)书、右丞(王维)诗意,绘钱塘图景,人无出其右。又据沈虬《河东君传》,今年六月,柳如是与钱谦益结缡。

《里中尺牍》今年秋冬册有《与江邦玉》函求江为作诗咏寓山未构园亭。作于此近。

十二月十六日,得叔承勳寄自南平之贺寿诗二首。

据日记。时从弟熊佳在南平任知县,故承勳在南平。

十七日,吕华池以诗及其所刻家集为彪佳寿。施《莲华经》六部予僧无量,为妻病祈禳。

据日记。

吕华池,明王思任《谑庵文饭小品》卷一《胜会之难》曾言及此人:"犹忆崇祯癸未年(1643)八月望夜,予与儿师吴竟宇、翁文澜、门人赵孟迁、儿槐起辈邀月于家门之外。……逾三日,姻友徐耳猷、姜箴胜携友吕华池等过余水阁索醉"云云。则吕华池当为绍兴人,姜思睿门下客。

十八日,陈子龙来函,议保婴事,附宋辕文(徵舆)所作《寓山夜游》诗。

据日记。

清宋徵舆《林屋诗文稿》诗稿卷三收《寓山夜游作》,注:"寓山者,侍御祁公别业也。舆至会稽,公饮之山中,至于宵分,尽游览之事,命赋此诗。"诗云:"清酒泛玉尊,繁灯耀幽馆。月华流云中,前墀素辉满。主人启名山,客子不辞远。扬舟骇潜鱼,入林走栖鼹。白云湛深池,明水照修阪。阁际星影疏,林间露光泫。万里揽碧烟,泠然御风善。遥闻荒鸡鸣,始悟归志晚。嗟此秉烛游,怅彼秋夜短。"

张弘求为其刻书作序,逊辞之,为之向陈子龙推毂。

《里中尺牍》秋冬册有《与张毅儒》函:"大刻告成,当与东箭、南金并重于世。倘颁发,惟当盥颂。生来不识文章何物,况今草土余息,笔砚久荒,岂可以佛头之粪,点秽瑶章,万非套辞,必求垂炤。"

　　王时敏为子弟功名来信请托。

　　据《里中尺牍》秋冬册《与王烟客》。

　　托汪汝谦代汪凤洲子售黄山。

　　《里中尺牍》秋冬册有《与汪然明》言汪凤洲丧，子来托以黄山，欲售价七八百金，可以其余为造坟拊孤之费。

　　是年，黄宗羲以充解南粮受困，境颇窘迫，助之而解。

　　据《思复堂文集》卷三《遗献黄文孝先生传》："崇祯庚辰，充解南粮。连岁奇祲，家人环向而泣。走黄岩告籴，值遏禁严。谋于王业浩、倪鸿宝、祁世培三君子，其事得解。"

　　清黄炳垕《黄梨洲先生年谱》卷上："十三年庚辰，公三十一，大祲。邑中点解南粮，充是役者家覆。诸叔皆相向泣，公告籴黄岩，遏禁綦严。谋于倪鸿宝元璐、祁世培彪佳、王峨云业浩三先生，而其事得解。"

　　清黄宗羲《南雷文定·五集》卷四收入黄百家《先遗献文孝公梨洲府君行略》："庚辰，解南粮。充是役者家无不覆。又值岁连大祲，叔祖辈皆相向而泣。府君告籴黄岩，一身竭蹶，又值遏禁甚严，驰驱台越间，谋于王峨云、倪鸿宝、祁世培三先生而其事得解。"

　　今年集书阅书如次。

　　据日记：正月初二日，点定《周礼》。初四日，阅袁宏道诗。初八日，阅李模所评《治谱》。二十三日，陈子龙赠以徐光启《农政全书》及李卫公（靖）、陆宣公（贽）二集。按，据陈子龙自撰《年谱》，徐光启崇祯六年（1633）十月卒，《农政全书》由陈子龙、徐孚远等人整理成书。二十五日，冯中心赠《测史剩语》。三月初五日，阅李忠定（李纲）《建炎时政记》。初七日，阅李纲《靖康传信录》。五月初五日，舟中读《皇明经济文编》和宋闽人郑所南（思肖）《井中心史》。相传此书藏于苏州井中，戊寅岁（1638）始出，张国维为之刊行。叹郑之当宋末而念念不忘恢复，忠烈之气贯于天地。按，据张岱《夜航船》卷八《文学部·经史·心史》："郑所南作《心史》，丑元思宋，以铁函重匮沉之古吴智井，至明朝崇祯戊寅，凡三百五十六年，而此书始出。"十一日，王素中来阅所藏词曲，借数种去。二十五日，阅姜逢元《掩骼疏》。七月二十六日，阅《文选》。八月十七日，见王宗城诗，阅《活民书》。二十九日，观唐人刘眘虚诗，欲和未得。按，刘眘虚，生卒年不详，字全乙，洪州新吴（今江西奉新）人。开元二十一年（733）进士，累官弘文馆校书郎。《全唐诗》编其诗为一卷，十五首，尚杂他人之作。九月十七日，阅王兆修所删正之《暇言》及其他经济之书。十月初八日，阅己卯（1639）春日所作书稿。十七日，阅《大学衍义补》及陈仁锡《无梦园集》。十一月二十日,读《庐山十八贤传》。

地理学家、旅行家徐弘祖(1587—1642)卒。

弘祖字振之,号霞客,江阴人。专事旅行,北至燕、晋,南到云、贵、两广。对岩溶地貌的考察和记述,比西方早两百多年。有《徐霞客游记》。

卷七　出掌计典

崇祯十五年壬午(1642)　四十一岁

时事　三、四月,李自成占黄河以南城邑多。四月底,三攻开封。九月,河南巡抚高名衡决黄河灌李军,李军微损,而殃及开封城中居民。十月,李自成败陕督孙传庭。十二月,李自成破襄阳,左良玉逃武昌,纵兵大掠。

张献忠转战江北。六月,屡败黄得功、刘良佐兵,江南大震。马士英总督庐凤军务。

是年,清军再胜。二月,破松山。洪承畴降。　三月,祖大寿以锦州降。　五月,明遣职方郎中马绍愉求和。　六月,清分汉军为八旗。致书明帝,以宁远双树堡为明界,塔山为清界。　十一月,阿巴泰统兵攻明,入长城,破蓟州。明京师戒严。　闰十一月,清兵自河间南下,下山东州县若干。

明政府内外交困,和战两难,政争不断。　三月,阁臣魏照乘罢。　四月,阁臣谢陞以言帝与清议和意,被削籍。　六月,阁臣贺逢圣、张四知相继罢。　詹事蒋德璟、黄景昉、戎政侍郎吴甡入阁。　思宗以吏部尚书李日宣等六人推阁臣徇私,下狱。　八月,陈新甲泄和议,帝大怒,杀之,和议罢。　十二月,给事中姜埰、行人司副熊开元言事激帝怒,廷杖几死。左都御史刘宗周革职。

今年祁彪佳有日记《壬午日历》,尺牍有《里中越言》壬午岁《救荒芜草》,国家图书馆藏;上海图书馆藏有《壬午里中书稿》一卷,系今年七至十月间尺牍。

正月初二日,函贺上虞令周铨考成。

初六日,兄凤佳自城中归,言部司责比南粮解户,血肉淋漓,为之恻然,致书陈子龙求宽解。此后今年四月初五日,为减轻灾民负担,议请南粮官解并本色改折,作《南粮改折公揭》。

旧谱:"岁初,闻南部使者至越,酷督解户。先生愀然减寝,即致书各当事言:'南粮解役,无不破家。岁叠荒,皮骨俱尽,必求宽假以延贫民余生。'

因纠诸绅公揭、公疏力请折价，救本塞源。先生施仁于不知之地，常如此也。"

据日记，南粮之议，始起于前年，因灾荒民生维艰，崇祯十三年（1640）十二月初三日，里役以南粮运输苦累，县令先有摊解之议来酌商。同月初六日，与骏佳设想以南粮折银官解。后来，至去年正月初二日，又曾得陈子龙函商讨南粮解运事。遂于去年九月初七与诸友商酌订定南粮官解之议。然后九月十六日、十月初四日，先后致函县令汪元兆、郡守王孙兰，谈押解漕粮津贴及斗级宜均差之具体事宜。官解之议确定后，去年十一月初十日，民间又以南粮收本色，有人来议请折色。十二日，乃草《南粮折色帮贴议》，十六日定稿。请将粮食折银交赋。今年正月初十日，与刘宗周函议南粮押解、帮贴具体方法。十四日，张奠夫与南粮解户先后来言谢。三十日，午后，南粮解户来陈疾苦。二月初一日，以南粮事致书刘宗周。初六日，致函刘宗周、余煌，商讨崇祯十二年钱粮已蠲、南粮帮价可不必要诸事。此时地方南粮押送尚只是帮贴运费，后来三月初九日，彪佳以南粮解户来诉被累苦情，乃于四月初五日，作成《南粮改折公揭》，请将粮食改折银两上交国库。初六日，解粮户来晤，恐南粮改折后，南部差官复尔追索，又致函郑瑄，求早日与巡按商定改折之议。十四日，闻巡按左光先称许南粮改折说，乃作呈稿阐明之。八月二十二日，重新修订越中缙绅所作《南粮改折公揭》。九月十一日，与陈长耀（国光）入城，舟次为南粮作公书。再作字以南粮公书送余煌。

又，本集卷三有《致毕郡丞书》二通，其第二函言及籴米折银以给军事，系为此作。

十二日，举文昌社祭祀。

据日记。

二十四日，作《寿屏小引》。

此文今不见。据日记，本月二十二日友人采寓山景自制寿屏贺彪佳寿，而今日作此引。此后《甲申日记》正月二十九日追叙及此："先是予四十初度，亲友举分以贺予，自制一屏，杂引寓山诸胜以为寿，每景陈长耀（国光）采古唐诗为题，又集古唐诗赋之。"

二月初五日，因郡守郑瑄禁村中演戏，入城于岳家令伶演戏，为妻禳病还戏愿。

十四日，值倪襄，得苏东坡《乌台诗记》。

二十二日，函饯知府王孙兰升迁。

二十七日，修葺志归斋。

以上据日记。

二十九日，闻骏佳言平水、上灶山间忽征山税，穷民无以立身，乃向郑瑄痛陈其弊。

旧谱："国初，立税务平水，税竹木，山民苦之，遂增赋革税，已百余年。诸税棍忽簧鼓榷使者创行旧例。先生不避嫌怨，力陈当事止之，榷使抱深怒，先生不顾也。"

据日记，此后四月初五日，为增税事函商于章正宸。五月十六日，与倪元璐、张焜芳、余煌等人酌议上疏请罢山税。六月二十六日，郑瑄来函商酌山税事，乃函与余煌共议之。七月二十四日，复询其事于郑瑄。则此事似未曾解。

二月，掩骼僧本原去世，再请僧恒鉴总其成。又言之郑瑄，欲共置产以使之长久。

据旧谱。

三月初二日，点定刘宗周《圣学宗传》。

初四日，举斋，延僧念《法华经》十二部。

初九日，清明，与陈国光、方无隅出踏青，至寿圣埠，饭于鹫峰寺，作五律《清明过鹫峰寺步郑都官韵》一首及七律《山园春半梅信极迟与桃杏同发》二首。

以上据日记。诗见《诗集》，《诗始》未收。

郑都官，晚唐诗人郑谷，曾职都官郎中，诗家因称郑都官。其《鹧鸪诗》流传最广，又称"郑鹧鸪"。

十九日，去岁四十初度，兄弟集资以供放生，今日乃举放生会。延僧念经，酬己卯（1639）岁所许愿。

二十五日，以兄弟轮流祭祀曾祖父，作《通奉公值年约》。

按，通奉公为祖父祁清。

二十七日，观《汉书·王莽传》。

以上据日记。

三十日，出资薄助保婴局。

据日记，先是去年崇祯十四年（1641）五月十七日，出观钱寰中所设保婴局。十二月十八日，陈子龙来函，议保婴事。

四月初四日，贺县令汪元兆迁转。作《掩骼事宜》。

文见国图藏《里中越言》之《壬申岁救荒芜草》下册。先是三月二十九日记提到与倪元璐、郑瑄、陈子龙商讨地方救荒及掩骼事宜。

初八日,顾锡畴来访,出《东山议》以示。

十三日,得姚士纯函示杨宛《胜客草》。

以上据日记。

又,据《静志居诗话》卷二十三,杨宛,字宛叔,年十六归茅元仪,能诗,善草书,有《钟山献正集》。

十五日,侄鸿孙邀友举淳文社于寓园。

十九日,偕倪元璐、吴孟明迎陈子龙、毕九臣来游园,悬灯举酧。陈子龙作五律《初夏同倪司成、吴金吾、毕少府同游祁侍御寓山园亭》八首。

以上据日记。陈子龙诗见《云间三子新诗合稿》卷五。

吴孟明,名兑孙,山阴人,字文征,字或号期生,崇祯初迁都督同知,掌卫事。毕九臣,蓟州人,崇祯十三年(1640)任绍兴府同知。

二十一至二十五日,作杭州之行。

据日记,二十一日,发舟杭州。二十二日,往灵隐访黄道周不值。二十三日,出游至理安寺,观杨文骢壁画。归,与李模饮酒,听友人歌北曲。二十五日,归山阴。

据清夏燮《明通鉴》,先是少詹事黄道周以建言被戍,前江西巡抚解学龙荐之,并被谴。去年十二月,解学龙、黄道周并谪戍广西。此时当系路过杭州暂留。《黄漳浦集》卷二十四有《大涤书院三记》,作于今年过杭州,寓大涤书院之际。

又按,彪佳关于北曲的记载,今年又有十月十六日条提到:出赴汪元祥之酧,与吴弘文等同席,聆听胡、任二友唱北曲,石友唱南曲。则可见何良俊《四友斋曲说》所谓万历后元杂剧已销声匿迹之说未全是。但此时北杂剧已少有整剧演出,仅存者多系片断支曲以备席间演唱助兴。

二十七日,为山阴令汪元兆作《荒政序》。

据日记。此文今未见。

五月初四日,次子理孙府试得举,入学府庠。却诸亲友之贺。

旧谱:"是春,先生次子理孙始就童子试,邑侯汪公摘颖再试,欲拔居首。先生托司理陈公,致力辞意。汪曰:'吾止知录才,不可挽。'先生不怿者数日。"

据日记,先是二月十一日,理孙赴县试复试。十六日,知理孙复试得首取,以过情深耻,作书陈子龙转辞之,而案已发不及阻止,为之不怿者累日。十七日,得陈子龙和县令汪元兆回札,皆推举理孙,以为文原可录取,并非全由情面起见。三月初五日,理孙就府试。五月初三日,携理孙入府庠谒学师,馈赠贽仪。今日正式入学,明日,为此举家宴。按,理孙时年十五岁。

初七日,诸缙绅汇聚商讨设粥铺事宜,作《粥铺募疏》;此后十四日作《粥铺事宜》。今年粥厂竣事在九月之后。

旧谱:"夏五月,米价复涌。连岁募赈,势不可再行。不得已,集诸生复商粥铺事。"

据日记,此后初九日,托陈国光领米煮粥以赈济灾民,作《粥铺事宜》,后于十四日草此文毕。九月初一日,午后吴培洲来,为结粥铺之数报之道台,培洲受托料理粥铺凡百余日,赔费亦几二十金,真善士也。初三日,入城晤郑鸿逵(瑄)公祖,缴还粥铺、药局诸册。舟次料理中区各厂饥民册,且为分晰赈贽。初四日,给散赈贽。初五日,便道散赈贽。初六日,作书,送赈贽。初七日,出散赈贽。二十二日,友来晤,缴所散赈贽领状。

初十日,整次己卯年(1639)尺牍稿成集。

十二日,得新任绍兴知府于颖所辑理学书。

以上据日记。

按,于颖,字颖长,南直隶金坛人,以进士官至绍兴知府,分巡宁绍台道。

二十日,与凤佳收缴府中所散牛种本钱,交还推官陈子龙。

据日记,十五日,已与凤佳兑明牛种钱粮,以备缴还。

二十八日,吉州士人来书言及父祁承爜入名宦,回函谢之。

六月初四日,母服除,举祭,易冠裳。

十三日,得许孟宏赠《宋元通鉴纪事本末》及《仪礼经传》,又得毛晋赠《十三经注疏》。

以上据日记。

按,许孟宏,名元溥,长洲人,戏曲家、藏书家、刻书家许自昌长子。崇祯庚午(1630)举人,好书,多收辑遗书。国图藏《远山堂尺牍》曾有《与许玄祐乃郎》求许自昌遗著,同书稍前又有《与许玄祐诸郎》函谢许氏函唁父丧。则许、祁两世保持通好。

又,《壬午里中书稿》有《与毛子晋》:"阔契芝眉,不觉七载,屋望明月,相念如何! 今年又当棘战,老仁兄高才而兼之邃养,一鸣惊人,使朝廷早收英杰之用,此其时矣,可胜颙切。……老仁兄羽翼六经,表章百代,今复有志二十一史,足见宏襟遐识。但以愚见,史之瑕瑜不同。如《北史》之列南宋为岛夷,令人扼腕,而文词荒率亦无足取;如崔鸿之《十六国春秋》、陆放翁之《南唐书》,则似应补入者也。老仁兄一代鸿裁,何难删补,使称快于千秋乎? 得读全经,已佩明教,又拜佳葛,更征明推之德。但惠逾百朋,难乎报耳。不腆一芹附展，惟慈炤及之。适患热，遍身如火，口占附复，不知是呓语否也。"据毛晋自撰《重镌十三经十七史缘起》，《十三经注疏》刊刻耗时十三年，崇祯十三年（1640）完工。

十五日，病疟多日，至此始愈。

十七日，回郑瑄前日函，禀民间艰苦状，以惩盗、赈民二事为言，且呈上鲁敬泉之医方。午后得郑氏回札，复函致之，嘱以西江塘修筑一事。

十九日，邀医士鲁敬泉同出大善寺施药。

以上据日记。

旧谱："六月，疫又大起。适医生鲁有疗疫奇方，先生首捐资修合，试之大验。因言之道使者，复施药于大善寺。自月初霪雨，先生日茹蔬，秉诚祈祷，至月晦始霁，方进肉食。八月下旬，复霪雨伤稼，先生又茹蔬虔祷。是岁郡邑诸当事搜赎锾、省公费为赈金，恳先生董赈事，先生复身任之。"

据日记，先是本月十四日，郑瑄来函促定施药事宜，乃与太医鲁敬泉斟酌其事。此后二十九日，鲁敬泉来索城中施药费用，为之致函郑瑄。则此次官府又有施药之举，而规模小于前，略由数人执事。

按，此医士鲁敬泉，或为"凌敬泉"之笔误。此前崇祯九年（1636）日记载施药事实：六月十四日，骏佳延越中名医龚太守、张景岳、凌敬泉、吴竺庠、徐星莪、王培元、傅会宇、王澄阳、唐九有、童五莱十人小酌，订设立药局之约，约以每日轮二人至药局，每人以六日为期。而《诗集》收入五言古诗也称《赠医士凌敬泉》，崇祯十二年（1639）五月二十日日记称："为管霞标（宗圣）作二诗赠凌敬泉。凌上善也，故诗深颂之。"

二十二日，多雨成灾，连日茹素祈雨，今久雨始霁，见日色，乃食荤腥。

二十五日，余煌来函以江塘决口为忧，为向郑瑄致意。

二十八日，因陈子龙往山中剿贼，乃赠之《王文成书》。

三十日，得周莫维惠以《宦游记实》，言流贼情形甚悉。

以上据日记。

按，周梦尹（？—1644），字奠维，号矾公。上虞人，万历四十一年（1613）进士，官至都察院右副都御史。著有《矾公履历》。

七月初一日，凤佳因越中疾疫盛行，与诸兄弟延僧诵经，以保阖门清吉。

初十日，致函方仁植，示以家藏书经目录。

以上据日记。

上图藏《壬申里中书稿》有《与方仁植》："家藏易义录目呈览，倘有所需，乞赐明示，当抄录以上记室。"即言此事。

十一日,观《农政全书》。

十四日,吴中推官倪伯屏来函,言已为彪佳翻刻《役田》等书;回函深谢,且谏以在位当固结民心。

以上据日记。

按,倪伯屏即苏州府推官倪长圩,平湖人。

十七日,为朱一冯作《疏稿序》,明日成之。

据日记。

《壬申里中书稿》有《与朱明京师》:"门生某昔在吴中偶有典厘,已成陈牍,乃吴人思及,求倪司理翻刻偶至。敬奉台览,不尽欲禀,统乞俯原,无任感切。"则是以吴中疏牍呈朱。朱明京,名一冯。

二十日,择吉建寓园门。

二十六日,沈国模留意于西北开垦,乃以《农政全书》及《救荒书》内水利诸款与观之。

八月初六日,致函御史台都御史,以病困辞赴补。

初七日,病疝延医。

以上据日记。

中秋前后,外出观潮。

据日记,先是十四日,约陈国光、方无隅至龟山看潮。十六日,观潮于航坞山上、龙池寺旁之烟墩。龟山即白洋山,一名乌风山,今名大和山。

二十七日,连日阴雨,忧田稻淹没,致函于颖求开闸泄水。

据日记。

二十八日,次子理孙、侄鸿孙秋试皆不第。

据日记,先是七月二十三日,理孙就府试,列遗才。八月十一日,鸿孙、理孙赴秋试。

《壬午里中书稿》有《与姚玄叔》,所言皆考试及观场注意事项,函云:"小儿体气甚弱,要使勉完三场,不得不用参滋补。此时场前,参价甚贵,今寄参二两来,乞翁兄拣坚实者一两令带进,稍次者自初一至初五每日用五分,初六、初七每日用一钱,初八日临场三钱,二场、三场将带进及剩余者用一二钱可也。"

九月初四日,见吴麟征殇子吴壮舆所作诗,叹为才子。

《壬午里中书稿》有《与吴垒斋令郎》:"顷舍侄出大刻,一再择读,又何其奥博而宏阔,则学与养且兼至矣,令兄以不世出之才子处赋玉楼,尊公老年翁伤怀自所不免。……小山有志矣,印就寄向老年丈求妙咏。兹预订焉,临启驰仄。"则为吴麟征另一子。

十三日,作五古《重九后三日游绕门山龙池庵》及《秋日云门道中》。

见《诗集》,《诗始》未收入。

据日记,十一日,从探花桥登舟,值董天孙(玄),即邀之。欲至化山,值雨,从五云门夜行。十二日,雨,泊舟樊江。小霁,以小艇至曹山,游陶书仓畅鹤园。又至吼山,叩陶文孙别业不得,至东山寺。仍放舟陶堰,观撷芳园新筑石墙。归自绕门山,登龙池,庵僧以茶豆为供。至塘下谒金振玉师,从东郭门泊舟,渡东桥步月,夜抵庄前。十三日,自庄前以肩舆抵西渡草堂,即入化鹿山。方与僧子白步菜圃,兄季超亦策马至,午斋乃别。抵舟,方知董天孙及陈长耀亦游云门归矣,共作《登龙池》及《云门道中》五古二首,放舟縣都泗门入,小步长桥,夜抵家。

按,绕门山,据《乾隆绍兴府志》:"簀賁山在府城东十二里,洞浦山西北。旧经:秦皇东游,于此供刍草,俗呼绕门山。"

初五日,为族兄宁方祀土,葬其母。孝廉卓彝过访,惠以所刻书。

据日记。

卓彝,字朗鉴,又字辛彝,号密岩(一作静岩)。杭州塘栖人,入武康籍。顺治四年(1647)进士,武康县重修学宫泮池、武林募修官塘,皆由其撰碑记。著《瀛洲草》。

初六日,吴期生(孟明)过访,得见北京国子监信报。

初八日,定寓山梅花阁址。先是初六日,至寓山,王云岫(应进)过访,临水定为梅花阁地。

十四日,潘楚章来访,于寓山咸畅阁举酌观月,潘大醉欲吐,乃口占《吐赋》嘲之。

此赋今未见。

十八日,托妻舅向张蕚定聘期,为理孙聘妻张德蕙。

据日记,先是三月三十日,携理孙拜张蕚,同至商周祚寓,观戏《西梅记》,当即为婚姻事也。时理孙十五岁。张德蕙,字楚缠,谕德张元忭孙女,都督同知张蕚女,生于明崇祯三年庚午(1630)四月廿二日申时,卒于清康熙三十二年癸酉(1693)十一月二十一日巳时。时年十三岁。

二十日,得吴麟征函,悉麟征将主掌计典,以"尽绝情面"相谏。

清朱彝尊《明诗综》卷七十五《吴麟征一首》:"麟征字来皇,号磊斋,海盐人。天启壬戌(1622)进士。除建昌府推官,丁忧起补兴化,征拜吏科给事中,历都给事中,升太常寺少卿。京师陷,自缢。初谥忠节,定谥贞肃。有集。"

清陈田《明诗纪事》辛签卷三《吴麟征一首》："麟征字圣生,海盐人,天启壬戌(1622)进士,除建昌推官,改兴化,征拜吏科给事中,改刑科。以忧去,起吏科都给事中,进太常少卿。都城陷,自缢死。福王立,赠兵部侍郎,谥忠节;顺治中赐谥忠肃。有集。"

清沈季友《槜李诗系》卷十九《吴忠节公麟征》："麟征字来王,号磊斋,海盐人。天启壬戌(1622)进士,累官吏科给事中。同官章正宸、庄鳌献以建言下狱,征疏救。庚辰(1640)大计,与祁彪佳矢志澄清,时论快之。"按,此称庚辰大计,记时有误,外官三年一计,是为癸未(1643)计典。

二十二日,作函致杨文骢,述寓山新构诸题,为《寓山志补余》求其作诗题字。

据日记。

尊经阁藏《寓山志·注》存杨氏五绝《铁芝峰》,注:"杨文骢,龙友,贵阳。"当即因此得。

致函张调鼎为陈函辉解祸。

《壬午里中书稿》有《与张太羹》："旧靖令陈木叔提讯一案今曾结否?倘尚未结,祈老丈留神宽假之。此君一代文人,笔舌妙天下,但不误风流之过,而作令时亦受交游太广所累及,其人尚有可取者,要不得以一眚掩也。议者或谓以罪辅之门墙而波及,此固未有尽然,而瑕瑜互见,似此才情之辈,不过一降级足矣,归之司则实觉太过。乞仁丈委曲载覆,留其一线之地,此怜才盛德事也。不佞未与一面,而素重其文学,幸以知雅如仁丈,故力为此君求昭雪,亦不必令此君知耳。"张太羹,名调鼎;罪辅即温体仁。又,据张岱《石匮书后集》卷四十五:"陈函辉,初名炜,字木叔,号寒山。浙临海人。……丁卯(1627)乡荐,居小寒山,自号小寒山子。辛未(1631),再罢归,作《载愁日记》。壬申(1632),修台郡志。甲戌(1634),改今名,成进士。上书请旌母节,诏许之。授靖江知县,海盗叴云峰大掠,设间诱其党蛇山王,献功幕府。盗息,分考南闱,得士来集之等。台枰归,卧病放园。著《寒喜》正续集若干卷。著《易手抄》及《楞严法华宗通》二集。已坐前事削籍。赋《放言》,效白诗十二章。"综上则可见,陈任县令时行止为人抨击而罢归,彪佳为之周旋恳托。

荐师彭汝楠卒。

《壬午里中书稿》有《与曹秋水》："伏接手教,得读大章。词意兼至,而门墙之谊篇中尤为恳到,彭老师九原有知,亦当点首。弟得附贱名,感幸何如!轴中止老年翁与弟则皆称门生,不列御为便,使者入闽,弟尚欲附一函于彭世兄。"按,彭老师,名汝楠,字伯栋,号让木,莆田人。明神宗万历四十四年(1616)丙辰进士。任会稽县令时彪佳中举,故列为门墙。曹秋水,据明蔡献臣《清白堂稿》卷六《署漳郡曹秋水节推公寿序 甲戌》:"署郡曹君秋水,以名进士理莆,下车未几,而分较闽闱,所物色多知名士。会漳守理俱缺,而两台俞监司请乃以曹君摄焉。……君既解两浙,文声大重,及莅漳,而诸生以文字求正者无虚日。君于是衷十一庠士而试之,亲为定其甲乙。……夫会稽为大越地,即禹会诸侯计功之所,山川奇秀,蒸为文明,至我朝而名人辈出。逮良知学起,而海内知有越学久矣。曹君会稽产也。"则曹秋水即曹惟才,会稽人,崇祯四年(1631)进士,授兴化府推官。

十月初七至二十四日,至杭州小住。

据日记,初七出发,初十日,在杭,出游,听邹氏女子唱曲。十一日,迎妻至杭州。与姚玄叔(士纯)、孙铁骸等放舟里湖,闲步于放鹤亭,自西泠桥移舟六桥,烟林落日畅怀,分韵得林字,作五律一首。按,日记未涉及此诗内容,《诗集》五律部分惟《宛转环》诗,为林韵,但从其在诗集中所列位置看,作于崇祯十三年或之前,则非此诗。又,孙铁骸不详,或为优人。彪佳与之交游,惟见今年日记。二月初九日,赴王应进处酌,听孙铁骸歌三曲。十三日,偕友坐太古亭听孙铁骸歌曲。十六日,时章羽仙为商景兰所邀共泛舟西湖,乃得聆听其弹唱。出赴汪元祥酌,与吴弘文等同席,聆听胡、任二友唱北曲,石友唱南曲。十七日,赴刘雪涛招,饮酌于湖舫,观《红梨花记》。买歌者秦青。二十四日,返山阴。

十六日,族侄道瞻(贞明)以应武举试至杭州,与凤佳茶话于越阁。

十八日,柴莲生出其父所辑《训子语》求序。

二十一日,至寓山,坐瓶隐书日所行之事,携儿辈读书静者轩。

二十七日,教场观霜降操演。作书与陶虎溪,且送与《寓山志》及《补余》,求其作诗。

以上据日记。

按,陶崇道,字路叔,号虎溪。会稽陶堰人。万历庚戌(1610)进士。致仕,整理编纂陶悌、陶望龄遗稿为《会稽陶氏族谱》。

二十七日,得旨授河南道掌道御史,主掌计典,并奉有严催到任之旨。今日报事者来报,并催赴任。

据日记。又十一月初四条载:得冯邺仙(元飙)、徐虞求(石麒)、梁遂良(云构)诸札及大计事宜,乃知起补之疏,都察院上于九月初八日,至二十四日旨始下,以战乱,报役绝,故不相闻。

明徐石麒《可经堂集》卷十有《与祁世培》："老公祖家食十余年矣，晓猿夜鹤，听足睡余，刻月镂云，吟穷酒后，可谓极人世之适。然于恤纬之谊何居焉！向犹可曰：'温薛接踵，媒孽善类，党祸将起，明哲保身，计宜出此。'今则圣主赋招隐之章，元臣弘集思之度，锋车之召，蒲轮之求，贲相望于道路，此岂老公祖枕流漱石时乎？时事孔艰，吏治日坏，于急流中着一篙，非老公祖谁望焉？麒待罪署院，因众正之所归，借大典以入告，星言凤驾，瘝痪望焉。皇上神明天纵，可大有为。若耽情蕙帐，流恋药房，惟知怀土之安，不顾国家之急，甚非所望于老公祖！且诸君子之托名养高、忘情君父者，皇上将有大罚，屡形谕旨，决非虚谭。则濡滞不前，又不能不为老公祖惧。计期已迫，君召不驾，仰祈即日叱驭以慰舆情。临启不胜瞻注。"即为急促赴任作。又，同卷有《答郑玄岳》函致吏部尚书郑三俊，称："石麒侧耳星辰履声久矣，因少宰邮筒再陈副奏，不觉望之切而词之乱也。乃部役泄泄，托言寇氛，逡遭不进，少宰大愤，欲置之法，而曹郎为请责以力前自效，不知果能如所戒谕否也？……计期在迩，江南司官瓜期未及，廷议似欲即以考功昪之，吏掌垣乃吴磊斋（麟征）也，介气劲骨不减格庵（正宸），而持重似又胜之。河南道麒署院时已题祁世培，而副以梁道长遂良（云构）。世培若至，其风采自可与磊兄颉颃；即不至，而遂良之清孤冷静亦足以襄大典。惟堂台部中选功俱缺，而路广心聪明妥当，可供驱策，计事似可无忧。"

清梁云构《豹陵集》卷十七有《答祁世培侍御》："于迈粤都屡觌珠玉，片时倾挹，何啻十年读邪！时艰方剧，侧席正殷，移孝作忠，正唯今日。大蕴久积，急问求时，岂可坚卧东山，日谋彩衣事也。名志收拾夜光，岂滥及鱼目！笥中偶携灾木石者三五种，品既下矣，且讹者颇多，倘有枫落五字足备石家铁网，苍蝇千里，敢忘尾哉。"清嵇曾筠《雍正浙江通志》卷一百十七："梁云构，字眉居，兰阳人。"卷二："先师庙，崇祯十三年（1640）巡盐御史梁云构重修，吴太冲为记。"又，梁云构《豹陵集》卷二十六有《答祁世培侍御启》："伏以昼锦明秋，遥望谢屐正稳；天席侧夜，还祝范辔凤骞。眺珂里之匪遥，岂琼笈之先滥。恭惟台台瑞月珠胎、临风玉树。笋摇春苑，樱桃晏上观花；镜悉秋毫，荻芦溪边司李。冠横独豸，鹭车辗锦绣金闾；笔击短狐，骢马秣崚嶒铁瓮。鸣登闻而请再历，何殊截镫留鞭；期逸豫而控连章，暂尔餐松饵玉。席虚掌院，论亟肮司。某向窥洗马愿廑，登龙每瞻湖上仙居，一方宛在几间；山间鹤仗，三岛何缥，宁意天珍出乎？露柬逾涯，非望循格为辞"云云，当系掌计典前后彼此酬答。

托倪元璐照看文震孟次子。

《壬午里中书稿》有《与倪鸿宝》："文湛老次君在吴门曾相晤,气禀似亦孱弱者。昨寒疾已四日,欲扶病西渡,弟挽留之,坚不肯止,乃于寻常礼节外,又贷之些须以去,中途尚可虑也。渠武林之寓在昭庆寺,老年翁倘有使者至武林,望一问之。言念湛老气谊,后嗣艰难至此,为之挥泪。昨拜易刻,谨谢不尽。"

按,以上三事未知具体时间,因《壬午里中尺牍》系今年七月至十月尺牍集,故姑系于此。

十一月初二日,入化山祭墓、辞墓,作《训子书》《祭祖文》及《却馈遗》诸示。

初四日,聘第三女德琼于王氏,取其聘资携作赴都赀用。祀神,立誓坚守清操。束装待发。

初九日,连日疲于应过访柬别者。

初十日,理楫待发京师。倪元璐、黄道周、陈子龙来饯,以计典宽严询之。

以上据日记。

陈子龙有七律《送祁世培侍御入掌大计》相赠云:"汉廷执法十年回,帝念澄清驿使催。举奏赣君明黑白,登车孟博有风裁。九州辑瑞甘泉馆,六计平衡御史台。此日殿中无阙事,扫除苛政咏康哉。"诗见《云间三子新诗合稿》卷八。

又据清夏燮《明通鉴》,今年八月二十八日,帝释黄道周于戍所,复其官。道周既还,乞假归,许之。

十三日,发舟北上,赴河南道掌道御史任。

今年日记在除夕详载北行原委:"又念一岁以来,初以内子之病彷徨医药。惟后移居寓山,少存园林之趣。九、十月略出一游,而仲冬以后,即以行役备诸苦矣。此番北上,危险为人生所不多经,而因识行止皆非人生所能为也。设予十一月杪不退回淮上,则闰月初间正在沧、津之地,是时房方南下,或且遇之,是予之迟天幸焉。及在淮上,方仁植原期十八日同行,予意忽改之十三日,乃予自腊朔抵天津,而所过之杨、信于初三破矣,临淄、乐安俱破矣,方仁植十八日之行竟不能至,使少迟殆将不免,是予之速又有天幸焉。自淮再行,原期于西路,牌已发矣,行次慈湖,以白粮解户之言,忽改东路。使繇西路,则奴于十二日破临清,予从邹、滕岂能达乎?是一奇也。予过青州,道使者再三相留,予竟以临朐令之言决欲前进,使稍留滞,则初旬内贼攻青，虽传未破，亦危甚矣，而究之冒险而得达于京都，又一奇也。乃占卜又多奇验"云云。

旅途详情据日记：十一月十八日，舟中草疏稿申白惩贪奖廉意。二十日，作揭申饬觐官申述任劳任怨意。二十一日，搜集邸报中有关计吏事者，另为一帙备阅。二十三日，入宝应，晤史可法，传闻清军已入通州。二十四日，渡黄河，欲走陆路。二十五日，得张调鼎函，具悉战争情状。二十六日，北警紧急，士民商贾纷纷南下。武林宋孔章自青州中途返回，劝彪佳返淮上以待时势。二十七日，兵信更急，从行各人欲返回，彪佳仍主北上。二十九日，至清江浦，宿于淮抚张联芳舟，张联芳与张岱来晤。闰十一月初一日，返淮安暂住，以观事势趋向。初二日，以北上可行与否出卜课，卦曰需稍迟。议拟随江南援兵同行北上。初三日，以北行途程安危出卜筮，有"先号咷而后笑，遇楠而行，遇酉而止"之说。初四日，借史可法邸报以阅，闻清军十五日破蓟州，今尚盘踞蓟州。初六日，欲北上，请史可法发武官、士兵护行。可法回函叛兵将南下，宜稍缓北上。初七日，治戎装、兵械、旗帜，欲随大同入援武官同行。张岱在其叔淮抚张联芳公署，来见，以《金汤十二策》相示。初九日，军讯稍缓，途间渐有行人。都中人来，传言止有叛兵，无清兵大军，行意益决。方仁植遣人来约同行之期。初十日，周镳来订行期。出卜课，云十八日宜行。十一日，闻都中郡讯稍宽，即决意前行，发札约周镳同往。方仁植未能即时起程，遂定于十三日起行。备干粮、行装，作家书慰家属。姚士纯辞归，史可法来话别。十二日，别淮上当事。周镳欲同行而不果。张岱自清江来送行。十三日，戎装介马起行。史可法以四武官、徐鹤洲以二武官护送。十五日，王铎家乡残破，欲移居山阴，乃函托家中二兄为周旋居舍。十九日，传言兵信更紧，且有河南道掌道改委蔡培自之说。二十一日，临朐县令王化远谈战事，闻清军已下临清。抵青州问兵讯，众皆猜测，不知其实。兵使者王芋欲彪佳暂停数日，静待消息，以清军方西南去，正宜乘间由东北上，决意出发。犒赏史可法所差护兵，遣之归。二十二日，宿旅舍，闻清军俱已南下，蓟州无兵。二十三日，夜行昼宿，过乐安，至通北镇，遣归王芋所差护送官兵。二十五日，冒雪驰行，从者俱僵，遂叩门买薪，点火取暖。过杨信县，以城守塞路，改道而行。二十六日，过庆云县，守城兵卒盘诘良久。至盐山，传沧州有警，即止宿，所觅旅舍简陋无食，盐山把总李时春出馔来享。二十七日，由李时春统健兵护送至旧沧州，屡闻炮声，以为必有警，询途人知新沧州时方试爆火药。行数里闻有可疑马兵，令护送材官探路而行。抵新沧州，宿于三里庄庵中。作函驰报冯元飚，乞其护兵。是日遭疾。二十八日，过兴济，抵青县，所过一望丘墟，寥无人迹，不得饭食。二十九日，闻唐官屯有土寇盘踞，欲改道而议未决，遂仍取此径以行。抵静海，欲进城不得，借宿华藏庵。十二月初一日，冯元飏遣兵来迎至大王庄。当地乡民，初苦流寇，复苦官兵，见彪佳一行惊惶不已，乃严申护行官兵军令。初二日，遣归淮上护兵，以天津所遣护兵护行北上。自盐山以来，皆日中不得一食，今日得食。过杨村，值范志完援军，避之，宿于蔡村，途中闻范氏兵抢掠乡里。

《行实》："壬午冬，赴掌道命。先是六月服阕，九月奉命掌计典，兵警，道梗，十一月始闻报。以时方多难，束装速行。渡河抵沭阳，知京城戒严，土民商贾无一北行者，先生北向号泣曰：'君父有难，生死以之，吾计决矣。'戎服介马，携干粮，历尽艰苦。入都门，都中人皆谓先生从天降耶。先生备述闻见，人心赖以稍安。"

旧谱："先是，六月服阕，九月奉命起视首篆，掌计典。兵警道梗，十一月始闻命，以时方多难，束装速行。又以贪风方炽，亟思澄清，以身先之，遂作誓文盟神。先生曰：'古人清畏人知，然行之有素，自足表率；余素望不能信于世，不妨以自信者信人，使馈遗不敢至吾门耳。'因受第三女聘金，供路费及都门薪水。自启行至完计，始终不受一钱，而人亦无敢以贿干之者。……初五日，见朝，旋莅任。时方议天下督抚去留，先生即出议，首易宣督，恐宣兵无统，即上《慰谕宣兵》一疏。"

查继佐《罪惟录》列传卷之十二《祁彪佳郭符甲》："壬午，服阕，奉命起视首篆，掌计典。时东师深入，所在残创，间关入都，作誓以警贪风。"

明谢晋撰《右金都御史巡抚祁公传》："起补河南道。会东兵大入，京师戒严。诸计吏、孝廉咸逡巡淮上，人多沮公行者，公奋不顾身，曰：'君父有难，即无召命，当奔赴。况受命掌计，忍以艰险委之？义在，死生以之。吾计决矣！'遂向淮督史公可法乞材官，购武健得十余人。公戒服介马，且探且行。与北骑或东西，或先后，若巧相避然。至都为诸臣先。"

张岱《石匮书后集》卷三十六《刘宗周祁彪佳列传》："壬午九月，特命起河南道，掌大计；拜命即行，以小舟直抵淮上。闻边信紧急，南北道梗，四方辑瑞行者皆不敢渡河，彪佳曰：'君父有难，即无召，当赴难，况受命掌计耶！吾行决矣。'遂向淮抚史可法借材官六人，再募武健六人，彪佳亦戎服介马，斋干粮，且探且行——时闻十一月十三日也。宵行夜宿，两日一餐。十二月初四日入都门，南北路梗，行旅已绝，咸指彪佳，谓从天降。"按，杜春生辑《遗事》转录张岱撰传："壬午，起田间，会计典事，闻命即行。是年，中途梗塞，淮抚史可法劝暂留驻淮安，彪佳曰：'君召不俟驾，敢迟留观望耶。'戎装跨马，星夜北上,时人以比张魏公之孤舟入建康。"与张岱原文略有不同。

清邵廷采《思复堂文集·碑传·明巡抚苏松副都御史世培祁公传》:"十四年,起河南道御史,会王师略山东,或说公缓行,公奋然曰:'君父有急,义当奔赴。况受命掌计,岂得观望!'"

清陈济生《天启崇祯两朝遗诗小传·祁忠敏公》:"十五年,东兵深入逼淮,道路阻绝,起公掌河南道,微服冒险间行达京师。"清徐开任《明名臣言行录》卷九十四《巡抚祁忠敏公彪佳》略同。

十二月初四日,抵京城。

初五日,谢神设祭于乡祠会馆,晤周延儒、吴甡、陈演诸辅臣。

初六日,入觐思宗。归,会诸朝官同人。

初七日,河南、福建两道御史印信送至。

初八日,草《去留督抚议单》,作《宣兵亟宜慰谕》疏。得知改推卫带黄为宣府总督,因张国维有疏留宣督,乃停推。

以上据日记。

卫带黄,卫景瑗(1586—1644),字仲玉,号带黄,韩城人,生于万历十四年(1586),天启五年(1625)进士。由大理丞晋少卿,崇祯十五年(1642)春调任右佥都御史巡抚大同。甲申(1644),李自成东犯,殉难。赠兵部尚书,谥忠毅。

初十日,至衙门到河南道任。闻有旨,即日会推左都御史,恐赐环刘念台,使其仕途路绝,趋朝房作《挽留请缓推疏》,请留之。开始着手计典事宜,草《去留督抚议单》,作《宣兵亟宜慰谕》疏。草《振惕人心以办虏疏》。

张岱《石匮书后集》卷三十六《刘宗周祁彪佳列传》:"次日见朝,左都御史刘宗周、佥都御史金光辰以直谏被谴;彪佳疏救。上怒,责令回奏。彪佳执言如初,上不之罪。"

清温睿临、李瑶撰《南疆绎史》勘本卷十四列传第八《祁彪佳》:"家居九年,母服阕,召掌河南道事。宗周以直谏撄帝怒,彪佳言'清望直臣,宜留诸表率百官'。奉旨切责。"清四明西亭凌雪撰《南天痕》卷八列传九所述同。

明谢晋撰《右佥都御史巡抚祁公传》:"时刘总宪宗周、金佥宪光辰,以直言谴,公疏留之。上怒甚,责公回奏。公复疏释圣怒以开言路,上亦不之罪。"

清王鸿绪《明史稿》列传第一百五十《祁彪佳传》:"寻以侍养归,家居九年。母服终,召掌河南道事,刘宗周、金光辰得罪,抗疏乞留,不纳。"

据清夏燮《明通鉴》,今年五月刘宗周起都察院左都御史,十二月,姜埰、熊开元以言事下诏狱,刑部尚书徐石麒等"拟采戍,开元赎徒,上责以循情枉法,令对状。复夺石麒官,而逮埰、开元至午门,并杖一百"。宗周上书论救,帝大怒,以宗周偏党,不堪宪职,且疑熊开元此疏,为刘宗周主使。金光辰争之,遂并被议处。光辰贬三秩调用,宗周革职,刑部议罪。阁臣捧原旨御前恳救,乃免,斥为民。

清邵廷采《思复堂文集》卷一《明儒刘子蕺山先生传》:"先生(刘宗周)以未解严,不忍竟去,止城外萧寺。士大夫交送于途,张玮、吴麟征、祁彪佳、刘理顺、金铉、陈龙正、董标及举人祝渊、诸生恽日初咸来问学。时彪佳被命张河南道,先生谓之曰:'道只在事君当官间,此外他求,妄也。君当以谏明职业,毋负所学。'"

又,挽留刘宗周事,据日记,十二月初七日,出送刘宗周。十一日,邀同台众人至副都御史张玮寓,请其出面挽留刘宗周。十二日,得刘宗周来函劝勉甚切。按,函见《刘子全书》今年十二月所作《与祁世培》,劝彪佳勉力济世。十三日,思宗以救援刘宗周、熊开元、姜埰者多,令科道官回话。十六日,先已拟回话单疏,今草回话公疏。因初八所拜救刘宗周诸疏不为当事所重,不复轻言,以免为人所轻。出谒刘宗周,晤其子刘洵、其婿王毓芝。十七日,约吴麟征斟酌公疏稿。十八,上公疏。

十五日,入署理事。

十九日,朝会推操江巡抚及宣府巡抚,原欲任高支楼为郧阳巡抚,恐其不胜任,与掌科言之,遂罢推。

二十日,以帝有元旦宴赏,入朝谢恩。

二十三日,作《纠参督抚与饷臣疏》。

以上据日记。

二十四日,草疏驳正赵石书,以其推举顺天巡抚时心有所私,明日上此疏。

据日记,明日与吴麟征商酌疏稿。二十六日,督人誊写前疏,令旨意官上之。

二十六日,作徐沁回道看语。

二十七日,出会推郧抚、宣抚,操江巡抚之会推中途而罢。是日思宗召对宰辅,有言官不互纠及转监司之语。

以上据日记。

二十三日,作《释圣怒以开言路疏》,救熊开元、姜埰。

据日记,先是二十一日,熊开元、姜埰被廷杖,徐石麒有回话之旨。

《祁彪佳集》卷十所附明祁熊佳撰《行实》:"先生赴召时,总宪为刘念台(宗周)先生,副宪为张二无(玮)先生,金宪为金正枢(光辰)先生,皆海内正人之表。及至都,刘、金二公皆以直谏谴,先生即上疏,请留清望直人,以表率群僚。而上怒不可回,且责令回奏,先生即上《释圣怒以开言路疏》,终不能挽。"

旧谱:"先是先生赴召时,总宪刘念台先生、副宪张二无先生、金宪金天枢先生,皆正人表率,先生喜澄清有机。至都,刘、金二公以直谏谴,先生即上疏,请留清望直臣,表率群僚。上怒不可回,具责令诸臣回奏,先生即上《释圣怒以开言路疏》,终不可挽。张公又多病,先生处势孤,自任益厉,又上《振起人心疏》《纠参督抚及督饷疏》《驳赵公石书藏伏机械疏》,皆报可。"

作《东山尔密渡禅师塔铭》。

见《祁彪佳集》。据铭,禅师名明渡,字尔密,别号散伊,会稽王氏子,卒于今年六月十六寅时,年五十二。其弟子将于十二月廿二葬之于显圣之南山。作此铭当在六月至十二月之间。

今年,继续裒辑《救荒全书》。

据日记,先是正月十一日,阅《大明会典》,摘有关荒政者录之。二十四日,连日辑《荒政全书》,完设粥、捕蝗诸款。二十七日,向道台请详文檄示,入之《救荒全书》。二十八日,辑《救荒全书》,完义、社仓诸款。二月初二日,辑《救荒书》,完庙算、前谟诸条。十二日,辑《荒政全书》于烂柯山房。十四日,至山点定《荒政书》。十五日,坐烂柯山房点《救荒书》。十七日,阅《国朝典汇》之有关荒政者录之。二十日,呼姚童录《荒政》于烂柯山房,再为整辑,稍有次序。是日分《救荒全书》为五章:一举纲,一治本,一厚储,一广恤,一宏济。以条目附之,凡百四十余。六月二十四日,午后,登楼辑《救荒书》。二十六日,登楼辑《救荒全书》。二十八日,午后登楼辑《救荒全书》。二十九日,午后,登楼辑《救荒书》。七月初三日,坐远山堂辑《救荒书》。初五日,连日阅《文献通考》八编类纂,以辑《救荒守城书》。二十二日,至寓山,读书于烂柯山房,以连日所录《救荒书》归之款下。九月初二日,录《救荒全书》。初九日,坐烂柯山房点定守城之案。十五日,至寓山,董天孙(玄)简邸报中有关荒政、城守者。二十五日,董天孙简邸报辑《救荒书》。

旧谱:"二月,《救荒全书》成凡五帙:一举纲,二治本,三厚储,四广恤,五宏济。附条目百四十,为卷十八,而荒政大备矣。"

是年,兄凤佳买大学士吕本别业樛木园,改建为大能仁寺。

据《乾隆绍兴府志·祠祀五》。

又，张岱《琅嬛文集》卷二有《兴复大能仁寺因果记》即记此事："（万历甲辰）又迟三十六年，祁德公以三千金复此寺，而吕氏子孙实共成之。"

沈德符（1578—1642）卒。

德符字景倩，又字虎臣，浙江嘉兴人，万历四十六年（1618）举人，与彪佳同年友善。著有《万历野获编》《清权堂集》。

崇祯十六年癸未（1643）　四十二岁

时事　正月，李自成改襄阳为襄京，称奉天倡义文武大元帅（一作新顺王）。设权将军、制将军及六政府尚书、侍郎等官；地方设府尹、州牧、县令、学正等官。　左良玉泊舟芜湖，所至焚掠。南京大震，淮、扬、常、镇、苏、湖戒严。　大学士吴甡督师击农民军，无兵可用。　八月，朝命促战，孙传庭再出潼关。九月，屠李自成家口。兵疲食尽，与李军决战，溃襄城。　十月，李自成破潼关，杀孙传庭，破西安。十一月起，李下甘肃、宁夏多地。十二月，渡河入陕。

张献忠西进。五月，取汉阳、武昌，杀楚王及前大学士贺逢圣。六月，于武昌铸西王玺，设尚书等官，开科取士。十二月，移军荆州，欲入川。七月起，明左良玉尾随张献忠军，与争湘赣地。

浙江诸生许都被逼反，号白头兵，未几败死。

是年，清兵破三府、十八州、六十七县，降一州、五县，俘获人口、牲畜、金帛数十万计。明援军不敢一战。　四月，清军至近畿，周延儒不得已自请督师，出驻通州。　五月，清军撤，周延儒还京。

五月，明廷以修撰魏藻德言兵事称旨，拜大学士，入阁。　阁臣吴甡罢。　周延儒督师时欺蒙帝听，罢。　六月，究督师范志完、赵光抃逗留及纵兵淫掠事，逮延儒。　九月，阁臣黄景昉罢。　十一月，礼部侍郎李建泰、副都御史方岳贡入阁。　杀范志完、赵光抃。戍吴甡。　十二月，周延儒（1593—1643）赐死。

是年八月，清太宗（1592—1643）崩。子福临嗣位，年六岁，是为世祖。郑亲王济尔哈朗、睿亲王多尔衮辅政。

今年祁彪佳有日记《癸未日历》。尺牍《里居越言》，南京图书馆藏一册，所收信函内容多涉及许都之乱。又，国图藏有《在里尺牍》草稿。

正月初一日，早起朝贺。是为大朝贺之期，因兵警，各省多不至，计典不能举，为国家二百八十年一变局，为此郁郁。

旧谱："元旦嵩呼，各省觐官因警多不至，计册亦多未到。先生谓'二百八十年一大变'，不胜忧愤。此后计册方渐有到者，先生始阅册，手自披录。中州册揭止河北三府，大河以南文移皆不通，或仅记姓名而已。抚按皆述中州荒残形景，先生阅之不觉痛泪，即上《促援兵明法纪》一疏。时上方欲申饬计典，责成部院甚严。先生再上疏，请责成九卿台省先择其大贤、大不肖，听部院访核，得其大纲，余不难矣。"

查继佐《罪惟录》列传卷之十二《祁彪佳郭符甲》："明年癸未，计臣多以道梗不至，典不行，乃请责成九卿台省先举大贤大不肖见其端。"

初五日，作公疏促兵援河南，请申明军纪，疏并劾督饷王正志，即《促援兵明法纪》。

据日记。

旧谱："后即疏劾户部侍郎王正志'督饷山东，闻警辄移家避'，得旨速核。"

清王鸿绪《明史稿》列传第一百五十《祁彪佳传》："十六年佐大计，问遗莫敢及门。疏劾户部侍郎王正志督饷山东，闻警辄移家避去，得旨速核。"

初九日，草《催点隈抚疏》及《用操江疏》。

十一日，出城谢刘宗周赠诗勉励。

以上据日记。

《刘子全书》卷二十七《北宪诗六十三首》有七律《别祁世培侍御》："才作商量事事蹉，身家失计可云何。十年子舍衔恩重，万里王程赴南多。大道岂能宽宇宙，斯人谁与易江河。志完死后交游薄，憔悴征裘已泪沱。"当即上面所言诗。

二月初一日，科道官员拟重开首善书院，欲向刘宗周求文，并询副都御史张玮意愿。

据《明史·邹元标传》及《冯从吾传》，首善书院为东林党人邹元标、冯从吾所建，集同志讲学，以逆阉被禁。此后朝廷党争诸方，对其存在之可否各执一端，时周延儒以附东林党人复入揆席，故此所及首善书院一事，亦略可见东林党人于朝中抬头之势。

初四日，将所得御史台及刘宗周送来揭帖，据作者各汇钉成册。

十四日，拜发《海运复岛疏》。

据日记，先是本月初十日，草此疏。

旧谱："二月，上《复海运疏》，因目击运河为北兵阻也。"

十五日，作《定纷嚣疏》。

据日记，本月十八日，改订此疏。

十七日,访方以智,坐其书室观桃花。晚作《明刑堂稿》。

此文今未见。

二十日,刑部尚书徐石麒落职,来札喻科道勿申救,彪佳复札徐沁已为申救。

《可经堂集》卷十一有《与祁世培》:"老公祖数数视临萧寺,弟不能一飞叩阶下,惶悚何如。计事尚俟辑瑞者而后定期,闻部中遂已封门,毋乃太早。……吴磊斋年翁既为政府所积疑,又与太宰开嫌衅,似难久处,当思所以善其去也。处叔世而欲危言危行,即孔子不能无利钝,故谆谆戒人以立本趋时之道,磊兄苦心委曲之事,在人不见不闻,而公正发愤之言则时形之口角,宜其不为人所谅也。萧历室公祖与麒共事三年,人欲以史镕古之亲审之计典,恐非确论,如其地方有他议论则当听之官评,非麒所知也。浙中司官亦宜定矣。此事宜老公祖与诸老商之,麒濒行之时,敢尔饶舌。乞谅,无他,回首渐遥,可胜黯结。"当系石麒申救刘宗周落职闲住南归前作。

二十二日,便血,请太医膝脉,此后断续以小腹作痛延医调治。

以上据日记。

三月初三日,草《楚中贼势亘测疏》。

据日记,先是三月初三日,见塘报,闻流贼已设伪官,踞荆襄,江路震惊,草楚中贼势亘测之疏。初四日,草昨疏完,归即发写上之。

旧谱:"闻楚中流贼已设伪官,踞荆襄,先生即拜《贼势亘测疏》。"

初六日,思宗召对,赐以茶饼。归草《召对纪事》。

据日记。浙图藏有祁彪佳《召对恭纪》与《呈院陈议》合抄本。《召对恭纪》所记,为今日和今年七月二十四日召对情形。

旧谱:"三月六日,上忽忆先生冲险入都,召至文华殿,面加慰谕,并询所历地方被兵情形,再询御剿策。先生条对毕,上嘉悦,赐茶饼,其详具《召对纪》中。"

《祁彪佳集》卷十《遗事》引清林日宣撰传云:"癸未三月六日,召公文华殿,询所历地方被兵状及御剿策,公条对。嘉悦,赐茶饼。"

查继佐《罪惟录》列传卷之十二《祁彪佳郭符甲》:"三月,召对文华殿,条剿御诸策,称旨。"

张岱《石匮书后集》卷三十六《刘宗周祁彪佳列传》:"癸未三月初六日,上召至平台,面加慰谕,并讯所历地方被兵情形。彪佳一一详奏;上为慨叹,赐茶饼而出。"

初八日，得刘宗周通州来函，以谏诤明职业勉励。

据日记，先是二月十三日，彪佳往三忠祠送刘宗周归里。四月十一日，得徐石麒函，知宗周方以战乱遇警，再回通州，此时尚滞留通州不能南下。

刘函见《刘子全书》卷二十《与祁世培四》，作于今年三月初六。函云："旅处通州又弥月，势不得不行矣。回首五云，百尔感怆。因念把袂之日，彼此眷眷，而在门下尤若有不豫色。然者抑何念仆之深乎！亦借以洒羁人去国之泪也。嗟乎！天下事至此，不忍言矣。门下处交戟之下，计当必以谏诤明职业。一言而当，不有益于君，必有益于国，则庶几太平之一机也。即不幸而碎首玉阶，甘斧质以如饴，亦臣子分内事。此时死则死耳，犹大愈于郁郁坐长安邸，求死不得，而徒以七日不汗死。愿门下留意，学求日进。徒曰：'我不能，谁为能者。'时下两正相阨，尤非佳兆，想门下必有以处之。磊斋幸致言道，求自信可也。"刘宗周《刘蕺山集》卷八亦收入。

十九日，会龚鼎孳。李谦庵索观《言官流品不清疏》。

旧谱："时台省中杨、廖方败，恐上厌薄言路，亟上《言官流品不清疏》。"

据日记，先是初七日，辑诸言官相评疏，汇成付录。十八日，午后汇订互纠各案，欲呈堂。晚作呈请思宗尽发互纠诸疏即刻上堂。十九日，李谦庵来，索《言官流品不清》一疏观之。李谦庵，《寓山志·题咏》存其五古《寓山题咏》二首，注："李陈玉，谦庵，吉水。"

二十六日，作《争职掌疏》，劾吴昌时反覆把持官员升迁情状。二十九日得帝旨，令吴回话。

旧谱："罪铨吴昌时，依附正人窃声气，时方营入选司。适上命台省扬历藩、臬后入卿寺，昌时即借以恐喝，台省旧例外转者二，昌时顿增至八。先生曰：'上意在练材，非外之也。余首篆，请身先之，可破重内轻外积见。然宜渐行，不可骤骇观听，伤国体。'昌时阳唯唯。台员升转，必由掌道牒送，昌时竟疏推六员。先生曰：'二百八十年职掌，自予隳矣！'遇昌时于朝，面折之，直叱其阴阳变换，招权立威，昌时亦阳唯唯谢罪。先生连疏争职掌，并言昌时奸，然止欲上识其奸，不多败铨政已矣，无多求也。时举朝虽恨昌时，素慑昌时威，见先生廷叱之，皆大惊咋舌走退。时先生方以疏留掌院刘公为帝所忌，再闻先生累疏参驳，多为先生危，且止之。及闻上颇疑昌时，因群起共发其生平阴私。上临轩刑讯，其详载《纪事》中。服罪弃市，归首功，先生不受也。后先生抚吴，有吴遵者谋不轨，禁之县狱，每言愿见抚公，有所陈而死，不得，遂以昌时子往来密札付其子令献，先生命县令索焚之，曰：'吾不为已甚事也。'先生于斥奸中又存厚道若此。"

《祁彪佳集》卷十所附明祁熊佳撰《行实》："时吏部吴昌时，首辅周延儒私人也，负奥援，通贿鬻权。旧例，台省外援，必由台长、掌道牒送。昌时以私意竟推六员。先生曰：'二百八十年职掌自予隳矣。'遇昌时于朝，面折之，因连疏明职掌，并言昌时奸邪。时举朝方慑首辅，并慑昌时，多为先生危者，先生不顾也。是后周辅、吴昌时俱以贿败服辜，人始服先生定识。"

清李清《三垣笔记》卷中《崇祯》："吴铨曹昌时既破格调，思以奇策坚上意，且钳制台省口，春季例转皆自己出，吏部吴都谏麟征、掌河南道祁侍御彪佳（天启壬戌，山阴人），并未商也。科五道十，几两倍于旧额。盖因上疑台省横，屡旨申饬。且恐他日有所指摘，则以例转挟忿为言耳。时浙江同乡诸公集议，本省新吏昌时、麟征、彪佳皆往，咸努目视，惟向侍御北（崇祯甲戌，慈溪人）诟谇尤力，几饱以拳。"

明文秉《烈皇小识》卷八："昌时醉心吏部，诚得一日称吏部郎，即死无恨。宜兴亦拟借此塞其望而远之，遂以郎中调文选司，破格极矣。往时科道年例，在二八两月科一人道二人，间或吏部一人，此旧例也。昌时为政，例推给事中范士髦等四人、御史陈荩等六人。科道群起大哗，吏科都给事吴麟征、河南掌道御史祁彪佳率两衙门集于公所，与昌时面议。及是日科道齐集，援集例相责，昌时怵过绝无引咎意；御史某不胜其愤，提所坐椅搏之；昌时仓皇而出，且曰：'若奚为待我如此，我当尽例出诸御史。'诸御史闻之，咸怒发上指，与时昌有不两立之势矣。"

清查继佐《罪惟录》"帝纪"卷之十七《毅宗烈皇帝》："（三月）河南道御史祁彪佳与掌科吴麟征勷计兴清，选司吴昌时废例以意升转，彪佳与范士髦、陈荩等疏争职掌，同官徐殿臣、贺登选因尽发其隐。"

清王鸿绪《明史稿列传》第一百五十："吴昌时主年例不移会掌道，彪佳极论其紊制弄权，昌时迄获罪。"

明蒋平阶《东林始末》："十六年三月，改礼部仪制主事吴昌时为吏部文选主事，署郎中事。……吏部尚书郑三俊尝以问乡人徐石麒，答曰：'君子也。'三俊遂荐于上。盖石麒畏昌时机深，故誉之，而三俊不知。例转给事中范士髦等四人、御史陈荩等六人。故事例，转科一道二，文选主事吴昌时特广其数，意胁台省为驱除地也。夏四月，河南道御史祁彪佳劾吴昌时紊制弄权，山东道御史徐殿臣、贺登选各疏参之。五月，吏部尚书郑三俊以荐吴昌时引咎罢，大学士周延儒放归，给事中郝𬌗复劾吏部郎中吴昌时、礼部郎中周仲琏窃权附势、纳贿行私，内阁票拟机密每事先知。总之延儒天下之罪人，而昌时、仲琏又延儒之罪人。御史蒋拱宸、何纶交劾之。七月乙卯，上自讯昌时于中左门，拷掠至折胫乃止，征延儒听勘。延儒先荐大学士王应熊，途中密语令先抵京，上遣缇骑趋延儒，入侦知之，罢应熊。寻诛昌时，赐延儒死。"

清计六奇《明季北略》卷之十九《周延儒附吴昌时》："癸未三月，改礼部仪制主事吴昌时为吏部文选主事，署郎中事。昌时好结纳，通太监王化民等，欲转铨司。吏部尚书郑三俊问乡人徐石麒，答曰：'君子也。'三俊遂荐于上。盖石麒畏昌时机深，故誉之，而三俊不知也。例转给事中范士髦等四人，御史陈荩等六人。故事例，转科一道二，昌时特广其数，意协台省为驱深地也。四月，御史祁彪佳劾昌时紊制弄权，御史徐殿臣、贺登选各疏参之。郑三俊自引咎罢，以误荐吴昌时也。"

明文秉《烈皇小识》卷八："先是御史祁彪佳、贺登选各疏参吴昌时紊制弄权，给事中郝昌疏劾吴昌时、周仲琏窃权附势、纳贿行私，内阁票拟机密每事先知。总之延儒天下之罪人，昌时、仲琏又延儒之罪人。至是御史蒋拱宸疏论昌时入延儒之幕，与董廷献表里为奸，无所不至，赃证累累，万目共见。即如南场一榜，非其亲戚，即以贿赂，皆昌时为之，过付伊弟肖儒。伊子弈封公然中式，毫无顾忌；以至白丁铜臭汪庶、陈咨稷等，皆夤缘登榜。其贪横如此，尚知有朝廷法纪哉！末又指通内一事。时缇师骆养性细刺昌时与延儒通贿诸款，具事件上闻。诸奄亦尽发延儒蒙蔽状，复遣缇骑逮延儒对勘，而三俊以举用昌时引罪回籍。延儒就逮，将所居楼阁三楹尽行焚毁。"

清李逊之《三朝野纪》卷七《崇祯朝》："十六年癸未三月，改礼部郎中吴昌时为吏部文选司郎中。昌时好纳贿，宜兴之再召，实昌时奔走效力居多。至是出入幕中与侍史交通探听阁中消息，在外招摇市权而醉心吏部，谓：'诚得一日称吏部郎，即死可不恨。'宜兴亦欲借此塞其望而远之。及入吏部而愈不可远。先是郑三俊尝问徐石麒曰：'昌时何如人？'石麒曰：'君子也。'盖畏其机深，故誉之。三俊不语。往时科道年例，在二八月科一人、道二人。昌时为政，特广其数，例转科臣范志完等四人，御史陈荩等八人，科道群起大哗。掌科吴麟征、掌道祁彪佳率同官面折之。昌时怙过自如，科道皆恶之矣。"

《祁彪佳集》卷十《遗事》引清沈冰壶《祁公世培传》："先生尝询昌时于东林巨公，巨公曰：'君子也。'将荐矣，复质之蕺山，蕺山曰：'此小人也。'乃易荐章为弹章。"

清吕留良《天盖楼四书语录》卷十四《论语上·为政第二·君子周而不比章》："万历以来，门户之争害人家国，只消一'比'字耳。祁虎子问一门户要人于东林巨公，曰：'此君子也。'将荐矣，问于山阴刘念台，曰：'此小人也。'遂劾之。天下称其公直。巨公亦长者也，然未免比矣。如念台先生其庶几焉，而虎子能信山阴而不顾门户，亦不可及哉！后人犹以山阴为东林，此门户人引以为重耳，其实不然。"

清盛枫《嘉禾征献录》卷九《麟征》："（吴昌时）春季例转皆自己出，吏科吴都谏麟征、掌河南道祁侍御彪佳并未商也。科五道十，两倍旧额。予曾密讯吴都谏云：'昌时正人自负，公何嫌？'吴曰：'彼非独与予同乡，且门人之门人也。然实鄙其为人。如嘉兴王守公祖也，以二千金托，竟攫之。海盐刘令，予邑父母也，又诱伊数万金，即其房师处不为通讯，今罹察典，束装无资。余可例推矣。'"

清张廷玉《明史》卷三百八《周延儒传》："昌时嘉兴人，有干材，颇为东林效奔走，然为人墨而傲，通厂卫，把持朝官，同朝咸嫉之。行人司副熊开元廷劾延儒纳贿状，触帝怒，与给事中姜埰俱廷杖下诏狱，左都御史宗周、金都御史光辰以救开元、埰罢，尚书石麒又以救宗周等罢，延儒皆弗救。朝议皆以咎延儒。会昌时以年例出言路十人于外，言路大哗，掌科给事中吴麟征、掌道御史祁彪佳劾昌时挟势弄权，延儒颇不自安。""会昌时以年例出言路十人于外，言路大哗。掌科给事中吴麟征、掌道御史祁彪佳劾昌时挟势弄权，延儒颇不自安。"

清毛奇龄《西河文集》传四《明少傅兵部尚书前巡抚苏松都察院右副都御史祁公传》："会吏部吴昌时破计典任意出入，彪佳遇于朝，面折之，叱昌时阴阳揽权，要敝法。疏参昌时，昌时故叵测，而彪佳是时又以疏留掌院刘宗周为上所忌。至是疏入，恐从此重得罪，人人为彪佳危。而上疑昌时，谓彪佳言是，既而昌时败。"清温睿临、李瑶撰《南疆绎史》勘本卷十四列传第八《祁彪佳》下引《摭遗补传》和清陈鼎辑《东林列传》卷十一所陈述皆略同。

明谢晋撰《右金都御史巡抚祁公传》："铨郎吴昌时，吴中才士也。向依正人有声誉，广结纳。时上命台省转京卿者，必扬历藩臬，以老其才。昌时即借以恐喝台员。旧例外转二人，昌特欲增额为八，公曰：'上意在炼材，非外之也。余首篆，请以身先，可破重内轻外习；然事须有渐，无以骤伤国体。'昌时阳唯唯，不由公掌篆移，遂推外补者六。公曰：'二百八十年职守，自余隳矣。'面折昌时于朝，因列其事，上下其章。于是蒋御史拱宸、黄御史耳鼎，群起而攻之，事遂已。"

张岱《石匮书后集》卷三十六《刘宗周祁彪佳列传》："铨郎吴昌时为宜兴私人，上命科道转京卿者，必扬历藩臬以炼其材，昌时即借以恐喝台省。旧例外转二人，昌时欲增额至八。彪佳曰：'上意在炼才，非外之也。余首篆，请以身先之，可破重内轻外积见；然宜渐行，不可骤骇观听。'昌时阳唯唯，不俟掌篆牒移，竟疏推六员。彪佳曰：'二百八十年职掌，自予隳之矣！'遇昌时于朝，面折之；因上疏明职掌，并劾昌时奸邪贪秽。上临轩，极刑详鞫，服罪弃市。"

清查继佐《罪惟录》列传卷之十二《祁彪佳郭符甲》："故事，台员升转必由台长掌道牒送，时选司吴昌时以意推用，彪佳连疏争执掌。上颇疑昌时，彪佳因尽发其事。上临轩即讯，付昌时于市，改彪佳南刷卷御史。"

清陈济生《天启崇祯两朝遗诗小传·祁忠敏公》："会上命台省迁转，必历藩臬以老其才，面折选郎于朝，因疏列其事。于是御史蒋拱宸等群起攻之，事遂已。"清徐开任《明名臣言行录》卷九十四《巡抚祁忠敏公彪佳》所记同。

清温睿临、李瑶撰《南疆绎史》勘本卷十四列传第八《祁彪佳》："以京察不当，面斥吴昌时于朝；昌时方附首辅，声势赫奕，迄获罪。"清四明西亭凌雪撰《南天痕》卷八列传九所述同。

劾吴具体情形据日记：先是二月十九日，吴麟征不满吴昌时之把持计典，上疏乞归，疏侵吏部尚书郑三俊。三月二十二日，金都御史毛士龙邀晤彪佳，为吴昌时推转台员未经具名推举且未关白御史台而愤愤不已，乃劝渠晤吏部尚书郑三俊，自与吴麟征酌议其事。复草禀致意毛士龙，云科道官员推升宜陆续，毛氏同此意，共送至郑三俊处。二十四日，观郑三俊函见已允许科道陆续推升，以为出自吴昌时调停，方欲言谢，而知其已推御史台员六人外转。晚上同乡集会冯元飙寓，面斥吴昌时立威招权。

四月十八日，副都御史张玮卒，走哭之。

以上据日记。

入京以来，主掌官员考察，然以外患内乱，计典难举。十一日，诸官过吏部堂考察事毕，二十八日，《大察》及《拾遗》疏俱奉旨，计典事毕。

旧谱："北骑渐向边，京师解严，方举计典。四月二十八日，《大察》《拾遗》诸疏皆奉俞旨。时共掌科者为吴磊斋先生，冢宰为郑玄鹤先生，皆清执不挠，先生又虚心，不轻折人功名，至平日有虚名、负大力奥援者，皆无幸免，公论大服。完计后，致感于冢宰、掌科、掌道之门者，皆不可得。一番澄肃，亦近世仅见云。"

张岱《石匮书后集》卷三十六《刘宗周祁彪佳列传》："四月，北骑出边，二十八日方举大计；彪佳一秉虚公，舆论大服。终计事，无敢以一钱一简及其门者。"

《祁彪佳集》卷十所附明祁熊佳撰《行实》："癸未，举计典，先生虚心咨访，公论大服，无敢以馈遗至者。"

明谢晋撰《右佥都御史巡抚祁公传》："癸未，举计典，一以虚公为衡量，无敢一钱自通于门者。"

张廷玉《明史》卷二百七十五《祁彪佳传》："十六年佐大计，问遗莫敢及门。"清穆彰阿《嘉庆大清一统志》卷二百九十五《绍兴府·人物》所述略同。

陈济生《天启崇祯两朝遗诗小传·祁忠敏公》："明年佐大计，一主虚公，无敢以一钱及门者。"同书《海盐吴忠节公》："庚辰大计，公与掌河南道祁公彪佳矢志澄清，略不假计，时论快之。"清陈田《明诗纪事》辛签卷三所述相同。按，此两书皆称为庚辰（1640）大计，记时有误，外官三年一计，此次为癸未计典。另，清徐开任《明名臣言行录》卷九十四《巡抚祁忠敏公彪佳》所述亦同。

查继佐《罪惟录》列传卷之十二《祁彪佳郭符甲》："乃举计典，与掌科吴麟征共事，一时号清肃。"

计典举行详情据日记：正月初四日，边事危急，无暇顾及出咨访单考评官员。二月初三日，草《勘丘念修》及《罢秦督监军》二稿，以两人中计典也。十二日，作实授及更换五位巡抚之堂呈。先是初五日九卿科道会推定保定巡抚、河南巡抚、户部侍郎、刑部侍郎、南京兵部侍郎及操江巡抚。十六日，吴昌时以会推南京户部尚书、兵部侍郎、新设操江巡抚、沅抚、楚抚、秦抚五缺官来议。二十一日，草昨欲作之《衍绎圣谕稿》及半。二十四日，作稿勘钱长玉营贿。二十六日，得思宗谕旨，严格责成计典官行事，乃草《恭奉圣谕矢力计典疏》，请责成九卿科道先举大贤大不肖之定评。明日草疏竟。三月初六日，先是，陆续收进各省大计册，并取懿访品评汇入。因外患内乱，各省入觐官员多不至，计典难举，令上计官员仍兼旧差，又与政府、吏部酌商入计官员免入觐及御史赐环事宜。昨日乃上《请免朝觐及早举京察疏》，今奉旨仍令入觐官至都。初七日，汇辑言官相互攻评之疏付录。改削大计疏稿以备召对。二十日，与佥都御史斟酌言路官员互纠案，晚作《互纠稿》成。吏部尚书订定下月初一为官员考察期。二十一日，有旨促三日内速结计典。四月初三日，自上月廿七至此共七天，考察官员，力求细心推敲，不敢妄坏人之功名。计典至十一日竟。十四日，此次考察，得方面廉卓三十人，有司廉卓三十二人，是日将台省考评单合钉备察。二十八日，所上《大察》及《拾遗疏》俱奉圣旨。

五月初四日，病中卧榻阅小说及衙门揭贴。

据日记。

初五日，袁于令过访，相别八年，复得交游。

据日记，此后初九日，邀酌袁于令。三十日，觅得新寓，邀袁于令、陈国光等举酌闲谈。

计典事毕，上疏自请转任外官。得京畿刷卷之差。

旧谱："计典竣，例酬卿寺又台资首，先生以台规例三差缺一不可，台长不可，强之再三。七月，乃题差刷南畿卷。乞休，不允。"

清邵廷采《思复堂文集·碑传·明巡抚苏松副都御史世培祁公传》："至都首疏留蕺山及金光辰，又叱吴昌时于朝，摧挫之余，正气复振，寻命刷卷南京。"

清汪有典《明忠义别传》卷二十二《祁忠敏公传》："诏起掌察吏部，吴昌时破计典，任意出入，公疏劾其罪，昌时败，循差例刷南京卷。"清汪有典《史外》卷二十二《祁忠敏公传》所述同。

清温睿临、李瑶撰《南疆绎史》勘本卷十四列传第八《祁彪佳》："是时彪佳以御史刷卷南畿，乞休，不允，便道还家。"清张廷玉《明史》卷二百七十五《祁彪佳传》所述同。

据日记，先是二月二十二日，帝有谕旨令言官升转至监司，彪佳乃作呈稿自请外转。三月十四日，作《再请外转呈》。五月初一日，作呈上御史台乞外差，辞内补之印。初二日，悉已因河南道掌道印务未代，不得即时题注外差。初三日，再请注差于外。初五日，堂上发题差疏，焚香拜祝早得外差。初八日，御史台为拜疏题注京畿刷卷之差。初十日，闻京畿刷卷之差已得票拟。按，思宗执政，严刑好杀，仅上月，宰辅则吴甡、周延儒被罪，六部则郑三俊、张国维、傅淑训罢，李遇知、冯元飙、倪元璐代，替换如走马，而诸人则往往彪佳所知、所友者，人事变迁，令人无所适从，彪佳固欲圆通处世，然处此境亦难。再兼为郑三俊、吴昌时之讼直接牵连，事发结果难以预料。彪佳急于求外转，以病为由，少预时事，多出闲玩，亦出其勉力自拔于争纷、避难免祸之意图。

十四日，以皇七子夭，上《恭愍圣怀本》吊唁。

据日记，初九日，皇七子夭，与吴麟征拟作吊唁公本。今日上此本。

十六日，大学士吴甡罢，以帝责其督师湖广，以俟北兵未成行，帝责其迟留。

据日记及清夏燮《明通鉴》。先于三月初十日，吴甡出督师，彪佳与台省诸官曾公晤之。

二十五日，首辅周延儒获罪罢官。

综日记、清夏燮《明通鉴》及《明史·周延儒传》可知，先是今年四月初四日，周延儒自请督师，上大喜，重奖之。四月初六日，周延儒奉命视师通州。后周驻军通州不与清军战。二十八日，清兵北归，五月初十日，周延儒遂督师归京，将论功，锦衣卫骆养性与中官憾之，发其军中事。帝大怒，罢其官，谕部府诸臣责其蒙蔽推诿事。此后二十五日，因周延儒重出后起废、蠲逋、清刑诸事颇合人心，诸科道多不忍言，众议大略从宽，彪佳乃约五掌道御史各出一议单。其后，大学士陈演等公揭救之，周延儒自请戍边，帝降温旨，许驰驿归，赐发路费。

二十九日，赍上《虏退引罪公本》。

据日记。

是月，吏部尚书郑三俊罢。

据清夏燮《明通鉴》，先是恶言官不职，欲多汰之，尝以语吏部尚书郑三俊。郑遂与吴昌时谋，出给事四人、御史六人于外。言官大哗，谓吴昌时絷制弄权，交章力攻，并诋郑氏。郑疏乞归里休致，诏许之。

又，李清《三垣笔记》卷中《崇祯》："郑太宰三俊素有清望……及为冢宰，误任吴选郎昌时，用舍一凭指授，而周仪曹镳亦与。故韩给谏如愈纠镳，并尤三俊偏听。然前纠昌时者，吴都谏麟征、祁侍御彪佳，后皆殉国。乃一二偏祖群壬犹目麟征等排挤正人，信哉，明党之能亡人国也。"

明徐石麒《可经堂集》卷十一《与祁世培》："从来邪人齮齕正人，正人亦齮齕邪人，此玄黄水火，无足怪者。若两正相斗，则戕于门内，有世道人心之虑者，能不披缨以救乎？太宰介性亮节，表表人世垂四十余年，先朝耆硕整遗此老巋然灵光，天下争以其出为幸；而连章弹射，皆在吾浙，其谓之何？大抵二正各建旗鼓，自当后辈降以相从，即或部事亦有异同，挽回不得，止宜讽其司官。弟尝见金天老待旧总宪恒，时其饥饱，时其愆倦，心甚服之。不意吾党之与太宰为难若此也！磊兄一激而去，老公祖孤掌难鸣，徒令墨吏长智，而挑构得行。其计无益于气节，有伤于国是。纠合同志，调合两家，老公祖事也。麒窃有厚望焉。"即为此间周旋所作。

户部尚书傅淑训削职，兵部尚书张国维以范志完、赵光抃事牵累解职，下狱，寻念其治河功，释之。帝以李遇知为吏部尚书，倪元璐为户部尚书，冯元飙为兵部尚书。

据清夏燮《明通鉴》。

六月初三日，四月以来，以腹痛便血延医调治，至此疾少愈。

据日记，先是四月初十日，病痛甚剧，至五鼓方稍愈。次日延医。十三日，疾复作。十九日，腹胀痛，号叫彻夜，痛不欲生。二十日，延太医，投以消气之剂。向徐沁、冯元飙问名医，徐、冯荐以顾、李二医，然饮药无效。二十一日，病痛少止，腹胀未消，太医日二至。二十二日，借卧藤床。二十四日，始能卧。二十五日，病有起色。二十七日，体弱，用参进补。五月初三日，以脾有积滞，用香莲丸。十一日，口渴，医生教以蒸五谷水法。十五日，于大街及油坊胡同延医。二十六日，病体昏倦，啜豆粥充饥。至今方痊愈。

居京候刷卷职实授，暇时出周游京郊，与袁于令、方以智等往来。

据日记，初三日，邀陈国光、袁于令游皇亲郭涵星园。憩于海潮庵，与友苍上人坐谈于共生湖，晚自药王庙归。按，"郭涵星园"，据清龚鼎孳《定山堂诗集》卷十七七言律诗二《过郭涵星太傅森园感赋》，则所游为森园。初五日，与陈国光、袁于令共游莲花庵。至净业寺旁葛家园。观御马监洗马，乘凉净业寺前。归盘桓德胜桥，观流水稻田。初九日，迁至新寓，方以智、袁于令等来贺。十一日，至什刹海，共步柳堤，至米万钟园亭，游王玄狎园，诣崇国寺，参姚广孝像，礼一西洋传教士归。十二日，与袁于令观画卷。十三日，共游王玄狎园，步袁于令韵作七律。按，此诗今未见。此后十七日，得袁于令赠以水关游记诗。二十日，至报国寺观松。登昆虚阁指点西山燕市，礼实变观音。至草桥，俗名中项碧霞元君殿，游慈荫寺，内供去年所建九莲菩萨及倬灵王像。二十二日，至莲花庵观水。袁于令至，举素斋于寺阁上，述居乡之乐，归思转深。偕达门僧往福德庵，观宫中所出欢喜佛。游定国寺太史圃。至海潮庵，访僧朗云。二十六日，招袁于令出游，被雨所阻，举酌祁康乐寓。

明李邦华《李忠肃先生集》卷六《请缨疏草·总宪奏议》有《请发考核疏》，催促思宗简发前疏以便理事，提到"福建道御史祁彪佳照刷文卷事一疏，系臣都察院于崇祯十六年五月初八日封进，候旨未下"。系催发彪佳刷卷差疏。

十七日，上《速竣起废以彰任使之效疏》，阅《百川学海》。

据日记，疏作于六月初七。

十九日，托幕僚宋孔章草《除民害疏》。

二十一日，整理汇钉还朝以来所作疏稿。

二十八日，都御史李邦华以署河南道篆印相属，辞印不得。

明李邦华《李忠肃先生集》卷六《请缨疏草·总宪奏议》有《定掌道差疏》，言河南掌道任事之难，非资深品端、识朗力定者不克胜其任，仍委旧掌道御史祁彪佳,而祁彪佳寻又以南刷卷行,现需再觅人选事。则疏作于彪佳南归后。

七月初五日,邀五掌道会议,酌办吴昌时案。

据日记,先是六月二十九日,悉吴昌时已奉部院看议之旨。七月初二日,赍发诸疏及勘问吴昌时案呈。初四日,与李邦华商议催疏、参劾诸事,作《请考授稿》。初七日,作《吴昌时勘议稿》,并于十三日上呈李邦华。

又据清夏燮《明通鉴》,周延儒驰归后,言官多劾之者。御史蒋拱宸复劾吴昌时通中官李端、王裕民,泄露机密,贪赃受贿。给事中曹良植亦劾周延儒十大罪。帝大怒,遂于本月十八日亲鞠昌时,刑折其胫;并尽削延儒职,遣缇骑逮入京师。

初六日,上疏李邦华,请题差外放,未许。

十二日,访日者雷少斋。向来算命者俱言有二十年宦运,雷独谓彪佳运不佳,且年至四旬六七将不能永,力劝图归。

十八日,门生郭符甲来晤,自丙子年(1636)别于寓山,至今已八年。托陈国光汇钉揭贴,以咨访疏目汇为一折,每人名后注以省中咨访之优劣评语,以备都御史考查。

二十日,至衙门考核试御史,试题为《贮饷剿寇疏》及《举用有过官吏判》。作《浙省增兵议》。

以上据日记。

二十五日,作《奉圣谕行巡方大赏大罚稿》。

据日记,此稿始作于二十三日,明日再订之,添入屯马、茶马、巡盐、巡漕御史回道程式。

三十日,领京畿道监察御史印,外转为京畿刷卷。

据日记,先是本月二十四日,得领南畿刷卷批,次日即遣人先至通州雇船备归。二十七日,呈辞河南道掌道御史印。

李雯赠以七律《送祁世培侍御刷卷南都》。

清李雯《蓼斋集》卷二十六有《送祁世培侍御刷卷南都》:"柏堂清敞夜啼乌,骢马南池秣玉刍。伏节留台看白简,临轩圣主念青蒲。雕弓月满长干路,龙剑秋开玄武湖。到日江涛增锁钥,孝陵风雨未全孤。"诗亦见于《云间三子新诗合稿》卷八,第五句作"雕弧月满长干路"。当作于近期。

八月初一日,豸佳以秋试晋京,会饮,听其所携歌童唱曲。得家书,凤佳函赞彪佳掌计期间所作诸疏,又闻骏佳新得子,己次子理孙患痢疾。索杨用宾题"四负堂"匾,并邀其标注数语,以示己不言学问之惭悔。

豸佳有得意歌童名阿宝,《陶庵梦忆》卷四《祁止祥癖》:"壬午(1642)至南都,止祥出阿宝示众,余谓:'此西方迦陵鸟,何处得来?'阿宝娇冶如蕊女,而娇痴无赖,故作涩勒,不肯着人。……豸佳精音律,咬金嚼铁,一字百磨,口口亲授,阿宝辈皆能曲通主意。乙酉,南京失守,豸佳奔归,遇土贼,刀剑加颈,性命可倾,阿宝是宝。丙戌(1646),以监军驻台州,乱民卤掠,止祥囊箧都尽,阿宝沿途唱曲,以膳主人。及归,刚半月,又挟之远去。止祥去妻子如脱屣耳,独以娈童崽子为性命,其癖如此。"按,明清之际,士绅好蓄娈童,究其因,一者因其时士绅多好男风,豸佳之好娈童,极其致。再者则虽无此癖,然藉此迎合风气,以为附从风雅,如彪佳买歌童秦青,即属此类。

八月初,将出都门,疏陈三大弊政,得旨严加禁革。

旧谱:"临行,再上三疏:一抽丰游客,一借贷富室,一差役纵恶。上览之击节,亟命指尤者置之法,先生复疏名以上。"

《祁彪佳集》卷十所附明祁熊佳撰《行实》:"计典竣,例升卿寺,先生逊辞,差刷南畿卷。临行,疏上三大弊。"

据日记,初二日,将出都门,拟《抽丰第一弊政疏》。初三日,成《借贷第二弊政》《差役第三弊政疏》。初九日,所上《弊政疏》奉旨,令指实其事。十一日,草《回奏弊政》之第四疏。又据明年正月十五日记,得悉三疏回奏之弊症已得严旨革禁。

《祁彪佳集》卷十《遗事》引清董旸撰传:"壬午(1642)八月三日,上疏言有司剥阃阎膏血,饱桑梓亲知。或故乡情面,或权要竿牍,原非讦告,袖词求批,招之不来。令官押送,复有托名关节,实则瓜分,扮子弟为亲知,跻奴侪为宾客。再疏言,或借急饷,或托借漕,飞券纷投,名帖踵至,稍有迟滞,祸害立生。至无干犯之罪,忽而破家;拥居积之资,莫必旦夕。沿门持钵,已愧冠裳;有贷无还,何殊市井。且豪强借径通关,纤夫馈遗求免,遂使居间判贫富于舌间,奸胥操盈缩于掌上,民间有限锱铢,何堪层累朘削。三疏,催漕审讼有差矣,监司行守,提乡兵,管勾摄,舟车蜂拥,叱辱纵横,一役方来,全家尽骇。盖顶首日重,买牌价高,索贿动云百千,带差动至数十,曲直未判,家已罄悬。得旨尽行严禁。"按,壬午,误,当作癸未(1643)。

清徐开任《明名臣言行录》卷九十四《巡抚祁忠敏公彪佳》:"十六年八月,凡三上疏。首言有司剥阃阎膏血,饱桑梓亲知;或故乡情面,或权要竿牍;原非讦告,袖词求批,招之不来,令官押送,复有托名关节,实则瓜分;扮子弟为亲知,跻奴侪为宾客。再疏言或借急饷,或托借漕,飞券分投,名帖踵至,稍有迟滞,祸害立生,至无干犯之罪,忽而破家;拥居积之资,莫必旦夕;

沿门持钵，已愧冠裳；有贷无还，何殊市井。且豪强借径通关，纤夫馈遗求免，遂使居闲判贫富舌间，奸胥操盈缩掌上。民间有限锱铢，何堪层累浚削。三疏催漕审讼有差矣，监司行守，提乡兵，管勾摄，舟车蜂拥，叱辱纵横，一役方来，全家尽骇。盖顶首日重，买牌价高，索贿动云百千，带差动至数十，曲直未判，家已罄悬。得旨尽行严禁差回。"

十六日，出都，于五里铺之甘露庵遇袁于令携家眷至，遂与袁于令及其妾等同行南下。十月十三日抵家。沿途访友揽胜。屡遇险警，乞黄斌卿、史可法部下官兵同行护送。

行旅情况据日记：十九日，抵天津，访巡抚冯元飏。二十三日，至沧州，与诸友步行游刘氏怡园、沉园，访王梅和帆园。二十八日，至德州。晚泊故县，登关帝阁，步至周氏宗祠，邑民言战乱人民存者十无一二。九月初二日，至临清，游三帝庙。初七日，抵东昌，重游辛未年所过朱仲省园。初九日，停舟张秋，探昔年所游乌龙潭。十二日，至南旺，谒龙王及宋尚书祠堂，捐资修庙宇。观泗、汶两水形势，泊舟虎须湾。十四日，游真教寺。十七日，过吹山。二十日，渡骆马湖，以黄河水倒灌稍停。二十一日，早起祭祀金龙河神，泊舟东乌程未至清河十五里处。二十七日，抵高邮，泊维扬东关。二十八日，抵扬州，于生员张永年家举酌观演剧。二十九日，观《疗妒羹》传奇。十月初一日，游于仲生园。过闸祀神放舟，至金山登听月楼。初四日，抵无锡。至第二泉，游愚古园；至浒墅关，关使者袁环中赠家刻书十余种及王铎书法。按，袁枢，号环中，崇祯十六年（1643）任浒墅关权使。初五日，过枫桥，登支硎山观音寺，游王文举精舍，登中峰禅院。至天平山，游赵凡夫园，园荒落，唯其孙女独居，以绘扇为生，乃购一扇。游范园，谒范文正祠。归，友李模已张宴以待，宴席上观《一捧雪记》。初六日，步三塘，入虎丘，登千人石上佛殿。及第三泉，礼五贤祠。至半塘市花蓝及竹器归。初七日，与李模、陆三应观彩云庄古柏四棵。至石湖，泊行春桥下，李饷以蟹。入妙言禅院，又至楞伽山治平寺，此昔日吴中四子游息处。登上方山，坐留云亭。初八日，抵吴江。初九日，抵嘉兴。初十日，观岳石钟园。游北罗浮园。自南湖经烟雨楼，过吴昌时园，未游而过。观项氏园。

遇险兵警情况据日记：九月初一日，闻先晚有舟遇盗，与同行诸舟相约戒严。初五日，水浅舟阻，午夜数起警报。初六日，水浅，遇空粮船阻道，戎服率僮仆挽舟而过。初十日，运河水浅舟堵，乃借小舟先行，请关使者开闸以通舟。十三日，至济宁，乞巡河御史黄斌卿标下官兵五十名以备防御。十四日，商定与史可法麾下官兵百余人同行，以保安全。十五日，过南阳。泊朱龚闸,托陈国光卜筮于安乐窝,卦言宜从陆行。出都一月,路程始半,为之郁郁。十七日,过吹山,遇史可法所遣守备厉三善,得护送至沐阳。

九月初七日,聊城令王大龙出示其所刻治状。

初八日,借阅《金陵梵刹志》,观天界、灵谷诸寺志。

二十二日,入姨夫淮抚张联芳署。归舟值周延儒被逮北上,避不见。

二十三日,登刘渔仲舟,赏其所藏古玩书画,刘氏作二律诗相赠。

按,刘渔仲,名履丁,漳浦人。清冒襄《巢民诗文集》文集卷六杂著《书许默公印谱后》:"余生平尚友,天下得古篆真学者有二人焉,不可不借纪于此:一为先友南海孝廉熊羽人先生,一为兄事漳海刘渔仲刺史……至漳海刘渔仲兄,为黄石斋先生高足。"又,明蒋臣《无他技堂遗稿》卷六有《送刘渔仲擢守郁林序》。则可知刘为黄道周弟子,著名印人,曾官郁林知府。

二十七日,京畿书役遣差来迎,送来刷卷事宜。

以上据日记。

季秋,作《翁贤书思贻先生赞》。

浙图古籍部现存《忠敏公撰翁贤书思贻先生赞》原稿一册,标注:"祁彪佳癸未(1643)季秋撰,有民国二十五年十二月祁永敬志:'《忠敏公文稚抄》内未例有此文赞,虽系残稿,阮为先世手泽,子孙亟宜珍藏,特编到遗墨第　号。'"

十月初二日,汇都中所作启成帙。

初四日,浒墅关使者袁环中(枢)赠家刻书十余种及王铎书法。

以上据日记。

初八日,抵吴江,出《救荒全书》后部数卷请浦龙渊校正。

据日记,先是崇祯十三年(1640)年开始辑《救荒全书》,今当已辑成。

清冯桂芬《同治苏州府志》卷一百六:"浦龙渊,字潜夫。精易学。顺治中大学士洪承畴经略西南五省,辟置幕中,奏授城步知县。后罢归。所著《周易通》《周易辨》,采众说而会通之。论者谓其可以翼往圣而开来学焉。"又,《四库提要·周易通》:"国朝浦龙渊撰。龙渊字潜夫,吴县人。尝佐洪承畴幕,以承畴荐,授城步县知县。"

又,祁彪佳崇祯十七年(1644)日记:八月初四日,送浦剑仙返吴江。二十一日,早,过丹阳。浦剑仙亦自吴江来,因商保障吾浙之策。则祁彪佳相交之浦剑仙是吴江人。崇祯十六年(1643)日记载:十月初八日,抵吴江,出《救荒全书》后部数卷请浦龙渊校正。浦剑仙与浦龙渊或即同一人。

同日,迎造园名家张南垣之子张轶凡(然)共游,欲邀至山阴指点寓园构造。

据日记,此后十月二十三日,张轶凡垒石于寓园,其得画家笔意。十一月二十八日,张轶凡整葺寓园木石布局。又,明年二月十五日,延张轶凡垒假山。

《壬午里中书稿》有去年所作《与张南垣书》:"曩在吴中,每见园林大雅,皆以为翁兄之妙构也。此心向往,非伊朝夕。迨谢病赋归,偶开一山,卜筑数椽,未曾印可于宗工,殊以效颦自惭,且山中尚余隙地,颙望翁兄指点。向因未识蒋经,是以两托友人不能望会染一顾。兹者赵校书偶谈及,知在芳邻,敢藉介绍专役奉迎。但得一番麈教,必使山灵生色。倘此际别有所约,亦不敢久淹文从,万望拨冗临之。或者翁兄决难放棹,则公郎亦所深慕伏,祈转致劝驾,临楮可胜驰溯。"则此前便曾函邀张氏修园。张南垣名涟,华亭云间人,叠石名匠。其子轶凡,名然。

十月初八日巳时,仲兄祁凤佳卒。

综《世系》、《家谱》(清抄本)、李维桢《陕西右布政使祁公金太夫人墓志铭》,祁凤佳字德公,号武夷。承燦出,本房行二,生于明万历十三年乙酉(1585)二月初六日戌时,卒于崇祯十六年癸未(1643)十月初八日巳时,享年五十九岁。增庠生。以子鸿佳故赠尚书、兵部职方清吏司员外郎、阶奉直大夫。娶后马朱氏,光禄寺署丞朱朝佐女,生于明万历十四年丙戌(1586)二月廿九日丑时,卒于清顺治三年丙戌(1646)十二月初二日,享年六十一岁,封宜人,合葬项里八分山。侧室郭氏。子二:鸿孙(庠生,后官至兵部员外郎,朱氏出)、苞孙(侧室郭氏出)。

按,家谱载凤佳崇祯十七年十月初八日卒,有误,据祁苞孙《俟堂府君自传》和祁彪佳日记可反推,卒于崇祯十六年十月初八日。

黄宗羲《南雷文定》前集卷二《天一阁藏书记》:"祁氏旷园之书,初庋家中,不甚发现。余每借观,惟德公(凤佳)知其首尾。按目录而取之,俄顷即得。"

十二日,闻兄丧,轻装渡钱塘江,奔丧急归山阴。次日抵家。十八日移凤佳灵柩于密园旷亭。

据日记。

旧谱:"八月十六日,辞朝出都。十月十三日,抵家。值次兄德公丧,先生哭之恸,曰:'友爱,人之常情。吾兄每以明敏练达勖余不逮,爱我兼成我,能不恸乎!'"

十五日,闻张采为刘宗周所邀来越中讲学,拟一晤。

据日记。

《陈忠裕公全集》年谱所附王沄《越游记》:"时山阴刘忠端公(宗周)方里居讲学……予所睹记一岁中,以讲学至者,娄东张受先先生也。"

十六日,检点携归书籍入藏。

二十日,草疏并作禀上李邦华、方岳贡、毛士龙,告病乞归,不欲再赴京畿刷卷任。

二十二日,守驿官田儒俊来函,附赠家刻数种。

二十四日,移书籍、藏画、器具于寓山,全家移居寓园。

三十日,设馔饮王应进于咸畅阁,听家中歌童秦青唱曲。

十一月初二日,吴中生员陈济德过访,赠以家刻《劝戒全书》及裁定之《潜确类书》。

以上据日记。

十九日,因卜筑乏资倾销银杯。

据日记。又明年三月初七日亦记载,鬻犀杯、诗扇以备筑园之资。

二十六日,申救祝渊于狱。

参清夏燮《明通鉴》并日记,先是祝渊崇祯十五年(1642)冬会试入都,逢姜埰、熊开元之狱,抗疏为刘宗周辩。帝得疏不怿,停其会试,下礼官议。祝渊弃功名,拜列刘宗周门墙,今年随宗周归山阴。然至此礼官复议,逮祝渊下诏狱,诘问主使上疏者姓名,复下刑部狱。彪佳得刘宗周函闻其事,乃于二十三日,致函浙江巡按左光先、绍兴推官陈子龙,请救祝渊。

明吴麟征《吴忠节公遗集》卷二《寄祁世培》:"弟不肖误投时网,且担重负,老年翁忽从天降,为引掖匡救。计事始竣,便当抽身接翅而归,乃无端留滞至今。启事两上,音耗茫然。生平视名位如粪土,岂愿出此?亦欲借以为乞差地耳,竟不可得。始信老年翁有仙骨也。目今秦督溃师,寇思北渡,关外四城失守,宁远声援断绝,天下事岌岌不知所终,老年翁尚欲俟我于湖山间乎?吏弊之疏不过曲终奏雅,明旨必欲穷其所指闻,后三疏复驳,今日立言之难如此!念台先生起居如何?开美事得无惊诧?且所谓主使者何指也?弟为此事心欲辟矣。施四老(邦曜)南还仓卒,附布,不尽万一。"当作在此左右。祝渊,字开美。

明徐石麒《可经堂集》卷十一《与祁世培》亦述申救事:"祝孝廉渊少年慕义,疏留念翁,实繇仰止高山,此衷毫无夹杂。突有缇骑抵吴,挂号于指君处,为孝廉也。合郡谋救不得,幸指君力担,骑横赖以稍安。第长安诏狱杀生惟意,非得吴祖州(孟明)老先生片纸嘱其金吾,遂恐孝廉有性命之忧,此磊兄(麟征)家年侄奔赴老公祖求必得于祖翁也。"

二十六日,为次女德玉受朱兆宣子定聘。

据日记。此前崇祯十一年(1638)日记曾提到聘女朱氏,此当为正式下定礼。

二十九日,以所辑成之《守城全书》示于颖。

据日记,《守城全书》始辑于崇祯十二年,今年八月二十六日,阅七月望后邸报,取校《守城全书》。九月初三日,舟次订校《守城全书》,完保甲、乡兵、民兵数卷。十五日,借《广舆志》,命书记录其中《九边说》备用。二十六日,阅《守圉全书》,取火器及纠缪诸篇,添入《守城全书》。十一月十六日,补辑《守城》。二十七日,阅周台公《金汤借箸》,补辑有关章节入《守城》。二十八日,托陈国光补辑《守城》。

按,《广舆记》,明陆应阳辑,现存明万历初刻本和清康熙增订本。《守圉全书》,明晋人韩霖辑,现存明崇祯十年刊本,山西省图书馆藏。《金汤借箸》十三卷,周鉴辑著,李长科校订,王孟申参阅。周鉴,字台公,镇江人。曾任明末将领史可法的幕僚,有感于明末危机四伏,与其友李长科(又名李盘,字小有,扬州人)等商讨城守方略,于崇祯十一年(1638)撰成是书。

十二月初一日,同于颖酌拟用郑天鸿坐镇广信,以抵御张献忠、李自成军。至柯山拜石佛,醉出闲步,于梅源桥观社戏。

十一日,与妻会计长女妆奁费用。长女德渊嫁予姜廷梧,字桐音。

据日记,六月十四日,复家书,嘱以嫁女妆奁当从俭。又明年正月十七日,长婿姜天梧回门。则长女德渊新婚于年初。

二十四日,季兄骏佳夭子。

据日记,八月初一日,闻骏佳新得子,则骏佳此子生于今年六、七月间。

冬,东阳诸生许都被迫兵变。率先练乡兵维护地方秩序,协助陈子龙等定变。

旧谱:"十二月,东阳许都兵起,时会城抚军未至,按君已离境,人心大汹。先生即飞书留按君,促抚军。按君见书返,先生冒风雪渡江,画方略,并荐司理陈公子龙监军。先生以壮士赠陈公,密嘱收彼中大侠为用,陈公卒以计绐许都至会城正法。先生入郡,则与诸当事共城守,出则鼓舞村落团练乡兵,至贼就擒乃罢。"

据清夏燮《明通鉴》及日记十二月初三日,先是东阳诸生许都,为人任侠好施,陈子龙尝荐诸上官,不用。会有义乌奸人假中官名招兵者,许都并无与其事,而东阳知县姚孙棐,利许都所有,以文求贿,不应。适许都葬母山中,会者万人,姚孙棐乃诬之反,遣役收捕之。送葬者大噪,遂裹帛衣,号"白头兵"，旬日间聚众数万，连陷东阳、义乌、浦江，遂逼金华，既而引去。彪佳得于颍函，闻东阳义乌兵变密报，即作书促陈子龙定变，并与骏佳及朱宁方共商守御之策。此后，巡按御史左光先，命陈子龙监军往讨。十三日，闻东阳于初六失事，至社庙选乡兵备自卫。十四日，诸乡绅聚议兵变自卫事宜。十五日，时左光先巡按浙江期满，正欲离境，遂函留左光先会剿。十六日，团练四乡乡勇，以备镇乱。十九日，派次子理孙与程尔瞻出谕各村团练乡兵。二十一日，左光先欲用剿抚并用之策，索越中士绅公启，彪佳乃托王兆修与于颍斟酌其事。二十二日，携门下壮士蒋昆璧、金兰之同出，观地方民情，阅《弥盗书》。二十三日，往杭州晤巡按左光先，议剿许都事。二十四日，晤陈子龙，悉义乌孝义街居民与许都军混战，义乌遂得恢复，许都领兵欲攻金华，陈子龙已受命监军剿许都。二十五日，令门下壮士赵均衡父子及蒋、朱二人随陈子龙军出征许都。二十六日，于社庙训练乡兵，兄弟三人皆戎服以为倡率。许都之乱于明年正月为陈子龙招抚。

又据明年日记，正月初三日，率教师、家丁出夜巡。初五日，以许都造反作公启向倪元璐、吴麟征等告急。二月初一日，门下武教师随陈子龙征许都归，举酌赠金以奖赏之。

明徐石麒《可经堂集》卷十二有函："又闻老公祖业已上求闲疏也。然则石头之行将在暮春时候乎？我浙向号宁宇，许都一駃竖子，乘吏之秽与备之疏，偏袒一呼，两浙氓士送款约应者不可胜数。姜端老（逢元）义愤填膺，慷慨誓师，散金结客，破家养士，足张我军。然旗鼓相当，亦不无小有利钝。兹役也，向非左直指电返出境之檄，陈司理星回挽粟之车，浙之为浙，未可知矣。盖绍理与东、义风马牛无涉也，即奉御史台檄察盘其地，不过勾稽簿书，平反一二狱案，苟无骚于地方，即报贤理称最矣，非有兵革之任也。……司理胸书万斛，期抱古人，自然口不言功，而吾乡清议，明功罪以风将来，殆不可无一通上闻也。即左直指再返禾中，会侯公祖广成，亦不无望吾乡诸君子发明其一腔热血、一片苦心，此非祖翁与姜、倪两给谏，谁望焉？盖此番戡定左、陈两公，视之功自如中天日月，人所共见。其间功罪，有可相准者，有不可准者，有有罪无功者，按疏似未必和盘托出，隐跃描绘自在神腕，至于犄角力战。"

是年冬，从弟熊佳内召擢兵科给事中，旋掌科印。兄弟职言，党林忌之。据旧谱。

卷八　督抚苏松

崇祯十七年甲申(1644)　四十三岁

时事　正月,李自成于西安称王,国号大顺,年号永昌,牛金星为大学士,设六政府、尚书等官。　明工部尚书范景文、礼部侍郎邱瑜入阁。二月,首辅陈演罢,魏藻德为首辅。　二月起,大顺军破山西重镇。　三月,督师李建泰疏请南迁,辅臣蒋德璟请命太子赴江南,思宗不允。德璟罢。　十七日,李自成兵临京师城下。十九日,城破,明思宗自缢(1611—1644)死。李自成命刘宗敏拷掠勋戚贵官追赃。　明宁远总兵吴三桂降清。　四月,清睿亲王多尔衮与大学士范文程率军入山海关。　李自成讨吴三桂,败。　清封吴三桂平西王。　二十九日,李自成即帝位;次日,弃京西撤,退西安。　五月,多尔衮入京。谕各地降。发思宗丧,谥"庄烈愍皇帝",陵称"思陵"。　是月,明南京兵部尚书史可法、凤阳总督马士英等拥立福王朱由崧。史、马及南京户部尚书高弘图、詹事姜曰广、编修王铎并兼东阁大学士,史旋奉命督师扬州。　六月,清以洪承畴为兵部尚书。　多尔衮致书史可法劝降,史复书拒绝。　八月,明马士英、阮大铖报复东林、复社,捕周镳、雷縯祚下狱。　福王选妃,民间嫁娶一空。　阮大铖为兵部右侍郎。　李自成部将李过反攻大同,为清军败。　张献忠正月入川。六月,克涪州、重庆,至此破成都。　九月,明将高杰、黄得功内讧,史可法调停。　明大学士姜曰广、左都御史刘宗周相继罢。　清世祖至北京。　明遣使臣左懋第求和。　十月,清世祖即帝位。尊多尔衮为皇父摄政王,命多铎经略江南,阿济格西击李自成。　明大学士高弘图为马、阮排挤罢去。

今年祁彪佳有日记《甲申日历》;疏稿有《忠敏公安抚江南疏抄》,以下简称《江南疏抄》;以及《督抚疏稿》。尺牍分别收于《在里尺牍》、《致仕归里尺牍》(所余仅残稿数篇)和《抚吴尺牍》,皆藏于国家图书馆。

正月初十日,陈子龙招抚许都,巡按左光先食言杀许都及部众六十四人于杭州。陈子龙不满杀降,来函与彪佳商议乞归事宜;回函慰之,谓乞归适可养身。

据日记。

十二日,请休致疏上,未得允。

据汪楫《崇祯长编》卷二。

旧谱："先生自冲险入都,计典竭心力,劳瘁不堪,疾屡作,抵家疾亟,即拜疏请休。三月初旬,闻所请不允。"

二十二日,点定《乡兵》书。

据日记。

二十四日,与于颖函商新兵、乡兵去留。以许都乱定,主理新兵和地方乡兵,管理善后事宜。

据日记,此后二月初二日,作函斟酌促乡兵事。初七日,与陈子龙议地方驻兵事宜。十二日,料理中曲乡兵团练册。十五日,与参议王镛议地方增饷设兵事。二十六日,料理东南区乡兵册。三月二十日,缴乡兵册札于山阴令钱世贵与绍兴同知沈鍊。

二月初一日,作函挽留三宜和尚明盂主持显胜寺。

据日记,先是正月二十三日,显圣寺僧三宜明盂欲离主持位而去,曾作书留之,今再作函。

初二日,作文祭奠徐日观。

据日记。

《在里尺牍》有《徐相公》函致徐日观之子:"尊公半生知契,莆阳共事,同心共济至雅,真有协恭之谊。还越以来,扁舟相往,臭味更亲。不意倏尔仙逝,可胜感悼。正拟素车远叩,痛哭几筵,以申絮酒之恫,而向以寇警震邻,日来经旬卧病,不能如愿。祗陈数语,侑以生刍为奠,词虽不文,聊展情愫,惟希此致尊灵之前是荷。临楮怆然,不尽缕缕。"下附祭文,注曰:"岁次甲申,二月朔越日,通家旧寅春弟恭奠于福建兴化府别驾日观徐老亲台大人之灵。"按,《诗集》有《春日徐日观招集石室,席散后偕观智泉,及归途而月上矣,遂赋诗二首》,作于莆田推官任上。别驾为通判之习称。徐日观其人见崇祯元年(1628)前注。

十三日,得张弘代作颂左光先功序两篇,函谢之。

据日记。

《在里尺牍》今年有《张八相公》:"左直指雄略□□,遂能使贼渠授首,子民感佩。欲作凯歌以申颂,或七言二律,或七绝五六韵,弗病解笑劳,敢乞仁兄作兹□。借光实多,伏楮以恳,不尽驰注。"为求作之书。"八相公"即张弘。

十九日,致函陈子龙,恳减秦弘祐需缴南粮。

二十二日,托郑重光作文奠夏允彝母。

以上据日记。

同日,调治痔疮渐愈,能步履。

据日记,先是正月二十二日,得悉患痔疮极剧,已成漏盖八月,而尚不自知。二月十三日,调治痔疮八日,稍愈,能步履。今日基本痊愈。

时思宗诏天下勤王,命廷臣议战守事宜。李邦华请仿永乐朝故事,以太子监国南京;给事中李明睿、督师李建泰等疏请南迁。皆不许。

据清夏燮《明通鉴》。又据日记,正月十四日,陈子龙来访,谈时事,亦有此议。

寓山园亭次第仍有修葺。

据日记,一月三十日,建丰庄门堂二屋,于南园构园为僧无迹施茶处。二月初八日,试莺馆落成。二十一日,修葺笛亭。

春初应酬奉神,观戏剧。

据日记,正月十三日,与从兄豸佳出于柯山看村社迎神,观豸佳所蓄童伶演戏,诸友亦参演数出。十五日,村中人来演杂剧为乐。二十五日,聚饮,诸友清唱罢,令豸佳家优演戏。按,此所谓杂剧,非北杂剧,当指非昆腔系统之地方戏。二月二十四日,还戏愿奉祀关帝及金龙神,演《鸾钗》《绣襦》二传奇。二十五日,演《连环》《浣纱》二记奉神。三月初六,诸友聚饮,邀钱克一、金云生、李慰苍奏弦索、歌曲侑酒,复以钱环中家蓄女乐四人侑酒;及晚,向西泽呼女优四人,演戏数折,极欢而罢。

三月初二日,至朱宁方家送殓。观《皇明世法录》,辑《防边》一书。

据日记,宁方昨卒,明日为其子弟处分家产。

初九日,作七律《春夜仝诸友宿曹山畅鹤园限韵》《春日游鉴湖》。

两诗见《诗集》,《诗始》未收。

据日记:"三月初八日,与友张轶凡(然)、陈长耀(国光)、方无隅发舟待王云岫(应进)、姚完赤于柳西别业,抵偏门,共游张介子(葶)瑞草溪堂……同至西施山房。王云岫举酌而别,予辈至曹山,游护山庵,宿于畅鹤园。时月色甚皎,步狮子岩之赠云亭,卧于野弦阁。初九日,游旱荡陶文孙所造精舍,今为女尼庵矣。……抵陶堰,邀陶去病共观陶虎溪(崇道)所造新室,至樊江步橘城居士庵。饭后抵禹穴访金楚畹,沽酒村店。乘月而归,得七言律二首。"所作七律二首,当即上二诗。

曹山鹤畅园,据《越中园亭记》卷四《畅鹤园》:"从樊江而南数里,有曹山焉。平地介立,峻石孤峙。土人锤凿久,穴山之腹,汇为池沼。其削壁之坳洼者,则因之以构亭榭。刻翠流丹,高出云表,望之如仙居楼阁。以为是蓬瀛蜃幻,与波涛相上下者也。创园者为二守人表陶公,其长公宗臣从而新之。自采菊堂以上，曲廊层折，至秘霞轩，至晋砚斋，至绀雪窝，皆新构也。飞栋雕楹，缨带罗阜，方且共诧幽奇，及登陟狮子岩，则又平台豁然。万峰献态，无不狂叫为畅绝。山水亭园，两擅其胜。越园向推天镜，此当高出一头地矣。"

十五日，整次欲阅书，载置寓山园中咸畅阁。

十七日，为嵊县令蒋时秀作颂序。

以上据日记。

十九日，李自成陷京师，思宗缢死煤山。同时殉难者大学士范景文、户部尚书倪元璐、左都御史李邦华、协理戎政兵部右侍郎王家彦、刑部右侍郎孟兆祥、右副都御史施邦曜、大理寺卿凌义渠、太常少卿吴麟征、右庶子周凤翔、左谕德马世奇、左中允刘理顺、检讨汪伟、太仆寺丞申佳胤、给事中吴甘来、御史王章、御史陈良谟、兵部郎中成德、吏部员外郎许直、兵部员外郎金铉、御史陈纯德等。

据清夏燮《明通鉴》。

按，范景文（1587—1644）字梦章，号思仁，吴桥（今属河北）人。有《范文贞公文集》。倪元璐（1593—1644），字玉汝，号鸿宝、园客，上虞（今属浙江）人。工书画，有《倪文贞集》。死事诸人多与祁彪佳交好。

出赴南京京畿刷卷任。三月二十四日，发启马牌。二十六日，辞家北上。踌躇观望后意遂决，四月二十九日，刷卷到任。

据日记。

旧谱："二十六日，力疾赴南畿任。至吴门，闻李贼犯京城急，或劝中途引病观变，先生曰：'时危则君臣之义愈切，引病不在此时。'遂兼程进。至南都，先帝后殉社稷凶问至，望阙号恸，不复有身，遂不复言疾。"

《祁彪佳集》卷十所附明祁熊佳撰《行实》："抵家，疏乞休，不允。先自壬午冬冒险入都，又矢心竭力计典，劳瘁疾作。及闻李贼逼京城，先生曰：'引病于此时，如君臣义何？'即力疾赴南畿。而先帝殉社稷凶问至矣，望阙号恸，几不有生。"

明谢晋撰《右佥都御史巡抚祁公传》："甲申，李自成逼京师急，人劝公引疾。公毅然曰：'时危则君臣之义愈切，引疾于此时，身安矣，如我心何？'"

明张岱《石匮书后集》卷三十六《刘宗周祁彪佳列传》："计事告竣，例升卿寺，彪佳固请，循三差例，刷卷南畿。比至留都，遂闻北变，望阙号恸，几不欲生。"

清查继佐《罪惟录》列传卷之十二《祁彪佳郭符甲》："甲申三月，赴南畿，闻变。或劝引病归,彪佳曰:'正须彪佳时矣。'随诸大臣魏国公弘基以下,恸哭奉先殿,告立君复仇之意。"

清王鸿绪等撰《明史稿》列传第一百五十《祁彪佳传》:"寻刷卷南畿,乞休不允,便道还家。北都变闻,恸哭趋赴南京。"清温睿临、李瑶撰《南疆绎史》勘本卷十四列传第八《祁彪佳》所述略同。

详情据日记:三月二十七日,以边事危急暂留杭州。二十九日,卜行藏,卦言不能求归,且将有殊擢,但家人不宜随去。赴宴,以国忧撤戏、唱。四月初七日,遣理孙夫妇与侄女归山阴,留妻及班孙、次女于身侧。初十日,骏佳来函,言乡绅倡议保固东南,欲留任彪佳于浙江以鼓舞人心,彪佳谓势不可留。十五日,至苏州,意图暂停中途以作告病计。二十一日,在京口以进退莫定问卜,商议进退。思时方危迫,君臣之义无所逃,此时引病,于心难安。二十三日,豸佳与朱兆宣来函,以大义勉励,促彪佳赴任南京。二十七日,阅刷卷事宜。南京来人,闻思宗死社稷,彷徨彻夜。二十八日,闻倪元璐、李邦华诸人死难。时家眷已先行,追还,暂不入南京城。悉南京于廿一、廿二日知北都之变,九卿科道及内外守备连日会议,南兵部尚书史可法已于廿六日具启迎立福王,廿七日谒陵,正于是日告太庙,金花押。与豸佳、朱兆宣酌拟以刷卷印出,至浙直各府县催战船兵饷以备守江,豸佳以勿出相劝。二十九日,到刷卷任,属官来谒。以国变撤销刷卷事务。致函吕大器,请出督催战船、粮饷。令仆雇夫马送妻、子归乡。

四月三十日,于观音门趋迎福王,列台班之首行礼,得福王以手扶掖。奏请出都督催战船、粮饷,福王以大事需与勋臣相商逊谢,赐茶退归。

据日记。

五月初一日,清兵攻入北京,李自成西撤。南都大臣拥立福王。

综参清夏燮《明通鉴》及日记。

据日记,是日福王先谒孝陵、奉先殿,出居内守备府,受百官朝谒。诸臣扈福王谒孝陵、懿文太子陵,罢,少憩于更衣之所。继而诸臣先出陵门以候,彪佳随可法辇导驾入城,驻跸内守备府。

又据清夏燮《明通鉴》,先是北京之变,南京诸人议立君讨贼,时福王朱由崧及潞王朱常淓俱避兵至淮安。伦当属福王,诸臣虑福王立,或追怨妖书及梃击、移宫等案,潞王立则无后患。钱谦益先主之,而兵部侍郎吕大器、右都御史张慎言、詹事姜曰广皆然之,前山东按察佥事雷缤祚、礼部员外周镳皆预其事。慎言、曰广等移牒史可法,言不可立福王之因由,可法亦然之。然凤阳总督马士英,利福王昏庸,与逆案阮大铖结武臣刘孔昭、高杰、刘泽清、黄得功、刘良佐，致书可法，以立福王。可法虽意不决，然诸武臣先送福王入朝，复以武力胁诸臣，福王乃得立。

清查继佐《罪惟录》附纪卷之十八《安宗简皇帝》："（夏四月）兵部尚书史可法、工部尚书高弘图、都御史张慎言、京畿道御史祁彪佳集诸臣中府会议册立。国子祭酒姜曰广后至，曰：'今社稷为重矣。'彪佳、可法曰：'中兴之辟，非守文继体可办。'时潞王慈炤有声，曰广移书凤阳巡抚马士英，略见主贤大意。而士英已先同南奔诸镇谒世子舟中，私诩翼戴，遂与诸镇黄得功、高杰等驰檄请福藩亲贵莫与京，于是魏国公徐弘璧合诸臣笺迎世子浦口。既至，众议犹未决。吏部主事李沾曰：'有异议者死殉之。'诚意伯刘孔昭、太监韩赞周力赞沾议。五月之四日，福世子即监国位……祁彪佳以右金都御史安抚苏松。"按，《寓山志·注》收李沾五绝《幽圃》一首，注："李沾，公露，华亭。"

又，清查继佐《罪惟录》列传卷之九下《姜曰广》："姜曰广，字居之，号燕及，江西新建人也。……会可法及工部尚书高弘图、都察院张慎言、京畿道御史祁彪佳、皋臣雷縯祚就谘册立，且曰'乃社稷为重矣'。彪佳倡议中兴之辟，非守文继序所办，曰广深然之。或曰潞藩慈易，民心所往，方拟敦请，移书凤阳马士英略见立贤大意，已士英挟高、黄、二刘诸总镇兵权行檄，心尊福藩。……五月朔福王监国。"查继佐《东山国语》之《江右语二》有《姜曰广传》，内容同之。

清邹漪《明季遗闻》卷二《南都》："崇祯十七年三月，贼李自成逼京师，南京兵部尚书史可法督兵勤王。四月十二日，闻京师陷，先帝殉社稷，南京府部科道等官会议推戴讨贼。时惠王、桂王道远难至，潞王、福王、周世孙各避贼舟次，淮安潞王人望所属，伦序稍疏。凤阳总督马士英移书可法及署礼部兵部侍郎吕大器等，请奉福王为帝，可法、大器持不可。二十七日，右都御史张慎言、户部尚书高弘图、詹事府詹事姜曰广、吏科给事中李沾、河南道御史郭维经、诚意伯刘孔昭、司礼太监韩赞周等复集朝内会议，独大器后至，议不决，孔昭、沾、赞周力持之，遂以福王告庙。五月初一日，王入京，以内守备府为行宫，各官朝见，灵璧侯汤国祚讦奏户部靳饷语过激，大器以非对君礼呵之，御史祁彪佳奏纲纪法度为国之本，李沾等言朝班宜肃，彪佳又言宜早颁大号敬天法祖诸事。允之。各官退议宜先监国后登极，孔昭请即正位，彪佳言：'监国名极正，益彰贤德，□示谦让，使海内知无因以得位之心，俟发丧，择吉登大宝，布告天下为当。'礼部、魏国皆然之，乃定以初四日监国，十五日即位，改元弘光。召可法、弘图、士英入阁办事，又用姜曰广、王铎俱为大学士,改慎言吏部尚书,士英掌兵部,弘图掌户部事。可法请督师江北,士英专国。……敕御史祁彪佳等分行安抚江浙。"

同日,福王传上殿议战守之事;遂疏立国致治大本。

据日记,先是灵璧侯汤国祚以户部粮饷不发,陈辞愤激,吕大器喝止之。彪佳遂奏言战守固然重要,纲纪法度尤为立国之本,纲纪明、法度修乃可以团结人心;又言当颁大号以正名;至于用人,宜政府及冢臣共理庶政。

旧谱:"时福王避乱至淮,诸帅有意推拥,序当立。五月初一日,先生亟同史公可法等至舟次迎王入南都主,谒孝陵,居内守备。召诸臣议战守策,先生曰:'今日之事,战守固要,然纪法为立国之本,人心为纪法之本。亟宜颁大赉以固人心,涣大号以明纪法。'侃侃数百言,听者竦然,王亦唯唯,即询先生姓名识之。"

明东村八十一老人撰《明季甲乙汇编》卷一:"己丑,南京诸臣谒福王于行宫,魏公徐弘基先致词;灵璧侯汤国祚即讦户部措饷不时,其词愤絮。太监韩赞周叱之起,吕大器呵言此非对君体,御史祁彪佳言纪纲法度为国之本,吏科李沾言朝班宜肃,彪佳又言宜早颁大号。王皆允之。"

清顾炎武《明季实录》卷一《南中近报》:"南京廿一日备知北京被陷确信,九卿科道连日会议,以亲以贤俱及福藩。总督马士英致书南中,言已传谕将将士奉福王为三军主。廿七日,诸臣谒陵定议,勋臣有当面署及文臣者。廿八日,哭告太庙。兵部尚书史可法督师浦口。先于廿六日,具公启迎王矣,差礼部司务迎至仪真。廿九日午后,王舟泊燕子几。三十日,百官恭迎见王。答兵部尚书,大意谓国母尚无消息,只身避难,宫眷未携一人,初意欲避在浙东僻地,迎立决不敢当等语。及挨次进见,对勋臣痛哭。素衣角带,群臣行礼皆以手扶。待茶款语,极其宽和。言及迎立即力辞,言封疆大计,惟仗众位先生主持。五月初一日辰刻,王自水西门起驾,由城外至孝陵,乘马从西门入飨殿,以东门乃御路也。拜谒罢,徘徊良久,问懿文太子陵,欲往瞻拜。从朝阳门进城,至东华门步行过皇极殿,谒奉先殿,出西华门,驻跸于内守备府,百官进见,行四拜礼,王传上殿共商战守之事。史可法奏对良久,魏国公、内守备各有奏,灵璧汤国祚以户部措饷不发为言,词义愤激,兵部侍郎吕大器呵止之,御史祁彪佳奏以纲纪法度为立国之本,言颁大号及用人二事。朝罢,大臣科道俱会议于内守备家,议登极监国。咸以先行监国为便,盖愈推让愈见王之贤明。且总师讨贼、申复国耻,无有欲登大位之意,可使诸藩摄服,而江北诸大将使共与推戴,则将士亦宜欢欣。乃以金铸监国之宝,又商枚卜及冢宰之事。是日人情鼓舞,王辇所至,都民聚观,生员及在籍官沿途皆有恭迎者。有云先一日两大星夹日，是日五色云见。初二日，王召见百官，升殿议事，大臣面奉劝进，王辞让愈坚，大意以'人生忠孝为本，今大仇未报，是不能事君；父遭惨死，母后无消息，是不能事亲：断无登位之礼'。言讫涕泣，又言'东宫与永定二王见在贼中，或可致之。且桂、惠、瑞三王皆本王之叔，听诸先生择贤迎立'。……御史祁彪佳以人心大意为言，王逊谢如初，令百官退止，留兵部及内守备进内议事。少顷再入班，上劝进第一笺。摄礼部吕大器跪奏，王传旨：'暂领监国。'百官退少顷，又进第二笺，王命传进，乃手书批答：'仍领监国，余所请不敢当。'初日百官朝服，王行告天礼，具祝文，焚时飘入云端，众以为异。升殿，百官行四拜礼，魏国公进监国之宝，王受讫，再行四拜礼乃退。早间有传后日即登极者，大司马以人言摇摇亦欲再劝进，御史祁彪佳力争，谓监国之名极正而王之贤德益彰，令监国不两日而即登极，何以服人心而谢江北诸将士？断宜发丧服之满后，使德泽及人，大臣推戴。摄礼部吕大器、魏国公徐弘基议皆协，乃定其议。摄礼部史可法邀诸臣会推阁臣、冢臣，旧例五府不入班行，时因恐文武不和，乃共商一番。阁员推史可法、姜曰广、高弘图，冢臣正推张慎言，陪推刘宗周。"清计六奇《明季南略》卷三《福王登极》，所载略同。

明冯梦龙《甲申纪事·福王登极实录》卷一"启"亦述之其详："京畿道御史祁彪佳因奏纲纪法度为国之本，吏科李沾合诸科道奏以朝班宜肃，盖时旧京朝仪久废也。彪佳又奏早颁大号，敬天法祖诸事，监国皆虚怀纳之。"明佚名《中兴实录》之《启福王登极实录》略同。

明谢晋撰《右金都御史巡抚祁公传》："抵南都，而先帝后凶问至，同南枢史公可法等迎福王监国。王召诸臣议战守，公独前对曰：'今日之事，战守固为要着，然纪法为立国本，人心尤为纪法本，亟宜颁大赉，固人心，涣大号，明纪法。'王嘉纳之。"

《祁彪佳集》卷十《遗事》引清董旸撰传："公朝见行宫，方商战守事，有以户部不发饷，词气激昂者。公奏'纪纲法度，为立国之本'，又奏'早颁大号、敬天法祖'诸事。王嘉纳之。"

清王鸿绪等撰《明史稿》列传第一百五十《祁彪佳传》："寻刷卷南畿，乞休不允，便道还家。北都变闻，恸哭趋赴南京。会福王至，以五月朔日谒孝陵，居内守备府，诸臣进谒。彪佳首陈纲纪法度为立国本，次及发号、用人二事。"

明张岱《石匮书后集》卷三十六《刘宗周祁彪佳列传》："灵璧侯汤国祚以奏对微激，彪佳面纠国祚非对君体，朝议始肃。"

清查继佐《国寿录》卷二《京畿道御史祁彪佳传》："先是甲申（1644）四月廿一日，南都始闻大行皇帝之变，彪佳从魏国公弘基、诚意伯孔昭、兵部尚书可法、凤阳总督士英，与九卿科道等官恸哭于奉先殿，因告立君复仇之意。集议以亲以序，惟故福藩嫡长子，史可法等遂迎驾于淮安。百官迎驾于仪真，监国从水西门入，谦让不敢当。避御路，过殿陛步行，谒奉先殿毕，时灵璧侯汤国祚奏对微激，兵部侍郎吕大器以为非对君之体；彪佳复正色奏纪纲法度为君国子民之本，寻又奏早颁大号、敬天法祖等事，皆中兴良谟。监国虚怀纳之。"

查继佐《罪惟录》列传卷之十二《祁彪佳郭符甲》："时福王序当立，凤阳总督马士英檄至，协议迎王，召对内备府。彪佳独正色，谓法纪为立国之本，人心为致治之本，急宜颁大赏以固人心，涣大号以明法纪。侃侃数百言，王唯唯。"

清温睿临、李瑶撰《南疆绎史》勘本卷十四列传第八《祁彪佳》："会福王至，群议援宋高宗故事，立为兵马大元帅。彪佳曰：'今日与宋不同，宋时徽、钦尚在也。今海内无主，盍如景泰制，称监国！'首陈纪纲法度为立国本，次及发号、用人二事。"

清杨陆荣《殷顽录》卷二《祁彪佳》："祁彪佳字弘吉，山阴人，年十七举于乡，又四年第天启二年进士，官至掌河南道，寻刷卷南都。而京城陷，福王监国，彪佳首陈纲纪法度为立国本，次及发号用人之事。"

同日，史可法议荐吴甡入内阁，询之南京内守备韩赞周，不应。暇时，彪佳拜访并谓韩赞周曰："今日之事，邦家多艰，在外固有文武效力，至于内之调护，全藉韩公。"韩逊谢，以"如刻下枚卜，应诸老公议，不必问予。若予一称誉之，则使此人品低。盖即古'相用宦官宫妾不知名'意也"相对。

据日记。

同日，史可法议以安抚御史出颁诏书，用关防敕书慎重其事。彪佳倡言此番遣出颁诏安抚者须能服民心，必须平日有威德于地方。众推彪佳安抚苏松。

据日记，明日彪佳以所拟安抚颁诏事宜邀左光先商酌，左光先亦将出安抚浙江。初五日，与左光先共作安抚颁诏事项完。

《祁彪佳集》卷十所附明祁熊佳撰《行实》："适三吴大变将作，众推先生按吴，威德犹在人心，遂奉命以原衔按苏、松。"

明张岱《石匮书后集》卷三十六《刘宗周祁彪佳列传》："时江南汹汹将变，朝议即欲授以督抚。彪佳昌言于朝曰：'乘君父变速化，非臣子心所安，请以原衔安抚。'"

清陈济生《天启崇祯两朝遗诗小传·祁忠敏公》:"十七年五月,与史可法等决计定策,以公旧有威德于吴,命奉敕安抚。寻晋大理寺丞,即留为巡抚。"

同日,吕大器摄礼部尚书印,促在朝官员各具诏书中赦款,彪佳归寓,乃草蠲、赦、起废等二十四条。

据日记。

初二日至初三日,为迎立福王为监国以及登位时机事,众臣多所游移,彪佳力争监国名正。史可法询以会推仪式,因目前文武不和,彪佳建言会推原皆文臣参与,五府武臣不预,今新朝创造之始,不妨令文武皆预其事。

据日记,初二日,福王立受百官朝贺罢,升殿议事。大臣面奏劝进,福王辞让。百官复同跪劝进,福王逊谢如前,令百官退,止留兵部及内监韩赞周内进议事。少顷百官再入班,上劝进第一笺,吕大器捧笺,福王传旨暂领监国名号。退,史可法邀诸人会议府内耳房,南都御史张慎言议拟即拥福王登帝位以摄服人心,众议仍主福王宜先监国后登位。彪佳意即日再上第二劝进监国笺,可法从之。初三日,福王受监国印。彪佳候于朝房,闻监国后日即登帝位,询之张慎言,亦不明其事。乃质之史可法,史可法云:"外议以予阻登极,甚欲杀我。我后日即再劝进大位,何如?"彪佳对以:"前日竟登大位可也。今日监国,后日即登极,事同儿戏矣。且江北诸将劝进表未到,彼必耻不预定策之功,其中有变,社稷存亡在此,公何惜一身死。且监国之名极正,王之贤德益彰,君臣分宜已定。俟发丧服满之后,使德泽及人,大将推戴,乃中兴之机。"

旧谱:"时福王避乱至淮,诸帅有意推拥,序当立。五月初一日,先生亟同史公可法等至舟次迎王入南都主,谒孝陵,居内守备。召诸臣议战守策,先生曰:'今日之事,战守固要,然纪法为立国之本,人心为纪法之本。亟宜颁大赉以固人心,涣大号以明纪法。'侃侃数百言,听者竦然,王亦唯唯,即询先生姓名识之。诸公援宋高宗故事,立王为'兵马大元帅',先生曰:'不若监国为正,有本朝旧典。'议遂定。诸臣方上监国宝,忽传即正大位,先生昌言曰:'若是,则前日即登大宝可也。今日监国,明日登极,如儿戏,且诸大帅劝表未至,或以不预定策为耻。已正监国位即君臣分定,待发丧满服,王德及人,诸帅推戴,岂非中兴大机乎?'又二日,疏陈致治大本,语甚剀切,王嘉纳之。时文武大臣皆以先生言为当,而群小欲以正位速邀首功,且议史公可法阻登极有他心。史公心服先生之议,不敢主,言遂不行。"

《祁彪佳集》卷十所附明祁熊佳撰《行实》:"时福王入南都,二三宵小欲速正位邀首功，独先生昌言于众，以监国为正，时史公可法心服先生议而不敢主。"

明文秉《甲乙事案》卷上："刘孔昭复请登大位，御史祁彪佳曰：'监国名甚正。'徐弘基等皆然之，乃止。"

清汪有典《明忠义别传》卷二十二《祁忠敏公传》："国变，马士英奉福王正大位。公抗言曰：'甫建国而遽登极，何可？且群帅劝表未至，即有忠如陶侃者，尚以不预定策为耻，况其他乎？宜为先帝发丧，布告天下使海内知无因以得位之心，然后择吉登大宝为当。'与士英忤。"清汪有典《史外》卷二十二《祁忠敏公传》所述同。

清计六奇《明季南略》卷三《福王登极》："五月初二日己丑……御史祁彪佳言纲纪法度为立国之本……彪佳以人心天意为言，王逊谢如前。……祁彪佳力争谓监国不两日即登极，何以服人心，乃止。"

《祁彪佳集》卷十《遗事》引清董旸撰传："五月朔，福王自淮来南京，兵部尚书史可法迎福王监国。有请即正位者，公谓仰窥睿意，必欲发丧誓师，晓然示天下以讨贼大义，然后正位。宜先上监国玺绶而劝进，盖愈推让，愈见王之贤明。且总师讨贼，申复国耻，无觊觎大位之心，可使诸藩慑服。而江北诸大将使共预推戴，则将士亦欢欣。二日，诸臣劝进，公以人心天意为言，王仍领监国。三日，可法欲再劝进，公力争，谓监国之名极正，而王之贤德亦彰，可以示谦让，海内闻之，皆知王无因以得位之心。俟发丧服满后，德意覃敷，诸大将推戴，择吉登大宝，布告天下以为当。今监国两日而登极，何以服人心而谢江北诸镇。南京署礼部事兵部右侍郎吕大器等然其议，乃定。"

明谢晋撰《右金都御史巡抚祁公传》："诸臣方上监国玺，复有言宜即正大位，以定人心者。公昌言于众曰：'若是，则前即正位可也。今日监国，明日登极，事同儿戏，且诸大帅劝进行表未至，或以不预定策为耻，安保无变！今既已监国，君臣分定，且令旨先受监国之请，其名极正，海内皆知无因以得位之心；俟发丧满服，而后即大宝，彼时恩泽及人，诸帅推戴，岂非中兴大机乎？'诸大臣皆是公，而宵小欲速正位以邀功者，由是不快于公矣。"

明张岱《石匮书后集》卷三十六《刘宗周祁彪佳列传》："五月朔，史可法、马士英迎立福王，诸臣议援宋高故事，先立为兵马大元帅；彪佳曰：'不若称监国为正，有本朝故典可据。'诸臣方上'监国'宝，忽闻有即正大位之议，彪佳力言不可，议遂寝。"

清邵廷采《思复堂文集·碑传·明巡抚苏松副都御史世培祁公传》："明年京师陷，福王监国，遂议即位，公抗疏言：'暮监国而朝即位，示负天下，且群帅劝进表未至,古人忠如陶侃犹耻不与定策,况其他乎?'弗听。"

清毛奇龄《西河文集》传四《明少傅兵部尚书前巡抚苏松都察院右副都御史祁公传》:"国变诸臣援宋高故事,拟以福王为兵马元帅。彪佳曰:'监国,本朝故典也,何远引为?'议遂定。未几,有传正大位者,彪佳抗言曰:'甫监国而遽登极,何可? 且群帅劝表未至,即有忠如陶侃者,尚以不预定策为耻,况其他乎?'然是时邀功者,驾言本兵史可法有二心,可法惧,虽是彪佳言,不敢持。"

清查继佐《罪惟录》列传卷之十二《祁彪佳郭符甲》:"时议仿宋高宗权称兵马大元帅。彪佳曰:'本朝故典可稽,监国善。'方上监国玺,而忽有即正大位之议。彪佳与诚意伯孔昭等争之,不得。"

清王鸿绪等撰《明史稿》列传第一百五十《祁彪佳传》:"越二日,王将监国,侍郎吕大器初主立潞王,及是惧祸,欲自媚,请后日即登极。彪佳言监国名极正,遽议登极,何以服人心? 谢江北将士请,俟发丧服满始议其仪。从之。又二日,疏陈致治大本,语甚剀切,王嘉纳之。"

清张廷玉《明史》勘本卷二百七十五列传第一百六十三《祁彪佳传》:"北都变闻,谒福王于南京。王监国,或请登极。彪佳请发丧,服满议其仪,从之。"

清李清《南渡纪事》卷上:"五月一日,王入京,以内守备府为行宫,各官朝见。是日有两黄星夹日而趣,盖太白与辰星也。御史祁彪佳奏言早颁大号敬天法祖诸事,允之。各官退议宜先监国后登极,孔昭请即正位,彪佳言监国名极正,益彰贤德,且示谦让,使海内知无回以得位之心。俟发丧,择吉登大宝,布告天下为当。众议以为然。"又,李清《南渡录》卷一于福王监国登极始末记录亦颇详,可与祁氏日记互证。称:"五月戊子朔,福王谒孝陵,入谒奉先殿,出驻行宫,群臣进见进辞……御史祁彪佳奏以纪纲法度为立国本,言颁大号及用人二事。"

清查继佐《国寿录》卷二《京畿道御史祁彪佳传》:"群臣行四拜礼退,议登极监国次第。咸谓仰窥睿意,必欲发哀誓师,晓然示天下以讨贼大义,而后正位。时虽铸监国宝,而大臣仍面奏劝进,监国固辞。彪佳与刘孔昭又谓令旨先受监国之请,其名极正,贤德益彰。既可以示谦让,海内闻之,皆知监国无因以得位之心。俟发丧,择吉登大宝,布告天下为当。议乃定,于是进史可法、高弘图、马士英、姜曰广、王铎,皆东阁大学士,而以张慎言为吏部尚书,周堪赓为户部尚书,彪佳奉敕谕安抚江南。"

《祁彪佳集》卷十《遗事》引清沈冰壶《祁公世培传》:"福王监国,未几正大位。公言：'甫监国而遽登极，示利天下心，且群帅劝进表未至，即忠如陶侃，犹耻不与定策，况其下乎？'然是时贪功者多蜚语史公有二心于潞王，史公惧，不复敢持。"

清温睿临、李瑶撰《南疆绎史》勘本卷十四列传第八《祁彪佳》下引《摭遗补传》："福王监国，旋议正大位。抗言不可，且曰：'群帅劝表未至，自古忠如陶侃，尚以不预定策为耻，况其他乎！'五月三日，王监国，俄内传即位；盖侍郎吕大器初主潞议，惧祸欲自媚，请即登极也。彪佳曰：'监国名正，遽议登极，何以服人心、谢江北将士？且今日监国、明日即位，事同儿戏。宜待发丧、除服后，始议其仪。'从之。又二日，疏陈致治大本，语甚剀切，王嘉纳之。"

清杨陆荣撰《殷顽录》卷二《祁彪佳》："越二日，在廷即议登极，彪佳言监国名正，请俟发丧服满始议。"

清陈鼎辑《东林列传》卷十一："国变，诸臣援宋高故事，拟以福王为兵马元帅。彪佳曰：'监国本朝故典也，何远引为？'议遂定。未几有传正大位者，彪佳抗言曰：'甫建国而遽登极，何可！且群帅劝表未至，即有忠如陶侃者，尚以不预定策为耻，况其他乎？'然是时邀功者驾言本兵史可法有二心，可法惧，虽是彪佳言，不敢持。"

清四明西亭凌雪撰《南天痕》卷八列传九："群臣奉福王至，众议援宋高宗故事，立为兵马大元帅。彪佳曰：'今日与宋不同，宋时徽、钦尚在也；今海内无主，盍如景泰制，称监国。于是以五月三日监国，明日即位，事同儿戏，宜待发丧除服之后。'从之。"

初三日，群臣举史可法、高弘图、姜曰广入内阁，张慎言为吏部尚书，刘宗周为左都御史。因史可法现署吏部不便卜枚，停止登推吏部尚书启事，而卜枚待新尚书上任后举行。史可法欲荐吴甡入阁，人有言吴系先帝谴责者，宜先复冠带，待帝召见，方可入政府。彪佳于高弘图座中值史可法，史自言负先帝恩，不宜为辅臣，劝之以先入政府再出视师亦合道义。复致揭阁臣姜曰广议请四事，一为议先帝谥号，一为监国选妃宜俟其母至，一为臣子不宜乘国变迁官，一为速设报房以通章奏。

据日记。

旧谱："先生又上三事于阁臣：一、先帝身殉社稷，谥号须极崇美；一、监国选后妃，须俟圣母迎至后；一、臣子遇非常变，不可因而逾格升迁。"

明谢晋撰《右佥都御史巡抚祁公传》："公又诣阁言三事：先帝身殉社稷，谥号须极崇美；监国选后妃，须俟圣母迎至后；臣子遇非常变，不可逾格升迁。而议者欲即授公节钺。"《祁彪佳集》卷十《遗事》引清董旸撰传同之。

查继佐《罪惟录》列传卷之十二《祁彪佳郭符甲》："王于十五日登极,彪佳言三事于阁臣:一、先帝谥号宜崇美;一、选妃须圣母迎至之后;一、臣子丁非常之变,不宜逾格升迁。因自请以旧衔安抚三吴,疏荐直节熊汝霖等。"

按,以上文献,皆阙记日记中提到的所议"设报房以通章奏事"。

初四日,群臣会聚内守备私宅,吕大器出赦款与史可法酌商,欲去起废、除逆案诸字,众议不可。

据日记。

同日,史可法欲荐彪佳为操江巡抚,力辞之。

据日记,崇祯时,诚意伯刘孔昭为武操江,裁减文操江之职。彪佳思此时若复设文操江,未得文之力,而失武之心,故却荐。史可法首肯其说。

旧谱:"时众议即欲授先生节钺,先生不可;又欲循格转京卿,先生曰:'予台资十三年,卿寺固非越分,但乘国变转阶,义不忍为!'因自请仍旧衔奉命安抚。"

明谢晋撰《右佥都御史巡抚祁公传》:"及循例转京卿,公力辞,因自请原官安抚。"

初五日,上《为明纪纲法度、敬天、法祖、勤民等事》疏稿,申述纪纲法度为立国致治大本之说。并逊辞刷卷差及安抚应用勘合、饩廪。与兵部主事何刚酌议招练乡兵。与南京吏科给事中李沾等上启《为中兴鸿业肇建,地方亟需安抚,乞敕奉差使臣宣布德意,以收人心,以壮国势事》。

两疏见《江南疏抄》,皆五月初六日奉旨;《祁彪佳集》收入致治疏,题名《陈致治大本疏》。据日记,《为明纪纲法度、敬天、法祖、勤民等事》疏四日作成,五日上,六日奉旨,重申初一日朝会纲纪法度为国本的说法。

初六,朝中初拟会推规范,建言小九卿不宜参与会推。

据日记,因先前廷推户部尚书、总督仓场御史、吏部侍郎诸缺职,结果出吏部尚书张慎言意料。故率先领南都原有十三道掌印御史与左光先等趋出,不预会推。

初七日,得旨升转大理寺左寺丞,正五品。

据日记,彪佳在御史台资历原可升转大理寺,以不愿乘国变以为利辞之,并请安抚复命后再升转,而张慎言仍推为大理寺左寺丞。本月十一日,作疏逊辞大理寺丞职。十四日,致函史可法、姜曰广、高弘图逊辞,未许。

又,《江南疏抄》附南京吏部尚书张慎言等人《启为缺官事》,举彪佳为大理寺左寺丞,疏五月初七奉旨。

查继佐《罪惟录》列传卷之十二《祁彪佳郭符甲》:"寻以定策勋升大理寺丞,转苏松督抚之任。旱魃,彪佳愿殛其二子以祷,吴人为之陨涕。设二笥门之左右,直言箴我投左,利弊投右,为次第兴除。"

清徐开任《明名臣言行录》卷九十四《巡抚祁忠敏公彪佳》:"迁大理寺寺丞,旋擢副都御史,巡抚应天。时流民集京口,下令安插之。"

同日具题《微臣赍颁诏旨,恭陈切要事,以便迅沛弘仁,安戢地方事》,禀原授刷卷差无裨目前急务,请暂罢之。

据日记。疏见《江南疏抄》,本月初九奉旨。

初八日起,出南都,安抚苏松。每到一地,先率众哭祭先帝,继而发谕安抚。

据日记,先是初七日,外出安抚,发起马牌,分赏差役。初八日,安抚印信送至。谒内臣韩赞周,欲得福王面谕数语以重安抚事权。初九日,抵句容。设思宗灵位于堂上,哭临之。书牌颁发十九州县示奉谕安抚意。所至问民疾苦,拿问贪墨,举荐人才,又言监国伦序极正。十一日,作告示先扬新王之德意,复传江北固守、山东无乱之信,以安人心。十二日,至文庙行香,与诸生言辨上下、定民心之意。出牌安戢江口避难士民。十三日,会乡绅孝廉,询地方利病,得悉润州间架之苦。至镇江,释囚犯九十余人。十四日,出牌安抚难民,呼城中耆老问利弊。十九日,抵宜兴,谕地方以练乡兵。二十二日,颁安抚诏谕。

旧谱:"抵苏州,合属迎谒,先生首告以'忘身乃保身,忘家乃保家'之义。"

《祁彪佳集》卷十所附明祁熊佳撰《行实》:"(安抚吴中)先遣牌遍谕诸属,专以扬清惩墨、珍暴抚良、除疾苦、举人才为务。人心摄服,士民闻先生至,如获更生。"

明谢晋撰《右金都御史巡抚祁公传》:"会三吴大变将作,人心震骇,众以公旧有威德吴,咸谓公宜。乃奉敕行。所至设先帝位,集官民绅士,哭临极哀,见者无不感泣。随宣诏明君臣大义,又言忠孝心不可昧,忠孝名不可矜,若借锄逆报私仇,假勤王聚不逞,此法所必诛。不以名贷也。"

清李清《南渡录》卷一:"命御史祁彪佳宣抚江南。北都之变,重以高杰兵镇扬州,江北士民奔避,无赖乘机抢掠,或假忠义名荼毒从逆诸姓,苏、松、常、镇为最。彪佳昔按吴有威望,故命之。刑斩倡乱,宣布赦款,甄别有司贤否,三吴宴然。"

清毛奇龄《西河文集》传四《明少傅兵部尚书前巡抚苏松都察院右副都

御史祁公传》："遂以苏民变,谓彪佳素德苏,出彪佳安抚苏州。彪佳所至设先帝位,率众哭,即谕以大义,且言中原已无贼,国有长君,使人心得安。乃揭榜于路曰:'叛逆不可恕,忠义不可矜。毋借锄逆报私怨,毋假勤王造祸乱。'"清陈鼎辑《东林列传》卷十一所述同。

清温睿临、李瑶撰《南疆绎史》勘本卷十四列传第八《祁彪佳》下引《摭遗补传》云:"寻以民变,安抚苏州。所至设先帝位,率众哭,晓以大义,言中原已无贼,国有长君,使人心得安。揭榜通衢曰:'叛逆不可名,忠义不可矜。毋借锄逆报私怨,毋假勤王造祸乱。'民乱初定。"

清邵廷采《思复堂文集·碑传·明巡抚苏松副都御史世培祁公传》:"入丹阳,斩乱民三人以徇。所至设烈皇帝位率众哭,沿衢张榜,言'中原已无贼,国有长君'。人心乃安。"

清陈瑚《顽潭诗话》卷上《同人寿鸿逸》:"甲申变作,江南扰动,娄城为尤甚。弘光嗣统,御史祁彪佳安抚吴中,行部至娄,娄人士拥马首群诉,予亦往视状。"

十一日,闻姨夫张联芳淮上病故。

据日记,张二酉姨夫家人自淮上来,言姨夫已有变,为之涕泣。张联芳时为淮抚。

《在里尺牍》有致张萼之《张相公》:"日者薄莫于尊公老舅,偃塞病榻,不能鞠致,至今歉仄无已也。辱委序文,亦以伏枕之际,久稽报命。日来稍能起,勉就数言,殊愧不文,录上请政,乞斧削付梓,鼎荷专勒代布。诸惟照原,不尽注切。"作于此后。

六月初三日,时苏州诸生檄讨在京投降乡官,引起苏州民变,地方被焚劫。上疏《顺逆大义宜明,焚抢之乱风宜戢,仰乞圣裁以维臣节,以安民心事》,议请"议从逆诸臣罪,而治焚掠之徒加等"。

疏收于《江南疏抄》,五月二十八日奉旨从之。

据日记,当时苏州诸生檄讨在京投降大顺诸臣,引发地方变乱,降顺诸人,前少詹事项煜及大理寺正钱位坤、通政参议宋学显、礼部员外汤有显家皆被焚劫,常熟复焚给事中时敏家,毁其三世四棺。彪佳提审抢劫诸犯,拘有赃物者三人,枭于门。取劫时敏妻于尼庵者,杖毙之。余皆不追究。又以苏州民变肇端于诸生声讨从逆官绅,乃申约对诸生严加管理。详情如下。五月二十五日,时吴中值诸生声讨从逆臣子,民间焚劫纷嚣,彪佳往文庙行香,哭祭先帝,告诸生以守礼恪法之意,复规定:嗣后投条陈,必投匦而进;公呈必金押,由学官转申;户婚之事,依告期。二十八日,苏州焚抢,多系生员倡乱,彪佳见苏州诸生所上《纠缪揭》,惜诸人才品,延肇事诸生章美、周茂兰、华渚等二十余人来晤。六月初一日,时敏以被烧抢来诉,夜讯,拘提一干人犯。初二日,至文庙行香,谒先帝后灵位罢,见诸生。时有诸生进呈言时敏从逆,请藉其家以充军饷。审问一干人犯,严惩肇事者,并惩处闹事生员,一为王胤旦,一为王九岩,移两人归府学处治。七月初十日,京口变乱后,地方诸生结社自卫守城,彪佳奖赏之,以兵变已定,撤其戒严。此后八月初六,彪佳遣差官执周钟、项煜、宋学显、钱位坤、申芝芳、杨廷鉴等,陆续押至南京。

清查慎行《人海记》卷上《燕京从逆》:"燕京从逆诸臣,留都传报不一。其最著者,乡人乘怨辄驰檄声讨。姑苏则首项煜、钱位坤、宋学显、杨有庆,常熟则首时敏,皆焚毁屋庐。寻台臣严禁。御史祁彪佳抚安苏松常镇,诛首乱六人乃止。"

旧谱:"先是,乡绅项煜等四家以从贼各遭掠,诸生首之。先生置首乱者于法,集诸生告以守礼,咸感服听命。至常熟,乱民以从逆名焚时敏家,毁其三代棺,先生立斩三人,鞭死数人,人心乃定。因上言请将从逆诸臣议罪,使士庶无所借口,则焚掠之徒可加等治,王允其请。"

清彭孙贻《流寇志》卷十三:"应天巡抚祁彪佳奏'江南乱民借忠义为名,飞檄交腾,抢掠不已,臣已枭斩其三,杖毙其一。剿乱不如弥乱,今日从贼诸臣若不早定逆案,恐小民必借以为口实,相聚以为乱者。'大行哀诏至吴,吴中人士奔哭呼号,苏州三学生员先已设大行位于明伦堂哭临;诏至金坛,金坛诸生发哀日相率诣学宫乡贤祠,毁周钟祖于德、吴履中父应鳌神主,复至周钟、吴兆龙家毁其门榜。周、吴二氏诉于学师,学师集诸生谕之曰:'朝廷自有国法,不当辱及祖父,其仍立神主以听处分。'诸生曰:'两家祖父原无功德于世,因子孙贵显以蹱祀典。今子孙从逆,则祖宗岂宜更辱宫墙。'"

明张采《知畏堂诗文存》卷一有《在礼言礼疏》,认为民风本于士习,学臣于养材、善俗关系至大,"伏求今后举学臣毋拘资格,仍集九卿科道会推,必其人正身率物、拒绝情面者重以事权"。又提到:"及先帝既崩,臣乡处处鼎沸,皆生员先率唱乱,非安抚祁彪佳百方弭戢,祸当莫底。则图中兴克复,可不亟加之意。然起弊有原,致化有渐,素不董以师儒,而骤责之士行,盖诚难之。"

清四明西亭凌雪撰《南天痕》卷八列传九:"六月,升大理寺丞,转右佥都御史,巡抚苏松。先是,北京之变,缙绅之授伪职者,乡邑各出檄文讨之;奸人因之择其众所怨者,劫掠以为利。苏州之项煜、钱位坤、宋学显、汤有庆四家及常熟之时敏,焚毁无遗。彪佳奏民情嚣动,借名义愤,与其振之使惧,不如感之使伏;国法诚申,人心自正。朝廷宜将从逆诸臣,灼知其实者,先行处分,使士庶无所藉口;而后治其乘乱之罪,则两得矣。"

清毛奇龄《西河文集》传四《明少傅兵部尚书前巡抚苏松都察院右副都御史祁公传》:"先是,苏民以乡官项煜从贼,剿其家;而常熟乱民遂借讨逆名,焚乡官时敏宅,毁其棺之未葬者,而暴其陈人。彪佳至,捕其为首者斩之。"

清王鸿绪等撰《明史稿》列传第一百五十《祁彪佳传》:"苏州诸生闻其乡少詹事项煜等从贼,纷纷檄讨。奸民肆焚劫煜与大理寺正钱位坤、通政司参议宋学显、礼部员外郎汤有庆四家,荡洗无遗。常熟又焚给事中时敏家,三代四棺俱毁。彪佳请将从逆诸臣议罪,使士庶无所借口,则焚掠之徒可加等治。允之。"

清张廷玉《明史》卷二百七十五《祁彪佳传》:"迁大理寺丞,旋擢右佥都御史,巡抚江南。苏州诸生檄讨其乡官从贼者,奸民和之。少詹事项煜及大理寺正钱位坤、通政司参议宋学显、礼部员外郎汤有庆之家皆被焚劫。常熟又焚给事中时敏家,毁其三代四棺。彪佳请议从逆诸臣罪,而治焚掠之徒以加等,从之。"又,清张廷玉《通鉴纲目三编》卷四十《明分置应天苏松巡抚》述此事略同。

清冯桂芬《同治苏州府志》卷六十八《名宦》:"崇祯四年以御史出按苏松诸府,杖杀积猾四人。周延儒憾之,寻以侍养归。福王时擢右佥都御史巡抚江南。苏州诸生檄讨其乡官从贼者,奸民和之,少詹事项煜及大理寺正钱位坤、通政司参议宋学显、礼部员外郎汤有庆之家皆被焚劫;常熟又焚给事中时敏家,毁其三代四棺。彪佳请议从逆诸臣罪,而治焚掠之徒以加等从之。"

清温睿临、李瑶撰《南疆绎史》勘本卷十四列传第八《祁彪佳》:"先是,北京之变,缙绅授伪职者,乡邑间各出檄文以讨。奸人因之择其众所怨者纷纷焚劫,且以为利。苏州詹事项煜、大理寺正钱位坤、通政司参议宋学显、礼部员外郎汤有庆四家荡洗无遗,又焚常熟给事中时敏家,三代四棺俱毁。彪佳奏:'民情嚣动,借名义愤,与其振之使惧,不如戚之使服。国法诚申,人心自正。朝廷宜将从逆诸臣灼知其实者先行处分,使士庶无所藉口;则焚掠之徒,可加等治。'允之。"

清傅恒《通鉴辑览》卷一百十六《明分置应天苏松巡抚》:"祁彪佳字弘吉,浙江山阴人。为苏松巡抚时,苏州诸生檄讨其乡官从贼者,奸民和之。少詹事项煜及大理寺正钱位坤、通政司参议宋学显(吴县人)、礼部员外郎汤有庆(长洲人)之家皆被焚劫,常熟又焚给事中时敏家。彪佳请议从逆诸臣罪,而治焚掠之徒以加等,从之。"

清徐开任《明名臣言行录》卷九十四《巡抚祁忠敏公彪佳》:"北都失,甲申夏,公在南。弘光监国,即疏陈要务,得温旨。时苏松民借讨从逆者,蜂起焚掠。群举公安抚。公至,执其倡首禁掠、害及无辜者,立诛之,民乃定。"

清徐鼒《小腆纪年附考》卷六:"明以大理寺丞祁彪佳为右佥都御史巡抚苏淞。先是北京之变,诸生檄讨其缙绅授伪职者,奸人因之焚劫以为利。项煜、钱位坤、宋学显、汤有庆四家荡洗无遗,又焚时敏家三代四棺俱毁。彪佳奏:'民情嚣动,借名义愤,与其振之使惧,不如威之使服。国法诚申,人心自正。宜将从逆诸臣先行处分,使士庶无所借口,则焚掠之徒可加等治。'许之。彪佳复榜诸衢曰:'叛逆不可名,忠义不可矜,毋借锄逆报私怨,毋假勤王造祸乱。'"

清汪有典《明忠义别传》卷二十二《祁忠敏公传》:"会苏州民变,谓公素德苏人,出公安抚苏州,实远之也。公至,即揭榜于路曰:'叛逆不可恕,忠义不可矜,毋借锄逆报私怨,毋假勤王造祸乱。'捕苏民倡乱者斩之,民赖以安。"清汪有典《史外》卷二十二《祁忠敏公传》所述同。

十三日,浙江巡抚黄鸣俊欲撤回杭州两卫漕船,漕运总督白贻清不允,起争。令黄鸣俊自具疏题请。

据日记。

十四日,具题《驰报镇江情形疏》。

疏见《江南疏抄》,五月十九日奉旨;《祁彪佳集》收入此疏,题名《驰报安抚镇江情形疏》。

同日,具题《亟补江防官员以固重地事》,请以山东邹平县恩贡生张万钟任京口同知。

疏见《江南疏抄》,五月二十六日奉旨。

据日记,先是五月十二日,张万钟自江北来,言刘泽清军驻瓜州稍安,高杰军则与扬州百姓相持不下。彪佳与前任苏松巡抚郑瑄酌议,欲以张任京口江防,安刘泽清之心。按,张万钟为张延登次子。

明文秉《甲乙事案》卷上:"凤阳参将戈士凯报刘泽清兵沿路劫杀,逼攻临淮。马士英标兵先至淮安西门外焚劫淮坊,义师擒解三十余人。路振飞不敢问,纵之。命御史祁彪佳等分行安抚。"

清计六奇《明季南略》卷一《南都甲乙纪·福王本末》:"(五月)初八乙未,江南抚郑瑄奏报江北刘泽清兵连骑数万皆欲渡江,三吴百姓呼吸变乱。臣驻师于江,遗书高、刘二帅,不肯止兵,请敕操江武臣速援京口。凤阳参将戈士凯报泽清兵沿途杀劫,逼攻临清。敕御史祁彪佳等分行安抚。"

同日,致函史可法、姜曰广、高弘图,议请申救扬州围城,安抚高杰、尤世功二军。

日记五月初五条曾提到,高杰欲安置家属于江南,职方万元吉出谕止之,以所作谕稿示彪佳。

据清夏燮《明通鉴》,先是江北四镇分守,高杰、黄得功、刘泽清争欲驻扬州,而杰先至。扬州百姓畏杰,闭门不纳。杰怒攻城,知府马鸣禄、推官汤来贺坚守月余。城中进士郑元勋只身诣杰,责以大义,杰方敛兵五里外城之西北,扬州城得暂启门通薪米。然守城者不如约,数以矢石中杰兵。杰怒,复进。扬人疑郑元勋通杰,哄杀之。同时,刘泽清军大略淮上,刘良佐军亦被攻。福王命史可法往解其事,黄得功、刘泽清、刘良佐皆听命,高杰亦屯其众于瓜洲。

十五日,福王即帝位,改明年为弘光元年。

据清夏燮《明通鉴》。

十六日,马士英入阁佐理,仍掌兵部尚书事,史可法迫不得已自请督师。分江北为四镇,总兵刘泽清、高杰、刘良佐、黄得功各据一方。

据清夏燮《明通鉴》,是日朝议分江北为四镇:"总兵刘泽清辖淮安、海州,驻淮北,经理山东一路,封东平伯。总兵高杰辖徐州、泗州,驻泗水,经理开封、归德一路,封兴平伯。总兵刘良佐辖凤阳、寿州,驻临淮,经理陈留、杞县一路,封广昌伯。靖南伯黄得功辖滁州、和州,驻庐州,经理光州、固始一路,晋靖南侯。复进封左良玉为宁南侯。"

清查继佐《国寿录》卷二《京畿道御史祁彪佳传》:"监国于十五日即皇帝位,因设四镇黄得功、高杰、刘泽清、刘良佐等于江北,而彪佳开府苏州,督练士马。"

十七日,嘉善钱仲驭来顾,出示《讨从逆魏学濂檄》。

据日记,学濂为魏大中次子,李自成陷京师际,受李氏户部司务职。李出奔,学濂赋《绝命词》二章,自缢死。时苏州生员众起讨逆,被檄讨。

十八日,赍上《驰报苏州情形疏》,疏言苏州民变情形。举吴江知县叶翼云、昆山知县杨永言消弭之功,劾嘉定知县曹胤昌乖张无节,勒令离任。上《驰报安抚松江情形疏》,言陈子龙、夏允彝、徐孚远、钱世贵措饷买舟募兵事,并请留其所募兵船为防江防海之用。

两疏收于《江南疏抄》。前疏亦收入《祁彪佳集》,题名《驰报安抚苏州情形疏》,六月二十八日奉旨;后疏七月初一奉旨。

综参日记与清夏燮《明通鉴》。据日记，先是五月十一日，夏允彝来，谈起陈子龙借库银三万，募练水兵一千。今日乃上《驰报安抚松江情形疏》。

旧谱："嘉定令曹向有文名，恃名狂恣，先生立斥之；松江别驾朱署华邑，贪恣，庭褫冠裳，禁之狱，人心大快。"

侯峒曾来函，言北都活命经过，南都立，不欲出仕。

函见侯峒曾《仍贻堂集》卷八《与祁世培安抚书》。

今年吴中亢旱，设醮祈雨，疏请蠲折粮税，留外地漕粮以备救荒，并力行保甲。次第拜疏《请留漕粮以备外储事》《请明练饷蠲免年分以广皇恩事》《再请明练饷蠲免年分以广皇恩事》《吴中旱灾太甚，备贮空虚可虞，再请留漕粮以佐平粜之本事》《吴地匪常亢旱，核实灾荒分数，伏乞圣明倍加轸念，俯允改折，以苏民命，以安重地事》，并托祁骏佳作《祈雨文》，愿焚自己居室以答天谴，求勿以亢旱遗殃百姓。

《请留漕粮以备外储事》疏请分漕米十万济镇江、苏州，见《江南疏抄》，五月二十六奉旨。《请明练饷蠲免年分以广皇恩事》见《江南疏抄》，八月十七日奉旨。《再请明练饷蠲免年分以广皇恩事》请准将崇祯十七年新征练饷尽行蠲免，见《江南疏抄》，九月十九日奉旨。《吴中旱灾太甚，备贮空虚可虞，再请留漕粮以佐平粜之本事》见《督抚疏稿》，九月二十五日奉旨。《吴地匪常亢旱，核实灾荒分数，伏乞圣明倍加轸念，俯允改折，以苏民命，以安重地事》请折吴中漕粮，见《督抚疏稿》，十月二十五日奉旨。又，祁骏佳所作《祈雨文》，当即国图藏《祈雨文》一卷，明崇祯十七年苏州府刻兰印本一册，从措辞言意观之，必已经彪佳最后改定。

清计六奇《明季南略》卷一《南都甲乙纪·福王本末》："（六月）二十六壬午……祁彪佳请留漕米十万担，贮镇江。"明东村八十一老人《明季甲乙汇编》卷二、明文秉《甲乙事案》卷上亦载述之。

《祁彪佳集》卷十《遗事》引清董旸撰传："公请蠲苏、松等三府十七年练饷。有旨，旧粮偶有压征，地方练饷乃新于见年加派，安得压征。三府十七年分仍令清解，以佐军需，俟来年方行蠲免。"

祈雨诸事，据日记，五月二十日，于镇江同县官出祷雨。六月初二日，常熟祈雨。初三日，拜疏《请留漕粮以备外储事》，拟分漕米十万济镇江、苏州。初四日，昆山祈雨。初七日，松江祈雨。十一日，太仓祈雨。二十四日，稍得雨。二十五日，于苏州集乡绅徐阶等祈雨。八月初八日，上疏《请明练饷蠲免年分以广皇恩事》。二十九日，于京口设坛祈雨。此后九月初，断续出至鹤楼、吕祖庙等寺庙行香祈雨。九月初四日，题奏《再请明练饷蠲免年分以广皇恩事》。初八日，久旱无策，托骏佳作祝文致于关公祠，愿焚自己居室以答天谴，求勿以旱遗殃百姓。十八日，自夏至秋未雨，恐吴中无米，与漕运总督白贻清商议，拟留绍兴卫漕米二万五千囤之苏州平粜，并上疏《吴中旱灾太甚，备贮空虚可虞，再请留漕粮以佐平粜之本事》请于朝廷。十月十一日，江苏自五月苦旱至今，皆设坛祈祷。恐灾荒生乱，与士绅议行保甲法。京口有保长以办赍困难，不愿充任，令该县令设法苏保长之累，复令力行保甲。十五日，祈雨。十七日，拜疏《吴地匪常亢旱，核实灾荒分数，伏乞圣明倍加轸念，俯允改折，以苏民命，以安重地事》。十一月二十九日，方得雨。彪佳前因旱灾，为平江苏米价，留绍兴卫漕粮，然米色恶劣无人粜买，今欲漕运总督白贻清运归南京，不果。

　　旧谱："步祷。时适久旱，先生履任，即去舆台，走赤日中几十里，祷于玄妙观。及归，雷雨层合，吴人大呼为'军门雨'。先生移镇京口，雨即不继。先生又为文祷于关神曰：'上天之于群黎，无不欲生之、全之，犹父母之于众子，无不欲鞠之、育之也。父母加之怒者，众子之开过于父母也。上天降之罚者，群黎之自绝于上天也。然众子开过于父母，为之长者不能率众子以体父母之心也。群黎之自绝于上天，为之牧者，不能迪群黎以顺上天之意也。众子之过，皆长者之过；群黎之罪，皆牧之者之罪也。愿上天殛我屡躯二子，而赦三吴万姓；焚我原籍栖室，而救三吴禾黍。亦犹长子负愧引慝于父母之前，而祈宽众子之罚也'云云。吴人见者无不流涕。"所引即《祈雨文》辞。

　　二十二日，途遇王铎赴阁臣招，赠以诗扇，并出新作疏稿相商。

　　据日记。

　　二十三日，以时大起废籍，吏部尚书张慎言荐前大学士吴甡、前尚书郑三俊。福王命召甡陛见。诚意伯刘孔昭、忻城伯赵之龙等怒慎言专推文臣，乃诟慎言于廷，哭称"武臣见弃"，且谓"慎言当迎立阻难，怀二心"。慎言疏辩，因乞归。

　　据清夏燮《明通鉴》。

　　二十六日，与杨廷枢商定赋税征收诸务。拜上《驰报安抚常州情形疏》《亟请安寓诸藩，以资屏翰，以广朝廷亲王之仁事》，请遣大臣或风宪官护送诸避难藩王安置各地；上《补荐直节谏官兼陈异冤狱案》，荐熊汝霖、陈燕翼、林兰友、方士亮、胡麒生，为曹履泰鸣冤；《荐举有用真才以襄中兴盛治事》，就近推用余鹍翔、范镰，荐吴甡、解学龙、毕懋康、王志道、金光辰、葛寅亮、吴麟瑞、徐世荫、陈盟、杨廷麟、来方炜、王忠孝、尹民兴、吴时亮、郑之尹、陈三重、姜玉果等人。

诸疏见《江南疏抄》，皆六月初五奉旨。《补荐直节谏官兼陈异冤狱案》亦收入《祁彪佳集》卷一。

《抚吴尺牍》有《曹老爷书》："兹有恳者，某幸缴恩典及于先人，仰荷台台藉重代言，敢乞鸿裁以光泉壤，子孙百世之感戴宁有既乎！前家兄已先为代恳，辄敢肃布情悃，并以先人《行略》附上台览，伏乞俯赐挥毫。"或为致曹履泰所作。

清张廷玉《明史》二百七十八卷《杨廷麟传》："福王立，用御史祁彪佳荐，召为左庶子，辞不就。宗室朱统镢诬劾廷麟召健儿有不轨谋，以姜曰广为内应。王不问，而廷麟所募兵亦散。"清潘懿《同治清江县志》卷八人物志中《杨廷麟》载录同之。

清李清《南渡录》卷二："（己未）升编修杨廷麟、左庶子刘正宗左中允。廷麟以纠杨嗣昌调兵部，至是因祁彪佳荐复职。正宗后降北，复为编修。"

钱士馨《甲申传信录·奏议杂记》："安抚祁彪佳荐科臣熊汝霖、陈燕翼，台臣林兰友，科臣方士亮、胡麒太等。"

明陈燕翼《思文大纪》卷三："臣以癸未（1643）仲冬抵里，甲申之役天地反覆，岂意自全？无何南中台省祁彪佳、李沾等交奉荐臣，荷圣安皇帝起臣原官，臣赐环于七月，入朝于十一月。"燕翼时为吏科都给事中。

又，所荐尹民兴，湖北嘉鱼人。崇祯元年（1628）进士，初授宁国知县，后调知泾县。南明弘光元年（1645）五月，清兵下南京，民兴在泾县起兵抗清，事败归里。林兰友，字翰荃，号自芳，别号砥庵，仙游人，崇祯四年（1631）进士。

同日，差役往宿州接冯元飏归，并致意于史可法、路振飞。

据日记。

按，冯元飏崇祯末官至右佥都御史，巡抚天津，颇得帝宠。以老乞休，代者未至而京城陷，由海道逃归。

六月初一日，福王召阮大铖入见。此举多为朝臣所议，万元吉、左光先、陈良弼、陈子龙等先后论劾之。

据清夏燮《明通鉴》。按，此亦东林党人与阮、马之争开始契机。

同日，晤钱谦益、瞿式耜、华允诚等。

据日记，先是五月十四日，函与史可法、姜曰广、高弘图等商议起用钱谦益事。

《抚吴尺牍》有《钱老爷书》："国家多难，正藉元老硕画，当迎立之时便有议投卜之举，而一二尚未同心，致稽宣麻之命。……王觉老（铎）托某致意台前,其推毂之意甚殷切也。新朝无自强之策,寄令于各镇,而文武水火又已开端。史道老(可法)出镇淮扬,安抚尚无成绪,中兴之事未易轻言。老先生痛念先帝十七年忧勤惕励,乃至社稷丘墟,图所以保固东南、恢复西北者,自有纯忠伟同之谊,当必不因浮言偶□止"云云。当即此前后邀钱谦益出山所作。其下又有致钱诸书,请钱谦益推荐告以地方豪杰人才姓名。

同日,遣归刷卷吏员,缴上刷卷之批、印。

据日记。

初三日,上疏《请留循良县令并议久任之法,仰乞圣裁允行,以安重地事》,留任无锡知县郭佳胤。

据日记。疏收入《江南疏抄》,五月二十九日奉旨。

初九日,陈子龙、夏允彝来共谈用人事,甚相得。惩治贪官郭奎先。

据日记。

《祁彪佳集》卷十《遗事》引清董旸撰传:"甄别有司贤否,疏奏张士璠贪酷,郭佳胤才。有旨:'璠令抚按参来重处,佳胤从优纪录。'又举叶翼云,劾郭奎先。有旨:'翼云纪录,奎先挈问具奏。'"

十一日,晤吴伟业。

十二日,过昆山,无锡缙绅欲留任其知县崔鹤胤,允之。舟过苏州,郑瑄备酒款待,以国难辞之。李模以颁福王登极诏书至松江,会于舟中。

以上据日记。

十三日,兄骏佳迎至吴。

据日记,先是初五日,拨号船至杭州迎骏佳,今至。

十四日,所至文庙,必令诸生进退以礼。凡递公呈,必据次序,面陈不许僭越。

据日记,先以初六,入松江公署,阅文庙所收生员呈词,多阿谀语,故出告示申饬。此后又于本月二十一日拟告示,令"士子不许出入公门,凡公呈令教谕转申,条陈则投之匣中,私事用报告"。

同日,送潞王暂驻杭州。

据清夏燮《明通鉴》,时诸王播迁,福王复命潞王处杭州,惠、桂二王仍驻广西之梧州。山东残破,鲁王以海南奔,泊舟京口,福王命暂驻处州。

据日记,五月二十七日,出城朝潞王于舟次,明日潞王遣其下李承奉来晤。二十九日,往觐潞王,王称疾不见。阅邸报,有诏命护送潞王至浙,乃致函浙江巡抚、巡按及巡盐御史。

同日吏部侍郎吕大器罢,逆案张捷、邹之麟、张孙振皆得许起用。

据清夏燮《明通鉴》。可见逆案诸人与东林党人纷争渐烈之势。

十九日，闻刘宗周赴都御史任至，往迎。宗周就职意尚逡巡，乃以国家大义动之。

二十日，郑瑄升大理寺卿，过嘉兴，备酒相贺。

以上据日记。

同日，熊开元来顾，出示其规谏新主疏稿。以廿六日朝中将有大选，欲荐熊开元，具揭恳吏部尚书顾锡畴留缺以待。

据日记，先是六月十七日，熊开元避难至吴江，彪佳出晤，并求荐人才。今年八月初九日，熊开元自吴江至湖广中寻亲，来顾，喟叹时事，劝彪佳早归。

同日，得报转任都察院右佥都御史，正四品，巡抚苏松等处，六月二十三日到任。

具体事实据日记：先是本月十二日，夏允彝来函言吴中士绅公书推毂彪佳任苏松巡抚。今日，得迁巡抚之报，乃遣承差致书于郑鸿逵，欲其驻京口交代。此后六月二十二日，受巡抚印信、旗牌。二十三日，受巡抚事。二十四，苏州士绅贺彪佳到任，并共议赋役事宜。

据清夏燮《明通鉴》，本月朝廷分置应天、苏松巡抚，除彪佳巡抚苏、松诸府外，另有兵科给事中左懋第巡抚应天、徽州诸府。又，此郑鸿逵非郑瑄，而是郑芝龙弟。

明管绍宁《赐诚堂文集》卷十一"代言"收《敕谕都察院右佥都御史祁彪佳》一通，令祁彪佳巡抚苏松常镇等处，综理地方诸事。

清顾炎武《圣安记事》卷上："乙未，遣河南道御史祁彪佳等安抚江南北等处地方。敕曰：兹以国势艰虞，人心危殆，孤谬监国，亟思安辑，特命尔奉敕前往安抚百姓，巡察庶务。尔即遵照近日条议启准事理，会同彼处抚按官吏暨乡官、生员、耆民人等，周爱咨诹，兴利除害，核修武备，拯恤流民。务俾德泽下究、疾苦上闻，其诏赦新闻、蠲减各款事宜，即令着实举行，毋致废阁壅蔽。地方有贤才即举，奸猾速除，不时奏报以示惩勤。其有宗藩客徙、庶众流移，尤当多方供奉赈恤，毋俾失所。至于军费烦兴，凡见征、带征、京边等项，应差官昼夜督催，用济急需。如有贪官污吏虐法峻刑、剥民肥己，与夫兵骄将劣、伍缺备弛者，文官自府州县而下就便挐问，武官自参游而下协同抚、按军法重处。其布按、监司等官，指实参奏，以凭提究。敕内阁载未尽事宜，听尔临时裁酌，便宜举行。尔其殚忠悉虑，俾地方安靖，寇贼郭清，泞膺懋赏。如或踸尝袭故，狥情养奸，罪有所归尔。其勉哉！……丁酉，祁彪佳病免。"

旧谱:"六月二十三日,到苏松巡抚任。先生报代疏云:'国难方张,大仇未复。皇上为乾坤再造之时,微臣有股肱三辅之任。以地形,则负海枕江,伏莽扬波;以民力,则三空四尽,皮穿髓竭;以习俗,则士嚣民悍;以吏治,则文恬武嬉。整顿最难,补苴无策。臣于此不敢自有其身家,惟与士民共身家;不敢自有其性命,惟与将吏共性命。夫身家尚不自有,又何有货贿!性命尚不自有,又何有情面!此臣剖心沥血之诚,可矢诸天日者也。惟是赋才既庸,具识复暗;军旅未习,学问未深。共济必藉夫贤才,固圉必资其劲旅。凡请补将吏、调济军寔,自当勉图其所急,要非旧贯之可拘。倘不稍宽文法,恐难转布微诚,如掣肘之未除,纵鞠躬而无补。伏乞言无微而不收,事有呼而必应,庶涓埃可效,而驽力可勉也。'疏入,一如所请。适三吴变作,人心汹汹。高杰兵扰扬州,士民奔避江南,奸民乘机剽夺。众谓先生威德在吴,遂推先生安抚三吴。初八日,领策命。次日行。抵句容,闻三吴城门昼闭,上下岌岌。先生露布所属郡邑,首言社稷已有长君,伦序极正,臣民允戴;再言奉命安抚,专事殄暴抚良,墨吏则径褫,奸宄则立斩。吴人闻先生复临,大惊喜,相劝戒,人心遂定。至京口,即设先帝后位,集郡人哭临。先生哭必尽哀,无不感泣。先生又以'江北固守,中原无寇'播告合属,安人心。是日,集诸生于庙,先生自讲辨上下、定民志之大义,大义凛然,诸生感动。出见难民纷然,遂多方安辑之。次日,大集郡人,询地方疾苦,以次除去,释狱囚之可矜者数十人。至丹阳宣诏,大会邑人,先生首揭忠孝大义,又言忠孝心不可昧,忠孝名不可矜,若借锄逆逞私怨,借勤王聚不逞,此法所必诛,不以名贷也。时械乱民至,立斩三人。抵宜兴,士民闻先生至,如更生,焚香迎数十里,趾相错,先生每停车慰劳之。入县,立枭逆奴数人以徇。所至宣布赦文,甄别有司贤否,于是诸邑倡乱者皆望风敛迹。"

《祁彪佳集》卷十所附明祁熊佳撰《行实》:"六月,升大理寺丞,转都察院右佥都御史,巡抚苏、松等处。"

清邵廷采《思复堂文集·碑传·明巡抚苏松副都御史世培祁公传》:"时三吴不逞多托勤王寻怨,朝议以公威望在吴,拜右都御史巡抚苏松。"

清李清《南渡录》卷一:"己巳,升御史祁彪佳为都察院右佥都御史,巡抚苏松地方。"

明谢晋撰《右佥都御史巡抚祁公传》:"监国正位,晋寺丞,安抚毕,即留公巡抚。公复力辞不许,乃上疏云:'国难方张,大仇未复,皇上际乾坤再造时,微臣当股肱三辅任。以地形,则负海枕江,伏莽扬波;以民力,则三空四尽,膏枯髓竭;习俗士嚣民悍,吏治文恬武嬉。臣于此不敢自有其身家性命,而与士民将吏共。身家不有,何有货贿?货贿不有,何有情面?此臣剖心沥血之诚,矢诸天日也。惟是共济必藉贤才,固圉必资劲旅,凡请补将吏,调剂军实,当图其所急。倘不稍宽文法,纵尽瘁奚补?'时正人尚多在朝右,疏入,如公请。"

同日,上《新政要在明刑持平,贵有专责,谨陈诏狱、缉事、廷杖三大弊政,伏乞明旨禁革,以收拾人心,光照盛治事》,疏论充设东厂弊端。

疏见《江南疏抄》,七月初二奉旨。亦收入《祁彪佳集》卷一,题名《陈三大弊政疏》。冯梦龙《甲申纪事》卷九收录为《三大弊政疏·祁彪佳浙直安抚》。

据日记及清夏燮《明通鉴》,时明廷议复设东厂缉事。刑科给事中袁彭年上疏非之,被责为狂悖沽名,谪浙江按察司照磨。彪佳是日仍拜疏极论其弊,疏略曰:"洪武初,官民有犯,或收系锦衣卫。高皇帝见非法凌虐,焚其刑具,送囚刑部,是祖治原无诏狱也。后乃以罗织为事,虽曰朝廷爪牙,实为权奸鹰狗。举朝尽知其枉,而法司无敢昭雪。惨酷等来、周,平反无徐、杜。此诏狱之弊也。洪武十五年,改仪鸾司为锦衣卫,专掌直驾侍卫等事,未尝令缉事也。永乐间设东厂,始开密告门。飞诬及于善良,招承出于私拷。欲绝苞苴而苞苴弥甚,欲清奸宄而奸宄益多。此缉事之弊也。古者刑不上大夫,逆瑾用事,始去衣受杖。本无可杀之罪,乃蒙必死之刑。朝廷受慢谏之名,天下反归忠直之誉。此廷杖之弊也。"后大学士姜曰广为此疏拟谕旨,群阁挠之,曰广曰:"缉事不除,宗社且不可知,何厂卫之有!"乃改命五城御史体访,而罢缉事官不设。

清邹漪《启祯野乘二集》卷一《姜阁学传》:"御史祁彪佳疏论三大弊政,公票拟许禁革,著为令。内发改票,公(姜曰广)力争,谓:'缉事不除,宗社且不可知,何有厂卫?'不听。"按,此所称御史祁彪佳,或因与计典事毕出京所上三大弊政事混同了。清陈鹤《明纪》卷五十八《福王始末》:"设厂卫缉事官。巡抚苏松都御史祁彪佳上疏极言其弊。姜曰广拟俞旨,群奄共挠之。曰广曰:'缉事不除,宗社且不可知,何厂卫之有?'乃改命五城御史体访,而缉事官不设。"

旧谱:"诏设厂卫缉事官。先生上言:'洪武初,官民有犯,或收系锦衣卫,当事者因非法凌虐,高皇帝乃于二十年焚其刑具,送囚刑部,是祖制原无诏狱也。后乃以罗织为事,虽朝廷爪牙,实权奸鹰狗,举朝尽知其枉,而法司无敢雪。惨酷等来、周,平反无徐、杜。此诏狱之弊也。洪武十五年,改仪銮司为锦衣卫,专掌直驾等事,未尝令缉事也。永乐间,诏立东厂,始开告密门。无籍凶徒,投为厮役。赤手巨万,飞诬遍及。善良招承,出于私拷,怨愤满乎京畿。欲绝苞苴而苞苴弥盛,欲清奸宄而奸宄益多。此缉事之弊也。

若夫刑不上大夫,祖宗忠厚立国之本。及逆瑾用事,始去衣受杖。刑章不归司败,扑责多及直臣。本无可杀之罪,乃蒙必死之刑。血溅玉阶,肉飞金陛。班行削色,气短神摇。即恤录随颁,已魂惊骨散矣！朝廷徒受愎谏之名,天下反归忠直之誉。此廷杖之弊也。'疏奏,大学士姜曰广拟俞旨,群奄共挠之。曰广抗疏力争曰:'缉事不除,宗社且不可知,何厂卫之有！'乃命改归五城御史随时体访。"

清温睿临、李瑶撰《南疆绎史》勘本卷十四列传第八《祁彪佳传》:"奄人欲复厂卫。彪佳言诏狱之弊,以锻炼为工,罗织为事,虽朝廷爪牙,实权臣鹰犬,惨酷等于来、周,平反从无徐、杜。缉事之弊,招承多出于拷掠,怨愤充塞于京畿,欲绝苞苴,苞苴弥盛,欲清奸宄,奸宄益多。廷杖之弊,刑章不归司寇,扑责多及直臣,朝廷徒受愎谏之名,天下反归忠直之誉。三者弊政,当永行禁革。廷臣亦多谏者,姜曰广复力持之,乃止。"清李清《南渡纪事》卷上所述略同。

清查继佐《罪惟录》列传卷之十二《祁彪佳郭符甲》:"既以新政刑罚未平,疏弊政三事:'曰诏狱,曰缉事,曰廷杖。洪武中,锦衣以不法凌虐为能,二十年,乃令焚其刑具,以所系囚送刑部审决,是祖制原无诏狱也。后乃以武健或内臣之亲属任其事,深文诬抵,求称上指,有举朝尽知其枉,而法司无肯雪其冤,酷惨等于来、周,平反从无徐、杜。此诏狱之大弊也。且锦衣卫初名护銮司,专直侍卫等事,未尝有所谓缉事也。自东西厂设,始有告密之端。行金而买事件,虽勇若孟贲,廉如公绰,一经煅炼,面目已非;匿名指罪,冒籍上书;狱词屡易,买讲百端。此缉事之大弊也。自刑章不归司败,夏楚烦及至尊,本无可杀之罪,反罹必死之刑,血渍玉阶,肉飞金陛,国体云何？此廷杖之大弊也。'"清计六奇《明季南略》卷四《祁彪佳请革三弊政》以及清李清《南渡录》卷二亦皆论述之略同。

清陈济生《天启崇祯两朝遗诗小传·祁忠敏公》:"又上疏请除诏狱、缉事、廷杖诸弊政,为朝廷所忌,遂谢病归。"

清邹漪《明季遗闻》卷二:"御史祁彪佳论诏狱、廷杖、缉事三大弊,许禁革,发改票,同官王铎言:'吾辈志在报国,若苟且因循,害民误国,腕可断,此旨不可拟也。'曰广揭称:'臣所守者朝廷之法度,一官之职掌,臣死不敢奉诏。'不听。铎又疏言:'国家新造,人心易涣,当以安静为主。厂卫应行禁止。'不听。弘图票拟,正宸等争。……升祁彪佳为金都御史巡抚苏松。"

清邵廷采《思复堂文集·碑传·明巡抚苏松副都御史世培祁公传》:"在都谏厂卫、诏狱、廷杖三事,本朝弊政不可绍述,国门传诵其疏。"

清杨陆荣《殷顽录》卷二《祁彪佳》:"时议复设厂卫、缉事官及廷杖、诏狱二事,彪佳上言:'洪武初官民有犯,或收系锦衣卫,当事者非法陵虐,高皇帝于二十年焚其刑具,是祖制原无诏狱也。后乃以罗织为事,虽曰朝廷爪牙,实则权奸鹰犬,举朝尽知其枉,而法司无敢雪,此诏狱之弊也。永乐间设立东厂,始开告密。无籍凶徒投为厮役,飞诬遍及良善,赤手立致巨万,招承多出私拷,怨愤充塞京畿,欲绝苞苴,苞苴弥盛,欲清奸宄,奸宄益多。此缉事之弊也。若夫刑不上大夫,祖宗忠厚立国之本。及逆瑾用事,始去衣受杖。刑章不归司败,扑责多及直臣,本无可杀之罪,乃加必死之刑,血溅玉阶,肉飞金陛,班行削色,气短神摇,朝廷徒受愎谏之名,天下反归忠直之誉。此廷杖之弊也。'疏上,群阉共挠之,姜曰广力争,乃命五城御史体访,诏狱、廷杖亦迄不行。"清邹漪《明季遗闻》卷二,清王鸿绪等撰《明史稿》列传第一百五十《祁彪佳传》,清温睿临、李瑶撰《南疆绎史》勘本卷十四列传第八《祁彪佳》,清汪有典《史外》卷二十二《祁忠敏公传》,清汪有典《明忠义别传》卷二十二《祁忠敏公传》,所述略同。

清张廷玉《明史》卷二百七十五《祁彪佳传》:"诏设厂卫缉事官。彪佳上言:'洪武初,官民有犯,或收系锦衣卫,高皇帝见非法凌虐,焚其刑具,送囚刑部,是祖制原无诏狱也。后乃以罗织为事,虽曰朝廷爪牙,实为权奸鹰狗。举朝尽知其枉,而法司无敢雪。惨酷等来、周,平反无徐、杜。此诏狱之弊也。洪武十五年,改仪銮司为锦衣卫,尚掌直驾侍卫等事,未尝令缉事也。永乐间设立东厂,始开告密门,凶人投为厮役,赤手钜万,飞诬及于善良,招承出于私拷,怨愤满乎京畿。欲绝苞苴,而苞苴弥盛;欲清奸宄,而奸宄益多。此缉事之弊也。古者刑不上大夫,逆瑾用事,始去衣受杖。本无可杀之罪,乃蒙必死之刑。朝廷受愎谏之名,天下反归忠直之誉。此廷杖之弊也。'疏奏,乃命五城御史体访,而缉事官不设。"张廷玉《通鉴纲目三编》卷四十称:"八月,明设厂卫、缉事官,寻罢之。……苏州巡抚祁彪佳亦上疏极论其弊。"其余记述与《明史》略同。

清徐开任《明名臣言行录》卷九十四《巡抚祁忠敏公彪佳》:"南都方议设厂卫,公力陈诸弊政,上从之。"

二十三日,陈子龙以兵科给事中原官召用,将入南京,途中来晤。

据日记。

是年《抚吴尺牍》有《陈子龙》函,托子龙推荐地方人才。又有《与夏彝仲》:"弟某已于二十三日交待矣,力小任重,时虞陨越。顷与范上舍相商,有一大关切事,乞老年翁与酌行之。盖非老年翁有心世道不能行。所以为封疆、为桑梓，非但为弟也。事有端绪，□乞老年翁同范生一至京口，共酌守御之策；倘老年翁考内不能来，乞力促范生必于初旬内相晤。不胜翘望。"作于左近。

二十四日，具疏《钦差总督粮储，提督军务、巡抚苏松等处地方、都察院右佥都御史祁，谨奏报到任日期，恭谢天恩，兼陈愚悃，仰祈圣鉴事》。

据日记。疏见《督抚疏稿》，七月初九奉旨。疏云："伏念国艰方张，大仇未复，皇上正在乾坤再造之时，微臣乃有股肱三辅之任。以地形，则定海枕江，最多伏莽扬波之衅；以民力，则三空四尽，实有皮穿髓竭之悲；以习俗，则士嚣民悍，尤虑飞扬凌兢之忧；以吏治，则文恬武嬉，已成纲解组弛之象。整顿最难，补苴无计。臣于此不敢自有其身家，惟与士民共身家；不敢自有性命，惟与将吏共性命。夫身家尚不敢自有，又何有于货贿；性命尚不敢自有，又何有于情面。此臣剖心沥血之愚诚，可以矢诸曒日，以期勉副皇上之任使者也。"

以新帝登极，诏中有咨访人才一款，乃作檄、函访求人才。设筒纳言，设招贤馆养士。

据日记，六月二十五日，置二匦于礼贤馆之门，令规箴过错者投书左匦中，条陈时事者投入右匦。

旧谱："广受言。先生设二筒于辕门，书曰：'直言规本院者，投左筒；悉心议利弊者，投右筒。'日收数十通，可采者汇以成书，次第兴举。逸群之才，必虚心延见之。礼贤士。又于治左设馆曰'礼贤'以待聘，至贤士兴居服膳，特设一官经纪之，礼略崇卑，皆角巾野服，具宾主。"

《祁彪佳集》卷十所附明祁熊佳撰《行实》："巡抚苏、松，到任，疏云：'国艰方张……惟是共济必藉贤才，固圉必资劲旅，凡请补将吏，调剂军实，当图其所急，倘不稍宽文法，纵尽瘵奚补。'从之。于是设筒以广受言，开馆以礼贤士，优廪以储将才，轻赋以定经治制。"

明谢晋撰《右佥都御史巡抚祁公传》："又开馆礼士，设筒受言。民隐既上通，而士至者人人自以为得祁公欢，毕献其谋计。"

明张岱《石匮书后集》卷三十六《刘宗周祁彪佳列传》："又开馆礼士，设筒受言。民隐既上通，而士至者人人以祁中丞为亲己。"

清邵廷采《思复堂文集·碑传·明巡抚苏松副都御史世培祁公传》："抚吴六月，城守兵食咸有成绪，四方谋议忠志之士群造幕府。"

清陈济生《天启崇祯两朝遗诗小传·祁忠敏公》："公受事六阅月，开馆礼士，设筒受言，日夕拮据。"

清徐开任《明名臣言行录》卷九十四《巡抚祁忠敏公彪佳》："三吴财赋甲天下，自乱后半为吏胥所侵，公疏请专官清核。又设礼贤馆，聘名士顾杲等绸缪国计。以忧劳成疾乞归。”

　　清阮元《两浙輶轩录》卷一有《昭庆寺遇范树镔》，题下注："范受知祁忠敏公，时出诗集相示。"诗云："尚书旄节镇三吴，才子从军似酒徒。未死文章瞻北斗，重逢涕泪满西湖。看碑羊祜闽天远，挂剑徐君越峤孤（范客闽，有《过忠敏碑下》诗，兼订展墓）。长路驱人艰会面，迷方迟尔寄明珠。"

　　清彭绍升《二林居集》卷二十三："玉遮公德先，字敬舆，蓼蔚公子也。生万历中。……祁忠敏公抚江东，开礼贤馆招士。公乃上书陈兵食事宜，并请蠲苛税。祁公得书惊异，命府司具币延公，属公厘正赋役。综故籍，斟酌出入为书。书垂成，祁公罢去。"

　　清冯桂芬《同治苏州府志》卷八十八："彭德先字敬舆，父汝谐，明万历丙辰进士，甫释褐而卒。德先生万历中，偶傥有奇气。……巡抚祁忠敏公彪佳开礼贤馆，德先上书陈兵食事宜，并请蠲苛税。彪佳得书惊异，延德先厘正赋役，综故籍，斟酌出入为书。书垂成，彪佳罢去。国朝定，江南故籍散失，司理沈以曦复请德先因前书为据，顺治二年厘定，赋额悉委德先。晚岁出入震泽之滨，晨烟夕霭，啸歌自得，自称渔叟。已而买地玉遮山，更号玉遮山樵。康熙四年卒，年七十有六。"

　　二十八日，誓师，张誓文，以不贪为戒。以地方多事，不可无兵，于军中选拔奇勇人才。

　　据日记，二十六日，颁誓师仪注。二十八日，戎服乘马出誓师。季超兄同内参谋王大含（谷）、任君平、高圆公、浦剑仙，外参谋沈君牧、孝廉翁汉麐、马文治亦乘马以从，各将官皆边扮，诸营列阵以待。至演武场，先张誓文，有"取一钱入己，一身二子得身首异处之报"语，率副总兵吴志葵、蒋若来祀旗纛及关公，又呼诸将面谕以同仇之义，有进无退，乃杀牛沥血，分班歃血。各班以犒赏事讫，仍乘马以归。是日军容颇壮，合城倾观。二十九日，将各营兵并为标下左、右、中、前、后五营，余各五百标，中一千标，中之兵力必在六百斤以上，其九百斤上者则拔为冲锋官。七月十四日，午后与吴志葵验营兵，以力气在六百斤以上者拔入标中营。二十日，张告示招用艺高勇猛者，优其职饷，来投者五十六人，乃于教场试之。二十三日，有来投军者，补试其刀法、力气。二十六日，阅投军壮士所上策论。二十八日，以旧部下为一案，新拔用者另为一案，颁公告申明秉公拔用之意，增添取用名额，并加粮饷馈给。八月二十六日，午后与骏佳及诸参谋至礼贤馆试验冲锋官技勇，有腹压六百斤石又能立六人于上者。九月十二日，偕骏佳及理孙、班孙至礼贤馆试人才。此后，弘光乙酉（1645）四月初三日，得吴江令叶君翼云书，浦剑仙附一书,知张蓬元(凤翔)励精为治,即欲聘戴见龙、任君平。

王大含,尊经阁藏《寓山志·题咏》存其五古《寓山题咏》,注:"王谷,大含,山阴。"

旧谱:"誓师。二十八日,出誓师于演武场。先生戎服登坛,告诸将吏以君臣大义,激以同仇必报,谕以进生退死。誓文有云:'凡尔人才,与将吏共进之;凡尔金钱,与将吏共享之。如或以关说用一人,私囊入一钱,则一身二子,皆报以身首异处。'每一语必涕泪横流,将吏呼声动天地。是日军容颇盛,倾城堵观,父老叹谓仅见。""选奇勇。先生谓兵常数十倍而百不足当一者,兵不精也。遂仿岳家军遗意,令各营挑剔并悬格召募,上格为为冲锋官,次拔为标兵选锋。三吴奇勇鼓舞效用,得冲锋官百人,选锋五百人,绝力中稍知兵法善骑射者,拔为亲将,在肘腋,亦得二十人。给糈亦视为轻重,遇战则糈重者先登,一时壁垒为南兵之冠云。""储将才。又设厅事于治前,曰'储将',凡宿将闲居者,皆聘至候举用。又设韬钤、勇力、骑射、技击四科,以收草泽,具三四科者,常拔而优崇之。自先生抚吴而谋略技勇几无遗才。"

《祁彪佳集》卷十《遗事》引清董旸撰传云:"始誓师,悬格募技勇。得冲锋百,选锋五百,设标营五,营士五百。择其中习兵法、善骑射者为亲将,给廪如之。与约,战则厚糈者先登。咸挑刀走戟,人卖其勇。一时壁垒改观。"

明谢晋撰《右金都御史巡抚祁公传》:"于是始誓师,悬格募技勇。得冲锋百,选锋五百。设标营五,营士五百。择其中习兵法、善骑射者为亲将,给廪饩如之。与约,战则厚糈者先登。咸挑刀走戟,人贾其勇。一时壁垒旌旗,改观易色。"

清毛奇龄《西河文集》传四《明少傅兵部尚书前巡抚苏松都察院右副都御史祁公传》:"遂募士为苍头军,亲教战。"清陈鼎辑《东林列传》卷十一同其说。清温睿临、李瑶撰《南疆绎史》勘本卷十四列传第八《祁彪佳》下引《摭遗补传》亦同。

清邵廷采《思复堂文集·碑传·明巡抚苏松副都御史世培祁公传》:"乃募人为苍头军,亲教战。"

清徐鼒《小腆纪传》卷十五列传第八《吴伯默》:"吴伯默字志讷,泰顺人。倜傥尚义,才智过人,商于苏。甲申(1644)三月闻国变,倾装助军,效力行间。巡抚祁彪佳授太仓营千总,奉檄教苍头军战法。江苏破,不知所终(泰顺林用霖增补)。"

清计六奇《明季南略》卷十《浙纪·祁彪佳赴池水》:"十七年甲申五月,公与史可法等决计定策,以公旧有威德于吴,命奉敕安抚,寻晋大理寺丞,即留为巡抚。首募技勇，设标营五，营各五百人，缘江要害，增置屯堡。公受事六阅月，开馆礼士，设筩受言，日夕拮据。又上疏请除诏狱、缉事、廷杖诸弊政，为朝廷所忌，遂谢病。"清陈济生《天启崇祯两朝遗诗小传·祁忠敏公》略同之。

清祁昌徵撰《先考奕庆府君行略稿》云："岁甲申，忠敏公以节钺抚苏松，督沿江诸军，携先府君（理孙）于任。……公承制得自署将帅，府君则时入军中与诸将游，默识其技勇以告，而次第拔之。"

明顾杲撰《悟秋草堂诗集》卷首附《子方公家传》："甲申福王立，大钺骤柄用，公犹无所顾虑，作万言书名曰《号忠》上于当事。祁彪佳抚吴，嘉其义，筑礼贤馆招之，保护之甚至。彪佳去，公及揭中诸人俱被逮，下狱几不脱。"又，清朱彝尊《曝书亭集》卷第四古今诗"顾杲"条下注："字子方，无锡人。有《悟秋草堂诗集》。崇祯戊寅，南国诸生百四十人具《防乱公揭》请逐阉党阮大钺，子方实居其首。有云：'杲等读圣人之书，明讨贼之义，事出公论，言与愤俱，但知为国除奸，不惜以身贾祸。'大钺饮恨刺骨，而东林复社之仇在必报矣。大钺名在《东林点将录》，号没遮栏；而闽人周之夔亦注名复社第一集。阮露刃以杀东林，周反戈以攻复社，君子择交不可不慎于始也。子方《杨柳枝》一词若似乎为阮、周而作者。词云：'滚滚飞花下夕阳，从前春事一时伤。东皇纵欲重收拾，恼煞沾泥更不香。'"

是月起钱谦益为礼部尚书，协理詹事府事务。改徐石麒为吏部尚书，石麒原以左都御史召，未至而改之。

据清夏燮《明通鉴》。

七月初二日，作致都中各衙门报代书，报任巡抚之职。

《抚吴尺牍》有《马老爷报代书》致马士英："晚生某某，樗才弱质，按抚之役，弗克胜任。复荷圣天子宠畀，老公祖阁下嘘培，委以重寄，受命之日，不觉饮冰。盖三吴襟江带湖，昔但联络留都，今直拱卫宸极。且藩篱失而跨淮之防急，伏莽多而保江之虑深……朝廷以四郡别开一抚之意，斯所祷祀以求思附中兴元老之末尘以自见者也。敬因报代，三重九顿，上记黄扉，伏祈垂神。门生某某，曷胜驰仰之至。"当即此时作。

初四日，福王追谥其祖母郑贵妃曰孝宁太后，考福恭王曰恭皇帝，上嫡母邹氏尊号曰恪贞仁寿皇太后。

据清夏燮《明通鉴》。

初八日，上疏《请设饷司官员事》，请授郭符甲户部司官，并加兵部衔以便清饷、核兵；《请更要地郡守事》，以苏州原推知府林日光受事逡巡，请另选原任太仓知州刘士斗或原任户部主事王忠孝任其职。疏请调新选福建光泽县未任知县钱默补嘉定县令之缺,以原任江西万安县丁忧服阕知县沈捷补丹阳令之缺,以原任山西河津县丁忧服阕知县许宸补常熟县事,太仓州同知陈淳勤当拔补相应一官;《请补剧郡刑官事》,请任原任广东府推官颜俊彦为松江府事。

据日记。诸疏皆见《督抚疏稿》,皆七月十九日奉旨。

同日,平定京口马兵之乱,优恤受难百姓。上疏《客兵相激聚斗,地方焚劫甚惨,据实纠参,仰请圣鉴,并乞申饬,以安重地事》,请敕下督辅史可法,察其首恶,斩于永绶,传首受害地方。

见《督抚疏稿》,七月十三日奉旨。疏奉旨曰:"以后兵将调集地方的,悉著该抚节制。张调鼎量行惩处。"

详情综参清夏燮《明通鉴》与日记:初,国变后,官兵鳞集京口,史可法出扬州督师,南京随征将官于永绶、刘肇基、陈可立等家眷及亲丁暂住京口,为高杰所部,而不服杰管。于永绶客军驻京口,部下攫丹阳市钱,黄之奎部下将官李大开不平,与之斗,战死。遂至两军相激聚斗,黄之奎亦受箭伤。于永绶马兵烧劫京口西关数百家,常熟、镇江守备官闭城以守。五月二十六日,祁彪佳得报京口之乱。六月十三日,至京口。常熟、镇江守备张调鼎惧有变,屡促彪佳往慰,以巡抚敕文及印信未至不便行事,先遣人刺探情形。史可法专札托以其部下。函复之,且以京口禁约达之。二十七日,于永绶率军欲扬帆至仪真,彪佳部下设防将官唐禾、张宿追击,夺回辎重、妇女,南都震动。七月初一日,令人至京口刺探烧杀情形。初二日,与参谋酌草报马兵焚掠疏稿。初四日,得报京口乱兵已去。初六,抵京口,戎服出慰西关被害各家,发银令丹徒令优恤受害者。二十一日,史可法因马兵焚劫事,遣使者赍银恤民,会之校场。

清李清《南渡录》卷二:"癸巳,镇江于永绶等兵乱。督辅可法部将四人刘肇基、陈可立、张应梦、于永绶皆以功迁镇帅,加官衔。而永绶犹杰黠,相与统骑兵百余、舟二百余从可法北征,驻扎京口。会浙抚所调都司黄之奎亦部水陆三四千戍其地。之奎安静,独镇兵横。偶一骑买民瓜,半予价,民詈之,刀砍民。浙兵怒,缚买瓜者投江中,遂大隙。六月二十六日,浙续发防江兵至,守备李大开率之,怒镇兵冲道,砍其马,杀兵二三人,马负创驰本营,镇帅知有变,率兵与大开相击,他浙营坐视莫援,大开矢洞胁死。镇兵乘机焚掠,死者约四百人,罄掳财物。抚臣祁彪佳闻乱从苏郡整部伍疾至,永绶等兵闻风亟遁,彪佳兵追之,所收资货衣甲甚众。奏闻,命四将由六合趋可法军前听核治而已。未几,移驻仪真,镇江民始安。"

旧谱:"走乱兵。先是,史公可法寄骑兵数千于京口,土人防之过严,挟愤,适浙将恃勇相激愤,遂斗。浙将战死,兵溃,骑兵因乘势焚掠。夜二鼓报至,先生即移书兼程进,时履任方八日,骑兵将为乱,侦伺见选锐及军威,意慑,闻移镇,即乘舟遁。水师覆其数舟,斩级数十。先生至润,不入署,即单骑视焚劫地,劳问被难,给以金钱。道使者为先生闽中士,不以私谊宽,核令镱级带罪理事,属吏皆服先生之公。"

《祁彪佳集》卷十所附明祁熊佳撰《行实》:"先生时履任方八日,闻报,昼夜兼进。骑兵闻先生移镇,即乘舟遁,覆其数舟,斩级数十,变遂定。先生即单骑视焚劫地,劳问被难居民,计户给金钱,民赖以安。"

明张岱《石匮书后集》卷三十六《刘宗周祁彪佳列传》:"三吴变作,廷推彪佳往安抚。初八日,领敕即行。抵京口,斩抢犯三人,乱风稍辑。时监国已正大位,升彪佳大理寺寺丞,即转苏松督抚。六月,莅任甫八日,史可法有骑兵数千住京口,土人防之过严,蓄怒已久;适浙将恃勇相激,遂愤斗。浙将战死,兵溃;骑兵乘势焚掠,润城外数十里如洗。二鼓报至,彪佳昧爽即行,至润城不入署,单骑视焚劫地;劳问居民,计户给钱偿之。"

明谢晋撰《右佥都御史巡抚祁公传》:"先是史公可法命刘肇基等四将统骑数千从征,止京口未行,愤土人不顺己,业心恨之。会浙将李大开统兵至,见骑卒攫民瓜果,心不平,恃勇相激斗。大开战死,遂乘势焚掠。二鼓报至,公昧爽即行,时履任甫八日。骑密侦苏,见军威甚盛,闻公专发,即乘舟遁水;师覆其舟,斩级数十,遂定。公即单骑至焚劫地,劳问居民,计户给金钱偿之。"

清四明西亭凌雪撰《南天痕》卷八列传九:"镇将于永绶等驻镇江,强攘民物,浙兵见之不平,相激而斗。浙将战死,镇兵乘势焚掠,居民被害者十余里。彪佳闻之,率兵自苏州昼夜兼驰而至。镇兵怵其威名,乘舟遁。斩首数十,变遂定。"

清王鸿绪等撰《明史稿》列传第一百五十《祁彪佳传》:"督辅史可法部将刘肇基、陈可立、张应梦、于永绶驻京口,浙江入卫都司黄之奎部水陆兵三四千戍其地。之奎御军严,四将兵恣横,刃伤民,浙兵缚而投之江,遂有隙。已而守备李大开统浙兵斫镇兵马,镇兵遂与相击。大开中矢死,乱兵大焚掠,死者四百人,民财罄尽。彪佳疾至,而永绶等遁去。奏闻,命四将赴可法军前听核,不能罪也。彪佳行视被难家,赒恤备至,民咸悦。"

清张廷玉《明史》卷二百七十五《祁彪佳传》:"督辅部将刘肇基、陈可立、张应梦、于永绥驻京口，浙江入卫都司黄之奎亦部水陆兵三四千戍其地。之奎御军严，四将恣横，刃伤民，浙兵缚而投之江，遂有隙。已而守备李大开统浙兵斫镇兵马，镇兵与相击，射杀大开。乱兵大焚掠，死者四百人。彪佳至，永绥等遁去。彪佳劾治四将罪，赒恤被难家，民大悦。"又，张廷玉《通鉴纲目三编》卷四十《明镇江兵乱》、清傅恒《通鉴辑览》卷一百十六《明镇江军乱》所述略同。

清温睿临、李瑶撰《南疆绎史》勘本卷十四列传第八《祁彪佳》："督辅史可法部将刘肇基、于永绥、陈可立、张应梦驻防京口，浙江入卫都司黄之奎亦部水陆兵数千戍其地。之奎御军严，四将兵恣横，尝刃伤士民，劫夺财物，浙兵见之不平，缚而投之江，相激起斗。浙将中矢死，京口兵乘势焚掠，死者四百人，民财罄尽。彪佳闻之，自苏昼夜兼驰至，永绥等怵其威名，乘舟遁。斩首数十，变遂定。奏闻，命四将赴可法军前听核。彪佳巡视被难家，赒恤备至，民咸悦。"

清计六奇《明季南略》卷五《边镇诸将》："（甲申六月）十八日甲申，北将于永绥等领马兵千人驻扎镇江，浙江都司黄之奎领步兵至止其地。及京口营兵与各路零卒分扎西门外与教场等处，类聚繁杂。平日与市铺交易，未免争较锱铢，遂各怀嫌忿。复因马兵以贱值攫小儿瓜，相持不让，兵伤儿额，道路不平，攒殴之，缚而掷之江。马兵攘臂欲得首事者甘心焉，问之，则浙兵，后多深以为恨，呼党攻斗。忿然驰马来，路遇浙营守备李大开，呵之不下，大开怒抽矢射之中数人。马兵谓浙营兵将皆欺我，群起攻杀，大开中矢伤重即毙。时浙兵于道上有窜隐民家者，马兵借端挟索，恣其淫掠，焚东门外民居数十里。马兵有云：'四镇以杀抢封伯，吾辈何惮不为！'仇杀不解，几成大乱。祁抚军环甲驰往弹压，地方以安，而马兵旋为史阁部调去仪真安插，其事得解。事闻上，以于永绥等四将驰千余兵纪律不彰，仇杀骇听，宜速处其首衅者，令赴史可法军前核治。可法下令，总镇官处分起事兵丁一二名而已。"

清徐开任《明名臣言行录》卷九十四《巡抚祁忠敏公彪佳》："副将于永绥兵乱镇江，檄参将鲁之玙定其变，恩威大著。"

清陈济生《天启崇祯两朝遗诗小传·祁忠敏公》："会督师标兵纵掠镇江，杀浙将李大开。公单骑驰至，次第伏法。于是缘江要害，增置屯堡。时江北四镇各拥兵跋扈，慑公威望，无敢以一卒渡江扰民者。"

清陈鼎辑《东林列传》卷十一："适兴平兵攫丹阳市钱，浙兵勤王者不平，斗而伤，军民大噪，城闭。彪佳率苍头驰治，斩兴平兵。"清汪有典《史外》卷二十二《祁忠敏公传》、清汪有典《明忠义别传》卷二十二《祁忠敏公传》所述略同。

按，京口马兵之乱，实史可法部下所为，与高杰所涉微。从日记可悉知，彪佳约会高杰，并非为此事所激，而是欲结盟通江，保证京口驻地安全。明祁熊佳撰《行实》言及此事仅记曰："先是骑兵寓京口者强攫民物，浙将见之不平，遂相激而斗，浙将战死，骑兵乘势焚略。"并未以此关涉高杰。而毛传却云："适兴平兵攫丹阳市钱，浙兵勤王者不平斗而伤，军民大噪，城闭，彪佳率苍头驰治，斩兴平，兴平伯杰凤惮彪佳名，至是忌之，扬言且移兵丹阳以恫彪佳，彪佳却以牒。"邵传又云："兴平伯高杰麾下攫丹阳市钱，浙兵勤王者不平，斗而伤，城门昼阖。公率苍头驰斩杰兵，杰大恚，声言移屯丹阳。牒止之，与约，就会瓜州。"沈传云："高杰据瓜州，意忧忧江南，声言移屯丹阳以恫公，公不为动，牒止之。"清王鸿绪等撰《明史稿》更云："高杰驻扬州，纵兵淫掠，士民奔避，江南无赖民乘机剽夺，廷议以彪佳尝按吴有威望，命往宣谕。斩倡乱者数人，宣布赦文，甄别有司贤否，一方遂安。其月迁大理寺丞，旋擢右佥都御史巡抚江南。"清温睿临、李瑶撰《南疆绎史》勘本卷十四列传第八《祁彪佳》："高杰驻扬州，纵兵淫掠，士民奔避，无赖者乘间剽夺。廷议以彪佳尝按吴，有威望，命往宣谕。斩倡乱者数人，宣布赦文，甄别有司臧否。一方遂安。"皆归罪高杰，无及可法，更不关涉于永缓等人处治事宜。相互抄袭，维护可法，殆为忠烈讳。

同日上《微臣两承钦命，请明带署职衔，以便仰遵诏款，督行奏缴事》。

疏见《督抚疏稿》，七月十九日奉旨。据疏，彪佳五月初八奉诏安抚苏松四郡，一旬后升巡抚，以安抚之务未竟，候代之际仍遍驰各处，又以京口防御事无暇赴京复命，遂奏请于巡抚衔下带安抚一衔，仍用安抚之印，以竟其事。

同日具题《乞恩例请管理以延藩脉事》，请安置周王及其属。

疏见《督抚疏稿》。七月十九日奉旨。

又据日记，五月二十二日，于无锡西门遇周王、崇王舟。二十四日，慰朝周王、鲁王、崇王，以崇王世子为张国维水兵所辱故。七月初三日，奉旨看议周王，时周王船泊锡山，乃同无锡令郭嘉胤至舟次朝之，并为之具疏请安顿。邀吴志葵至京口，料理安插周王及备御之事。

初十日，徐石麒以吏部尚书赴南京，相晤。

据日记。

明徐石麒《可经堂集》卷十二《与祁世培》："治麒自入白门以来，见人情物态、纪纲法度大异曩时，顿违初念，而愤郁之气遂不复禁矣。前在鲈乡舟次蒙老公祖见教，今之时势，必绝尽贿赂、去尽情面，方可有为。麒刻刻以此八字篆之心上，身体力行。而其如跃冶之伦、然灰之子，或乞抚按，或乞勋贵，或乞镇臣，明知其破例而必请旨以压之，明知其侥幸而必通内以强之，甚有求升不已、起而聚讼，求出不已、起而把持。终日在抢攘之境，心气不得恬静，是以前拜覆言，率尔唐突，已而悔之，业已驷不能及矣。惟老公祖原之亮之。"当作于此后不久。

通书四镇，会高杰，申约通长江南北往来。

综参日记和清夏燮《明通鉴》，先是七月十二日，前以马兵之变，京口禁长江渡船，江北深以为不便，史可法曾有疏言此。麃佳至京口，即通书于四镇刘泽清、刘良佐、高杰、黄得功，请开江禁。令以南北江防厅申约，各处官渡给以旗号，通往来，禁私渡。高杰以此颇感激麃佳，麃佳遂托王兆修奉函高杰，约订会期。十三日，外参谋会议，内参谋王兆修、祁骏佳、任君平等亦预之，多劝麃佳勿会高杰，或劝往会高杰时严设戒备，并有请伪作弁从随行者，皆不从。十四日，高杰遣人至，乃同发通江告示。十六日，冒大风抵瓜州，高杰候于大观楼。交拜罢，高杰欲设席，麃佳以思宗之难辞席，遂共饭，互申共奖王室之意。高所言颇有可采处，诉己被扬州人怀疑之冤屈。寻监军太仆万元吉自扬州来，共谈甚欢。万欲高杰举疏责刘泽清，麃佳以为朝中事非镇守将领所宜言，以高杰勿预此事为善，万元吉是之。按，是时，刘宗周疏劾马士英及四镇。刘泽清憾之，草一疏，署高杰、黄得功、刘良佐名而上，言"宗周劝上亲征，谋危君父；阴结死党，迫劫乘舆。如宗周入都，臣等即渡江赴阙，正《春秋》讨贼之义"。疏入，举国大骇。福王传谕"和衷集事，毋自猜疑"。宗周自丹阳闻之，入朝。先是刘泽清疏出，遣人录示高杰，杰曰："我辈武人，乃预朝事邪！"黄得功则疏辩"臣不预闻"，马士英寝不奏。史可法不平，遣使遍诘诸镇，咸曰不知，遂据以入告。刘泽清辈由是气沮，而宗周亦不复安其位。万元吉此行，即为此事。八月初一日，民间布商久绝，苏、松之民窘于谋生，请设立市场，麃佳是其说，与参谋王兆修过江晤高杰，议通商事宜。

麃佳奉函高杰约订会期事，《抚吴尺牍》有《高老爷(杰)书》函可证："南北舟师，各守信地，伏乞台台移一文于弟，使此中将吏知所遵守，彼此始终和辑"云云。

旧谱："慑四镇。时二刘、高、黄四大帅，开藩江北，皆耽耽江左地富饶、且可避北兵锋也。先生至京口，调诸路防兵，抚台浙溃卒。每撤舆从，戎服乘马，杂诸将中阅地利要害，设营寨，沿江百里布置悉周，旬日间军声大振。

四帅咸遣官以玉帛候,先生报书激以大义,感以诚心。先是每以事扰三吴,至是无一卒私渡者。""会高杰。四帅中惟高杰住帅瓜洲,仅隔衣带。……兴平伯高杰方据瓜洲,最号跋扈,夙惮先生威,至是忌之,扬言且移兵丹阳以啁先生。先生因约期越江面会于大观楼。杰意文臣不敢轻离润城,闻订期,已骇,至期风雨大作,杰登楼望,且曰:'未必来。'俄营门噪动,报祁爷来,杰又骇,亟列将士出迎,见先生轻衣缓带,惟随小史数人,又大骇,亦尽撤其将士。先生披肝膈,期以共奖王室,大义凛然。杰唯唯不能措一辞,顿口曰:'杰阅人亦伙矣,如公者,杰甘为公死! 公在吴一日,杰一日遵公约。'置酒,先生以国变辞,共案一饭而别。初先生将行,或谋伏兵金山,或谋以勇士假胥吏,先生笑谢之。江风恶,或劝易期,先生曰:'吾为三吴亿万生灵,死亦何憾!'归舟风愈急,虽仅免,亦屡濒于殆,登岸盖二鼓矣。"

《祁彪佳集》卷十所附明祁熊佳撰《行实》:"时四镇开藩江北,实耽耽江左,闻先生布置周详,军声大振,咸以玉帛来候。先生报书,感以大义血诚。至是不复以事扰三吴,亦无一卒敢私渡者。四镇中高杰跋扈更甚,驻师瓜州,先生订期渡江,会于大观楼。杰意先生文士,不敢轻离润城,至期,风大作,谓先生艰于渡江,及遥见先生轻裘缓带,惟随老胥小史数人,愈骇服,亦尽撤其部下将士。先生披肝膈,勉以共奖王室,杰唯唯曰:'杰阅人多矣,如公者,甘为公死。公在吴一日,杰一日遵公约。'共案一饭而别。归舟,风更急,屡濒于殆。比登岸,已二鼓矣。"

明谢晋撰《右佥都御史巡抚祁公传》:"时四镇虽开藩江北,实耽耽江左。公至京口,相要害,设营堡,浥江百里,不旬日而布置周密。四镇以书币来觇公,公却其币,报书与陈大义,感以至诚,嗣是无一卒渡江扰民者。四镇中高杰最桀骜,驻师瓜洲,垂涎三吴尤甚,公欲以诚感之,乃剋日渡江与会。杰以公文吏,意轻公;及闻公与期会,心严公,然意公不敢至。至期,风大作,复意公不能至。公轻裘缓带,从胥史数人,涉风涛竟至。益骇服公。公至,与握手如平生欢,为言共奖王室,大义凛然,杰大悦服曰:'杰阅人多,如公者,杰甘为死。公在吴一日,杰敢不如约者,有如水。'乃置酒宴公,公以国变辞,为一饭别。初,公将行,有危而止之者,有请设伏金山备不虞者,有谋以勇士假胥史从者,公咸笑谢之。至日,风起涛涌,众劝公改卜日,公曰:'吾失信,何以信人。吾为三吴亿万生灵往,死奚憾。'卒如期往。归舟风益急,屡濒于危,而公夷然履之,无惧色。"

明张岱《石匮书后集》卷三十六《刘宗周祁彪佳列传》:"时四镇虽开藩江北,实耽耽江左。彪佳至京口,相要害、设营堡,缘江不旬日而布置周密。四镇以币交,彪佳却之,报书与陈大义,感以至诚,嗣是无一卒敢渡江者。高杰驻师瓜步,意欲虎踞三吴,彪佳曰:'吾当再以诚感之。'因约期越江,南面会于大观楼。杰意彪佳文士,不敢轻离润城,订期已骇,届期飓风大作,意彪佳决不能至,而小舟破浪、顷刻到岸,传呼曰:'祁都堂至矣!'杰益骇服。及见彪佳,止携老胥一人、厮养一人,杰亦尽撤其部下将士兵。彪佳与握手如生平欢,为言共奖王室,大义凛然。杰大悦服,曰:'杰阅人多,如公者,杰甘为死!公在吴一日,杰敢不如约者有如水!'乃置酒宴中丞。彪佳以国变辞,为一饭而别。彪佳此行,有危而止之者、有请设伏金山备不虞者、有谋以勇士假胥隶从者,彪佳咸笑谢之。是日江风大恶,多劝易期,彪佳曰:'吾失信,何以信人! 吾为三吴亿万生灵往,死亦何憾!'归舟,风益迅,小舟如叶,彪佳毫无难色。"

清四明西亭凌雪撰《南天痕》卷八列传九:"当是时,高杰、刘泽清开藩江北,顾未尝忘情江南也。闻彪佳布置周详,沿江设屯,故不敢猝犯。杰驻师瓜州,寓书约会于大观楼。杰意彪佳文士畏缩,必不敢轻渡江。至期,风且大作,彪佳棹小舟、屏仪卫、从小吏数人出没波浪中,须臾泊岸。杰见之,大惊,下拜曰:'杰不意公之勇如是也。'彪佳勉以共奖王室,慷慨流涕。杰唯唯曰:'闻人多矣,如公者甘为之死。公一日在吴,杰一日湛公约束。'张筵共饮,明日别去。"

清毛奇龄《西河文集》传四《明少傅兵部尚书前巡抚苏松都察院右副都御史祁公传》:"复约会杰于大观楼,时杰踞瓜步、大兴者,瓜步楼也。杰谓彪佳必不至,至期风作,杰笑曰:'祁抚不至,有辞矣。'顷之,隔江帆起破浪,顷刻达岸,传呼曰:'祁都堂至矣。'挝鼓入。杰闻之,大骇,衷甲出迎。及门,见彪佳角巾单衣,携胥隶各一人,又大喜,手挥部士去,劳且拜。坐语久之,起指江誓曰:'公,钜人也! 公在,杰敢越尺寸以溷公者,有如此江!'乃屠宰飨彪佳,彪佳一举箸而别。"清陈鼎辑《东林列传》卷十一所述相同。

清邵廷采《思复堂文集·碑传·明巡抚苏松副都御史世培祁公传》:"杰意公文吏,必不至。及期风作,杰笑曰:'祁抚有辞矣!'顷之,南岸帆起,顷刻破浪到,传呼曰:'祁都堂至。'挝鼓入。杰闻大骇,衷甲迎。公角巾单衣,从隶胥各一。杰愧服,大喜,手挥兵去,劳且拜坐。语良久起,指曰:'公在,杰敢逾尺寸以溷公者,有如大江。'乃约四镇同奖帝室。"

清王鸿绪等撰《明史稿》列传第一百五十《祁彪佳传》:"四镇咸欲寄家江南,惮彪佳威,以书通问,报书感以大义,自是无一卒渡江者。高杰据瓜洲,尤跋扈,彪佳克期往会。至期,风大作,杰谓彪佳必不敢渡。彪佳携吏卒数人往,杰大骇异,尽撤兵卫,会于大观楼。彪佳披肝膈,勉以共奖王室。杰曰：'杰阅人多矣，如公，杰甘为死。公一日在吴，杰一日遵公约。'共饭而别。"清傅恒《通鉴辑览》卷一百十六《明分置应天苏松巡抚》所述略同。

清张廷玉《明史》卷二百七十五《祁彪佳传》："高杰驻瓜洲，跋扈甚，彪佳克期往会。至期，风大作，杰意彪佳必无来。彪佳携数卒冲风渡，杰大骇异，尽撤兵卫，会彪佳于大观楼。彪佳披肝膈，勉以忠义，共奖王室。杰感叹曰：'杰阅人多矣，如公，杰甘为死！公一日在吴，杰一日遵公约矣。'共饭而别。"又，张廷玉《通鉴纲目三编》卷四十《明分置应天苏松巡抚》所载录略同。

清温睿临、李瑶撰《南疆绎史》勘本卷十四列传第八《祁彪佳》："当是时，高杰、刘泽清开藩江北，顾未尝忘情江南也。闻彪佳布置周详，沿江设屯，惮其威望，未敢犯。各以书通问，报书感以大义。自是，无一卒渡江者。杰驻瓜洲，尤跋扈，尝以书剋期会于大观楼。杰意彪佳文士畏缩，必不敢轻渡江。至期，风大作，彪佳棹小舟、屏仪卫，从小吏数人出没波浪中，须臾泊岸。杰见，大骇异，尽撤兵卫，下拜曰：'不意公之勇亦如是也！'彪佳披肝膈，勉以共奖王室，慷慨流涕。杰曰：'杰阅人多矣，如公者，甘为之死！公一日在吴，杰一日遵公约束！'张筵欢饮，明晨别去。"

清杨陆荣撰《殷顽录》卷二《祁彪佳》："高杰驻扬州，纵兵淫掠，命彪佳宣谕，杰为斩为首者数人，一方稍安。是月擢大理寺丞，旋擢右佥都御史，巡抚江南苏州。……四镇咸欲寄家江南，惮彪佳威望，先以书通问，彪佳剋期往会。至期风大，无一卒渡江者，高杰尤桀骜，彪佳懦必不报渡，彪佳携数卒往，杰大骇异。彪佳勉以共奖王室，杰曰：'杰阅人多矣，如公，杰甘为死。'"

十七日，上疏《乞升补要地郡守事》，请升常州同知闵自寅补知府职；《恳留贤佐以安要地事》，请留任原扬州江防同知，升任安庆知府庄祖诲，或兼金事监军职衔照旧管事，或另设一道于瓜州以任之。

据日记。诸疏见《督抚疏稿》。前七月十九日奉旨。后疏七月二十一日奉旨。

同日，拜发《汇报常州府殉难诸臣，仰祈圣恩恤录事》，为殉难之马世奇、王章、刘熙祚、金铉、王孙兰求恤。

据日记。疏见《江南疏抄》，疏于本月二十五奉旨。

《祁彪佳集》卷十《遗事》引清董旸撰传："公疏，常州左谕德管司经局事马世奇与妻朱氏、吴氏，河南道御史王章，车驾司主事金铉、母章氏，三月十九日殉难；湖广巡按刘熙祚，十五年十月殉节；湖广分巡南瑞道副使王孙兰，十六年十一月殉节南瑞事。为请赠恤谥荫。"

　　清查继佐《罪惟录》列传卷之十二《刘熙祚》："刘熙祚字仲绩，号劬思，南直武进人也……弘光中谥忠毅，赠大理卿。抚臣祁彪佳请合祀马文忠世奇、王忠烈章、金忠节铉，称四忠，祠毗陵。"

　　明李长祥《天问阁文集》卷二《刘忠毅公庙碑》："公（刘熙祚）之死在长沙，其被获在永之茅栗铺，自茅栗铺被获，以作书壁上在永州之官署，游击尹宾位、都司刘志、武蔡号其事，长沙知县吴应恂详其事，苏松巡按御史祁公彪佳题其事，吏部徐公、礼部管公因以题其事。公子晋蕃，壬午举人，徒步号哭往，得遗骸归，手其状。予以合诸公言，整齐其文，勒为铭，传其事。"

　　十八日，兄骏佳欲归越，托之致意亲友，言己忘家为国意，告诸亲友勿有干求，申禁族人假己之名胡作非为。

　　同日，具题《请补监纪官员事》，以杭州府通判补苏州海防同知，兼管监纪事宜。

　　以上据日记。疏见《督抚疏稿》。七月二十六日奉旨。

　　二十日，上疏《请明分辖信地事》请划定江浦、六合归属，以便发兵防守。

　　据日记。疏见《督抚疏稿》，未注奉旨时日。

　　二十二日，礼部尚书顾锡畴来祀海，出晒之。

　　二十七日，拜发《汇举镇江府罪废官员，仰乞圣恩录用，以佐时艰事》，举蒋拱宸、陈观阳、荆之琦、荆本澈、王懋仁、曹宗璠等人。

　　以上据日记。疏收于《江南疏抄》，八月初四奉旨。

　　同日，处定嘉定、上海等地奴变民变，上《上嘉奴变方宁，地方善后宜审，请旨更武弁，以便责成事》，荐旗鼓守备朱寿增代陈邦政为上海守备，举原任江浦把总徐瑛代嘉定县总练官安澜，授守备，管总练事。

　　疏见《督抚疏稿》，八月初四奉旨。

　　综日记与清夏燮《明通鉴》，先是五月初九日，途遇兵部差官，言嘉兴、苏州城门闭，岌岌将有民变。十四日，郑瑄以苏州有变，促彪佳速往。五月十三日，得报变生，遣差役侦察。十五日，至丹阳县署，将祸乱地方之徒四人押送常镇道。十五日，抵丹阳，会有司绅衿，读诏书讫，以君臣之义告谕诸生，言忠孝之心不可无。于公所会乡绅，诸人言宜安戢地方结党肇事之众。舟次草禁借名勤王者。十六日，闻武进民变，县令被殴。十八日，闻宜兴茅圻民乱，选捕快侦之。六月十六日，嘉定、上海奴变烈，乃调吴淞之兵弹压。先是彪佳曾劾去嘉定令，而地方袒护之，并讦及署道程九屏。十八日，上《驰报安抚松江情形疏》，言及此奴变。十九日，闻当地乡绅赵洪范背后指纵，发文令来，询奴变事宜，悉程九屏斩十余人，余者已解散。七月初二日，前此，彪佳所遣闵自寅处治宜兴民变，擒聚乱大潮山之杨光玺及和桥法琅党众来禀。彪佳审众犯，枭斩三名，捆打二名。闻常州城外十五里王下村民乱未平，留中权营兵，令出其不意竟夜驰剿。初六日，王下村作乱者擒到。十一日，审闵自寅所执王下村乱众，枭示其三，戮尸一。二十七日，上疏《上嘉奴变方宁，地方善后宜审，请旨更武弁，以便责成事》。三十日，审上海嘉定倡乱之奴仆，枭示二人，杖毙一名。八月初二日，提审松江民变人犯，枭首恶。初四日，已剿武进民变魁首陈相府，复讯问从犯，并审惩青浦犯官徐世潆。十六日，审嘉定奴变事主。十九日，审定嘉定奴变案，枭五人，有杖毙者。九月十二日，毗陵有庄奴杀主母者，疑府中审办者塞责，令重新审过。二十日，嘉定乡间奴仆叛主，杀人公行，风气影响接壤之上海，为祸更巨。上海川沙堡乡宦王逢家遭焚劫一空，烧房屋二百余间，惨杀十三人，焚抢蔓延至诸君宜等九家。上海守备陈邦政自刎垂危。

《抚吴尺牍》有《上海县》函言及奴变事：“三吴嚣变，惟上、嘉之界，逆奴索契为犯上之极。”

旧谱：“嘉定奴乱。华生拷奴过酷，一时激变，各姓奴群哄起，众挟其主还旧券，因杀而掠之，或杖而辱之庭下，或叱令行酒，百里间如沸。先生闻即密发标兵，授苏道方略，悉擒之，会斩凶首数十人，磔尸。令曰：‘故主乞哀者贷死。’于是诸奴父母兄弟皆搏颡求故主，愿纳券服役如初。奴乱遂熄。”

明王家桢《研堂见闻杂记》：“五月十一日，大兵渡江之信方传，吾镇即有乡兵，即无赖子之乌龙会也。自思宗晏驾北都信确，里有黠桀者数人，收集党羽，名‘乌龙会’。虽市井卖菜、佣人奴仆不肖，但有拳勇斗狠，即收庇下衣食之；遇孱弱，即啮之必见骨。各置兵器，先造谣言，如鱼腹陈胜王故事，谋于八月中大举。适牌楼市有党百人专劫略里中，刘河厅官兵剿之而散，里人气沮。会南都立，而巡抚祁公彪佳至。祁为绣衣时，威素著。人各惴惴，缘此不果。”

清毛奇龄《西河文集》传四《明少傅兵部尚书前巡抚苏松都察院右副都御史祁公传》：“而嘉定华生家奴客为乱，合他姓奴客同起缚主杖之，踞坐索身券，所至数万人。公尽捕之，斩数人，余悉掩狱，令曰：‘有为原主所保者，贳其死。’于是诸奴客家皆膝行搏颡，勾原主赦免。”

清邵廷采《思复堂文集·碑传·明巡抚苏松副都御史世培祁公传》：“嘉定华生家奴客为乱，踞坐缚主杖之，所在数万同时起。公捕斩数人，余悉掩狱，令曰：‘有为原主保者，贳其死。’于是诸奴皆膝行搏颡，勾原主赦免。”

清徐鼒《小腆纪年附考》卷六：“未几，嘉定华生家奴客勾合他家奴及群不逞近万人,突起劫敓,各缚其主而杖之,踞坐索身券。彪佳捕斩数人,余尽掩诸狱,令曰:‘有原主来保者得贳死。’于是诸奴搏颡行,匄原主以免募。”

清温睿临、李瑶撰《南疆绎史》勘本卷十四列传第八《祁彪佳》下引《摭遗补传》云:“民乱初定,而嘉定华生家奴客勾合他家奴及群不逞近万人,突起劫夺,各暴其主。且踞坐索身券,缚而杖之。忠敏悉捕之,立斩数辈,余尽掩诸狱,令曰:‘有原主来保者,得贳死。’于是诸奴搏颡膝行,丐原主以免。”

清陈鼎辑《东林列传》卷十一:“而嘉定华生家奴客同时起,缚主戮辱,索身券,所至数万人。彪佳尽捕之,斩数人,余悉掩狱,令曰:‘有为原主保者,贳其死。’于是诸奴客家皆膝行搏颡,匄原主赦免。”

是月,清摄政王多尔衮闻南都自立,贻书明大学士史可法劝降,可法呈其书于朝而严绝其说。

据清夏燮《明通鉴》。又据日记:九月初八日,彪佳得观清廷致史可法函。

安插黄之奎、郑天鸿等所统浙兵于旗下,分驻京口要地以为亲信。赍发《请留劲兵以固京口防御》疏,请加王朝先、孔登龙二将职衔,统兵东下镇江,招练军队。《请补要地将领事》请以现任浙江北洋游击陈辉补镇江参将,宁绍中军都司蔡钦补永生州参将。

两疏见《督抚疏稿》,前疏七月二十一日奉旨曰:“以黄鸣俊八千兵予祁练,鸣俊绥民。”后疏七月十七日奉旨。

综日记与清夏燮《明通鉴》,先是黄鸣俊已发浙兵三千勤王至京口,今复亲督郑天鸿所统新募兵一千人来吴,帝谕下,不许陛见。事起于刘宗周,其时宗周被召为都御史,逊辞不许,遂抗疏劾马士英,言其仅以扈跸微劳晏然入内阁、进中枢;复言李沾、刘孔昭哗然聚讼,高杰以一逃将而被奉若骄子,刘泽清、黄得功自有守地而弃若弈棋;并以京营为内监所统归咎马士英,请出马士英督凤阳;复云史可法即不还中枢,亦当别开幕府,与马士英相犄角;京营提督,防内监独断云云。福王优诏答之,趣其速入。马士英之私人、候考宗室朱统钅类劾宗周“疏请移跸凤阳,高墙所在,欲以罪宗处皇上,而与史可法拥立潞王,其兵已伏丹阳,当亟备”。会京口军乱,马士英以朱统钅类言为信,亦震恐。于是刘泽清劾“宗周阴扰恢复,欲诛臣等,激变士心”,刘良佐亦言“宗周力持三案,为门户盟。倡议亲征,图晁错之自为居守”。故帝下谕止鸣俊前行。彪佳乃函邀黄鸣俊至京口,请将浙军安插旗下。七月初六日,安插黄之奎浙军于京口以备守御。十四日,赍发《请留劲兵以固京口防御》《请补要地将领事》。

八月初一日，日食。得豸佳南京来函，言朝议彪佳题用官员太多，疑其营私。

据日记。时从兄豸佳以任府学教授在南京。

初五日，漕运总督白贻清与史可法有隙来诉。

同日，遣发《镇臣任事伊始，军需待用甚急，请明派饷之法，分任理饷之官，伏乞圣裁速赐允行，以固万分吃紧江防事》疏，请将苏、松四府辽饷等银按数坐派，拨予镇臣支用。并请设专官催督，举杨文骢加户部衔，以督京口水师粮饷，俾其速来受事。

以上据日记。疏见《督抚疏稿》。八月十三日奉旨，九月初七日户部覆奉。

《祁彪佳集》卷十《遗事》引清董旸撰传："又奏，斌卿具疏请岁用额饷二十七万，即将苏、松四府辽饷等银按数坐派，就近支用。必得专官督催，镇臣举杨文骢加户部职衔，监督京口水师粮饷，乞俯允，俾速来受事。前请立饷司，以郭符甲选补乃职，标下沿海岁额饷银，应驻扎苏州以司乃事。权不相假，官不相妨也。并职前请京口监军倪长圩，统乞敕部速议。"

初六日，遣差官执周钟、项煜、宋学显、钱位坤、申芝芳、杨廷鉴等，陆续押至南京。

综参日记与清夏燮《明通鉴》。清兵入北京，原明降大顺朝诸臣纷纷南奔，阮大铖以人攻其逆案，见从逆诸臣有附会清流者，乃借机倡言"顺案"以折东林，以六等定从逆诸臣罪。于是马士英上疏劾给事中光时亨、龚鼎孳辈，复撝拾庶吉士周钟劝进表文，以为"谋反大逆，宜加赤族之诛，其胞兄周铨、堂弟周镳，均当连坐。其余从贼诸臣，请分别定罪"，并仿唐制，分从逆臣为六等，附以各条罪名。疏上，下三法司议拟，"其自绞以上者，法司行抚按官逮解来京候讯；流罪以下，抚、按依律讯处具奏"。是日，郑茂烨奉部文传密旨，拘捕从逆士绅，彪佳遣差官提押众人至南京。先未获周钟，执归其子。二十日，以朝廷缉捕周钟甚急，令县令沈崇抡解周钟子至，当面刑拷，遂擒周钟。

初七日，得吏部尚书徐石麒、文选郎王犹三（永光）函，悉朝议欲设苏松总督，推彪佳兼任，回函力辞。

初八日，《考满邑令遵旨请乞减俸行取事》，请将江阴知县李令晢减俸行取，破格优擢。

以上据日记。疏见《督抚疏稿》，八月十五日奉旨。

十三日，福王母邹氏自河南至南京，福王命于三日内搜括万金以充赏赐，又谕工部修兴宁宫慈禧殿。拜上《恭解助工银两□准工部咨营缮清吏司案呈奉本部送工科抄出本部,题为诸臣急公捐助等事》疏。

综参日记和清夏燮《明通鉴》。疏见《督抚疏稿》,本月二十一奉旨。

据日记,先是初十日,福王母妃至,彪佳遣参将杨宿往扬州迎接。十二月初八日,以南京营建皇太后宫室令百官捐赏,捐输银五百两,拜上此疏。

十四日,前苏松巡抚郑瑄于嘉兴完职复命,至南京莅任,令院书出至郑瑄舟核算银钱。

十五日,北京殉难之吴麟征、周凤翔、施邦曜灵枢至京口,出哭奠。

以上据日记。日记所载与三人的最后面晤,在崇祯十六年(1643)七月二十九日,约吴磊斋同晤,因思宗认为言官失参辅臣,命部院察处,祁、吴以列言疏之首,求重处。午后,周凤翔等相继来晤。及暮以玉书镇一、宜兴磁杯五,面送吴麟征志别。八月十二日,出城晤沈芳杨(自彰)年伯及施四明(邦曜),入城于象房街及真如寺、承恩寺一带别客,灯中束装。此后崇祯十七年(1644)二月二十六日,得吴麟征京中来函。四月十一日,正月初所遣倪元璐家人上公疏者归,出京于三月初八日,持倪元璐、吴麟征等来函,言闯军席卷秦、晋,攻宣、大,举朝忧危,麟征又言及彪佳刷卷之差宜竣回京复命。六月初三日,吴麟瑞差使者持书至,欲迎其弟麟征枢。麟征为彪佳同年好友,又同主大计,称相知,闻其殉难,为之泪下。八月初二日,吴麟瑞过访,言麟征死难故事。

又,尊经阁藏《寓山志·十六景词》收周凤翔《蝶恋花·虚堂竹雨》一首,注:"周凤翔,巢轩,山阴。"国图藏《寓山十六景诗余》存其《虚堂竹雨》《古岸芙蓉》二首。

十七日,吉水县令沈中柱馈以火器数种。再上《再请明旨申明分辖信地,并乞颁发敕书,以便遵守事》,再请明江浦、六合两地之归属。

据日记。疏收于《督抚疏稿》,皆八月二十四日奉旨。

同日,《请补要地将领事》,请补傅介子实授都司,管崇明营守备事;陶亢宗仍以守备管宝山营事。

据日记。疏收于《督抚疏稿》,八月二十四日奉旨。

同日,军饷短缺,朝廷硬派富宦、富户助饷,甚为骚扰,原任吏部左侍郎董羽宸捐助军需三千两,彪佳具题《恭报捐助军需乡官,仰乞敕下旌叙示劝事》,请起用或破格旌叙。

据日记。疏见《江南疏抄》,八月二十二日奉旨。

二十一日,华允诚过访。

据日记。

同日，赍发《义兵鼓勇前来，邻警正资防御，亟请明旨速令移驻要地，以弭隐患，以奏肤功事》，请以何刚守浙直。

疏见《督抚疏稿》，八月二十九日奉旨。

据日记，松江忠贯营义兵，原系松江知府陈亨、兵科给事中陈子龙初闻国难时同兵部职方司主事何刚、原任山阴县知县钱世贵招募而成，前日统至京口为彪佳留用。日记中曾载及此部来历：先是五月十一日，夏允彝来，谈起陈子龙借库银三万，募练水兵一千。该月十八日，彪佳上《驰报安抚松江情形疏》言陈子龙、夏允彝、徐孚远、钱世贵措饷买舟募兵事，请留其所募兵船为防江防海之用。

二十三日，出巡至浒墅。值商周祚复职，遣人致贺意。

据日记。

二十六日，送鲁王出行暂驻台州，并送崇王。

据日记，六月二十七日，于驿亭朝鲁王。十一月二十一日，鲁王移居台州。

二十七日，前大学士王应熊得任兵部尚书。

二十八日，左光先以许都余部之复乱被劾，具揭《直述浙中巡方当日定变之功，以存公论事》为之辩。先是六月二十日以彪佳曾上疏请罢厂卫、廷杖；本月，马士英私人、宗室朱统䤭弹劾姜曰广欲罢厂卫以雍蔽皇帝耳目，借其私人祁彪佳奏上此意。

以上据日记。

清黄宗羲《弘光实录钞》卷二《设东厂》："大学士高弘图奏人心易扰，当镇之以安静。户科给事中熊汝霖奏厂卫之害，小人借以树威，因以牟利，人人可为叛逆，事事可作营求，缙绅惨祸所不必言，小民鸡犬亦无宁日；先帝十七年忧勤，曾无失德，而一旦受此奇祸，止有厂卫一节未免府怨臣民；今日缔造之初，调护尚难，况可便行摧折？苏松巡抚祁彪佳、御史朱国昌皆争之。"

又据清夏燮《明通鉴》，左光先为光斗弟，与阮大铖世仇，又尝首劾马士英。马士英荐阮大铖，光先复争之。阮大铖深憾之，值许都余部复叛，乃与马士英谋，藉此劾左光先杀降、庇贪激变。九月二十五日，逮左光先，然光先未逮至，而南都已被清军攻破。

《祁彪佳集》卷十《遗事》引阙名《明季节义传》："先是东阳许都之乱，左光先时为巡按御史，用计擒杀之。甲申，余党复叛。光先，故都御史光斗弟也，与阮大铖有世仇，又尝劾大铖，大铖恨次骨。至是，欲借以陷之，为光先罪。朝右无敢白其事者。彪佳抗章言：'许都之变突发于东阳，义乌、浦江曾无坚城,光先是时事竣出境,闻变遄返,调兵措饷,宵晨拮据,变起不一月,元凶授首。乃今奉旨推求。夫弄兵揭竿,至于破城据邑,其罪岂不当死?当日兵威所迫,贼势穷蹙而后乞命,与阵擒无异,非诱降可比。设诛锄不力,养虎遗患,后来国难方张,又不知何举动矣!岂可反以激变罪之乎?'于是大铖并切齿,嗾其私人朱统䥍劾之。"

明王世贞《明朝通纪会纂》卷六《报皇帝》:"先是许都变起,东阳两浙汹汹,前任巡按左光先授计绍兴推官陈子龙诱擒斩之。光先为光斗弟,故与阮大铖有世仇。又首劾大铖,士英故借诱降激变并议光先之罪而陷之,朝右无敢直言者。苏松巡抚祁彪佳独言'许都之变突发东阳,义乌、浦江皆无坚城,光先事竣出境,闻变遄还,一切调兵措饷皆其拮据。不一月而元凶授首,两浙复安,乃今奉旨推求。夫弄兵揭竿至于破城据邑,其罪岂不当死?当日兵威所迫,贼已穷蹙而后乞命,与阵擒无异,非诱降也。设诛锄不力,养虎遗患,后来国难方张,又不知作何举动矣!岂可反以激变罪之?'于是大铖等切齿彪佳,因而御史张孙振论劾祁彪佳贪奸,且定策有异议。彪佳因罢去。"

清计六奇《明季南略》卷五《许都余党复乱》:"甲申八月十九日,浙抚左光先报土贼勾连逃兵,义乌、东阳许都余党复乱。……先是许都变起东阳,两浙汹汹,前任巡按左光先授计绍兴推官陈子龙诱擒,斩之。光先为光斗弟,故与阮大铖有仇隙,又首劾大铖,马士英故借诱降激变并议光先之罪而陷之。朝右无敢直言者,苏松巡抚祁彪佳独言许都之变突发东阳,义乌、浦江皆无坚城,光先事竣出境,闻变遄还,一切调兵、措饷,皆其拮据。不一月而元凶授首,两淮复安,乃今奉旨推求。夫弄兵揭竿至于破城据邑,其罪岂不当死?当日兵威所迫,贼已穷蹙而后乞命,与阵擒无异,非诱降也。设诛锄不力,养虎遗患,后来国难方张,又不知作何举动矣!岂可反以激变罪之乎?于是大铖等并切齿彪佳,而御史张孙振论劾彪佳贪奸,且所定策有异议。词连吴甡、郑三俊、刘宗周等。彪佳因罢去。史载孙振追劾彪佳在十月三日,而彪佳之罢则十一月十三日也。"清邹漪《明季遗闻》卷二所述略同。

清李清《南渡纪事》卷上:"(七月)以祁彪佳巡抚苏松……(八月)以许都余党渡叛处分未定故也,异议前任巡按左光先罪。……吴抚祁彪佳上疏申辩,于是大铖并切齿彪佳。"卷下:"(八月)内批补张捷吏部尚书,蔡奕琛吏部右侍郎,张孙振掌河南道。孙振劾苏抚祁彪佳贪奸且定策有异议,词连吴甡、郑三俊、刘宗等。彪佳罢去。"

明谢晋撰《右佥都御史巡抚祁公传》:"抚吴六阅月,事已有业。马士英憾刘公宗周疏其奸邪,疑公与闻,欲并逐公。台官张孙振,先以吴公甡抚晋时纠其贪致辟,公荐才首吴公,因并憾公。阮大铖本阉党,顾生杲曾为文斥之,而公罗杲入礼贤馆,由此亦憾公。刘公行,而孙振遂疏公以前缓登极,为有二心于潞藩。公即以病告归。乙酉,金壬日进,朝右无复正人,公叹曰:'此地顷刻腥膻,安所得西山薇哉!有死已耳。'或言天未厌明德,盍黄冠之天台观变,事必不可为,为谢叠山未晚。公不可。"

清王鸿绪等撰《明史稿》列传第一百五十《祁彪佳传》:"时马士英辈疾彪佳甚,嗾私人朱统𨰥劾之。丹徒张捷里居,衔彪佳接之疏,及是掌吏部,御史张孙振复希指劾之,谓彪佳初沮登极者为潞王也。十一月,彪佳竟移疾去。"

明高宇泰撰《雪交亭正气录》十二卷:"祁彪佳,字虎子,绍兴人,壬戌进士。巡按南直,有风采。张捷令山阴,拔公;公按吴,以捷荐'逆案'中人,不与通名。弘光时,巡抚南直;捷为吏部尚书,遂以党,夺公职。"

清李清《南渡录》卷三:"(九月)癸卯……御史张孙振疏论吴甡、郑三俊、祁彪佳,不听。彪佳抚三吴时与诸绅相见,色若不属张捷者,捷不悦。孙振之纠,人疑捷意也。捷居乡孝友,尤自砺,明旨亦许其清执。及为冢宰,追怨东林刺骨,且以诸勋臣及士英大铖荐己,一切推升悉听颐指,公论尤之。""(十一月)丁酉,准苏松巡抚祁彪佳回籍。彪佳抚吴甚得民心,连为朱统𨰥、张孙振所诋,遂移疾去。及绍兴失守,自沉死。"

清汪有典《明忠义别传》卷二十二《祁忠敏公传》:"未几,阮大铖谓公前阻监国正位为潞王地,有二心,嗾其党张孙振劾之。公不置辨,拂衣归。"又,汪有典《史外》卷二十二《祁忠敏公传》所述同。

清毛奇龄《西河文集》传四《明少傅兵部尚书前巡抚苏松都察院右副都御史祁公传》:"既而士英憾彪佳,适刘宗周劾士英,阮大铖谓彪佳同为之,嗾其党张孙振劾彪佳二心,阻监国正位为潞王地。彪佳不与辨,只疏辞定策功所升都察院右副都御史,竟去。"清陈鼎辑《东林列传》卷十一所述同。

明张岱《石匮书后集》卷三十六《刘宗周祁彪佳列传》:"马士英憾刘宗周,斥其奸邪;并恨彪佳,嗾御史张孙振疏参彪佳前阻登极,为有心拥戴潞藩。彪佳即以病告归。"

清四明西亭凌雪撰《南天痕》卷八列传九:"马士英驱除异己,令张孙振劾之;因以告病归。三吴之民,泣送载道。"

清计六奇《明季南略》卷一《南都甲乙纪·十月纪》:"三十甲申,张孙振追劾吴甡、郑三俊、刘宗周、祁彪佳。"《十一月纪》:"十三丁酉,祁彪佳罢。"

清邵廷采《思复堂文集·碑传·明巡抚苏松副都御史世培祁公传》:"而马士英憾戢山劾己,疑公属稿,嗾御史张孙振追论前阻监国正位为潞王地。

公不辨,但辞定策功所升右副都御史,竟归越。"

　　清查继佐《罪惟录》列传卷之十二《祁彪佳郭符甲》:"时刘宗周发马士英之奸最烈,士英谓彪佳亦与闻之,嗾御史张孙振劾彪佳沮登极,有二心。先是吴牲尝纠孙振,而彪佳荐之。又太学生顾杲,尝为文詈阮大铖,而彪佳复入杲礼贤馆,益忤邪党,谢病归。"

　　清张廷玉《明史》卷二百七十五《祁彪佳传》:"群小疾彪佳,竞诋諆,以沮登极、立潞王为言。彪佳竟移疾去。"

　　清温睿临、李瑶撰《南疆绎史》勘本卷十四列传第八《祁彪佳》:"马士英辈驱除异己,嫉之甚,嗾私人朱统𨮯劾之。未几,御史张孙振希士英指,亦劾之,谓初沮登极者,为潞王地。十一月,彪佳竟移疾去,三吴之民,泣送载道。遂隐于云门山。"下引《摭遗补传》云:"后张孙振党奸劾之,谓'前阻正位,乃为潞王地。'竟勿与辨,只疏辞定策功所擢右都御史而归。"

　　清杨陆荣《殷顽录》卷二《祁彪佳》:"时马士英辈嫉彪佳甚,嗾私人朱统𨮯劾之。御史张孙振复希旨劾彪佳,谓初阻登极者为潞王也。甲申十一月,彪佳移疾去。"

　　清江藩《国朝汉学师承记》卷八《黄宗羲》:"黄宗羲字太冲,余姚人。忠端公尊素之长子也。……甲申之难,赧王立国,大铖骤起,遂按揭一百四十人,欲尽杀之。时宗羲忧国势难支,之南都上书而祸作,同邑有奄党者,纠刘忠正公及三弟子。三弟子者,都御史祁彪佳、给事中章正宸与宗羲也。遂与杲并逮。驾帖未出而大兵至,得免。"

　　清黄宗羲《南雷文定五集》卷四收黄百家《先遗献文孝公梨洲府君行略》:"至是大铖以定策功欲先杀仲驭,而无名曰:'彼动云逆案,我当以顺案诛之。'乃牵引周介生钟之从贼而逮仲驭,嗣是希大铖意者交章劾其所嫉,子直一门变姓名而逃,眉生亡命金华山中,而府君初为同邑之逆党某与刘蕺山、祁世培、章羽侯三先生同劾,后为徐大化之侄署丞某特疏所劾,下三法司逮问。值大兵南下,其事得解。"

　　清刘汋《先君子蕺山先生年谱》卷下:"(甲申年九月)自先生行,而内阁高弘图、姜曰广、太宰徐石麒、苏抚祁彪佳、给事章正宸、熊汝霖、陈子龙后先去位,中外无留良焉。"

　　清李聿求《鲁之春秋》卷十《寺院二·黄宗羲》:"宗羲与无锡顾杲等为《留都防乱公揭》讨阮大铖。……福王立,阮大铖骤起,遂按揭中人姓氏欲尽杀之。时宗羲之南都上书阙下而祸作,大铖嗾私人朱统𨮯首纠左都御史刘宗周,及佥都御史祁彪佳、给事中章正宸与宗羲,时称宗周三大弟子。继而阉党复疏纠之，宗羲与杲等并逮。南都破，得免归。"

又，清凌扬藻《蠹勺编》卷十七《南都防乱揭》述其事甚详："甲申之难，赧王立国，大铖骤起，遂按揭一百四十人欲尽杀之。……同邑有奄党者纠刘忠正公及三弟子。三弟子者，都御史祁彪佳、给事中章正宸与宗羲也。遂与杲并逮。驾帖未出而大兵至，得免。南都归命，跟跄回浙东。"

二十五日，迎家眷至衙门。

据日记，先是五月初九日，家眷先至句容。八月二十一日，寓家眷于吴江。骏佳来吴。二十四日，家眷抵苏州。此后十一月二十日，安置于偕赏园。按，偕赏园原系戏曲家顾大典所构。

于巡抚院署中浚池，有殉国志。

旧谱："署衙后一池久淤，先生于军事旁午时，忽兴工濬之，内外莫喻。一日，与兄季超先生曰：'吾兄知我者，今寇孽未殄，北款未就，奸人满朝廷，骄帅垂涎江左，其济则社稷之灵也，不济则率将士决死战耳。'指池曰：'若妻子则归于此乎？'先生已有必死志矣。"

明张岱《石匮书后集》卷三十六《刘宗周祁彪佳列传》："院署有大池久淤，中丞至，即令濬之；人勿喻其意。一日，谓其兄骏佳曰：'此弟止水也。'莅吴半载，事皆就绪。"

《祁彪佳集》卷十《遗事》引清董旸撰传："院署池久淤，公召工浚之，人莫喻其意。一日，谓兄骏佳曰：'兄知我者，今寇孽未殄，北款未就，奸人满朝，悍帅虎视江东左，其济则社稷之灵，不则率将士决一死耳。'指所浚池曰：'若妻子，则归此。'"

明谢晋撰《右金都御史巡抚祁公传》："院署池久淤废，公于军书旁午时，忽兴工浚之，人莫喻其意，一日谓兄骏佳曰：'吾兄知我者，今寇孽未殄，北款未就，奸人满朝，悍师虎视江左，其济则社稷之灵，不则率将士决一死耳。'指所浚池曰：'若妻子，则归于此。'当是时，公盖决一死报国矣。"

清邵廷采《思复堂文集·碑传·明巡抚苏松副都御史世培祁公传》："论曰：《家传》言吴门院署有池久淤，起工濬之，谓其兄曰：'若事不济，妻子则归于此。'呜呼！公之英才亮志，陈康伯、虞允文俦也，独南都无宋高其君耳。自忠敏罢归，王师平行收浙无复牵顾，而江阴民拥典史阎应元为城主坚守三月乃克，然则吴人思得忠敏，信矣！"

二十六日，杨文骢任京口监军职方，来求见，以疾辞；文骢必欲一见，乃晤于室。

据日记，先是十月二十五日，杨文骢到任，差人迎之。

清李清《南渡纪事》卷下:"(乙酉年)五月,以巡漕御史霍达、监军金事杨文骢分设苏松常镇巡抚。初,祁彪佳抚吴,裕军储八万,以二万充可法军饷,而贮六万于京口库中。及文骢监军京口,欲漏其赋而无词,遂以筑城金山之说,由是京口无军储。"

明夏允彝《幸存录·续幸存录卷下·南都杂志上》:"祁世培彪佳为巡抚时,有军储之八万,以二万充史道邻(可法)之军储,其六万存贮镇江库中。杨龙友文骢监军京口,欲漏其赋而无辞,遂创为城金山之说。嗟乎!七尺之坚,与江防何益!前人苦心节之,后人縻之,可为切齿!"

二十七日,象佳至,暂留公署。

三十日,浦剑仙携彪佳书籍先归越,以《四郡志》赠周永年。

尊经阁藏《寓山志·注》存周永年五绝《妙赏亭》,注:"周永年,安期,吴江。"

是日,中旨以阮大铖为兵部添注右侍郎。刘宗周、熊汝霖争之,皆不听。

据清夏燮《明通鉴》,阮以安远侯柳祚昌荐得召。

巡抚吴中数月,拮据于筹措、调处各镇军饷。七月二十七日,连上《请明海防客兵行粮事》《请定三吴财赋经制,以厘蠹窟,以足国用事》诸疏调处兵饷钱粮。

据日记,六月十五日,时白粮改北运为南运,彪佳欲扣其杂费充兵饷,为内监所阻不得施行。七月二十七日,浙军客驻京口,赍上《请明海防客兵行粮事》疏,请支用浙江兵饷以饷。拜疏《请定三吴财赋经制,以厘蠹窟,以足国用事》,委松江府推官颜俊彦专设一局,裁定赋役、钱粮。见《督抚疏稿》,皆八月初四奉旨。二十八日,誓不染指吴中钱粮,皆以之饷将士,以朱冲庵精于钱粮,延之管理收支。

旧谱:"定经制。先生上疏言:'三吴财赋甲天下,纷丝缕结。自先臣周忱创立平米法,归并杂项名目,百姓便之。此后再造《经赋册》《赋役全书》,皆因其法,而酌斟捐益,最为详明。近则舞文去籍,侵侔万端。其弊在税徭增减,官民不相闻,上下不相晓,奸胥恣其侵欺,顽户因而拖欠。况今西北陷没,财赋皆取给东南,供输非旧贯可守。如一起解也,有改北为南者、改本为折者,一存留也,有改设取为额派者、改东府为西府者,且或蠲,或减,或加,或裁,种种多绪,旧兵、新兵额饷,尤须早计。其要在定《经赋册》、编《易知单》,然非专官开局,不能清厘。臣请委官设局,取四府赋役、会计等册,为纲为目,为经为纬,一切责成裁定,刊刻成书,再请本地贤臣共相讲求,必图至当。臣非不乐因循,好为多事,诚以琴瑟不调,必解弦而更张,则此地此时,有必不容已者也.'疏入,报可.即委官授以经画,督促竣事,方告成而先生赋归矣."

金华许都余部复起变乱.向钱谦益荐顾杲,疏请遣部下黄之奎率浙兵归浙助剿.十七日,具题《惊闻浙寇变起,吴越事体相关,驰陈应行事宜,仰乞圣鉴速赐允行,以安东南重地事》;二十日,具题《浙兵遵旨撤回,参报启行日期,并乞调惯战川兵,留新募浙兵,又乞鼓励贴防、赴剿之将官,以资战守两用事》;二十四日,作《浙省寇氛渐炽,越郡备御乏员,乞速补紧要监司、守令,以固疆圉,以销祸乱事》.

《惊闻浙寇变起》疏见《江南疏抄》,八月二十三日奉旨,下月初七户部覆奉旨.《浙兵遵旨撤回》疏见《督抚疏稿》,八月二十七日奉旨.《浙省寇氛渐炽》亦见《督抚疏稿》,奉旨时间不详.

据日记,八月十五日,部下副总兵蒋若来谒,悉金华义乌许都余部复起变乱.十六日,得钱谦益函言东阳、义乌再警,南京震动.荐以朱长元、顾杲,并言若得东阳、义乌本地豪杰,即可收拾局势.致函浙江当事诸官及巡抚黄鸣俊,请设塘报以通耳目.复遣部下三员往侦探其情.浙江乱起,朝廷欲尽遣还戍京口之浙军以定变,留郑天鸿军,而令黄之奎率军往.黄兵抢民舟装载,舟子来诉,出视之,重责抢舟者,令易官舫以去,犒赏军队.作疏《惊闻浙寇变起,吴越事体相关,驰陈应行事宜,仰乞圣鉴速赐允行,以安东南重地事》.二十日,黄之奎督部回浙剿乱后,复举疏《浙兵遵旨撤回,参报启行日期,并乞调惯战川兵,留新募浙兵,又乞鼓励贴防、赴剿之将官,以资战守两用事》,请以孔登龙、王朝先率精锐川兵助剿.二十二日,以义乌兵变,拟将项允师所统温州兵转由兄骏佳统率至绍兴,以备救援.二十四日,先是绍兴士绅因义乌兵再变有公揭求彪佳上议补浙江缺官,遂据其揭作疏《浙省寇氛渐炽,越郡备御乏员,乞速补紧要监司、守令,以固疆圉,以销祸乱事》.二十五,遣仆致函兄弟子侄,探听许都余部近讯,以定援兵进止.九月初一日,悉东阳、义乌兵乱渐平,黄鸣俊已亲往弹压,撤回所遣提塘官.

《祁彪佳集》卷十《遗事》引清董旸撰传:"浙寇四突,兵部咨将浙兵撤回.公即飞檄领兵官黄之奎,督率在后西中营兵一千名、宁区营兵六百名,给九月分行粮启行,因疏云:'之奎原系川将,久在黔中,历经战斗,愿得川兵共与杀贼.且婺州深山大谷,催坚陷阵,非川兵不可.臣闻孔登左、王朝先所统皆极精强,乞敕令会剿.至京口重地,陆兵寥寥,恐防者一旦尽撤,地方既已空虚,人情必多惶骇.察浙江游击郑天鸣(按,当作鸿)所领义勇营兵二千二百名,原系抚臣黄鸣俊新行募练,并非额设,合将此兵仍留京口.再察黄之奎雄起善战,沈毅多谋,前此叛兵一战,保护润民甚多,今将藉其迅扫婺贼,合加副总兵职衔。东后营领兵都司金书程泰、西中营领兵都司金书王玉、宁区营领兵都司金书章国相,皆以熊虎之姿,负鹰扬之略,合□加衔一级,酬其前劳,课其后效云。'"

九月初一日,拜发《奏缴镇江府奉敕钱粮刑名事》。

据日记。疏见《江南疏抄》,九月十九日奉旨。

初四日,迎思宗帝后之谥诏及懿文太子、景泰帝、福王先恭王及妃之谥诏于苏州府。

据日记。

初五日,赍上《急缺万分紧要道府官员,伏乞敕部速行调补,无误地方事》,请以卢若腾补苏松道,蔡如蕖补常州府。发疏《请明苏州府应扣白粮经费,以无误上供事》,请留苏州府白粮余耗。

据日记。两疏见《督抚疏稿》,皆九月十九日奉旨。后疏奉旨:"不准扣留。"

同日,具疏《福兵雄称于天下,同心更易成功,速赐题留驻防京口,以固南北之重地事》。

疏见《督抚疏稿》。九月十八日奉旨。

据日记,先是福建巡抚张肯堂以国难,纠赀募兵三千,令泉州副总兵洪日升押至。黄斌卿闻其事,求具疏留属其部。九月初五日,彪佳具上疏。十月初十日,疏得旨允行,乃出安插军队,使勿扰民。

清李清《南渡录》卷三:"(九月)癸卯,命闽兵留镇京口。苏松巡抚祁彪佳言也。"

初六,具题《钦奉恩诏事》,疏请存问旧辅钱龙锡。

据日记。疏见《督抚疏稿》,九月十九日奉旨。

清朱彝尊《曝书亭集》卷六十四《文渊阁大学士钱公传》:"钱龙锡,字稚文,别字机山,松江华亭人。万历三十五年进士。……(龙锡)戍定海卫戍九年,得旨归里。崇祯十七年九月,巡抚都察院右金都御史祁彪佳上言于福王曰:'伏见旧辅臣钱龙锡,削夺为民,正值崔、魏乱政之时。迨先帝嗣服,起自废籍,进参机务,著公忠之誉。继因袁崇焕斩帅一事,为史蝬等所诬,众议无不冤之。夫以辅弼大臣于督抚陛辞之日,体访咨询,亦其职尔,若阃外生杀转移呼吸,先期岂能遥制? 如以一时问答之单辞指为罪案,将来帷幄之臣,谁敢为国家咨访。一官肩任一事者,此先帝解网之于始,减罪于终也。至其屏居戍所,绝无怨尤;居乡之日,门庭肃清,尤大臣所不多见者。宜敕有司具礼存问,以优先帝簪履之遗者也。'……则龙锡未尝排抑文龙可见也。惟是逆案一定,党人之怨刺骨,祸机一发,几杀其身,可畏哉! 观乎黄道周、祁彪佳之所陈,亦可信其无罪矣。"

另具题《汇举松江府罪废官员》,举荐钱龙锡、杜士全、董羽宸、李凌云、汤明玠、唐昌世、徐桢稷等。

据日记。疏见《江南疏抄》,十月二十八日奉旨。

初九日,左都御史刘宗周驰驿归。

据日记。

十一日,路振飞扶母枢至,出吊之。并吊倪元璐。

据日记。

据《明史·路振飞传》,崇祯十六年,路振飞擢都察院佥都御史,总督漕运,巡抚凤阳,甲申年丁内艰。

十二日,陈子龙以给假归,过晤。

十三日,吏部尚书顾锡畴疏浚刘河,拟彪佳兼工部职衔。乃致函顾及工部尚书何大瀛力辞。

据日记。此后二十二日作疏《拨补佐领官员,以鼓人材,而收实用事》,请以太仓拔贡同知陈淳升补松江水利通判。

按,刘河即刘家河,今名浏河,为吴淞江下游注入长江河段。明海瑞《海瑞集》卷六《应天巡抚时期·开吴淞江疏》称吴淞江下游"通道填淤","原江面阔三十丈,今议开十五丈",则明末吴淞江填淤,为通舟泄洪,浚河已成亟需。何大瀛,明李应升《落落斋遗集》卷六有《答何大瀛讳应瑞》。何应瑞(？—1646),字至符,号大瀛,明朝曹州府人。万历三十八年(1610)年进士,明末任工部尚书。

明沈岱《吴江水考增辑》卷二:"怀宗崇祯十七年(1644),差工部郎中朱子循、工部主事叶国华上言东吴水利,下巡抚都御史祁彪佳,议覆请设专官,特命子循督浚吴淞江。据冯志。"按,此事覆议实施,当在弘光立朝后。

清冯桂芬《同治苏州府志》卷十《水利二》:"十七年,督三吴水利工部郎中朱子循开濬吴淞江,工部主事叶国华,昆山人,上言东吴水利宜开濬吴淞江。下巡抚都御史祁彪佳议覆,奏请设水利官员,特命子循提督三吴水利,开濬吴淞江。"

十五日,刘宗周来函举荐内侄陈茂实,留署中听用。

十八日,兄骏佳归越。

同日,拜《关镇距城□远,钱粮干系非轻,恳乞圣明特设关兵,以资防御事》,请设关兵三百防守浒墅关,留关税四千饷之。由守关之户部主事张永禧主持其事。

以上据日记。疏见《督抚疏稿》,九月二十五日奉旨,此疏奉旨:"准增一百名。"

十九日,吏部侍郎黄道周为礼部尚书,协管詹事府事。

二十日,于宾馆晤朱一冯,时朱为高杰所迫,需出资百万助军饷,苦不可言。

同日,具题《汇报苏松二府殉难绅士》,报上宋学朱、方岳贡、蔡懋德、王钟彦、李逢申、宋天显、王焘、施溥、许琰等人。

以上据日记。疏见《江南疏抄》,十月二十五日奉旨。

二十二日,刘宗周请告归,值于枫桥。

同日,作疏《拨补佐领官员,以鼓人材,而收实用事》,请以太仓拔贡同知陈淳升补松江水利通判,常州恩贡照磨卓震升补常州总捕通判,华亭岁贡县丞马步月乞吏部优擢;《请留循良县令,并议久任之法,仰乞圣裁允行,以安重地事》,请加原无锡知县郭佳胤兵部职方司主事衔,仍管无锡县事。

以上据日记。疏见《督抚疏稿》,皆二十七日具题,十月初五奉旨。

二十四日,批公文百余,自是案牍渐清。前四月,以案狱文移繁多,披阅常至三更尽。

据日记,九月初一日,彪佳奉命安抚不久,即受巡抚之命,文移委积,动有千余。署中、舟中,穷日夜之力,尚不能竣。各属狱囚文案停搁已四月,皆于夜分批发,故每至三更尽,方得寝。每日午餐多废。

旧谱:"询地方疾苦,以次除去,释狱囚之可矜者数十人。"

二十三日,作疏《请折官布,以苏民生,以欲国用,以通商贾事》及《遵旨酌补镖商布价,谨据数题明,以便兑会事》。

疏见《督抚疏稿》,十月初六具题,分别于十月十一日、十二日奉旨。

据日记,先前镖商查海阳携银至瓜州,彪佳遣官护之,欲通商以便民生,而高杰全留其商银五万余为军饷,别以江南未解之军饷作抵。遂作此两疏,请于苏松等府原派辽饷内扣兑,以偿镖商。

本月,数疏请禁各镇与内监托名募船扰乱民间。十五日具疏《海上危形已见,内地防戢宜周,乞行编联渔船,团练乡勇之法,以固畿辅股肱事》,请禁募船;二十五日复上疏《三吴人情易动,内地安戢宜先,伏乞明旨严申招兵募船之禁,以固封守事》。

两疏见《督抚疏稿》,前者九月二十五日奉旨,后者十月初五奉旨。

据日记,先是国变之后,动荡多变,沿海有船人家团结自保,而各镇将、内监托名募船,抢杀无所不至。江北立表海营,其帅许某亦抢崇明民船,游河游击鲁之玙过江勒还，几被杀伤。彪佳乃令属下辨验，所买者与之，抢得者归还崇明百姓。又，内监李国辅遣顾荣至吴募船，公然抢截过江船只，彪佳三次以报文及被害姓名致函于李，而李偏袒部下，彪佳乃于九月十五日具疏请禁募船，并乞加举人葛麟衔，以管镇江团练乡兵事。九月二十五日，高杰部下金玉龙至苏州募舟，横行骚扰，为居民群击，所抢五船散去。彪佳怒其横行，作函押送高杰发落。高杰谓民抢其所募船，移文彪佳，胁迫穷治其事。彪佳乃以二人押金玉龙，令属下往省察其事。复上疏《三吴人情易动，内地安戢宜先，伏乞明旨严申招兵募船之禁，以固封守事》，请禁其事云："迩来各督抚以封疆多故，各为防御之计。于是有招兵募船于三吴境内及沿海一带者，差官奉行不善，招兵多集奸徒，募船即行封抢，所在遂至骚扰，有朝不能及夕之势。乞禁止各处募船，其有欲招具人马兵者，必文移关会。若废弁托名，奸棍借端，严拿重究。"

清李聿求《鲁之春秋》卷十二《义旅一·吴易》："（葛）麟字苍公，丹阳人。崇祯十五年（1642）举于乡，生有膂力，貌类武夫，能开数石弓。福王立，巡抚祁彪佳荐其才勇，授中书舍人，与郑鸿逵协守京口。"按，此郑鸿逵非郑瑄，而是郑芝龙弟，原名芝凤，崇祯九年（1636）武进士，改名鸿逵，字曰渐，又字圣仪，号羽公。

明葛麟《葛中翰遗集》卷二有乙酉正月《上福藩封事五》："臣麟既列贤书，即当以身许国。当初闻异变之日，即泣血呼天出勤王之檄；义声所感，忠勇云合。后因宪臣出示草泽不许称兵，于是散遣徒众。不意阁臣史可法、按臣王孙蕃、抚臣祁彪佳连章荐臣训练乡勇，助守镇江；即奉明旨该部议覆，拟授职试中书舍人以宠其事，复蒙圣恩俞允。此诚特拔之遭遇，臣诚不能默默无言、苟且从事而已也。"

明葛麟《葛中翰遗集》卷十二转录《南疆逸史·列传》："葛麟，丹阳人，与卢象观举于乡，生有膂力，貌类武夫，能开数石弓。福王时巡抚祁彪佳荐其才勇，授中书舍人。与郑鸿逵协守京口，上《便宜十二事》；又请练兵江北，皆不报。京口破，过家门不入。走海上佐总兵吴志葵，起兵攻复青浦。志葵见擒，溃卒无所归，推麟为帅，麟乃扬帆抵太湖。时职方郎中王期升奉通城王立寨西山，因与之合。未几象观亦至，军威遂盛。期升性贪不能军，惟以剽掠邻近为事，民苦之，引大兵焚其舟。期升遁，象观危甚，麟望见火光，率三舟冲之。军吏曰：'众寡勿敌，毋陷死也。'麟曰：'临难不救，同盟之谓何？'手搦长矛奋力战，所当披靡。连殪百人于湖，大兵耳其名，群目之噪曰：'长而肥者葛中书也。'万箭注之，麟挥矛如风，箭悉堕入水；乃更攻以火，火及舟，舟焦始自沈。"

九月，南都考选，吏部尚书徐石麒以年例出御史黄耳鼎、给事中陆朗，两人有物议，疏抵石麒，马士英拟严旨罢石麒。

据清夏燮《明通鉴》。据日记，下月十四日，见黄耳鼎纠徐石麒、冯元飙疏及石麒辩护疏。

明徐石麒《可经堂集》卷三《题为台臣横诬可忘，规避非法，谨略一剖明质之舆论，仰祈睿鉴事》："如旧台臣黄耳鼎之规避年例，借参吴昌时一疏为护身符。越哉！耳鼎之智敢于欺君父而挠令甲也。夫耳鼎之年例为贿荐贪令郝明徽也，发之于巡方，闻之于通国，此岂昌时余党谋害所致乎？昌时之墓木拱矣，余党何在？如以臣与宪臣为余党，则两臣生平各有本末，非耳鼎一妒妇之所能谣诼也。又耳鼎疏中衡较楚、浙甚明矣。臣请即以楚人明楚事：熊开元楚人也，昌时欲死之，而臣与宪臣欲生之，至于被黜，此可问开元而知者也；陈丹虞亦楚人也，宪臣已外之，而臣复内之，此可问之丹虞而知者也。于开元则不能为昌时释憾，于丹虞则并不敢与宪臣扶同，有党者而若是乎？又姑以浙人明浙事：祁彪佳浙人也。与宪臣及臣为劝业规过之交者，彪佳也；先耳鼎而纠昌时于未败之日者，亦彪佳也；此可问之应抚而知者也。周一敬亦浙人也。其与昌时同出入于延儒之门者，一敬也；其受宪臣之纠参与臣之覆褫者，亦一敬也；此可稽之近疏而知者也。于彪佳则内交昌时之所异，于一敬则独弃昌时之所同，党昌时者而若是乎？臣蒙明旨，问臣以耳鼎例转果否为昌时余党朋谋陷害，臣不敢不正告皇上。其他明旨所不及，臣已去之身不复置辩矣。"

安插黄之奎、郑天鸿等所统浙兵于旗下，分驻京口要地以为亲信。七月初八日，上《请留忠勇将臣，壮壁垒以固藩篱事》疏，议设京口总镇，荐黄斌卿统之，而移原推镇臣黄蜚别镇。十八日，上《详绎枢臣三辅之议，增募水陆劲兵，以巩宸极，并请设立监军道臣，以专责任事》疏，请增募兵员。十月初六，上《请撤浙江水师，并议录叙调防将官，伏乞敕部允行事》疏，请放浙兵归乡，并请加将领衔封。

三疏见《督抚疏稿》。第一疏七月十五日奉旨，第二疏七月二十五日奉旨，第三疏十月十二日奉旨。

综日记与《明通鉴》，先是黄鸣俊已发浙兵三千勤王至京口，今复亲督郑天鸿所统新募兵一千人来吴。帝谕下，不许陛见。事起于刘宗周，其时宗周被召为都御史，逊辞不许，遂抗疏劾马士英，言其仅以扈跸微劳，晏然入内阁，进中枢。复言李沾、刘孔昭哗然聚讼，高杰以一逃将而被奉若骄子，刘泽清、黄得功自有守地而弃若弈棋。并以京营为内监所统归咎马士英,请出马士英督凤阳。复云史可法即不还中枢,亦当别开幕府,与马士英相犄角。京营提督,防内监独断云云。福王优诏答之,趣其速入。马士英之私人、候考宗室朱统𨨗,劾宗周:"疏请移跸凤阳,高墙所在,欲以罪宗处皇上,而与史可法拥立潞王。其兵已伏丹阳,当亟备。"会京口军乱,马士英以朱统𨨗言为信,亦震恐。于是刘泽清劾:"宗周阴扰恢复,欲诛臣等,激变士心。"刘良佐亦言:"宗周力持三案,为门户盟。倡议亲征,图晁错之自为居守。"故帝下谕止鸣俊前行。彪佳乃函邀黄鸣俊至京口,请将浙军安插旗下。七月初六,安插黄之奎浙军于京口以备守御。十四日,赍发《请留劲兵以固京口防御》疏,请加王朝先、孔登龙二将职衔,统兵东下镇江,招练军队。上疏《请补要地将领事》,请以见任浙江北洋游击陈辉补镇江参将,宁绍中军都司蔡钦补永生州参将。二十一日,誓师,客兵集于京口者有五千余人,犒赏之,与将领结盟,申誓杀贼报仇。二十五日,安插黄鸣俊手下郑天鸿所督之精勇浙兵于艮山。至此,京口客军,有黄之奎所率浙兵三千,宁、台、温区兵及新募义勇五千余。八月初九日,温州乡绅捐赍募兵勤王,以游击项允师统至京口,属彪佳标下,安插于京口驿以守孟河。按,温州多种,当即前徐鼒《小腆纪传》卷十五列传八所述吴伯默。见六月廿八日条。九月二十八日,闻传吏部欲转己别任,知被排挤,上书求自罢。并犒赏军队,撤归京口浙兵。十月初六,又以浙江水兵饥寒无船,温、台兵多遭疾思归,较亲之黄斌卿部被调守九江,新镇臣郑鸿逵已率部集结京口,乃上《请撤浙江水师,并议录叙调防将官,伏乞敕部允行事》疏,请放浙兵归乡,并请加将领衔封。按,此郑鸿逵非郑瑄,而是郑芝龙弟。

留亲近部队黄斌卿部驻守京口,增募水陆兵,购造战船,苦心经营京口防御系统。七月初八日,上《请留忠勇将臣,壮壁垒以固藩篱事》疏,议设京口总镇,荐黄斌卿统之,而移原推镇臣黄蜚别镇。十八日,上《详绎枢臣三辅之议,增募水陆劲兵,以巩宸极,并请设立监军道臣,以专责任事》疏,请增募兵员。终以招朝中忌惮、黄部被调守九江而功亏一篑。八月十二日,拜发《江上战守攸藉,重镇不可屡更,再申恳留帅臣,乞信明纶,以鼓士气,以辑民心》,再请留黄斌卿驻京口。十月初六日,送黄斌卿归,上疏《恭报两镇到任离任,并明旧镇臣用过钱粮,催新镇臣应支经费,仰祈圣鉴事》报黄斌卿、郑鸿逵交代事宜,并销算黄斌卿部钱粮。

四疏见《督抚疏稿》。第一疏七月十五日奉旨,第二疏七月二十五日奉旨,第三疏八月二十日奉旨,第四疏十月十六日奉旨。

　　据日记,七月初五日,闻黄斌卿调九江,疏请留之京口,并遣官相迎。初八日,上《请留忠勇将臣,壮壁垒以固藩篱事》疏。十八日,上《详绎枢臣三辅之议,增募水陆劲兵,以巩宸极,并请设立监军道臣,以专责任事》疏,请增募兵员。二十三日,黄斌卿抵京口,出迎。二十四日,贺黄斌卿到任。二十五日,与黄斌卿酌用饷银购造战船、火铳于福建。先是,温州副总兵贺尧督军入援京口,将归,彪佳与黄斌卿酌夺,以三千金付作造船之费,乞造船于温州,贺尧斟酌再三而拒辞。时适有总兵陈谦入福建,宣谕于郑芝龙,黄斌卿遂托陈谦于福建造战船、火铳,且借支浙中饷银一万两应用。彪佳致函陈谦与张肯堂交托此事。按,祁彪佳致张肯堂两函见《抚吴尺牍》之《张老爷书》《陈老爷书》。八月十二日,拜发《江上战守攸藉,重镇不可屡更,再申恳留帅臣,乞信明纶,以鼓士气,以辑民心》。九月二十一日,黄斌卿先已受镇海将军敕印,驻京口。朝廷复更郑鸿逵来,而调黄斌卿守九江,彪佳疏留不得。斌卿知有调讯,三疏告病。不准行。今郑鸿逵已至京口,与黄不协。朝廷调讯亦至,一日三疏促彪佳赴京口,使郑、黄两军行交割礼。二十九日,黄斌卿运兵往九江,缺舟,彪佳令自赁客船,付水手以赁价及兵粮。黄斌卿欲占用民舟,彪佳书告示以禁。十月初六,送黄斌卿归,上疏《恭报两镇到任离任,并明旧镇臣用过钱粮,催新镇臣应支经费,仰祈圣鉴事》报黄斌卿、郑鸿逵交代事宜,并销算黄斌卿部钱粮。

　　按,黄斌卿调置九江,实斩去彪佳之扶掖,彪佳苦心经营之军事防御系统一旦尽溃,而其苏松巡抚地位亦自此岌岌将堕。

　　明东村八十一老人撰《明季甲乙汇编》卷二:"戊子,祁彪佳荐黄斌卿总兵镇江。""丁巳,苏抚祁彪佳言:'镇臣黄斌卿提一旅至,京口正值乱兵肆劫,才得布置;郑鸿逵欲以上江调换他处,那借之钱粮如何销算? 拮据都置一掷矣。'"

　　清计六奇《明季南略》卷三《会推阁员冢臣及诸臣升擢》:"(五月)又调总兵官郑鸿逵、黄蜚镇守镇江,吴志葵驻防吴淞,黄斌卿驻防上江,敕御史祁彪佳等分行安抚江浙。"清李清《南渡纪事》卷上略同之。又,《明季南略》卷五《边镇诸将》:"八月初二日丁巳,苏抚祁彪佳言:'镇臣黄斌卿躬提一旅至,京口正值乱兵肆劫,才得布置,郑鸿逵欲以上江调换他处,那借之钱粮如何销算?'"

　　清李清《南渡录》卷二:"(八月)苏松巡抚祁彪佳疏留镇臣黄斌卿,命兵部会议。斌卿先开镇京口,与彪佳募兵买舟,颇有次第。至是总兵郑鸿逵欲调斌卿于上江,以下江自辖。彪佳深惜其去,故请留之。"

《祁彪佳集》卷十《遗事》引清董旸撰传："公以京口密迩瓜、扬，北引长、淮，为南北冲津，接连巨海，且三面受敌，以水兵一万，陆兵五千为额。今水营额兵九百，陆营额兵一千。天堑防维，更以水兵为急。兹多方挪处，委参将某某募水兵二千，船只器械称是。尚缺水兵七千一百名，义兵一万，需饷二十万，船只器械需十万，请先将四府解京各项钱粮稍可缓者动支一十二万，余待经制派入额饷。每兵二千，统以参游一员；五百，守把一员。共参游七员，守把三十员，监军道一员。荐勤王浙江副总兵黄斌卿为镇江总兵官，原任苏州府推官倪长圩为监军道，疏凡再。又以苏、松四府辽饷等银按数拨斌卿，疏奏，得旨依拟。"又云："募兵于闽，买舟于浙。其费用一面具题，一面先行派发，又挪借兵饷及将士行粮共二万金。行将上自天宁，下自承□，节节布置。及总兵官郑鸿逵疏有'以上江调黄斌卿，下江尽归于臣'语，下部议覆。公疏：'斌卿明纶涣颁为下江帅，印信旗牌给发，兵已募，船已置，钱粮已派拨挪处。移之他处，募兵必散，置船必罢，派议挪处之钱粮，散漫无可销算。更士气一隳，必难再鼓；民心一离，必难再戢。乞明旨令斌卿专管下江，驻扎京口。臣前知鸿逵为时名将，非不乐于共事，而已成之局可堪再变，不得舍此而就彼也。'诏斌卿移驻九江，鸿逵驻镇江。斌卿以病告。"

十月初，调解高杰、黄蜚、刘泽清、黄得功争船事件，开罪高杰。初六，拜发《重地将领需人，亟请升补，兼议加衔，以示鼓励，以资战守事》疏。

疏见《督抚疏稿》，十月十一日奉旨。

综清夏燮《明通鉴》及日记，先是八月初八日，登州巡抚曾霖寰偕总兵黄蜚自登州、莱州退归，率兵、船归朝。至淮安，为刘泽清所留。其部下张鹏翼所统兵船尚有百余，恐为高杰所留，遂不由瓜州而取道口安坝出江，高杰威逼利诱之，郑鸿逵与黄蜚、黄得功亦结盟争船。九月初，黄得功率军护黄蜚赴任，高杰疑其图己，伏兵于途中，击之，复潜师击其驻军于仪真。黄得功兵颇伤，诉于南京，愿与杰决死战。初五日，彪佳得塘报悉其事，且得两人公移，皆求彪佳相助以声讨对方。事发后，福王命太监卢九德及史可法之监军万元吉和解之，不可。可法亲往吊得功母丧，令高杰偿其马，并出千金为黄得功母赠，得功不得已听之。十月初二日，彪佳亲统水师至口安迎护兵船，高杰恐失舟，遣官来求，恰彪佳获高杰奸细，释之，并作函调和。高杰怒不得船，又怒彪佳获其所遣奸细，折辱彪佳差官。初四日，高杰来函索黄蜚兵船，措辞激烈。初五日，谏郑鸿逵泊黄蜚兵船于润州闸口，候旨安排。密遣义勇营至口安南岸防守。初六，郑鸿逵护黄蜚兵船归，沿途放炮。高杰盛怒，列炮瓜州，而不敢发。镇江参将陈辉、永生洲参将蔡钦随黄斌卿至九江，京口职位空缺。高杰欲以部下充补，彪佳恐其藉此过江，遂另补属员。拜发《重地将领需人，亟请升补，兼议加衔，以示鼓励，以资战守事》疏，请用常州守备王之弼以游击管永生洲参将事，原任巡逻营游击程国祐以副总兵管镇江参将事，张宿以原官调管江阴参将事，梅亮实授平望营守备，何云鹏实授常熟营把总，陈玑实授昆山营把总，黄日彰推补松水陆营把总，陈心加都司衔管靖江营守备事。初七日，史可法来函，言己以令箭押行黄蚩兵船，使刘泽清欲得不能。泽清怒，疏参蚩以兵船私可法，并请与高杰平分其船。彪佳复函，言船之归属当听由谕旨所决。十月初八日，彪佳以高杰于争船一事怒己，致函马士英，言不可留现任理由。初九日，高杰所遣争船之王监纪归后，为彪佳辩，被杰辱逐。初十日，得报高杰以争船不得，欲与刘泽清战，彪佳致函史可法，得回札云其事已解。按，《抚吴尺牍》有《高总镇》二通及《郑总镇》一通，调停高杰、黄得功兵船之争端。

初六日，大学士高弘图以力主逆案为马士英、阮大铖憾，罢归。

据清夏燮《明通鉴》。

同日，兵部侍郎张凤翔游金山归，郑鸿逵部下横行殴击。鸿逵闻所辱者为凤翔，往谢罪，张恐郑鸿逵不安，致札托彪佳释其虑。彪佳往晤，则郑已上认罪疏，遂追回其疏。

据日记。

十四日，进右副都御史阶，正三品，荫一子入监读书。令移镇京口，督练水师。

据日记。

十七日，史可法于福建置办之火铳运至京口，郑鸿逵惧为高杰得，欲留为己用，可法来函言清军已南下，请发铳过江备用，彪佳遂往晤郑鸿逵为之调解。

同日，上疏《敬陈标兵额数，请补统兵将领》，请补张拱宸、朱国臣、汝钦恭、洪祖略、袁尚绎、杨忠、龚宇等官；《道府需人，铨补未定》，缘原举刘士斗代林日光为苏州知府事未定，再请补人。

疏见《督抚疏稿》，皆十月二十五日奉旨。

二十一日，上疏《急请更补武职官员事》，请补傅介子都司以管崇明守备，又请补王之弼、焦谦之官。

疏见《督抚疏稿》，十月二十八日奉旨。

十月初以来，委曲周旋，筹备军粮。十月二十一日，拜《钱粮征解甚难，差官分催滋扰，仰乞圣裁敕部总收汇发，以使官民两便事》；二十三日，上《京口官兵日集,粮饷需用甚殷,乞敕监军理饷,并乞留用浙银开支漕米,以足兵食,以巩江防事》两疏。

两疏见《督抚疏稿》,前者十月二十八日奉旨,后者奉旨时间不详。

据日记,二十四日,以四镇与各部敕令一月内完交粮饷二十万,下严檄缴粮。十月初二日,黄斌卿索十月军粮,委曲应之。恐吴中乏米,遣部下致函袁继咸等,请通米商。十五日,彪佳原留漕米十万以为京口客兵军粮,米多浥烂,浙兵不满。乃出验粮情,与参谋顾杲谋处置之道。二十一日,彪佳任事以来,勒限派数于各县,三月中所解军饷已不下二十万,深苦之。而各镇及阁部俱至吴中索饷,文武差官络绎催索,纵横地方,乃拜《钱粮征解甚难,差官分催滋扰,仰乞圣裁敕部总收汇发,以使官民两便事》,疏请总解钱粮于部,由部汇总发放于各处。十一月十三日,时四镇及史可法皆索粮饷,差官横行各处,彪佳致函史可法言其弊,深唁无能对抗四镇。二十三日,上疏《京口官兵日集,粮饷需用甚殷,乞敕监军理饷,并乞留用浙银开支漕米,以足兵食,以巩江防事》,议请留浙饷以补京口兵饷之不足,且请以杨文骢兼理饷务。

冬,知势不能留,上疏辞官。十月二十三日,赍疏《微臣呕血昏晕,抱病危急,仰恳圣允放归调理事》,以呕血病势沉重决意告归。二十八日,以前具请告归疏得旨下部,恐部臣不予放归,再拜第二告病疏《微臣患病愈危,地方误事甚大,冒死再恳,伏乞圣恩罢斥事》。

两疏见《督抚疏稿》,前者十月二十七日奉旨,后者十一月初三奉旨云:"祁彪佳用心绥定地方,不准辞。"

据日记,八月初八日,彪佳闻朝廷别设苏松总督之议已定。九月十六日,得悉自己为人排挤,朝中议别任苏松巡抚。二十八日,传吏部欲转己别任,知非优待,上书求自罢。十月初九日,吏部尚书徐石麒告归,舟次相见,述朝中弹劾彪佳事实,且言转彪佳任外职,乃削夺其权柄之策。初十日,得豸佳函,言都中有弹射陈盟,自己为彪佳力解。十六日,台州顾南金来诉南京时局,劝彪佳去任。二十三日,得骏佳函,言彪佳气宜深为当事者忌,目前惟拂衣归里为上策。三十日,遂致函张凤翔、杨文骢言告归事。十一月十六日,杨文骢来送彪佳离任,赠予画扇。二十七日,决意求归。令书役将钱粮开册澄清以备交割,并致函杨文骢,求向马士英转达求归之意。二十八日,所具请告归之疏得旨下部,恐部臣不予放归,再拜第二告病疏《微臣患病愈危,地方误事甚大,冒死再恳,伏乞圣恩罢斥事》。三十日,恐吴中士民上疏挽留,妨碍告归,遣差至南京请付谕帖,禁止士民上告挽留。致函吏部尚书张有誉、侍郎陈盟求速覆准请病疏。得悉请归疏已得许。

《抚吴尺牍》有《与张蓬元》:"恭闻老公祖年台的于念三、四日荣莅京口矣。……某于十五日就道,今已抵武林。翘望台光,时在覆宇。支离病骨,惟是匿影山林,以药饵为余生耳。"当是十月份向张凤翔告归作。

另,《抚吴尺牍》有《杨爷书》三通,皆请杨文骢向马士英言己之乞归意,也当作于十月份。

《抚吴尺牍》又有《来相公(方炜)》函恳之代为周旋请归事,并有"夙企鸿才,每深倾注,适接手教,惠及尊公遗刻并读大刻"之言。

十一月初二日,令书役销算钱粮,以便交割。拟推毂张调鼎为苏松巡抚,以继己之数月苦心经营,不知张孙振已有疏劾己拥戴潞王之罪。

据日记,此后初四日,令吏书完狱囚、钱粮、蠲赦等册以便报命。

明东村八十一老人撰《明季甲乙汇编》卷二:"十月,张孙振劾吴甡、郑三俊、刘宗周、祁彪佳。""十一月丁酉,应天抚祁彪佳罢。"

旧谱:"先生每履任,必先誓以一钱不入。前抚军任数年,遗金钱仅数千,又多空名。先生在任六阅月,军兴事事创起,费且不赀,临行尚留万四千金,交之新抚,始终不染一丝。"

初七日,再草第三疏《微臣真实病危,敢冒万死之罪,三恳天恩垂怜罢斥事》。十三日,告病第三疏得票拟回籍。

疏见《督抚疏稿》,十一月十二日奉旨。

旧谱:"先是,监国时,先生尝首荐吴公甡。吴公抚晋,尝发巡方张孙振贪赃巨万。张坐辟,乘寇变逃至南都,复夤入台班,憾吴,因憾先生。又阮大铖,阉党也,诸生顾杲尝为文斥之,先生聘杲入礼贤馆,亦并憾先生。刘念台先生疏参马士英奸,马以先生为刘同乡密友,且久寓丹阳,疑先生实与闻。先生抚吴,又无一钱遗当路。当路诸奸向弃于正人者,欲逐刘先生,并逐先生。刘先生方行,而孙振即疏参先生矣。初先生尝昌言先监国以正名号,缓登极以彰贤德,孙振谓先生阻登极,有二心于潞藩。先生又疏革厂卫,诸奸推宗室无赖者疏言先生谋蔽耳目,先生皆不与辩,惟以疾辞。得旨:'回籍调理。'时十二月望也。萧然行李,将士号泣送先生,亟挥之归。"

据日记,初四日,吴中百姓闻彪佳罢,数千众聚集城隍庙留任。初六日,问签,有放归期在春初之说。初七日,闻张凤翔于上月十五考选将材,二十四日已莅苏松巡抚任。初八日,遣人往晤杨文骢,再申求归之意。初七日,阅邸报,见第二病告疏未得允,命仍留任,再草第三疏求归,遣承差星夜往投,复以札致马士英、王应熊,请准放归。十二日,范珏弧来谏彪佳不宜轻弃兵权,且赠以五言排律百余韵,叹谢之。十三日,告病第三疏得票拟回籍。十五日,闻都中冬初已定另选推浙直总督兼苏松巡抚,已任本已非去不可。十六日,先自离任。十八日,过处,所募标兵列阵相送。二十一日,得钱谦益函,闻已为时局所忌,势必不能留任。

按,范彤弧,清朱鹤龄《愚庵小集》卷十四杂著二《书王公可大事》:"乃近人华亭范彤弧撰《蕃族志》。"清孙治《孙宇台集》卷三十六《云间范彤弧过敝居出新诗见示》:"飘遥词客走江关,此夕披吟见笑颜。似有黄初来艺苑,恍疑白雪到人间。风来猎猎吹萝径,月出娟娟照远山。愿得忘机沧海外,相携萝薜喜同攀。"则范为华亭人。据日记,其人在彪佳巡抚期间担任外参谋。

十一日,周延儒豪奴杨茂于国变之际私招徒众,令常州照磨托名防盗缉捕,事泄,杨茂为其主阴蔽而逸。

十二日,先是今年八月,马士英曾奏免童生府州县试,上户纳银十两,中户四两,下户三两,径赴院试,得请。至是,彪佳因其座师钱应华欲为其子纳贡,厚赠之。

二十日,方岳贡子持张国维函来投,为转荐至浙江巡抚处。

二十三日,拜上四疏。一为《遵例考核给繇官员事》,以吴江令叶翼云考满,请复其职,予以行取,应得恩典,依例施行;一为上海县原任尚书杜士金存问,即《钦奉恩诏事》;一请留浙饷以补京口兵饷交不足,以杨文骢兼理饷务,即《京曰官兵日集粮饷需用甚殷,乞敕监军理饷,并乞留用浙银开支漕米,以足兵食,以毕江防事》;一请加丹徒、丹阳驿钱粮,戴见龙料理苏州药局,即《驿递冲疲已极,夫马支应倍繁,谨据实请增加,以利攸往事》。

以上据日记。诸疏俱见《督抚疏稿》。

二十四日,得一孙,理孙所出。

据日记,又二十六日,沈自牧赠以兄妾所绣《祁奚燕喜图》,贺彪佳得孙。

按,《家谱》载理孙二子,长子昌徵生于顺治四年丁亥(1647)五月二十日,次子曜徵生于清顺治十七年庚子(1660)正月十九日,皆非此子,则此子或早夭,家谱未载。

按,祁奚为祁氏之先祖。清章履仁《姓史人物考》卷十五《祁太原》:"周祁奚,晋悼公时为中军尉。请老,公问代之者,称:'解狐。'其仇也。狐卒,公复问之,对曰:'臣之子午也可。'羊舌职死,公问代之者,对曰:'赤也可。'于是使祈午为中军尉,羊舌赤佐之。君子谓奚称其位不为谄,立其子不为北,举其偏不为党。平公立,起奚为公族大夫。"

十二月初一日，致函马士英、王铎、张国维、陈盟等言别归意。

据日记。

《抚吴尺牍》有《王阁下》函，彪佳以被人弹劾，请王铎为己去后周旋；同书又有致高杰之《高老爷书》称："无奈病与心违，缘悭为怅。兹实报危疾，又被弹射，三疏乞归，蒙恩放允矣。向者弹射之及，且捏其争监国阻年号，中以危法。宁甘无端以承乎？祇以辩疏揭呈台览，以剖当日翊戴愚诚，亦人人知之，人人能言之者也。病废余生，得遂首丘之顾，藉庇已侈，惟从长林丰草中仰颂鸿猷律烈而已耳。不腆一芹，聊付别悃，统惟台台，临楮瞻候。"

初三日，因偕赏园主人呈以其先人顾大典文集，备仪报谢。

初四日，部下守备袁尚释欲刊刻《守城全书》，乃函送《防海纂要》《筹海图编》二书予许孟宏，托之代补《守城全书》原书所缺防江、防海部分。

据日记。

《抚吴尺牍》有《许相公书》云："小疏已不敢灾木。《救荒》《守城》二书欲刻，苦于无费。但《守城》书为袁弁先刻二卷，不得不足成之，板即留于署中可也。防边之外防海、防江为亟，今将《海防纂要》及《筹海图编》二书奉来，以供门下采辑。原本完，乞掷返。荒书底本多涂标，不堪着眼，倘门下录一别本留贵斋，亦可以防散失，诸不一。"即为此作。

初五日，高弘图来函欲卜居吴中，遣守备官为之择地。

据日记。

据《明史·高弘图传》，时山东已失，弘图无家可归，流寓吴门。复渡江入浙东。南都亡，泣涕绝食，殁于会稽之竹园寺。

初七日，冯元飏为兵部职方郎中，监黄得功军，以给假葬兄冯元飙、元颷过吴江来晤，彪佳致莫。

据日记，先是十一月二十六日，彪佳闻冯氏兄弟相继辞世。

初八日，具题《恭解助饷银两以佐军需事》；《恭解助工银两事》，言诸臣捐资助金陵宫室营建事；《微臣抱病乞归，回首地方，尚有备御一着敬陈原议，以奠安吴地，拱护南都事》，言太湖要地，需驻兵防守，地方罘党，应严行弹压等事；《钦奉敕谕事》，将原巡按周一敬荡平海寇之题覆移送吏、兵两部；《恭缴敕谕事》，言巡抚之符验、关防令字、旗牌并各项兵马钱粮造册另送，先进缴敕谕二道；《汇举苏州府罪废官员》，荐赵洪范、叶绍袁、沈正宗等。

据日记。《恭解助饷银两》《恭解助工银两》《微臣抱病乞归》《钦奉敕谕事》诸疏见《督抚疏稿》，本月二十一奉旨。《恭缴敕谕事》见《督抚疏稿》，本月二十二日奉旨。《汇举苏州府罪废官员》见《江南疏抄》，本月二十二日奉旨。

初十日，遣差入都缴印敕。理清文案，束装待归。

据日记。

按，彪佳巡抚三吴，处藩镇恣肆之地，于军队、钱粮诸事，既欲恤细民，复需迎合诸镇贪欲，实难。先于调处镇江兵乱时，与史可法所部相左；复于争兵船事件中，强逆高杰、刘泽清四镇。复值师友刘宗周直劾首辅马士英之罪，意气之争烈而党社之祸炽，而朝中群小纷嚣以谋功名，捏造罪名，以去异党。三案之争复起，而东林诸人难自全。彪佳虽不自认为东林党人，然处两党倾轧中，且自问正人，所交所友多东林人士，所行所重亦多与执权之马、阮格格不入者。论救左光先已直触阮、马逆鳞；再招无锡诸生顾杲于礼贤馆，而顾杲曾与陈贞慧等作《留都防乱揭》逐阮大铖，则彪佳亦为阮大铖所憾。彪佳亦深谙处境，故极力安插嫡属军队，任用各级武弁，招用武勇人才，以强势力，使己能得回旋之地。然至其所亲黄斌卿师被调至九江，京口镇守为郑鸿逵所代，而彪佳疏留不得，旗下直接可用者惟郑天鸿师，则己力不足抗衡诸镇。至此，彪佳苦心经营之京口防御体系已毁，军事力量不足抗衡诸镇，巡抚权柄亦难保全，其被代不可避免。告归后，彪佳屡函致杨文骢、张凤翔、马士英、高杰、王铎等函申归意，亦为示其归意之决及归势之必，企图因此开释忌者心头之结，使己驰归之后少为事端牵累。

十五日，启程归里，冯梦龙来送，赠彪佳以家刻，中有《列国志》等。

据日记，十七日舟中阅冯梦龙所赠《列国传》。

《抚吴尺牍》有《冯梦龙》函："昨在吴门，未得面承大教，□□不佞原非军旅之才，滥竽班里，□□昏仄。"近期所作。

十九日，至西湖别墅偶居。

据日记。

清嵇曾筠《雍正浙江通志》卷四十："楼外楼，《钱塘县志》：'在涌金门外，山阴祁氏别墅。'"然祁彪佳日记从未提及此楼，所言惟偶居。

明张岱《西湖梦寻》卷四《西湖南路·柳州亭》："柳州亭，宋初为丰乐楼，高宗移汴民居杭地，嘉湖诸郡时岁丰稔，建此楼以与民同乐，故名。……折而南，则钱麟武阁学、商等轩冢宰、祁世培柱史、余武贞殿撰、陈襄范掌科各家园亭，鳞集于此。过此，则孝廉黄元辰之池上轩、富春周中翰之芙蓉园，比间皆是。今当兵焚之后，半椽不剩，瓦砾齐肩，蓬蒿满目。"

二十日，至山阴，遣家眷先归。己则未入家门，直至骏佳云门山舍，谒化山父母墓庵，至年底二十五日方归家。

据日记。

旧谱:"廿二日,至越,不入家,小舟直探季超先生于云门山舍。除夕,方归家。"

《祁彪佳集》卷十所附明祁熊佳撰《行实》:"萧然行李,惟旧书敝衾。抵家不入门,直探兄季超先生于云门山舍,日夕静对,谈心性之旨。"

二十七日,分俸禄于亲戚,所余则赠为赡族、赡村及施舍之用,以实践"为官不入一钱"之誓言。

三十日,钱塘令顾恕礼来函,欲刻彪佳《救荒全书》。

以上据日记。顾咸建,字恕礼,汉石,昆山人,大学士顾鼎臣曾孙。崇祯十六年(1643)进士,授钱塘知县。清军陷杭州,不屈殉国。

是年曾偕嘉兴高寓公承埏、刘济甫孝廉登钓台,高作和诗。

陈济生《天启崇祯两朝遗诗》卷十有高承埏作《偕及门刘济甫孝廉登钓台次祁中丞世培年丈韵》,诗云:"山枕函林一钓台,先生不为钓名来。秕糠且失君王意,蓑笠应韬佐命才。当槛水涵孤月动,隔窗云落万峰开。凭高空起英雄思,剥啄残碑感绿苔。"即此诗。

作七律《郑覲于工部招饮水署,泛月乌龙潭赋谢》二首。

乌龙潭在南京市清凉山东麓。此必彪佳南京任上作。郑覲于即郑瑄,闽县人。明天启四年(1624)举人,崇祯四年(1631)进士,授南京户部主事,升度支使、浙江嘉兴府知府、应天巡抚。隆武朝授工部尚书加太子太保,与大学士黄道周、巡抚张肯堂同心辅政。隆武二年(1646)唐王兵败被杀,郑瑄卒于家。著有《昨非庵日纂》二十卷,彪佳为之序。

史载郑瑄隆武朝授工部尚书,其任职工部当略前。祁彪佳今年任苏松巡抚,同年十二月十五日辞官归里,则此诗应作于甲申(1644)秋季。郑瑄崇祯十年(1637)前后曾任绍兴参议,《感慕录》载崇祯十三年(1640)十月初四郑瑄升转,为之饯行,故诗称"八载深情"。

是月,兴妖僧大悲之狱。阮大铖欲借此兴大狱,罗织清流。

清查慎行《人海记》卷下《南渡三疑案》:"南渡立国有三疑案。甲申十二月,有僧大悲踪迹颇异,至石城门为逻者所执,诏府部科道法司会审。据供称先帝时封齐王,以崇祯十五年渡江。其语似颠似狂,词连申绍芳、钱谦益。于是阮大铖、杨维垣等令张孙振穷治之,欲借此以罗织清流,造为五十三参、十八罗汉之名,如徐石麟、徐汧、陈子龙、祁彪佳等东林、复社计一网尽之。孙振审词云:'大悲本是神棍,故作风颠,主使实繁有徒。'阴提线索语,多挑激上怒,而上意不欲深究。御史高允兹上疏解之,申、钱各具疏辩,马士英遂不穷其事,以弘光二年三月弃大悲于市。"

　　清钱澄之《藏山阁集·文存》卷六《南渡三疑案》：“甲申年南渡立国，十二月有僧大悲踪迹颇异，至石城门，为逻者所执，下锦衣卫狱。诏府部科道同法司会审。据供，称先帝时封齐王，又云吴王，以崇祯十五年渡江，又言见过潞王。其语似癫似狂，词连申绍芳、钱谦益等。于是阮大铖、杨维垣等令张孙振穷治之，欲借此以兴大狱罗织清流，遂造为十八罗汉、五十三参之名，如徐石麒、徐汧、陈子龙、祁彪佳等皆将不免，东林、复社计一网尽之。孙振审词有云：‘大悲本是神棍，故作疯癫，主使实繁。’……上意不欲深究。御史高允兹疏言：‘大悲状类疯颠，语同梦呓。先帝绝无十二年封齐王之事，诸王亦岂有十五年过镇江之理？且亲藩贵重，寺人骄蹇，招内潞王下位迎接，李承奉叩首陪坐，正不知有此风影否！至如申绍芳、钱谦益现任宫詹、卿贰，敢有异图？且此何等事！’”

　　清戴名世《南山集》补遗卷上《弘光朝伪东宫伪后及党祸纪略》：“先是有妖僧大悲从北来，自称为先帝，又称为齐王，又称为潞王，下镇抚司讯，又称为神宗子，因宫闱有隙寄养民间，长而为僧。辞连潞王与故相申时行、礼部尚书钱谦益。于是奏奸僧诬蔑，而户部侍郎申绍芳为祖讼冤，钱谦益自白，俱奉旨慰谕。而张孙振、阮大铖欲借以起大狱，为匿名帖布于通衢，海内清流如徐石麟、徐汧、陈子龙、祁彪佳、夏允彝、杨廷枢之属皆入其内。士英性本疏阔，不欲杀人，而大悲所言一无所牵染，其狱遂止。二月晦，弃大悲于市。”

　　是年，文学家凌濛初(1580—1644)卒。

　　字玄房，号初成、即空观主人，浙江乌程人。著有《拍案惊奇》初刻、二刻及《国门集》等。

卷九　舍身殉国

南明弘光元年乙酉(1645)　四十四岁

　　时事　正月，清军破潼关，入西安。李自成走商州。　明总兵许定国诱杀高杰，降清。二月，阮大铖为明兵部尚书。　改思宗庙号为毅宗。　兴妖僧案，杀大悲。　三月，起伪思宗太子案。兴伪福王妃童氏之狱。　左良玉以清君侧、救太子为名讨马士英。黄得功御之。后左良玉兵陷九江，旋卒。　四月，明杀周镳、雷縯祚。　清多铎入徐州，破泗州，渡淮。明刘泽清降。二十日，清兵破扬州，屠城十日。明督师史可法(1601—1645)殉难。五月，左良玉子左梦庚池州降清。总督袁继咸(1598—1645)被执拒降，次年被杀。 清兵渡江。弘光帝逃芜湖黄得功营中,马、阮均逃。多铎至南京,礼部尚书钱谦益等迎降。 明刘良佐降清,率兵追弘光帝。黄得功拒战,死。弘光为刘良佐俘入南京,次年被杀(1607—1645)。 六月,清军下苏、杭,谕限旬日剃发。 闰六月,明总兵郑芝龙、巡抚都御史张肯堂、前礼部尚书黄道周等奉唐王聿键福州监国。旋即帝位,改元隆武。 明余姚、鄞县在籍官员孙佳绩、熊汝霖、钱肃乐等起兵,奉鲁王朱以海绍兴监国。 明兵部侍郎左懋第(1601—1645)拒降遇害。 七月,多铎北还,以大学士洪承畴总督军务,招抚南方。 是年五月,李自成(1606—1645)九宫山被杀。八月,部将李锦(过)、郝摇旗、高一功等,与湖广总督何腾蛟等联合抗清。 是年,大西、大顺军冲突。川中官绅武装踞山险以抗大西军。

今年祁彪佳有《乙酉日历》,所记至闰六月初四日止。

正月初四日,阅《南宋通鉴》。

据日记。

初五日,因密园颓败,欲移藏书楼澹山堂至寓园八求楼后,书籍则搬入化鹿寺。

据日记,此后正月二十四日,托陈国光整理藏画。二十六日,翻检藏书于大楼,汇编历年尺牍藏于箱箧。三月初四日,托蒋倪、陈国光移家刻书籍印板于内室。十三日,移先父藏书于大楼,待搬至山中。

据《鲒埼亭集》卷十七《小山堂藏书记》、卷二十《旷亭志》及《鲒埼亭集外编》卷十七《小山堂祁氏遗书记》,祁氏自承爜、彪佳至理孙,皆好藏书,乱后移置化鹿寺,多散逸。部分为吕留良父子、黄宗羲以及赵谷林、一清父子之小山堂所得。

清全祖望《鲒埼亭集外编》卷二十《旷亭记》:"山阴祁忠敏公之尊人少参夷度先生,治旷园于梅里。有淡生堂,其藏书之库也;有旷亭,则游息之所也;有东书堂,其读书之所也。夷度先生精于汲古,其所钞书多世人所未见,校勘精核,纸墨俱洁净。忠敏亦喜聚书,尝以朱红小榻数十张,顿放缥碧诸函,牙签如玉,风过有声铿然。顾其所聚,则不若夷度先生之精。忠敏诸弟,俱以诗词书画潇洒一时,日与宾从徜徉亭中。忠敏之夫人世所称大商夫人者,工诗。其女郎湘君并工诗,亦时过此园。忠敏殉难,江南尘起几二十年,吾乡雪窦山人与公子班孙兄弟善,时时居此园,顾其所商者鲛宫虎斗之事,其所过从者西台野哭之徒,不暇留连光景、究心于儒苑中矣。公子以雪窦事成辽左,良不愧世臣之后,而旷园之盛自此衰歇。今且陵夷殆尽,书卷无一存者。并池榭皆为灌莽,其可感也。仁和赵征士谷林,其太君朱氏,山阴襄毅公女孙，祁氏之所自出。祁公子东迁，夫人年少，日夕哭泣，其家为取朱氏女甥使育之以遣日，即谷林太君也。方谷林尊公东白翁就婚山阴，其成礼即左祁氏东书堂中。是时淡生堂中之牙签尚未散，东白翁艳心思得之，太君泫然流涕曰：'亦何忍为此言乎！'东白翁嘿而止。蹉跎四十余年，谷林渡江访外家，则更无长物，只'旷亭'二大字尚存董文敏公之书也，乃奉以归。谷林小山堂藏书不减宅相，其中亦多淡生旧本，泊花池槛之胜犹称雄一时。乃商于予，欲于池北竹林中构数椽，即以'旷亭'名之以志渭阳之思，以为太君当新丰之门户，以慰东白翁之素心，其意良美，乃为文以记之。"

清黄宗羲《南雷文定》前集卷二《天一阁藏书记》："祁氏旷园之书，初庋家中，不甚发现。余每借观，惟德公（凤佳）知其首尾。按目录而取之，俄顷即得。乱后迁至化鹿寺，往往散见市肆内。丙午（1666）余与书贾入山翻阅三昼夜，余载十捆而出，经学近百种，稗官百十册，而宋元文集已无存者，途中又为书贾窃去卫湜《礼记集说》《东都事略》。山中所存唯举业讲章、各省志书，尚二大橱也。"又，清黄宗羲《思旧录》亦言："公书室朱红小榻数十张，顿放书籍，每本皆有牙签，风过铿然。"

清叶昌炽《奇觚庼文集》卷上《丁氏持静斋书目序（代）》："前古藏书之家，若宋之南阳井公，明之叶文庄、祁忠敏，并以圭坼重臣，雅好古籍。"

清曹溶《静惕堂诗集》卷二十五《顾修远出示藏书目录》："兵厄三江岁，牙签各散亡。寓园丹血惨，拂水绛云荒。遗烬归才薮，新题倒客囊。借抄君已许，未暇话沧桑。（寓园祁世培侍御，绛云钱牧斋宗伯也。）"

清毛奇龄《西河集》卷三十九《重修平阳寺大殿募疏序》："平阳即平原也，相传其地在平水之北，以水北曰阳，故名。平阳越王句践尝都之，明崇祯间山阴祁中丞购之为别业而藏书其中。其后中丞殉国难，山贼据为寨，别业顿毁。清兴，宏觉大师者受世祖章皇帝之诏，卓锡平阳，构御书楼于上方，而恢大其基名平阳寺，迄于今已三传矣。"然清平步青有别辨。《霞外攈屑》卷四《夫移山馆戢闻·平阳祁忠惠别业之误》称："《西河合集·重修平阳寺大殿募疏》序云：'相传其地在平水之北，以水北曰阳故名平阳。越王句践尝都之。明崇祯间山阴祁中丞购之为别业，而藏书其中。其后中丞殉国难，山贼据为寨，别业以毁。按，忠惠未尝购平阳寺为别业，寓山疏凿以奉母也。甲申自苏抚免归，杜门不出；乙酉移书至化山，旋即正命。西河凤与五、六两公子游，又累至寓山读淡生堂藏书，何以有此说？此疏必不出西河手。陶篁村先生谓合集有伪作杂刻其中，此疏亦赝鼎之一。不独墓志传序十余篇也。据《梨洲年谱》：'康熙丙午，与书贾入化山化鹿寺翻阅祁氏书三昼夜，载十捆而出,殆理孙兄弟移归未尽者。'"

十一日,得郭子式所刻《古越书》。

据日记。

按,《北京图书馆古籍珍本丛刊》第八十四册存明郭钰辑《郭子式先生校刻书三种》,中有《古越书》四卷。

同日,明总兵许定国诱杀兴平伯高杰于睢州。

据清夏燮《明通鉴》。

十二日,妻商景兰堕胎病沉,延医谒神。

二十二日,得钱龙锡函赠诗章,并附函致陈子龙。

二十八日,出所藏画扇求贾。

二月初二日,董玄赠以所刻诗文集,多咏寓山之作。熔银杯为修园资用。

十三日,托人至杭州出售玩器。

初九日,徐天生来,出示所作《梅花船》诗。

以上据日记。

二十四日,闻族侄祁贞明二女选中福王后妃。

据清夏燮《明通鉴》,甲申年八月福王传母妃命选淑女,群阉藉端肆扰,隐匿者致邻里连坐。民间缘此嫁娶如狂。日记载本月十五日,侄道瞻来顾,闻山阴令徐徽麟为选婚阅其次女,今中选。

明东村八十一老人撰《明季甲乙汇编》卷二:"三月丁巳,科臣陈子龙奏有中使四出搜巷,凡有女之家黄纸贴额,持之而去,闾井骚然。明旨未经有司,中使私自搜采,殊非法纪。……御史朱昌有北城士民呈称,历选宫嫔必巡司州县限名定年,地方开报,今未见官示,忽有棍徒哨凶打入家,不拘长幼概行抬去,但云'大者选侍宫帏,而小者教习戏曲',街坊缄口不敢一诘。"

又据《世谱》,彪佳祖父汝森长兄汝东,有长子名祁承辉,其次子应龙(字修麟)生独子祁贞明,官广西招抚监军,国变后更名禛朝,号广舆。生于明万历二十七年(1599),卒于康熙元年壬寅(1662),享年六十四;妻傅安人,金吾卫参军傅铭石女,生于万历廿五年丁酉(1597),卒于明崇祯十五年壬午(1642),享年四十六岁;生十子,前九子傅出,第十子庶出,长女适黄调鼎。

民国赵尔巽主编《清史稿》列传二百八十六《孝义三·黄调鼎传》:"黄调鼎,字盐梅,河南洛阳人。诸生。其女兄,明福王由崧妃也。早卒,葬洛阳。福王称帝南京,追爵妃父奇瑞洛中伯,以其长子九鼎袭,亦官调鼎。福王选立后妃,巡抚山阴祁彪佳之女与焉,命以彪佳少女妻调鼎。南都破,九鼎降,马士英挟福王母邹太后至浙江。兵败，太后匿山阴民家，调鼎走依祁氏，与相闻。福王死京师，求得其枢，载归洛阳，葬故妃园。迎邹太后奉养，至卒，葬福恭王园。调鼎弃诸生，不出。"又，清王韬《淞隐漫录·严鄂仙》条下，亦称祁彪佳女选为后妃。

《祁彪佳集》附杜春生注德蕹云："忠敏公四女。自孱英、湘君外，次女适同邑朱子升尧日，为襄毅燮元孙妇。三女修嫣，适同里王鄂叔穀韦，著有《未焚集》。余属沈霞西访得其稿，并刊于后。近见桐城姚鼐《惜抱轩文续集》，有黄徵君调鼎传，称调鼎洛阳人，姊为明福王世子由崧妻，早殁。世子南京称帝，立苏州巡抚祁彪佳女为后，而以彪佳少女妻调鼎。清兵渡江，调鼎匿山阴，依祁氏不出。顺治八年（1651），有荐其贤者，至京师力请，得已。乃归洛云。调鼎玄孙为言如此。余考祁氏家乘，调鼎妻乃忠敏再从兄应龙字修鳞者孙女，其父名贞明，两世皆庠生。有女二绶、三绶，俱以福王选婚赴南京。国变撤选，二绶适左军都督府右都督封保安伯黄调鼎，三绶为钱谦益陷入敬谨王府，吴梅村《听女道士卞玉京弹琴歌》有云：'依稀记得祁与阮，同时亦中三宫选。可怜俱未识君王，军府抄名被驱遣。'盖记其事也。然则黄氏子孙徒知祖姊为山阴祁氏女，而以忠敏名显，因附会，且伪选婚为立后尔，附识以订其误。"按，杜春生所辩事，《清史稿·黄调鼎传》之说或系参姚鼐文而误。

清平步青《霞外攟屑》卷四《夫栘山馆戢闻·祁二绶》亦辩及此事："杜禾子先生春生《越中金石记》云：祁忠惠从孙女二绶、三绶俱以福王选婚赴南京，国变后撤选，二绶适左军都督府右都督封保安侯黄调鼎，三绶为钱谦益陷入敬谨亲王府，见祁氏谱。《惜抱续集·黄征君传》误以为忠惠女，且讹选婚为立后云。调鼎玄孙言之不足信也。庸按，近出章有谟《景船斋杂记》亦云福王元妃黄氏早薨，次即祁彪佳女，地远讹传，皆失其实，应以祁氏谱为正。敬谨庄亲王尼堪于甲申（1644）五月以贝勒与贝子屯齐等追福王于芜湖，执之时统兵者为豫通亲王，驻江宁。谦益丧心无耻至陷其故君已选之妃于下陈，当与巩焴、张燨然、周钟同僇。若《过墟志》孀姝殊遇，刘三秀为端重定亲王博洛继福晋，王薨于壬辰（1652）三月，年四十，恐附会非实事也。"

综上可知，中妃选者为祁贞明二女，因祁氏一族彪佳名声最显著，附会而致误传彪佳女为妃。

三月初一日，迓来阅《元史纪事本末》。

初三日，遣嫁次女德玉，所适朱尧日，朱燮元孙，朱兆宣子。

以上据日记。据日记，此前二月十二日，数日因奉旨选婚，越中嫁娶如狂,昼夜不绝。侄鸿孙之长媳原已聘于倪宅,以彼家促之至再,亦从俗迎娶。午后抵家探之。十三日,午后抵家,至更余为奕远长媳完姻祝寿。十九日,朱弦庵(兆宣)亲翁以选婚,促早完姻,彪佳托词婿年幼,且过继朱宁方,尚在服中,辞其请。二十七日,朱家坚欲乘机迎媳,遂为女备具妆奁。三月初一日,受次女催亲聘礼。初二日,抵家命扫除,以待朱宅娶亲之使。薄暮,以妻子病,不能亲送女,乃令之同五嫂抵家宿,以待次日遣嫁。初三日,与二儿早抵家,巳刻遣女,以数言醮之。

初五日,冯元飏子苻煌偕友来过访,出其父在津抚任时所举请迁都南京疏。

初八日,作誓墓、誓神文,以示坚意不再出仕。

以上据日记。先是初五日记,人有推毂彪佳出山者,力辞,今乃作誓文表意。此不出山意甚决。此后四月二十七日,豸佳来函言南京有推毂彪佳者,已相机劝阻。

初十日,清明节,坐新构小舟"随园"出游。

十一日,濮仲谦为镌印章竣事,复有诗句、画图相赠。

以上据日记。

张岱《陶庵梦忆》卷一《濮仲谦雕刻》:"南京濮仲谦,古貌古心,粥粥若无能者,然其技艺之巧,夺天工焉。一帚、一刷,竹寸耳,勾勒数刀,价以两计。然其所以自喜者,又必用竹之盘根错节,以不事刀斧为奇,则是经其手略刮磨之,而遂得重价,真不可解也。仲谦名噪甚,得其款物辄腾贵。三山街润泽于仲谦之手者数十人焉,而仲谦赤贫自如也。于友人座间见有佳竹、佳犀,辄自为之。意偶不属,虽势劫之、利啗之,终不可得。"

十七日,寓园藏书楼开工。

二十二日,次子理孙入城赴乡试。

二十五日,城中演社戏供东岳大帝,观者如狂,举家亦去。

二十六日,寓山中瓶隐及读书处竣工。

二十七日,与张萼、王应进诸友听优伶弦索歌唱,复听朱纯宇唱南曲,极欢而散。

二十八日,为僧文德作《修建南塘疏》。

以上皆据日记。《修建南塘疏》今未见。

四月初二日,延吕幼初嘉训幼子班孙。

十三日,观演《永团圆》剧。

十四日,为妻病祷禳,演《绣佛阁》剧不能终,复演《永团圆》剧。

十七日,阅《智囊》书尽。

以上据日记。

十八日,与祝季远、蒋安然、金无炼至骏佳西渡草堂新居,馔饮,拈诗牌成五律一首。

据日记。此诗今未见。

二十日,还戏愿,观《衣珠记》《绣佛阁记》。

二十二日,饮客王应进、蒋倪、林孟楠、郑茂烨于南楼,限韵作诗。

以上据日记。此诗今不见。

二十三日,与友观大水于远阁。七律《徐伯调苦雨有作和韵》作于此左近。

据日记。诗见《诗集》,《诗始》不存。此诗称"横流沧海""北望神州""兴亡感慨",颇见末世之慨,必作于甲申变后。且芸窗校雠生活状态,也是彪佳退守山居的情状。多雨成涝,合今年之情状。又,此诗《诗集》中紧接四月二十四日所作《莆中林圣桢应予聘请入吴,于其归也,诗以送之》后,姑系于此年。

徐伯调,《乾隆绍兴府志》卷五十四"文苑":"徐缄,字伯调,山阴诸生。初擅制艺,为云门五子之一。复以诗古文争长海内。中丞祁彪佳爱其才,使二子从游,移缄家居梅市。及彪佳死,宣城施闰章尤心折于缄,自为郎官,历监司,所至迎缄,缄亦必往。两人交相得,虽忌者百方间之,终无益也。尝自著《读书说》,以经、史二事为本。……所著《岁星堂集》若干卷。"徐缄自崇祯十年(1637)至祁彪佳殉国,期间一直坐馆于祁氏。祁彪佳崇祯十年(1637)日记载:"八月二十八日,以徐伯调贯通五经,为文宏博,延为馆先生。"又,去年正月二十一日记提到,聘徐伯调为儿子馆师。则徐此间一直游幕于祁氏。朱鹤龄《愚庵小集》卷四有《徐伯调过访》五律:"树晚带余霞,朋来雀语哗。乍亲湖海气,深丑锻炉家。京洛煌煌客,燕吴泛泛槎。故山归去好,莫负寓园花。"注曰:"徐出祁公世培门下。寓园,祁之居也。"

二十四日,作七律《莆中林圣桢应予聘请入吴,于其归也,诗以送之》。

见《诗集》,《诗始》未收。据日记,四月二十四日,与林圣桢出寓山,座谈读书处……雨甚,心忧之,作七律一首赠林圣桢,有"一人知己非为少,四海无家未是贫""还我故山将老矣,勋名留与济时屯"句。

浙图藏《林居尺牍》丙子夏秋册有《与林圣桢》:"不佞近于小山下筑半亩,中有奇石,因构曲树其旁,欲名之为友石榭。……求门下为我别易一字,求得董思老或陈眉公书一扁见赠,扁二三尺足矣。"

按，林圣桢，名孟楠，莆田人，彪佳司理莆中时所取士。

二十五日，清兵克扬州，明督师兵部尚书、大学士史可法扬州拒敌七日，城破，自刎未殊，被执遇害。扬州知府任民育、参军事遵义知府何刚等殉难。

据清夏燮《明通鉴》。史可法，字宪之，号道邻，河南祥符人，著有《史忠正公集》。以上诸人曾与彪佳共事吴中，同气互重。

旧谱："四月，得吴中旧将密札云：'兵已决南侵计，将抵寿州。'先生常在山居，托夫人病，预置槥寄古庙，意欲自诀太翁墓前也"。

五月初二日，黄道周携子及莆田二友由倪元瓒相陪来访，赠彪佳以五言诗二首，复作古诗勉励理孙。

据日记，先是四月初五日，闻黄道周奉王命襄祭禹陵，发函阻其过访，并乞题"幼文子读书处"额。二十二日，邀黄道周来聚，不至，仅得其所书匾额。

据《明通鉴》，去年道周以吏部侍郎为礼部尚书，协理詹事府事，今年以遣祭告禹陵行。又，黄道周所赠诗未见，《黄漳浦集》卷四十九有七绝《五日自梅溪过项里六章》，洪思注云："从大涤函书别本作《午日同祁世培、文载、叶恒生、倪尔徽自梅里过项里》。"作于此行。

初六，阅《唐末纲目》。

初七日，骏佳来函为彪佳裁酌避乱隐居之策，函复之，丐其裁定。托山人祝季远入城销镕银厄。

以上据日记。

十五日，清豫亲王多铎入南京，明总督京营忻城伯赵之龙奉表纳款，勋戚降者驸马齐赞元、灵璧侯汤国祚、安远侯柳祚昌等，大臣自大学士王铎、礼部尚书钱谦益等文武数百员迎降，兴平伯高杰子元爵、广昌伯刘良佐等亦沿途归附。彪佳晤陈洪绶，悉清军已过长江，拟与家人避居山中傅家坞。

综参据日记和清夏燮《明通鉴》。

明东村八十一老人撰《明季甲乙汇编》卷二："乙酉五月，南都以太子一事，左良玉声言清君侧，士英尽撤江北兵堵上游，惟刘泽清不行，亦不北拒。北兵遂南下。五月十一日，帝奔太平，刘孔昭不纳，乃奔靖南侯黄得功营。阮大铖为大学士，朱大典为兵部尚书，方国安为镇东伯。兵未渡，浮梁铁索忽断，军士望洋而止。帝遂蒙尘，黄得功死之。"

旧谱："先生四十四岁，在林居。见朝政日紊，奸党盈廷，正人无一任事者，叹曰：'江南即燕都续矣！'指故居曰：'去孔道不远，其扰于兵！'入山，语季超先生曰：'死，吾分也，有地可以稍全道乎？'为妻子乃构庐于云门东二十里，曰傅家岙。后丙戌兵至，夫人、诸子避居得无恙云。"

旧谱："五月，兵竟渡江，南都不守。先生叹曰：'此地顷刻荆榛矣，安所得西山薇哉！有死已耳。'或曰：'明德未终，盍黄冠游台、荡间以观时变，事必无可为，则为谢叠山未晚也！'先生既而曰：'迹涉偷生苟免。'遂弗行。"

二十一日，偕地方士绅会讲乡约于平水孔官庙，酌行保甲练乡兵事。

二十四日，白贻清、顾锡畴将避地天台，彪佳亦作此计。

二十六日，更道服出避，与山人祝季远、僧无迹至显圣寺。高弘图欲隐山阴避乱，托蒋倪为之卜居。

二十七日，避于骏佳西渡草堂。

二十八日，与祝季远至傅家坳中新购置庄园。

二十九日，料理赡村事宜，书赡养山邻事宜数款。督儿阅《宋鉴》。

以上据日记。

六月初六日，得黄斌卿函示《乞师文》，知渠归闽乞师于南安伯郑芝龙及巡抚张肯堂。

潞王监国杭州，有议任彪佳苏松总督，坚辞不出。时清军将南，监国有谕不得发，彪佳任命中寝。

清计六奇《明季南略》卷十《浙纪·潞王出降》："大清顺治二年乙酉五月，豫王既定南都，分兵入浙，大帅贝勒博洛也。时潞藩避杭州，六月，杭人拥戴之。贝勒以书招王，王度力不能拒，又不忍残民，遂身诣营，请勿杀害人民，贝勒许之。遂按兵入杭，市不易肆。后潞王北行，与弘光、王之明俱凶问。"

清查继佐《鲁春秋·监国纪》："弘光元年乙酉夏五月，南都不守，江南及浙西郡县咸望风下。杭诸绅奉皇太后命敦请潞王翊镠监国。甫三日，监国因原任都督陈洪范籍士马、钱粮北款。钱塘知县顾咸建忍不从，弃去；诸生沈乘建守城之策。百姓昵王慈，立杀乘。在籍原任兵部主事王道焜、行人司行人陆培不应召自杀。于是原任都察院左都御史刘宗周，京畿道御史祁彪佳，詹事府少詹事徐汧，吏部主事夏允彝，生员顾所受、王毓蓍、高孝瓒、王士琦、士琦弟士瑀及士珍、赵大中，布衣潘集、周卜年，术士王乐水，咸不屈自杀。"按，此潞王载潞王翊镠，有误，监国者是翊镠子常淓。

又，据日记，初四日，先前山阴令传太后懿旨，召浙直诸臣钱龙锡等，彪佳托人赍上告病疏。十一日，阅邸报见黄道周请监国设苏松总督，礼部侍郎王志道荐彪佳以此位，任命已得谕旨。然以兵讯紧急，未得见旨。乃与熊佳、鸿孙酌拟辞免任命之策。顾锡畴自杭州来，言监国有意任彪佳刑部尚书或兵部侍郎，然未闻有总督之任。十二日，致函王志道及内监孙、李二人，坚辞所任总督职,时清军将南,监国有谕不得颁,彪佳之任命遂中寝。先是初六日彪佳上辞太后召命疏,已得马士英票拟,因讹传福王将至,太后遂不下懿旨,至是总督之任命亦未见于诏书,不知所授何官。十三日,得王志道函悉清军迫杭州,监国有谕旨未及颁发,百官推彪佳为总督事亦已奉谕旨,而未及颁发。束装出避山中。

《祁彪佳集》卷十所附明祁熊佳撰《行实》:"六月,黄石斋(道周)先生与少宰王东里(志道)疏起先生少司马、总督苏松,且云,自吴门来,士民万口惜先生早解兵柄,愿得一至吴为士民主,则人心立振,十万众立集。"

明谢晋撰《右金都御史巡抚祁公传》:"六月,皇太后至杭,潞藩监国,黄公道周请设苏松督抚,少宰王公志道以公名上,云吴中士民,万口惜公早解兵柄,愿得一至吴为士民主,则数万众可立集。遂起公少司马,协理戎政,总督苏松。方奉旨而北兵至,公仍入云门。"

清邵廷采《思复堂文集·碑传·明巡抚苏松副都御史世培祁公传》:"明年南都亡,马士英逃至杭州,假太后命复召公,蕺山劝之行。潞王监国,黄道周请急设苏松督抚,经略浙西;吏部侍郎王志道述吴中士民万口惜彪佳早解兵柄,第得彪佳至,数万众可立集就。拜公兵部侍郎总督苏松,会王师压北新关,不果。"

同日,刘宗周来函勉励彪佳出山,决意避居不理国事,不复信函。

据日记,初六日,刘宗周来函,有"时事至此,吾辈决无袖手旁观之理。即袖手旁观,将此身置于何处"之言,勉励彪佳出山极切,亦不复。按,宗周来函见《刘子全书》卷二十七《与祁世培五》。

旧谱:"六月,弘光帝蒙尘。皇太后至杭,命潞王监国。黄石斋先生请亟设苏松总督。时少宰王东里先生间关至杭,承旨覆疏以先生上,起少司马、理戎政事,行将总督苏松。且云:'吴门万口惜先生早解兵,愿得一至吴,为士民主,十万众可立集也。'方奉旨,兵奄至,百官散,先生不及行。"

初七日,得王应进函言总兵王之仁欲招兵于绍兴,力止其事。

初八日,潞王受皇太后命登监国位。

十二日,村民与王之仁军队冲突,彪佳家中漆匠被枪伤,投水死,奴仆死伤者三四人。致函王之仁,值顾锡畴来调停其事,与熊佳往谒王之仁,王兵敛迹去。得悉监国欲降清,王之仁不随,收兵归定海。

十三日,清军攻克杭州。潞王依巡抚张秉贞、陈洪范等计迎降。

以上据日记。

明王世贞《明朝通纪会纂》卷七:"清兵既渡江平定南都,因分兵入浙。

时潞藩避杭，不忍残民，因举城降清。"

潞王迎降后，彪佳避新朝招，深隐山中傅家坳，惟思退居。

据日记，十二日，欲出遁。十四，易道服，辞家庙及叔婶、兄弟、子侄，将出避南塘，途中思必移眷乃妥，复至寓山，令妻扶病束装，夜行而出，宿止水庵。十六日，与骏佳至傅家坳。得理孙函，言山阴难民纷纷避乱山中，遂回舟，明日入山。十八日，至傅家坳召乡绅酌议团练乡兵，建更楼以备防守。二十日，于傅家坳邀乡绅酌议实施保甲之法。二十一日，傅家坳乡绅送来保甲册。二十二日，会傅家坳社众于庙中，申团结、保安之意。二十九日，与人议傅家坳平粜之事，乞蒋安然书平粜及赡村告示。

十五日，得报山阴不复有溃兵之忧。妻病亟，令理孙载母归。

十七日，闻刘宗周欲挟惠王至福建以图兴复，事不成绝食。

十九日，闻族侄祁贞明降清授官。

以上据日记。

清军书币来聘故明名臣六人，中有彪佳，辞之不得，引决志渐坚。

清温睿临、李瑶撰《南疆绎史》勘本卷十四《祁彪佳》下引《摭遗补传》："大兵渡江，贝勒孛罗驻营萧然山下，命将以貂参聘六遗老：首醵州（高弘图）、次蕺山（刘宗周）、再次忠敏（祁彪佳）与格庵（章正宸），其二则降。已忠敏驾言应召出，瞒其所亲，宿别业中以自沉。家人索之，见水面露巾角，诧曰：'是邪！'盖入水端坐之云。"

清计六奇《明季南略》卷十《浙纪·潞王出降》："大清顺治二年乙酉五月，豫王既定南都，分兵入浙，大帅贝勒博洛也。"

民国黄鸿寿《清史纪事本末》卷八："（顺治二年）六月，多铎遣贝勒博洛进追明潞王于杭州，王降。前大学士高弘图、都御史刘宗周、江苏巡抚祁彪佳死之。"

《祁彪佳集》卷十《遗事》引清董旸撰传："大兵下江南，贝勒以币聘宗周彪佳。"又，董撰《刘宗周传》云："王师入浙，将军孛罗征宗周。"则征彪佳之贝勒为孛罗，或作博洛。

清全祖望《鲒埼亭集》卷十三《祁六公子墓碣铭》："顺治二年，江南内附，贝勒遣将东渡驻营萧然山下，遣使以貂参聘遗老凡六人。其一为故大学士胶州高文忠公，时方寓山阴也。其一为故左都御史刘忠正公，其一为故右金都御史巡抚苏松祁忠敏公，皆死节。其一为故大理寺丞章公，求死不得乃起兵，寻行遁去。而二人者竟降，亦卒不得用。于是别称为'四忠'。"清李祖陶《国朝文录·鲒埼亭文录》卷三亦收入此文。

明东村八十一老人撰《明季甲乙汇编》卷二:"六月,杭州拥戴潞王,潞王寻以城降。贝勒布散官吏至浙东,且令薙发,召乡绅朝。绍兴祁彪佳赴水死,刘宗周不食死。"

清邹漪《明季遗闻》卷四:"先是清兵入浙,潞藩以城降。贝勒散布官吏至浙东,且令薙发。山阴原任苏松巡抚祁彪佳赴池水死,原任左都御史刘宗周不食死。"

明文秉《甲乙事案》卷下:"北使至绍兴,在籍左都御史刘宗周、右佥都御史祁彪佳等死之。""清帅传檄至绍兴,绍兴遣人投降。彪佳知事不可为,投河死;宗周则绝粒死。"

明王世贞《明朝通纪会纂》卷七:"仰贝勒散布官吏至浙东招抚,且令薙发。山阴原任苏松巡抚祁彪佳赴池水死;原任左都御史刘宗周不食死,有绝命词云:'留此旬日死,少存匡济意。决此一朝死,了我平生事。慷慨与从容,何难亦何易。'又示婿云:'信国不可为,偷生岂能久。止水与叠山,只争死先后。若云袁夏甫,时地皆非偶。得正而毙矣,庶几全所受。'门人会稽诸生王毓蓍闻变,即遗书宗周曰:'愿先生早自决,毋为王炎午所吊。'亦投柳桥河死。儒士潘集奔东渡桥袖石自沉死,儒士周卜年赴东海死。原任大学士高弘图流寓绍兴,逃至野寺不食死。"

清黄宗羲《弘光实录钞》卷四:"北兵至杭州,监国潞王率群臣以降。左都御史刘宗周、苏松巡抚右佥都御史祁彪佳、诸生王毓蓍、潘集、周卜年死节于浙东。"

清计六奇《明季南略》卷十《浙纪·祁彪佳赴池水》:"贝勒既驻杭,遂散布官吏至浙东招抚,且令薙发,召乡绅谒见。原任苏松巡抚祁彪佳赴池水死。……乙酉夏,大清兵入浙,檄诸绅投揭。公闻,语夫人商氏曰:'此非辞命所能却,若身至杭辞以疾,或得归耳。'阳为治装将行者,家人信之不为意,闰六月六日丙戌夜分潜出寓园外放生碣下,自投池中。书于几云:'某月日已治棺寄戴山戒珠寺,可即殓我。'其从容就义如此。后谥'忠敏'。公生二子,长理孙,字奕庆;次班孙,字奕喜:皆有文誉。女德蕰字湘君,年十三四即韶慧绝人,其哭父诗有句云:'国耻臣心在,亲恩子报难。'时盛称之。"

清计六奇《明季北略》卷之二十四《门户大略》:"南都死难如高倬、刘邦彦、何刚、吴嘉允、陈于阶、钱棅、祁彪佳,勋臣靖南侯黄得功、鲁之玙、黄蜚、侯承祖父子、陈天叙等。昔争光日月,与二党皆中立,故附记于此。"

旧谱:"贝勒以书币聘越中大臣四人,先生暨刘先生与焉。刘先生绝食中亦作数语拒之,遂劝先生亦一书拒辞。时为先生设三策,皆可以智自全,不应。闰六月初四日,闻有渡江谒见者。先生密语季超先生曰:'此其时矣。'即令人携槥至化山。既而曰:'暑不若诀于寓山,可速瘗。'遂绐其夫人、公子曰:'举国趋降,吾何能安卧? 不若面辞以疾,当得归也。'"

朱彝尊《静志居诗话》:"贝勒入武林,以书币来聘。客曰:'明德未终,黄冠以入天台。至事无可为,为叠山未晚也。彪佳曰:'是或一道也。'"

明张岱《石匮书后集》卷三十六《刘宗周祁彪佳列传》:"乙酉,朝事日坏;彪佳痛曰:'江南即燕都之续矣!'乃挈妻子入云门,为避乱计。五月,南都不守。六月,皇太后至浙,潞王监国,黄道周请设苏松督抚,少宰王志道以彪佳名上。起少司马理戎政事,行将总督苏松;方奉命,而北兵奄至、潞王出降,彪佳仍入云门。贝勒至武林,以书币聘彪佳;遂绐夫人曰:'此非辞命所能却,必身至武林,固辞以疾,或得归耳。'"

《祁彪佳集》卷十所附明祁熊佳撰《行实》云:"适师逼武林,兼以书币聘,先生即欲引诀。"

闰六月初一日,阅《通鉴记事本末》,有感于晚唐五代史,阅晚唐诗。

据日记。

初二日,始绝食。

据《行实》。

初三日,姜逢元与商周祚同行至杭州辞聘。

清刘汋《先君子蕺山先生年谱》卷下:"同先生征者八人,在越为高弘图(去位寓越)、商周祚、姜逢元、祁彪佳及先生(按,指刘宗周)。"

明高宇泰撰《雪交亭正气录》十二卷:"虏兵至,公外父商周祚年八十矣,与京兆金兰首薙发,渡钱塘迎虏;约公同往,不从。及二人归,而公服绯服投水死矣,在园中梅花阁下。后监国赠谥'忠愍'。"

清金堡《岭海焚余》卷上《奖忠讨逆疏》:"为奖忠讨逆以申大法事。……巡抚祁彪佳、左都御史刘宗周、吏部尚书徐石麒,自有应得恤典矣。夫受恩深重,之死靡他,有心者自知引决,若偷生可以无罪,而能杀身成仁,非有殊褒不足发忠义之气。……又如吏部尚书商周祚摇尾乞怜于逢元,以希引进,臣不识周祚一旦入地已非夭亡,而甘心负国,遂至于此! 推而下之,姚应嘉、金兰等之薙发从胡俗也,陈之遴、钱栴等之句引陷桑梓也,钱震泷之跪门求用为贝酋所斥也,傅岩等之受伪官招摇外任也。如臣乡缙绅其洁身自全者颇少。"

清李慈铭《越缦堂文集》卷四《复陈昼卿观察书》:"商太宰周祚居官以强执称,其祖父及弟皆有名位,又以祁忠惠为之婿,质园先生为之孙,而国初降志貌蒇,不与戢山、寓山同死,遂泯焉无传。此足见吾越先正清议之严也。"

初四日,叔祁承勳与从弟熊佳、侄鸿孙来函劝彪佳出杭州谒贝勒,亲辞聘,藉此舒解亲属之祸,言不受其官,仍可保臣子节操。

据日记。

初六日,夜五更坐水自尽于梅花阁前水池,留《遗诗》《遗言》以及《辞宗庙文》《别叔婶书》《别兄弟书》《别妻室书》《父临诀遗嘱付儿理孙班孙遵行》等文。

以上诸文,《遗诗》《遗言》收入《祁彪佳集》。《辞宗庙文》《别叔婶书》《别兄弟书》《别妻室书》《父临诀遗嘱付儿理孙班孙遵行》收入道光壬寅(1842)十一月增刊《祁忠惠公集补编附九卷》后。

祁彪佳殉节始末据日记:六月二十三日,得商周祚函,言清军已至,以绍兴乡绅未出迎降意不惬,讹传有令限士绅于二十五日出朝见。询之当道,则惟有水陆大将军一告示,劝士绅出山,以免被盗贼劫掠。又,外间有祁氏私招家丁之说,作函辩白,更以室庐相托。二十四日,闻陈洪范已升浙江正巡抚,张捷为副巡抚,清军已有公文征聘刘宗周、高弘图、钱士升、方岳贡、徐石麒及彪佳,聘书将至。彪佳欲阳应之而潜图引诀,兄骏佳力阻,谓宜先婉辞,若不得,再就死。二十五日,草公启婉辞清廷聘用。鸿孙来,谓城中已赍发致彪佳之聘书。二十六日,作揭呈陈洪范以"若再遣聘则必死"为辞,复欲荐贤自代。二十八日,遣人至杭州致辞聘启。得龠佳、熊佳函,劝彪佳远避,以病足辞。又据明祁熊佳撰《行实》,闰六月初六五更,祁彪佳坐水自尽于梅花阁前水池,留遗诗、遗言。

《祁彪佳集》卷十所附明祁熊佳撰《行实》载彪佳之殉难甚详:"初五日,携子理孙出山,抵家。已绝粒三日,给家人曰:'吾当至杭面辞。'遂饮啖,神色怡和,举家皆不疑有殉节事。至寓山,谓子理孙曰:'昔文信国临终,贻书其弟,嘱以文山为寺,吾亦欲捐此为净业地,汝其善承吾志。'晚,命具酌,给其子暨坐中弟侄辈曰:'亟就寝,为夙兴西渡地。'童仆皆散去,止留契交祝季远款语。乃步廊下,星月微明,望南山笑曰:'山川人物,皆属幻景。山川无改,而人生忽一世矣。'复谓季远可归卧。季远倦且寝。少顷,季远梦中闻启户声,急执烛视案上,乃告别祖宗文也。季远遂号恸曰:'先生今夕殉节也矣。'时子理孙虽遵命假息,辗转不成寐,惊起蹩踊。有顷,东方渐白,见梅花阁前水际露角巾寸许。亟就视,先生正襟跏趺而坐,水才过额,衣冠俨然,而面有笑容。盖绝笔中有'含笑入九原,浩气留天地'句,先生乃预志之矣。理孙痛绝复苏,跪开遗书。诗文、书嘱共七通,皆书于是夕谈笑中者也。后赠少傅兼太子太傅、兵部尚书，谥'忠敏'。追赠曾祖父三代如其爵，荫一子中书。子理孙奉窆岁于亭山之阳。……先生遗命，遭时大变，死有余丑，勿立铭旌，勿求志传，勿受吊殓，勿用冠带，又命诸所遗言不得刻行，恐涉恶名。"

旧谱："初五日，携公子出山。刘先生先绝食，时先生绝粒三日，至是遂稍稍饭。平日思及国事辄须眉尽扬，至是则神色恬和怡然，意若无事，众咸疑。至寓山，登四负堂，顾谓公子曰：'尔翁里居久，无大失德事。惟耽泉石，多营构，吾之过也。昔文信国贻书其弟，嘱以文山为寺，以酬宿愿。吾亦欲效之，汝其善成吾志。'晚，命酒，先生幼弟翁艾、犹子奕远、山人祝季远在坐，饮数卮，饭一盂，语笑怡畅，人盖莫能测。翁艾辞去。有顷，绐公子曰：'跋涉山中来，惫矣，早休，夙兴理舟楫。吾少与尔兄话。'公子承命息山后，并遣去童仆曰：'尔辈亦偃息，为夙兴地。'先生遂携奕远、祝山人至瓶隐，论古今忠臣慷慨死者若而人，从容就义者若而人，坚贞隐忍图报复者若而人，又言：'大抵朋友相与，骨肉相成，以道义不以姑息。若是人志捐躯死节，而苟且劝阻，是朋友、骨肉中罪人。'季远唯唯。先生忽诘奕远曰：'倘吾不屈死，汝将若何？'曰：'殓忠骨，妥忠魂，弟辈幼，侄之责也。'先生曰：'夜深，且归。凌晨来，有事嘱汝。'奕远归，复与祝山人款语，从容问及祝家计，蹙然曰：'一寒至此，奈何！'起解箧中十金赠之，复曰：'爇香煮茶，山人事也。烦足下山人汲泉爇火。'先生坐槛上，径笑谈，茶熟，命再进已，复令山人启读书处。先生曰：'漏下几刻？'山人曰：'二鼓。'先生曰：'尚早，更数刻而卧。'先生步廊下，时光微明，先生望南山笑曰：'山川人物，皆属幻影。山川无改，而人生则倏忽一世矣！'入室中，指点琴书，曰：'此皆故迹也！'忽笑谓山人曰：'吾所交，惟君差朴愿。日后吾欲殉节，子能为我一助乎？'因以手作投缳势示之。山人踧踖，谢不敢，先生笑曰：'固知子不能耳！'遂趺坐一榻，良久开目曰：'死果难耶？如此去即去矣。夜将过半，吾再作一书即复，子可归卧。'先生仍至瓶隐。瓶隐之南为太翁行祠，一门去水近。顷之，山人倦梦中闻启户声，惊起。见祠前门启，一烛置门后，回首见像前爇香三炷，纸一幅，亟移烛视之，乃告别祖宗文也。再入瓶隐，门洞开，桌上置大封一、小封三。山人遽号恸曰：'不意先生今夕即殉节也！'公子虽遵命去，然疑先生何肯渡江，又念渡江必有常山马贼事，方转展不成睡。闻山人声惊起，呼号擗踊，欲入水效曹娥负尸，山人辈抱持之，竟闷绝。奕远闻信，急呼渔舟数十，求之深水，不得。有顷，东方渐启，见梅花阁前石梯水际，露角巾数寸，急就视。先生正衿垂手敛足而坐，水才过额，冠履俨然，须鬓无丝毫纷乱，面有笑容。绝笔中有'含笑入九原，浩气留天地'之句，先生盖预志之矣。于是公子渐苏，痛哭开读遗书。大封中书遗言三纸，一为山中所书，其二是夕笔也；又遗诗一章，是为绝笔。小封三者，一别叔梅源太翁，一别兄季超先生，一别商夫人，亦皆书于是夕谈笑中者也。诗文书嘱共七通，词意周畅，恒人终日不能就，先生于生死顷刻时，谈笑立挥之。先生平日拙于字，山中书犹有点撺，临诀诸笔，点画愈工，岂非神行其间者？遗命大要'存厚从俭，返璞还醇'，又命'遭时大变，死有余愧！勿悬旌，勿求志传，勿受吊赙，勿用冠裳'，又命'诸所遗言，不得刻行，涉要名'。故名言格语，不能尽述也。从山中迎夫人归，至初七日方殓，时酷暑，颜色犹生。后数日，浙东义师起。"

明张岱《石匮书后集》卷三十六《刘宗周祁彪佳列传》："乙酉，朝事日坏。彪佳痛曰：'江南即燕都之续矣！'乃挈妻子入云门，为避乱计。五月，南都不守。六月，皇太后至浙，潞王监国，黄道周请设苏松督抚，少宰王志道以彪佳名上，起少司马理戎政事，行将总督苏松，方奉命，而北兵奄至，潞王出降，彪佳仍入云门。贝勒至武林，以书币聘彪佳，遂绐夫人曰：'此非辞命所能却，必身至武林，固辞以疾，或得归耳。'初五日，携长子理孙发云门，至寓山，顾理孙曰：'而翁无他失，惟耽泉石、多营构，亦一过也。昔文信公临终，贻书其弟，嘱以文山为寺；吾亦欲捐此堂栖禅侣，以忏吾过。'晚，命具酌，畅饮数卮。移时，子侄童仆皆散去。独呼祝山人至瓶隐密室，纵谈古今忠臣烈士，娓娓数千言。属山人焚香煮茗，遂开牖，望南山，笑曰：'山川人物，皆属幻影。山川无改，而人生倏忽又一世矣！'复向榻中端坐，瞑目屏息。良久，忽张目曰：'向谓死若何，如此是矣。'乃促山人就寝，遂至八求楼，启大参公祠，以文告别。复归瓶隐，作遗书曰：'臣子大义，自应一死。十五年前后，皆不失为朱氏忠臣。深心达识者，或不在沟渎自经；若余硁硁小儒，惟知守节而已！'以朱笔大书几上，赴水而死。祝山人早起，遍索之不见，大呼号。理孙梦中惊起，挈数舟求之深水，不得。有顷，东方渐白，见柳陌下水中石梯，露帻角数寸。急就视，彪佳正襟危坐，水才过额，冠履俨然，须鬓不乱，面有笑容。太夫人'跌坐澡盆'之梦，至是验矣。隆武帝闽中，赠彪佳少傅、兵部尚书，谥'忠敏'；刘宗周赠少保、工部尚书，谥'忠端'。"

明谢晋撰《右金都御史巡抚祁公传》："北兵至武林，以书币聘。有为公设策三，皆可以遁自全者，公不听。闰六月初四日，闻檄召诸缙绅渡江谒见，公密语兄骏佳曰：'此其时矣！'先是公托言商夫人疾，预敕匠事，至是令密携之，语夫人与子理孙曰：'此非辞命所能却，吾念之，非面折不可。若至杭辞以疾，当得归也。'初五日，携子理孙发云门，归梅墅里。时已绝粒三日矣。抵寓园，公季弟象佳、犹子鸿孙与祝山人季远并迎之，公神色暇豫，顾理孙曰：'若翁里居，无甚失德，但耽玩泉石，营构多，是余过也。昔信国命以文山为寺，汝亦可承吾志。'晚命酌，酒数卮，饭一盂，笑语怡然。既撤，命理孙曰：'适自山中来，跋涉百里，惫矣，宜早休为夙兴地，吾与汝兄言。'少顷就寝，复呼僮仆谕之，皆散去。遂与鸿孙、季远谈古今忠臣义士，某某慷慨引决，某某从容就谊，某某艰贞蒙难、隐忍图功。娓娓千余言，又谓君子爱人以德，细人以姑息，故朋友骨肉，以道义相成为贵，若人有捐躯殉节志，反沮止之，岂非名教罪人乎！鸿孙唯唯。复谓鸿孙曰：'吾不屈死，汝奚若？'鸿孙曰：'某必有以妥忠魂。两弟幼，犹子事也。'鸿孙去，公复与祝款语，从容及祝家计，恻然解箧中金以赠，已，复秉烛登读书堂。时漏下已二十刻，望南山喟然曰：'山川人物，皆属幻影。今山川无改，人生倏忽一世矣。'又指琴书玩具曰：'此亦皆尘迹也。'祝微喻其指，辄唯唯。公复笑谓之曰：'若可人意者。倘他日吾欲殉节。'以手作雉经状曰：'若能助吾了此乎？'祝踧踖谢不能。公笑曰：'吾固知若不任也。'即瞑目端坐，如僧人入定者。良久，忽开目曰：'若谓死果难耶？如此去即去矣！'夜丙，公谓祝曰：'若且休矣！吾草一书，亦就枕耳。'祝遂谢去。公启先大参祠，焚香以文告别，置烛门右几上，留书属后事。遗言有云……诗曰……字不欹斜，文无点窜。理孙梦中闻启户声，惊起求公，卒未得。有顷，东方渐明，见水际露巾角寸许，亟入水扶出之，则正襟危坐，面莞尔有笑容，衣冠须发，无丝毫乱。诗所云'含笑入九原'，公真不愧乎其言也。"

　　清汪有典《明忠义别传》卷二十二《祁忠敏公传》："王师下江南，贝勒以书币聘公，公别家人，托言应聘，宿所构山园。夜开牖望南山，笑曰：'山川人物，皆幻形也，今山川如故，而人生已一世矣。'题其案曰：'图功为其难，洁身为其易。吾为其易者，聊存洁身志。含笑入九原，浩然留天地。'又书曰：'已治棺寄蕺山戒珠寺，可取以敛我。'是夜兄子鸿孙侍侧，夜分不寐。公第曰：'君子爱人以德。'逮鸿孙隐几，步至放生碣下投水。昧旦，犹整巾带立水中。是为乙酉闰六月六日也。外史氏曰：呜呼！山川人物之故，夫岂幻哉！张司马煌言被执临刑，见青山夹岸，喟曰：'好山色！'其言至深，痛不可读。然不知山色正以公等好也。不然，马首巢由、痴顽老子，幻矣！涧愧林惭，何好之与有！"清汪有典《史外》卷二十二《祁忠敏公传》所述同。

　　清查继佐《国寿录》卷二《京畿道御史祁彪佳传》："逾年，清陷南都，彪佳已久罢家居矣。潞王举杭州降清，清重彪佳素，折节聘之，彪佳作书谢不应。留遗语于家曰：……诗曰：……其却聘书未及录，时清得书，亦不甚强。寻薙首令下，彪佳曰：此其时矣！遂独往西施山别业，夜辟人，趺坐水中而化。既死，体犹不解。或曰：'彪佳崇信佛事，故生死尤脱然云。'"

清四明西亭凌雪撰《南天痕》卷八列传九："隐于云门山舍。大清兵入杭州，使者以书币至越，不受。其妻虑其死，令家人环守之，不得死。彪佳乃洋洋如平时，防守稍疏。闰六月五日，出云门，至寓山之书室，饮至夜分，遣从者出，唯祝山人在。星月微明，望南山叹曰：'山川人物，皆属幻影。山川无改，而人生倏忽一世矣。'已而，山人亦卧。处分后事，自携烛投梅花阁前浅水而死。家人觉而寻之，烛犹未见跋也。鲁王赠兵部尚书，谥'文敏'。彪佳举止蕴藉，见者爱其和雅；及处事决断，凛如也。宗周尝告以'舍生取义'之说，观彪佳从容殉节，可谓不负矣。"清温睿临《南疆逸史》卷十一列传所述略同。

清毛奇龄《西河文集》传四《明少傅兵部尚书前巡抚苏松都察院右副都御史祁公传》："大兵下江南，贝勒以书币聘宗周、彪佳，彪佳沉水死。死时别家人，驾言应聘，将渡江，宿所构山园，夜开牖，望南山笑曰：'山川人物，皆幻形也。今山川如故，而人生已一世矣。'诘旦，家人失彪佳所在，见柳陌浅水，露巾角，曰：'是耶！'盖入水端坐云。后唐王僭号，赠少傅、兵部尚书，谥'忠敏'。"清陈鼎辑《东林列传》卷十一所述略同。

清查继佐《罪惟录》列传卷之十二《祁彪佳郭符甲》："乙酉，预治椟。五月，南都不守，或曰黄冠台荡间当不见非。彪佳曰：'迹偷生，勿为也。'六月，太后诣杭，潞王监国，方拟彪佳为少司马，理戎政，而北师奄至，监国款去。刘宗周欲奉惠王入闽，图兴复，过彪佳商之。风传惠王具表迎降，且止。越蒙聘四臣，彪佳与宗周预焉，并作书拒使者。闰月之四日，闻越绅渡江请命，急归寓山，顾其子曰：'而翁无他失德，唯耽泉石，多营构，亦吾过。昔文信临难，贻书其弟，嘱以文山为寺。吾亦捐此堂栖禅侣，以忏吾过。'晚命具酌，神色愈恬，纵谈古忠烈艰贞等事。移坐瓶隐，诫左右去。独呼山人季远，手热泉一再进，出望南山，笑曰：'山川人物，皆属幻影。山川不改，人物忽一世矣。'时二鼓，跌坐榻中，瞑目如入定法。良久开目，顾山人曰：'公谓死若何，如此是矣？'徐视山人就卧，复至瓶隐，别父夷度行祠。山人梦警启户声，急起迹之，息梅花阁水中石梯，露帻角数寸，则彪佳跏趺如初入定时矣。遗书曰……遗诗一章曰……彪佳拙书法，时点画愈工。年四十有四，盖母夫人初跌化之梦至此验矣。后数日，浙东兵起，鲁王监国，赠少保，兼太子太保，兵部尚书，谥'忠敏'。唐王立闽，为祁、刘两公位而哭之，加彪佳少傅，兼太子太傅，改谥'忠毅'。葬亭山之阳。而彪佳所取士郭符甲，号介庵，癸未进士，亦举兵死其乡。论曰：虎子经济似过念台，知古陈而不谏之义矣。其论南都曰：'中兴之辟，非继体守文可办。'或以其不忘故党，然为社稷计，亦正宜以众正之所不党者公也，非私也。当虎子致命时，只如入定法。嗟无二之谊不坚，求死不能得。夫子朝闻夕死之语，是为死字出相。未能事人一语，是为死字下注脚。山川幻影，莫算是禅家示寂套语。"

清陈济生《天启崇祯两朝遗诗小传·祁忠敏公》："明年夏，北兵入浙，檄诸绅投谒。公闻之，语夫人商氏曰：'此非辞命所能却，若身至杭，辞以疾，或得归耳。'阳为治装将行者，家人信之，不为意。闰六月六日夜分，潜出寓园外放生碣下，自投池中。书于几云：'某月日已治棺，寄蕺山戒珠寺，可即殓我。'其从容就义如此。"

清朱彝尊《静志居诗话》卷二十《祁彪佳》："是夜，书其案曰：'已治棺，寄蕺山戒珠寺，可取以敛我。'"

清温睿临、李瑶撰《南疆绎史》勘本卷十四列传第八《祁彪佳》："明年五月，南都失守。六月，大兵下杭州。使者以书币至越，不受，因绝粒。其妻虑其死，令家人环守之。乃洋洋如平时，防守稍疏。闰六月四日，出云门，至寓园。饮至夜分，遣从者出，惟其友祝山人在。星月微明，望南山喟然叹曰：'山川人物，皆属幻景。山川无改，而人物倏忽一世矣！'已而山人卧，处分余事，自携烛投梅花阁前浅水中，端坐而逝。年四十有四。家人觉而寻之，烛犹未见跋也。唐王赠少保、兵部尚书，谥'忠敏'。"

清顾苓《南都死难记略·巡抚苏松等处都察院右佥都御史致仕祁彪佳》："祁彪佳字虎子，浙江山阴人。中天启二年进士，授福建兴化府推官，召为福建道御史，巡抚苏松等处。疏请革诏狱、廷杖、缉事三弊政，许之。十月称疾致仕。弘光元年六月女直至浙江，彪佳徘徊家园，徐谓客曰：'而赖吾辈全活，今奈何。'客去，从容沉池水中。"

清张廷玉《明史》卷二百七十五《祁彪佳传》："明年五月，南都失守。六月，杭州继失，彪佳即绝粒。至闰月四日，绐家人先寝，端坐池中而死，年四十有四。唐王赠少保、兵部尚书，谥'忠敏'。"

清嵇曾筠《雍正浙江通志》卷一百六十四："祁彪佳，旧《浙江通志》：字世培，山阴人。天启壬戌进士。以司李入为御史，巡按三吴。三吴多市魁积蠹，为强宗所庇，彪佳悉捕至，集其郡之士大夫问：'可杀否？'皆曰：'可杀。'则立毙之。温体仁当国，不出者八年，从刘宗周讲性命之学。入掌京察，复抚三吴。明亡，至其读书之所曰寓园，因叹曰：'山川人物，固属幻影，而人生已一世矣。'夜半自沈于水。"

按，彪佳历南明之变，见国事糜烂，福王荒淫，党争混乱，百官无北进之心,诸镇以争权为力。知兴复之事难为,兴复之心亦已失,惟求安稳乡居,聊作清闲隐士。故致仕归后,兴建寓园及各种维护地方安宁之行为,多缘于此因。然事势所趋,非个体所能左右:清廷急聘难辞,欲隐而不得,而失节之骂可惧。更兼祁氏先世以来,多以节操自负。且"盖浙东诸郡中,绍兴士大夫尤以文章气节自负"(陈济生《启祯遗诗》卷三《施忠介公》),北都之破,同里倪元璐、施邦曜、周凤翔死之;南京之破,刘宗周、余煌等复殉国。彪佳自沉,与其说为不事二君之忠心所驱,不若言为晚明重操守之风气所驱,不得不死节操以免骂名耳。其殉节遗书选录如下。

《遗言》:"时事至此,论臣子大义,自应一死。凡较量于缓急轻重者,未免杂以私意耳。试观今日是谁家天下,尚可浪贪余生。况死生旦暮耳,贪旦暮之生,致名节扫地,何见之不广也。虽然,一死于十五年前,一死于十五年后,皆不失为赵氏忠臣。深心远识者,不在于沟渎自经。若余硁硁小儒,惟知守节而已。临终有暇,书此数言,系以一诗,质之有道。"

《遗诗》:"运会厄阳九,君迁国破碎。鼙鼓杂江涛,干戈遍海内。我生何不辰,聘书乃迫至。委质为人臣,之死谊无二。光复或有时,图功审机势。图功为其难,殉节为其易。我为其易者,聊尽洁身志。难者待后贤,忠义应不异。余家世簪缨,臣节皆冈替。幸不辱祖宗,岂为儿女计?含笑入九原,浩气留天地。"

《别叔婶书》:"侄男彪佳遭时不造,为北师聘命所迫,念臣子之谊,之死靡他,且永诀矣。但叔父、婶母高年在堂,不及奉养,不及瞻别,虽在九原,此心耿耿。望叔父、婶母颐养宽慰,勿以侄为念。吾家累代簪缨,今有侄殉节,不为祖宗之辱,此叔父、婶母可以为喜也。已令理孙拨送田十亩作秋宇府君祭产,少展为孙之意。方伯公墓前望柱乞叔父成之,吾家祭产多不清理,并望叔父留神。五哥、七弟不及另书,只此致意。侄男临书可胜哽咽。叔父婶母大人尊前,侄男百拜具。"

《别兄弟书》:"家庭之间,惟能以道义相成者,近惟吾家为可称。即弟之此番抗节,亦赖哥哥相成为多,今已得死所矣。但弟死之后,一切家务皆赖哥哥暨贤弟区处妥当。虽知甚分静修之心,然终望哥哥怜永诀之言,详备照管,以保全二子也。家务已具于付儿子之遗嘱,且有言所不能尽者,俱乞哥哥暨贤弟区处之。尤所恳者,在训诲二子成人。今已应绝仕进之望,但为端正士,不堕家声可也。班孙资禀亦甚可教者,祈哥哥视之如子,严加教训,曲加拊养,以成醇朴之器。在哥哥身边耕田读书,弟在九原瞑目矣!即哥哥他日有子,亦望以子待之,照前称呼,万不可因其母姑息而膜外置之也。幽明虽隔，一心可通，语不宣意。广二侄不及另作书与之，乞道此临诀惓惓期望，此侄通才有经济，他日可大用，勉哉四哥大人八贤弟。弟彪佳顿首具。"

《别妻室书》："自与贤妻结发之后，未尝有一恶语相加。即仰事俯育，莫不和蔼周详，如汝贤淑，真世所罕有也。我不幸值此变故，致于分手，实为痛心，但为臣尽忠，不得不尔。贤妻须万分节哀忍痛，勉自调理，使身体强健，可以区处家事，训诲子孙，不堕祁氏一门，则我虽死犹生矣。一切家务应料理者，已备在于儿子遗嘱中，贤妻必能善体我心，使事事妥当。至其中分拨多寡厚薄，我虽如此说，还听贤妻主张。婢仆非得用者，可令辞出。凡事须较前万分省俭、万分朴实，处乱世不得不尔也。贤妻闻我自诀，必甚惊忧。虽为我不起，亦是夫则尽忠，妻则尽义，可称双美。然如一家男女绝无依靠何！切须节哀忍痛，乃为善体我心也。世缘有尽，相见不远。临别惓惓。夫彪佳书付贤妻商夫人。"

《父临诀遗嘱付儿理孙班孙遵行》："世乱时危，国家遭此大变，凡为臣子谊自应死，况我为北师聘命所迫。念世禄之家，身叨节钺，岂可臣事二姓？今日之死，理所必然，死得其所，我将含笑入地矣。我死后，勿挂铭旌，勿求墓志，不可开灵受吊。七日之后，即暂殡于寓山新造楼下，求四伯伯速为我选地，只要在上化山先府君墓之左右，虽非尽善，心亦安之，此事切须体我！殓用方巾、行衣，万万不可用冠服。有来吊者可以遗命辞之，尤不可设席作体面观也。汝辈少年，心志不一，血气未定，可切念我罹难之惨，刻意苦心，侧身励行，万勿动功名之想，只是读书务农，求为端人正士。一切衣服器具俱须从俭朴者，凡涉华好皆须屏之，更宜谢绝宴会，饮食一从俭菲。此非但处乱世宜然，即体念我今日光景，亦宜然也。班孙我已托四伯伯视之为子，严加教训成人。即理孙亦需以父事四伯伯。汝辈但能时时亲正人、闻正论，做一端方醇朴之器，虽终身贫贱，胜于富贵。我在九原，得以瞑目矣。母亲在堂，凡事一遵母命，财帛之类不得自私。汝辈若能守其常业，尽足以给日用，切勿预及外事，妄取于人。当此危时，即侮辱亦当忍之，所以避祸也。我家向原简朴，乃可成家立身，山中风气朴茂，汝辈可商之四伯伯，为山中久居之计，是我心所喜也。寓山兴造，是我失德。今欲将山下堂楼一带舍出为寺，一以资我福德，一以彰我忏悔。可请命于四伯伯与高僧商之。我言有尽，汝辈孝心曲体无穷。别有应行者，另列幅。汝辈倘不事死如存，或有违背，毋曰九原无知也。田产除后开分拨外，理、班二儿均分。如班孙他日出继，理孙可视其继产所得除出归，已余仍分与班孙。此乃见理孙为兄友于之道。"文下并附各种产业处理安排条例。四伯伯即骏佳。

《祁彪佳集》附编商景兰《锦囊集》存妻商景兰《悼亡》诗,其一:"公自成千古,吾犹恋一生。君臣原大节,儿女亦人情。折槛生前事,遗碑死后名。存亡虽异路,贞白本相成。"其二:"凤凰何处散,琴断楚江声。自古悲苟息,于今吊屈平。皂囊百岁恨,青简一朝名。碧血终难化,长号拟堕城。"又有代次女德玉所写《代卞容闺怨》诗:"嗟我父兮音容违,妾薄命兮谁见知。太山颓兮家式微,遭折挫兮道所宜。坐兰房兮肠欲裂,梦中啼兮心如结。空悬罗帐兮泪痕湿,日望云开兮见明月。"

张岱《琅嬛文集》稿本有《和祁世培绝命诗》:"臣志欲补天,到手石自碎。麦秀在故宫,见之裂五内。岂无松柏心,岁寒奄乎至。烈女与忠臣,事一不事二。掩袭知不久,而有破竹势。余曾细细思,一死诚不易。太长不辱身,其次不降志。十五年后死,迟早应不易。愿为田子春,臣节亦罔替。但得留发肤,家园总勿计。牵犊入徐无,别自有天地。"

葬亭山,历朝多祠祀。

清阮元《两浙防护录》:"祁忠惠祠在城西北二十里,十六都一图柯山对河寓山园。墓在城西十里,三十都一图亭山南面。"

清嵇曾筠《雍正浙江通志》卷二百三十八《陵墓四·绍兴府》:"山阴县……明苏松巡抚祁彪佳墓,旧《浙江通志》:'在亭山。'"

清穆彰阿《嘉庆大清一统志》卷二百九十四《绍兴府·陵墓》:"祁彪佳墓在山阴县亭山,刘宗周墓在会稽县下蒋,倪元璐墓在会稽白莲岙圣义洞,周凤翔墓在会稽县洋之后山,施邦曜墓在余姚县大黄山,王毓蓍墓在会稽县上灶。"

清穆彰阿《嘉庆大清一统志》卷二百九十四《绍兴府·祠庙》:"祁忠惠祠在山阴县西北柯山对河寓山园,祀明祁彪佳。又会稽县罗门坂亦有祠。"

清平步青《霞外攈屑》卷四《夫椒山馆戢闻·倪文正公与弟献汝二书》条中辩"罗门畈"地名称:"祁忠惠公《越中园亭记》王家庄条云:'入稽山门即罗纹畈,土阜隆起,俗传为罗隐坟。庄在于前,今止余楼居数椽矣。'忠惠亦沿俗说,无论昭谏。墓不在是,自《嘉泰志》以至李《府志》,陵墓皆无之。即使葬此,亦当呼罗坟畈。而如罗之纹亦为臆说矣。越人所传罗隐佚事,皆诞妄无理,甚至呼隐为意,更可怪也。"

清朱彝尊《静志居诗话》卷二十《祁彪佳》:"公尝治别业于寓山,极林壑之胜。乙酉闰月六日坐园中,题其案曰:'图功为其难,洁身为其易。吾为其易者,聊存洁身志。含笑入九原,浩然留天地。'又书曰:'已治棺寄戢山戒珠寺,可取以殓我。'是夜兄子鸿孙侍侧,夜分不寐。公第曰:'君子爱人也以德。'逮鸿孙倦隐几,步至放生碣下投水。昧旦犹整巾带立水中。子理孙、班孙葬之园旁,舍池馆为寺,塑公像于堂,至今存焉。"又朱彝尊《明诗综》卷七十六所载同。

清钱泳《履园丛话》卷二十《园林·寓园》:"在山阴县西南二十里寓山之麓,明末御史祁彪佳所筑。有芙蓉渡、玉女台、回波屿、梅城、试莺馆、即花舍、归云轩、远山堂八景。崇祯乙酉闰月六日夜。彪佳衣冠投池殉节于此,其子理孙等遂葬公园旁。今为祠墠公像,子孙至今守之。"

清吴高增《玉亭集》卷十四《手记》:"杜公修举废坠,命访越中忠孝,理学王文成公、孙忠烈公、沈忠愍公、黄忠端公、施忠介公、倪文正公、周文忠公、祁忠敏公、刘念台先生、王季重先生荟萃,刻《传芳录》,为之葺其祠宇,洁其俎豆,复以盐规所入分饷忠贤后裔之困乏者。……又于寓园祁忠敏公殉节处修祠致祀。"

民国李格《民国杭州府志》卷十引《康熙钱塘县志》,称乡贤祠明代增祀之乡贤有刘宗周、祁彪佳等人。

历代多赠谥。唐王赠太子少保,兵部尚书,谥"忠敏"。鲁王监国,赐祭葬,赠太子少保、兵部尚书,谥"忠毅"。清乾隆间追谥"忠惠"。

据明张岱《石匮书后集》卷三十六《刘宗周祁彪佳列传》、清张廷玉《明史》卷二百七十五《祁彪佳传》、清乾隆四十一(1776)年辑《胜朝殉节诸臣录》。

清李聿求《鲁之春秋》卷八《王思任传》:"鲁王监国,驻绍兴。思任擢礼部侍郎兼詹事,寻进本部尚书。时议恤殉国诸臣,思任与同官议故山东道御史陈良谟赠右副都史,谥'忠贞';故太子太傅、东阁大学士高弘图赠太师,谥'文忠';故太子太保、吏部尚书徐石麒赠太师,谥'忠襄';故左都御史刘宗周赠少师,谥'忠正';故巡抚应天右佥都御史祁彪佳,谥'忠敏'。"

清陈鹤《明纪》卷五十九《唐王始末》:"苏松巡抚都御史祁彪佳端坐池中而死……唐王赠彪佳少保兵部尚书,谥'忠敏'。"

清龙文彬《明会要》卷十九《凶礼议·谥法》:"忠敏……江南巡抚祁彪佳,唐王谥。"

民国赵尔巽《清史稿》列传二百八十七《王玉藻传》称鲁王时玉藻请:"又刘宗周、祁彪佳诸臣宜加褒忠之典。以是不为诸臣所喜,乃力求罢职。"

清官修《清通志》卷五十四《谥略》:"巡抚应天等处右佥都御史祁彪佳,谥'忠惠'。"

清官修《胜朝殉节诸臣录》卷一:"巡抚应天等处都察院右佥都御史祁彪佳,山阴人。初为兴化推官,善折狱;擢御史,直言敢谏;巡抚江南,靖乱安民,有治绩,忤马阮等罢归。闻杭州破,绐家人先寝,投水死。见《明史》及《辑览》。祁彪佳廉静自守,抚辑有方绩著,居官节全临难。今谥'忠惠'。"

屡祀先贤祠。

清嵇曾筠《雍正浙江通志》卷二百十七《祠祀一·绍兴府》:"旌德先贤祠,旧《浙江通志》:'在钱塘保安坊,祀唐许由以下百九十九人,每岁额支仁和县学租银五两致祭。……倪元璐、施邦曜、凌义渠、周凤翔、吴麟征、陈良谟、吴甘来、王道焜、陆培、陈潜夫、刘宗周、祁彪佳……五十二人。'"

清嵇曾筠《雍正浙江通志》卷二百二十一《祠祀五·绍兴府》:"六贤祠在郡城南府学之东罗门侧,国朝康熙二十四年(1685)知府胡以涣建,祀明季节义诸臣:监察御史黄尊素、户部尚书倪元璐、左都御史刘宗周、左副都御史施邦曜、右庶子周凤翔、苏松巡抚祁彪佳。"

清邹钟泉《道南渊源录》卷十二《东林轶事》:"仰止堂迤东为八公祠:李忠定公纲、倪静寄公峻盛、元公鏊、祁忠惠公彪佳、马涵虚公希尹、杨维斗公廷枢、顾响泉公光旭、费文恪公淳。八公道脉不尽出东林,顾正与东林相求应,忠定公则龟山于锡所为主也,忠惠为东林济难,文恪为东林护持,其私淑道南五六贤,莫非道脉所维系,古所谓乡大夫、乡先生祭于瞽宗、祭于社者,由此其选也。"

清黄炳垕《黄梨洲先生年谱》卷下:"(康熙)二十七年(1688)戊辰,公七十九。九月寓郡城。九日拜六贤书院,即六贤祠,在南罗门畈。王颛庵督学行部东浙,表章启祯忠节,立六贤祠,以忠端公为首,次刘忠正宗周、施忠愍邦曜、倪文正元璐、祁忠敏彪佳、周文忠凤翔。咸丰辛酉毁于贼。"

清沈德潜《清诗别裁集》卷十《重修六贤祠成展祭作》,自注:"黄忠端公讳尊素,倪文贞公讳元璐,施忠介公讳邦曜,周文忠公讳凤翔,刘忠正公讳宗周,祁忠敏公讳彪佳,皆越人明季殉难。"诗云:"乾坤有倾折,凭谁奠苍黄。成仁取义间,得争日月光。末世务苟活,横流决堤防。不有数君子,何以扶颓纲。……维时刘与祁,解组各归乡。号咷义旗举,自矢百炼钢。"

清黄宗羲《南雷文定五集》卷三《姜定庵先生小传》:"先生名希辙,字二滨,别号定庵。姜氏为姚江世家……先生表章忠节不遗余力,与王颛庵先生建六贤书院,祀先忠端、刘忠正、倪文正、施忠愍、周文忠、祁忠敏于郡城。春秋有司致祭。"

清朱琦《怡志堂诗初编》卷五有《正气阁诗并序》,序曰:"宗涤楼户部于都城西偏建一阁,额曰:'正气',祀越中殉难诸贤自明末迄今凡十三人。首倪文贞公元璐、施忠介公邦曜、周文忠公凤翔、刘忠端公宗周、祁忠惠公彪佳,次王文成曾孙先通及其子业泰,附祀者余忠节公煌、张忠节公焜芳、何文烈公腾蛟、严忠节公起恒,最后则定海总兵葛壮节公云飞、上海典史杨庆恩也。与祭者九人,各赋一诗。道光丙午(1846)二月,琦为之歌并记。"诗曰:"十有三忠萃于越,燕台肇祀春二月。绰楔大书正气阁,敬恭桑梓事尤烈。自从甲申遭阳九,义士累累甘死守。东西两浙霾碧血,异代精灵孰先后。庙貌首列倪施周,蕺山寓山典型留。王余张严并迭起,磊磊名姓光九幽。迩来妖氛炽海国,舟山血战谁最力。同时杨尉死亦惨,嗟尔微官不负职。稽山镜水搜逸志,宗君此举有深意。莫辞诗酒同酪酊,要使孱夫识忠义。九衢马足多黄埃,高楼徙倚生远哀。酒阑挥手各归去,南望苍凉隔烟树。"民国徐世昌《晚晴簃诗汇》卷一百三十八收入此诗。

又,清陈庆镛《籀经堂类稿》卷八有《正气阁春祭纪事》:"于越之山倚天卓,势起嵯峨矗岳岳。于越之水轩波扬,回海生风荡瀱瀈。扶舆盘结钟轮囷,笃生大雅甫与申。六千君子萃会计,东南竹箭多贞筤。伟哉英贤代继起,清俦夷鱼性龙比。甲申龙战云雷屯,攀髯从天罔悉纪。蕺山北斗学之宗(刘忠端宗周),文贞倪公大司农(倪文贞元璐)。忠介忠惠受命死(施忠介邦曜、祁忠惠彪佳),周张何严相追踪(周文忠凤翔、张忠节焜芳、何文烈腾蛟、严忠节起恒)。武贞桑榆著晚节,尝胆扦揪枕冰雪(余忠节煌)。新建父子垂世勋,继饮吴钩祸更烈(王文成曾孙先通、其子业泰先后死节)。一时相率仗义行,立德立功铭太常。煌煌天语下明诏,赐谥表烈流芬芳。迩者舟山海氛煽,蛋船贾舶突江面。葛君元戎苍兕呼,乃掏乃拊力死战(葛壮节云飞死定海)。杨尉一介防吴淞,楼船直下声隆隆。指日灭贼贼反噬,捐生赴义词从容(上海典史杨君庆恩死吴淞)。旷世德型共一辙,气如河岳心如铁。浩然刚大凌乾坤,明德馨香永不灭。寝庙有俶灵桑梓,燕台今建楼明祀。拜者趋者严抠衣,仰瞻道貌长敬止。"清孙雄《道咸同光四朝诗史》乙集卷一、民国徐世昌《晚晴簃诗汇》卷一百三十六亦收入此诗。

另,清彭蕴章《松风阁诗钞》卷九有《砚北集·会稽宗涤楼农部稷辰于其乡馆建正气阁,祀越中先贤之忠烈者凡若干人,有纪事诗见示,奉酬》:"天目挺神秀,屹然南戒宗。磅礴耸会稽,屏翰诸州雄。地灵人物盛,理学开儒风。俗美质强毅,时危肯效忠。胜国当末造,倪施芳烈同(倪文正元璐、施忠介邦曜)。周(文忠凤翔)刘(忠端)及祁(忠惠)余(忠节煌),碧血洒江东。后有张忠节(焜芳),族没洪涛中。实皆此邦彦,思建回天功。良由风化美,岂曰山川钟。我朝励臣节,表扬存大公。一字荣衮绣,千秋激愚蒙。风声所鼓动,无私如化工。君今修祀事,肸蚃幽冥通。扶持在名教,非独桑梓恭。我吴周忠介，至今祠宇崇。生民有懿好，不殊五尺童。况集青云彦，遥寄尚友衷。秋雯开杰阁，焚香荐晚菘。恍见诸英魄，乘云下苍穹。"

清章藻功《思绮堂文集》卷二《建前朝两浙忠臣祠公启》："被珰祸者魏大中、黄尊素，殉崇祯难者倪元璐、施邦耀、凌义渠、周凤翔、吴麟征、陈良谟、刘振之、徐世淳、徐学颜、姚诚，殉弘光难者刘宗周、徐石麒、祁彪佳、陆培、王道焜、陈潜夫、温璜、余煌、陈函辉、王瑞栴、姚奇胤共二十三人。"

时人后贤多所撰传评述。

清毛奇龄《西河集》卷二十《复蒋杜陵书》："若倪文正、祁忠敏诸公，则足下曾作传，其稿本必具，幸悉缄示。"

明谢晋撰《右佥都御史巡抚祁公传》："吾隐子曰：余以己卯（1639）岁获侍先生，见与人言姁姁恐伤，虽儿童厮养，命之必霁颜与语，一何其长厚君子也。然私计与所闻巡方时，赫赫不类。及见先生断大事、决大疑、定大变，言议英挺，若鸟举风发，虽古人不多让，又私窃愧余知先生浅矣。先生立朝谔谔，报国蹇蹇，古所称忠良臣，殆兼之矣。"

明张岱《石匮书后集》卷三十六《刘宗周祁彪佳列传》："嗟乎！祁中丞之死，而名之曰'忠'，则可及也；名之曰'敏'，则不可及也！盖处中丞之地，无一可死。乃时事至此，万不可为，明眼人视之，除却一死，别无他法！中丞乃乘便即行，计不旋踵。凡中丞之忠孝节义，皆中丞之聪明知慧所仓皇而急就之者也。余故曰：殷有三仁，吾越亦有三仁。刘念台则仁者安仁也，祁世培则知者利仁也，倪鸿宝则畏罪者强仁也。三先生有知，当不以余言为妄矣。又曰：文文山知命而抗命者也，其意活；刘念台知命而受命者也，其心死。故一则饿不死，而一则饿死之。谢叠山却聘而求生者也，其词宛；祁世培却聘而不欲生者也，其词决。故一则缓死，而一则即死。之四人之意微有不同，而尽忠于所事则一也。余生平慕文山、叠山之为人，而恨不得与之同世。乃日对二君子而不知文山、叠山之日在吾侧也，岂不陋哉！"

又，张岱《明越人三不朽图赞》："祁忠敏彪佳，字世培，山阴人，乙酉闰五月贝勒以书聘公，公自平水携榇至寓山，赴水而死。子理孙仓皇求之柳陌下，正襟危坐，水仅及额，冠履不动，面带笑容，腹无勺水，时人异之。赞曰：'德裕园亭，文山声伎。一旦殉亡，弃若敝屣。危坐正襟，趺跏止水。首不堕冠，足不遗履。毫无戚容，满面欢喜。如斯人也，乃以四负名堂。'余曰：'孔子何阙，而居阙里。'"

弥松颐校注、张岱著《陶庵梦忆》据乾隆中金忠淳辑刊《砚云甲编》本《陶庵梦忆》（一卷本）补《祁世培》文："乙酉（1645）秋九月，余见时事日非，辞鲁国主,隐居剡中。方磐石遣礼币聘余出山,商榷军务,檄县官上门敦促。余不得已,于丙戌(1646)正月十一日,道北山,逾唐园岭,宿平水韩国店。余适疽发于背,痛楚呻吟,倚枕假寐。见青衣持一刺示余,曰:‘祁彪佳拜!’余惊起,见世培排闼入,白衣冠,于肃入,坐定。余梦中知其已死,曰:‘世培尽忠报国,为吾辈生色。’世培微笑,遽言曰:‘宗老此时不埋名屏迹,出山何为耶?’余曰:‘余欲辅鲁监国耳。’因言其如此如此,已有成算。世培笑曰:‘尔要做,谁许而做,且强尔出无他意,十日内有人勒尔助饷。’余曰:‘方磐石诚心邀余共事,应不我欺。’世培曰:‘尔自知之矣。天下事至此,已不可为矣。尔试观天象。’拉余起,下阶西南望,见大小星堕落如雨,崩裂有声。世培曰:‘天数如此,奈何! 奈何! 宗老,尔速还山,随尔高手,到后来只好下我这着!’起,出门附耳曰:‘完《石匮书》。’洒然竟去。余但闻犬声如豹,惊悟,汗浴背。门外犬吠嗥嗥,与梦中声接续。蹴儿子起,语之,次日抵家。阅十日,镳儿被缚去,果有逼勒助饷之事。忠魂之笃,而灵也如此”。

清查继佐《罪惟录》列传卷之十二《祁彪佳郭符甲》论曰:“虎子经济似过念台,知古陈而不谏之义矣。其论南都曰:‘中兴之辟,非继体守文可办。或以其不忘故党,然为社稷计,亦正宜以众正之,所不党者公也,非私也。当虎子致命时,只如入定法。嗟无二之谊不坚,求死不能得。夫子朝闻道夕死之语,是为死字出相;未能事人一语,是为死字下注。山川幻影,莫算是禅家示寂套语。’”

清邵廷采《思复堂文集·碑传·明巡抚苏松副都御史世培祁公传》论彪佳云:“呜呼! 公之英才亮志,陈康伯、虞允文俦也,独南都无宋高其君耳。自忠敏罢归,王师平行收浙,无复牵顾。而江阴民拥典史阎应元为城主,坚守三月乃克。然则吴人思得忠敏,信矣!”附叔戒三先生论曰:“越中明末饶名臣,而实能济时救世首推公。故传亦勃勃有生气。”章刻华曰:“论词缠绵悱恻,真觉言有尽而意无穷。”

清江藩《国朝汉学师承记》卷八《顾炎武》:“是以祁彪佳、熊开元皆有列传,核二君事迹,祁熊之流也。”

明陈子龙《陈忠裕公全集》卷二《寓山赋》后所附注弟子王沄言:“忠敏公尝两至吴,予俱得承颜色,顾然玉立,伟丈夫也。今闻山堂中有公像,岁时俎豆弗绝,越中风气若此”。

清李瑶《绎史·恤谥考》卷一《祁彪佳·巡抚应天等处都察院右佥都御史》:“廉静自守,抚辑有方;绩著居官,节全临难:谥‘忠惠’。山阴人。初为兴化推官,善折狱。擢御史,直言敢谏。巡抚江南,靖乱安民,有治绩。忤马、阮等,罢归。闻杭州破,绐家人先塍,投水死。”

清陈鼎辑《东林列传》卷十一论曰："先生为言官,曾痛言赋税、徭役、狱讼、关梁之弊,上是之,而未行也。及按苏时,则有定解额,清隐租、平漕兑、革行馆、置役田、禁摊赃诸事,皆实实裨民者。与宗周同讲学、同死难,而大铖但疑其同乡同住丹阳,遂为同恶,不去之不快者,何耶?嗟乎!南国之亡,亡于马、阮也。当时京师谚曰:'都督多于狗,职方满街走。相公止爱钱,皇帝但吃酒。'又有署士英之门口:'两朝丞相,此马彼牛。同为畜道,二党元魁。出刘入阮,岂是仙宗。'道路之言如此,欲国之不亡其可得哉?甚矣,小人之害国也!"

清钱林《文献征存录》卷六《萧正模》载福建将乐人萧正模(字端木)文云:"他如邹维琏、祁彪佳,所试有功,而皆以群小之居中,功坠垂成。呜乎!其东林之无人乎?盖有之而不能用,用之而以小人间之,遂使二百数十年之天下,竟亡于明察之主之朝。盖帝所谓明者非明,所谓察者过察,而知人则哲,自古为难。余于思宗三叹息焉,于诸贤三叹息焉!"

清邵廷采《东南纪事》卷五《熊汝霖传后》:"南京虽立,君未尝一事设施,而汝霖与祁彪佳、章正宸、吴适等犹能强谏守职,推论善败,不失朝章士气。然卒格不用,以门户覆国。"

祁彪佳所知所友先后赴难者,略述如下。

南明弘光元年乙酉,清顺治二年(1645)

闰六月初七日,唐王朱聿键监国于福州。初八日,此前流寓绍兴之故明大学士高弘图绝食亡。是日刘宗周亦绝食亡。

清刘汋《先君子蕺山先生年谱》卷上载宗周殉节详情:"闰六月戊子初八日,先生卒于秦氏之寓寝。初六日申刻,先生命家人扶掖起,幅巾葛袍,肃容端坐有顷,迁北首卧以示北面对君之义,神定息微,若将逝者,家人环哭先生摇手戒之。初七日,毓芝以祁世培殉节状告,先生已不能言,但张目举手者再,复指几上笔砚,毓芝携至前,先生捉笔书'鲁'字。毓芝曰:'先生问鲁王监国事乎?'先生颔之。初八日,友人来自郡中,传乡绅某某皆薙发应聘,先生啮齿击床太息者再,戌刻气绝。双眸炯炯,至阖棺,视犹未瞑。"

清计六奇《明季南略》卷十《浙纪·刘宗周绝粒死》:"十七年,南京再造,起原官,公力诋时政,马士英、刘泽清等欲杀之,遂力请致仕。明年,大清兵至杭州,公与同郡祁彪佳约举事,不果。彪佳先死,公绝粒二旬,以六月八日戊子卒。……祁彪佳曰:'公之奏疏出,可废名臣奏议。'人以为知言。"相约举事之说，从祁氏日记看，则无凭。

清邵廷采《思复堂文集》卷一《明儒刘子蕺山先生传》："丁亥，闻祁彪佳殉，举手者再，已不能言。指几上笔，书'鲁'字，盖念鲁王。戊子，先生考终，前后绝粒二十余日，勺水不入口十三日。年六十八。鲁藩赠某官，谥'忠端'。唐藩赠某官，谥'忠正'。"

清全祖望《鲒埼亭集》卷二十四《子刘子祠堂配享碑》云："乙酉子刘子绝食，会名王遣六遗臣，则子刘子暨虎子并豫也。虎子死，刘子已不能语，闻而张目颔之。"

清黄宗羲《南雷文约》卷四《先师蕺山先生文集序》："先师丁改革之际，其高第弟子如金伯玉（铉）、吴磊斋（麟征）、祁世培（彪佳）、章格庵（正宸）、叶润山（廷秀）、彭期生（观我）、王玄趾（著毓）、祝开美（渊）一辈，既已身殉国难。"又《南雷文定后集》卷一亦收入此文。

清陈济生《天启崇祯两朝遗诗小传·刘都宪》言彪佳曾论宗周曰："公之奏疏出，可废名臣奏议。人以为知言。"

清查继佐《罪惟录》列传卷之十二《刘宗周》亦云："刘宗周字启东，号念台、湅江，山阴人。……祁彪佳曰：'先生奏疏出，可废古今名谏矣。'"

陈鹤《明纪》卷五十九《唐王始末》："在籍左都御史刘宗周闻杭州失守，方食，推案痛哭。自是遂不食，移居山阴郭外。有劝以文、谢故事者，宗周曰：'北都之变可以死可以无死，以身在田里，尚有望于中兴也。南都之变，主上自弃其社稷，尚曰可以死可以无死，以俟继起有人也。今吾越又亡矣，老臣不死尚何待乎？若曰'身不在位，不当与城为存亡'，独不当与土为存亡乎？此江万里所以死也。出辞祖墓，跃入水中，水浅不得死，舟人扶出之。绝食二十三日而卒。宗周且死，语门人曰：'学之要，诚而已，主敬其功也。敬则诚，诚则天。良知之说，鲜有不流于禅者。'其门人举人祝渊、诸生王毓著并死焉。时少詹事徐汧作书诫二子，投水死。大学士高弘图流寓会稽，逃野寺中绝粒而卒。吏部尚书张慎言疽发于背，戒勿药，卒。苏松巡抚都御史祁彪佳端坐池中而死，吏部尚书徐石麒朝服自缢死，行人陆培及邵武同知王道焜皆投缳死，验封员外郎华允诚以不肯薙发被杀，故大学士吴甡、工部侍郎易应昌、金都御史金光辰、御史詹尔选、汉中巡抚都御史高斗枢、怀远侯常延龄等，俱卒于家。光禄寺卿许誉卿、御史成勇为僧以终，给事中姜埰流寓苏州以卒。鲁王赠弘图太保，谥'文忠'；唐王赠彪佳少保兵部尚书，谥'忠敏'。"

清计六奇《明季南略》卷十《浙纪·王毓著赴柳桥河死》："王毓著，字符祉，绍兴卫人。……为郡诸生，师事刘宗周。乙酉六月大清兵破杭州，时诸生无赖者群议犒师，毓蓍愤甚，榜其门曰：'不降者，会稽王毓蓍也。'众惧祸，阴去其榜。闻刘宗周举义，毓蓍喜。越数日事不就，乃为书告曰：'门生毓蓍已得死所，愿先生早自决，毋为王炎午所吊。'又作愤时致命篇授其子复榜于孔庙。将赴泮池，池水浅，乃赴柳桥河。死时六月二十二日也。"

清傅恒《通鉴辑览》卷一百十七："故明文渊阁大学士高弘图，应天巡抚右金都御史祁彪佳，行人陆培，字鲲庭，钱塘人，亦先后殉节死。……彪佳绐家人先寝，端坐池中死。"

初九日，余姚在籍前九江佥事孙嘉绩、吏科给事中熊汝霖起兵抗清。

十二日，鄞县在籍刑部员外郎钱肃乐与孙嘉绩等相约起兵抗清，故督饷金都御史张国维亦起兵于东阳，迎立鲁王监国。

明姜垓《敬亭集》卷八《张阁部传》："张阁部名国维，字玉笥，浙江东阳人。天启壬戌进士。……六月，杭州奉潞王监国。三日，百姓以城降，潞王被执。绍兴祁彪佳赴水死，刘宗周不食死。公乃传檄讨北。会兵部侍郎朱大典、诸生郑遵谦、兵科熊汝霖、礼部陈函辉各举义兵奉鲁王监国。"

明金钟《皇明末造录》卷上《东南纪略》："闰六月，名振刺'赤心报国'四字于背。自石浦带兵三千，合新募万人，于十七日至萧山。各绅士或帅师千人，或三五百人，不期而集者三万五千人，合郑谦军共得兵六万四千，先至钱塘江东岸。以次都御史祁彪佳、戎政张国维、都御史朱大典、荆本彻、总兵方国安、贺君瑶各率兵至，黄斌卿以整备驻师舟山未左。七月初旬，马士英带舟兵千余自南京逃至，乡绅吴钟峦、钱肃乐、朱永祐、徐孚远前后乎兵至。当是时，西兴合兵十六万人，沿江百余里分布，三十六营壁垒相望，旌旗蔽空，共立高皇帝十世孙以海监国于绍兴。以次年丙戌，为监国元年。文臣自原任戎政尚书张国维、礼部尚书余煌、总漕都御史朱大典、都御史祁彪佳、荆本彻等，武臣自原任总兵王之仁、方国安、王鸣谦等封赏有差。""丙戌（六月）廿五日清兵陷义乌，众劝国维入山，国维曰：'误天下事者文山、叠山也，一死而已。'作绝命诗三章……从容具衣冠赴园池死。原任苏松巡抚都御史祁彪佳赴池水死。"

按，金钟称彪佳参与拥立鲁王，且卒日在国维后，史实、时间有误。祁彪佳早一年便已坐水殉国，参与拥立者为祁彪佳从弟祁熊佳、侄子祁鸿孙。

祁苞孙《先兄奉直大夫奕远府君墓志铭》："乙酉（1645）闰月，季父忠敏公殉节别业，先一日与君诀，君惟慷慨流涕，仰应不敢牵阻，而心恒忿忿思报。适郡人郑某感激举义兵招君，君即率宾客往应之，因共迎鲁王为主，叙劳，授君为尚书兵部职方清吏司员外郎，进阶奉直大夫，赐节盖印绶，出监江上四十八营事军。"明魏耕《雪翁诗集》卷九有诗《过祁二金宪鸿孙旧居,其嗣曦徵因出其遗文,雠校并山见酬之什书以赠行,乃潸然有述》,可知祁鸿孙卒后赠金都御史衔。金钟当是误将鸿孙之"金都御史"混作祁彪佳之"金都御史"。

明王茂远稿本《柳潭遗集》有《条陈浙西事宜疏》:"臣熟思三月,每有端倪,辄以他挠。昨与镇臣郑遵谦、张名振、部臣钱肃乐、科臣祁熊佳细酌熟筹,也有头讫。"清查继佐《鲁春秋》:"都御史于颖屯沥海,兵科给事中祁熊佳辅之。"则祁熊佳也参与了拥立,官至兵科给事中。

二十六日,徐石麒自经死。

清陈鼎《东林列传》卷十一《徐石麒传》:"徐石麒字宝摩,一字虞求,嘉兴人。……而其生平同德硕交,惟都御史刘宗周、大中丞祁彪佳、左纳言侯峒曾、给事中吴麟征、考功郎夏允彝,外此不多见。皆与石麒相继殉难,即其取友可知已。所著有《可经堂集》。"

陈子龙《陈忠裕公全集》卷二十九有《皇明殉节光禄大夫、太子太保、吏部尚书虞求徐公行状》:"(徐石麒)虽交满天下,然生平同德称兰石者,莫过于御史大夫刘公宗周、祁公彪佳、小宗伯吴公麟征、左纳言侯公峒曾、考功郎夏公允彝,茂才颜子明德、许子琰,今诸公皆于公后先殉难。"清黄宗羲《明文海》卷四百六十三墓文收入此文。

陈济生《天启崇祯遗诗小传》卷三《施忠介公》:"时先帝升遐,九列中最先自尽者倪文正(元璐)与公(施邦曜)皆越人,后又得一周文节(凤翔)。二十有一人之中,而绍兴乃三人。其后则刘都宪(宗周)、祁金都(彪佳)、余庶子(煌)等不绝书也。盖浙东诸郡中,绍兴士大夫尤以文章气节自负。"清计六奇《明季北略》卷二十一上《施邦曜》、明张岱《石匮书后集》卷二十"施邦曜"条所述略同。

清李慈铭《越缦堂文集》卷六《书沈清玉先生〈冰壶集〉残本后五首》:"及夫皇国崩陁,而风概逾振。仗节死义之士后先接踵:北都则倪文贞、施忠介、周文节,南都之变同先生死者则祁忠敏、王文学毓蓍、周文学卜年、潘布衣集,渡钱塘蹈难而死者则余大宗伯煌、高兵曹岱、叶孝廉汝恒、高文学朗、倪布衣文微、朱布衣玮、王布衣文宇、傅布衣日炯,陷金华以越人御敌死者则张总镇罗翼兄弟三人、吴总镇邦关、徐中军汝琦,鲁王航海从亡而死者则熊督师汝霖、孙督师嘉绩。全发隐居以天年终者则吴通政从鲁、傅文学天籁,絜身遐举莫可踪迹者则吾宗督师正震、何御史宏作,足迹不入城市以农圃老者则余邑令增远、徐进士复仪。其它故国旧臣,无一人入仕版,经生杜门诵读不应制科者又比比而是也。"

清潘衍桐《两浙輶轩续录》卷三十六收王文玮《倪文贞公衣云阁遗址》："尚书有别业,闻在城南隅。欲寻衣云阁,遗址埋榛芜。公岂嗜泉石,忧国聊自娱。漳浦惨不乐,置酒相悲吁。入朝掌会计,已当国运徂。大厦竟崩折,一手难枝梧。攀髯尽臣节,从容死燕都。施(恭愍邦曜)周(文介凤翔)实同乡,取义无差殊。皇朝既定鼎,万骑江南趋。蕺山首正命,于公为师徒。梅墅(祁忠惠彪佳)公执友,引决不须臾。吾家正义公,桓桓古丈夫。潘(集)周(卜年)奋袂起,慷慨同捐躯。明年画江守,蜗角争区区。余公(忠宣煌)及孙(忠烈嘉绩)陈(忠节潜夫),师溃仗节俱。孝廉(高公岱)甘自绝,两生(朱玮、倪文征)亦非迂。越州蕞尔地,共此纲常扶。乘风归帝侧,正气真不孤。公文邃经术,不必宗欧苏。读易发新义,不必遵程朱。岁寒见松柏,末世生真儒。祠堂范公像,瞻拜森发肤。平泉闲草木,曾不关有无。祁公四负堂,亦复啼秋蛄。后人仰芳躅,落日还跰躏。"

二十七日,唐王朱聿键称号于福建,建元隆武,改福建为天兴府。进郑芝龙、郑鸿逵为侯,郑芝豹、郑彩皆伯。赐芝龙子郑森国姓,名成功。以黄道周为大学士,苏观生为学士,张肯堂兵部尚书,寻迁吏部,召前太仆少卿郭维经为吏部侍郎。余拜官有差。

下半年,江南抗清义军纷起。嘉定侯峒曾、黄淳耀等起义。七月初四日,清军攻克嘉定,侯、黄遇难,城中死难者二万人。同年,嘉定又有朱瑛起义及明将吴之蕃反清,与前共被屠三次,史称"嘉定三屠"。

按,侯峒曾(1591—1645)字豫瞻,曾任浙江参政。黄淳耀(1605—1645)字蕴生,号陶庵,未仕,著有《陶庵集》《山左笔谈》。

八月,清兵下松江,明吏部考功司主事夏允彝赋《绝命词》,自投深渊以死。

明夏允彝《幸存录》卷下:"南都死难如高倬、刘邦彦、吴刚思、吴嘉胤、陈于阶、钱栴、祁彪佳、勋臣靖南侯黄得功、曹之屿、吴志葵、黄蜚、侯承祖父子、陈天叙等,皆日月争光者也。故附记之。"

江阴城破,江阴典史阎应元等守城八十一日,败死。顾杲于砂山战败阵亡。

金声、江天一等在绩溪起兵,败死。

吴应箕以参加义兵被捕死(1594—1645)。

按,吴应箕,字次尾,贵池人,著有《楼山堂集》《东林本末》等。

九月,彪佳同里文学家王思任自杀(约 1574—1645)。

按,王思任,字季重,号谑庵,山阴人。著有《游唤》(游记)等,合编为《王季重十种》。

十二月,彪佳同年友、学者黄道周奉唐王命出兵,在婺源被俘,次年在南京被杀(1585—1646)。

按,黄道周,字幼平,福建漳浦人。善书画,有经学著作多种。

黄道周《黄漳浦集》卷六今年有《乞奖异倪元璐、祁彪佳子姓疏》,以倪元瓒、祁骏佳于元璐、彪佳死节后毁家为国,禀请奖异。

清顺治三年(1646 年)

五月,清军攻陷衢州,杨文骢被执,不屈死(1596—1646)。

按,杨文骢,字龙友,贵阳人,工画,有《洵美堂集》。

六月,清军攻占绍兴,余煌、张国维、陈函辉等先后赴水自杀。

清史惇《恸余杂记》之《余武贞》:"余武贞以天启乙丑状元及第,东林目为跪拜得来,遂致终身摒弃不录,然其人亦贤者也。初闻祁彪佳死,曰:'可惜!'闻刘宗周死,曰:'亦太早。'迨鲁王监国,遂慨然以身任天下事,为礼、兵二部尚书。入则讨论典制,出则综理兵马,竭力展布,不辞劳瘁。浙东失守,公服投水而死。"

清李慈铭《白华绛柎阁诗集》卷甲《东郭门外渡东桥吊余忠节公尚书二首》其二:"画江仓卒起中枢,分饷征兵泪血枯。航海已无残局望,开门尚免后时诛。六贤俎豆犹须补(城南六贤祠,祀刘忠介、黄忠端、倪文贞、祁忠惠、施忠愍、周文节,而未及公,故云),异代褒荣未可诬。更忆城南清节苦,沧桑有弟荷耕锄。"

七月,清兵定浙东。

八月,清军入闽,连下建宁、浦城、延平。唐王走至汀州,被俘,死于福州(1602—1646)。

十月,清军破赣州,明大学士杨廷麟、兵部尚书万元吉等自杀。

马士英被清军俘杀(约 1591—1646)。阮大铖在浙江降清,从攻仙霞岭时死(约 1587—1646)。

按,马士英,字瑶草,贵州贵阳人。阮大铖,字集之,号圆海,怀宁(今安徽安庆)人。著有传奇《燕子笺》《春灯谜》等。

文学家冯梦龙(1574—1646)卒。

按,冯梦龙,字犹龙、耳犹,号翔甫,别号龙子犹,姑苏词奴、墨憨斋主人,长洲(今苏州)人。编有《喻世明言》(《古今小说》)、《警世通言》、《醒世恒言》以及民歌《挂枝儿》、《山歌》等。

清顺治四年（1647）

五月，清军平定太湖，十八日，陈子龙被执，跳水死（1608—1647）。

按，陈子龙，字卧子，号大樽，华亭人。善诗文，编《明经世文编》，自撰《年谱》（清赐谥"忠裕"，书由门人续成）。其间因藏匿陈子龙而死者，有侯岐曾等。夏允彝子夏完淳亦因此被捕赴刑。完淳（1631—1647）原名复，字存古。著有《南冠草》《续幸存录》等。

夏完淳《夏完淳集笺校》卷三五言古诗有《祁中丞彪佳》："中丞多风姿，简贵处尘表。修饰好羽仪，凌云独矫矫。方圆表里间，立朝气清杳。曹娥千载流，忠孝颇同调。眷言从彭咸，乘风驾飘渺。先人在九原，颇忆当时好。"

后九年，祁彪佳侄鸿孙往哭陈子龙，病卒吴门，年四十六。

参《世系》《家谱》与祁苞孙《先兄奉直大夫奕远府君墓志铭》，祁鸿孙（1611—1656），字奕远，凤佳长子，廪生。国变后拥戴鲁王，破家举兵抗清，叙功授兵部职方员外郎，进阶奉直大夫，赐节盖印绶，出监江上四十八路营军事，兵溃隐匿。清顺治十三年（1656）五月往哭陈子龙，病卒吴门，年四十六。

后人吊祁氏杂记杂咏众多。

清李雯《蓼斋集》卷二十七《题祁侍御园亭二首》："使君衣锦归宁日，吴下新祠瞻望同。自有棠林垂吾土，更劳橛馆慰秋风。门前柳色如张绪，楼上月明怀庾公。闻说山阴多胜事，剡溪青舫画图中。""客中离思满钱塘，湖上高楼对夕阳。水气初含明月佩，凉风欲卷芰荷裳。越江黛远秋逾碧，吴岫枫稠夜有霜。来往东山谢安石，明怀澹澹不能忘。"当为吊古之辞。

明孙永祚《雪屋二集》卷四《题祁世培先生寓山园三首》："主人出山去，山上余白雪。云向石根起，山从水面分。楼台见倒影，花药闻幽芬。弄桨采菱渡，悠然忘夕曛。""天地总一寓，乃以名其园。铲土露山骨，疏泉醒树魂。晚风渚莲落，秋日田禾翻。不敢惊群从，休题凤在门。（时奕远昆季在客。）""梅真市朝隐，此地犹得名。源水引渔棹，丹丘结仙楹。蓉菊向我笑，鸥鹭随人行。幽构一留憩，林塘初月横。"

清朱珪《知足斋集》卷第二十《咏明史二十五首·祁弘吉彪佳》："山阴标玉树，越人歌山枝。治事既精决，谠议无委蛇。合筹二大要，十四民瘼咨。南京请发丧，桀帅降心脾。移疾当盛年，绝粒投清池。一冰莹神骨，大节完裘箕。"

清蒋士铨《忠雅堂文集》卷十七《吊祁忠敏公》："二十官人作司李，饥卒哗然见公止。三吴乱贼一手禽，江左屏藩祁御史。直道不行飘然归，蕺山拜侍刘公帷。再起再去时事非，国亡忍食西山薇。西洋港中念台死，径往云门挈妻子。别庙文成绝命诗，笑曰人生一世矣。角巾端坐浅水中，得正而毙含笑容。谁死江湖死廊庙，同年尚有倪鸿宝。"

　　清陈兆仑《紫竹山房诗文集》诗集卷三《寓园二首　有序》，序称："故明祁世培先生读书处也。李自成破京师，自沈于此。遗命舍为佛寺，有堂曰'四负'，遗像在焉。文弱殆不胜衣，殊不类意中魁伟之拟。按，碑记及堂额题识皆作佛语，岂先生意哉！乙丑秋晚，同学徒来游，感叹之余，因而有作。"其一云："十里村园竹万竿，虚堂曲折水潺湲。池荷枯尽清芬在，野烧灰沈碧血干。忍遣园林留世业，只凭书卷殉尊官。何人错认三生事，摩碣津津说戒坛。"其二："绣斧风高旧戟门，百年遗像挹清温。春初弱柳丰仪好，霜后孤松骨气尊。此地颇多家化寺，几人能得姓成村（西岸十里皆祁氏）。时清汗简扶公道（我朝于胜国忠义，顺治初即加褒恤，自周汉以来未尝有也），一盏寒泉吊古魂。"又，清阮元《两浙輶轩录》卷二十三收陈兆仑《寓园》其一，前注："陈兆仑，字星斋，号句山，钱唐人。雍正庚戌（1730）进士，官福建知县，乾隆丙辰（1736）举博学鸿词，改编修，官太仆寺卿。著《紫竹山房诗文集》。"清平步青《霞外攟屑》卷八下《眠云舸酿说下·陈句山太仆寓园诗》所录则为其二，其中"霜后孤松骨气尊"，"尊"作"存"。附按语："庸按，忠惠于顺治二年乙酉闰六月初五夜正命梅花阁下池中，因南都失守，杭州又降，贝勒博洛以参貂聘明臣六人，忠惠与焉。非以自成破京师故。公家梅墅，在寓山东北相距一里，非西岸，亦无十里之遥。乙丑（1771）太仆正掌教蕺山，身到此山，不知叙与诗注何以有此。后仲云制府增订诗辑，删去此诗。"赵按，此诗称"几人能得姓成村"，注"西岸十里皆祁氏"，其实无误。祁彪佳虽筑寓园，然殉国后，祁氏仍居祖宅密园。密园在今梅墅村，跨河而建，而河西十里，确为祁氏之村。平步青所辨，当系未细考其地理，故讹。

　　清严遂成《明史杂咏》卷三《祁掌道彪佳》："漏舟焚屋狎君臣，闻道长安局又新。三尺剑消恩怨气，一泓水洗去来身。大观楼外潮初落，历下亭边月已沦（公督饷山东）。采采山薇不盈掬，红兰白芷吊灵均。"

　　萧山陈至言《菀青集》有《登梅花阁谒祁忠敏公遗像，公赴阁下池水殉节》："梅花孤阁小池平，剑履犹传死后名。只道吴门悲伍相，可怜海岛哭田横。荒碑草没秋阴暗，敞殿天高夜月明。多少南湖登眺意，中原烽火旧伤情。"又，《游寓园谒祁忠敏公遗像有感》云："梅尉峰头，中丞祠下，疏竹萧萧。墙围薜荔，水色静春茅。斜扣柴扉半掩，寻幽径，路入平桥。凭栏望，门临溪口,阁坐山腰。　　波影绉寒绡。听簌簌方塘,雨滴红椒。汨罗沉后,哀郢竟谁招。遥拜须眉如昔,魂归处,碧火阴消。空叹惜,丹心犹壮,青鬓萧条。"

清丁敬《砚林诗集》卷二《祁忠敏公寓山庄,水次有碑刻"祁忠敏公殉节处"》:"满眼云山拱废墙,舟人指点寓山庄。入门荷影小桥净,隔牖松声短阁荒。皎皎臣心秋水在,绵绵国恨暮天长。龙髯一堕无由接,千载啼鸟定夕阳。"

清陈济生《天启崇祯两朝遗诗小传》卷十有叶云期世伫《祁忠敏寓园有怀》:"洞府开林壑,名园没石栖。晓霜红叶脆,清露绿藤低。楼对山阴道,池回剡曲溪。汨罗人去后,风雨最凄凄。""秋岩日色霁,岚气漾晴空。曲岭深藏阁,长堤纵落鸿。风云思窈窕,鱼鸟意玲珑。企慕平生极,登临兴未穷。"又有《返自山阴,同舟十人,并山阴祁奕喜、张公受、张木第薄暮泛西湖,晓酌分韵》:"伤心眺望晚霞前,莫道繁华似昔年。箫鼓夜寒孤渚雨,楼台秋老断桥烟。班荆湖海成知遇,羁旅云山只醉眠。回首可怜名胜地,西陵芳草最萧然。"

屈大均《屈翁山诗集》卷一《寓山园吊祁忠敏公》:"园林午澄霁,左右芙蓉披。浮舟弄清瀔,遂至镜湖湄。阳崖云方散,阴峰露未晞。再拜清冷渊,泪下沾裳衣。吁嗟怀沙人,守道无委蛇。筑宫水中涘,兰橑莺粟楣。金蛮开彩翠,玉漏滴葳蕤。方怀安石赏,遽与彭咸期。皇舆已败绩,发肤何以为。浩歌赴长湍,溯洄从九嶷。容与凌明霞,触石体不隳。怒潮为安流,靡濡鱼鳞衣。我祖维灵均,冠剑郁陆离。夫君交手去,重华以同归。元烟横极浦,冲风激寒澌。投篇涕泛澜,日暮感舟师。"此诗也收入屈大均《翁山诗外》卷二。又,《翁山诗外》卷十三有七绝《送张南士返越州,因感旧游有作》:"梅市西边秋水波,中丞(祁公彪佳)怀石恨如何。公孙(理孙、班孙)爱我三间斋,岁晏相邀卧薜萝。书台(寓山别业)此日委寒烟,鸾鹤飘零各一天。君去落花应自扫,时时石上作春眠。"

明魏耕《雪翁诗集》卷五《寓山园亭》:"山阴亭子多古迹,寓山瑶草萋萋碧。若非祁生班孙为地主,何繇一踏苹洲客。乳泉磁椀最斯游,水槛雕栏恰相适。薰风芝阁茱萸园,斜日虹桥水晶域。解衣偃蹇攀桂枝,落花已满清樽侧。是时老夫颇潦倒,喧呼起舞无所惜。座中张五(杉)建安豪,请我歌行书石壁。停毫却忆梅子真,藏名此地几千春。年来更忆祁忠敏,重为蕞辟编荆榛。倚徙试待鉴湖月,还与汝曹饮数巡。"又,卷九《重游祁中丞寓山园庄》:"中丞台馆南云里,歇马峰头眺望间。翠绕鉴湖春尽入,雨回秦驻柳堪攀。金塘鱼跃琉璃净,绮阁花明玳瑁斑。肠断风光犹似昔,苏耽化鹤几时还。"

　　清潘衍桐《两浙輶轩续录》卷二十七《六月七日寓园四负堂展祁忠敏公家祭》："扬子江头大风起，祁抚不来有辞矣。一片轻帆截浪飞，中丞笑把将军臂。将军厚颜气且降，敢萌异心如大江。三吴乱贼诛已尽，四镇沙虫终丧邦。时事日非臣再退，燕雀纷纷处堂辈。饿骨甘为西土埋，缺瓯又报南都碎。中丞别墅鉴湖滨，负负频呼亡国臣。岂意方塘一勺水，照还天地照君亲。纱帽绯袍秀眉异，年少依然旧司李。可惜袁隗婿马家，枉招梅福居吴市。若使萧何转饷回，小朝司马相公来。大权训注应归削，私衅甘凌敢斗才。漏舟焚屋真堪笑，一死心明祁掌道。朱鸟人号刘念台，黄金贼拜倪鸿宝。玉女金童俎豆香，瑶台十二水中央。江城五月谁吹笛，恼乱梅花铁石肠。"

　　清潘衍桐《两浙輶轩续录》卷二十八收录陶际唐《寓园吊祁忠惠公》，序："园外有池，是公自沉处。公致命时，题诗曰：'图功为其难，洁身为其易。含笑入九泉，浩然留天地。'"诗曰："一笑洁身去，浩然留古今。南都终王气，白水见臣心。祠圮存遗像，园空闻暮禽。凄凉余阙冢，前渡汨罗深。（余忠节公同时殉节渡东桥下。）"按，陶际唐，字次公，号菊隐。会稽诸生，考取鸿胪寺序班。著《菊隐诗草》。

　　清潘衍桐《两浙輶轩续录》卷三十收入宗稷辰《寓山拜祁忠惠公四负堂感赋》："积想瞻寓山，幽寻子真墅。小桥转湖曲，深窅入烟渚。波光漾澄澹，岚影罥平楚。昔有季世贤，于此抱义处。方塘流独清，坠日身先许。下不负师友，上不负君父。梅阁花已仙，余菜自千古。有子继忠孝，破家色无阻。两字苟克完，万卷又奚取。圭田幸少存，尚可奉粢簠。弗怜仕者稀，守耕曩时土。哀我侨越民，末由述先绪。薄才立本朝，窃位愧何补。时事多艰难，进退殊踦踽。对公生百忧，黯然天欲雨。"

　　清汪远孙《借闲生诗》卷二《祁忠敏公遗砚歌》前注曰："砚为余家旧藏，形圆而椭，旁镌七言绝六。首僧悔二诗，次祁李孙（理孙）、释明盂（三宜）、寓山樵各一诗，而涚一诗居末。僧悔诗后有跋，言公嗣奕庆以公遗砚赠陶生，属作诗以纪其事。僧悔为陈洪绶别号，李孙即奕庆。按《明诗综》传，公子理孙、班孙，侄鸿孙。班孙字奕喜，鸿孙字奕远，则奕庆为李孙无疑，《诗综》'李'作'理'，当据此改正。又失载李孙诗，可据此补入。明盂云门显圣寺僧，字三宜。寓山樵即公，别业为号。诗中称公以'君'，或即公昆仲耶？余俟考。"诗云："端州片石佛面圆，其色黝漆其质坚。砚背形摹米家颠，四围诗句深雕镌，知是山阴忠孝之家传。北都沦没南都偏，庙堂歌舞民倒悬。谣诼众嫉蛾眉妍，公遂移疾还林泉。夷度家世富简编，惟公性犹乐丹铅，一生心事归砚田。刘樊夫妇真神仙,谢家季女工吟笺(公夫人商景兰女德蕴皆能诗),隃糜一丸纤手研。红羊劫换国步迁,湘累哀怨沉清渊。公子奕庆殊翩翩,乱山残雪涕泪涟。此砚侍公翰墨筵,胡不世世永宝旃?持以赠友盟山川。陶生自是当世贤,名同嫖姚气无前(陶生名去病)。僧悔之名幻老莲,云门老衲文字禅。寓山之园屋数椽,樵子与公为后先。渻也姓氏惜就湮,公之忠义诚炳然,大星光芒常在天。砚乎砚乎流传二百年,沧桑阅尽过云烟。试数石交谁比肩?惟玉带生可以相周旋。鸥波辟雍奚数焉,呜呼!鸥波辟雍奚数焉。"又,吴振棫《花宜馆诗钞》卷二也有《祁忠敏公遗研歌 有引》,引称"研为汪小米中翰所藏",余同汪注。诗云:"寓山园中石一片,此石非石研非研。地老天荒耿不磨,乃是臣心钢百炼。臣年弱冠始承恩,渐见烽烟万里昏。封章要势论军事(公上疏言三大要四大势十四大苦),涕泪泛澜沁墨痕。北都破碎南都蹙,燕子春灯了残局。一棹能消跋扈心,九重偏信凶奸目。才解朝衣许乞归,已看天堑成倾覆。正气终希信国踪,余生忍卖桥亭卜。楚累哀怨竟沉湘,池水千秋铁骨香。枯到荆花失乔木,舍将遗宅付空王。梵钟戒火群公子,白发青裙六太娘。枉说门才雄一代,回头梅市总凄凉(公居梅市,寓山园有紫荆二大树,时祁氏一门有'男子皆美人,妇女皆才子'之誉。其后舍宅为寺)。一子为僧一子戍,边闽烽粤嗟何益。城郭人民都变易,岂料昆明劫后灰。尚留精卫衔来石,歌哭方袍世外僧。赠遗败属园中客,飘零最惜澹生书。珍秘应同旷亭额(公家澹生堂藏书万卷皆散佚,旷亭一额委弃野人家,乾隆间赵谷林先生以米四石易之),江东忠义动人间。长物留传二百年,海天浴日光芒冷,一样伤心刘蕺山(念台先生与公同居山阴,同死难,所遗海天浴日一研,旧藏陈古华先生处)。"此诗也收入清潘衍桐《两浙輶轩续录》卷二十八。另,清胡敬《崇雅堂诗钞》卷九也有《祁忠敏公遗砚歌》,注同汪作,诗云:"风字有砚传右军,杨休得之为席珍。光州砚皮五十载,丁晋公以贻其孙。或持换钱或藏椟,奕庆交情媲皮陆(陆龟蒙有《谢袭美赠紫石砚》诗)。忠贞所在气不磨,玉带生今保佗族。摩挲想见公精灵,石质坚致神所凭。发挥想见公文彩,石色晶莹神所宰。当时九询十革十四申,纠弹谏臣武臣暨内臣。在朝拜章外草檄,皆仗此石以发为高文。陶生何人里居晦?遗逸偕僧定流辈。不然龙尾足家传,何竟苏张交易退。兴平尔獠奴,长枪得似毛锥无?念台我执友,白首同归同不朽。寓山东望不胜哀,谁吊公魂水一涯。女亦工吟传父学,妇曾题句挽夫来。投清泠渊戒无沦,曩而翁言竟成谶。遇灾莫道砚田荒,公昔家居亦筹赈。"当系三人倡和酬酢之作。

清阮元《两浙輶轩录》卷七收有张梯《拜祁忠敏公墓》,诗前注:"张梯字木弟,山阴人,杉弟。毛奇龄墓志铭略曰:'木弟九岁即能属文,从游刘忠端公之门,有武人私诋忠端理学,木弟批其面,武人畏君敛手避。祁中丞殉难,其家寝微,里中豪侵其寓山庄田,木弟为理之,其人惶恐,谢还所侵去。"诗云:"江声淅淅洒长林,入岸如闻泽畔吟。九阙孤魂霄汉气,一樽清泪草茅心。鹃音墓道藤萝暗,马角秦庭岁月深。无那归舟愁绝处,夜寒风起露华侵。"

清全祖望《鲒埼亭诗集》卷八《闻补堂游寓山因祭祁忠敏公》:"落日旷园冷,寒芒止水尊。百年传胜地,五马式清门。尚有藏书架,为寻埋碧痕。我尤念公子,谁酹未招魂。"

清吴寿昌《虚白斋存稿》卷七《直庐续集·寓园》序:"祁忠惠公别墅,公旧谥'忠敏',近改赐今谥。"诗曰:"住近梅仙市,忠臣遗像存。须眉写光霁(遗像神采极为秀朗),水石泣烦冤。南渡衣冠暂,西陵松柏昏。花宫有清梵,遥夜与招魂(园舍为云释子居)。"

清山阴祁偕毅《餐玉堂诗稿》有《读思濂曾叔祖哭忠敏公诗和原韵》二首云:"铁马金戈天地愁,孤臣知是尽忠秋。誓师慷慨三军泣,赴义从容青简留。一死何能酬素志,遗言犹望复君仇。不堪回首沧桑变,寂寞藏书旧日楼。""烽火长安无限愁,矢忠何意问千秋。驰驱已叹臣心竭,戮力难将国祚留。祖逖功名存晋室,子房终始为韩仇。岂知今日孤臣裔,饮泣长年卧小楼。"(转引自《远山堂明曲品剧品校录·杂录》)

清祝德麟《悦亲楼诗集》卷十五《忆越游四首》:"谈经岂敢踞文茵,缅想前贤学术醇。胜代衣冠多死节,讲堂名义劝为人。(书院为刘念台先生证人旧社。)两行栗主渊源远(刘公祠在山椒,从祀自祁忠敏公而下凡十人,先开美公与焉),一瓣香烟俎豆新。梦里神芭哀怨曲,记曾薰沐荐蘩苹。"

清翁方纲《复初斋诗集》卷六十一石画轩廿四《明忠节诸君子手牍》,前注:"凡十九幅。高忠宪、刘忠介蕺山(宗周)、顾裕愍(名大章,常熟人)、徐忠烈(名从治,海盐人)、杨忠烈应山、周忠介、范文贞吴桥、李忠毅(名应升,江阴人)、黄忠端(名尊素)、倪文正、祁忠惠(名彪佳)、侯忠节(名峒曾)、袁忠毅(名继咸,宜春人)、凌忠清(名义渠)、姜贞毅如农二幅,左忠贞名弟、黄忠节陶庵、史忠正道邻。"诗曰:"呜呼!书不忍观,事不忍论。非其书也,伊其人鉴。书至此,何代可比伦;读史至此,何感来酸辛。嗟尔区区细楷,书衔书谥烦鲍君;嗟尔勤勤装潢,袭之箧之太史秦。俨如祠宇拜写真,赫如云轿瞻降神。行行字字光星辰,尚俾观者顽廉懦立勉敬身。淋漓浩气墨犹新,一尺之牍重千钧。"

　　清毛奇龄《四书剩言》卷二："既忆幼时曾在祁忠敏宅见慈女觚，是汉器千金之物。形颇长而腰甚细，不任盛酒，且口亦反，向尚疑与酒器不其合，故置之。然其说则何可泯也。因记此以俟知者。"清郑方坤《经稗》卷十一四书《觚不觚》亦引此语。

　　清潘衍桐《两浙輶轩续录》卷三十六王文玮《祁忠惠公水晶双印歌为沈西霞上舍赋》："沈君酷好古彝器，前明法物尤纵横。迩来购得二晶印，上镌祁公之字公之名。此印流传吾土岁月久，其后远从全氏于四明。印藏谢山太史家，谢山既殁复失所。沈君反之曾费千金营，漆匣初开光射眼，眼光直与晶光并。吾思忠惠早年登上第，神君所至豪民惊。大江风恶走单舸，立退跋扈将军兵。即大用公嗟已晚，北新关外万骑如雷鸣。公当草檄四飞日，何心更以书法与彼钟王争。此印不过文房钤纸尾，存亡显晦亦似于公无重轻。神呵鬼护璧常合，要使后人见物如见公生平。东南狱起子流戍，四负堂空尘土倾。寓园古木号秋声。呼虹幌前友石树，印乎可复记忆溪山草阁茶烟清？沈君沈君须宝惜，可以比之铁如意、卜卦砚、玉带生。自来印人多刻花乳石，此并非金非玉乃用晶。呜呼！水之精，公之贞。"

　　余姚岑振祖镜西《延绿斋诗存》卷十有《祁忠惠公水晶章四律》，今存其二，云："镌刻偶然耳，刀尖碧血凝。一心真透澈，四角不模棱。止水悲何极，看山伴未曾。流传还故里，神物有依凭。""鸿宝原同里，黄门亦同舟。一堂吟四负，双印抵千秋。破碎山河感，完全姓氏留。精光长射目，真不愧雕□。"（转引自《远山堂明曲品剧品校录》所附黄裳撰《杂录》第281—282页）

　　清汪远孙《借闲生诗》卷三《论印六绝句　即题张受之金堂论印图后》："抠衣曾拜寓山祠，四负堂前俯碧池。此印持归公故里，忠魂应有式凭时。（余得祁忠惠公水晶名印，以归山阴邬雪舫。）"

　　此外，李慈铭《越缦堂日记》相关记载甚多："咸丰五年（1855）二月十四日丙午，晴。上午，游鉴湖第五桥，憩坐久之。下午，复诣寓园谒祁忠惠公像。像向供四负堂，有屋三间，今寺僧移其像于旁楹。背池临流，向门而坐，为寺所从入处，而塞四负堂门，使内向供佛像，人皆骇叹。闻有柯桥人李刺史焌者自言为祁氏甥，愤詈寺僧，欲令还旧观，而僧泄泄若不知也。余祖为忠敏孙婿，今族中食指三百余人皆其出，中亦不乏强有力者，然能知忠敏者鲜矣。余去年至此，见亭馆倾圮，欲告之士夫共修葺之，而诸公闻余言多目张口哆，不识四负堂为何名，修之为何事。今已假手缁徒，非痛惩之不可矣。呜呼！忠敏当日极池馆台榭之美，越中称胜地者，以此与倪文贞衣云阁并称，迄今门阀衰落，曩时遗迹掩为茂草。惟留此破屋一椽以供凭吊，而寺僧复夺之,将来让鸥池畔为当年正命处者,谁复顾一泓清绝而留其碧血迹耶?因念倪文贞故宅在郡城东双桥,曾奉明禁,子孙不得私鬻。近有一学究竟贱价质其半,且改造之,使其必不能赎也。而学究犹扬扬对人言,自夸非我不能办。呜呼! 异哉。"

"咸丰六年三月二十五日壬午,晴,极燠。诣崇本堂拜太高祖母祁安人诞辰,祁安人前明少保忠惠公曾孙女,义士奕庆先生孙女也。"

"咸丰七年十二月十二日戊申,朔,晴,严寒。早赴梅市收租,所至留连景色。此地港汉曲折,水清甚秀,又多奇石古木,皆前明祁氏故园也。平畴中往往草石矗起,柱础宛然。余家佃人有自陈为忠惠公七世孙者,乃公父讳承爆者长兄之后也。余太高祖母为六公子班孙之女孙,然六公子房后有仕者,则祁氏世嫡固微矣。"

"咸丰八年正月十三日,晚回舟诣梅市祁氏,拜忠惠公、奕庆公、赤田公三世像,夜归。"

"咸丰十年十一月初四日,登春此书(《社事始末》)可以考见易代之际六十年间东南风会,而朝政大局亦因以见。其记社中死节诸公,如吾邑祁忠惠彪佳死所居寓园池中,而以为守邗沟死。"

按,李慈铭五世祖李杜(1681—1737),字瑞木,号横川。国学生,候选州同知,敕赠文林郎、陕西洛川县知县。配祁氏,子四、女二。继配陶氏。据《山阴李氏家谱》卷四《行传》:"杜字瑞木,号横川,行亨一。国学生。候选州同知,敕赠文林郎,陕西洛川县知县。生于康熙辛酉年(1681)正月廿一日酉时,卒于乾隆丁巳年(1737)七月廿五日巳时。配梅市祁氏孺人。生四子,长熙,次建烈,三建勋,四辉。生二女,长适江桥陈锡祺(畿),次适狮子街陈志浦。继配陶堰陶氏,敕赠孺人。生四子,五建杰,六照,七煌,八建煦。生一女,适昌安门外史积璟。葬郭婆溇祖墓后。"

《光绪六年庚辰科会试朱卷·李慈铭》:"五世祖妣氏,明左佥都御史苏松巡抚赠少保兼太子太保兵部尚书谥忠敏讳彪佳曾孙女,荫授中书舍人讳班孙孙女,贡生赠甘肃山丹县知县曜征女。貤赠孺人。"

李慈铭《越缦堂集》白华绛柎阁诗乙《寓山四负堂谒祁忠惠公像》:"呜呼忠惠天人姿,门第高华文采奇。二十登科作司李,蛮陬猾吏无能欺。报最俄膺谏垣擢,惠文脑后尤岳岳。鸳湖选郎手障天,一疏披云折其角。三吴地大多强家,白昼击鼓惊吏衙。绣衣少年美如玉,骢马一出人无哗。中台入长十三道,逆党汗流观谏草。仓皇请急归倚庐,四负名堂待终老。南都草创吴民骄,公还持斧锄其豪。三弊上言仅报可,擢公开府苏台高。扬州镇帅本名贼，花门大纵南塘出。骎骎略地窥丹杨，公檄要盟克以日。大江鼓浪高崔嵬，传呼单舸中丞来。通侯踞接健儿拜，辕门醽酒欢如雷。奄儿翻案水火急，副相出都国人泣。弹章并列三贤名，师弟相随返乡邑。同文狱起城社倾，兴朝帝子安车迎。殉国义同高刘死，观时耻逐姜商生。一泓清绝寓园水，角巾屹然水中止。讲学同源幸得人，柳桥携手王元趾。画江犹子更从戎，巢覆孤儿缧绁同。故宅幸留施舍后，藏书散尽乱离中。承平回首闲居福，月榭风亭看不足。夫妇清闺品画诗，弟兄别墅从丝竹。梦醒人世已沧桑，终古山川对影堂。青袍尚志孤臣痛，黄帛长妭御府香。园名记在谁能续，平泉花石邻家鬻。客过还凭础认亭，僧贫只缚篱为屋。野菊寒泉荐一尊，魏庄耕稼几人存。当筵莫奏湘累曲，我亦公家七叶孙（太高祖母为公女孙）。"

民国徐世昌《晚晴簃诗汇》卷六十九《回绩井吊明侍御金鹤冲先生》："飞冲鼓角陷危城，痛哭全家竟舍身。血渍苔痕秋井塌，烟消柳色夜鹃鸣。中原沉溺由夷甫，南国凄凉吊屈平。四负堂前春昼永，一泓寒碧有余清。（四负堂山阴祁忠愍公赴水殉节处。）"

民国杨钟羲《雪桥诗话》之续集卷一："祁忠惠居梅市，寓山园堂名四负。傅补堂明经谒忠惠祠云：'骑箕人去剩祠堂，遗像堪争日月光。无复牲牢修汉腊，空留城郭梦辽阳。两京没后烟尘满，一水秋来菡萏香。报国有心臣力竭，还将四负问苍苍。'公著有《越郡园名记》四卷。刘泽清驸马、阮上疏攻刘忠介，并及其三大弟子，谓忠惠及章公正宸、黄公宗羲也。大清兵至，贝勒以貂参聘越中遗老六人，忠惠、忠介、章格庵及商家宰周祚、姜宗伯逢元。其一则寓公胶州高文忠也。"文中亦录李爱伯（慈铭）前诗。

附　录

《祁忠敏公年谱》四个本子的相互关系及其撰写者辨析

祁彪佳,字虎子、又字幼文、弘吉,号世培。生于明万历三十年(1602),万历四十六年(1618)十七岁举于乡试,天启二年(1622)二十一岁中进士,选福建兴化府推官,任职五年后丁外忧归,崇祯四年(1631)服满晋京,考选福建道御史,六年(1633)出为苏松巡按,八年(1635)乞病归养母,此后家居八年,直至崇祯十五年(1642)才北上赴河南道御史之命,主掌计典,计事竣外迁为京畿刷卷。南明立国,被公荐为苏松巡抚,因与东林党人关系密切,为马士英、阮大铖所嫉,任事不过半年便不得不辞职告归。弘光元年(1645)闰六月初,清军攻陷杭州,以金币来聘,祁彪佳自赴水死,卒年四十四。祁彪佳生前为能吏,以敢于直谏和吏治有绩闻名。他殉明自杀,更使他受到时人和后人的称赏和关注。明末清初以来,张岱、查继佐、陈济生、毛奇龄、温睿临、朱彝尊、邵廷采等人都曾为他作传。然而罗列评述他生平事迹最详尽全面者,则是明末人所撰的《祁忠敏公年谱》。

黄秀文主编《中国年谱辞典》[①]"祁彪佳"条介绍:"《祁忠敏公年谱》一卷明王思任编,清梁廷枏、龚沅补编。民国二十六年(1937)绍兴县修志委员会排印本。华东师范大学图书馆藏,约1.6万字。谱主殉节后,王思任为撰年谱,称'同里友人',盖知公者,编成未刊。旧谱语颇冗蔓,由龚、梁二君删补订正,补遗十之四,删繁十之三,更其体例者十之一。是谱记谱主学行、仕历及从容就义等。……谱前有梁廷枏《记》。谱后有龚沅、胡蕃《跋》。龚《跋》中论及年谱:'其为书也简而质,其立旨也约而周,行藏则月纪年编,时事则条分缕析。'"

《辞典》介绍的这个经过删改补编的排印本,已收入《北京图书馆藏珍本年谱丛刊》。《辞典》中"谱主殉节后,王思任为撰年谱,称'同里友人',盖知公者"之说,源出此谱首所附梁廷枏《记》:"公殉节后,王思任为撰年谱,题名

① 百家出版社1997年版。

称同里友人,盖知公者。"据该记介绍,清道光丁酉(1837)春,梁廷枏与龚沆、山阴胡蕃及祁氏后人景行(小峰)相识,遂得从祁景行行箧见《祁忠敏公年谱》旧谱。龚沆认为旧谱冗蔓,于是就原文节删之,但因身处旅次,可资参考资料少,故而考订犹疏。胡蕃复属梁廷枏再为修订。梁廷枏遂取诸书有关者互勘证明,当年季春,才订定此谱。后来,梁廷枏又受胡蕃之托将此谱付梓,并附缘起于简端。

梁廷枏、龚沆的补编本是目前关于祁彪佳年谱的最常见本子,由于梁《记》的记述,人们也大都接受了王思任编撰《祁忠敏公年谱》的习惯说法。然而,在研究祁彪佳的过程中,笔者将所能找到的祁彪佳年谱的几个本子仔细进行对照,发现它们虽然在具体细节上有较大差别,但同出一源,同时也发现梁廷枏所谓"王思任为撰年谱"的说法很值得怀疑。笔者认为,所谓明人撰《祁忠敏公年谱》的修撰者,绝不是王思任,而是祁彪佳的门人,但此谱可能经过王思任的批点删改而最后订定。现特将自己所掌握的材料罗列如下,以就教于方家。

明人撰的《祁忠敏公年谱》旧谱,现存三个不同的本子,分别是:浙江图书馆藏东书堂稿本(优 56/16 号),年谱定本(优 57/16 号抄本),以及国家图书馆藏清初乌丝栏稿本。前两个本子为浙图特藏优本,从未被刊印,故一直稀为人知。乌丝栏稿本则和梁、龚补编本一起被编入《北京图书馆藏珍本年谱丛刊》①。三个本子的大致情况如下。

一、浙图东书堂稿本(优 57/16 号)

该本题名:《祁忠敏公年谱》。扉页墨注:"内有崇佛礼忏、舍屋为庵数事,儒者见之必谓当删,然记其实事,似亦无妨,唐宋名贤忠义皆显然不避学佛之迹,惟明□推敲,学宫从祀则必避重迹、讳重名,多此一番掩著之态,不若任其真为是。"稿本字体为楷,有反复圈点涂改增删迹象。不注撰者和校订者。版心有"东书堂"字样。按,东书堂在祁氏密园内,为祁彪佳之父祁承㸁所筑,也是他次子祁理孙的藏书楼。

分辨该稿本上所留下的评点与改动痕迹,可以知道,至少有三个人对此本进行过批阅和修改。

一是墨笔批点批改和蓝笔分纲目。

从第 1 页页眉墨批大致可以了解此次评改的情形:"粗单圈者原所去

① 见《北京图书馆藏珍本年谱丛刊》第 63 册。

也，细单圈而可见者新去也，可悉惟尊裁。用者意谓可去而未去，尊意如何？□不敢竟涂□。凡用蓝笔作者皆另书作纲以便看，亦仿王文成公年谱式也。"可见，蓝、墨笔批点出自同一修订者的手笔。所谓蓝笔作纲，是指在谱文中用蓝笔划出谱主当年的年龄和基本行为事实，并用表示位置移动的箭头标记将这些事实另行提掣，置放到时间下面，作为纲领。纲目所在页的页眉每注有"以后依照蓝笔提起"墨批字样。

总之，作墨批者不仅通过蓝笔分纲，调整了年谱的体例，并且对谱中字词及谱主生平事迹的取舍和表达也有很大变动。可以说，在东书堂稿本里，墨批是诸家评改中最重要的。

一是朱笔批改。

该本天启七年（1627）有"先生之慎刑狱大率如此"之句，墨笔细圈圈去"大率"两字，眉批："云大率者，以一事概数事之谓，此既胪列，似宜省此二字"，而朱笔却在墨批右批道："正欲以一概余也，岂数年中慎刑止此一事乎？"崇祯十六年（1643）祁彪佳弹劾东林党人吴昌时，墨批云："春秋为尊、贤、亲三者讳，昌时而正人耶，偶然失足耶，当稍原之。今若直任为先生功，犹过，不必为之护惜也。"朱笔在墨批右评论云："道至实犹护也。"由此可知，朱笔批改必在墨批之后。

朱笔增添的主要内容，是在年谱的末尾处小字加注了："六月初五晚临诀绝命词_{并序}"字样。

另外还有一种褐笔批改。

褐笔往往只是对谱文中自己认为需要修改的某些地方，提出不满或改进要求，却很少把自己改动后的表述直接写出来。如崇祯六年（1633）"定宜变"条，褐批曰："此二段宜详，方知当日景状"，但并未把详细情状补写出来。只有年谱卷首介绍祁氏先祖祁司员的政绩时，东书堂本初稿："以进士作令，有异政，行取御史，出守池州，士民颂神明，建生祠，有所祷告，公在署辄知之，卒官，至今俎豆祷辄应。"褐批道："稍涉不经，亦不必。"并在页眉写出了自己的修改结果："殁后士民祠祀更杂兴，至今俎豆□（仍）连串"。这是整个本子中褐批唯一对原文进行了直接改写的地方。

从褐笔的批评可以发现，褐批与上面朱、墨两家批点在材料取舍和修谱观念上有较大差异。如谱载崇祯八年（1635），祁彪佳辞归养病西湖上，迎母游佛刹。褐批云："大孝不在此，且不足表公之大孝。"又同年祁彪佳和兄祁骏佳谈论性理一段，褐批："性学有儒释之异，不可混说，□□□□近于释矣。"对于原稿中涉及祁彪佳和亲友谈论心性感悟的内容，褐批总以"似此等闲言语无甚关切,俱可去"、"如此叨缠即不胜其翻驳"、"不切"、"此等语当另编语录别集中"之类言辞加以否定。看来,褐批比较注重维护谱主完美儒者形象,在理学上自有一套想法,并不赞同祁彪佳思想中佛儒杂糅的倾向。

褐批所做的另一重要工作是对本子前半部分进行了点逗断句。

二、浙图年谱定稿定本(优 56/16 号抄本)

该本题名:《祁忠敏公年谱》。谱首有:"门人　□□　恭撰　男　理孙　班孙　较订"字样。抄本字体工整、字型横宽敦厚,页面整洁,无修改增删圈点迹象,盖为年谱之最后定本。

比较浙图年谱定本(优 56/16)和东书堂稿本(优 57/16),可以得出结论:浙图年谱定本是综合东书堂稿本上墨、朱笔的批点意见修改订定之本。朱批对墨批有所改动,则从朱批;无朱改,则从墨批意见。这一点从多处可以看出。如东书堂稿本崇祯七年(1634),祁彪佳疏劾南京兵部尚书傅振商,墨批道:"疏言一段在班孙下。"欲将与此事相关的内容移置到祁彪佳子祁班孙出生事后面,但朱批却建议此处保持原来的叙事顺序,定本遵照朱批意见,遂同初稿原状。同样,前面提到的东书堂稿本天启七年(1627)关于"大率"措辞的取舍争议,定本也以朱批意见为准,未省去"大率"两字。褐批意见在定本中没有被采用。东书堂稿本崇祯六年(1633)"定宜变"条,褐批:"此二段宜详,方知当日景状。"定本除字词稍有变更,具体情节并未像褐批要求的那样加详。又,同年"惩罡恶"一条,褐批欲换"罡恶"两字为"豪滑",眉批曰:"以古文用'豪滑',以实事即用罡恶亦不妨,惟高明取裁。"定本也不曾依褐批换过。

比较浙图东书堂稿本和年谱定本,后者对字句有所变动润色,表达更精确;节略了草稿中某些无足轻重或不利于凸现谱主形象的细节,删除了过于溢美偏颇或啰嗦复赘的字句;而且年谱体例已编排确定。

综上所述,我们可以梳理清楚浙图两个藏本之间的关系:东书堂稿本(优 57/16 号)是《祁忠敏公年谱》最初的草稿本。其中的墨批早于朱批,但墨、朱两批点者与初稿修撰者在事实取舍和修谱观念意向上大略一致,而褐批与初稿以及墨、朱两家观点歧异颇大。年谱定稿抄本(优 56/16 号本子)是以东书堂稿本(57/16 号本子)的初稿为基础,综合墨、朱两家批点,修订成文。定本未采纳褐批的建议,殆是因为褐批与初稿及其余两家批点差距都很大,若要采用,则整个年谱将需作极大的甚至根本性的调整与改动。

三、国家图书馆藏清初乌丝栏稿本

　　该本页面版心也有"东书堂"字样，扉页注"忠敏公年谱抄"，下有"键堂公"章，有"夷度公生于嘉靖三十五年（按，应作四十二年）癸亥，卒于崇祯元年戊辰，年六十六岁。王太君生于嘉靖三十六年（按，应作四十三年）甲子，卒于崇祯十三年庚辰，年七十七岁……"及"奕庆公生于天启七年丁卯，奕喜公生于崇祯六年壬申（按，祁奕喜班孙生于崇祯五年，此说误）"几行字。谱端也标有"门人□□"字样。①

　　乌丝栏本也属草稿本，有很多圈点修改的痕迹，它的出现时间应略晚于浙图东书堂稿本及其墨、朱批点。

　　浙图东书堂稿本万历三十一年（1603）云："二岁，在梅墅。夏痘，周身仅数十枚，如玉缀珊瑚，医者叹异，以为未之曾见。"这里划线部分，墨、朱两家批改者皆将之划去，墨批改定为"是年夏，先生痘"，后又划去。国图乌丝栏稿本，其原文便已经完全不涉及祁彪佳出痘事，是年下惟有"在梅墅"一句。又，东书堂稿本崇祯十二年（1639）原有"刘念台先生问房警，欲公扎促抚君入援，商之先生，先生曰：'入援无益于都城，传闻流寇将顺流南下，宜为金陵吴浙计'，识者韪之"一段，被墨线划去，乌丝栏本即无出现。这些都是乌丝栏本的原文参用浙图东书堂稿本及其批点的地方。

　　但是，乌丝栏本具体批改的取向和细节又与浙图东书堂稿本多有不同。比如万历四十六年（1618）浙图东书堂稿本原文："日方暮而先生完卷出，公方讶其不甚长，阅文有天机莫遏之势，知先生文必获隽，及榜，中六十八名。"墨批将划线部分划去，改成"夷度公阅先生文知必获隽"，浙图年谱定本从之。但国图乌丝栏本有此原文，且批改时也并未划掉。又，天启四年（1624），祁彪佳赴福建推官任，途遇风浪，座舟颠覆。年谱议论道："……舟子皆出没于波浪者，反薨其五。……先生即厚恤五人家，为文祭之，又设醮，

① 按，此注有误。因嘉靖三十五年为丙辰年，三十六年为丁巳年。据祁彪佳日记，祁承㸁卒于崇祯元年戊辰（1628）十一月初一日，王太君卒于崇祯十三年庚辰（1640）三月初四。卒年确凿无疑。又据祁彪佳年谱，彪佳生于万历三十年（1602），时父年四十。反推可知，祁承㸁生于嘉靖四十二年癸亥（1563），卒年六十六。另，祁彪佳于崇祯十年丁丑（1637）八月作函回复王象晋时提到"母年已七十有四"（见北图藏《林居尺牍》之《与王康宇年伯》），则王氏生嘉靖四十三年甲子（1564），卒年七十七。如此则两人年龄与生卒年相减数皆可符合。又，"奕喜公生于崇祯六年壬申"应为"崇祯五年壬申"，据日记，奕喜名班孙，祁彪佳第三子，生于崇祯五年十二月初一。可见，注中诸人生卒干支纪年正确无误，而朝代年号不相搭配，属讹误。另，陈仁锡所作《大参祁父母夷度先生墓表》称承㸁享年六十四，反推则祁承㸁当生于嘉靖四十四年（1565）。《明人传记资料索引》记载的"祁承㸁（1565—1628）卒年六十四"当来源于此。

再以文祭焉。二文俱刻集中。<u>先生凡事从厚于此见一节云</u>。"浙图东书堂稿本墨批将划线这句划掉,批:"两番设醮,厚自见矣,似不必又表而出之。"浙图年谱定本也没有了此句,但乌丝栏本却并未将它划去。

根据以上情况推论,浙图东书堂稿本当是年谱的原稿,而国图乌丝栏本则是根据它抄出,又另托他人修改了的一个抄本。乌丝栏本在抄出之际,应该参考过东书堂稿本的墨批和朱批,但由于它的修改评阅者与年谱的最初修撰者及前面两个批点者之间意见歧异较大,因此这个本子在抄定、评点和修改时,对原有的评改意见颇有取舍,另有自己的一套修订方法,以致在改订之后,乌丝栏本的整体面貌和原稿原貌差别很大。

我认为,当初的情况应该是:祁彪佳二子祁理孙、祁班孙在请人评阅年谱初稿以求订定年谱时,因为不同修改者意见分歧,出现了两种差距很大的修订结果,他们采用了比较符合自己心意的一种(也就是浙图东书堂稿本的墨、朱两种批改),并令人誊抄订定为年谱的定稿(即浙图年谱定本),而将意见不合的修改稿本(即国图乌丝栏本),作为纪念保存了下来。

值得注意的是,乌丝栏本的修改倾向,与浙图东书堂稿本上的褐批持论有不谋而合之处。

例如,崇祯九年(1636)祁彪佳与王金如(朝式)谈性理的一大段,褐批:"此等语当另编语录别集中。"乌丝栏本底本有这段公案,被批改者大刀阔斧全部圈划涂抹去掉。又,同年载祁彪佳兄弟主持地方药局事务,浙图两个本子都有具体叙述,乌丝栏本则将这些具体叙述圈划去,取舍与东书堂稿本上褐批的建议也颇近。在乌丝栏本里,东书堂稿本上褐批所否定的关于祁彪佳佞佛、构园以及和人讨论心性之学的内容都被划去。乌丝栏本的批点者系谁虽已不可考,但很可能就是为浙图东书堂稿本作褐批者。

批改后的乌丝栏本与浙图藏两个年谱本子比较,前者比后两者简略,可往往不如后两者条分缕析。乌丝栏本崇祯十四年(1641)罗列救荒细节,其原文和浙图东书堂稿本和年谱定本相同,却因批改后被大大删略,使人读来茫然不得头绪。但是,乌丝栏本也补充了一些虽非祁彪佳本人行为,却跟他关系亲密并对他产生影响的事件,例如崇祯九年(1636)下"是年秋仲,先生仲弟熊佳领顺天乡试"一条,是有价值的,而浙图两个本子上却都没有。

乌丝栏本和梁廷枬、龚沆的补编本关联紧密,它当是补编本的底本。乌丝栏本独旁及祁熊佳领顺天乡试事,补编本不仅也有这条,还在天启七年(1627)增加了"秋八月,四弟豸佳领乡荐"一条。又比如,乌丝栏本天启二年(1622)有"客有疑而问之者,夷度公笑而不答"一句,补编本为"客有疑而问者,笑不答"。而在浙图东书堂稿本里,原文这个句子被墨批划掉了,只注道"有或请其故,在后此专云",将客问一事留待后文说明。年谱定本里,相应之处便不复见此话踪迹。梁廷枏《记》自称改编旧谱时"补遗十之四,删繁十之三,更其体例者十之一",才有了他们这个补编本现在的样子。浙图东书堂稿本或年谱定本,纲目明晰,体例都已确定。相比之下补编本的体例与它们相似,并没有什么新发明,谈不上"更其体例十之一"。乌丝栏本及其批点却都还没有对年谱划分纲目,体例不成熟,如果它是补编本的底本,"更其体例十之一"之说倒是成立的。另外,补编本篇末增添了对祁彪佳妻弟子女的简介,这一点优于旧谱任何一个本子,但除此外浙图两个本子所记每比补编本要细致,若说据浙图本"补遗十之四"才得补编本,不合实际。而由于乌丝栏本被删改后已经远不如浙图两个本子周详,若以它为参照,补编本确实补遗了不少。因此,我推测,梁廷枏、龚沅他们从祁景行处看到的正是乌丝栏本——这个原来只拟留作纪念的本子,便以此作为底本改编成了补编本,他们没有看到也未对照过被祁理孙、祁班孙作为定稿珍藏的浙图年谱定本。

梁廷枏《记》说:"公殉节后,王思任为撰年谱,题名称同里友人,盖知公者。"而国图乌丝栏本和浙图年谱定本却都已清楚标明年谱系祁氏门人所撰。这两个说法间便存在着很大矛盾。王思任生于万历三年(1575),比祁彪佳大了整整二十七岁,他于万历二十四年(1596)进士及第,当时祁彪佳尚未出生。祁彪佳对王思任十分推崇和尊重。他曾致函王思任:"昨得游名园,捧佳翰,饱珍馐,享福太侈,佩德不浅,承台谕见老亲翁留心桑梓……敬此附复并谢不尽。"①又函云:"昨所求园记倘得命如椽之笔,胜于醉乡多多,附恳不一。"②所以,不管称王思任为祁彪佳门人或王思任自称为祁彪佳门人,都不合情理,也绝无可能。凭王思任和祁彪佳的同里友好关系,祁彪佳死后,他的两个儿子托王思任评阅修改乃父年谱倒是在情理之中。所以,王思任极可能是年谱批改者之一。笔者曾将浙图藏祁彪佳年谱东书堂稿本上的墨批字迹与浙图藏《王氏书稿》(浙图优307/43)上的王思任手迹作过比较,从其笔锋钩划起落判断,墨批很可能就是王思任遗墨。梁《记》说"题名称同里友人",但笔者所见四个本子里都没有这样的题名,不知此《记》何据?或者是因年谱的最初修撰者名声不显,相比之下,王思任则名声重一时,而年谱又确实曾经王思任之手改定,祁氏子孙遂亦称王思任撰以抬高其身价,

① 《与王季重》,见《祁彪佳文稿·林居尺牍》,国图藏本,书目文献出版社1991年版。
② 《与王遂东》,见《林居尺牍》丁丑春季册,浙图藏明末远山堂抄本。

当时人便以讹传讹,以致时日久远后,梁廷枏等对谱系王思任所撰之说便信之不疑了。

综上,年谱撰者是祁彪佳门人无可置疑。殆祁彪佳死后,其门人感于师恩,敬慕师德,或者兼受祁理孙、班孙之托,而撰成此谱。在浙图年谱定本上的"门人□□撰"之处不签署姓名,可能是由于此谱先后经过多人修改,难以定署谁人名字,只好空格置之。也可能是因时乱未定,福祸难测,撰者畏祸不敢署名。

年谱的撰定时间,当在祁彪佳殉节后不久。东书堂稿本天启四年(1624)顺便提及祁彪佳门生郭符甲的贞孝清操,对此墨批道"当观此君近日行事",随后又划去,改记郭符甲殉国烈迹。据《明通鉴》,顺治三年(1646)八月二十八日,清兵攻克福州,兵科给事中郭符甲战败,身被数创死。由此推知,郭符甲殉难前后,即该年八月底九月初,年谱正在修改中。又,同年六月绍兴陷落于清,王思任在九月已经绝食而死;而且年谱的定本抄写时没有避清顺治帝福临之讳。这些都可佐证,年谱订定时间不会在绍兴进入清政府控制后太久。故此谱大约在顺治三年九月左右已经定本并誊抄付箧。

(本文原发表于《文献》2002 年第 4 期)

参考及征引文献

基础资料类

(明)祁彪佳:《祁忠敏公日记不分卷》,远山堂抄本,浙江图书馆藏。

(明)祁彪佳:《祁忠敏公日记十五卷》,国家图书馆藏。影印入《祁彪佳文稿》,国家图书馆出版社,1991年。十五卷分别为:

《涉北程言一卷》,辛未秋冬(崇祯四年,1631)。

《栖北冗言一卷》,壬申上(崇祯五年,1632)。

《栖北冗言》,壬申下(崇祯五年,1632)。

《役南琐记一卷》附《巡吴省录》(崇祯六七年,1633—1634),注:癸酉六月初四止,甲戌不书。

《归南快录一卷》(崇祯八年,1635),注曰:乙亥四月初九以前不书。

《林居适笔一卷》,丙子年(崇祯九年,1636)。

《山居拙录一卷》,丁丑年(崇祯十年,1637)。

《自鉴录一卷》,戊寅年(崇祯十一年,1638)。

《弃录一卷》,己卯年(崇祯十二年,1639)。

《感慕录一卷》,庚辰年(崇祯十三年,1640)。

《小求录一卷》,辛巳年(崇祯十四年,1641)。

《壬午日历一卷》,壬午年(崇祯十五年,1642)。

《癸未日历一卷》,癸未年(崇祯十六年,1643)。

以上远山堂抄本。

《甲申日历一卷》,甲申年(崇祯十七年,1644)。

《乙酉日历一卷》,乙酉年(南明弘光元年,1645)。

此两卷为清抄本。

(明)祁彪佳:《莆阳尺牍不分卷》,明末抄本,南京图书馆藏。十七册,摄制三卷胶卷。分别为甲子年第一册至丙寅年第八册;丙寅年第九册至丁卯年第十四册;丁卯年第十五册至戊辰年第十七册。

(明)祁彪佳:《莆阳禀牍、评语、杂录不分卷》,明末抄本,北京:国家图书馆藏。七册。

（明）祁彪佳：《莆阳谳牍、莆阳勘语不分卷》，明末抄本，国家图书馆藏。十四册。

（明）祁彪佳：《远山堂尺牍不分卷》，明末抄本，南京图书馆藏。五册。第一册己巳年；第二册庚午年；第三册庚午春夏季；第四册庚午秋冬季；第五册辛未春夏季。

（明）祁彪佳：《远山堂尺牍不分卷》，稿本，国家图书馆藏。五册。

（明）祁彪佳：《远山堂尺牍不分卷》，明末祁氏远山堂抄本，国家图书馆藏。二册。上卷末题签："此本尺牍在按吴后，必崇祯九年丙子夏竣稿。"

（明）祁彪佳：《按吴尺牍不分卷》，明末抄本，南京图书馆藏。十一册。第一册宜案；第二册癸酉夏季；第三册癸酉秋季；第四册癸酉冬季；第五册甲戌春季；第六册甲戌春季附役田案；第七册甲戌夏季；第八册甲戌夏季；第九册甲戌秋季附回道揭；第十册娄案；第十一册归案。

（明）祁彪佳：《按吴尺牍不分卷》，明末抄本，国家图书馆藏。两册。崇祯七年秋季按吴期间作。国家图书馆藏本中尺牍多南京图书馆藏本所无尺牍，当为南京图书馆同一本子的佚卷。

（明）祁彪佳：《里中入都尺牍不分卷》，明末祁氏远山堂抄本，南京图书馆藏。一册。甲戌秋冬季（九月望后起）。

（明）祁彪佳：《里中入都尺牍不分卷》，明末祁氏远山堂抄本，国家图书馆藏。二册。崇祯七年作。

（明）祁彪佳：《都门入里尺牍不分卷》，明末祁氏远山堂抄本，南京图书馆藏。二册。第一册乙亥春夏季；第二册乙亥春夏季。

（明）祁彪佳：《都门入里尺牍不分卷》，明末祁氏远山堂抄本，国家图书馆藏。三册。崇祯七、八年间书信。内容与南京图书馆藏本互为补充。

（明）祁彪佳：《入里尺牍不分卷》，明末远山堂抄本，南京图书馆藏。一册。乙亥夏秋季。

（明）祁彪佳：《里中尺牍不分卷》，明末祁氏远山堂抄本，南京图书馆藏。十册。第一册戊寅春季；第二册戊寅夏季；第三册戊寅秋季；第四册戊寅冬季；第五册己卯春夏季；第六册己卯秋冬季；第七册庚辰春夏季；第八册庚辰秋冬；第九册辛巳春夏；第十册辛巳秋冬。

（明）祁彪佳：《林居尺牍不分卷》，明末祁氏远山堂抄本，浙江图书馆藏。四册。

（明）祁彪佳：《林居尺牍不分卷》，明末抄本。国家图书馆藏。崇祯十年夏秋季家居时书信。曾经黄裳收藏。

（明）祁彪佳：《里居越言不分卷》，明末祁氏远山堂抄本，南京图书馆藏。一册。

（明）祁彪佳：《里中越言不分卷》，明末祁氏远山堂抄本，国家图书馆藏。八册。祁彪佳在崇祯十三至十五年家居时所作尺牍。内容论救荒事宜为多。

（明）祁彪佳：《壬午里中书稿一卷》，明末远山堂抄本，上海图书馆藏。崇祯十五年七月至十月作。

（明）祁彪佳：《抚吴尺牍不分卷》，稿本，国家图书馆藏。五册。崇祯十七年作者再次抚按吴期间的信札，原件纸张大小颜色不一，经粘贴装订而成，系亲笔遗迹。印制胶片时，误作"按吴尺牍不分卷"。

（明）祁彪佳：《祁忠惠集十卷附商夫人锦囊集一卷祁奕喜紫芝轩逸稿一卷》，清道光十二年刻本，南京图书馆藏。

（明）祁彪佳：《祁忠惠公集十卷补编一卷附三种三卷》，清道光十五年刻本，南京图书馆藏。

（明）祁彪佳：《祁忠惠公遗集八卷》，乾坤正气集本（144—146）。

（明）祁彪佳：《祁彪佳集》，北京：中华书局，1960 年。

（明）祁彪佳：《远山堂文稿一卷》，清初祁氏起元社抄本，国家图书馆藏。

（明）祁彪佳：《远山堂诗集不分卷》，祁氏东书堂抄本，浙江图书馆藏。

（明）祁彪佳撰，祁理孙、班孙编辑，雪窦山人魏耕校定：《远山堂诗集十卷》，清初祁氏东书堂抄本，国家图书馆藏。

（明）祁彪佳：《远山堂诗始不分卷》，明末抄本，国家图书馆藏。

（明）祁彪佳：《寓山十六景诗余不分卷》，稿本，国家图书馆藏。

（明）祁彪佳撰，黄裳校录：《远山堂曲品剧品校录》，上海：上海出版公司，1955 年。

（明）祁彪佳撰，（清）祁晋批：《远山堂曲品一卷》，明远山堂蓝格稿本（残），国家图书馆藏。按，此书内容实为《剧品》。

（明）祁彪佳：《远山堂剧品一卷》，明末祁氏远山堂抄本，国家图书馆藏。按，此书内容实为《曲品》。

（明）祁彪佳：《远山堂剧品一卷》，明末祁氏远山堂抄本，国家图书馆藏。

（明）祁彪佳：《远山堂曲品一卷》，清初祁氏起元社抄本，国家图书馆藏。

（明）祁彪佳：《远山堂曲品一卷》《远山堂剧品一卷》，影印入《祁彪佳文稿》，国家图书馆出版社，1991 年。按，影印的《曲品》《剧品》，书名与内容不符，《曲品》内容实则是《剧品》，《剧品》内容实则是《曲品》。

（明）祁彪佳：《寓山志不分卷》，明崇祯十二年刻本，浙江图书馆藏。

（明）祁彪佳：《寓山志不分卷》，明远山堂刻本，日本尊经阁文库藏。

（明）祁彪佳：《寓山注二卷》，清光绪元年安越堂重刻本。

（明）祁彪佳：《寓山注二卷附录一卷》，清光绪元年山阴安越堂平氏重刻本。

（明）祁彪佳：《寓山注二卷》（存卷上），明红格抄本，南京图书馆藏。

（明）祁彪佳：《寓山注二卷附录一卷》（存卷下），明红格抄本，南京图书馆藏。

（明）祁彪佳：《寓山注二卷》，明崇祯刻本，国家图书馆藏。

（明）祁彪佳：《寓山续志不分卷》，明末抄本，国家图书馆藏。

（明）祁彪佳：《宜焚小疏五卷》，明崇祯祁氏远山堂刻本，浙江图书馆藏。含《按吴疏草》一卷、《西台疏草》一卷。

（明）祁彪佳：《祁忠敏公西台疏草一卷》，明崇祯祁氏远山堂刻本，浙江图书馆藏。含《巡城疏抄》一卷、《未上疏揭稿》一卷。

（明）祁彪佳：《西台疏草不分卷》，稿本，国家图书馆藏。

（明）祁彪佳：《巡按苏松等处揭贴不分卷》，崇祯七年抄本（折装），浙江图书馆藏。

（明）祁彪佳：《祁忠敏疏稿五种不分卷》，稿本，浙江图书馆藏。

（明）祁彪佳：《在籍公疏稿原稿附残稿》，抄本，浙江图书馆藏。

（明）祁彪佳：《忠敏公按吴请留州守疏原稿》，稿本，浙江图书馆藏。残缺。

（明）祁彪佳：《宜焚全稿十八卷》，据明末抄本影印，续修四库全书本（492）。

（明）祁彪佳：《宜焚全稿十八卷》，明末抄本。影印入《祁彪佳文稿》，国家图书馆出版社，1991年。

（明）祁彪佳：《祁忠敏公揭贴二十二通》，明抄本，国家图书馆藏。

（明）祁彪佳：《按吴奏疏不分卷》，稿本（折装），北京：国家图书馆藏。

（明）祁彪佳：《按吴檄稿、牌示稿不分卷》，明末抄本，国家图书馆藏。

（明）祁彪佳：《按吴亲审檄稿不分卷》，明末抄本，国家图书馆藏。

（明）祁彪佳：《督抚疏稿不分卷》《忠敏公安抚江南疏抄》，明末祁氏远山堂抄本，国家图书馆藏。影印入《祁彪佳文稿》，北京：国家图书馆出版社，1991年。

（明）祁彪佳：《忠敏公赠文载公居官要类附引》，残稿，浙江图书馆藏。

（明）祁彪佳：《忠敏公撰翁贤书思贻先生赞》，原稿，浙江图书馆藏。

（明）祁彪佳撰，祁理孙批校并跋：《忠敏公公私杂件》，明祁氏远山堂抄本，浙江图书馆藏。内含：吴中钱粮，有调官贴黄、五役贴黄、参沈道元贴黄（崇祯十六年）、延平府官员推荐揭贴、刑审注意事宜（莆）、郭道为除盗安民事、旌善条、罚恶条。

（明）祁彪佳：《辛巳荒纪一卷　辛巳救荒小议一卷》，明祁氏远山堂抄本，浙江图书馆藏。

（明）祁彪佳：《按吴审录词语不分卷》，明末抄本，南京图书馆藏。

（明）祁彪佳：《越中园亭记六卷》，续修四库全书本（718）。

（明）祁彪佳：《救荒全书十八卷》，稿本，国家图书馆藏。

（明）祁彪佳：《东事始末不分卷》，明抄本，国家图书馆藏。

（明）祁彪佳：《崇祯奏疏汇辑不分卷》，明崇祯刻本，国家图书馆藏。

（明）祁彪佳：《祁彪佳文稿》，北京：国家图书馆出版社，1991 年。

（明）祁承㸁：《澹生堂集二十一卷》（存六卷存诗集一至六），明万历刻本。

（明）祁承㸁：《澹生堂集二十一卷》，明崇祯间刻本。

（明）祁承㸁：《澹生堂外集宋贤杂佩一卷》，明刻本。

（明）祁承㸁撰，（清）孙庆增撰：《澹生堂藏书约·藏书纪要》，上海：古典文学出版社，1957 年。

（明）祁承㸁：《澹生堂藏书约不分卷》，影印清乾隆鲍廷博校刊知不足斋丛书，台北：新文丰出版公司，1984 年。

（明）祁承㸁：《澹生堂藏书训约四卷 旷亭集二卷》，明刻本。

（明）祁承㸁：《澹生堂藏书训序一卷 藏书训略一卷》，张宗祥抄本。

（明）祁承㸁：《澹生堂藏书训略一卷》，清鸰峰草堂抄本。

（明）祁承㸁：《澹生堂书目不分卷》，清钱氏萃古斋抄本。

（明）祁承㸁：《澹生堂藏书目八卷　藏书约一卷　庚申整书小记一卷整书例略一卷》，清宋氏漫堂抄本。

（明）祁承㸁：《澹生堂读书记　澹生堂藏书目》，中国历代书目题跋丛书，上海：上海古籍出版社，2015 年。

（明）祁承㸁：《汇钞祁氏藏书笔记六则》，遗一经斋抄本。

（明）祁承㸁：《明南京车驾司职掌三卷》，民国二十三年商务印书馆铅印本。

（明）祁承㸁：《牧津四十四卷》，明天启间刻本。

（明）祁承㸁：《祁尔光先生全稿选八卷》，明刻本。

（明）祁麟佳：《错转轮一卷》，明崇祯二年刻本。

（明）祁骏佳：《遯庵随笔二卷》（存第二卷），清道光二十年中印吟馆刻本。

（明）祁骏佳：《禅悦内外集》，清刻本。

（明）祁骏佳：《祷雨文一卷》，明崇祯十七年苏州府刻蓝印本。按，此文系代祁彪佳作以祭天。

（明）祁熊佳：《小隐堂文稿一卷》，清抄本。

（明）祁理孙：《藏书楼诗稿一卷》，清初祁氏东书堂抄本。

（明）祁理孙：《先大夫世培府君殉节述一卷》，明弘光元年自刻本。

（明）祁理孙：《奕庆藏书楼书目四卷》，清抄本。

（明）祁理孙：《寓山诗稿一卷》，清初祁氏东书堂抄本。

（明）祁班孙：《祁奕喜紫芝轩逸稿一卷》，清道光刻本，附《祁忠惠公遗集》后。

（明）祁班孙：《自怡堂集残稿》，清初稿本。

（明）商景兰：《锦囊集》，清道光刻本，附《祁忠惠公遗集》后。

（明）祁德琼：《未焚集》，清道光刻本，附《祁忠惠公遗集》后。

年谱、宗谱、传记类

（明）祁彪佳撰：《祁忠敏公日记十六卷附年谱一卷》，清道光刻本，南京图书馆藏。

（明）祁彪佳撰：《祁忠敏公日记不分卷附年谱不分卷》，民国二十六年（1937）绍兴县修志委员会铅印本，南京图书馆藏。

（明）祁彪佳撰，王思任编，梁廷枏、龚沅补：《祁忠敏公日记十五卷附年谱一卷》，民国二十六年绍兴县修志委员会铅印本，南京图书馆藏。

（明）祁彪佳撰，王思任编，梁廷枏、龚沅补：《祁忠敏公日记十五卷年谱一卷》，民国二十六年绍兴县修志委员会铅印本，南京图书馆藏。

（明）祁彪佳撰，清梁廷枏、龚沅补：《祁忠敏公日记十六卷年谱一卷》，民国二十六年绍兴县修志委员会铅印本，南京图书馆藏。

（清）《祁忠敏公年谱一卷》，清祁理孙校订稿本，浙江图书馆藏（优56/16）。

（清）《祁忠敏公年谱一卷》，清祁理孙校订稿本，浙江图书馆藏（优57/16）。

（清）《祁忠敏公年谱一卷》，清初乌丝栏稿本，国家图书馆藏。

（清）《祁忠敏公年谱一卷》，清代梁廷枏、龚沅补编本，国家图书馆藏。

（清）祁昌徽：《山阴祁氏世系表不分卷附录不分卷》，清嘉庆五年祁文行抄本。

（清）祁昌徽：《山阴祁氏家谱》，清嘉庆五年祁文行抄本。

（明）谢晋：《右金都御史巡抚祁公传》，成仁集本。

（清）祁昌徽：《先考奕庆府君行略稿一卷附一卷》，清初稿本。

（清）祁苞孙：《叔考季超府君行实》，附《山阴祁氏世系表不分卷附录不分卷》，清嘉庆五年祁文行抄本。

（清）祁苞孙：《祁班孙传》，见《山阴祁氏世系表不分卷附录不分卷》，清嘉庆五年祁文行抄本。

（清）沈桂芬辑：《吴江沈氏家传一卷》，清同治六年沈桂芬刻本。

（清）刘汋：《先君子蕺山先生年谱》，清乾隆四十二年山阴刘毓德刻本。

（清）顾枢：《顾端文公年谱》，清康熙何硕卿刻本。

（清）黄炳垕：《黄梨洲先生年谱》，清同治十二年刻本。

（清）倪会鼎撰，李尚英点校：《倪元璐年谱》，北京：中华书局，1994 年。

（清）吴光西等撰，褚家伟、张文玲点校：《陆陇其年谱》，北京：中华书局，1993 年。

（清）张监等撰，黄爱平点校：《阮元年谱》，北京：中华书局，2006 年。

（民国）赵经达：《归玄恭先生年谱》，民国刻又满楼丛书本。

卜僧慧：《吕留良年谱长编》，北京：中华书局，2003 年。

黄涌泉：《陈洪绶年谱》，北京：人民美术出版社，1960 年。

束景南：《王阳明年谱长编》，上海：上海古籍出版社，2017 年。

汪超宏：《宋琬年谱》，北京：人民文学出版社，2010 年。

徐培均：《秦少游年谱长编》，北京：中华书局，2002 年

徐朔方：《晚明曲家年谱》，杭州：浙江古籍出版社，1993 年。

许隽超：《刘大超年谱考略》，北京：人民文学出版社，2013 年。

章培恒：《洪升年谱》，上海：上海古籍出版社，1979 年。

周绚隆：《陈维崧年谱》，北京：人民出版社，2012 年。

方志、总志、经史、政书、档案类

（宋）乐史撰：《太平寰宇记》，北京：中华书局，2008 年。

（元）邓牧辑：《大涤洞天记三卷》，洪武三十一年钞本。

（明）范景文撰：《南枢志残九十三卷》，明末刊本。

（明）顾清纂修：《松江府志三十二卷图一卷》，正德七年刊本。

（明）胡宗宪等修：《浙江通志七十二卷图一卷》，嘉靖四十年刊本。

（明）陆应阳纂修：《广舆记》，清康熙刻本。

（清）黄廷鉴纂修：《琴川三志补记十卷》，清道光十一年修光绪二十四年重刊本。

（明）聂心汤纂修：《钱塘县志不分卷》，明万历三十七年修清光绪十九年刊本。

（明）彭泽修、汪舜民等修：《弘治徽州府志》，弘治十五年刻本。

（明）释隐元撰：《黄檗山寺志》，清顺治刻本。

（明）田汝成撰：《西湖游览志二十四卷》，嘉靖二十六年刊本。

（明）田汝成撰，范鸣谦补刊：《西湖游览志余二十六卷》，万历十二年刊本。

（明）王崇等修：《嘉靖池州府志》，明嘉靖二十四年刻本。

（明）萧良幹等修：《万历绍兴府志》，万历十五年刻本。

（明）杨维新修：《会稽县志十六卷》，万历三年刊本。

（清）博润修：《松江府续志四十卷首一卷》，清光绪九年刊本。

（清）曹秉仁修：《宁波府志三十六卷首一卷》，雍正十一年修乾隆六年补刊本。

（清）陈和志修：《乾隆震泽县志》，清光绪重刊本。

（清）陈蒡纕等修：《吴江县志五十八卷首一卷》，清乾隆十二年修石印重印本。

（清）陈汝咸修：《漳浦县志二十卷续志二卷》，清康熙三十九年修民国十七年刊本。

（清）陈寿祺等撰：《同治福建通志》，《中国省志汇编》之九，台湾华文书局1968年影印。

（清）陈作霖撰：《金陵通志十卷国朝金陵通纪四卷》，清光绪三十三年刊本。

（清）定祥等修：《吉安府志五十三卷首一卷》，清光绪元年刊本。

（清）董天工撰：《武夷山志二十四卷首一卷》，清乾隆十六年修道光二十五年重刊本。

（清）冯桂芬等修：《同治苏州府志》，清光绪九年刊本。

（清）傅尔泰等修：《延平府志四十二卷首一卷》，清乾隆三十年修同治十二年重刊本。

（清）高得贵等修：《乾隆镇江府志》，南京：江苏古籍出版社，1991年。

（清）龚嘉儁等修：《杭州府志一百七十八卷首八卷》，清光绪二十四年修民国十一年排印本。

（清）何绍基等修：《光绪重修安徽通志》，光绪四年刻本。

（清）怀荫布等修：《乾隆泉州府志》，清同治九年刻本。

（清）黄廷金等修：《瑞州府志二十四卷首一卷》，清同治十二年刊本。

（清）嵇曾筠等修：《雍正浙江通志》，清文渊阁四库全书本。

（清）李桂林等修：《光绪吉林通志》，清光绪十七年刻本。

（清）李琬等修：《温州府志三十卷首一卷》，乾隆二十七年序刊同治五年补刊本。

（清）李兴元等修：《吉安府志三十六卷》，清顺治十七年刊本。

（清）李愈昌原修，梁国标重辑：《贵池县志八卷》，康熙三十一年刊本。

（清）刘诰等修：《（重修）丹阳县志三十六卷首一卷》，光绪十一年刊本。

（清）刘权之等修：《池州府志五十八卷首一卷》，乾隆四十三年刊本。

（清）穆彰阿等修：《嘉庆大清一统志》，四部丛刊续编景旧钞本。

（清）牛应麟等修：《嵊县志》，台北：台湾成文出版有限公司，1975年。

（清）潘懿等修：《同治清江县志》，清同治九年刻本。

（清）平恕等修：《乾隆绍兴府志》，清乾隆五十七年刊本。

（清）阮升基等修：《增修宜兴县旧志十卷首一卷末一卷》，清嘉庆二年重刊本。

（清）沈葆桢等修：《丹徒县志六十卷首四卷》，清光绪五年刊本。

（清）施惠等修：《宜兴荆溪县新志十卷首一卷末一卷》，清光绪八年刊本。

（清）施维翰等修：《康熙浙江通志》，清康熙刻本。

（清）宋如林等修：《松江府志八十四卷首二卷图一卷》，清嘉庆二十二年刊本。

（清）唐煦春等修：《上虞县志四十八卷首一卷》，清光绪十七年刊本。

（清）唐仲冕等修：《重刊荆溪县志四卷首一卷》，光绪八年据嘉庆二年刊本重刊。

（清）汪大经等修：《兴化府莆田县志三十六卷首一卷》，清光绪五年潘文凤补刊本民国十五年重印。

（清）王椿等修：《仙游县志五十三卷首一卷》，清乾隆三十六年修，清同治十二年重刊本。

（清）王锡元等纂修：《盱眙县志稿十七卷首一卷》，清光绪二十九年重校本。

（清）王元臣等修：《（康熙）会稽县志二十八卷首一卷》，民国二十五年绍兴县修志委员会校排印本。

（清）谢旻等修：《雍正江西通志》，清文渊阁四库全书本。

（清）徐景熹等修：《福州府志七十六卷首一卷》，清乾隆十九年刊本。

（清）徐元梅等修：《嘉庆山阴县志三十卷首一卷》，绍兴县修志委员会校嘉庆八年修民国二十五年绍兴县修志委员会校排印本。

（清）许瑶光等修：《嘉兴府志八十八卷首二卷》，清光绪五年刊本。

（清）熏鸿图等修：《宿州志十二卷图一卷》，康熙五十七年序刊本。

（清）雅尔哈善等修：《乾隆苏州府志》，乾隆十三年刻本。

（清）杨开弟等修：《重修华亭县志二十四卷首一卷》，清光绪四年刊本。

（清）叶昌炽撰：《寒山寺志》，江苏地方文献丛书，南京：江苏古籍出版社，1999 年。

（清）余国楷等修：《滁州志三十卷》，康熙十二年序刊本。

（清）俞卿等修：《绍兴府志六十卷》，康熙五十八年刊本。

（清）俞思冲等纂：《西湖志类钞三卷首一卷》，明刊本。

（清）李瀚章等修：《光绪湖南通志》，清光绪十一年刻本。

（清）曾曰瑛等修：《汀州府志四十五卷首一卷》，清乾隆十七年修同治六年刊本。

（清）张可立纂修：《兴化县志十四卷》，康熙二十四年钞本。

（清）张世浣等修：《重修扬州府志七十二卷首图一卷》，清嘉庆十五年刊本。

（清）赵宏恩、黄之隽等编纂：《乾隆江南通志》，清文渊阁四库全书本。

（清）庄泰弘主修：《宁国府志三十二卷图一卷》，康熙十二年刊本。

（清）宗源瀚等修：《湖州府志九十六卷首一卷》，清同治十三年刊本。

（民国）曹允源等纂修：《吴县志八十卷》，民国二十二年排印本。

（民国）冯煦纂修：《金坛县志十二卷首一卷》，民国十年排印本。

（民国）王棻纂，陆懋勋续纂，吴庆坻重纂：《民国杭州府志》，民国十一年本。

（民国）刘超然等修：《崇安县新志三十一卷》，民国三十年排印本。

（民国）王祖畬等纂：《太仓州志二十八卷首一卷末一卷》，民国八年刊本。

（民国）吴栻等修：《南平县志二十四卷》，民国十年排印本。

（民国）吴馨等修：《上海县续志三十卷首一卷末一卷》，民国七年刊本。

（民国）吴馨等修：《民国上海县志二十卷》，民国二十四年排印本。

（民国）严型等修：《宿迁县志二十卷》，民国二十四年排印本。

（民国）喻长霖等纂：《台州府志一百四十卷首一卷》，民国二十五年排印本。

（民国）詹宣猷等修：《建瓯县志三十七卷首一卷》，民国十八年排印本。

（民国）赵模等修：《建阳县志十二卷》，民国十八年排印本。

（明）东村八十一老人：《明季甲乙汇编》，旧钞本。

（明）冯梦龙：《甲申纪事》，明弘光元年刻本。

（明）顾起元：《客座赘语》，明万历四十六年自刻本。

（清）嵇璜：《续文献通考》，清文渊阁四库全书本。

（明）蒋平阶：《东林始末》，清学海类编本。

（明）金钟：《皇明末造录》，清钞本。

（明）李东阳纂，申时行重修：《大明会典》，扬州：广陵书社，2007年。

（明）刘侗、于奕正：《帝京景物略》，北京：北京古籍出版社，1983年。

（明）沈岱：《吴江水考增辑》，沈氏家藏本。

（明）沈德符：《万历野获编》，元明史料笔记丛刊，北京：中华书局，1959年。

（明）涂山：《明政统宗》，明万历刻本。

（明）王世贞：《明朝通纪会纂》，清初刻本。

（明）文秉：《烈皇小识》，清钞明季野史汇编前编本。

（明）文秉：《甲乙事案》，清钞本。

（明）吴瑞登：《两朝宪章录》，明万历刻本。

（明）吴应箕：《东林本末》，中国历史资料丛书，上海：上海书店，1982年。

（明）吴应箕：《启祯剥复录》，清初吴氏楼山堂刻本。

（明）徐𤪹：《小腆纪传》，北京：中华书局，1958年。

（明）徐芳烈：《浙东纪略》，中国历史资料丛书，上海：上海书店，1982年。

（明）徐日久：《五边典则》，旧钞本。

（明）徐象梅：《两浙名贤录》，清光绪二十六年浙江书局刻本。

（明）佚名：《崇祯长编》，中国历史资料丛书，上海：上海书店1982年。

（明）佚名：《东阳兵变》，中国历史资料丛书，上海：上海书店1982年。

（明）佚名：《明亡述略》，中国历史资料丛书，上海：上海书店1982年。

（明）佚名：《邪氛集一卷》，四库存目丛书本。

（明）佚名：《中兴实录》，旧钞本。

（明）张朝瑞：《皇明贡举考》，明万历刻本。

（明）张弘道：《明三元考》，明刻本。

（明）张惟贤监修，叶向高总裁：《明光宗实录》，明钞本。

（明）赵士锦：《甲申纪事》，晚明史料丛书，北京：中华书局，1959年。

（清）抱阳生：《甲申朝事小纪》，北京：书目文献出版社，1987年。

（清）曹溶辑：《明人小传》，清抄本。

（清）陈鼎：《东林列传二十四卷》，明代传记丛刊005，台北：台湾明文书局，1991年。

（清）陈鹤：《明纪》，清同治十年江苏书局刻本。

（清）陈锦：《勤余文牍》，清光绪四年刻本。

（清）戴名世：《弘光朝伪东宫伪后及党祸纪略》，中国历史资料丛书，上海：上海书店，1982年。

（清）杜登春：《社事始末》，丛书集成初编。

（清）法式善：《槐厅载笔》，清嘉庆刻本。

（清）傅恒：《通鉴辑览》，清文渊阁四库全书本。

（清）傅泽洪：《行水金鉴》，清文渊阁四库全书本。

（清）谷应泰：《明史纪事本末》，北京：中华书局，1977年。

（清）顾炎武：《明季实录》，清钞本。

（清）顾炎武：《圣安记事》，清初钞本。

（清）顾炎武：《日知录》，清乾隆刻本。

（清）官修：《清通志》，清文渊阁四库全书本。

（清）官修：《胜朝殉节诸臣录》，清文渊阁四库全书本。

（清）胡林翼：《读史兵略续编》，清光绪二十六年本。

（清）黄叔璥：《南台旧闻》，清刻本。

（清）黄宗羲：《行朝录》，清钞本。

（清）黄宗羲：《弘光实录钞》，清光绪三年傅氏长恩阁钞本。

（清）黄宗羲等：《南明史料八种》，江苏地方文献丛书，南京：江苏古籍出版社，1997年。

（清）黄宗羲：《孟子师说》，民国适园丛书本。

（清）黄宗羲著，沈芝盈点校：《明儒学案》北京：中华书局，1985年。

（清）黄宗羲：《汰存录纪辩》，中国历史资料丛书，上海：上海书店，1982年。

（清）计六奇：《明季北略》，清活字印本。

（清）计六奇：《明季南略》，清钞本。

（清）金堡：《岭海焚余》，民国适园丛书本。

（清）李清：《三垣笔记》，民国嘉业堂丛书本。

（清）李清：《南渡纪事》，清钞本。

（清）李清：《南渡录》，清钞本。

（清）李逊之：《三朝野纪》，清道光四年李兆洛活字印本。

（清）李瑶：《绎史摭遗》，明代传记丛刊015，台北：台湾明文书局，1991年。

（清）李聿求：《鲁之春秋》，清咸丰刻本。

（清）李元度：《国朝先正事略》，清同治刻本。

（清）梁清远：《雕丘杂录》，清康熙二十一年梁允桓刻本。

（清）凌扬藻：《蠡勺编》，清岭南遗书本。

（清）龙文彬：《明会要》，清光绪十三年永怀堂刻本。

（清）陆世仪：《复社纪略》，清抄本。

（清）吕留良：《天盖楼四书语录》，清康熙金陵玉堂刻本。

（清）毛奇龄：《四书剩言》，清文渊阁四库全书本。

（清）潘衍桐：《两浙輶轩续录》，清光绪刻本。

（清）盘峤野人：《居官寡过录》，清青照堂丛书本。

（清）彭孙贻：《流寇志》，清钞本。

（清）彭遵泗：《蜀碧》，清指海本。

（清）钱秉镫撰，余行迈、吴奈夫、何荣昌点校：《所知录》，上海：上海古籍出版社，1987年。

（清）钱林：《文献征存录》，清咸丰八年嘉树轩刻本。

（清）钱肃润：《南忠记》，晚明史料丛书，北京：中华书局，1959年。

（清）钱士馨：《甲申传信录》，中国历史资料丛书，上海：上海书店，1982年。

（清）裘君弘：《妙贯堂余谭》，清康熙刻本。

（清）阮元：《两浙輶轩录》，清嘉庆刻本。

（清）邵廷采：《东南纪事》，邵武徐氏刻本。

（清）盛枫：《嘉禾征献录》，清钞本。

（清）史惇：《恸余杂记》，清钞本。

（清）谈迁：《国榷》，续修四库全书史部358。

（清）谈迁：《枣林杂俎》，清钞本。

（清）汪有典：《明忠义别传》，清道光墨花斋活字本。

（清）汪有典：《史外》，清乾隆十四年淡艳亭刻本。

（清）王初桐：《奁史》，清嘉庆刻本。

（清）王夫之撰，余行迈、吴奈夫、何荣昌点校：《永历实录》，上海：上海古籍出版社，1987年。

（清）王鸿绪：《明史稿》，明代传记丛刊097，台北：台湾明文书局，1991年。

（清）温睿临、李瑶：《南疆绎史》，清道光活字印本。

（清）吴山嘉：《复社姓氏传略》，北京：中国书店，1990年。

（清）吴伟业：《复社纪事》，中国历史资料丛书，上海：上海书店，1982年。

（清）四明西亭凌雪撰：《南天痕》，清宣统二年复古社刻本。

（清）夏燮：《明通鉴》，北京：中华书局，1959年。

（明）夏允彝：《幸存录》，清钞本。

（清）徐鼒：《小腆纪年附考》，清咸丰十一年刻本。

（清）徐开任：《明名臣言行录》，清康熙刻本。

（清）杨陆荣：《殷顽录》，书钞阁钞书本。

（清）查继佐：《东山国语》，四部丛刊三编景钞本。

（清）查继佐：《鲁春秋》，民国适园丛书刊查东山稿本。

（清）查继佐：《罪惟录》，四部丛刊三编景手稿本。

（清）查慎行：《人海记》，清光绪正觉楼丛刻本。

（清）张廷玉等：《明史》，北京：中华书局，1974年。

（清）张廷玉：《通鉴纲目三编》，清文渊阁四库全书本。

（清）张夏：《雒闽源流录》，清康熙二十一年黄昌衢彝叙堂刻本。

（清）章履仁：《姓史人物考》，清乾隆二十年刻本。

（清）赵翼：《廿二史札记》，清嘉庆五年湛贻堂刻本。

（清）郑方坤：《经稗》，清文渊阁四库全书本。

（清）郑廉：《豫变纪略》，杭州：浙江古籍出版社，1984年。

（清）朱彝尊：《经义考》，清文渊阁四库全书本。

（清）邹漪：《启祯野乘一集》，明崇祯刻清康熙重修本。

（清）邹漪：《启祯野乘二集》，清康熙十八年金阊存仁堂素政堂刻本。

（清）邹漪：《明季遗闻》，清顺治刻本。

（清）邹钟泉：《道南渊源录》，清道光刻本。

（民国）黄鸿寿：《清史纪事本末》，民国三年石印本。

（民国）赵尔巽：《清史稿》，民国十七年清史馆本。

董光和主编：《孤本明代人物小传》，国家图书馆藏资料。

《明神宗实录》，"中央研究院"历史语言研究所校印。

别集、总集类

（明）毕自严：《度支奏议》，明崇祯刻本。

（明）蔡献臣：《清白堂稿》，明崇祯刻本。

（明）曹学佺：《石仓诗稿》，清乾隆十九年曹岱华刻本。

（明）陈邦瞻：《陈氏荷华山房诗稿二十六卷目录二卷》，明万历刻本，四库禁毁书丛刊本。

（明）陈第：《一斋集三十五卷存三十三卷》，明万历会山楼刻本，四库禁毁书丛刊本。

（明）陈函辉：《小寒山子集》，明崇祯刻本。

（明）陈洪绶：《陈洪绶集》，杭州：浙江古籍出版社，1994 年。

（明）陈继儒：《眉公杂著》，台北：台湾伟文图书公司，1977 年。

（明）陈际泰（大士）：《已吾集十四卷附录一卷》，清顺治李来泰刻本，四库禁毁书丛刊本。

（明）陈龙正：《几亭全书六十四卷》，清康熙云书阁刻本，四库禁毁书丛刊本。

（明）陈仁锡：《陈太史无梦园初集三十四卷》，明崇祯六年张一鸣刻本，四库禁毁书丛刊本。

（明）陈山毓：《陈靖质居士文集六卷》，明天启刻本，四库禁毁书丛刊本。

（明）陈天定：《古今小品八卷》，清道光九年刻本，四库禁毁书丛刊本。

（明）陈献章：《白沙子》，四部丛刊三编景明嘉靖刻本。

（明）陈孝逸：《痴山集六卷》，清初刻本，四库禁毁书丛刊本。

（明）陈燕翼：《思文大纪》卷三，清钞本。

（明）陈子龙撰，（清）王昶辑；年谱陈子龙自编，（清）王沄续：《陈忠裕公全集三十卷附年谱三卷》，清嘉庆八年簳山草堂刻本。

（明）陈子龙、李雯、宋徵舆合撰，陈立校点：《云间三子新诗合稿》，沈阳：辽宁教育出版社，2000 年。

（明）陈子龙、李雯、宋徵舆合撰，陈立校点：《幽兰草》，沈阳：辽宁教育出版社，2000 年。

（明）程敏政：《篁墩集》，明正德二年刻本。

（明）戴澳：《杜曲集》，明崇祯刻本。

（明）丁宾：《丁清惠公遗集八卷》，明崇祯刻本，四库禁毁书丛刊本。

（明）董沄：《湖海集》，清抄本。

（明）董其昌：《容台集》，明崇祯三年董庭刻本。

（明）董说：《丰草庵诗集十一卷前集六卷后集二卷宝云诗集七卷禅乐府一卷》，民国吴兴刘氏嘉业堂刻吴兴丛书本，四库禁毁书丛刊本。

（明）杜骐徵等辑：《几社壬申合稿二十卷》，明末小樊堂刻本，四库禁毁书丛刊本。

（明）李维桢：《大泌山房集》，明万历间刻本。

（明）王茂远：《柳潭遗集》，明稿本。

（明）伍袁萃：《林居漫录》，四库全书本。

（明）范凤翼：《范勋卿诗集二十一卷文集六卷》，明崇祯刻本，四库禁毁书丛刊本。

（明）方应祥：《来清阁初集十卷》，明万历四十五年自刻本，四库禁毁书丛刊本。

（明）房可壮：《房海客侍御疏》，明天启二年刻本。

（明）冯琦：《宗伯集八十一卷》，明万历刻本，四库禁毁书丛刊本。

（明）冯梦龙：《冯梦龙集》，石家庄：河北人民出版社，1992 年。

（明）冯元飙：《冯太保集》（存卷三至卷五），明抄本。

（明）高出（孩之）：《镜山庵集二十五卷》，明天启刻本，四库禁毁书丛刊本。

（明）高攀龙：《高子遗书》，清文渊阁四库全书补配清文津阁四库全书本。

（明）葛麟：《葛中翰遗集》，清光绪十六年敦本堂刻本。

（明）龚立本：《烟艇永怀》，明代传记丛刊 128，台北：台湾明文书局，1991 年。

（明）贡修龄：《斗酒堂集》，明末刻本。

（明）顾大韶：《炳烛斋稿》，清道光二十年钞本。

（明）顾鼎臣：《顾文康公续稿六卷》，明崇祯十六年刻本，四库禁毁书丛刊本。

（明）顾宪成：《泾皋藏稿》，清文渊阁四库全书本。

（明）顾梦游：《顾与治诗八卷》，清初书林毛恒所刻本，四库禁毁书丛刊本。

（明）顾天埈（开雍）：《顾太史文集八卷》，明崇祯刻本，四库禁毁书丛刊本。

（明）管绍宁：《赐诚堂文集》，清道光十一年读雪山房刻本。

（明）顾杲：《悟秋草堂诗集十卷》，清光绪元年顾绶珊木活字本。

（明）郭良翰：《问奇类林》，明万历三十七年黄吉士等刻增修本。

（明）郭正域：《合并黄离草三十卷》，明万历刻本，四库禁毁书丛刊本。

（明）侯峒曾：《仍贻堂集》，清道光十七年刻本。

（明）侯峒曾：《侯忠节公全集》，影印文渊阁四库本。

（明）黄淳耀撰，吕留良评：《黄陶庵先生全稿》（存上论一卷），清康熙天盖楼刻本。

（明）黄道周：《黄漳浦集》，清道光十年刻本。

（明）黄凤翔：《田亭草二十卷》，明万历四十年刻本，四库禁毁书丛刊本。

（明）黄洪宪：《碧山学士集二十一卷别集四卷》，明万历刻本，四库禁毁书丛刊本。

（明）黄汝亨：《寓林集三十二卷诗集六卷》，明天启四年吴敬等刻本，四库禁毁书丛刊本。

（明）黄尊素：《黄忠端公集》，清康熙十五年许三礼刻本。

（明）姜埰：《敬亭集》，清康熙刻本。

（明）焦竑：《焦氏澹园集四十九卷》，明万历三十四年刻本，四库禁毁书丛刊本。

（明）焦竑：《焦氏澹园续集二十七卷》，明万历三十九年金励刻本，四库禁毁书丛刊本。

（明）金声：《金正希先生文集辑略九卷》，明末邵鹏程刻本，四库禁毁书丛刊本。

（明）孔贞时：《在鲁斋文集五卷》，清代禁毁书丛刊影印明崇祯刻本，四库禁毁书丛刊本。

（明）邝露：《峤雅二卷》，清初海雪堂刻本，四库禁毁书丛刊本。

（明）黎遂球：《莲须阁集》，清康熙黎延祖刻本。

（明）李邦华：《李忠肃先生集》，清乾隆七年徐大坤刻本。

（明）李长祥、姚淑：《天问阁文集四卷附海棠居初集一卷》，民国吴兴刘氏刻求恕斋丛书本，四库禁毁书丛刊本。

（明）李日华：《李太仆恬致堂集四十卷存卷二卷九卷十》，漫画居蓝格抄本。

（明）李应昇：《落落斋遗集十卷》，明崇祯刻本，四库禁毁书丛刊本。

（明）李贽：《李氏焚书六卷》，四库禁毁书丛刊本。

（明）李贽：《续焚书》，北京：中华书局，1961年。

（明）李贽：《藏书》，北京：中华书局，1974年。

（明）李贽：《续藏书》，北京：中华书局，1974年。

（清）梁同书：《频罗庵遗集》，清嘉庆二十二年陆贞一刻本。

（明）凌义渠：《凌忠介公诗集二卷》，光绪四年重刊本。

（明）刘城：《峄桐文集》，清光绪十九年养云山庄刻本。

（明）刘鸿训：《四素山房集》卷九，明崇祯刻清雍正印本。

（明）刘理顺：《刘忠昆等编刘文烈公全集十二卷》，清顺治刻康熙印本。

（明）刘荣嗣：《简斋先生集诗选十一卷文选四卷》，清康熙元年刘佑刻本，四库禁毁书丛刊本。

（明）刘世教：《研宝斋遗稿》，明天启六年刘祖铎等刻本。

（明）刘宗周撰，（清）董旸编：《刘子全书附遗编三种》，四部丛刊392。

（明）刘宗周撰：《刘蕺山集》，四库全书本。

（明）刘遵宪：《来鹤楼集》，明天启刻本。

（明）娄坚：《吴歈小草十卷》，清康熙刻本，四库禁毁书丛刊本。

（明）罗大纮：《紫原文集》卷六，明末刻本。

（明）马世奇：《澹宁居文集十卷诗集三卷》，清乾隆二十一年刻本，四库禁毁书丛刊本。

（明）冒日乾撰，附冒守遇撰：《存笥小草六卷附遗稿杂集一卷》，清康熙六十年冒春溶刻本，四库禁毁书丛刊本。

（明）梅鼎祚：《鹿裘石室集六十五卷》，明天启三年玄白堂刻本，四库禁毁书丛刊本。

（明）倪元璐：《鸿宝应本十七卷》（缺卷十五至十七），明崇祯十五年刻本。

（明）倪元璐：《倪文贞集》，文渊阁影印四库全书本。

（明）倪元璐：《明倪文贞公遗集一卷》，清抄本（系四库本《倪文贞集》删去者）。

（明）倪元璐：《倪文贞公诗集二卷》，民国二十四年南京襄社据写本影印。

（明）倪元璐撰，顾予咸辑：《倪文贞公遗稿二卷》，四库禁毁书丛刊本。

（明）欧大任：《欧虞部集十五种七十二卷附四卷》，清刻本，四库禁毁书丛刊本。

（清）潘柽章《松陵文献》，清康熙三十二年潘耒刻本。

（明）彭期生：《彭节愍公家书一卷》，《适园丛书》本，民国闲适园刻本。

（明）钱士升撰，年谱（明）许重熙：《赐余堂集十卷年谱一卷》，清乾隆四年钱佳刻本，四库禁毁书丛刊本。

（明）秦元方：《熹庙拾遗杂咏一卷》，旧抄本，四库禁毁书丛刊本。

（明）阮大铖：《咏怀堂诗集》，明崇祯八年刻本。

（明）沈自徵：《沈君庸先生集》，民国三十一年三月传抄本（合众图书馆蓝格纸）。

（明）沈承（君烈）撰，毛孺初辑评：《毛孺初先生评选郡山集六卷附刻一卷》，明天启六年刻本，四库禁毁书丛刊本。

（明）沈泰：《盛明杂剧》初、二集，董康诵芬室翻刻本，北京：中国戏剧出版社，1958年。

（明）施邦曜：《施忠愍公遗集七卷》，清光绪四年施氏重刻本。

（明）史可法：《史道邻先生遗稿三卷》，五名臣遗集。

（明）史可法：《史忠正公文集四卷》，乾坤正气集。

（明）史可法：《史忠正公集》，清乾隆刻本。

（明）宋存标等撰，陈立校点：《倡和诗余》，沈阳：辽宁教育出版社，2000年。

（明）孙承宗：《高阳集》，清初刻嘉庆补修本。

（明）孙永祚：《雪屋二集》，清顺治十七年古啸堂刻本。

（明）谭元春：《谭友夏合集》，中国文学珍本丛书第一辑第八种。

（明）汤宾尹：《睡庵稿》，明万历刻本。

（明）陶望龄：《歇庵集》卷四，明万历刻本。

（明）万寿祺撰，（清）孙运锦辑：《隰西草堂诗集五卷文集三卷附遯渚唱知集一卷》，清道光四年湘乡左茂桂等刻本。

（明）王士骕：《中弇山人稿五卷》，明万历刻本，四库禁毁书丛刊本。

（明）王思任：《王季重十种》，杭州：浙江古籍出版社，1987年。

（明）王思任：《明刻杂序一卷》，明末清晖阁刻王季重集九种。

（明）王思任：《王氏书稿不分卷》，王氏手迹。

（明）王思任：《王季重杂著》，明代论著丛刊第三辑。

（明）王思任：《谑庵文饭小品》，清顺治刻本。

（明）王锡爵：《王文肃公文集》，明万历刻本。

（明）魏大中：《藏密斋集二十四卷》，明崇祯刻清嘉庆补刻本，四库禁毁书丛刊本。

（明）魏耕：《息贤堂诗二集八卷》，清刻本。

（明）魏耕：《雪翁诗集》，民国四明丛书本。

（明）吴道南：《吴文恪公文集三十二卷附录一卷》，明崇祯吴之京刻本，四库禁毁书丛刊集。

（明）吴宽：《匏翁家藏集》，上海：上海书店1989年。

（明）吴麟征：《吴忠节公遗集》，明弘光刻本。

（明）吴应箕：《楼山堂集二十六卷》，清代逛园刻本。

（明）夏允彝撰，近人张孔瑛辑：《夏文忠公集五卷附录一卷（辑存夏文忠公集）》，桐音书屋稿本。

（明）夏完淳著，白坚笺校：《夏完淳集笺校》，上海：上海古籍出版社，1991。

（明）徐石麒：《可经堂集》，清顺治可经堂刻本。

（明）许自昌（玄祐）：《樗斋诗草二卷》，明末刻本。

（明）徐如翰：《徐檀燕先生诗抄不分卷》，清会稽董氏行余讲舍抄本。

（明）徐弘祖：《徐霞客游记》，石家庄：河北人民出版社，1998年。

（明）许如兰（湘畹）：《香雪庵诗集一卷》，民国十九年铅印本。

（明）徐时进：《啜墨亭集十二卷杂著一卷》，明万历刻本，四库禁毁书丛刊本。

（明）许国撰，叶向高等辑：《许文穆公集六卷》，明万历许立言刻本，四库禁毁书丛刊本。

（明）杨涟：《杨忠烈公文集十卷附表忠录一卷补遗一卷年谱一卷》，清道光十三年世美堂刻本，四库禁毁书丛刊本。

（明）杨守阯：《碧川文选》，民国四明丛书本。

（明）姚希孟：《松瘿集》，明末绛跗堂刻本。

（明）姚希孟：《风吟集》，王培荪跋，上海图书馆藏抄本。

（明）姚希孟：《响玉集》，明末绛跗堂刻本。

（明）姚希孟：《文远集》，明清闷全集本。

（明）叶绍袁:《午梦堂集》,北京:中华书局,1998 年。

（明）虞淳熙:《虞德园先生集三十三卷》,明末刻本,四库禁毁书丛刊本。

（明）于若瀛:《弗告堂集二十六卷》,明万历刻本,四库禁毁书丛刊本。

（明）袁黄:《游艺塾文规》,明万历三十年刻本。

（明）袁宏道:《袁宏道集笺校》,上海:上海古籍出版社,1981 年。

（明）袁中道:《珂雪斋集》,上海:上海古籍出版社,1982 年。

（明）袁宗道:《白苏斋类集二十二卷》,明刻本,四库禁毁书丛刊本。

（明）张采:《知畏堂诗文存》,清康熙刻本。

（明）张岱:《古今义烈传八卷》,清山阴风嬉堂抄本。

（明）张岱:《张岱诗文集》,上海:上海古籍出版社,1991 年。

（明）张岱:《石匮书》,稿本补配清钞本。

（明）张岱:《石匮书后集》,明代传记丛刊 104,台北:台湾明文书局,1991 年。

（明）张岱:《陶庵梦忆》,上海:上海古籍出版社,2014 年。

（明）张岱:《琅嬛文集》,中国文学珍本丛书第一辑第十种,民国廿四年十一月。

（明）张岱著,路伟、马涛点校:《沈复灿钞本琅嬛文集》,杭州:浙江古籍出版社,2016 年。

（明）张岱:《越中三不朽图赞》,绍兴印刷局 1918 年排印本。

（明）张溥:《七录斋文集十六卷》,明崇祯刻本。系近稿六卷,存稿五卷,诗稿三卷,论略一卷,馆课一卷。

（明）张国维:《抚吴疏草》,明崇祯刻本。

（明）张鼐:《宝日堂初集》,明崇祯二年刻本。

（明）张世伟:《自广斋集》,明崇祯十一年刻本。

（明）张遂辰著,（清）吴用威校:《张卿子先生遗集八卷》,刊本。

（明）赵用光:《苍雪轩全集》,明崇祯刻本。

（明）赵用贤:《松石斋集三十六卷》,明万历刻本,四库禁毁书丛刊本。

（明）郑瑄:《昨非庵日纂》,北京:北京图书馆出版社,1996 年。

（明）郑元勋:《媚幽阁文娱二集》,明崇祯刻本。

（明）钟惺:《隐秀轩集三十三卷》,明天启二年沈春泽刻本,四库禁毁书丛刊本。

（明）周孔教:《周中丞疏》,明万历刻本。

（明）周之夔:《弃草诗集七卷文集八卷弃草二集二卷》,明木犀馆刻本,四库禁毁书丛刊本。

（明）朱芾煌：《文嘻堂诗集》，清康熙三十七年紫阳书院刻本。

（明）祝渊撰，清陈确编：《祝子遗书六卷》，茹实斋抄本。

（明）左懋第（仲及）撰，年谱（清）佚名：《左忠贞公集十一卷附萝石先生（左懋第）年谱一卷》，清道光二十七年湘乡咏史斋刻《左氏双忠集》本。

（明）左懋第（萝石）：《萝石山房奏疏一卷梅花屋诗草一卷》，清同治十三年左公祠刻本。

（明）左光斗：《左忠毅公集五卷》，清康熙刻本，四库禁毁书丛刊本。

（清）曹溶：《静惕堂诗集》，清雍正刻本。

（清）柴绍炳：《柴省轩文钞》，四库全书存目丛书本，集部第210册。

（清）陈济生：《天启崇祯两朝遗诗小传》，北京：中华书局，1958年。

（清）陈庆镛：《籀经堂类稿》，清光绪九年刻本。

（清）陈田：《明诗纪事》，明代传记丛刊015，台北：台湾明文书局，1991年。

（清）戴名世：《南山集》，清光绪二十六年刻本。

（清）释道忞：《布水台集》，清康熙刻本。

（清）邓显鹤：《沅湘耆旧集》，清道光二十三年邓氏南邨草堂刻本。

（清）独逸窝退士：《笑笑录》，清光绪五年申报馆丛书本。

（清）方都秦：《梅溪文集》，清乾隆十五年方汝翼刻本。

（清）方以智：《浮山堂文集前编十卷后编二卷别集二卷》，清初方氏此藏轩刻本，四库禁毁书丛刊本。

（清）方以智：《方子流寓草九卷》，明末刻本，四库禁毁书丛刊本。

（清）龚鼎孳：《定山堂诗集》，清康熙十五年吴兴祚刻本。

（清）洪思：《石秋子敬身录四卷》，清抄本，四库禁毁书丛刊本。

（清）侯方域：《壮悔堂文集十卷遗稿一卷四忆堂诗集六卷遗稿一卷》，清顺治刻增修本，四库禁毁书丛刊本。

（清）黄容：《王维翰辑尺牍兰言》，清康熙二十年刻本，四库禁毁书丛刊本。

（清）黄中坚：《蓄斋集》，清康熙刻本。

（清）黄宗羲：《明文海》，清涵芬楼钞本。

（清）黄宗羲：《南雷文定》，清康熙刊本。

（清）黄宗羲：《黄宗羲全集》，杭州：浙江古籍出版社，1985年。

（清）蒋士铨：《忠雅堂文集》，清嘉庆刻本。

（清）金堡：《岭海焚余》卷上，民国适园丛书本。

（清）李慈铭：《越缦堂集》，清光绪十六年刻本。

（清）李慈铭：《白华绛柎阁诗集》，光绪十六年刻越缦堂集本。

（清）李雯：《蓼斋集》，清顺治十四年石维崑刻本。

（清）李兆洛：《养一斋集》，清道光二十三年活字印四年增修本。

（清）李祖陶：《国朝文录》，清道光十九年瑞州府凤仪书院刻本。

（清）厉鹗：《樊榭山房集》，四部丛刊景清振绮堂本。

（清）梁云构：《豹陵集》，清顺治十八年梁羽明刻后印本。

（清）林良铨：《岭南林睡庐诗选二卷》，清乾隆二十年咏春堂刻本，四库禁毁书丛刊本。

（清）陆世仪：《桴亭先生诗文集》，清光绪二十五年唐受祺刻陆桴亭先生遗书本。

（明）毛晋：《六十种曲》，汲古阁刻本，北京：中华书局，1982 年。

（清）毛奇龄：《西河文集》，珍本丛书本。

（清）毛奇龄：《西河集》，清文渊阁四库全书本。

（清）冒襄：《巢民诗文集》，清康熙刻本。

（清）彭绍升：《二林居集》，清嘉庆味初堂刻本。

（清）彭士望：《耻耕堂文钞十卷诗钞六卷》，清咸丰二年刻本，四库禁毁书丛刊本。

（清）彭蕴章：《松风阁诗钞》，清同治刻彭文敬公全集本。

（清）祁寯藻：《馤馝亭集》，清咸丰刻本。

（清）钱秉镫：《藏山阁集二十四卷》，清光绪三十四年戊申龙潭室编排印本。

（清）钱谦益：《牧斋初学集》，四部丛刊景明崇祯本。

（清）钱谦益：《牧斋有学集》，上海：上海书店，1989 年。

（清）钱谦益：《列朝诗集》，清顺治九年毛氏汲古阁刻本。

（清）钱谦益：《列朝诗集小传》，上海：上海古籍出版社，1983 年。

（清）邱维屏：《邱邦士文集十七卷首一卷》，清道光十七年刻本，四库禁毁书丛刊本。

（清）屈大均：《屈翁山诗集》，清康熙李肇元等刻本。

（清）屈大均：《翁山诗外》，清康熙刻凌凤翔补修本。

（清）全祖望：《鲒埼亭集三十六卷经义问答十卷外编五十卷》，上海涵芬楼景印姚江借树山房刊本，四部丛刊本。

（清）全祖望：《鲒埼亭集外编》，清嘉庆十六年刻本。

（清）全祖望：《鲒埼亭诗集》，四部丛刊景清钞本。

（清）茹敦和：《竹香斋古文》，清刻本。

（清）邵晋涵：《南江诗文钞》，清道光十二年胡敬刻本。

（清）邵廷采：《思复堂文集》，杭州：浙江古籍出版社，1987 年。

（清）沈德潜：《清诗别裁集》，清乾隆二十五年教忠堂刻本。

（清）沈季友：《檇李诗系》，清文渊阁四库全书本。

（清）施闰章：《学余堂集》，清文渊阁四库全书本。

（清）宋琬：《安雅堂文集》，清康熙三十八年宋思勃刻本。

（清）宋征舆：《林屋诗文稿》，清康熙九籥楼刻本。

（清）孙雄：《道咸同光四朝诗史》，清宣统二年刻本。

（清）孙治：《孙宇台集》，清康熙二十三年孙孝桢刻本。

（清）谈迁：《谈迁诗文集》，沈阳：辽宁出版社，1998 年。

（清）王铎：《拟山园选集》，清顺治十年王镛王鑨刻本。

（清）王士禛：《渔洋山人精华录十卷》，清康熙三十九年林佶写刻本，四库禁毁书丛刊本。

（清）翁方纲：《复初斋诗集》，清刻本。

（清）吴高增：《玉亭集》，清乾隆刻本。

（清）吴寿昌：《虚白斋存稿》，清乾隆五十五年刻本。

（清）吴伟业：《梅村家藏稿》，四部丛刊景清宣统武进董氏本。

（清）吴苑：《北黔山人诗十卷》，清康熙刻本，四库禁毁书丛刊本。

（清）吴振棫：《花宜馆诗钞》，清同治四年刻本。

（清）邢昉：《石臼前集九卷后集七卷》，清康熙刻本，四库禁毁书丛刊本。

（清）徐元文：《含经堂集》，清刻本。

（清）严遂成：《明史杂咏》，清乾隆刻本。

（清）杨凤苞：《秋室集》，清光绪十一年陆心源刻本。

（清）叶昌炽：《奇觚庼文集》，民国十年刻本。

（清）伊秉绶：《留春草堂诗钞》，清嘉庆十九年秋水园刻本。

（清）张岱撰，佘德余、宋文博点校：《快园道古、琅嬛乞巧录》，杭州：浙江古籍出版社，2016 年。

（清）张泰交：《受祜堂集十二卷》，清康熙高熊征刻本，四库禁毁书丛刊本。

（清）张永铨：《闲存堂集》，清康熙刻增修本。

（清）张豫章：《四朝诗》，清文渊阁四库全书本。

（清）章藻功：《思绮堂文集》，清康熙六十一年刻本。

（清）赵一清：《东潜文稿》，沈阳：辽宁教育出版社，1998年。

（清）周亮工：《读画录》，清康熙烟云过眼堂刻本。

（明）周亮工选编：《藏弆集》，《赖古堂尺牍新钞二选》，珍本丛书第一辑第三十七种，民国廿五年五月初版。

（清）周铭：《林下词选》，清康熙十年刻本。

（清）周寿昌：《思益堂集》，清光绪十四年王先谦等刻本。

（清）朱珪：《知足斋集》，清嘉庆刻增修本。

（清）朱鹤龄：《愚庵小集》，清人别集丛刊本，据复旦大学图书馆藏清康熙刻本影印。

（清）朱琦：《怡志堂诗初编》，清咸丰七年刻本。

（清）朱彝尊：《曝书亭诗集注二十二卷附年谱》，1913年木石居石印本。

（清）朱彝尊：《曝书亭集》，四部丛刊景清康熙本。

（清）朱彝尊：《明诗综》，清文渊阁四库全书本。

（清）祝德麟：《悦亲楼诗集》，清嘉庆二年姑苏刻本。

（清）卓尔堪编：《明遗民诗》，北京：中华书局，1961年。

（民国）闵尔昌：《碑传集补》，民国十二年刊本。

（民国）徐世昌：《晚晴簃诗汇》，民国退耕堂刻本。

诗话、曲论、杂著、工具书

（明）何良俊：《曲论》，中国古典戏曲论著集成本，北京：中国戏剧出版社，1959年。

（明）胡应麟：《诗薮》，上海：上海古籍出版社，1979年。

（明）凌濛初：《谭曲杂札》，中国古典戏曲论著集成本，北京：中国戏剧出版社，1959年。

（明）吕天成：《曲品》，中国古典戏曲论著集成本，北京：中国戏剧出版社，1959年。

（明）吕维祺：《四译馆增订馆则》，民国景明崇祯刻清康熙补刻增修后印本。

（明）沈德符：《顾曲杂言》，中国古典戏曲论著集成本，北京：中国戏剧出版社，1959年。

（明）王骥德：《曲律》，中国古典戏曲论著集成本，北京：中国戏剧出版社，1959年。

（明）王世贞：《曲藻》，中国古典戏曲论著集成本，北京：中国戏剧出版社，1959年。

（明）徐复祚：《曲论》，中国古典戏曲论著集成本，北京：中国戏剧出版社，1959年。

（明）徐渭：《南词叙录》，中国古典戏曲论著集成本，北京：中国戏剧出版社，1959年。

（清）陈瑚：《顽潭诗话》，民国峭帆楼丛书本。

（清）程嗣章：《明儒讲学考》，清道光四年刻本。

（清）丁立中：《八千卷楼书目》，北京：国家图书馆出版社，2009年。

（清）冯金伯：《国朝画识》，清道光刻本。

（清）高奕：《新传奇品》，附（清）无名氏《古人传奇总目》，中国古典戏曲论著集成本，北京：中国戏剧出版社，1959年。

（清）黄本骥编：《历代职官表》，上海：上海古籍出版社，2005年。

（清）黄锡蕃：《闽中书画录》，民国三十二年合众图书馆丛书本。

（清）董康：《曲海总目提要》，北京：人民文学出版社，1959年。

（清）江藩：《国朝汉学师承记》，清嘉庆十七年刻本。

（清）李慈铭：《越缦堂日记》，扬州：广陵书社，2016年。

（清）李清馥：《闽中理学渊源考》，清文渊阁四库全书本。

（清）李渔：《尺牍初征》，清顺治十七年刻本。

（清）李渔：《闲情偶寄》，中国古典戏曲论著集成本，北京：中国戏剧出版社，1959年。

（清）梁绍壬：《两般秋雨盦随笔》，清道光振绮堂刻本。

（清）林昌彝：《射鹰楼诗话》，清咸丰元年刻本。

（清）陆心源：《穰梨馆过眼录》，清光绪吴兴陆氏家塾刻本。

（清）缪荃孙：《云自在龛随笔》，稿本。

（清）平步青：《霞外攈屑》，民国六年刻香雪崦丛书本。

（清）钱泳：《履园丛话》，清道光十八年述德堂刻本。

（清）瞿凤起、潘景郑、黄虞稷：《千顷堂书目》，上海：上海古籍出版社，2001年。

（清）阮元：《四库未收书提要》，清刻揅经室外集本。

（清）沈善宝：《名媛诗话》，清光绪鸿雪楼刻本。

（清）宋长白《柳亭诗话》，清康熙天茁园刻本。

（清）汤漱玉：《玉台画史》，清道光十七年振绮堂刻本。

（清）陶元藻：《全浙诗话》，清嘉庆元年怡云阁刻本。

（清）王杰：《秘殿珠林续编》，清内府钞本。

（清）杨钟羲：《雪桥诗话》，民国求恕斋丛书本。

（清）永瑢：《四库全书总目》，清乾隆武英殿刻本。

（清）俞樾：《茶香室丛钞》，北京：中华书局，1995年。

（清）章履仁：《姓史人物考》，清乾隆二十年刻本。

（清）朱彝尊：《静志居诗话》，明代传记丛刊010，台北：台湾明文书局，1991年。

《八十九种明代传记综合引得》，北京：中华书局，1987年。

白寿彝主编：《中国通史》第十五、十六卷，上海：上海人民出版社，1999年。

北婴：《曲海总目提要补编》，北京：人民文学出版社，1959年。

曹淑娟：《流变中的书写——祁彪佳与寓山园林论述》，上海：上海人民出版社，2006年。

曹淑娟：《孤光自照——晚明文士的言说与实践》，天津：天津教育出版社，2012年。

昌彼得、乔衍琯、宋常廉：《明人传记资料索引》，台北：台湾文史哲出版社，1978年。

陈垣：《明季滇黔佛教考》，石家庄：河北教育出版社，2000年。

董光和、张国乔编：《孤本明代人物小传》，北京：国家图书馆出版社，2003年。

傅惜华：《明代杂剧总目》，北京：作家出版社，1958年。

傅惜华：《明代传奇总目》，北京：作家出版社，1958年。

傅惜华：《清代杂剧总目》，北京：人民文学出版社，1981年。

韩经太：《理学文化与文学思潮》，北京：中华书局，1997年。

何宗美：《明末清初文人结社研究》，天津：南开大学出版社，2003年。

（日）冈田武彦：《王阳明与明末儒学》，上海：上海古籍出版社，2000年。

龚书铎主编：《中国社会通史》明代卷，太原：山西教育出版社，1996年。

顾志兴：《浙江藏书家藏书楼》，杭州：浙江人民出版社，1987年。

郭英德：《明清传奇综录》，石家庄：河北教育出版社，1997年。

郭英德：《明清文人传奇研究》，北京：北京师范大学出版社，1992年。

郭英德:《中国古代文人集团与文学风貌》,北京:北京师范大学出版社,1998年。

黄裳:《来燕榭读书记》,沈阳:辽宁教育出版社,2001年。

黄秀文编:《中国年谱辞典》,上海:百家出版社,1997年。

嵇文甫:《晚明思想史论》,上海:东方出版社,1996年。

李玫:《明清之际苏州作家群研究》,北京:中国社会科学出版社,2000年。

李振纲:《证人之境——刘宗周哲学的宗旨》,北京:人民出版社,2000年。

廖可斌:《明代文学复古运动研究》,上海:上海古籍出版社,1994年。

罗筠筠:《灵与趣的意境——晚明小品文美学研究》,北京:社会科学文献出版社,2001年。

马积高:《宋明理学与文学》,长沙:湖南师范大学出版社,1989年。

南炳文:《佛道秘密宗教与明代社会》,天津:天津古籍出版社,2001年。

裴喆:《祁彪佳与〈远山堂曲品〉〈剧品〉考论》,开封:河南大学出版社,2015年。

钱南扬:《戏文概论》,上海:上海古籍出版社,1981年。

钱亚新:《浙东三祁藏书和学术研究》,图书馆学小丛书,江苏省图书馆学会,1981年。

(日)青木正儿著,王古鲁译:《中国近世戏曲史》,北京:作家出版社,1958年。

北图古籍影印室:《明代传记资料丛刊》,北京:北京图书馆出版社,2008年。

牟复礼等:《剑桥中国明代史》,北京:中国社会科学出版社,1992年。

佘德余:《越中曲派研究》,北京:中国文联出版社,2000年。

沈起炜编著:《中国历史大事年表(古代卷)》,上海:上海辞书出版社,2001年。

孙文良、张杰:《1644年中国社会大震荡》,沈阳:辽宁人民出版社,1994年。

谭坤:《晚明越中曲家群体研究》,上海:三联书店,2005。

谭其骧主编:《中国历史地图集》,北京:中国地图出版社,1982年。

吴承学:《晚明小品研究》,南京:江苏古籍出版社,1999年。

王红春:《明代进士家状研究》,上海:上海书店,2017年。

王春瑜：《明清史散论》，上海：东方出版中心，1996年。

王国维：《宋元戏曲史》，长沙：岳麓书社，1998年。

王运熙主编：《中国文学批评史》，上海：上海古籍出版社，1981年。

吴梅：《中国戏曲概论》，长沙：岳麓书社，1998年。

吴梅：《顾曲麈谈》，长沙：岳麓书社，1998年。

吴梅：《吴梅戏曲论文集》，北京：中国戏剧出版社，1983年。

吴廷燮：《明督抚年表》，北京：中华书局，1982年。

夏咸淳：《晚明士风与文学》，上海：上海社会科学出版社，1994年。

夏咸淳编：《明六十家小品文精品》，上海：上海社会科学出版社，1995年。

谢国桢：《明清之际党社运动考》，北京：中华书局，1982年。

谢正光、范金民：《明遗民录汇辑》，南京：南京大学出版社，1995年。

徐朔方：《徐朔方集》，杭州：浙江古籍出版社，1993年。

徐朔方：《徐朔方说戏曲》，上海：上海古籍出版社，2000年。

徐永斌：《明清江南文士治生研究》，北京：中华书局，2019年。

徐艳：《晚明小品文体研究》，南昌：江西教育出版社，2004年。

徐永明、赵素文：《明人别集经眼叙录》，杭州：浙江古籍出版社，2012年。

严倚帆：《祁承㸁及澹生堂藏书研究》，图书馆学资讯科学论文丛刊，台北：汉美图书公司1991年。

杨昇：《明代艺文家族研究》，杭州：浙江工商大学出版社，2017年。

杨廷福、杨同甫编：《明人室名别称字号索引》，上海：上海古籍出版社，2002年。

杨艳琪：《祁彪佳与〈远山堂曲品·剧品〉研究》，北京：中国戏剧出版社，2007年。

叶树声、余敏辉：《明清江南私人刻书史略》，合肥：安徽大学出版社，2000年。

尹恭弘：《小品高潮与晚明文化》，上海：华文出版社，2001年。

张德信：《明代职官年表》，明代传记资料丛刊，黄山书社，2009年版。

张慧剑：《明清江苏文人年表》，北京：人民文学出版社，2008年。

张天杰：《蕺山学派与明清学术转型》，北京：中国社会科学院，2014年。

张玮：《祁承㸁藏书及文献学思想研究》，北京：国家图书馆出版社，2016年。

章培恒主编：《中国文学史新著》，上海：上海文艺出版总社，复旦大学出版社，2007年。

赵柏田:《南华录:晚明南方士人生活史》,北京:北京大学出版社,2015 年。

赵海燕:《〈寓山注〉研究——围绕寓山园林的艺术创造与文人生活》,合肥:安徽教育出版社,2015 年。

赵素文:《祁彪佳研究》,北京:中国社会科学出版社,2011 年。

赵素文:《祁彪佳诗词编年笺校》,杭州:浙江古籍出版社,2016 年。

赵园:《明清之际士大夫研究》,北京:北京大学出版社,1999 年。

《中国人名大辞典(历史人物卷)》,上海:上海辞书出版社,1990 年。

《中国历史大辞典(历史地理卷)》,上海:上海辞书出版社,1996 年。

周骏富:《明代传记丛刊(含〈索引〉)》,台北:台湾明文书局,1991 年。

周明初:《晚明士人心态及文学个案》,上海:东方出版社,1997 年。

周维培:《曲谱研究》,南京:江苏古籍出版社,1997 年。

朱保炯、谢沛霖:《明清进士题名碑录》,上海:上海古籍出版社,1979 年。

左东岭:《王学与中晚明士人心态》,北京:人民文学出版社,2000 年。

相关论文

[1]艾珺.明代澹生堂主人祁承㸁"藏书铭"[J].文化学刊,2010(04).

[2]白桦.祁彪佳及其《别叔婶书》[J].福建文博,2010(02).

[3]滨岛敦俊.关于明清时期的"主佃之分"[A].中国明史学会、东北师范大学、吉林大学、吉林师范学院、通化师范学院、吉林省社会科学院.第七届明史国际学术讨论会论文集[C].中国明史学会、东北师范大学、吉林大学、吉林师范学院、通化师范学院、吉林省社会科学院:中国明史学会,1999.

[4]滨岛敦俊.试论明末东南诸省的抗、欠租与铺仓[J].中国社会经济史研究,1982(03).

[5]蔡小平.祁彪佳荒政思想探析[J].防灾科技学院学报,2013,15(02).

[6]曹晓云.祁彪佳视野下的晚明吏治[D].华东师范大学,2010.

[7]曹晔.澹生堂主人祁承㸁家世考略[J].寻根,2019(01).

[8]曹晔.祁彪佳遗书补遗[J].浙江档案,2019(04).

[9]曹仪健.商景兰词研究[J].宁波教育学院学报,2015,17(04).

[10]唱春莲.北京图书馆藏明代祁彪佳著作探究[J].北京图书馆馆刊,1998(02).

[11]陈寒鸣.汤显祖与晚明社会思潮[J].天津社会科学,2000(03).

[12]陈军.中国古典曲论中的分类现象研究[J].扬州大学学报(人文社

会科学版),2005(05).

[13]程华平.试论中国古代戏曲的品评批评[J].戏曲研究,2009(01).

[14]程华平.试论中国古代戏曲的品评批评[J].戏曲研究,2009,78(02).

[15]初祎.祁彪佳身份研究[D].中南大学,2013.

[16]戴健.晚明吴越风俗与戏剧活动[J].江苏广播电视大学学报,2002(04).

[17]邓长风.《孟子塞五种曲序》的真伪与《贞文记》传奇写作、刊刻的时间[J].铁道师院学报,1998(05).

[18]丁和根.古典曲论中的情境说初探[J].艺术百家,1989(04).

[19]丁红.张岱与《古今义烈传》[J].浙江学刊,1996(01).

[20]董小玉.中西戏剧本体诗化的比较透视[J].文艺理论与批评,1998(01).

[21]董雁.女性的抒写与企望——商景兰的文学活动与女性意识[J].西北农林科技大学学报(社会科学版),2010,10(06).

[22]董云龙.论明清之际的时事剧[J].唐山师范学院学报,2008(04).

[23]段继红.晚明山水小品的特点[J].名作欣赏,2014(35).

[24]范金民.明代江南进士事功述论[J].史学集刊,1997(04).

[25]方盛汉.明清戏曲结构理论研究述评[J].戏剧文学,2016(10).

[26]冯保善.论凌濛初的戏曲创作[J].贵州文史丛刊,1991(01).

[27]冯保善.明清小说与明清江苏经济[J].江苏社会科学,1999(03).

[28]付建舟.商景兰诗歌的女性特质与女性自觉[J].湖北大学成人教育学院学报,2012,30(06).

[29]付阳华.恋物以及救赎——以造园为例析明清之际士人对"物"的态度转变[J].南京艺术学院学报(美术与设计),2016(03).

[30]顾寅刚.孟称舜集外文二则[J].文献,2010(03).

[31]顾祖钊.论意境的称谓和渊源[J].文艺理论研究,1995(02).

[32]郭英德.论明清传奇剧本长篇体制的演变[J].湖北大学学报,1998(04)

[33]郭英德.明清之际时事剧的思想艺术特色[J].中州学刊,1985(02).

[34]郭英德.雅与俗的扭结——明清传奇戏曲语言风格的变迁[J].北京师范大学学报(社科版),1998(02).

[35]韩金佑.张岱年谱[D].河北大学,2014.

[36]何娅.明末江南地方社会及其秩序变动[D].西南大学,2013.

[37]洪欣.《远山堂曲品·剧品》略说[J].戏剧文学,1987(07).

[38]洪宣荣.祁彪佳的儒佛会通思想研究[D].杭州师范大学,2015.

[39]黄海兰.祁豸佳戏曲活动研究[J].绍兴文理学院学报(哲学社会科学),2010,30(03).

[40]黄裳.来燕榭书跋辑存(五)[J].收藏家,2006(08).

[41]黄仕忠.孟称舜《贞文记》传奇的创作时间及其他[J].浙江大学学报(人文社会科学版),2009,39(01).

[42]黄艳芬.许自昌的戏曲交游活动[J].文教资料,2011(36).

[43]姜丽华.关于孟称舜杂剧相关问题新解[J].文艺评论,2013(04).

[44]蒋竹山.晚明江南祁彪佳家族的日常生活史——以医病关系为例的探讨[A].都市文化研究(第2辑)——都市、帝国与先知[C]:上海师范大学都市文化研究中心,2006.

[45]蒋竹山.晚明江南祁彪佳家族的日常生活史——以医病关系为例的探讨[J].都市文化研究,2006(00).

[46]金艳霞.孟称舜与枫社诸友交游考略[J].兰州文理学院学报(社会科学版),2018,34(02).

[47]敬晓庆.明代戏曲创作过程中诗乐关系的紧张及其解决[J].戏曲研究,2009(03).

[48]李灿朝.祁彪佳园林小品的审美品格[J].云梦学刊,2010,31(04).

[49]李灿朝.推尊与适俗:越中曲家的理论倡扬与俗化的文学呈现[J].湖南科技大学学报(社会科学版),2013,16(02).

[50]李光辉.也谈祁彪佳《远山堂曲品》的成书时间[J].中华戏曲,2016(02).

[51]李贵连.老大嫁作商人妇 脱却红妆入空门——女尼谷虚生平考述及其与祁氏家族女性交游探析[J].社会科学论坛(学术研究卷),2009(05).

[52]李江杰.明清之际时事剧研究[D].河北师范大学,2007.

[53]李璐.明季遗民的处世之道——张岱个案研究[D].辽宁师范大学,2015.

[54]李梅.21世纪吕天成《曲品》研究概述[J].新疆艺术学院学报,2014,12(01).

[55]李庆勇.从《壬午日历》看祁彪佳的家居生活[J].绍兴文理学院学报(哲学社会科学),2016,36(04).

[56]李晓.论戏曲批评中的"境界"与"意境"说[J].戏剧艺术,2014(01).

[57]李瑶洁.祁彪佳戏曲品评研究[D].长沙理工大学,2012.

[58]李瑶洁.祁彪佳戏曲情感观浅探[J].吉林广播电视大学学报,2011(10).

[59]李祎琳.晚明江南园林与文人关系探析[D].厦门大学,2017.

[60]李迎军.明末宜兴民变研究[D].南京大学,2015.

[61]李占鹏.《远山堂曲品剧品》的发现、整理及研究[J].宁夏师范学院学报,2011,32(05).

[62]梁帅.本色当行与启迪教化——王铎曲学思想平议[J].南京师范大学文学院学报,2015(03).

[63]梁晓萍.感悟印象完善——中国古典戏曲品评特点浅论[A].中国中外文艺理论学会、四川大学文学与新闻学院.中国中外文艺理论研究(2011年卷)[C].中国中外文艺理论学会、四川大学文学与新闻学院:中国中外文艺理论学会,2011.

[64]梁晓萍.元明古典戏曲批评中的"戏"意识[J].中国中外文艺理论研究,2012(00).

[65]刘蓓.史槃曲作研究[D].宁波大学,2012.

[66]刘二永.古典戏曲叙事详略观念探微[J].吉林艺术学院学报,2016(04).

[67]刘井亮.汪延讷戏曲研究[D].福建师范大学,2011.

[68]刘玲华.宣教化与抒胸臆:明代曲论中的人物批评观[N].中国社会科学报,2017-09-25(004).

[69]刘南南.祁彪佳和吕天成的曲品著作之比较[J].兰州大学学报,2005(04).

[70]刘文华.明代的地方吏民保留地方官现象——以崇祯七年苏松耆民诣阙乞留巡按祁彪佳为例[J].苏州文博论丛,2013(00).

[71]刘晓东.晚明士人生计与士风[J].《东北师大学报》(哲社版),2001(01).

[72]刘志梅.谱之声歌　可佐传史——祁彪佳时事剧理论浅议[J].戏曲艺术,1999(03).

[73]卢永和.论祁彪佳戏剧本体论的美学意义[J].株洲师范高等专科学校学报,2001(03).

[74]陆林.明人之当代戏剧研究论略[J].中华戏曲,2006(02).

[75]吕杨.明末宜兴民变考论[A].中国明史学会、湘潭市人民政府.第

十三届明史国际学术研讨会论文集[C].中国明史学会、湘潭市人民政府:中国明史学会,2009.

[76]吕杨.明末宜兴民变与地方政权应对方式探析[A].中国明史学会、北京市昌平区人民政府.第十七届明史国际学术研讨会暨纪念明定陵发掘六十周年国际学术研讨会论文集【下册】[C].中国明史学会、北京市昌平区人民政府:中国明史学会,2016.

[77]吕杨.明朝末年宜兴民变考论[J].辽宁大学学报(哲学社会科学版),2010,38(02).

[78]罗筱筱.禅悦士风与晚明小品[J].文学评论,2001(01).

[79]罗旭舟.《盛明杂剧》的辑刊与流传[J].文学遗产,2013(02).

[80]罗旭舟.《远山堂剧品》考:基于《名剧汇》视角[J].戏曲艺术,2017,38(01):106－109.

[81]马黎明.越中祁氏藏书世家考述[J].图书馆工作与研究,2014(09).

[82]马学强.明清时期上海地区学风的嬗变[J].史林,1998(02).

[83]马越.祁彪佳及其戏曲理论研究[D].西北师范大学,2006.

[84]马越.祁彪佳时事剧研究初探[J].中国古代小说戏剧研究丛刊,2005(00).

[85]毛德富.明中后期市民文学中的价值变异与消费观念[J].文艺研究,1998(02).

[86]孟彭兴.16、17世纪江南社会之丕变及文人反应[J].史林,1998(02).

[87]明代之判牍[J].中国史研究,1996(01).

[88]倪莉.元明清戏曲书目及其比较研究[J].广西民族大学学报(哲学社会科学版),2010,32(05).

[89]钮君怡.祁彪佳戏曲理论疏证[D].上海交通大学,2009.

[90]欧明俊.论晚明人的"小品"观[J].文学遗产,1999(05).

[91]欧阳昇.明末清初山阴祁氏家族才女群文学及交往研究[D].中南民族大学,2016.

[92]裴喆.明代戏曲家李鐢考[J].中华戏曲,2012(01).

[93]裴喆.明代戏曲家啬轩道人考[J].文学遗产,2009(06).

[94]裴喆.明代戏曲家王元寿考[J].文学遗产,2011(02).

[95]裴喆.明代戏曲家五考[J].中国戏曲学院报,2013(04).

[96]裴喆.祁彪佳"六品"说疏义[J].戏曲艺术,2015,36(01).

[97]彭慧慧,邢蕊杰.山阴祁氏家族戏曲创作考论[J].绍兴文理学院学

报(人文社会科学),2019,39(03).

[98]彭慧慧,赵维国."浙东三祁"戏曲藏书聚散考述[J].陕西理工大学学报(社会科学版),2018,36(03).

[99]钱亚新.谈谈《祁彪佳集》的版本[J].江苏图书馆工作,1980(02).

[100]乔安娜 F.汉德琳·史密斯,陈广宏.祁彪佳社交界中的园亭:晚明的财富与价值观念[J].中国文学研究(辑刊),2007(01).

[101]秦柯.张氏叠山造园管窥——以祁彪佳寓园为例[J].华中建筑,2017,35(12).

[102]秦佩珩.祁承㸁及其《澹生堂藏书谱》[J].河南图书馆学刊,1985(02).

[103]裘一真.越中文人结社研究[D].浙江师范大学,2015.

[104]佘德余.绍兴的文人结社(续)[J].绍兴师专学报,1990(02):16-20.

[105]佘德余.王思任戏曲批评[J].戏剧艺术,1999(04).

[106]佘德余.张岱交游录[J].绍兴师专学报,1993(01).

[107]佘德余.张岱年谱简编(上)[J].绍兴师专学报,1994(01).

[108]石旻.乱离中的"玉女"——明末才女商景兰及其婚姻与家庭[J].中国典籍与文化,2001(03).

[109]宋源.寓园的人文情趣及人本特色[J].绍兴文理学院学报(哲学社会科学),2013,33(03).

[110]孙丹妍.陈洪绶与晚明曲家[J].上海文博论丛,2008(04).

[111]孙琪.祁彪佳曲论研究反思[J].戏剧文学,2009(05).

[112]谭帆."行家之品"和"文人之品"——吕天成、祁彪佳戏曲审美思想的比较[J].艺术百家,1987(01).

[113]谭坤.吕天成祁彪佳戏曲品评理论概说[A].古代文学理论研究(第三十一辑)——中国文论的方与圆[C].中国古代文学理论学会,2010.

[114]谭坤.论祁彪佳小品文的美学品格[J].常州工学院学报(社科版),2007(04).

[115]谭坤.论叶宪祖的戏曲创作[J].兰州学刊,2016(08).

[116]谭坤.明代戏曲品评方法刍议[J].常州工学院学报(社科版),2005(04).

[117]谭坤.明代越中曲家的理论贡献[J].中华戏曲,2009(01).

[118]谭坤.祁彪佳戏曲境界论[J].常州工学院学报(社科版),2006(04).

[119]谭坤.祁彪佳与晚明曲家交游考[J].中华戏曲,2007(01).

[120]唐明生.试论戏曲目录体批评的体制特点[A].中国中外文艺理

论学会、四川大学文学与新闻学院.中国中外文艺理论研究(2011年卷)[C].中国中外文艺理论学会、四川大学文学与新闻学院:中国中外文艺理论学会,2011.

[121]唐明生.试论戏曲目录体批评的体制特点[J].中国中外文艺理论研究,2011(00).

[122]万曙.明清戏曲理论的建构[J].文艺研究,2012(08).

[123]汪超.从"诗品"到"曲品":论吕天成、祁彪佳的曲品批评[J].文艺理论研究,2017,37(03).

[124]汪礼霞.祁彪佳及其日记研究[D].安徽大学,2011.

[125]王长安.雅:人品与剧品的双相提升——祁彪佳的剧作观[J].艺术百家,1991(03).

[126]王汉民.祁彪佳品曲理论浅探[J].戏曲研究,2000(00).

[127]王红卫.祁彪佳诗歌研究[D].兰州大学,2011.

[128]王辉斌.远山堂"二品"述论——祁彪佳戏曲批评观鸟瞰[J].南都学坛,2015,35(02).

[139]王家范.祁彪佳:任期短促的苏松巡按[J].华东师范大学学报(哲学社会科学版),2008,40(06).

[130]王娟.王元寿研究[D].西北大学,2016.

[131]王琦.袁于令研究[D].华东师范大学,2006.

[132]王小岩.《远山堂曲品》"杂调"剧目类别商榷[J].戏曲研究,2015(03).

[133]王宣标.明王应遴原刻本《衍庄新调》杂剧考[J].文化遗产,2012(04).

[134]王忠阁.中国古代剧论中的"意境"说[J].江汉论坛,2005(10).

[135]吴承学、李光摩.晚明心态与晚明习气[J].文学遗产,1997(06).

[136]吴琳.明清易代与山阴名媛商景兰的诗境开拓[J].绍兴文理学院学报(哲学社会科学),2013,33(03).

[137]吴庆晏.孟称舜研究[D].华东师范大学,2010.

[138]吴新苗.古代戏曲理论与批评"趣"论发微[J].戏曲研究,2012(02).

[139]吴艳萍.叶宪祖戏曲研究[D].福建师范大学,2006.

[140]吴震."证人社"与明季江南士绅的思想动向[J].中华文史论丛,2008(01).

[141]夏明方.救荒活民:清末民初以前中国荒政书考论[J].清史研究,2010,78(02).

[142]夏咸淳.张岱:传统与新潮融会的智者[J].社会科学,2015(01).

[143]夏咸淳.张岱生平考述[J].绍兴师专学报(社会科学版),1989(03).

[144]谢柏梁.明代戏曲的悲剧观:怨谱说[J].文学遗产,1989(06).

[145]谢景芳.理论的崩溃与理想的幻灭——明代中后期的仕[J].学习与探索,1998(01).

[146]徐晓庄.明代民间契约习惯与民间社会秩序[A].中国明史学会.第十六届明史国际学术研讨会暨建文帝国际学术研讨会论文集[C].中国明史学会:中国明史学会,2015.

[147]徐子方.明杂剧文献论[J].戏曲研究,2012(03).

[148]徐子方.明杂剧研究文献三题[J].古籍整理研究学刊,2007(05).

[149]许安群.祁彪佳戏曲理论研究[D].广西民族大学,2012.

[150]许安群."兴观群怨"与"净化"——祁彪佳与狄德罗戏剧美学比较[J].四川职业技术学院学报,2010,20(04).

[151]许晨亭.祁彪佳慈善事业研究[D].湖南师范大学,2015.

[152]许经纬.藏书世家山阴祁氏家风及其地域传承[J].绍兴文理学院学报(哲学社会科学),2017,37(02).

[153]阎景娟.中国古代园林的题名原则、事典源流及意义生长[J].北京林业大学学报(社会科学版),2018,17(04).

[154]杨灵巧.孟称舜及其剧作研究[D].山西师范大学,2009.

[155]杨绍溥.明季江阴祁氏家族述略[J].求是学刊,1993(06).

[156]杨艳琪.祁彪佳及其《远山堂曲品·剧品》研究[D].复旦大学,2003.

[157]杨艳琪.《远山堂曲品》为何未收孟氏传奇?[J].戏剧(中央戏剧学院学报),2004(02).

[158]杨艳琪.论《远山堂曲品·剧品》的批评特色和理论建树[J].戏曲艺术,2008(02).

[159]杨艳琪.明代祁彪佳与文学女性[J].北京印刷学院学报,2008(03).

[160]杨艳琪.祁彪佳研究史略[J].北京印刷学院学报,2003(04).

[161]杨艳琪.以史家之精神,品曲坛之次第——论《远山堂曲品·剧品》的批评理念[J].戏剧文学,2003(11).

[162]杨翼.明后期戏曲对江南园林的变化的影响[J].中国园林,2017,33(07).

[163]姚旭峰."忙处"与"闲处"——晚明官场形态与江南"园林声伎"风习之兴起[J].福建师范大学学报(哲学社会科学版),2008(01).

[164]殷亚林.论晚明江南文化家族对曲文化的贡献[J].苏州大学学报（哲学社会科学版），2010，31（06）.

[165]殷亚林.明清戏曲文学的家族传承现象[J].四川戏剧，2010（01）.

[166]俞为民.明清曲论中的意境论——古代戏曲理论探索之一[J].艺术百家，1987（02）.

[167]俞为民.祁彪佳两"品"中的戏曲理论[J].中华戏曲，1997（01）.

[168]曾维才.简论中国古代戏曲剧目品第批评[J].上海艺术家，2000（06）.

[169]张继玲.戏曲批评"品"之双璧——祁彪佳《远山堂曲品》与吕天成《曲品》之比较[D].兰州大学，2011.

[170]张继玲.祁彪佳《远山堂曲品》与吕天成《曲品》之比较[J].阜阳职业技术学院学报，2014，25（04）.

[171]张建业、张绍梅.论李贽与明中后期散文新变[J].首都师范大学学报（社科版），1998（02）.

[172]张能耿，单家琇.祁承爜和藏书楼澹生堂[J].书城，1996（02）.

[173]张诗洋，李洁.南京图书馆藏祁彪佳尺牍论曲文字辑考（上）[J].戏曲与俗文学研究，2016（01）.

[174]张诗洋，李洁.南京图书馆藏祁彪佳尺牍论曲文字辑考（中）[J].戏曲与俗文学研究，2016（02）.

[175]张诗洋，李洁.南京图书馆藏祁彪佳尺牍论曲文字辑考（下）[J].戏曲与俗文学研究，2017（01）.

[176]张诗洋."命题创作"与祁彪佳的曲学思想探微——兼谈"传"与戏曲创作[J].中华戏曲，2018（02）.

[177]张诗洋.国家图书馆藏祁彪佳尺牍论曲文字辑考[J].中国典籍与文化论丛，2016（00）.

[178]张诗洋.祁彪佳尺牍论曲文字补辑[J].戏曲与俗文学研究，2018（02）.

[179]张诗洋.祁彪佳与晚明戏曲文献搜集[J].南大戏剧论丛，2018，14（01）.

[180]张小芳.祁彪佳"二品"戏曲风格类型论解析[J].戏曲艺术，2014，35（03）.

[181]张璇.昆曲与晚明江南士人之身份话语表达[D].华中师范大学，2016.

[182]张艳艳.《盛明杂剧》研究[D].黑龙江大学，2011.

[183]张逸尘.晚明福建田土争讼及其司法实践[D].河南大学,2018.

[184]张则桐.祁彪佳致李清尺牍与张岱崇祯八年岁考失利考索[J].文献,2012(04).

[185]张则桐.晚明家乐班主朱云来考略[J].浙江艺术职业学院学报,2015,13(02).

[186]张兆裕.贫富相资论与明后期的救荒思想[A].中国明史学会、中山陵园管理局、南京大学历史系.第十届明史国际学术讨论会论文集[C].中国明史学会、中山陵园管理局、南京大学历史系:中国明史学会,2004.

[187]赵海燕."潇湘八景"与中国古典园林——从祁彪佳的《寓山十六景词》分析[J].艺术探索,2011,25(04).

[188]赵景深,李平,江巨荣.明代演剧状况的考察[J].戏剧艺术,1979(Z1).

[189]赵景深.略论祁彪佳曲品剧品[A].古代文学理论研究(第三辑)[C]:中国古代文学理论学会,1981.

[190]赵立撰.《金氏节孝承恩集》古碑发现抢救始末记略[J].浙江档案,2009(08).

[191]赵素文.祁彪佳与晚明曲家交游事迹考述三例[A].武汉大学中国传统文化研究中心、中国明代文学学会(筹)、武汉大学文学院、黄冈师范学院文学院、武汉大学出版社.明代文学与科举文化国际学术研讨会论文集[C].武汉大学中国传统文化研究中心、中国明代文学学会(筹)、武汉大学文学院、黄冈师范学院文学院、武汉大学出版社:武汉大学中国传统文化研究中心,2008.

[192]赵素文.《祁忠敏公年谱》四个本子的相互关系及其撰写者辨析[J].文献,2002(04).

[193]赵素文.《鱼儿佛》杂剧改编者寓山居士为祁彪佳考辨[J].绍兴文理学院学报(哲学社会科学版),2001(02).

[194]赵素文.明末戏曲家陈情表及其著述辑考[J].戏曲与俗文学研究,2018(02).

[195]赵素文.祁彪佳戏曲功能论的内涵与贡献[J].昆明学院学报,2013,35(Z1).

[196]赵素文.祁彪佳与明杂剧《鱼儿佛》的编订及刊刻[J].戏曲研究,2005(01).

[197]赵素文.祁彪佳与他的《全节记》传奇[J].戏剧艺术,2009(03).

[198]赵素文.晚明戏曲家祁彪佳与袁于令的交游[J].九江学院学报

（哲学社会科学版），2010，29（02）.

　　［199］赵素文.现存远山堂"两品"的版本评析［J］.中国典籍与文化，2006（01）.

　　［200］赵园.废园与芜城：祁彪佳与他的寓园及其它［J］.中国文化，2008（02）.

　　［201］赵昭.论明代的民间赈济活动［J］.中州学刊，2007（02）.

　　［202］周巩平.明清两代浙东祁氏家族的戏曲家群体与曲目整理活动［J］.浙江艺术职业学院学报，2014，12（03）.

　　［203］周立波.冯梦龙戏曲活动考［J］.艺术百家，2013，29（01）.

　　［204］周立波.晚明浙东戏曲家结社考［J］.贵州大学学报（艺术版），2018，32（03）.

　　［205］朱崇志.论明清戏曲选本的戏曲特征观［J］.中华戏曲，2003（02）.

　　［206］朱万曙.论梅鼎祚的早期戏曲创作——兼论明中叶"骈绮派"戏曲的价值［J］.文学遗产，1998（06）.

图书在版编目（CIP）数据

祁彪佳年谱长编 / 赵素文著. —杭州：浙江大学
出版社，2023.2（2023.5 重印）
ISBN 978-7-308-23440-5

Ⅰ.①祁… Ⅱ.①赵… Ⅲ.①祁彪佳（1602—1645）
—年谱 Ⅳ.①K827＝48

中国版本图书馆 CIP 数据核字（2022）第 251659 号

祁彪佳年谱长编

赵素文　著

责任编辑	周烨楠　宋旭华
责任校对	吴　庆
封面设计	浙江时代出版服务有限公司
出版发行	浙江大学出版社
	（杭州市天目山路 148 号　邮政编码 310007）
	（网址：http://www.zjupress.com）
排　　版	浙江时代出版服务有限公司
印　　刷	广东虎彩云印刷有限公司绍兴分公司
开　　本	710mm×1000mm　1/16
印　　张	39.25
字　　数	699 千
版 印 次	2023 年 2 月第 1 版　2023 年 5 月第 2 次印刷
书　　号	ISBN 978-7-308-23440-5
定　　价	148.00 元